农民新居

北京市海淀区东升乡

东升乡位于北京市海淀区最东部，中关村科技园区核心区内。辖区面积54.6平方公里，乡村人口9822人。管辖五个行政村、三个居委会，拥有七个专业公司。乡域内有清华大学等20多所高等院校和国家自然科学基金委等30多个科研院所。

多年来，东升乡人民在乡党委政府坚强有力、卓有成效的领导下，紧紧围绕中关村科技园区建设的总目标，以经济建设为中心，以规划为龙头，以环境建设为重点，狠抓机遇、加快发展。全乡经济建设、改革发展稳定，社会各项事业、精神文明和民主法制建设等方面都取得了很大的成就。东升大厦、坤讯大厦、东源大厦、锦秋知春国际大厦等一批已建成的重点项目工程是东升乡整合土地资源促进经济增长，以规划建设积蓄发展后劲取得的成效，第三产业的主导优势更加巩固。东升铁芯厂S11系列环型卷铁芯配电变压器、“熊猫”牌系列砂布等工业产品，以优秀的质量和信誉占有一定的市场份额，工业经济运营平稳。2004年，全乡主要经济指标完成情况（含地域经济）：经济总收入完成26.38亿元，比上年增长4%；纯收入完成4.8亿元，比上年增长8%；劳均所得26540元，比上年增长6%；人均所得15443元，比上年增长7.4%。被评为“全国乡镇之星”、“北京市六好乡镇党委标兵”、“首都文明乡镇示范乡”、“北京市计划生育工作红旗单位”、“首都社会治安综合治理先进集体”、“全国信访系统优秀集体”。

东升文体公园

湖北省武汉市洪山区洪山乡

洪山乡党委书记　戚茂武

洪山乡人民政府乡长　丁才华

洪山乡是湖北省武汉市的近郊乡，版图面积46平方公里，所辖23个行政村，4个社区居委会，人口23563人。近三年来，乡党委、政府坚持以“三个代表”重要思想为指导，坚持以人为本，树立科学发展观，按照“深化改革，兴工振农，经济工作求发展，城乡管理变面貌，财政税收上台阶”的总体要求，不断促进全乡经济社会稳步发展。国民生产总值、税收和人均收入连续三年居全省前十名，2004年全乡国内生产总值达到18.8亿元，实现税收1.807亿元，农民人均纯收入为6854元，达到小康生活水平。

经济社会的快速发展，使洪山乡成为“楚天明星乡镇”。从九十年代起，洪山乡获得省、市、区各级党委、政府授予的荣誉达100多个，曾先后被评为湖北省楚天明星乡镇、武汉市两个文明建设文明单位、湖北省乡镇企业十强乡镇、武汉市农村经济综合实力十强乡镇、全省农村党的建设五好乡镇党委等称号。

洪山乡党委、政府始终坚持发展是第一要务，牢牢抓住经济建设不放松，聚精会神搞建设，一心一意谋发展。在党的十六大精神的鼓舞下，洪山乡充分利用区位优势、资源优势、大专院校优势，确定了“三产业为主、二产业为辅、一产业补充”的经济发展思路，抢抓机遇，调整结构，加强招商，使经济运行的质量不断提高。

洪山乡政府办公楼

华科大紫菘学生公寓

洪山乡利用城乡结合部的地理特点，注重发挥辖区山水资源优势，围绕："住、购、学、游"做文章，使其成为全乡支柱产业。以高校后勤社会化改革为契机，兴建了10万平方米的紫菘学生公寓，赢得了社会各界的广泛赞誉。以发展现代新型住宅为重点，积极参与和支持重大项目建设，投资规模达30亿元的南湖新城已开工建设，投资规模达50亿元的东湖新城正全面启动。以辖区主干道为依托，先后引进了世界经济500强德国麦德龙、亚洲地区规模最大的湖北文化出版城、华中地区规模最大的武南粮油批发市场、湖北省餐饮航母楚灶王、广东新一佳超市、九龙大酒店等一批起点高、规模大现代化服务业。经过认真规划和引导，武汉市江南地区最大的汽车4S专卖一条街建成，融汇了20多种国内外品牌汽车。近几年，洪山乡还先后发展了卓刀泉村、东亭村、思特大厦等具有洪山特色的科技孵化器，其中卓刀泉科技孵化器被评为国家级科技孵化器，入孵企业200多家，每年给洪山乡增加税收近千万元。

卓刀泉科技孵化器

湖北文化出版城

党委书记　杜厚廷

镇长　刘晓林

北宿镇地处战国时期著名思想家、政治家、教育家孟子故里——邹城市西郊，临城靠矿，境内座有国家大型企业——兖矿集团南屯煤矿、北宿煤矿、科澳铝业和济宁市落陵煤矿。辖45个行政村，社会总人口8.3万人，其中农业人口5万人，是一个集农业型、城郊型、工矿服务、商贸流通于一体的新兴文明镇。

近年来，北宿镇坚持以"三个代表"重要思想和党的十六届三中、四中全会精神为指导，牢固树立以人为本的科学发展观，大力实施"工业立镇、项目兴镇、物流强镇"战略，保持了经济发展、社会稳定、事业进步、人心思上的良好局面。2004年全镇国民生产总值达到23.6亿元，镇级可用财力达到3217万元，农民人均纯收入达到4500元。先后荣获"中国乡镇之星"、"首届中国投资环境300佳乡镇"、"中国乡镇管理先进单位"、"全国创建文明村镇先进单位"、"全国亿万农民健身先进乡镇"、"山东省先进基层党组织""山东省环境优美乡镇"和"山东省社会文化先进镇"、"齐鲁乡镇之星"、"山东省文明单位"等荣誉称号。

山东省邹城市北宿镇

——招商引资成效显著。2003年以来，共合同利用外资39.6亿元，实际利用外资23.3亿元，创办了"科澳电解铝厂"、"山东呱呱鸭制品公司"、"山东愚公物流有限公司"、"山东圣立堂药业有限公司"、"明星家具公司"等合资合作企业16个。

——民营经济蓬勃发展。全镇民营经济逐步形成了矿山配件加工、矿山化工、肉鸭养殖屠宰加工、清真食品、建筑建材、纺织、家具制造、铝制品加工、物流运输等九大支柱产业，民营经济保持了良好的发展势头。

——城镇建设日新月异。近年来共投融资3.6亿元改造扩建小城镇，初步形成了东部工业区，西部商业区，南部商住区，北部商贸区的小城镇建设格局，被确定为全国小城镇综合改革试点镇。

——镇村工作遵规守范。针对农村工作出现的新情况，镇党委把镇级规范化管理的成功做法向村配套延伸，将党在农村的方针政策与村级在长期工作中积累形成的好的工作制度相结合，探索并实施了《北宿镇村级工作规程》，将村级工作制度由固定的条文上升为有形的工作机制，使村级工作逐步走上流程化、法制化、规范化轨道。

北宿镇"三丁"小康新村

福建省晋江市深沪镇

深沪镇位于台湾海峡西岸闽东南沿海突出部，三面临海，一面依山，海岸线长18公里，山清水秀，风光旖旎，素有“峙海金狮”之美称。镇域面积33.46平方公里，本地人口4.8万人，海外侨胞4万多人，外来流动人口3万多人，并有30名三峡移民落户我镇。全镇辖19个行政村（居），是著名的侨乡和台胞祖籍地。

深沪镇是福建省闻名的工贸、渔业重镇。几年来，深沪镇以邓小平理论和“三个代表”重要思想为指导，全面贯彻落实党的十六大和十六届三、四中全会精神，努力实施“突出特色，面向海洋，依托港口，科教兴镇”发展战略，加快“港口经济”发展步伐，经济持续快速健康发展。2004年全镇国内生产总值22.23亿元，工农业总产值45.68亿元，镇财政收入2.1亿元，居晋江市第五，农民人均收入7170元。先后荣获“福建省百强乡镇”、“省明星乡镇”、“省渔业十强镇”、“全国婚育新风进万家活动先进乡镇”、“福建省新型生育文化基地建设先进单位”和连续三届的“省文明乡镇”等荣誉。

深沪文化中心

国家级海底古森林遗迹自然保护区科技馆

中国拉链制造中心——浔兴集团

重庆市沙坪坝区

覃家岗镇

党委书记　陶学谦

覃家岗镇地处重庆市沙坪坝区中心地带，辖区面积12平方公里。现有常住人口1.7万人、流动人口2.6万人，少数民族58人；下辖新桥、上桥、新立、梨树湾、童家桥五个行政村，23个经济合作社以及新立、梨园、新鸣三个居委会。辖区内有著名的歌乐山烈士陵园。

在镇党委、政府的领导和全镇人民的共同努力下，覃家岗镇已经发展为以生产汽车、摩托车零部件，精细化工、家具、电子电器、医疗器械、印刷、纸制品、劳动保护鞋业、生物制药、建筑建材、房地产开发和商贸区为支柱产业的多种行业的新型城镇。目前，全镇乡镇企业年销售收入500万元以上的企业达85家。在二、三产业迅猛发展的同时，农业经济也稳步发展。镇党委、政府积极探索农业产业化建设新路子，协助农业产业化企业加快发展，国雄饲料公司和长江花木场被评为沙坪坝区农业产业化龙头企业。2004年全镇实现总产值97.9亿元，比上年增长73%，财政收入2007万元，比上年增长48%，各项经济指标连续多年位居重庆市各乡镇前列，镇、村、社三级集体创收7600万元。同时，通过集体经济的不断发展，直接从收入水平和生活水平上对群众产生了巨大影响：2004年全镇农民人均纯收入6556元，比2000年增长60%以上。

1990、1995年我镇曾连续两次被评为“中国乡镇之星”，1991年成为最早一批“中国亿元乡镇”之一，连续两届荣获“全国民政工作全优乡镇”称号，两次被农业部评为“发展乡镇企业先进集体”；1991年、1996年两次评为“重庆市双拥模范镇”；1996年被四川省文化厅评为“文化先进乡镇”；1995年我镇经复查再次被评为“重庆市村民自治示范镇”，2000年、2001年、2003年三次荣获“重庆市明星乡镇”；2002年荣获“全国创建文明村镇先进集体”；2004年我镇入围国家统计局公布的“全国乡镇1000强”。

成绩和荣誉代表着过去，未来面对着新的挑战和机遇，覃家岗镇党委、政府将继续以邓小平理论和“三个代表”重要思想为指导，坚持以人为本，树立全面、协调、可持续的科学发展观，解放思想，实事求是，与时俱进，开拓创新，切实加强三个文明的建设，有力推动全镇各项事业的全面发展，为打造长江上游经济文化强镇而奋斗！

民营企业宏漆涂料有限公司生产车间

马家岩建材市场

重庆市委书记黄镇东来覃家岗镇视察工作

GEGUZHEN 天津市津南区 葛沽镇

葛沽镇位于天津市东南，海河下游南岸，具有得天独厚的区位优势，北距天津机场15公里，东距天津港、南疆码头各15公里，距天津市区25公里，镇内有丹拉、津晋两条高速公路通过。辖区面积44.74平方公里，常住人口50863人。

近年来，葛沽镇逐步确立了“建设具有较高工业化和城市化水平，具有较强经济实力的沿海都市型现代化城镇”的奋斗目标，并付诸不懈努力，形成了以冶金、机械加工、服装、餐具、化工五大行业为支柱的产业结构，涌现出“甘泉”牌潜水电泵、“凤鸣”牌热水锅炉、“长城”牌高级西装、“津鸥”牌农用复合肥、“启明”牌螺杆钻具和螺杆抽油泵等一批誉满国内外市场的名牌产品。2004年全镇国内生产总值完成16.8亿元，比上年增长32.2%。税收完成2.82亿元，比上年增长138.9%。农民人均收入7180元，比上年增加778元。全社会固定资产投入完成6.45亿元，比上年增加4500万元。被农业部、体育总局授予“全国亿万农民健身活动先进乡镇”，被文化部授予“中国民间艺术之乡”，被天津市体育局、市农民体协授予“天津市体育先进乡镇”，被天津市委、农工委、市委组织部授予“天津市红旗乡镇党委”和“宽裕型小康乡镇”荣誉称号。

葛沽镇福海园住宅小区

浙江省东阳市横店镇

党委书记　韦上升

镇长　李敏

东阳市横店镇位于浙江省中部，距离东阳市区18公里，镇区面积97平方公里，下辖10个社区、6个行政村，常住人口8.6万，流动人口4万。

横店镇坚持以发展工业为主导，带动影视旅游等第三产业和高科农业发展，先后建起了高科技工业城、影视旅游城、文化教育城。横店镇是首批国家可持续发展实验区，成了中国经济改革的试验场和农村城市化建设的样板。2004年全镇完成工农业总产值达142.2亿元，实现利税10.8亿元，财政总收入2.6亿元，农(居)民人均年收入达11000元。横店先后荣获“中国乡镇之星”、“全国民政工作全优乡镇(街道)”、“全国双百明星乡镇”、“全国造林绿化百佳乡(镇)”、“全国村镇建设先进镇”、“国家卫生镇”，并被列为“国家可持续发展实验区”、“全国乡镇企业示范区”、“全国2000年城乡小康住宅示范区”、“国家星火技术密集区”、“全国小城镇建设试点镇”、“全国小城镇综合改革试点单位”、“国家科技成果转化示范基地”、“社会主义新农村建设示范镇”、“浙江横店影视产业实验区”等荣誉。

横店是浙江省高新技术实验区，形成了以磁性材料、医药化工、电子照明、轻纺针织、工程塑料等为龙头的工业体系。横店工业的核心企业——横店集团，在中国企业500强排序中名列第131位，在全国民营10强企业中名列第3位。横店影视城是国家首批AAAA级旅游区，是亚洲最大的拍摄基地，被国内外媒体誉为“中国好莱坞”。2004年共接待游客250余万人次，旅游收入超过2亿元。

在“三个代表”重要思想和党的十六大精神指引下，为打造国际化的横店，全镇人民奋发进取，各行各业同心同德，正在农业产业化，农村城市化，农民非农化的三大战略实施中，加速推进城乡一体化，使横店的政策环境更加开放，城镇环境更加优美，人文环境更加文明。

万胜大街

横店影视基地·香港街景区

黄菊同志向马陆镇党委书记费小妹颁发“文明镇”牌

上海市嘉定区 马 陆 镇

马陆镇地处上海市嘉定区中心版块，辖区面积为57.16平方公里。现有18个村民委员会、5个居民委员会，常住人口114029人，其中户籍人口50376人。三年来，马陆镇坚持以“三个代表”重要思想为指导，认真贯彻落实十六大和十六届三中、四中全会精神，按照“稳二进三退一”、 增强可持续发展能力的总体发展思路，使我镇经济继续保持了强劲的发展势头，各项社会事业发展取得了新成绩。

裒鑫大酒店

2004年实现增加值54亿元，同比增长25.9%；实现社会总产值345.6亿元，同比增长30.5%；其中实现工业产值238.5亿元，同比增长27.9%：第三产业增加值9.2亿元，同比增长26.5%；实现财政总收入13.9亿元，同比增长26.5%；地方财政收入 6.9亿元，同比增长22.2%。目前，全镇共有5个村产值超10亿元，3个镇级公司产值超3亿元。通过配置后续增量，紧抓招商引资不放松。2004年，马陆镇全年共引进外资项目69个，实现合同外资3.1亿美元，其中增资项目41个，增资额达1.9亿美元。

马陆葡萄

被誉为中国乡镇之星的马陆镇，国民生产总值、税收均名列上海市第一，人民生活水平已超过全国农村小康生活水平的基本标准，先后被评为“国家卫生镇”、“全国创建文明村镇先进单位”、上海市“文明镇”和上海市“‘五好’镇党委”、上海市“拥军优属模范镇”。

党委书记　黄春树

镇长　樊绍平

江西省进贤县
温 圳 镇

WENZHENZHEN

温圳镇地处江西六大水系之一的抚河中下游，距省会南昌市43公里，区域面积57平方公里，辖5个居委会，15个村委会，5万余口人。

温圳镇区位优势明显，物产丰富，山河秀丽，浙赣铁路穿镇而过，320、316国道和沪瑞、京福、乐温高速公路在镇内构成“井”字型交通网，成为江西省交通枢纽喉塞。

温圳镇始终围绕“产业兴镇、引资建镇、工业富镇”的发展战略，充分发挥区位优势，大力发展传统产业，培育龙头企业，全镇形成以文化用品、建材、化装品加工、铜业、化工五大产业为主体，其它产业协调发展的格局，全镇经济结构布局日趋合理，发展后劲不断增强。2004年工农业总产值达到14亿元，财政收入1074万元，人均收入达3599元。1999年被国务院列为第二批小城镇综合改革试点镇，2002年被授予江西省农村税费改革先进镇，2003年被评为南昌市卫生镇，自2000年始连年被评为南昌市重点镇。

湖北省大冶市

灵乡镇

党委书记、人大主席　黄河

党委副书记、镇长　刘锋杰

灵乡镇位于湖北省“冶金走廊”的腹地，既是全国文明镇、全国重点镇、全国小康建设明星乡镇标兵、全国体育先进乡镇，又是湖北省的文明村镇、楚天明星镇、综合经济实力“十强镇”，中心镇和小城镇综合改革试点镇。全镇国土面积135平方公里，总人口5.1万，辖1个管理区、21个行政村、1个社区居委会，武汉钢铁集团灵乡铁矿位于镇内。

近年来，灵乡镇按“三个代表”重要思想的要求，牢固树立和落实科学发展观，紧紧围绕率先实现小康社会为目标，全面统筹镇村发展，奋力构筑“和谐灵乡”，镇域经济实现了跨越式发展，全镇综合经济实力已跨入湖北省“十强”乡镇。2004年完成工农业总

灵乡镇政务大楼

产值42.3亿元，完成综合财政收入9200万元，农民人均纯收入达到3652元，全镇引进镇外资金3.54亿元，分别比2003年增长29%、65%、17%、107%。全镇综合财政收入和上交国家税收跨入湖北省前十名，工农业总产值、农民人均纯收入、上交税收均位于黄石、大冶两市的前列。

目前，全镇各类工业企业已达386个，其中产值过亿元的企业有5家，重点有大冶华灵集团、远成钢铁公司、集成矿业公司、灵成钢铁公司、灵溪风味食品公司、劲牌公司灵乡万吨基酒基地等项目。正在建设和洽谈的项目主要有投资11亿元的武钢80万吨活性灰项目、投资1.2亿元的河南信阳特钢、投资9000万元的福星铝业公司、投资3.5亿元的冶钢20万吨铸管等项目。镇西已建成占地面积达500公顷的灵成工业园已列入湖北省省管工业园，目前园内已有一个温州工业小区和八大公司。园区内技术密集型产业主要有节能电器、温州汽车、摩托车配件、奥达电器、光纤连接器等，园区产值过10亿元，利税过亿元，安排劳动力3000人以上，这为实现灵乡的可持续发展提供了有力保证。

灵乡镇将全面贯彻落实科学发展观，以加快经济发展促进和谐，以统筹兼顾推动和谐，以文明进步引领和谐，努力建设“富裕灵乡、魅力灵乡、平安灵乡、和谐灵乡”。

中共中央政治局委员、中共湖北省委书记俞正声听取灵乡镇保持共产党员先进性教育工作汇报。

湖北省委副书记、省长罗清泉在灵乡镇视察工作

镇区游园——灵秀园一角

党委书记、人大主席　李荣建

党委副书记、镇长　孙义国

四川省双流县东升镇

东升镇地处四川省双流县城，自隋仁寿元年(公元610年)一直为县治之所，迄今已有1400余年。为全县政治、经济、文化、金融、商贸和信息中心，幅员面积53.2平方公里，辖4个村、16个社区居委会，人口12万，为成都市卫星城，省级园林城镇，省级卫生城镇，省级社会治安综合治理模范镇，先后被国家民政部授予“中国乡镇之星”、“全国最佳乡镇”、“全国小康建设明星乡镇标兵”称号，有“西南第一镇”之美誉。

东升镇区位优势突出，基础设施完善。距成都市区10公里，双流国际机场座落境内。(四)川(西)藏公路、机场高速路、成(都)乐(山)路、成都绕城路、双(流)温(江)路、双(流)崇(州)路、双(流)华(阳)路横贯镇境，成(都)昆(明)铁路、成(都)雅(安)高速公路傍镇而过。镇、村道路网络健全，四通八达。

近年来，东升镇依托自身的区位优势，抢抓改革开放、成都城市向东向南发展等历史机遇，加大产业结构调整和城市建设的力度，大力发展城市经济，镇域经济和社会事业得到全面发展，独特魅力尽情展现。2004年，全镇地区生产总值完成44.23亿元，财政收入达到2.55亿元，农民人均纯收入达4393元；2005年，预计可实现地区生产总值50.2亿元，财政收入2.93亿元，农民人均纯收入4833元。

东升，美丽的家园；东升，投资的热土！

东升镇人民广场

河南省辉县市

孟庄镇

孟庄镇地处豫北平原，位于新乡、辉县两市之间，全镇区域面积35.5平方公里，辖27个行政村，5.8万口人，3.1万亩耕地。2004年全镇实现国内生产总值6.2亿元，较上年增长10.7%；完成财政收入3306万元，较上年增长44.9%；贡献国家税金8341.7万元，较上年增长39.3%；农民人均纯收入达3514元。综合实力由2001年河南省百强第69位，跃居2004年河南省第七位，新乡市第一位。先后荣获“全国最佳乡镇”、“首届中国乡镇投资环境100强”、“国家可持续发展实验区”、“全国小城镇综合改革试点镇”、“全国乡镇管理先进单位”、“全国村镇建设先进单位”等多项荣誉称号。

工业是孟庄镇的优势，也始终是孟庄镇经济发展和社会进步的切入点。2000年至今，共新上工业项目50个，其中超亿元项目4个，千万元项目25个，完成工业投资25亿元。通过这些项目的实施，孟电集团、永昌化工、长城机械、美达塑业、宏宇特钢、前进铸钢、新星食品、米多奇食品等一批企业集团或企业逐步做大做强，形成了涵盖建材、电力、化工、机械、铸造、食品、纺织等行业的工业体系。

孟庄镇具有良好的投资环境。交通便利，地理位置优越，紧靠京广铁路、新荷铁路、京珠高速、107国道和正在建设中的济东高速，两条省道新辉、卫柿公路穿境而过。孟庄镇党委、党政府始终坚持科学发展观，倡导以人为本，切实转变政府职能，转变工作作风，提高工作水平和办事效率，倾力打造重商、尊商、安商的投资热土，力促经济与社会健康协调发展，使全镇步入持续快速发展的良性循环。

辉县市委副书记、孟庄镇党委书记 李彦军

孟庄镇镇长 高玉军

孟庄镇政府容貌

辽宁省沈阳市
浑　南　新　区
五山乡

五三乡党政班子成员

五三乡位于辽宁省沈阳市浑河以南，三环高速公路以北，全乡总面积24平方公里，耕地面积5235亩，总人口32719人，有朝鲜、满、蒙、回、锡伯等5个少数民族，户籍人口26000余人，外来人口13000余人，少数民族人口5300人。下属12个行政村、1个社区、5个居委会。

五三乡是以农业为基础、乡镇企业为支柱的城郊乡，是经济与技术相结合的科技示范基地。2001年2月21日，沈阳市委、市政府决定，五三乡划归浑南新区管辖。这一新的区划，为五三乡的发展提供了更为广阔的空间。2004年，全乡农民人均纯收入7036元。

1958年12月，五三乡荣获周恩来总理亲笔签发的“农业社会主义建设先进单位”奖状，1979年12月，五三乡又荣获国务院总理华国锋签发的国务院嘉奖令。1990年被国家民政部评为“全国十佳乡镇”，获得由彭真同志题字的“大地杯”。1991年被中宣部、农业部授予“全国乡镇企业思想政治工作先进单位”。1995年被国家民政部评为“中国乡镇之星”。1996年，乡党委被中组部命名为“全国先进基层党组织”。1997年五三乡被民政部评为“全国民政工作全优乡镇”。1989年以来，五三乡党委、政府多次被省委、省政府评为先进集体、先进单位、文明单位和社会治安综合治理标兵单位。2005年被中国社会工作协会乡镇工作委员会评为“全国小康建设明星乡镇标兵”。

农民新居——世纪新城小区

党委书记　刘建新

党委副书记、政府乡长　任建明

新疆维吾尔自治区乌鲁木齐市

七道湾乡

七道湾乡是新疆首府乌鲁木齐市水磨沟区惟一的乡镇，乡辖3个行政村，15个村民小组，全乡常住人口5690人，全乡由汉、维、回三个主体民族组成，其中维、回、蒙等少数民族占总人口的13%。全乡8个基层党组织，其中，党总支1个，党支部7个，党员221名。

七道湾乡是一个以蔬菜种植业为主，二、三产业为支柱，多业并举的乡镇。近年来，全乡经济一步一个台阶，不断优化和调整经济发展布局，实施“一产做优，二产做强，三产做大”的经济发展思路。2004年全乡乡镇企业总产值13.94亿元，工业产值5.95亿元，第三产业7.98亿元，农民人均收入6476元。

解放思想，转变观念，理清思路，真抓实干，整体推进，三个文明建设取得了丰硕的成果，社会各项事业得到长足发展。1995年荣获自治区“村民自治与奔小康示范乡”称号，至今全新疆仅有一家；1996年七道湾乡党委分别荣获中组部和自治区党委授予的“全国先进基层党组织”、“自治区先进基层党组织”称号；1997年荣获乌鲁木齐市“减轻农民负担先进集体”荣誉称号；1999年被中央文明委授予“全国创建文明村镇”先进单位称号。

富丽华大酒店

山东省文登市龙山路街道办

西楼居委会

在文登市委、市政府和龙山路街道办事处党工委的正确领导下，西楼广大干部职工积极探索经济超常规、跳跃式发展的新思路和新举措，三个文明取得了大丰收。

在党支部书记鞠小平同志的带领下，三年来西楼居委会在稳固工业企业发展的基础上，大搞房地产开发，大力向第三产业、商贸服务业进军，成功地实施资本运作，取得了显著的经济效益。经过三年时间的发展，完成了3亿多元的基础设施投资。居委会集体资产也由3300万元激增到现在的6亿元，是全市之最；人均集体资产近百万元，居全市之冠；老年福利待遇由1000元增加到6000元，人均生活水平10828元，为全市最高；拆迁旧房（楼）280多户，打造了全市第一个无平房的村居；相继解决了520名无业人员和下岗职工的再就业问题，成为全市第一个零失业的村居，被威海市人民政府评为“全市就业再就业先进企业”。2004年2月，居委会投资7000万元，兴建了一处建筑面积为12000平方米，胶东半岛设施一流的集休闲、娱乐、餐饮等为一体的大型休闲娱乐中心—西楼富丽华大酒店，于12月28日正式开业；2004年5月，经过广泛市场考察，投资1000万元新上了600亩海水养殖项目；2004年8月28日，居委会投资1000万元按国家级标准兴建的西楼幼儿园正式开园；2004年12月，居委会投资3000万元建设的富丽华大酒店养生园已正式营业。

西楼幼儿园

四川省苍溪县

陵江镇

陵江镇是广元市第一大镇，12万多人口，地处苍溪县首府，结合该镇特殊的地理位置和区位优势，镇党委政府在认真分析、反复认证的基础上，确立了“以党的建设统揽全局，巩固提升农村经济，突破性发展城镇经济，协调推进社会事业”的工作思路，制定了全镇建设小康社会的总体目标和“三步走”发展战略，提出以“搞活机制，突出特色，夯实基础，全面发展”的农村工作重点和“坚持工业强镇战略，以中小企业为重点，以民营经济为突破口，做大总量，提升质量，第一、二、三产业互动，城乡共融”的城镇经济工作重点。

陵江镇经济社会发展迈出了大步，2004年获广元市经济综合实力50强乡镇第一位，全镇GDP达到4.3亿元，比上年增长12%，财政收入3000万元，农民人均纯收入2485元，陵江镇成为广元市的经济强镇。各项事业进入发展的快车道。镇党委书记王华40多次获市、县表彰，连续六年被县委考核评定为“优秀领导干部”，2003年被广元市委授予“优秀乡镇党委书记”称号。

辽宁省大连市金州区

石河镇

石河镇位于大连市与北三市（普兰店市、瓦房店市、庄河市）的结合部，南距大连市区67公里，北与普兰店市交界，西濒渤海普兰店湾，镇域面积87平方公里，所辖7个行政村，1个社区居委会，人口27000人，其中满族人口占42%。多年来，石河镇党委、政府坚持以经济建设为中心，贯彻实施“工业化带动城市化促进农业现代化”的发展战略，走工业强镇之路。2004年全镇实现社会产值70亿元，比2000年增长43%；其中工业产值62亿元，比2000年增长63.2%；农业产值2.5亿元，比2000年增长25%；农民人均纯收入6451元，比2000年增长36%；税收总额5489万元，比2000年增长152%；财政收入3573万元，比2000年增长216%。

石河镇先后被评为国家基层政权建设百颗星乡镇，全国小康建设明星乡镇，全国少数民族经济发展示范区，全国小城镇建设试点镇，全国卫生示范镇，全国绿化百佳镇，全国亿万农民健身运动先进单位，全国婚育新风进万家先进单位，辽宁省文明镇，辽宁省民族团结先进镇，辽宁省综合经济实力十强镇以及大连市两个文明建设多种荣誉称号。

石河镇街景

山东省济南市历下区姚家镇

姚家镇地处省会济南的东大门，辖区面积69.52平方公里，19个行政村，人口2.6万人，近年来，按照省委关于"济南五年大变样"和市委关于"树立省会意识，争创一流成绩"的要求，坚持以邓小平理论和"三个代表"重要思想为指导，以经济建设为中心，两个文明一起抓，先后获得"全国乡镇企业先进镇"、"全国亿万农民健身活动先进镇"、"中国民间艺术之乡"、"全国服务农民服务基层文化工作先进集体"、"全国小康建设明星乡镇"、"全省经济强镇"、"全省明星乡镇"和"全省乡镇综合经济实力百强"等18项国家和省级荣誉称号。

镇党委政府领导班子

2004年，姚家镇坚持"优化提升第二产业、大力发展第三产业、稳定提高第一产业"的指导思想，以增加财政收入为目标，采取了一系列行之有效的措施，不断扩大经济总量，提高运行质量，努力增加农民收入，促进了全镇经济的快速健康发展。2004年全镇实现国内生产总值18.6亿元，上缴税金2.02亿元，比上年同期增长20.61%，地方财政收入0.94亿元，比上年同期增长20.16%；社会消费品零售总额14.67亿元，比上年同期增长20.08%；实际利用外资960万美元，比上年同期增长37.14%；出口创汇710万美元，比上年同期增长22.37%，农民人均可支配收入4830元，比上年同期增长10.07%。

黑龙江省肇东市肇东镇

全镇年产各类果菜2亿公斤

肇东镇环围着黑龙江省肇东市市区，全镇幅员面积204平方公里，辖9个行政村，54个自然屯，12133户，50318口人，耕地面积14．1万亩，草原面积8．6万亩，林地19000亩。2004年全镇国民生产总值实现4．71亿元，农民人均纯收入实现3829元。镇财政全口径收入实现2791万元，其中税收2018万元。

近三年，肇东镇经济与社会发展迅速，被肇东市评为"经济与社会发展先进乡镇标兵"，2005年被授予"全国小康建设明星乡镇"称号。国民生产总值、税收和人均收入连续三年居肇东市首位，2004年税收居绥化市首位。

四川省双流县黄甲镇

镇党委政府领导班子

黄甲镇地处牧马山腹地，幅员面积32.08平方公里，耕地面积33367亩。辖4个行政村，3个社区，45个组，总人口3.5万人。镇内交通发达，区位优势明显：距成都市区20公里，距双流县城7公里，距双流国际机场10公里，紧邻航空港开发区和牧马山开发区。

黄甲镇是成都市二线蔬菜基地和成都市牧山麻羊基地，5平方公里工业园区正在开发并已初具规模，到2004年已入驻企业36家，协议引资18亿元，到位资金12亿元。

全镇经济、社会事业快速健康发展，经济竞争力进一步增强，到2004年，实现地方生产总值11.7亿元，比上年增加1.2亿元，增长11.4%；财政收入实现11189万元，其中，工商税收完成7704万元，同口径增加额1410万元，增长22.4%，增长率连续三年居全县第一名。农村人均纯收入实现4372元，比上年增加535元，增长14%。曾荣获“四川省首批小城镇建设试点镇”、“四川省文化先进乡镇”和“双流县小康建设基本达标乡镇”等荣誉称号。

湖北省武汉市滠口街道办事处

滠口街道办事处位于武汉市北郊，与武汉市中心城区仅一河之隔，五桥相通，扼江北四省十多个县市进入武汉之咽喉。因境内发掘距今3500多年的商代盘龙城古城址，被考证为中国龙文化的发祥地和武汉城市之根。街域总面积157.5平方公里，湖泊2.6万亩，总人口6.8万人。

滠口区位优势独特，地处天兴洲大桥桥头堡，距天河机场、阳逻深水港片刻之时，离武汉客运港、汉口火车站一箭之遥，是天河机场、阳逻深水港、汉口火车站形成的“水陆空”三港所辖的“金三角”。交通便捷，是省会城市紧密圈内交通最为密集之地。318国道和机场高速、盘龙一级、岱黄高速穿境而过，纵贯南北；巨龙大道一线串珠，横贯东西。京广、规划建设的武广两条铁龙奔腾呼啸，呈龙腾之状；武汉中环、外环一双金凤挟街而动显凤舞之势。

改革开放以来，滠口发展迅猛。社会经济综合实力曾跻身湖北省“五十强”、武汉市“十强”行列。先后被确立为全国小城镇发展改革试点、全国星火技术密集区、湖北省小城镇建设重点镇，为武汉市经济开发区之一。良好的投资环境，吸引了一批企业纷至沓来，滠口已成为商贾名流创业之乐园，一座现代化的工业基地正在武汉北郊崛起。

黑龙江省海林市海林镇

党委书记　于忠达

海林镇位于黑龙省东南部，是海林市政治、经济、文化中心，是海林市委、市政府所在地。海林市被确定为国家可持续发展试验区和黑龙江省生态农业开发区，素有“林海雪原”之称。201、301国道及滨绥铁路穿越境内，距哈尔滨280公里，距牡丹江12公里，距绥芬口岸175公里。辖区面积666.2平方公里，全镇总人口13.8万人，镇辖32个行政村、75个自然屯，海林镇是英雄杨子荣曾经战斗过地方，杨子荣烈士陵园已被确定为国家级红色旅游景点。镇域内林木、矿产、山野菜和中草药资源丰富，全镇的主导产业是蔬菜、养牛、劳动力转移、食用菌和烤烟。

为进一步扩大对外开放，广泛吸引国内外客商到海林镇投资兴业，镇党委、政府确定了“工业立镇、项目强镇、招商引资、产业富民”的工作思路，为国内外客商投资兴业创造最优良的环境，制定最优惠政策，提供最优质的服务。党委书记于忠达、镇长高继宏诚挚欢迎国内外客商、各界朋友前来观光、考察、洽淡、创业，携手共创美好的明天。

四川省双流县华阳镇

华阳镇位于成都平原东南部，距成都市区8km，距双流国际机场仅12公里，距成都火车南站10公里，距成雅、成乐高速公路4公里，213国道和华龙路穿镇而过。镇域北与高新区相邻，东靠龙泉山脉，西傍牧马山麓，2004年成都市新规划修编定位为城市次中心。全镇幅员面积70.7平方公里，其中城区面积约10平方公里，并村并组建社区后，辖14个行政村，13个社区。全镇总人口110118人，其中农业人口47657人。全镇耕地面积40782亩，其中水田面积34439亩。2004年全镇实现地区生产总值23.86亿元，完成财政收入1.88亿元，农民人均纯收入4272元，招商引资到位资金3.3亿元。是国家级小城镇建设示范镇、成都市卫星城。

华阳镇先后被省、市、县授予“成都市小城镇建设先进集体”、“四川省乡镇经济综合实力20强”、“成都市教育强镇”、“防治非典工作先进集体”、“依法治镇先进单位”、“双流县五个好乡镇党委”、“计生工作先进集体”等光荣称号。最近又被评为“全国小康建设明星乡镇”。

华阳镇镇貌

四川省会东县会东镇

会东镇地处会东县城，是全县政治、经济、文化的中心，幅员面积87平方公里，耕地面积7211亩，城区建成面积5.7平方公里。2004年年末总人口42156人（其中农业人口13632人，非农业人口13362人，流动、暂住人口15162人）。全镇辖10个行政村、3个社区居委会。

2004年实现国内生产总值1.68亿元，其中农、林、牧、渔产值5177万元。乡镇企业产值3.6亿元，农村人均纯收入3100元，财政收入1238.7万元。粮食总产量5469吨，四畜存栏37425头，肉类出栏32002头，肉类总产量2368900公斤，发展黑山羊圈养累计306户，产烟128.24万斤，产茧186担，完成群众造林600亩，零星植树5万株。

曾先后荣获“残疾人维权示范岗”、“省级社会治安综合治理模范镇”、“省级文化先进镇”、“全省经济500强镇”、“州级村民自治模范镇”、“州级民政工作先进镇”、“州级计划生育先进镇”等光荣称号，2003年7月又被省政府命名为“首批省级重点镇”。

湖南省韶山市韶山乡

韶山乡，位于湖南省中部偏东湘中丘陵地区，韶山市的中南部。面积37.62平方公里，现辖10个行政村、139个村民小组，常住人口14695人。临近长株潭城市群，交通便利，自然生态环境优良，属亚热带季风湿润气候区，四季分明，平均气温16.7℃，森林覆盖率60%。空气十分清新，有“天然氧吧”的美誉。韶山乡党委、政府按照“旅游带动，兴工强农”的发展思路，高起点规划、高水平保护、高质量建设、高效率管理好毛主席家乡，正确处理人文资源管理与经济发展的关系，各项工作取得了显著成就。

韶山，历史源远流长。相传舜帝南巡至此，见山水绮丽，风景秀丽，顿觉赏心悦目，于是命随从演当时国之大乐——韶乐，引凤来仪，百鸟和鸣，韶山因此而得名。

1893年12月26日，一代伟人毛泽东诞生在韶山冲上屋场。从此，韶山与毛泽东永远连在一起。韶山现已成为中国四大重要革命纪念地之一，是青少年革命传统教育基地和全国爱国主义教育示范基地，1994年被列入国家级风景名胜区，1999年1月被授予“中国优秀旅游城市”称号。韶山乡境内有毛泽东同志故居、韶山毛泽东同志纪念馆、毛泽东同志铜像、滴水洞、韶山毛泽东纪念园、韶峰、韶山毛泽东同志诗词碑林等旅游景点，近几年来韶游客每年达200多万人次。

韶山，人杰地灵，诞生了一代伟人，也孕育了“为有牺牲多壮志，敢教日月换新天”的韶山精神。韶山乡人民将抓住中央确定在韶山建设爱国主义教育基地“一号工程”和“红色旅游经典景区”，省委、省政府确定在韶山实施“五个示范工程”这一历史机遇，加快韶山乡新一轮建设和发展。

北京市怀柔区北宅村

桥梓镇北宅村位于北京市怀柔区西10公里，怀柔水库上游，环境优美，资源丰富。全村600户、1800口人，有2100亩耕地，2万多亩山场。几年来，在村党支部书记谢长明同志的带领下，坚持“三个代表”的重要思想，全面落实科学发展观，依托得天独厚的自然资源，发展集体经济，带领农民致富，实现了农村经济建设快速发展和村民的安居乐业。2004年全村实现村级总收入1.96亿元，人均劳动收入9003元。先后获得了北京市五好村党支部标兵，首都文明示范村，北京市婚育新风进万家活动先进单位，北京市体育先进村，北京市民俗旅游专业村，北京市先进基层党组织，首都平安示范村等荣誉称号。

党支部书记　谢长明

北京市海淀区唐家岭村

唐家岭村地处北京市海淀区西北旺镇中部，南有被称之为中关村后花园的上地产业基地；北有生命园及航天城；东面京包铁路与京包快速路并驾齐驱，南北贯通；西面是正在建设中已初具雏形的西北旺小城市规划镇区，与京密引水渠相邻，与百望山自然风景区相望。交通便利、风景绚丽、土地资源丰富、空气清新，尤其是秋季的唐家岭景色更加迷人。

二千多口唐家岭人在带头人屈富(北京市劳动模范，先进村委会主任)以及党支部、村委会一班人的带领下，顺利完成了3500亩的种植结构调整，成了北京市最大的冬枣种植基地，山东沾化冬枣的成功引进使唐家岭千亩田园枣花飘香，硕果累累，每年春秋季节，特别是冬枣成熟季节，慕名结伴而来的采摘人群络绎不绝，如今又建成三个高效示范园，推动以绿色农产品为主的旅游观光农业。

重庆市沙坪坝区山洞村

山洞村小康新村

歌乐山镇山洞村位于重庆市主城西郊的歌乐山上，区域面积3.5平方公里，辖有16个经济合作社，常住人口5500余人，流动人口10000余人。319国道纵贯全村，距成渝、渝长高速公路3公里，交通十分便利。2004年全村实现工农业总产值5.5亿元，实现收入4.6亿元，利润3360万元，人均收入达到4500元。先后获得重庆市“村民自治模范村”、“乡镇企业工业示范区”、“小康村”等殊荣。

展望山洞村未来，辖区内中梁山脉1600亩荒山已被列为国家级重点农业开发综合项目，重庆市重点项目丽景旅游休闲文化中心也已正式启动，全村人民正以锐不可挡的蓬勃朝气向着文明、民主、富裕的小康生活阔步迈进。

福建省德化县宝美村

村党总支书记　苏锡江

村委会主任　苏文星

龙浔镇宝美村位于“中国三大古瓷都”之一的福建省德化县城东南的城乡结合部，素以陶瓷生产历史悠久而闻名。全村现有人口4850人，土地总面积6.9平方公里。1989年以来，在宝美村两委的精心正确领导下，立足区位优势、资源优势和人才优势，走“以工带农，共同致富”的新路，全村经济迅猛发展，2004年工农业总产值27.81亿元，其中工业产值27.8亿元，人均纯收入9043元。

村现有入驻企业630家，本村工业企业121家，陶瓷产值约占全县四分之一，陶瓷生产高度外向型，人均年创汇达6万美元以上。先后被福建省委省政府授予“先进基层党组织”、“明星村”、“文明村”。

重庆市九龙坡区共和村

华岩镇共和村位于重庆中梁山玉清寺，紧邻巴渝佛教旅游圣地华岩风景区，国道210凤中公路及襄渝铁路横贯其中，区位优势明显，发展空间广阔。该村现有6个经济合作社，人口2378人，土地面积2300亩，2005年6月成立了九龙坡区第一个村级党委。

近年来，村两委会坚持“发展、富民、强村、创一流”的工作目标，大力发展特色区域经济。全村集体资产3千余万元，净资产率100%，2004年实现工农业总产值4.2亿元，人均纯收入4950元。先后获得市委、市政府授予的“特色经济村”、“文明村”、“学教”活动先进集体及区级先进基层党组织、“五好村”党组织、“小康村”等荣誉称号。

辽宁省大连市正明寺村

大连市开发区大李家镇正明寺村，位于辽东半岛东南端的黄海之滨。在村党委书记、村委会主任丛树春带领下，全村广大党员干部群众，艰苦创业，开拓创新，坚持以邓小平理论和“三个代表”重要思想为指导，认真贯彻落实党的富民政策，致力于小康村建设，取得了丰硕成果。现在，正明寺村每年村级财力都在500万元以上，农民人均纯收入达到了7000元，一个环境优美、社会安定、文明富裕的社会主义新农村正在蓬勃发展。

村党委书记、村委会主任丛树春

多年来，正明寺村先后荣获省、市文明村，省、市先进集体，省安全文明村，省依法治理先进村，省人民调解“四无”活动先进村，省乡镇企业出口创汇百强，省文化先进村，省市尊师重教先进单位，市两个文明建设先进单位，市卫生示范村等光荣称号。

江西省进贤县涂家村

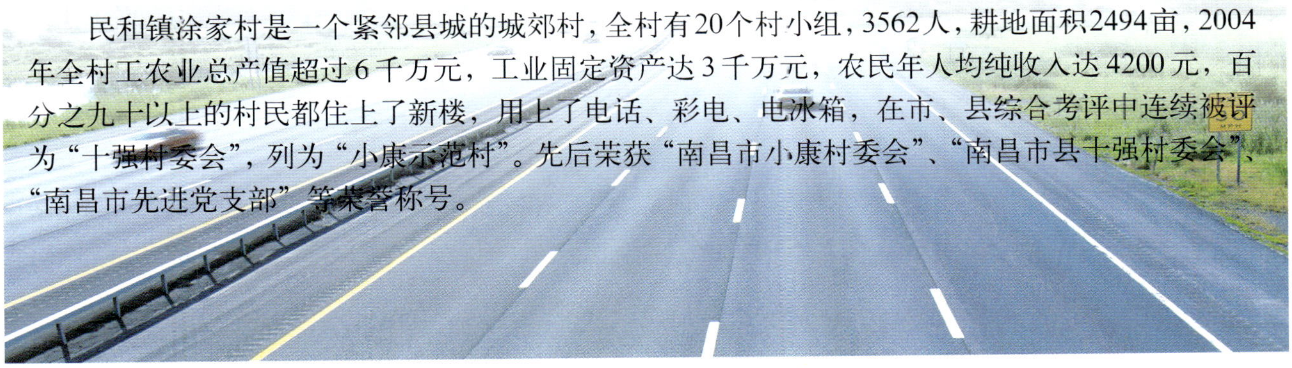

民和镇涂家村是一个紧邻县城的城郊村，全村有20个村小组，3562人，耕地面积2494亩，2004年全村工农业总产值超过6千万元，工业固定资产达3千万元，农民年人均纯收入达4200元，百分之九十以上的村民都住上了新楼，用上了电话、彩电、电冰箱，在市、县综合考评中连续被评为“十强村委会”，列为“小康示范村”。先后荣获“南昌市小康村委会”、“南昌市县十强村委会”、“南昌市先进党支部”等荣誉称号。

福建省龙海市九湖镇

九湖镇地处福建省漳州市南郊，国道324线和省道郊柏线贯穿全境，辖区面积87平方公里，总人口5.6万，有23个行政村，1个镇办农场，1个居委会，是闽南著名的花果之乡，中国首批花木之乡；是水仙花的故乡、榕雕艺术的摇篮、奇花异草的集散地、旅游休闲的好去处；是一块神奇的土地，投资的热土。近年来，九湖镇党委、党政府确立“实施项目建设年，构筑漳州市区后花园”这一主题，实施“工业兴镇，贸易强镇，旅游旺镇”的战略，以建设生态型现代化工贸旅游城镇为目标，狠抓工业园区建设，构建花果贸易出口基地，营造旅游度假休闲乐园。

九湖镇党委书记蔡建忠、镇长纪志鹏热忱欢迎有志之士和各地客商前来投资开发，共图发展！

四川省彭州市天彭镇

镇党委书记谢芝华（左三）、镇长毛泽玉（右二）向市委、市政府领导汇报工作。

天彭镇是彭州市政治、经济、文化的中心，位于成都平原西北部，距成都市区30公里，幅员面积83.6平方公里，人口16.2万人，辖34个行政村、18个社区居委会。

天彭镇党委政府努力实现彭州市委、市政府提出的“工业富市、城建活市、旅游兴市、全面建设小康社会”战略，以全面开展招商引资，深化经营城市理念，打造成都市休闲旅游港湾为目标，把过去以农业为主的天彭镇发展成为以制药业、机械制造业、建材业、化工业、轻工业为主，集商贸、旅游、房地产一体的现代化新兴工业城市。2004年天彭镇地区生产总值达到23.5亿元（其中工业总产值6.5 亿元），财政收入5657 万元，农村居民人均年收入已达到3900元，国民生产总值、税收和人均收入长期位居全市第一。

辽宁省海城市西柳镇

西柳镇地处辽宁省南部，位于海城市区西南。全镇总面积64.12平方公里，现辖5个街道办事处，9个行政村。全镇有常住人口4.07万，外来暂住人口约4万人，日流动人口近10万人。

闻名全国的西柳服装市场始建于上世纪80年代初期，历时20余年的发展壮大，已成为占地1平方公里，拥有摊位1.6万个，总投资8亿元人民币的全国一流大市场。2004年，西柳服装市场交易额实现190亿元。

市场的繁荣，带动了西柳镇经济社会的健康、和谐发展。2004年，全镇国内生产总值实现27亿元，镇财政收入1.34亿元，人均收入8274元。从1999年起，西柳镇先后荣获“全国小城镇建设先进镇”、“全国创建文明小城镇示范镇”、“全国卫生镇”、“全国体育先进镇”、“全国环境优美小城镇”和“全国亿万农民健身活动先进镇”等称号。

北京市昌平区郑各庄村

郑各庄村貌

京郊昌平区北七家镇郑各庄村在以党支部书记黄福水为首的“两委”班子带领下，创建了以传统产业为支撑，以现代高新技术产业为主导，以旅游、教育、物业服务等为配套的经济格局，现有独资企业15家，合资企业25家，总资产10亿元。2004年实现利税9600万元，人均纯收入17200元。村民就业率达到百分之百，并建立了退休、养老、医疗、教育、住房补贴等福利保障体系。先后被评为全国“三个代表”重要思想学习教育活动先进集体、全国创建文明村镇活动先进集体，全国文明村，全国民主法治示范村，北京市五好村党支部标兵以及先进基层党组织等荣誉称号。

北京市丰台区榆树庄村

榆树庄村位于花乡西南端，全村占地3000亩，2300口人，经过多年的发展，形成以了图书物流、建材、汽车和驾校为主的三大经济板块。榆树庄艺术幼儿园是北京市一级一类幼儿园。榆树庄不断树立和落实科学发展观，大力发展循环经济，修复回填废旧沙坑，利用全智能化雨水收集入湖系统建造了占地230亩的榆树庄园生态公园。

榆树庄物流办公楼

榆树庄近几年荣获“北京市可持续发展实验区”、“京郊生态文明村”、“首都平安示范村”、“全国文明村镇”等荣誉。

辽宁省盘山县榆树村

吴家乡榆树村近临油田矿区，是乡政府所在地，地理位置优越。占地2.5平方公里，三个村民小组，1200口人。28家企业安营扎寨；办公大楼拔地而起；现代化规模的教学楼巍然屹立；建成“产业化龙头企业”盘锦特种动物生态养殖科技示范区。现在榆树村发展形成“南有工业区，北有商业网点和地砖生产一条街，中间有动物养殖区”的经济产业。2004年社会总产值1.1亿元，利税300万元，人均收入5500元。村集体固定资产800万元。

榆树村村委办公大楼

榆树村先后被辽宁省授予“五个好村党支部标兵”“模范村委会”“小康示范村”等称号。2005年被评为“全国小康建设明星村”。

湖北省通城县宝塔村

宝塔村党总支书记　黎泗保

隽水镇宝塔村位于鄂南边陲，湘、鄂、赣三省交界的山区县城郊，总面积2平方公里，下辖九个村民小组，263户，1328人。

到过宝塔的人，都说宝塔变了。一条条纵横交错的公路，一座座现代化的工厂，一栋栋鳞次栉比的小洋楼，街巷整齐划一，错落有致，华灯初上，霓虹闪烁。2004年全村实现工农业总产值1.38亿元，其中工业总产值1.1亿元，利税1000万元，净资产6000余万元，村民人均纯收入4800元。近几年来，该村多次被湖北省委、省政府评为“湖北省文明新村”、“湖北省五好村党组织”、“湖北省模范村委会”等荣誉称号；四年来，该村先后被湖北咸宁市通城县评为“小康示范村”、“综合实力第一村”等称号；2004年5月，该村又被评为“全国依法治村先进单位”。

湖北省潜江市竹根滩村

竹根滩村位于潜江市东北部的竹根滩镇政府所在地的竹市集镇，街道沿通顺河以东建筑，距潜江园林城关12公里，与318国道和沪蓉高速公路相隔15公里，距武汉150公里，古城荆州70公里，500吨级汉江专用码头2公里，这里经济发达，商贾云集，市场繁荣。全村5个村民小组，198户，1021人。

竹根滩村新貌

目前，该村拥有11家企业，5家民营企业，150户个体经营户，20多户从事第三产业的客货运输大户，形成了家具、化工、油脂、食品、印刷、建材、面粉、棉织等多样化特色企业。2004年村级、个体、民营等企业共创产值超过亿元，实现利税1000万元，人平纯收入4248元，村级积累近100万元，固定资产900万元，连续三年被省委、省政府授予全省村级经济综合实力500强。全村群众在1993年起实现了零负担，所有农业税费由企业利润承担。现在的竹根滩村已成为既无内债，也无外债，农民无负担的三无村，社会治安稳定，人民群众安居乐业。于1995年2月被潜江市委、市政府授予“小康村”称号。1999年被省人民政府授予“模范村民委员会”称号，2000年被省委授予“五好村级党组织”称号，2003年被省委授予“安全文明村”。

中央政治局委员、中宣部部长刘云山，原河南省委书记陈奎元来我乡视察

乡党委书记邓丙义荣获“2001 年中国乡镇企业十大新闻人物”

河南省洛阳市涧西区工农乡

工农乡位于九朝古都洛阳市城区西部，占地14平方公里，辖13个行政村，人口3.3万。毗邻众多国有大中型企业和科研院所，地时位置优越，素有“都市里的村庄”之美誉。

在历届乡党委、乡政府的正确领导下，按照科学发展观的指引，紧紧围绕经济建设这个中心，把发展作为第一要务，使全乡经济建设和各项社会事业蓬勃发展，走出了一条政治稳定、社会进步、经济繁荣、科教兴旺的乡村建设新路子。曾荣获“中国乡镇之星”、“全国小康建设明星乡镇标兵”、“全国计划生育先进单位”、“河南省十佳乡镇”、“文明乡”、“六好乡镇党委”等荣誉称号。

工农乡利用地域优势，大力发展第三产业和民营经济，改造提升传统工业，初步形成了以房地产开发、机械制造加工、化工、建材、商贸服务业为主的产业格局。2004 年全乡完成社会生产总值18.66亿元，完成乡镇企业总产值10.66亿元，完成营业收入1.03亿元，实现利润6987万元，按新口径计算，完成财税收入7080万元，完成固定投资8.2亿元，农民人均纯收入5850元，超亿元村5个，综合经济实力在洛阳市157个乡镇中位居第一，在河南省排名第三。

现在，工农乡党委、党政府正带领全乡人民，按照党的十六大提出的全面建设小康社会的目标，以中原物流国际鞋业城和涧西科技工业园建设为龙头，带动全乡商贸、机电、化工、房地产等行业迅猛发展。一个民主、富裕、文明的百星乡镇正在与时俱进，谱写新的辉煌篇章！

领导班子共商工农乡发展大计

广东省东莞市

虎门镇

虎门镇位于广东省西南部珠江口东岸，总面积170平方公里，现有常驻人口11万，外来人口53万多人，辖有28个村委会和3个居委会。虎门人民在镇党委、镇政府的正确领导下，税意改革，开拓创新，将虎门建设成了遐尔闻名的服装名城，现代化南国海滨港口商城的动人风貌开始渐露端倪。近年来，虎门镇每年获得的荣誉称号和奖励几十项，主要有：中国乡镇之星、全国小康建设明星乡镇标兵、中国女装名镇、广东省卫生镇、连续9年各项税收总额排在全国乡镇第一名、在全国首次小城镇综合发展指数测评中成为千强镇之首。

胡锦涛总书记视察虎门与钟淦泉书记亲切握手

虎门国际时装交易会时装秀

2004年全镇国内生产总值达63.98亿元，工业总产值142亿元；农业总产值3.92亿元；各项存款余额221亿元，税收总额24亿元，位居全国乡镇前列，居民储蓄存款余额162亿元，农民人均纯收入9516元，合同利用外资1.68亿美元，实际利用外资1.33亿美元，外贸出口13.3亿美元，个体工商户、私营企业总数突破3万户，注册资金总额突破60亿元，注册资金超过1000万元的有70家，两家民营企业入选东莞市50强，一家民营企业入选广东省100强。村组两级集体总收入12.62亿元，纯收入7.63亿元，其中超过亿元的村有3个，超3000万元的村有11个，村组两级集体总资产75亿元。

服装产业是虎门镇政府大力扶持和精心培育的支柱产业。至2004年虎门已成功举办九届服装交易会，成交额从第一届的12.6亿元增加至第九届的32.6亿元，成为服装界的名牌会展。如今，虎门已有服装及配套生产企业1220多家，成为举世闻名的服装名城。

中国乡镇年鉴

2005

中国乡镇年鉴编辑委员会　编

中国文史出版社

水到渠成　应运而生

《中国乡镇年鉴》首卷序言

乡镇是我国农村最基层的政权组织。自 1949 年中华人民共和国成立以来，在中国共产党的领导下，乡镇政权组织为发展农村经济和稳定社会起到了重要作用。特别是改革开放二十多年来，随着生产力的迅猛发展，一批原来默默无闻、名不见经传的乡镇脱颖而出，灿如星辰，使得乡镇这一基层政权组织的活力和作用得到了空前的展示。这种来自基层的强大推动力，犹如春风拂面，摧动人们重新了解乡镇，认识乡镇。

进入新世纪以来，在以胡锦涛同志为总书记的党中央领导下，在邓小平理论和“三个代表”重要思想的指导下，我国乡镇基层政权建设健康发展，乡镇工作更加得到重视，乡镇建设的任务也更加繁重。2005 年 10 月 11 日，中国共产党第十六届中央委员会第五次全体会议通过了《中共中央关于制定国民经济和社会发展第十一个五年规划的建议》，确定了建设“生产发展、生活宽裕、乡风文明、村容整洁、管理民主的社会主义新农村”的宏伟目标，为乡镇工作指明了正确的方向。

建设社会主义新农村是各级党委和政府当前与今后一个时期的中心工作任务，随着新农村建设不断取得进展，势必会引起我国经济社会各方面的深刻变革，经济社会的变革又进一步推动新农村建设，提出新的课题。这是已经初见端倪的历史发展趋势，对此我们必须有足够的认识。乡镇领导是建设新农村的基层带头人，也是新农村建设第一线的实践者。他们的思想认识和行为方略如何，与新农村建设有重要关系。应当说，正是这种来自社会基层变革的内在推动力，催生了《中国乡镇年鉴》的青枝绿叶。援手“三农”伟业、绘就新农村宏图，是中国社会工作协会乡镇工作委员会编辑《中国乡镇年鉴》的主题目标。我们借助《中国乡镇年鉴》这个阵地，为各乡镇领导打造一个通过信息交流，努力在实践中探索解决新课题的平台。具体做法主要是，及时推介乡镇领导在工作实践中的创新思路与举措，让那些见解、思路、方略振聋发聩、见解独到、掷地有声的经验，以及乡镇在进步与发展中所取得的成绩，借助《中国乡镇年鉴》使之传播四方，成为全国共享的精神财富，进一步推动新农村建设。在这个意义上说，《中国乡镇年鉴》在新世纪初编辑出版，是一件应运而生的盛事。《中国乡镇年鉴》的问世必将成为记录中国乡镇基层政权在推动社会主义市场经济、建设社会主义新农村的伟大壮举中求索奋进，再创辉煌的“历史年轮”。

编 辑 说 明

一、《中国乡镇年鉴》由中国社会工作协会乡镇工作委员会主办，北京润田文化传播有限公司承担编纂任务。

二、《中国乡镇年鉴》的定位为：全面、综合、系统地反映上一年度全国乡镇经济发展改革，建设社会主义新农村的基本情况，收录党中央、国务院有关乡镇发展改革的文件和领导讲话，以及民政部、农业部等有关部委对促进乡镇建设的指导性文章；收录有关经济强镇发展情况和乡镇党委书记、镇长在工作实践中总结出的具有较高理论水平，并在实际推广中便于借鉴、操作的文章，是一部集资料性、辞书性、学术性为一体，具有研究、信息、查询和收藏价值的大型工具书。

三、《中国乡镇年鉴》每年出版一卷。本书作为2005年出版的《中国乡镇年鉴》首卷，主要收录的是2004年的有关内容。为了读者查阅和使用方便，还将2004年以前的部分文件收入本卷，本着同样的原则，本卷还收录了2005年的若干相关文件。今后每年出版的《中国乡镇年鉴》，除特殊需要外，所收录内容均为上一年度的新资料。

四、《中国乡镇年鉴》全书内容分为五个部分。一是政策法规篇。收录党中央、国务院的有关文件和领导的有关讲话，收集各有关部委对乡镇建设有指导性的文件。二是按财政收入、粮食产量、棉花产量、油料产量、糖料产量、肉类产量和水产品产量分别排列居全国前1000位的2002年乡镇统计情况收录在本卷。三是强镇视窗。重点关注列入中国乡镇社会经济发展观察点的中国经济发展强镇和全国重点镇，介绍其经济发展的变化情况和政治文明、精神文明建设情况。四是荣誉档案。介绍历年被党中央、国务院有关部委和本省、自治区、直辖市和地市级政府授予各种荣誉称号的乡镇及乡镇党镇领导。五是乡镇论坛。按照推荐与挑选相结合的原则，从在职乡镇及相关领导思考、研究乡镇工作的文章中遴选，刊登在《中国乡镇年鉴》上，以促进乡镇领导之间的业务交流。

五、编辑出版《中国乡镇年鉴》尚属首创，由于经验不足，与各乡镇领导的联系、沟通尚不到位，致使各乡镇的来稿参差不齐，虽经努力弥补，仍难免顾此失彼，安排不周。希望各乡镇积极协助，大力支持中国乡镇年鉴编辑委员会的工作，以使今后各卷《中国乡镇年鉴》稿源广泛，结构合理，更具代表性和权威性。

六、因编者水平有限，《中国乡镇年鉴》首卷可能有不完善之处，敬请各级领导和各乡镇领导、各界读者赐教、指正。我们相信，在大家的关心支持和积极参与下，《中国乡镇年鉴》今后各卷一定会不断提高内容质量和编辑水平，切实做到与时俱进，日臻完善。

目　录

专　文

中共中央、国务院关于促进农民增加收入若干政策的意见 ······ 1
中共中央、国务院关于进一步加强农村工作提高农业综合生产能力若干政策的意见 ······ 6

领导同志讲话

中共中央政治局召开会议　专题研究村务公开民主管理制度
　中共中央总书记胡锦涛主持 ······ 12
国务院总理温家宝再一次肯定村级直选 ······ 12
增加农民收入　保障粮食供给　实现农村经济社会全面发展
　中共中央政治局委员、国务院副总理回良玉在中央农村工作会议上的讲话 ······ 13
中共中央书记处书记何勇在全国村务公开和民主管理工作经验交流会议上的讲话 ······ 23
深入贯彻十六届四中全会精神　把村务公开和民主管理工作推向新水平
　民政部部长李学举在全国村务公开民主管理工作经验交流会上的讲话 ······ 27
我国加快培育发展农村专业经济协会
　民政部部长李学举在全国发展农村专业经济协会会议上发表讲话 ······ 32
指导农村基层民主建设的重要文献
　全国村务公开协调小组组长、民政部部长　李学举 ······ 33

法律与法规政策

中华人民共和国村民委员会组织法 ······ 37
中华人民共和国地方各级人民代表大会和地方各级人民政府组织法 ······ 40
中华人民共和国全国人民代表大会和地方各级人民代表大会选举法 ······ 49
中华人民共和国土地管理法 ······ 54
中华人民共和国农村土地承包法 ······ 62
中华人民共和国农业机械化促进法 ······ 67
中国共产党农村基层组织工作条例 ······ 70
中共中央办公厅、国务院办公厅关于进一步做好村民委员会换届选举工作的通知 ······ 73
中共中央办公厅、国务院办公厅关于在农村普遍实行村务公开和民主管理制度的通知 ······ 76
中共中央办公厅、国务院办公厅关于健全和完善村务公开和民主管理制度的意见 ······ 78
国务院关于做好2004年深化农村税费改革试点工作的通知 ······ 82
国务院关于深化改革严格土地管理的决定 ······ 85
国务院办公厅关于进一步做好改善农民进城就业环境工作的通知 ······ 89
国务院办公厅关于加强生物物种资源保护和管理的通知 ······ 91
国务院办公厅转发商务部等部门关于进一步做好农村商品流通工作意见的通知 ······ 93
关于进一步做好农村商品流通工作的意见 ······ 93
国务院办公厅转发广电总局等部门关于巩固和推进村村通广播电视工作意见的通知 ······ 95
关于巩固和推进村村通广播电视工作的意见 ······ 96

粮食流通管理条例 …… 97
国务院关于行政区划管理的规定 …… 101
地名管理条例 …… 102
行政区域边界争议处理条例 …… 103
行政区域界线管理条例 …… 105
村庄和集镇规划建设管理条例 …… 106
全国村务公开协调小组关于落实《中共中央办公厅、国务院办公厅关于健全和完善村务公开和民主管理制度的意见》的目标任务分工 …… 110
关于印发《全国村务公开协调小组 2005 年工作要点》的通知 …… 114
民政部关于学习贯彻《中共中央办公厅、国务院办公厅关于健全和完善村务公开和民主管理制度的意见》的通知 …… 116
民政部、财政部、国家发展和改革委员会关于进一步做好农村五保供养工作的通知 …… 118
农村五保供养工作条例 …… 120
农村敬老院管理暂行办法 …… 122
民政部、中央机构编制委员会办公室、国务院经济体制改革办公室、建设部、财政部、国土资源部、农业部关于乡镇行政区划调整工作的指导意见 …… 123
民政部关于做好 2005 年村民委员会换届选举工作的通知 …… 125
民政部关于进一步推进乡镇政务公开工作的通知 …… 127
民政部关于努力保证农村妇女在村委会成员中有适当名额的意见 …… 130
民政部关于印发《关于加强农村专业经济协会培育发展和登记管理工作的指导意见》的通知 …… 131
民政部、公安部关于规范村民委员会印章制发使用和管理工作的意见 …… 133
民政部关于认真学习贯彻中办发[2002]14 号文件精神的通知 …… 134
民政部关于命名表彰全国村民自治模范县(市、区、旗)的决定（1999） …… 135
民政部关于表彰全国村民自治模范县（市、区、旗）的决定(2003) …… 136
民政部办公厅关于印发《全国村民委员会选举情况分析会纪要》的通知 …… 138
民政部关于县乡民政部门开展“三个代表”重要思想学习教育活动的通知 …… 142
民政部区划地名司关于贯彻中发[2004]1 号文件精神继续做好乡镇行政区划调整工作的通知 …… 144
民政部关于转发黑龙江省民政厅、省计划生育委员会《关于我省〈选举办法〉中对违反计划生育政策法规的规定的意见》的通知 …… 145
建设部、国家文物局关于公布中国历史文化名镇（村）（第一批）的通知 …… 146
建设部、国家文物局关于公布第二批中国历史文化名镇（村）的通知 …… 149
建设部、国家发展和改革委员会、民政部、国土资源部、农业部、科学技术部关于公布全国重点镇名单的通知 …… 151
建设部关于贯彻《国务院关于深化改革严格土地管理的决定》的通知 …… 151
建设部关于村庄整治工作的指导意见 …… 154
财政部关于印发《村合作经济组织财务制度（试行)》的通知 …… 156
农业部、监察部关于村集体经济组织财务公开暂行规定 …… 173
农业部、民政部、财政部、审计署关于推动农村集体财务管理和监督经常化规范化制度化的意见 …… 175
中共安徽省委办公厅、安徽省人民政府办公厅关于做好全省乡镇区划调整工作的通知 …… 177

中共云南省委、云南省人民政府关于印发《云南省农村工作守则》的通知 …… 178
云南省农村工作守则 …… 179
浙江省村民委员会选举办法 …… 180
浙江省民政厅关于加强乡镇行政区划调整规划工作的通知 …… 184

中国乡镇发展概况

中国乡镇发展报告 …… 186
一、中国乡镇组织的沿革 …… 187
二、改革开放以来的中国乡镇 …… 188
三、转型中的乡镇：小城镇发展问题 …… 193
四、乡镇发展中的突出矛盾和问题 …… 196
五、以城乡统筹科学发展观推动乡镇的改革与发展 …… 198
中国乡镇发展报告发布 …… 200
我国城镇化进入快速发展阶段 …… 200
全国小城镇综合发展指数测评报告 …… 201
全国撤并乡镇工作 …… 203
农村村民自治 …… 203
村民自治主要成就 …… 204
中国农村基层民主概况 …… 207
农村基层民主政治建设发展的主要进程 …… 208
农村村民自治换届选举 …… 210
村务公开、民主管理工作 …… 211
农村卫生事业补助政策 …… 211
医疗救助工作 …… 213
农村文化建设 …… 213
救灾救济工作 …… 214
农村五保供养和特困户救助工作 …… 214
社会捐助工作 …… 214
表彰“全国民主法治示范村” …… 214
万家社区图书室援建和万家社区读书活动 …… 215
地名管理工作 …… 216
民间组织管理工作 …… 216

主要指标居全国前 1000 位的乡镇经济统计

2002 年按财政收入排列居全国前 1000 位的乡镇 …… 217
2002 年按粮食产量排列居全国前 1000 位的乡镇 …… 228
2002 年按棉花产量排列居全国前 1000 位的乡镇 …… 239
2002 年按油料产量排列居全国前 1000 位的乡镇 …… 250
2002 年按糖料产量排列居全国前 1000 位的乡镇 …… 261
2002 年按肉类产量排列居全国前 1000 位的乡镇 …… 272
2002 年按水产品产量排列居全国前 1000 位的乡镇 …… 283

强镇视窗

北京市 ······ 294
天津市 ······ 302
河北省 ······ 306
山西省 ······ 316
内蒙古自治区 ······ 317
辽宁省 ······ 321
吉林省 ······ 332
黑龙江省 ······ 339
上海市 ······ 343
江苏省 ······ 343
浙江省 ······ 356
安徽省 ······ 371
福建省 ······ 374
江西省 ······ 381
山东省 ······ 385
河南省 ······ 397
湖北省 ······ 405
湖南省 ······ 415
广东省 ······ 424
广西壮族自治区 ······ 433
海南省 ······ 433
重庆市 ······ 434
四川省 ······ 446
贵州省 ······ 454
云南省 ······ 455
西藏自治区 ······ 457
陕西省 ······ 459
甘肃省 ······ 460
青海省 ······ 462
新疆维吾尔自治区 ······ 462
附：明星村展示 ······ 465

荣誉档案

北京市 ······ 513
天津市 ······ 513
河北省 ······ 513
山西省 ······ 514
内蒙古自治区 ······ 514
辽宁省 ······ 515
吉林省 ······ 515
黑龙江省 ······ 516
上海市 ······ 517
江苏省 ······ 517
浙江省 ······ 519
安徽省 ······ 521
福建省 ······ 521
江西省 ······ 521
山东省 ······ 522
河南省 ······ 524
湖北省 ······ 526
湖南省 ······ 527
广东省 ······ 528
广西壮族自治区 ······ 529
海南省 ······ 529
重庆市 ······ 529
四川省 ······ 530
贵州省 ······ 531
云南省 ······ 531
陕西省 ······ 532
甘肃省 ······ 532
青海省 ······ 532
新疆维吾尔自治区 ······ 532

乡镇论坛

树立科学发展观　全面建设小康乡镇
湖北省武汉市洪山乡党委书记　戚茂武 ---------- 534
全面取消农业税对村级组织建设的影响及对策
——对江西省31个村的调查
江西省民政厅基层政权和社区建设处副处长　虞烈东 ---------- 537
加强党的建设　构建和谐社会
湖南省韶山市韶山乡党委副书记、韶山村党总支书记　毛雨时 ---------- 544
深入基层察民情　关心群众解民忧　促进城乡一体化　再现党群鱼水情
——关于东升镇实施“四民工程”的调查与思考
四川省双流县东升镇党委书记、人大主席　李荣建 ---------- 547
落实科学发展观　建设富裕、文明、生态、和谐的小康镇
重庆市沙坪坝区覃家岗镇 ---------- 550
真抓实干不放松　一心一意谋发展　为构建和谐黄甲而努力奋斗
四川省双流县黄甲镇 ---------- 553
以推进城乡一体化为总揽　富民强镇，全面建设小康华阳
四川省双流县华阳镇党委书记　罗开全 ---------- 556
推进开平农业产业化的思考
广东省开平市塘口镇镇长　龚飞舟 ---------- 559
提高乡镇党委执政能力之我见
——关于新形势下如何提高乡镇党委执政能力的几点思考
江苏省赣榆县委常委、青口镇党委书记 卢西村 ---------- 561
关于建立健全防止农民负担反弹新机制的思考
陕西省农民负担监督管理办公室　李德强　雷小军 ---------- 562
全面取消农业税，农民负担依旧沉重
山东省海阳市盘石店镇　王新海 ---------- 569

附　录

全国小城镇综合发展指数排名前1000位名单 ---------- 577
全国重点镇名单 ---------- 589

专 文

中共中央、国务院
关于促进农民增加收入若干政策的意见

在党的十六大精神指引下，2003年各地区各部门按照中央的要求，加大了解决“三农”问题的力度，抵御住了突如其来非典疫情的严重冲击，克服了多种自然灾害频繁发生的严重影响，实现了农业结构稳步调整，农村经济稳步发展，农村改革稳步推进，农民收入稳步增加，农村社会继续保持稳定。

同时，应当清醒地看到，当前农业和农村发展中还存在着许多矛盾和问题，突出的是农民增收困难。全国农民人均纯收入连续多年增长缓慢，粮食主产区农民收入增长幅度低于全国平均水平，许多纯农户的收入持续徘徊甚至下降，城乡居民收入差距仍在不断扩大。农民收入长期上不去，不仅影响农民生活水平提高，而且影响粮食生产和农产品供给；不仅制约农村经济发展，而且制约整个国民经济增长；不仅关系农村社会进步，而且关系全面建设小康社会目标的实现；不仅是重大的经济问题，而且是重大的政治问题。全党必须从贯彻“三个代表”重要思想，实现好、维护好、发展好广大农民群众根本利益的高度，进一步增强做好农民增收工作的紧迫感和主动性。

现阶段农民增收困难，是农业和农村内外部环境发生深刻变化的现实反映，也是城乡二元结构长期积累的各种深层次矛盾的集中反映。在农产品市场约束日益增强、农民收入来源日趋多元化的背景下，促进农民增收必须有新思路，采取综合性措施，在发展战略、经济体制、政策措施和工作机制上有一个大的转变。

当前和今后一个时期做好农民增收工作的总体要求是：各级党委和政府要认真贯彻十六大和十六届三中全会精神，牢固树立科学发展观，按照统筹城乡经济社会发展的要求，坚持“多予、少取、放活”的方针，调整农业结构，扩大农民就业，加快科技进步，深化农村改革，增加农业投入，强化对农业支持保护，力争实现农民收入较快增长，尽快扭转城乡居民收入差距不断扩大的趋势。

一、集中力量支持粮食主产区发展粮食产业，促进种粮农民增加收入

（一）加强主产区粮食生产能力建设　当前种粮效益低、主产区农民增收困难的问题尤为突出，必须采取切实有力的措施，尽快加以解决。抓住了种粮农民的增收问题，就抓住了农民增收的重点；调动了农民的种粮积极性，就抓住了粮食生产的根本；保护和提高了主产区的粮食生产能力，就稳住了全国粮食的大局。从2004年起，国家将实施优质粮食产业工程，选择一部分有基础、有潜力的粮食大县和国有农场，集中力量建设一批国家优质专用粮食基地。要着力支持主产区特别是中部粮食产区重点建设旱涝保收、稳产高产基本农田。扩大沃土工程实施规模，不断提高耕地质量。加强大宗粮食作物良种繁育、病虫害防治工程建设，强化技术集成能力，优先支持主产区推广一批有重大影响的优良品种和先进适用技术。围绕农田基本建设，加快中小型水利设施建设，扩大农田有效灌溉面积，提高排涝和抗旱能力。提高农业机械化水平，对农民个人、农场职工、农机专业户和直接从事农业生产的农机服务组织购置和更新大型农机具给予一定补贴。

（二）支持主产区进行粮食转化和加工　主产区要立足粮食优势促进农民增加收入、发展区域经济，并按照市场需求，把粮食产业做大做强。充分利用主产区丰富的饲料资源，积极发展农区畜牧业，通过小额贷款、贴息补助、提供保险服务等形式，支持农民和企业购买优良畜禽、繁育良种，通过发展养殖业带动粮食增值。按照国家产业政策要求，引导农产品加工业合理布局，扶持主产区发展以粮食为主要原料的农产品加工业，重点是发展精深加工。国家通过技改贷款贴息、投资参股、税收政策等措施，支持主产区建立和改造一批大型农产品加工、种子营销和农业科技型企业。

（三）增加对粮食主产区的投入　现有农业固定资产投资、农业综合开发资金、土地复垦基金等要相对集中使用，向主产区倾斜。继续增加农业综合开发资金，新增部分主要用于主产区。为切实支持粮食主产区振兴经济、促进农民增收，要开辟新的资金来源渠道。从2004年起，确定一定比例的国有土地出让金，用于支持农业土地开发，建设高标准基本农田，提高粮食综合生产能力。主销区和产销平衡区也要加强粮食生产能力建设。进一步密切产销区的关系。粮食销区的经营主体到产区建立粮食生产基地、仓储设施和加工企业，应享受国家对主产区的有关扶持政策。产区粮食企业到销区建立仓储、加工等设施，开拓粮食市场，销区政府应予以支持并实行必要的优惠政策。

二、继续推进农业结构调整，挖掘农业内部增收潜力

（四）全面提高农产品质量安全水平　近几年，农业结构调整迈出较大步伐，方向正确，成效明显，要坚定不移地继续推进。要在保护和提高粮食综合生产能力的前提下，按照高产、优质、高效、生态、安全的要求，走精细化、集约化、产业化的道路，向农业发展的广度和深度进军，不断开拓农业增效增收的空间。要加快实施优势农产品区域布局规划，充分发挥各地的比较优势，继续调整农业区域布局。农产品市场和加工布局、技术推广和质量安全检验等服务体系的建设，都要着眼和有利于促进优势产业带的形成。2004年要增加资金规模，在小麦、大豆等粮食优势产区扩大良种补贴范围。进一步加强农业标准化工作，深入开展农业标准化示范区建设。要进一步完善农产品的检验检测、安全监测及质量认证体系，推行农产品原产地标记制度，开展农业投入品强制性产品认证试点，扩大无公害食品、绿色食品、有机食品等优质农产品的生产和供应。加强动物防疫体系建设，实施重点区域动物疫病应急防治工程，鼓励乡村建立畜禽养殖小区，2004年要启动兽医管理体制改革试点。加快实行法定检验和商业检验分开的制度，对法定检验要减少项目并给予财政补贴，对商业检验要控制收费标准并加强监管。

（五）加快发展农业产业化经营　各级财政要安排支持农业产业化发展的专项资金，较大幅度地增加对龙头企业的投入。对符合条件的龙头企业的技改贷款，可给予财政贴息。对龙头企业为农户提供培训、营销服务，以及研发引进新品种新技术、开展基地建设和污染治理等，可给予财政补助。创造条件，完善农产品加工的增值税政策。对新办的中小型农副产品加工企业，要加强创业扶持和服务。不管哪种所有制和经营形式的龙头企业，只要能带动农户，与农民建立起合理的利益联结机制，给农民带来实惠，都要在财政、税收、金融等方面一视同仁地给予支持。

（六）加强农业科研和技术推广　要围绕增强我国农业科技的创新能力、储备能力和转化能力，改革农业科技体制，较大幅度地增加预算内农业科研投入。继续安排引进国外先进农业科技成果的资金。增加农业科技成果转化资金。支持已有科研成果的中试和大面积示范推广。引导和推动企业成为农业技术创新主体，允许各类农业企业和民营农业科技组织申请使用国家有关农业科技的研发、引进和推广等资金。深化农业科技推广体制改革，加快形成国家推广机构和其它所有制推广组织共同发展、优势互补的农业技术推广体系。积极发挥农业科技示范场、科技园区、龙头企业和农民专业合作组织在农业科技推广中的作用。建立与农业产业带相适应的跨区域、专业性的新型农业科技推广服务组织。支持农业大中专院校参与农业技术的研究、推广。

三、发展农村二、三产业，拓宽农民增收渠道

（七）推进乡镇企业改革和调整　发展乡镇企业是充分利用农村各种资源和生产要素，全面发展农村经济、拓展农村内部就业空间的重要途径。要适应市场需求变化、产业结构升级和增长方式转变的要求，调整乡镇企业发展战略和发展模式，加快技术进步，加快体制和机制创新，重点发展农产品加工业、服务业和劳动密集型企业。加大对规模以上乡镇企业技术改造的支持力度，促进产品更新换代和产业优化升级。引导农村集体企业改制成股份制和股份合作制等混合所有制企业，鼓励有条件的乡镇企业建立现代企业制度。农村中小企业对增加农民就业作用明显，只要符合安全生产标准和环境保护要求，有利于资源的合理利用，都应当允许其存在和发展。有关部门要根据乡镇企业发展的新形势新情况，加强调查研究，尽快制定促进乡镇企业改革和发展的指导性意见。

(八)大力发展农村个体私营等非公有制经济　法律法规未禁入的基础设施、公用事业及其它行业和领域，农村个体工商户和私营企业都可以进入。要在税收、投融资、资源使用、人才政策等方面，对农村个体工商户和私营企业给予支持。对合法经营的农村流动性小商小贩，除国家另有规定外，免于工商登记和收取有关税费。

(九)繁荣小城镇经济　小城镇建设要同壮大县域经济、发展乡镇企业、推进农业产业化经营、移民搬迁结合起来，引导更多的农民进入小城镇，逐步形成产业发展、人口聚集、市场扩大的良性互动机制，增强小城镇吸纳农村人口、带动农村发展的能力。国家固定资产投资要继续支持小城镇建设，引导金融机构按市场经济规律支持小城镇发展。重点渔区渔港、林区和垦区场部建设要与小城镇发展结合起来。有条件的地方，要加快推进村庄建设与环境整治。

四、改善农民进城就业环境，增加外出务工收入

(十)保障进城就业农民的合法权益　进一步清理和取消针对农民进城就业的歧视性规定和不合理收费，简化农民跨地区就业和进城务工的各种手续，防止变换手法向进城就业农民及用工单位乱收费。进城就业的农民工已经成为产业工人的重要组成部分，为城市创造了财富、提供了税收。城市政府要切实把对进城农民工的职业培训、子女教育、劳动保障及其它服务和管理经费，纳入正常的财政预算，已经落实的要完善政策，没有落实的要加快落实。对及时兑现进城就业农民工资、改善劳动条件、解决子女入学等问题，国家已有明确政策，各地区和有关部门要采取更得力的措施，明确牵头部门，落实管理责任，加强督促检查。健全有关法律法规，依法保障进城就业农民的各项权益。推进大中城市户籍制度改革，放宽农民进城就业和定居的条件。

(十一)加强对农村劳动力的职业技能培训　这是提高农民就业能力、增强我国产业竞争力的一项重要的基础性工作，各地区和有关部门要作为一件大事抓紧抓好。要根据市场和企业的需求，按照不同行业、不同工种对从业人员基本技能的要求，安排培训内容，实行定向培训，提高培训的针对性和适用性。要调动社会各方面参与农民职业技能培训的积极性，鼓励各类教育培训机构、用人单位开展对农民的职业技能培训。各级财政都要安排专门用于农民职业技能培训的资金。为提高培训资金的使用效率和培训效果，应由农民自主选择培训机构、培训内容和培训时间，政府对接受培训的农民给予一定的补贴和资助。要防止和纠正各种强制农民参加有偿培训和职业资格鉴定的错误做法。

五、发挥市场机制作用，搞活农产品流通

(十二)培育农产品营销主体　鼓励发展各类农产品专业合作组织、购销大户和农民经纪人。积极推进有关农民专业合作组织的立法工作。从2004年起，中央和地方要安排专门资金，支持农民专业合作组织开展信息、技术、培训、质量标准与认证、市场营销等服务。有关金融机构支持农民专业合作组织建设标准化生产基地、兴办仓储设施和加工企业、购置农产品运销设备，财政可适当给予贴息。深化供销社改革，发挥其带动农民进入市场的作用。加快发展农产品连锁、超市、配送经营，鼓励有条件的地方将城市农贸市场改建成超市，支持农业龙头企业到城市开办农产品超市，逐步把网络延伸到城市社区。进一步加强产地和销地批发市场建设，创造条件发展现代物流业。加强农业生产资料市场管理，有关部门要保证货源充足、价格基本稳定，严厉打击制售假冒伪劣农资等坑农伤农行为。支持鲜活农产品运销，在全国建立高效率的绿色信道，各地要从实际出发进一步改善农产品的流通环境。

(十三)扩大优势农产品出口　要进一步完善促进我国优势农产品出口的政策措施。外贸发展基金要向促进农产品出口倾斜，主要用于支持

企业研发新产品新技术、开拓国际市场、参与国际认证等，扶持出口生产基地。鼓励和引导农产品出口加工企业进入出口加工贸易区。抓紧启动园艺产品非疫区建设。完善农产品出口政策性信用保险制度。有关部门要密切跟踪监测和及时通报国内外市场供需、政策法规和疫病疫情、检验检疫标准等动态，为农产品出口企业提供信息服务。加强对外谈判交涉，签订我国与重点市场国家和地区的双边检验检疫和优惠贸易协定，为我国农产品出口创造有利环境。适应农产品国际贸易的新形势，加快建立健全禽肉、蔬菜、水果等重点出口农产品的行业和商品协会。

六、加强农村基础设施建设，为农民增收创造条件

（十四）继续增加财政对农业和农村发展的投入　加强农业基础建设、解决“三农”问题，必须进一步调整国民收入分配结构和财政支出结构。各级政府要依法安排并落实对农业和农村的预算支出，严格执行预算，建立健全财政支农资金的稳定增长机制。按照统一规划、明确分工、统筹安排的要求，整合现有各项支农投资，集中财力，突出重点，提高资金使用效率。积极运用税收、贴息、补助等多种经济杠杆，鼓励和引导各种社会资本投向农业和农村。各地区和有关部门要切实把发展农村社会事业作为工作重点，落实好新增教育、卫生、文化等事业经费主要用于农村的政策规定，今后每年要对执行情况进行专项检查。

（十五）进一步加强农业和农村基础设施建设　国家固定资产投资用于农业和农村的比例要保持稳定，并逐步提高。适当调整对农业和农村的投资结构，增加支持农业结构调整和农村中小型基础设施建设的投入。节水灌溉、人畜饮水、乡村道路、农村沼气、农村水电、草场围栏等“六小工程”，对改善农民生产生活条件、带动农民就业、增加农民收入发挥着积极作用，要进一步增加投资规模，充实建设内容，扩大建设范围。各地要从实际出发，因地制宜地开展雨水集蓄、河渠整治、牧区水利、小流域治理、改水改厕和秸秆气化等各种小型设施建设。创新和完善农村基础设施建设的管理体制和运营机制。继续搞好生态建设，对天然林保护、退耕还林还草和湿地保护等生态工程，要统筹安排，因地制宜，巩固成果，注重实效。

七、深化农村改革，为农民增收减负提供体制保障

（十六）加快土地征用制度改革　各级政府要切实落实最严格的耕地保护制度，按照保障农民权益、控制征地规模的原则，严格遵守对非农占地的审批权限和审批程序，严格执行土地利用总体规划。要严格区分公益性用地和经营性用地，明确界定政府土地征用权和征用范围。完善土地征用程序和补偿机制，提高补偿标准，改进分配办法，妥善安置失地农民，并为他们提供社会保障。积极探索集体非农建设用地进入市场的途径和办法。

（十七）深化粮食流通体制改革　从2004年开始，国家将全面放开粮食收购和销售市场，实行购销多渠道经营。有关部门要抓紧清理和修改不利于粮食自由流通的政策法规。加快国有粮食购销企业改革步伐，转变企业经营机制，完善粮食现货和期货市场，严禁地区封锁，搞好产销区协作，优化储备布局，加强粮食市场管理和宏观调控。当前，粮食主产区要注意发挥国有及国有控股粮食购销企业的主渠道作用。为保护种粮农民利益，要建立对农民的直接补贴制度。2004年，国家从粮食风险基金中拿出部分资金，用于主产区种粮农民的直接补贴。其它地区也要对本省（区、市）粮食主产县（市）的种粮农民实行直接补贴。要本着调动农民种粮积极性的原则，制定便于操作和监督的实施办法，确保补贴资金真正落实到农民手中。

（十八）继续推进农村税费改革　要巩固和发展税费改革的成果，进一步减轻农民的税费负担，为最终实现城乡税制的统一创造条件。逐步降低农业税税率，2004年农业税税率总体上降低1个百分点，同时取消除烟叶外的农业特产税。降低税率后减少的地方财政收入，沿海发达地区原则上由自己消化，粮食主产区和中西部地区由中央财政通过转移支付解决。有条件的地方，可以进一步降低农业税税率或免征农业税。各地要严格按照减税比例调减到户，真正让农民得到实惠；确保各级转移支付资金专款专用，及时足额下拨到位。要据实核减合法征占耕地而减少的计税面积。要加快推进配套改革，继续加强农民负担监督管理，防止农民负担反弹，巩固农村税费改革成果。进一步精简乡镇机构和财政供养人员，积极稳妥地调整乡镇建制，有条件的可实行并村，提倡干部交叉任职。优化农村学校布局和教师队伍。进一步清理和规范涉农行政事业性收费。巩固治理利用职权发行报刊的成果。积极探索化解乡村债务的有效途径。尽快制定农业税的征管办法。

（十九）改革和创新农村金融体制　要从农村实际和农民需要出发，按照有利于增加农户和企业贷款，有利于改善农村金融服务的要求，加快改革和创新农村金融体制。建立金融机构对农村社区服务的机制，明确县域内各金融机构为“三农”服务的义务。扩大农村贷款利率浮动幅度。进一步完善邮政储蓄的有关政策，加大农村信用社改革的力度，缓解农村资金外流。农业银行等商业银行要创新金融产品和服务方式，拓宽信贷资金支农渠道。农业发展银行等政策性银行要调整职能，合理分工，扩大对农业、农村的服务范围。要总结农村信用社改革试点经验，创造条件，在全国逐步推开。继续扩大农户小额信用贷款和农户联保贷款。鼓励有条件的地方，在严格监管、有效防范金融风险的前提下，通过吸引社会资本和外资，积极兴办直接为“三农”服务的多种所有制的金融组织。有关部门要针对农户和农村中小企业的实际情况，研究提出多种担保办法，探索实行动产抵押、仓单质押、权益质押等担保形式。鼓励政府出资的各类信用担保机构积极拓展符合农村特点的担保业务，有条件的地方可设立农业担保机构，鼓励现有商业性担保机构开展农村担保业务。加快建立政策性农业保险制度，选择部分产品和部分地区率先试点，有条件的地方可对参加种养业保险的农户给予一定的保费补贴。

八、继续做好扶贫开发工作，解决农村贫困人口和受灾群众的生产生活困难

（二十）完善扶贫开发机制　各级党委和政府要进一步加大扶贫开发力度，强化扶贫工作责任制，提高扶贫成效。2004年国家继续增加扶贫资金投入。要在认真总结经验、切实摸清底数的基础上，对尚未解决温饱的贫困人口，进一步采取更有针对性的扶贫措施，切实做到扶贫到村到户。对丧失劳动能力的特困人口，要实行社会救济，适当提高救济标准。对缺乏基本生存条件地区的贫困人口，要积极稳妥地进行生态移民和易地扶贫。对低收入贫困人口，要着力帮助改善生产生活条件，发展特色产业，开辟增收渠道，减少和防止返贫。健全扶贫投入机制，加强资金管理，提高使用效益，所有扶贫资金的使用都要实行公示、公告和报账制度，严格监督和审计，确保资金及时足额到位，真正使贫困户受益。

（二十一）认真安排好灾区和困难农户的生产生活　2003年不少地方遭受了严重的自然灾害，一些农民生产生活遇到严重困难。各级党委和政府要切实负起责任，组织干部深入灾区和贫困地区，摸底排查，核实灾情，及时把救济款物发放到户，按规定减免有关税费，组织和引导灾区群众开展生产自救。有条件的地方要探索建立农民最低生活保障制度。落实好农垦企业参加企业职工基本养老保险的政策。

九、加强党对促进农民增收工作的领导，确保各项增收政策落到实处

（二十二）要把解决好农业、农村、农民问题作为全党工作的重中之重　全党同志特别是各级领导干部要始终重视农业的基础地位，始终重视严格保护耕地和保护、提高粮食综合生产能力，始终重视维护粮食主产区和种粮农民的利益，始终重视增加农民特别是种粮农民的收入。对“三农”问题，不仅分管领导要直接抓，而且党政一把手要亲自抓，地、县两级领导要把主要精力放在农业和农村工作上。要树立科学发展观和正确的政绩观，把增加农民收入作为事关全局的大事，放在更加突出的位置。要切实转变工作作风，深入基层，深入群众，落实各项增收措施，为农民增收出主意、想办法、办实事、多服务，力戒浮夸和做表面文章，把增加农民收入作为衡量工作成效的一个重要标准。要加强对农村基层干部的培训，增强宗旨意识和法制、政策观念，增进与农民群众的感情，提高他们带领农民增收致富的自觉性和本领。各行各业都要树立全局观念，为农民增收贡献力量，在全社会形成有利于农民增收的良好氛围。要激发广大农民群众艰苦创业的积极性，发扬自强不息的精神，通过辛勤劳动走上富裕之路。同时，要按照中央的部署和要求，加强农村基层组织建设、精神文明建设和民主法制建设，做好农村其它各项工作，为农民增收提供有力的组织保障、智力支持和安定的社会环境。

做好新阶段的农业和农村工作，努力增加农民收入，意义重大，任重道远。我们要紧密团结在以胡锦涛同志为总书记的党中央周围，高举邓小平理论伟大旗帜，认真实践“三个代表”重要思想，坚定信心，奋力开拓，扎实工作，为全面建设小康社会作出新的贡献。

（2003年12月31日）

中共中央、国务院关于进一步加强农村工作提高农业综合生产能力若干政策的意见

党中央、国务院历来高度重视农业、农村和农民工作。2004年，在宏观调控中注重加强农业，实行一系列更直接、更有力的政策措施。各地区各部门认真贯彻落实中央决策，保护和调动了农民积极性，农村呈现出良好的发展局面。粮食生产出现重要转机，农民收入实现较快增长，农村改革迈出重大步伐，农村社会事业取得新的进展。这对促进国民经济发展和保持社会稳定发挥了至关重要的作用。但必须清醒地看到，农业依然是国民经济发展的薄弱环节，投入不足、基础脆弱的状况并没有改变，粮食增产、农民增收的长效机制并没有建立，制约农业和农村发展的深层次矛盾并没有消除，农村经济社会发展明显滞后的局面并没有根本改观，农村改革和发展仍然处在艰难的爬坡和攻坚阶段，保持农村发展好势头的任务非常艰巨。

2005年农业和农村工作的总体要求是：认真贯彻党的十六大和十六届三中、四中全会精神，全面落实科学发展观，坚持统筹城乡发展的方略，坚持“多予、少取、放活”的方针，稳定、完善和强化各项支农政策，切实加强农业综合生产能力建设，继续调整农业和农村经济结构，进一步深化农村改革，努力实现粮食稳定增产、农民持续增收，促进农村经济社会全面发展。

加强农业基础，繁荣农村经济，必须继续采取综合措施。当前和今后一个时期，要把加强农业基础设施建设，加快农业科技进步，提高农业综合生产能力，作为一项重大而紧迫的战略任务，切实抓紧抓好。这既是确保国家粮食安全的物质基础，又是促进农民增收的必要条件；既是解决当前农业发展突出矛盾的迫切需要，又是增强农业发展后劲的战略选择；既是推动农村经济发展的重大举措，又是实现农村社会进步的重要保障。抓住了这个重点，就抓住了农业发展的关键；把握了这个环节，就把握了农业现代化的根本；做好了这项工作，就为农村全面建设小康社会打下了坚实的基础。要进一步调动农民群众务农种粮的积极性和地方政府重农抓粮的积极性，以严格保护耕地为基础，以加强农田水利建设为重点，以推进科技进步为支撑，以健全服务体系为保障，力争经过几年的努力，使农业的物质技术条件明显改善，土地产出率和劳动生产率明显提高，农业综合效益和竞争力明显增强。

一、稳定、完善和强化扶持农业发展的政策，进一步调动农民的积极性

（一）继续加大“两减免、三补贴”等政策实施力度。减免农业税、取消烟叶以外的农业特产税，对种粮农民实行直接补贴，对部分地区农民实行良种补贴和农机具购置补贴，是党中央、国务院为加强农业和粮食生产采取的重大措施，对调动农民种粮积极性、保护和提高粮食生产能力意义重大。这些行之有效的政策不能改变，给农民的实惠不能减少，支农的力度要不断加大。进一步扩大农业税免征范围，加大农业税减征力度。2005年，在国家扶贫开发工作重点县实行免征农业税试点，在其它地区进一步降低农业税税率。在牧区开展取消牧业税试点。国有农垦企业执行与所在地同等的农业税减免政策。因减免农（牧）业税而减少的地方财政收入，由中央财政安排专项转移支付给予适当补助。有条件的地方，

可自主决定进行农业税免征试点。继续对种粮农民实行直接补贴，有条件的地方可进一步加大补贴力度。中央财政继续增加良种补贴和农机具购置补贴资金，地方财政也要根据当地财力和农业发展实际安排一定的良种补贴和农机具购置补贴资金。继续对短缺的重点粮品种在主产区实行最低收购价政策，逐步建立和完善稳定粮食市场价格、保护种粮农民利益的制度和机制。搞好农业生产资料供应和市场管理，继续实行化肥出厂限价政策，通过税收等手段合理调节化肥进出口，控制农资价格过快上涨，严厉打击制售假冒伪劣农业生产资料等各种坑农害农行为。

(二)切实加强对粮食主产区的支持。为调动地方政府发展粮食生产的积极性，缓解中西部地区特别是粮食主产区县乡的财政困难，中央财政要采取有效措施，根据粮食播种面积、产量和商品量等因素，对粮食主产县通过转移支付给予奖励和补助。建立粮食主产区与主销区之间的利益协调机制，调整中央财政对粮食风险基金的补助比例，并通过其它经济手段筹集一定资金，支持粮食主产区加强生产能力建设，有关部门要抓紧研究提出具体实施方案。

(三)建立稳定增长的支农资金渠道。要下决心调整国民收入分配结构，在稳定现有各项农业投入的基础上，新增财政支出和固定资产投资要切实向农业、农村、农民倾斜，逐步建立稳定的农业投入增长机制。针对当前农田水利设施薄弱、亟待加强的状况，从2005年起，要在继续搞好大中型农田水利基础设施建设的同时，不断加大对小型农田水利基础设施建设的投入力度。中央和省级财政要在整合有关专项资金的基础上，从预算内新增财政收入中安排一部分资金，设立小型农田水利设施建设补助专项资金，对农户投工投劳开展小型农田水利设施建设予以支持。预算内经常性固定资产投资和国债资金要增加安排小型农田水利基础设施建设项目。土地出让金用于农业土地开发部分和新增建设用地有偿使用费，要结合土地开发整理安排一定资金用于小型农田水利建设。市、县两级政府也要切实增加对小型农田水利建设的投入。要尽快立法，把国家的重大支农政策制度化、规范化。

二、坚决实行最严格的耕地保护制度，切实提高耕地质量

(四)严格保护耕地。控制非农建设占用耕地，确保基本农田总量不减少、质量不下降、用途不改变，并落实到地块和农户。严禁占用基本农田挖塘养鱼、种树造林或进行其它破坏耕作层的活动。修订耕地占用税暂行条例，提高耕地占用税税率，严格控制减免。搞好乡镇土地利用总体规划和村庄、集镇规划，引导农户和农村集约用地。加强集体建设用地和农民宅基地管理，鼓励农村开展土地整理和村庄整治，推动新办乡村工业向镇区集中，提高农村各类用地的利用率。加快推进农村土地征收、征用制度改革。

(五)认真落实农村土地承包政策。针对一些地方存在的随意收回农户承包地、强迫农户流转承包地等问题，各地要对土地二轮承包政策落实情况进行全面检查，对违反法律和政策的要坚决予以纠正，并追究责任。要妥善处理土地承包纠纷，及时化解矛盾，维护农民合法权益。尊重和保障农户拥有承包地和从事农业生产的权利，尊重和保障外出务工农民的土地承包权和经营自主权。承包经营权流转和发展适度规模经营，必须在农户自愿、有偿的前提下依法进行，防止片面追求土地集中。各省、自治区、直辖市要尽快制定农村土地承包法实施办法。

(六)努力培肥地力。中央和省级财政要较大幅度增加农业综合开发投入，新增资金主要安排在粮食主产区集中用于中低产田改造，建设高标准基本农田。搞好“沃土工程”建设，增加投入，加大土壤肥力调查和监测工作力度，尽快建立全国耕地质量动态监测和预警系统，为农民科学种田提供指导和服务。改革传统耕作方法，发展保护性耕作。推广测土配方施肥，推行有机肥综合利用与无害化处理，引导农民多施农家肥，增加土壤有机质。

三、加强农田水利和生态建设，提高农业抗御自然灾害的能力

(七)加快实施以节水改造为中心的大型灌区续建配套。新增固定资产投资要把大型灌区续建配套作为重点，并不断加大投入力度，着力搞好田间工程建设，更新改造老化机电设备，完善灌排体系。开展续建配套灌区的末级渠系建设试点。继续推进节水灌溉示范，在粮食主产区进行规模化建设试点。有条件的地区要加快农村水利现代化步伐。水源条件较好的地区要结合重点水

利枢纽建设，扩大灌溉面积。干旱缺水地区要积极发展节水旱作农业，继续建设旱作农业示范区。各地要加强灌溉用水计量，积极实行用水总量控制和定额管理。从2005年起，选择部分地区开展对农民购买节水设备实行补助的试点。继续搞好病险水库除险加固。抓好地方中型水源、中小河流治理等工程建设。

（八）狠抓小型农田水利建设。重点建设田间灌排工程、小型灌区、非灌区抗旱水源工程。加大粮食主产区中低产田盐碱和渍害治理力度。加快丘陵山区和其它干旱缺水地区雨水集蓄利用工程建设。地方政府要切实承担起搞好小型农田水利建设的责任。在坚决按时取消劳动积累工和义务工制度的同时，各地要积极探索新形势下开展农田水利基本建设的新机制、新办法。要严格区分加重农民负担与农民自愿投工投劳改善自己生产生活条件的政策界限，发扬农民自力更生的好传统，在切实加强民主决策和民主管理的前提下，本着自愿互利、注重实效、控制标准、严格规范的原则，引导农民对直接受益的小型农田水利设施建设投工投劳，国家对农民兴建小微型水利设施所需材料给予适当补助，有关部门要抓紧研究制定具体办法。

（九）坚持不懈搞好生态重点工程建设。继续实施天然林保护等工程，完善相关政策。退耕还林工作要科学规划，突出重点，注重实效，稳步推进。要采取有效措施，在退耕还林地区建设好基本口粮田，培育后续产业，切实解决农民的长期生计问题，进一步巩固退耕还林成果。抓好防护林体系和农田林网建设，为建设高标准农田营造良好的生态屏障。切实搞好京津风沙源治理等防沙治沙工程。继续推进山区综合开发。进一步加强草原建设和保护，加快实施退牧还草工程，搞好牧区水利建设，加强森林草原防火和草原鼠虫害防治工作。继续搞好长江、黄河等重点流域的水土保持工作，采取淤地坝等多种措施推进小流域综合治理，加强南方丘陵红土区、东北黑土漫岗区和西南石漠化区的水土流失综合治理。切实防治耕地和水污染。

四、加快农业科技创新，提高农业科技含量

（十）加强农业科技创新能力建设。要大幅度增加对农业科研的投入，加快建立以政府为主导、社会力量广泛参与的多元化农业科研投入体系，形成稳定的投入增长机制。要不断提高国家科技投入用于农业科研的比重，有关重大科技项目和攻关计划要较大幅度增加农业科研投资的规模。深化农业科研体制改革，抓紧建立国家农业科技创新体系。加强国家基地的创新能力建设，搞好农业基础研究和关键技术的研究开发，加快生物技术和信息技术等高新技术的研究。根据全国农业综合区划，在整合现有资源基础上，依托具有明显优势的省级农业科研单位和高等学校，建设区域性的农业科研中心，负责推进区域农业科技创新，开展重大应用技术攻关和试验研究。加强农业领域的国家实验室、改良中心、工程中心和重点实验室建设，改善农业科研机构设施条件和装备水平，加快建设国家农业科研高级人才培养基地。

（十一）加大良种良法的推广力度。继续实施“种子工程”、“畜禽水产良种工程”，搞好大宗农作物、畜禽良种繁育基地建设和扩繁推广。从2005年起，国家设立超级稻推广项目。扩大重大农业技术推广项目专项补贴规模，优先扶持优质高产、节本增效的组装集成与配套技术开发。加强农作物重大病虫害防治。认真组织实施“科技入户工程”，扶持科技示范户，提高他们的辐射带动能力。继续安排农业科技成果转化资金和国外先进农业技术引进资金。

（十二）加快改革农业技术推广体系。要按照强化公益性职能、放活经营性服务的要求，加大农业技术推广体系的改革力度。国家的公益性农技推广机构主要承担关键技术的引进、试验、示范，农作物病虫害、动物疫病及农业灾害的监测、预报、防治和处置，农产品生产过程中的质量安全检测、监测和强制性检验，农业资源、农业生态环境和农业投入品使用监测，水资源管理和防汛抗旱，农业公共信息和培训教育服务等职能。对公益性技术推广工作，各级财政要在经费上予以保证。同时，积极稳妥地将一般性技术推广和经营性服务分离出去，按照市场化方式运作。发挥农业院校在农业技术推广中的作用。积极培育农民专业技术协会和农业科技型企业。探索农业技术推广的新机制和新办法，对农技推广项目实行招投标制度，鼓励各类农技推广组织、人员及有关企业公平参与申报。在总结试点经验基础上，有关部门要抓紧提出加强农业技术推广体系

建设的指导意见。

五、加强农村基础设施建设，改善农业发展环境

（十三）加大农村小型基础设施建设力度。要继续增加农村“六小工程”的投资规模，扩大建设范围，提高工程质量。在巩固人畜饮水解困成果的基础上，高度重视农村饮水安全，解决好高氟水、高砷水、苦咸水、血吸虫病等地区的饮水安全问题，有关部门要抓紧制定规划。调整公路建设投资结构，加大农村公路建设力度，统筹考虑农村公路建设的技术标准、质量管理和养护等问题，合理确定农村公路投资补助标准。加快农村能源建设步伐，继续推进农村沼气建设，积极发展太阳能、风能等新型洁净能源和可再生能源。扩大“小水电代燃料”工程建设规模和实施范围，搞好农村电网改造工程的后续建设和经营管理。增加扶贫开发投入，加强贫困地区农村基础设施建设，引导农民治水改土修路，实施整村推进扶贫规划，完善扶贫开发机制，加快脱贫致富步伐。

（十四）加快农产品流通和检验检测设施建设。在继续搞好集贸市场和批发市场建设的同时，注重发挥期货市场的引导作用，鼓励发展现代物流、连锁经营、电子商务等新型业态和流通方式。改造现有农产品批发市场，发展经纪人代理、农产品拍卖、网上交易等方式，增强交易功能。加快建设以冷藏和低温仓储运输为主的农产品冷链系统，对农产品仓储设施建设用地按工业用地对待。重视发挥供销合作社在农产品流通和生产资料供应等方面的作用。鼓励邮政系统开展直接为农民生产生活服务的连锁配送业务。加强农业信息化建设。气象工作要加强对农业的服务。各省、自治区、直辖市要加快开通整车运输鲜活农产品的绿色信道，抓紧落实降低或免交车辆通行费的有关规定，并尽快实现省际互通。积极推进农业标准化。要加强农产品检验检测基础设施建设，提高进出境检验检疫装备和检测技术水平，增强防范和处理外来有害生物入侵的能力。加强农产品质量安全工作，实施农产品认证认可，禁止生产、销售和使用高毒、高残留农药，加快农产品质量安全立法。

（十五）加强农业发展的综合配套体系建设。搞好种养业良种体系、农业科技创新与应用体系、动植物保护体系、农产品质量安全体系、农产品市场信息体系、农业资源与生态保护体系、农业社会化服务与管理体系等“七大体系”建设。有关部门要抓紧制定建设规划，加强政策引导，明确职责分工，多渠道增加投入，加快建设步伐。

六、继续推进农业和农村经济结构调整，提高农业竞争力

（十六）进一步抓好粮食生产。要坚持立足国内实现粮食基本自给的方针，以市场需求为导向，改善品种结构，优化区域布局，着力提高单产，努力保持粮食供求总量大体平衡。稳定和增加粮食播种面积，改革种植制度，提高复种指数。实施优质粮食产业工程，建设商品粮生产基地，推进优质粮食产业带建设。加强粮食生产技术、农机、信息和产销等服务，搞好良种培育和供应，促进粮食生产节本增效。完善和落实粮食省长负责制，粮食主销区和产销平衡区也要认真抓好粮食生产，保证必要的粮食储备，维护粮食市场的稳定。

（十七）大力发展特色农业。要发挥区域比较优势，建设农产品产业带，发展特色农业。各地要立足资源优势，选择具有地域特色和市场前景的品种作为开发重点，尽快形成有竞争力的产业体系。各地和有关部门要专门制定规划，明确相关政策，加快发展特色农业。建设特色农业标准化示范基地，筛选、繁育优良品种，把传统生产方式与现代技术结合起来，提升特色农产品的品质和生产水平。加大对特色农产品的保护力度，加快推行原产地等标识制度，维护原产地生产经营者的合法权益。整合特色农产品品牌，支持做大做强名牌产品。提高农产品国际竞争力，促进优势农产品出口，扩大农业对外开放。

（十八）加快发展畜牧业。增强农业综合生产能力必须培育发达的畜牧业。牧区要加快推行围栏放牧、轮牧休牧等生产方式，搞好饲草料地建设，改良牲畜品种，进一步减轻草场过牧的压力。农区要充分发挥作物秸秆和劳动力资源丰富的优势，积极发展节粮型畜牧业，提高规模化、集约化饲养水平。通过小额信贷、财政贴息等方式，引导有条件的地方发展养殖小区。要增加投入，支持养殖小区建设畜禽粪便和污水无害化处理设施。从2005年起，实施奶牛良种繁育项目补贴。加快建立安全优质高效的饲料生产体系。搞好动物防疫是确保畜牧业稳定发展的根本保障，事关人民群众的身体健康和社会公共安全，要下决心增加投入，加强建设，完善制度，健全体系。要抓紧制定动物防疫体系建设规划，加快建设重大动物疫病监测预警、动物疫病预防控制、动物防疫检疫监督、兽药质量监察和残留监控、动物防疫技术支撑、动物防疫物质保障等系统。加快重点兽用生物制品生产企业的技术改造。尽快建立健全动物疫病防治队伍，动物检疫监督机构的人员经费和工作经费全额纳入各级财政预算。

（十九）重点支持粮食主产区发展农产品加工业。大力扶持食品加工业特别是粮食主产区以粮食为主要原料的加工业。粮食主产区要立足本地优势，以发展农产品加工业为突破口，走新型工业化道路，促进农业增效、农民增收和地区经济发展。采取财政贴息等方式，支持粮食主产区农产品加工企业进行技术引进和技术改造，建设仓储设施。尽快完善农产品加工业增值税政策。按照增值税转型改革的统一部署，加快食品等农产品加工业增值税转型的步伐。

（二十）发展农业产业化经营。继续加大对多种所有制、多种经营形式的农业产业化龙头企业的支持力度。鼓励龙头企业以多种利益联结方式，带动基地和农户发展。农业银行和其它国有商业银行要按照有关规定，加快改进对龙头企业的信贷服务，切实解决龙头企业收购资金紧张的问题。农业发展银行对符合条件的以粮棉油生产、流通或加工转化为主业的龙头企业，可以提供贷款。积极探索龙头企业和专业合作组织为农户承贷承还、提供贷款担保等有效办法。支持农民专业合作组织发展，对专业合作组织及其所办加工、流通实体适当减免有关税费。集体经济组织要增强实力，搞好服务，同其它专业合作组织一起发挥联结龙头企业和农户的桥梁和纽带作用。乡镇企业要加快结构调整、技术进步和体制创新，积极参与农业产业化经营。

七、改革和完善农村投融资体制，健全农业投入机制

（二十一）完善农业投资管理体制。进一步放宽农业和农村基础设施投资领域，采取贴息、补助、税收等措施，发挥国家农业资金投入的导向作用，鼓励社会资本积极投资开发农业和建设农村基础设施。逐步降低中西部地区对涉农固定资产投资的资金配套比例，不得采取加重农民负担的方式进行资金配套。继续加大国家农业资金投入的整合力度，鼓励以县为单位，通过规划引导、统筹安排、明确职责、项目带动等方式整合投资，提高资金使用效率。对国家投资和补助的乡村建设项目，要加快实行公示制度，通过招投标、资金跟踪监督和项目后评估等办法，确保管好用好资金，保证项目质量。

（二十二）加快农村小型基础设施产权制度改革。要在总结经验的基础上，加大改革力度，明晰产权，明确责任，充分调动各方面投资建设和管好农村小型基础设施的积极性。农户自建或自用为主的小微型工程，产权归个人所有，由乡镇人民政府核发产权证。对受益户较多的工程，可组建合作管理组织，国家补助形成的资产归合作组织所有。对经营性的工程，可组建法人实体，实行企业化运作，也可拍卖给个人经营。对业主开发建设的农村基础设施，地方人民政府要给予扶持，并规范其收费标准和服务行为。加快小型农村水利工程管理体制改革步伐。推进农村小型基础设施产权制度改革，要充分尊重农民意愿，维护工程原受益者的合法权益。

（二十三）推进农村金融改革和创新。要针对农村金融需求的特点，加快构建功能完善、分工合理、产权明晰、监管有力的农村金融体系。抓紧研究制定农村金融总体改革方案。继续深化农村信用社改革，要在完善治理结构、强化约束机制、增强支农服务能力等方面取得成效，进一步发挥其农村金融的主力军作用。抓紧制定县域内各金融机构承担支持“三农”义务的政策措施，明确金融机构在县及县以下机构、网点新增存款用于支持当地农业和农村经济发展的比例。采取有效办法，引导县及县以下吸收的邮政储蓄资金回流农村。加大政策性金融支农力度，增加支持农业和农村发展的中长期贷款，在完善运行机制基础上强化农业发展银行的支农作用，拓宽业务范围。农业银行要继续发挥支持农业、服务农村的作用。培育竞争性的农村金融市场，有关部门要抓紧制定农村新办多种所有制金融机构的准入条件和监管办法，在有效防范金融风险的前提下，尽快启动试点工作。有条件的地方，可以探索建立更加贴近农民和农村需要、由自然人或企业发起的小额信贷组织。加快落实对农户和农村中小企业实行多种抵押担保形式的有关规定。扩大农业政策性保险的试点范围，鼓励商业性保险机构开展农业保险业务。

八、提高农村劳动者素质，促进农民和农村社会全面发展

(二十四)全面开展农民职业技能培训工作。要结合农业结构调整、发展特色农业和生产实际的需要，开展针对性强、务实有效、通俗易懂的农业科技培训。农村中学也要加强农业先进实用技术教育。适应产业结构升级和提高竞争力的需要，进一步搞好农民转业转岗培训工作，扩大"农村劳动力转移培训阳光工程"实施规模，加快农村劳动力转移。各级财政要大幅度增加农民职业技能培训投入，采取补助、培训券、报账制等方式，努力提高培训的实用性和资金的使用效率。广泛调动社会各方面力量参与农民职业技能培训的积极性。

(二十五)进一步发展农村教育、卫生、文化等社会事业。要落实新增教育、卫生、文化、计划生育等事业经费主要用于农村的规定，用于县以下的比例不低于 70%。到 2007 年，争取全国农村义务教育阶段贫困家庭学生都能享受到免书本费、免杂费、补助寄宿生生活费，国家扶贫开发工作重点县要加快实施步伐。坚持以农村为重点的卫生工作方针，积极稳妥推进新型农村合作医疗试点和农村医疗救助工作，实施农村医疗卫生基础设施建设规划，加快农村医疗卫生人才培养，提高农村医疗服务水平和应对突发公共卫生事件的能力。加强艾滋病、血吸虫病等重点疾病的防治工作，推动改水改厕等农村环境卫生综合治理。搞好农村计划生育，对农村部分计划生育家庭实行奖励扶助制度，抓好"少生快富扶贫工程"试点。有条件的地方可以探索建立农村社会保障制度。加大农村重大文化建设项目实施力度，完善农村公共文化服务体系，鼓励社会力量参与农村文化建设。巩固农村宣传文化阵地，加强农村文化市场管理。切实提高农村广播电视"村村通"水平，做好送书下乡、电影放映、文化信息资源共享等工作。

九、加强和改善党对农村工作的领导

(二十六)坚持把解决好"三农"问题作为全党工作的重中之重。这是推进工业化、城镇化和现代化历史进程中必须长期坚持的一个重大方针。全党同志特别是各级领导干部要深刻认识"三农"工作的长期性、复杂性和艰巨性。在当前粮食增产、农民增收的好形势下，要始终保持清醒认识，对农业和农村工作不能有丝毫松懈。要适应我国工业化发展阶段和政策趋向的变化，按照工业反哺农业、城市支持农村的要求，切实把农业和农村经济发展放到国民经济全局中统筹安排，更加自觉地调整国民收入分配结构，更加主动地加强农业基础地位，进一步加大农村改革力度，加大对农业的支持力度，加大对"三农"工作的领导力度。

(二十七)进一步加强农村党建工作。要认真贯彻党的十六届四中全会精神，按照开展保持共产党员先进性教育活动的要求，深入开展农村党的建设"三级联创"活动，增强农村基层党组织的创造力、凝聚力和战斗力，充分发挥农村基层党组织的领导核心作用，进一步巩固党在农村的执政基础。加大农村党员干部的教育培训力度，扩大农村党员干部远程教育试点，增强他们为民服务、廉洁自律的意识，转变作风，提高执行政策、依法办事、发展经济、维护稳定的能力，树立基层干部的良好形象。要关心农村基层干部，帮助他们解决工作和生活上的困难。扩大农村基层民主，完善村务公开、政务公开和民主管理，建立健全村党组织领导的充满活力的村民自治机制，切实维护农民的民主权利。推进农村法制建设，加强农村普法教育，搞好农业综合执法。做好新形势下的农村群众工作，妥善处理各种社会矛盾，关心农村困难群众生产生活，营造和谐的社会氛围。搞好农村社会治安综合治理，依法打击各种犯罪活动。深入推进群众性精神文明创建活动，引导广大农民群众艰苦奋斗、自强不息，加快全面建设小康社会的步伐。

进一步加强农村工作，提高农业综合生产能力，实现粮食增产、农业增效、农民增收，意义重大，任务艰巨。我们要紧密团结在以胡锦涛同志为总书记的党中央周围，高举邓小平理论和"三个代表"重要思想伟大旗帜，坚定信心，奋力开拓，扎实工作，为全面完成农业和农村工作各项任务而努力奋斗。

(2004 年 12 月 31 日)

领导同志讲话

中共中央政治局召开会议 专题研究村务公开民主管理制度

中共中央总书记胡锦涛主持

中共中央政治局 2004 年 5 月 28 日召开会议，研究健全和完善村务公开和民主管理制度。中共中央总书记胡锦涛主持会议。

会议认为，在经济上保障农民的物质利益，在政治上尊重农民的民主权利，是十一届三中全会以来我们党领导我国亿万农民建设社会主义新农村的一条重要经验，必须长期坚持。近几年来，全国农村广泛实行了村务公开和民主管理制度，取得了积极成果，为促进农村改革发展稳定的良好局面发挥了重要作用。

会议指出，当前，我国农村正处在全面建设小康社会的新的发展阶段，改革发展稳定的任务十分繁重。进一步健全和完善村务公开和民主管理制度，维护广大农民的根本利益，是实践“三个代表”重要思想的重要体现，是完善村民自治、发展社会主义民主的重要内容，是促进农村党风廉政建设、密切党群干群关系的有效途径，是进一步推进农村改革和发展、加快农村全面建设小康社会进程的必然要求。

会议强调，要进一步健全村务公开制度、规范民主决策机制、完善民主管理制度、强化村务管理的监督制约机制，保障农民群众的知情权、决策权、参与权和监督权，努力推进农村基层民主的制度化、规范化、程序化。

会议要求各级党委和政府切实加强领导，把坚持党的领导、人民当家作主和依法治国有机统一于农村社会主义民主建设的实践之中，切实把村务公开和民主管理这一关系亿万农民切身利益的大事抓紧抓好，努力实现好、维护好、发展好广大农民群众的根本利益。

国务院总理温家宝再一次肯定村级直选

中国国务院总理温家宝 2004 年 4 月 28 日在接受《爱尔兰时报》助理总编的采访时说，中国在进行经济体制改革的同时，也在进行政治体制改革，这就是发展社会主义民主、健全社会主义法制。

讲到民主，温家宝说，首要一点是要解决 13 亿人口的生存权和发展权。乔治·华盛顿曾说过，“如果没有经济安全和独立作保障，真正的个人自由是不存在的。贫者无自由。”在这样一个拥有 13 亿人口的大国，改善人们的基本生活状况不是一件容易的事情。改革开放 20 多年来，我们使两亿五千万人摆脱了贫困。

温家宝说，我们在发展经济的同时，已经开始注重统筹城乡发展、区域发展、经济和社会发展、国内发展和对外开放、人与自然和谐共处。

他说，大家都知道亚当·斯密《国富论》的一句名言“市场是一只看不见的手”，但他的另外一本著作《道德情操论》却很少有人读过。他在这本书里写道，如果一个社会的经济发展成果不能真正分流到大众手中，那么它在道义上将是不得人心的，而且是有风险的，因为它注定会威胁到社会的稳定。对于我们来说，第一是发展，第二是协调发展。我们要特别重视社会公平与正义。

他说，我们不断地发展社会主义民主、特别

是基层民主，实行民主选举、民主管理、民主决策和民主监督。中国太大，人口太多，发展又很不平衡。我们现在只能在村一级实行直接选举，在乡镇、县一级和不设区的市直接选举人大代表。高层实行直接选举的条件还不具备。村一级的直接选举对村民是一个极大的锻炼。他们如能管好一个村，就会增长才干。这就是中国民主发展的过程。

温家宝还强调，我们已经确立了依法治国、建设社会主义法治国家的方略，并且不断地完善社会主义法制，依法行政、依法执政，做到有权必有责，用权受监督，侵权要赔偿，违法要追究。

增加农民收入 保障粮食供给 实现农村经济社会全面发展

中共中央政治局委员、国务院副总理回良玉在中央农村工作会议上的讲话

这次中央农村工作会议，是贯彻落实党的十六大、十六届三中全会和中央经济工作会议精神的一次重要会议。会议的主要任务是，以邓小平理论和“三个代表”重要思想为指导，认真总结2003年的农业和农村工作，客观分析当前形势，全面部署2004年的工作，着重研究促进农民增收、确保粮食安全、深化农村改革等问题。党中央、国务院对这次会议高度重视，中央政治局常委会和国务院常务会对会议文件进行了认真研究和审定，对会议的召开提出了明确的意见和要求。我们要认真贯彻中央的指示精神，开好这次会议。

一、正确分析形势，不断深化对农业和农村经济发展新阶段的认识

当前，我国农业和农村经济正处在新的发展阶段。这是党中央、国务院审时度势作出的重要判断，是全党对农业和农村经济发展规律的科学认识，也是我们制定农村政策、指导农村工作的基本依据。基于这一科学判断，党中央、国务院作出了推进农业和农村经济结构战略性调整的重大决策，提出了要把增加农民收入作为中心任务和基本目标，制定了“多予、少取、放活”的方针，采取了一系列政策措施，农业和农村经济发展取得巨大成就。这期间，农村经济社会的变化广泛而深刻，改革发展面临的形势错综而复杂，基层和农民群众的实践丰富而生动。我们要认真总结，深化认识，科学把握，正确应对。

（一）深刻认识新阶段农业和农村经济发展的重大变化　农业和农村经济发展进入新阶段以来的这段时期，是农业结构加快调整的时期，是农村改革不断深化的时期，是农产品供给最充裕的时期，同时也是农民增收最困难的时期。新阶段的内涵丰富，变化深刻，影响广泛，我们应当不断深化对新阶段特征和发展规律的认识。

一是农产品供求关系发生重大变化。粮食等主要农产品由长期短缺转变为总量基本平衡、丰年有余，由卖方市场转变为买方市场。多少代仁人志士梦寐以求、为之不懈奋斗的“但愿苍生温饱”的目标得以实现。这是一个根本性的变化，是一个历史性的跨越，是新阶段最基本的特征。随着温饱问题的基本解决和收入水平的不断提高，城乡居民用于食品支出的比重逐步下降，食品消费结构也发生很大变化。这使农产品供给的增长在受到资源约束的同时，越来越受到市场需求的约束。农业结构问题凸显，农产品价格低迷，增产难以增效，增产难以增收。在这种情况下，经济工作往往容易产生忽视农业、忽视粮食生产、忽视耕地保护等倾向，影响农业和粮食生产稳定发展，可能导致农产品供求出现新的波动。

二是农村劳动力就业格局和转移动因发生重大变化。随着农业和农村经济结构的调整、工业化的推进和城镇化的提速，农村劳动力加快由种植业向养殖业转移，由农业向非农产业流动，由农村向城镇集聚。现在已有超过三分之一的农村劳动力转移到非农产业，大批农村劳动力跨地区流动和进入城镇经商务工。这是一个重大的结构性变化。在市场经济发展中对经济效益最大化的追求，在社会发展中对良好生态环境、生活质量的追求，使得农民就业观念和经营活动的独立性、选择性、多样性日益增强，使得农村劳动力

转移的方式和流动的动因也发生很大变化。农民外出就业在很大程度上不再是权宜之计。相当一部分进城农民，由过去一人进城到现在举家进城，由暂时居住到稳定居住，由从事简单劳动到从事技术工种，由离乡不离土到离乡又离土。有的进城农民，正在逐步转变为城镇居民、企业工人和工商业经营者。我国农村劳动力的就业格局将继续呈现农业就业比重逐步下降、非农产业就业比重稳步上升、外出就业较快增加的基本态势。

三是农民收入增长的主要来源发生重大变化。农业收入仍是农民收入的重要基础，但收入增长的来源日趋多元化、多样化。农民收入由主要来自农业转向农业和非农产业并举，农业收入由主要来自种植业转向种植业和养殖业并举，农民增收由主要靠增加产量、提高价格转向主要靠提高效益、扩大就业。目前，农民收入构成中来自非农产业的比重已经接近一半；工资性收入比重已超过三分之一，对农民收入增长的贡献率达60％多。来自非农产业和进城务工的收入已成为农民收入增长的主要来源。

四是农村发展对城镇和国民经济的依赖程度发生重大变化。城乡发展的互动性、互补性越来越强，农业和农村经济发展越来越受到宏观经济环境的影响。在计划经济体制下，农业商品率低、自给性强，城市和乡村分治，农民和市民分隔，农业和非农产业分离，很大程度上是农业和农村承担着为工业化和城镇化提供积累的重任。随着市场经济体制的建立和完善，城乡二元经济结构开始有所改变，各种生产要素加速流动，工农之间、城乡之间相互联系、相互依赖、相互补充、相互促进。城市发展离不开农村的促进和支持，农村发展也离不开城市的辐射和带动。统筹城乡经济社会发展，就是要充分发挥城市对农村的带动作用和农村对城市的促进作用，实现城乡经济社会一体化发展。

五是我国农业与世界农业的关联程度发生重大变化。随着经济全球化和农业国际化，各国农业联系更为紧密，农业专业化分工日益明显，农产品国际竞争日趋激烈。加入世贸组织，既为我国农业发展带来了机遇，为引进资金、技术和扩大农产品出口创造了条件，也使我国农业发展更加直接地面临来自国际市场、国外产品和技术的严峻挑战。我国是农产品生产和消费大国。随着农业对外开放程度的提高，一方面我们对国际市场有着巨大的影响，另一方面，国际农产品生产的丰歉、价格的高低、品种的多少、质量的优劣，往往直接影响和冲击着国内的生产和市场。特别是一些地区、一些品种，与国际市场的关联已非常密切，农产品进出口已成为一些地区影响农业发展和农民增收的重要因素。

六是农业和农村发展的内涵发生重大变化。在农产品短缺时期，农业发展的主要任务是增加产量、保证供给，往往忽视资源和环境的保护；在农村生产力水平比较低的情况下，我们主要是发展农村经济，往往很难顾得上农村社会事业发展。随着农业综合生产能力和农民收入水平的提高，人们开始追求生活质量的提高、生态环境的改善和自身的全面发展。全面建设小康社会，对农业和农村发展提出了新的更高的要求。农业和农村发展，不仅要保持数量增长，而且要注重改善结构、提高质量、增加效益；不仅要开发利用资源，而且要重视保护资源和生态环境；不仅要繁荣经济，而且要加快社会事业发展。

新阶段农业和农村发生的重大变化，既为农村经济和社会的发展带来了许多新气象和新机遇，也带来了不少新课题和新挑战，对农村经济增长方式、运行机制和管理体制的转变提出了新要求和新任务。新阶段农业农村发展面临着资源和市场的双重约束，面临着发展经济与保护环境的双重压力，面临着国内市场与国际市场的双重挑战，面临着产业结构和就业结构的双重调整，面临着增加农民收入和保障粮食等农产品供给的双重目标，面临着促进经济增长和发展社会事业的双重任务。我们必须全面理解新阶段的内涵，深刻认识新阶段的特征，准确把握新阶段的规律，采取更加有效的措施，加快农业和农村发展。

(二)当前和今后一个时期农业和农村经济发展面临的主要矛盾　2003 年，各地区各部门按照中央的要求，加大了解决“三农”问题的力度，克服了突如其来的非典疫情的严重冲击，战胜了频繁发生的多种自然灾害的严重影响，赢得了农业和农村经济继续平稳发展、农民收入继续恢复性增长、农村社会继续保持稳定的难得局面。近两年农村经济发展的一个共同特征是平稳

运行，2003年实现的稳步发展尤其来之不易。

但我们也要清醒地看到，一些长期困扰农业和农村经济发展的深层次矛盾还远没有根本解决。同时，由于农村内外部环境和条件的变化，又产生了许多新情况和新问题。总的来看，农业面临的市场和效益问题，农村面临的增加就业和全面发展问题，农民面临的维护经济利益和保障民主权利问题，都还相当突出。而整个“三农”问题，当前又主要表现为农民的增收困难。全面建设小康社会，最艰巨、最繁重的任务在农村，重点、难点主要也在增加农民收入。

自上世纪90年代末期至今，农民收入始终处于低速增长。1997年至2002年的6年中，农民人均纯收入只增加549.5元；增长速度没有一年超过5%，年平均增长不到4%。而且，农民收入很不平衡。特别是粮食主产区农民收入增长幅度低于全国平均水平，许多纯农户的收入持续徘徊甚至下降。城乡居民收入差距持续扩大。

农民增收困难，既是农业和农村经济结构性矛盾的现实反映，也是国民经济发展长期积累的深层次矛盾的集中体现。从农村自身来看，主要是“三个不适应”：一是农产品结构不合理、质量水平不高，不适应市场日益多样化、优质化和精细化的需求；二是农村二三产业发展水平不高，不适应农民多渠道扩大就业和增加收入的需要；三是农民进入市场的组织化程度不高，不适应市场竞争特别是参与国际竞争的要求。从农业农村与国民经济的关系来看，主要是“三个不协调”：一是就业结构调整与产业结构调整不协调。农业劳动力所占比重没能随农业占GDP比重的下降而同步下降，导致农业劳动生产率和农业效益低下。这是农民增收困难最重要也是最基本的原因。二是城镇化进程与工业化进程不协调。城镇化明显滞后于工业化。近几年我国城镇化速度有所加快，但仍低于世界平均水平和同等收入国家的水平。这直接影响农村劳动力的转移和农产品需求的扩大，严重制约农业经营规模的扩大和农业效益的提高。三是资源和国民收入在城乡之间分配不协调。受二元经济结构影响，农业、农村和农民在资源和国民收入分配中长期处于不利地位，农村土地、资金、人才等要素外流严重。近几年在全社会贷款余额中，农业和乡镇企业的比重一直分别只占5%左右，这与农业和乡镇企业在国民经济中的地位和作用明显不相称。

我们还要看到，当前和今后一个时期农民增收问题和粮食安全问题将相互交织、互为影响。近几年来，粮食生产不断下滑，一个很重要的原因，就是种粮比较效益低，种粮农民增收困难，种粮积极性不高。农民收入问题与粮食安全问题是紧密相连的，特别是在粮食主产区，可以说是一个问题的两个方面。这两者的关系处理得好，就可以相互促进、相得益彰；处理不好，两者就会产生矛盾，相互制约。我们要把促进农民增收和发展粮食生产有机统一起来，统筹兼顾，及早谋划，强化措施，主动应对，既要千方百计增加农民收入，又要下大力气保护和提高粮食综合生产能力，确保国家粮食安全。

（三）按照统筹城乡发展的思路促进新阶段农民增收和农村发展 做好新阶段的农业和农村工作，直观地看，是要解决好农民增收和粮食等农产品供给这两大问题；本质上看，是要研究和探索在工业化、城镇化进程中，如何加强对农业农村发展的支持和保护，加快农业和农村的发展。这是我们在现代化进程中回避不了的现实问题，也是必须解决好的重大课题。要按照十六大、十六届三中全会提出的战略部署，统筹城乡经济社会发展，建设现代农业，发展农村经济，增加农民收入，全面推进农村小康建设。

要坚持城乡统筹，加快农业和农村发展。发展是农业和农村工作的第一要务，是解决“三农”问题的根本途径。加快发展，必须树立全面、协调、可持续的科学发展观，坚持“五个统筹”，走城乡互动、工农互促的协调发展道路。要全面、正确地理解统筹城乡发展，这不仅是繁荣农村的需要，也是发展城市的需要；不仅要围绕“三农”谈统筹，而且要立足全局抓统筹；不仅要从经济社会发展的要求考虑统筹，还要从政治和国家长治久安的高度考虑统筹。这就要求各级党委和政府真正把农业、农村的发展纳入整个经济、社会发展的“大盘子”之中，统筹考虑，统筹安排。在具体工作中，要做到“六个注重”：一是注重强化农业的基础地位，合理配置资源，加强对农业的支持和保护，形成一二三产业相互促进的良性发展局面。二是注重建立全国统一的市场，打破地域界限，消除城乡壁垒，促进产品和要素在城乡间、地区间自由流动、公平竞争。三是注重兼顾不同地区农业和农村的发展，扶持粮食主产区，推进扶贫开发，逐步缩小区域间经济社会发展的差距。四是注重扩大公共财政覆盖农村的范围，加强农村公共服务，提高农村的科技、教育、文化和医疗卫生水平，扩大农民的就业空间，促进农村经济社会和农民的全面发展。五是注重利用国际国内两个市场、两种资源，努力开拓国内市场，积极参与国际竞争，全面提高农业效益。六是注重保护和合理利用资源，加强生态建设和环境保护，走可持续发展道路，促进人与自然的和谐发展。

2004 年是全面落实十六大和十六届三中全会精神的重要一年，也是实现“十五”计划目标的关键一年。党中央高度重视农业和农村工作，强调把解决好“三农”问题作为全党工作的重中之重，围绕全面推进农村改革，进一步增强农村经济活力，出台了一系列力度较大的政策措施。当前，国民经济继续保持强劲增长势头，农产品市场环境和农村劳动力外出就业环境正在得到逐步改善。我们必须紧紧抓住不可多得的重要战略机遇期，充分利用这些有利条件，努力克服存在的困难，加快农业和农村发展。

2004 年农业和农村工作的总体要求是：认真贯彻十六大、十六届三中全会和中央经济工作会议精神，牢固树立科学发展观，按照统筹城乡经济社会发展的要求，坚持“多予、少取、放活”的方针，坚持党的农村基本政策，调整农业结构，扩大农民就业，加快科技进步，深化农村改革，强化支持保护，提高粮食生产能力，力争实现农民收入较快增长，实现农村经济社会全面发展。

二、采取更加有力的综合措施，努力构筑农民收入持续增长的长效机制

解决农民增收问题，事关全局，意义重大。这既是当前紧迫而繁重的任务，也是今后长期而艰巨的任务；既是农村工作的基本目标，也是整个经济工作的重大课题；既是重大的经济问题，也是重大的政治问题。要提高农业综合生产能力，保证国家粮食安全，就必须让农民种粮有利可图，调动农民发展粮食和农业生产的积极性；要扩大国内需求，促进国民经济持续快速协调健康发展，就必须提高农民购买力，开拓农村市场；要全面建设小康社会，促进农村各项社会事业发展，就必须繁荣农村经济，增强农户的经济实力；要维护农村社会稳定，实现国家长治久安，就必须保障农民的物质利益，让他们安居乐业。践行“三个代表”重要思想，真正做到立党为公、执政为民，最根本的也是要促进农民增加收入，让农民共享经济发展和现代化建设的成果。我们一定要从全局和战略的高度，充分认识促进农民增收的重大意义，切实解决好农民增收问题。

随着新阶段农业和农村发展的环境、条件和任务的变化，促进农民增收的思路和方式也要及时做出相应的调整。必须采取更加直接、更加明确、更加有力的措施，对促进农民增收实行“内外抓、重点抓、综合抓”。内外抓，就是既要向农业的广度和深度进军，把农业和农村内部增收的文章做足，又要继续推进农村劳动力外出就业，在农业和农村外部寻求增收途径。重点抓，就是既要抓好面上增收，全方位开辟农民就业和增收的渠道和途径，又要分类指导，突出重点，抓好粮食主产区、纯农户和低收入农户的增收，着力解决好农村贫困人口和特殊困难群众的生产生活问题。综合抓，就是既要创造条件，充分发挥市场机制的作用，靠调动农民自主创业的积极性增收，又要调整国民收入分配结构，加大国家的支持保护力度；既要立足当前采取见效快的具体措施，又要着眼长远寻求解决农民增收问题的治本之策，建立促进农民收入持续增长的长效机制。

（一）推进结构调整，壮大县域经济，充分挖掘内部增收潜力 推进农业和农村经济结构的战略性调整，是新阶段农业和农村经济发展的主线，是增加农民收入的主要途径。近几年，我们在这方面迈出了较大步伐，方向是正确的，成效是明显的。但总的看，战略性结构调整的深度还不够，水平还不高，还大有文章可做，前景十分广阔，必须坚定不移地继续推进。

一是大力推进农业结构调整。要在保护和提高粮食综合生产能力的前提下，继续按照优质、高产、高效、生态、安全的原则，走精细化、集约化、产业化的道路。要依靠现代科技改造传统农业，把我国精耕细作的传统与现代技术结合起来，发展新型劳动密集型产业，变劳动力“包袱”为财富，让有限的土地等农业资源得到充分利用，发挥出更好的效益。要适应市场抓调整，不断满足国内外市场日益增长的优质化、多样化需求，积极扩大优势农产品出口，提高农产品市场占有率；要突出特色抓调整，做大特色产品，做强特色产业，提高农产品市场竞争力；要围绕加工抓调整，建好生产基地，壮大龙头企业，提高农产品附加值。

二是积极发展农业产业化经营。农业产业化经营，既是农村经济组织创新的有效形式，又是农村产业结构调整的带动力量；既是增加农民收入的重要渠道，又是推进农业区域化、专业化和提高农产品质量的有效途径，也是促进农村工业化和城镇化发展的重要载体。要落实有关政策，加大支持力度，培育和壮大龙头企业。龙头企业是农民走向市场的依托，是新型的市场竞争主体。从某种意义上说，农户找到了龙头企业，就是找到了市场。要切实增强龙头企业的带动能力和市场竞争能力，不断完善企业和农户“风险共担、利益共享”的机制。

三是加快发展农村二三产业。发展农村二三产业，不能单纯地依靠数量增长、外延扩张，要转变增长方式，注重内涵式发展。推进乡镇企业结构调整和体制创新，建立健全经营机制，增强技术创新能力，提高产品适销率。大力发展农村个体私营经济。结合农业产业化经营和小城镇建设，大力发展农产品加工业和农村服务业。加强对发展农村二三产业的引导和服务，在市场准入、融资条件、政策支持等方面创造平等竞争环境。

四是不断壮大县域经济。县（市）是我国功能相对完备的国民经济基本单元，自古以来就是国家行政管理的基础层次。我国大部分人口生活在县域范围，县域经济在国民经济总量中占举足轻重的地位。县域经济发展快的地方，整个经济发展就好，综合经济实力就强，城乡居民收入水平也高。壮大县域经济，重在突出个性，形成特色。要立足区位和资源优势，面向市场需求，培育和壮大支柱产业。加强县城和中心镇的建设，发挥其产业集聚和对乡村经济及农业生产的带动功能。要研究制定促进县域经济发展的政策措施，拓展县域经济发展空间。

（二）加强技能培训，改善就业环境，努力拓展外部增收空间　统筹城乡发展，很重要的是统筹城乡就业；城市带动农村，很重要的是为农村富余劳动力提供就业机会。农民进城务工，不仅是农民就业的需要，也是城市发展的需要；不仅是农民增收的重要渠道，也是发挥我国劳动力充裕的比较优势，增强制造业和服务业竞争能力的重要因素。现在农业户籍劳动力已经占到二三产业从业人员很大比重，成为产业工人的重要组成部分，在某些行业已成为数量上的主体。因此，必须正确看待和公正对待农民工。当前要突出抓好两件事：一是善待农民工，维护好他们的合法权益。要进一步改善农村劳动力外出就业的环境，取消对农民进城就业的限制性规定，加快建立城乡统一的劳动力市场，形成城乡劳动者平等就业的制度。保护农民工的合法权益，当前突出的是要切实解决好工资拖欠、劳动保护和巧立名目的乱收费等问题，还要解决农民工在户籍管理、子女就学、住房安置和社会保障等方面的实际困难，为他们在城市安心务工就业创造条件。二是培训农民工，提高他们的就业技能。这是促进农民外出就业、稳定就业的一项基础性工作，也是提高我国产业竞争力的客观要求。要把农民工培训作为一件大事来抓、实事来办。调动社会各方面参与农民职业技能培训的积极性，鼓励各类教育培训机构、用人单位开展对农民的职业技能培训，提高培训的针对性和适用性，各级财政要给予必要的支持。目前，一些地方在开展农民职业技能培训中进行了一些有益的探索，积累了一些好的经验，要认真总结和推广。

（三）加大扶持力度，调整投入结构，积极发挥国家政策对农民增收的导向和带动作用　农业是弱质产业。世界各国工业化发展到一定阶段，都要对农业和农村给予支持和保护。我国农村发展相对滞后，农业经营规模小，农民组织化程度低，农业竞争力不强，抵御自然风险和市场风险的能力弱，更需要国家给予必要的支持和保护。随着我国工业化程度的提高和经济实力的增强，工业和城市应更多地支持农业和农村的发展。要进一步调整国民收入分配结构和财政支出结构，不断增加对农业和农村的投入。要加强农业和农村基础设施建设，改善政府对农村的公共服务。搞好种养业良种培育、农业科技创新与应用、动植物保护、农产品质量安全、农业信息与农产品市场开发、农业资源与生态保护及农业社会化服务与管理等农业支撑体系的建设。要适应由木材生产为主向生态建设为主的转变,切实搞好林业六大工程建设。退耕还林还草和湿地保护等生态工程,要统筹安排,因地制宜,巩固成果,注重实效。在继续加强大江大河治理和重大农林水利工程建设的同时,农业基本建设投资要进一步向农村中小型基础设施倾斜。近两年开展的“六小工程”建设,效果很好,对改善农民的生产生活条件、促进农民增收发挥了重要作用,要继续增加投资规模,充实建设内容,扩大建设范围。要拿出一部分资金,通过良种补贴、培训补贴、大中型农机具补贴和退耕还林还草补贴等多种方式,对农民实行直接补贴。完善扶贫开发机制,各级都要增加扶贫开发投入,切实加强扶贫资金管理,提高扶贫成效。

(四)认真落实政策,放活农村经济,充分调动农民自主创业和增收的积极性　农户是独立的市场主体,也是自主创业增收的主体。增加农民收入,不仅要“多予、少取”,更要做好“放活”的文章,进一步解放和发展农村生产力,激发农民群众自主创业增收的潜能。要突破一切妨碍农民增收的思想观念,取消一切限制农民创业增收的政策规定,革除一切束缚农民增收的体制弊端。要尽快建立和完善全国统一的劳动力、资金、技术等要素市场,促进劳动者与生产资料的充分结合。积极鼓励和引导工商资本、民间资本、外资投入农业开发,发展农村经济。建立培养和造就农村能人的机制,营造鼓励能人干事业、支持能人干成事业的社会氛围,为广大农村能人施展才华、创业致富、带动一方,给予必要的支持,开辟广阔的天地。

进入新阶段以来,中央把增加农民收入作为农村经济工作的中心任务,作出了一系列部署。这次提交会议讨论的《中共中央国务院关于促进农民增加收入若干政策的意见》稿,也有不少力度较大的政策措施。各地区和有关部门要结合实际,把中央的政策细化、实化、具体化,既要遵循政策的基本精神,又要从各地实际出发有所创新;既要做存量文章,又要做增量文章;既要有常规性的考虑,又要有一些特殊的办法。要建立健全责任制,把中央的政策不折不扣地落实到位,让农民真正得到实惠。

三、保护和提高粮食生产能力,确保国家粮食安全

粮食问题是关系经济安全和国计民生的重大战略问题。党中央、国务院对此高度重视,胡锦涛同志、温家宝同志多次强调粮食安全问题。2003年10月国务院还专门召开了农业和粮食工作会议,明确了确保粮食安全的指导思想和基本原则,提出了重大政策措施。我们要按照中央的部署和要求,进一步统一思想认识,抓好措施落实,切实保护和提高粮食生产能力,确保国家粮食安全。

经过多年艰苦努力,我国在上世纪90年代中期粮食生产能力达到了1万亿斤的水平,实现了粮食供求基本平衡的历史性跨越。正是有了这个前提,我们才有条件推进农业和农村经济结构的战略性调整,才有基础实现国民经济的持续快速协调健康发展和社会稳定。当前总的看,我国粮食供求形势是好的,当年产量加上现有库存仍然是供大于求的格局,市场供给是有保证的。现在强调粮食安全,并不是说粮食安全出了问题,而是要防范和消除影响粮食安全的隐患,未雨绸缪,防患于未然。必须清醒地看到,一些影响粮食安全的因素和苗头已经出现,粮食供求关系正在发生变化。最为严重并需要坚决遏制的是,近几年耕地大量被占,粮食播种面积大幅度减少;最为根本并需要着力解决的是,粮食比较效益低,农民种粮的积极性不高,地方抓粮的积极性不高;最为关键并需要研究探索的是,有利于粮食生产持续发展的长效机制尚未建立起来。如果这些问题任其发展下去,加上目前粮食市场信号的放大效应,各地各方面粮食购销的同步效应,以及粮食生产的滞后效应的影响,就会危及我国的粮食安全,就会对国民经济发展全局产生重大不利影响。

近几年粮食面积和产量减少较多,是多种因素作用的结果。其中既有主动调整的合理因素,也有非正常的因素;既有市场经济法则的作用,也有不少政策和人为因素的影响。突出的有两点:一是乱征滥占耕地,大搞各种开发区、园区,既侵害了农民利益，又损害了粮食生产能力；二是一些地方片面理解农业结构调整，把调整结构与粮食生产对立起来，以为结构调整就是压粮扩经，致使一些地方粮食播种面积大幅度减少。各地区各部门必须从维护国家粮食安全和经济安全的大局出发，真正把思想和行动统一到中央的决策和部署上来，做到认识到位，政策到位，措施到位。

2003 年入秋以来，粮价开始上涨。这是粮食供求关系正在发生变化的客观反映，是多年来粮价低迷基础上的恢复性上涨，是市场对粮食供求预期的理性反应。粮价适度上涨对增加农民收入、调动农民种粮积极性有促进作用。但必须看到，粮食是生活必需品，粮价一头连着农民，一头连着市民，粮价的涨跌应该调控在合理的范围内。粮价一价带百价。如果粮价上涨过快过多，就可能带动整个物价的上涨，甚至引发通货膨胀，影响经济发展和社会稳定的全局。如何防止粮价暴涨暴跌和生产大起大落，为国民经济持续快速协调健康发展提供有力保障，是当前经济工作中的一项重要任务。我们一定要下大气力稳定和扩大粮食生产，搞好粮食储备和供给，加强粮食市场调控。

在市场经济条件下，粮食生产的环境和条件发生了很大变化，市场在农业资源配置中越来越起到基础性作用，价值规律在粮食生产中越来越发挥主导作用。我们必须用新的思路、新的办法，来研究解决新阶段的粮食问题。要始终坚持调整农业结构不动摇，始终坚持增加农民收入不动摇，始终坚持立足国内解决粮食供给不动摇，始终坚持对粮食实行省长负责制不动摇。具体要把握好以下几点：

第一，兼顾保障粮食供给和增加农民收入两个目标，把发展粮食生产与增加农民收入结合起来。这是我们做好农业农村工作的繁重任务和重要职责。要全面正确地理解和贯彻农业结构调整方针，不能把增加农民收入与发展粮食生产对立起来。调整农业结构要坚持在发展粮食生产和增加农民收入两个方面下功夫。特别是在粮食主产区，粮食收入是农民收入的主体，促进农民增收必须首先抓好粮食生产。农业结构调整不是简单地压缩粮食面积，市场信号已经要求 2004 年粮食播种面积不能再减少。要加大优势农产品区域规划的实施力度，加快优势粮食产业带建设，优化粮食品种结构，提高粮食质量，促进粮食加工转化，增加种粮农民收入。

第二，充分发挥市场机制的作用，综合运用各种经济手段，保护和调动农民的种粮积极性。粮食生产稳不稳，粮食安全基础牢不牢，关键在于种粮农民的生产积极性高不高。价格是调节生产最基本的杠杆，有利可图是农民发展生产最基本的动因。新阶段发展粮食生产、确保国家粮食安全，最根本的是要通过市场引导，提高种粮效益，让农民种粮不赔本、能赚钱。粮食是弱质产业，国家必须给予必要的保护和扶持，要使农民在政策支持下从市场获得合理收益而积极种粮。2004 年，各地要通过政策和价格信息引导，搞好服务，调动农民种粮积极性，努力恢复粮食生产，不能搞指令性计划，搞强迫命令。

第三，守住耕地、依靠科技、改善条件，进一步加强粮食生产能力建设。加强粮食生产能力建设，是保障粮食供给的重大举措，是确保国家粮食安全的重要基础。没有稳定可靠的粮食生产能力，就没有稳定可靠的粮食安全。要把加强粮食生产能力建设作为我国农业和整个国民经济发展的重要任务来抓。一是要守住耕地。耕地是不可再生、不可替代、易于流失的稀缺资源，对国家粮食安全具有基础作用，对农民生计具有保障作用，对农村社会具有稳定作用。粮食调控主要在于“库”，保障能力主要在于“地”。要实行最严格的耕地保护制度，基本农田这条“红线”决不能逾越。不能随意改变基本农田用途，禁止在基本农田挖鱼塘、栽种树木，在这方面必须严格依法办事。二是要依靠科技。集中力量加强科研攻关和技术推广，培育一批影响重大、优质高产的优良品种，加快科技成果转化，发挥科技对粮食生产的支撑和促进作用。三是要改善条件。加强农业综合开发，加快中低产田改造，大力发展节水灌溉和旱作农业，建设高标准基本农田，扩大高产稳产、旱涝保收面积。

第四，突出重点，集中力量支持主产区发展粮食生产。保护和提高粮食生产能力重点在粮食主产区。抓住了主产区，就抓住了大头，就稳住了全局。粮食主产区多年来为国家作出了重大贡献，耕地面积和粮食播种面积都占全国的60%以上，粮食产量占全国的70%左右。今后主产区要继续发挥粮食生产的比较优势，发挥对确保国家粮食安全的重要作用。国家将采取力度更大、更有针对性的政策措施，加大对粮食主产区和种粮农民的支持力度，帮助主产区特别是中部地区的主产区解决种粮效益低、财政负担重等问题。要加快实施优质粮食产业工程，多渠道筹集资金，支持主产区搞好粮食产能建设和粮食加工转化。粮食主销区和产需平衡的省区，也要注意保护粮食生产能力，也要支持粮食主产市县和种粮农民。

第五，大力发展粮食产业，提高粮食生产的综合效益。要把粮食的生产、转化、加工、流通、消费作为一个完整的产业体系，进行系列开发和整体建设。特别是粮食主产区，更要立足粮食优势，做大做强粮食产业，把生产优势转变为产业优势、经济优势。不少粮食主产区通过发展优质专用粮和发展畜牧业，搞加工增值，提高了粮食效益，促进了农民增收。要大力支持和发展粮食加工、储运和流通，延长粮食产业链，提高粮食附加值，增强粮食的市场竞争力。要启动重点区域动物疫病应急防治工程，提高畜牧业的经济效益和畜产品贸易的安全性，为粮食的转化增效开拓空间。

四、加大农村改革力度，进一步解放和发展农村生产力

十六届三中全会通过的《中共中央关于完善社会主义市场经济体制若干问题的决定》，是指导我国当前和今后一个时期经济体制改革的纲领性文件。《决定》中关于农村改革的内容十分丰富、内涵十分深刻，有许多重大突破和创新，为深化农村改革、加快农村发展指明了方向。我们要认真学习，深刻领会，全面贯彻。

解决农业农村发展面临的各种矛盾和问题，必须坚持解放思想、实事求是、与时俱进，敢为人先，勇于实践，在改革中找出路，在开放中拓视野，在创新中求发展。深化农村改革，必须坚持把是否有利于解放和发展农村生产力，是否有利于增加农民收入，是否有利于改变农村面貌和保持农村稳定，作为出发点和落脚点。在改革实践中要注意把握好几条基本原则：一是要着眼体制创新。改革进行到今天，只有从体制上创新，才能取得新的突破。深化农村改革不仅涉及许多内部的体制和机制问题，而且还涉及城乡关系的调整，涉及与国际惯例的接轨。新阶段的农村改革不可能单兵突进、孤军深入，必须综合配套、整体推进。二是要坚持市场取向。充分发挥市场在资源配置中的基础性作用，切实提高农业农村的市场化程度，凡市场能办的事情就交给市场去办，政府的职能是经济调节、市场监管、社会管理和公共服务。三是要尊重基层创造。基层和群众蕴藏着无限的创造力，群众的首创精神是推动改革的原动力。新时期我国农村大的改革发明权都在基层，都是由群众首创，在实践中发展和逐步完善，并经过党和政府的总结和提高。对基层的实践和探索，要热情对待、精心呵护、积极引导，即使对一些一时看不准的事物和做法，也不要急于下结论，轻易否定。四是要注重以人为本。农村改革的最终目的是要满足农民群众日益增长的物质文化需要，提高他们的生活质量和整体素质，实现人的全面发展。

推进新阶段农村改革是一项复杂的系统工程。改革的方向是，建立以家庭承包经营为基础，以农业社会化服务体系、农产品市场体系和政府对农业的支持保护体系为支撑，适应发展社会主义市场经济要求的农村经济体制和运行机制。一要长期稳定并不断完善以家庭承包经营为基础、统分结合的双层经营体制。这是我国农村的基本经营制度，不仅符合现阶段我国农村生产力的发展水平，而且符合农业生产自身的特点，必须长期坚持。二要健全农业社会化服务体系。这是提高农业市场化和农民组织化程度的有效途径。要推进农村集体经济组织制度创新，增强服务功能。培育和发展专业合作组织，继续深化供销合作社改革，发挥基层农技推广机构等在社会化服务体系中的重要作用，注重气象部门对农业的服务功能。三要健全农产品市场体系。这是搞活农产品流通的基础。要培育各种新型的农产品营销主体，健全农产品现货和期货市场，完善农产品价格形成机制，发展现代流通方式，规范农产品市场秩序。建立农产品“绿色通道”，有关部门要尽快制定具体方案。四要健全政府对农业的支持和保护体系。这是强化农业基础的基本保障。要不断加大投入力度，调整投资结构，完善补贴方式，进一步减轻农民负担。

根据十六届三中全会精神和中央的部署，当前推进农村改革要重点抓好以下几个方面：

（一）完善农村土地制度，加快土地征用制度改革　土地制度是农村经济最基本的制度，土地政策是党的农村政策的基石。要认真贯彻实施农村土地承包法，保障农民对土地承包经营的各项权利。农村土地流转要坚持依法、自愿、有偿的原则，逐步发展适度规模经营。要按照保障农民权益、控制征地规模的原则，改革征地制度，完善征地程序。严格区分公益性用地和经营性用地，征地时必须符合土地利用总体规划和用途管制，及时给予农民合理补偿，妥善安排好失地农民的生计。有关部门要抓紧制定具体的改革办法，并修订完善有关法律法规。

（二）深化农村税费改革，继续减轻农民负担　农村税费改革是减轻农民负担和深化农村改革的重大举措。要在巩固现有改革成果的基础上，逐步取消不应当由农民负担的税费项目，创造条件逐步实现城乡税制的统一。2004 年，除烟叶税外，要全部取消农业特产税，农业税税率总体上要降低一个百分点。这是深化农村税费改革的一个重大步骤。降低税率后减少的地方财政收入，沿海发达地区原则上由自己消化，粮食主产区和中西部地区由中央财政通过增加转移支付解决。有条件的地方，可以进一步降低农业税税率或免征农业税。有关部门要抓紧制定具体方案。要继续加大配套改革力度，加强农民负担监督管理，防止农民负担反弹。农村税费改革政策性强，涉及面广，必须扎实稳妥地进行。衡量税费改革试点工作做得好不好，一要看是否认真执行中央政策，二要看是否做到“三个确保”，三要看是否与相关配套改革措施综合推进，四要看是否妥善解决改革中暴露出来的矛盾和问题。最终要看是否进一步解放和发展了农村生产力，让广大农民群众满意。

（三）继续推进市场取向的粮食流通体制改革，建立对农民的直接补贴制度　近年来，粮食流通体制市场化改革取得明显效果，对推进农业结构调整、优化资源配置发挥了积极作用。深化粮食流通体制改革，要着眼于保护基本农田，保护农民种粮积极性，保护粮食综合生产能力，保障国家粮食安全。2004 年要全面放开粮食收购和销售市场。要抓紧建立对种粮农民的直接补贴制度，制定方案，落实资金，完善办法，减少环节，确保补贴资金真正落到农民手中。要建立统一、开放、竞争、有序的粮食市场体系，培育多元化的市场主体，加强粮食批发市场建设，稳步发展粮食期货市场，鼓励产区和销区以多种形式建立稳定的产销合作关系，加强粮食市场的管理和宏观调控。健全和完善国家粮食储备体系，增强调控能力。加快推进国有粮食购销企业改革，转换经营机制，使其真正成为自主经营、自负盈亏的市场主体。

（四）改革和创新农村金融体制，加强对农户和农村中小企业的金融支持　健全农村金融体系、改善农村金融服务是统筹城乡发展的重要内容。目前，农村金融服务主体少、能力弱，难以满足农户和农村中小企业对信贷的需求，已成为制约农村经济发展的一个“瓶颈”。要从农村实际和农民需要出发，按照有利于增加农户和企业贷款，有利于改善农村金融服务的要求，改革和创新农村金融体制，切实解决农户和农村中小企业贷款难的问题。要努力增加农村信贷资金总量，通过明确县域内金融机构为“三农”服务的义务、完善邮政储蓄政策等措施，缓解农村资金的外流。加快现有农村金融机构的改革和调整，完善政策性金融的功能，逐步扩大农村信用社改革试点。鼓励有条件的地方，在严格监管、有效防范金融风险的前提下，通过吸引社会资本和外资，兴办直接为“三农”服务的多种所有制金融组织。采取多种形式解决农户和农村中小企业贷款担保问题，鼓励各类信用担保机构积极拓展符合农村特点的担保业务，有条件的地方可设立农业担保机构。

五、加强和改善党对农村工作的领导，实现农村经济社会全面进步

党管农村工作是我们党的一个传统，也是一个重大原则。当前，统筹城乡发展的任务十分艰巨，促进农民增收的任务十分紧迫，推进农村小康建设的任务十分繁重。这就要求我们必须进一步加强和改善党对农村工作的领导，提高驾驭农业和农村工作全局的水平。各级党委和政府要以与时俱进的思想，奋发图强的精神，求真务实的作风，真抓实干的行动，全面开创农业和农村工作新局面。

切实把解决好“三农”问题作为全党工作的重中之重。解决好“三农”问题，加快农业和农村发展，是保持国民经济持续快速协调健康发展的必然要求，是实现全面建设小康社会宏伟目标的必然要求，是维护社会稳定和国家长治久安的必然要求。中央对解决“三农”问题历来高度重视，在中央文件和领导同志讲话中有许多精辟深刻、醒人耳目的重要论述。2003年11月召开的中央经济工作会议强调指出，要始终重视农业的基础地位，始终重视严格保护耕地和保护、提高粮食综合生产能力，始终重视维护粮食主产区和种粮农民的利益，始终重视增加农民特别是种粮农民的收入。各级党委和政府要进一步统一思想，深刻认识解决好“三农”问题的重要性和紧迫性，真正在思想上、工作上更加重视“三农”问题。要清醒地看到，虽然农业在国民经济中的份额逐步下降，但农业的基础地位没有变；虽然新阶段农村工作的目标、任务和内涵有所变化和调整，但党和政府解决“三农”问题的大政方针没有变。全党全社会要对农村经济社会发展给予更多的关注和多方支持，对农业给予更多的关心和政策倾斜，对农民给予更多的关爱和充分理解。农业和农村工作涉及面宽、政策性强、头绪很多，不仅分管领导要直接抓，而且党政一把手要亲自抓，地、县两级领导更要把主要精力放在农业和农村工作上，并体现在工作部署、资金投入和干部配备中。要切实加强农村工作综合部门的建设，发挥他们在综合协调、调查研究、督促检查等方面的职能和作用。各有关部门要把支持农业和农村工作作为义不容辞的责任，密切配合，形成合力，确保中央关于加强农业和农村工作的方针政策真正落到实处。

切实改进政府对农村的社会管理和公共服务。建立一个与农村生产力水平相适应、与农村发展要求相协调、与农民承受能力相符合的农村社会管理和公共服务体系，是上层建筑领域改革的一个重要内容，也是促进农民增收减负、实现农村全面发展的迫切需要。近几年，随着农村税费改革的展开，各地在县乡机构改革和人员精简等方面做了不少工作，取得了一定的成效。但要从根本上消除农民负担反弹的隐患和压力，跳出“黄宗羲定律”，必须下决心从机制和制度上解决“食之者众，生之者寡”的问题。要大力精简乡镇机构和人员，有条件的地方可进一步并乡并村，提倡干部交叉任职，降低行政成本，提高运行效率。《中华人民共和国行政许可法》即将正式实施，我们要进一步转变政府职能，提高依法行政水平。2003年初，中央提出今后新增教育、卫生、文化等事业经费主要用于农村，这是加快农村社会事业发展的一个重大举措，一定要确保落到实处，尽快缩小城乡社会事业发展的差距。经济发达地区和有条件的地方，发展农村社会事业的步子可以迈得更大一些。要鼓励和引导企业、团体和个人积极参与农村社会事业的建设。继续推进农村教育、卫生、文化体制改革。合理调整学校布局，优化教师队伍，提高办学质量，减轻学生负担。深化乡镇卫生院改革，加强农村公共医疗卫生机构基础设施和卫生技术队伍建设，加快建立和完善新型农村合作医疗制度，积极探索对农村贫困家庭实行医疗救助的有效办法。坚持不懈地做好人口和计划生育工作。继续加强农村基层群众文化活动基地建设，搞好农村广播电视“村村通”工程，深入开展“三下乡”活动，丰富群众的文化生活。

切实加强农村基层组织建设、精神文明建设和民主法制建设。要把兴起学习贯彻“三个代表”重要思想新高潮的活动不断引向深入，探索和落实让干部经常受教育、使农民长期得实惠的有效方法。深入开展农村党的建设“三级联创”活动，创建“五个好”村党组织、“五个好”乡镇党委和农村基层组织建设先进县（市），形成农村基层组织建设常抓不懈的工作机制。特别是要总结推广一些地方“支部加协会，农民得实惠”的成功经验，使农村基层党组织在更加有效地深入帮民致富的产业活动中，更加成功地找到代表先进生产力、发展先进生产力的载体和途径，为农民增收、农村小康建设提供坚强的组织保障。抓好对农村基层干部的培训，不断强化他们的宗旨意识和群众观念，提高他们带领群众增收致富的本领。搞好农村党员干部现代远程教育试点。继续广泛开展文明村镇、文明户等群众性精神文明创建活动，搞好村镇规划，加强环境治理，提高农村社会文明程度。建立健全农村党组织领导的充满活力的村民自治机制，推进村务公开和民主管理，健全规范村务公开制度。正确处理人民内部矛盾，搞好农村社会治安综合治理，严厉打击各种违法犯罪活动，创造良好稳定的社会环境，确保农民群众安居乐业。

切实转变工作作风。加强党对农村工作的领导，必须坚持不懈地加强农村干部的作风建设。现在一大批有朝气、有学识、有才干的年轻干部走上了农村工作的各级领导岗位，尽快熟悉党的农村政策，了解农村实际，掌握同农民打交道的办法，增强对农民的感情，是他们面临的一项重要而紧迫的任务。长期从事农村工作的同志，也有一个适应形势、更新知识、转变观念的问题。因此，各级干部要深入农村，了解农村，大兴调查研究之风，在实践中不断提高工作能力和工作水平。要从思想上端正对农民的认识，从感情上密切与农民的联系，尊重农民的意愿和选择，做到爱民亲民、利民富民、安民护民。要树立科学的发展观和正确的政绩观，切实转变工作作风，力戒浮夸，力戒浮躁，不图虚名，不务虚功，不做表面文章，不提脱离实际的高指标，不喊哗众取宠的空口号，不搞劳民伤财的假政绩，扎扎实实地做好各项工作。

农村基层干部工作在农民中间，处于各种矛盾的前沿。他们处理的事务比较繁杂，而责任又很重；他们解决问题的难度比较大，而要求又很高；他们工作的条件比较艰苦，而待遇又不多。要真正当好农村基层干部，必须要有奉献的精神，公正的境界，致富的本领，苦干的劲头，务实的作风。各级党委、政府对他们也要在工作上多指导，政治上多帮助，生活上多关心。我们既要调动好、发挥好、保护好广大农民的积极性，也要调动好、发挥好、保护好广大农村基层干部的积极性，把这两方面的积极性调动、发挥、保护好了，加强农业、繁荣农村、富裕农民的目标就一定能够实现。

做好 2004 年的农业和农村工作，意义十分重大，任务十分艰巨。我们要紧密团结在以胡锦涛同志为总书记的党中央周围，高举邓小平理论和“三个代表”重要思想伟大旗帜，解放思想，振奋精神，开拓进取，扎实工作，为全面完成农业和农村工作各项任务而努力奋斗。

（2003 年 12 月 24 日）

中共中央书记处书记何勇
在全国村务公开和民主管理工作经验交流会议上的讲话

同志们：

这次全国村务公开和民主管理工作经验交流会议，是在全党深入学习贯彻党的十六届四中全会精神的新形势下召开的一次十分重要的会议。昨天，江苏省委、湖南省长沙市开福区等十多个单位分别介绍了推进村务公开和民主管理工作的好做法好经验，大家听了都很受启发，确实值得认真学习和借鉴。会议期间，同志们还实地参观考察了太仓市推行村务公开和民主管理的情况。刚才，学举同志代表全国村务公开协调小组，总结了一年来的工作，对下一步工作作出了具体部署，我完全同意。

下面，我讲几点意见。

一、充分认识推进村务公开和民主管理工作的重要意义

推进村务公开和民主管理是一项十分重要的工作。党中央、国务院对这项工作高度重视，多次下发文件作出部署。今年 6 月 22 日，中共中央办公厅、国务院办公厅专门印发了《关于健全和完善村务公开和民主管理制度的意见》，对做好新形势下的村务公开和民主管理工作提出了明确要求。党的十六届四中全会从加强党的执政能力建设、巩固党的执政地位的高度，强调要“坚持和完善政务公开、厂务公开、村务公开等办事公开制度，保证基层群众依法行使选举权、知情权、参与权、监督权等民主权

利”。在党中央、国务院的领导下，经过各地区各部门的共同努力，村务公开和民主管理工作取得新的成效，有力地促进了农村改革发展稳定的大局。但也要清醒地看到，与农村形势发展的要求相比，与广大农民群众的要求相比，我们的工作还有一定的差距。进一步从全党和国家工作大局的高度充分认识推进村务公开和民主管理工作的重要意义，对做好这项工作至关重要。

第一，推进村务公开和民主管理，是巩固党在农村执政基础的必然要求。我国是工人阶级领导的，以工农联盟为基础的人民民主专政的社会主义国家，农民是我们党在农村的主要依靠力量，也是我们国家政权最广泛、最深厚的群众基础。村务公开和民主管理是发展农村基层民主，保证农民群众在党的领导下行使民主权利，参与管理农村事务，维护自身利益的重要途径。改革开放以来，农民群众的生产经营和对自身事务的管理方式发生了深刻变化，农民群众的市场主体意识、民主法制意识明显增强，要求实行村务公开和民主管理。做好这项工作，有利于在经济上保障农民群众的物质利益，在政治上尊重农民群众的民主权利，从制度上实现好、维护好、发展好广大农民的根本利益，坚定广大农民跟党走中国特色社会主义道路的信心，密切党群干群关系，进一步巩固党在农村的执政基础。

第二，推进村务公开和民主管理，是构建社会主义和谐社会的重要内容。十六届四中全会提出了构建社会主义和谐社会的目标和任务。我国是一个农民占多数的人口大国，幅员辽阔的农村，人口众多的农民，是构建和谐社会的重要基础。从总体上看，我国农村经济社会发展势头良好，但也存在不少问题和矛盾，农业现代化水平不高、农村发展不平衡、农民增收缓慢等问题比较突出，农村群体性上访事件不断增多。以推行村务公开为基础，坚持实行民主选举、民主决策、民主管理和民主监督，推进农村的民主法制建设，实现农民群众的自我管理、自我教育和自我服务，既有利于充分发挥农民群众推动经济社会全面发展的积极性，又能在农村基层建立有效的利益协调机制、矛盾调处机制和社会管理机制，引导群众规范有序地参与村务的决策和管理，以理性合法的形式表达自己的利益要求，解决利益矛盾，从而促进农村的和谐与稳定。

第三，推进村务公开和民主管理，是深化农村改革、促进农村发展的重要保障。当前，我国农村正处在全面建设小康社会的新的发展阶段，农村改革、发展的任务还相当艰巨。为全面落实科学发展观，解决好“三农”问题，促进城乡经济社会协调发展，中央对建设现代农业、发展农村经济和增加农民收入等方面作出重大部署，出台了一系列重大政策措施，如实行“两减免、三补贴”政策，减免农业税，取消除烟叶税以外的农业特产税，对种粮农民实行直接补贴，对部分地区农民实行良种补贴和农机具购置补贴；规范涉农收费项目，取消、免征、降低一些面向农民的行政性收费；大力推进农村税费改革，认真搞好农村义务教育体制改革，稳步扩大新型农村合作医疗制度试点；修改土地征用补偿办法，提高土地征用补偿标准等多项支农惠农政策。落实这些重大政策措施，迫切需要广大农民群众的参与和监督。从各地的实际情况看，村务公开和民主管理工作做得好不好，直接影响中央大政方针在农村的落实，直接影响农村的改革和发展。如果“暗箱操作”，有关政策规定、实施程序、办理结果都不公开，农民群众没有了解和参与的机会，那么，中央政策措施的实施效果必然要大打折扣，不可能达到预期效果。只有进一步加大村务公开和民主管理的力度，落实农民群众对村级重大事务的知情权、决策权、参与权、监督权，才能调动农民群众的积极性和主动性，才能把中央关于农村改革发展的大政方针落到实处，全面推进农村的改革和发展。

第四，推进村务公开和民主管理，是促进农村党风廉政建设的有效途径。农村党风廉政建设是党的建设新的伟大工程的重要方面。必须充分肯定，广大农村基层干部队伍的主流是好的。他们吃苦耐劳，扎实工作，为推进农村的改革发展稳定作出了重要贡献。但也确有一些基层干部在作风上存在这样或那样的问题，特别是作风粗暴、损害群众利益等，损害了党和政府的形象。产生这些问题的一个重要原因是由于村务公开和民主管理不落实，农民群众的各项权利得不到保障，少数农村基层干部办事不公，以权谋私的行为得不到有效制止，从而造成党群干群关系紧张，影响了农村的稳定和发展。这就充分说明，只有实行村务公开和民主管理，切实保障农民群众的各项权利，才能加强对农村基层干部的监督，从源头上预防腐败现象的发生。

二、加大工作力度，把村务公开和民主管理工作不断推向深入

当前和今后一个时期，各地区各部门要按照十六大和十六届三中全会、四中全会的精神和这次会议的部署，突出重点，加大工作力度，进一步推动村务公开和民主管理工作不断取得新的进展。

第一，要着眼于农村工作大局，把推进村务公开和民主管理与促进农村改革发展稳定有机结合起来。推进村务公开和民主管理是化解农村矛盾，促进农村发展，维护农村稳定的治本之策。各地区各部门要牢固树立大局意识，把村务公开和民主管理工作作为贯彻中央关于农业和农村工作部署的重要举措，切实抓紧抓好。坚持公开、民主的原则，坚决落实中央出台的一系列解决“三农”问题的重要政策和措施，切实维护广大农民的合法权益。要通过做好村务公开和民主管理工作，使农村基层干部牢固树立坚持党的领导、人民当家作主和依法办事有机统一的观念，不断提高政策水平和依法办事能力，使他们善于用说服的方法、示范的方法、服务的方法推动农村工作。要通过做好村务公开和民主管理工作，及时化解社会矛盾，消除农民群众对干部的猜疑和误解，解决少数乡村干部以权谋私等违纪违法问题，消除和减少社会不稳定因素。

第二，要着眼于维护农民群众的切身利益，认真解决群众最关心的问题。村务公开和民主管理是坚持党的群众路线，维护农民群众根本利益的具体体现。尊重农民群众的民主权利，维护和实现好他们的切身利益，是农民群众衷心拥护并积极参与村务公开和民主管理工作的基础，也是农民群众衡量我们是真公开、真民主还是搞形式、走过场的重要标准。要充分听取农民群众的意见、了解农民群众的呼声，把农民群众关心的热点、难点问题作为村务公开和民主管理的切入点，通过村务公开和民主管理切实解决农民群众最关心、最直接、最现实的利益，调动农民群众参与村务公开和民主管理的积极性、主动性。当前，重点要推进农村土地征用补偿及分配、农村机动地和“四荒地”发包、村集体债权债务、农村税费改革和农业税减免政策、村内“一事一议”筹资筹劳以及各类救灾和补贴等情况的公开。凡是与农民群众切身利益密切相关的事项，如村集体的土地承包和租赁、集体企业改制、集体举债、集体资产处置、村干部报酬、村公益事业的经费筹集方案和建设承包方案等，都要实行民主决策，不能由个人或少数人决定。

第三，要着眼于充分发挥农民群众的主体作用，广泛动员农民群众参与村务公开和民主管理。村务公开和民主管理工作的主体是广大农民群众。农民群众的关心、支持和参与，是决定村务公开和民主管理能否取得成效的根本因素。衡量一个地方村务公开和民主管理工作是否扎实、是否深入，关键要看农民群众参与的广度和深度。如果没有农民群众的积极参与和支持，村务公开和民主管理就会失去活力，失去持续发展的动力。因此，要把最广泛地动员农民群众参与，作为推动这项工作深入进行的重点和基础。要加大宣传教育力度，采取群众喜闻乐见的方式，使有关村务公开和民主管理的方针政策、法律法规深入人心，家喻户晓，引导农民群众依法行使自己的民主权利。要指导农民群众依法建立健全村民会议、村民代表会议、村务公开小组、民主理财小组等监督评议组织，帮助建章立制，赋予他们一定的监督权和评议权，使农民群众的主人翁地位和作用得到充分发挥。要求真务实，反对官僚主义、主观主义、形式主义，严肃查处侵犯农民群众合法权益的行为，扎扎实实地为农民群众解难事、做好事、办实事，使农民群众切实从村务公开和民主管理中受益，从而激发和调动广大农民群众发展农业生产和建设社会主义现代农业的积极性。

第四，要着眼于推进村务公开和民主管理的规范化和程序化，在加强制度建设上下功夫。要根据农村改革发展的新形势新情况，进一步建立健全村务公开和民主管理的各项制度，规范村务公开的内容、形式、时间和程序，规范村级事务民主决策的事项、形式和程序，建立健全村民会议、村民代表会议议事规则，加强对村集体财务的管理、审计和监督，完善民主评议村干部工作制度，落实农民群众的知情权、决策权、参与权、监督权，克服随意性，提高规范性，使村务公开和民主管理工作有法可依、有章可循。要注意及时总结推广基层创造的好做法和好经验，并不断上升到制度的高度，推进制度建设不断深入发展。

三、深入开展村务公开和民主管理工作需要把握的几个问题

推进村务公开和民主管理，事关农村工作的方方面面，事关农民群众的根本利益，事关农村改革发展稳定的大局。各级党委和政府要切实加强对村务公开和民主管理工作的领导，建立健全推进村务公开和民主管理的长效机制，保证村务公开和民主管理工作顺利开展。

第一，要强化领导责任。要把村务公开和民主管理工作列入党委、政府的重要议事日程。各省、自治区、直辖市党委和政府要及时研究分析村务公开和民主管理工作情况，提出指导性意见，推进村务公开和民主管理。县（市）党委和政府对于抓好这项工作负有重要的责任。县（市）党委和政府要制定具体的实施意见，建立党政领导责任制，切实担负起领导责任。农村基层党组织要充分发挥领导核心作用，健全村民自治机制，把坚持党的领导、充分发扬民主、依法办事有机统一于农村社会主义民主实践之中。

第二，要加强部门配合。目前，全国绝大多数地方都建立健全了党委、政府统一领导、有关部门共同参与、民政部门组织协调的村务公开和民主管理领导体制和工作机制，建立了村务公开协调机构。但也有一些地方尚未建立健全有关机构和工作机制。这次会议后，要尽快把协调机构建立起来，把关系理顺，把工作开展起来。各级协调机构及有关部门既要明确责任，各司其职，又要团结协作，密切配合，真正形成各级各部门相互联动、一级抓一级、层层抓落实的工作格局，保证村务公开和民主管理工作的深入开展。民政部门要发挥组织协调作用，积极主动地开展工作，其它部门要积极支持民政部门的工作。

第三，要加强监督检查。重点检查领导是否重视、制度是否健全、责任是否明确、工作是否规范、群众是否满意等情况，及时发现和解决在村务公开工作中存在的问题，提出改进工作的意见和建议。对村务公开和民主管理工作搞得好的，要进行表彰，推广他们的做法和经验；对村务公开和民主管理工作开展不力的，县、乡党委和政府及有关部门要认真调查研究，有针对性地提出解决问题的措施和办法，督促问题的纠正和解决；对工作不认真、不得力或在工作中有弄虚作假、侵犯农民群众民主权利等行为的，要批评教育，直至追究有关人员的责任。

第四，要善于开拓创新。当前，我国改革发展处在关键时期，社会利益关系更为复杂，新情况、新问题层出不穷。就农村而言，当前也处在利益需求复杂多变、社会矛盾易发多发时期，推进村务公开和民主管理面临一系列新情况、新问题。各级党委、政府要注意从本地区本部门的实际出发，不断总结经验，深入研究工作规律，创造性地开展工作。要尊重群众的首创精神，尊重基层的创造，不断推进村务公开和民主管理的理论创新、制度创新、机制创新，把村务公开和民主管理工作深入持久地开展下去，不断取得新成效。

同志们，推进村务公开和民主管理的各项方针政策已经明确，关键就在狠抓落实。让我们紧密团结在以胡锦涛同志为总书记的党中央周围，高举邓小平理论和“三个代表”重要思想伟大旗帜，全面落实科学发展观，求真务实，开拓创新，把村务公开和民主管理这项关系亿万农民切身利益的大事抓紧抓好，努力实现好、维护好、发展好广大农民群众的根本利益。

（2004 年 12 月 12 日）

深入贯彻十六届四中全会精神
把村务公开和民主管理工作推向新水平

民政部部长李学举在全国村务公开民主管理工作经验交流会上的讲话

同志们：

这次会议是去年召开全国村务公开工作电视电话会议后，又一次推动村务公开和民主管理工作的重要会议。会议的主要任务是深入学习贯彻党的十六届四中全会精神和《中共中央办公厅、国务院办公厅关于健全和完善村务公开和民主管理制度的意见》（中办发[2004]17号，以下简称17号文件），总结一年来的工作，分析当前村务公开和民主管理工作面临的新形势、新任务，交流各地的好做法、好经验，研究部署下一步的工作。昨天，14个单位介绍了经验，实地参观考察了太仓农村村务公开和民主管理工作情况。中央书记处书记、中纪委副书记何勇同志亲临会议指导，过一会还要作重要指示，我们要认真学习贯彻。下面，我代表全国村务公开协调小组就前一阶段工作和今后打算讲几点意见。

一、各级党委、政府高度重视，村务公开和民主管理工作取得新成效

全国村务公开工作电视电话会议召开，特别是17号文件下发以后，各地党委、政府和有关部门迅速行动起来，认真学习宣传，精心部署落实，加强督促检查，全国农村掀起了一个健全和完善村务公开和民主管理制度，推进农村社会管理体制创新的热潮。

——各地对学习贯彻17号文件高度重视，思想认识有新的提高。

17号文件下发后，各级党委、政府从实践“三个代表”重要思想和解决“三农”问题的高度出发，采取一系列有效措施，迅速作出部署。中共中央政治局委员、上海市委书记陈良宇、湖北省委书记俞正声、广东省委书记张德江分别作出重要批示，河北、宁夏、河南、江西、辽宁、海南、江苏等省（区）委主要领导以及山东、天津、陕西、黑龙江、安徽、福建、西藏、青海、甘肃等一些省（市、区）委、省（市、区）政府分管领导也作出批示。山东、天津、河北、湖北等地还以省（市）委、省（市）政府的名义召开了全省（市）村务公开和民主管理工作会议，部署贯彻17号文件精神。上海、湖北、河南、安徽、黑龙江、辽宁、宁夏等地或召开省（市、区）委常委会议，或召开村务公开协调机构领导成员会议，专题研究部署17号文件的学习贯彻。山东、河北、湖北、青海、福建、江苏、内蒙古、海南等地还及时以省委“两办”名义制发了学习贯彻的文件。各地通过召开不同层次的动员会、座谈会、电视电话会等形式，利用新闻媒体、宣传栏、公开信、小册子等方式，及时传达和广泛宣传文件精神。各地投入了大量人力物力，通过举办培训班、讲习班等方式，加大对乡村干部的教育培训力度，收到了良好效果。如河北省采取分级负责、分批分期的办法对农村基层干部开展专题培训工作，已培训农村乡村干部、村民代表和村民理财小组成员等55万人次。河南邓州市把全市578个乡村组织的干部全部培训一遍，市乡两级督导，让农民掌握政策，让村干部学会方法，受到农村干部群众的广泛欢迎。广大干部群众普遍认为，健全和完善村务公开和民主管理制度，既是加强和改进党对农村工作领导的重大举措，也是凝聚民心、汇集民智、调动民力，促进农村稳定，加快农村发展的重要措施。

——初步形成了合力推进村务公开和民主管理工作的新机制。

各地按照全国村务公开工作电视电话会议和17号文件的要求，建立完善工作机构，加强工作指导，落实人员经费，初步形成了党委政府统一领导、有关部门共同参与、民政部门组织协调的领导体制和工作机制。截至目前，北京、天津、河北、山西、内蒙古、辽宁、黑龙江、安徽、福建、江西、山东、河南、湖北、湖南、广东、海南、广西、四川、贵州、云南、西藏、陕西、甘肃、青海、新疆等25个省、自治区、直辖市和大连、青岛、宁波、厦门4个计划单列市建立或调整了村务公开协调机构，绝大多数协调机构都由党委政府的分管领导担任组长、副组长，纪委、组织、宣传、监察、民政、财政、农业、司法行政、人口计生、国土等涉农部门都参加了协调机构，各部门的职能作用得到有效发挥。全国村务公开协调小组根据各部门职能，在调查研究基础上，制定下发了《全国村务公开协调小组关于落实〈中共中央办公厅、国务院办公厅关于健全和完善村务公开和民主管理制度的意见〉的目标任务分工》，把17号文件的内容逐一分解，明确每一项任务的牵头单位和相关责任单位，并从有关部门抽调人员组成督查调研组，对学习贯彻17号文件进行了专项督查调研。在工作中，各部门密切配合，各司其职，形成了推进村务公开和民主管理工作的合力。如纪检监察部门成立了专门的办事机构，统筹协调政务公开、厂务公开和村务公开工作，制定了许多从源头上预防遏制腐败、充分发挥村务公开和民主管理作用的政策措施；组织部门及时把村务公开和民主管理工作纳入农村党员干部现代远程教育试点工作教学内容和农村党建“三级联创”活动；民政、司法行政部门提出了推进农村民主法制建设的意见，联合开展了“民主法治示范村”创建活动，并命名表彰了首批全国民主法治示范村；农业部门部署开展了农村集体财务管理规范化试点示范活动，认真履行农村集体经济审计职责，积极探索财务管理新机制；人口计生部门把村民自治理念、方法引入农村计划生育工作，积极推进村级计划生育民主管理和民主监督工作；财政部门积极帮助落实村务公开专项经费，为推进村务公开和民主管理工作提供经费保障。

——村党组织领导的充满活力的村民自治机制初步建立。

各地把学习贯彻17号文件与贯彻执行党和国家现行政策法规相结合，积极组织农村干部群众参与村级事务管理活动，初步形成了事前共决策、事中听意见、事后有监督，村级民主管理有序运行的局面。在村组干部、村民代表产生方面，普遍做到了依法办事，尊重民意。在民主决策方面，大多数农村逐步建立起两委联席会议、村民会议、村民代表会议等制度，从议案的提出、受理，到议定和实施，开始纳入了规范化、程序化的轨道。在民主管理方面，各地进一步更新管理理念，创新管理方式，依法建制、以制治村，村民自治章程、村规民约得到完善，村民民主理财、村干部工作移交制度得到巩固，财务收支审批程序得到规范。在民主监督方面，许多地方注重发挥村务公开监督小组、民主理财小组的作用，村务公开、财务公开得到普遍推行，民主评议、离任审计等制度建设进一步受到重视。在村级事务管理中，村党组织的领导核心作用得到充分发挥，村民群众当家作主的民主权利得到落实，村干部和村民的法制观念明显增强，村级法治化管理水平不断提高，党的领导、依法办事、发扬民主在实践中实现了进一步的有机统一。

——涌现出一大批推进村务公开和民主管理工作的新典型。

各地在巩固和完善村级民主选举制度同时，更加注重民主决策、民主管理、民主监督制度的建设和实践活动，涌现出一大批很有特色的经验和做法，丰富了民主形式，扩大了农民群众的有序参与，有力推动了农村民主法制建设。如一些农村开展的“民主日”、“民主议事日”、“村情民意恳谈会”等活动，开展的重大村务民主听证活动，实现了干群面对面接触，增加了干群平等对话、交流的渠道，加深了干群之间的理解。有的地方通过建立两委联席会议制度，明确村党组织和村委会职责权限、议事程序，较好理顺了村两委关系。有的地方探索总结了“干部问事、群众说事、集中议事、及时办事、定期评事”等议事管理制度，把村务决策、管理、监督民主化、规范化。有的地方适应农村税费改革，解决“一事一议”难的问题，创立了“八步工作法”，通过八步流程，逐步形成了一整套“一事一议”村民公决制度。有的地方针对农民群众反映强烈的村级财务管理问题，积极探索加强村民民主理财和乡镇审计监督相结合的财务管理新形式，有效解决了财务管理混乱问题。有的地方结合开展民主法治示范村创建活动，实行“点题公开”，群众关心什么就公开什么，群众要求公开什么就及时公开什么。有的地方实行“双向承诺”，村干部既与乡级人民政府签订责任书，又与村民群众签订责任书，对任期间的工作目标作出承诺。有的地方实行由村民群众民主评议村干部，评议结果与村干部报酬直接挂钩，从而加强了对村干部的监督和约束。

总之，健全和完善村务公开和民主管理制度，促进了村级工作进一步规范化、制度化，促进了农村党风廉政建设，促进了农村基层民主，促进了党在农村各项政策的落实。实践证明，党中央、国务院关于健全和完善村务公开和民主管理制度的重大决策是非常及时的，是完全正确的。

在肯定成绩的同时，也应清醒地看到，实际工作中还存在一些不容忽视的问题，如个别地方对17号文件宣传不深入，落实不彻底，满足于开了会，作了传达，还没有与广大群众见面，真正交给群众，让群众掌握；有的地方的领导对这项工作还没有给予应有的重视，协调机构没有建立，而且部门之间也缺乏协调配合；有的地方重形式，轻内容，重干部，轻群众，满足于建立起公开栏，满足于干部动了起来，忽视了公开内容的真实性、全面性，忽视了群众的满意度。因财务不公开、决策不民主、管理无规章引发的农民群众集体访、进京访的问题还比较严重。对这些问题，必须引起我们的高度重视，采取更加有力的措施加以解决。

二、从加强党的执政能力出发，全面把握推进村务公开和民主管理工作的总体要求

党中央、国务院高度重视村务公开和民主管理工作，多次研究并提出一系列重大的方针、政策和措施。今年6月22日，经中央政治局常委会、中央政治局会议讨论同意，中央印发了中办17号文件。这是十六大后中央印发的第一个专题部署基层民主的重要文件，集中反映了我们党在推行村务公开和民主管理方面的新认识、新要求，极大地丰富了基层民主的内容，对于村级民主选举、民主决策、民主管理、民主监督的协调发展，具有十分重要的意义。今年9月中旬召开的党的十六届四中全会，对加强党的执政能力建设作出了全面部署，把不断提高发展社会主义民主政治能力，作为党的执政能力的重要方面摆在了全党的面前。全会明确提出，要“扩大基层民主，完善基层政权、基层群众性自治组织、企事业单位的民主管理制度，坚持和完善政务公开、厂务公开、村务公开等办事公开制度，保证基层群众依法行使选举权、知情权、参与权、监督权等民主权利。”全会明确要求，要“更新管理理念，创新管理方式，拓宽服务领域，发挥基层党组织和共产党员服务群众、凝聚人心的作用，发挥城乡基层自治组织协调利益、化解矛盾、排忧解难的作用，发挥社团、行业组织和社会中介组织提供服务、反映诉求、规范行为的作用，形成社会管理和社会服务的合力。”今年国庆节期间，胡锦涛总书记在同北京市基层干部座谈时对全国广大基层干部提出了五点希望和要求，其中之一就是希望广大基层干部“切实维护基层群众的民主权利”。中央的这些规定和要求，为我们扩大农村基层民主，健全和完善村务公开和民主管理制度指明了方向，也为我们进一步推进这项工作提供了强大动力。我们一定要认真学习，深刻领会，抓住有利时机，增强紧迫感和责任感，切实把这项工作抓紧抓好，抓出成效。

根据十六届四中全会精神和17号文件部署，当前和今后一个时期进一步推进村务公开和民主管理工作的总体要求是，围绕健全和完善这个主题，着眼于维护农民群众的合法权益，进一步推进村务公开和民主管理的制度化、规范化和程序化，切实保障农民群众的知情权、决策权、参与权、监督权；着眼于加强和提高党的执政能力，进一步健全村党组织领导的充满活力的村民自治机制，充分发挥基层民主制度的政治优势，切实巩固党在农村的执政地位、执政基础；着眼于维护社会稳定，构建社会主义和谐社会，进一步完善推进村务公开和民主管理的领导体制和工作机制，加强农村社会建设和管理，推进社会管理体制创新。

按照上述要求，当前要着力做好以下几方面的工作：

（一）加强组织建设，建立推行村务公开和民主管理的长效机制。

在村务公开和民主管理上，组织建设是基础。组织建设搞不好，工作难以持久。要着力抓好四个方面的组织建设：一是抓好“两会”建设，即村民会议和村民代表会议建设。村级民主决策的基本组织形式是村民会议和村民代表会议。召开村民会议，应当有本村18周岁以上村民的过半数参加，或者有本村三分之二以上的户的代表参加，所作决定应当经到会人员的过半数通过。村民代表会议讨论决定村民会议授权的事项。村民代表由村民依法推选产生，妇女代表要占一定比例。要完善村民会议和村民代表会议议事规则，建立健全村民代表联系户制度，确保村民代表真正代表民意。二是抓好“两组”建设，即村务公开监督小组和村民民主理财小组建设。村务公开监督小组成员要由村民会议或村民代表会议在村民代表中推选产生，民主理财小组成员要由村民会议或村民代表会议从村务公开监督小组成员中推选产生。两个小组可以分设，也可以合而为一，不管是哪种情况，都应当支持它们的工作，发挥好它们的作用。村务公开监督小组负责监督村务公开制度的落实。民主理财小组负责对本村集体财务活动进行民主监督，参与制定本村集体的财务计划和各项财务管理制度，有权检查、审核财务账目及相关的经济活动事项，有权否决不合理开支。三是协调好“两委”即党支部和村委会的关系。村党组织是各种组织和各种工作的领导核心。村委会是村民自我管理、自我教育、自我服务的基层群众性自治组织。要引导和帮助村党组织改进领导方式，支持村委会依法履行职能，开展工作。村党组织要领导和支持农民群众依法参与村级事务管理，监督村务公开和民主管理制度的落实，及时听取群众的意见，不断完善制度、改进工作。农村党员特别是党员干部要发挥先锋模范作用，尊重农民群众的民主权利，带头执行村务公开和民主管理制度。村委会成员要自觉增强党的观念，在村党组织领导下，团结广大农民群众，齐心协力做好村务公开和民主管理工作，促进农村各项事业全面发展。四是要切实帮助村级组织和村干部解决实际困难。村干部，是党和国家干部队伍的重要组成部分，是做好村务公开和民主管理工作的骨干力量。要大力宣传、鼓励和表彰积极推行村务公开和民主管理的干部，切实维护和保障村干部的合法权益。各有关部门要在各自职责范围内支持和引导村党组织、村民委员会、村集体经济组织做好村务公开和民主管理方面的工作，积极主动地帮助他们解决工作和生活中遇到问题。

(二)完善各项制度，为推行村务公开和民主管理提供保障。

在村务公开和民主管理上，制度建设是保障。要按照17号文件要求，着力抓好以下四方面的制度建设：一是进一步健全村务公开制度。要完善村务公开的内容，规范村务公开的形式、时间和基本程序，及时听取和处理群众意见。在计划生育政策、土地征用补偿及分配、农村机动地和“四荒地”发包、村集体债权债务、税费改革和农业税减免政策、村内“一事一议”筹资筹劳、新型农村合作医疗、种粮直接补贴、退耕还林还草款物兑现，以及国家其它补贴农民、资助村集体的政策落实情况等切身利益问题上，要切实保障农民群众的知情权。二是进一步规范民主决策制度。要规范村级民主决策的程序，建立决策责任追究制度。在村集体的土地承包和租赁、集体企业改制、集体举债、集体资产处置、村干部报酬、村内一事一议筹资筹劳方案和建设承包方案等事项上，都要实行民主决策，不能由个人或少数人决定，保障农民群众的决策权。三是进一步完善民主管理制度。要建立村民委员会换届后的工作移交制度，完善村民民主理财制度，规范农村集体财务收支审批程序，用制度规范村干部和村民行为，增强村民自我管理、自我教育、自我服务的能力，增强干部群众的法制观念和依法办事能力，保障农民群众的参与权。四是进一步完善村务管理的监督制约制度。要加强对农村集体财务的审计监督，推行民主评议村干部工作制度，建立和完善村干部的激励约束制度，切实保障农民群众的监督权。各地、各部门要对照17号文件要求进行检查，对已有的规章制度进行一次检查和清理，重点检查村务公开的内容是否全面、真实；村务公开的形式、时间和基本程序是否规范、及时；涉及村民利益的事项是否按照程序实行民主决策；村民民主理财制度是否健全和执行；农村集体财务收支审批程序是否严格；农村集体财务审计监督制度、村干部任期届满或离任审计制度、民主评议村干部工作制度是否建立；村党组织的领导核心作用发挥得是否充分有效；村务公开和民主管理工作的领导体制与工作机制是否建立并有效运行等等。各地在制度建设中，凡是与中办17号文件精神相一致的，要继续坚持；不完全一致的，要及时补充和完善；完全抵触的，必须尽快修改或废止。

(三)加大力度，全面推进村务公开和民主管理实践活动。

在村务公开和民主管理上，实践是组织建设和制度建设的连接点。离开了实践，村级组织容易丧失其合理性，制度建设就缺乏动力源。因此，要在现有工作基础上，大力推进村务公开和民主管理实践活动。当前及今后一个时期，要着力抓好以下"四个环节"：一是依照政策法规开展实践活动。村务公开和民主管理活动中，凡政策法规明确的村务公开的程序、村级民主决策的程序、农村集体财务收支审批程序不能少，也不能变；村务公开中听取和处理群众意见、推行村民民主理财、民主评议村干部、审计监督农村集体财务，不能怕麻烦，更不能搞形式，走过场。对违反村务公开和民主管理有关程序的行为要坚决纠正。利用各种途径和形式，广泛动员和组织村民群众参与村务公开和民主管理实践活动，在实践中提高自我管理、自我教育、自我服务、自我约束的能力。二是不断推动实践创新。要积极探索充分利用现代科学技术，不断创新村务公开的有效形式和手段。积极探索集体经济已实行股份制或股份合作制改革的村，进行民主决策和民主监督的新路子。认真研究和探索村庄撤并、外出务工经商人员不断增多情况下村级民主决策的有效形式。三是切实解决"难点村"村务公开和民主管理工作中存在的问题。对那些工作止步不前、效果不明显的地区，要帮助分析原因，有针对性地提出解决问题的措施和办法。对群众反映财务问题较多的村，县、乡党委和政府及有关部门要帮助其搞好财务清理整顿，解决存在的问题，建立健全财务管理和民主理财制度。制定和完善集体资产监管办法，防止集体资产流失，确保村集体资产保值、增值。四是注重基层民主实践的协调配合，形成综合效应。要把村务公开和民主管理工作与村民民主选举实践活动结合起来，形成农村村民民主选举、民主决策、民主管理、民主监督的综合效应。要适应城镇化进程加快的新形势，认真研究村改居后的新情况、新问题，做好村改居后基层民主建设的接续工作，形成城乡基层民主的综合效应。要把村务公开与乡镇政务公开结合起来，以乡（镇）带村、以村促乡，形成乡村两级民主活动的综合效应。

三、采取有力措施，扎扎实实地把村务公开和民主管理工作推向前进

健全和完善村务公开和民主管理制度，是一项长期的艰巨的任务，不能一蹴而就，必须按照中央的部署和要求，立足现实，着眼长远，扎扎实实地推进。

——加大学习宣传力度，普及法律、法规和政策。

要在前一阶段宣传培训的基础上，加大力度，突出实效。进一步向各级领导干部宣传，以引起他们的重视，切实把村务公开和民主管理提上议事日程，摆上农村工作的重要位置。进一步向社会宣传，利用广播、电视、网络、报纸等新闻媒体，以及黑板报、公开栏、节庆日、文艺演出等群众喜闻乐见的形式向社会宣传，在社会上形成人人了解、支持村务公开和民主管理的气氛。进一步向广大农民群众宣传，把政策交给农民，使他们不仅知道自己的民主权利，而且在实践中学会正确行使民主权利，把当家作主的积极性变为全面建设小康社会的自觉行动。进一步向农村基层干部进行宣传，把方法教给他们，教育和引导他们自觉摆正同群众的关系，努力提高他们的政策水平和依法办事能力，使他们善于用说服的方法、示范的方法、服务的方法推动农村工作。

——履行职责，严肃纪律，强化责任追究制度。

全国村务公开协调小组在征求意见的基础上，制发了落实17号文件目标任务分工的意见。各牵头单位和责任单位要切实履行职责。要切实落实17号文件关于民主决策责任追究的规定："未经村民会议或村民代表会议讨论决定，任何组织或个人擅自以集体名义借贷，变更与处置村集体的土地、企业、设备、设施等，均为无效，村民有权拒绝，造成的损失由责任人承担，构成违纪的给予党纪政纪处分，涉嫌犯罪的移交司法机关依法处理。"要切实落实17号文件关于农村集体财务审计有关责任追究的规定："在审计中查出侵占集体资产和资金，多吃多占、铺张浪费的，要责令其如数退赔；涉及国家工作人员及村干部违法违纪的，需要给予党纪政纪处分的，移

交纪检监察机关处理；构成犯罪的，移交司法机关依法追究当事人的法律责任。”要切实落实17号文件关于民主评议连续两次不合格干部有关处理的规定：“对连续两次被评为不合格的村干部，是村党组织成员的，按党内有关规定处理；是村民委员会班子成员或村集体经济组织班子成员的，应责令其辞职，不辞职的应启动罢免程序；其它村务管理人员，由村民委员会召开村民会议或村民代表会议作出处理决定。”要切实落实17号文件作出的约束性规定：“对在村级重大事务决策和管理中违反程序，独断专行，以及因工作失误造成重大损失，或村务公开不及时、不全面、弄虚作假、侵犯农民民主权利的干部，村民会议或村民代表会议有权提出批评并要求限期改正；对拒不改正的，是村党组织班子成员的，按党内有关规定给予相应的党纪处分，是村民委员会班子成员的，依法予以罢免。”.

——因地制宜，分类指导，创造性地推动工作。

我国经济社会发展不平衡，各地区之间差异很大，每个村的村情也不尽一样，推进村务公开和民主管理工作，必须坚持一切从实际出发，实施分类指导，把中央的政策与本地实际结合起来，创造性地开展工作。各级村务公开协调机构及其成员单位要对村务公开和民主管理工作定期进行研究部署。省、自治区、直辖市要研究制定工作规划和计划，总结已有的成功经验，提出指导性意见。县（市）、乡（镇）要提出具体的实施意见，把上级的要求进一步具体化，做到有部署、有检查、有总结，常抓不懈。要继续抓好典型培育工作，充分发挥典型的示范和导向作用。尊重基层干部群众的首创精神，及时发现、培植、总结、推广在村务公开和民主管理中涌现的好经验、好典型，大力宣传和表彰积极推行村务公开和民主管理的模范单位和个人，引导各地农村创造性地开展工作。明年，全国村务公开协调小组拟组织开展村务公开和民主管理示范活动，命名表彰一批先进单位。各地要对照中办17号文件要求，因地制宜地组织开展示范活动，研究制定“村务公开和民主管理示范标准”，通过典型示范，树立样板，带动面上各项工作的开展。

同志们，中央关于村务公开和民主管理工作的大政方针已定，各项任务已经明确，关键是要抓好落实。让我们紧密地团结在以胡锦涛同志为总书记的党中央周围，埋头苦干，扎实工作，为推动全国村务公开和民主管理工作迈向一个新台阶而努力奋斗。

（2004年12月12日）

我国加快培育发展农村专业经济协会

民政部部长李学举在全国发展农村专业经济协会会议上发表讲话

2004年9月，民政部在青岛召开的全国发展农村专业经济协会会议提出，加快培育发展农村专业经济协会，促进农村经济振兴，切实解决农民群众生产服务问题。

从上世纪90年代以来，伴随着我国社会主义市场经济的发展、农村改革的逐步深入和对外开放的不断扩大，一些地区的农民自愿组成的种类繁多的农村经济、科技等组织雨后春笋般地发展起来，进而又比较多地涌现了以会员制为主体，以非营利为目的，民间组织特征比较明显的各类农村专业经济协会。民政部门及时把各类农村专业经济协会纳入民间组织培育发展的范畴，到目前全国已有农村专业经济协会10万个，涉及农、林、牧、渔等产品的种植、养殖和加工，并扩大到农村流通运输、销售、信息服务等诸多领域。

李学举部长在会议上指出，在肯定农村专业经济协会发展及作用的同时，也应看到，农村专业经济协会无论是数量还是质量，都远远不能适应农村经济社会发展的需要，今后不但要注意规范登记、加强管理，更重要的是加快培育发展，使我国农村专业经济协会规模更强大，种类更丰富，结构更优化，布局更合理，作用更明显，以促进我国农村全面、协调、可持续发展。

会议提出，要把培育发展农村专业经济协会

摆上议事日程，认真研究制定农村专业经济协会专项发展计划和实施方案，建立健全扶持农村专业经济协会发展的各项政策和落实措施。目前的农村专业经济协会尤其需要政府的精心培育，帮助农村专业经济协会按照民间组织的运作方式开展活动，切实做到民办、民管、民受益；继续放宽范围，简化程序，降低门槛，对有较好发展前景但暂时达不到条件的，民政部门可以实行“批准备案制”，先将其纳入培育发展的范围；加快研究制订发展农村专业经济协会的扶持政策，争取方方面面的支持，千方百计解决协会培育发展中的难题，为协会开展工作创造有利条件。

李学举部长指出，农村专业经济协会提高自身能力，发挥好维权作用、服务作用、桥梁纽带作用和自律作用。民政部门将从注重数量和质量统一，尊重自愿和自主，坚持非营利性，因地制宜、不搞一刀切，典型示范、龙头带动等五个方面，深入细致地做实做好培育发展工作。

指导农村基层民主建设的重要文献

全国村务公开协调小组组长、民政部部长　李学举

中共中央办公厅、国务院办公厅《关于健全和完善村务公开和民主管理制度的意见》（以下简称《意见》），是自1998年中共中央办公厅、国务院办公厅《关于在农村普遍实行村务公开和民主管理制度的通知》之后，又一篇指导农村基层民主的重要文献。《意见》坚持以邓小平理论和“三个代表”重要思想为指导，按照党的十六大关于健全基层自治组织和民主管理制度的要求，紧密结合农村改革发展的新形势新任务，进一步阐明了新形势下做好村务公开和民主管理工作的重要性和紧迫性，明确提出了当前及今后一个时期健全和完善村务公开和民主管理制度的一系列政策。《意见》集中反映了我们党对推行村务公开和民主管理工作的最新认识，标志着我们党对农村基层民主的发展规律认识得更加深刻，把握得更加主动。深入理解制定《意见》的重大意义、科学把握《意见》的基本精神，对于真正把思想和行动统一到中央的重大决策上来，以求真务实的作风贯彻落实好《意见》，是十分必要的。

一

村务公开和民主管理，是改革开放以来我国农村基层体制的重大创新。当前，出台《意见》，健全和完善村务公开制度，具有深刻的时代背景和重大的现实意义。

第一、健全和完善村务公开和民主管理制度，是实践“三个代表”重要思想，维护农民群众根本利益的迫切需要。实现人民的愿望、满足人民的需要、维护人民的利益，是我们党全部奋斗的目的之所在，也是“三个代表”重要思想的根本出发点和落脚点。“三农”问题，是关系改革开放和现代化全局的重大问题。没有农村的稳定就没有全国的稳定，没有农民的小康就没有全国人民的小康，没有农业的现代化就没有整个国民经济的现代化。真正把“三个代表”重要思想实践好、落实好，就必须统筹城乡经济社会发展，更多地关注农村，关心农民，支持农业。十六大以来，以胡锦涛同志为总书记的党中央，高度重视关心群众利益，高度重视“三农”问题的解决，并就进一步推进农村村务公开和民主管理工作，做出了一系列重要指示，我们必须坚决贯彻执行。

第二、健全和完善村务公开和民主管理制度，是顺利推进农村改革和发展，加快农村全面小康建设进程的迫切需要。近年来，特别是十六大以后，党中央、国务院坚持树立和落实科学发展观，把“三农”问题作为全党工作的重中之重，并相继出台并实施了一系列事关农民切身利益的新政策。各级政府通过财政转移支付等措施，逐步加大了对农业和农村的扶持力度。农村改革、发展的新情况对村务公开和民主管理工作提出了许多新要求。把党和政府惠民、利民的政策措施真正贯彻执行好，亟待村务公开和民主管理各项程序的完善，把增加农民收入这一农村的中心工作落到实处，急需村务公开和民主管理的大力配合、配套。

第三、健全和完善村务公开和民主管理制度，是完善村民自治、发展社会主义民主的迫切需要。多年的实践证明，村务公开和民主管理是发展社会主义民主的基础性工程，是保证农民群众在党的领导下行使民主权利、参与社会事务管理的重要途径。自1998年以来，村务公开和民主管理工作取得了阶段性成果，为农村改革、发展和稳定做出了贡献。但也必须清醒地看到，有的地方村务公开重表面、轻实效，流于形式，甚至搞假公开、不公开；有的地方村级重大事务决策不民主，民主管理制度不健全；有的地方对村务公开和民主管理中的问题研究解决不及时、不到位。这些问题如不认真解决，将严重损害农民的合法权益。要把农村基层民主推向前进，必须健全和完善村务公开和民主管理制度。

第四、健全和完善村务公开和民主管理制度，是促进农村党风廉政建设，密切党群干群关系的迫切需要。当前，随着农村市场经济和民主法制建设的不断发展，农民群众的民主参与意识不断增强，对农村现有资源的科学规划、合理利用，以及建立公正透明的收益分配机制和决策管理机制的要求越来越高。近年来，因村务不公开、管理不民主、干部不廉洁引发的上访呈增长趋势，造成一些地方农村干群关系紧张，也影响了农村社会稳定。2003年12月，胡锦涛总书记在山东、河南考察农村工作时指出：“当前，征地补偿不到位、司法不公正、农民负担重、村级财务不公开等，是农民群众反映最为强烈的问题，也是造成一些地方农村干群关系紧张、影响农村社会稳定的主要矛盾。解决这些问题，必须立足于维护群众的合法权益，坚持村务公开，发展农村基层民主，切实落实党和国家的有关政策。”

二

党中央、国务院高度重视《意见》的起草和制定工作。从2003年9月开始，全国村务公开协调小组办公室多次征求了中央许多部门和各省、自治区、直辖市党委、政府对《意见》的意见，多次召开会议听取地方和基层干部群众的意见。2004年5月20日，胡锦涛总书记主持中央政治局常委会审议并原则通过了《意见》，5月28日，胡锦涛总书记主持召开中央政治局会议，再次审议并一致通过了《意见》，充分体现了党中央对亿万农民民主权利的高度重视，也体现了党中央坚持走群众路线、充分发扬民主、善纳群言的优良作风。

作为一篇指导农村基层民主的重要文献，《意见》具有鲜明的时代特征：一是全面贯彻了党的十六大、十六届三中全会、中纪委第三次会议、中央农村工作会议，全面贯彻了党中央关于进一步做好村务公开和民主管理工作的指示精神，着力于推进农村物质文明、政治文明、精神文明的协调发展；二是注重把党的领导、人民当家作主和依法治国有机统一起来，确保农村村务公开和民主管理能够有领导、有秩序地进行；三是坚持科学发展观，以民为本，把农民群众在村务管理中的知情权、决策权、参与权、监督权等民主权利落到实处；四是按照十六大关于“要着重加强制度建设，实现社会主义民主政治的制度化、规范化和程序化”的要求，把村务公开和民主管理工作尽可能地制度化、规范化、程序化，以利于实际操作；五是紧紧为增加农民收入，推进“三农”问题的解决等农村中心工作服务；六是坚持继承和创新，正确处理了《意见》与1998年中办9号文件之间的关系，既保持了政策的连续性，又结合实际对原有政策充实内容、完善程序、细化措施，有利于适应新形势，满足新要求。

《意见》科学评估了近年来推进农村村务公开和民主管理工作的状况，适应新形势，提出了健全和完善村务公开和民主管理制度的基本思路，标志着我们党对于发展什么样的农村基层民主，怎样发展农村基层民主的认识更加深化。

——强调了新形势下做好村务公开和民主管理工作的重要意义。《意见》指出，实行村务公开和民主管理，是实践“三个代表”重要思想，维护农民群众根本利益的具体体现；是完善村民自治，发展社会主义民主的重要内容；是顺利推进农村改革和发展，加快农村小康建设的必然要求；是促进农村党风廉政建设，密切党群干群关系的有效途径。

——强调了当前及今后一个时期村务公开的重点，进一步完善了村务公开的内容。《意见》在继承1998年中办9号文件有关村务公开内容的基础上，突出强调把当前各级党委、政府到村入户的惠民、利民政策及各项补贴纳入到村务公开内容之中。《意见》指出：要根据农村改革发展的新情况、新形势，及时丰富和拓展村务公开内容。当前，应将土地征用补偿及分配、农村机动地和“四荒地”发包、村集体债权债务、税费改革和农业税减免政策、村内“一事一议”筹资筹劳、新型农村合作医疗、种粮直接补贴、退耕还林还草款物兑现，以及国家其它补贴农民、资助村集体的政策落实情况，及时纳入到公开内容之中。这样规定，不仅体现了村务公开内容上的与时俱进，也有利于党在农村政策的贯彻落实。

——规范了村务公开的形式、时间和基本程序。《意见》在总结各地经验的基础上，把公开栏作为村务公开的基本形式，同时还规定，可以通过广播、电视、网络、“明白纸”、民主听证会等形式公开。这样规定，既照顾了各地实际情况，又便于规范工作。关于村务公开的时间，《意见》进一步作了细化规定：“一般的村务事项至少每季度公开一次，涉及农民利益的重大政策以及群众关心的事项要随时公开。集体财务往来较多的村，财务收支情况应每月公布一次。要推进村务事项从落实结果的公开，向事前、事中、事后全过程的公开延伸，进一步拓展村干部和群众直接沟通对话的渠道。要充分利用现代科学技术，不断创新村务公开的有效形式和手段。”关于村务公开的程序，近些年的实践表明，这是一个非常重要、不可缺少的问题，因此，《意见》在总结各地成功经验的基础上，作了如下规定：“村务公开的基本程序是：村民委员会根据本村的实际情况，依法提出公开内容的具体方案；村务公开监督小组对方案进行审查、补充、完善后，提交村党组织和村民委员会联席会议讨论确定；村民委员会通过村务公开栏等形式及时公布。”

——强调了村务公开监督小组的作用。设立村务公开监督小组监督村务公开的落实，是农民群众在基层民主实践中的创造，已被近年来各省（区、市）地方立法所认可。这次《意见》对村务公开监督小组的产生方式、成员资格、素质要求、职责范围，以及不作为的处分，都做了明确规定，这就使村务公开有了更加可靠的群众自我监督和约束机制。

——规范了民主决策机制，为农民群众参与村务决策提供了保障。这是《意见》的重要创新之处。《意见》从四个方面对民主决策机制进行了规范：一是民主决策的内容；二是民主决策的形式；三是民主决策的程序；四是违反民主决策程序的责任追究制度。从而，在制度上把坚持党的领导、充分发挥村党组织领导核心作用、切实保障村民当家作主、严格依法办事有机统一于农村村级民主决策的实践过程之中。

——完善了民主管理制度，为农民群众参与日常事务管理提供了保障。《意见》要求各地农村依据党的方针政策和国家的法律法规，结合实际，组织全体村民讨论制定和完善村民自治章程、村民会议和村民代表会议议事规则、财务管理制度等，增强村民自我管理、自我教育、自我服务的能力，增强干部群众的法制观念和依法办事的能力。《意见》还针对当前农村村委会换届选举后，个别任期已满的村委会不向新当选村委会移交工作，一些地方忽视村民参与民主理财，一些农村集体财务收支审批程序不规范等突出问题，就建立村委会换届选举后的工作移交制度，加强村民民主理财制度建设，规范农村集体财务收支审批程序等，作出了一系列规定。

——强化了对村务管理的监督制约机制，保障了农民群众的监督权。《意见》从三方面提出了明确要求：一是县乡两级的农村集体资产和财务管理指导部门，要切实组织好对农村集体财务的审计监督，对村干部的任期和离任审计；二是推行民主评议村干部工作制度；三是建立和完善村干部的激励约束制度，从而进一步强化了对村务管理的监督制约机制。

——完善了村务公开和民主管理工作的领导体制和保障机制。一是要求各地确立起党委政府统一领导、有关部门共同参与各负其责、民政部门组织协调的领导体制和工作机制，并对相关部门提出了具体工作要求。二是要求各省、市、区结合实际，提出具体的指导性意见；三是进一步强化了县乡两级党委政府在做好村务公开民主管理工作中的责任。四是要求村党组织和广大农村党员适应农村改革开放的新形势，不断改善领导方法，带头执行村务公开和民主管理制度，充分尊重农民群众的民主权利，充分发挥领导核心和先锋模范作用。

三

胡锦涛总书记在中央纪委第三次全会上指出："再好的法规制度，如果不去执行，也会形同虚设。许多法规制度之所以没有发挥应有的效力，一个重要原因是执行不力。"现在，健全和完善村务公开和民主管理制度的大政方针已定，关键是要以求真务实的精神和作风抓好贯彻执行。当前，在贯彻执行《意见》上，要着重抓好以下几方面的工作。

第一、要抓好《意见》的学习和宣传工作。要利用广播、电视、报纸、网络等媒体和公开栏、黑板报、文艺演出等形式，迅速向广大农民群众宣传《意见》，迅速组织广大农村基层干部学习《意见》，领会精神实质。要把宣传《意见》同宣传党在农村的惠民、利民的政策结合起来，要把学习《意见》同基层干部培训结合起来，同加强党的基层组织建设结合起来。各级村务公开协调机构及其成员单位更要以身作则，把学习、宣传《意见》同实践"三个代表"重要思想，坚持立党为公、执政为民，大兴求真务实之风结合起来，把认真实践"三个代表"重要思想落实到村务公开和民主管理工作的各项方针政策中去，落实到维护和实现农民群众根本利益的具体工作中去。各种学习宣传活动要力求实效，使亿万农民群众和广大基层干部充分认识到健全和完善村务公开和民主管理制度的重大意义，把思想认识统一到中央的重大决策上来，自觉成为贯彻《意见》的巨大力量；使各级领导干部进一步增强自觉性和紧迫感，切实把村务公开和民主管理这件大事抓紧抓好、抓出成效。

第二、对照《意见》进行检查，抓好规章制度的完善工作。各地要在学习宣传的基础上，对照《意见》，对近年来开展村务公开和民主管理工作的情况进行一次回顾和总结，要对已有的规章制度进行一次检查和清理，重点检查村务公开的内容是否全面、真实；村务公开的形式、时间和基本程序是否规范、及时；涉及村民利益的事项是否实行民主决策；村级民主决策的形式、程序是否科学有效；是否建立和执行村民民主理财制度，规范农村集体财务收支审批程序；是否建立起农村集体财务审计监督制度、村干部任期届满或离任审计制度、民主评议村干部工作制度等等。凡是与《意见》相一致的，要继续坚持；不完全一致的，要及时补充和完善；完全抵触的，必须尽快修改或废止，以保证中央政令畅通，切实维护中央权威。

第三、加大执法力度，推动《意见》在农村基层的贯彻执行。目前，一些地方征地补偿不到位、村级决策不民主、财务不公开，已成为群众反映强烈的问题，成为影响农村社会稳定的重要矛盾。我们要把这些问题作为村务公开和民主管理的重要切入点，一个问题一个问题加以解决。对群众反映财务问题较多的村，县乡党委和政府及有关部门要帮助搞好财务清理整顿，解决存在的问题，建立健全财务管理和民主理财制度。对那些工作止步不前、效果不明显的地区，要帮助分析原因，有针对性地提出解决问题的措施和办法，对工作不认真、不得力或在工作中有弄虚作假、侵犯农民群众民主权利等行为的，要教育批评。要以群众来信来访反映的问题为线索，查处侵犯农民合法权益的行为，把矛盾化解在基层，防止引发群体性事件。同时，要及时发现、总结、推广在村务公开和民主管理中创造的好经验好做法，充分发挥典型的示范和导向作用。

第四、抓好各级协调组织建设，建立健全推动《意见》贯彻落实的领导体制和工作机制。村务公开和民主管理是一项系统工程，政策性强、涉及面广、难度大、要求高，只有建立起党委和政府统一领导、有关部门共同参与各负其责、民政部门组织协调的领导体制和工作机制，才能将这项工作抓实抓好。实践证明，建立协调小组是推进村务公开和民主管理工作的重要组织保证。目前全国还有个别地方没有建立协调机构，在贯彻执行《意见》过程中，要加紧建立。已经建立的，要按照《意见》要求，及时掌握工作动态，沟通左右、协调内外、联系上下，形成合力。要通过培育典型、示范引导、舆论宣传、专项检查等形式，积极探索推进村务公开和民主管理的有效途径。协调小组成员单位以及其它涉农部门都要在各自职责范围内支持和引导农村党组织、村民委员会、村集体经济组织做好村务公开和民主管理方面的工作，真正把村务公开、民主管理这一涉及亿万农民切身利益的大事办好。

法律与法规政策

中华人民共和国村民委员会组织法

（1998 年 11 月 4 日第九届全国人民代表大会常务委员会第五次会议通过）

中华人民共和国主席令第九号

《中华人民共和国村民委员会组织法》已由中华人民共和国第九届全国人民代表大会常务委员会第五次会议于 1998 年 11 月 4 日修订通过，现将修订后的《中华人民共和国村民委员会组织法》公布，自公布之日起施行。

中华人民共和国主席　江泽民

1998 年 11 月 4 日

第一条　为了保障农村村民实行自治，由村民群众依法办理自己的事情，发展农村基层民主，促进农村社会主义物质文明和精神文明建设，根据宪法，制定本法。

第二条　村民委员会是村民自我管理、自我教育、自我服务的基层群众性自治组织，实行民主选举、民主决策、民主管理、民主监督。

村民委员会办理本村的公共事务和公益事业，调解民间纠纷，协助维护社会治安，向人民政府反映村民的意见、要求和提出建议。

第三条　中国共产党在农村的基层组织，按照中国共产党章程进行工作，发挥领导核心作用；依照宪法和法律，支持和保障村民开展自治活动、直接行使民主权利。

第四条　乡、民族乡、镇的人民政府对村民委员会的工作给予指导、支持和帮助，但是不得干预依法属于村民自治范围内的事项。

村民委员会协助乡、民族乡、镇的人民政府开展工作。

第五条　村民委员会应当支持和组织村民依法发展各种形式的合作经济和其他经济，承担本村生产的服务和协调工作，促进农村生产建设和社会主义市场经济的发展。

村民委员会应当尊重集体经济组织依法独立进行经济活动的自主权，维护以家庭承包经营为基础、统分结合的双层经营体制，保障集体经济组织和村民、承包经营户、联户或者合伙的合法的财产权和其他合法的权利和利益。

村民委员会依照法律规定，管理本村属于村农民集体所有的土地和其他财产，教育村民合理利用自然资源，保护和改善生态环境。

第六条　村民委员会应当宣传宪法、法律、法规和国家的政策，教育和推动村民履行法律规定的义务，爱护公共财产，维护村民的合法的权利和利益，发展文化教育，普及科技知识，促进村和村之间的团结、互助，开展多种形式的社会主义精神文明建设活动。

第七条　多民族村民居住的村，村民委员会应当教育和引导村民加强民族团结、互相尊重、互相帮助。

第八条　村民委员会根据村民居住状况、人口多少，按照便于群众自治的原则设立。

村民委员会的设立、撤销、范围调整，由乡、民族乡、镇的人民政府提出，经村民会议讨论同意后，报县级人民政府批准。

第九条　村民委员会由主任、副主任和委员共三至七人组成。

村民委员会成员中，妇女应当有适当的名额，多民族村民居住的村应当有人数较少的民族的成员。

村民委员会成员不脱离生产，根据情况，可以给予适当补贴。

第十条　村民委员会可以按照村民居住状况分设若干村民小组，小组长由村民小组会议推选。

第十一条　村民委员会主任、副主任和委员，由村民直接选举产生。任何组织或者个人不得指定、委派或者撤换村民委员会成员。

村民委员会每届任期三年，届满应当及时举行换届选举。村民委员会成员可以连选连任。

第十二条　年满十八周岁的村民，不分民族、种族、性别、职业、家庭出身、宗教信仰、教育程度、财产状况、居住期限，都有选举权和被选举权；但是，依照法律被剥夺政治权利的人除外。

有选举权和被选举权的村民名单，应当在选举日的二十日以前公布。

第十三条　村民委员会的选举，由村民选举委员会主持。村民选举委员会成员由村民会议或者各村民小组推选产生。

第十四条　选举村民委员会，由本村有选举权的村民直接提名候选人。候选人的名额应当多于应选名额。

选举村民委员会，有选举权的村民的过半数投票，选举有效；候选人获得参加投票的村民的过半数的选票，始得当选。

选举实行无记名投票、公开计票的方法，选举结果应当当场公布。选举时，设立秘密写票处。

具体选举办法由省、自治区、直辖市的人民代表大会常务委员会规定。

第十五条　以威胁、贿赂、伪造选票等不正当手段，妨害村民行使选举权、被选举权，破坏村民委员会选举的，村民有权向乡、民族乡、镇的人民代表大会和人民政府或者县级人民代表大会常务委员会和人民政府及其有关主管部门举报，有关机关应当负责调查并依法处理。以威胁、贿赂、伪造选票等不正当手段当选的，其当选无效。

第十六条　本村五分之一以上有选举权的村民联名，可以要求罢免村民委员会成员。罢免要求应当提出罢免理由。被提出罢免的村民委员会成员有权提出申辩意见。村民委员会应当及时召开村民会议，投票表决罢免要求。罢免村民委员会成员须经有选举权的村民过半数通过。

第十七条　村民会议由本村十八周岁以上的村民组成。

召开村民会议，应当有本村十八周岁以上村民的过半数参加，或者有本村三分之二以上的户的代表参加，所作决定应当经到会人员的过半数通过。必要的时候，可以邀请驻在本村的企业、事业单位和群众组织派代表列席村民会议。

第十八条　村民委员会向村民会议负责并报告工作。村民会议每年审议村民委员会的工作报告，并评议村民委员会成员的工作。

村民会议由村民委员会召集。有十分之一以上的村民提议，应当召集村民会议。

第十九条　涉及村民利益的下列事项，村民委员会必须提请村民会议讨论决定，方可办理：

（一）乡统筹的收缴方法，村提留的收缴及使用；

（二）本村享受误工补贴的人数及补贴标准；

（三）从村集体经济所得收益的使用；

（四）村办学校、村建道路等村公益事业的经费筹集方案；

（五）村集体经济项目的立项、承包方案及村公益事业的建设承包方案；

（六）村民的承包经营方案；

（七）宅基地的使用方案；

（八）村民会议认为应当由村民会议讨论决定的涉及村民利益的其他事项。

第二十条　村民会议可以制定和修改村民

自治章程、村规民约，并报乡、民族乡、镇的人民政府备案。

村民自治章程、村规民约以及村民会议或者村民代表讨论决定的事项不得与宪法、法律、法规和国家的政策相抵触，不得有侵犯村民的人身权利、民主权利和合法财产权利的内容。

第二十一条　人数较多或者居住分散的村，可以推选产生村民代表，由村民委员会召集村民代表开会，讨论决定村民会议授权的事项。村民代表由村民按每五户至十五户推选一人，或者由各村民小组推选若干人。

第二十二条　村民委员会实行村务公开制度。

村民委员会应当及时公布下列事项，其中涉及财务的事项至少每六个月公布一次，接受村民的监督：

（一）本法第十九条规定的由村民会议讨论决定的事项及其实施情况；

（二）国家计划生育政策的落实方案；

（三）救灾救济款物的发放情况；

（四）水电费的收缴以及涉及本村村民利益、村民普遍关心的其他事项。

村民委员会应当保证公布内容的真实性，并接受村民的查询。

村民委员会不及时公布应当公布的事项或者公布的事项不真实的，村民有权向乡、民族乡、镇人民政府或者县级人民政府及其有关主管部门反映，有关政府机关应当负责调查核实，责令公布；经查证确有违法行为的，有关人员应当依法承担责任。

第二十三条　村民委员会及其成员应当遵守宪法、法律、法规和国家的政策，办事公道，廉洁奉公，热心为村民服务。

第二十四条　村民委员会决定问题，采取少数服从多数的原则。

村民委员会进行工作，应当坚持群众路线，充分发扬民主，认真听取不同意见，坚持说服教育，不得强迫命令，不得打击报复。

第二十五条　村民委员会根据需要设人民调解、治安保卫、公共卫生等委员会。村民委员会成员可以兼任下属委员会的成员。人口少的村的村民委员会可以不设下属委员会，由村民委员会成员分工负责人民调解、治安保卫、公共卫生等工作。

第二十六条　村民委员会应当协助有关部门，对被依法剥夺政治权利的村民进行教育、帮助和监督。

第二十七条　驻在农村的机关、团体、部队、全民所有制企业、事业单位的人员不参加村民委员会组织，不属于村办的集体所有制单位的人员可以不参加村民委员会组织。但是，他们都应当遵守有关村规民约。所在地的村民委员会、村民会议或者村民代表讨论和处理同这些单位有关的问题，应当与他们协商解决。

第二十八条　地方各级人民代表大会和县级以上地方各级人民代表大会常务委员会在本行政区域内保证本法的实施，保障村民依法行使自治权利。

第二十九条　省、自治区、直辖市的人民代表大会常务委员会可以根据本法，结合本行政区域的实际情况，制定实施办法。

第三十条　本法自公布之日起施行。《中华人民共和国村民委员会组织法（试行）》同时废止。

中华人民共和国
地方各级人民代表大会和地方各级人民政府组织法

（1979年7月1日第五届全国人民代表大会第二次会议通过；根据1982年12月10日第五届全国人民代表大会第五次会议《关于修改〈中华人民共和国地方各级人民代表大会和地方各级人民政府组织法〉的若干规定的决议》第一次修正；根据1986年12月2日第六届全国人民代表大会常务委员会第十八次会议《关于修改〈中华人民共和国地方各级人民代表大会和地方各级人民政府组织法〉的决定》第二次修正；根据1995年2月28日第八届全国人民代表大会常务委员会第十二次会议《关于修改〈中华人民共和国地方各级人民代表大会和地方各级人民政府组织法〉的决定》第三次修正；根据2004年10月27日第十届全国人民代表大会常务委员会第十二次会议《关于修改〈中华人民共和国地方各级人民代表大会和地方各级人民政府组织法〉的决定》第四次修正）

目　录

第一章　总　则
第二章　地方各级人民代表大会
第三章　县级以上的地方各级人民代表大会常务委员会
第四章　地方各级人民政府
第五章　附　则

第一章　总　则

第一条　省、自治区、直辖市、自治州、县、自治县、市、市辖区、乡、民族乡、镇设立人民代表大会和人民政府。

第二条　县级以上的地方各级人民代表大会设立常务委员会。

第三条　自治区、自治州、自治县的自治机关除行使本法规定的职权外，同时依照宪法、民族区域自治法和其它法律规定的权限行使自治权。

第二章　地方各级人民代表大会

第四条　地方各级人民代表大会都是地方国家权力机关。

第五条　省、自治区、直辖市、自治州、设区的市的人民代表大会代表由下一级的人民代表大会选举；县、自治县、不设区的市、市辖区、乡、民族乡、镇的人民代表大会代表由选民直接选举。

地方各级人民代表大会代表名额和代表产生办法由选举法规定。各行政区域内的少数民族应当有适当的代表名额。

第六条　地方各级人民代表大会每届任期五年。

第七条　省、自治区、直辖市的人民代表大会根据本行政区域的具体情况和实际需要，在不同宪法、法律、行政法规相抵触的前提下，可以制定和颁布地方性法规，报全国人民代表大会常务委员会和国务院备案。

省、自治区的人民政府所在地的市和经国务院批准的较大的市的人民代表大会根据本市的具体情况和实际需要，在不同宪法、法律、行政法规和本省、自治区的地方性法规相抵触的前提下，可以制定地方性法规，报省、自治区的人民代表大会常务委员会批准后施行，并由省、自治区的人民代表大会常务委员会报全国人民代表大会常务委员会和国务院备案。

第八条　县级以上的地方各级人民代表大会行使下列职权：

（一）在本行政区域内，保证宪法、法律、行政法规和上级人民代表大会及其常务委员会决议的遵守和执行，保证国家计划和国家预算的执行；

（二）审查和批准本行政区域内的国民经济和社会发展计划、预算以及它们执行情况的报告；

（三）讨论、决定本行政区域内的政治、经济、教育、科学、文化、卫生、环境和资源保护、民政、民族等工作的重大事项；

（四）选举本级人民代表大会常务委员会的组成人员；

（五）选举省长、副省长，自治区主席、副主席，市长、副市长，州长、副州长，县长、副县长，区长、副区长；

（六）选举本级人民法院院长和人民检察院检察长；选出的人民检察院检察长，须报经上一级人民检察院检察长提请该级人民代表大会常务委员会批准；

（七）选举上一级人民代表大会代表；

（八）听取和审查本级人民代表大会常务委员会的工作报告；

（九）听取和审查本级人民政府和人民法院、人民检察院的工作报告；

（十）改变或者撤销本级人民代表大会常务委员会的不适当的决议；

（十一）撤销本级人民政府的不适当的决定和命令；

（十二）保护社会主义的全民所有的财产和劳动群众集体所有的财产，保护公民私人所有的合法财产，维护社会秩序，保障公民的人身权利、民主权利和其它权利；

（十三）保护各种经济组织的合法权益；

（十四）保障少数民族的权利；

（十五）保障宪法和法律赋予妇女的男女平等、同工同酬和婚姻自由等各项权利。

第九条　乡、民族乡、镇的人民代表大会行使下列职权：

（一）在本行政区域内，保证宪法、法律、行政法规和上级人民代表大会及其常务委员会决议的遵守和执行；

（二）在职权范围内通过和发布决议；

（三）根据国家计划，决定本行政区域内的经济、文化事业和公共事业的建设计划；

（四）审查和批准本行政区域内的财政预算和预算执行情况的报告；

（五）决定本行政区域内的民政工作的实施计划；

（六）选举本级人民代表大会主席、副主席；

（七）选举乡长、副乡长，镇长、副镇长；

（八）听取和审查乡、民族乡、镇的人民政府的工作报告；

（九）撤销乡、民族乡、镇的人民政府的不适当的决定和命令；

（十）保护社会主义的全民所有的财产和劳动群众集体所有的财产，保护公民私人所有的合法财产，维护社会秩序，保障公民的人身权利、民主权利和其它权利；

（十一）保护各种经济组织的合法权益；

（十二）保障少数民族的权利；

（十三）保障宪法和法律赋予妇女的男女平等、同工同酬和婚姻自由等各项权利。

少数民族聚居的乡、民族乡、镇的人民代表大会在行使职权的时候，应当采取适合民族特点的具体措施。

第十条　地方各级人民代表大会有权罢免本级人民政府的组成人员。县级以上的地方各级人民代表大会有权罢免本级人民代表大会常务委员会的组成人员和由它选出的人民法院院长、人民检察院检察长。罢免人民检察院检察长，须报经上一级人民检察院检察长提请该级人民代表大会常务委员会批准。

第十一条　地方各级人民代表大会会议每年至少举行一次。

经过五分之一以上代表提议，可以临时召集本级人民代表大会会议。

第十二条　县级以上的地方各级人民代表大会会议由本级人民代表大会常务委员会召集。

第十三条　县级以上的地方各级人民代表大会每次会议举行预备会议，选举本次会议的主席团和秘书长，通过本次会议的议程和其它准备事项的决定。

预备会议由本级人民代表大会常务委员会主持。每届人民代表大会第一次会议的预备会议，由上届本级人民代表大会常务委员会主持。

县级以上的地方各级人民代表大会举行会议的时候，由主席团主持会议。

县级以上的地方各级人民代表大会会议设副秘书长若干人；副秘书长的人选由主席团决定。

第十四条　乡、民族乡、镇的人民代表大会设主席，并可以设副主席一人至二人。主席、副主席由本级人民代表大会从代表中选出，任期同本级人民代表大会每届任期相同。

乡、民族乡、镇的人民代表大会主席、副主席不得担任国家行政机关的职务；如果担任国家行政机关的职务，必须向本级人民代表大会辞去主席、副主席的职务。

乡、民族乡、镇的人民代表大会主席、副主席在本级人民代表大会闭会期间负责联系本级人民代表大会代表，组织代表开展活动，并反映代表和群众对本级人民政府工作的建议、批评和意见。

第十五条　乡、民族乡、镇的人民代表大会举行会议的时候，选举主席团。由主席团主持会议，并负责召集下一次的本级人民代表大会会议。乡、民族乡、镇的人民代表大会主席、副主席为主席团的成员。

第十六条　地方各级人民代表大会每届第一次会议，在本届人民代表大会代表选举完成后的两个月内，由上届本级人民代表大会常务委员会或者乡、民族乡、镇的上次人民代表大会主席团召集。

第十七条　县级以上的地方各级人民政府组成人员和人民法院院长、人民检察院检察长，乡级的人民政府领导人员，列席本级人民代表大会会议；县级以上的其它有关机关、团体负责人，经本级人民代表大会常务委员会决定，可以列席本级人民代表大会会议。

第十八条　地方各级人民代表大会举行会议的时候，主席团、常务委员会、各专门委员会、本级人民政府，可以向本级人民代表大会提出属于本级人民代表大会职权范围内的议案，由主席团决定提交人民代表大会会议审议，或者并交有关的专门委员会审议、提出报告，再由主席团审议决定提交大会表决。

县级以上的地方各级人民代表大会代表十人以上联名，乡、民族乡、镇的人民代表大会代表五人以上联名，可以向本级人民代表大会提出属于本级人民代表大会职权范围内的议案，由主席团决定是否列入大会议程，或者先交有关的专门委员会审议，提出是否列入大会议程的意见，再由主席团决定是否列入大会议程。

列入会议议程的议案，在交付大会表决前，提案人要求撤回的，经主席团同意，会议对该项议案的审议即行终止。

第十九条　县级以上的地方各级人民代表大会代表向本级人民代表大会及其常务委员会提出的对各方面工作的建议、批评和意见，由本级人民代表大会常务委员会的办事机构交有关机关和组织研究处理并负责答复。

乡、民族乡、镇的人民代表大会代表向本级人民代表大会提出的对各方面工作的建议、批评和意见，由本级人民代表大会主席团交有关机关和组织研究处理并负责答复。

第二十条　地方各级人民代表大会进行选举和通过决议，以全体代表的过半数通过。

第二十一条　县级以上的地方各级人民代表大会常务委员会的组成人员，乡、民族乡、镇的人民代表大会主席、副主席，省长、副省长，自治区主席、副主席，市长、副市长，州长、副州长，县长、副县长，区长、副区长，乡长、副乡长，镇长、副镇长，人民法院院长，人民检察院检察长的人选，由本级人民代表大会主席团或者代表依照本法规定联合提名。

省、自治区、直辖市的人民代表大会代表三十人以上书面联名，设区的市和自治州的人民代表大会代表二十人以上书面联名，县级的人民代表大会代表十人以上书面联名，可以提出本级人民代表大会常务委员会组成人员，人民政府领导人员，人民法院院长，人民检察院检察长的候选人。乡、民族乡、镇的人民代表大会代表十人以上书面联名，可以提出本级人民代表大会主席、副主席，人民政府领导人员的候选人。不同选区或者选举单位选出的代表可以酝酿、联合提出候选人。

主席团提名的候选人人数，每一代表与其它代表联合提名的候选人人数，均不得超过应选名额。

提名人应当如实介绍所提名的候选人的情况。

第二十二条　人民代表大会常务委员会主任、秘书长，乡、民族乡、镇的人民代表大会主席，人民政府正职领导人员，人民法院院长，人民检察院检察长的候选人数一般应多一人，进行差额选举；如果提名的候选人只有一人，也可以等额选举。人民代表大会常务委员会副主任，乡、民族乡、镇的人民代表大会副主席，人民政府副职领导人员的候选人数应比应选人数多一人至三人，人民代表大会常务委员会委员的候选人数应比应选人数多十分之一至五分之一，由本级人民代表大会根据应选人数在选举办法中规定具体差额数，进行差额选举。如果提名的候选人数符合选举办法规定的差额数，由主席团提交代表酝酿、讨论后，进行选举。如果提名的候选人数超过选举办法规定的差额数，由主席团提交代表酝酿、讨论后，进行预选，根据在预选中得票多少的顺序，按照选举办法规定的差额数，确定正式候选人名单，进行选举。

县级以上的地方各级人民代表大会换届选举本级国家机关领导人员时，提名、酝酿候选人的时间不得少于两天。

第二十三条　选举采用无记名投票方式。代表对于确定的候选人，可以投赞成票，可以投反对票，可以另选其它任何代表或者选民，也可以弃权。

第二十四条　地方各级人民代表大会选举本级国家机关领导人员，获得过半数选票的候选人人数超过应选名额时，以得票多的当选。如遇票数相等不能确定当选人时，应当就票数相等的人再次投票，以得票多的当选。

获得过半数选票的当选人数少于应选名额时，不足的名额另行选举。另行选举时，可以根据在第一次投票时得票多少的顺序确定候选人，也可以依照本法规定的程序另行提名、确定候选人。经本级人民代表大会决定，不足的名额的另行选举可以在本次人民代表大会会议上进行，也可以在下一次人民代表大会会议上进行。

另行选举人民代表大会常务委员会副主任、委员，乡、民族乡、镇的人民代表大会副主席，人民政府副职领导人员时，依照本法第二十二条第一款的规定，确定差额数，进行差额选举。

第二十五条　地方各级人民代表大会补选常务委员会主任、副主任、秘书长、委员，乡、民族乡、镇的人民代表大会主席、副主席，省长、副省长，自治区主席、副主席，市长、副市长，州长、副州长，县长、副县长，区长、副区长，乡长、副乡长，镇长、副镇长，人民法院院长，人民检察院检察长时，候选人数可以多于应选人数，也可以同应选人数相等。选举办法由本级人民代表大会决定。

第二十六条　县级以上的地方各级人民代表大会举行会议的时候，主席团、常务委员会或者十分之一以上代表联名，可以提出对本级人民代表大会常务委员会组成人员、人民政府组成人员、人民法院院长、人民检察院检察长的罢免案，由主席团提请大会审议。

乡、民族乡、镇的人民代表大会举行会议的时候，主席团或者五分之一以上代表联名，可以提出对人民代表大会主席、副主席，乡长、副乡长，镇长、副镇长的罢免案，由主席团提请大会审议。

罢免案应当写明罢免理由。

被提出罢免的人员有权在主席团会议或者大会全体会议上提出申辩意见，或者书面提出申辩意见。在主席团会议上提出的申辩意见或者书面提出的申辩意见，由主席团印发会议。

向县级以上的地方各级人民代表大会提出的罢免案，由主席团交会议审议后，提请全体会议表决；或者由主席团提议，经全体会议决定，组织调查委员会，由本级人民代表大会下次会议根据调查委员会的报告审议决定。

第二十七条　县级以上的地方各级人民代表大会常务委员会组成人员和人民政府领导人员，人民法院院长，人民检察院检察长，可以向本级人民代表大会提出辞职，由大会决定是否接受辞职；大会闭会期间，可以向本级人民代表大会常务委员会提出辞职，由常务委员会决定是否接受辞职。常务委员会决定接受辞职后，报本级人民代表大会备案。人民检察院检察长的辞职，须报经上一级人民检察院检察长提请该级人民代表大会常务委员会批准。

乡、民族乡、镇的人民代表大会主席、副主席，乡长、副乡长，镇长、副镇长，可以向本级人民代表大会提出辞职，由大会决定是否接受辞职。

第二十八条　地方各级人民代表大会举行会议的时候，代表十人以上联名可以书面提出对本级人民政府和它所属各工作部门以及人民法院、人民检察院的质询案。质询案必须写明质询对象、质询的问题和内容。

质询案由主席团决定交由受质询机关在主席团会议、大会全体会议或者有关的专门委员会会议上口头答复，或者由受质询机关书面答复。在主席团会议或者专门委员会会议上答复的，提质询案的代表有权列席会议，发表意见；主席团认为必要的时候，可以将答复质询案的情况报告印发会议。

质询案以口头答复的，应当由受质询机关的负责人到会答复；质询案以书面答复的，应当由受质询机关的负责人签署，由主席团印发会议或者印发提质询案的代表。

第二十九条　在地方各级人民代表大会审议议案的时候，代表可以向有关地方国家机关提出询问，由有关机关派人说明。

第三十条　省、自治区、直辖市、自治州、设区的市的人民代表大会根据需要，可以设法制（政法）委员会、财政经济委员会、教育科学文化卫生委员会等专门委员会。各专门委员会受本级人民代表大会领导；在大会闭会期间，受本级人民代表大会常务委员会领导。

各专门委员会的主任委员、副主任委员和委员的人选，由主席团在代表中提名，大会通过。在大会闭会期间，常务委员会可以任免专门委员会的个别副主任委员和部分委员，由主任会议提名，常务委员会会议通过。

各专门委员会在本级人民代表大会及其常务委员会领导下，研究、审议和拟订有关议案；对属于本级人民代表大会及其常务委员会职权范围内同本委员会有关的问题，进行调查研究，提出建议。

第三十一条　县级以上的地方各级人民代表大会可以组织关于特定问题的调查委员会。

主席团或者十分之一以上代表书面联名，可以向本级人民代表大会提议组织关于特定问题的调查委员会，由主席团提请全体会议决定。

调查委员会由主任委员、副主任委员和委员组成，由主席团在代表中提名，提请全体会议通过。

调查委员会应当向本级人民代表大会提出调查报告。人民代表大会根据调查委员会的报告，可以作出相应的决议。人民代表大会可以授权它的常务委员会听取调查委员会的调查报告，常务委员会可以作出相应的决议，报人民代表大会下次会议备案。

第三十二条　乡、民族乡、镇的每届人民代表大会第一次会议通过的代表资格审查委员会，行使职权至本届人民代表大会任期届满为止。

第三十三条　地方各级人民代表大会代表任期，从每届本级人民代表大会举行第一次会议开始，到下届本级人民代表大会举行第一次会议为止。

第三十四条　地方各级人民代表大会代表、常务委员会组成人员，在人民代表大会和常务委员会会议上的发言和表决，不受法律追究。

第三十五条　县级以上的地方各级人民代表大会代表，非经本级人民代表大会主席团许可，在大会闭会期间，非经本级人民代表大会常务委员会许可，不受逮捕或者刑事审判。如果因为是现行犯被拘留，执行拘留的公安机关应当立即向该级人民代表大会主席团或者常务委员会报告。

第三十六条　地方各级人民代表大会代表在出席人民代表大会会议和执行代表职务的时候，国家根据需要给予往返的旅费和必要的物质上的便利或者补贴。

第三十七条　地方各级人民代表大会代表应当和原选举单位或者选民保持密切联系，宣传法律和政策，协助本级人民政府推行工作，并且向人民代表大会及其常务委员会、人民政府反映群众的意见和要求。

省、自治区、直辖市、自治州、设区的市的人民代表大会代表可以列席原选举单位的人民代表大会会议。

县、自治县、不设区的市、市辖区、乡、民族乡、镇的人民代表大会代表分工联系选民，有代表三人以上的居民地区或者生产单位可以组织代表小组，协助本级人民政府推行工作。

第三十八条　省、自治区、直辖市、自治州、设区的市的人民代表大会代表受原选举单位的监督；县、自治县、不设区的市、市辖区、乡、民族乡、镇的人民代表大会代表受选民的监督。

地方各级人民代表大会代表的选举单位和选民有权随时罢免自己选出的代表。代表的罢免必须由原选举单位以全体代表的过半数通过，或者由原选区以选民的过半数通过。

第三十九条　地方各级人民代表大会代表因故不能担任代表职务的时候，由原选举单位或者由原选区选民补选。

第三章　县级以上的地方各级人民代表大会常务委员会

第四十条　省、自治区、直辖市、自治州、县、自治县、市、市辖区的人民代表大会设立常务委员会。

县级以上的地方各级人民代表大会常务委员会是本级人民代表大会的常设机关，对本级人民代表大会负责并报告工作。

第四十一条　省、自治区、直辖市、自治州、设区的市的人民代表大会常务委员会由本级人民代表大会在代表中选举主任、副主任若干人、秘书长、委员若干人组成。

县、自治县、不设区的市、市辖区的人民代表大会常务委员会由本级人民代表大会在代表中选举主任、副主任若干人和委员若干人组成。

常务委员会的组成人员不得担任国家行政机关、审判机关和检察机关的职务；如果担任上述职务，必须向常务委员会辞去常务委员会的职务。

常务委员会组成人员的名额：

（一）省、自治区、直辖市三十五人至六十五人，人口超过八千万的省不超过八十五人；

（二）设区的市、自治州十九人至四十一人，人口超过八百万的设区的市不超过五十一人；

（三）县、自治县、不设区的市、市辖区十五人至二十七人，人口超过一百万的县、自治县、不设区的市、市辖区不超过三十五人。

省、自治区、直辖市每届人民代表大会常务委员会组成人员的名额，由省、自治区、直辖市的人民代表大会依照前款规定，按人口多少确定。自治州、县、自治县、市、市辖区每届人民代表大会常务委员会组成人员的名额，由省、自治区、直辖市的人民代表大会常务委员会依照前款规定，按人口多少确定。每届人民代表大会常务委员会组成人员的名额经确定后，在本届人民代表大会的任期内不再变动。

第四十二条　县级以上的地方各级人民代表大会常务委员会每届任期同本级人民代表大会每届任期相同，它行使职权到下届本级人民代表大会选出新的常务委员会为止。

第四十三条　省、自治区、直辖市的人民代表大会常务委员会在本级人民代表大会闭会期间，根据本行政区域的具体情况和实际需要，在不同宪法、法律、行政法规相抵触的前提下，可以制定和颁布地方性法规，报全国人民代表大会常务委员会和国务院备案。

省、自治区的人民政府所在地的市和经国务院批准的较大的市的人民代表大会常务委员会，在本级人民代表大会闭会期间，根据本市的具体情况和实际需要，在不同宪法、法律、行政法规和本省、自治区的地方性法规相抵触的前提下，可以制定地方性法规，报省、自治区的人民代表大会常务委员会批准后施行，并由省、自治区的人民代表大会常务委员会报全国人民代表大会常务委员会和国务院备案。

第四十四条　县级以上的地方各级人民代表大会常务委员会行使下列职权：

（一）在本行政区域内，保证宪法、法律、行政法规和上级人民代表大会及其常务委员会决议的遵守和执行；

（二）领导或者主持本级人民代表大会代表的选举；

（三）召集本级人民代表大会会议；

（四）讨论、决定本行政区域内的政治、经济、教育、科学、文化、卫生、环境和资源保护、民政、民族等工作的重大事项；

（五）根据本级人民政府的建议，决定对本行政区域内的国民经济和社会发展计划、预算的部分变更；

（六）监督本级人民政府、人民法院和人民检察院的工作，联系本级人民代表大会代表，受理人民群众对上述机关和国家工作人员的申诉和意见；

（七）撤销下一级人民代表大会及其常务委员会的不适当的决议；

（八）撤销本级人民政府的不适当的决定和命令；

（九）在本级人民代表大会闭会期间，决定副省长、自治区副主席、副市长、副州长、副县长、副区长的个别任免；在省长、自治区主席、市长、州长、县长、区长和人民法院院长、人民检察院检察长因故不能担任职务的时候，从本级人民政府、人民法院、人民检察院副职领导人员中决定代理的人选；决定代理检察长，须报上一级人民检察院和人民代表大会常务委员会备案；

（十）根据省长、自治区主席、市长、州长、县长、区长的提名，决定本级人民政府秘书长、厅长、局长、委员会主任、科长的任免，报上一级人民政府备案；

（十一）按照人民法院组织法和人民检察院组织法的规定，任免人民法院副院长、庭长、副庭长、审判委员会委员、审判员，任免人民检察院副检察长、检察委员会委员、检察员，批准任免下一级人民检察院检察长；省、自治区、直辖市的人民代表大会常务委员会根据主任会议的提名，决定在省、自治区内按地区设立的和在直辖市内设立的中级人民法院院长的任免，根据省、自治区、直辖市的人民检察院检察长的提名，决定人民检察院分院检察长的任免；

（十二）在本级人民代表大会闭会期间，决定撤销个别副省长、自治区副主席、副市长、副州长、副县长、副区长的职务；决定撤销由它任命的本级人民政府其它组成人员和人民法院副院长、庭长、副庭长、审判委员会委员、审判员，人民检察院副检察长、检察委员会委员、检察员，中级人民法院院长，人民检察院分院检察长的职务；

（十三）在本级人民代表大会闭会期间，补选上一级人民代表大会出缺的代表和罢免个别代表；

（十四）决定授予地方的荣誉称号。

第四十五条　常务委员会会议由主任召集，每两个月至少举行一次。

常务委员会的决议，由常务委员会以全体组成人员的过半数通过。

第四十六条　县级以上的地方各级人民代表大会常务委员会主任会议可以向本级人民代表大会常务委员会提出属于常务委员会职权范围内的议案，由常务委员会会议审议。

县级以上的地方各级人民政府、人民代表大会各专门委员会，可以向本级人民代表大会常务委员会提出属于常务委员会职权范围内的议案，由主任会议决定提请常务委员会会议审议，或者先交有关的专门委员会审议、提出报告，再提请常务委员会会议审议。

省、自治区、直辖市、自治州、设区的市的人民代表大会常务委员会组成人员五人以上联名，县级的人民代表大会常务委员会组成人员三人以上联名，可以向本级常务委员会提出属于常务委员会职权范围内的议案，由主任会议决定是否提请常务委员会会议审议，或者先交有关的专门委员会审议、提出报告，再决定是否提请常务委员会会议审议。

第四十七条　在常务委员会会议期间，省、自治区、直辖市、自治州、设区的市的人民代表大会常务委员会组成人员五人以上联名，县级的人民代表大会常务委员会组成人员三人以上联名，可以向常务委员会书面提出对本级人民政府、人民法院、人民检察院的质询案。质询案必须写明质询对象、质询的问题和内容。

质询案由主任会议决定交由受质询机关在常务委员会全体会议上或者有关的专门委员会会议上口头答复，或者由受质询机关书面答复。在专门委员会会议上答复的，提质询案的常务委员会组成人员有权列席会议，发表意见；主任会议认为必要的时候，可以将答复质询案的情况报告印发会议。

质询案以口头答复的，应当由受质询机关的负责人到会答复；质询案以书面答复的，应当由受质询机关的负责人签署，由主任会议印发会议或者印发提质询案的常务委员会组成人员。

第四十八条　省、自治区、直辖市、自治州、设区的市的人民代表大会常务委员会主任、副主任和秘书长组成主任会议；县、自治县、不设区的市、市辖区的人民代表大会常务委员会主任、副主任组成主任会议。主任会议处理常务委员会的重要日常工作。

第四十九条　常务委员会主任因为健康情况不能工作或者缺位的时候，由常务委员会在副主任中推选一人代理主任的职务，直到主任恢复健康或者人民代表大会选出新的主任为止。

第五十条　县级以上的地方各级人民代表大会常务委员会设立代表资格审查委员会。

代表资格审查委员会的主任委员、副主任委员和委员的人选，由常务委员会主任会议在常务委员会组成人员中提名，常务委员会会议通过。

第五十一条　代表资格审查委员会审查代表的选举是否符合法律规定。

第五十二条　主任会议或者五分之一以上的常务委员会组成人员书面联名，可以向本级人民代表大会常务委员会提议组织关于特定问题的调查委员会，由全体会议决定。

调查委员会由主任委员、副主任委员和委员组成，由主任会议在常务委员会组成人员和其它代表中提名，提请全体会议通过。

调查委员会应当向本级人民代表大会常务委员会提出调查报告。常务委员会根据调查委员会的报告，可以作出相应的决议。

第五十三条　常务委员会根据工作需要，设立办事机构和其它工作机构。

省、自治区的人民代表大会常务委员会可以在地区设立工作机构。

第四章　地方各级人民政府

第五十四条　地方各级人民政府是地方各级人民代表大会的执行机关，是地方各级国家行政机关。

第五十五条　地方各级人民政府对本级人民代表大会和上一级国家行政机关负责并报告工作。县级以上的地方各级人民政府在本级人民代表大会闭会期间，对本级人民代表大会常务委员会负责并报告工作。

全国地方各级人民政府都是国务院统一领导下的国家行政机关，都服从国务院。

地方各级人民政府必须依法行使行政职权。

第五十六条　省、自治区、直辖市、自治州、设区的市的人民政府分别由省长、副省长，自治区主席、副主席，市长、副市长，州长、副州长和秘书长、厅长、局长、委员会主任等组成。

县、自治县、不设区的市、市辖区的人民政府分别由县长、副县长，市长、副市长，区长、副区长和局长、科长等组成。

乡、民族乡的人民政府设乡长、副乡长。民族乡的乡长由建立民族乡的少数民族公民担任。镇人民政府设镇长、副镇长。

第五十七条　新的一届人民政府领导人员依法选举产生后，应当在两个月内提请本级人民代表大会常务委员会任命人民政府秘书长、厅长、局长、委员会主任、科长。

第五十八条　地方各级人民政府每届任期五年。

第五十九条　县级以上的地方各级人民政府行使下列职权：

（一）执行本级人民代表大会及其常务委员会的决议，以及上级国家行政机关的决定和命令，规定行政措施，发布决定和命令；

（二）领导所属各工作部门和下级人民政府的工作；

（三）改变或者撤销所属各工作部门的不适当的命令、指示和下级人民政府的不适当的决定、命令；

（四）依照法律的规定任免、培训、考核和奖惩国家行政机关工作人员；

（五）执行国民经济和社会发展计划、预算，管理本行政区域内的经济、教育、科学、文化、卫生、体育事业、环境和资源保护、城乡建设事业和财政、民政、公安、民族事务、司法行政、监察、计划生育等行政工作；

（六）保护社会主义的全民所有的财产和劳动群众集体所有的财产，保护公民私人所有的合法财产，维护社会秩序，保障公民的人身权利、民主权利和其它权利；

（七）保护各种经济组织的合法权益；

（八）保障少数民族的权利和尊重少数民族的风俗习惯，帮助本行政区域内各少数民族聚居的地方依照宪法和法律实行区域自治，帮助各少数民族发展政治、经济和文化的建设事业；

（九）保障宪法和法律赋予妇女的男女平等、同工同酬和婚姻自由等各项权利；

（十）办理上级国家行政机关交办的其它事项。

第六十条　省、自治区、直辖市的人民政府可以根据法律、行政法规和本省、自治区、直辖市的地方性法规，制定规章，报国务院和本级人民代表大会常务委员会备案。省、自治区的人民政府所在地的市和经国务院批准的较大的市的人民政府，可以根据法律、行政法规和本省、自治区的地方性法规，制定规章，报国务院和省、自治区的人民代表大会常务委员会、人民政府以及本级人民代表大会常务委员会备案。

依照前款规定制定规章，须经各该级政府常务会议或者全体会议讨论决定。

第六十一条　乡、民族乡、镇的人民政府行使下列职权：

（一）执行本级人民代表大会的决议和上级国家行政机关的决定和命令，发布决定和命令；

（二）执行本行政区域内的经济和社会发展计划、预算，管理本行政区域内的经济、教育、科学、文化、卫生、体育事业和财政、民政、公安、司法行政、计划生育等行政工作；

（三）保护社会主义的全民所有的财产和劳动群众集体所有的财产，保护公民私人所有的合法财产，维护社会秩序，保障公民的人身权利、民主权利和其它权利；

（四）保护各种经济组织的合法权益；

（五）保障少数民族的权利和尊重少数民族的风俗习惯；

（六）保障宪法和法律赋予妇女的男女平等、同工同酬和婚姻自由等各项权利；

（七）办理上级人民政府交办的其它事项。

第六十二条　地方各级人民政府分别实行省长、自治区主席、市长、州长、县长、区长、乡长、镇长负责制。

省长、自治区主席、市长、州长、县长、区长、乡长、镇长分别主持地方各级人民政府的工作。

第六十三条　县级以上的地方各级人民政府会议分为全体会议和常务会议。全体会议由本级人民政府全体成员组成。省、自治区、直辖市、自治州、设区的市的人民政府常务会议，分别由省长、副省长，自治区主席、副主席，市长、副市长，州长、副州长和秘书长组成。县、自治县、不设区的市、市辖区的人民政府常务会议，分别由县长、副县长，市长、副市长，区长、副区长组成。省长、自治区主席、市长、州长、县长、区长召集和主持本级人民政府全体会议和常务会议。政府工作中的重大问题，须经政府常务会议或者全体会议讨论决定。

第六十四条　地方各级人民政府根据工作需要和精干的原则，设立必要的工作部门。

县级以上的地方各级人民政府设立审计机关。地方各级审计机关依照法律规定独立行使审计监督权，对本级人民政府和上一级审计机关负责。

省、自治区、直辖市的人民政府的厅、局、委员会等工作部门的设立、增加、减少或者合并，由本级人民政府报请国务院批准，并报本级人民代表大会常务委员会备案。

自治州、县、自治县、市、市辖区的人民政府的局、科等工作部门的设立、增加、减少或者合并，由本级人民政府报请上一级人民政府批准，并报本级人民代表大会常务委员会备案。

第六十五条　各厅、局、委员会、科分别设厅长、局长、主任、科长，在必要的时候可以设副职。

办公厅、办公室设主任，在必要的时候可以设副主任。

省、自治区、直辖市、自治州、设区的市的人民政府设秘书长一人，副秘书长若干人。

第六十六条　省、自治区、直辖市的人民政府的各工作部门受人民政府统一领导，并且依照法律或者行政法规的规定受国务院主管部门的业务指导或者领导。

自治州、县、自治县、市、市辖区的人民政府的各工作部门受人民政府统一领导，并且依照法律或者行政法规的规定受上级人民政府主管部门的业务指导或者领导。

第六十七条　省、自治区、直辖市、自治州、县、自治县、市、市辖区的人民政府应当协助设立在本行政区域内不属于自己管理的国家机关、企业、事业单位进行工作，并且监督它们遵守和执行法律和政策。

第六十八条　省、自治区的人民政府在必要的时候，经国务院批准，可以设立若干派出机关。

县、自治县的人民政府在必要的时候，经省、自治区、直辖市的人民政府批准，可以设立若干区公所，作为它的派出机关。

市辖区、不设区的市的人民政府，经上一级人民政府批准，可以设立若干街道办事处，作为它的派出机关。

第五章　附　则

第六十九条　省、自治区、直辖市的人民代表大会及其常务委员会可以根据本法和实际情况，对执行中的问题作具体规定。

中华人民共和国
全国人民代表大会和地方各级人民代表大会选举法

（1979 年 7 月 1 日第五届全国人民代表大会第二次会议通过；根据 1982 年 12 月 10 日第五届全国人民代表大会第五次会议《关于修改〈中华人民共和国全国人民代表大会和地方各级人民代表大会选举法〉的若干规定的决议》第一次修正；根据 1986 年 12 月 2 日第六届全国人民代表大会常务委员会第十八次会议《关于修改〈中华人民共和国全国人民代表大会和地方各级人民代表大会选举法〉的决定》第二次修正；根据 1995 年 2 月 28 日第八届全国人民代表大会常务委员会第十二次会议《关于修改〈中华人民共和国全国人民代表大会和地方各级人民代表大会选举法〉的决定》第三次修正；根据 2004 年 10 月 27 日第十届全国人民代表大会常务委员会第十二次会议《关于修改〈中华人民共和国全国人民代表大会和地方各级人民代表大会选举法〉的决定》第四次修订）

目　录

第一章　总　则
第二章　地方各级人民代表大会代表名额
第三章　全国人民代表大会代表名额
第四章　各少数民族的选举
第五章　选区划分
第六章　选民登记
第七章　代表候选人的提出
第八章　选举程序
第九章　对代表的监督、罢免和补选
第十章　对破坏选举的制裁
第十一章　附　则

第一章　总　则

第一条　根据中华人民共和国宪法，制定全国人民代表大会和地方各级人民代表大会选举法。

第二条　全国人民代表大会的代表，省、自治区、直辖市、设区的市、自治州的人民代表大会的代表，由下一级人民代表大会选举。

不设区的市、市辖区、县、自治县、乡、民族乡、镇的人民代表大会的代表，由选民直接选举。

第三条　中华人民共和国年满十八周岁的公民，不分民族、种族、性别、职业、家庭出身、宗教信仰、教育程度、财产状况和居住期限，都有选举权和被选举权。

依照法律被剥夺政治权利的人没有选举权和被选举权。

第四条　每一选民在一次选举中只有一个投票权。

第五条　人民解放军单独进行选举，选举办法另订。

第六条　全国人民代表大会和地方各级人民代表大会的代表中，应当有适当数量的妇女代表，并逐步提高妇女代表的比例。

全国人民代表大会和归侨人数较多地区的地方人民代表大会，应当有适当名额的归侨代表。

旅居国外的中华人民共和国公民在县级以下人民代表大会代表选举期间在国内的，可以参加原籍地或者出国前居住地的选举。

第七条　全国人民代表大会常务委员会主持全国人民代表大会代表的选举。省、自治区、直辖市、设区的市、自治州的人民代表大会常务委员会主持本级人民代表大会代表的选举。

不设区的市、市辖区、县、自治县、乡、民族乡、镇设立选举委员会，主持本级人民代表大会代表的选举。不设区的市、市辖区、县、自治县的选举委员会受本级人民代表大会常务委员会的领导。乡、民族乡、镇的选举委员会受不设区的市、市辖区、县、自治县的人民代表大会常务委员会的领导。

省、自治区、直辖市、设区的市、自治州的人民代表大会常务委员会指导本行政区域内县级以下人民代表大会代表的选举工作。

第八条　全国人民代表大会和地方各级人民代表大会的选举经费，由国库开支。

第二章　地方各级人民代表大会代表名额

第九条　地方各级人民代表大会的代表名额，按照下列规定确定：

（一）省、自治区、直辖市的代表名额基数为三百五十名，省、自治区每十五万人可以增加一名代表，直辖市每二万五千人可以增加一名代表；但是，代表总名额不得超过一千名；

（二）设区的市、自治州的代表名额基数为二百四十名，每二万五千人可以增加一名代表；人口超过一千万的，代表总名额不得超过六百五十名；

（三）县、自治县、不设区的市、市辖区的代表名额基数为一百二十名，每五千人可以增加一名代表；人口超过一百六十五万的，代表总名额不得超过四百五十名；人口不足五万的，代表总名额可以少于一百二十名；

（四）乡、民族乡、镇的代表名额基数为四十名，每一千五百人可以增加一名代表；人口超过九万的乡、民族乡的代表总名额不得超过一百名；人口超过十三万的镇的代表总名额不得超过一百三十名；人口不足二千的乡、民族乡、镇的代表总名额可以少于四十名。

按照前款规定的地方各级人民代表大会的代表名额基数与按人口数增加的代表数相加，即为地方各级人民代表大会的代表总名额。

自治区、聚居的少数民族多的省，经全国人民代表大会常务委员会决定，代表名额可以另加百分之五。聚居的少数民族多或者人口居住分散的县、自治县、乡、民族乡，经省、自治区、直辖市的人民代表大会常务委员会决定，代表名额可以另加百分之五。

第十条　省、自治区、直辖市的人民代表大会代表的具体名额，由全国人民代表大会常务委员会依照本法确定。设区的市、自治州和县级的人民代表大会代表的具体名额，由省、自治区、直辖市的人民代表大会常务委员会依照本法确定，报全国人民代表大会常务委员会备案。乡级的人民代表大会代表的具体名额，由县级的人民代表大会常务委员会依照本法确定，报上一级人民代表大会常务委员会备案。

第十一条　地方各级人民代表大会的代表总名额经确定后，不再变动。如果由于行政区划变动或者由于重大工程建设等原因造成人口较大变动的，该级人民代表大会的代表总名额依照本法的规定重新确定。

第十二条　自治州、县、自治县的人民代表大会代表的名额，由本级人民代表大会常务委员会按照农村每一代表所代表的人口数四倍于镇每一代表所代表的人口数的原则分配。在县、自治县的人民代表大会中，人口特少的乡、民族乡、镇，至少应有代表一人。

县、自治县行政区域内，镇的人口特多的，或者不属于县级以下人民政府领导的企业事业组织的职工人数在全县总人口中所占比例较大的，经省、自治区、直辖市的人民代表大会常务委员会决定，农村每一代表所代表的人口数同镇或者企业事业组织职工每一代表所代表的人口数之比可以小于四比一直至一比一。

第十三条　直辖市、市、市辖区的农村每一代表所代表的人口数，应多于市区每一代表所代表的人口数。

第十四条　省、自治区的人民代表大会代表的名额，由本级人民代表大会常务委员会按照农村每一代表所代表的人口数四倍于城市每一代表所代表的人口数的原则分配。

第三章　全国人民代表大会代表名额

第十五条　全国人民代表大会的代表，由省、自治区、直辖市的人民代表大会和人民解放军选举产生。

全国人民代表大会代表的名额不超过三千人。名额的分配由全国人民代表大会常务委员会根据情况决定。

香港特别行政区、澳门特别行政区应选全国人民代表大会代表的名额和代表产生办法，由全国人民代表大会另行规定。

第十六条　省、自治区、直辖市应选全国人民代表大会代表的名额，由全国人民代表大会常务委员会按照农村每一代表所代表的人口数四倍于城市每一代表所代表的人口数的原则分配。

第十七条　全国少数民族应选全国人民代表大会代表，由全国人民代表大会常务委员会参照各少数民族的人口数和分布等情况，分配给各省、自治区、直辖市的人民代表大会选出。人口特少的民族，至少应有代表一人。

第四章　各少数民族的选举

第十八条　有少数民族聚居的地方，每一聚居的少数民族都应有代表参加当地的人民代表大会。

聚居境内同一少数民族的总人口数占境内总人口数百分之三十以上的，每一代表所代表的人口数应相当于当地人民代表大会每一代表所代表的人口数。

聚居境内同一少数民族的总人口数不足境内总人口数百分之十五的，每一代表所代表的人口数可以适当少于当地人民代表大会每一代表所代表的人口数，但不得少于二分之一；实行区域自治的民族人口特少的自治县，经省、自治区的人民代表大会常务委员会决定，可以少于二分之一。人口特少的其它聚居民族，至少应有代表一人。

聚居境内同一少数民族的总人口数占境内总人口数百分之十五以上、不足百分之三十的，每一代表所代表的人口数，可以适当少于当地人民代表大会每一代表所代表的人口数，但分配给该少数民族的应选代表名额不得超过代表总名额的百分之三十。

第十九条　自治区、自治州、自治县和有少数民族聚居的乡、民族乡、镇的人民代表大会，对于聚居在境内的其它少数民族和汉族代表的选举，适用本法第十八条的规定。

第二十条　散居的少数民族应选当地人民代表大会的代表，每一代表所代表的人口数可以少于当地人民代表大会每一代表所代表的人口数。

自治区、自治州、自治县和有少数民族聚居的乡、民族乡、镇的人民代表大会，对于散居的其它少数民族和汉族代表的选举，适用前款的规定。

第二十一条　有少数民族聚居的不设区的市、市辖区、县、乡、民族乡、镇的人民代表大会代表的产生，按照当地的民族关系和居住状况，各少数民族选民可以单独选举或者联合选举。

自治县和有少数民族聚居的乡、民族乡、镇的人民代表大会，对于居住在境内的其它少数民族和汉族代表的选举办法，适用前款的规定。

第二十二条　自治区、自治州、自治县制定或者公布的选举文件、选民名单、选民证、代表候选人名单、代表当选证书和选举委员会的印章等，都应当同时使用当地通用的民族文字。

第二十三条　少数民族选举的其它事项，参照本法有关各条的规定办理。

第五章　选区划分

第二十四条　不设区的市、市辖区、县、自治县、乡、民族乡、镇的人民代表大会的代表名额分配到选区，按选区进行选举。选区可以按居住状况划分，也可以按生产单位、事业单位、工作单位划分。

选区的大小，按照每一选区选一名至三名代表划分。

第二十五条　城镇各选区每一代表所代表的人口数应当大体相等。农村各选区每一代表所代表的人口数应当大体相等。

第六章　选民登记

第二十六条　选民登记按选区进行，经登记确认的选民资格长期有效。每次选举前对上次选民登记以后新满十八周岁的、被剥夺政治权利期满后恢复政治权利的选民，予以登记。对选民经登记后迁出原选区的，列入新迁入的选区的选民名单；对死亡的和依照法律被剥夺政治权利的人，从选民名单上除名。

精神病患者不能行使选举权利的，经选举委员会确认，不列入选民名单。

第二十七条　选民名单应在选举日的二十日以前公布，实行凭选民证参加投票选举的，并应当发给选民证。

第二十八条　对于公布的选民名单有不同意见的，可以向选举委员会提出申诉。选举委员会对申诉意见，应在三日内作出处理决定。申诉人如果对处理决定不服，可以在选举日的五日以前向人民法院起诉，人民法院应在选举日以前作出判决。人民法院的判决为最后决定。

第七章　代表候选人的提出

第二十九条　全国和地方各级人民代表大会的代表候选人，按选区或者选举单位提名产生。

各政党、各人民团体，可以联合或者单独推荐代表候选人。选民或者代表，十人以上联名，也可以推荐代表候选人。推荐者应向选举委员会或者大会主席团介绍候选人的情况。

第三十条　全国和地方各级人民代表大会代表候选人的名额，应多于应选代表的名额。

由选民直接选举的代表候选人名额，应多于应选代表名额三分之一至一倍；由地方各级人民代表大会选举上一级人民代表大会代表候选人的名额，应多于应选代表名额五分之一至二分之一。

第三十一条　由选民直接选举的人民代表大会代表候选人，由各选区选民和各政党、各人民团体提名推荐。选举委员会汇总后，在选举日的十五日以前公布，并交各该选区的选民小组讨论、协商，确定正式代表候选人名单。如果所提候选人的人数超过本法第三十条规定的最高差额比例，由选举委员会交各该选区的选民小组讨论、协商，根据较多数选民的意见，确定正式代表候选人名单；对正式代表候选人不能形成较为一致意见的，进行预选，根据预选时得票多少的顺序，确定正式代表候选人名单。正式代表候选人名单应当在选举日的五日以前公布。

县级以上的地方各级人民代表大会在选举上一级人民代表大会代表时，提名、酝酿代表候选人的时间不得少于两天。各该级人民代表大会主席团将依法提出的代表候选人名单印发全体代表，由全体代表酝酿、讨论。如果所提候选人的人数符合本法第三十条规定的差额比例，直接进行投票选举。如果所提候选人的人数超过本法第三十条规定的最高差额比例，进行预选，根据预选时得票多少的顺序，按照本级人民代表大会的选举办法根据本法确定的具体差额比例，确定正式代表候选人名单，进行投票选举。

第三十二条　县级以上的地方各级人民代表大会在选举上一级人民代表大会代表时，代表候选人不限于各该级人民代表大会的代表。

第三十三条　选举委员会或者人民代表大会主席团应当向选民或者代表介绍代表候选人的情况。推荐代表候选人的政党、人民团体和选民、代表可以在选民小组或者代表小组会议上介绍所推荐的代表候选人的情况。选举委员会可以组织代表候选人与选民见面，回答选民的问题。但是，在选举日必须停止对代表候选人的介绍。

第八章　选举程序

第三十四条　在选民直接选举人民代表大会的代表时，选民根据选举委员会的规定，凭身份证或者选民证领取选票。各选区应当设立投票站、流动票箱或者召开选举大会进行选举。投票选举由选举委员会主持。

第三十五条　县级以上的地方各级人民代表大会在选举上一级人民代表大会代表时，由各该级人民代表大会主席团主持。

第三十六条　全国和地方各级人民代表大会代表的选举，一律采用无记名投票的方法。

选民如果是文盲或者因残疾不能写选票的，可以委托他信任的人代写。

第三十七条　选举人对于代表候选人可以投赞成票，可以投反对票，可以另选其它任何选民，也可以弃权。

第三十八条　选民如果在选举期间外出，经选举委员会同意，可以书面委托其它选民代为投票。每一选民接受的委托不得超过三人。

第三十九条　投票结束后，由选民或者代表推选的监票、计票人员和选举委员会或者人民代表大会主席团的人员将投票人数和票数加以核对，作出记录，并由监票人签字。

第四十条　每次选举所投的票数，多于投票人数的无效，等于或者少于投票人数的有效。

每一选票所选的人数，多于规定应选代表人数的作废，等于或者少于规定应选代表人数的有效。

第四十一条　在选民直接选举人民代表大会代表时，选区全体选民的过半数参加投票，选举有效。代表候选人获得参加投票的选民过半数的选票时，始得当选。

县级以上的地方各级人民代表大会在选举上一级人民代表大会代表时，代表候选人获得全体代表过半数的选票时，始得当选。

获得过半数选票的代表候选人的人数超过应选代表名额时，以得票多的当选。如遇票数相等不能确定当选人时，应当就票数相等的候选人再次投票，以得票多的当选。

获得过半数选票的当选代表的人数少于应选代表的名额时，不足的名额另行选举。另行选举时，根据在第一次投票时得票多少的顺序，按照本法第三十条规定的差额比例，确定候选人名单。如果只选一人，候选人应为二人。

依照前款规定另行选举县级和乡级的人民代表大会代表时，代表候选人以得票多的当选，但是得票数不得少于选票的三分之一；县级以上的地方各级人民代表大会在另行选举上一级人民代表大会代表时，代表候选人获得全体代表过半数的选票，始得当选。

第四十二条　选举结果由选举委员会或者人民代表大会主席团根据本法确定是否有效，并予以宣布。

第九章　对代表的监督、罢免和补选

第四十三条　全国和地方各级人民代表大会的代表，受选民和原选举单位的监督。选民或者选举单位都有权罢免自己选出的代表。

第四十四条　对于县级的人民代表大会代表，原选区选民五十人以上联名，对于乡级的人民代表大会代表，原选区选民三十人以上联名，可以向县级的人民代表大会常务委员会书面提出罢免要求。

罢免要求应当写明罢免理由。被提出罢免的代表有权在选民会议上提出申辩意见，也可以书面提出申辩意见。

县级的人民代表大会常务委员会应当将罢免要求和被提出罢免的代表的书面申辩意见印发原选区选民。

表决罢免要求，由县级的人民代表大会常务委员会派有关负责人员主持。

第四十五条　县级以上的地方各级人民代表大会举行会议的时候，主席团或者十分之一以上代表联名，可以提出对由该级人民代表大会选出的上一级人民代表大会代表的罢免案。在人民代表大会闭会期间，县级以上的地方各级人民代表大会常务委员会主任会议或者常务委员会五分之一以上组成人员联名，可以向常务委员会提出对由该级人民代表大会选出的上一级人民代表大会代表的罢免案。罢免案应当写明罢免理由。

县级以上的地方各级人民代表大会举行会议的时候，被提出罢免的代表有权在主席团会议和大会全体会议上提出申辩意见，或者书面提出申辩意见，由主席团印发会议。罢免案经会议审议后，由主席团提请全体会议表决。

县级以上的地方各级人民代表大会常务委员会举行会议的时候，被提出罢免的代表有权在主任会议和常务委员会全体会议上提出申辩意见，或者书面提出申辩意见，由主任会议印发会议。罢免案经会议审议后，由主任会议提请全体会议表决。

第四十六条　罢免代表采用无记名投票的表决方式。

第四十七条　罢免县级和乡级的人民代表大会代表，须经原选区过半数的选民通过。

罢免由县级以上的地方各级人民代表大会选出的代表，须经各该级人民代表大会过半数的代表通过；在代表大会闭会期间，须经常务委员会组成人员的过半数通过。罢免的决议，须报送上一级人民代表大会常务委员会备案。

第四十八条　县级以上的各级人民代表大会常务委员会组成人员，全国人民代表大会和省、自治区、直辖市、设区的市、自治州的人民代表大会专门委员会成员的代表职务被罢免的，其常务委员会组成人员或者专门委员会成员的职务相应撤销，由主席团或者常务委员会予以公告。

乡、民族乡、镇的人民代表大会主席、副主席的代表职务被罢免的，其主席、副主席的职务相应撤销，由主席团予以公告。

第四十九条　全国人民代表大会代表，省、自治区、直辖市、设区的市、自治州的人民代表大会代表，可以向选举他的人民代表大会的常务委员会书面提出辞职。县级的人民代表大会代表可以向本级人民代表大会常务委员会书面提出辞职，乡级的人民代表大会代表可以向本级人民代表大会书面提出辞职。

第五十条　县级以上的各级人民代表大会常务委员会组成人员，全国人民代表大会和省、自治区、直辖市、设区的市、自治州的人民代表大会的专门委员会成员，辞去代表职务的请求被接受的，其常务委员会组成人员、专门委员会成员的职务相应终止，由常务委员会予以公告。

乡、民族乡、镇的人民代表大会主席、副主席，辞去代表职务的请求被接受的，其主席、副主席的职务相应终止，由主席团予以公告。

第五十一条　代表在任期内，因故出缺，由原选区或者原选举单位补选。

地方各级人民代表大会代表在任期内调离或者迁出本行政区域的，其代表资格自行终止，缺额另行补选。

县级以上的地方各级人民代表大会闭会期间，可以由本级人民代表大会常务委员会补选上一级人民代表大会代表。

补选出缺的代表时，代表候选人的名额可以多于应选代表的名额，也可以同应选代表的名额相等。补选的具体办法，由省、自治区、直辖市的人民代表大会常务委员会规定。

第十章　对破坏选举的制裁

第五十二条　为保障选民和代表自由行使选举权和被选举权，对有下列行为之一，破坏选举，违反治安管理规定的，依法给予治安管理处罚；构成犯罪的，依法追究刑事责任：

（一）以金钱或者其它财物贿赂选民或者代表，妨害选民和代表自由行使选举权和被选举权的；

（二）以暴力、威胁、欺骗或者其它非法手段妨害选民和代表自由行使选举权和被选举权的；

（三）伪造选举文件、虚报选举票数或者有其它违法行为的；

（四）对于控告、检举选举中违法行为的人，或者对于提出要求罢免代表的人进行压制、报复的。

国家工作人员有前款所列行为的，还应当依法给予行政处分。

以本条第一款所列违法行为当选的，其当选无效。

第十一章　附　则

第五十三条　省、自治区、直辖市的人民代表大会及其常务委员会根据本法可以制定选举实施细则，报全国人民代表大会常务委员会备案。

中华人民共和国土地管理法

（1986年6月25日第六届全国人民代表大会常务委员会第十六次会议通过；根据1988年12月29日第七届全国人民代表大会常务委员会第五次会议《关于修改〈中华人民共和国土地管理法〉的决定》第一次修正；1998年8月29日第九届全国人民代表大会常务委员会第四次会议修订；根据2004年8月28日第十届全国人民代表大会常务委员会第十一次会议《关于修改〈中华人民共和国土地管理法〉的决定》第二次修正）

目　录

第一章　总　则
第二章　土地的所有权和使用权
第三章　土地利用总体规划
第四章　耕地保护
第五章　建设用地
第六章　监督检查
第七章　法律责任
第八章　附　则

第一章　总　则

第一条　为了加强土地管理，维护土地的社会主义公有制，保护、开发土地资源，合理利用土地，切实保护耕地，促进社会经济的可持续发展，根据宪法，制定本法。

第二条　中华人民共和国实行土地的社会主义公有制，即全民所有制和劳动群众集体所有制。

全民所有，即国家所有土地的所有权由国务院代表国家行使。

任何单位和个人不得侵占、买卖或者以其他形式非法转让土地。土地使用权可以依法转让。

国家为了公共利益的需要，可以依法对土地实行征收或者征用并给予补偿。

国家依法实行国有土地有偿使用制度。但是，国家在法律规定的范围内划拨国有土地使用权的除外。

第三条　十分珍惜、合理利用土地和切实保护耕地是我国的基本国策。各级人民政府应当采取措施，全面规划，严格管理，保护、开发土地资源，制止非法占用土地的行为。

第四条　国家实行土地用途管制制度。

国家编制土地利用总体规划，规定土地用途，将土地分为农用地、建设用地和未利用地。严格限制农用地转为建设用地，控制建设用地总量，对耕地实行特殊保护。

前款所称农用地是指直接用于农业生产的土地，包括耕地、林地、草地、农田水利用地、养殖水面等；建设用地是指建造建筑物、构筑物的土地，包括城乡住宅和公共设施用地、工矿用地、交通水利设施用地、旅游用地、军事设施用地等；未利用地是指农用地和建设用地以外的土地。

使用土地的单位和个人必须严格按照土地利用总体规划确定的用途使用土地。

第五条　国务院土地行政主管部门统一负责全国土地的管理和监督工作。

县级以上地方人民政府土地行政主管部门的设置及其职责，由省、自治区、直辖市人民政府根据国务院有关规定确定。

第六条　任何单位和个人都有遵守土地管理法律、法规的义务，并有权对违反土地管理法律、法规的行为提出检举和控告。

第七条　在保护和开发土地资源、合理利用土地以及进行有关的科学研究等方面成绩显著的单位和个人，由人民政府给予奖励。

第二章　土地的所有权和使用权

第八条　城市市区的土地属于国家所有。

农村和城市郊区的土地，除由法律规定属于国家所有的以外，属于农民集体所有；宅基地和自留地、自留山，属于农民集体所有。

第九条　国有土地和农民集体所有的土地，可以依法确定给单位或者个人使用。使用土地的单位和个人，有保护、管理和合理利用土地的义务。

第十条　农民集体所有的土地依法属于村农民集体所有的，由村集体经济组织或者村民委员会经营、管理；已经分别属于村内两个以上农村集体经济组织的农民集体所有的，由村内各该农村集体经济组织或者村民小组经营、管理；已经属于乡（镇）农民集体所有的，由乡（镇）农村集体经济组织经营、管理。

第十一条　农民集体所有的土地，由县级人民政府登记造册，核发证书，确认所有权。

农民集体所有的土地依法用于非农业建设的，由县级人民政府登记造册，核发证书，确认建设用地使用权。

单位和个人依法使用的国有土地，由县级以上人民政府登记造册，核发证书，确认使用权；其中，中央国家机关使用的国有土地的具体登记发证机关，由国务院确定。

确认林地、草原的所有权或者使用权，确认水面、滩涂的养殖使用权，分别依照《中华人民共和国森林法》、《中华人民共和国草原法》和《中华人民共和国渔业法》的有关规定办理。

第十二条　依法改变土地权属和用途的，应当办理土地变更登记手续。

第十三条　依法登记的土地的所有权和使用权受法律保护，任何单位和个人不得侵犯。

第十四条　农民集体所有的土地由本集体经济组织的成员承包经营，从事种植业、林业、畜牧业、渔业生产。土地承包经营期限为三十年。发包方和承包方应当订立承包合同，约定双方的权利和义务。承包经营土地的农民有保护和按照承包合同约定的用途合理利用土地的义务。农民的土地承包经营权受法律保护。

在土地承包经营期限内，对个别承包经营者之间承包的土地进行适当调整的，必须经村民会议三分之二以上成员或者三分之二以上村民代表的同意，并报乡（镇）人民政府和县级人民政府农业行政主管部门批准。

第十五条　国有土地可以由单位或者个人承包经营，从事种植业、林业、畜牧业、渔业生产。农民集体所有的土地，可以由本集体经济组织以外的单位或者个人承包经营，从事种植业、林业、畜牧业、渔业生产。发包方和承包方应当订立承包合同，约定双方的权利和义务。土地承包经营的期限由承包合同约定。承包经营土地的单位和个人，有保护和按照承包合同约定的用途合理利用土地的义务。

农民集体所有的土地由本集体经济组织以外的单位或者个人承包经营的，必须经村民会议三分之二以上成员或者三分之二以上村民代表的同意，并报乡（镇）人民政府批准。

第十六条　土地所有权和使用权争议，由当事人协商解决；协商不成的，由人民政府处理。

单位之间的争议，由县级以上人民政府处理；个人之间、个人与单位之间的争议，由乡级人民政府或者县级以上人民政府处理。

当事人对有关人民政府的处理决定不服的，可以自接到处理决定通知之日起三十日内，向人民法院起诉。

在土地所有权和使用权争议解决前，任何一方不得改变土地利用现状。

第三章　土地利用总体规划

第十七条　各级人民政府应当依据国民经济和社会发展规划、国土整治和资源环境保护的要求、土地供给能力以及各项建设对土地的需求，组织编制土地利用总体规划。

土地利用总体规划的规划期限由国务院规定。

第十八条　下级土地利用总体规划应当依据上一级土地利用总体规划编制。

地方各级人民政府编制的土地利用总体规划中的建设用地总量不得超过上一级土地利用总体规划确定的控制指标，耕地保有量不得低于上一级土地利用总体规划确定的控制指标。

省、自治区、直辖市人民政府编制的土地利用总体规划，应当确保本行政区域内耕地总量不减少。

第十九条　土地利用总体规划按照下列原则编制：

（一）严格保护基本农田，控制非农业建设占用农用地；

（二）提高土地利用率；

（三）统筹安排各类、各区域用地；

（四）保护和改善生态环境，保障土地的可持续利用；

（五）占用耕地与开发复垦耕地相平衡。

第二十条　县级土地利用总体规划应当划分土地利用区，明确土地用途。

乡（镇）土地利用总体规划应当划分土地利用区，根据土地使用条件，确定每一块土地的用途，并予以公告。

第二十一条　土地利用总体规划实行分级审批。

省、自治区、直辖市的土地利用总体规划，报国务院批准。

省、自治区人民政府所在地的市、人口在一百万以上的城市以及国务院指定的城市的土地利用总体规划，经省、自治区人民政府审查同意后，报国务院批准。

本条第二款、第三款规定以外的土地利用总体规划，逐级上报省、自治区、直辖市人民政府批准；其中，乡（镇）土地利用总体规划可以由省级人民政府授权的设区的市、自治州人民政府批准。

土地利用总体规划一经批准，必须严格执行。

第二十二条　城市建设用地规模应当符合国家规定的标准，充分利用现有建设用地，不占或者尽量少占农用地。

城市总体规划、村庄和集镇规划，应当与土地利用总体规划相衔接，城市总体规划、村庄和集镇规划中建设用地规模不得超过土地利用总体规划确定的城市和村庄、集镇建设用地规模。

在城市规划区内、村庄和集镇规划区内，城市和村庄、集镇建设用地应当符合城市规划、村庄和集镇规划。

第二十三条　江河、湖泊综合治理和开发利用规划，应当与土地利用总体规划相衔接。在江河、湖泊、水库的管理和保护范围以及蓄洪滞洪区内，土地利用应当符合江河、湖泊综合治理和开发利用规划，符合河道、湖泊行洪、蓄洪和输水的要求。

第二十四条　各级人民政府应当加强土地利用计划管理，实行建设用地总量控制。

土地利用年度计划，根据国民经济和社会发展计划、国家产业政策、土地利用总体规划以及建设用地和土地利用的实际状况编制。土地利用年度计划的编制审批程序与土地利用总体规划的编制审批程序相同，一经审批下达，必须严格执行。

第二十五条　省、自治区、直辖市人民政府应当将土地利用年度计划的执行情况列为国民经济和社会发展计划执行情况的内容，向同级人民代表大会报告。

第二十六条　经批准的土地利用总体规划的修改，须经原批准机关批准；未经批准，不得改变土地利用总体规划确定的土地用途。

经国务院批准的大型能源、交通、水利等基础设施建设用地，需要改变土地利用总体规划的，根据国务院的批准文件修改土地利用总体规划。

经省、自治区、直辖市人民政府批准的能源、交通、水利等基础设施建设用地，需要改变土地利用总体规划的，属于省级人民政府土地利用总体规划批准权限内的，根据省级人民政府的批准文件修改土地利用总体规划。

第二十七条　国家建立土地调查制度。

县级以上人民政府土地行政主管部门会同同级有关部门进行土地调查。土地所有者或者使用者应当配合调查，并提供有关资料。

第二十八条　县级以上人民政府土地行政主管部门会同同级有关部门根据土地调查成果、规划土地用途和国家制定的统一标准，评定土地等级。

第二十九条　国家建立土地统计制度。

县级以上人民政府土地行政主管部门和同级统计部门共同制定统计调查方案，依法进行土地统计，定期发布土地统计资料。土地所有者或者使用者应当提供有关资料，不得虚报、瞒报、拒报、迟报。

土地行政主管部门和统计部门共同发布的土地面积统计资料是各级人民政府编制土地利用总体规划的依据。

第三十条　国家建立全国土地管理信息系统，对土地利用状况进行动态监测。

第四章　耕地保护

第三十一条　国家保护耕地，严格控制耕地转为非耕地。

国家实行占用耕地补偿制度。非农业建设经批准占用耕地的，按照“占多少，垦多少”的原则，由占用耕地的单位负责开垦与所占用耕地的数量和质量相当的耕地；没有条件开垦或者开垦的耕地不符合要求的，应当按照省、自治区、直辖市的规定缴纳耕地开垦费，专款用于开垦新的耕地。

省、自治区、直辖市人民政府应当制定开垦耕地计划，监督占用耕地的单位按照计划开垦耕地或者按照计划组织开垦耕地，并进行验收。

第三十二条　县级以上地方人民政府可以要求占用耕地的单位将所占用耕地耕作层的土壤用于新开垦耕地、劣质地或者其他耕地的土壤改良。

第三十三条　省、自治区、直辖市人民政府应当严格执行土地利用总体规划和土地利用年度计划，采取措施，确保本行政区域内耕地总量不减少；耕地总量减少的，由国务院责令在规定期限内组织开垦与所减少耕地的数量与质量相当的耕地，并由国务院土地行政主管部门会同农业行政主管部门验收。个别省、直辖市确因土地后备资源匮乏，新增建设用地后，新开垦耕地的数量不足以补偿所占用耕地的数量的，必须报经国务院批准减免本行政区域内开垦耕地的数量，进行易地开垦。

第三十四条　国家实行基本农田保护制度。下列耕地应当根据土地利用总体规划划入基本农田保护区，严格管理：

（一）经国务院有关主管部门或者县级以上地方人民政府批准确定的粮、棉、油生产基地内的耕地；

（二）有良好的水利与水土保持设施的耕地，正在实施改造计划以及可以改造的中、低产田；

（三）蔬菜生产基地；

（四）农业科研、教学试验田；

（五）国务院规定应当划入基本农田保护区的其他耕地。

各省、自治区、直辖市划定的基本农田应当占本行政区域内耕地的百分之八十以上。

基本农田保护区以乡（镇）为单位进行划区定界，由县级人民政府土地行政主管部门会同同级农业行政主管部门组织实施。

第三十五条　各级人民政府应当采取措施，

维护排灌工程设施，改良土壤，提高地力，防止土地荒漠化、盐渍化、水土流失和污染土地。

第三十六条　非农业建设必须节约使用土地，可以利用荒地的，不得占用耕地；可以利用劣地的，不得占用好地。

禁止占用耕地建窑、建坟或者擅自在耕地上建房、挖砂、采石、采矿、取土等。

禁止占用基本农田发展林果业和挖塘养鱼。

第三十七条　禁止任何单位和个人闲置、荒芜耕地。已经办理审批手续的非农业建设占用耕地，一年内不用而又可以耕种并收获的，应当由原耕种该幅耕地的集体或者个人恢复耕种，也可以由用地单位组织耕种；一年以上未动工建设的，应当按照省、自治区、直辖市的规定缴纳闲置费；连续二年未使用的，经原批准机关批准，由县级以上人民政府无偿收回用地单位的土地使用权；该幅土地原为农民集体所有的，应当交由原农村集体经济组织恢复耕种。

在城市规划区范围内，以出让方式取得土地使用权进行房地产开发的闲置土地，依照《中华人民共和国城市房地产管理法》的有关规定办理。

承包经营耕地的单位或者个人连续二年弃耕抛荒的，原发包单位应当终止承包合同，收回发包的耕地。

第三十八条　国家鼓励单位和个人按照土地利用总体规划，在保护和改善生态环境、防止水土流失和土地荒漠化的前提下，开发未利用的土地；适宜开发为农用地的，应当优先开发成农用地。

国家依法保护开发者的合法权益。

第三十九条　开垦未利用的土地，必须经过科学论证和评估，在土地利用总体规划划定的可开垦的区域内，经依法批准后进行。禁止毁坏森林、草原开垦耕地，禁止围湖造田和侵占江河滩地。

根据土地利用总体规划，对破坏生态环境开垦、围垦的土地，有计划有步骤地退耕还林、还牧、还湖。

第四十条　开发未确定使用权的国有荒山、荒地、荒滩从事种植业、林业、畜牧业、渔业生产的，经县级以上人民政府依法批准，可以确定给开发单位或者个人长期使用。

第四十一条　国家鼓励土地整理。县、乡（镇）人民政府应当组织农村集体经济组织，按照土地利用总体规划，对田、水、路、林、村综合整治，提高耕地质量，增加有效耕地面积，改善农业生产条件和生态环境。

地方各级人民政府应当采取措施，改造中、低产田，整治闲散地和废弃地。

第四十二条　因挖损、塌陷、压占等造成土地破坏，用地单位和个人应当按照国家有关规定负责复垦；没有条件复垦或者复垦不符合要求的，应当缴纳土地复垦费，专项用于土地复垦。复垦的土地应当优先用于农业。

第五章　建设用地

第四十三条　任何单位和个人进行建设，需要使用土地的，必须依法申请使用国有土地；但是，兴办乡镇企业和村民建设住宅经依法批准使用本集体经济组织农民集体所有的土地的，或者乡（镇）村公共设施和公益事业建设经依法批准使用农民集体所有的土地的除外。

前款所称依法申请使用的国有土地包括国家所有的土地和国家征收的原属于农民集体所有的土地。

第四十四条　建设占用土地，涉及农用地转为建设用地的，应当办理农用地转用审批手续。

省、自治区、直辖市人民政府批准的道路、管线工程和大型基础设施建设项目、国务院批准的建设项目占用土地，涉及农用地转为建设用地的，由国务院批准。

在土地利用总体规划确定的城市和村庄、集镇建设用地规模范围内，为实施该规划而将农用地转为建设用地的，按土地利用年度计划分批次由原批准土地利用总体规划的机关批准。在已批准的农用地转用范围内，具体建设项目用地可以由市、县人民政府批准。

本条第二款、第三款规定以外的建设项目占用土地，涉及农用地转为建设用地的，由省、自治区、直辖市人民政府批准。

第四十五条　征收下列土地的，由国务院批准：

（一）基本农田；

（二）基本农田以外的耕地超过三十五公顷的；

（三）其他土地超过七十公顷的。

征收前款规定以外的土地的，由省、自治区、直辖市人民政府批准，并报国务院备案。

征收农用地的，应当依照本法第四十四条的规定先行办理农用地转用审批。其中，经国务院批准农用地转用的，同时办理征地审批手续，不再另行办理征地审批；经省、自治区、直辖市人民政府在征地批准权限内批准农用地转用的，同时办理征地审批手续，不再另行办理征地审批，超过征地批准权限的，应当依照本条第一款的规定另行办理征地审批。

第四十六条　国家征收土地的，依照法定程序批准后，由县级以上地方人民政府予以公告并组织实施。

被征收土地的所有权人、使用权人应当在公告规定期限内，持土地权属证书到当地人民政府土地行政主管部门办理征地补偿登记。

第四十七条　征收土地的，按照被征收土地的原用途给予补偿。

征收耕地的补偿费用包括土地补偿费、安置补助费以及地上附着物和青苗的补偿费。征收耕地的土地补偿费，为该耕地被征收前三年平均年产值的六至十倍。征收耕地的安置补助费，按照需要安置的农业人口数计算。需要安置的农业人口数，按照被征收的耕地数量除以征地前被征收单位平均每人占有耕地的数量计算。每一个需要安置的农业人口的安置补助费标准，为该耕地被征收前三年平均年产值的四至六倍。但是，每公顷被征收耕地的安置补助费，最高不得超过被征收前三年平均年产值的十五倍。

征收其他土地的土地补偿费和安置补助费标准，由省、自治区、直辖市参照征收耕地的土地补偿费和安置补助费的标准规定。

被征收土地上的附着物和青苗的补偿标准，由省、自治区、直辖市规定。

征收城市郊区的菜地，用地单位应当按照国家有关规定缴纳新菜地开发建设基金。

依照本条第二款的规定支付土地补偿费和安置补助费，尚不能使需要安置的农民保持原有生活水平的，经省、自治区、直辖市人民政府批准，可以增加安置补助费。但是，土地补偿费和安置补助费的总和不得超过土地被征收前三年平均年产值的三十倍。

国务院根据社会、经济发展水平，在特殊情况下，可以提高征收耕地的土地补偿费和安置补助费的标准。

第四十八条　征地补偿安置方案确定后，有关地方人民政府应当公告，并听取被征地的农村集体经济组织和农民的意见。

第四十九条　被征地的农村集体经济组织应当将征收土地的补偿费用的收支状况向本集体经济组织的成员公布，接受监督。

禁止侵占、挪用被征收土地单位的征地补偿费用和其他有关费用。

第五十条　地方各级人民政府应当支持被征地的农村集体经济组织和农民从事开发经营，兴办企业。

第五十一条　大中型水利、水电工程建设征收土地的补偿费标准和移民安置办法，由国务院另行规定。

第五十二条　建设项目可行性研究论证时，土地行政主管部门可以根据土地利用总体规划、土地利用年度计划和建设用地标准，对建设用地有关事项进行审查，并提出意见。

第五十三条　经批准的建设项目需要使用国有建设用地的，建设单位应当持法律、行政法规规定的有关文件，向有批准权的县级以上人民政府土地行政主管部门提出建设用地申请，经土地行政主管部门审查，报本级人民政府批准。

第五十四条　建设单位使用国有土地，应当以出让等有偿使用方式取得；但是，下列建设用地，经县级以上人民政府依法批准，可以以划拨方式取得：

（一）国家机关用地和军事用地；

（二）城市基础设施用地和公益事业用地；

（三）国家重点扶持的能源、交通、水利等基础设施用地；

（四）法律、行政法规规定的其他用地。

第五十五条　以出让等有偿使用方式取得国有土地使用权的建设单位，按照国务院规定的标准和办法，缴纳土地使用权出让金等土地有偿使用费和其他费用后，方可使用土地。

自本法施行之日起，新增建设用地的土地有偿使用费，百分之三十上缴中央财政，百分之七十留给有关地方人民政府，都专项用于耕地开发。

第五十六条　建设单位使用国有土地的，应

当按照土地使用权出让等有偿使用合同的约定或者土地使用权划拨批准文件的规定使用土地；确需改变该幅土地建设用途的，应当经有关人民政府土地行政主管部门同意，报原批准用地的人民政府批准。其中，在城市规划区内改变土地用途的，在报批前，应当先经有关城市规划行政主管部门同意。

第五十七条　建设项目施工和地质勘查需要临时使用国有土地或者农民集体所有的土地的，由县级以上人民政府土地行政主管部门批准。其中，在城市规划区内的临时用地，在报批前，应当先经有关城市规划行政主管部门同意。土地使用者应当根据土地权属，与有关土地行政主管部门或者农村集体经济组织、村民委员会签订临时使用土地合同，并按照合同的约定支付临时使用土地补偿费。

临时使用土地的使用者应当按照临时使用土地合同约定的用途使用土地，并不得修建永久性建筑物。

临时使用土地期限一般不超过二年。

第五十八条　有下列情形之一的，由有关人民政府土地行政主管部门报经原批准用地的人民政府或者有批准权的人民政府批准，可以收回国有土地使用权：

（一）为公共利益需要使用土地的；

（二）为实施城市规划进行旧城区改建，需要调整使用土地的；

（三）土地出让等有偿使用合同约定的使用期限届满，土地使用者未申请续期或者申请续期未获批准的；

（四）因单位撤销、迁移等原因，停止使用原划拨的国有土地的；

（五）公路、铁路、机场、矿场等经核准报废的。

依照前款第（一）项、第（二）项的规定收回国有土地使用权的，对土地使用权人应当给予适当补偿。

第五十九条　乡镇企业、乡（镇）村公共设施、公益事业、农村村民住宅等乡（镇）村建设，应当按照村庄和集镇规划，合理布局，综合开发，配套建设；建设用地，应当符合乡（镇）土地利用总体规划和土地利用年度计划，并依照本法第四十四条、第六十条、第六十一条、第六十二条的规定办理审批手续。

第六十条　农村集体经济组织使用乡（镇）土地利用总体规划确定的建设用地兴办企业或者与其他单位、个人以土地使用权入股、联营等形式共同举办企业的，应当持有关批准文件，向县级以上地方人民政府土地行政主管部门提出申请，按照省、自治区、直辖市规定的批准权限，由县级以上地方人民政府批准；其中，涉及占用农用地的，依照本法第四十四条的规定办理审批手续。

按照前款规定兴办企业的建设用地，必须严格控制。省、自治区、直辖市可以按照乡镇企业的不同行业和经营规模，分别规定用地标准。

第六十一条　乡（镇）村公共设施、公益事业建设，需要使用土地的，经乡（镇）人民政府审核，向县级以上地方人民政府土地行政主管部门提出申请，按照省、自治区、直辖市规定的批准权限，由县级以上地方人民政府批准；其中，涉及占用农用地的，依照本法第四十四条的规定办理审批手续。

第六十二条　农村村民一户只能拥有一处宅基地，其宅基地的面积不得超过省、自治区、直辖市规定的标准。

农村村民建住宅，应当符合乡（镇）土地利用总体规划，并尽量使用原有的宅基地和村内空闲地。

农村村民住宅用地，经乡（镇）人民政府审核，由县级人民政府批准；其中，涉及占用农用地的，依照本法第四十四条的规定办理审批手续。

农村村民出卖、出租住房后，再申请宅基地的，不予批准。

第六十三条　农民集体所有的土地的使用权不得出让、转让或者出租用于非农业建设；但是，符合土地利用总体规划并依法取得建设用地的企业，因破产、兼并等情形致使土地使用权依法发生转移的除外。

第六十四条　在土地利用总体规划制定前已建的不符合土地利用总体规划确定的用途的建筑物、构筑物，不得重建、扩建。

第六十五条　有下列情形之一的，农村集体经济组织报经原批准用地的人民政府批准，可以收回土地使用权：

（一）为乡（镇）村公共设施和公益事业建设，需要使用土地的；

（二）不按照批准的用途使用土地的；

（三）因撤销、迁移等原因而停止使用土地的。

依照前款第（一）项规定收回农民集体所有的土地的，对土地使用权人应当给予适当补偿。

第六章　监督检查

第六十六条　县级以上人民政府土地行政主管部门对违反土地管理法律、法规的行为进行监督检查。

土地管理监督检查人员应当熟悉土地管理法律、法规，忠于职守、秉公执法。

第六十七条　县级以上人民政府土地行政主管部门履行监督检查职责时，有权采取下列措施：

（一）要求被检查的单位或者个人提供有关土地权利的文件和资料，进行查阅或者予以复制；

（二）要求被检查的单位或者个人就有关土地权利的问题作出说明；

（三）进入被检查单位或者个人非法占用的土地现场进行勘测；

（四）责令非法占用土地的单位或者个人停止违反土地管理法律、法规的行为。

第六十八条　土地管理监督检查人员履行职责，需要进入现场进行勘测、要求有关单位或者个人提供文件、资料和作出说明的，应当出示土地管理监督检查证件。

第六十九条　有关单位和个人对县级以上人民政府土地行政主管部门就土地违法行为进行的监督检查应当支持与配合，并提供工作方便，不得拒绝与阻碍土地管理监督检查人员依法执行职务。

第七十条　县级以上人民政府土地行政主管部门在监督检查工作中发现国家工作人员的违法行为，依法应当给予行政处分的，应当依法予以处理；自己无权处理的，应当向同级或者上级人民政府的行政监察机关提出行政处分建议书，有关行政监察机关应当依法予以处理。

第七十一条　县级以上人民政府土地行政主管部门在监督检查工作中发现土地违法行为构成犯罪的，应当将案件移送有关机关，依法追究刑事责任；尚不构成犯罪的，应当依法给予行政处罚。

第七十二条　依照本法规定应当给予行政处罚，而有关土地行政主管部门不给予行政处罚的，上级人民政府土地行政主管部门有权责令有关土地行政主管部门作出行政处罚决定或者直接给予行政处罚，并给予有关土地行政主管部门的负责人行政处分。

第七章　法律责任

第七十三条　买卖或者以其他形式非法转让土地的，由县级以上人民政府土地行政主管部门没收违法所得；对违反土地利用总体规划擅自将农用地改为建设用地的，限期拆除在非法转让的土地上新建的建筑物和其他设施，恢复土地原状，对符合土地利用总体规划的，没收在非法转让的土地上新建的建筑物和其他设施；可以并处罚款；对直接负责的主管人员和其他直接责任人员，依法给予行政处分；构成犯罪的，依法追究刑事责任。

第七十四条　违反本法规定，占用耕地建窑、建坟或者擅自在耕地上建房、挖砂、采石、采矿、取土等，破坏种植条件的，或者因开发土地造成土地荒漠化、盐渍化的，由县级以上人民政府土地行政主管部门责令限期改正或者治理，可以并处罚款；构成犯罪的，依法追究刑事责任。

第七十五条　违反本法规定，拒不履行土地复垦义务的，由县级以上人民政府土地行政主管部门责令限期改正；逾期不改正的，责令缴纳复垦费，专项用于土地复垦，可以处以罚款。

第七十六条　未经批准或者采取欺骗手段骗取批准，非法占用土地的，由县级以上人民政府土地行政主管部门责令退还非法占用的土地，对违反土地利用总体规划擅自将农用地改为建设用地的，限期拆除在非法占用的土地上新建的建筑物和其他设施，恢复土地原状，对符合土地利用总体规划的，没收在非法占用的土地上新建的建筑物和其他设施，可以并处罚款；对非法占用土地单位的直接负责的主管人员和其他直接责任人员，依法给予行政处分；构成犯罪的，依法追究刑事责任。

超过批准的数量占用土地，多占的土地以非法占用土地论处。

第七十七条　农村村民未经批准或者采取欺骗手段骗取批准，非法占用土地建住宅的，由县级以上人民政府土地行政主管部门责令退还非法占用的土地，限期拆除在非法占用的土地上新建的房屋。

超过省、自治区、直辖市规定的标准，多占的土地以非法占用土地论处。

第七十八条　无权批准征收、使用土地的单位或者个人非法批准占用土地的，超越批准权限非法批准占用土地的，不按照土地利用总体规划确定的用途批准用地的，或者违反法律规定的程序批准占用、征收土地的，其批准文件无效，对非法批准征收、使用土地的直接负责的主管人员和其他直接责任人员，依法给予行政处分；构成犯罪的，依法追究刑事责任。非法批准、使用的土地应当收回，有关当事人拒不归还的，以非法占用土地论处。

非法批准征收、使用土地，对当事人造成损失的，依法应当承担赔偿责任。

第七十九条　侵占、挪用被征收土地单位的征地补偿费用和其他有关费用，构成犯罪的，依法追究刑事责任；尚不构成犯罪的，依法给予行政处分。

第八十条　依法收回国有土地使用权当事人拒不交出土地的，临时使用土地期满拒不归还的，或者不按照批准的用途使用国有土地的，由县级以上人民政府土地行政主管部门责令交还土地，处以罚款。

第八十一条　擅自将农民集体所有的土地的使用权出让、转让或者出租用于非农业建设的，由县级以上人民政府土地行政主管部门责令限期改正，没收违法所得，并处罚款。

第八十二条　不依照本法规定办理土地变更登记的，由县级以上人民政府土地行政主管部门责令其限期办理。

第八十三条　依照本法规定，责令限期拆除在非法占用的土地上新建的建筑物和其他设施的，建设单位或者个人必须立即停止施工，自行拆除；对继续施工的，作出处罚决定的机关有权制止。建设单位或者个人对责令限期拆除的行政处罚决定不服的，可以在接到责令限期拆除决定之日起十五日内，向人民法院起诉；期满不起诉又不自行拆除的，由作出处罚决定的机关依法申请人民法院强制执行，费用由违法者承担。

第八十四条　土地行政主管部门的工作人员玩忽职守、滥用职权、徇私舞弊，构成犯罪的，依法追究刑事责任；尚不构成犯罪的，依法给予行政处分。

第八章　附　则

第八十五条　中外合资经营企业、中外合作经营企业、外资企业使用土地的，适用本法；法律另有规定的，从其规定。

第八十六条　本法自1999年1月1日起施行。

中华人民共和国农村土地承包法

（2002年8月29日第九届全国人民代表大会常务委员会第二十九次会议通过）

第一章　总　则
第二章　家庭承包
第三章　其他方式的承包
第四章　争议的解决和法律责任
第五章　附　则

第一章　总　则

第一条　为稳定和完善以家庭承包经营为基础、统分结合的双层经营体制，赋予农民长期而有保障的土地使用权，维护农村土地承包当事人的合法权益，促进农业、农村经济发展和农村社会稳定，根据宪法，制定本法。

第二条　本法所称农村土地，是指农民集体所有和国家所有依法由农民集体使用的耕地、林地、草地，以及其他依法用于农业的土地。

第三条　国家实行农村土地承包经营制度。

农村土地承包采取农村集体经济组织内部的家庭承包方式，不宜采取家庭承包方式的荒山、荒沟、荒丘、荒滩等农村土地，可以采取招标、拍卖、公开协商等方式承包。

第四条　国家依法保护农村土地承包关系的长期稳定。

农村土地承包后，土地的所有权性质不变。承包地不得买卖。

第五条　农村集体经济组织成员有权依法承包由本集体经济组织发包的农村土地。

任何组织和个人不得剥夺和非法限制农村集体经济组织成员承包土地的权利。

第六条　农村土地承包，妇女与男子享有平等的权利。承包中应当保护妇女的合法权益，任何组织和个人不得剥夺、侵害妇女应当享有的土地承包经营权。

第七条　农村土地承包应当坚持公开、公平、公正的原则，正确处理国家、集体、个人三者的利益关系。

第八条　农村土地承包应当遵守法律、法规，保护土地资源的合理开发和可持续利用。未经依法批准不得将承包地用于非农建设。

国家鼓励农民和农村集体经济组织增加对土地的投入，培肥地力，提高农业生产能力。

第九条　国家保护集体土地所有者的合法权益，保护承包方的土地承包经营权，任何组织和个人不得侵犯。

第十条　国家保护承包方依法、自愿、有偿地进行土地承包经营权流转。

第十一条　国务院农业、林业行政主管部门分别依照国务院规定的职责负责全国农村土地承包及承包合同管理的指导。县级以上地方人民政府农业、林业等行政主管部门分别依照各自职责，负责本行政区域内农村土地承包及承包合同管理。乡（镇）人民政府负责本行政区域内农村土地承包及承包合同管理。

第二章　家庭承包

第一节　发包方和承包方的权利和义务

第十二条　农民集体所有的土地依法属于村农民集体所有的，由村集体经济组织或者村民委员会发包；已经分别属于村内两个以上农村集体经济组织的农民集体所有的，由村内各该农村集体经济组织或者村民小组发包。村集体经济组织或者村民委员会发包的，不得改变村内各集体经济组织农民集体所有的土地的所有权。

国家所有依法由农民集体使用的农村土地，由使用该土地的农村集体经济组织、村民委员会或者村民小组发包。

第十三条　发包方享有下列权利：

（一）发包本集体所有的或者国家所有依法由本集体使用的农村土地；

（二）监督承包方依照承包合同约定的用途合理利用和保护土地；

（三）制止承包方损害承包地和农业资源的行为；

（四）法律、行政法规规定的其他权利。

第十四条　发包方承担下列义务：

（一）维护承包方的土地承包经营权，不得非法变更、解除承包合同；

（二）尊重承包方的生产经营自主权，不得干涉承包方依法进行正常的生产经营活动；

（三）依照承包合同约定为承包方提供生产、技术、信息等服务；

（四）执行县、乡（镇）土地利用总体规划，组织本集体经济组织内的农业基础设施建设；

（五）法律、行政法规规定的其他义务。

第十五条　家庭承包的承包方是本集体经济组织的农户。

第十六条　承包方享有下列权利：

（一）依法享有承包地使用、收益和土地承包经营权流转的权利，有权自主组织生产经营和处置产品；

（二）承包地被依法征用、占用的，有权依法获得相应的补偿；

（三）法律、行政法规规定的其他权利。

第十七条　承包方承担下列义务：

（一）维持土地的农业用途，不得用于非农建设；

（二）依法保护和合理利用土地，不得给土地造成永久性损害；

（三）法律、行政法规规定的其他义务。

第二节　承包的原则和程序

第十八条　土地承包应当遵循以下原则：

（一）按照规定统一组织承包时，本集体经济组织成员依法平等地行使承包土地的权利，也可以自愿放弃承包土地的权利；

（二）民主协商，公平合理；

（三）承包方案应当按照本法第十二条的规定，依法经本集体经济组织成员的村民会议三分之二以上成员或者三分之二以上村民代表的同意；

（四）承包程序合法。

第十九条　土地承包应当按照以下程序进行：

（一）本集体经济组织成员的村民会议选举产生承包工作小组；

（二）承包工作小组依照法律、法规的规定拟订并公布承包方案；

（三）依法召开本集体经济组织成员的村民会议，讨论通过承包方案；

（四）公开组织实施承包方案；

（五）签订承包合同。

第三节　承包期限和承包合同

第二十条　耕地的承包期为三十年。草地的承包期为三十年至五十年。林地的承包期为三十年至七十年；特殊林木的林地承包期，经国务院林业行政主管部门批准可以延长。

第二十一条　发包方应当与承包方签订书面承包合同。

承包合同一般包括以下条款：

（一）发包方、承包方的名称，发包方负责人和承包方代表的姓名、住所；

（二）承包土地的名称、坐落、面积、质量等级；

（三）承包期限和起止日期；

（四）承包土地的用途；

（五）发包方和承包方的权利和义务；

（六）违约责任。

第二十二条　承包合同自成立之日起生效。承包方自承包合同生效时取得土地承包经营权。

第二十三条　县级以上地方人民政府应当向承包方颁发土地承包经营权证或者林权证等证书，并登记造册，确认土地承包经营权。

颁发土地承包经营权证或者林权证等证书，除按规定收取证书工本费外，不得收取其他费用。

第二十四条　承包合同生效后，发包方不得因承办人或者负责人的变动而变更或者解除，也不得因集体经济组织的分立或者合并而变更或者解除。

第二十五条　国家机关及其工作人员不得利用职权干涉农村土地承包或者变更、解除承包合同。

第四节　土地承包经营权的保护

第二十六条　承包期内，发包方不得收回承包地。

承包期内，承包方全家迁入小城镇落户的，应当按照承包方的意愿，保留其土地承包经营权或者允许其依法进行土地承包经营权流转。

承包期内，承包方全家迁入设区的市，转为非农业户口的，应当将承包的耕地和草地交回发包方。承包方不交回的，发包方可以收回承包的耕地和草地。

承包期内，承包方交回承包地或者发包方依法收回承包地时，承包方对其在承包地上投入而提高土地生产能力的，有权获得相应的补偿。

第二十七条　承包期内，发包方不得调整承包地。

承包期内，因自然灾害严重毁损承包地等特殊情形对个别农户之间承包的耕地和草地需要适当调整的，必须经本集体经济组织成员的村民会议三分之二以上成员或者三分之二以上村民代表的同意，并报乡（镇）人民政府和县级人民政府农业等行政主管部门批准。承包合同中约定不得调整的，按照其约定。

第二十八条　下列土地应当用于调整承包土地或者承包给新增人口：

（一）集体经济组织依法预留的机动地；

（二）通过依法开垦等方式增加的；

（三）承包方依法、自愿交回的。

第二十九条　承包期内，承包方可以自愿将承包地交回发包方。承包方自愿交回承包地的，应当提前半年以书面形式通知发包方。承包方在承包期内交回承包地的，在承包期内不得再要求承包土地。

第三十条　承包期内，妇女结婚，在新居住

地未取得承包地的，发包方不得收回其原承包地；妇女离婚或者丧偶，仍在原居住地生活或者不在原居住地生活但在新居住地未取得承包地的，发包方不得收回其原承包地。

第三十一条　承包人应得的承包收益，依照继承法的规定继承。

林地承包的承包人死亡，其继承人可以在承包期内继续承包。

第五节　土地承包经营权的流转

第三十二条　通过家庭承包取得的土地承包经营权可以依法采取转包、出租、互换、转让或者其他方式流转。

第三十三条　土地承包经营权流转应当遵循以下原则：

（一）平等协商、自愿、有偿，任何组织和个人不得强迫或者阻碍承包方进行土地承包经营权流转；

（二）不得改变土地所有权的性质和土地的农业用途；

（三）流转的期限不得超过承包期的剩余期限；

（四）受让方须有农业经营能力；

（五）在同等条件下，本集体经济组织成员享有优先权。

第三十四条　土地承包经营权流转的主体是承包方。承包方有权依法自主决定土地承包经营权是否流转和流转的方式。

第三十五条　承包期内，发包方不得单方面解除承包合同，不得假借少数服从多数强迫承包方放弃或者变更土地承包经营权，不得以划分“口粮田”和“责任田”等为由收回承包地搞招标承包，不得将承包地收回抵顶欠款。

第三十六条　土地承包经营权流转的转包费、租金、转让费等，应当由当事人双方协商确定。流转的收益归承包方所有，任何组织和个人不得擅自截留、扣缴。

第三十七条　土地承包经营权采取转包、出租、互换、转让或者其他方式流转，当事人双方应当签订书面合同。采取转让方式流转的，应当经发包方同意；采取转包、出租、互换或者其他方式流转的，应当报发包方备案。

土地承包经营权流转合同一般包括以下条款：

（一）双方当事人的姓名、住所；

（二）流转土地的名称、坐落、面积、质量等级；

（三）流转的期限和起止日期；

（四）流转土地的用途；

（五）双方当事人的权利和义务；

（六）流转价款及支付方式；

（七）违约责任。

第三十八条　土地承包经营权采取互换、转让方式流转，当事人要求登记的，应当向县级以上地方人民政府申请登记。未经登记，不得对抗善意第三人。

第三十九条　承包方可以在一定期限内将部分或者全部土地承包经营权转包或者出租给第三方，承包方与发包方的承包关系不变。

承包方将土地交由他人代耕不超过一年的，可以不签订书面合同。

第四十条　承包方之间为方便耕种或者各自需要，可以对属于同一集体经济组织的土地的土地承包经营权进行互换。

第四十一条　承包方有稳定的非农职业或者有稳定的收入来源的，经发包方同意，可以将全部或者部分土地承包经营权转让给其他从事农业生产经营的农户，由该农户同发包方确立新的承包关系，原承包方与发包方在该土地上的承包关系即行终止。

第四十二条　承包方之间为发展农业经济，可以自愿联合将土地承包经营权入股，从事农业合作生产。

第四十三条　承包方对其在承包地上投入而提高土地生产能力的，土地承包经营权依法流转时有权获得相应的补偿。

第三章　其他方式的承包

第四十四条　不宜采取家庭承包方式的荒山、荒沟、荒丘、荒滩等农村土地，通过招标、拍卖、公开协商等方式承包的，适用本章规定。

第四十五条　以其他方式承包农村土地的，应当签订承包合同。当事人的权利和义务、承包期限等，由双方协商确定。以招标、拍卖方式承包的，承包费通过公开竞标、竞价确定；以公开协商等方式承包的，承包费由双方议定。

第四十六条　荒山、荒沟、荒丘、荒滩等可以直接通过招标、拍卖、公开协商等方式实行承包经营，也可以将土地承包经营权折股分给本集体经济组织成员后，再实行承包经营或者股份合作经营。

承包荒山、荒沟、荒丘、荒滩的，应当遵守有关法律、行政法规的规定，防止水土流失，保护生态环境。

第四十七条　以其他方式承包农村土地，在同等条件下，本集体经济组织成员享有优先承包权。

第四十八条　发包方将农村土地发包给本集体经济组织以外的单位或者个人承包，应当事先经本集体经济组织成员的村民会议三分之二以上成员或者三分之二以上村民代表的同意，并报乡（镇）人民政府批准。

由本集体经济组织以外的单位或者个人承包的，应当对承包方的资信情况和经营能力进行审查后，再签订承包合同。

第四十九条　通过招标、拍卖、公开协商等方式承包农村土地，经依法登记取得土地承包经营权证或者林权证等证书的，其土地承包经营权可以依法采取转让、出租、入股、抵押或者其他方式流转。

第五十条　土地承包经营权通过招标、拍卖、公开协商等方式取得的，该承包人死亡，其应得的承包收益，依照继承法的规定继承；在承包期内，其继承人可以继续承包。

第四章　争议的解决和法律责任

第五十一条　因土地承包经营发生纠纷的，双方当事人可以通过协商解决，也可以请求村民委员会、乡（镇）人民政府等调解解决。

当事人不愿协商、调解或者协商、调解不成的，可以向农村土地承包仲裁机构申请仲裁，也可以直接向人民法院起诉。

第五十二条　当事人对农村土地承包仲裁机构的仲裁裁决不服的，可以在收到裁决书之日起三十日内向人民法院起诉。逾期不起诉的，裁决书即发生法律效力。

第五十三条　任何组织和个人侵害承包方的土地承包经营权的，应当承担民事责任。

第五十四条　发包方有下列行为之一的，应当承担停止侵害、返还原物、恢复原状、排除妨害、消除危险、赔偿损失等民事责任：

（一）干涉承包方依法享有的生产经营自主权；

（二）违反本法规定收回、调整承包地；

（三）强迫或者阻碍承包方进行土地承包经营权流转；

（四）假借少数服从多数强迫承包方放弃或者变更土地承包经营权而进行土地承包经营权流转；

（五）以划分“口粮田”和“责任田”等为由收回承包地搞招标承包；

（六）将承包地收回抵顶欠款；

（七）剥夺、侵害妇女依法享有的土地承包经营权；

（八）其他侵害土地承包经营权的行为。

第五十五条　承包合同中违背承包方意愿或者违反法律、行政法规有关不得收回、调整承包地等强制性规定的约定无效。

第五十六条　当事人一方不履行合同义务或者履行义务不符合约定的，应当依照《中华人民共和国合同法》的规定承担违约责任。

第五十七条　任何组织和个人强迫承包方进行土地承包经营权流转的，该流转无效。

第五十八条　任何组织和个人擅自截留、扣缴土地承包经营权流转收益的，应当退还。

第五十九条　违反土地管理法规，非法征用、占用土地或者贪污、挪用土地征用补偿费用，构成犯罪的，依法追究刑事责任；造成他人损害的，应当承担损害赔偿等责任。

第六十条　承包方违法将承包地用于非农建设的，由县级以上地方人民政府有关行政主管部门依法予以处罚。

承包方给承包地造成永久性损害的，发包方有权制止，并有权要求承包方赔偿由此造成的损失。

第六十一条　国家机关及其工作人员有利用职权干涉农村土地承包，变更、解除承包合同，干涉承包方依法享有的生产经营自主权，或者强迫、阻碍承包方进行土地承包经营权流转等侵害土地承包经营权的行为，给承包方造成损失的，应当承担损害赔偿等责任；情节严重的，由上级机关或者所在单位给予直接责任人员行政处分；构成犯罪的，依法追究刑事责任。

第五章　附　则

第六十二条　本法实施前已经按照国家有关农村土地承包的规定承包，包括承包期限长于本法规定的，本法实施后继续有效，不得重新承包土地。未向承包方颁发土地承包经营权证或者林权证等证书的，应当补发证书。

第六十三条　本法实施前已经预留机动地的，机动地面积不得超过本集体经济组织耕地总面积的百分之五。不足百分之五的，不得再增加机动地。

本法实施前未留机动地的，本法实施后不得再留机动地。

第六十四条　各省、自治区、直辖市人民代表大会常务委员会可以根据本法，结合本行政区域的实际情况，制定实施办法。

第六十五条　本法自2003年3月1日起施行。

中华人民共和国农业机械化促进法

（2004年6月25日第十届全国人民代表大会常务委员会第十次会议通过）

中华人民共和国主席令

（第十六号）

《中华人民共和国农业机械化促进法》已由中华人民共和国第十届全国人民代表大会常务委员会第十次会议于2004年6月25日通过，现予公布，自2004年11月1日起施行。

中华人民共和国主席　胡锦涛

2004年6月25日

目　录

第一章　总　则
第二章　科研开发
第三章　质量保障
第四章　推广使用
第五章　社会化服务
第六章　扶持措施
第七章　法律责任
第八章　附　则

第一章　总　则

第一条　为了鼓励、扶持农民和农业生产经营组织使用先进适用的农业机械，促进农业机械化，建设现代农业，制定本法。

第二条　本法所称农业机械化，是指运用先进适用的农业机械装备农业，改善农业生产经营条件，不断提高农业的生产技术水平和经济效益、生态效益的过程。

本法所称农业机械，是指用于农业生产及其产品初加工等相关农事活动的机械、设备。

第三条　县级以上人民政府应当把推进农业机械化纳入国民经济和社会发展计划，采取财政支持和实施国家规定的税收优惠政策以及金融扶持等措施，逐步提高对农业机械化的资金投入，充分发挥市场机制的作用，按照因地制宜、经济有效、保障安全、保护环境的原则，促进农业机械化的发展。

第四条　国家引导、支持农民和农业生产经营组织自主选择先进适用的农业机械。任何单位和个人不得强迫农民和农业生产经营组织购买其指定的农业机械产品。

第五条　国家采取措施，开展农业机械化科技知识的宣传和教育，培养农业机械化专业人才，推进农业机械化信息服务，提高农业机械化水平。

第六条　国务院农业行政主管部门和其它负责农业机械化有关工作的部门，按照各自的职责分工，密切配合，共同做好农业机械化促进工作。

县级以上地方人民政府主管农业机械化工作的部门和其它有关部门，按照各自的职责分工，密切配合，共同做好本行政区域的农业机械化促进工作。

第二章　科研开发

第七条　省级以上人民政府及其有关部门应当组织有关单位采取技术攻关、试验、示范等措施，促进基础性、关键性、公益性农业机械科学研究和先进适用的农业机械的推广应用。

第八条　国家支持有关科研机构和院校加强农业机械化科学技术研究，根据不同的农业生产条件和农民需求，研究开发先进适用的农业机械；支持农业机械科研、教学与生产、推广相结合，促进农业机械与农业生产技术的发展要求相适应。

第九条　国家支持农业机械生产者开发先进适用的农业机械，采用先进技术、先进工艺和先进材料，提高农业机械产品的质量和技术水平，降低生产成本，提供系列化、标准化、多功能和质量优良、节约能源、价格合理的农业机械产品。

第十条　国家支持引进、利用先进的农业机械、关键零配件和技术，鼓励引进外资从事农业机械的研究、开发、生产和经营。

第三章　质量保障

第十一条　国家加强农业机械化标准体系建设，制定和完善农业机械产品质量、维修质量和作业质量等标准。对农业机械产品涉及人身安全、农产品质量安全和环境保护的技术要求，应当按照有关法律、行政法规的规定制定强制执行的技术规范。

第十二条　产品质量监督部门应当依法组织对农业机械产品质量的监督抽查。

工商行政管理部门应当依法加强对农业机械产品市场的监督管理工作。

国务院农业行政主管部门和省级人民政府主管农业机械化工作的部门根据农业机械使用者的投诉情况和农业生产的实际需要，可以组织对在用的特定种类农业机械产品的适用性、安全性、可靠性和售后服务状况进行调查，并公布调查结果。

第十三条　农业机械生产者、销售者应当对其生产、销售的农业机械产品质量负责，并按照国家有关规定承担零配件供应和培训等售后服务责任。

农业机械生产者应当按照国家标准、行业标准和保障人身安全的要求，在其生产的农业机械产品上设置必要的安全防护装置、警示标志和中文警示说明。

第十四条　农业机械产品不符合质量要求的，农业机械生产者、销售者应当负责修理、更换、退货；给农业机械使用者造成农业生产损失或者其它损失的，应当依法赔偿损失。农业机械使用者有权要求农业机械销售者先予赔偿。农业机械销售者赔偿后，属于农业机械生产者的责任的，农业机械销售者有权向农业机械生产者追偿。

因农业机械存在缺陷造成人身伤害、财产损失的，农业机械生产者、销售者应当依法赔偿损失。

第十五条　列入依法必须经过认证的产品目录的农业机械产品，未经认证并标注认证标志，禁止出厂、销售和进口。

禁止生产、销售不符合国家技术规范强制性要求的农业机械产品。

禁止利用残次零配件和报废机具的部件拼装农业机械产品。

第四章　推广使用

第十六条　国家支持向农民和农业生产经营组织推广先进适用的农业机械产品。推广农业机械产品，应当适应当地农业发展的需要，并依照农业技术推广法的规定，在推广地区经过试验证明具有先进性和适用性。

农业机械生产者或者销售者，可以委托农业

机械试验鉴定机构，对其定型生产或者销售的农业机械产品进行适用性、安全性和可靠性检测，作出技术评价。农业机械试验鉴定机构应当公布具有适用性、安全性和可靠性的农业机械产品的检测结果，为农民和农业生产经营组织选购先进适用的农业机械提供信息。

第十七条　县级以上人民政府可以根据实际情况，在不同的农业区域建立农业机械化示范基地，并鼓励农业机械生产者、经营者等建立农业机械示范点，引导农民和农业生产经营组织使用先进适用的农业机械。

第十八条　国务院农业行政主管部门会同国务院财政部门、经济综合宏观调控部门，根据促进农业结构调整、保护自然资源与生态环境、推广农业新技术与加快农机具更新的原则，确定、公布国家支持推广的先进适用的农业机械产品目录，并定期调整。省级人民政府主管农业机械化工作的部门会同同级财政部门、经济综合宏观调控部门根据上述原则，确定、公布省级人民政府支持推广的先进适用的农业机械产品目录，并定期调整。

列入前款目录的产品，应当由农业机械生产者自愿提出申请，并通过农业机械试验鉴定机构进行的先进性、适用性、安全性和可靠性鉴定。

第十九条　国家鼓励和支持农民合作使用农业机械，提高农业机械利用率和作业效率，降低作业成本。

国家支持和保护农民在坚持家庭承包经营的基础上，自愿组织区域化、标准化种植，提高农业机械的作业水平。任何单位和个人不得以区域化、标准化种植为借口，侵犯农民的土地承包经营权。

第二十条　国务院农业行政主管部门和县级以上地方人民政府主管农业机械化工作的部门，应当按照安全生产、预防为主的方针，加强对农业机械安全使用的宣传、教育和管理。

农业机械使用者作业时，应当按照安全操作规程操作农业机械，在有危险的部位和作业现场设置防护装置或者警示标志。

第五章　社会化服务

第二十一条　农民、农业机械作业组织可以按照双方自愿、平等协商的原则，为本地或者外地的农民和农业生产经营组织提供各项有偿农业机械作业服务。有偿农业机械作业应当符合国家或者地方规定的农业机械作业质量标准。

国家鼓励跨行政区域开展农业机械作业服务。各级人民政府及其有关部门应当支持农业机械跨行政区域作业，维护作业秩序，提供便利和服务，并依法实施安全监督管理。

第二十二条　各级人民政府应当采取措施，鼓励和扶持发展多种形式的农业机械服务组织，推进农业机械化信息网络建设，完善农业机械化服务体系。农业机械服务组织应当根据农民、农业生产经营组织的需求，提供农业机械示范推广、实用技术培训、维修、信息、中介等社会化服务。

第二十三条　国家设立的基层农业机械技术推广机构应当以试验示范基地为依托，为农民和农业生产经营组织无偿提供公益性农业机械技术的推广、培训等服务。

第二十四条　从事农业机械维修，应当具备与维修业务相适应的仪器、设备和具有农业机械维修职业技能的技术人员，保证维修质量。维修质量不合格的，维修者应当免费重新修理；造成人身伤害或者财产损失的，维修者应当依法承担赔偿责任。

第二十五条　农业机械生产者、经营者、维修者可以依照法律、行政法规的规定，自愿成立行业协会，实行行业自律，为会员提供服务，维护会员的合法权益。

第六章　扶持措施

第二十六条　国家采取措施，鼓励和支持农业机械生产者增加新产品、新技术、新工艺的研究开发投入，并对农业机械的科研开发和制造实施税收优惠政策。

中央和地方财政预算安排的科技开发资金应当对农业机械工业的技术创新给予支持。

第二十七条　中央财政、省级财政应当分别安排专项资金，对农民和农业生产经营组织购买国家支持推广的先进适用的农业机械给予补贴。补贴资金的使用应当遵循公开、公正、及时、有效的原则，可以向农民和农业生产经营组织发放，也可以采用贴息方式支持金融机构向农民和农业生产经营组织购买先进适用的农业机械提供贷款。具体办法由国务院规定。

第二十八条　从事农业机械生产作业服务的收入，按照国家规定给予税收优惠。

国家根据农业和农村经济发展的需要，对农业机械的农业生产作业用燃油安排财政补贴。燃油补贴应当向直接从事农业机械作业的农民和农业生产经营组织发放。具体办法由国务院规定。

第二十九条　地方各级人民政府应当采取措施加强农村机耕道路等农业机械化基础设施的建设和维护，为农业机械化创造条件。

县级以上地方人民政府主管农业机械化工作的部门应当建立农业机械化信息搜集、整理、发布制度，为农民和农业生产经营组织免费提供信息服务。

第七章　法律责任

第三十条　违反本法第十五条规定的，依照产品质量法的有关规定予以处罚；构成犯罪的，依法追究刑事责任。

第三十一条　农业机械驾驶、操作人员违反国家规定的安全操作规程，违章作业的，责令改正，依照有关法律、行政法规的规定予以处罚；构成犯罪的，依法追究刑事责任。

第三十二条　农业机械试验鉴定机构在鉴定工作中不按照规定为农业机械生产者、销售者进行鉴定，或者伪造鉴定结果、出具虚假证明，给农业机械使用者造成损失的，依法承担赔偿责任。

第三十三条　国务院农业行政主管部门和县级以上地方人民政府主管农业机械化工作的部门违反本法规定，强制或者变相强制农业机械生产者、销售者对其生产、销售的农业机械产品进行鉴定的，由上级主管机关或者监察机关责令限期改正，并对直接负责的主管人员和其它直接责任人员给予行政处分。

第三十四条　违反本法第二十七条、第二十八条规定，截留、挪用有关补贴资金的，由上级主管机关责令限期归还被截留、挪用的资金，没收非法所得，并由上级主管机关、监察机关或者所在单位对直接负责的主管人员和其它直接责任人员给予行政处分；构成犯罪的，依法追究刑事责任。

第八章　附　则

第三十五条　本法自2004年11月1日起施行。

中国共产党农村基层组织工作条例

第一章　总　则

第一条　为了加强和改进党的农村基层组织建设，加强和改善党对农村工作的领导，推动农村经济发展和社会进步，保证党在农村改革和发展目标的实现，根据《中国共产党章程》制定本条例。

第二条　乡镇党的委员会（以下简称乡镇党委）和村党支部（含总支、党委，下同）是党在农村的基层组织，是党在农村全部工作和战斗力的基础，是乡镇、村各种组织和各项工作的领导核心。

第三条　党的农村基层组织必须以马克思列宁主义、毛泽东思想、邓小平理论为指导，贯彻党的路线方针政策，坚持党要管党和从严治党，努力成为团结带领群众建设有中国特色社会主义新农村的坚强战斗堡垒。

第二章　组织设置

第四条　乡镇应当设立党的基层委员会。乡镇党委由党员大会或者党员代表大会选举产生。

第五条　有正式党员3名以上的村，应当成立党支部；不足3名的，可与邻近村联合成立党支部。党员人数超过50名的村，或党员人数虽不足50名，但村办企业具备成立党支部条件的村，因工作需要，可以成立党的总支部。党员人数100名以上的村，根据工作需要，经县级地方党委批准，可以成立党的基层委员会；村党委受乡镇党委领导。

村党支部、总支部和党的基层委员会由党员大会选举产生。

第六条　县以上有关部门驻乡镇的单位，应当根据党员人数和工作需要建立党的基层组织。这些党组织，除中央另有规定的以外，受乡镇党委领导。

第七条　乡镇工作机构设置和人员配备，应当坚持精干高效，加强服务，密切联系群众的原则，严格执行上级的有关规定。村干部误工补贴人数和标准的确定，应当从实际出发，从严掌握。

第三章　职责任务

第八条　乡镇党委的主要职责是：

（一）贯彻执行党的路线方针政策和上级党组织及本乡镇党员代表大会（党员大会）的决议。

（二）讨论决定本乡镇经济建设和社会发展中的重大问题。需由乡镇政权机关或集体经济组织决定的问题，由乡镇政权机关或集体经济组织依照法律和有关规定作出决定。

（三）领导乡镇政权机关和群众组织，支持和保证这些机关和组织依照国家法律法规及各自章程充分行使职权。

（四）加强乡镇党委自身建设和以党支部为核心的村级组织建设。

（五）按照干部管理权限，负责对干部的教育、培养、选拔和监督工作。协助管理上级有关部门驻乡镇单位的干部。

（六）领导本乡镇的社会主义民主法制建设和精神文明建设，做好社会治安综合治理及计划生育工作。

第九条　村党支部的主要职责是：

（一）贯彻执行党的路线方针政策和上级党组织及本村党员大会的决议。

（二）讨论决定本村经济建设和社会发展中的重要问题。需由村民委员会、村民会议或集体经济组织决定的事情，由村民委员会、村民会议或集体经济组织依照法律和有关规定作出决定。

（三）领导和推进村级民主选举、民主决策、民主管理、民主监督，支持和保障村民依法开展自治活动。领导村民委员会、村集体经济组织和共青团、妇代会、民兵等群众组织，支持和保证这些组织依照国家法律法规及各自章程充分行使职权。

（四）搞好支部委员会的自身建设，对党员进行教育、管理和监督。负责对要求入党的积极分子进行教育和培养，做好发展党员工作。

（五）负责村、组干部和村办企业管理人员的教育管理和监督。

（六）搞好本村的社会主义精神文明建设和社会治安、计划生育工作。

第十条　党员人数较多的村党支部，可以划分若干党小组。党小组在支部委员会领导下开展工作，组织党员学习和参加组织生活，检查党员履行义务、行使权利和执行支部委员会、党员大会决议的情况，反映党员、群众的意见和要求。

第四章　经济建设

第十一条　党的农村基层组织应当加强对经济工作的领导，坚持以经济建设为中心，深化农村改革，发展农村经济，增加农民收入，减轻农民负担，提高农民生活水平。

（一）坚持以公有制为主体、多种所有制经济共同发展的基本经济制度，以家庭承包经营为基础、统分结合的经营制度，以劳动所得为主和按生产要素分配相结合的分配制度。

（二）稳定发展粮食生产，积极发展多种经营和乡镇企业。发展多种经营要同支持和促进粮食生产相结合。发展乡镇企业要从实际出发，同促进农副产品流通和建设小城镇相结合。

（三）加强以水利为重点的农业基本建设，改善农业生态环境，实现农业可持续发展。

（四）领导制定本地经济发展规划，组织、动员各方面力量保证规划实施。

村党支部领导和支持集体经济组织管理集体资产，协调利益关系，组织生产服务和集体资源开发，逐步壮大集体经济实力。

（五）组织党员、群众学习农业科学技术知识，应用科技发展经济。

第五章　精神文明建设

第十二条　党的农村基层组织应当制定社会主义精神文明建设规划，保证社会主义物质文明建设和精神文明建设协调发展，促进农村经济和社会的全面进步。

第十三条　对群众进行爱国主义、集体主义和社会主义教育，党的基本路线和方针政策教育，思想道德和民主法制教育，引导农民正确处理国家、集体、个人三者之间的利益关系，培养有理想、有道德、有文化、有纪律的新型农民。

第十四条　搞好村镇规划，改善村镇面貌，创造文明卫生的生活环境；加强农村文化设施建设，开展健康有益的文体活动；改善办学条件，普及义务教育；开展创建文明村镇、文明户活动，破除封建迷信，移风易俗，树立社会主义新风尚。

第十五条　加强思想政治工作。宣传好人好事，弘扬正气。了解群众的思想状况，帮助解决群众的实际困难，及时疏导和化解人民内部矛盾，保持农村社会稳定。

第六章　干部队伍和领导班子建设

第十六条　不断提高农村基层干部队伍的素质。农村基层干部要认真学习马克思列宁主义、毛泽东思想特别是邓小平理论，坚决贯彻党的基本路线和党在农村的方针政策，坚持全心全意为人民服务的根本宗旨，增强带领群众发展经济、搞好两个文明建设的本领。

第十七条　加强农村基层干部队伍的思想作风建设。坚持实事求是，不准虚假浮夸；坚持依法办事，不准违法乱纪；坚持艰苦奋斗，不准奢侈浪费；坚持说服教育，不准强迫命令；坚持廉洁奉公，不准以权谋私。

第十八条　党的农村基层组织的领导班子，应当由认真贯彻执行党的路线方针政策，清正廉洁，公道正派，群众拥护，能够带领群众完成各项任务的党员组成。乡镇党委书记还应具有一定的理论和政策水平，较强的组织协调能力，熟悉党务工作和农村工作。村党支部书记还应具备一定的政策水平，善于做群众工作。

应当重视培养选拔优秀年轻干部，改善领导班子的结构。

第十九条　领导班子应当贯彻党的思想路线。反映情况，安排工作，决定问题，必须实事求是，一切从实际出发，说实话、办实事、求实效。

第二十条　领导班子应当贯彻党的群众路线。决定重大事情要同群众商量，布置工作任务要向群众讲清道理；经常听取群众意见，不断改进工作；关心群众生活，维护群众的合法权益，切实减轻群众负担。

第二十一条　领导班子应当贯彻党的民主集中制。坚持集体领导和个人分工负责相结合的制度。凡属重要问题，必须经过集体讨论决定，不允许个人或者少数人说了算。书记要敢于负责，有民主作风，善于发挥每个委员的作用。委员要积极参与和维护集体领导，主动做好分工负责的工作。

第二十二条　乡镇党委和村党支部委员会每半年召开一次以开展批评与自我批评为主要内容的组织生活会，接受党员和群众的监督。

第二十三条　农村党员应当在社会主义物质文明和精神文明建设中发挥先锋模范作用，带头执行党和国家的各项政策，带领群众共同致富。

第二十四条　党的农村基层组织应当组织党员学习马克思列宁主义、毛泽东思想特别是邓小平理论，学习党的基本知识和科学文化知识、社会主义市场经济知识、法律法规知识。

党员教育应当坚持理论联系实际，适合农村特点，贴近党员思想，采取多种形式。发挥乡镇党校、党员活动室和党员电化教育的作用。

乡镇党委每年应当对党员分期分批进行集中培训一次。

第二十五条　严格党的组织生活。村党支部每月应当开展一次党员活动，包括学习党的文件，上党课，召开组织生活会等。

第二十六条　坚持和完善民主评议党员制度。对优秀党员，要进行表彰；对不合格党员，要依照有关规定，分别采取教育帮助、限期改正、劝其退党、党内除名等方式进行严肃处置。

第二十七条　尊重和保障党员的各项权利，教育和监督党员履行义务。要使党员对党内事务有更多的了解和参与。要组织开展党员联系户等活动，给党员分配适当的社会工作和群众工作，为党员发挥作用创造条件。

第二十八条　加强和改进对外出党员的教育和管理。对外来党员，有关党组织应当及时将他们编入党的支部和小组，组织他们参加党的活动。

第二十九条　严格执行党的纪律。经常向党员进行遵纪守法教育。党员违犯党的纪律，应当及时严肃查处。处分党员必须按照党章和有关规定进行。对受到党的纪律处分的，要加强教育，帮助他们改正错误。

第三十条　按照坚持标准、保证质量、改善结构、慎重发展的方针和有关规定，做好发展党员工作。注意吸收优秀青年、妇女入党。

村级党组织发展党员必须经过乡镇党委审批。

第七章　附　则

第三十一条　省、自治区、直辖市党委可以根据本条例，结合本地区情况制定实施细则。

本条例由县（市）党委负责实施。

本条例由中共中央组织部负责解释。

本条例自发布之日起施行。

（1999 年 2 月）

中共中央办公厅、国务院办公厅关于进一步做好村民委员会换届选举工作的通知

各省、自治区、直辖市党委和人民政府，中央和国家机关各部委，军委总政治部，各人民团体：

村民委员会制度是社会主义民主在农村最广泛的实践形式之一，村民委员会换届选举是其中的一个重要环节。近年来，各地深入贯彻党的十五届三中全会精神和《中华人民共和国村民委员会组织法》（以下简称村民委员会组织法），认真组织开展村民委员会换届选举工作，选举制度日益完善，选举活动不断规范，农民群众的民主法制意识显著增强，有中国特色的社会主义民主政治建设得到较大发展，为维护改革发展稳定大局做出了贡献。2002 年，全国农村许多地方正在或将要进行新一轮村民委员会换届选举，从目前情况看，选举工作总体上是健康有序的，但也有一些地方程度不同地存在着思想认识不足、依法办事不力、发扬民主不够等问题，个别地方甚至引发了群体性事件，影响了农村社会稳定。为进一步做好当前和今后一段时间的村民委员会换届选举工作，依法维护农民群众的民主权利，为党的十六大召开创造良好的环境，经党中央、国务院同意，现就有关事项通知如下：

一、按照“三个代表”要求，切实提高对村民委员会换届选举重要性的认识

搞好村民委员会换届选举，实行村民自治，扩大农村基层民主，是党领导亿万农民建设有中国特色社会主义民主政治的伟大创造，是贯彻落实江泽民同志“三个代表”重要思想的体现。做好这项工作，有利于把村民公认的、真心实意为群众服务的人选进村民委员会；有利于调动广大农民群众当家作主的积极性、主动性，增强自主意识、竞争意识、民主法制意识，促进农村先进文化的发展；有利于坚持党的全心全意为人民服务的根本宗旨，密切党同农民群众的血肉联系，巩固党在农村的执政基础，更好地实现最广大人民群众的根本利益。

各地区、各有关部门要从战略和全局的高度，按照“三个代表”重要思想的要求，进一步提高对做好村民委员会换届选举工作重要性的认识，认真贯彻执行村民委员会组织法，研究解决选举工作中存在的问题，把村民委员会换届选举这一关系亿万农民群众切身利益的大事办好。

二、着眼于增强农村干部群众的民主法制观念，扎实有效地做好宣传教育工作

地方各级党委和政府、各有关部门要按照中共中央、国务院转发的《中央宣传部、司法部关于在公民中开展法制宣传教育的第四个五年规划》的要求，广泛深入地宣传与村民委员会选举有关的法律法规、方针政策、程序步骤，做到经常性宣传和阶段性宣传相结合，正面宣传和典型教育相结合，一般性宣传和疑难问题解答相结合，不断增强干部群众的法制观念，把干部群众的思想认识真正统一到村民委员会组织法上来，

统一到党的方针政策上来，保证村民委员会选举沿着健康有序的轨道进行。

要增强宣传教育工作的科学性和时效性。在选举前，当地党委、政府要组织宣传、民政、司法行政等部门认真制定宣传教育工作方案，大力宣传有关法律法规和政策，使农村干部群众了解村民委员会换届选举的重要性，熟悉选举工作的原则、方法和步骤；在选举期间，要重点宣传村民选举委员会成员推选程序、村民委员会成员候选人条件、提名方式、正式候选人确定办法以及具体投票程序；在选举后，要做好落选人员的思想工作，教育当选人树立正确的权力观，教育、引导村民特别是党员积极支持、配合村民委员会开展工作。

要增强宣传教育工作的多样性和针对性。对农村基层干部，要采取分级分批培训等方式，消除其模糊认识，增强认真贯彻村民委员会组织法等有关法律法规的自觉性，提高组织指导换届选举工作的能力和水平。对农民群众，可利用广播、电视、报刊、宣传手册、宣传画、黑板报、村务公开栏等进行宣传，帮助他们消除家族、宗族、派别等的不良影响，熟悉选举的程序和要求，掌握必要的投票方法，按照自己的真实意愿投票，真正把那些公道正派，能依法办事，带头实干，热心为群众服务的人选进村民委员会。

三、充分尊重农民群众的意愿，保证村民委员会直接选举制度落到实处

由村民直接选举村民委员会，是法律赋予村民的一项基本民主权利，是基层民主的重要体现。搞好村民委员会换届选举，必须充分发扬民主，切实保障广大村民在选举各环节中的权利，使村民委员会选举真正体现农民群众的意愿。

在村民委员会选举中，要特别注意做好以下关键环节的工作：一是要做到由村民会议或各村民小组民主推选产生村民选举委员会，保证村民的推选权。村党支部领导班子成员按照规定的推选程序担任村民选举委员会成员，不能硬性规定或由组织指定、委派。村民选举委员会成员被依法确定为村民委员会成员候选人的，即失去其在村民选举委员会中的任职资格，村民选举委员会所缺名额从上次推选结果中依次递补。二是要做好选民登记工作，不能错登、重登、漏登，保证村民的选举权。要认真研究城镇化、户籍制度改革、人口流动等给选民登记工作带来的新情况、新问题，保证广大村民群众都能依法行使自己的选举权利。有选举权和被选举权的村民名单，应当在选举日的 20 日以前张榜公布，接受群众的监督。三是要做到由村民直接提名确定村民委员会成员候选人，不能用组织提名代替村民提名，保证村民的直接提名权。正式候选人的名额应多于应选名额，并通过预选或按村民提名得票数多少确定，不能由少数人甚至个别人说了算。在提名候选人时，各地要做好引导工作，真正把思想好、作风正、有文化、有本领，真心实意为群众办事，受到群众拥护的人提名为候选人。候选人确定后必须张榜公布。有条件的地方，村民选举委员会应组织正式候选人与村民见面，介绍治村设想，回答村民提出的问题。四是要做好选举日的投票工作，保证村民的投票权。要坚持“选举村民委员会，有选举权的村民的过半数投票，选举有效；候选人获得参加投票的村民的过半数的选票，始得当选”的原则，积极动员、组织群众亲自投票。选举时，要设立秘密写票处，实行无记名投票、公开计票，选举结果应当场公布。要严格控制流动票箱的使用，依法办理委托投票手续。五是要完善罢免程序，保证村民的罢免权。对不称职的村民委员会成员，要按照法律法规的规定，依法进行罢免，任何组织或者个人不得直接撤换村民委员会成员，不得以“停职诫免”、“离岗教育”等方式变相撤换村委会成员。

四、严格依法办事，坚决纠正和查处村民委员会选举中的违法行为

村民委员会组织法和各地颁布的地方性法规是开展村民委员会换届选举工作的基本依据，各地要严格遵守，做到法定的程序不能变，规定的步骤不能少，不能怕麻烦、图省事，更不能走过场。在村民委员会选举中，任何组织或个人都必须依法办事。各地制定的有关村民委员会换届选举工作的方案、意见、规则等，凡与村民委员会组织法和有关地方性法规不一致的，必须尽快修改或废止，以维护社会主义法制的统一。

要坚决依法查处侵犯村民民主权利的违法行为。未经县（市、区）委批准，无故不组织或拖延村民委员会换届选举的，要追究乡（镇）党委、政府和村党支部、村委会主要负责人的责任。

对在推选村民选举委员会成员、提名确定村民委员会成员候选人、组织投票选举、罢免村民委员会成员过程中，有违法行为的单位或个人，当地党委、政府要及时责令改正，并对有关责任人给予党纪、政纪处分。对以暴力、威胁、欺骗、贿赂、伪造选票等违法手段破坏选举或者妨碍选民依法行使选举权和被选举权的，以及对控告、检举选举违法行为的人进行压制、迫害的，要根据情节轻重分别给予查处：情节较轻的，由乡（镇）人民政府或县（市、区）民政部门进行批评教育；构成违反治安管理行为的，由公安机关依法处理；构成犯罪的，由司法机关依法追究刑事责任。对假借选举活动，打着宗教旗号从事非法活动、民族分裂活动和刑事犯罪活动的，要坚决依法予以打击。要建立健全重大事件报告制度，及时上报由选举引发的重大事件。

五、从维护农村社会稳定大局出发，认真做好群众来信来访工作

认真做好村民委员会选举方面的群众来信来访工作，是党和政府体察民情、了解民意、改进工作的重要渠道，也是化解农村社会矛盾、保障村民民主权利的重要环节。各地、各有关部门特别是信访、民政、司法行政部门一定要尊重农民群众的申诉权、信访权，高度重视并正确对待群众的来信来访，切实有效地解决农民群众反映的问题，依法维护农民群众的民主权利。

要坚持及时、就地依法解决问题和思想教育疏导相结合的原则。对群众反映属实，确实存在违法、违纪行为的，应及时对有关单位和人员予以查处；对群众反映与实际情况有出入的，要向群众说明情况，澄清事实，消除误解；对群众反映的问题一时解决不了的，要耐心解释，说明原因，争取群众的谅解。对群众来信来访，不能上推下卸，敷衍了事，更不能简单地采取强制措施，人为激化矛盾。

要建立健全来信来访登记和复信回访制度，把来信来访内容摘要登记，并把调查处理结果告知当事人。要建立信访工作责任追究制度，对因处理群众来信来访不及时或敷衍塞责、压制打击造成不良影响的，要通报批评；造成严重后果的，要依法追究有关单位和人员的责任。县（市、区）、乡（镇）党委、政府及有关部门要帮助那些村情复杂、管理薄弱的“难点村”、“重点村”，制定有针对性的选举工作方案，派出得力干部包村入户，帮助化解矛盾，保障选举工作顺利进行。

六、恪守为民之责，切实加强对村民委员会换届选举工作的组织领导

村民委员会换届选举是农村的一项基础性工作，涉及方方面面，必须切实加强领导和指导。

各地在开展换届选举工作时，要层层建立强有力的选举工作领导机构，形成党委领导、人大监督、政府实施、各有关部门密切配合的工作体制和运行机制，并按规定保证换届选举工作的经费。要把村民委员会换届选举与加强党在农村的工作结合起来，通过换届选举，全面推进农村基层组织建设，提高村级干部整体素质，促进农村各项事业发展。

地方各级人大和县级以上地方各级人大常委会在本行政区域内要切实保证村民委员会组织法的实施，保障村民依法行使选举权利。要认真研究村民委员会选举中出现的带有普遍性的问题，如选民资格、候选人资格、罢免程序等，不断完善有关法规制度。要加强监督检查工作，及时制止和纠正不符合法律、法规规定的做法。

县（市、区）、乡（镇）党委和政府要切实加强领导，建立健全党政领导工作责任制。县（市）党委组织部门对搞好村委会换届选举担负重要责任，要按照县（市）委的统一部署，切实加强指导。尚未开展选举的地方，要精心部署，做好选举前的宣传教育、骨干培训、村级财务清理审计等准备工作，加强对撤并村村民委员会选举工作的指导。已经完成村民委员会换届选举的地方，要认真检查验收，监督新老班子及时进行公章、财务等交接，及时建立人民调解、治安保卫、公共卫生等委员会，保障新班子依法履行职责，巩固选举成果。要注意研究新情况、新问题，制定和完善乡（镇）人民政府指导村民委员会开展工作的具体规则。

党在农村的基层组织要充分发挥领导核心作用。选举前要做好宣传动员工作；选举中要把握正确的方向，充分发挥党员的先锋模范作用，带领广大村民正确行使权利，自觉抵制各种违法行为；选举后主动支持、保障新一届村民委员会依法开展工作。要保证妇女在村民委员会选举中的合法权益，使女性在村民委员会成员中占有适当名额。提倡把村党支部领导班子成员按照规定程序推选为村民委员会成员候选人，通过选举兼任村民委员会成员。提倡党员通过法定程序当选村民小组长、村民代表。提倡拟推荐的村党支部书记人选，先参加村委会的选举，获得群众承认以后，再推荐为党支部书记人选；如果选不上村委会主任，就不再推荐为党支部书记人选。提倡村民委员会中的党员成员通过党内选举，兼任村党支部委员成员。要注重在优秀村民委员会成员和村民小组长、村民代表中吸收发展党员，不断为农村基层党组织注入新生力量。

民政部门是负责村民委员会选举工作的职能部门，要在各级党委、政府的领导下，认真进行调查研究，精心制定工作方案，当好党委、政府的参谋和助手。要配合人大及其有关部门搞好村民委员会换届选举的检查监督工作，保证选举质量。要全面掌握选举动态，及时纠正违法行为。要有计划地培训新一届村民委员会成员，提高他们的整体素质。选举工作结束后，要及时统计、汇总、上报选举结果，建立健全村民委员会选举工作档案，使选举工作逐步走上制度化、规范化的轨道。

（2002 年 7 月 14 日）

中共中央办公厅、国务院办公厅
关于在农村普遍实行村务公开和民主管理制度的通知

各省、自治区、直辖市党委和人民政府，中央和国家机关各部委，军委总政治部，各人民团体：

为了贯彻落实党的十五大关于扩大基层民主，保证人民群众直接行使民主权利的精神，推进农村基层民主建设，密切党群干群关系，促进农村的改革、发展和稳定，中央认为，有必要在全国农村普遍实行村务公开和民主管理制度。为此，特通知如下：

一、重要意义和指导思想

党的十五大指出，发展社会主义民主政治，是我们党始终不渝的奋斗目标。扩大基层民主，保证人民群众直接行使民主权利，依法实行民主管理，是健全社会主义民主制度的重要内容。农民是我们党在农村的依靠力量，也是我们国家政权最广泛、最深厚的群众基础。保护和发挥农民的积极性，历来是我们党取得革命和建设胜利的重要保证，也是推进社会主义现代化建设事业顺利进行的必要条件。实行村务公开和民主管理，使农村工作逐步走上规范化和制度化的轨道，有利于发展农村基层民主，活跃农村基层民主生活，保障农民群众直接行使民主权利，进一步扩大人民民主；有利于充分调动广大农民群众建设社会主义现代化的积极性和创造性；有利于加强农村基层组织和党风廉政建设，强化党员和群众对干部的监督，密切党群干群关系；有利于引导农村干部依法建制、以制治村，正确执行党的群众路线和党的政策，按章办事，做好工作。

实行村务公开和民主管理的指导思想是：以邓小平理论和党的基本路线为指导，正确贯彻落实党在农村的各项方针政策，以推行村务公开为基础，坚持实行民主选举、民主决策、民主管理和民主监督，推进农村的民主、法制建设，促进农村的改革、发展和稳定，推动农业、农村经济与农村社会的全面发展和进步。

二、村务公开的内容和方法

村务公开要从农民群众普遍关心的和涉及群众切身利益的实际问题入手，凡属群众关心的热点问题，以及村里的重大问题都应向村民公开。如新上的经济项目，村里的财产和财务收支，征用土地和宅基地审批，计划生育指标，提留统筹方案及其它农民负担(包括劳动积累工和义务工)，集体土地和经营实体的承包，救灾救济款物的发放，村干部年度工作目标、工资奖金和功绩过失情况及其它公共事务等等。要随着形势的发展变化和村民的要求，及时调整、充实村务公开的内容，真正做到凡涉及群众切身利益的大事，都以一定形式向村民公开，接受群众的监督。

村务公开的重点是财务公开。村级财务公开的内容，主要包括财务计划及其执行情况、各项收入和支出、各项财产、债权债务、收益分配、代收代缴费用、水电费、以资代劳情况以及群众要求公开的其它财务事项。村集体经济组织要认真执行各项财务制度。

公开的内容要简洁明了，便于群众了解。公开的形式和方法可以根据实际情况因地制宜、灵活多样，如采用张榜公布，有线广播，召集村民会议或村民代表会议等方式。各村都应在本村适当的地方，建立专门的公开栏，进行张榜公布。

公开的时间要及时。需要公开的事项要尽早向村民公开，也可以采取定期公开的形式。一般一个月或两个月一次，至多不得超过三个月。有些时限较长的事项，可以每完成一个阶段，即公布一次进展情况。每一件较大事项完成之后，要及时向群众公布结果。

要善于运用村务公开这种有效形式，切实加强民主监督。村务公开的目的是：让群众参与管理和监督村里的公共事务和公益事业。每一次村务公开后，党支部和村委会要及时召开党员大会、村民会议或村民代表会议，广泛听取群众的反映和意见。对群众提出的疑问，要及时作出解释；对群众提出的要求，要及时予以答复；对大多数群众不赞成的事情，应坚决予以纠正。要真正让村民参与公共事务的管理，实行有效的民主监督，不走过场，不搞形式主义。

三、民主管理的要求

实行民主管理，首先要坚持和完善村民会议或村民代表会议制度。人口少且居住集中的村，应定期召开村民会议；人口多且居住分散的村，可定期召开村民代表会议。要明确规定村民代表会议的人员组成及其条件、职责、权利，制定议事内容和议事规则，确定活动方式、活动程序和活动时间，并按规定严格执行。

要按照国家法律、法规和政策，结合本地实际，明确规定民主议事的内容，凡属村务管理的重大事项以及农民关注的热点、难点问题的处理，都应先召集党员大会讨论，再分别提交村民会议或村民代表会议讨论，征求党内外群众意见，按大多数人的意见实行民主决策，坚决纠正不顾群众意愿而由几个干部自行其是的做法。

要切实加强群众对村干部的民主监督。村委会班子及其成员的工作，都要由村民会议或村民代表会议进行民主评议或民主测评。对于党支部班子及其成员，应由村支部党员大会并吸收部分村民代表进行民主评议。评议或测评可结合年终工作总结每年进行一次。评议中，村党支部班子成员和村委会班子成员都要作述职报告，在此基础上，由评议者评出称职或不称职，由乡镇党委考核认定。两年被评为不称职的村党支部班子成员和村委会班子成员，要进行组织调整。

村党支部、村民委员会以及其它需要选举产生的村级组织负责人，要根据国家有关法律以及党内法规的规定，按期实行民主选举。未经县（市、区）委批准，无故拖延选举的，要追究乡镇党委和村党支部、村委会主要负责人的责任。在选举中，要做到候选人条件、选举程序、选举办法、选举结果公开，充分发扬党内民主和人民民主，尊重选民意志，任何人不得指定选举某人或不选举某人，任何人不得以不正当方式拉选票。要坚决杜绝各种“贿选”行为的发生，一经发现，要严肃查处。

四、建立健全规章制度

建立健全村务公开和民主管理制度，实现村务公开和民主管理的规范化、制度化，使工作有序，办事有据，真正做到“有章理事”，这是做好农村工作的治本之策，也是使村干部适应新形势的需要、切实改进工作方法的重要措施。因此，要以法律、法规和政策为依据，以实际、实用、实效为原则，建立健全村民会议、村民代表会议和党员议事会制度；村党支部、村民委员会按期换届选举制度；村党支部、村民委员会年终总结报告制度；民主评议党员、干部制度、财务管理、财务审计制度；财务公开、财务监督制度；村干部任期、离任审计制度等等。总之，凡是需要公开的村务工作和被列入民主管理范围的工作，都要依法建制，有制可依，按制办事。

各项制度建立以后，要严格按制度办事，不得随意更改，更不允许违反制度规定。为此，各地可根据实际情况，建立村务公开、民主管理的监督评议组织并授予必要的监督权和评议权，定期或不定期地对有关村务公开和民主管理的各项制度的执行情况进行评议，评议结果要张榜公布。需要改进的，党支部和村委会应及时提出改进意见，公布于众并认真执行。

五、加强领导和督促检查

各级党委和政府要从农村改革、发展和稳定的大局出发，把实行村务公开和民主管理作为农村工作的一项重要任务和农村基层组织建设的一项重要内容，列入重要议事日程，加强领导，精心部署，采取得力措施，帮助和指导村级组织把有关制度建立健全起来，并经常检查督促各项制度的贯彻落实。各乡镇要制订规划，搞好试点，总结推广好的经验，实行分类指导，逐步完善。要将村务公开和民主管理纳入乡村干部岗位目标责任制，把责任制度的执行情况，作为考核乡村干部政绩的重要内容，并将考核结果记入个人档案，作为评选先进和奖惩的依据。

村务公开和民主管理工作，由组织、民政部门牵头，纪检监察、人事、农业等有关部门积极配合，各司其职，各负其责，齐抓共管，使村务公开和民主管理有计划、有步骤地全面推开。已实行村务公开和民主管理制度的，要完善、充实、巩固、提高；没有建立的，要尽快建立起来，并长期坚持下去。

要采取多种措施，加强推行村务公开和民主管理的宣传教育工作，使乡村干部增强民主意识和法制观念，树立群众观点，澄清各种疑虑和模糊认识，提高自觉性，增强主动性，认真负责地搞好这项工作。要总结推广这方面的成功经验，运用典型引路的方法，分类指导，全面推开，不断完善。要把发扬民主同依法办事统一起来，既要保证农民群众依法享有广泛的民主权利，又要加强民主法制教育，引导他们在实践中学会正确行使民主权利。要防止宗族势力和非法宗教活动干扰农村基层民主的健康发展。

要在推行村务公开和民主管理的同时，积极探索在乡镇机关建立政务公开的途径，先行试点，培植典型，逐步推广，要以乡镇机关的政务公开，促进村务公开和民主管理的广泛深入开展。

各地可根据本通知精神，结合实际，制定具体实施办法。

（1998 年 4 月）

中共中央办公厅、国务院办公厅
关于健全和完善村务公开和民主管理制度的意见

《中共中央办公厅、国务院办公厅关于在农村普遍实行村务公开和民主管理制度的通知》(中办发〔1998〕9 号)下发和《中华人民共和国村民委员会组织法》施行以来，全国农村普遍实行了村务公开和民主管理制度，为促进农村改革、发展和稳定发挥了重要作用。为认真贯彻落实党的十六大提出的“健全基层自治组织和民主管理制度，完善公开办事制度，保证人民群众依法直接行使民主权利，管理基层公共事务和公益事业，对干部实行民主监督”的要求，适应农村发展的新形势，进一步推进农村社会主义物质文明、政治文明、精神文明协调发展，经党中央、国务院同意，现就健全和完善村务公开和民主管理制度提出如下意见。

一、充分认识进一步做好村务公开和民主管理工作的重大意义

当前，我国正处在全面建设小康社会、加快推进社会主义现代化的新的发展阶段，农村改革、发展和稳定的任务十分繁重。实行村务公开和民主管理，是实践“三个代表”重要思想，维护农民群众根本利益的具体体现；是完善村民自治，发展社会主义民主的重要内容；是顺利推进农村改革和发展，加快农村全面建设小康社会进程的必然要求；是促进农村党风廉政建设，密切党群干群关系的有效途径。近年来，全国各地推行村务公开和民主管理取得了积极成果，但我们也应清醒地看到，一些地方在村务公开和民主管理中还存在着重形式、轻实效，制度不健全、决策不民主等问题。这与农村改革发展稳定的新形势新任务不相适应，在一定程度上影响了农村经济和社会的发展。为了把党在农村的各项政策落到实处，切实解决好“三农”问题，必须进一步健全和完善村务公开和民主管理制度，扎实推进村务公开和民主管理工作。各级党委和政府要以邓小平理论和“三个代表”重要思想为指导，增强推进村务公开和民主管理的自觉性和紧迫感，真正把这一关系亿万农民切身利益的大事抓紧抓好、抓出成效，实现好、维护好、发展好广大农民群众的根本利益。

二、进一步健全村务公开制度，保障农民群众的知情权

(一)完善村务公开的内容　国家有关法律法规和政策明确要求公开的事项，如计划生育政策落实、救灾救济款物发放、宅基地使用、村集体经济所得收益使用、村干部报酬等，应继续坚持公开。要继续把财务公开作为村务公开的重点，所有收支必须逐项逐笔公布明细账目，让群众了解、监督村集体资产和财务收支情况。同时，要根据农村改革发展的新形势、新情况，及时丰富和拓展村务公开内容。当前，要将土地征用补偿及分配、农村机动地和“四荒地”发包、村集体债权债务、税费改革和农业税减免政策、村内“一事一议”筹资筹劳、新型农村合作医疗、种粮直接补贴、退耕还林还草款物兑现，以及国家其他补贴农民、资助村集体的政策落实情况，及时纳入村务公开的内容。农民群众要求公开的其他事项，也应公开。

(二)规范村务公开的形式、时间和基本程序　各地农村应坚持实际、实用、实效的原则，在便于群众观看的地方设立固定的村务公开栏，同时还可以通过广播、电视、网络、“明白纸”、民主听证会等其他有效形式公开。一般的村务事项至少每季度公开一次，涉及农民利益的重大问题以及群众关心的事项要及时公开。集体财务往来较多的村，财务收支情况应每月公布一次。要推进村务事项从办理结果的公开，向事前、事中、事后全过程公开延伸。要充分利用现代科学技术，不断创新村务公开的有效形式和手段。村务公开的基本程序是：村民委员会根据本村的实际情况，依照法规和政策的有关要求提出公开的具体方案；村务公开监督小组对方案进行审查、补充、完善后，提交村党组织和村民委员会联席会议讨论确定；村民委员会通过村务公开栏等形式及时公布。

(三)设立村务公开监督小组　村务公开监督小组成员经村民会议或村民代表会议在村民代表中推选产生，负责监督村务公开制度的落实。村干部及其配偶、直系亲属不得担任村务公开监督小组成员。村务公开监督小组及其成员应当热爱集体，公道正派，有一定的议事能力，其中应有具备财会知识的成员。村务公开监督小组要依法履行职责，认真审查村务公开各项内容是否全面、真实，公开时间是否及时，公开形式是否科学，公开程序是否规范，并及时向村民会议或村民代表会议报告监督情况。对不履行职责的成员，村民会议或村民代表会议有权罢免其资格。

(四)听取和处理群众意见　群众对公布的内容有疑问的，可以口头或书面形式向村务公开监督小组投诉，村务公开监督小组对群众反映的问题应当及时进行调查，确有内容遗漏或者不真实的，应督促村民委员会重新公布；也可以直接向村党组织、村民委员会询问，村民委员会应在10日内予以解释和答复。村民委员会要对村务公开资料进行整理归档并妥善保管。

三、进一步规范民主决策机制，保障农民群众的决策权

(一)推进村级事务民主决策　凡是与农民群众切身利益密切相关的事项，如村集体的土地承包和租赁、集体企业改制、集体举债、集体资产处置、村干部报酬、村公益事业的经费筹集方案和建设承包方案等，都要实行民主决策，不能由个人或少数人决定。村民委员会的设立、撤并、范围调整，由乡级人民政府提出意见后，必须经村民会议讨论同意，并报县级人民政府批准。集体经济已实行股份制或股份合作制改革的村，要按照改革后的有关要求进行民主决策和民主监督。村级民主决策的事项要符合党的方针政策和国家法律法规，不得有侵犯村民人身权利、民主权利和合法财产权利的内容。

(二)明确村级民主决策的形式　村级民主决策的基本组织形式是村民会议和村民代表会议。召开村民会议，应当有本村18周岁以上村民的过半数参加，或者有本村三分之二以上的户的代表参加，所作决定应当经到会人员的过半数通过。涉及农村土地承包、调整等重大事项，应依照《中华人民共和国农村土地承包法》等相关法律法规进行民主决策。村民代表会议讨论决定村民会议授权的事项。村民代表由村民依法推选产生，妇女代表要占一定比例。要完善村民会议和村民代表会议议事规则，建立健全村民代表联系户制度，确保村民代表真正代表民意。认真研究和探索村庄撤并、外出务工经商人员不断增多情况下村级民主决策的有效形式。

(三)规范村级民主决策的程序　涉及村民利益的事项，原则上要遵循以下决策程序：由村党组织、村民委员会、村集体经济组织、十分之一以上村民联名或五分之一以上村民代表联名提出议案；由村党组织统一受理议案，并召集村党组织和村民委员会联席会议，研究提出具体意见或建议；由村民委员会召集村民会议或村民代表会议讨论决定；由村党组织、村民委员会组织实施村民民主决策事项的办理。对提交村民会议或村民代表会议讨论决定的事项，会前要向村民或村民代表公告，广泛征求意见；会后要及时公布表决结果；对决定事项的实施情况，要及时公布，自觉接受群众监督。涉及村民利益的重大事项，必须按照决策程序提请村民会议或村民代表会议讨论决定。

(四)建立决策责任追究制度　除发生自然灾害等紧急情况外，村民会议或村民代表会议依法形成的决议不得随意更改，如因情况发生变化确需更改的，要通过村民会议或村民代表会议讨论决定。村民会议或村民代表会议讨论决定的事项，要形成书面记录并妥善保存。未经村民会议或村民代表会议讨论决定，任何组织或个人擅自以集体名义借贷，变更与处置村集体的土地、企业、设备、设施等，均为无效，村民有权拒绝，造成的损失由责任人承担，构成违纪的给予党纪政纪处分，涉嫌犯罪的移交司法机关依法处理。

四、进一步完善民主管理制度，保障农民群众的参与权

(一)推进村级事务民主管理　村党组织、村民委员会要依据党的方针政策和国家的法律法规，组织全体村民结合实际讨论制定和完善村民自治章程、村规民约、村民会议和村民代表会议议事规则、财务管理制度等，明确规定村干部的职责、村民的权利和义务，村级各类组织的职责、工作程序及相互关系，明确提出对经济管理、社会治安、移风易俗、计划生育等方面的要求。用制度规范村干部和村民行为，增强村民自我管理、自我教育、自我服务的能力，增强干部群众的法制观念和依法办事能力。

(二)建立村民委员会换届后的工作移交制度　村民委员会换届工作结束后，原村民委员会应将公章、办公场所、办公用具、集体财务账目、固定资产、工作档案、债权债务及其他遗留问题等，及时移交给新一届村民委员会。移交工作由乡级人民政府负责主持。对拒绝移交或无故拖延移交的，村党组织、乡级党委和政府应给予批评教育，督促其加以改正。移交过程中发现有重大问题的，村干部和村民可以向乡级人民政府或者纪检监察机关、人民法院、人民检察院等有关机关反映，受理单位应及时依法处理。

(三)加强村民民主理财制度建设　村民民主理财由村民民主理财小组代表村民进行，民主理财小组成员由村民会议或村民代表会议从村务公开监督小组成员中推选产生。民主理财小组向村民会议或村民代表会议负责并报告工作。民主理财小组负责对本村集体财务活动进行民主监督，参与制定本村集体的财务计划和各项财务管理制度，有权检查、审核财务账目及相关的经济活动事项，有权否决不合理开支。当事人对否决有异议的，可提交村民会议或村民代表会议讨论决定。村民有权对本村集体的财务账目提出质疑，有权委托民主理财小组查阅、审核财务账目，有权要求有关当事人对财务问题作出解释。对群众反映财务问题较多的村，县、乡党委和政府及有关部门要帮助其搞好财务清理整顿工作，解决存在的问题，建立健全财务管理和民主理财制度。制定和完善集体资产监管办法，防止集体资产流失，确保村集体资产保值、增值。

(四)规范农村集体财务收支审批程序　财务事项发生时，经手人必须取得有效的原始凭证，注明用途并签字(盖章)，交民主理财小组集体审核。审核同意后，由民主理财小组组长签字(盖章)，报经村党组织、村民委员会负责人审批同意并签字(盖章)，由会计人员审核记账。经民主理财小组审核确定为不合理财务开支的事项，有关支出由责任人承担。财务流程完成后，要按照财务公开程序进行公开，接受群众监督。乡级人民政府及业务主管部门要对村级财务活动加强指导和监督。

五、进一步强化村务管理的监督制约机制，保障农民群众的监督权

(一)加强对农村集体财务的审计监督　县、乡两级农村集体资产和财务管理指导部门，要切实组织好对农村集体财务的审计监督工作。审计内容主要包括：集体资产的管理使用、财务预决算、财务收支、生产经营和建设项目的发包管理、集体的债权债务、上级划拨或接受社会捐赠的资金、物资使用等情况，以及群众要求审计的其他事项。当前，要加大对集体土地征用、集体企业改制、"村改居"和并村过程中集体资产的处置、村内"一事一议"筹资筹劳、新型农村合作医疗、政府发放到村到户的各项补贴资金和物资等事项的审计力度，并将审计结果及时公布。村干部任期届满或离任时必须审计。在审计中查出侵占集体资产和资金、多吃多占、铺张浪费的，要责令其如数退赔；涉及国家工作人员及村干部违法违纪的，需要给予党纪政纪处分的，移交纪检监察机关处理；构成犯罪的，移交司法机关依法追究当事人的法律责任。农村集体经济组织、村民小组、农(畜)产品行业协会和农民专业合作组织所有的资产，也要实行财务公开，加强管理与监督。

(二)推行民主评议村干部工作制度　民主评议对象为村党组织班子成员、村民委员会班子成员、村集体经济组织班子成员、村民小组长以及享受由村民或集体承担误工补贴(工资)的其他村务管理人员。民主评议由乡级党委、政府具体组织，通过村民会议、村民代表会议或与村民座谈等形式进行。民主评议一般每年进行一次，要把群众满意与否作为衡量村干部是否合格的标准，评议结果要与村干部的使用和补贴(工资)标准直接挂钩。对连续两次被评为不合格的村干部，是村党组织成员的，按党内有关规定处理；是村民委员会班子成员或村集体经济组织班子成员的，应责令其辞职，不辞职的应启动罢免程序；其他村务管理人员，由村民委员会召开村民会议或村民代表会议作出处理决定。

(三)建立和完善村干部的激励约束制度　要大力宣传、鼓励和表彰积极推行村务公开和民主管理的干部，切实维护和保障村干部的合法权益。对在村级重大事务决策和管理中违反程序，独断专行，以及因工作失误造成重大损失，或村务公开不及时、不全面、弄虚作假、侵犯农民民主权利的干部，村民会议或村民代表会议有权提出批评并要求限期改正；对拒不改正的，是村党组织班子成员的，按党内有关规定给予相应的党纪处分，是村民委员会班子成员的，依法予以罢免。

六、进一步加强对村务公开和民主管理工作的领导

(一)加强组织领导　各级党委和政府要以求真务实的精神，把推进村务公开和民主管理作为关系农村改革、发展和稳定的一件大事来抓，并与增加农民收入、加强农村社会主义精神文明建设和党的建设等各项工作紧密结合起来，使之相互促进、共同提高。各省(自治区、直辖市)党委和政府要及时研究分析村务公开和民主管理工作情况，提出指导性意见。县(市)党委和政府要制定具体的实施意见，常抓不懈。要把推进村务公开和民主管理作为考核评比民主法治示范村、"五个好"村党组织、"五个好"乡镇党委和农村基层组织建设先进县(市)的一项重要内容，通过严格考核，促进村务公开和民主管理制度的进一步落实。

(二)健全领导体制和工作机制　各地要建立健全党委和政府统一领导、有关部门共同参与、民政部门组织协调的领导体制和工作机制，并保证开展工作的必要人员和经费。各有关部门要在各自职责范围内支持和引导村党组织、村民委员会、村集体经济组织做好村务公开和民主管理方面的工作。共青团、妇联和计划生育协会要动员农村青年、妇女、计划生育协会会员积极参与村务公开和民主管理活动。村务公开协调机构要及时掌握工作动态，加强沟通和协调。新闻媒体要加强舆论引导和监督。要通过培育典型、示范引导、专项检查等多种形式，积极探索推进村务公开和民主管理的有效途径。

(三)明确县乡党委和政府的责任　健全和完善村务公开和民主管理制度，县、乡党委和政府是关键。要建立党政领导责任制，把村务公开和民主管理作为基层干部政绩考核的重要内容，并不断完善考核评价办法。要加大督促检查力度，及时受理

群众来信、来访和申诉，及时化解社会矛盾，维护农村稳定。要加大培训力度，加强对新任村组干部、农村财会人员、民主理财小组成员和村民代表的培训，提高他们的政策水平和依法办事能力，使他们善于用说服的方法、示范的方法、服务的方法推动农村工作。要切实加强农村精神文明建设和思想政治工作。积极引导农民群众参与村务公开和民主管理的实践活动，在实践中学会正确行使民主权利。坚决制止利用宗教、宗族、家族势力干预基层经济社会事务管理的行为。

（四）充分发挥农村基层党组织的领导核心作用　要健全村党组织领导的充满活力的村民自治机制，把坚持党的领导、充分发扬民主、切实依法办事有机统一于农村社会主义民主实践之中。村党组织要领导和支持农民群众依法参与村级事务管理，监督村务公开和民主管理制度的落实，及时听取群众的意见，不断完善制度、改进工作。农村党员特别是党员干部要发挥先锋模范作用，尊重农民群众的民主权利，带头执行村务公开和民主管理制度。村民委员会、村集体经济组织和其他村级组织要在村党组织领导下，团结广大农民群众，齐心协力做好村务公开和民主管理工作，促进农村各项事业全面发展。

（2004年6月22日）

国务院关于做好2004年深化农村税费改革试点工作的通知

各省、自治区、直辖市人民政府，国务院各部委、各直属机构：

农村税费改革是党中央、国务院为解决“三农”问题作出的一项重大决策。2000年以来，地方各级党委和政府高度重视，广大干部群众积极参与，农村税费改革试点由点到面稳步推进，2003年在全国范围内展开，取得了重要阶段性成效，基本实现了“减轻、规范、稳定”的预期目标，有力地促进了农村各项改革和经济社会事业发展。但是，农村税费改革试点中存在的问题还没有完全解决，农民负担仍然较重，相关配套改革滞后，农民减负的基础还不牢固。必须通过深化改革试点，进一步从源头上减轻农民负担，从制度上防止农民负担反弹。今年中央决定加大农村税费改革力度，试点工作进入了一个新阶段。这是前一阶段改革的延续、拓展和深化，涉及农村政治、经济和社会生活各个领域，对于进一步解放和发展农村生产力，加快全面建设小康社会步伐，具有十分重要的意义。为了做好2004年深化农村税费改革试点工作，现就有关问题通知如下：

一、深化农村税费改革试点工作总的要求和原则

深化农村税费改革试点工作总的要求是：以“三个代表”重要思想为指导，全面贯彻落实科学发展观，继续坚持“多予、少取、放活”的方针，认真落实今年减免农业税改革政策，注意妥善处理好农村税费改革与其他农村相关改革的关系，进一步减轻农民负担，稳步推进各项配套改革，切实防止农民负担反弹，改善农村生产生活条件，促进城乡经济社会协调发展。

按照上述要求，深化农村税费改革试点工作应当坚持以下原则：

（一）统一认识，加强领导　各地区、各有关部门要站在全局高度，按照中央部署和要求，加强领导，密切配合，共同推进。

（二）因地制宜，分类指导　在中央政策的指导下，各地从实际出发，大胆探索，进行全面部署，实行分类指导。

（三）统筹兼顾，配套推进　税费改革和配套改革要统筹规划，合理安排，突出重点，相互衔接，有组织、有步骤地实施。

（四）积极探索，循序渐进　要及时了解新情况和新问题，积极探索化解矛盾的有效措施，不断总结经验，逐步完善政策。

（五）狠抓落实，规范操作　各地区、各有关部门要明确责任，规范程序，不折不扣地把各项政策落实到基层和农户。

二、全面落实2004年农业税减免政策，加强对试点工作的分类指导

按照五年内取消农业税的总体部署，2004

年在黑龙江、吉林两省进行免征农业税改革试点，河北、内蒙古、辽宁、江苏、安徽、江西、山东、河南、湖北、湖南、四川等 11 个粮食主产省（区）的农业税税率降低 3 个百分点，其余省份农业税税率降低 1 个百分点。农业税附加随正税同步降低或取消。一些地方可根据本地的财力状况，自主决定多降税率或进行免征农业税改革试点。征收牧业税的地区，要按照本省（区）减免农业税的步骤和要求同步减免牧业税。

各地区、各有关部门要切实做好今年农业税减免试点工作，周密安排部署，精心组织实施，加强分类指导，搞好政策宣传和干部培训，规范操作，确保减免农业税政策全面落实到位。国务院确定免征农业税改革试点的省份和地方自主决定免征农业税的省份，要认真制定实施方案，明确配套改革的目标、步骤及措施，积极探索和积累经验，及时完善改革政策。降低农业税税率的省份，要按照计税面积、常年产量和降低后的税率，如实核定农民应缴纳的农业税及其附加额，落实到户，并得到农民认可。要注意做好政策解释工作，避免毗邻地区因农业税负担不均衡引发新的矛盾。要切实把取消国有农（牧）场农业特产税和降低农业税税率的好处，全部落实给承包土地的农场职工和农民。

要全面落实取消除烟叶外的农业特产税政策。农业税计税土地上生产的农业特产品，统一按调整后的农业税税率征收农业税，实施免征农业税试点的地区不再改征农业税；非农业税计税土地上生产的农业特产品，不再征收农业特产税，也不改征农业税。具体实施办法由财政部、税务总局制定。

各地区要明确减免农业税后"三个确保"的经费保障措施。中央财政对地方取消农业特产税、免征农业税改革试点和降低农业税税率减少的收入给予适当补助，并重点向粮食主产省（区）和中西部地区倾斜。经济较发达的非粮食主产省份减少的收入，由地方财政自行消化。具体补助方案由财政部报国务院批准后实施。省级财政和有条件的市、县也要安排一定资金用于改革。

三、推进各项配套改革，巩固农民减负基础

各地区、各有关部门要按照社会主义市场经济发展要求，适应减免农业税的新形势，进一步推进乡镇机构改革。要加快乡镇政府职能转变，加强乡镇政府社会管理和公共服务功能。要精简乡镇机构和人员，严格核定和控制乡镇行政和事业编制，由省一级实行总量管理，五年内不得突破。乡镇事业编制总量的调整，由县级机构编制部门报上一级机构编制部门审核，省级机构编制部门审批。按照将事业单位公益性职能和经营性职能分开的原则，整合乡镇事业站所。乡镇政府不再新设自收自支事业单位。要清退机关、事业单位超编、借调调、临时聘用人员。严格控制领导职数。妥善安置分流人员，切实维护社会稳定。有条件的地方，要继续做好撤并乡镇和村组工作。任何地方和部门不得违反法规干预乡镇机构设置和人员配备。要把乡镇编制管理工作列为对县级主要领导干部的考核内容，对不按规定设置机构、超职数配备领导干部、超编制招聘人员的，要严肃处理。

要全面贯彻落实《国务院关于进一步加强农村教育工作的决定》（国发[2003]19 号）精神，加快实施农村义务教育管理体制改革。继续巩固和完善"在国务院领导下，由地方政府负责、分级管理、以县为主"的农村义务教育管理体制。强化县级政府对本地区农村义务教育工作的统筹管理，各地区要在今年年底前完成撤销乡镇教育办公室的工作。进一步做好学校布局的合理调整，抓紧进行各县（市、区）农村中小学校教职工编制核定工作，统筹配备县域内城乡中小学校教职工。要依法全面实施教师资格准入制度，严格新聘教师录用条件，分流安置不合格教师，妥善做好农村中小学教职工定岗、定员和超编教职工分流工作。调整和优化政府教育支出结构，切实贯彻中央关于新增教育投入主要用于农村的要求，确保农村中小学教职工工资按国家规定标准及时足额发放，确保学校公用经费的正常需要，确保危房改造资金的必要投入。进一步规范农村义务教育收费管理，全面推行"一费制"收费办法。加强农村教育经费、财产管理，提高资金使用效益。

要改革和完善省级以下财政管理体制，合理划分省级以下各级政府支出责任。凡属于省、市级需承担的支出，同级财政要全额保障经费，不得以任何形式向下转嫁，省、市委托县乡承办的事务，要足额安排专项经费，不留缺口。具备条件的地区，在财政管理体制上可以进行“省直管县”的改革试点。积极稳妥地推行“乡财县管乡用”等管理方式。经济欠发达、财政收入规模较小的乡镇，财政支出可由县级财政统筹安排。要进一步明确县乡财政职能和支出范围，优化支出结构，将农村义务教育、计划生育、优抚和乡级道路建设等农村公益事业经费，列入县乡财政支出范围，增加农村教育、卫生、文化、水利、农业技术推广等投入。村级组织因减免农业税减少的附加收入，乡镇以上财政要给予必要补助，保证农村五保户供养、村干部报酬和办公经费的正常开支需要。

四、清理化解乡村债务，妥善处理税费尾欠

各地区、各有关部门要按照“制止新债、摸清底数、明确责任、分类处理、逐步化解”的要求，从２００４年开始在全国开展乡村债务清理工作，并结合当地实际，制定分阶段化解乡村债务的目标和步骤，选择少数县（市）进行试点。要抓好村务公开各项制度的落实，严格乡级财政和村级财务管理，加强审计监督。对农村税费改革试点前发生的农村税费尾欠，要登记造册，暂缓清收，以后再作处理。对改革后新发生的农业税尾欠，不符合减免条件的要制定还款计划，依法逐步清收。

五、建立健全农民负担监督管理机制，防止农民负担反弹

各地区、各有关部门要坚持和完善减轻农民负担党政主要领导亲自抓、负总责的工作制度和专项治理的部门责任制。抓紧制定减轻农民负担工作考核办法，切实把减轻农民负担工作作为考核和任用地方各级党政干部特别是县乡党政干部的一项重要依据。对违反农村税费改革政策、损害农民利益的行为，要严肃查处，决不姑息。各级农民负担监督管理机构要切实履行职责，健全农民负担监测、信访举报、监督检查、案件查处等监督管理制度。及时做好修订农民负担有关法律法规的工作。

要继续开展农民负担专项治理工作。重点整治农村教育、订阅报刊、用水用电、修建道路、计划生育、农民建房、农民务工经商等方面的乱收费。继续抓好涉农税收价格收费“公示制”、农村订阅报刊费用“限额制”、农村义务教育收费“一费制”和涉及农民负担案（事）件“责任追究制”四项制度的落实。加强对涉及农民负担的行政事业性收费项目和标准的审核、监督，防止以经营服务性收费为名变相加重农民负担。

要完善村内“一事一议”筹资筹劳管理办法。取消农村义务工和劳动积累工后，涉及村内筹劳的，要严格执行村内“一事一议”的议事程序、议事范围和筹资筹劳的上限标准；涉及跨村使用劳动力的，应坚持实行有偿用工。在注重实效、控制上限、严格规范的前提下，可引导农民自愿投工投劳，改善生产生活条件。杜绝强行以资代劳。

六、加强组织领导，确保深化农村税费改革试点工作顺利进行

深化农村税费改革试点涉及农村政治、经济和社会各个领域，关系整个农村稳定的大局。各地区、各有关部门要从实践“三个代表”重要思想、贯彻落实科学发展观的政治高度，充分认识深化农村税费改革试点工作的长期性、艰巨性和复杂性，妥善处理好农村税费改革与促进粮食生产和农民增收的关系、与基层政权建设和农村稳定的关系、与农村义务教育等农村社会事业发展的关系、与公共财政建设和其它相关改革的关系，切实加强领导，扎实推进改革。地方各级人民政府要层层落实农村税费改革工作领导负责制，明确目标任务，强化督促检查，及时了解新情况，解决新问题；要建立健全农村税费改革领导及办事机构，完善工作机制，为改革提供必要的组织保证。中央各有关部门要按照职责分工，各负其责，相互配合，积极推动改革。要抓紧制定乡镇机构改革、农村义务教育管理体制改革、县乡财政管理体制改革、农民负担监督管理、清理化解乡村债务、国有农垦企业体制改革的指导意见。适时调整农业税征管体制，转变农业税征收管理机制、职能和工作重点。要加强调查研究和分类指导，及时总结经验，完善政策，确保深化农村税费改革试点工作顺利进行。

各省、自治区、直辖市要在今年年底前将本地区今年深化农村税费改革试点情况向国务院报告。

（2004 年 7 月 21 日）

国务院关于深化改革严格土地管理的决定

各省、自治区、直辖市人民政府，国务院各部委、各直属机构：

实行最严格的土地管理制度，是由我国人多地少的国情决定的，也是贯彻落实科学发展观，保证经济社会可持续发展的必然要求。去年以来，各地区、各部门认真贯彻党中央、国务院部署，全面清理各类开发区，切实落实暂停审批农用地转用的决定，土地市场治理整顿取得了积极进展，有力地促进了宏观调控政策的落实。但是，土地市场治理整顿的成效还是初步的、阶段性的，盲目投资、低水平重复建设，圈占土地、乱占滥用耕地等问题尚未根本解决。因此，必须正确处理保障经济社会发展与保护土地资源的关系，严格控制建设用地增量，努力盘活土地存量，强化节约利用土地，深化改革，健全法制，统筹兼顾，标本兼治，进一步完善符合我国国情的最严格的土地管理制度。现决定如下：

一、严格执行土地管理法律法规

（一）牢固树立遵守土地法律法规的意识　各地区、各有关部门要深入持久地开展土地法律法规的学习教育活动，深刻认识我国国情和保护耕地的极端重要性，本着对人民、对历史负责的精神，严格依法管理土地，积极推进经济增长方式的转变，实现土地利用方式的转变，走符合中国国情的新型工业化、城市化道路。进一步提高依法管地用地的意识，要在法律法规允许的范围内合理用地。对违反法律法规批地、占地的，必须承担法律责任。

（二）严格依照法定权限审批土地　农用地转用和土地征收的审批权在国务院和省、自治区、直辖市人民政府，各省、自治区、直辖市人民政府不得违反法律和行政法规的规定下放土地审批权。严禁规避法定审批权限，将单个建设项目用地拆分审批。

（三）严格执行占用耕地补偿制度　各类非农业建设经批准占用耕地的，建设单位必须补充数量、质量相当的耕地，补充耕地的数量、质量实行按等级折算，防止占多补少、占优补劣。不能自行补充的，必须按照各省、自治区、直辖市的规定缴纳耕地开垦费。耕地开垦费要列入专户管理，不得减免和挪作他用。政府投资的建设项目也必须将补充耕地费用列入工程概算。

（四）禁止非法压低地价招商　省、自治区、直辖市人民政府要依照基准地价制定并公布协议出让土地最低价标准。协议出让土地除必须严格执行规定程序外，出让价格不得低于最低价标准。违反规定出让土地造成国有土地资产流失的，要依法追究责任；情节严重的，依照《中华人民共和国刑法》的规定，以非法低价出让国有土地使用权罪追究刑事责任。

（五）严格依法查处违反土地管理法律法规的行为　当前要着重解决有法不依、执法不严、违法不究和滥用行政权力侵犯农民合法权益的问题。要加大土地管理执法力度，严肃查处非法批地、占地等违法案件。建立国土资源与监察等部门联合办案和案件移送制度，既查处土地违法行为，又查处违法责任人。典型案件，要公开处理。对非法批准占用土地、征收土地和非法低价出让国有土地使用权的国家机关工作人员，依照《监察部国土资源部关于违反土地管理规定行为行政处分暂行办法》给予行政处分；构成犯罪的，依照《中华人民共和国刑法》、《中华人民共和国土地管理法》、《最高人民法院关于审理破坏土地资源刑事案件具体应用法律若干问题的解释》和最高人民检察院关于渎职犯罪案件立案标准的规定，追究刑事责任。对非法批准征收、使用土地，给当事人造成损失的，还必须依法承担赔偿责任。

二、加强土地利用总体规划、城市总体规划、村庄和集镇规划实施管理

（六）严格土地利用总体规划、城市总体规划、村庄和集镇规划修改的管理　在土地利用总体规划和城市总体规划确定的建设用地范围外，不得设立各类开发区（园区）和城市新区（小区）。

对清理后拟保留的开发区，必须依据土地利用总体规划和城市总体规划，按照布局集中、用地集约和产业集聚的原则严格审核。严格土地利用总体规划的修改，凡涉及改变土地利用方向、规模、重大布局等原则性修改，必须报原批准机关批准。城市总体规划、村庄和集镇规划也不得擅自修改。

（七）加强土地利用计划管理　农用地转用的年度计划实行指令性管理，跨年度结转使用计划指标必须严格规范。改进农用地转用年度计划下达和考核办法，对国家批准的能源、交通、水利、矿山、军事设施等重点建设项目用地和城、镇、村的建设用地实行分类下达，并按照定额指标、利用效益等分别考核。

（八）从严从紧控制农用地转为建设用地的总量和速度　加强农用地转用审批的规划和计划审查，强化土地利用总体规划和土地利用年度计划对农用地转用的控制和引导，凡不符合规划、没有农用地转用年度计划指标的，不得批准用地。为巩固土地市场治理整顿成果，2004年农用地转用计划指标不再追加；对过去拖欠农民的征地补偿安置费在2004年年底前不能足额偿还的地方，暂缓下达该地区2005年农用地转用计划。

（九）加强建设项目用地预审管理　凡不符合土地利用总体规划、没有农用地转用计划指标的建设项目，不得通过项目用地预审。发展改革等部门要通过适当方式告知项目单位开展前期工作，项目单位提出用地预审申请后，国土资源部门要依法对建设项目用地进行审查。项目建设单位向发展改革等部门申报核准或审批建设项目时，必须附国土资源部门预审意见；没有预审意见或预审未通过的，不得核准或批准建设项目。

（十）加强村镇建设用地的管理　要按照控制总量、合理布局、节约用地、保护耕地的原则，编制乡（镇）土地利用总体规划、村庄和集镇规划，明确小城镇和农村居民点的数量、布局和规模。鼓励农村建设用地整理，城镇建设用地增加要与农村建设用地减少相挂钩。农村集体建设用地，必须符合土地利用总体规划、村庄和集镇规划，并纳入土地利用年度计划，凡占用农用地的必须依法办理审批手续。禁止擅自通过“村改居”等方式将农民集体所有土地转为国有土地。禁止农村集体经济组织非法出让、出租集体土地用于非农业建设。改革和完善宅基地审批制度，加强农村宅基地管理，禁止城镇居民在农村购置宅基地。引导新办乡村工业向建制镇和规划确定的小城镇集中。在符合规划的前提下，村庄、集镇、建制镇中的农民集体所有建设用地使用权可以依法流转。

（十一）严格保护基本农田　基本农田是确保国家粮食安全的基础。土地利用总体规划修编，必须保证现有基本农田总量不减少，质量不降低。基本农田要落实到地块和农户，并在土地所有权证书和农村土地承包经营权证书中注明。基本农田保护图件备案工作，应在新一轮土地利用总体规划修编后三个月内完成。基本农田一经划定，任何单位和个人不得擅自占用，或者擅自改变用途，这是不可逾越的“红线”。符合法定条件，确需改变和占用基本农田的，必须报国务院批准；经批准占用基本农田的，征地补偿按法定最高标准执行，对以缴纳耕地开垦费方式补充耕地的，缴纳标准按当地最高标准执行。禁止占用基本农田挖鱼塘、种树和其他破坏耕作层的活动，禁止以建设“现代农业园区”或者“设施农业”等任何名义，占用基本农田变相从事房地产开发。

三、完善征地补偿和安置制度

（十二）完善征地补偿办法　县级以上地方人民政府要采取切实措施，使被征地农民生活水平不因征地而降低。要保证依法足额和及时支付土地补偿费、安置补助费以及地上附着物和青苗补偿费。依照现行法律规定支付土地补偿费和安置补助费，尚不能使被征地农民保持原有生活水平的，不足以支付因征地而导致无地农民社会保障费用的，省、自治区、直辖市人民政府应当批准增加安置补助费。土地补偿费和安置补助费的总和达到法定上限，尚不足以使被征地农民保持原有生活水平的，当地人民政府可以用国有土地有偿使用收入予以补贴。省、自治区直辖市人民政府要制订并公布各市县征地的统一年产值标准或区片综合地价，征地补偿做到同地同价，国家重点建设项目必须将征地费用足额列入概算。大中型水利、水电工程建设征地的补偿费标准和移民安置办法，由国务院另行规定。

（十三）妥善安置被征地农民　县级以上地方人民政府应当制定具体办法，使被征地农民的长远生计有保障。对有稳定收益的项目，农民可以经依法批准的建设用地土地使用权入股。在城市规划区内，当地人民政府应当将因征地而导致无地的农民，纳入城镇就业体系，并建立社会保障制度；在城市规划区外，征收农民集体所有土地时，当地人民政府要在本行政区域内为被征地农民留有必要的耕作土地或安排相应的工作岗位；对不具备基本生产生活条件的无地农民，应当异地移民安置。劳动和社会保障部门要会同有关部门尽快提出建立被征地农民的就业培训和社会保障制度的指导性意见。

（十四）健全征地程序　在征地过程中，要维护农民集体土地所有权和农民土地承包经营权的权益。在征地依法报批前，要将拟征地的用途、位置斥偿标准、安置途径告知被征地农民；对拟征土地现状的调查结果须经被征地农村集体经济组织和农户确认；确有必要的，国土资源部门应当依照有关规定组织听证。要将被征地农民知情、确认的有关材料作为征地报批的必备材料。要加快建立和完善征地补偿安置争议的协调和裁决机制，维护被征地农民和用地者的合法权益。经批准的征地事项，除特殊情况外，应予以公示。

（十五）加强对征地实施过程监管　征地补偿安置不落实的，不得强行使用被征土地。省、自治区、直辖市人民政府应当根据土地补偿费主要用于被征地农户的原则，制订土地补偿费在农村集体经济组织内部的分配办法。被征地的农村集体经济组织应当将征地补偿费用的收支和分配情况，向本集体经济组织成员公布，接受监督。农业、民政等部门要加强对农村集体经济组织内部征地补偿费用分配和使用的监督。

四、健全土地节约利用和收益分配机制

（十六）实行强化节约和集约用地政策　建设用地要严格控制增量，积极盘活存量，把节约用地放在首位，重点在盘活存量上下功夫。新上建设项目首先要利用现有建设用地，严格控制建设占用耕地、林地、草原和湿地。开展对存量建设用地资源的普查，研究制定鼓励盘活存量的政策措施。各地区、各有关部门要按照集约用地的原则，调整有关厂区绿化率的规定，不得圈占土地搞“花园式工厂”。在开发区（园区）推广多层标准厂房。对工业用地在符合规划、不改变原用途的前提下，提高土地利用率和增加容积率的，原则上不再收取或调整土地有偿使用费。基础设施和公益性建设项目，也要节约合理用地。今后，供地时要将土地用途、容积率等使用条件的约定写入土地使用合同。对工业项目用地必须有投资强度、开发进度等控制性要求。土地使用权人不按照约定条件使用土地的，要承担相应的违约责任。在加强耕地占用税、城镇土地使用税、土地增值税征收管理的同时，进一步调整和完善相关税制，加大对建设用地取得和保有环节的税收调节力度。

（十七）推进土地资源的市场化配置　严格控制划拨用地范围，经营性基础设施用地要逐步实行有偿使用。运用价格机制抑制多占、滥占和浪费土地。除按现行规定必须实行招标、拍卖、挂牌出让的用地外，工业用地也要创造条件逐步实行招标、拍卖、挂牌出让。经依法批准利用原有划拨土地进行经营性开发建设的，应当按照市场价补缴土地出让金。经依法批准转让原划拨土地使用权的，应当在土地有形市场公开交易，按照市场价补缴土地出让金；低于市场价交易的，政府应当行使优先购买权。

（十八）制订和实施新的土地使用标准　依照国家产业政策，国土资源部门对淘汰类、限制类项目分别实行禁止和限制用地，并会同有关部门制订工程项目建设用地定额标准，省、自治区、直辖市人民政府可以根据实际情况制订具体实施办法。继续停止高档别墅类房地产、高尔夫球场等用地的审批。

（十九）严禁闲置土地　农用地转用批准后，满两年未实施具体征地或用地行为的，批准文件自动失效；已实施征地，满两年未供地的，在下达下一年度的农用地转用计划时扣减相应指标，对具备耕作条件的土地，应当交原土地使用者继续耕种，也可以由当地人民政府组织耕种。对用地单位闲置的土地，严格依照《中华人民共和国土地管理法》的有关规定处理。

（二十）完善新增建设用地土地有偿使用费收缴办法　新增建设用地土地有偿使用费实行

先缴后分，按规定的标准就地全额缴入国库，不得减免，并由国库按规定的比例就地分成划缴。审计部门要加强对新增建设用地土地有偿使用费征收和使用的监督检查。对减免和欠缴的，要依法追缴。财政部、国土资源部要适时调整新增建设用地土地有偿使用费收取标准。新增建设用地土地有偿使用费要严格按法定用途使用，由中央支配的部分，要向粮食主产区倾斜。探索建立国有土地收益基金，遏制片面追求土地收益的短期行为。

五、建立完善耕地保护和土地管理的责任制度

（二十一）明确土地管理的权力和责任　调控新增建设用地总量的权力和责任在中央，盘活存量建设用地的权力和利益在地方，保护和合理利用土地的责任在地方各级人民政府，省、自治区、直辖市人民政府应负主要责任。在确保严格实施土地利用总体规划，不突破土地利用年度计划的前提下，省、自治区、直辖市人民政府可以统筹本行政区域内的用地安排，依照法定权限对农用地转用和土地征收进行审批，按规定用途决定新增建设用地土地有偿使用费地方分成部分的分配和使用，组织本行政区域内耕地占补平衡，并对土地管理法律法规执行情况进行监督检查。地方各级人民政府要对土地利用总体规划确定的本行政区域内的耕地保有量和基本农田保护面积负责，政府主要领导是第一责任人。地方各级人民政府都要建立相应的工作制度，采取多种形式，确保耕地保护目标落实到基层。

（二十二）建立耕地保护责任的考核体系　国务院定期向各省、自治区、直辖市下达耕地保护责任考核目标。各省、自治区、直辖市人民政府每年要向国务院报告耕地保护责任目标的履行情况。实行耕地保护责任考核的动态监测和预警制度。国土资源部会同农业部、监察部、审计署、统计局等部门定期对各省、自治区、直辖市耕地保护责任目标履行情况进行检查和考核，并向国务院报告。对认真履行责任目标，成效突出的，要给予表彰，并在安排中央支配的新增建设用地土地有偿使用费时予以倾斜。对没有达到责任目标的，要在全国通报，并责令限期补充耕地和补划基本农田。对土地开发整理补充耕地的情况也要定期考核。

（二十三）严格土地管理责任追究制　对违反法律规定擅自修改土地利用总体规划的、发生非法占用基本农田的、未完成耕地保护责任考核目标的、征地侵害农民合法权益引发群体性事件且未能及时解决的、减免和欠缴新增建设用地土地有偿使用费的、未按期完成基本农田图件备案工作的，要严肃追究责任，对有关责任人员由上级主管部门或监察机关依法定权限给予行政处分。同时，上级政府要责令限期整改，整改期间暂停农用地转用和征地审批。具体办法由国土资源部会同有关部门另行制订。实行补充耕地监督的责任追究制，国土资源部门和农业部门负责对补充耕地的数量和质量进行验收，并对验收结果承担责任。省。自治区、直辖市国土资源部门和农业部门要加强监督检查。

（二十四）强化对土地执法行为的监督　建立公开的土地违法立案标准。对有案不查、执法不严的，上级国土资源部门要责令其作出行政处罚决定或直接给予行政处罚。坚决纠正违法用地只通过罚款就补办合法手续的行为。对违法用地及其建筑物和其他设施，按法律规定应当拆除或没收的，不得以罚款、补办手续取代；确需补办手续的，依法处罚后，从新从高进行征地补偿和收取土地出让金及有关规费。完善土地执法监察体制，建立国家土地督察制度，设立国家土地总督察，向地方派驻土地督察专员，监督土地执法行为。

（二十五）加强土地管理行政能力建设　2004 年年底以前要完成省级以下国土资源管理体制改革，理顺领导干部管理体制、工作机制和加强基层队伍建设。市、县人民政府要保证基层国土资源管理所机构、编制、经费到位，切实发挥基层国土资源管理所在土地管理执法中的作用。国土资源部要会同有关部门抓紧建立和完善统一的土地分类、调查、登记和统计制度，启动新一轮土地调查，保证土地数据的真实性。组织实施“金土工程”。充分利用现代高新技术加强土地利用动态监测，建立土地利用总体规划实施、耕地保护、土地市场的动态监测网络。

各地区、各有关部门要以“三个代表”重要

思想为指导，牢固树立科学发展观和正确的政绩观，把落实好最严格的土地管理制度作为对执政能力和依法行政能力的检验。高度重视土地的保护和合理利用，认真总结经验，积极推进土地管理体制改革，不断完善土地法制，建立严格、科学、有效的土地管理制度，维护好广大人民群众的根本利益，确保经济社会的可持续发展。

（2004年10月21日）

国务院办公厅
关于进一步做好改善农民进城就业环境工作的通知

各省、自治区、直辖市人民政府，国务院各部委、各直属机构：

农民有序进城就业，对于促进农村富余劳动力转移，增加农民收入，满足城市劳动力需求，统筹城乡发展，都具有重要意义。党中央、国务院高度重视改善农民进城就业环境工作，《国务院办公厅关于做好农民进城务工就业管理和服务工作的通知》（国办发[2003]1号）下发以来，各地区、各有关部门做了大量工作，农民进城就业的环境不断改善，但目前仍存在一些亟待解决的问题。主要是农民进城就业管理服务制度建设滞后，城市公共职业介绍、培训服务还不能满足农民进城就业的需要，一些不法分子以职业介绍为名坑骗农民工钱财的违法犯罪活动时有发生，农民进城就业收费多、手续繁的问题有待进一步解决，部分行业和企业拖欠农民工工资、侵害农民工权益等问题仍然比较突出。为进一步改善农民进城就业环境，维护农民工合法权益，经国务院同意，现就有关问题通知如下：

一、进一步做好促进农民进城就业的管理和服务工作

（一）清理和取消针对农民进城就业等方面的歧视性规定及不合理限制 各地区、各有关部门要继续清理对企业使用农民工的行政审批，取消对农民进城就业的职业工种限制，不得干涉企业自主合法使用农民工。要严格审核、清理农民进城就业的手续，取消专为农民工设置的登记项目，实行暂住证一证管理。各行业和工种尤其是特殊行业和工种要求的技术资格、健康等条件，对进城就业农民和城镇居民要一视同仁。各地教育部门和学校对进城就业农民子女接受义务教育，在入学条件等方面与当地学生同等对待，不得违反国家规定乱收费。要推进大中城市户籍制度改革，放宽农民进城就业和落户的条件。要研究进城就业农民的住房问题。

（二）开展有组织的劳务输出 要充分调动政府职能部门、农村基层组织和社会各方面的积极性，整合乡镇劳动保障、农业、乡镇企业管理等部门在促进农村劳动力转移就业方面的职能作用，形成合力，发展有组织的劳务输出。劳动力输出数量较大的地区，应成立劳务输出工作领导小组。各地要统筹做好开拓劳务市场、收集发布劳务信息、培训劳务人员、组织劳务输出、协调劳务管理、提供劳务服务和法律咨询、维护农民工合法权益等方面的工作。要加强跨省劳务工作和乡镇劳动服务工作，积极建立劳务基地，大力发展劳务协作，通过订单培训、定向输出，提高农民外出务工组织程度。要制定扶持政策，规范发展劳务派遣组织，为农民进城就业提供职业介绍、培训、管理和维护权益“一条龙”服务。

（三）完善对农民进城就业的职业介绍服务 城市各级公共职业介绍机构要免费向农民工开放，积极为农民工免费提供就业信息和政策咨询，对求职登记的农民工免费提供职业指导和职业介绍服务。有条件的大中城市，要开设面向农民工的服务窗口或建立专门的服务场所，集中为农民工提供就业服务。要不断完善和充分利用现有劳动力市场体系，建立农村劳动力输出地和输入地信息对接机制，及时发布供求信息，为农村劳动力转移就业提供便捷、高效服务，引导农村劳动力有序流动。农民工免费公共就业服务所需经费，按财政部、劳动保障部、公安部、教育部、人口计生委联合下发的《关于将农民工管理等有关经费纳入财政预算支出范围有关问题的通知》(财预[2003]561号)规定执行。对基层财政困难，中央财政通过一般性转移支付渠道帮助解决。

（四）做好对农民工的咨询服务工作　大中城市要开通劳动保障电话咨询服务。要选派政治素质高、精通劳动保障业务和工作责任心强的工作人员担任电话咨询员。要建立规范快捷的咨询反馈流程，及时为农民工和其他劳动者提供服务。

（五）加强对农民进城就业的培训工作　地方各级政府要采取积极措施，引导和鼓励农民工自主参加职业教育和培训，鼓励用人单位、各类教育培训机构和社会力量开展农民工职业技能培训。要充分发挥各级劳动保障、农业、教育、科技、建设等职能部门和农村基层组织的优势，充分动员和利用社会各方面的职业教育培训资源，积极引导、鼓励和组织准备进城务工的农民参加职业技能和安全生产知识培训。继续实施好《2003—2010年全国农民工培训规划》，鼓励农民工自愿参加职业技能鉴定，对鉴定合格者颁发国家统一的职业资格证书。职业技能鉴定要尊重农民意愿，任何单位不得强制农民工参加收费鉴定。农民工培训经费由政府、用人单位和农民工个人共同负担。各级财政要在财政支出中安排专项经费扶持农民工职业技能培训工作。用于补助农民工培训的经费要专款专用，要让农民工直接受益。

二、切实维护农民进城就业的合法权益

（一）进一步解决拖欠农民工工资问题　劳动保障、建设等部门要在2004年基本解决建设领域2003年拖欠的农民工工资问题的基础上，加大工作力度，尽快抓紧解决2003年以前拖欠的建设领域农民工工资。对其他行业拖欠农民工工资情况也要进行清理，对恶意拖欠和克扣工资的企业，要依法处理并通过新闻媒体曝光。在清欠的同时，要落实最低工资制度，逐步建立工资支付监控、欠薪保障、企业劳动保障诚信等制度。

（二）加强劳动合同管理和劳动保障监察执法　要制订适合农民工就业特点的劳动合同文本，重点督促、指导使用农民工较集中的建筑、餐饮、加工等行业的用人单位依法与农民工签订劳动合同。各级劳动保障监察机构要加强对这些重点行业的监察执法，公布举报投诉电话，及时处理举报投诉案件。严厉查处随意延长工时、克扣工资、使用童工等违法行为，维护农民工的合法权益。

（三）及时处理农民工劳动争议案件　劳动争议仲裁机构对农民工申诉的劳动争议案件，要及时作出是否受理的决定；对已受理案件，在条件允许的情况下要依法采取简易程序快速审理；对因用人单位拖欠劳动报酬、工伤待遇等问题申请仲裁的案件，应视情况减免应由农民工本人负担的仲裁费用。各地区要加强劳动争议仲裁机构和仲裁员队伍建设。

（四）支持工会组织依法维护农民工的权益　地方各级政府要积极支持工会组织按照《中华人民共和国工会法》开展工会活动，维护农民工合法权益。各级劳动保障部门要指导、协调用人单位与工会在平等协商的基础上签订集体合同，并对集体合同的履行情况实施监督。

（五）做好农民工工伤保险工作　各地要认真贯彻落实《工伤保险条例》，将与用人单位形成劳动关系的农民工全部纳入工伤保险范围。用人单位必须为签订了劳动合同或形成事实劳动关系的农民工及时办理参加工伤保险的手续；发生工伤的，劳动保障行政部门要依法进行认定。未参加工伤保险的企业，农民工发生工伤的，企业必须按照《工伤保险条例》规定的标准支付工伤费用。要重点推进农民工较多、工伤和职业病风险程度较高的建筑、矿山等行业参加工伤保险。劳动保障部门要制订适合农民工特点的待遇支付方式，方便农民工参保和享受待遇。建筑施工企业要按照《中华人民共和国建筑法》、《建设工程安全生产管理条例》规定，为施工现场从事危险作业的农民工办理意外伤害保险，作为工伤保险的重要补充。

三、进一步健全完善劳动力市场

（一）整顿劳动力市场秩序　各地区以及劳动保障、公安、工商等部门要加大对大中城市劳动力市场清理整顿工作力度，重点打击职业介绍领域的各种违法犯罪活动，取缔各类非法职业中介机构。要进一步加强对民办职业中介机构的规范管理，引导和规范自发形成的零工市场。每年春节后，要集中一段时间清理整顿职业中介机构和劳动力市场秩序，并形成制度。

（二）探索建立城乡一体化的劳动力市场 劳动保障部门要会同有关部门选择部分农民工人数较多、劳动保障工作基础较好、公共就业服务能力较强的城市，开展城乡一体化劳动力市场的试点工作。试点工作内容主要是：改革城乡分割的就业管理体制；健全和完善公共就业服务体系，对包括进城就业农民在内的所有求职者提供就业服务；完善企业职工培训制度，提升农民工的职业素质；规范企业招用工行为，维护农民工合法权益。试点城市可进行全面的综合试点，也可根据本地实际选择重点内容进行试点。

地方各级政府，特别是城市政府要进一步提高认识，把改善农民进城就业环境作为重要职责，列入重要工作日程。要定期开展以“改善农民进城就业环境，维护农民工合法权益”为主题的普法宣传活动，增强用人单位依法用工和农民工依法维权的意识。要建立综合治理、齐抓共管的工作机制。要按照本通知要求，加强协调配合，结合当地社会经济发展状况，将农民进城就业纳入经济社会发展规划，制订本地区改善农民进城就业环境的实施方案。要层层落实责任制，掌握工作进度，注意总结经验，及时发现和解决工作中遇到的新问题。国务院将组织专项检查，督促改善农民进城就业环境和维护农民工权益的各项措施落到实处。

（2004年12月27日）

国务院办公厅关于加强生物物种资源保护和管理的通知

各省、自治区、直辖市人民政府，国务院各部委、各直属机构：

近几年来，我国生物物种资源保护和管理工作取得了一定成效，一批具有重要经济、科研和生态价值的生物物种资源得到了保护。但由于多种原因，我国生物物种资源丧失和流失的问题还很突出。为全面加强生物物种资源保护和管理，经国务院同意。现就有关问题通知如下：

（一）充分认识生物物种资源保护和管理的重要性。生物物种资源（包括生物遗传资源，下同）是维持人类生存、维护国家生态安全的物质基础，是实现可持续发展战略的重要资源。各地区、各有关部门要充分认识生物物种资源保护和管理的重要性和紧迫性，站在国家和民族长远利益的高度，以对子孙后代高度负责的态度，将生物物种资源保护和管理工作列入重要议事日程，确定工作重点，采取有力措施，切实抓紧抓好。

要通过广播、电视、报刊、杂志等新闻媒体，开展生物物种资源保护和管理宣传教育，广泛普及科学知识，树立生物物种资源保护意识。要针对突出问题，抓住典型案例，深入开展警示教育，不断提高全社会生物物种资源保护和管理的责任感。

（二）开展生物物种资源调查。我国生物物种资源种类多、数量大、分布广，是世界生物物种资源最丰富的国家之一。为全面掌握我国生物物种资源状况，要迅速开展一次全国生物物种资源调查，争取用二到三年的时间，基本查清我国栽培植物、家畜家禽种质资源和水生生物、观赏植物、药用植物等物种资源的状况。

（三）做好生物物种资源编目工作。开展动植物特有种、我国起源的栽培植物、家畜家禽及其野生亲缘种、变种、品种和品系，以及具有重要经济、科研价值或潜在用途的野生药用、观赏动植物和微生物等物种资源的整理和编目。要研究制定生物物种资源评价指标和等级标准，完善重点保护生物物种目录，建立国家生物物种资源协调交流机制、全国统一的数据库系统，实现信息网络联通和信息资源共享。

全国生物物种资源调查和编目工作，由环保总局会同国务院有关行政主管部门负责组织落实，各地区、各部门要积极支持和配合。

（四）制定生物物种资源保护利用规划。在开展生物物种资源调查的基础上，环保总局要会同发展改革委、科技部、财政部、农业部、林业局、中科院、中医药局等部门制定全国生物物种资源保护利用规划。各地区、各有关部门要分别编制本行政区和相关领域的保护利用规划。各级保护利用规划要纳入国家和地方国民经济和社会发展计划并认真组织实施。

（五）加强生物物种资源保护基础能力建设。加强野生动植物物种资源及其原生境、栽培植物野生近缘种、家畜家禽近缘种的就地保护和生物物种资源收集保存库（圃）、植物园、动物园、野生动物园、种源繁育中心（基地）建设，做好生物物种资源迁地保护和保存；建设一批离体保护设施和生物物种资源基因核心库，加强动物基因、细胞、组织及器官的保存和特异优质基因的保护。

（六）健全生物物种资源对外输出审批制度。进一步建立审批责任制和责任追究制，强化生物物种资源对外输出的管理和监督。建立国家生物物种资源联络机制，对外提供及国外机构和个人在我国境内获取生物物种资源，必须按程序报经国务院有关行政主管部门同意，并将有关进出口资料信息抄报国务院环境保护部门。

（七）建立生物物种资源出入境查验制度。建立生物物种资源出入境查验制度，加强对生物物种资源出入境的监管。携带、邮寄、运输生物物种资源出境的，必须提供有关部门签发的批准证明，并向出入境检验检疫机构申报。海关凭出入境检验检疫机构签发的《出境货物通关单》验放。涉及濒危物种进出口和国家保护的野生动植物及其产品出口的，须取得国家濒危物种进出口管理机构签发的允许进出口证明书。出入境检验检疫机构、海关要按各自职责对出入境的生物物种资源严格检验、查验，对非法出入境的生物物种资源，要依法予以没收。

（八）加强生物物种资源对外合作管理。对外提供生物物种资源，涉及生物物种资源的对外合作项目，要签订有关协议书，明确双方的权利、责任和义务，确保知识产权等研发利用的成果和利益共享，切实维护国家利益。对外合作项目必须严格遵守我国有关规定，应有我国研究人员的充分参与，所涉及的研发活动主要在我国境内进行。对于申请有关知识产权保护的生物物种资源研究开发成果，知识产权主管部门要按照有关规定加强审查，对符合条件的要予以保护。

（九）加强科学研究和技术开发。要制定专项科研计划，加强生物物种资源基础理论、保护技术和开发利用研究，开展生物物种资源遗传分析和综合鉴定，为科学保护和利用生物物种资源提供技术支撑。

（十）加强人才培养。要针对当前生物物种资源保护人才流失和业务骨干缺乏的实际，积极采取措施，创造必要条件，吸引和稳定专业技术人才，积极引进科技骨干人才，开展技术培训，切实加强专业和管理队伍建设。

（十一）加大资金投入。要建立稳定的投入机制，将所需经费列入中央和地方财政预算，不断加大投入力度，切实加强和完善生物物种资源保护基础设施建设，完善技术手段，提高生物物种资源保护和管理水平。

（十二）强化预警监督。建立生物物种资源监测预警体系，及时掌握重要生物物种资源的动态变化，科学预测近期、中期和长期发展趋势，为科学决策提供依据。开发建设项目要严格进行环境影响评价，对生物物种资源及其生长环境产生不利影响的，应制定和落实补救措施。

（十三）完善立法工作。抓紧起草生物物种资源保护法律法规，规范生物物种资源的保护、采集、收集、研究、开发、贸易、交换、进出口、出入境等活动。严格控制直接商品化利用野生资源，鼓励优先使用人工培育的生物物种资源。

（十四）加大执法力度。要明确职责，强化责任，严格执法，认真查找存在的问题并采取有力措施加以解决。当前要重点检查现有有关法律法规的执行情况，加强对有关部门和单位持有、对外交换和提供生物物种资源情况的监督检查。

（十五）加强领导和协调。生物物种资源的保护和管理涉及多部门和多领域，为避免工作重复和疏漏，国务院决定建立生物物种资源保护部际联席会议制度，统一组织、协调国家生物物种资源的保护和管理工作，部际联席会议由环保总局牵头，国务院有关部门参加。环保总局负责生物物种资源保护和管理的组织协调，会同监察部加强监督检查。教育、建设、农业、卫生、林业和中医药等部门负责本行业生物物种的保护和管理工作；工商、商务、海关、质检等部门负责市场和出入境管理；科研开发和知识产权管理；发展改革、财政等部门负责制订经济政策并落实所需资金。各有关部门要加强协调，密切配合，通力合作，共同做好我国生物物种资源保护和管理工作。

（2004 年 3 月 31 日）

国务院办公厅转发商务部等部门关于进一步做好农村商品流通工作意见的通知

各省、自治区、直辖市人民政府，国务院各部委、各直属机构：

商务部等部门《关于进一步做好农村商品流通工作的意见》已经国务院同意，现转发给你们，请认真贯彻执行。

国务院办公厅

2004年7月14日

关于进一步做好农村商品流通工作的意见

商务部 国家发展和改革委员会 财政部
农业部 中国人民银行 国家税务总局
国家工商行政管理总局 中华全国供销合作总社

做好农村商品流通工作，大力开拓农村市场，既是促进农村经济全面发展和农民增收的现实需要，也是统筹城乡协调发展、完善社会主义市场经济体制的客观要求。近年来，随着我国改革开放不断深入和社会主义市场经济体制的逐步建立，农村商品流通总体上势头较好，多形式、多渠道的农产品购销体系初步建立，农村市场日趋活跃。但长期以来，由于受城乡二元经济结构影响和农村生产力水平较低的制约，当前农村商品流通存在着设施不足、方式陈旧、成本较高、农民进入市场较难等问题，不仅影响了农业生产和农民增收，也抑制了农民消费，延缓了农村的市场化进程。为贯彻落实《中共中央关于完善社会主义市场经济体制若干问题的决定》和《中共中央国务院关于促进农民增加收入若干政策的意见》（中发[2004]1号）精神，进一步做好农村商品流通工作，特提出以下意见：

一、农村商品流通工作的指导思想和方针

农村商品流通工作的指导思想是：以“三个代表”重要思想为指导，贯彻党的十六大提出的全面建设小康社会和完善社会主义市场经济体制的战略部署，按照统筹城乡经济发展的要求，通过健全法律法规、完善市场机制、培育市场主体、规范市场秩序，加快农村商品流通发展，促进农民增收和农村经济全面发展。

农村商品流通工作的方针是：政府推动与发挥市场机制相结合；城乡市场统一规划建设与积极培育农民的市场主体地位相结合；农村市场建设与农业生产、农民消费互动发展。

二、当前农村商品流通工作的重点

（一）努力搞活农产品流通。

1．加强农产品批发市场建设。制订农产品产地和销地批发市场建设规划，加强农产品批发市场信息、检验检测系统及仓储、运输等基础设施建设和改造，发展和创新农产品拍卖、经纪人代理、网上交易等新型交易方式，推进农产品批发市场标准化建设，三年内培育2000个实行标准化、规范化管理的农产品批发市场。抓紧制定农产品市场管理的有关法规。鼓励外商参与农产品批发市场的建设和改造。

2．积极发展农产品零售市场。支持农业龙头企业到城市开办农产品超市，逐步把网络延伸到城市社区。鼓励有条件的地方将城市农贸市场改建成超市，城市农贸市场逐步退路进场，改善经营条件和设施。引导农产品批发市场和加工企业直接向超市、社区菜市场、便利店等配送产品。

有条件的超市和便利店可直接从产地采购，与农产品生产基地建立长期的产销联盟。努力提高农产品在连锁超市、便利店等新型零售业态中的经营比重，力争五年内其销售额占全部农产品零售额的 1/3 以上。鼓励国内外企业投资建设和改造农产品零售市场，外商投资设立农产品经营企业不受地域、股权和投资额限制。

3. 千方百计扩大农产品出口。支持企业调整农产品出口结构，扩大深加工、高附加值、特色农产品和绿色食品、有机农产品出口，培育新的出口增长点。重点扶持园艺产品、水产品、畜禽产品等具有比较优势的劳动密集型农产品出口。大力推动农产品出口基地建设，抓紧研究支持农产品出口的政策措施。密切监测和及时通报国内外农产品市场供求等动态，为农产品出口企业提供信息服务。改进农产品出口信用保险制度，加强农产品出口信用保险宣传力度。强化出口农产品检验检疫，提高农产品安全质量，加强对外谈判和交涉，打破国外技术性贸易壁垒。

4. 大力发展农产品物流。引导现有农产品物流企业改造升级，推动其向专业化、规模化方向发展。针对农产品流通特点，加快建设以冷藏和低温仓储、运输为主的农产品冷链系统。制定合理的农产品铁路运输价格，降低公路运输的车辆通行费收费标准，杜绝对农产品运输的乱收费、乱罚款。加快建立全国统一高效的鲜活农产品运输绿色通道，努力改善农产品物流环境。

粮食、棉花流通工作分别按照《国务院关于进一步深化粮食流通体制改革的意见》（国发[2004]17 号）和《国务院关于进一步深化棉花流通体制改革的意见》(国发[2001]27 号)精神执行。

（二）大力培育农村消费品市场。

1. 加强农村消费品流通网络建设。认真总结和推广近年来开拓农村市场试点工作经验，加快农村消费品市场建设，大力培育农村新型流通方式，积极引导和扩大农民消费。以县城和中心城镇为重点，积极发展连锁超市、便利店等新型流通业态。通过示范引导、自愿进入的方式，逐步以连锁经营、统一配送等经营方式改造农村传统的集贸市场。鼓励有实力的零售企业运用特许经营、销售代理等方式改造农村"夫妻店"、代销店。力争用五年左右的时间，初步形成以县城为重点、乡镇为骨干、村为基础的农村消费品零售网络。

2. 积极开发生产适合农村消费特点的工业品。工商企业要加强对农村商品市场的调查研究，深入分析农村需求和农民消费的特点，开发生产适合农村和农民消费需求的价廉物美的产品，着重发展操作简单、价格适宜、不易损坏和适用面广的工业消费品。鼓励大型零售企业开发适合农村消费的自有品牌商品，建立和完善农村商品售后服务体系，让农民放心消费。

3. 大力改善农村消费环境。加大农村交通、电力、通信、自来水等基础设施建设，为家用电器、电信等产品进入农村市场创造良好的消费环境。积极开展符合农村特点的假日消费、节日消费和旅游消费活动，不断创新消费形式和消费内容。探索发展农村消费信贷，活跃农村消费市场。

（三）规范发展农业生产资料市场。

1. 建立健全新型农资流通组织。积极发展农资连锁经营，建立以集中采购、统一配送为核心的新型营销体系。鼓励有条件的农资企业采取特许经营方式，吸收小型农资经营企业加盟，扩大经营规模。推进国有及供销合作社农资流通企业公司制改革，完善法人治理结构，更好地发挥农资流通主渠道作用；鼓励各类投资主体通过新建、兼并、联合等方式参与农资经营；允许农资生产企业建立销售网络。引进国外资金、技术和管理经验改造提升农资经营网络，加快农资流通现代化步伐。

2. 健全农业生产资料服务体系。农资流通企业要将农资销售与服务紧密结合起来，开展配送、加工、采购服务和技术服务及农机具租赁等多样化服务，为农民提供产前、产中、产后技术服务，大力推广有利于保护生态环境和提高农产品质量、科技含量较高的新型农资产品。农资生产企业要加强与农资流通企业协调合作，研制生产适合不同地区、不同季节和不同农产品种植特点的新型农资产品。

3. 整顿和规范农业生产资料市场秩序。建立健全农资价格监控机制，防止生产和流通环节随意抬高价格，保证农民能够得到各种政策优惠。加快建立种子、农药、化肥、农机具等产品经营的市场准入制度，健全农资损害赔偿机制，为保护农民利益提供制度保障。加大执法检查力度，严厉打击制售假冒劣质农资等坑农伤农行为。完善农资市场监管体系，加快农资信用体系建设，建立长效监管机制。

（四）积极引导农民进入市场。

1．为农民进入市场创造良好环境。要把农村流通设施纳入农村基础设施建设范围。进一步健全农村市场供求、价格等信息网络，为农民提供及时准确的市场信息，降低生产和经营风险。加强对农村市场的执法监督，规范农村市场秩序，防止假冒伪劣产品流入农村，严厉查处不正当交易和竞争行为，打击欺行霸市、强买强卖等不法行为，健全市场投诉受理机制，保护农民合法权益。在政策上对农民进人市场加以引导，调动农民进入市场的积极性，使农民真正成为市场主体。

2．鼓励农民从事商品流通。除法律法规禁止的领域外，农村个体工商户和私营企业都可以进入。在工商登记和税费方面对农民从事农产品、农业生产资料及消费品等流通给予支持。鼓励农业生产大户、运销大户注册为企业法人，从事农产品运销。

3．支持发展农村流通合作组织。通过多种方式加强宣传，提高农民对建立各类流通合作组织重要性的认识。供销合作社改革，要按照《中共中央国务院关于深化供销合作社改革的决定》（中发[1995]5 号）和《国务院关于解决当前供销合作社几个突出问题的通知》（国发[1999]5号）精神继续推进，通过体制和机制创新，把供销合作社真正办成农民自己的合作组织。支持在农村建立以产品为联系或纽带的各类协会、商会，鼓励发展农村经纪人队伍。加快研究制定农村流通合作组织的有关法规。中央和地方财政要安排专门资金，支持各类农民专业合作组织开展信息、技术、培训、质量标准与认证、市场营销等服务。有关金融机构要支持农民专业合作组织建设标准化生产基地、兴办仓储设施和加工企业、购置农产品运销设备，财政要适当予以贴息。

三、加强对农村商品流通工作的领导

各地区和有关部门要以“三个代表”重要思想为指导，牢固树立科学发展观和正确的政绩观，充分认识搞好农村商品流通工作对农民增收、农村经济发展和全面建设小康社会的重要意义，按照统筹城乡经济发展的要求，把农村商品流通工作作为解决“三农”问题、促进农民增收的一项重要任务，摆到重要议事日程，加强领导，落实措施，切实抓紧抓好，更好地发挥流通对农业生产和农民消费的带动作用。商务、发展改革、农业等部门和供销合作社要按照各自职能积极开展工作，加强业务指导和督促检查。发展改革、农业、财政、金融、税务、工商行政管理、质检等部门要从资金、税收、市场准入等方面积极支持。各有关方面要通力协作，共同做好农村商品流通工作。

（2004 年 6 月 29 日）

国务院办公厅转发广电总局等部门关于巩固和推进村村通广播电视工作意见的通知

各省、自治区、直辖市人民政府，国务院各部委、各直属机构：

国家广播电影电视总局、国家发展和改革委员会、财政部《关于巩固和推进村村通广播电视工作的意见》已经国务院同意，现转发给你们，请认真贯彻执行。

国务院办公厅
2004 年 7 月 21 日

国家广播电影电视总局 国家发展和改革委员会 财政部 关于巩固和推进村村通广播电视工作的意见

1998年以来，为解决我国部分农村地区收听不到广播、收看不到电视的突出问题，广电总局会同有关部门组织实施了村村通广播电视（以下简称“村村通”）工程，使全国已通电的行政村基本实现村村通广播电视，大大提高了我国广播电视人口覆盖率。目前，全国大部分行政村“村村通”工程运行良好，但一些地方出现了不同程度的“返盲”现象。主要原因是一些地区没有建立起确保“村村通”工程长期运行的有效机制，日常维护费用得不到保障，设备损坏后得不到及时修复，少数因经济条件较差实行集中收看的行政村的收看场地、管理人员和电费得不到落实。为进一步巩固“村村通”成果，推进“村村通”工作，现提出以下意见。

一、进一步提高认识，加强组织领导

“村村通”工程的实施，对加强农村社会主义精神文明建设，普及科学文化知识，提高农民素质，推进扶贫工作，提高农村居民生活水平和生活质量发挥了重要的作用。实践证明，“村村通”工程是一项德政工程、民心工程。各地区、各有关部门要从认真贯彻“三个代表”重要思想，树立和落实科学发展观和正确政绩观的高度，充分认识实施“村村通”工程的重要意义和作用，加强组织领导，加强协调配合，落实职责任务，把“村村通”工程作为加强社会主义精神文明建设，促进全面建设小康社会的重要战略任务，纳入国民经济和社会发展规划的农村基础设施建设项目，建设好、利用好、管理好，切实巩固成果，确保党和政府的声音传入千家万户，确保收到实效。

二、强化督促检查，建立长效机制

各地区要对本地区“村村通”工程建设和巩固情况开展深入细致的调查研究，摸清“返盲”情况，查明“返盲”原因，进一步完善农村广播电视网络建设的有关规章制度。要根据实际情况，动员和组织各方面力量建立起“村村通”工程的有效管理和维护服务体系，确保其长期有效运行。各有关部门要组成联合调查组，对“村村通”工程建设和巩固情况进行调研，并督促、指导各地区切实做好“村村通”工作。

三、加大支持力度，保障设备运行

各省（自治区、直辖市）、市（地）人民政府要因地制宜，认真研究制订具体办法，切实解决本地区“村村通”工程设备运行和维修经费。同时，要规范农村有线电视（包括小片联网）收费工作，严禁不合理收费，防止加重农民负担。“村村通”工程运行和维护经费原则上由地方各级人民政府分级负担。中央财政将对纳入“西新工程”实施范围的新疆、内蒙古、宁夏自治区和青海、甘肃、云南、四川省藏区“村村通”工程维护经费给予适当补助。

四、合理规划，稳步推进自然村“村村通”工程

在巩固行政村“村村通”成果的同时，自2004年7月下旬起，正式启动自然村“村村通”工程。各地区发展改革和广电部门要认真总结经验，深入调查研究，实事求是地制订本地区自然村“村村通”工程建设规划，稳步推进新通电行政村和20户以上已通电自然村“村村通”工作。2004年和2005年，重点解决新通电行政村和50户以上已通电自然村收听不到广播、收看不到电视的问题。发展改革委、广电总局要继续安排专项建设资金，对中部地区国家扶贫开发工作重点县和西部地区给予必要支持。

（2004年6月24日）

粮食流通管理条例

中华人民共和国国务院令

第407号

《粮食流通管理条例》已经2004年5月19日国务院第五十次常务会议通过，现予公布，自公布之日起施行。

国务院总理　温家宝

2004年5月26日

第一章　总　则

第一条　为了保护粮食生产者的积极性，促进粮食生产，维护经营者、消费者的合法权益，保障国家粮食安全，维护粮食流通秩序，根据有关法律，制定本条例。

第二条　在中华人民共和国境内从事粮食的收购、销售、储存、运输、加工、进出口等经营活动（以下统称粮食经营活动），应当遵守本条例。

前款所称粮食，是指小麦、稻谷、玉米、杂粮及其成品粮。

第三条　国家鼓励多种所有制市场主体从事粮食经营活动，促进公平竞争。依法从事的粮食经营活动受国家法律保护。严禁以非法手段阻碍粮食自由流通。

国有粮食购销企业应当转变经营机制，提高市场竞争能力，在粮食流通中发挥主渠道作用，带头执行国家粮食政策。

第四条　粮食价格主要由市场供求形成。国家加强粮食流通管理，增强对粮食市场的调控能力。

第五条　粮食经营活动应当遵循自愿、公平、诚实信用的原则，不得损害粮食生产者、消费者的合法权益，不得损害国家利益和社会公共利益。

第六条　国务院发展改革部门及国家粮食行政管理部门负责全国粮食的总量平衡、宏观调控和重要粮食品种的结构调整以及粮食流通的中长期规划；国家粮食行政管理部门负责粮食流通的行政管理、行业指导，监督有关粮食流通的法律、法规、政策及各项规章制度的执行。

国务院工商行政管理、产品质量监督、卫生、价格等部门在各自的职责范围内负责与粮食流通有关的工作。

省、自治区、直辖市人民政府在国家宏观调控下，按照粮食省长负责制的要求，负责本地区粮食的总量平衡和地方储备粮的管理。县级以上地方人民政府粮食行政管理部门负责本地区粮食流通的行政管理、行业指导；县级以上地方人民政府工商行政管理、产品质量监督、卫生、价格等部门在各自的职责范围内负责与粮食流通有关的工作。

第二章　粮食经营

第七条　粮食经营者，是指从事粮食收购、销售、储存、运输、加工、进出口等经营活动的法人、其它经济组织和个体工商户。

第八条　从事粮食收购活动的经营者，应当具备下列条件：

（一）具备经营资金筹措能力；

（二）拥有或者通过租借具有必要的粮食仓储设施；

（三）具备相应的粮食质量检验和保管能力。

前款规定的具体条件，由省、自治区、直辖市人民政府规定、公布。

第九条　取得粮食收购资格，并依照《中华

人民共和国公司登记管理条例》等规定办理登记的经营者，方可从事粮食收购活动。

申请从事粮食收购活动，应当向办理工商登记的部门同级的粮食行政管理部门提交书面申请，并提供资金、仓储设施、质量检验和保管能力等证明材料。粮食行政管理部门应当自受理之日起15个工作日内完成审核，对符合本条例第八条规定具体条件的申请者作出许可决定并公示。

第十条　取得粮食行政管理部门粮食收购资格许可的，应当依法向工商行政管理部门办理设立登记，在经营范围中注明粮食收购；已在工商行政管理部门登记的，从事粮食收购活动也应当取得粮食行政管理部门的粮食收购资格许可，并依法向工商行政管理部门办理变更经营范围登记，在经营范围中注明粮食收购。

第十一条　依法从事粮食收购活动的粮食经营者（以下简称粮食收购者），应当告知售粮者或者在收购场所公示粮食的品种、质量标准和收购价格。

第十二条　粮食收购者收购粮食，应当执行国家粮食质量标准，按质论价，不得损害农民和其它粮食生产者的利益；应当及时向售粮者支付售粮款，不得拖欠；不得接受任何组织或者个人的委托代扣、代缴任何税、费和其它款项。

第十三条　粮食收购者应当向收购地的县级人民政府粮食行政管理部门定期报告粮食收购数量等有关情况。

跨省收购粮食，应当向收购地和粮食收购者所在地的县级人民政府粮食行政管理部门定期报告粮食收购数量等有关情况。

第十四条　从事粮食销售、储存、运输、加工、进出口等经营活动的粮食经营者应当在工商行政管理部门登记。

第十五条　粮食经营者使用的粮食仓储设施，应当符合粮食储存有关标准和技术规范的要求。粮食不得与可能对粮食产生污染的有害物质混存，储存粮食不得使用国家禁止使用的化学药剂或者超量使用化学药剂。

第十六条　运输粮食应当严格执行国家粮食运输的技术规范，不得使用被污染的运输工具或者包装材料运输粮食。

第十七条　从事食用粮食加工的经营者，应当具有保证粮食质量和卫生必备的加工条件，不得有下列行为：

(一)使用发霉变质的原粮、副产品进行加工；

(二)违反规定使用添加剂；

(三)使用不符合质量、卫生标准的包装材料；

(四)影响粮食质量、卫生的其它行为。

第十八条　销售粮食应当严格执行国家有关粮食质量、卫生标准，不得短斤少两、掺杂使假、以次充好，不得囤积居奇、垄断或者操纵粮食价格、欺行霸市。

第十九条　建立粮食销售出库质量检验制度。粮食储存企业对超过正常储存年限的陈粮，在出库前应当经过有资质的粮食质量检验机构进行质量鉴定，凡已陈化变质、不符合食用卫生标准的粮食，严禁流入口粮市场。陈化粮购买资格由省级人民政府粮食行政管理部门会同工商行政管理部门认定。陈化粮判定标准，由国家粮食行政管理部门会同有关部门制定，陈化粮销售、处理和监管的具体办法，依照国家有关规定执行。

第二十条　从事粮食收购、加工、销售的经营者，必须保持必要的库存量。

必要时，由省、自治区、直辖市人民政府规定最低和最高库存量的具体标准。

第二十一条　国有和国有控股粮食企业应当积极收购粮食，并做好政府委托的粮食收购和政策性用粮的购销工作，服从和服务于国家宏观调控。

第二十二条　对符合贷款条件的粮食收购者，银行应当按照国家有关规定及时提供收购贷款。中国农业发展银行应当保证中央和地方储备粮以及政府调控用粮和其它政策性用粮的信贷资金需要，对国有和国有控股的粮食购销企业、大型粮食产业化龙头企业和其它粮食购销企业，按企业的风险承受能力提供信贷资金支持。

第二十三条　所有从事粮食收购、销售、储存、加工的粮食经营者以及饲料、工业用粮企业，应当建立粮食经营台账，并向所在地的县级人民政府粮食行政管理部门报送粮食购进、销售、储存等基本数据和有关情况。粮食经营者保留粮食经营台账的期限不得少于3年。粮食经营者报送的基本数据和有关情况涉及商业秘密的，粮食行政管理部门负有保密义务。

国家粮食流通统计制度，由国家粮食行政管理部门制定，报国务院统计部门批准。

第二十四条　粮食行业协会以及中介组织应当加强行业自律，在维护粮食市场秩序方面发挥监督和协调作用。

第三章　宏观调控

第二十五条　国家采取储备粮吞吐、委托收购、粮食进出口等多种经济手段和价格干预等必要的行政手段，加强对粮食市场的调控，保持全国粮食供求总量基本平衡和价格基本稳定。

第二十六条　国家实行中央和地方分级粮食储备制度。粮食储备用于调节粮食供求，稳定粮食市场，以及应对重大自然灾害或者其它突发事件等情况。

政策性用粮的采购和销售，原则上通过粮食批发市场公开进行，也可以通过国家规定的其它方式进行。

第二十七条　国务院和地方人民政府建立健全粮食风险基金制度。粮食风险基金主要用于对种粮农民直接补贴、支持粮食储备、稳定粮食市场等。

国务院和地方人民政府财政部门负责粮食风险基金的监督管理，确保专款专用。

第二十八条　当粮食供求关系发生重大变化时，为保障市场供应、保护种粮农民利益，必要时可由国务院决定对短缺的重点粮食品种在粮食主产区实行最低收购价格。

当粮食价格显著上涨或者有可能显著上涨时，国务院和省、自治区、直辖市人民政府可以按照《中华人民共和国价格法》的规定，采取价格干预措施。

第二十九条　国务院发展改革部门及国家粮食行政管理部门会同农业、统计、产品质量监督等部门负责粮食市场供求形势的监测和预警分析，建立粮食供需抽查制度，发布粮食生产、消费、价格、质量等信息。

第三十条　国家鼓励粮食主产区和主销区以多种形式建立稳定的产销关系，鼓励建立产销一体化的粮食经营企业，发展订单农业，在执行最低收购价格时国家给予必要的经济优惠，并在粮食运输方面给予优先安排。

第三十一条　在重大自然灾害、重大疫情或者其它突发事件引起粮食市场供求异常波动时，国家实施粮食应急机制。

第三十二条　国家建立突发事件的粮食应急体系。国务院发展改革部门及国家粮食行政管理部门会同国务院有关部门制定全国的粮食应急预案，报请国务院批准。省、自治区、直辖市人民政府根据本地区的实际情况，制定本行政区域的粮食应急预案。

第三十三条　启动全国的粮食应急预案，由国务院发展改革部门及国家粮食行政管理部门提出建议，报国务院批准后实施。

启动省、自治区、直辖市的粮食应急预案，由省、自治区、直辖市发展改革部门及粮食行政管理部门提出建议，报本级人民政府决定，并向国务院报告。

第三十四条　粮食应急预案启动后，所有粮食经营者必须按国家要求承担应急任务，服从国家的统一安排和调度，保证应急工作的需要。

第四章　监督检查

第三十五条　粮食行政管理部门依照本条例对粮食经营者从事粮食收购、储存、运输活动和政策性用粮的购销活动，以及执行国家粮食流通统计制度的情况进行监督检查。

粮食行政管理部门应当根据国家要求对粮食收购资格进行核查。

粮食行政管理部门在监督检查过程中，可以进入粮食经营者经营场所检查粮食的库存量和收购、储存活动中的粮食质量以及原粮卫生；检查粮食仓储设施、设备是否符合国家技术规范；查阅粮食经营者有关资料、凭证；向有关单位和人员调查了解相关情况。

第三十六条　产品质量监督部门依照有关法律、行政法规的规定，对粮食加工过程中的以假充真、以次充好、掺杂使假等违法行为进行监督检查。

第三十七条　工商行政管理部门依照有关法律、行政法规的规定，对粮食经营活动中的无照经营、超范围经营以及粮食销售活动中的囤积居奇、欺行霸市、强买强卖、掺杂使假、以次充好等扰乱市场秩序和违法违规交易行为进行监督检查。

第三十八条　卫生部门依照有关法律、行政法规的规定，对粮食加工、销售中的卫生以及成品粮储存中的卫生进行监督检查。

第三十九条　价格主管部门依照有关法律、行政法规的规定，对粮食流通活动中的价格违法行为进行监督检查。

第四十条　任何单位和个人有权对违反本条例规定的行为向有关部门检举。有关部门应当为检举人保密，并依法及时处理。

第五章　法律责任

第四十一条　未经粮食行政管理部门许可或者未在工商行政管理部门登记擅自从事粮食收购活动的，由工商行政管理部门没收非法收购的粮食；情节严重的，并处非法收购粮食价值1倍以上5倍以下的罚款；构成犯罪的，依法追究刑事责任。

由粮食行政管理部门查出的，移交工商行政管理部门按照前款规定予以处罚。

第四十二条　以欺骗、贿赂等不正当手段取得粮食收购资格许可的，由粮食行政管理部门取消粮食收购资格，工商行政管理部门吊销营业执照，没收违法所得；构成犯罪的，依法追究刑事责任。

粮食行政管理部门工作人员办理粮食收购资格许可，索取或者收受他人财物或者谋取其它利益，构成犯罪的，依法追究刑事责任；尚不构成犯罪的，依法给予行政处分。

第四十三条　粮食收购者有未按照规定告知、公示粮食收购价格或者收购粮食压级压价，垄断或者操纵价格等价格违法行为的，由价格主管部门依照《中华人民共和国价格法》的有关规定给予行政处罚。

第四十四条　有下列情形之一的，由粮食行政管理部门责令改正，予以警告，可以处20万元以下的罚款；情节严重的，并由粮食行政管理部门暂停或者取消粮食收购资格：

(一)粮食收购者未执行国家粮食质量标准的；

(二)粮食收购者被售粮者举报未及时支付售粮款的；

(三)粮食收购者违反本条例规定代扣、代缴税、费和其它款项的；

(四)从事粮食收购、销售、储存、加工的粮食经营者以及饲料、工业用粮企业未建立粮食经营台账，或者未按照规定报送粮食基本数据和有关情况的；

(五)接受委托的粮食经营者从事政策性用粮的购销活动未执行国家有关政策的。

第四十五条　陈粮出库未按照本条例规定进行质量鉴定的，由粮食行政管理部门责令改正，给予警告；情节严重的，处出库粮食价值1倍以上5倍以下的罚款，工商行政管理部门可以吊销营业执照。

倒卖陈化粮或者不按照规定使用陈化粮的，由工商行政管理部门没收非法倒卖的粮食，并处非法倒卖粮食价值20%以下的罚款，有陈化粮购买资格的，由省级人民政府粮食行政管理部门取消陈化粮购买资格；情节严重的，由工商行政管理部门并处非法倒卖粮食价值1倍以上5倍以下的罚款，吊销营业执照；构成犯罪的，依法追究刑事责任。

第四十六条　从事粮食收购、加工、销售的经营者的粮食库存低于规定的最低库存量的，由粮食行政管理部门责令改正，给予警告；情节严重的，处不足部分粮食价值1倍以上5倍以下的罚款，并可以取消粮食收购资格，工商行政管理部门可以吊销营业执照。

从事粮食收购、加工、销售的经营者的粮食库存超出规定的最高库存量的，由粮食行政管理部门责令改正，给予警告；情节严重的，处超出部分粮食价值1倍以上5倍以下的罚款，并可以取消粮食收购资格，工商行政管理部门可以吊销营业执照。

第四十七条　粮食经营者未按照本条例规定使用粮食仓储设施、运输工具的，由粮食行政管理部门或者卫生部门责令改正，给予警告；被污染的粮食不得非法销售、加工。

第四十八条　违反本条例第十七条、第十八条规定的，由产品质量监督部门、工商行政管理部门、卫生部门等依照有关法律、行政法规的规定予以处罚。

第四十九条　财政部门未按照国家关于粮食风险基金管理的规定及时、足额拨付补贴资金，或者挤占、截留、挪用补贴资金的，由本级人民政府或者上级财政部门责令改正，对有关责任人员依法给予行政处分；构成犯罪的，依法追究有关责任人员的刑事责任。

第五十条　违反本条例规定，阻碍粮食自由流通的，依照《国务院关于禁止在市场经济活动中实行地区封锁的规定》予以处罚。

第五十一条　监督检查人员违反本条例规定，非法干预粮食经营者正常经营活动的，依法给予行政处分；构成犯罪的，依法追究刑事责任。

第六章　附　则

第五十二条　本条例下列用语的含义是：

粮食收购，是指为了销售、加工或者作为饲料、工业原料等直接向种粮农民或者其它粮食生产者批量购买粮食的活动。

粮食加工，是指通过处理将原粮转化成半成品粮、成品粮，或者将半成品粮转化成成品粮的经营活动。

第五十三条　大豆、油料和食用植物油的收购、销售、储存、运输、加工、进出口等经营活动，适用本条例除第八条、第九条、第十条以外的规定。

粮食进出口的管理，依照有关法律、行政法规的规定执行。

中央储备粮的管理，依照《中央储备粮管理条例》的规定执行。

第五十四条　本条例自公布之日起施行。1998年6月6日国务院发布的《粮食收购条例》、1998年8月5日国务院发布的《粮食购销违法行为处罚办法》同时废止。

国务院关于行政区划管理的规定

（1985年1月15日国务院发布）

第一条　为了加强行政区划的管理，根据《中华人民共和国宪法》和《中华人民共和国地方各级人民代表大会和地方各级人民政府组织法》的有关规定，制定本规定。

第二条　行政区划应保持稳定。必须变更时，应本着有利于社会主义现代化建设，有利于行政管理，有利于民族团结，有利于巩固国防的原则，制订变更方案，逐级上报审批。

第三条　省、自治区、直辖市的设立、撤销、更名，报全国人民代表大会审议决定。

第四条　下列行政区划的变更由国务院审批：

（一）省、自治区、直辖市的行政区域界线的变更，省、自治区人民政府驻地的迁移；

（二）自治州、县、自治县、市、市辖区的设立、撤销、更名和隶属关系的变更以及自治州、县、自治县、市人民政府驻地的迁移；

（三）自治州、自治县的行政区域界线的变更，县、市的行政区域界线的重大变更；

（四）凡涉及海岸线、海岛、边疆要地、重要资源地区及特殊情况地区的隶属关系或行政区域界线的变更。

第五条　县、市、市辖区的部分行政区域界线的变更，国务院授权省、自治区、直辖市人民政府审批；批准变更时，同时报送民政部备案。乡、民族乡、镇的设立、撤销、更名和行政区域界线的变更，乡、民族乡、镇人民政府驻地的迁移，由省、自治区、直辖市人民政府审批。

第六条　行政公署、区公所、街道办事处的撤销、更名、驻地迁移，由依法批准设立各该派出机关的人民政府审批。

第七条　变更行政区划向上级人民政府报告的内容应包括：变更的理由、范围，隶属关系，政治经济情况，人口和面积数字，拟变更的行政区域界线地图，以及县级和县级以上人民政府（含行政公署）的报告或意见等。

第八条　各级民政部门分级负责行政区划的管理工作。各级民政部门在承办行政区划变更的工作时，应根据情况分别同民族、人事、财政、外事、城乡建设、地名等有关部门联系洽商；在承办民族自治地方的行政区划变更的工作时，应同民族自治地方的自治机关和有关民族的代表充分协商拟定。各级民政部门，应建立完整的行政区划档案。

第九条　本规定由民政部负责解释。

第十条　本规定自发布之日起施行。

地名管理条例

（1986年1月23日国务院发布）

第一条　为了加强对地名的管理，适应社会主义现代化建设和国际交往的需要，制定本条例。

第二条　本条例所称地名，包括：自然地理实体名称，行政区划名称，居民地名称，各专业部门使用的具有地名意义的台、站、港、场等名称。

第三条　地名管理应当从我国地名的历史和现状出发，保持地名的相对稳定。必须命名和更名时，应当按照本条例规定的原则和审批权限报经批准。未经批准，任何单位和个人不得擅自决定。

第四条　地名的命名应遵循下列规定：

（一）有利于人民团结和社会主义现代化建设，尊重当地群众的愿望，与有关各方协商一致。

（二）一般不以人名作地名。禁止用国家领导人的名字作地名。

（三）全国范围内的县、市以上名称，一个县、市内的乡、镇名称，一个城镇内的街道名称，一个乡内的村庄名称，不应重名，并避免同音。

（四）各专业部门使用的具有地名意义的台、站、港、场等名称，一般应与当地地名统一。

（五）避免使用生僻字。

第五条　地名的更名应遵循下列规定：

（一）凡有损我国领土主权和民族尊严的，带有民族歧视性质和妨碍民族团结的，带有侮辱劳动人民性质和极端庸俗的，以及其它违背国家方针、政策的地名，必须更名。

（二）不符合本条例第四条第三、四、五款规定的地名，在征得有关方面和当地群众同意后，予以更名。

（三）一地多名、一名多写的，应当确定一个统一的名称和用字。

（四）不明显属于上述范围的、可改可不改的和当地群众不同意改的地名，不要更改。

第六条　地名命名、更名的审批权限和程序如下：

（一）行政区划名称的命名、更名，按照国务院《关于行政区划管理的规定》办理。

（二）国内外著名的或涉及两个省（自治区、直辖市）以上的山脉、河流、湖泊等自然地理实体名称，由省、自治区、直辖市人民政府提出意见，报国务院审批。

（三）边境地区涉及国界线走向和海上涉及岛屿归属界线以及载入边界条约和议定书中的自然地理实体名称和居民地名称，由省、自治区、直辖市人民政府提出意见，报国务院审批。

（四）在科学考察中，对国际公有领域新的地理实体命名，由主管部门提出意见，报国务院审批。

（五）各专业部门使用的具有地名意义的台、站、港、场等名称，在征得当地人民政府同意后，由专业主管部门审批。

（六）城镇街道名称，由直辖市、市、县人民政府审批。

（七）其他地名，由省、自治区、直辖市人民政府规定审批程序。

（八）地名的命名、更名工作，可以交地名机构或管理地名工作的单位承办，也可以交其他部门承办；其他部门承办的，应征求地名机构或管理地名工作单位的意见。

第七条　少数民族语地名的汉字译写，外国地名的汉字译写，应当做到规范化。译写规则，由中国地名委员会制定。

第八条　中国地名的罗马字母拼写，以国家公布的“汉语拼音方案”作为统一规范。拼写细则，由中国地名委员会制定。

第九条　经各级人民政府批准和审定的地名，由地名机构负责汇集出版。其中行政区划名称，民政部门可以汇集出版单行本。

出版外国地名译名书籍，需经中国地名委员会审定或由中国地名委员会组织编纂。

各机关、团体、部队、企业、事业单位使用地名时，都以地名机构或民政部门编辑出版的地名书籍为准。

第十条 地名档案的管理，按照中国地名委员会和国家档案局的有关规定执行。

第十一条 地方人民政府应责成有关部门在必要的地方设置地名标志。

第十二条 本条例在实施中遇到的具体问题，由中国地名委员会研究答复。

第十三条 本条例自发布之日起施行。

行政区域边界争议处理条例

第一章 总 则

第一条 为了妥善处理行政区域边界争议，以利于安定团结，保障社会主义现代化建设的顺利进行，制定本条例。

第二条 本条例所称的边界争议是指省、自治区、直辖市之间，自治州、县、自治县、市、市辖区之间，乡、民族乡、镇之间，双方人民政府对毗邻行政区域界线的争议。

第三条 处理因行政区域界线不明确而发生的边界争议，应当按照有利于各族人民的团结，有利于国家的统一管理，有利于保护、开发和利用自然资源的原则，由争议双方人民政府从实际情况出发，兼顾当地双方群众的生产和生活，实事求是，互谅互让地协商解决。经争议双方协商未达成协议的，由争议双方的上级人民政府决定。必要时，可以按照行政区划管理的权限，通过变更行政区域的方法解决。解决边界争议，必须明确划定争议地区的行政区域界线。

第四条 下列已明确划定或者核定的行政区域界线，必须严格遵守：

（一）根据行政区划管理的权限，上级人民政府在确定行政区划时明确划定的界线；

（二）由双方人民政府或者双方的上级人民政府明确划定的争议地区的界线；

（三）发生边界争议之前，由双方人民政府核定一致的界线。

第五条 争议双方人民政府的负责人，必须对国家和人民负责，顾全大局，及时解决边界争议，不得推诿和拖延。

第六条 民政部是国务院处理边界争议的主管部门。县级以上的地方各级人民政府的民政部门是本级人民政府处理边界争议的主管部门。

第二章 处理依据

第七条 下列文件和材料，作为处理边界争议的依据：

（一）国务院（含政务院及其授权的主管部门）批准的行政区划文件或者边界线地图；

（二）省、自治区、直辖市人民政府批准的不涉及毗邻省、自治区、直辖市的行政区划文件或者边界线地图；

（三）争议双方的上级人民政府（含军政委员会、人民行政公署）解决边界争议的文件和所附边界线地图；

（四）争议双方人民政府解决边界争议的协议和所附边界线地图；

（五）发生边界争议之前，经双方人民政府核定一致的边界线文件或者盖章的边界线地图。

第八条 解放以后直至发生边界争议之前的下列文件和材料，作为处理边界争议的参考：

（一）根据有关法律的规定，确定自然资源权属时核发的证书；

（二）有关人民政府在争议地区行使行政管辖的文件和材料；

（三）争议双方的上级人民政府及其所属部门，或者争议双方人民政府及其所属部门，开发争议地区自然资源的决定或者协议；

（四）根据有关政策的规定，确定土地权属的材料。

第九条 本条例第七条、第八条规定以外的任何文件和材料，均不作为处理边界争议的依据和参考。

第三章 处理程序

第十条 边界争议发生后，争议双方人民政府必须采取有效措施防止事态扩大。任何一方都不得往争议地区迁移居民，不得在争议地区设置政权组织，不准破坏自然资源。严禁聚众闹事、械斗伤人，严禁抢夺和破坏国家、集体和个人的财产。发生群众纠纷时，争议双方人民政府必须立即派人到现场调查处理，并报告争议双方的上一级人民政府。

第十一条 省、自治区、直辖市之间的边界争议，由有关省、自治区、直辖市人民政府协商解决；经协商未达成协议的，双方应当将各自的解决方案并附边界线地形图，报国务院处理。国务院受理的省、自治区、直辖市之间的边界争议，由民政部会同国务院有关部门调解；经调解未达成协议的，由民政部会同国务院有关部门提出解决方案，报国务院决定。

第十二条 省、自治区、直辖市境内的边界争议，由争议双方人民政府协商解决；经协商未达成协议的，双方应当将各自的解决方案并附边界线地形图，报双方的上一级人民政府处理。争议双方的上一级人民政府受理的边界争议，由其民政部门会同有关部门调解；经调解未达成协议的，由民政部门会同有关部门提出解决方案，报本级人民政府决定。

第十三条 经双方人民政府协商解决的边界争议，由双方人民政府的代表在边界协议和所附边界线地形图上签字。

第十四条 争议双方人民政府达成的边界协议，或者争议双方的上级人民政府解决边界争议的决定，凡不涉及自然村隶属关系变更的，自边界协议签字或者上级人民政府解决边界争议的决定下达之日起生效。争议双方人民政府达成的边界协议，或者上级人民政府解决边界争议的决定，凡涉及自然村隶属关系变更的，必须按照《国务院关于行政区管理的规定》中有关行政区域界线变更的审批权限和程序办理。

第十五条 争议双方人民政府达成的边界协议，或者争议双方的上级人民政府解决边界争议的决定生效后，由争议双方人民政府联合实地勘测边界线，标绘大比例尺的边界线地形图。实地勘测的边界线地形图，经双方人民政府盖章后，代替边界协议或者上级人民政府解决边界争议的决定所附的边界线地形图。

第十六条 地方人民政府处理的边界争议，必须履行备案手续。争议双方人民政府达成的边界协议，由双方人民政府联合上报备案；争议双方的上级人民政府解决边界争议的决定，由作出决定的人民政府上报备案。上报备案时，应当附实地勘测的边界线地形图。省、自治区、直辖市之间的边界协议，上报国务院备案。自治州、自治县的边界协议或者上级人民政府解决边界争议的决定，逐级上报国务院备案。县、市、市辖区的边界协议或者上级人民政府解决边界争议的决定，逐级上报民政部备案。乡、民族乡、镇的边界协议或者上级人民政府解决边界争议的决定，逐级上报本省（自治区、直辖市）人民政府备案。

第十七条 边界争议解决后，争议双方人民政府必须认真执行边界协议或者上级人民政府解决边界争议的决定，向有关地区的群众公布正式划定的行政区域界线，教育当地干部和群众严格遵守。

第四章 罚　则

第十八条 争议双方人民政府的负责人，违反本条例的规定，玩忽职守，致使公共财产、国家和人民利益遭受较大损失的，应当给予行政处分；造成重大损失，构成犯罪的，依法追究刑事责任。

第十九条 违反本条例第十条的规定，情节较重的，对直接责任人员和其他肇事者，分别给予行政处分、治安管理处罚；情节严重，构成犯罪的，依法追究刑事责任。

第二十条 行政区域边界划定后，违反本条例的规定越界侵权造成损害的，当事一方可以向有管辖权的人民法院起诉。

第五章 附　则

第二十一条 本条例由民政部负责解释。

第二十二条 本条例自发布之日起施行。1981 年 5 月 30 日国务院发布的《行政区域边界争议处理办法》同时废止。

（1989 年 2 月 3 日）

行政区域界线管理条例

（2002年5月13日国务院令第353号发布）

第一条　为了巩固行政区域界线勘定成果，加强行政区域界线管理，维护行政区域界线附近地区稳定，制定本条例。

第二条　本条例所称行政区域界线，是指国务院或者省、自治区、直辖市人民政府批准的行政区域毗邻的各有关人民政府行使行政区域管辖权的分界线。

地方各级人民政府必须严格执行行政区域界线批准文件和行政区域界线协议书的各项规定，维护行政区域界线的严肃性、稳定性。任何组织或者个人不得擅自变更行政区域界线。

第三条　国务院民政部门负责全国行政区域界线管理工作。县级以上地方各级人民政府民政部门负责本行政区域界线管理工作。

第四条　行政区域界线勘定后，应当以通告和行政区域界线详图予以公布。

省、自治区、直辖市之间的行政区域界线由国务院民政部门公布，由毗邻的省、自治区、直辖市人民政府共同管理。省、自治区、直辖市范围内的行政区域界线由省、自治区、直辖市人民政府公布，由毗邻的自治州、县（自治县）、市、市辖区人民政府共同管理。

第五条　行政区域界线的实地位置，以界桩以及作为行政区域界线标志的河流、沟渠、道路等线状地物和行政区域界线协议书中明确规定作为指示行政区域界线走向的其他标志物标定。

第六条　任何组织或者个人不得擅自移动或者损坏界桩。非法移动界桩的，其行为无效。

行政区域界线毗邻的各有关人民政府应当按照行政区域界线协议书的规定，对界桩进行分工管理。对损坏的界桩，由分工管理该界桩的一方在毗邻方在场的情况下修复。

因建设、开发等原因需要移动或者增设界桩的，行政区域界线毗邻的各有关人民政府应当协商一致，共同测绘，增补档案资料，并报该行政区域界线的批准机关备案。

第七条　行政区域界线毗邻的任何一方不得擅自改变作为行政区域界线标志的河流、沟渠、道路等线状地物；因自然原因或者其他原因改变的，应当保持行政区域界线协议书划定的界线位置不变，行政区域界线协议书中另有约定的除外。

第八条　行政区域界线协议书中明确规定作为指示行政区域界线走向的其他标志物，应当维持原貌。因自然原因或者其他原因使标志物发生变化的，有关县级以上人民政府民政部门应当组织修测，确定新的标志物，并报该行政区域界线的批准机关备案。

第九条　依照《国务院关于行政区划管理的规定》经批准变更行政区域界线的，毗邻的各有关人民政府应当按照勘界测绘技术规范进行测绘，埋设界桩，签订协议书，并将协议书报批准变更该行政区域界线的机关备案。

第十条　生产、建设用地需要横跨行政区域界线的，应当事先征得毗邻的各有关人民政府同意，分别办理审批手续，并报该行政区域界线的批准机关备案。

第十一条　行政区域界线勘定确认属于某一行政区域但不与该行政区域相连的地域或者由一方使用管理但位于毗邻行政区域内的地域，其使用管理按照各有关人民政府签订的行政区域界线协议书有关规定或者该行政区域界线的批准机关的决定执行。

第十二条　行政区域界线毗邻的县级以上地方各级人民政府应当建立行政区域界线联合检查制度，每5年联合检查一次。遇有影响行政区域界线实地走向的自然灾害、河流改道、道路变化等特殊情况，由行政区域界线毗邻的各有关人民政府共同对行政区域界线的特定地段随时安排联合检查。联合检查的结果，由参加检查的各地方人民政府共同报送该行政区域界线的批准机关备案。

第十三条　勘定行政区域界线以及行政区域界线管理中形成的协议书、工作图、界线标志记录、备案材料、批准文件以及其他与勘界记录有关的材料，应当按照有关档案管理的法律、行政法规的规定立卷归档，妥善保管。

第十四条　行政区域界线详图是反映县级以上行政区域界线标准画法的国家专题地图。任何涉及行政区域界线的地图，其行政区域界线画法一律以行政区域界线详图为准绘制。

国务院民政部门负责编制省、自治区、直辖市行政区域界线详图；省、自治区、直辖市人民政府民政部门负责编制本行政区域内的行政区域界线详图。

第十五条　因对行政区域界线实地位置认定不一致引发的争议，由该行政区域界线的批准机关依照该行政区域界线协议书的有关规定处理。

第十六条　违反本条例的规定，有关国家机关工作人员在行政区域界线管理中有下列行为之一的，根据不同情节，依法给予记大过、降级或者撤职的行政处分；致使公共财产、国家和人民利益遭受重大损失的，依照刑法关于滥用职权罪、玩忽职守罪的规定，依法追究刑事责任：(一)不履行行政区域界线批准文件和行政区域界线协议书规定的义务，或者不执行行政区域界线的批准机关的决定的；(二)不依法公布批准的行政区域界线的；(三)擅自移动、改变行政区域界线标志，或者命令、指使他人擅自移动、改变行政区域界线标志，或者发现他人擅自移动、改变行政区域界线标志不予制止的；(四)毗邻方未在场时，擅自维修行政区域界线标志的。

第十七条　违反本条例的规定，故意损毁或者擅自移动界桩或者其他行政区域界线标志物的，应当支付修复标志物的费用，并由所在地负责管理该行政区域界线标志的人民政府民政部门处1000元以下的罚款；构成违反治安管理行为的，并依法给予治安管理处罚。

第十八条　违反本条例的规定，擅自编制行政区域界线详图，或者绘制的地图的行政区域界线的画法与行政区域界线详图的画法不一致的，由有关人民政府民政部门责令停止违法行为，没收违法编制的行政区域界线详图和违法所得，并处1万元以下的罚款。

第十九条　乡、民族乡、镇行政区域界线的管理，参照本条例的有关规定执行。

第二十条　本条例自2002年7月1日起施行。

村庄和集镇规划建设管理条例

（1993年6月29日中华人民共和国国务院令第116号发布）

第一章　总　则

第一条　为加强村庄、集镇的规划建设管理，改善村庄、集镇的生产、生活环境，促进农村经济和社会发展，制定本条例。

第二条　制定和实施村庄、集镇规划，在村庄、集镇规划区内进行居民住宅、乡（镇）村企业、乡（镇）村公共设施和公益事业等的建设，必须遵守本条例。但是，国家征用集体所有的土地进行的建设除外。

在城市规划区内的村庄、集镇规划的制定和实施，依照城市规划法及其实施条例执行。

第三条　本条例所称村庄，是指农村村民居住和从事各种生产的聚居点。

本条例所称集镇，是指乡、民族乡人民政府所在地和经县级人民政府确认由集市发展而成的作为农村一定区域经济、文化和生活服务中心的非建制镇。

本条例所称村庄、集镇规划区，是指村庄、集镇建成区和因村庄、集镇建设及发展需要实行规划控制的区域。村庄、集镇规划区的具体范围，在村庄、集镇总体规划中划定。

第四条　村庄、集镇规划建设管理，应当坚持合理布局、节约用地的原则，全面规划，正确引导，依靠群众，自力更生，因地制宜，量力而行，逐步建设，实现经济效益、社会效益和环境效益的统一。

第五条　地处洪涝、地震、台风、滑坡等自然灾害易发地区的村庄和集镇，应当按照国家和地方的有关规定，在村庄、集镇总体规划中制定防灾措施。

第六条　国务院建设行政主管部门主管全国的村庄、集镇规划建设管理工作。

县级以上地方人民政府建设行政主管部门主管本行政区域的村庄、集镇规划建设管理工作。

乡级人民政府负责本行政区域的村庄、集镇规划建设管理工作。

第七条　国家鼓励村庄、集镇规划建设管理的科学研究，推广先进技术，提倡在村庄和集镇建设中，结合当地特点，采用新工艺、新材料、新结构。

第二章　村庄和集镇规划的制定

第八条　村庄、集镇规划由乡级人民政府负责组织编制，并监督实施。

第九条　村庄、集镇规划的编制，应当遵循下列原则：

（一）根据国民经济和社会发展计划，结合当地经济发展的现状和要求，以及自然环境、资源条件和历史情况等，统筹兼顾，综合部署村庄和集镇的各项建设；

（二）处理好近期建设与远景发展、改造与新建的关系，使村庄、集镇的性质和建设的规模、速度和标准，同经济发展和农民生活水平相适应；

（三）合理用地，节约用地，各项建设应当相对集中，充分利用原有建设用地，新建、扩建工程及住宅应当尽量不占用耕地和林地；

（四）有利生产，方便生活，合理安排住宅、乡（镇）村企业、乡（镇）村公共设施和公益事业等的建设布局，促进农村各项事业协调发展，并适当留有发展余地；

（五）保护和改善生态环境，防治污染和其他公害，加强绿化和村容镇貌、环境卫生建设。

第十条　村庄、集镇规划的编制，应当以县域规划、农业区划、土地利用总体规划为依据，并同有关部门的专业规划相协调。

县级人民政府组织编制的县域规划，应当包括村庄，集镇建设体系规划。

第十一条　编制村庄、集镇规划，一般分为村庄、集镇总体规划和村庄、集镇建设规划两个阶段进行。

第十二条　村庄、集镇总体规划，是乡级行政区域内村庄和集镇布点规划及相应的各项建设的整体部署。

村庄、集镇总体规划的主要内容包括：乡级行政区域的村庄、集镇布点，村庄和集镇的位置、性质、规模和发展方向，村庄和集镇的交通、供水、供电、商业、绿化等生产和生活服务设施的配置。

第十三条　村庄、集镇建设规划，应当在村庄、集镇总体规划指导下，具体安排村庄、集镇的各项建设。

集镇建设规划的主要内容包括：住宅、乡（镇）村企业、乡（镇）村公共设施、公益事业等各项建设的用地布局、用地规划，有关的技术经济指标，近期建设工程以及重点地段建设具体安排。

村庄建设规划的主要内容，可以根据本地区经济发展水平，参照集镇建设规划的编制内容，主要对住宅和供水、供电、道路、绿化、环境卫生以及生产配套设施作出具体安排。

第十四条　村庄、集镇总体规划和集镇建设规划，须经乡级人民代表大会审查同意，由乡级人民政府报县级人民政府批准。

村庄建设规划，须经村民会议讨论同意，由乡级人民政府报县级人民政府批准。

第十五条　根据社会经济发展需要，依照本条例第十四条的规定，经乡级人民代表大会或者村民会议同意，乡级人民政府可以对村庄、集镇规划进行局部调整，并报县级人民政府备案。涉及村庄、集镇的性质、规模、发展方向和总体布局重大变更的，依照本条例第十四条规定的程序办理。

第十六条　村庄、集镇规划期限，由省、自治区，直辖市人民政府根据本地区实际情况规定。

第十七条　村庄、集镇规划经批准后，由乡级人民政府公布。

第三章　村庄和集镇规划的实施

第十八条　农村村民在村庄、集镇规划区内建住宅的，应当先向村集体经济组织或者村民委员会提出建房申请，经村民会议讨论通过后，按照下列审批程序办理：

（一）需要使用耕地的，经乡级人民政府审核、县级人民政府建设行政主管部门审查同意并出具选址意见书后，方可依照《土地管理法》向县级人民政府土地管理部门申请用地，经县级人民政府批准后，由县级人民政府土地管理部门划拨土地；

（二）使用原有宅基地、村内空闲地和其他土地的，由乡级人民政府根据村庄、集镇规划和土地利用规划批准。

城镇非农业户口居民在村庄、集镇规划区内需要使用集体所有的土地建住宅的，应当经其所在单位或者居民委员会同意后，依照前款第（一）项规定的审批程序办理。

回原籍村庄、集镇落户的职工、退伍军人和离休、退休干部以及回乡定居的华侨、港澳台同胞，在村庄、集镇规划区需要使用集体所有的土地建住宅的，依照本条第一款第（一）项规定的审批程序办理。

第十九条　兴建乡（镇）村企业，必须持县级以上地方人民政府批准的设计任务书或者其他批准文件，向县级人民政府建设行政主管部门申请选址定点，县级人民政府建设行政主管部门审查同意并出具选址意见书后，建设单位方可依法向县级人民政府土地管理部门申请用地，经县级以上人民政府批准后，由土地管理部门划拨土地。

第二十条　乡（镇）村公共设施、公益事业建设，须经乡级人民政府审核、县级人民政府建设行政主管部门审查同意并出具选址意见书后，建设单位方可依法向县级人民政府土地管理部门申请用地，经县级以上人民政府批准后，由土地管理部门划拨土地。

第四章　村庄和集镇建设的设计、施工管理

第二十一条　在村庄、集镇规划区内，凡建筑跨度、跨径或者高度超出规定范围的乡（镇）村企业、乡（镇）村公共设施和公益事业的建筑工程，以及2层（含2层）以上的住宅，必须由取得相应的设计资质证书的单位进行设计，或者选用通用设计、标准设计。

跨度、跨径和高度的限定，由省、自治区、直辖市人民政府或者其授权的部门规定。

第二十二条　建筑设计应当贯彻适用、经济、安全和美观的原则，符合国家和地方有关节约资源、抗御灾害的规定，保持地方特色和民族风格，并注意与周围环境相协调。

农村居民住宅设计应当符合紧凑、合理、卫生和安全的要求。

第二十三条　承担村庄、集镇规划区内建筑工程施工任务的单位，必须具有相应的施工资质等级证书或者资质审查证明，并按照规定的经营范围承担施工任务。

在村庄、集镇规划区内从事建筑施工的个体工匠，除承担房屋修缮外，须按有关规定办理施工资质审批手续。

第二十四条　施工单位应当按照设计图纸施工。任何单位和个人不得擅自修改设计图纸；确需修改的，须经原设计单位同意，并出具变更设计通知单或者图纸。

第二十五条　施工单位应当确保施工质量，按照有关的技术规定施工，不得使用不符合工程质量要求的建筑材料和建筑构件。

第二十六条　乡（镇）村企业、乡（镇）村公共设施、公益事业等建设，在开工前，建设单位和个人应当向县级以上人民政府建设主管部门提出开工申请，经县级以上人民政府建设行政主管部门对设计、施工条件予以审查批准后，方可开工。

农村居民住宅建设开工的审批程序，由省、自治区、直辖市人民政府规定。

第二十七条　县级人民政府建设行政主管部门，应当对村庄、集镇建设的施工质量进行监督检查。村庄、集镇的建设工程竣工后，应当按照国家的有关规定，经有关部门竣工验收合格后，方可交付使用。

第五章　房屋、公共设施、村容镇貌和环境卫生管理

第二十八条　县级以上人民政府建设行政主管部门，应当加强对村庄、集镇房屋的产权、产籍的管理，依法保护房屋所有人对房屋的所有权。具体办法由国务院建设行政主管部门制定。

第二十九条　任何单位和个人都应当遵守国家和地方有关村庄、集镇的房屋、公共设施的管理规定，保证房屋的使用安全和公共设施的正常使用，不得破坏或者损毁村庄、集镇的道路、桥梁、供水、排水、供电、邮电、绿化等设施。

第三十条　从集镇收取的城市维护建设税，应当用于集镇公共设施的维护和建设，不得挪作他用。

第三十一条　乡级人民政府应当采取措施，保护村庄、集镇饮用水源；有条件的地方，可以集中供水，使水质逐步达到国家规定的生活饮用水卫生标准。

第三十二条　未经乡级人民政府批准，任何单位和个人不得擅自在村庄、集镇规划区内的街道、广场、市场和车站等场所修建临时建筑物、构筑物和其他设施。

第三十三条　任何单位和个人都应当维护村容镇貌和环境卫生，妥善处理粪堆、垃圾堆、柴草堆，养护树木花草，美化环境。

第三十四条　任何单位和个人都有义务保护村庄、集镇内的文物古迹、古树名木和风景名胜、军事设施、防汛设施，以及国家邮电、通信、输变电、输油管道等设施，不得损坏。

第三十五条　乡级人民政府应当按照国家有关规定，对村庄、集镇建设中形成的具有保存价值的文件、图纸、资料等及时整理归档。

第六章　罚　则

第三十六条　在村庄、集镇规划区内，未按规划审批程序批准而取得建设用地批准文件，占用土地的，批准文件无效，占用的土地由乡级以上人民政府责令退回。

第三十七条　在村庄、集镇规划区内，未按规划审批程序批准或者违反规划的规定进行建设，严重影响村庄、集镇规划的，由县级人民政府建设行政主管部门责令停止建设，限期拆除或者没收违法建筑物、构筑物和其他设施；影响村庄、集镇规划，尚可采取改正措施的，由县级人民政府建设行政主管部门责令限期改正，处以罚款。

农村居民未经批准或者违反规划的规定建住宅的，乡级人民政府可以依照前款规定处罚。

第三十八条　有下列行为之一的，由县级人民政府建设行政主管部门责令停止设计或者施工、限期改正，并可处以罚款：

（一）未取得设计资质证书，承担建筑跨度、跨径和高度超出规定范围的工程以及2层以上住宅的设计任务或者未按设计资质证书规定的经营范围，承担设计任务的；

（二）未取得施工资质等级证书或者资质审查证书或者未按规定的经营范围，承担施工任务的；

（三）不按有关技术规定施工或者使用不符合工程质量要求的建筑材料和建筑构件的；

（四）未按设计图纸施工或者擅自修改设计图纸的。

取得设计或者施工资质证书的勘察设计、施工单位，为无证单位提供资质证书，超过规定的经营范围，承担设计、施工任务或者设计、施工的质量不符合要求，情节严重的，由原发证机关吊销设计或者施工的资质证书。

第三十九条　有下列行为之一的，由乡级人民政府责令停止侵害，可以处以罚款；造成损失的，并应当赔偿：

(一)损坏村庄和集镇的房屋、公共设施的；

(二)乱堆粪便、垃圾、柴草，破坏村容镇貌和环境卫生的。

第四十条　擅自在村庄、集镇规划区内的街道、广场、市场和车站等场所修建临时建筑物、构筑物和其他设施的，由乡级人民政府责令限期拆除，并可处以罚款。

第四十一条　损坏村庄，集镇内的文物古迹、古树名木和风景名胜、军事设施、防汛设施，以及国家邮电、通信、输变电、输油管道等设施的，依照有关法律、法规的规定处罚。

第四十二条　违反本条例，构成违反治安管理行为的，依照治安管理处罚条例的规定处罚；构成犯罪的，依法追究刑事责任。

第四十三条 村庄、集镇建设管理人员玩忽职守、滥用职权、徇私舞弊的，由所在单位或者上级主管部门给予行政处分；构成犯罪的，依法追究刑事责任。

第四十四条　当事人对行政处罚决定不服的，可以自接到处罚决定通知之日起 15 日内，向作出处罚决定机关的上一级机关申请复议；对复议决定不服的，可以自接到复议决定之日起 15 日内，向人民法院提起诉讼。当事人也可以自接到处罚决定通知之日起 15 日内，直接向人民法院起诉。当事人逾期不申请复议，也不向人民法院提起诉讼，又不履行处罚决定的，作出处罚决定的机关可以申请人民法院强制执行或者依法强制执行。

第七章　附　则

第四十五条　未设镇建制的国营农场场部、国营林场场部及其基层居民点的规划建设管理，分别由国营农场、国营林场主管部门负责，参照本条例执行。

第四十六条　省、自治区、直辖市人民政府可以根据本条例制定实施办法。

第四十七条　本条例由国务院建设行政主管部门负责解释。

第四十八条　本条例自1993年11月1日起施行。

全国村务公开协调小组

关于落实《中共中央办公厅、国务院办公厅关于健全和完善村务公开和民主管理制度的意见》的目标任务分工

为认真贯彻落实《中共中央办公厅国务院办公厅关于健全和完善村务公开和民主管理制度的意见》(中办发[2004]17号)，维护好亿万农民群众的根本利益，全国村务公开协调小组现就有关目标任务作如下分工：

一、进一步健全村务公开制度，保障农民群众的知情权

（一）完善村务公开的内容

工作任务：

1. 继续坚持公开国家法律法规和政策明确要求公开的事项；根据农村改革发展的新形势、新情况和农民群众的要求，及时丰富和拓展村务公开内容。

牵头单位：民政部

责任单位：民政部、中农办、农业部、财政部、人口计生委

2. 继续把财务公开作为村务公开的重点，所有收支必须逐项逐笔公布明细账目，让群众了解、监督村集体资产和财务收支情况。

牵头单位：农业部

责任单位：农业部、财政部

（二）规范村务公开的形式、时间和基本程序

工作任务：

1. 规范固定村务公开栏的设立，探索民主听证会等有效形式，充分利用现代科学技术，不断创新村务公开的有效形式和手段。

牵头单位：民政部

责任单位：民政部、农业部、中组部

2. 集体财务往来较多的村，财务收支情况应每月公布一次。

牵头单位：农业部

责任单位：农业部、财政部

3. 推进村务事项从办理结果的公开，向事前、事中、事后全过程公开延伸。

牵头单位：民政部

责任单位：民政部、中组部、人口计生委

4. 规范和完善村务公开的基本程序。

牵头单位：民政部

责任单位：民政部、中组部、司法部、人口计生委

（三）设立村务公开监督小组

工作任务：对村务公开监督小组和民主理财小组的设立及发挥作用给予指导。

牵头单位：民政部

责任单位：民政部、中纪委、中组部、农业部、人口计生委

（四）听取和处理群众意见

工作任务：

1．听取并处理群众对村务公开的意见。

牵头单位：民政部

责任单位：民政部、中组部、中纪委、农业部、人口计生委、国家信访局

2．规范村务公开工作中文件资料的形成和积累并对整理归档和妥善保管工作进行指导。

牵头单位：国家档案局

责任单位：国家档案局、民政部

二、进一步规范民主决策机制，保障农民群众的决策权

（一）推进村级事务民主决策

工作任务：

1．凡是与农民群众切身利益密切相关的事情，如村集体的土地承包和租赁、宅基地分配、征地补偿费分配与使用以及征地补偿方案、集体企业改制、集体举债、集体资产处置、村干部报酬、村公益事业的经费筹集方案和建设承包方案等，都要实行民主决策，不能由个人或少数人决定。

牵头单位：中组部

责任单位：中组部、中纪委、民政部、农业部、财政部、国土资源部

2．村民委员会的设立、撤并、范围调整，由乡级人民政府提出意见后，必须经村民会议讨论同意，并报县级人民政府批准。

牵头单位：民政部

责任单位：民政部、中组部、农业部、建设部

3．集体经济已实行股份制或股份合作制改革的村，要按照改革后的有关要求进行民主决策和民主监督。

牵头单位：农业部

责任单位：农业部、民政部

4．村级民主决策的事项要符合党的方针政策和国家法律法规，不得有侵犯村民人身权利、民主权利和合法财产权利的内容。

牵头单位：司法部

责任单位：司法部、民政部

（二）明确村级民主决策的形式

工作任务：

1．涉及农村土地承包、调整等重大的事项，应依照《中华人民共和国农村土地承包法》等相关法律法规所规定的程序进行民主决策。

牵头单位：农业部

责任单位：农业部、中农办、最高人民法院、国土资源部

2．村民代表由村民依法推选产生，妇女代表要占一定比例。

牵头单位：民政部

责任单位：民政部、司法部、全国妇联

3．完善村民会议和村民代表会议议事规则，建立健全村民代表联系户制度，确保村民代表真正代表民意。认真研究和探索村庄撤并、外出务工经商人员不断增多情况下村级民主决策的有效形式。

牵头单位：民政部

责任单位：民政部、中组部、农业部、国土资源部、建设部

（三）规范村级民主决策的程序

工作任务：规范涉及村民利益的重大事项的决策程序

牵头单位：中组部

责任单位：中组部、民政部、农业部

（四）建立决策责任追究制度

工作任务：

1．未经村民会议或村民代表会议讨论决定，任何组织或个人擅自以集体名义借贷，变更与处置村集体的土地、企业、设备、设施等事项的，均为无效，村民有权拒绝，造成的损失由责任人承担，构成违纪的给予党纪政纪处分，构成犯罪的依法追究刑事责任。

牵头单位：中纪委

责任单位：中纪委、中组部、最高人民检察院、国土资源部

2．村民会议或村民代表会议讨论决定的事项，要形成书面记录并妥善保管。

牵头单位：民政部

责任单位：民政部、中组部、国家档案局

三、进一步完善民主管理制度，保障农民群众的参与权

（一）推进村级事务民主管理

工作任务：指导制定和完善村民自治章程、村规民约、村民会议和村民代表会议议事规则、财务管理制度等民主管理制度。

牵头单位：民政部

责任单位：民政部、中组部、司法部、农业部、财政部、人口计生委

(二)建立村民委员会换届后的工作移交制度

工作任务：

1．调查研究村民委员会换届后工作移交中存在的问题，提出改进办法；制定办法，解决拒绝移交或无故拖延移交问题。

牵头单位：民政部

责任单位：民政部、中纪委、中组部、农业部、公安部

2．移交过程中发现有重大问题的，纪检监察机关、人民检察院、公安机关接到群众反映、举报后应及时处理。

牵头单位：中纪委

负责单位：中纪委、最高人民检察院、公安部

（三）加强村民民主理财制度建设

工作任务：

1．指导民主理财小组制定民主理财办法，切实发挥民主理财小组作用；调查研究目前农村财务管理中存在的问题，指导财务清理整顿工作。

牵头单位：农业部

责任单位：农业部、民政部、财政部

2．制定和完善集体资产监管办法，防止集体资产流失，确保村集体资产保值、增值。

牵头单位：农业部

责任单位：农业部、财政部、民政部

（四）规范农村集体财务收支审批程序

工作任务：

1．制定规范的集体财务收支审批程序，并监督执行。

牵头单位：农业部

责任单位：农业部、财政部、民政部、国家审计署

2．乡级人民政府及业务主管部门对村级财务活动加强指导和监督。

牵头单位：农业部

责任单位：农业部、财政部、民政部

四、进一步强化村务管理的监督制约机制，保障农民群众的监督权

（一）加强对农村集体财务的审计监督

工作任务：

1．指导县乡两级农村集体资产和财务管理部门工作，组织好对农村集体财务、村干部任期届满或离任时的审计监督工作。

牵头单位：农业部

责任单位：农业部、财政部、民政部、国家审计署

2．针对在审计中查出的不同情况，对相关责任人作出适当的处理：侵占集体资产和资金，多吃多占、铺张浪费的，要责令如数退赔；涉及国家工作人员及村干部违法违纪，需要给予党纪政纪处分的，移交纪检监察机关处理；构成犯罪的，依法追究当事人的法律责任。

牵头单位：中纪委

责任单位：中纪委、最高人民检察院、公安部、农业部、财政部

3．指导农村集体经济组织、村民小组、农（畜）产品行业协会和农民专业合作组织实行财务公开，加强管理与监督。

牵头单位：农业部

责任单位：农业部、民政部、财政部

（二）推行民主评议村干部工作制度

工作任务：

1．对健全完善民主评议制度给予指导。

牵头单位：中组部

责任单位：中组部、中纪委、民政部、司法部、农业部

2．针对民主评议不合格的党员，依照党内规章作出处理。

牵头单位：中纪委

责任单位：中纪委、中组部

（三）建立和完善村干部的激励约束制度

工作任务：

1．大力宣传、鼓励和表彰积极推行村务公开和民主管理的干部，切实维护和保障村干部的合法权益。

牵头单位：中组部

责任单位：中组部、中宣部、民政部、财政部、人事部、农业部、人口计生委

2．对在村级重大事务决策和管理中违反程序，独断专行，以及因工作失误造成重大损失，或村务公开不及时、不全面、弄虚作假、侵犯农民民主权利的村党组织班子成员，依照党内有关

规定作出处理。

牵头单位：中纪委

责任单位：中纪委、中组部、民政部

五、进一步加强领导，切实抓好村务公开和民主管理工作的落实

（一）加强组织领导

工作任务：

1．指导地方把推进村务公开和民主管理作为关系农村改革、发展和稳定的一件大事来抓，并与增加农民收入、加强农村党的建设和社会主义精神文明建设等各项工作紧密结合起来，使之相互促进、共同提高。

牵头单位：中宣部

责任单位：中宣部、中纪委、中组部、中农办、民政部、人口计生委、中央文明办、国家发改委

2．督促、检查地方研究分析村务公开和民主管理工作情况，提出指导性意见。

牵头单位：中纪委

责任单位：中纪委、中组部、中农办、民政部

3．督促、检查县（市）党委、政府要制定具体的实施意见，常抓不懈。

牵头单位：民政部

责任单位：民政部、中纪委、中组部、中农办

4．把推进村务公开和民主管理作为考核评比民主法治示范村、“五个好”村党组织、“五个好”乡镇党委和农村基层组织建设先进县（市）的一项重要内容。

牵头单位：中组部

责任单位：中组部、民政部、司法部

（二）健全领导体制和工作机制

工作任务：

1．指导各地建立健全党委和政府统一领导、有关部门共同参与、民政部门组织协调的领导体制和工作机制。

牵头单位：民政部

责任单位：民政部、中纪委、中组部、中农办

2．各部门要在职责范围内做好村务公开和民主管理方面的协调工作。

牵头单位：中纪委

责任单位：中纪委、中组部、中农办、民政部、农业部、财政部、司法部、人口计生委

3．保证开展工作的必要人员和经费。

牵头单位：中编办

责任单位：中编办、财政部、人事部

4．共青团、妇联和计划生育协会要动员农村青年、妇女、计划生育协会会员积极参与村务公开和民主管理活动。

牵头单位：人口计生委

责任单位：人口计生委、团中央、全国妇联

5．新闻媒体要加强舆论引导和监督。

牵头单位：中宣部

责任单位：中宣部、国家广播电视总局

6．村务公开协调机构要及时掌握工作动态，加强沟通和协调。要通过培育典型、示范引导、专项检查等多种有效形式，积极探索推进村务公开和民主管理的有效途径。

牵头单位：民政部

责任单位：民政部、中纪委

（三）明确县乡党委和政府的责任

工作任务：

1．督促、检查县、乡党委和政府建立党政领导责任制，把村务公开和民主管理作为基层干部政绩考核的重要内容，并不断完善考评办法。

牵头单位：中组部

责任单位：中组部、中农办、人事部

2．加大督促检查力度，及时受理群众来信、来访和申诉，及时化解社会矛盾，维护农村稳定。

牵头单位：中央综治办

责任单位：中央综治办、中组部、民政部、国家信访局

3．加大培训力度，加强对新任村组干部、农村财会人员、档案资料管理人员、民主理财小组成员和村民代表的培训，提高其政策水平和依法办事能力，使其善于用说服的方法、示范的方法、服务的方法推动农村工作。

牵头单位：民政部

责任单位：民政部、中组部、中农办、财政部、农业部

4．切实加强农村精神文明建设和思想政治工作。

牵头单位：中宣部

责任单位：中宣部、中央文明办、中组部

5．积极引导农民参与村务公开和民主管理

的实践活动，在实践中学会正确行使民主权利。

牵头单位：民政部

责任单位：民政部、中组部、农业部、中宣部、司法部

6．坚决制止利用宗教、宗族、家族势力干预基层经济社会事务管理的行为。

牵头单位：中央综治办

责任单位：中央综治办、中央防范和处理邪教问题领导小组办公室、公安部、民政部、国家民委、国家宗教事务局

（四）充分发挥农村基层党组织的领导核心作用

工作任务：

1．健全村党组织领导的充满活力的村民自治机制，把坚持党的领导、充分发扬民主、切实依法办事有机统一于农村社会主义民主实践之中。指导村党组织领导和支持农民依法参与村级事务管理，监督村务公开和民主管理制度的落实，及时听取群众的意见，不断完善制度、改进工作。教育农村党员特别是党员干部发挥先锋模范作用，尊重农民群众的民主权利，带头执行村务公开和民主管理制度。

牵头单位：中组部

责任单位：中组部、中纪委、民政部、司法部

2．指导村民委员会、村集体经济组织和其它村级组织，在村党组织领导下，团结广大农民群众，齐心协力做好村务公开和民主管理工作，促进农村各项事业全面发展。

牵头单位：民政部

责任单位：民政部、农业部、团中央、全国妇联

关于印发《全国村务公开协调小组2005年工作要点》的通知

全国村务公开协调小组各成员单位，各省、自治区、直辖市村务公开协调机构，计划单列市和新疆生产建设兵团村务公开协调机构：

现将《全国村务公开协调小组2005年工作要点》印发你们，请参照落实。

全国村务公开协调小组

2005年1月24日

全国村务公开协调小组2005年工作要点

在党中央、国务院的正确领导和地方各级党委、政府的高度重视下，2004年全国各地认真贯彻党的十六大和十六届三中、四中全会精神，按照全国村务公开工作电视电话会议要求，全面推进村务公开和民主管理，年初确定的各项任务得到有效落实，村务公开和民主管理工作取得新成效。特别是《中共中央办公厅、国务院办公厅关于健全和完善村务公开和民主管理制度的意见》（中办发[2004]17号，以下简称中办17号文件）下发后，这项工作取得突破性进展：各地认真学习贯彻中办17号文件精神，思想认识有了新提高；建立健全工作机构，加强工作指导，初步形成了合力推进村务公开和民主管理工作的新机制；积极组织农村干部群众参与村级事务管理，涌现出一大批推进村务公开和民主管理工作的新典型。村务公开和民主管理工作的进一步开展，促进了农村党风廉政建设，促进了党在农村各项政策的落实，促进了农村经济社会的协调发展。

根据全国村务公开民主管理工作经验交流会的部署，2005年农村村务公开和民主管理工作的总体要求是，以邓小平理论和“三个代表”重要思想为指导，深入贯彻党的十六大和十六届三

中、四中全会精神和中办 17 号文件精神，围绕健全和完善制度、抓好工作落实这个主题，着眼于维护农民群众的合法权益，进一步推进村务公开和民主管理的制度化、规范化和程序化，切实保障农民群众的知情权、决策权、参与权、监督权；着眼于加强和提高党的执政能力，进一步健全村党组织领导的充满活力的村民自治机制，充分发挥基层民主制度的政治优势，切实巩固党在农村的执政地位、执政基础；着眼于维护社会稳定，构建社会主义和谐社会，进一步完善推进村务公开和民主管理的领导体制和工作机制，加强农村社会建设和管理，推进社会管理体制创新，为全面建设小康社会作出贡献。

一、深入学习宣传中办 17 号文件，推动村务公开和民主管理在服从和服务于农村工作大局上取得新进展

（一）围绕大局开展工作。紧紧围绕增加农民收入、农村税费改革、两减免三补贴、保护耕地等群众最关心、最直接、最现实的事项推进村务公开和民主管理，化解农村矛盾，促进农村发展，维护农村稳定。

（二）深入学习贯彻中办 17 号文件。认真贯彻全国村务公开民主管理工作经验交流会精神，进一步开展学习贯彻中办 17 号文件的调研督查活动。继续举办中办 17 号文件讲习班、培训班，分层、分批培训村务公开协调机构工作人员，指导各地培训乡村干部、村民代表、农村财会人员、民主理财小组成员。

（三）加大中办 17 号文件的宣传力度。协调有关部门，利用广播、电视、网站、报纸等新闻媒体，继续向广大农民群众宣传中办 17 号文件精神。指导各地农村采取黑板报、宣传画、小册子、公开栏、节庆日、文艺演出等群众喜闻乐见的形式，介绍村务公开和民主管理知识，深入开展法制宣传教育工作，引导农民群众依法办事、依法行使自己的民主权利。

二、狠抓制度建设，切实维护农民群众的切身利益，使农村基层民主的制度化、规范化、程序化得到有效落实

（四）继续推进村务公开制度建设。切实规范村务公开的时间、形式和基本程序，丰富和拓展村务公开内容，发挥村务公开监督小组的作用，落实农民群众的知情权。

（五）继续推进村级民主决策制度建设。健全完善“两委”联席会议制度，规范民主决策程序。指导各地建立和完善村民会议、村民代表会议制度及其议事规则，追究违反决策程序所应承担的责任，把村干部的权力置于村民监督之下，落实农民群众的决策权。

（六）继续推进村级民主管理制度建设。指导各地完善村民自治章程和村规民约。指导各地按照规范的内容、程序进行村委会工作移交。规范财务开支审批程序，实行民主理财，充分发挥民主理财小组的作用，落实农民群众的参与权。

（七）继续推进村级民主监督制度建设。加强农村集体财务的审计监督，开展民主评议村干部工作，建立健全村干部激励约束制度，落实农民群众的监督权。

三、充分发挥农民群众的主体作用，扩大群众的有序参与，使农民群众在参与村务公开和民主管理实践活动中提高自我管理能力

（八）拓展农民群众参与村务管理的途径。建立健全村务公开监督小组、民主理财小组，并有效发挥作用。推动农村村民会议、村民代表会议有效运作。积极发挥村级民主听证会的作用。

（九）创新村务管理模式。探索在村务管理中利用现代科学技术手段。在已实行集体经济股份制或股份合作制改革的农村，探索进行民主决策和民主监督的新路子。探索村庄撤并、外出务工经商人员不断增多情况下村级民主决策的有效形式。

（十）充分调动农民群众参与村务管理的积极性和主动性。进一步总结推广“民主日”、“村情民意恳谈会”、“民主听证会”等经验，充分听取群众的意见，了解群众的呼声，把群众关心的热点、难点问题作为村务公开和民主管理的切入点，调动群众参与村务管理的积极性和主动性。

四、启动村务公开和民主管理示范活动，解决突出问题，创造性地推进村务公开和民主管理工作

（十一）全面调查了解工作情况。在全国范围内开展村务公开和民主管理情况抽样调查。针对当前农民反映强烈的一些突出问题，如土地征用补偿费不到位和截留挪用问题、财务管理混乱和缺乏透明度问题、税费减免和粮食直补发放过程中出现的问题、村干部违背决策程序随意处置集体资产问题，着力研究解决办法。

（十二）开展村务公开民主管理示范活动。研究制定示范活动方案和命名表彰办法。研究制定示范县（市、区、旗）、示范乡（镇）、示范村标准，在下半年适当的时候命名表彰一批示范单位。全国村务公开协调小组统一命名表彰示范县（市、区、旗），地方村务公开协调机构命名表彰示范乡（镇）、示范村。把村务公开民主管理工作与开展“民主法治示范村”创建活动结合起来，推进农村民主法制建设。

（十三）认真做好群众来信来访工作。督促各地建立健全村务公开和民主管理信访工作责任制，及时受理群众的来信、来访和申诉，及时化解社会矛盾，维护农村稳定。加大对一些重点、难点事项的督办力度，对群众来信、来访及调查处理情况定期进行分析研究。

五、进一步健全和完善工作协调机构，落实工作责任，为加大村务公开和民主管理工作力度提供组织保证

（十四）健全和完善工作协调机构。督促各地建立健全由党政领导挂帅，纪检、组织、财政、公安、民政、司法行政、农业、国土、计生等有关部门共同参与的村务公开工作协调机构，真正形成上下联动、左右配合、协调一致的工作运行机制，并保证开展工作的人员和经费的落实。加强各成员单位的联络和沟通，使协调小组及其办公室发挥应有的作用。

（十五）落实工作责任。按照《全国村务公开协调小组关于落实<中共中央办公厅、国务院办公厅关于健全和完善村务公开和民主管理制度的意见>的目标任务分工》（村发[2004]6号），督促检查牵头单位和责任单位履行职责情况，充分发挥职能部门的作用。督促县乡党委、政府建立党政领导责任制，把村务公开和民主管理列入基层干部政绩考核的内容，纳入农村党的建设“三级联创”活动。督促各相关单位在村级组织换届选举工作中，发挥积极有效的作用。

（十六）建立工作联系点。全国村务公开协调小组各成员单位分别与一个县（市）建立联系点，定期指导工作，掌握第一手资料。协调小组办公室将选择一些具有代表性的县（市、区、旗）或乡（镇），建立村务公开和民主管理观测点，定期跟踪、观测，掌握村务公开和民主管理工作进展情况，分析有关现象和数据，并对其进行理论研究，用于指导面上的工作。

（十七）建立社会参与机制。选聘一批专家、学者组建专家咨询团，发挥专家学者在村务公开和民主管理政策制定中的作用。选聘一批新闻单位记者组建宣传督导团，发挥舆论监督的作用。扩大村务公开和民主管理工作的社会参与度、工作透明度，形成社会各界关心支持村务公开和民主管理的氛围。

（十八）加强信息化建设。积极筹建全国村务公开信息平台和网络数据库，及时编发村务公开信息简报，继续办好“中国农村村民自治信息网”及“村务公开”网页，推动村务公开和民主管理工作的数字化、信息化。

（2005年1月26日）

民政部关于学习贯彻《中共中央办公厅、国务院办公厅关于健全和完善村务公开和民主管理制度的意见》的通知

各省、自治区、直辖市民政厅（局），计划单列市民政局，新疆生产建设兵团民政局：

经中央政治局常委会、中央政治局会议讨论的《中共中央办公厅国务院办公厅关于健全和完善村务公开和民主管理制度的意见》（中办发[2004]17号以下简称《意见》）已由中央办公厅印发。民政部门作为推动村民自治工作的职能部门，要在学习贯彻《意见》的工作中走在前列，做得更多些、更好些。为此，特通知如下：

一、充分认识《意见》的重要意义，切实搞

好民政干部的自身学习

《意见》是自1998年《中共中央办公厅国务院办公厅关于在农村普遍实行村务公开和民主管理制度的通知》下发和《中华人民共和国村民委员会组织法》施行之后又一部指导农村基层民主的重要文献，也是十六大以来第一部专题指导农村基层民主的重要文献。《意见》所明确的“进一步健全村务公开制度，保障农民群众的知情权”；“进一步规范民主决策机制，保障农民群众的决策权”；“进一步完善民主管理制度，保障农民群众的参与权”；“进一步强化村务管理的监督制约机制，保障农民群众的监督权”，以及对相关制度建设的要求，是对村务公开和民主管理实践经验的新概括，是对今后工作的新要求，集中反映了我们党在推行村务公开和民主管理方面的最新认识，充分体现了以胡锦涛同志为总书记的新一届中央领导集体对亿万农民民主权利的高度重视。各级民政部门要从实践“三个代表”重要思想、坚持科学发展观、落实以民为本、为民解困民政宗旨的高度，认真学习贯彻好《意见》。各省、自治区、直辖市民政厅（局）的领导干部要以身作则，带头学习，掌握精神，并督促下级机关和普通干部搞好学习。从事村务公开和民主管理工作的同志，更要自觉学习，刻苦学习，吃透精神，熟记政策。要把学习《意见》与学习十六大有关论述、学习以胡锦涛同志为总书记的新一届中央领导集体关于做好村务公开和民主管理工作的指示结合起来；与学习《中华人民共和国村民委员会组织法》等法律法规结合起来；与学习《中共中央办公厅国务院办公厅关于进一步做好村民委员会换届选举工作的通知》（中办发[2002]14号）结合起来，增强责任心和使命感，努力把十六大提出的“完善村民自治，健全村党组织领导的充满活力的村民自治机制”的任务落到实处。

二、积极配合有关部门，做好面向基层干部群众的学习宣传工作

省级民政部门要会同党委、政府有关部门对《意见》的学习宣传作出部署。民政部门所属新闻媒体要带头宣传《意见》精神，同时，也要利用社会上各种新闻媒体和农村公开栏、黑板报、文艺演出等群众喜闻乐见的形式，迅速向广大农民群众进行宣传。要把宣传《意见》同宣传土地征用补偿及分配、税费改革和农业税减免、新型农村合作医疗、种粮直接补贴、退耕还林还草款物兑现等政策结合起来，使农民群众不仅知晓自己的民主权利，而且学会依法行使民主权利，善于依法维护自己的合法权益。要配合有关部门迅速组织广大农村基层干部原原本本地学习《意见》，领会精神实质，明确政策要求。要把学习《意见》纳入农村基层干部培训计划，把村务公开和民主管理作为农村干部培训的重要课程。各种学习教育活动要力求实效。通过学习宣传《意见》，要使亿万农民群众详知文件内容，切实感受到党中央、国务院对农民当家作主的高度重视，进一步焕发建设全面小康社会的积极性；要使广大基层干部充分认识到健全和完善村务公开和民主管理制度的重大意义，把思想认识统一到中央的重大决策上来，不折不扣地贯彻执行，进一步实现好、维护好、发展好广大农民群众的根本利益。

三、对照《意见》进行检查，抓好规章制度的完善工作

要以县（市）为单位对近年来开展村务公开和民主管理工作的情况进行一次回顾和总结，对已有的规章制度进行一次检查和清理，重点检查村务公开的内容是否全面、真实；村务公开的形式、时间和基本程序是否规范、及时；涉及村民利益的事项是否按照程序实行民主决策；村民民主理财制度是否健全和执行；农村集体财务收支审批程序是否严格；农村集体财务审计监督制度、村干部任期届满或离任审计制度、民主评议村干部工作制度是否建立；村党组织的领导核心作用发挥得是否充分有效；村务公开和民主管理工作的领导体制与工作机制是否建立并有效运行等等。各地在制度建设中，凡是与《意见》精神相一致的，要继续坚持；不完全一致的，要及时补充和完善；完全抵触的，必须尽快修改或废止。

今年不少农村正在进行村民委员会换届选举，要确保民主选举依法有序进行。指导已经完成换届选举的农村及时将村民自治的工作重心转移到推行村务公开和民主管理上来。要按照《意见》中提出的“各省（自治区、直辖市）党委和政府要及时研究分析村务公开和民主管理工作情况，提出指导性意见。县（市）党委和政府要制定具体的实施意见，常抓不懈”的要求，积极调查研究，为党委、政府制定指导意见当好参谋和助手。

四、加大力度，推动《意见》在农村基层的贯彻执行

目前，一些地方征地补偿不到位、村级决策不民主、财务不公开，已成为群众反映强烈的问题，成为影响农村社会稳定的重要矛盾。要把这些农民群众看得见、摸得着的问题作为村务公开和民主管理的重要切入点，一个问题一个问题加以解决。对群众反映财务问题较多的村，积极督促县乡党委和政府及有关部门帮助搞好财务清理整顿，解决存在的问题，建立健全财务管理和民主理财制度。对那些工作止步不前、效果不明显的地区，要帮助分析原因，有针对性地提出解决问题的措施和办法。对工作不认真、不得力或在工作中有弄虚作假、侵犯农民群众民主权利等行为的，要教育批评。要以群众来信来访反映的问题为线索，配合有关部门查处侵犯农民合法权益的行为，真正把矛盾化解在基层。要尊重基层干部群众的首创精神，及时发现、总结、推广在村务公开和民主管理中涌现的好经验、好做法，引导各地农村创造性地开展工作。要大力宣传和表彰积极推行村务公开和民主管理的基层干部，大力宣传和表彰村务公开和民主管理实践中的模范单位，充分发挥典型的示范和导向作用。为推动《意见》在农村基层的贯彻执行，今年下半年，全国村务公开协调小组将召开一次“村务公开和民主管理现场经验交流会议”，各地实践中涌现的好典型、好经验，请及时向全国村务公开协调小组办公室通报。

五、适应新要求，切实加强对村务公开和民主管理的指导

要按《意见》提出的要求，切实履行民政部门在村务公开和民主管理工作中的“组织协调”职责。及时将开展工作的经费报送同级财政部门，纳入同级财政预算。工作中遇到的困难和问题，及时向党委、政府请示报告。同时，要适应新形势、新要求，加强、充实工作力量。各地民政部门要把村务公开和民主管理工作，纳入重要议事日程，加大工作指导力度，经常分析工作进展状况，研究解决存在的问题，总结推广成功经验，使工作每年都有新进展、新成效，以出色的实绩，让农民群众满意，让中央放心。

要按照《意见》提出的“各地要建立健全党委和政府统一领导、有关部门共同参与、民政部门组织协调的领导体制和工作机制”的要求，充分发挥村务公开协调机构的作用。目前没有建立协调机构的，在贯彻执行《意见》过程中，要加紧建立。已经建立的，要形成定期的联席会议制度，及时沟通协调，及时研究讨论实践中的重要问题。积极推动协调机构成员单位以及其它涉农部门在各自职责范围内支持和引导农村党组织、村民委员会、村集体经济组织做好村务公开和民主管理方面的工作，真正把村务公开、民主管理这一涉及亿万农民切身利益的大事办好。

各地学习、宣传、贯彻《意见》的情况，要及时向当地党委和政府报告。下半年适当时间，我部将会同全国村务公开协调小组其它成员单位进行督察。

（2004年6月28日）

民政部、财政部、国家发展和改革委员会关于进一步做好农村五保供养工作的通知

民发[2004]145号

各省（自治区、直辖市）民政厅（局）、财政厅（局）、发展改革委（计委）：

党中央、国务院历来重视农村社会救助工作。早在农业合作化时期，我国就建立了农村五保供养制度，长期坚持对无劳动能力、无生活来源、无法定扶养义务人的老年人、残疾人和未成

年人在衣、食、住、医、葬（教）方面给予保障的政策。这一政策在保障农村困难群众的生存权益，维护农村社会稳定中发挥了重要作用。

农村税费改革试点工作全面推开后，五保供养工作出现了一些新情况、新问题。党中央、国务院对农村五保对象的生活十分关心，温家宝总理在十届人大第二次会议所作《政府工作报告》中明确提出了“完善农村‘五保户’生活保障制度，确保供养资金”的要求。为贯彻党中央、国务院的指示精神，切实做好农村五保供养工作，使农村五保对象的基本生活得到有效保障，现就有关问题通知如下：

一、充分认识进一步做好五保供养工作的重要意义

五保供养对象是农村最困难的群体。解决这部分人的生活问题，关系到党和政府在农村工作中的形象。各地、各部门要充分认识做好当前五保供养工作的紧迫性和重要性，加强领导，统一部署，从实践“三个代表”重要思想，落实科学发展观，维护宪法所赋予五保对象合法权益，保持农村社会稳定的高度，认真研究解决税费改革新形势下农村五保供养工作面临的新情况、新问题。各级民政、财政、发展改革等部门要切实履行好自己的职责，把妥善解决好五保对象生活、实现五保对象“应保尽保”，列为当前和今后工作的重点，进一步加大工作力度，全面提高农村五保供养工作水平。

二、规范五保管理，实现“应保尽保”

农村五保供养是一项政策性、原则性很强的工作。各地民政部门要进一步规范对五保供养工作的管理。根据《农村五保供养工作条例》规定，五保供养对象是指符合下列条件的老年人、残疾人和未成年人：1. 无法定扶养义务人，或者虽有法定扶养义务人，但扶养义务人无扶养能力的；2. 无劳动能力的；3. 无生活来源的。五保对象的审批程序为：由本人申请或者由村民小组提名，经村民代表会议民主评议，村民委员会初审，乡镇人民政府审核，县级民政部门审批并颁发《五保供养证书》。五保供养的形式分为分散供养和集中供养。对于分散供养的五保对象，要由乡（镇）人民政府、受委托的扶养人和五保对象签订五保供养协议，约定各自的权利和义务，落实服务责任制和帮扶措施。对于在敬老院集中供养的五保对象，要签订入院协议，明确相关责任和义务。五保供养标准要确保五保对象生活达到当地村民一般生活水平。五保供养要包括以下内容：供给粮油和燃料；供给服装、被褥等用品和零用钱；提供符合基本生活条件的住房；及时治疗疾病；有人照料生活不能自理者；妥善办理丧葬事宜；五保对象是未成年人的，保障他们依法接受义务教育。

各地民政部门要严格按照国家和当地政府有关规定，以高度的责任感和紧迫感，切实搞好五保对象的认定、审核、审批和发证工作，实现“应保尽保”。

三、加强资金管理，确保五保供养资金落实

实行农村税费改革后，农村五保供养资金发生了变化，除保留原由集体经营收入开支的以外，从农业税附加收入中列支；村级开支确有困难的，乡镇财政给予适当补助。免征、减征农业税及其附加后，原从农业税附加中列支的五保供养资金，列入县乡财政预算。地方在安排使用农村税费改革转移支付资金时，应当确保五保供养资金的落实，不得截留、挪用。

各地要采取有效措施，确保五保供养资金及时足额发放。集中供养经费可由县级财政部门根据县级民政部门提出的用款计划直接拨付敬老院；分散供养经费可由县级财政部门根据县级民政部门提出的用款计划，通过银行直接发放到户。

四、进一步加强敬老院建设

各地要统筹规划，积极支持敬老院建设。各级民政、财政、发展改革等部门，要根据《国务院办公厅关于转发民政部等部门〈关于加快实现社会福利社会化意见〉的通知》（国办发[2000]19号）要求，进一步加强农村社会福利事业单位建设，推进农村敬老院管理体制改革。要把农村敬老院建设纳入当地经济社会发展总体规划，加快农村敬老院建设和改造步伐。要充分利用乡镇合并后的闲置资源，改造和完善现有农村敬老院服务设施，鼓励社会力量投资兴办农村敬老院或资助农村敬老院建设。要落实各项对社会福利事业的优惠政策，积极扶持农村敬老院根据自身条件开展生产经营活动。农村敬老院要根据《老年人社会福利服务机构基本规范》，加强内部管理，配备合格的专兼职工作人员，切实提高服务水平。同时，要充分利用现有资源，积极探索适合自身实际的以副养院办法，走自我管理、自我发展的路子。

五、发动社会力量，支持五保供养工作

各地要加快农村社会福利事业社会化发展步伐。在发挥各级政府作用的同时，要充分发扬中华民族尊老爱幼、邻里互助的传统美德，广泛发动社会力量，积极挖掘民间资源，形成全社会共同关心支持五保供养工作的良好局面，营造农村尊老敬老的良好社会氛围。在保证五保供养经费财政投入基础上，要继续发挥乡村集体经济组织的作用。五保户承包的土地由村集体或受委托的扶养人代为耕种的，集体或受委托的扶养人要根据五保供养协议（或敬老院入院协议），对五保对象的生活给予必要补助或帮扶。各地民政部门在开展社会捐助活动中募集的物资，应当优先用于解决农村五保户的生活需要。

六、加强督促检查，确保五保供养政策落实

要建立五保供养信息公开制度。各地要公开五保供养申请条件、审批程序，五保供养标准和五保供养资金发放与使用情况。同时，各地民政部门要设立举报电话，让全社会监督农村五保供养工作。

要建立定期检查和情况通报制度。各地要定期检查五保供养政策落实情况，发现问题，及时解决。民政部、财政部等部门将组成联合检查组，对各地五保供养工作情况进行定期或不定期检查，对检查结果予以通报。对五保供养搞得好，政策落实到位的地方，给予通报表扬；对于五保供养政策落实不力，未按规定程序审批、不如实上报、弄虚作假的单位，一经发现，给予通报批评，并提交有关部门追究主要责任人的责任；对于挪用、挤占五保供养经费的，根据国家有关政策规定追究有关部门领导和当事人的责任。

各地、各部门要认真贯彻落实本通知精神，结合本地实际，加强领导，采取切实可行的措施，狠抓督促落实。工作推进中的有关情况和问题，请及时报告上级有关部门。

（2004年8月23日）

农村五保供养工作条例

（1994年1月23日国务院令第141号发布）

第一章　总　则

第一条　为做好农村五保供养工作，保障农村五保对象的正常生活，健全农村的社会保障制度，制定本条例。

第二条　本条例所称五保供养，是指对符合本条例第六条规定的村民，在吃、穿、住、医、葬方面给予的生活照顾和物质帮助。

第三条　五保供养是农村的集体福利事业。农村集体经济组织负责提供五保供养所需的经费和实物，乡、民族乡、镇人民政府负责组织五保供养工作的实施。

第四条　在五保供养工作中做出显著成绩的人员，由地方人民政府给予表彰、奖励。

第五条　国务院民政部门主管全国的五保供养工作。县级以上地方各级人民政府民政部门主管本行政区域内的五保供养工作。

第二章　五保供养的对象

第六条　五保供养的对象（以下简称五保对象）是指村民中符合下列条件的老年人、残疾人和未成年人：

（一）无法定扶养义务人，或者虽有法定扶养义务人，但是扶养义务人无扶养能力的；

（二）无劳动能力的；

（三）无生活来源的。法定扶养义务人，是指依照婚姻法规定负有扶养、抚养和赡养义务的人。

第七条　确定五保对象，应当由村民本人申请或者由村民小组提名，经村民委员会审核，报乡、民族乡、镇人民政府批准，发给《五保供养证书》。

《五保供养证书》由国务院民政部门制定式

样，省、自治区、直辖市人民政府民政部门统一印制。

第八条　五保对象具有下列情形之一的，经村民委员会审核，报乡、民族乡、镇人民政府批准，停止其五保供养，收回《五保供养证书》：

(一)有了法定扶养义务人、且法定扶养义务人具有扶养能力的；

(二)重新获得生活来源的；

(三)已满16周岁且具有劳动能力的。

第三章　五保供养的内容

第九条　五保供养的内容是：

(一)供给粮油和燃料；

(二)供给服装、被褥等用品和零用钱；

(三)提供符合基本条件的住房；

(四)及时治疗疾病，对生活不能自理者有人照料；

(五)妥善办理丧葬事宜。五保对象是未成年人的，还应当保障他们依法接受义务教育。

第十条　五保供养的实际标准，不应低于当地村民的一般生活水平。具体标准由乡、民族乡、镇人民政府规定。

第十一条　五保供养所需经费和实物，应当从村提留或者乡统筹费中列支，不得重复列支；在有集体经营项目的地方，可以从集体经营的收入、集体企业上交的利润中列支。

第十二条　灾区和贫困地区的各级人民政府在安排救灾救济款物时，应当优先照顾五保对象，保障他们的生活。

第四章　五保供养的形式

第十三条　对五保对象可以根据当地的经济条件，实行集中供养或者分散供养。

第十四条　具备条件的乡、民族乡、镇人民政府应当兴办敬老院，集中供养五保对象。

第十五条　敬老院实行民主管理，文明办院，建立健全服务和管理制度。五保对象入院自愿，出院自由。

第十六条　敬老院可以开展农副业生产，收入用于改善五保对象的生活条件。地方各级人民政府和有关部门对敬老院的农副业生产应当给予扶持和照顾。

第十七条　实行分散供养的，应当由乡、民族乡、镇人民政府或者农村集体经济组织、受委托的扶养人和五保对象三方签订五保供养协议。

第五章　财产处理

第十八条　五保对象的个人财产，其本人可以继续使用，但是不得自行处分；其需要代管的财产，可以由农村集体经济组织代管。

第十九条　五保对象死亡后，其遗产归所在的农村集体经济组织所有；有五保供养协议的，按照协议处理。

第二十条　未成年的五保对象年满16周岁以后，按照本条例第八条规定停止五保供养的，其个人原有财产中如有他人代管的，应当及时交还本人。

第六章　监督管理

第二十一条　县级以上地方各级人民政府民政部门，应当制定五保供养工作的监督管理制度，并负责督促实施。

第二十二条　农村集体经济组织未按照本条例规定供养五保对象的，五保对象有权提出供养要求，县级人民政府民政部门应当督促农村集体经济组织限期纠正。

第二十三条　按照五保供养协议负有扶养义务的人拒绝扶养五保对象，情节恶劣构成犯罪的，依法追究刑事责任。

第二十四条　五保供养工作人员贪污、挪用五保供养款物的，县级人民政府民政部门应当责令其全部退还，并给予行政处分；构成犯罪的，依法追究刑事责任。

第七章　附　则

第二十五条　本条例自发布之日起施行。

农村敬老院管理暂行办法

(1997年3月21日民政部令第1号发布)

第一章　总　则

第一条　为加强农村五保供养工作的管理，促进敬老院事业的健康发展，根据《农村五保供养工作条例》和国家有关规定，制定本办法。

第二条　敬老院是农村集体福利事业单位。敬老院以乡镇办为主，五保对象较多的村也可以兴办。提倡企业、事业单位、社会团体、个人兴办和资助敬老院。

第三条　敬老院坚持依靠集体，依靠群众，民主管理，文明办院，敬老养老的办院方针。

第四条　敬老院所需经费实行乡镇统筹，并通过发展院办经济和社会捐赠逐步改善供养人员的生活条件。村办敬老院所需经费由村公益金解决。

第五条　乡镇人民政府要加强对敬老院工作的领导，把敬老院事业列入当地经济和社会发展规划。

第六条　民政部门是敬老院事业的主管部门，负责对敬老院工作的业务指导。敬老院的创办、撤销须经县级民政部门批准。

第二章　供养对象

第七条　敬老院以供养五保对象为主。在没有光荣院的地方可优先接收孤老优抚对象入院供养。有条件的敬老院可以向社会开放，吸收社会老人自费代养。精神病患者、传染病人不得接收入院。

第八条　五保对象入敬老院须由本人提出申请，经乡镇人民政府（村办敬老院经村民委员会）批准，并由本人和敬老院双方签定入院协议。

符合规定条件的对象，入院自愿，出院自由。

第九条　敬老院供养的各类人员（以下统称供养人员）应当遵守院内的规章制度，爱护公共财物，文明礼貌，团结互助。

第三章　院务管理

第十条　敬老院实行院长负责制，院长负责全面工作。其主要职责是：

（一）贯彻执行国家有关五保供养和敬老院工作的方针、政策和法规；

（二）组织制定院内的各项规章制度和敬老院发展规划；

（三）组织发展院办经济，增强敬老院自身发展的活力，不断提高供养人员的生活水平；

（四）督促工作人员履行职责，建立岗位责任制，实行目标管理，维护供养人员的合法权益不受侵犯。

第十一条　敬老院设立院务管理委员会。其职责是：贯彻落实办院方针、原则，审议院内重要事宜，检查、监督院长和工作人员的工作。

管理委员会成员经敬老院全体人员民主选举产生，管理委员会成员中供养人员所占比例不得少于二分之一。

第十二条　敬老院的生活区和生产区要分设。搞好环境绿化，保持美观清洁的院容院貌。

第十三条　供养人员的饮食应当讲究营养、卫生，每周有食谱。

第十四条　供养人员生病，院方应及时负责治疗。有条件的敬老院应当设立医务室，建立供养人员健康档案。供养人员去世后院方要负责从简料理后事。

第十五条　适当组织供养人员进行学习，因地制宜开展适合供养人员特点的文体和康复活动。

第四章　财产管理

第十六条　敬老院的土地、房屋、设备和其他财产依法归敬老院管理和使用，任何单位和个人不得侵占。

第十七条　建立健全财务管理制度。经费、物资、伙食、生产经营账目要定期公布，接受供养人员和社会有关方面的监督。财会人员离职时，必须清查账目，按规定办理移交手续。

第十八条　五保对象入院，其财产交集体代管，生活用具可带入敬老院使用。五保对象去世后，其遗产按入院协议处理。

第五章　生产经营

第十九条　敬老院可采取多种形式开展生产经营活动，兴办经济实体，生产经营收入归敬老院集体所有，用于院内扩大再生产和改善供养人员的生活条件，任何单位和个人不得侵占、挪用。

第二十条　鼓励供养人员参加力所能及的生产劳动和经营活动，并根据生产和经营效益给予适当报酬。

第二十一条　地方人民政府和有关部门对敬老院的生产经营活动，应当按有关规定给予优先和优惠。

第六章　工作人员

第二十二条　敬老院的工作人员，由乡镇人民政府（村办敬老院由村民委员会）根据敬老院需要和规模进行配备。

第二十三条　敬老院院长由乡镇人民政府（村办敬老院由村民委员会）选派。敬老院其他工作人员采取合同制，实行公开招聘。其基本条件是：热爱敬老养老工作，有一定文化水平，身体健康，责任心强，吃苦耐劳。从事财会、医疗等专业工作的人员应当具备一定的专业技能。

第二十四条　敬老院院长和其他工作人员的工资福利待遇，比照乡、镇、村集体企事业单位干部和职工的待遇确定。

第二十五条　敬老院应当组织工作人员进行职业道德学习，不断提高工作人员的管理和服务水平。

第二十六条　敬老院对工作认真负责、热心为供养人员服务的工作人员应当给予奖励；对工作不称职的可以辞退；对工作失职、造成严重后果的应当认真处理或报请有关机关依法追究责任。

第七章　附　则

第二十七条　各省、自治区、直辖市可根据本办法制定实施细则。

第二十八条　本办法自一九九七年三月十八日起施行。

民政部、中央机构编制委员会办公室、国务院经济体制改革办公室、建设部、财政部、国土资源部、农业部关于乡镇行政区划调整工作的指导意见

民发［2001］196号

各省、自治区、直辖市人民政府：

近年来，一些省、自治区、直辖市相继开展了以撤并乡镇、扩大乡镇区域规模为主要内容的乡镇行政区划调整工作。实践证明，根据经济和社会发展的需要，适时、合理地调整乡镇规模和布局是必要的，有利于精简机构，减少乡镇行政人员和财政开支，减轻农民负担；有利于优化资源配置，促进乡镇经济和社会事业的发展；有利于优化小城镇体系结构，促进小城镇建设。从总体上看，各地对这项工作高度重视，精心组织，乡镇行政区划调整工作进展比较顺利。但是在个别地方，也出现了因调整方案不合理、政策措施不配套、组织不周密、宣传和思想工作不到位而产生种种问题，甚至引发群众集体上访，在一定程度上影响了当地社会稳定。为确保乡镇行政区划调整工作的健康、顺利进行，使乡镇行政区划调整真正起到适应和促进经济社会发展的作用，经国务院同意，现提出如下意见：

一、乡镇行政区划调整工作要坚持实事求是、稳妥有序的原则

乡镇行政区划调整涉及面广，政策性强，关系地方改革、发展和稳定大局，有关地方政府要高度重视并从实际出发，因地制宜，分类指导。条件基本成熟并准备开展这项工作的地方，应认真借鉴其他地方的成功经验，调整撤并的标准和进度不要强求统一，防止“一刀切”、“一阵风”，积极、稳妥、有序地做好这项工作。全省性的乡镇调整撤并工作，一般应以县(市)为单位集中进

行，有条件的地方应结合乡镇机构改革配套进行；不具备大范围调整撤并条件，只作少量调整撤并的地方，不要开展集中统一的行动，可以在正常行政区划调整中逐步进行调整撤并；条件不成熟的地方，不要勉强进行调整撤并。

二、要制定科学合理的乡镇调整撤并方案并精心组织实施

乡镇行政区划调整要立足长远，科学规划。要在深入调查研究的基础上，着眼于乡镇经济和小城镇的长远发展，在充分考虑自然地理条件、经济社会发展水平、城镇建设、行政管理以及历史沿革和群众生产生活习惯、意愿等方面因素并广泛征求各方面意见的基础上，制定科学合理的乡镇行政区划调整撤并方案，并严格按有关规定和程序报批，使乡镇行政区划调整能适应当地经济社会发展的需要并在较长时期内保持相对稳定。从以往的经验看，确定合并后的乡镇政府驻地和名称十分重要，因此要综合考虑各方面的情况，并按照《地名管理条例》的规定，精心研究，慎重决策，合理确定合并后的乡镇政府驻地和名称。

有关地方政府特别是县级政府要要实加强领导，把乡镇行政区划调整作为一个时期的重点工作，由政府主要负责同志牵头，有关部门参加，认真组织实施。乡镇行政区划调整的准备工作要充分，实施要迅速，尽可能减少人员思想波动。要有针对性地加强对干部群众的宣传教育，做好耐心细致的思想政治工作。要严格各项纪律，特别是组织人事纪律、财经和廉政纪律，切实加强审计和监督，防止出现违纪违规行为。

三、做好调整撤并后的乡镇政府机构改革工作，加强基层政权建设

调整撤并后的乡镇要认真贯彻党中央、国务院关于地方政府机构改革的有关文件精神，切实转变政府职能，理顺县乡关系，全面加强基层政权建设。要大力精简机构和人员编制，减少财政供养人员，减轻财政负担和农民负担。调整撤并后的乡镇机构设置和编制核定，要按照市、县、乡机构改革的统一部署和要求进行。要切实做好人员分流工作，制定本地党政机关、事业单位人员分流的政策和办法，安置好分流人员。

四、妥善处理被撤乡镇政府驻地管理问题

要处理好合并后乡镇政府驻地建设和被撤乡镇政府驻地建设的关系，充分发挥被撤乡镇政府驻地的功能和作用。新镇域的小城镇基础建设应以新驻地为重点，同时要随着经济发展继续完善被撤乡镇政府驻地的生产、生活服务功能。要把被撤乡镇政府驻地作为新镇域的重要组成部分，采取措施，保持其经济发展和招商引资的势头，推动被撤乡镇政府驻地的发展。要按照国家土地管理的有关法律和政策，切实加强对被撤并乡镇政府驻地的地土地管理，防止借机擅自非法转让或转卖土地。

乡镇调整撤并完成后，在被撤乡镇政府驻地设立的临时性办事机构，要在基本完成乡镇合并的善后和磨合工作、新乡镇的行政管理和服务已有效辐射到被撤乡镇后予以撤销，不得在乡镇和村之间长期设置一层机构。

五、妥善处理乡镇集体资产

涉及集体财产管理的重要事项要经民主讨论通过。对合并乡镇的集体财产要实行统一审计、统一并账、统一管理。对有关乡镇的财务审计和封账必须在乡镇调整撤并方案实施前进行。被撤并乡镇政府的债权债务关系应明确转移到新设立的乡镇政府，并向群众和有关方面作出承诺。要明确农村土地承包合同不变等政策，切实保护农民的合法权益。要采取切实措施，防止私分、贪污、侵占国家财产行为和挥霍公款、铺张浪费、突击花钱的现象发生，对在调整撤并乡镇过程中违反财经纪律、擅自处理集体资产的行为要严肃处理。

六、已经完成调整撤并乡镇工作的地方，根据经济社会发展的需要，在保持建设用地总规模不扩大，耕地和基本农田保护面积不减少的前提下，可以按照法定程序，修订县(市)域土地利用总体规划和城镇体系规划以及乡镇的经济社会发展规划、土地利用总体规划和建设规划，加快乡镇发展。

七、积极稳妥地做好村委会调整撤并工作

目前，一些地方从本地经济社会发展和加强基层政权及群众自治组织建设的需要出发，正在开展村委会调整撤并工作。调整撤并村委会必须切实加强领导，充分准备、严密组织。要坚持以下原则：(一)从本地实际出发，因地制宜，不搞“一刀切”。村委会调整撤并的标准和进度不宜强求统一，不能定指标、压任务。村委会调整撤并工作开展前，要认真进行调查研究，力求使调整撤并方案科学合理、符合实际。(二)一般应以村委会为单位整建制撤并，必要时也可以自然村为单位进行调整。(三)调整撤并的村委会或自然村要在地理上毗邻，以方便群众办事，有利于村民自治。(四)在村民同意的基础上依法操作。调整撤并方案应由乡镇政府按照《中华人民共和国村民委员会组织法》的规定提出，经村民会议讨论同意后，报县级人民政府批准。村民会议没有同意的调整撤并方案，不能强行实施。(五)妥善处理集体资产和债权债务等经济问题。要严格财务制度和财经纪律，实行财务公开和民主理财。对并村后的村级集体资产和村民福利待遇，要防止简单平调和拉平。(六)切实减轻农民负担。在调整过程中，各地要严格执行中央减轻农民负担的各项政策规定，不得以任何名义向农民进行集资和收费。并村后随着管理性支出的减少，农民承担的村提留等费用也应随之进行调整，确保农民的负担比并村前有所减轻。(七)加强村干部队伍建设，提高村干部队伍素质。调整撤并后的村委会应按村民委员会组织法的规定设置，并按法定程序选举产生。对村干部职数要进行必要的压缩。对分流离岗的村干部，可从实际情况出发给予妥善安置或适当补偿。

（2001年7月27日）

民政部关于做好2005年村民委员会换届选举工作的通知

民发[2005]6号

各省、自治区、直辖市民政厅（局），计划单列市民政局，新疆生产建设兵团民政局：

2005年，全国有18个省（自治区、直辖市）将依法进行村民委员会换届选举，这是党的十六届四中全会明确提出加强党的执政能力建设，构建社会主义和谐社会战略任务之后，全国农村基层进行的首次大规模群众性民主实践活动。做好这项工作，影响深远，意义重大。为此，现作如下通知：

一、高度重视，及早做好换届选举前的准备工作

村民委员会换届选举，是发展社会主义民主的基础性工作，是健全和完善村务公开和民主管理制度的前提条件，是加强党的执政能力建设的重要内容。近年来，随着农村各项改革的深化、城镇化进程的加快、流动人口的增多，村民委员会选举面临许多新情况、新问题，这对于做好换届选举工作，既是好的机遇，也是新的挑战。各地要从践行“三个代表”重要思想、维护农村社会稳定、构建社会主义和谐社会的大局出发，早作研究，周密部署，精心组织，依法运作。

要切实加强领导和指导。严格按照《中共中央办公厅、国务院办公厅关于进一步做好村民委员会换届选举工作的通知》（中办发[2002]14号）的要求，层层建立由党政领导挂帅、有关部门参与、民政部门组织协调的换届选举工作机构，通过召开例会、集体办公、调研督查、编发简报、汇报总结等形式，切实履行职责，指导好村民委员会换届选举工作。要以省为单位统一届期、统一部署、统一指导、统一实施。积极推广县（市）主要领导负总责，乡（镇）党委书记作为第一责任人的基层领导责任制，真正做到分工明确，责任到人。积极督促县、乡选举工作机构制定选举工作计划，做好选举工作。

要认真做好换届选举前的摸底调查工作。要全面掌握本地区村民委员会建设情况及其存在的问题，制定分类指导方案。对干群矛盾较多的村、撤并村、近郊村以及群众上访较多的村要给予更多的关注和指导，研究制定切实可行的选举工作方案。积极配合有关部门，做好村财清理和村民委员会成员离任审计工作，对清理和审计出的问题要按照有关法律、法规和政策及时作出处理，并在选举前向群众公布结果。

要加大宣传教育力度，增强干部群众的民主法制意识。积极开展各种形式的宣传教育，让广大村民充分了解村民委员会换届选举的法律、法规和政策，熟悉选举的各个环节和投票方法。积极教育、引导农民群众消除家族、宗族、派别等不良影响，按照真实意愿投票，在实践中学会正确行使民主权利。

要争取各级政府重视，切实解决村民委员会换届选举工作经费，保证选举工作正常进行。采取多种形式，分级、分层对换届选举工作骨干进行培训，提高他们指导换届选举工作的能力。

二、精心组织，进一步提高换届选举工作的质量和水平

认真做好选民登记和候选人提名工作。选民登记工作要依据法律、法规和政策规范进行，同时要适应农村经济社会变化的新形势，研究新情况，解决新问题。已经完成村农民集体经济产权制度改革的地方，可以探索按居民居住地进行选民登记；村民委员会虽然名称已改为社区居民委员会，但尚未进行村农民集体经济产权制度改革的，一律按照村民委员会的法律、法规进行选民登记并组织换届选举。坚持村民委员会候选人由村民直接提名产生，引导村民把那些素质好、威信高、能力强、遵纪守法、廉洁奉公、热心为村民办事的人提名为候选人。

要结合实际创新选举模式。在法律、法规和政策允许的范围内，降低选举成本。要以省（自治区、直辖市）为单位逐步规范选票式样。提倡以县（市）为单位统一正式选举投票日。有条件的地方可以探索将现代科学技术引入村民委员会选举，开发研制现代化选举辅助设施，逐步建立与农村经济社会发展状况相适应的选举方式和选举技术规范。

积极探索发挥村党组织领导核心作用和党员先锋模范作用的新途径。村党组织成员可通过法定程序担任村民选举委员会成员。要按照中办发[2002]14号文件的要求，提倡把村党支部领导班子成员按照法定程序推选为村民委员会成员候选人，通过选举兼任村民委员会成员。提倡党员通过法定程序当选村民小组长、村民代表。提倡拟推荐的村党支部书记人选，先参加村民委员会的选举，获得群众承认以后，再推荐为党支部书记人选；如果选不上村民委员会主任，就不再推荐为党支部书记人选。提倡村民委员会中的党员成员通过党内选举，兼任村党支部成员，积极推进村民委员会成员与村党组织成员的兼职。但是这种交叉兼职必须建立在尊重选民意愿、遵循民主选举程序的基础上，不搞“一刀切”。

要下大力气抓好难点村的换届选举工作，对那些因种种原因不能按期选举的重点村、难点村，要分类指导，周密安排，派驻工作指导组或指导员，有针对性地制定选举方案，确保选举成功，不留“后遗症”。对于不履行职责的村民选举委员会，经大多数村民或村民代表同意，可终止其职责，另行推选或按照上次推选结果依次递补产生。有条件的地方可以把司法公证等监督形式引入村委会换届选举活动，维护村民的合法权益。

三、加强引导，坚决纠正和查处选举中的违法行为

各地应当规范竞争行为，为选举创造公开、公正、公平的环境。正式候选人产生后，村民选举委员会要及时通过召开村民大会、村民代表会议或其它有效形式，组织候选人向村民或村民代表发表治村设想，回答选民提问，接受群众监督。要加强对候选人竞争承诺、治村演说内容的审核，严禁违法违规承诺、人身攻击等违背公平竞争行为的发生。要坚决制止候选人及其亲友直接或指使他人用金钱、财物或其它利益收买本村选民、选举工作人员或其它候选人的贿选行为；同时也要认真研究和区分一般人情往来、候选人捐助公益事业以及承诺经济担保等法律未明确禁止的行为，与直接买卖选票行为的不同。候选人被确认为有贿选行为的，应当依法依规取消其候选人资格或宣布其当选无效。

认真按照选举程序组织投票，引导选民正确行使民主权利。要严格规范委托投票的条件，禁止投票现场临时委托，加强对流动票箱使用的监管，使用流动票箱的对象和人数应由村民选举委员会或村民代表会议讨论决定，并张榜公布；切实维护投票大会的现场秩序，禁止任何人向选民展示钱物等扰乱选举现场秩序、影响选民投票意向的行为；提供充足规范的秘密写票处，引导选民全部依次到秘密划票间划票，保证选民完全按照自己的真实意愿划票。投票结束后，应当公开唱票、计票，当场公布选举结果，颁发当选证书。

认真做好群众来信来访工作，及时受理、依法查处群众反映的问题。对因村民委员会选举引发的群体性事件，要早发现，早报告，并配合有关部门早处置。通过联合办案、必要时吸收上访代表参与调查等形式，加大对办理信访案件的督查力度。对群众有关法律、法规、政策和选举程序等问题的咨询，要及时给予答复；对到期不选、假选以及违法操纵选举等严重侵害农民群众民主权利的信访案件，要及时调查处理并将调查处理结果与信访人见面。我部将选择一批违法违纪情节比较严重、群众反映比较强烈的案例进行通报或在媒体上公开曝光，接受舆论的监督；同时配合国家信访局等部门对典型案例进行调查，并按照《信访条例》有关规定进行处理，加大责任追究力度。

四、巩固成果，做好村民委员会换届选举后的接续工作

通过内部简报、公开报道等多种形式，及时准确地公布选举进展情况。换届选举结束后，各地要及时做好村民委员会选举信息的报送和档案整理工作，并按照统一格式及时汇总、上报选举统计报表按照《关于建立村民委员会选举情况统计报表制度的通知》（民函〔2000〕82 号）统计报表要求填报，我部将在新闻媒体上定期发布各地选举信息。

要按照《中共中央办公厅、国务院办公厅关于健全和完善村务公开和民主管理制度的意见》（中办发[2004]17 号）要求，做好新老村民委员会班子交接工作。移交工作由乡级人民政府负责主持，原村民委员会应依法在规定期限内将公章、办公场所、办公用具、集体财物账目、固定资产、工作档案、债权债务及其它遗留问题等，及时移交给新一届村民委员会。对拒绝移交或无故拖延移交的，村党组织、乡级党委和政府应当给予批评教育，督促其加以改正。移交过程中发现有重大问题的，村干部和村民要及时向乡级人民政府或者纪检监察机关、人民法院、人民检察院等有关机关反映并依法处理。

交接任务完成后，要帮助、指导各村及时召开村党组织、村民委员会联席会议，对“两委”成员作出分工，保证村民委员会成员有职有权，顺利开展工作。要选好村民代表、村民小组长，搞好新一届村组干部的培训。指导各村建立健全村务公开和民主管理各项制度，确保村务公开和民主管理工作正常运行，使村民委员会工作和村干部行为置于群众的监督之下，确保农民群众的知情权、决策权、参与权和监督权。

各地在村民委员会换届选举工作中遇到的重大问题要及时向党委、政府报告，并抄报部。

（2005 年 1 月 18 日）

民政部关于进一步推进乡镇政务公开工作的通知

民发〔2000〕186 号

各省、自治区、直辖市民政厅(局)，各计划单列市民政局，新疆生产建设兵团民政局：

近年来，各级民政部门认真贯彻党的十五大和十五届三中全会精神，积极适应农村改革、发展和稳定的需要，解放思想，开拓进取，在普遍实行村务公开、全面推行村民自治的同时，指导乡镇政权机关不同程度地开展了政务公开工作，取得了初步成效。最近，中央纪委、监察部召开了“全国乡镇政务公开经验交流电视电话会议”，党中央、国务院领导同志出席会议，并发表了重要讲话。会议专题部署了乡镇政务公开工作，要求今年全国乡镇政府机关必须推行政务公开。这是在改革开放的新形势下，我们党加强乡镇政权建设、基层民主政治建设和党风廉政建设的又一重大举措。为了认真贯彻落实这次会议精神，进一步推进乡镇政务公开工作，特作如下通知：

一、进一步统一思想、提高认识，增强抓好乡镇政务公开工作的积极性和主动性

乡镇政权机关是国家政权机关的基层组织，是党和政府联系人民群众的桥梁和纽带，是党和政府在农村各项工作的落脚点。乡镇政府和县级政府部门所属的基层站（所）的工作直接与广大农民群众的利益密切相关。实践证明，推行乡镇政务公开是加强农村基层民主政治建设，保证农民群众在党的领导下行使民主权利，参与管理国家和社会事务的重要途径；是促进乡镇机关依法行政，实现依法治国基本方略，建设社会主义法治国家的重要环节；是乡镇干部改进工作作风，服务群众，提高工作效率，密切党群干群关系，促进经济和社会发展的重要保证；是强化对权力的监督制约，预防和治理腐败的重要措施。搞好乡镇政务公开，对于正确处理乡镇政府工作中的各种问题和当前农村的热点、难点问题，对于落实党在农村的各项方针、政策，对于促进农村改革、发展和稳定，都具有极其重要的意义。

民政部门是负责城乡基层政权建设工作的政府职能部门，对于推动乡镇政务公开工作，负有义不容辞的责任。各级民政部门要从全局和战略的高度，深刻认识中央关于在乡镇机关全面推行政务公开制度的重要性和紧迫性。乡镇政务公开工作抓得早、工作基础比较好的地方，要克服骄傲自满和松劲情绪，以学习贯彻这次中纪委会议精神为契机，认真总结过去的实践经验，不断研究新情况，解决新问题，推进乡镇政务公开的巩固、深化和提高；这项工作抓得较晚，基础比较薄弱的地方，更要增强积极性和主动性，克服畏难情绪，认真贯彻中央的各项要求，抓住当前党政领导重视乡镇政务公开的有利时机，加大力度，切实把乡镇政务公开工作作为农村基层政权建设的重要内容抓紧抓好，抓出成效。

二、进一步规范内容，健全制度，增强乡镇政府政务公开的针对性和实效性

要根据中纪委会议的要求和各地的实际情况，进一步规范乡镇政务公开的内容。今后乡镇政府政务公开的主要内容：一是乡镇政府行政管理、经济管理活动中需要向群众公开的事项，包括乡镇政府及有关部门的年度工作目标及进展情况，乡镇年度财政预算及执行情况，上级政府或政府部门下拨的专项经费及使用情况，乡镇集体企业及其他经济实体承发包、租赁、拍卖等情况，乡镇工程项目招投标及社会公益事业建设情况等。二是乡镇政府和县级政府部门所属的基层站（所）应当公开与履行职务有关的事项，包括工作人员工作职责、办事依据、办事程序、办事纪律、办事期限、办事结果和监督办法，收费、罚款标准和收缴情况等。三是与村务公开相对应的事项，主要包括乡村税费的收缴、使用情况，计划生育情况，征用土地及土地补偿费、安置补助费的发放情况，各村宅基地审批情况，水电费价格及收缴情况，救灾救济款物发放、优待抚恤情况等。上述情况都要向群众、企业事业单位公开。此外，领导干部的廉洁自律情况，机关内部的财务收支情况，招待费、差旅费的开支使用情况等也要对本机关干部职工公开。

要指导乡镇政府依法建立健全推行政务公开的各项制度，以制管人，以章理事。如，乡镇政府机关内部制约监督制度、乡镇政府定期向人大报告工作接受监督的制度、群众代表议政制度、民主评议制度、监督检查制度、考核奖惩制度等等。各项制度建立以后，要认真贯彻执行，严格按制度办事，保证政务公开制度化、规范化和经常化。

要把推进乡镇政务公开与近年来民政部门推行的乡镇政府规范化建设结合起来，以确保公开的真实可信。公开的内容、程序和制度要随着乡镇经济和社会发展的变化逐步深化、完善。不仅要把办事程序、结果公开，方便群众办事，还要注意把办事结果的决定过程向群众公开，让群众知晓政府的决策是公正的，增强对结果的认同和信服；不仅要对群众公开，接受群众监督，还要对企业事业单位和人民团体公开，接受与政府部门有工作联系的单位、团体的监督。政务公开的方式和时间都要从各地实际和政务特点出发，因时因地制宜，方便群众，注重实效，防止形式主义。

三、以政务公开带动村务公开，使乡村两级公开相互促进，协调发展

近几年来，村务公开工作取得了可喜的成绩，为乡镇政务公开积累了经验。但这项工作开展得还很不平衡，有相当一部分农村的村务公开还存在这样或那样的问题，农民群众还不很满意。因此，在推进乡镇政务公开时，仍然不能放松或忽视村务公开工作，要处理好乡镇政务公开和村务公开的关系，抓好二者的衔接配套：一是公开内容的对应性，乡镇政务公开和村务公开相同的部分，要保持一致，相互对应，做到群众不论是从乡镇了解到的，还是在村中了解到的，都应上下一致，真实可信；二是公开目标的一致性，不论乡镇的政务公开，还是村庄的村务公开，都要将公共权力的运行置于群众和社会的监督之下，做到公事公办，实事实办，“还群众一个明白，给干部一个清白”；三是民主评议的集中性，各地在开展民主评议，听取群众意见时，既要征求对乡镇政务公开工作的意见，也要听取群众对村务公开的意见和建议，以便发现问题，找到解决办法；四是组织领导的整体性，各地要对乡镇政务公开和村务公开，一并部署，一并督促检查，做到统一领导，分层实施，实现以乡镇政务公开来带动和推动村务公开，以村务公开促进乡镇政务公开，形成上下联动、协调发展、整体推进的局面。

四、要将乡镇民政所（办公室）建设成乡镇政务公开的模范单位

乡镇民政所（室）是乡镇政府的组成部分，既肩负着参与指导村务公开的重要责任，又直接办理着许多与人民群众切身利益密切相关的事情。因此，在公开政务、依法行政、接受监督、服务群众方面，应当身体力行，率先垂范。各地乡镇民政组织要在当地党委、政府的统一领导下，把政务公开作为一项基本制度长期坚持下去。在做好把乡镇民政岗位责任人的姓名、具体的岗位职责、办事依据、办事程序、服务承诺、投诉渠道等等公之于众的基础上，当前和今后一个时期，要着重抓好以下事项的公开：一是公开救灾救济款物发放，包括发放政策、收发数额、发放程序、发放结果等；二是公开优待抚恤金发放，包括享受定期抚恤金和定期生活补助的优抚对象身份确定的条件，向县级民政部门申报评残、批烈的条件与程序，每年发放抚恤、补助经费的情况，优待金统筹标准、统筹人数、统筹办法、优待标准、优待人数、发放时间、组织形式、办事时间和结果等；三是公开“五保”供养情况，包括“五保”对象的条件、人员名单、供养标准和实际享受的供养水平、乡镇办敬老院的经费、伙食、生产经营账目等；四是公开婚姻登记，包括婚姻登记的条件、要求、登记程序、管理制度和收费项目及其标准等。此外，一些地方的临时救济、定期补助、殡葬服务、收养、部分地方的最低生活保障金等有关民政业务，也是群众关注的事项，都要参照相关政策法规和有关岗位职责制定相应的公开内容。

五、加强领导，狠抓落实，推动乡镇政务公开的健康发展

乡镇政务公开是一项综合性很强的工作，要按照中纪委会议确定的“由党委统一领导，政府主抓，有关部门积极参与，有步骤、有秩序地推进”的要求进行。无论这项工作的具体办事机构是设在民政部门，还是设在别的部门，民政部门作为负责基层政权建设日常工作的职能部门，都要发挥组织协调作用，主要领导要亲自过问，分管领导要亲自抓，业务处（室）更要具体抓。要在以下五个方面为党委和政府当好参谋：一是搞好调查研究，弄清乡镇政务公开工作的现状和问题，为党委和政府制定乡镇政务公开方案和规划，解决政务公开工作中存在的实际问题，提供可靠的依据。二是要搞好协调，在党委政府的领导下，会同纪检、监察部门搞好协调工作，形成各涉农部门齐抓共管的局面。三是搞好典型培育、总结、推广工作，以点带面，分类指导，尤其是在如何搞好建章立制和实施公开程序、内容、形式等方面给予指导，对乡镇提出的问题要帮助解决。对于政务公开工作中涌现出的好经验、好做法，要及时宣传和推广。四是要搞好监督检查，正确引导，及时把握政务公开工作的发展方向。五是搞好乡镇政务公开的教育培训。各地在举办乡村干部培训时，要加大乡镇政务公开的培训内容，使更多的乡村干部掌握开展政务公开的基本知识，消除顾虑，积极投身到政务公开中去。今后，各级民政部门在开展先进乡镇和村民自治模范单位的评比表彰活动中，都要将政务公开作为评选表彰的重要条件，以推动乡镇政务公开工作健康持久地开展下去。

（2000 年 8 月 10 日）

民 政 部
关于努力保证农村妇女在村委会成员中有适当名额的意见

民发〔1999〕14号

各省、自治区、直辖市民政厅（局）：

当前，农村各地正在认真贯彻党的十五届三中全会精神和《中华人民共和国村民委员会组织法》（以下简称《村委会组织法》），全面推进村民自治。总的来看，法律的实施情况是好的，村民自治工作的进展是顺利的。但近来一些地方，由于种种原因造成农村妇女在新一届村委会选举中当选比例下降，这一问题引起了中央领导同志的高度重视和有关部门的密切注意。为促进农村妇女的进步和发展，促进村民自治工作的健康发展，现就落实好《村委会组织法》关于“村民委员会成员中，妇女应当有适当的名额”的规定，提出如下意见：

一、进一步提高对农村妇女当选村委会成员重要性的认识。

妇女是创造人类文明和推动社会发展的一支伟大力量。妇女的发展水平，妇女地位的提高，是社会发展的重要指标，也是衡量社会进步的尺度。在我国，妇女占农村人口的半数以上，她们日益成为村级事务管理的重要力量，成为农村两个文明建设的主力军。实践证明，妇女被选进村委会班子，不仅有利于妇女的发展和提高，也有利于村级事务管理，有利于做好农村各项工作。各级民政部门要充分认识农村妇女在两个文明建设中的巨大作用，自觉把妇女当选村委会成员、参与村级事务管理、提高妇女整体素质，作为全面推进村民自治工作的重要内容，切实抓紧抓好。

二、采取有效措施，确保《村委会组织法》关于“村民委员会成员中，妇女应当有适当的名额”的规定落到实处。

今后凡进行村委会换届选举的地方，民政部门要与有关部门一道，大力宣传男女平等的思想观念，宣传妇女在村级事务管理中不可替代的作用。在推选村民选举委员会时，要引导村民会议或村民小组把符合条件的女村民吸收进去；在村民直接提名村委会成员候选人时，要引导村民提名符合条件的女村民，同时，积极鼓励农村妇女破除封建思想和世俗偏见，勇于挑重担，敢于接受竞争；在正式介绍候选人时，要引导村民选举委员会积极介绍女候选人的业绩，不得给予任何歧视和不公正待遇；在投票选举时，要组织、教育和引导广大村民尤其是农村妇女正确行使民主权利，把村民拥护的思想好、作风正、有文化、有本领、真心实意为群众办事的妇女，选进村委会领导班子。条件具备的地方，可探索在选票上注明妇女应有名额的办法。对利用宗族、派性势力，给妇女参选、当选设置障碍的，要依法予以制止和处理。已经完成最新一届村委会选举的地方，要认真总结经验，凡村委会班子中没有女成员的，当届期内村委会成员出现缺额时，应首先补选女委员，或建议党委部门在村党支部内配备一名女干部。

三、加强对农村已当选女村委会成员的培训，提高妇女干部的自身素质，巩固选举成果。

县乡民政部门在采取多种形式对新当选村委会成员进行培训时，要注意安排新当选的女村委会成员参加培训，使她们迅速掌握村务管理、村务决策等方面的方法和技能，以适应农村工作的需要。对任期内全心全意为村民服务，工作成绩显著的女干部，民政部门要会同有关部门及时给予表彰，为连选连任，提高妇女在农村社会生活中的地位创造条件。

四、积极吸收妇联组织参与指导农村村委会换届选举工作，认真听取意见和建议，不断改进工作。

村委会换届选举工作，是推进农村基层民主政治的一件大事，也是事关农村改革、发展和稳定的大事。各级民政部门要在党委、政府的统一领导下，充分发挥职能作用，同时，也要积极协调、配合各有关方面，共同做好各项工作。考虑到农村妇女工作在整个村民自治工作中的特殊性、重要性，今后凡进行村委会换届选举的省份，民政部门在报请党委或政府批准村委会换届选举领导（指导）小组时，过去已吸收同级妇联组织参与的，要继续保持，没有吸收的，要增补，以共同推动村民自治工作的发展。

今年是修订后的《村委会组织法》贯彻实施的第一年。各地要在年底之前将本地贯彻实施的全面情况，书面报送省级党委、人大常委会、政府，并同时抄报我部。

（1999年7月30日）

民政部关于印发《关于加强农村专业经济协会培育发展和登记管理工作的指导意见》的通知

民发[2003]148号

各省、自治区、直辖市民政厅（局），各计划单列市民政局，新疆生产建设兵团民政局：

近年来，随着我国社会主义市场经济的建立和不断完善，农村改革的逐步深入，作为农民进入市场重要组织形式的农村专业经济协会应运而生。农村专业经济协会这一组织形式对繁荣农村经济、增加农民收入、全面建设小康社会，发挥了重要作用。为了深入贯彻落实党的十六届三中全会和《中共中央、国务院关于做好农业和农村工作的意见》（中发[2003]3号）的精神，促进农民专业经济组织健康发展，充分发挥农村专业经济协会的作用，加强农村专业经济协会培育发展和登记管理。根据《社会团体登记管理条例》有关规定，在深入调查研究和反复征求各地意见的基础上，民政部制定了《关于加强农村专业经济协会培育发展和登记管理工作的指导意见》（以下简称《意见》），现印发你们。请认真贯彻落实《意见》的有关精神，加强领导，统筹规划，切实做好当地农村专业经济协会培育发展和登记管理工作。

关于加强农村专业经济协会培育发展和登记管理工作的指导意见

为深入贯彻落实党的十六届三中全会和《中共中央、国务院关于做好农业和农村工作的意见》（中发[2003]3号）的精神，充分发挥农村专业经济协会的作用，促进农村经济发展，增加农民收入，实现全面建设小康社会的战略目标，现就加强农村专业经济协会培育发展和登记管理工作提出以下意见：

一、充分认识农村专业经济协会培育发展和登记管理工作的重要意义

近几年，我国广大农村出现了一种新型的农民自愿组成的互助合作性组织——农村专业经济协会。这类协会采取会员制的方式，吸收从事同一专业的农民作为会员，由协会提供产、供、销过程中的服务，组织会员在产前、产中、产后等环节上进行合作。它集科技推广、技术服务、信息提供、农产品产供销服务为一体，以市场为导向，进行专业化生产、一体化经营。这种新型的农民互助合作组织一出现就显示了强大的生命力，受到了广大农民的普遍欢迎和当地党政领导的高度重视。实践证明，这类组织有利于农业结构调整和农业市场化、产业化的发展；有利于农业科技成果的示范推广和农产品、农业技术的对外交流；有利于引导农民合法经营、勤劳致富，提高农民的科技、文化素质；有利于提高农民进入市场的组织化程度，实现小生产与大市场的对接，提高经济效益，抵御市场风险；有利于加快农村城镇化进程和我国现代化建设步伐。农村专业经济协会的产生和发展，是我国民间组织在基层出现的新生事物，如何及时对其进行培育发展和规范管理，是民政部门面临的一项新的课题，也是十分重要的任务。各级民政部门要从贯彻落实党的“十六大”精神、践行“三个代表”重要思想的高度，充分认识发展农村专业经济协会的重要意义，坚持培育发展和监督管理并重的方针，大胆探索，采取切实可行的措施，促进农村专业经济协会健康有序发展，使农村专业经济协会成为深化农村改革，解决“三农”问题的有效组织形式，充分发挥其在我国农村物质文明、精神文明和政治文明建设中的作用。

二、简化农村专业经济协会登记的条件和程序

目前，各地农村专业经济协会还处于探索发展阶段，尚不够成熟。大部分协会人员少、规模小、注册资金不足。对农村专业经济协会的登记管理工作应本着与时俱进、求实创新的精神，在不违背《社会团体登记管理条例》基本精神的基础上，可以适当放宽登记条件，简化登记程序。

（一）登记范围：县（市、区）、乡（镇）、村三级区域内，在农业、林业、牧业、渔业、水利、科技等领域服务于种植、养殖、生产、加工、销售等方面的各类农村专业经济协会。

（二）业务主管单位和登记管理机关：县（市、区）区域内农村专业经济协会的业务主管单位为相应的县级人民政府有关部门；乡（镇）、村区域内农村专业经济协会的业务主管单位为相应的县级人民政府有关部门或县级人民政府委托的乡（镇）人民政府。以上农村专业经济协会的登记管理机关均为县级民政部门。

（三）登记条件：县（市、区）、乡（镇）、村区域内农村专业经济协会注册资金应不低于2000元，有规范的名称、固定的场所、一定数量的会员、相应的组织机构、与其业务活动相适应的专职或兼职人员，并能独立承担民事责任。

（四）登记程序：对农村专业经济协会的登记可以适当简化程序。具备成立条件，并经业务主管单位审查同意，可直接向登记管理机关申请注册登记。对乡（镇）、村区域内的协会可免于公告。

在执行上述规定的过程中，各省（自治区、直辖市）民政部门可以根据当地的实际情况制定补充规定。要明确登记范围，区分不同组织的性质，坚持社会团体的非营利性目的，对公司、合作社等企业性组织不宜作为农村专业经济协会进行登记，要鼓励农村专业经济协会在核准的业务范围内开展活动或服务，取得收入，根据民政部、国家工商局《关于社会团体开展经营活动有关问题的通知》（民社发[1995]14号）的规定兴办经济实体。要注意规范农村专业经济协会的名称，以产品特征、技术特征或生产方式、流通方式命名。要坚持登记管理机关和业务主管单位双重负责的管理体制，发挥民政部门的职能作用。

三、加强对农村专业经济协会的培育

农村专业经济协会是农村经济体制改革中产生的新事物，各级民政部门应统一思想，提高认识，加强领导，积极协调当地有关部门，结合本地实际，制定切实可行的政策，加大对农村专业经济协会的培育力度，有组织、有计划地做好培育发展工作。按照边发展、边规范、边登记的原则，做到成熟一个、登记一个、规范一个。要集中精力培育和发展一批适应市场经济需要，对当地经济发展有影响的农村专业经济协会。对组织机构健全、活动规范、作用明显的农村专业经济协会要认真总结经验，抓好典型宣传工作，发挥其示范作用，推进农村专业经济协会整体水平的提高。要支持农村专业经济协会建立以章程为核心的内部管理制度，建立健全自律机制、民主决策机制，实行民主管理，做到民办、民管、民受益。要加强调查研究，注意发现和研究新问题，总结新经验，促进我国农村专业经济协会健康有序地发展。

（2003年10月29日）

民政部、公安部关于规范村民委员会印章制发使用和管理工作的意见

村民委员会印章，是村级公共权力的象征，在办理村公共事务和公益事业方面具有重要作用。规范村民委员会印章的制发、使用和管理，是村民委员会组织建设的重要内容。一个时期以来，一些农村村民委员会在印章制发、使用和管理方面存在着不规范的现象，对农村的社会管理造成了不良影响，有些甚至给村集体经济造成重大损失。为切实保障广大农民群众的利益，规范农村基层管理，促进村民自治健康有序发展，现就规范村民委员会印章制发、使用和管理工作提出如下意见：

一、村民委员会印章的规格式样和制发程序

村民委员会印章为圆形，直径不得大于 4.2 厘米，中央刊五角星，五角星外刊县（自治县、旗、市、区）乡（民族乡、镇）村民委员会名称，自左而右环行，或者名称前段自左而右环行、后段在五角星下自左而右横排。民族自治地方的村民委员会，应当并刊汉字和相应的民族文字。印章所刊汉字，应当使用国务院公布的简化字，字体为宋体。

今后，村民委员会的印章一律由乡级人民政府负责制发。刻制村民委员会印章，由村党支部、村民委员会提出意见，交村民代表会议讨论，报乡级人民政府审核，由乡级人民政府到所在地县级人民政府公安机关办理准刻手续，并到指定的厂家刻制。对不按程序刻制村民委员会印章的行为，要进行批评教育，责令改正；造成严重后果的，要依法追究当事人的法律责任。

村民委员会撤销或合并，被撤销或合并前的村民委员会的印章不得继续使用，制发机关应予及时收缴。村民委员会因故需要更换印章，制发机关应在颁发新印章的同时收缴其旧印章。村民委员会印章丢失时，应及时向制发机关报告并申请补发，应予补发的由制发机关登记并办理补发。制发机关应以适当方式公布新印章启用和旧印章作废。使用已作废村民委员会印章的，按私刻公章行为处理。

二、建立健全村民委员会印章的使用管理制度

乡级人民政府和县级人民政府民政部门要加强对村民委员会建立印章使用管理的指导。要指导村民委员会建立印章使用的审批、登记、备案制度，并纳入村民自治章程或村规民约之中。村民委员会印章要有专人保管，保管人由村党支部、村民委员会提名，并经村民代表会议讨论后决定。为防止乱用印章，一般情况下，印章使用的审批人与印章保管人不得为同一人。村党支部书记、村民委员会主任一般不宜直接保管印章。凡涉及贷款、承包、对外签订合同等重大问题需使用印章时，村民委员会应及时召开村民会议或村民代表会，经会议讨论同意并经村民委员会主任签字后方可使用。对违反印章使用管理规定的，要视情节轻重给予批评教育，造成严重后果的，要追究当事人的法律责任。

村民委员会要加强对印章和印章使用的管理，既要严格遵守印章管理规定和印章使用审批程序，又要方便群众的生产生活。不得以欠交税费等为借口，在村民办理参军、婚姻状况证明、外出务工证明等手续时，拒绝使用印章，也不得借机吃、拿、卡、要，增加农民负担。

三、加强村民委员会的印章管理工作

乡级人民政府、县级人民政府民政部门要监督做好村民委员会换届后的印章移交工作。换届选举工作结束后，上一届村民委员会应在 10 天内向本届村民委员会移交印章。拒不移交村民委员会印章的，由制发机关负责追缴，并追究责任。

村民委员会成员在届内被集体罢免的，印章由乡级人民政府暂时代管。乡级人民政府应在重新选举工作结束后及时将印章发给新的村民委员会。

各地应结合正在推行的村民自治工作，对村民委员会印章的制发、使用情况和管理工作进行一次检查，以往做法与上述规定不一致的，以本意见为准。

城市居民委员会印章的刻制、使用和管理可参照本意见执行。

（2001 年 6 月 21 日）

民政部关于认真学习贯彻中办发[2002]14 号文件精神的通知

民发[2002]119 号

各省、自治区、直辖市民政厅（局），计划单列市民政局：

经党中央、国务院同意下发的《中共中央办公厅、国务院办公厅关于进一步做好村民委员会换届选举工作的通知》(中办发[2002]14 号,以下简称《通知》)，是做好农村村委会选举工作的指导性文件。认真学习贯彻《通知》精神，对于落实村委会组织法，维护亿万农民的民主权利，推进农村社会主义政治文明建设，具有十分重要的意义。各级民政部门在村委会选举工作中肩负着重要职责，要在当地党委、政府的领导下，带头学习、大力宣传、认真执行好《通知》精神。现就有关问题通知如下：

一、抓好学习宣传，深刻领会《通知》精神

各级民政部门要认真组织、安排好学习活动，领导同志要发挥表率作用，带头学习，深刻领会《通知》的精神实质；从事村民自治业务工作的同志要通过深入学习，全面掌握《通知》的内容和要求。学习领会《通知》精神，要与学习“三个代表”重要思想和江泽民同志“5·31”重要讲话结合起来，与学习村民自治的法律法规结合起来，与学习加强农村基层民主法制建设的重大政策结合起来，融汇贯通，增强贯彻执行的自觉性。要在党委、政府领导下，协调、配合有关部门，重点面向广大农村基层干部群众，采取群众喜闻乐见的有效方式，做好宣传教育工作，使《通知》精神家喻户晓、深入人心。

学习宣传和教育工作，要一级带一级，一级抓一级，力求实效。通过广泛的学习宣传教育活动，要使广大民政干部更加深刻地领会做好村委会选举工作的重大意义，进一步增强责任感和紧迫感；要使广大农村基层干部的思想认识尽快统一到《通知》精神上来，提高依法办事的自觉性；要使广大农民群众感受到党中央、国务院对维护农民民主权利的真切支持，坚定跟党走建设有中国特色社会主义道路的信心和决心。要通过学习宣传教育，使广大干部群众自觉地把坚持党的领导、保证农民当家作主和严格依法办事有机地统一起来，防止片面性和绝对化。

二、加大执法力度，推进村委会选举的制度化、规范化、程序化

要按照《通知》要求，结合本地实际，加大执法力度，认真查找村委会选举工作中的突出问题和薄弱环节，采取切实有效的措施，积极进行整改提高。要对本级有关村委会选举工作的方案、意见、规则进行一次清理，切实做到与村民委员会组织法和地方性法规相一致的，要继续贯彻执行，并不断丰富完善；不一致的，必须尽快修改或废止。

各地要根据工作进展情况，有针对性地进行自查自纠，不断提高村委会选举的制度化、规范化和程序化水平。正在进行选举的地方，要重点检查选举程序是否合法，干部群众是否依法办事，村民的民主权利是否落实，检查选举领导机构是否健全，工作经费、宣传教育是否到位，来信来访反映的问题有无认真查处。选举已经结束的地方，要重点检查新老班子是否顺利交接，有无随意撤换或变相撤换村委会成员的情况，以及村委会选举与民主决策、民主管理、民主监督工作的衔接情况。即将开始选举的地方，要检查选举准备工作是否充分，重点检查财务不清楚、群众不明白、干部不清白等问题的解决情况。对检查出的问题，要按照《通知》要求，逐一加以解决；民政部门难以自行解决的，要提出建议，报请当地党委、政府协调解决，保证中央政令畅通。

三、夯实基础工作，把《通知》要求真正落到实处

着眼于村委会选举工作长期健康发展，各级民政部门要抓紧做好以下基础工作：一是加强培训。开展对选举工作骨干和新任村委会成员的分级培训工作，并形成制度，使村委会选举按照法律、政策的规定进行，不变形、不走样，使经常性民主自治活动健康有序运行，取得实效。提倡使用民政部办公厅《关于认真做好〈乡村干部村民自治知识培训教材〉推广使用工作的通知》(民办函[2001]108 号)中推荐的规范性培训教材，尝试新的培训方法，增强培训效果。二是加快信息化、数字化进程。要在现有基础上，提高村委会选举信息统计工作的真实性、时效性、规范性。积极争取把村委会选举信息统计工作的数字化纳入当地“数字民政”工作规划。要及时部署、组织好民政部下发的选举统计报表的填写、上报工作，并推广使用配套的电脑软件，提高信息汇总、分析能力。三是强化矛盾化解工作。以群众来信来访反映的问题为线索，重点调查、督促解决乡村两级干部和选举组织机构的违法问题，把矛盾化解在基层，防止引发群体性事件。全面掌握选举动态，经常通报分析情况，把因选举引发的群体性事件、刑事案件、群众多次集体上访又长期得不到解决，或违法事实清楚但拒不纠正导致较大社会影响的典型案例，及时向同级党委、人大、政府和上级民政部门报告，加大解决问题的力度，维护农民群众的民主权利。

四、加强调查研究，不断提高村委会选举工作的水平

各级民政部门要以“三个代表”重要思想为指导，与时俱进，根据村委会选举工作的发展变化，加强调查研究，不断分析新情况，研究新问题，总结新经验，加深对村委会选举规律的认识，推动选举工作的理论创新、制度创新、机制创新。一是加强对“难点村”、“重点村”、撤并村、改制村的调查研究。通过深入调研，解剖个案，不仅要帮助解决一村一寨的具体问题，还要总结出一些有规律性的经验用以指导面上和今后的工作。由村委会改制为居委会的，民主选举要严格依法进行，选举的法制化、民主化、规范化水平只能提高，不能倒退。二是加强对村委会选举中实际问题的研讨。如村党支部在村委会选举中发挥领导核心作用的途径、方法；选举纠纷仲裁和违法行为纠正；提高妇女当选比例；选民资格；候选人资格；竞选规则；贿选界定与处理；罢免程序；新老班子交接等问题。各级民政部门要根据实际情况，确定轻重缓急，进行深入调查研究，并发动学术界参与，形成科研成果，为实际工作服务。三是尊重群众的首创精神。要经常深入基层，发现村民群众创造的好经验、好办法，及时加以总结、推广，使之上升为政策、法规，推动村委会选举工作健康发展。为系统研究解决村委会选举中存在的问题，部计划在今年适当时候召开村委会选举情况通报分析会，各地应提前做好准备。

各地贯彻落实《通知》的有关情况，望随时报部基层政权和社区建设司，总结情况请于今年12月底前报部，由部汇总分析后，向中央报告。

(2002 年 7 月 30 日)

民政部关于命名表彰全国村民自治模范县(市、区、旗)的决定

民基发[1999]10 号

各省、自治区、直辖市民政厅(局)，各计划单列市民政局：

近几年来，在各级党委、政府的领导下，我国农村村民自治工作取得了显著成绩，为推进农村基层民主政治建设，促进农村改革、发展和稳定，做出了突出贡献。特别是党的十五大以来，村民自治工作得到各级党政领导的高度重视，得到社会的普遍关注，得到农民群众的广泛赞誉，呈现出方兴未艾、蓬勃发展的大好局面。在开展村民自治工作中，全国各地积极探索，努力实践，勇于创造，涌现出了一大批具有鲜明时代特征和普遍推广意义的典型，为全面推进村民自治，发挥了榜样和示范作用。

为了深入贯彻党的十五大、十五届三中全会精神，进一步表彰先进，树立典型，全面推进全国农村的村民自治工作，民政部决定，命名吉林省梨树县、辽宁省大连市金州区、河北省赵县、江苏省太仓市、福建省古田县、山东省莱西市、

河南省许昌县、湖南省临澧县、四川省达川市、甘肃省天水市北道区等 95 个县(市、区、旗)为全国村民自治模范县(市、区、旗)。这些受表彰单位是村民自治工作中的优秀代表，他们的共同特点是：党政领导对推进村民自治工作，思想认识到位，组织领导有力，督促检查及时；认真贯彻执行村委会组织法，农村普遍依法建立健全了各项民主制度；普遍推行了村级民主选举、民主决策、民主管理、民主监督活动，维护和保障了农民当家作主的民主权利；农村干部群众民主法制观念显著提高，干群关系密切；村民自治工作为促进农村经济发展和维护社会稳定，发挥了重要作用。

各地要以受表彰的全国村民自治模范县(市、区、旗)为榜样，认真学习十五大和十五届三中全会精神，深入贯彻村委会组织法，切实加强对村民自治工作的领导，不断完善村民自治的各项制度，扩大农村基层民主，全面推进村民自治，进一步维护和保障农民当家作主的民主权利，把农村基层民主政治建设提高到一个新的水平。

附件：

全国村民自治模范县(市、区、旗)名单

北　京：海淀区、昌平县
天　津：宝坻县、东丽区
河　北：赵县、围场满族自治县、雄县、滦南县、冀州市
内蒙古：临河市、苏尼特左旗、托克托县
辽　宁：大连市金州区、辽中县、新民市、宽甸县、营口市老边区
吉　林：梨树县、东丰县、桦甸市
黑龙江：青冈县、泰来县、穆棱市、绥化市
上　海：闵行区、松江区
江　苏：太仓市、昆山市、锡山市、启东市、无锡市郊区
浙　江：宁波市镇海区、绍兴县
安　徽：五河县、当涂县、宁国县
福　建：古田县、厦门市湖里区、宁化县、仙游县、南靖县
江　西：崇仁县
山　东：莱西市、招远市、安丘市、章丘市、桓台县、邹城市
河　南：许昌县、正阳县、汝南县、新野县、郡陵县、郑州市邙山区、辉县市
湖　北：京山县、谷城县、潜江市
湖　南：临澧县、望城县、双峰县、汝城县、湘潭县
广　东：深圳市宝安区、深圳市龙岗区
广　西：武鸣县、横县、贵港市港南区
海　南：文昌市
重　庆：永川市
四　川：达川市、彭山县、眉山县、南充市顺庆区
贵　州：玉屏县、福泉县
云　南：石林彝族自治县、弥勒县
西　藏：乃东县
陕　西：榆林市、西安市未央区、华阴市、扶风县
甘　肃：天水市北道区、敦煌市、泾川县
青　海：西宁市城北区、湟源县
宁　夏：中卫县
新　疆：焉耆回族自治县、玛纳斯县

(1999 年 4 月 6 日)

民政部关于表彰全国村民自治模范县（市、区、旗）的决定

民发[2003]150 号

《中华人民共和国村民委员会组织法》(以下简称村委会组织法)正式颁布实施后，全国各地农村以“三个代表”重要思想为指针，在各级党委、政府领导下，认真贯彻执行村委会组织法，全面推进村民自治，取得了显著成就，在促进农村经济发展、维护农村社会稳定方面，发挥了极

其重要的作用。目前，以民主选举、民主决策、民主管理、民主监督为主要内容的村民自治制度已经初步建立，民主自治理念逐步深入人心，亿万农民在党的领导下，正在行使着当家作主的民主权利，创造着自己幸福美好的生活。为了树立典型，表彰先进，进一步完善村民自治，健全村党组织领导的充满活力的村民自治机制，加快实现全面建设小康社会的奋斗目标，民政部决定，授予北京市昌平区等 225 个县（市、区、旗）为全国村民自治模范县（市、区、旗），并予以表彰。

这次表彰的 225 个全国村民自治模范县（市、区、旗）是全国村民自治工作的先进单位和模范代表。其中，既有连续三次被命名为村民自治模范单位的老典型，又有近年来在村民自治工作中作出突出成绩，得到社会各界尤其是农民群众好评的新典型。它们的共同特点是：党政领导高度重视村民自治，各部门密切配合，农民群众的民主权利得到了切实落实，呈现出干群同心、工作合力、政通人和、奋发向上的良好工作局面。特别是在今年防治“非典”斗争中，它们充分发挥村民自治机制的有效作用，组织、动员群众自觉投入疫情防治工作，群策群力，群防群控，为“非典”防治工作取得阶段性重大胜利作出了贡献。希望受到表彰的全国村民自治模范县（市、区、旗），认真贯彻党的十六大和十六届三中全会精神，继续深入贯彻落实村委会组织法，戒骄戒躁，再接再厉，坚持立党为公、执政为民，创造性地开展工作，进一步扩大农村基层民主，全面推进村民自治，为城乡经济社会协调发展，促进农村物质文明、政治文明和精神文明建设，作出新的贡献。

各地农村要以受表彰的全国村民自治模范县（市、区、旗）为榜样，努力向他们学习。学习他们践行“三个代表”重要思想，不折不扣地贯彻执行党的方针政策和国家的法律法规的大局意识；学习他们与时俱进、开拓创新、锐意改革的进取精神；学习他们相信群众、依靠群众、一切为群众着想、尊重群众首创精神的群众观点；学习他们依法办事、尊重农民的民主权利、维护法律权威的法制观念。希望全国各地农村广大党员干部和农民群众以“三个代表”重要思想为指针，更加紧密地团结在以胡锦涛同志为总书记的党中央周围，把村民自治这件涉及亿万农民切身利益的大事做好，提高农民群众的民主意识，维护农民群众的民主权利。

附件：

全国村民自治模范县（市、区、旗）名单

北京市：昌平区、顺义区、门头沟区、朝阳区

天津市：津南区、武清区、宝坻区

河北省：定州市、秦皇岛市北戴河区、文安县、兴隆县、内丘县、衡水市桃城区、赵县、海兴县、迁安市、张北县、鹿泉市

山西省：临猗县、曲沃县、阳城县、和顺县、武乡县、稷山县、左权县、大同市南郊区

内蒙古自治区：包头市九原区、克什克腾旗、扎兰屯市、乌审旗、丰镇市、土默特左旗、开鲁县、五原县

辽宁省：大连市金州区、沈阳市东陵区、凤城市、彰武县、新民市、鞍山市千山区、营口市老边区、大洼县、黑山县、葫芦岛市连山区、建平县

吉林省：榆树市、磐石市、梅河口市、长白县、和龙市、大安市、前郭县

黑龙江省：海伦市、龙江县、集贤县、勃利县、海林市、佳木斯市郊区、克东县、大庆市大同区、尚志市、青冈县、泰来县、穆棱市、密山市、

上海市：嘉定区、松江区、闵行区

江苏省：太仓市、昆山市、无锡市滨湖区、海门市、大丰市、常州市武进区、南京市江宁区、江都市、姜堰市、启东市、常熟市、张家港市

浙江省：杭州市余杭区、余姚市、瑞安市、海宁市、绍兴县、玉环县、江山市、缙云县

安徽省：五河县、含山县、宁国市、繁昌县、舒城县、淮南市谢家集区、岳西县、当涂县

福建省：闽清县、莆田市荔城区、晋江市、南靖县、邵武市、宁化县、龙岩市新罗区、古田县

江西省：南昌市青山湖区、浮梁县、铜鼓县、九

江市庐山区、婺源县、峡江县、崇义县、芦溪县

山东省：荣城市、新泰市、寿光市、邹城市、龙口市、日照市东港区、莱芜市莱城区、昌乐县、莱西市、高青县、莒南县、章丘市、定陶县

河南省：新野县、汝南县、正阳县、许昌县、沁阳市、孟津县、栾川县、商水县、浚县、舞钢市、南乐县、固始县、邓州市、宁陵县、尉氏县

湖北省：京山县、谷城县、大冶市、远安县、武汉市江夏区

湖南省：浏阳市、资兴市、会同县、平江县、衡南县、临澧县、绥宁县、冷水江市

广东省：深圳市宝安区、梅县、化州市、广州市花都区、高要市、佛山市南海区、汕头市澄海区、惠州市惠城区、深圳市龙岗区

广西壮族自治区：武鸣县、邕宁县、鹿寨县、合浦县、来宾市兴宾区、北流市、桂林市雁山区、灵山县

海南省：琼海市、文昌市、海口市龙华区

重庆市：南岸区、永川市、铜梁县

四川省：青神县、眉山市东坡区、南充市顺庆区、大竹县、达州市通川区、乐山市五通桥区、宜宾县、双流县、绵阳市涪城区、泸州市龙马潭区、射洪县、通江县

贵州省：玉屏县、福泉市、平坝县、余庆县

云南省：石林县、建水县、陆良县、玉溪市红塔区、禄丰县、龙陵县、思茅市、陇川县

西藏自治区：乃东县、康马县、洛扎县

陕西省：西安市阎良区、眉县、兴平市、蒲城县、甘泉县、平利县

甘肃省：敦煌市、张掖市甘州区、天水市北道区、花亭县

青海省：湟中县、乌兰县、乐都县

宁夏回族自治区：惠农县、青铜峡市、中宁县、泾源县

新疆维吾尔自治区：玛纳斯县、焉耆县、沙湾县、乌鲁木齐县、阿瓦提县

（2003年10月31日）

民政部办公厅
关于印发《全国村民委员会选举情况分析会纪要》的通知

民办函〔2003〕10号

各省、自治区、直辖市民政厅（局），新疆生产建设兵团民政局：

按照村委会组织法和地方配套法规，指导搞好村委会换届选举工作，研究解决实际工作中出现的新情况、新问题，是民政部门的一项重要职责。认真做好这项工作，对于加强和改善党对农村工作的领导，密切党和政府与人民群众的血肉联系；对于扩大农村基层民主，完善村民自治，维护农民群众的民主权利；对于化解农村社会矛盾，维护国家长治久安，具有重要的意义。去年11月下旬，民政部基层政权和社区建设司在浙江省宁波市召开了全国村民委员会选举情况分析会。会议全面分析了村委会换届选举工作情况，交流了经验，提出了进一步做好这项工作的意见和建议，并形成了会议纪要。经部领导同意，现将会议纪要印发你们，请结合本地实际情况认真贯彻。

全国村民委员会选举情况分析会纪要

2002 年 11 月 21 日至 23 日，民政部基层政权和社区建设司在浙江省宁波市召开了全国村民委员会选举情况分析会。参加会议的有各省、自治区、直辖市民政厅（局）和计划单列市民政局基层政权和社区建设处负责人以及部分基层民政部门的同志。中央农村工作领导小组办公室、全国人大内司委、全国人大常委会法工委、全国妇联等有关部门的领导和部分大专院校的专家学者也应邀出席。民政部基层政权和社区建设司副司长詹成付出席会议并讲话。会议认真学习了党的十六大和中办发 14 号文件精神，总结交流了近年来村委会换届选举工作中的经验，研究分析了工作中出现的新情况、新问题，对新形势下进一步做好村委会换届选举工作提出了一些建设性意见。

一、对近年来全国村委会换届选举工作的基本估价

1998 年村委会组织法正式颁布实施后，全国 31 个省、自治区、直辖市全部完成了新一轮村委会换届选举工作，其中，广东、山东、安徽等省已经完成了第二轮换届选举任务，河北、山西、黑龙江、江西、湖北、陕西、云南等省正在进行第二轮换届选举工作。与会同志普遍认为，随着《村委会组织法》的深入贯彻，特别是中办发[2002]14 号文件的贯彻落实，村委会换届选举工作进一步走上了制度化、规范化、程序化的轨道。

从各地情况看，近年来农村村委会选举呈现出以下几个明显的特点：一是农民的参选热情高涨，广大农民群众经受了新一轮选举实践的锻炼，民主法制素质有了新的提高。据不完全统计，各地平均参选率均在 80%以上。而广东、海南、四川、湖南等省的参选率在 90%以上。二是选举结果令人满意，一大批思想好、作风正、有文化、有本领，愿意带领群众致富奔小康的村民被选进了村委会班子，农村基层干部结构有新的改善。据统计，新当选的村委会成员中党员平均约占七成以上，有的省如山东、江苏等，当选村主任中党员比例已达八至九成。全国半数以上的村委会成员为初、高中以上文化程度，绝大多数村委会成员的年龄在 30 岁至 50 岁之间。妇女成员、少数民族成员在当选的村委会成员中也占有有适当比例。三是绝大多数农村的选举能够依法按程序进行，村民的推选权、提名权、选举权、投票权、罢免权得到了切实落实，选举的制度化、程序化、规范化水平有新的提高。四是各级党政领导对农村村委会选举给予了应有的重视，加大了领导力度，取得了带领亿万农民建设社会主义民主政治的新经验。五是农村村委会选举等基层民主活动与农村经济社会发展相适应，进一步形成了相互促进的新局面，为今后农村的全面发展奠定了基础。

近几年来的实践，加深了广大干部群众对搞好农村村委会选举规律性的认识，积累了十分宝贵的经验。一是党政领导充分重视，认真坚持党的领导，改革和完善农村基层党组织的领导方式，使农村党组织的领导核心作用在组织和支持农民当家作主方面更充分地体现出来；二是相信群众，依靠群众，把法律法规赋予的民主权利原原本本地交给群众，引导群众在实践中学习民主，在实践中创造民主，在实践中完善民主，在实践中提高当家作主的本领；三是依法办事，坚持有法可依，有法必依，执法必严，违法必纠，任何组织和个人都不允许有超越法律法规的特权；四是村委会选举始终服务于建设社会主义新农村的大目标，有步骤、有秩序、循序渐进地进行；五是建立一支积极致力于推动农村民主发展的专业干部队伍，并不断完善工作运行的保障机制；六是坚持与时俱进，尊重实践，尊重群众的创造，不断研究解决村委会选举中的新情况新问题，总结新经验，不断为村委会选举工作注入新的活力。以上六条既是近几年村委会选举的成功经验，也是今后村委会选举中必须坚持的重要原则。

在讨论中，大家从不同侧面反映和提出了当前农村村委会选举中存在的问题，主要有：个别地方依然存在指选、派选现象，有的地方村委会届满后没有正当理由却擅自拖延选举，引起群众不满；一些地方不按法定程序选举，导致群众上访不断；个别地方宣传教育不够，买卖选票严重，个别违法乱纪的人乘机当选；一些地方违法现象难以纠正。等等。这些问题的存在，程度不同地侵害了农民的民主权利，影响了村委会选举水平的进一步提高，应当在今后的工作中认真加以研究解决。

二、对换届选举工作中一些具体问题的处理意见

会议对村委会换届选举工作中的一些具体问题进行了认真讨论，并就下列问题达成了共识：

（一）适应农村经济社会环境的变化，依法搞好选民登记。传统的城乡二元社会结构正在逐步松动，城乡人口流动日趋频繁，户籍制度改革步伐加快，农村土地承包权流转日趋频繁，这些都给选民登记工作带来了挑战。要根据中办发[2002]14号文件精神，在坚持村民应当在户口所在地进行选民登记的基础上，切实研究各种新情况、新问题，积极稳妥地做好选民登记工作。

（二）明确候选人条件，规范村委会候选人资格审查。在坚持村民的直接提名权的前提下，地方法规可以制定一些符合大多数群众意愿的条件，引导村民正确认识和行使民主权利，把那些素质好、威信高、能力强、遵纪守法、廉洁奉公、热心为村民办事的人提名为候选人。同时，村民选举委员会可以根据法律、法规，通过村民会议或村民代表会议依法明确一些限制性的条件，或公布候选人违法乱纪行为的真实情况，引导选民不提名严重违法乱纪行为的人为候选人。

（三）统一票样设计，重视完善选举的补充程序。应以省、自治区、直辖市为单位逐步规范选票式样。条件成熟的地方可在地方法规中规定不许另选他人，并在选票设计时去掉“另选他人”栏。计算参加投票的人数以投入票箱的票为准。第一次选举没有足额选出村委会成员的，应依地方法规有关规定组织另行选举。因各种原因致使选举未能按法定程序进行的，应及时组织进行重新选举。

（四）规范竞选行为，逐步减少和消除贿选现象。要认真研究和正确区分农民群众的一般人情往来、候选人捐助公益事业、候选人承诺经济担保等法律未明确禁止的行为，与直接买卖选票行为的不同。在现行法律对村委会选举贿选行为的认定和处罚尚未纳入司法调节范围的情况下，应着重把强化选前教育、规范选举程序、完善其他民主制度，作为逐步减少和制止贿选现象的重要措施。要教育选民珍惜民主权利，规范选举行为；村民选举委员会应积极组织有秩序的竞选活动，为候选人提供公开、公平、规范的竞争舞台，杜绝或减少无组织的私下的拉票竞选活动；严格把握领取选票、委托投票、设立秘密划票间、公开验票和唱票、当场公布选举结果等主要环节，保证选民自主表达真实意愿，使贿选者无机可乘；选举结束后，要完善民主决策、民主管理和民主监督机制，建立村民会议和村民代表会议、村务公开、财务公开等各项制度，并严格按照制度开展村务活动，让村民当家作主。

（五）完善罢免程序，依法维护村民的罢免权利。乡镇党政领导、村党组织、村委会及广大村民都要正确对待罢免问题，认真履行法律规定的职责，严格遵循罢免程序。一些地方规定：村委会在接到罢免要求后三十日内拒绝召开村民会议的，可由乡镇人民政府在三十日内组织召开村民会议表决罢免要求。村委会或乡镇人民政府应在五日内对联名人数进行核实，并将结果告知当事人。乡镇人民政府也可以指导村民民主推选村民罢免委员会，由村民罢免委员会组织罢免活动。若联名人数不足五分之一的，应允许村民对联名进行补充。表决罢免要求，以本届选民数为计算标准。罢免要求表决前，应允许被罢免的村委会成员提出申辩意见或主动提出辞职请求。罢免要求未获通过的，半年内不得以同样的理由提出罢免要求。罢免决定生效之日起应及时组织补选。对于通过欺骗手段征集村民在罢免书上签名的行为，被罢免者可以对罢免组织者提起诉讼。这些经验和做法，各地可结合实际进行借鉴。

（六）及时组织新老班子交接，保证村委会依法履行职权。新的村委会产生后，原村委会班子要在十日内把公章、财务账目、办公设施等向新任村委会交接清楚。逾期不交接的，乡镇人民政府要督促原村委会办理交接，村委会也可依法向司法机关提出诉讼。交接工作完成后，要加强对村委会干部的教育培训，使村委会和村干部牢固树立党的领导观念和大局意识、服务意识，提高村委会干部的整体素质；提倡在选举前通过村民会议确定村干部的经济补贴标准，已经进行农村税费改革的地方，村干部的经济补贴应按改革后的政策执行，保障当选村委会成员得到与其能力和贡献相适应的经济收入；对利用非法手段排挤、撤换村委会成员的行为，要依法予以纠正，并追究有关责任人的责任，切实维护村委会成员的合法权益。

（七）逐步改善选举技术，提高选举工作的效率。现行选举自始至终处于人工处置状态，每次选举的划票、唱票、验票、计票过程十分复杂，技术落后，效率低下，在一定程度上造成了村民人力物力的浪费。如何将现代科学技术引入村委会选举，建立与我国农村的经济社会发展状况相适应的选举方式和选举技术规范，应成为各级民政部门着手研究解决的一大课题。民政部门应着手立项，开发研制现代化选举辅助设施，并选择一些经济发展和工作水平相对较好的地区进行实验，尔后逐步推广，以有效降低选举成本，切实提高选举效率。

三、配套抓好与村委会换届选举密切相关的几项工作

村委会换届选举是扩大农村基层民主的一项基础性工作，要按照党的十六大精神和中办发[2002]14号文件的要求，一如既往地下大力气抓紧抓好，创造性地开展工作，不断提高村委会选举的制度化、程序化、规范化水平。

进一步完善村委会组织法及其配套法规，维护其权威性，确保得到严格实施。村委会组织法和各地的配套法规是搞好村委会换届选举工作的基本依据。随着换届选举工作的进展，一些新情况、新问题不断出现，亟需对一些技术性、程序性规定进行修订和完善；一些新做法、新经验不断涌现，亟待纳入法律范围；村委会选举和村民自治工作中的一些较严重的违法行为，应该逐步纳入民法、刑法等相关法律的调节范围。因此，应适时修订和完善村委会组织法及其配套法规。各级民政干部和农村基层干部要带头学习贯彻好法律、法规和政策，增强民主法制意识，不能借口农村习惯、农民群众法律意识不强或文化水平不高，对法律条文各取所需。凡与法律、法规和中央政策相抵触的细则、规定、方案、意见，都应尽快作出相应的修改，确保村委会组织法及其配套法规和中央政策在本地区的实施。

建立健全党政领导责任制，按照法律法规的要求高质量完成换届选举任务。乡镇是基础，县是关键。要按照中央14号文件的要求，明确县、乡党政领导是村委会换届选举工作的“第一责任人”，提高县乡干部的思想认识和执法水平。县乡干部要通过建立工作责任制，培训骨干，抓好试点，派驻工作组，帮助每个村制定具体的选举办法等措施，准确有效地指导换届选举工作，保证村委会换届选举工作始终在党的领导和村民的监督下健康有序地进行。

着力解决村委会选举中的突出问题，创造性地开展工作。指导村委会换届选举工作也要与时俱进。各级民政部门和乡村干部要深入基层，深入群众，研究新情况，解决新问题，提高应对能力。凡法律、法规有规定的，要遵循法律、法规；法律、法规没有规定的，要按照村民自治的原则和大多数群众的意愿办事。要尊重群众的首创精神，创造性地开展工作，适时进行制度创新，把经过实践检验的一些好的做法和经验及时上升为政策、法规。要协调好村党支部与村委会选举的关系，充分发挥基层党组织的领导核心作用和党员的先锋模范作用，不断增强村党组织的凝聚力、战斗力。

探索科学有效的方式，切实加强对选举指导者、选举工作人员和选民的培训和教育。要结合普法宣传和文化下乡、文化扶贫等活动，利用农民群众喜闻乐见的形式宣传相关选举政策和法律法规，使广大选民理解基本精神，掌握操作规程，树立依法选举、依法自治意识。要充分认识培训工作对于搞好村委会选举的基础性作用，认真组织、加大投入、引入“互动式”、“参与式”等科学有效的培训方法，在选举前对选举指导者和选举工作人员进行普遍培训，切实提高其组织、指导选举工作的政策法律水平，增强其应对和处理选举中出现的各类问题的能力。

把民主决策、民主管理、民主监督制度建设提上日程，为换届选举奠定坚实的基础。换届选举任务结束后，要把规范村级重大事务的决策、管理、监督程序作为工作的重点，在制度建设上下功夫，用制度约束村干部和村民，使权力有制约，干部受监督。制度建设的重点是“两委”联席会议、村民会议或村民代表会议、村民自治章程、村务公开等制度。不能把村民自治变成“村委会自治”或村“两委”自治，不能把村民自治章程变成村干部“管制”村民的工具，不能把村务公开和财务公开变成应付参观检查的“风景”。

与会同志一致认为，党的十六大正式将建设

社会主义政治文明作为我国全面建设小康社会的重要奋斗目标，提出了扩大基层民主，完善村民自治，健全村党组织领导的充满活力的村民自治机制的具体要求。各级民政部门和广大民政干部必须珍视使命、勇挑重担，开拓进取、与时俱进，在实践中全面贯彻“三个代表”重要思想，为推进农村政治文明建设作出更大的贡献。

（2003年1月10日）

民政部关于县乡民政部门开展“三个代表”重要思想学习教育活动的通知

民发[2001]36号

各省、自治区、直辖市民政厅（局），计划单列市民政局，新疆生产建设兵团民政局：

中央决定，从去冬今春开始，用两年左右的时间，在全国县（市）部门、乡镇、村领导班子和基层干部中，有计划、有步骤地开展“三个代表”重要思想学习教育活动。为使全国县乡民政部门开展好这项活动，加强民政队伍自身建设，推动民政事业的全面进步，促进农村的改革、稳定和发展，现作如下通知：

一、充分认识开展学习教育活动的重大意义

在农村开展“三个代表”重要思想学习教育活动，是我们党在新世纪解决好农业、农村和农民问题的重要基础建设，是把“三个代表”的重要思想落实到农村各项工作中去的重大决策，是事关改革、发展、稳定全局的大事。各级民政部门要充分认识在农村开展“三个代表”重要思想学习教育活动的重大意义，把思想统一到中央的重大决策上来，认真开展这次学习教育活动，为进一步做好各项民政工作提供坚强有力的思想和组织保证。省、自治区、直辖市和地（市）民政部门要增强政治意识、大局意识，要认识到开展“三个代表”重要思想的学习教育活动是深化农村改革，加快农村经济发展的需要；是加强农村社会主义精神文明和民主法制建设，推动农村社会全面进步的需要；是促进农村基层干部转变思想和工作作风，进一步密切党群干群关系的需要。要积极支持、配合地方各级党委和政府开展工作，并指导好县乡民政部门的学习教育活动。县乡民政部门要正确处理开展学习教育活动和做好各项业务工作的关系，克服“学习教育活动与己关系不大”的糊涂观念，以及“工作太忙，任务太多，顾不上”的模糊认识，自觉把学习教育作为加强民政工作的一项重要任务来抓。要看到，这次学习教育活动，是加强县乡民政部门自身建设、提高基层民政干部整体素质的一次难得的机遇，是新世纪推动各项民政工作再上水平的一次难得的机遇，从而自觉把学习教育活动与当前各项民政工作结合起来，与党在农村的各项任务结合起来，在地方党委的领导下，做到以学习教育活动统领、促进今年农村的各项民政工作。

二、落实好学习教育活动三个阶段的工作

按照中央要求，这次学习教育活动大体分为学习培训、对照检查和整改提高三个阶段，每个阶段都有不同的侧重。学习教育活动的三个阶段环环紧扣，每一个阶段都不能走过场。要抓好学习培训，坚持边学边改、边查边改，通过学习教育活动，使干部受到教育，让农民得到实惠。

一是在学习培训阶段，要重点解决思想认识问题。县乡民政干部既要认真参加集中学习，又要搞好个人自学，把二者有机结合起来，着力提高自己的思想认识水平。要制定好学习计划，处理好工学矛盾，保证学习时间。要把学习“三个代表”的重要思想同学习十五届三中全会、五中全会精神结合起来，全面理解和认真贯彻中央确定的学习教育活动的指导思想和基本原则。要坚持正面教育、自我教育为主，不搞群众运动、不搞人人过关。要紧密联系实际，边学习、边思考，切实把自己摆进去，防止空对空。

二是在对照检查阶段，重点要找准问题。在学习培训的基础上，县乡民政干部要采取个别谈话、召开座谈会、进村入户调查等形式，认真听取农民群众和村干部的意见，了解他们对民政干部和民政部门的要求与建议。要对照“三个代表”的要求，检查党的十五届三中全会以来思想和工作方面存在的问题，总结反思，形成书面材料。同时，领导班子成员之间要开展谈心，经过充分准备，召开民主生活会，开展批评与自我批评，并在适当范围内，以适当方式通报民主生活会的情况。在这一阶段，要以实事求是的精神，找准本部门存在的问题，不夸大，不缩小，不表面化，使整改工作有的放矢、切中要害。

三是在整改提高阶段，要力求解决问题。根据对照检查的结果，县（市）民政局领导班子要有针对性地制定具体整改方案，明确责任，抓好落实，并通过适当方式把整改措施、进展情况公布于众，接受群众监督。对群众反映的问题和提出的要求，能够解决的要尽快解决。应该解决但一时解决不了的，要向群众说明情况，并采取措施逐步加以解决。对群众反映强烈，但一个部门又难以解决的问题，要及时向党委、政府汇报，并提出解决问题的建议。

三、认真落实学习教育活动基本要求，推动民政事业不断发展

各级民政部门要按照中央提出的学习教育的基本要求，从民政部门的职能出发，把开展学习教育活动与促进农村各项民政工作结合起来，推动民政事业不断向前发展。

第一，全面推进村民自治要有新进展。全面推进村民自治，是农村民主法制建设的主要内容，是落实“三个代表”的重要途径。在学习教育中，县乡民政部门要认真回顾总结十五届三中全会以来村民自治的工作实践，分析和找准本地存在的问题，有什么问题就解决什么问题，什么问题突出就重点解决什么问题。当前，要着眼村民自治制度的配套建设和整体水平的提高，尽快抓好村民群众普遍关心和涉及村民群众切身利益问题的民主决策制度的建设，防止少数人说了算，真正让农民群众当家作主。要加大执法力度，坚决查处指选、派选、贿选、随意撤换村委会干部等违法行为。积极指导新旧村委会班子搞好交接，尊重和维护村民群众的民主权利。要加大对农民群众的民主法制教育，保证村民自治在党的领导下有步骤、有秩序地全面推进。

第二，乡镇政务公开工作要进一步加强。在学习教育中，县乡民政部门要首先对本部门、本单位的政务公开工作进行检查，对存在的问题应尽快纠正。政务公开起步早的，要做好巩固提高工作；起步晚的，要加大力度，积极推进。县乡民政部门还要认真调查研究，参与乡镇政务和村务公开的指导工作，把推进乡镇政务公开和实施乡镇政府规范化建设结合起来，把乡镇政务公开和村务公开工作结合起来，进一步发挥乡镇政务公开和村务公开在减轻农民负担、增强基层干部群众观念、加强廉政建设上的积极作用。

第三，乡镇行政区划调整要慎重稳妥地进行。贯彻落实“三个代表”的要求，要体现在发展农村生产力和促进经济发展上。有条件的地方，各级民政部门要从有利于精简机构、减轻农民负担、提高行政效能、促进经济发展和小城镇建设的需要出发，配合党委政府，慎重稳妥地做好撤并乡镇的工作。乡镇行政区划调整直接关系到农民群众的利益，涉及面广、政策性强，必须周密调研、科学论证、精心组织，必须做好干部群众的思想工作，要防止因工作不深不细而影响社会稳定。

第四，民政干部思想作风和工作作风要有明显改进。在学习教育活动中，县乡民政部门要深入检查干部的思想和工作作风，重点解决“门难进、脸难看、事难办”和“吃、拿、卡、要”等问题，教育干部职工要按照“三个代表”的要求，牢固树立全心全意为人民服务的思想，始终维护农民群众的根本利益。要深入灾区和贫困乡村，帮助灾民和贫困户解决生产生活中的实际问题；要深入优抚对象家中，了解和解决他们在生活、住房、医疗等方面的困难；要深入到老年人、五保户、残疾人家中，送去社会主义大家庭的温暖。要密切联系群众，关心群众疾苦，倾听群众呼声，通过广大民政工作者良好的思想和工作作风，把党和政府的关怀送到千家万户，把广大人民群众凝聚与团结在党和政府的周围。

四、加强对学习教育活动的领导和指导

各级民政部门是同级党委领导下的“农村三个代表学习教育活动联席会议”的成员单位，要严格按照当地党委的统一部署和要求，把这次学习教育活动列入重要议事日程，周密计划，狠抓落实，切实取得成效。

省、自治区、直辖市和地（市）的民政部门要高度重视、主动服从同级党委、政府的工作部署，并积极配合地方党委指导好县乡民政部门的学习教育活动。建议省级民政部门和地（市）级民政部门分别确定一个县（市）民政局和乡镇民政办（所）作为联系点，深入实际，调查研究，及时掌握县乡民政部门学习教育活动的进展情况，帮助总结经验、督促整改、解决问题。在抓好点的同时，做好面上的分类指导工作。

县（市）民政局主要负责同志既是学习教育的对象，又是学习教育活动的组织者和责任人，为使学习教育活动收到实效，必须转变工作作风，处理好自身学习与督促检查的关系，为此，一要以身作则，加强自身学习教育，发挥表率作用；二要领导好本单位的学习教育活动，提高本单位民政干部的整体素质；三要做好各项农村民政工作，使学习教育活动与开展工作两不误；四要指导好乡镇民政所和村委会的学习教育活动。要深入到那些矛盾突出、群众意见大、信访量大的乡镇和村，征求各方意见，采取各种措施，帮助解决实际问题，树立良好的部门形象。乡镇民政所要在乡镇党委的领导和县市民政局的指导下，开展好本部门的学习教育活动。

（2001 年 2 月 21 日）

民政部区划地名司关于贯彻中发[2004]1 号文件精神继续做好乡镇行政区划调整工作的通知

民区网字[2004]1 号

各省、自治区、直辖市民政厅（局）区划地名处：

中共中央、国务院下发的《关于促进农民增加收入若干政策意见》（中发〔2004〕1 号）指出，要“进一步精简乡镇机构和财政供养人员，积极稳妥地调整乡镇建制，有条件的可实行并村”。为贯彻落实好这一重要精神，进一步精简乡镇机构和财政供养人员，必须从实际出发继续积极稳妥地调整乡镇村的规模。现就做好乡镇行政区划调整工作的有关问题通知如下：

一、从实际出发进一步做好乡镇行政区划调整工作

近年来，按照党的十六大、十六届三中全会的精神，本着有利于精简机构，有利于优化资源配置，有利于优化小城镇体系，促进小城镇建设的原则，全国大部分省、自治区、直辖市从实际情况出发，相继开展了乡镇行政区划调整工作，取得了良好的效果。部分省区的乡镇规模调整已基本到位，部分省区调整还留有余地，还有部分省区尚未进行调整，随着经济社会发展，调整的条件已逐步成熟。为此，各地要按照中央 1 号文件的有关要求，对本地区乡镇规模进行调研和评估。已经开展乡镇行政区划调整工作并已基本调整到位的地方，要认真总结经验，巩固乡镇规模调整成果，不断完善乡镇管理体制和运行机制。尚未全面开展乡镇行政区划调整工作和调整尚未到位的地方，要在学习借鉴其它地方成功经验的基础上，加大工作力度，积极稳妥地推动乡镇行政区划调整工作。

开展乡镇行政区划调整工作要实事求是，因地制宜。我国的自然地理条件、经济社会发展水平、交通通讯条件和群众生产生活习惯等方面的地区差异很大，各地开展乡镇行政区划调整工作，在撤并乡镇的标准、力度和进度上不要强求统一，防止“一刀切”。要深入实际调查研究，广泛听取各方面意见，加强科学规划和论证，从本地的现实情况出发，实事求是，因地制宜地研究确定本地乡镇的合理规模、调整目标以及撤并的模式和原则。部分省区的乡镇规模调整是 20 世纪 90 年代初期完成的，有条件、有必要的还可以继续调整。在条件还不完全具备的地方，可以加强试点，分期分批地进行乡镇行政区划调整工作。

二、开展乡镇行政区划调整工作要科学规划，合理布局

中央1号文件强调，促进农民增收必须有新思路，采取综合性措施，在发展战略、经济体制、政策措施和工作机制上有一个大的转变。乡镇行政区划调整，要从有利于加强和改善农村行政管理、解放和发展农村生产力，有利于减轻农民负担、增加农民收入，有利于加快小城镇建设、改变农村面貌和促进农村现代化建设的目标出发，按照科学规划、合理布局、突出重点、提高效能、确保稳定的基本要求，立足现实客观条件，着眼农村经济和小城镇建设的长远发展，充分考虑行政管理的需要、自然地理条件、经济社会发展水平、城镇建设和经济发展规划以及行政区划历史沿革和群众习惯、意愿等方面的因素，精心研究，慎重决策，制订科学合理的乡镇行政区划调整方案，使乡镇行政区划调整后能够在较长时期内适应经济社会发展的需要。

三、开展乡镇行政区划调整工作要加强领导，严密组织，确保稳定

确保稳定是搞好乡镇行政区划调整工作的前提条件。科学的调整方案需要严明的组织纪律保障，乡镇行政区划调整工作涉及人员分流和资产处理等问题，涉及面广、工作量大、情况复杂，政治性、政策性、纪律性都很强。因此，各级党委、政府要高度重视，加强领导，各部门要密切配合。要切实加强宣传和思想政治工作，严格各项纪律，特别是政治纪律、组织人事纪律、财经纪律和廉政纪律，加强审计和监督。要坚持局部服从全局，个人服从组织的原则，对乡镇行政区划调整中的重大敏感问题要做细、做好，切实做到人心不散，秩序不乱，工作不断，确保社会稳定。

四、有条件的地方要积极做好并村工作

中央1号文件明确指出，在有条件的地方可实行并村。近年来，一些地方从本地的实际情况出发，按照经济社会发展和加强基层政权及群众自治组织建设的要求，开展了并村工作，对规模过小、布局不合理的村民委员会进行了调整、合并，收到了良好效果。今后一个时期，各地要认真贯彻中央1号文件的精神，继续积极稳妥地做好并村工作。为保证并村的顺利进行，组织实施中应注意把握以下原则：第一，要精心组织，因地制宜，分类指导，切忌一哄而起或一刀切，要从实际出发确定并村方案；第二，坚持整建制撤并的原则，尽量以村委会为单位进行调整，减少社会震动；第三，依法行政，按规定程序进行。根据《村委会组织法》的规定，对并村方案要事先征求群众意见，并提交村民会议讨论通过；第四，要认真处理好并村工作中涉及干部群众切身利益的问题，严格保护群众的利益不受损害，切实减轻农民负担，确保并村过程中的社会稳定。

（2004年3月3日）

民政部关于转发黑龙江省民政厅、省计划生育委员会《关于我省〈选举办法〉中对违反计划生育政策法规的规定的意见》的通知

民函[2001]30号

各省、自治区、直辖市民政厅（局）：

《村委会组织法》正式颁布后，村民自治得到扎实推进，总的来说，形势是好的。但是，有的地方由于种种原因村民把一些明知严重违反计划生育政策法规的人选举为村委会干部，或事后发现当选的村委会干部有违反计划生育政策法规的事实。如何既能保证村民的民主权利，推进村民自治，又使国家的计划生育政策得到贯彻落实，这是当前村民自治工作中需要引起重视、研究解决的重要问题。

1999年10月20日，黑龙江省第九届人大常委会第十二次会议通过的《黑龙江省村民委员会选举办法》规定：违反计划生育政策法规的，3年内不得被提名为村委会成员候选人。违反计划生育政策法规的人，或当选人被发现有违反计划生育政策法规行为的，即使当选村委会干部，“其职务自行终止”，这是一个较好的制度性安排，有利于村民民主权利的正确行使，有利于村民自治的健康发展，有利于计划生育基本国策的有效落实。

近日，黑龙江省民政厅、省计划生育委员会下发了《关于我省〈选举办法〉中对违反计划生育政策法规的规定的意见》，进一步明确了有关政策，现将该意见转发，供各地参阅。

关于我省《选举办法》中对违反计划生育政策法规的规定的意见

黑民基[2001]23号

各行署、市、县民政局，计划生育委员会：

为促进计划生育基本国策在我省农村的贯彻落实，提高村委会成员的整体素质，《黑龙江省村民委员会选举办法》（以下简称我省《选举办法》）第十三条、第三十四条在候选人条件、村委会成员自行终止职务的情形中对违反计划生育政策法规的作出了具体的规定。由于各地有关部门对违反计划生育政策法规的计算期限的解释不同，导致同一种违反计划生育政策法规的行为在不同地方的村委会选举中出现了不同的处理结果，引起一些地方村委会选举工作的混乱，诱发了村民上访等不安定因素。为确保计划生育基本国策在我省的落实，规范村委会选举程序，优化村委会干部的素质，对贯彻执行我省《选举办法》第十三条、第三十四条提出如下意见：

一、我省《选举办法》第十三条第二款规定：“违反计划生育政策法规的，3年内不得被提名为村民委员会成员候选人。”3年的起算点从当事人违反计划生育政策法规的行为发生之日起计算。因当事人逃避处理或无正当理由拒绝、拖延履行处理决定的，自处理决定完全履行之日起计算。

二、我省《选举办法》第三十四条第二项规定：“村民委员会成员有下列行为之一的，其职务自行终止：......（二）违反计划生育政策法规的；”是指计划生育部门对当事人作出处理决定之日起，其职务自行终止。对于当事人在当选前有违反计划生育政策法规行为，故意隐瞒真相，逃避处理的，自发现之日起，其职务自行终止。

三、各级民政部门、计划生育部门，要按照本《意见》的规定，对在第五届村委会选举中当选的村委会成员有违反计划生育政策法规的情况进行一次复查，对过去与本《意见》相抵触的处理决定要予以纠正。

黑龙江省民政厅

黑龙江省计划生育委员会

2001年2月2日

建设部、国家文物局
关于公布中国历史文化名镇（村）（第一批）的通知

建村[2003]199号

各省、自治区、直辖市建设厅（建委）、文物局：

为更好地保护、继承和发展我国优秀建筑历史文化遗产，弘扬民族传统和地方特色，建设部、国家文物局决定，从今年起在全国选择一些保存文物特别丰富并且具有重大历史价值或革命纪念意义，能较完整地反映一些历史时期的传统风貌和地方民族特色的镇（村），分期分批公布为中国历史文化名镇和中国历史文化名村，并制定了《中国历史文化名镇（村）评选办法》（见附件3）。根据各地评选推荐，建设部、国家文物局决定公布山西省灵石县静升镇等10个镇为第一批中国历史文化名镇（见附件1）、北京市门头沟区斋堂镇爨底下村等12个村为第一批中国历史文化名村（见附件2）。

请你们加强对中国历史文化名镇（村）规划建设工作的指导，认真编制和完善保护规划，制定严格的保护措施，及时协调解决工作中的困难和问题，切实做好中国历史文化名镇（村）的保护和管理工作。建设部、国家文物局将对已经公布为中国历史文化名镇（村）的镇（村）的保护工作进行不定期检查和监督；对由于人为因素或自然原因，致使历史文化名镇（村）已经不符合规定条件的，建设部、国家文物局将撤销其中国历史文化名镇（村）的称号。

附件：1．中国历史文化名镇（第一批）名单
2．中国历史文化名村（第一批）名单
3．中国历史文化名镇（村）评选办法
4．中国历史文化名镇（村）申报表

（2003年10月8日）

附件1

中国历史文化名镇（第一批）名单

1．山西省灵石县静升镇
2．江苏省昆山市周庄镇
3．江苏省吴江市同里镇
4．江苏省苏州市吴中区甪直镇
5．浙江省嘉善县西塘镇
6．浙江省桐乡市乌镇
7．福建省上杭县古田镇
8．重庆市合川县涞滩镇
9．重庆市石柱县西沱镇
10．重庆市潼南县双江镇

附件2

中国历史文化名村（第一批）名单

1．北京市门头沟区斋堂镇爨底下村
2．山西省临县碛口镇西湾村
3．浙江省武义县俞源乡俞源村
4．浙江省武义县武阳镇郭洞村
5．安徽省黟县西递镇西递村
6．安徽省黟县宏村镇宏村
7．江西省乐安县牛田镇流坑村
8．福建省南靖县书洋镇田螺坑村
9．湖南省岳阳县张谷英镇张谷英村
10．广东省佛山市三水区乐平镇大旗头村
11．广东省深圳市龙岗区大鹏镇鹏城村
12．陕西省韩城市西庄镇党家村

附件3

中国历史文化名镇（村）评选办法

一、评选目的

为更好地保护、继承和发扬我国优秀建筑历史文化遗产，弘扬民族传统和地方特色，建设部和国家文物局决定，在各省、自治区、直辖市核定公布的历史文化村镇的基础上，评选中国历史文化名镇和中国历史文化名村。

二、评选的基本条件与评价标准

（一）历史价值与风貌特色

历史文化名镇（村）应当具备下列条件之一：

在一定历史时期内对推动全国或某一地区的社会经济发展起过重要作用，具有全国或地区范围的影响；或系当地水陆交通中心，成为闻名遐迩的客流、货流、物流集散地；在一定历史时期内建设过重大工程，并对保障当地人民生命财产安全、保护和改善生态环境有过显著效益且延续至今；在革命历史上发生过重大事件，或曾为革命政权机关驻地而闻名于世；历史上发生过抗击外来侵略或经历过改变战局的重大战役、以及

曾为著名战役军事指挥机关驻地；能体现我国传统的选址和规划布局经典理论，或反映经典营造法式和精湛的建造技艺；或能集中反映某一地区特色和风情，民族特色传统建造技术。

建筑遗产、文物古迹和传统文化比较集中，能较完整地反映某一历史时期的传统风貌、地方特色和民族风情，具有较高的历史、文化、艺术和科学价值，现存有清代以前建造或在中国革命历史中有重大影响的成片历史传统建筑群、纪念物、遗址等，基本风貌保持完好。

（二）原状保存程度

镇（村）内历史传统建筑群、建筑物及其建筑细部乃至周边环境基本上原貌保存完好；或因年代久远，原建筑群、建筑物及其周边环境虽曾倒塌破坏，但已按原貌整修恢复；或原建筑群及其周边环境虽部分倒塌破坏，但“骨架”尚存，部分建筑细部亦保存完好，依据保存实物的结构、构造和样式可以整体修复原貌。

（三）现状具有一定规模

凡符合上述（一）、（二）项条件，镇的总现存历史传统建筑的建筑面积须在 5000 平方米以上，村的现存历史传统建筑的建筑面积须在 2500 平方米以上。

（四）已编制了科学合理的村镇总体规划；设置了有效的管理机构，配备了专业人员，有专门的保护资金。

三、评选办法

（一）申报及评选程序

评选中国历史文化名镇（村）应在省（自治区、直辖市）人民政府公布的历史文化名镇（村）的基础上进行，由省级建设行政主管部门会同文物行政部门组织专家进行审查，符合条件的报建设部和国家文物局。建设部会同国家文物局将组成专家委员会，根据评价标准对各地上报的材料进行评议，从中评选出符合条件的镇（村），通过实地考察后，对认定的镇（村）提出评议意见，报建设部和国家文物局组成的部际联席会议审定。

（二）上报材料要求

1. 中国历史文化名镇（村）申报表（见附件 4）。

2. 申请报告。报告除概述申报镇（村）的地理位置、环境条件、村镇规模、水陆交通以及社会经济和建设等状况外，应着重说明其历史传统建筑群及其环境的历史年代、原貌保存情况、现状规模、空间分布以及价值特色等情况。

3. 经省级建设行政主管部门批准的保护规划，包括规划文本及位置图、现状图、规划图（比例尺 1/500 至 1/2000，视保护区面积大小及保护规划深度的具体需要确定）。

4. 保护措施。包括对原貌保存、古建筑的修缮、环境整治等方面所制定的规章制度及具体办法。

5. 能反映传统建筑群风貌的照片集、VCD 或多媒体光盘、电子幻灯片（Powerpoint）等。

电子幻灯片（Powerpoint）包括以下内容：

（1）概况及历史沿革。

（2）历史文化特色。

（3）能反映镇（村）古建筑群历史风貌照片（不少于 10 张，要注明照片的名称）。

（4）保护规划及保护措施。

四、称号的公布与撤消

（一）称号的公布

中国历史文化名镇(村)的评选与公布工作，以不定期的方式进行。建设部和国家文物局以部际联席会议形式对专家委员会的评议意见进行审定后，以建设部、国家文物局的名义进行公布。

（二）称号的撤消

中国历史文化名镇（村）实行动态管理。省级建设行政主管部门负责本省（自治区、直辖市）已获中国历史文化名镇（村）称号的村镇保护规划的实施情况进行监督，对违反保护规划进行建设的行为要及时查处。建设部会同国家文物局将不定期组织专家对已经取得中国历史文化名镇（村）称号的镇（村）进行检查。对于已经不具备条件者，将取消中国历史文化名镇（村）称号。

附件 4

中国历史文化名镇（村）申报表

镇（村）名称 所在省（自治区、直辖市） 所在县（市） 所在镇（乡）
现存建筑
最早建造年代　　　传统建筑完好程序（%）
传统建筑规模（平方米）　　　镇（村）占地面积（公顷）
主要传统街巷基本情况
名称 长度（米） 形成年代 主要特点

传统建筑主要特点
省级建设行政主管部门、文物行政部门推荐意见 （签章）
备　注

建设部、国家文物局
关于公布第二批中国历史文化名镇（村）的通知

建规[2005]159号

各省、自治区、直辖市建设厅（建委）、文物局：

根据各地推荐，经专家评选及《中国历史文化名镇（村）评价指标体系》审核，建设部、国家文物局决定公布河北省蔚县暖泉镇等 34 个镇为第二批中国历史文化名镇（见附件 1）、北京市门头沟区斋堂镇灵水村等 24 个村为第二批中国历史文化名村（见附件 2）。

请你们加强对中国历史文化名镇（村）规划建设工作的指导，认真编制和完善保护规划，制定严格的保护措施，杜绝违反保护规划的建设行为的发生，严格禁止将历史文化资源整体出让给企业用于经营，进一步理顺管理体制，切实做好中国历史文化名镇（村）的保护和管理工作。

建设部、国家文物局将对已经公布为中国历史文化名镇（村）的镇（村）的保护工作进行不定期检查和监督；对由于人为因素或自然原因，致使历史文化名镇（村）已经不符合规定条件的，建设部、国家文物局将撤销其中国历史文化名镇（村）的称号。

附件：1. 第二批中国历史文化名镇名单
　　　2. 第二批中国历史文化名村名单

（2005 年 9 月 16 日）

附件 1

中国历史文化名镇(第二批)名单

01 河北省蔚县暖泉镇
02 山西省临县碛口镇
03 辽宁省新宾满族自治县永陵镇
04 上海市金山区枫泾镇
05 江苏省苏州市吴中区木渎镇
06 江苏省太仓市沙溪镇
07 江苏省姜堰市溱潼镇
08 江苏省泰兴市黄桥镇
09 浙江省湖州市南浔区南浔镇
10 浙江省绍兴县安昌镇
11 浙江省宁波市江北区慈城镇
12 浙江省象山县石浦镇
13 福建省邵武市和平镇
14 江西省浮梁县瑶里镇
15 河南省禹州市神垕镇
16 河南省淅川县荆紫关镇
17 湖北省监利县周老嘴镇
18 湖北省红安县七里坪镇
19 湖南省龙山县里耶镇
20 广东省广州市番禺区沙湾镇
21 广东省吴川市吴阳镇
22 广西灵川县大圩镇
23 重庆市渝北区龙兴镇
24 重庆市江津市中山镇
25 重庆市酉阳县龙潭镇
26 四川省邛崃市平乐镇
27 四川省大邑县安仁镇
28 四川省阆中市老观镇
29 四川省宜宾市翠屏区李庄镇
30 贵州省贵阳市花溪区青岩镇
31 贵州省习水县土城镇
32 云南省禄丰县黑井镇
33 甘肃省宕昌县哈达铺镇
34 新疆鄯善县鲁克沁镇

附件 2

中国历史文化名村(第二批)名单

01 北京市门头沟区斋堂镇灵水村
02 河北省怀来县鸡鸣驿乡鸡鸣驿村
03 山西省阳城县北留镇皇城村
04 山西省介休市龙凤镇张壁村
05 山西省沁水县土沃乡西文兴村
06 内蒙古土默特右旗美岱召镇美岱召村
07 安徽省歙县徽城镇渔梁村
08 安徽省旌德县白地镇江村
09 福建省连城县宣和乡培田村
10 福建省武夷山市武夷乡下梅村
11 江西省吉安市青原区文陂乡渼陂村
12 江西省婺源县沱川乡理坑村
13 山东省章丘县官庄乡朱家峪村
14 河南省平顶山市郏县堂街镇临沣寨（村）
15 湖北省武汉市黄陂区木兰乡大余湾村
16 广东省东莞市茶山镇南社村
17 广东省开平市塘口镇自力村
18 广东省佛山市顺德区北滘镇碧江村
19 四川省丹巴县梭坡乡莫洛村
20 四川省攀枝花市仁和区平地镇迤沙拉村
21 贵州省安顺市西秀区七眼桥镇云山屯村
22 云南省会泽县娜姑镇白雾村
23 陕西省米脂县杨家沟镇杨家沟村
24 新疆鄯善县吐峪沟乡麻扎村

建设部、国家发展和改革委员会、民政部 国土资源部、农业部、科学技术部 关于公布全国重点镇名单的通知

建村[2004]23号

各省、自治区、直辖市建设厅（建委）、发展改革委（计委）、民政厅（局）、国土资源厅（局）、农业厅（局）、科技厅（局）：

按照《中共中央、国务院关于做好农业和农村工作的意见》（中发[2003]3号）和《国务院办公厅关于落实中共中央、国务院做好农业和农村工作意见有关政策措施的通知》（国办函[2003]15号）的要求，建设部会同国家发展改革委、民政部、国土资源部、农业部、科技部开展了确定全国重点镇工作。经六部委研究，决定将北京市昌平区小汤山镇等1887个镇列为全国重点镇，现予以公布（名单见附件）。

全国重点镇是当地县域经济的中心，承担着加快城镇化进程和带动周围农村地区发展的任务。各地要按照党的十六大提出的“全面繁荣农村经济、加快城镇化进程”的要求，坚持城乡经济社会统筹发展的原则，将全国重点镇健康发展作为农村全面建设小康社会的重要任务，努力把全国重点镇建设成为促进农业现代化、加快农村经济社会发展和增加农民收入的重要基地。各地区、各部门要加强科学规划，指导和监督全国重点镇严格按规划进行建设，推进制度创新，积极消除不利于城镇化发展的体制和政策障碍，及时研究解决实践中遇到的问题。六部委对全国重点镇实施动态管理，通过定期或不定期检查和跟踪监测评估，及时对全国重点镇名单进行调整。

全国重点镇要结合本镇中长期社会经济发展规划，实事求是地制定推进本镇建设与发展的工作方案，并报省级建设行政主管部门备案。要立足于完善城镇功能、繁荣农村经济和增加农民收入，充分运用市场机制多渠道筹措资金，加快建设与发展步伐。要编制科学合理的城镇规划和土地利用总体规划，严格按规划进行建设。坚持节约用地，严格保护耕地。力争经过五到十年的努力，将全国重点镇建设成为规模适度、布局合理、功能健全、环境整洁、具有较强辐射能力的农村区域性经济文化中心，其中少数具备条件的要发展成为带动能力更强的小城市，使全国城镇化水平有一个明显的提高。

附件：全国重点镇名单（见本书附录）

（2004年2月4日）

建设部 关于贯彻《国务院关于深化改革严格土地管理的决定》的通知

建规[2004]185号

各省、自治区建设厅，直辖市建委、规划局（委员会），新疆生产建设兵团建设局：

《国务院关于深化改革严格土地管理的决定》（国发[2004]28号，以下简称《决定》），针对当前存在的圈占土地、乱占滥用耕地等突出问题，提出了深化改革、健全法制、统筹兼顾、标本兼治，进一步完善符合我国国情的最严格的土地管理制度的明确要求。各级城乡规划、建设行政主管部门要从落实科学发展观的高度，充分认识加强土地管理和保护工作的重要性，切实履行

职责，认真贯彻落实《决定》各项部署和要求，继续贯彻《国务院关于加强城乡规划监督管理的通知》（国发[2002]13号，以下简称13号文件）。现就有关问题通知如下：

一、切实做好土地利用总体规划与城乡规划的相互衔接工作

（一）依法做好土地利用总体规划、城市总体规划、村庄和集镇规划的相互衔接工作。城市总体规划、村庄和集镇规划中建设用地规模不应超过土地利用总体规划确定的城市和村庄、集镇建设用地规模。在城市规划区内、村庄和集镇规划区内，城市和村庄、集镇建设用地必须符合城市规划、村庄和集镇规划。

（二）在城乡规划制定工作中加强基本农田的保护。城市总体规划、村庄和集镇规划要把规划区内基本农田保护范围作为强制性内容，在图纸上详细标明。今后，凡调整城市总体规划、村庄和集镇规划涉及基本农田的，调整前必须报请原审批机关认可，经认可后方可调整；调整后的规划，必须按法定程序报原批准机关审批。

（三）充分发挥近期建设规划的综合协调作用。按照13号文件和建设部等九部委《关于贯彻落实〈国务院关于加强城乡规划监督管理的通知〉的通知》（建规[2002]204号）要求，近期建设规划与经济社会发展五年规划、房地产业和住房建设发展中长期规划要相互衔接，统筹安排规划年限内的城市建设用地总量、空间分布和实施时序，合理确定各类用地布局和比例。各地要依据近期建设规划，结合土地利用年度计划，确定城市建设发展的年度目标和安排。要优先安排危旧房改造和城市基础设施中拆迁安置用房、普通商品住房、经济适用住房建设项目用地，保证近期建设规划中确定的国家重点建设项目和基础设施项目用地。

二、严格执行建设用地指标，促进土地资源的集约和合理利用

（四）加快制定建设用地指标。抓紧工程项目建设用地指标制定和修改完善工作，优先开展城市基础设施项目，教育和公共文化体育卫生基础设施项目建设用地指标的编制工作，重点做好城市规划区范围内道路等市政工程建设用地指标、城市和村镇建设用地指标的编制工作，尽快建立科学合理的用地指标框架体系。

（五）编制和审批城乡规划，必须符合国家建设用地指标。各地要严格依据国家规定的建设用地指标编制和审批城市总体规划、村庄和集镇规划，合理确定城乡建设和用地规模。凡建设用地规模超过国家用地指标的规划，一律不得审查通过，并责成有关地方人民政府按规定进行缩减。

（六）各类新建、改建、扩建工程项目必须严格执行用地指标。城乡规划行政主管部门在审批建设项目用地申请时，要依据国家规定的建设用地指标，对建设用地面积进行严格审查，对超过国家规定用地指标的，不得发放建设用地规划许可证、建设工程规划许可证。禁止超过国家用地指标、以“花园式工厂”为名圈占土地。

（七）各地要立足于本地区土地资源的实际状况，合理确定与城市发展相适应的绿化用地面积。鼓励和推广屋顶绿化和立体绿化。进行绿化建设，必须符合城市总体规划、城市绿化规划。禁止利用基本农田进行绿化。基本农田上进行绿化建设的城市，不得列入园林城市、生态园林城市考核范围。凡在基本农田上进行绿化建设的，必须立即停止并予以纠正。

（八）指导和推广集约利用土地资源的新技术、新材料。要加快城乡规划动态监测系统及监测网络建设，充分利用现代高新技术实施城乡规划动态监测。积极推进建筑节能和墙体材料革新工作，研究、开发、推广和应用新型墙体材料，替代实芯黏土砖。禁止占用耕地烧制实芯黏土砖。在资金、技术允许情况下，鼓励开发利用城市地下空间。

三、加强城乡规划对城乡建设和土地利用的调控和指导

（九）省级人民政府必须依据省域城镇体系规划，统筹安排本行政区域内各业和各地区用地。要充分考虑和利用现有基础设施，合理规划，避免低水平重复建设和超规模建设。

（十）加强近期建设规划实施监管。近期建设规划确定的发展建设范围，必须符合已经法定程序批准的城市总体规划。编制近期建设规划，要根据城市总体规划确定的近期发展目标，划定近期建设控制线。各类建设项目，必须位于近期建设规划确定的近期建设控制线内。要加快近期建设控制线内控制性详细规划的编制和审批工作。凡未按要求编制近期建设规划的，停止新申请建设项目和用地的规划审批；对违反近期建设规划的建设项目和用地申请，一律不予批准。

（十一）加强开发区规划管理。要严格执行13号文件的规定，开发区范围内规划制定、审批权必须集中由所在市、县城乡规划行政主管部门行使，不得下放。凡下放规划管理权的，必须立即纠正。凡存在下放开发区规划管理权且尚未纠正的，对申请扩区的，一律不予批准。申请设立开发区或扩区的，必须报经省级城乡规划行政主管部门依据规划审查，核定用地范围并出具审查意见。设立各类开发区，必须符合省域城镇体系、城市总体规划。禁止在城市总体规划确定的建设用地范围外，设立开发区。因开发区发展需要申请扩区的，新增用地范围必须位于已经批准的城市总体规划建设用地范围内。

（十二）加强对存量土地利用的规划安排，控制新增建设用地。新建建设项目凡能利用存量土地的，不得批准新增建设用地。采取有力措施，做好“城中村”改造。存量土地再利用时，应当优先保证适合中低收入家庭需要的普通商品住房、经济适用住房建设以及必需的市政公用设施建设。城市、集镇和村庄新增建设用地，必须符合城市总体规划、村庄、集镇规划。禁止在城市规划区、村庄和集镇规划区范围以外，批准城市和集镇、村庄建设用地。

（十三）加强城乡规划对土地储备、供应的调控和引导。城乡规划行政主管部门要依据城市总体规划和近期建设规划，就近期内需要收购储备、供应土地的位置和数量提出建议。实施土地收购储备，必须符合城市总体规划、近期建设规划。存量土地收购储备涉及房屋拆迁的，应当根据《国务院办公厅关于控制城镇房屋拆迁规模严格拆迁管理的通知》（国办发[2004]46号），纳入房屋拆迁中长期规划和年度计划管理。土地储备机构实施国有土地上房屋拆迁的，应当按照《城市房屋拆迁管理条例》规定的条件和程序办理。实施土地供应，必须符合近期建设规划和控制性详细规划。各地城乡规划行政主管部门要将城市中心地区、旧城改造地区、近期发展地区、拟储备出让土地的地区作为重点区域，优先编制控制性详细规划，明确规划设计条件。招标、拍卖或挂牌出让国有土地使用权时，应当具备依据控制性详细规划确定的规划设计条件，并作为出让合同的组成部分。凡没有列入或者不符合近期建设规划、控制性详细规划规定用途的土地，不得办理规划手续。

（十四）规范建设用地和项目审批程序。在城市规划区内进行建设需要申请用地的，必须持有关文件，向城乡规划行政主管部门申请办理规划许可手续。未取得建设用地规划许可证而取得土地使用批准文件的，批准文件无效，已占用的土地依法予以收回。需报请发展改革部门核准或备案的项目，必须先取得城乡规划行政主管部门出具的规划意见。

四、加强对划拨土地上开发活动和集体建设用地流转的管理

（十五）规范原有划拨土地的房地产开发活动。经依法批准利用原有划拨土地从事房地产开发的，应按市场价补缴土地出让金，依法取得房地产开发资质，并纳入房地产开发管理。独立工矿区、困难企业可以利用自用划拨土地，在符合城市规划、土地利用总体规划的前提下，组织住房困难职工进行集资合作建房，并纳入经济适用住房建设管理，执行经济适用住房建设管理的有关规定，不得以与其他单位联合建设等形式变相进行房地产开发。

（十六）严格集体建设用地流转管理。建制镇、村庄和集镇中的农民集体所有建设用地使用权流转，必须符合建制镇、村庄和集镇规划，由城乡规划行政主管部门依据规划出具有关流转地块的规划条件。没有编制或违反建制镇、村庄和集镇规划要求的，有关集体建设用地，不得进行流转。房地产开发企业应按照《城市房地产管理法》的规定，依法在取得国有土地使用权的土地上进行基础设施、房屋建设，禁止以“现代农业园区”或“设施农业”为名、利用集体建设用地变相从事房地产开发和商品房销售活动。

（十七）加强对集体土地上房屋拆迁的管理。与国土资源部门共同研究制定城市规划区内集体土地上房屋拆迁补偿有关政策。

五、强化村庄集镇建设和用地管理

（十八）加强村镇规划编制工作。省域城镇

体系规划要确定重点镇的数量；县（市）域城镇体系规划要确定镇和中心村的布局；村庄集镇总体规划，要合理确定农村居民点的数量、布局和建设用地规模。要统筹规划工业用地，严禁零散安排乡村工业用地。在符合农民意愿的前提下，统筹规划农村居民点、迁村并点。尚未编制村庄和集镇规划的，要抓紧编制和报批。涉及行政区划调整的地区，要及时修编村庄和集镇规划。

（十九）加强对农村宅基地管理。新批村镇宅基地必须位于村庄、集镇规划区内，并符合村庄、集镇规划的安排。凡没有制定村庄、集镇规划或宅基地申请与村庄、集镇规划不符的，一律不得办理许可手续。已确定撤并的农村居民点内，不得批准进行新的建设。禁止多处申请宅基地。因实施农房建设，需申请批准新宅基地的，原有宅基地应当退回。农村住宅设计，不得突破当地规定的宅基地规划、建设标准。

（二十）采取切实措施，加大对村镇规划建设管理的资金支持和技术指导，理顺管理体制，加强村镇基层规划建设管理工作。

六、依法严肃查处违法违规行为

（二十一）依法监督和查处违法用地行为。地方各级城乡规划、建设行政主管部门要开展专项监督检查，重点查处未经审批乱圈地、突破国家用地指标和规划确定的用地规模使用土地、占用基本农田进行建设等问题。对建设单位、个人未取得建设用地规划许可证、建设工程规划许可证进行用地和项目建设，擅自改变规划用地性质或扩大建设规模，违反法律规定和规划要求随意流转集体建设用地等行为，要采取措施坚决制止，并依法给予处罚。按法律规定应当没收或拆除的违法用地和违法建设，必须依法处罚，不得以罚款或补办手续取代。触犯刑律的，要依法移交司法机关查处。

（二十二）建立行政过错纠正和行政责任追究制度。上级部门要加强对下级部门的监督检查。严格执行 13 号文件规定，对于地方人民政府及有关行政主管部门违反规定调整规划，违反规划批准使用土地和项目建设，擅自在规划确定的建设用地范围以外批准、设立开发区，以及对违法用地不依法查处等行为，除应予以纠正外，还要按照干部管理权限和有关规定对直接责任人给予行政处分。对于造成严重损失和不良影响的，除追究直接责任人责任外，还应追究有关领导的责任，必要时可给予负有责任的主管领导撤职以下行政处分；触犯刑律的，依法移交司法机关查处。

各级城乡规划、建设行政主管部门要以邓小平理论和“三个代表”重要思想为指导，牢固树立科学发展观和正确的政绩观，切实端正城乡规划建设指导思想，依法加强监督管理，充分发挥城乡规划对土地资源集约和合理利用的调控和引导作用，落实好最严格的土地管理制度，促进城乡经济和社会的健康和可持续发展。

（2004 年 10 月 29 日）

建设部关于村庄整治工作的指导意见

建村[2005]174 号

各省、自治区建设厅，直辖市建委（农委），新疆生产建设兵团建设局，计划单列市建委：

为贯彻落实中央关于建设社会主义新农村的战略部署，做好新时期村庄整治工作，搞好村庄规划建设，改善农民居住条件，改变农村面貌，我部对村庄整治工作提出以下指导意见。

一、充分认识村庄整治工作的重要意义

建设社会主义新农村是新形势下促进农村经济社会全面发展的重大战略部署，是实现全面建设小康社会目标的必然要求，是贯彻落实科学发展观和构建和谐社会的重大举措，是改变我国农村落后面貌的根本途径，是系统解决“三农”问题的综合性措施。村庄整治是社会主义新农村建设的核心内容之一，是惠及农村千家万户的德政工程，是立足于现实条件缩小城乡差别、促进农村全面发展的必由之路。加强村庄整治工作，有利于提升农村人居环境和农村社会文明，有利于改善农村生产条件、提高广大农民生活质量、焕发农村社会活力，有利于改变农村传统的农业生产生活方式。

村庄整治工作是新时期党中央、国务院赋予建设部门的重要战略任务。各地建设行政主管部门要认清形势，振奋精神，充分认识建设社会主义新农村的重要意义，增强做好村庄整治工作的自觉性、责任感、使命感和紧迫感，求真务实，与时俱进，改革创新，勇挑重担，发挥传统工作优势，积极探索新思路和新方法，扎实工作，完成党和国家交给我们的历史重任。要在各级党委、政府的统一领导下，把村庄整治工作列入重要议事日程，制定切实可行的工作方案和实施计划，协调各有关部门有计划、有步骤、创造性地推动村庄整治工作，及时研究新情况，解决新问题，总结推广新经验。

二、村庄整治工作的指导思想和基本要求

村庄整治工作要紧紧围绕全面建设小康社会目标，坚持以邓小平理论和“三个代表”重要思想为指导，牢固树立和落实科学发展观，一切从农村实际出发，尊重农民意愿，按照构建和谐社会和建设节约型社会的要求，组织动员和支持引导农民自主投工投劳，改善农村最基本的生产生活条件和人居环境，促进农村经济社会全面进步。村庄整治要充分利用已有条件，整合各方资源，坚持政府引导与农民自力更生相结合，完善村庄最基本的公共设施，改变农村落后面貌。

村庄整治工作要因地制宜，可采取新社区建设，空心村整理，城中村改造，历史文化名村保护性整治等有效形式；以村容村貌整治，废旧坑（水）塘和露天粪坑整理，村内闲置宅基地和私搭乱建清理，打通乡村连通道路和硬化村内主要道路，配套建设供水设施、排水沟渠及垃圾集中堆放点、集中场院、农村基层组织与村民活动场所、公共消防通道及设施等为主要内容进行整村整治；使整治后的村庄村容村貌整洁优美，硬化路面符合规划、饮用水质达到标准，厕所卫生符合要求，排水沟渠和新旧水塘明暗有序，垃圾收集和转运场所无害化处理，农村住宅安全经济美观、富有地方特色，面源污染得到有效控制，医疗文化教育等基本得到保障，农民素质得到明显提高，农村风尚得到有效改善。

三、因地制宜、试点引路、稳步推进村庄整治工作

村庄整治工作要认真做好两个规划。一是适应农村人口和村庄数量逐步减少的趋势，编制县域村庄整治布点规划，科学预测和确定需要撤并及保留的村庄，明确将拟保留的村庄作为整治候选对象。二是编制村庄整治规划和行动计划，合理确定整治项目和规模，提出具体实施方案和要求，规范运作程序，明确监督检查的内容与形式。

村庄整治工作要坚持试点引路，量力而行，稳步推进。根据地方经济发展水平，科学制定村庄整治的计划，确定分批分期整治方案。村庄整治是一项政策性很强的工作，各地要积极探索，先试点总结经验，然后逐步推开，以点带面，防止不顾当地财力，超越集体经济和农民的承受能力，违背群众意愿、侵害群众利益，一哄而起、盲目铺开。

村庄整治工作要因地制宜，分类指导。要尊重农村建设的客观规律，以满足农民的实际需要为前提，坚决防止盲目照抄照搬城镇建设模式。要充分利用现有条件和设施，凡是能用的和经改造后能用的都不要盲目拆除，不搞不切实际的大拆大建，坚决防止以基本建设和行政命令的方式强行推进。坚持以改善农村最迫切需要的生产生活条件为中心，以中心村整治为重点，完善各类基础设施和公共服务设施，突出地方特色，体现农村风貌。

村庄整治工作要坚持政府管理与引导相结合。要通过村庄整治，引导农民逐步集中建房，解决农民建房占地过多问题，实现集约节约使用土地，降低人均公共设施配套成本。一方面，要加强建设管理，防止农民不按规划分散建房；另一方面，要搞好中心村规划，完善公共设施，引导独立农户和散居农户集中建房。

四、改革创新，明确责任，建立村庄整治工作的推进机制

建立分级责任制，将村庄整治任务落到实处。省区市负责提出本地区村庄整治的引导性项目、阶段性目标与实施方案；县乡负责指导与实施组织。村庄自治组织负责组织具体项目的建设，村民自主投工投劳参与项目建设及管理。建设行政主管部门要按照统一部署，从农村工作大局出发，履行工作职责，加强部门协调，密切配合，整合资源，加大村庄整治工作的技术服务和项目实施的技术指导。

建立农民参与机制，动员组织农民广泛参与。村庄整治改善农民生产生活环境，广大农民非常欢迎，参与积极性高。要为农民参与村镇建设提供制度性保障，加强政府引导与支持，确立农民在村庄整治中的主体地位，尊重农民意愿和对项目的选择，充分调动农民自力更生建设家园的积极性，激发农民自主、自强、勤勉、互助、奉献精神，让农民得到实际利益。凡是农民不认可的项目，不能强行推进；凡是农民一时不接受的项目，要先试点示范让农民逐步理解接受。

建立村庄公共设施管理的长效机制。村庄公共设施建设是手段，使用是目的，运营维护管理比建设更复杂、更具长期性。要创新体制和机制，探索村民自主管理的途径，组织引导农村干部群众参与公共设施运营维护与管理，通过村民缴费或村集体经济解决管理资金来源问题。逐步完善和推广村民理事会制度，在党支部领导下参与决策，直接听取村民的建议与诉求，畅通上情下达与下情上达渠道，密切基层组织与广大村民的联系，凝聚全体村民的力量搞好人居环境。凡能市场化运作的公共设施，均要积极利用市场机制。

建立公推民选的村庄整治驻村指导员制度。各地要根据实际情况，与县乡机构改革和公务员分流安置相结合，建立基层公推民选的村庄整治驻村指导员工作制度，鼓励公务员特别是县乡公务员参与村庄整治。驻村指导员要切实负责对村庄整治的组织与技术指导，接受村镇建设助理员的业务指导和监督。要加强对村庄整治指导员的全面培训和资金与技术支持。

建立村庄整治的培训制度。要分期、分批培训新农村建设的村镇领导干部和驻村指导员。加强对农民建设新农村基本技能的培训，提高农民的参与能力。要有计划地组织各种形式的观摩学习，总结交流各地的经验，充分发挥各地示范点、示范村、示范镇的引导、带动和辐射作用，取长补短、相互借鉴。

建立村庄整治的督促检查制度。各地要加强对村庄整治实施过程中资金与实物使用的监管，防止挪用、滥用。建立上级对下级的督察机制，鼓励社会各界、新闻媒体和广大农民对村庄整治进行监督。要接受各级人大、政协和有关部门的定期或不定期督察。建设部将会同有关部门对村庄整治工作进行指导和监督。

五、组织动员各方面力量，形成合力，共同推进村庄整治工作

村庄整治工作要与当地农村的中心工作结合起来，与村务公开民主管理工作结合起来，与基层党建工作结合起来，与保持共产党员先进性教育活动结合起来，与增加农民收入、减轻农民负担的各项改革措施结合起来，使村庄整治切实成为为农民解决实际问题，为农民群众办好事做实事的工作平台。

农村和城市是一个有机统一的整体，农业发展是整个国民经济发展中的重要一环。要建立城乡一体互动的体制和机制，通过村庄整治促进城乡经济社会协调发展和城乡二元结构的逐步改变。要争取税收、补助、贴息等政策，鼓励和引导社会资本特别是工商资本参与村庄整治，建立和增加为村庄整治服务的金融产品。动员全社会力量，鼓励社会团体、志愿者积极参与村庄整治活动，改善农村人居环境。

各地要根据本地实际情况，制定村庄整治工作的实施意见。执行中的问题与建议，请及时告我部村镇建设办公室。

（2005年9月30日）

财政部关于印发《村合作经济组织财务制度（试行）》的通知

（96）财农字第50号

各省、自治区、直辖市、计划单列市财政厅（局）：

为了加强村合作经济组织财务管理和会计核算，根据《企业财务通则》、《企业会计准则》的原则和精神，结合村合作经济组织的实际情况，经与农业部共同研究，制定了《村合作经济组织财务制度（试行）》、《村合作经济组织会计制度（试行）》，现发给你们，请从1997年1月1日起执行，原制度同时废止。执行中有何问题，请及时上报我部。

附件：一、村合作经济组织财务制度（试行）

二、村合作经济组织会计制度（试行）

（1996年3月14日）

附件一：

村合作经济组织财务制度（试行）

第一章 总 则

第一条 为了适应社会主义市场经济发展的需要，规范村合作经济组织的财务行为，稳定和完善以家庭联产承包为主的责任制和统分结合的双层经营体制，根据《企业财务通则》的原则和精神，结合村合作经济组织的实际情况，制定本制度。

第二条 本制度适用于按行政村、自然村或原生产大队、生产队设置的社区性合作经济组织（以下称村合作经济组织）。村办企业执行行业企业财务制度。

第三条 村合作经济组织是社会主义劳动群众集体所有制经济组织，有独立进行经济活动的自主权，其合法权益受法律保护。任何单位和个人都不准侵犯、平调村合作经济组织的财产和向其摊派。

村合作经济组织的财务管理工作，要贯彻执行党和国家在农村的方针政策及有关法律法规；适应家庭联产承包责任制的需要和双层经营体制的特点，坚持统一管理与分散管理相结合的原则；实行计划管理和民主管理；坚持自力更生、勤俭办事业的原则。

第四条 村合作经济组织应建立健全财务管理制度，如实反映村合作经济组织的财务状况，正确处理国家、集体个人以及集体内部各行业、各经营层次之间的经济利益关系，维护生产经营者的合法权益，保护集体资产的安全与完整。

第五条 村合作经济组织要完善内部承包经营责任制，搞好各项承包合同的签订、结算和兑现工作，加强对所属企事业单位财务活动的管理和监督，指导有关农户搞好经济核算。

第六条 村合作经济组织应当做好财务管理基础工作。各项财产物资的增减要有完整的原始记录；各项收支活动要做到手续齐全，内容合理；平时不定期地进行财产清查，年度终了前，要进行一次全面财产清查。

第七条 村合作经济组织的财务工作要接受业务主管部门（即农村合作经济经营管理部门，下同）和财政部门的指导和监督。

第二章 资金筹集

第八条 村合作经济组织根据有关法律、法规规定，可以采取多种形式筹集资本。

资本分为村（组）资本、外单位资本、个人资本、国家资本等。

村（组）资本指村（组）以其依法可以支配的资产和劳务投入村合作经济组织形成的资本（包括原生产队积累折股股金和合作化时期形成的股份基金）。

外单位资本指村合作经济组织以外的单位以其依法可以支配的资产投入村合作经济组织形成的资本。

个人资本指村合作经济组织内部成员或社会个人以个人合法财产投入村合作经济组织形成的资本。

国家资本指有权代表国家投资的政府部门或者机构以国有资产投入村合作经济组织形成的资本。

第九条 村合作经济组织筹集的资本，投资者除依法转让外，不得随意抽走。在特殊情况下确实需要抽走的，须经成员大会或成员代表大会讨论决定。

第十条 村合作经济组织对投入的资产要按有关规定进行评估。投入的劳务要合理计价。

第十一条 村合作经济组织在筹集资本活动中，接受捐赠的财产以及资产评估确认价值或者合同、协议约定价值与原账面净值的差额等，计入公积金。

第十二条 村合作经济组织的负债包括流动负债和长期负债。

流动负债指偿还期在1年以内的债务，包括短期借款、应付款项等。

长期负债指偿还期超过1年以上的债务，包括长期借款及应付款项等。

第十三条　村合作经济组织的负债按实际发生的数额计价，其利息支出计入其他支出。对发生因债权人特殊原因确实无法支付的应付款项，计入其他收入。

第十四条　村合作经济组织应合理举债，按期偿还各项债务。大额借债要经民主理财组织或成员代表大会讨论决定。

第三章　流动资产

第十五条　村合作经济组织的流动资产包括现金、各种存款、应收款项、存货等。

第十六条　村合作经济组织要严格执行国家《现金管理暂行条例》，建立健全现金、存款内部控制制度。

第十七条　村合作经济组织应严格执行账款分别管理制度。配备现金出纳员，负责办理库存现金的收支和保管工作，并建立岗位责任制。现金出纳员不登记会计记录，非现金出纳员不得管理现金。

第十八条　村合作经济组织向单位和农户收取现金时要手续完备，使用统一规定的收款凭证，并及时入账。不准以白条抵库，不准坐支，不准挪用，不准公款私存。库存现金不得超过规定限额。

第十九条　村合作经济组织必须建立健全现金开支审批制度，严格现金开支审批手续。计划内的现金开支要由主管财务的领导审批。对手续不完备的开支，不准付款；对不合理的开支，出纳人员有权拒绝付款并向上级主管部门反映。

第二十条　村合作经济组织要及时、准确地核算现金收入、支出和结存，做到日清月结，账款相符。会计员与出纳员要定期核对现金及存款账。

第二十一条　村合作经济组织要加强对银行存款的管理。支票、存折和印鉴应分别妥善保管，定期与银行或信用社核对账目。不出租出借银行账户，不签发空头支票和远期支票，不套取银行信用。

第二十二条　村合作经济组织可在不改变集体资金所有权的前提下，将暂时闲置的货币资金，按照自愿互利、有偿使用的原则，加入乡（镇）、村农村合作基金会，用于内部资金融通，以提高资金的使用效益。

第二十三条　村合作经济组织的应收款项包括单位和个人的各项欠款。村合作经济组织对拖欠的应收款项要采取切实可行的措施积极催收。对债务单位撤销，依照民事诉讼法确实无法追还，或债务人死亡，既无遗产可以清偿，又无义务承担人，确实无法收回的款项，要由乡（镇）业务主管部门审查，经成员大会或成员代表大会讨论后核销，计入其他支出。但由有关责任人造成的损失，应酌情由其赔偿。任何人不得擅自决定应收款项的减免。

第二十四条　村合作经济组织的存货包括种子、化肥、燃料、农药、原材料、机械零配件、低值易耗品、在产品、幼畜和育肥畜、产成品等。

存货按照下列原则计价：购入的物资按照买价加运输费、装卸费及途中合理损耗等计价。生产入库的农产品，凡国家规定有定购价的，按定购价计价；没有定购价的，按该项农产品大宗上市时的市场平均价计价。幼畜和育肥畜及工业产品平时在账外进行登记，不单独计价；转出或出售时，按市价计价。

第二十五条　村合作经济组织必须建立健全存货的保管、领用制度。存货入库时，由会计填写入库单，保管员根据入库单清点验收，核对无误后入库；出库时，由会计填写出库单，主管负责人批准，领用人签名盖章，保管员根据出库单出库。要建立保管人员岗位责任制。

第二十六条　村合作经济组织对存货要定期盘点核对，做到账实相符，年度终了前必须进行一次全面的盘点清查。盘盈的存货，按实际价格计入其他收入。盘亏、毁损和报废的存货，按实际价格扣除过失人或者保险公司赔款和残料价值之后，计入其他支出。

第四章　固定资产及其他资产

第二十七条　村合作经济组织的房屋、建筑物、机器、设备、工具、器具、产畜、役畜、经济林木和农业基本建设设施等劳动资料，凡使用年限在1年以上，单位价值在300元以上的列为固定资产。有些主要生产工具和设备，单位价值虽低于规定标准，但使用年限在1年以上的也可列为固定资产。

各省、自治区、直辖市业务主管部门可根据实际情况，制定固定资产目录，报同级财政部门备案。

第二十八条　村合作经济组织应按下列规定确定固定资产的入账价值：

1．购入的固定资产，不需要安装的，按买价加采购费、包装费、保险费、运杂费等计价；需要安装或改装的，还应加上安装费或改装费。

2．新建的农业基本建设设施、房屋及建筑物等固定资产，按竣工验收、交付使用的决算价计价。

3．接受捐赠的固定资产，应按发票所列金额加上实际发生的运输费、保险费、安装调试费等计价；无所附单据的，按同类设备的市价计价。

4．在原有固定资产基础上进行改造、扩建的，按原有固定资产的价值，加上改造、扩建而增加的费用，减去改造、扩建工程中发生的变价收入计价。

5．投资者投入的固定资产，按照评估确认或者合同、协议约定的价值加上新发生的包装费、运杂费和安装费等计价。

6．经济林木开始有正常收入时转作固定资产，按实际支出的全部定植培育费用计价。

7．幼畜育成转作产畜、役畜时，按市价计价。

8．盘盈的固定资产，按重置完全价值计价。

第二十九条　村合作经济组织的在建工程指尚未完工、或虽已完工但尚未交付使用的工程项目。在建工程按实际消耗的费用或支付的工程价款计价。形成固定资产的在建工程完工交付使用后，计入固定资产。不形成固定资产的在建工程完工交付使用后，转为递延资产，分年度摊销，计入经营支出或其他支出。

在建工程部分发生报废或者毁损，按照扣除残料价值和过失人及保险公司赔款后的净损失，计入工程成本。单项工程报废以及由于自然灾害等非常原因造成的报废或者毁损，其净损失计入递延资产，分年度摊销，计入其他支出。

第三十条　村合作经济组织必须建立固定资产折旧制度，按年或按季、按月提取固定资产折旧。所提的折旧费应保证对固定资产损耗价值的补偿。

季节性使用的固定资产，要在使用期间提足全年折旧。

属于农业基本建设设施的固定资产，如晒场、水渠、道路、桥涵、贮窖、堤坝、水库、渔池等，需要重置更新的，应提取折旧；通过局部轮番修理可以达到整体更新的，不提取折旧。

房屋建筑物以外的未使用和不需用的固定资产、已提足折旧仍继续使用的固定资产不提折旧。

第三十一条　固定资产折旧方法一般采用平均年限法和工作量法。提取时可采用个别折旧率计提，也可采用分类折旧率和综合折旧率计提。具体办法和比率，由各省、自治区、直辖市业务主管部门根据实际情况确定，并报同级财政部门备案。

第三十二条　固定资产的大修理费直接计入有关支出项目，一次维修费过高的，可先计入递延资产，分年摊入有关支出项目。

第三十三条　大、中型固定资产的变卖和报废处理，要报乡（镇）业务主管部门审查，经成员大会或成员代表大会讨论通过后执行。

第三十四条　固定资产变卖和清理报废的变价净收入与其账面净值的差额计入其他收入。固定资产变价净收入是指变卖和清理报废固定资产所取得的价款减清理费用后的净额。固定资产净值是指固定资产原值减累计折旧后的净额。

第三十五条　村合作经济组织的固定资产发包给承包者经营的，要合理确定承包金。承包者必须加强对固定资产的维护和管理，按承包合同规定，及时缴纳应上交的承包金。承包者不按承包合同的规定使用集体固定资产或无正当理由不及时向村合作经济组织缴纳应上交的承包金，村合作经济组织应向其收取违约金，或经农业承包合同管理机关裁定，将固定资产收回。承包者损坏的固定资产要及时修复，不能修复的按质论价，由承包者赔偿，但不得少于其账面净值。

村合作经济组织对出租的固定资产，要合理确定租金，按出租合同或协议规定，加强管理，防止流失。

第三十六条　村合作经济组织应定期对固定资产盘点清查，做到账实相符，年度终了前必须进行一次全面的盘点清查。对盘盈的固定资产，按重置完全价值减估计折旧的差额计入其他收入。对盘亏及毁损的固定资产，应查明原因，按其原价扣除累计折旧、变价收入、过失人及保险公司赔款后的差额计入其他支出。数额较大的，可先计入递延资产，分年摊销，计入其他支出。

第三十七条　村合作经济组织的其他资产包括无形资产、递延资产及其他长期资产等。

无形资产是指村合作经济组织长期使用但是没有实物形态的资产，包括专利权、商标权、著作权、土地使用权、非专利技术、商誉等。无形资产按取得时的实际成本计价，并从使用之日起，按照不少于 10 年的期限平均摊销，计入管理费用。转让无形资产取得的收入，计入其他收入，其成本计入其他支出。但转让土地使用权的收入，应计入公积金。

递延资产是指不能全部计入当年支出，应当在以后年度内分期摊销的各项费用，包括不形成固定资产的农业基本建设支出、固定资产及在建工程非常损失等。递延资产按不少于五年的期限分期摊销，计入经营支出或其他支出。

其他长期资产是指不属于无形资产、递延资产的其他资产。

第五章　对外投资

第三十八条　村合作经济组织根据国家法律、法规规定，可以采用货币资金、实物、无形资产或者购买股票、债券等有价证券方式向其他单位投资，包括短期投资和长期投资。

短期投资指能够随时变现、持有时间不超过 1 年的有价证券以及不超过一年的其他投资。

长期投资指不准备随时变现、持有时间在 1 年以上的有价证券以及超过一年的其他投资。

第三十九条　村合作经济组织的对外投资按下列原则计价：

以现金、存款等货币资金方式向其他单位投资的，按照实际支付的金额计价。

以实物、无形资产方式向其他单位投资的，按照评估确认或者合同、协议约定的价值计价。

村合作经济组织认购的股票，按照实际支付款项计价，实际支付款项中含有已宣告发放但尚未支付股利的，按照实际支付的款项扣除应收股利后的差额计价。

村合作经济组织认购的债券，按照实际支付的价款计价。实际支付款项中含有应计利息的，按照扣除应计利息后的差额计价。

第四十条　村合作经济组织以实物方式对外投资，其评估或合同、协议确认的价值必须真实、合理，不得高估或低估资产价值。其资产重估确认价值与其账面净值的差额，计入公积金。

大额对外投资项目，要报乡（镇）业务主管部门审查，经成员大会或成员代表大会讨论决定。

第四十一条　村合作经济组织要加强对各种有价证券的管理。要建立有价证券登记簿，详细记载有价证券的名称、券别、购买日期、号码、数量和金额。有价证券要有专人（一般为现金出纳员）管理。

第四十二条　村合作经济组织对外投资分得的利润和利息等计入投资收益。出售、转让和收回对外投资时，按实际收到的数额与其账面价值的差额，计入投资收益。

第六章　经营收支、收益及其分配

第四十三条　村合作经济组织的经营收入是指村合作经济组织进行各项生产、服务等经营活动取得的收入。包括农业生产收入、林业生产收入、牧业生产收入、渔业生产收入、销售物资收入、服务收入、劳务收入等。

村合作经济组织一般应于产品物资已经发出，劳务已经提供，同时收讫价款或取得收取价款的凭据时，确认经营收入的实现。对生产的农产品，应于产品收获入库时，确认经营收入的实现。

村合作经济组织的发包及上交收入是指农户和承包单位因承包集体耕地、林地、果园、鱼塘及其他集体资源等上交的承包金及村（组）办企业上交的利润。

提留收入是指农户按有关规定上交的集体提留款项。

经营收入、发包和上交收入及提留收入以外的收入列为其他收入。

第四十四条　村合作经济组织的经营支出是指村合作经济组织进行各项经营活动所耗费的支出，包括种子、种苗、化肥、农药、燃料、饲料、原材料等生产资料费用以及折旧费、运输费、修理费、保险费及递延资产摊销等。

管理费用是指村合作经济组织用于管理方面的支出，包括村合作经济组织管理人员工资、办公费、差旅费、管理用固定资产折旧费和维修费以及无形资产摊销等。

经营支出和管理费用以外的支出列为其他支出。

村合作经济组织要建立健全支出的预算、审批制度，量入为出，对管理费用等非经营性开支要实行总量控制，不得超支。

第四十五条　村合作经济组织的收益总额按照下列公式计算：

收益总额＝经营收入＋发包及上交收入＋提留收入＋投资净收益＋其他收入－经营支出－管理费用－其他支出

投资净收益是指投资收益扣除投资损失后的数额。

投资收益包括对外投资分得的利润、股利和债券利息，以及投资到期收回或者中途转让取得款项高于账面价值的差额。投资损失包括投资到期收回或者中途转让取得款项低于账面价值的差额。

村合作经济组织在收取农户和承包单位承包上交的承包金、农户上交的提留款和所属企业上交利润时，要执行国家的有关规定，坚持取之有度、用之合理、因地制宜、量力而行的原则，既不能超越农户和所属企业的承受能力，又要保证集体扩大再生产和发展公益事业的需要。

第四十六条　村合作经济组织在进行年终收益分配工作以前，要准确地核算全年的收入和支出；清理财产和债权、债务；搞好承包合同的结算和兑现。

第四十七条　村合作经济组织的收益在进行依法纳税后按照大部分用于生产发展，小部分用于集体福利的原则，以下列顺序进行分配：

1．提取公积金。公积金用于发展生产，可转增资本和弥补亏损。

2．提取公益金。公益金用于集体福利等公益设施建设，包括兴建学校、医疗站、福利院、电影院、幼儿园等。

3．提取福利费。福利费用于集体福利、文教、卫生等方面的支出（不包括兴建集体福利等公益设施支出），包括照顾烈军属、五保户、困难户的支出、计划生育支出，农民因公伤亡的医药费、生活补助及抚恤金的支出等。

4．向投资者分利。

5．农户分配。

6．其他。

第四十八条　村合作经济组织收益分配方案要报乡（镇）业务主管部门审查，经成员大会或成员代表大会讨论通过后执行。

第七章　财务报表和财务档案

第四十九条　村合作经济组织的财务报表分为月份（或季度）财务报表和年度财务报表。

月份（季度）财务报表包括科目余额表和收支明细表等。年度财务报表包括资产负债表和收益分配表。

第五十条　村合作经济组织应按规定准确、及时、完整地编制财务报表，定期提供给主管部门和有关单位，并向全体成员公布。

第五十一条　村合作经济组织的财务档案包括各种经济合同和承包合同或协议，各项财务计划及收益分配方案，各种会计凭证、会计账簿和会计报表、会计人员交接清单、会计档案销毁清单等。

第五十二条　村合作经济组织要加强对财务档案的管理。建立财务（会计）档案室（柜），实行统一管理，专人负责，做到完整无缺、存放有序、方便查找。

不具备条件的村合作经济组织，可将其财务档案委托乡（镇）经营管理站（办公室）统一管理。

第八章　民主理财

第五十三条　村合作经济组织的财务管理工作必须坚持民主理财的原则，要按月或按季公布收支明细表及有关账目，年终进行全面的财务检查和清理，公布全年财务收支账目，接受群众的监督。

第五十四条　村合作经济组织要建立以其成员代表为主、有关村干部共同参加的民主理财组织。民主理财组织的成员应由群众选举产生。民主理财组织要定期召开理财会议。

民主理财组织要认真听取和反映全体成员

对村合作经济组织财务管理工作的意见和建议。

民主理财组织有权监督财务制度的实施情况，重点对财务计划、收益分配方案、公积金、公益金、福利费的提取和使用，管理人员工资的确定，承包合同及其他经济合同的执行和实施情况进行检查；有权检查现金、银行存款、物资、产成品、固定资产的库存情况；有权检查会计账目。任何人不得妨碍民主理财组织行使上述职权。

第五十五条　除第九、十四、二十三、三十三、四十、六十条的规定外，村合作经济组织的下列事项也要报乡（镇）业务主管部门审查，经成员大会或成员代表大会讨论通过后执行。

1. 计划外较大的财务开支项目；

2. 主要生产项目的承包办法及承包指标；

3. 村合作经济组织管理人员工资的数额；

4. 其它重大财务事项。

对违反本条上述规定所造成的经济损失，在查清责任的基础上，酌情由责任人赔偿。

第九章　财会人员

第五十六条　村合作经济组织应设置财务机构，配备财务人员，包括会计员、出纳员等。会计员、出纳员之间不得互相兼职。

经济比较发达的村合作经济组织，应根据工作的需要，分别设置总会计（主管会计）和专业会计。总会计（主管会计）管理和指导专业会计（包括所属企事业单位和所辖的农业生产合作社的会计人员）搞好会计工作。

第五十七条　村合作经济组织的财会人员要坚持四项基本原则，认真贯彻执行党和国家的经济政策、法令、制度，遵守财经纪律；认真负责，廉洁奉公，全心全意为人民服务；努力学习，积极钻研业务，不断提高自己的政治、业务素质，做好本职工作；敢于坚持原则，反对侵犯集体经济和农民利益的行为，同违反财经纪律的行为作斗争。

第五十八条　村合作经济组织财会人员有权参与本单位各项财务计划的编制和参加有关生产、经营管理的会议；有权对本单位有关资金的筹集、使用和财产保管等方面的工作提出建议和进行检查监督；有权向上级和有关部门报告村合作经济组织的财务收支情况，反映财务管理方面的问题；有权不办理违反财务制度的收支；对认为是违反财务制度的收支，应立即制止和纠正；制止和纠正无效的，应向乡（镇）业务主管部门提出书面报告，要求处理。否则，财会人员负有一定的责任。

第五十九条　村合作经济组织的会计人员要接受上级主管部门的管理、培训和考核，并根据其政治思想、业务水平、工作实绩和从事财会工作的年限等条件，按有关规定颁发会计证和评定技术职称。要逐步实行凭证上岗制度。

第六十条　村合作经济组织会计人员要保持相对稳定，无正当理由，任何单位和个人都不得随意调换。

村合作经济组织会计人员的任免和调换，必须经成员大会或成员代表大会讨论通过，乡（镇）业务主管部门考核、批准，报县业务主管部门备案。

村主要干部的直系亲属不得任该村合作经济组织的财会人员。

财会人员调动或离职时，必须按规定办理交接手续，编制交接清单，移交人、接交人、监交人要签字盖章，乡（镇）业务主管部门验印存档。在未办清交接手续以前，财会人员不得离职。

第六十一条　村合作经济组织及其领导干部要支持财会人员履行工作职责，保证财会人员行使其工作权利。任何人不得打击报复财会人员。对于坚持原则，忠于职守，廉洁奉公并取得显著成绩的财会人员要给予表彰和奖励；对不负责任，造成损失或违反财经纪律和财务制度的财会人员要进行批评、教育和处罚。

第六十二条　村合作经济组织总会计（主管会计）享受与村其他主要干部同等的劳动报酬和福利待遇。

第十章　附　则

第六十三条　本制度适用于由村民委员会代行合作经济组织职能的村。

第六十四条　各省、自治区、直辖市业务主管部门和财政部门，可根据本制度，结合当地实际情况，制定本制度的实施办法，并报农业部和财政部备案。

第六十五条　本制度自 1997 年 1 月 1 日起施行。1991 年财政部、农业部制定的《村合作经济组织财务制度（试行）》同时废止。

附件二：

村合作经济组织会计制度（试行）

一、总说明

（一）为了加强村合作经济组织的会计工作，规范村合作经济组织的会计核算，根据《企业会计准则》的原则和精神，结合村合作经济组织的实际情况，制定本制度。

（二）本制度适用于按行政村、自然村或原生产大队、生产队设置的社区性合作经济组织（以下称村合作经济组织）。村办企业执行行业企业会计制度。

（三）村合作经济组织应按本制度的规定，设置和使用会计科目，登记会计账簿，编制会计报表。各省、自治区、直辖市业务主管部门和财政部门，可在不影响会计核算要求和会计报表指标汇总的前提下，根据实际情况，自行增设、减少或合并某些会计科目。

（四）为适应双层经营的需要，村合作经济组织应实行统一核算和分散核算相结合的两级核算体制。凡是作为发包单位的村合作经济组织发生的收支、结算、分配等会计事项都必须按本制度的规定进行核算。村合作经济组织所属的各承包单位实行单独核算，所发生的经济业务不记入村合作经济组织的账内。

村合作经济组织所属的专业队（组）、联户承包单位、承包农户，可以由各地业务主管部门根据本制度的精神，结合实际情况，制定简明、适用的核算办法，进行会计核算。

（五）财务管理薄弱的村合作经济组织、可以委托乡（镇）经营管理站代为记账、核算。

（六）本制度采用借贷记账法。收入支出的确认采用权责发生制。

（七）本制度会计年度采用公历制，自公历1月1日起到12月31日止为一个会计年度。

会计核算以人民币“元”为金额单位，“元”以下填至“分”。

（八）本制度自1997年1月1日起施行。1988年财政部、农业部制定的《村合作经济组织会计制度（试行）》同时废止。

二、会计科目

（一）会计科目表

（二）会计科目使用说明

1.“现金”科目。

（1）本科目核算村合作经济组织的库存现金。

（2）收入现金时，借记本科目，贷记有关科目；支出现金时，借记有关科目，贷记本科目。

（3）本科目的期末余额反映村合作经济组织的库存现金总额。

顺序号	总账科目	明细科目设置原则
	一、资产类	
1	现金	
2	银行存款	按银行或信用社的名称设置
3	短期投资	按短期投资的种类设置
4	应收款	按村合作经济组织以外的单位和个人设置
5	内部往来	按村合作经济组织所属单位和农户设置
6	库存物资	按库存物资的品名设置
7	产成品	按产品品名设置
8	长期投资	按长期投资的种类设置
9	固定资产	按固定资产的类别或名称设置
10	累计折旧	
11	固定资产清理	按清理项目设置
12	在建工程	按工程项目设置
13	其他资产	按资产类别设置

	二、负债类	
14	短期借款	按借款单位或个人名称设置
15	应付款	按村合作经济组织以外的单位和个人设置
16	应付福利费	
17	长期借款及应付款	按借款及应付款单位和个人设置
	三、所有者权益类	
18	资本	按投资的单位和个人设置
19	公积金	
20	公益金	
21	本年收益	
22	收益分配	按分配项目设置
	四、损益类	
23	经营收入	按经营项目设置
24	经营支出	按经营项目设置
25	发包及上交收入	按收入项目设置
26	提留统筹收入	按农户设置
27	其他收入	
28	其他支出	
29	管理费用	按费用项目设置
30	投资收益	按投资种类设置

附注：村合作经济组织有向所属单位拨付资金业务的，可增设“拨付所属单位资金”科目。

2.“银行存款”科目。

（1）本科目核算村合作经济组织存入银行、信用社的款项。

（2）村合作经济组织存入款项时，借记本科目，贷记有关科目；提取和支出存款时，借记有关科目，贷记本科目。

（3）本科目的期末余额反映村合作经济组织存入银行、信用社的款项总额。

3.“短期投资”科目。

（1）本科目核算村合作经济组织购入的各种能随时变现、持有时间不超过一年的有价证券以及不超过一年的其他投资。

（2）村合作经济组织购入各种有价证券，或以实物资产等方式进行短期投资时，按照实际支付的价款或合同、协议确定的价值，借记本科目，贷记“现金”、“银行存款”科目或有关资产科目，合同或协议约定的价值与原账面价值的差额，借记或贷记“公积金”科目；出售有价证券或收回实物资产时，按实际收回的价款和价值，借记“现金”、“银行存款”科目或有关资产科目，按原账面价值，贷记本科目，实际收回价款与原账面价值的差额借记或贷记“投资收益”科目。

（3）购入的股票，如在实际支付的款项中包括已宣告发放但未支取的股利，应作为应收款处理。购入股票时，应按照股票的实际成本（即实际支付的价款扣除已宣告发放的股利），借记本科目，按应收的股利，借记“应收款”科目，按实际支付的价款，贷记“现金”或“银行存款”科目；出售股票时，按照实际收到的金额，借记“现金”或“银行存款”科目，按实际成本，贷记本科目，按未支取的股利，贷记“应收款”科目，其差额，借记或贷记“投资收益”科目。

（4）村合作经济组织存放在乡（镇）、村农村合作基金会的代管资金，也在本科目核算。存放代管资金时，借记本科目，贷记“现金”、“银行存款”科目；收回时，借记“现金”、“银行存款”科目，贷记本科目。计收资金占用费时，借记“现金”、“银行存款”科目，贷记“投资收益”科目。

（5）本科目的期末余额反映村合作经济组

织实际对外短期投资总额。

4."应收款"科目。

(1)本科目核算村合作经济组织与外单位和外部个人发生的各种应收及暂付款项。

(2)村合作经济组织发生应收及暂付款项时，借记本科目，贷记"现金"、"银行存款"、"库存物资"等科目，贷记本科目。

(3)对确实无法收回的款项，经批准核销时，借记"其他支出"科目，贷记本科目。

(4)本科目的期末余额反映村合作经济组织应收而未收回和暂付的款项总额。

5."内部往来"科目。

(1)本科目核算村合作经济组织与所属单位和农户的经济往来业务。

(2)村合作经济组织与所属单位和农户发生应收款项和偿还应付款项时，借记本科目，贷记"现金"、"银行存款"、"库存物资"、"固定资产"等科目；收回应收款项和发生应付款项时，借记"现金"、"银行存款"、"库存物资"、"固定资产"等科目，贷记本科目。

(3)村合作经济组织所属单位上交收入和利润及农户平时上交承包金、提留统筹款时，不通过本科目核算，直接借记"现金"、"银行存款"等科目，贷记"发包及上交收入"、"提留统筹收入"科目。年终结算出应交未交的款项时，借记本科目，贷记"发包及上交收入"、"提留统筹收入"科目。

(4)村合作经济组织年终结算劳动积累工和义务工与农户发生款项往来时，借记本科目，贷记"现金"科目，或借记"现金"科目，贷记本科目。

(5)本科目应按村所属单位和农户设置明细科目。各明细科目的期末借方余额合计数反映村合作经济组织所属单位和农户欠村合作经济组织的款项总额；期末贷方余额合计数反映村合作经济组织欠所属单位和农户的款项总额。各明细科目年末借方余额合计数应在资产负债表的"应收款项"项目内反映，年末贷方余额合计数应在资产负债表的"应付款项"项目内反映。

6."库存物资"科目。

(1)本科目核算村合作经济组织出入库的各种物资及低值耗品。

(2)村合作经济组织购买和单位或个人作为投资投入物资时，借记本科目，贷记"现金"、"银行存款"、"资本"等科目；领用和销售时，借记"经营支出"、"在建工程"、"银行存款"等科目，贷记本科目。

(3)物资的出入库，按实际成本核算。购入物资按购价加运杂费及途中合理损耗等计价。出库物资价格的计算，可在"先进先出法"、"后进先出法"和"加权平均法"中任选一种，但是一经选定，在一个会计年度内不得随意变动。清查时出现盘盈时，经审核批准后，借记本科目，贷记"其他收入"科目；出现盘亏时，借记"其他支出"科目，贷记本科目。

(4)本科目的期末余额反映村合作经济组织库存物资总额。

7."产成品"科目。

(1)本科目核算村合作经济组织生产入库的各种农产品。

(2)村合作经济组织生产入库的农产品，一般按国家定购价计价，没有定购价的，按该项农产品大宗上市时的市场平均价计价。入库时，借记本科目，贷记"经营收入"科目；销售、支用和分配时，借记"现金"或"银行存款"、"经营支出"、"收益分配"等科目，贷记本科目。清查时出现盘盈、盘亏时，借记本科目，贷记"其他收入"，或借记"其他支出"科目，贷记本科目。

(3)村合作经济组织直接生产的工业产品，完工时只在账外设置"工业产品登记簿"登记，不通过本科目核算。销售时，除进行登记外，还要在账内核算，借记"银行存款"、"现金"科目，贷记"经营收入"科目。

(4)本科目的期末余额反映村合作经济组织生产入库的农产品总额。

8."长期投资"科目。

(1)本科目核算村合作经济组织不准备在1年内变现的投资，包括债券投资等。

(2)村合作经济组织购入有价证券，或以实物资产等方式进行长期投资时，按照实际支付的价款或合同、协议确定的价值，借记本科目，贷记"现金"、"银行存款"科目和有关资产科目，合同或协议约定的实物资产价值与原账面价值之间的差额，借记或贷记“公积金”科目；收回投资时，按实际收回的价款或价值，借记“现金”、“银行存款”等科目，按原账面价值，贷记本科目，实际收回价款或价值与原账面价值的差额借记或贷记“投资收益”科目。收到投资分利时，借记“现金”、“银行存款”等科目，贷记“投资收益”科目。

（3）进行股票投资时，如实际支付的价款中含有已宣告发放的股利，应按认购股票的实际成本（即实际支付的价款扣除已宣告发放的股利），借记本科目，按应收的股利，借记“应收款”科目，按实际支付价款，贷记“现金”或“银行存款”科目。

进行债券投资时，如实际支付的价款中含有债券利息的，按实际支付的价款扣除债券利息后的差额，借记本科目，按应收的债券利息，借记“应收款”科目，按实际支付的价款，贷记“现金”或“银行存款”科目。

（4）村合作经济组织以货币资金入股加入乡（镇）、村农村合作基金会，其股金期限在一年以上的，借记本科目，贷记“现金”、“银行存款”科目；年终收到股金分红时，借记“现金”、“银行存款”科目，贷记“投资收益”科目；退股时，借记“现金”、“银行存款”科目，贷记“投资收益”科目；退股时，借记“现金”、“银行存款”科目，贷记本科目。

（5）本科目的期末余额反映村合作经济组织实际对外长期投资总额。

9.“固定资产”科目。

（1）本科目核算村合作经济组织所有的固定资产。固定资产的增减均按原值核算。

（2）购入不需安装的固定资产，按原价加采购费、包装费、运杂费、保险费等，借记本科目，贷记“现金”、“银行存款”科目；购入需要安装的固定资产，先记入“在建工程”科目，安装完毕交付使用时，借记本科目，贷记“在建工程”科目；自行建造完成交付使用的固定资产，借记本科目，贷记“在建工程”科目；投资者投入到村合作经济组织旧的固定资产，按照合同或协议约定的价值及估计折旧数，借记本科目，贷记“累计折旧”科目和“资本”科目；幼畜育成转作产畜、役畜时，按市价借记本科目，贷记“经营收入”科目；盘盈的固定资产，借记本科目（重置完全价值），贷记“其他收入”（重置完全价值减去估计折旧后的净值）和“累计折旧”（估计的折旧数）科目。

（3）对外投资投出固定资产时，可按账面净值，借记“短期投资”或“长期投资”科目和“累计折旧”科目，贷记本科目；如按双方协议价记账，则应将账面净值与协议价之间的差额借记或贷记“公积金”科目。

（4）固定资产转为出售、报废和毁损等时，按账面净值，借记“固定资产清理”科目，按已提折旧，借记“累计折旧”科目，按固定资产原价，贷记本科目；收回出售固定资产的价款、发生的清理费用和残值收入，按实际发生额，借记或贷记“固定资产清理”科目，清理完毕后，按其余额借记“其他支出”科目，或贷记“其他收入”科目；盘亏的固定资产，借记“其他支出”（固定资产净值）科目和“累计折旧”科目，贷记本科目。

（5）本科目的期末余额反映村合作经济组织所有固定资产的原始价值。

10.“累计折旧”科目。

（1）本科目核算村合作经济组织所有固定资产的累计折旧。

（2）固定资产可按年或按季、按月提取折旧。提取的办法，可以采用个别折旧率，也可以采用分类折旧率或综合折旧率计提。

（3）计提固定资产折旧时，借记“经营支出”、“管理费用”科目，贷记本科目。

（4）本科目的期末余额反映村合作经济组织所有固定资产的累计折旧数额。

11.“固定资产清理”科目。

（1）本科目核算村合作经济组织因出售、报废和毁损等原因转入清理的固定资产净值及其在清理过程中所发生的清理费用和清理收入。

（2）出售、报废和毁损的固定资产转入清理时，按固定资产净值，借记本科目，按已提折旧，借记“累计折旧”科目，按固定资产原价，贷记“固定资产”科目；发生清理费用时，借记本科目，贷记“现金”、“银行存款”等科目；收回出售固定资产的价款和残值收入时，借记“现金”、“银行存款”等科目，贷记本科目；应由保险公司或过失人赔偿的损失，借记“应收款”、“内部往来”、“现金”、“银行存款”等科目，贷记本科目。

（3）清理完毕后，应将本科目的余额结转到“其他收入”或“其他支出”科目，借记本科目，贷记“其他收入”科目，或借记“其他支出”科目，贷记本科目。

（4）本科目的期末余额反映村合作经济组织转入清理但尚未清理完毕的固定资产净值，以及固定资产清理过程中所发生的清理费用和变价收入等各项金额的差额。

12.“在建工程”科目。

（1）本科目核算村合作经济组织为购建固定资产所发生的各项支出。购入不需安装的固定资产，不通过本科目核算。

（2）发生购买待安装设备的原价及运输、保险、采购费用，为建筑和安装固定资产及兴建农业基本建设设施购买专用物资及支付各项工程费用，培育经济林木发生各项支出，借记本科目，贷记“现金”、“银行存款”、“应付款”、“库存物资”等科目。

（3）购建固定资产过程中发生的劳务投入，凡属于劳动积累工或义务工，不需支付劳务报酬的，按当地劳务价格标准作价，借记本科目，贷记“公积金”科目；支付劳务报酬的，按实际支付的款项，借记本科目，贷记“现金”等科目。

（4）购建和安装完成并交付使用的固定资产、经济林木开始有正常收入形成固定资产时，借记“固定资产”科目，贷记本科目。

（5）本科目的期末余额反映村合作经济组织尚未完工或虽已完工但尚未办理竣工决算的工程项目实际支出。

13.“其他资产”科目。

（1）本科目核算村合作经济组织的无形资产、递延资产等其他资产。如专利权、商标权、土地使用权及发生的摊销期在一年以上的各项费用等。本科目设置“无形资产”、“递延资产”、“其他长期资产”三个二级科目。

（2）村合作经济组织购入或自行创造并按法律程序申请取得的各种无形资产，发生摊销期在一年以上的各项费用等时，借记本科目，贷记“现金”、“银行存款”等科目；摊销时，借记“管理费用”、“经营支出”、“其他支出”等科目，贷记本科目。

（3）村合作经济组织向外转让出售无形资产时，借记“现金”、“银行存款”等科目，贷记“其他收入”科目。转让出售无形资产所有权时，应结转无形资产成本，借记“管理费用”科目，贷记本科目。

村合作经济组织转让土地使用权取得收入时，借记“现金”、“银行存款”科目，贷记“公积金”科目，不需在本科目核算。

（4）本科目的期末余额反映村合作经济组织其他资产总额。

14.“短期借款”科目。

（1）本科目核算村合作经济组织从银行、信用社和有关单位、个人借入的期限在一年以下的各种借款。村合作经济组织借入的期限在一年以上的借款“长期借款及应付款”科目核算。

（2）村合作经济组织借入各种短期借款时，借记“现金”、“银行存款”科目，贷记本科目；归还借款时，借记本科目，贷记“现金”、“银行存款”科目。

（3）发生短期借款利息，借记“其他支出”科目，贷记“现金”、“银行存款”等科目。

（4）本科目的期末余额反映村合作经济组织实际短期借款总额。

15.“应付款”科目。

（1）本科目核算村合作经济组织与外单位和外部个人发生的偿还期在一年以下的各种应付及暂收款项。

（2）村合作经济组织发生以上应付及暂收款项时，借记“库存物资”、“银行存款”等科目，贷记本科目；偿付应付及暂收款项时，借记本科目，贷记“现金”、“银行存款”科目。

（3）本科目的期末余额反映村合作经济组织应付而未付及暂收的款项总额。

16.“应付福利费”科目。

（1）本科目核算村合作经济组织从收益中提取的，用于集体福利、文教、卫生事业的福利费。

（2）从收益中提取福利费时，借记“收益分配”科目，贷记本科目；发生福利费支出时，借记本科目，贷记“现金”、“银行存款”科目。用于福利设施建设支出，不在本科目中核算。

（3）本科目的期末余额反映村合作经济组织可用于开支的福利费总额。

17.“长期借款及应付款”科目。

（1）本科目核算村合作经济组织从银行、信用社和有关单位、个人借入的期限在一年以上的借款及偿还期在一年以上的应付款项。

（2）村合作经济组织发生长期借款及应付款项时，借记“现金”、“银行存款”、“库存物资”等科目，贷记本科目；归还和偿付长期借款及应付款项时，借记本科目，贷记“现金”、“银行存款”科目。发生长期借款的利息支出，借记“其他支出”科目，贷记“现金”、“银行存款”科目。

（3）本科目的期末余额反映村合作经济组织实际发生长期借款及应付款项总额。

18.“资本”科目。

（1）本科目核算村合作经济组织实际收到投入的资本。

（2）村合作经济组织收到以固定资产作为投资时，新的固定资产，按原价及发生的运输、保险、安装费等，借记“固定资产”或“在建工程”科目，贷记本科目；旧的固定资产，按合同或协议约定的价值及估计折旧数，借记“固定资产”科目，贷记“累计折旧”科目和本科目；以劳务形式投资时，按当地劳务价格，借记“在建工程”科目，贷记本科目；收到以其他形式投资时，借记“银行存款”、“库存物资”等有关科目，贷记本科目。将公积金转增资本时，借记“公积金”科目，贷记本科目。按照协议规定投资者收回投资时，借记本科目，贷记“银行存款”、“固定资产”等有关科目。

（3）原生产队积累折股股金及农业合作化时期社员入社的股份基金，也在本科目中核算。

（4）本科目的期末余额反映村合作经济组织的资本总额。

19.“公积金”科目。

（1）本科目核算村合作经济组织从收益中提取的和其他来源取得的公积金。

（2）从收益中提取公积金时，借记“收益分配”科目，贷记本科目。收到征用土地补偿费及拍卖荒山、荒地、荒水、荒滩等使用权价款时，借记“银行存款”科目，贷记本科目。公积金转增资本时，借记本科目，贷记“资本”科目。

（3）本科目的期末余额反映村合作经济组织的公积金总额。

20.“公益金”科目。

（1）本科目核算村合作经济组织从收益中提取的和其他来源取得的公益金。

（2）从收益中提取公益金时，借记“收益分配”科目，贷记本科目。由其他来源取得公益金时，借记“银行存款”等有关科目，贷记本科目。

（3）本科目的期末余额反映村合作经济组织的公益金总额。

21.“本年收益”科目。

（1）本科目核算村合作经济组织本年度实现的收益。

（2）年终结转收益时，应将“经营收入”、“发包及上交收入”、“提留统筹收入”、“其他收入”、“投资收益”科目的余额转入本科目的贷方，借记“经营收入”、“发包及上交收入”、“提留统筹收入”、“其他收入”、“投资收益”科目，贷记本科目；同时将本年应结转的“经营支出”科目余额及“其他支出”、“管理费用”科目余额转入本科目的借方，借记本科目，贷记“经营支出”、“其他支出”、“管理费用”科目。

（3）年终结转“收益分配”时，借记本科目，贷记“收益分配—未分配收益”科目，结转后本科目应无余额。

22.“收益分配”科目。

（1）本科目核算村合作经济组织当年收益的分配和历年分配后的结存余额。本科目设置“各项分配”和“未分配收益”两个二级科目。

（2）村合作经济组织按规定计算应上交税金，提取公积金、公益金及福利费，发生外来投资分利，进行农户分配等时，借记本科目（各项分配），贷记“应付款”、“公积金”、“公益金”、“应付福利费”、“内部往来”等科目。

（3）年终，村合作经济组织应将全年实现的收益总额，自“本年收益”科目转入本科目，借记“本年收益”科目，贷记本科目（未分配收益）。同时，将本科目下的“各项分配”明细科目的余额转入本科目“未分配收益”明细科目。年度终了，本科目的“各项分配”明细科目应无余额，“未分配收益”明细科目的贷方余额表示未分配的收益。

（4）年终结账后，如发现以前年度收益计算不准确，或有未反映的会计业务，需要调整增加或减少本年收益的，也在本科目（未分配收益）核算。调整增加本年收益时，借记有关科目，贷记本科目（未分配收益）；调整减少本年收益时，借记本科目（未分配收益），贷记有关科目。

（5）本科目的余额为历年积存的未分配收益。

23．“经营收入”科目

（1）本科目核算村合作经济组织当年发生的各项经营收入。

（2）收入发生时，借记“银行存款”、“现金”等科目，贷记本科目。

（3）年终应将本科目的余额转入“本年收益”科目的贷方，结转后本科目应无余额。

24．“经营支出”科目。

（1）本科目核算村合作经济组织当年发生的各项经营支出，包括各项经营项目直接耗用的支出、固定资产折旧及固定资产修理费、递延资产摊销等。

（2）发生各项经营支出时，借记本科目，贷记“现金”、“银行存款”、“库存物资”等有关科目。

（3）购入的幼畜及育肥畜以及发生的饲养费用，也在本科目核算。购买时，按购价借记本科目，贷记“现金”或“银行存款”科目；发生饲养费用时，借记本科目，贷记“现金”、“库存物资”等科目。

（4）年终应将本科目借方发生额中应由当年摊销的支出数转入“本年收益”科目的借方，结转后本科目的借方余额即为在产品的费用，如工业在产品及完工入库尚未销售的工业产品的生产费用、应结转下年的冬小麦费用、在塘存鱼费用、饲养幼畜及育肥畜费用等。

25．“发包及上交收入”科目。

（1）本科目核算农户和承包单位承包集体耕地、林地、果园、鱼塘等上交的承包金及村（组）办企业上交的利润。本科目设置“承包金”、“企业上交利润”两个二级科目。

（2）村合作经济组织收到上交的承包金和利润时，借记“现金”、“银行存款”等科目，贷记本科目。

（3）年终应将本科目的余额转入“本年收益”科目的贷方，结转后本科目应无余额。

26．“提留统筹收入”科目。

（1）本科目核算农户按有关规定上交的集体提留及乡（镇）统筹款项。

（2）村合作经济组织收到农户上交的提留及统筹款时，借记“现金”科目，贷记本科目；上缴乡（镇）统筹款项时，借记本科目，贷记“现金”、“银行存款”科目。年终结转应缴未缴的乡（镇）统筹款时，借记本科目，贷记“应付款”科目。

（3）年终应将本科目的余额转入“本年收益”科目的贷方，结转后本科目应无余额。

27．“其他收入”科目。

（1）本科目核算村合作经济组织不属于“经营收入”、“发包及上交收入”和“提留统筹收入”科目核算的其他收入。如罚款收入、存款利息收入、固定资产及产品物资的盘盈收入等。

（2）发生其他收入时，借记“现金”、“银行存款”等科目，贷记本科目。

（3）年终应将本科目的余额转入“本年收益”科目的贷方，结转后本科目应无余额。

28．“其他支出”科目。

（1）本科目核算村合作经济组织不属于“经营支出”和“管理费用”科目核算的其他支出。如利息支出、固定资产及产品物资的盘亏、损失，防汛抢险支出、坏账损失、罚款支出及递延资产摊销等。

（2）发生其他支出时，借记本科目，贷记“现金”、“银行存款”、“库存物资”、“产成品”等科目。

（3）年终应将本科目的余额转入“本年收益”科目的借方，结转后本科目应无余额。

29．“管理费用”科目。

（1）本科目核算村合作经济组织用于管理方面的各项支出，如管理人员的工资、办公费、差旅费、管理用固定资产的折旧和维修费用、无形资产摊销等。

（2）发生上述各项费用时，借记本科目，贷记“现金”、“银行存款”、“累计折旧”等科目。

（3）年终应将本科目的余额转入“本年收益”科目的借方，结转后本科目应无余额。

30."投资收益"科目。

(1)本科目核算村合作经济组织对外投资取得的收益或发生的损失。

(2)村合作经济组织取得投资收益时,借记"现金"、"银行存款"科目,贷记本科目;收回投资或转让、出售有价证券时,按实际取得的价款,借记"现金"、"银行存款"及有关资产科目,按原账面价值,贷记"短期投资"、"长期投资"科目,按实际取得价款和原账面价值的差额,借记或贷记本科目。

(3)年终应将本科目余额转入"本年收益"科目的贷方,结转后本科目应无余额。

三、会计凭证和账簿

(一)会计凭证是记载经济业务发生、明确经济责任的书面文件,是记账的依据。村合作经济组织每发生一项经济业务,都要取得原始凭证,并据以编制记账凭证。各种原始凭证必须具备:凭证名称、填制日期、单位的名称、经济业务的内容摘要、数量金额、填制单位的公章、经办人员签名或盖章。记账凭证也必须填明经济业务的内容摘要、会计科目名称、借贷方向、金额、日期和编号、所附原始凭证张数等,并须由填制和审核人员签名盖章。

(二)所有会计凭证都要按规定手续和时间送会计人员审核处理。填制有误和不符合要求的会计凭证,应要求修正和重填。无效、不合法和不符合财务制度规定的凭证,不能作为收付款项、办理财务手续和记账的依据。会计人员应根据审核无误的原始凭证,填制记账凭证,并据以登记账簿。记账凭证可以根据每一原始凭证单独填制,也可以根据原始凭证汇总表填制。一定时期终了,应将已经登记过账簿的原始凭证和记账凭证,分类装订成册,妥善保管。

(三)会计账簿是记录经济业务的簿籍,是编制会计报表的依据。村合作经济组织应设置现金日记账和存款日记账、总分类账和各种必要的明细分类账。

现金日记账和存款日记账,应由出纳人员根据收、付款凭证,按有关经济业务完成时间的先后顺序进行登记,一律采用订本账。总分类账按照总账科目设置,对全部经济业务进行总括分类登记;明细分类账按明细科目设置,对有关经济业务进行明细分类登记。总分类账可用订本账或活页账;明细分类账可用活页账或卡片账。

对于不能在日记账和分类账中记录的,而又需要查考的经济事项,村合作经济组织必须另设备查账簿进行账外登记。

(四)将几个独立核算、自负盈亏的单位的账务集中到村合作经济组织,实行统一记账、代为核算的地方,必须分单位设置账簿,分别核算财务收支情况。

(五)各种会计凭证和会计账簿的具体格式,由各省、自治区、直辖市业务主管部门和财政部门自行规定。

(六)账簿登记要做到数字正确、摘要清楚、登记及时。各种账簿的记录,应定期核对,做到账证相符、账实相符、账款相符、账账相符和账表相符。要按月结账,结账前,须将结账期内发生的经济业务全部记入账簿。

(七)启用新账,必须填写账簿启用表,并编制目录。旧账结清后,要及时整理,装订成册,归档保管。

四、会计报表

(一)会计报表是反映村合作经济组织一定时期内经济活动情况的书面报告。村合作经济组织应按规定准确、及时、完整地编报会计报表。

(二)村合作经济组织应编制以下会计报表:

1. 月份报表或季度报表:包括科目余额表和收支明细表。

2. 年度报表:包括资产负债表和收益分配表。

各级业务主管部门,应对所辖地区报送的村合作经济组织的会计报表进行审查,然后逐级汇总上报。

各省、自治区、直辖市业务主管部门年终应汇总年度的资产负债表和收益分配表,同时附送财务状况说明书,按规定时间报农业部。省、自治区、直辖市以下各级业务主管部门对会计报表的汇总要求和报表的报出时间,由各地业务主管部门自行规定。

(三)月份或季度会计报表的格式由省、自治区、直辖市业务主管部门和财政部门自行规定。年度会计报表的格式及编制说明如下。

资产负债表

村会 01 表

编制单位： 年度 单位：元

资　　产	行次	年初数	年末数	负债及所有者权益	行次	年初数	年末数
流动资产：				流动负债：			
货币资金	1			短期借款	18		
短期投资	2			应付款项	19		
应收款项	3			应付福利费	20		
存货	4			流动负债合计	21		
流动资产合计	5			长期负债：			
长期资产				长期借款及应付款	22		
长期投资	6			所有者权益：			
固定资产：				资本	23		
固定资产原价	7			公积金	24		
减：累计折旧	8			公益金	25		
固定资产净值	9			未分配收益	26		
固定资产清理	10			所有者权益合计	27		
在建工程	11						
固定资产合计	12						
其他资产：							
无形资产	13						
递延资产	14						
其他长期资产	15						
其他资产合计	16						
资产总计	17			负债及所有者权益总计	28		

编制说明：

1．本表反映村合作经济组织年末的资产、负债和所有者权益状况。

2．本表“年初数”应按上年末资产负债表“年末数”栏内所列数字填列。如果本年度资产负债表规定的各个栏目的名称和内容同上年度不相一致，应对上年末资产负债表各项目的名称和数字按照本年度的规定进行调整，填入本表“年初数”栏，并加以书面说明。

3．本表各项目的内容和填列方法如下：

（1）“货币资金”项目，反映村合作经济组织库存现金、银行存款等货币资金的合计数。本项目应根据“现金”、“银行存款”科目的年末余额合计填列。

（2）“短期投资”项目，反映村合作经济组织购入的各种能随时变现，持有时间不超过一年的有价证券以及不超过一年的其他投资。本项目应根据“短期投资”科目的年末余额填列。

（3）“应收款项”项目，反映村合作经济组织应收未收的各种款项。本项目应根据“应收款”科目年末余额和“内部往来”各明细科目年末借方余额合计数合计填列。

（4）“存货”项目，反映村合作经济组织在库、在途和在加工中的各项存货的价值，包括各种物资、在产品、产成品等。本项目应根据“库存物资”、“产成品”、“经营支出”科目的年末借方余额合计填列。

（5）“长期投资”项目，反映村合作经济组织不准备在一年内变现的投资。本项目应根据“长期投资”科目的年末余额填列。

（6）“固定资产”项目和“累计折旧”项目，反映村合作经济组织各种固定资产原价及累计折旧。这两个项目应根据“固定资产”科目和“累计折旧”科目的年末余额填列。

（7）“固定资产清理”项目，反映村合作经济组织因出售、报废、毁损等原因转入清理但尚未清理完毕的固定资产的净值，以及固定资产清理过程中所发生的清理费用和变价收入等各项金额的差额。本项目应根据“固定资产清理”科目的年末借方余额填列。如为贷方余额，本项目数字应以“－”表示。

（8）“在建工程”项目，反映村合作经济组织各项未完工程的实际支出和尚未使用的工程物资的实际成本。本项目应根据“在建工程”科目的年末余额填列。

（9）“无形资产”项目，反映村合作经济组织各项无形资产的原价扣除摊销后的净额。本项目应根据“其他资产”科目中的“无形资产”二级科目的年末余额填列。

（10）“递延资产”项目，反映村合作经济组织尚未摊销的且摊销期在一年以上的各项费用。本项目应根据“其他资产”科目中的“递延资产”二级科目的年末余额填列。

（11）“其他长期资产”项目，反映除以上资产以外的其他长期资产。本项目应根据“其他资产”科目中的“其他长期资产”二级科目的年末余额填列。

（12）“短期借款”项目，反映村合作经济组织借入尚未归还的一年期以下的借款。本项目应根据“短期借款”科目的年末余额填列。

（13）“应付款项”项目，反映村合作经济组织应付未付的各种款项。本项目应根据“应付款”科目年末余额和“内部往来”各明细科目年末贷方余额合计数合计填列。

（14）“应付福利费”项目，反映村合作经济组织可用于开支的福利费。本项目应根据“应付福利费”科目年末贷方余额填列。

（15）“长期借款及应付款”项目，反映村合作经济组织借入尚未归还的一年期以上的借款以及偿还期在一年以上的应付未付款项。本项目应根据“长期借款及应付款”科目年末贷方余额填列。

（16）“资本”项目，反映村合作经济组织实际收到的资本总额。本项目应根据“资本”科目的年末余额填列。

（17）“公积金”项目，反映村合作经济组织“公积金”的年末余额。本项目应根据“公积金”科目的年末贷方余额填列。

（18）“公益金”项目，反映村合作经济组织“公益金”的年末余额。本项目应根据“公益金”科目的年末贷方余额填列。

（19）“未分配收益”项目，反映村合作经济组织尚未分配的收益。本项目应根据“本年收益”科目和“收益分配”科目的余额计算填列。如亏损，本项目数字应以“－”号表示。

收益分配表

村会 02 表

编制单位：　　　　年度　　　　单位：元

项　目	行次	金额	项　目	行次	金额
总收入和总支出			收益和分配		
一、总收入	1		三、本年收益	11	
其中：1. 经营收入	2		四、年初未分配收益	12	
2. 发包及上交收入	3		五、可分配收益总额	13	
3. 提留收入	4		减：1. 国家税金	14	
4. 其他收入	5		2. 公积金	15	
5. 投资收益	6		3. 公益金	16	
二、总支出	7		4. 应付福利费	17	
其中：1. 经营支出	8		5. 外来投资分利	18	
2. 管理费用	9		6. 农户分配	19	
3. 其他支出	10		7. 其他	20	
			六、年末未分配收益	21	

编制说明：

1．本表反映村合作经济组织年度内收益实现及其分配情况。村（组）办企业和承包农户的数字不在此列。

2．本表主要项目的内容及其填列方法如下：

（1）“总收入”项目，反映村合作经济组织本年度实现的总收入。本项目应根据“经营收入”、“发包及上交收入”、“提留统筹收入”、“其他收入”、“投资收益”科目的年末余额合计填列。

（2）“总支出”项目，反映村合作经济组织本年度的全部支出。本项目应根据“经营支出”科目年末结转的余额以及“管理费用”、“其他支出”科目的年末余额合计填列。

（3）“本年收益”项目，反映村合作经济组织本年度实现的收益。本项目应根据“总收入”和“总支出”项目的差额填列。

（4）“年初未分配收益”项目，反映村合作经济组织上年度未分配的收益。本项目应根据上年度收益分配表中的“年末未分配收益”数额填列。

（5）“可分配收益总额”项目，反映村合作经济组织年末可分配的收益总额。本项目应根据“本年收益”项目（扣除国家税金）和“年初未分配收益”项目的合计数填列。

（6）“年末未分配收益”项目，反映村合作经济组织年末累计未分配的收益。本项目应根据“可分配收益总额”项目扣除各项分配数额的差额填列。

农业部、监察部
关于村集体经济组织财务公开暂行规定

第一条　为了加强对农村集体财务活动的管理和民主监督，促进农村经济发展和农村社会稳定，根据国家有关法律、法规和政策，制定本暂行规定。

第二条　本暂行规定适用于按村或村民小组设置的社区性集体经济组织（以下称村集体经济组织）。

第三条　村集体经济组织实行财务公开制度。村集体经济组织以便于群众理解和接受的形式，将其财务活动情况及其有关账目，定期如实地向全体村民公布，接受群众监督。

第四条　村集体经济组织应建立以群众代表为主组成的民主理财小组，对财务公开活动进行监督。民主理财小组应由村民大会或村民代表大会选举产生。

第五条　村集体经济组织财务公开的内容包括：

（一）　财务计划：

1．财务收支计划；

2．固定资产购建计划；

3．农业基本建设计划；

4．兴办企业及资源开发投资计划；

5．收益分配计划。

（二）　各项收入：

1．村提留、乡统筹费；

2．发包及上交收入；

3．集体统一经营收入；

4．集资款；

5．土地补偿费；

6．救济扶贫款；

7．上级部门拨款；

8．其他收入。

（三）　各项支出：

1．生产性建设支出（包括购建生产性固定资产支出）；

2．公益福利事业支出（包括购建公益性固定资产支出）；

3．村组（社）干部工资及奖金；

4．招待费支出；

5．集体统一经营支出；

6．救济扶贫专项支出；

7．上交乡统筹费；

8．其他支出。

（四）　各项财产：

1．现金及银行存款；

2．产品物资；

3．固定资产；

4．对外投资；

5．其他财产。

（五） 债权债务：

1．农户往来；

2．内部单位往来；

3．外部单位和个人往来；

4．银行（信用社）贷款；

5．其他债权债务。

（六） 收益分配：

1．收益总额；

2．缴纳税金数额；

3．提取公积金数额；

4．提取公益金数额；

5．提取福利费数额；

6．投资分利数额；

7．其他分配。

（七） 农户承担的集资款、水费、电费、劳动积累工、义务工及以资代劳等情况。

第六条 村集体经济组织应在年初时公布财务计划，每月或每季度公布一次各项收入、支出情况，年末时公布各项财产、债权债务、收益分配、农户承担的集资款、水费、电费、劳动积累工和义务工及以资代劳等情况。

第七条 平时对于多数村民或民主理财小组要求公开的专项财务活动，村集体经济组织应及时单独进行公布；重要的财务活动，应及时逐项逐笔公布。

第八条 村集体经济组织财务公开，应主要以填写财务公开栏的形式张榜公布。财务公开栏应张贴在群众集中聚居地带、主要交通路口等群众方便阅览的地方。财务公开栏的样式由县级农村合作经济经营管理部门统一规定。

第九条 村集体经济组织公布的财务账目必须真实可靠。村集体经济组织在进行财务公开以前，应有民主理财小组参加，对全部财产、债权、债务和有关账目进行一次全面的核实，财务公开的内容要经乡（镇）农村合作经济经营管理部门审核认可，同时要有村集体经济组织负责人、民主理财小组负责人和主管会计签字。

第十条 村集体经济组织在财务账目张榜公布后，其主要负责人应安排专门时间，接待群众来访，解答群众提出的问题，听取群众的意见和建议。对群众在财务公开中反映的问题要及时解决；一时难于解决的，要作出解释。不得对提出和反映问题的群众进行压制或打击报复。

第十一条 村集体经济组织成员享有下列监督权：

（一） 有权对所公布的财务账目提出质疑；

（二） 有权委托民主理财小组查阅审核有关财务账目；

（三） 有权要求有关当事人对有关财务问题进行解释或解答；

（四） 有权逐级反映财务公开中存在的问题，提出意见和建议。

第十二条 村集体经济组织民主理财小组行使下列监督权：

（一） 有权对财务公开情况进行检查和监督；

（二） 有权代表群众查阅审核有关财务账目、反映有关财务问题；

（三） 有权对财务公开中发现的问题提出处理建议；

（四） 有权向上一级部门反映有关财务管理中的问题。

第十三条 乡（镇）政府承担下列指导和监督职责：

（一） 指导和监督村集体经济组织依照本暂行规定，实行财务公开；

（二） 指导和监督村集体经济组织建立健全财务公开制度；

（三） 会同上级有关部门对财务公开中发现的问题进行查处。

第十四条 对违反本暂行规定的村集体经济组织，由乡（镇）政府责令其限期纠正；到期仍不纠正的，由乡（镇）政府依照有关规定给予有关责任人相应的处分。

第十五条 县乡两级应将执行本暂行规定纳入政府工作的目标管理，作为考核乡村干部的重要内容，定期检查和监督。

第十六条 本暂行规定适用于由村民委员会代行集体经济组织职能有村。

第十七条 本暂行规定自发布之日起实施。

（1997 年12 月 16 日）

农业部、民政部、财政部、审计署关于推动农村集体财务管理和监督经常化规范化制度化的意见

农经发［2003］11号

各省、自治区、直辖市、计划单列市农业厅（局、委员会、办公室）、民政厅（局）、财政厅（局）、审计厅（局），新疆生产建设兵团农业局、民政局、财务局、审计局：

农业和农村经济发展进入新阶段后，农村集体财务管理面临一些新情况和新问题，合乡并村过程中平调集体资产、乱批乱占集体土地、不良债务蔓延、集体企业改制中股权混乱等现象时有发生，农民群众反应强烈。中央领导多次就此作出重要批示，并提出了明确要求。为切实解决这些新问题，理顺农村集体资产产权关系，维护农村集体经济组织及其成员的利益，发挥农村集体经济在全面建设小康社会中的作用，必须加强对农村集体财务的管理和监督，推动农村集体财务管理和监督向经常化、规范化、制度化发展。现提出如下意见：

一、明确农村集体资产性质，强化农村集体财务管理

（一）农村集体经济组织的资产是由其成员入股和长期劳动积累所形成的共有资产，属于集体性质，归各该集体经济组织全体成员共同所有。农村集体资产包括经营性资产、非经营性资产和土地、水面、山林等资源性资产。集体资产所有权受国家法律保护，任何单位和个人不得侵占、平调、挪用。要明确集体资产和国有资产以及各集体经济组织资产之间的界限。

（二）加强农村集体财务的管理和监督，关键是贯彻《村民委员会组织法》的规定，实行财务公开和民主管理。村集体经济组织要按照有关规定，建立和完善财务公开和民主管理的各项制度，切实做到财务公开和民主管理。各级农业、财政、审计、民政部门要在党委和政府的领导下，按照部门职能分工，加强对农村集体财务管理和监督的指导工作，帮助农村集体经济组织建立、健全和完善各项规章制度。各级农村经营管理部门要负责对农村集体经济的审计监督，切实维护每个集体经济组织及其成员的合法权益，做到民有、民管、民受益。对农村集体资产的管理不能简单套用国有资产的管理办法，也不能简单套用企业资产的管理办法。

二、全面实行民主管理和财务公开

（三）实行民主管理必须履行民主决策程序。农村各集体经济组织的成员大会或成员代表大会是决定该集体经济组织重大财务活动和财务事项的最高权力机构。凡关系集体经济组织各成员切身利益的事项，如集体土地征用、变卖、出租，集体企业改制，干部报酬，大额举债，大、中型固定资产的变卖和报废处理，"一事一议"筹资筹劳等重大事项，都必须经农村集体经济组织成员大会或成员代表大会讨论决定。

（四）建立民主理财小组，实现民主管理经常化、规范化、制度化。民主理财小组由农村集体经济组织成员大会或成员代表大会推选3－5人组成。民主理财小组享有对本集体经济组织财务活动的民主监督权利，参与制定本组织的财务计划和各项财务管理制度，参与重大财务事项的决策，有权检查审核财务账目，有权否决不合理开支。民主理财小组要有专门的议事规则，定期召开例会，充分履行职责。集体经济组织的成员有权对本集体的财务账目提出质疑，有权委托民主理财小组查阅审核财务账目，有权要求有关当事人对财务问题作出解释，有权直接向农村经营管理部门反映本集体经济组织的财务管理状况。

（五）实行财务公开，维护农村集体经济组织成员的民主权利。农村集体经济组织的所有财务活动，必须按照农业部、监察部颁布的《村集体经济组织财务公开暂行规定》进行公开，接受成员监督。凡是集体经济组织成员普遍关心的财

务活动，都要及时逐项逐笔进行公布，对群众提出的问题，集体经济组织负责人有义务及时给予解答和解决，并将结果向群众公布。

（六）各级农村经营管理部门要加强对农村集体经济组织财务公开和民主管理工作的指导和督促检查。对于财务不公开或假公开的集体经济组织，要组织专人帮助其清理财务，并监督其进行财务公开。当地乡（镇）党委、政府应依据党纪、政纪的有关规定对拒不执行财务公开的有关责任人员作出严肃处理，务必使农民群众满意。

三、建立健全财务管理制度

（七）严格执行村集体经济组织的各项财务管理制度。为适应农村税费改革和推进基层民主管理的需要，农业部、财政部将尽快修订完善《村集体经济组织财务制度》和《村集体经济组织会计制度》。各地要注意纠正在乡镇撤并、村委会合并、村委会转居委会、村干部换届中出现的不交接会计账目、私设账外账、篡改账目等问题。在村委会合并后，各集体经济组织的资产应当分别管理，按照会计核算主体独立设账，杜绝打乱集体经济组织界限，归并、平调集体资产，混淆集体财务会计账目的现象。实行“农村会计委托代理”等会计专业化服务的地方，要按会计核算主体分设账簿，尊重每个农村集体经济组织的资产所有权和财务管理自主权。

（八）加强集体资产管理，防止资产流失。进行清产核资，明确集体资产的归属，科学评估确认资产价值，建立资产台账，完善集体资产的监管办法。集体土地、厂房、设施、设备等发生产权转移时，必须经过农村集体资产管理部门和具有评估资质的单位按照程序科学评估，按照市场原则确定价格；集体的土地、企业、设施、设备出租时，出租方案必须经农村集体经济组织成员大会或成员代表大会讨论通过；集体建设项目、购置大型或大批设备，必须公开招标。

（九）各级农村经营管理部门要帮助农村集体经济组织建立健全各项财务管理制度，规范财务活动程序。应当着重抓好民主管理和财务公开制度、现金银行存款管理制度、债权债务管理制度、资产台账制度、财务开支审批制度、会计人员管理制度、“一事一议”筹资筹劳等制度建设，特别要抓紧建立农村干部任期和离任审计制度。

（十）建立健全农村集体经济组织财务工作流程规范。财务事项发生时，经手人必须取得有效的原始凭证，注明用途并签字盖章；经集体经济组织负责人审批同意并签字盖章；交民主理财小组审核同意并签字盖章；由会计人员审核记账；按程序实行财务公开，接受群众监督。县、乡（镇）农村经营管理部门要对农村集体经济组织的财务账目和财务公开内容进行审计监督。

（十一）因地制宜创新集体财务管理办法。各地在加强农村集体财务管理和监督方面进行了积极的探索，创造出了一些有效的做法。有的地方实行村会计集中办公，有的地方实行农村会计委托代理，一些经济发达的地区实行了农村集体财务管理和会计核算的电算化，这些做法和经验都要因地制宜地逐步完善推广。

四、切实加强对农村集体财务的审计监督

（十二）建立并完善农村集体财务审计监督制度。这是农业行政主管部门的重要职责。各级农村经营管理部门要采取得力措施，组织好对农村集体财务的审计监督工作。当前要结合财务公开工作，对集体土地征用、集体企业改制等突出问题，组织专项审计，并将审计结果及时向群众公布；结合农村税费改革试点工作，组织村范围内的“一事一议”筹资筹劳审计；结合村干部换届，组织对村干部的任期和离任审计。审计内容主要包括集体资产的管理使用、财务收支、生产经营和建设项目的发包管理、集体的债权债务等，以及群众要求审计的其它事项。

农村经营管理部门在审计中查出被侵占的集体资产和资金，要责成责任人将侵占的集体资产和资金如数退还给集体；涉及国家工作人员及村干部违法乱纪的，要提出处理意见，移交纪检监察部门处理；对于情节严重、构成犯罪的，移交司法机关依法追究当事人的刑事责任。

（十三）财政、审计、民政等部门按照职责分工支持、指导对农村集体财务的监督、审计工作。

五、加大对农村会计人员的培训和管理力度

（十四）实行会计人员持证上岗制度。培养高素质的会计人员是搞好村集体经济组织财务管理的关键。农村集体经济组织会计人员既承担着财务会计工作，还承担着土地承包、农民负担管理等贯彻落实党在农村基本政策的其它业务，任务十分艰巨。各级农村经营管理部门要把加强农村集体经济组织会计人员的培训和管理作为加强农村集体财务管理、土地承包管理、农民负担管理的一个重要措施，结合修订后的《村集体经济组织财务制度》、《村集体经济组织会计制度》的实施，力争在3—5年内对村集体经济组织的会计人员和民主理财小组成员进行一次轮训，普遍提高财务会计人员的业务水平。凡是从事农村集体经济组织会计工作的人员，必须接受农村集体经济财务会计、农业承包合同管理、减轻农民负担政策等业务培训，取得上岗资格，凭证上岗。在实行农村会计电算化的地方，会计人员还应当取得县级以上农村经营管理部门颁发的农村会计电算化证书。对农村会计人员的培训和辅导是一项重要的公益性工作，各级党委、政府和有关部门都应给予必要的支持。

（十五）完善会计人员使用制度。农村集体经济组织会计人员要保持相对稳定，因工作需要确需调换的，必须经集体经济组织成员大会或成员代表大会讨论通过，乡（镇）农村经营管理部门核准，并报县级农村经营管理部门备案。

农村集体财务管理和监督直接关系农民的切身利益，关系农村改革、发展和稳定的大局，关系农村全面建设小康社会的进程，各级农业、财政、审计、民政部门要从贯彻落实“三个代表”重要思想的高度，充分认识抓好这项工作的重要性和紧迫性，在党委、政府的领导下，各司其职，齐抓共管，创造性地开展工作，推动农村集体财务管理和监督向经常化、规范化、制度化发展。

（2003年12月4日）

中共安徽省委办公厅、安徽省人民政府办公厅关于做好全省乡镇区划调整工作的通知

（皖办发[2003]10号）

各市、县委，各市、县人民政府，省直各单位，各大学：

为进一步深化农村税费改革，巩固和扩大改革成果，根据《中共安徽省委、安徽省人民政府关于做好2003年全省农村税费改革工作的意见》(皖发〔2003〕7号)精神，经省委、省政府同意，现就做好全省乡镇区划调整工作通知如下。

一、指导思想和基本原则

(一)指导思想

以党的十六大精神为指导，认真贯彻中央关于加强农业、农村工作的部署和要求，坚持从实际出发，尊重大多数干部群众的意愿，积极稳妥地开展乡镇区划调整工作。通过科学合理地调整乡镇区划，加强基层政权建设，提高行政管理效率，促进农村经济和社会的全面发展。

(二)基本原则

1．因地制宜，科学合理。调整全省乡镇区划应立足实际，着眼长远，科学规划，合理布局。对山区、库区、湖区等特殊地理条件的乡镇和民族乡镇，应区别对待，不搞一刀切，以利于行政管理和方便群众的生产生活。在搞好乡镇区划调整的同时，积极稳妥地做好行政村调整撤并工作。

2．突出重点，加强城镇。以县城和200个中心镇为基础，撤并规模较小的乡镇，调大调强县城、中心镇和部分基础条件好、发展潜力大的建制镇，增强其聚集和辐射效应，推进城镇化的快速发展。

3．尊重历史，平稳操作。充分考虑历史沿革、自然地理、风俗习惯、行政管理等客观因素，尽可能做到整建制撤并，以减少资源、资产、水系及债权债务等引发的矛盾。

4．优化布局，促进发展。有利于发展区域经济、特色经济、乡镇企业和农村服务业，加大产业、产品结构调整力度，深化农村税费改革，减轻农民负担；有利于政治和社会稳定、人民群众安居乐业；有利于经济社会全面发展。

二、调整目标和标准

根据我省地理环境、人口密度和乡、村现状，通过撤并规模较小、发展乏力的乡镇，扩大和强化县城和中心建制镇，形成规模适度、布局合理

的乡镇区划格局。

(一)关于乡、村人口规模

平原地区乡镇在 50000 人左右，行政村在4000人左右；丘陵地区乡镇在30000人左右，行政村在3000人左右；山区乡镇在15000人左右，行政村在 1500 人左右。平原、丘陵、山区的县城人口应分别达到10万、8万和5万人以上；中心镇的人口应分别达到7万、5万和2万人以上。现有乡、村规模超过上述标准的不得划小模。

(二)关于乡镇政府驻地选址

调整后乡镇政府驻地，应方便人民群众办事，充分利用条件较好的原乡镇政府驻地，并加强完善基础设施建设。被撤并的乡镇政府房舍等设施，可开发用于教育、养老、文化等公益事业。

(三)关于乡镇建制

调整后属“撤乡并镇”的以“镇”的建制确定；“撤镇并乡”的以“乡”的建制确定。城区规模较大、人口密集且基本具备小城市功能的县城，可进行撤镇设立街道办事处的试点，其人口规模不得小于当地乡镇的规模。调整后的乡镇不得设立管理片之类的中间层次。

三、工作步骤和要求

全省乡镇区划和村的调整撤并工作于2003年年底前基本完成。各级党委、政府要高度重视，加强领导，充分准备，科学制定方案，精心组织实施。

(一)建立组织机构。

各市、县要成立乡镇区划调整工作领导及办事机构。在党委、政府的统一领导下，组织、人事、民政、公安、计划、财政、建设、农业、水利、国土资源、金融、文化、教育、卫生等部门要各司其职，各负其责，协调运作，整体推动。

(二)科学制定方案。

乡镇区划调整方案由县(市、区，下同)人民政府拟定；村调整撤并方案由乡镇人民政府提出，经村民会议讨论同意。在拟定方案时，要认真调研、充分论证，并做到上下沟通，充分征求广大干部群众意见。工作要严谨细致，防止引发不稳定因素。

(三)严格报批手续。

乡镇区划调整方案经市人民政府审核后，报省人民政府审批；村调整撤并方案由县人民政府审批。

(四)严密组织实施。

乡镇区划和村调整撤并方案确定后，由县、乡人民政府有计划、有步骤地组织实施。在调整过程中，要做好思想政治工作，取得广大干部群众的理解和支持，确保工作不断，秩序不乱，人心不散，社会稳定。要严肃政治纪律和组织、财经纪律，严禁突击提干、进人、私分公共财产等。要做好调整前的资产审核、审计工作，以防国有资产流失。

(2003年9月2日)

中共云南省委、云南省人民政府
关于印发《云南省农村工作守则》的通知

各地、州、市、县党委和人民政府（行政公署），省委和省级国家机关各部委办厅局，各人民团体，各大专院校：

《云南省农村工作守则》(以下简称《守则》)已经省委、省政府同意，现印发给你们，请认真贯彻执行。

当前，我省农业和农村经济正处在一个新的发展阶段，《守则》的制定和执行，对于保护广大农民的合法权益，促进新阶段云南农村经济协调发展和全面建设农村小康社会具有重要的现实意义。

各级党委，政府要充分认识贯彻执行《守则》的重要性和必要性，按照《守则》的要求，切实规范县乡两级干部为农服务的行为，保护广大农民群众的合法权益，为广大农民营造良好的生产生活环境，确保农村社会稳定和农村经济健康发展。各级领导干部要树立科学的发展观和正确的政绩观。从思想上端正对农民的认识，从感情上密切与农民的联系，做到爱民亲民、利民富民、安民护民。通过《守则》的贯彻执行，在全省形成关注农村、关心农民、支持农业的新局面。

(2004年3月25日)

云南省农村工作守则

为贯彻落实党在农村的路线方针政策，实践“三个代表”重要思想，坚持以人为本、立党为公、执政为民，做到权为民所用，情为民所系，利为民所谋，解放和发展农村生产力，全面建设农村小康社会，实现好、维护好、发展好广大农民的根本利益，规范各级党委、政府和涉农部门特别是县乡两级干部的行为，保护广大农民的合法权益，充分调动广大农民的生产积极性，特制定本守则。

第一条　坚持党管农村工作的重大原则，县乡工作重心必须放在农业和农村工作上。

第二条　密切党群干部关系，切实保护农民的合法权益。

第三条　安民护民，千方百计为农民排忧解难。

第四条　关心农民，不断改善农民的生产生活条件。

第五条　认真落实党在农村的方针政策，严禁侵害农民土地承包经营权。

第六条　严格保护耕地，禁止违法征用占用土地和克扣征地补偿费。

第七条　保护农村集体资产和农民的私有财产、禁止违法扣压和平调。

第八条　鼓励农民向非农产业和城镇转移，不准限制农民易地就业和搬迁。

第九条　尊重农民意愿，不准强迫农民签订合同和其它契约。

第十条　保护农民生产经营自主权，不准强迫农民种这养那或农产品卖给谁不卖给谁。

第十一条　必须现金收购农产品，不准代扣或打白条。

第十二条　加强农业社会化服务，禁止强迫农民接受有偿服务。

第十三条　保障农资供应，不准向农民推销农用物资。

第十四条　抓好抗灾救灾，不准瞒报谎报延报灾情和疫情。

第十五条　求真务实，严禁农民参与出钱出物出工的达标升级活动。

第十六条　农村公益事业必须量力而行，严禁法律规定外的集资摊派。

第十七条　坚持农村义务教育“一费制”，禁止收取其它费用。

第十八条　加强计划生育服务，严禁向农民收取计划生育技术服务费。

第十九条　引导农民自愿参与社会保障，不准收取保障金。

第二十条　保障村民的自治权利，严禁干预村民依法自治事项。

第二十一条　推进乡村民主监督，不准隐瞒政务、村务和财务。

第二十二条　严格财经纪委。不准打主意占挪用农业专项资金。

第二十三条　加强对农民的法律服务，严禁收取服务费。

第二十四条　严格依法行政，禁止滥用专政工具和手段向农民收取钱物。

第二十五条　认真处理农民来信来访，不准相互推诿和拖着不办。

第二十六条　尊重农民，打骂污辱农民要处分。

第二十七条　廉洁自律，不准拿农民一针一线。

第二十八条　倡导文明新风，引导农民移风易俗。

第二十九条　尊重少数民族风俗习惯，禁止任何歧视行为和做法。

第三十条　维护农村稳定，坚决打击违法犯罪活动。

浙江省村民委员会选举办法

（1999年10月22日浙江省第九届人民代表大会常务委员会第十六次会议通过
2004年9月17日浙江省第十届人民代表大会常务委员会第十三次会议修订）

第一章　总　则

第一条　为了规范村民委员会选举工作，保障村民依法行使民主权利，根据《中华人民共和国村民委员会组织法》，结合本省实际，制定本办法。

第二条　村民委员会由主任、副主任和委员共三至七人组成，具体职数根据村的规模大小确定。

村民委员会中，应当有妇女成员；多民族居住的村，应当有人数较少的民族的成员。

若干自然村联合设立的村民委员会成员组成应当兼顾村落分布状况。

第三条　村民委员会主任、副主任和委员由有选举权的村民（以下简称选民）以无记名投票的方式直接选举产生。直接选举可以实行有候选人的差额选举，也可以实行无候选人的选举。

村民委员会每届任期三年，其成员可以连选连任。村民委员会任期届满，应当及时举行换届选举，遇特殊情况需要提前或者延期的，须经县级人民政府批准，提前或者延期一般不得超过六个月。任何组织或者个人不得指定、委派或者撤换村民委员会成员。

第四条　选民应当推选遵纪守法、办事公道、廉洁奉公、身体健康、具有一定文化水平、热心为村民服务、胜任村民委员会日常工作的选民为村民委员会成员。

第五条　中国共产党在农村的基层组织，在村民委员会选举工作中发挥领导核心作用；依照宪法和法律、法规，支持和保障村民直接行使民主权利。

第六条　村民委员会换届选举工作由省人民政府统一部署，各级人民政府组织实施。

县级以上人民政府民政部门负责指导本行政区域内村民委员会选举的日常工作。

第七条　各级人民政府组织指导村民委员会选举工作所需经费，由本级财政列支。村民委员会选举所需经费由本村承担，乡、镇人民政府可以给予适当补助。

第二章　选举工作机构

第八条　村民委员会换届选举时，县级人民政府和乡、镇人民政府成立村民委员会选举工作指导机构。

村民委员会选举工作指导机构履行下列职责：

(一)宣传有关法律、法规；

(二)制定选举工作计划并组织实施；

(三)培训选举工作人员；

(四)指导、督促村民选举委员会拟订具体选举工作方案和选举办法，依法履行职责；

(五)受理有关选举的申诉、检举和控告；

(六)监督选票的印制、保管工作；

(七)统计、汇总选举情况，建立健全选举工作档案；

(八)办理选举工作中的其它事项。

第九条　村民委员会的选举，由村民选举委员会主持。村民选举委员会由主任、副主任、委员共三至九人组成。

村民选举委员会由村民会议、村民代表会议或者村民小组推选产生。

村民选举委员会成员名单应当及时公布并报乡、镇人民政府村民委员会选举工作指导机构备案。

第十条　村民选举委员会成员被确定为村民委员会成员正式候选人的，其村民选举委员会的职务自行终止；村民选举委员会成员不足三人的，所缺名额应当及时补足。

村民选举委员会行使职责至新一届村民委员会召开第一次会议时止。

第十一条　村民选举委员会履行下列职责：

(一)宣传有关法律、法规；

（二）制定选举工作方案；

（三）拟订具体选举办法，提交村民会议或者村民代表会议讨论通过后公布；

（四）确定选举工作人员；

（五）组织选民登记，审查选民资格，公布选民名单；

（六）组织选民提名候选人，公布候选人名单，组织候选人或者无候选人选举中的选民发表竞职演说；

（七）确定并公布选举日期；

（八）负责选票的印制、保管工作；

（九）组织和主持投票选举；

（十）总结和上报选举工作情况，建立选举工作档案；

（十一）办理选举工作中的其它事项。

村民选举委员会接受县级人民政府和乡、镇人民政府两级村民委员会选举工作指导机构的指导。

村民选举委员会不依法履行职责，致使选举工作无法正常进行的，经乡、镇人民政府村民委员会选举工作指导机构调查核实，报经县级人民政府村民委员会选举工作指导机构批准后，按第九条规定重新产生村民选举委员会。

第三章　选民登记

第十二条　年满十八周岁的村民，不分民族、种族、性别、职业、家庭出身、宗教信仰、教育程度、财产状况、居住期限，都有选举权和被选举权；但是，依照法律被剥夺政治权利的人除外。

选民的年龄计算时间，以本村选举日为准。选民出生日期以居民身份证为准；无居民身份证的，以户籍登记为准。

第十三条　选民应当在户籍所在地的村进行登记。有特殊情况，户籍不在本村的人员，是否在本村进行选民登记，由本村具体选举办法确定，但每一选民只能在一地登记。

第十四条　选民名单应当在选举日的二十日前张榜公布。

对公布的选民名单有不同意见的，可以在选民名单公布之日起五日内向村民选举委员会提出，村民选举委员会应当在三日内依法作出处理。对处理意见不服的，可以在选举日十日前向乡、镇人民政府村民委员会选举工作指导机构提出，乡、镇人民政府村民委员会选举工作指导机构应当在选举日五日前依法作出处理。

第四章　候选人的产生

第十五条　选举村民委员会，实行有候选人差额选举的，由选民直接提名候选人。

村民委员会主任、副主任的正式候选人应当分别比应选名额多一人，委员的正式候选人比应选名额多一至三人。

第十六条　每一选民所提名的候选人人数，不得超过应选村民委员会主任、副主任和委员的职数。选民不得委托他人提名。

每一选民不得提名同一人为两项以上职务的候选人。同一选民提名同一人为两项以上职务候选人的，提名无效。

第十七条　村民委员会成员正式候选人按下列方式产生：

（一）由过半数选民参加投票提名的，按得票多少直接确定正式候选人；

（二）由选民提名初步候选人的，经过半数选民参加投票预选，按得票多少确定正式候选人。

选民被同时提名为两项以上候选人职务的，本人可以提出书面报告，确定为其中一项职务的候选人。

正式候选人名单应当在选举日的五日以前按得票多少为序张榜公布。

第十八条　正式候选人不愿接受提名的，应当在选举日三日前向村民选举委员会书面提出。村民选举委员会应当及时确认并公告。由此造成候选人名额不足的，在原投票提名候选人中，按得票多少依次补足。

第五章　选举程序

第十九条　实行有候选人差额选举的，选民对候选人可以投赞成票，可以投反对票，可以投弃权票，也可以另选其它选民。

选举时，可以一次性投票选举主任、副主任和委员，也可以先选举主任，再选举副主任，最后选举委员。

第二十条　实行无候选人选举的，选民应当按照本村应选职位直接投票选举。

第二十一条　村民选举委员会应当在选举

日的五日前确定并公布投票选举的时间、地点、方式和监票人、计票人。

村民委员会成员正式候选人及其配偶和其它直系亲属不得担任监票人、计票人。

第二十二条　村民选举委员会应当按照平等、客观、公正的原则在选举日前向选民介绍候选人的情况，可以组织候选人或者无候选人选举中的选民发表竞职演说，并回答村民的询问。

候选人或者无候选人选举中的选民要求发表竞职演说的，应当在投票日前三日提出，村民选举委员会应当及时组织。

候选人或者无候选人选举中的选民发表竞职演说不得违反宪法、法律、法规和国家政策的规定，不得侮辱和诽谤他人。

第二十三条　选举村民委员会，应当召开选举大会投票或者设立中心投票会场和若干投票站集中投票。村民选举委员会应当在投票场所设立秘密写票处。

对居住分散、交通不便等特殊情况难以进行集中投票的，村的选举办法可以规定设立流动票箱上门接受投票。每个流动票箱必须有三名以上监票人负责。所有流动票箱集中统一进行开箱、计票。

第二十四条　选票由选民本人填写。因文盲和病残等不能填写选票的，可以委托候选人以外的人代写。

投票期间因外出不能参加投票的选民，可以书面委托候选人以外的选民代为投票。委托投票应当在选举日前向村民选举委员会提出并指明受委托人。每一选民接受委托投票不得超过三人。受委托人不得再行委托其它选民代为投票。村民选举委员会应当在选举日前对委托投票情况进行审核并公告，未经审核公告的委托无效。

代写人、受委托人不得违背选民本人的意愿，不得向他人泄露选民的意愿。

第二十五条　投票结束后，应当封存收回的选票，并于当日集中在选举大会会场或者选举中心投票会场，由监票人、计票人当众核对、统计选票，作出记录，经监票人签字后报告村民选举委员会。

第二十六条　参加投票的选民超过全体选民半数的，选举有效。

每次选举所投的票数，等于或者少于投票人数的有效，多于投票人数的无效。

每张选票所选人数，等于或者少于应选人数的有效，多于应选人数或者选举同一人为两项以上职务的无效。

无法辨认的选票无效。对难以确认的选票，是否有效由监票人提交村民选举委员会决定。

第二十七条　候选人或者其它选民获得参加投票的选民的过半数选票，始得当选。

获得过半数选票的人数超过应选名额时，以得票多的当选；如遇票数相等不能确定当选人时，应当就得票数相等的人进行再次投票，以得票多的当选。

第二十八条　当选不足三人或者主任、副主任都未选出的，应当就不足的名额进行另行选举。

另行选举可以实行有候选人的选举，也可以实行无候选人的选举。实行有候选人选举的，应当实行差额选举，正式候选人按未当选人得票多少为序确定。

另行选举以得票多的当选，但得票数不得少于参加投票选民的三分之一。

另行选举应当在选举投票日当日或者在选举投票日后的三十日内举行。

第二十九条　经另行选举，应选职位仍未选足，但村民委员会成员已选足三人，不足职位可以空缺。主任未选出的，由副主任主持工作。主任、副主任都未选出的，由村民代表会议在当选的委员中推选一人主持工作。

第三十条　选举结果经村民选举委员会确认有效后，当场宣布，并报乡、镇人民政府和县级人民政府民政部门备案。

村民选举委员会无正当理由不公布选举结果的，乡、镇人民政府村民委员会选举工作指导机构可以予以公布。

第三十一条　经另行选举，村民委员会成员仍未选足三人的，可以不再进行选举，已选出的成员资格有效，并由其负责村的日常事务性工作。

第三十二条　上一届村民委员会应当在新一届村民委员会产生之日起二十日内，将公章、办公场所、办公用具、集体财务账目、固定资产、债权债务及其它事项，移交给新一届村民委员会。乡、镇人民政府对移交工作应当予以指导、监督。

第六章 罢免、辞职和补选

第三十三条 本村五分之一以上有选举权的村民联名，可以要求罢免村民委员会成员。

罢免要求应当书面向村民委员会提出，写明罢免理由，并报乡、镇人民政府和县级人民政府民政部门备案。乡、镇人民政府可以对联名罢免的村民人数及罢免理由进行调查核实。

第三十四条 村民委员会应当在接到罢免要求之日起三十日内召集并主持村民会议投票表决。

村民委员会在接到罢免要求之日起三十日内不召集村民会议投票表决的，乡、镇人民政府应当在三十日期满后的六十日内指导、帮助召集村民会议，并确定会议主持人进行投票表决。县级人民政府民政部门应当予以指导。

提出罢免要求的村民应当推选代表到会说明罢免理由，被提出罢免的村民委员会成员有权出席会议、提出申辩意见。罢免理由已经乡、镇人民政府调查核实的，可以在村民会议上予以通报。

第三十五条 罢免村民委员会成员须经全体有选举权的村民过半数通过，罢免结果应当及时公告并报乡、镇人民政府和县级人民政府民政部门备案。

第三十六条 罢免村民委员会成员的村民会议未召开之前，被罢免者提出辞职并被接受的，罢免程序终止。

第三十七条 村民委员会成员要求辞去职务的，应当由本人向村民委员会提出书面报告，由村民会议或者村民代表会议决定。

第三十八条 村民委员会成员被依法追究刑事责任的，在服刑期间停止其履行职务；被依法剥夺政治权利的，其职务自行终止。

第三十九条 村民委员会成员由于被罢免、终止职务、辞职、外迁、死亡等原因出缺的，可以根据需要进行补选。补选由村民委员会主持，按本办法规定的程序进行。

补选的村民委员会成员，其任期到本届村民委员会任期届满止。

第七章 法律责任

第四十条 对有下列行为之一的，村民有权向乡、镇人民代表大会和人民政府或者县级人民代表大会常务委员会和人民政府及民政部门举报。在选举期间，由乡、镇人民政府村民委员会选举工作指导机构或者县级人民政府村民委员会选举工作指导机构在接到举报或者情况发生之日起负责组织调查并依法处理；不在选举期间的，由乡、镇人民政府或者县级人民政府民政部门在接到举报之日起负责组织调查并依法处理：

(一)以暴力、威胁、欺骗、贿赂、伪造选票等不正当手段，妨害选民行使选举权、被选举权，破坏村民委员会选举的；

(二)砸毁票箱、撕毁选票、冲击选举会场的；

(三)对检举村民委员会选举中的违法行为或者提出罢免要求的村民进行打击、报复的；

(四)其它破坏、妨害选举的行为。

有上述行为，情节轻微的，由乡、镇人民政府和县级人民政府民政部门进行批评教育；违反治安管理规定的，由公安机关依法予以处罚；构成犯罪的，由司法机关依法追究刑事责任。

第四十一条 以暴力、威胁、欺骗、贿赂、伪造选票等不正当手段当选的，经调查核实，由乡、镇人民政府或者乡、镇人民政府村民委员会选举工作指导机构宣布其当选无效。

选举结果全部无效的，应当重新进行选举；选举结果部分无效造成村民委员会成员当选人数不足应选人数的，依照本办法有关规定办理。

第四十二条 县级人民政府和乡、镇人民政府的村民委员会选举工作指导机构成员和乡、镇人民政府的工作人员，有下列行为之一的，应当责令改正，并对直接责任人员给予行政处分：

(一)指定村民委员会候选人的；

(二)指定、委派、撤换村民委员会成员的；

(三)未依法履行指导职责造成严重后果的；

(四)其它违反本办法行为的。

第八章 附 则

第四十三条 辖有村的街道办事处，在村民委员会选举中履行本办法所规定的应当由乡、镇人民政府履行的职责。

第四十四条 本办法自2004年10月1日起施行。

（2004年9月24日）

浙江省民政厅关于加强乡镇行政区划调整规划工作的通知

（浙民区[2004]136号）

各市、县（市、区）民政局：

为促进城乡经济社会协调发展，进一步提高我省乡镇行政区划调整工作的科学化、法制化、规范化水平，根据民政部《关于加强行政区划调整的科学论证和规划工作的通知》（民函[2003]73号）精神和我省实际，经省政府同意，现就有关问题通知如下：

一、充分认识加强乡镇行政区划调整规划工作的重要性

行政区划是事关国家政治、经济、社会发展全局的重大战略问题。乡镇作为农村地区的基层行政区划单位，是国家行政区划的重要基础。乡镇、街道直接面向基层，承担着社会管理、公共服务的重要职能，其行政区划的设置和组织是否合理，关系到政府的管理效能和服务水平，关系到资源、要素的合理配置，关系到经济发展和社会稳定。近年来，经省政府批准，各地进行了一些必要的乡镇行政区划调整，对于合理构筑城镇体系，促进经济社会发展起到了积极作用。但也有少数地方对调整方案缺乏科学论证，存在不同程度的主观随意性。因此编制全省乡镇（街道）行政区划调整规划，适时合理调整乡镇行政区划，对于培育区域经济中心，加快城镇建设，促进城乡协调发展都具有重要的意义。各地要加强对行政区划和行政管理体制的研究，重视做好乡镇行政区划调整工作，认真编制乡镇行政区划调整规划。今后实施乡镇（街道）行政区划调整，将以各地编制的区划调整规划作为主要依据，规划未涉及的调整内容，一般不予实施。

二、编制乡镇行政区划调整规划的原则和重点

乡镇行政区划调整是一项长期的任务，根据有关法律、法规和其他国家宏观战略决策，为确保规划质量，编制乡镇（街道）行政区划调整规划要坚持战略性、科学性、政策性和可行性相统一，充分考虑区域经济社会发展的长远要求，着眼于解决当前制约经济社会发展的矛盾和问题；要坚持因地制宜，充分考虑经济、文化、人口、面积等因素，按照有利于加强管理、降低管理成本的要求，减少行政管理层次，适度扩大管理幅度；要坚持先易后难、循序渐进的原则，以近中期规划为重点，适当考虑远期目标，以利于平稳实施，保持社会稳定。

规划制定要从适应完善社会主义市场经济体制和促进城乡协调发展的要求出发，研究分析乡镇（街道）职能的演变方向和村规模调整的趋势。乡镇（街道）行政区划调整规划的重点是：

（一）解决乡镇规模过大、过小和布局不够合理问题的行政区划调整规划。

（二）解决县（市）政府派出机构体制等特殊问题的行政区划调整规划。

（三）解决市辖区、县级市和有条件的县中心城区街道设置问题的行政区划调整规划。

三、加强对乡镇行政区划调整规划工作的组织领导

乡镇行政区划调整的规划工作是各级政府的重要职责。各地要高度重视行政区划调整规划的编制工作，切实加强领导，安排专项经费，积极采取有效措施，把规划编制工作列入政府的重要议事日程。为加强对规划编制工作的领导，省政府已成立由陈加元副省长为组长，省民政厅、发展改革委、建设厅、国土资源厅、统计局等有关部门参加的区划规划编制工作领导小组，办公室设在省民政厅。各地要从工作实际出发，成立相应的工作机构，落实人员经费，做好规划的编制工作，由民政部门负责具体组织实施。各县（市、区）编制的规划应组织专家进行论证评审，评审确定的规划文本经市政府审定后，于2005年6月底前报省民政厅。

附件：乡镇行政区划调整规划编制要求

（2004年8月11日）

附件：

乡镇行政区划调整规划编制要求

一、规划内容

（一）1992年乡镇撤扩并以来，特别是近年来乡镇（街道）行政区划调整工作的经验与教训；

（二）分县（市、区）的经济社会发展、城镇化发展现状及未来趋势与现行乡镇（街道）行政区划间的矛盾分析；

（三）乡镇（街道）行政区划调整的原则与基本思路；

（四）分县（市、区）的乡镇（街道）行政区划调整总体设想与调整方案；

（五）分期实施的内容与重点；

（六）其他相关问题（包括村规模调整、县级政府派出机构管理体制、较大乡镇的过渡期管理体制等）。

二、规划期限与分期实施要求

（一）规划期限：

1．近期：2005年－2010年；

2．中期：2010年－2015年；

3．远期：2015年以后；

规划的重点是近期、中期规划。

（二）规划目标要求：

1．近期实施重点：县（市）域重点镇布局、规模、辐射范围的规划和配套的调整规划；市（县）中心城区街道设置和调整规划。

2．中期实施重点：逐步理顺行政管理体制、消除多头管理的调整规划；围绕中心城区和重点镇的完善性调整规划。

3．远期实施重点：城镇连片或带状发展后，县（市）域乡镇（街道）行政区划设置的总体结构设想与规划方案。

三、规划成果要求

（一）规划成果形式：

1．规划文本（含城区和各县、市）；

2．规划说明书；

3．相关图件。

（二）图件要求：

1．乡镇（街道）行政区划现状图（有基本地理要素）；

2．乡镇（街道）行政区划调整总体结构方案（分期、分县）；

3．文字成果要提供电子文本，图件成果一般应提供电子文本。

四、规划基础资料要求

（一）规划资料收集时限：

1．统计资料的抽样时点为1985年、1990年、1993年、1998年；

2．统计资料的连续时段为2000年－2003年；

3．行政区划调整资料截止2004年底；

4．行政区划历史回顾与总结时段：1978年－2004年，重点是1990年后。

（二）规划资料内容：

1．人口资料：

（1）分乡镇（街道）“第四次人口普查”、“第五次人口普查”中的总人口、流入人口、流出人口；

（2）分乡镇（街道）年度人口统计资料（抽样时点、连续时段）。

2．经济资料：

（1）分乡镇工农业总产值、工业总产值（抽样时点、连续时段）；

（2）分乡镇全部企业数量（抽样时点、连续时段）；

（3）分乡镇预算内财政收入（抽样时点、连续时段）。

3．国土资料（2003年）：

（1）分乡镇（街道）辖域国土总面积；

（2）分乡镇（街道）耕地、山林面积。

4．乡镇驻地基础设施情况（2003年）：

（1）分乡镇的建成区、规划区面积；

（2）分乡镇的规划区人均道路铺装率；

（3）分乡镇的自来水普及率。

5．交通条件（2003年）：

（1）公路（高速公路出口、国道、省道、县道）；

（2）铁路（客、货站等级）；

（3）水路（内河、沿海码头泊位数和吨位，客站）。

6．社会及资源情况：

（1）分乡镇的行政村数（连续时段）；

（2）分乡镇的行政村平均人口数（连续时段）；

（3）重点矿产资源情况；

（4）重点旅游资源情况。

中国乡镇发展概况

中国乡镇发展报告

《中国乡镇发展报告》课题组
中国社会工作协会乡镇工作委员会
（2004年10月26日）

建国50多年以来，我国乡镇体制几经变革。但无论怎么变革，乡镇政权始终具有极其重要的基础地位以及不可替代的作用。建国之初，1950年12月政务院通过的《乡（行政村）人民政府通织通则》，新中国乡镇政权雏形已经显现。但到了1958年9月，中共中央政治局扩大会议通过了《关于在农村建立人民公社的决议》，开始推行人民公社化运动，实行“政社合一”的体制，乡镇的称法被明确取消。

随着改革开放的进展和需要，1982年12月4日第五届全国人民代表大会通过的《中华人民共和国宪法》废除了人民公社体制，规定乡、民族乡和镇是我国最基层的行政区域。1983年10月，中共中央、国务院通知要求：当前的首要任务是把政社分开，建立乡政府。到1985年春，全国农村人民公社政社分开建立乡政府的工作全部结束。全国共建立了92000多个乡、镇人民政府。与此同时，恢复以后的乡镇政权最主要的职责就是千方百计发展经济。具体来说，上世纪八十年代前期重点任务是贯彻和落实家庭联产承包责任制，八十年代中后期重点任务是大力发展乡镇企业。九十年代的主要任务是发展小城镇，推进中国农村的工业化、城镇化进程。正是由于国家政策的有效贯彻，广大农民的生产积极性空前高涨，八十年代的乡镇经济进入了一个黄金增长期，可谓硕果累累。1984年同1978年相比，全国粮食总产量增长了33．5%，经济作物播种面积增长了33．7%，畜牧业产值增长了73．2%。乡镇企业从1984年开始进入高速发展时期。1984年到1988年乡镇企业每年转移1300万～1400万农村劳动力；1988年全国乡镇企业总产值比1984年净增加4785．9亿元（按1980年不变价格计算），增长2．8倍，平均每年递增39．6%；1988年乡镇企业总产值在农村社会总产值中占的比重上升到了58．1%。这一现象被国内外经济学家美誉为“异军突起”。

进入九十年代以后，我国仍然坚持以“经济建设为中心”的基本方针，但对于最基层的政权来讲，后来的发展远比想象的复杂得多。随着市场化程度和国际化程度的逐步提高，农产品价格徘徊不前、生产资料成本不断提高、乡镇企业发展速度不如以前等问题逐渐显现，乡镇政权发展经济开始面临更多的困难。更重要的是，计划生育、基层民主、贫富分化、精神文明建设以及环境保护等社会发展问题也越来越迫切，亟须采取相应的对策措施来解决。因此，原有的乡镇体制已远不能适应形势发展的需要。1992年我国再次对乡镇管理体制进行改革，基本原则是定型定编，全国核定乡镇机关人员编制总额为200万人。但这样的政策远没有解决后来乡镇发展以及乡镇基层政权建设中所面临的突出矛盾和问题，主要表现在：乡镇机构权责不对称，人员日益臃肿，农民负担越来越重，而且乡镇在推动当地经济增长和社会发展中的作用越来越不明显。1998年10月中共十五届三中全会在《中共中央关于农业和农村工作若干重大问题的决定》中特别强调：“乡镇政府要转变职能，精简机构，裁减冗员，目前先要坚决把不在编的人员精简下来，做到依法行政，规范管理。”

进入新世纪以来，“三农问题”被党中央国务院摆到了前所未有的一个重要位置。党的十六大明确提出：“统筹城乡经济社会发展，建设现代农业，发展农村经济，增加农民收入，是全面建设小康社会的重中之重。”可以说，未来乡镇政府的改革和建设，必须以城乡统筹的科学发展观为指导，切实把乡镇政府职能从包揽一切转变为只提供核心公共产品，从行政管制转变为公共服务，从直接管理转变为间接管理，要按照市场化、民营化、自治化的原则重塑乡镇政府。

自乡镇政府建立以来，尽管存在这样或那样的问题，但不可否认，作为政权的最基层组织，它在执行党的政策方针和路线方面起到了不可或缺的作用，今后农民增收、农业发展和农村繁荣仍将依靠乡镇政府的有效工作。

一、中国乡镇组织的沿革

(一)建国初期

新中国成立后，我国县以下基层行政组织是区人民政府和乡镇人民政府两级政权，或乡镇一级政府加县的派出机构区公所同时并存。1950年12月中央人民政府颁布的《乡（行政村）人民政府组织通则》规定，乡（行政村）的政权组织为乡人民代表会议和人民政府委员会。

1954年9月，我国第一部宪法和地方组织法的颁布，为乡镇基层政权组织建设确立了法律依据。乡、民族乡、镇成为县以下惟一的一级政权组织，原农村区级政权一律改为县人民政府委员会的派出机构。农村基层政权的组织形式为乡人民代表大会和乡人民政府委员会。乡镇人民政府委员会由本级人代会选举产生，组成人员为乡镇长、副乡镇长及委员（治安、民政、抚恤、水利），其名额为3～13人。乡镇人民政府委员会的工作部门一般按生产合作、文教卫生、治安保卫、人民武装、民政、调解、财粮等方面的工作需要，分别设立经常性的委员会，主任由政府委员担任，其成员一般5～9人。区建立党委会，乡建立党支部委员会，村建立党小组。1956年9月，党的“八大”规定，每个乡、民族乡和镇，每个农业生产合作社和街道等，有正式党员3人以上的都应成立党的基层组织，乡镇按党员人数建立支部委员会或总支委员会以至基层委员会。共青团在乡镇建立同党组织相应的组织体系，成为党的后备军和助手。建国初期乡镇党政基层组织，在胜利完成农业社会主义改造，恢复和发展生产，保障人民民主权利，改善人民物质生活和文化生活方面充分发挥了重要的职能作用。

（二）公社化时期

从1958年人民公社化到1983年政社分开，我国农村基层政权组织是人民公社。人民公社是政社合一的组织，《中国共产党八届六中全会关于人民公社若干问题的决议》指出：公社是“我国社会主义结构的工农商学兵相结合的基本单位，同时又是社会主义政权组织的基层单位”。公社取代乡镇政权组织和农业合作社组织之后，行使国家基层行政管理和社会生产管理双重职能。公社的管理机构分三级：即公社管理委员会、管理区（生产大队）、生产队。公社管理委员会在“文革”期间为公社革命委员会。党的基层组织是公社党委会，党委会对全公社工农商学兵、党政企文实行统一领导。生产大队建立党支部，统一领导本大队的各项事业。生产队建立党小组，在生产队各项工作中起核心作用。公社设有农会、共青团、妇代会及民兵组织，其领导成员由公社管理委员会成员兼任。

据有关资料记载，1958年底，全国共办起了23630个人民公社。1959年，人民公社体制略作调整，公社数为26578个。人民公社体制下，区、乡全部被取消，大小不等的人民公社实行组织军事化、行动战斗化、生活集体化，农户不再是基本生活单位，家庭财产被公用，每个生产大队都建起了食堂，农民在食堂就餐。公社机构很不定型，有的实行公社一级核算制，有的实行生产大队核算制；有的设公社、生产大队两级，有的设公社、生产大队、生产小队三级。乡人民代表大会改为人民公社社员代表大会。直到1961年以后，由于中共中央制定《农村人民公社工作条例》，人民公社开始逐渐定型，大多数省份实行区、社体制，即区公所下设人民公社。到了七十年代初期，为了大搞农田基本建设和其他原因，全国大部分省开始撤销区公所，扩大人民公社的规模，普遍实行人民公社制。1978年，党的十一届三中全会通过了《农村人民公社的工作条例（试行草案）》，人民公社制度向规范化发展。到1982年，全国共有人民公社54352个，生产大队719438个，生产队597．7万个。

人民公社体制是我国特定历史时期的产物，它的最大弊端在于党政企三者合一，用行政命令搞生产，违背了商品经济的发展规律。到后来，由于全国普遍推行农村家庭联产承包责任制和统分结合的双层经营体制，包产到户，使农户成为基本的生产经营单位，人民公社体制面临新的矛盾，提出了改革的要求。

（三）人民公社解体和乡镇设立

党的十一届三中全会以后，农村普遍推行家庭联产承包责任制，生产大队和生产队自然解体，人民公社体制已不适应生产承包责任制的需要。1982年五届全国人大五次会议通过新宪法，否定了人民公社体制，把国家行政区域在基层划分为县、市辖区和乡（镇），并确立农村基层政权为乡、民族乡、镇政权。1983年10月12日，中共中央、国务院联合发布了《关于实行政社分开建立乡政府的通知》，《通知》指出：建立乡政府，其性质为国家政权在农村的基层组织，乡政府主管行政、公安、司法、民政、武装、文教卫生、计划生育、财政税收、农业生产等工作；建立乡党委，负责农村党的组织、宣传、教育、纪委检查、青年、妇女等工作。1983年10月，中共中央、国务院通知要求：当前的首要任务是把政社分开，建立乡政府。同时按乡建立党委，并根据生产的需要和群众意见逐步建立经济组织。同时撤销了生产大队和生产队，建立了村民委员会和村民小组。

1982年底，大体上有80%的农民实行了包干到户。人民公社的“三级所有、队为基础”体制基本上土崩瓦解。1983年10月，中共中央、国务院发出《关于实行政社分开建立乡政府的通知》，要求各地普遍实行政社分开，恢复乡人民政府体制，规定公社为集体经济组织。政社分开工作自1983年开始。当时，全国共有县辖区（区公所）7908个，乡82450个（其中民族乡3144个），镇9140个。农村将原来的生产大队、生产小队改建为村民委员会。1983年，12702个人民公社宣布解体，实行包干到户的生产队占总数的98%；1984年，又有39830个人民公社宣布解体；1985年，所余249个人民公社宣布解体。至此，在我国人民公社及其下属生产队不复存在，代之而起的是61766个乡镇政府和847894个村民委员会。我国农村改革获得了突破性的成功，举世瞩目。

1986年11月24日六届全国人大第23次会议通过了《中华人民共和国村民委员会组织法（试行）》，肯定了各地自发组建村民委员会的做法，并将村民委员会规定为村民自治组织。各地大多在建乡的同时，建立村民委员会。普遍的做法是以人民公社为基础建乡镇，以生产大队为基础建立村民委员会；只有广东、云南是以人民公社为基础建立区公所，以生产大队为基础建乡，湖北则是以管理区为基础建乡。政社分开以后，乡镇政权机关为乡镇人民代表大会和乡镇人民政府。乡镇人民代表大会每届任期三年，代表由选民直接选举产生。

全国建立乡镇政府的工作完成后，为进一步促进乡镇政府体制的规范化建设，中共中央、国务院发出了《关于加强农村基层政权建设工作的通知》（中发［1986］22号）。《通知》指出由于农村基层政权体制改革的时间不长，还存在不少问题，主要是党、政、企之间的关系还没有完全理顺，有些地方党政不分、政企不分的现象依然存在，少数地方乡政府还没有完全起到一级政权的作用。针对存在的问题，《通知》具体提出了加强农村乡镇政权建设的方向和要求，并责成民政部门负责城乡基层政权建设的日常工作。各级党委、政府高度重视农村基层政权建设工作，加强领导，采取措施，使乡镇一级党政企之间的关系开始得到理顺，条块分割、制约乡政府职能作用发挥的局面开始被冲破，乡镇政府的作用得到一定加强，培训了乡镇干部。事实证明，乡镇政府体制的改革适合我国农村经济的发展，解放了农村生产力，已经并将继续促进我国农村经济的发展。当然，这种体制目前还比较不完善，需要进一步改革和完善。

二、改革开放以来的中国乡镇

（一）农村经营制度的建立

1978年以来，当少数生产队农民自发地兴起“双包”时，包产到户还是多种农业生产责任制的“禁区”。这年12月，中共十一届三中全会原则通过的《中共中央关于加快农业发展若干问题的决定（草案）》中，肯定了“包工到作业组，联系产量计算劳动报酬”的责任制，但仍然规定“不许包产到户，不许分田单干”。1979年4月3日，中共中央发出通知，同意并批转国家农委报送的《关于农村工作问题座谈会纪要》。提出对已搞了包产到户，分田单干的地方，要积极引导农民重新组织起来。建议喂养家畜、家禽、管理鱼塘、经营小宗农作物等农活，实行个人岗位责任制，规定产量（产值），实行超产奖励，是统一经营上的专业化生产，不是对统一经营的否定。9月，中共十一届四中全会修改并正式通过的《中共中央关于加快农业发展若干问题的决定》，将草案中“不许包产到户，不许分田单干”，改为“不许分田单干，除某些副业生产的特殊需要和边远山区、交通不便的单家独户外，也不要包产到户。”据农业部人民公社管理局统计，1980年1月，全国农业生产队中实行了各种形式生产责任制的占84.7%。其中，不联产只实行定额包工责任制的占55.7%；实行家庭联产责任制即“双包”的不足1%；实行其他各种联产承包责任制的占29%。搞得较早的安徽省，1979年末实行包产到户的生产队已占10%。

1980年春季起，“双包”在经济落后地区和边远地区开始推广，发展较快。9月，中共中央召开各省、市、自治区党委第一书记座谈会，专门讨论加强和完善农业生产责任制问题，写出了题为《关于进一步加强和完善农业生产责任制的几个问题》的讨论纪要，印发各地贯彻执行。《纪要》认为，对于包产到户应当区别不同地区、不同社队采取不同的方针，提出：在那些边远山区和贫困落后的地区，长期吃粮靠返销，生产靠贷款，生活靠救济的生产队，群众对集体经济丧失信心，因而要求包产到户的，应当支持群众的要求，可以包产到户，也可以包干到户，是联系群众、发展生产、解决温饱问题的一种必要的措施。《纪要》还指出：在一般地区已经实行包产到户的，如果群众不要求改变，就应允许继续实行，然后根据情况的发展和群众的要求，因势利导，运用各种形式进一步组织起来。据1981年10月统计，实行定额包工责任制的生产队占生产队总数的比重下降到16.5%，已退居到次要地位；实行“双包”的生产队占生产队总数的比重则上升到了50.8%。不过，上述中央印发的《纪要》中仍然认为，“包产到户是依存于社会主义经济”的，即尚未完全肯定“双包”是社会主义性质的。1982年1月，中共中央1号文件批转的《全国农村工作会议纪要》中，第一次明确肯定了“双包”的社会主义性质，指出：“目前实行的各种责任制，包括小段包工定额计酬，专业承包联产计酬、联产到劳，包产到户、到组，包干到户、到组，等等，都是社会主义集体经济的生产责任制。”

1983年1月，中共中央1号文件即《当前农村经济政策的若干问题》中，热情赞颂了以“双包”为主要形式的家庭联产承包制“是在党的领导下我国农民的伟大创造”。这个文件第一次从理论上系统地肯定了联产承包制的优越性和统分结合双层经营的适应性，提出：“联产承包责任制迅速发展，绝不是偶然的。它以农户或小组为承包单位，扩大了农民自主权，发挥了小规模经营的长处，克服了管理过分集中、劳动‘大呼隆’和平均主义的弊病，又继承了以往合作化的积极成果，坚持了土地等基本生产资料的公有制和某些统一经营的职能，使多年来新形成的生产力更好地发挥作用。这种分散经营和统一经营相结合的经营方式广泛的适应性，既可适应当前手工劳动为主的状况和农业生产的特点，又能适应农业现代化进程中生产力发展的需要。”“因此，凡是群众要求实行这种办法的地方，都应当积极支持”。此后，包干到户进一步的推广和普及，其他多种形式的生产责任制绝大多数很快被各地农民群众自发地筛选掉。包干到户不仅在经济落后地区迅速普及，而且在许多沿海经济发达地区和东北农业机械化程度较高的地区也迅速普及。到1983年末，全国农村实行家庭联产承包责任制的生产队已占生产队总数的99.5%，其中实行包干到户的占到生产队总数的97.8%。至此，家庭联产承包责任制进入了稳定和完善阶段。

(二)告别主要农产品短缺

1979年到1984年，是中华人民共和国成立以来，农业生产增长最快的时期。1982～1984年全国推行的“大包干”就像五十年代的土改一样，重新刺激了农民的生产积极性。1978～1984年，全国粮食总产量持续、快速增长，粮食产量从原来不到6000亿斤，连续跨越6000亿斤、7000亿斤和8000亿斤三个台阶，到1984年超过8400亿斤。从此，中国农产品生产初步告别了短缺时代。由于农民实行科学种田，精心管理，提高了粮食单产，尽管全国粮食播种面积从1978年的12509万公顷，减少为1984年的11288万公顷，共减少771万公顷，减幅达6.4%，但平均每公顷单产从1978年的2527公斤增加到1984年的3068公斤，增长42%，年均递增6.1%。因此，

1984年全国粮食总产量高达8146.2亿斤，比1978年增长33.5%。之后虽然经历了几次徘徊，但粮食生产一直呈波动上升趋势。到了九十年代初期，特别是政府1994年粮食调价一次提高42%，1996年又再次提高了40%，大大刺激了粮食生产，1994～1996年粮食产量3年大幅度增长，连续跨越了9000亿斤和10000亿斤两个台阶，提前实现了2000年的产量目标。

1984年同1978年相比，全国经济作物播种面积从1443万公顷扩大到1929万公顷，增长了33.7%，增产最多的棉花1984年总产量达到625.8万吨，比1978年的216万吨增长1.9倍。畜牧业产值1984年比1978年增长73.2%。1979年—1984年中国养猪业稳定、持续、高速度发展，生猪出栏率由55.2%上升到73.9%，提高了18.7个百分点。猪肉总产量从1979年的1001.4万吨增加到1984年的1444.7万吨，增长44.3%。草原家畜存栏从1978年的9389万头增加到1984年的10838.9万头，增长15%。1984年牛羊肉总产量达到95.9万吨，比1979年的61万吨增长57.2%。水产业也有较快发展，1984年全国渔业产值比1978年增长57%。

(三)乡镇企业“异军突起”

大包干不仅提高了农业生产的产量，而且更重要的是解放了农民，农民有了自由，二、三产业才有了发展。1984年后农业劳动生产率和农民收入都有所增长。1985年1月，中共中央、国务院《关于进一步活跃农村经济的十项政策》中，专门规定了“对乡镇企业实行信贷、税收优惠，鼓励农民采矿和其他开发性事业”等政策，指引各级党政领导加强对乡镇企业的领导，因地制宜地制定和完善一系列具体政策、措施，进一步大力开创乡镇企业发展的新局面。广大农村干部、群众更加解放思想，激发出大办乡镇企业的积极性和创造精神。各地乡镇企业走出了一条既具有不同于国营企业发展的共同特点、又显示出各具特色的发展道路。就全国而言，出现了苏南模式、温州模式和耿车模式。

正是由于广大农民的伟大创造和政府加快发展乡镇企业的政策措施，乡镇企业从1984年开始进入高速发展时期。1984—1988年，乡镇企业每年转移1300万—1400万农村劳动力。1987年6月12日，邓小平在会见南斯拉夫外宾的谈话中说：“农村改革中，我们完全没有预料到的最大收获，就是乡镇企业发展起来了，突然冒出搞多种行业，搞商品经济，搞各种小型企业，异军突起。”1 农村中乡办、村办、联户办、户办各层次和各种经济形式的乡镇企业，并驾齐驱地发展。全国乡镇企业总产值1988年比1984年净增加4785.9亿元(按1980年不变价格计算)，增长2.8倍，平均每年递增39.6%；1988年乡镇企业总产值在农村社会总产值中占的比重上升到了58.1%。这的确是出乎意料的“异军突起”。

乡镇企业的迅速发展，已成为国民经济的重要基础和最具活力的生长点，促进农村产业结构发生了深刻的变化，它已成为农村经济发展的重要组成部分和支柱产业，并为中国的农业工业化、农村现代化和乡村城市化开辟出一条崭新的道路。

上世纪八十年代以来，中国经济开创了稳定、持续、高速发展的新局面，国民生产总值按可比价格计算，1991年比1980年增长143.4%，平均每年递增8.4%，被国际经济界称为“奇迹”。而乡镇企业的“异军突起”，乃是创造这一奇迹的主要构件。1985～1991年的7年间，乡镇企业总产值按可比价格计算，以年均递增29.3%的高速持续发展，其中乡(镇)、村、组、户等农村工业产值年均递增率达29.8%。而同时期内全国国有工业总产值年均递增8.3%，即在此期间乡镇工业的发展速度为国有工业的3.6倍。正是由于有乡镇工业高速度发展的拉动，全国工业总产值在这7年间才达到了平均每年增长14.5%的高速度。1991年全国乡镇企业总收入达6556亿元(按当年价格计)，在国民收入总额中所占的份额，已由1984年的22.4%，上升到了39.6%，成为中国国民经济的一块重要基石和发展得最快的产业部门。

1980年全国农村社会总产值中，农业产值与非农产值之比为68.9∶31.1，1991年变成了42.9∶57.1。至此。农村中，以乡镇企业为主体的非农产业产值占农村社会总产值的比重、农村工业产值占工农业总产值的比重都超过50%，占有了“半壁江山”。1991年同1984年比较，农村社会总产值增长13936亿元，即增长了2.8倍，其中，非农产业提供的增长值达8993亿元，所占份额为64．5%；农村工业总产值增长12049亿元，即增长1．8倍，其中，工业提供的增长值为7106亿元，所占份额达 59%。在乡镇企业高速发展的进程中，中国农村工业化的浪潮悄然兴起。

1985～1991年的7年间，全国乡镇企业支付的工资总计达3500多亿元。“七五”期间，全国农民人均纯收入增加232元，其中35%来自乡镇企业。更有意义的是，乡镇企业的发展为解决中国农业现代化进程中遇到的两大难题即资金从何处来，剩余劳动力向何处去开辟了重要途径。1991年全国乡镇企业已从农民中吸收了9600多万剩余劳动力。“七五”期间，乡镇企业用于以工补农、以工建农、兴办农村各项公益事业的资金约550亿元，高于同期国家用于农业的基本建设投资，成为中国农业现代化和农村社会发展建设资金的重要来源。

乡镇企业吸引了越来越多的农民离开土地，改变自己的身份、职业和聚居地，使得农村中的众多人才得以开发、利用、锻炼(培训)和成长壮大。随着乡镇企业的发展及其布局的合理集中，它的载体村、乡、建制镇、县城和县以上的城郊开发区等也逐步建设发展成为小城镇、小城市或大城市的“卫星城”。以建制镇建设为例，1982年只有2600多个，1988年底发展到10600多个，增长了3倍。1990年全国市镇人口占总人口的比重达到26．4%，比改革开放前14年(1965～1978年)长期停滞在17～18%提高了近9个百分点。乡镇企业发展加快了农村城市化的进程是明显的。

乡镇企业在中国的经济改革，在建设市场经济体制中起到重要的先导作用和示范效应。这是乡镇企业对中国社会主义初级阶段建设最重大的贡献。乡镇企业以市场调节为主配置资源、销售产品的经济运行机制，大大解放和发展了农村生产力；随着乡镇企业的崛起，它的载体即农村原有的和扩建、新建的一大批小城镇，采取了适应市场经济发展的一套新的管理体制，显示出了巨大的优越性。这些，为中国国有企业的改革和大中城市管理体制的改革提供了宝贵的经验。

(四)政治民主化进程

1987年通过、1988施行的《村民委员会组织法》，为村级组织政治民主化进程开辟了道路。十五届三中全会在部署农村经济的伺时，强调农村民主政治和村民自治。这次全会通过的文件称赞中国农民有三个伟大创造：包产到户，乡镇企业，村民自治。村级海选即村民委员会主任(老百姓习惯称村长)由村民直选，是社会主义基层民主政治的新发展。1998年新的村委会组织法颁布实施后，全国各地陆续开展了新一轮村委会换届选举工作。据统计，各地的参选率普遍都在85%以上，有的超过90%。全国80%以上的村庄建立了村民会议或村民代表会议制度，重大村务基本上都能提交村民会议或村民代表会议讨论决定。全国80%以上的村庄都制定了村规民约或村民自治章程，建立了村民会议决策、村民代表会议议事、村务公开、民主理财等制度。村民自治，简而言之就是广大农民群众直接行使民主权利，依法办理自己的事情，创造自己的幸福生活，实行自我管理、自我教育、自我服务的一项基本社会政治制度。村民自治的核心内容是“四个民主”，即民主选举、民主决策、民主管理、民主监督。因此，全面推进村民自治，也就是全面推进村级民主选举、村级民主决策、村级民主管理和村级民主监督。

“给群众一个明白，还干部一个清白。”“明白纸”、“公开日”、“恳谈会”等政务公开工作中创造的新鲜经验，为乡镇民主政治建设增添了生机和活力。经过多年努力，绝大多数省份成立了由党政领导挂帅、各有关部门参加的领导小组，把乡镇政务公开与村务公开结合起来，总结探索了有效的方法和经验。截至目前，全国已有23个省、自治区、直辖市普遍推行了这一制度。乡镇人大建设不断加强。根据地方组织法的规定和当地实际，目前全国近5万个乡镇都设立了乡镇人大主席，一些地方还设有专职副主席，有的地方还设有乡镇人大办公室。在机构改革、撤并乡镇工作中，不少地方的乡镇人大工作得到进一步加强。通过加强代表工作，乡镇人大、政府与人大代表沟通的渠道越来越畅通。党的十三届四中全会以来，全国范围内的乡镇人大换届选举共进行了5次。选民参选率一直保持在90%以上；乡镇人大代表、乡镇国家机关领导人员的知识结构、年龄结构不断优化，素质不断提高。

(五)乡村文教卫生

改革开放以来，各级政府坚持把农村教育摆

在重中之重的地位，加快农村教育发展，深化农村教育改革，有效地促进了农村经济的发展。(1)九年义务教育的普及程度得到很大提高，为全面普及九年义务教育打下了良好基础。普及九年义务教育人口覆盖率达到85%以上，青壮年文盲率下降到5%以下。实施“国家贫困地区义务教育工程”和“中小学危房改造工程”，千方百计改善学校的办学条件，全面提高教师和校长素质。经济发达的农村实现了高水平、高质量“普九”目标。(2)农村教育体制得到了深化改革，发展农村职业教育和成人教育，推进“三教统筹”和“农科教结合”。加强基础教育、职业教育和成人教育“三教统筹”，有效地整合了教育资源，充分发挥了农村学校的综合功能。积极推进农村中小学课程和教学改革，在实现国家规定的基础教育基本要求的同时，紧密地联系农村实际，在农村初、高中适当增加了职业教育内容。以就业为导向，积极发展农村职业教育。重点建设地(市)、县级骨干职业学校和培训机构，面向农村扩大招生规模。实施“农村劳动力转移培训计划”，对进城务工农民进行职业教育和培训。以农民实用技术培训和农村实用人才培养为重点开展农村成人教育，促进“农科教”结合。充分发挥农村成人学校和培训机构的作用。发达地区农村中小学实行了一校挂两牌，日校办夜校，使农村学校成为了乡村基层文化、科技和教育活动的基地。(3)完善了“以县为主”的农村义务教育管理体制，加大投入，完善保障机制。县级政府切实担负起了对本地教育发展规划、经费安排使用、教师和校长人事等方面进行统筹管理的责任。明确了各级政府保障农村义务教育投入的责任；建立和完善了农村中小学投入保障机制，确保农村中小学校舍的维护、改造和建设，确保维持学校正常运转的基本支出需要。在农村建立了助学制度，扶持农村家庭经济困难学生接受完成义务教育，做到了不让学生因家庭经济困难而失学。(4)加快推进了农村中小学教师队伍建设。农村中小学教师实行聘任制，依法实施教师资格认定制度。推行校长聘任制。引导和鼓励教师及其他具备教师资格的人员到乡村中小学任教，建立了城镇中小学教师到乡村任教服务期制度。(5)千方百计地实施“农村中小学现代远程教育计划”。

中国农村卫生事业伴随着经济的发展而发展，为保障农民健康、农村经济发展和社会稳定做出了积极贡献。健全了农村卫生服务网络，每一个县(市、区)都有一所综合性医院、一所卫生防疫站、一所妇幼保健所，绝大多数县(市)有一所中医院。县级卫生机构已初步成为全县的医疗预防保健技术指导中心。每一个建制乡镇都有一所卫生院。中心卫生院规模比较适度，人才结构比较合理，服务功能比较齐全，已成为一定区域的医疗中心。一般乡镇卫生院能够为本乡镇的居民提供基本的医疗预防保健服务，起到了农村卫生网络的枢纽作用。目前，全国95%的行政村有村卫生室，其中村集体办医的占15%。从执业条件上看，80%的村卫生室达到了医疗机构执业许可的基本标准，能够就近为当地居民提供常见病的预防和医疗服务，成为农村卫生服务网络的基础；通过认真贯彻“以农村卫生为重点”的卫生工作方针，以加强农村卫生组织建设为基础、以初级卫生保健为龙头，通过一系列的建设、改革和管理，农村卫生事业得到了整体推进和发展；农村初级卫生保健工作实现了预期目标，通过实施初级卫生保健，增强了三级医疗预防保健网的综合服务功能，预防保健任务在农村基层得到基本落实。儿童计划免疫“四苗”接种率以乡镇为单位保持在90%以上。计划免疫相应传染病得到进一步有效控制。农村卫生建设得到了切实加强，农村卫生管理体制有所理顺，农村重点疾病预防控制得到加强，农村卫生在依法行政方面取得进展。

以农业产业结构调整和加快小城镇建设为契机，在大力发展农业和农村经济的同时，开展农村环保科普宣传教育，控制农业面源污染和农村生活污染、改善农村环境质量是农村环境保护的重要任务。(1)对农村饮用水源的保护。划定村镇集中式饮用水源保护地，加大了保护力度，确保了农村集中式饮用水水源地的水质基本达到标准。(2)防止农作物污染，确保农产品安全。在全国开展土壤污染调查和污染防治示范，建立农产品安全检测和监管体系。加强对农药和化肥环境安全管理，推广高效、低毒和低残留化学农药，禁止在蔬菜、水果、粮食、茶叶和中药材生产中使用高毒、高残留农药。防止不合理使用化肥、农药、农膜和超标污灌带来的化学污染和面源污染，保证农产品安全。结合农业产业结构调整，大力发展生态农业、有机农业和节水农业，积极发展有机食品、绿色食品和无公害食品。(3)控制规模化畜禽渔养殖业的污染。在全国推广畜禽养殖业粪便综合利用和处理技术，鼓励建设养殖业和种植业紧密结合的生态工程；加强渔业资源和渔业水域生态保护；合理确定养殖容量和捕捞强度。重点在“三湖”地区和长江三角洲、珠江三角洲、黄河三角洲地区，大力开展畜禽渔养殖污染、面源污染的综合防治示范。(4)开展秸秆禁烧，促进综合利用。在机场、高速公路、重要铁路干线和高压输电线以及人口集中区禁止焚烧秸秆。大力推广秸秆还田、秸秆气化和其他综合利用措施，开辟工业利用秸秆新途径。发展沼气、节能灶等新能源和新型节能技术，加强农村能源综合建设。(5)保护小城镇环境。采取有效措施防止高消耗和高污染的落后工业向农村，尤其是向西部农村地区转移。加强小城镇环境保护规划，引导乡镇企业适当集中，建立乡镇工业园区，实行乡镇工业污染的集中控制。促进城镇环境基础设施建设，特别是因地制宜地建设城镇污水处理设施和垃圾处理设施，开展环境优美小城镇创建活动。

(六)精神文明建设

农村文化建设始终坚持中国先进文化的前进方向，大力弘扬民族优秀文化，摒弃落后文化，抵制腐朽文化。以乡镇为重点，全面加强了文化阵地、文化队伍、文化活动内容和方式的建设，努力满足广大人民群众日益增长的精神文化需求。(1)加快推进基层文化设施建设。(2)建立了稳定的专兼职的文化队伍，基层文化工作者的思想水平和业务素质不断提高。(3)大力培养和发展了民间文化队伍。积极鼓励民办社会文化团体、民办文化类非企业单位和文化经营户的发展。(4)文化活动丰富多彩。利用现代科技推动先进文化传播，建立和完善了文化信息网络服务体系，加快网络服务平台建设，提高资源共享水平。(5)文化市场得到进一步完善。根据经济、社会和文化发展的实际，制定文化市场建设、发展和管理规划，逐步建立与农村经济和社会发展水平相适应的内容丰富、健康规范的文化市场。(6)农村文化建设纳入政府的重要议事日程。加大了对基层文化建设的投入。文化事业经费的增长不低于当年财政收入的增长幅度；保证了有影响的重大群众文化活动的经费投入；对于群艺馆、文化馆、图书馆等公益文化事业单位的日常工作给予了必要的经费保障。

我国农村广播电视事业在中央正确方针政策的指导下，在各级党委和政府的领导、支持下，在各级广播电视行政部门和广大农村广播工作者的努力下，取得了令人瞩目的成绩。已经建成了具有多种传播手段，多层次、多渠道、多功能的农村广播电视传输覆盖网络，拥有一支相当可观的农村广播电视机构和队伍，许多省、自治区、直辖市的农村广播电视覆盖率逐年扩大。到目前为止全国已建成有线广播专用线路 316 万杆公里，广播喇叭 7891. 2 万只。全国有线广播喇叭入户率为 33. 3%。全国已建成乡镇广播站 4. 2 万个，现代化的广播电视线路 20 万公里，从业人员逾 20 万之众。进入上世纪九十年代以后，许多地方开始采用先进的技术手段在农村发展有线电视，推动我国农村广播电视建设迈上了一个新的台阶。中西部地区“村村通”工程和“进村入户”工程取得了明显成效，目前，已有 1 万多个乡镇开办了有线电视，农村有线电视用户达 2000 多万户，并且每年以 200 万户迅速增长。我国农村有线网已从过去单一的有线广播网逐渐发展成为音频广播与调频广播相结合，有线广播与有线电视相结合的多功能网络。农村广播电视宣传工作导向正确、内容丰富，成为农村贯彻党的路线、方针、政策，传达政令的主要渠道，成为基层党政部门开展工作的主要工具之一，为农村的政治、经济、文化发展做出了重大贡献。

三、转型中的乡镇：小城镇发展问题

(一)从农村集镇到城市化的建制镇

我国传统的乡镇一般以农村集镇形式存在，现在的乡政府所在地往往就是历史上由集市演变过来的集镇。而建制镇则是近现代社会的产物，它除了作为行政区划的中心与乡的建制并列，更作为城镇体系的末端，成为从乡村到城市演进中不可缺少的一环，为各国城市行政管理布局体系所重视。我国建国后的城镇化发展很大程度是受行政区划上的建制镇标准变动而几经波折。

城镇化是农业社会向工业社会转变过程中，伴随工业化而出现的一个必然过程，是工业化的历史结果和必然归宿，也是工业化水平与社会发展水平的一个重要特征。城镇化必须以工业化为基础。没有工业化水平的提高，城镇化就没有牢靠的基础。同时，城镇化能够使得经济与社会要素更为聚集，物流、能量流和信息流更为通畅，能够大大节省经济和社会的发展成本，并能产生非常明显的扩散效应。在工业化水平不断提高的情况下，如果城镇化水平得不到相应提高，反过来会制约工业化进程。国内外的发展规律已经表明，城镇化与工业化是相伴相随的，在工业化水平提高的情况下，必须因时因地制宜地提高城镇化水平。

中国有着悠久的建城史。早在夏商时代，中国就已经出现城市。在相当长的一段历史时期内，中国的城镇化水平位居世界前列。鸦片战争以后，中国沦为半殖民地、半封建社会，传统农业处于停滞状态，民族工商业受到抑制。到1949年，全国市镇人口5765万人，仅占总人口的10.6%，而当时的世界平均城市化水平达到28%，发展中国家的平均城市化水平为16%。自新中国成立到1957年，中国迅速恢复经济并实施了中国的第一个“五年计划”，中国的城镇化水平曾经快速提高。1957年，城镇人口数量曾经达到9949万人，城镇化水平提高到15．4%。随后，由于国家经济发展战略出现严重失误，在“大跃进”过程中采取了违背发展规律的推进工业化与城镇化的手段，加上“文化大革命”时期内乱，城乡经济几近崩溃状态。在万不得已的情况下，不得不压缩城镇人口。1966年，中国城镇化水平为17．8%。1978年，中国城镇化水平为17．9%。在这12年间，中国的城镇化水平基本上没有变化。历史的教训表明，不根据经济社会规律推进工业化和城镇化，经济社会的发展就没有基础，甚至可能出现倒退。

改革开放以后，中国农村劳动生产率大大提高，农村经济得到快速发展，大量农村劳动力向非农产业转移。同时，大批知识青年和下放干部返城，有力地推进了中国的城镇化进程。1984年以后，城市经济体制改革拉开序幕，为城市的发展增添了活力，也为提高工业化水平与城镇化水平奠定了基础。1978年到1993年，中国的市镇人口由17245万人增加到33351万人，城市化率由17．9%提高到28．1%。在短短的15年间，城市化率提高10．2个百分点。到1998年，我国市镇人口进一步增加到37942万人，城市化率达到30．4%。1998年，江泽民总书记在视察长江三角洲农村工作时指出，在大力发展乡镇企业时，积极推进小城镇建设也是一个大战略。1999年，朱镕基总理在人大九届二次会议上的政府工作报告中强调，加强小城镇建设是农村经济和社会发展的一大战略，要积极调整乡镇企业的结构，推进小城镇的建设和发展。2000年以来，中共中央、国务院又发布了《关于促进小城镇健康发展的若干意见》，并在“十五”计划中对小城镇建设作出了进一步的部署。到2003年，我国城镇人口进一步增加到52376万人，城市化率达到40．53%。

(二)小城镇的发展与城乡结构变革

在我国城镇化过程中，小城镇具有举足轻重的作用。在改革开放的初期，一方面，农民的积极性和创造性被空前地激发出来，大量的农村劳动力具有转向非农产业的内在动力；另一方面，中国仍然实行明显的城乡分离制度。在这种情况下，农民“离土不离乡，进厂又进城”，创造性地促进了乡镇企业的蓬勃发展。乡镇企业的发展，直接带动了小城镇的发展。1983～1986年，每年平均设镇1600个左右。城市经济体制改革启动以后，城乡经济开始逐步融合起来并且互为依托，乡镇企业也进入了稳步发展的阶段。1987～1991年，每年平均设镇350个左右。累计八十年代全国小城镇净增8192个。邓小平南巡讲话以后，乡镇企业再次进入高速发展阶段并带动了小城镇建设。1992～1994年，每年平均设镇达1250个。自此以后，乡镇企业进入调整与巩固的阶段，为小城镇的发展打下了基础。1995年以后，虽然每年平均设镇数量急剧下降，但仍然有300个左右。

建立合理的城镇等级结构的内在需要也是小城镇发展的带动力量。上世纪九十年代以后，中国未来的城市带与都市圈发展轮廓逐步显现出来。沿海、沿江和沿线开发的战略格局的初步形成，给小城镇的发展带来了机遇。从城镇化的规律来看，不仅要有大城市，要有中小城市，也需要以小城镇作为其基础。小城镇的发展也是建立金字塔型城镇结构的需要。正是城市带和都市圈发展的需要，直接带动了小城镇的发展。不仅如此，小城镇在联结农村和城市经济社会发展方面也具有不可替代的作用。到 2003 年，乡镇总数达 42620 个，其中建制镇达 20226 个，县城以外的小城镇镇区总人口约 1．91 亿。小城镇类型也极为丰富，有农业基础型小城镇、商贸型小城镇、工业型小城镇、旅游型小城镇和城郊型小城镇等。

对中国而言，小城镇的发展具有战略意义。可以说，没有小城镇的发展，就没有农业的现代化，就没有农村经济的发展，就没有整个国民经济的健康、快速、持续和协调发展，就没有全面建设小康社会的基础。具体而言，发展小城镇的作用主要体现在以下几个方面：

1．吸纳大量农村劳动力，为农业现代化奠定基础，直接增加农民收入，直接促进了农村经济的发展。对中国而言，实现农业现代化的一个前提条件是要实现农业的适度规模经营，如果农村劳动力不能从农业中转移出来，农业的经营规模始终上不去，农业的专业化、机械化、高技术化很难实现。要增加农民收入，要提高农业效益，更要为农民提供非常就业机会。只有大量农村人口在比较效益更高的非农产业就业，农民的收入才能快速提高。1996 年 5 月由国家统计局的小城镇抽样调查和 1997 年开展的第一次全国农业普查结果表明，全国平均每个调查镇镇区就业人口达 1．15 万人，为镇区总人口的 71．6%，比城市高出 23 个百分点。高出来的部分基本上是农民流动就业的结果。1997 年全国建制镇共有各种类型的企业近 54 万个。从行业类型看，工业企业占 45%，批零贸易餐饮业占 33%。从业人员共计 2000 万人。中国城市科学研究会提供的一份资料显示，1998 年全国镇区人口在 3 万人以上的小城镇共有 800 个，目前这批小城镇在集中了 100 多万家具有一定规模的乡镇企业外，还累计吸纳了 6000 多万农村劳动力。

从镇区企业情况看，平均每个镇有企业 950 个，其中第三产业 680 个。小城镇的就业人口大多分布在比农业效益更高的二、三产业。按产业结构分，镇区就业人口平均第一产业为 2000 人，占 17%；第二产业为 5100 人，占 44．4%；第三产业为 4400 人，占 38．6%。

一般而言，乡镇企业集中在县城、建制镇和集镇周围。有关研究表明，乡村 50%的新增非农就业集中在县城、建制镇和集镇周围。可见，发展小城镇是增加农民收入的主要途径。据测算，农村未来 20 年仍将有 1．2～1．8 亿剩余劳动力。如果不发展小城镇，农民就业压力将无法解决。

2．发展小城镇对于刺激消费，开拓市场，拉动经济持续增长具有重要的作用。国家统计局小城镇抽样调查表明，小城镇平均每个镇区设有 2 个集贸市场，其中综合和专业各一个。平均每个小城镇年商品贸易成交额达 1．9 亿元。室内集贸市场比重为 26%。抽样调查表明，平均每个镇社会商品零售总额为 1580 万元，其中生产资料为 540 万元，占 34%；生活资料 1040 万元，占 66%。可见，小城镇的消费是整个消费中的重要组成部分。

中国经济已经越过短缺经济时代，并进入相对剩余时代，消费不足已经成为经济持续发展的主要矛盾。目前，中国城市居民彩电、冰箱、洗衣机等耐用消费品已经基本满足，对一般的居民而言，又不具备购买汽车以及其他高档消费品的能力。在这种情况下，城乡结合部、农村居民的购买能力对于经济的发展具有重要作用。目前，由于农民收入水平增长困难，购买能力受到制约，而城镇居民收入已经超过农村居民收入的 3 倍。在这种情况下，要开拓农村市场，必须统筹城乡发展，为农民进入城镇从事二、三产业创造条件。由于农民 50%以上的非农就业机会与小城镇有关，因此，发展小城镇在增加农民就业和增加农民收入方面的作用不可替代，是开拓市场和刺激消费的重要一环。

3．发展小城镇对于统筹区域发展、缩小地区差距方面具有重要作用。20 世纪八十年代中后期以来，中国中部与西部地区与东部地区之间的差距越来越大。有关研究表明，从地区差距产生的原因来看，城镇化水平较低是其主要原因之一。1980 年，东部与西部城镇非农业人口比重相差 5 个百分点。到 20 世纪末，这一差距已经扩大到近10个百分点。1997年，东部地区乡镇企业占全国总数的一半以上(54%)，从业人员的比重也高达63%，平均每个建制镇拥有乡镇企业39个，高出全国平均数17%，平均每个企业的从业人员达43人，高出全国平均数16%。中部地区占全国乡镇企业总数30%，从业人员的比重为23%，平均每个建制镇拥有乡镇企业34个，墓本上处于全国平均水平，平均每个企业的从业人员达9人。西部地区企业个数仅占总体的16%，从业人员仅占15%，平均每个建制镇拥有乡镇企业仅22个，低于全国平均水平53%，平均每个企业的从业人员仅34人，也低于全国平均水平。今后，要缩小地区差距，必须加快发展中西部地区小城镇，提高城镇化水平和质量。

四、乡镇发展中的突出矛盾和问题

(一)农民负担问题仍然很严峻

农民负担问题。“撤社建乡”以后，农民负担问题日渐暴露出来，1990年以后，农民负担问题愈演愈烈，成为中国大陆农村最注目的焦点问题之一。在对加重农民负担的挞伐中，乡镇政府一时成为加重农民负担的众矢之的。客观地说，乡镇政府对于农民负担负有一定的责任，但是乡镇政府不是加重农民负担的“罪魁祸首”。在“条块分割”体制下，其实有相当一部分从农民身上汲取的经济资源(包括各种税费、摊派)通过“条条”被上级政府部门所拿走。另一方面，则通过所谓的逐级“财政包干”以及随后实行的偏重失衡的分税制(加之政府间自上而下的压力型支配式政治体制的配合)，从乡镇财政直接进行抽取，自下而上地流向上级政府。

早在1985年10月31日，中共中央、国务院就发出了《关于制止向农民乱派款、乱收费的通知》(中发〔1985〕21号)。该通知说，“近几年来，党中央、国务院三令五申，要求切实减轻农民负担，但是大部分地方农民负担仍然不断增加。农民依法纳税和合理上交集体提留是必要的，现在的问题是，除此以外，还要交纳各种摊派款项。有些地方摊派项目达几十种，人均负担十几元、几十元。同时还有各种名目的乱收费、乱罚款、乱集资，远远超过农民的负担能力”。到了1990年，各种向农民征收的项目已达149项之多。1991年农民负担约占上年人均纯收入的13%，已经远远超过了5%的控制线。此后，虽然国家加大了对农民负担的治理、整顿力度，但是农民负担问题始终未有明显好转。事实上，在人民公社时期农民负担要比现今要严重得多。有学者指出，人民公社时期农民负担与上年农民纯收入的比例最高达35.2%(1970年)，最低也有20%(1962年)，一般在25%左右，而且，这些数据尚未将那一时期极为严重的工农业产品“剪刀差”和大量无偿调用农业劳动力计人在内。只是在那时，这些极为严重的农民负担是通过农村基层集体组织隐蔽征收的，被人民公社制度所掩盖。随着农村土地“大包干”的普遍推行以及人民公社制度的最终革除，农民负担问题与农民逐渐产生了直接的利益关联。一开始，农民尚沉浸在家庭承包经营的欣喜之中，而且，农民的实际收入相对于过去确有极大的提高，农民对负担问题尚未来得及感同身受；然而，到了八十年代中后期，农业发展进入徘徊期，农业增产不增收，农民负担问题才日渐突出。特别是，进入九十年代中后期，乡镇企业普遍的不景气，使乡镇财政收入不得不依赖对农民的直接征收(尤其是在欠发达和不发达的农业地区更是如此)，加重农民负担似乎有一种无法遏止之势，农民也因此怨声载道，并开始动摇对农村基层政府的合法性认同。

(二)税费改革

农村税费改革2000年首先在安徽全省进行试点，随后又先后在江苏、湖北和浙江等20个省份全面展开。据最新报道，目前试点地区的农业人口已达6.2亿，约占全国农业人口总数的3/4；试点地区减负幅度一般在30%以上(个别地区达到40%以上)，农民得到的好处预计在300亿元以上。

农村税费改革表面上似乎是为了整治日益泛滥的农村“三乱”问题而进行的减轻农民负担、让民休养生息之举，实则是挽救八十年代中后期以来“国家”在乡村社会日渐加深的治理性危机。从这个意义上来说，与其说农村税费改革是农村分配关系和经济利益的调整，毋宁说是国家基层政权组织在乡村社会重建的一种尝试和努力。这种努力，主要是通过这样两个途径达成的：一是取消一些不合理收费项目，将另一些收费项目并入农业税收中合并征收，从而将农民负担降低并控制(或固定)在某一可以接受的范围之内，农民由于获得实际的经济利益(实惠)对“国家”增进了信任和拥护；二是取消乡镇财政的非预算收入，将乡镇财政的收支纳人预算管理。在随后的改革中，又将乡村教师的工资收归县财政统一发放，并对乡镇财政实行“统管”。这些措施就是为了规范和约束乡镇政府的行为，以免继续向农民乱收费、乱集资和乱摊派。农村税费制度的改革，有利于规范农村分配关系，有利于推进乡镇机构改革，有利于改善干群关系，缓解社会矛盾。

2004年以来，以取消农业特产税和农业税为内容的农村税费改革试点工作在农业主产省展开，大城市、沿海省市纷纷取消了农业特产税和农业税，一些农业主产省也在中央的支持下，减免了农业税。国务院决定用3～5年时间取消农业税。全国取消农业税只是个时间问题。

(三)村民自治

1988年以后，“村民自治”在中国村一级逐步得到推行：村民自治制度在一定程度上重新界定了国家与乡村社会的关系，从而形成了所胃的“乡政村治”的政治格局。由于“乡政”的权力来源、权力结构和管理体制并没有随着村民自治的推行、发展而进行适应性改革，使“乡政”与“村治”之间关系处于一种体制性紧张乃至冲突状态；尤其是村级直接民主选举，内在地激发了乡村人民的民主意识和民主诉求，他们基于自身经济利益、政治权利等方面的考虑，要求改变乡镇政府传统的权威来源方式，将民主直选扩大到乡镇一级，进一步开放乡镇政治，并实际地参与到乡村治理的诸项事务之中。实行村民自治以后，国家通过赋予农民一定的自治权，即通过民主选举、民主管理、民主决策和民主监督以及村务公开，重新赢得了农民对国家政策的服从和对国家义务的遵守。国家在农民的心目中树立了权威，农民则把不满和愤懑撒在一些“粗暴”的乡村干部身上，常常指责他们违背了国家的政策和法律。在推行村民自治中，乡镇政府同样地被推向了农民的反对者一边。从目前的村民自治的发展来看，乡村之间的支配性关系的确是村民自治发展的主要障碍。乡镇政府与村民自治组织之间的关系，权力与义务责任等还没有理顺，有些尚待明确，它们之间的矛盾和冲突仍时有发生，农村基层政权的基础出现了一些裂痕。

(四)乡镇机构和人员膨胀

乡镇机构问题实际上是乡镇政府与县级政府职能部门设在乡镇的“七站八所”之间的“管理”关系不顺的问题。尽管在不同的时期设在乡镇的站所名称、形式、数量不尽相同，但基本上都是这样的，即：有利可图的站所一般都是由县直部门直接管理或者以其为主导、乡镇政府辅助管理，而一些无利可图的站所则被视为“包袱”甩给乡镇政府管理，并由乡镇财政供养。例如，财政、工商、税务、公安、司法、土地、水电、信用社、交通等站所基本上由“条条”管理；文化、广播、卫生院、中小学、农技等事业单位基本上下放给乡镇政府管理。如此一来，那些设在乡镇、由上级主管部门直接管理的站所，势必会在相当程度上瓜分和肢解乡镇政府的大部分权能，同时，又与乡镇政府争夺乡村资源特别是财税资源，使乡镇政府在“权、能、利”三个方面皆不能成为一级完备、统一、效能的政府，以致乡镇政府无法有效领导和管理本区域内政治、经济、教育、科学、文化和社会等各项事业。

乡镇机构的膨胀，主要发生在上世纪八十年代中后期。随着农村家庭责任制的推行以及人民公社体制的瓦解，那时候的村级组织趋于瘫痪和半瘫痪，习惯于行政控制的乡镇政府组织，为了适应乡村基层组织的这一变化，以及出于实际的社会管理、征收税费、计划生产和实施家庭计划生育的需要，最初的反映(无论是自觉或者不自觉的)几乎无一例外是增加人员、扩充机构。在这种情况下，这一时期的乡镇出现了机构和人员的膨胀现象。乡镇政府从最初“政社分开”时的党委、政府“两套班子”很快扩大为“五套班子”甚至六套班子，它们分别是乡镇党委、政府、人大(主席团)、纪委、人武部和一些地区成立的乡镇政协(联络组)，以及一些经济发达地区成立的乡镇经济组织。同时，乡镇政府原来的一些部门助理员设置到此时也分别演化为相应的专门机构，它们要么成为乡镇政府的内设机构，即专职办公室(如民政、计生、企业办公室等)、委员会(如农经委、教委等)或站、所(如统计站、经管站、财政所等)，要么成为乡镇政府的下属单位，属于所谓的“七站八所”之类机构(如公安派出所、司法所、土管所、税务所、工商所、城建所、电管站、计划生育服务站等站所），改由上级主管部门管理，这些新设的机构不少为自收自支单位，其工作人员也相应增加，大多为乡镇自行聘用(非国家编制人员)。据国家统计局等 11 个部委对全国 1020 个有代表性乡镇的抽样调查，平均每个乡镇党政内设机构为 16 个，其人员平均 158 人，超过正常编制的 2—3 倍；平均每个乡镇下属单位为 19 个，其人员达 290 余人，严重超编。依靠收费度日或直接向农民摊派，往往是确保这些新增机构日常运转的主要手段。

(五)乡镇财政危机

农村税费改革在减轻农民负担的同时，势必会减少乡村财政的收入特别是乡镇财政的收入，并因此导致乡镇财政收支的缺口问题。与此同时，乡镇财政原来遗留下来的巨大债务问题也将无法化解。换言之，乡镇财政面临严重的收支缺口和债务压力，并将长期化，农村税费改革以后(2000 年)，安徽省农业两税(农业税和农业特产税)及附加是 37．61 亿元，比改革前 49．25 亿元(包括改革前的农业税、特产税、乡统筹和村提留中的公益金、管理费)减少了 11．64 亿元，再加上被取消的屠宰税和农村教育集资 5．26 亿元，全省乡村两级政策内减少财力就达 16．90 亿元。其中，乡镇财政减收 13．96 亿元，平均每个乡镇减少收入 75．46 万元。虽然目前的转移支付填补了乡镇 85%的政策内减收，但是，在税费改革之前，乡镇财政除了政策内的收入以外，还有政策外的收入。农村税费改革几乎完全取消了乡镇财政的政策外收入，因此，安徽省乡镇实际减少收入平均远远大于 75．46 万元。有人估计，安徽省平均每个乡镇因为农村税费改革减收至少有 90 万元。而在农村税费改革之前，根据安徽省财政部门的调查，全省乡镇一级财政原来就平均负债达 303 万元。这也就是说，农村税费改革对乡镇财政而言不啻为“雪上加霜”。

(六)乡镇债务危机

根据国家农业部 1999 年的一项全面清查，截至 1998 年底，全国乡村两级的实际债务达到 3259 亿元，其中乡级债务高达 1776 亿元，平均每个乡镇负债为 408 万元。而且，最近几年这一负债情况有增无减。背负如此的高额债务，在农村税费改革的刚性约束下，乡镇财政的困境(或危机)势必又会引发对乡镇政府新的合法性危机。实际上，乡镇政府始终处在“两难”的困境之中。即：为了生产和供给乡村公共品，就不得不加重农民负担，因为依据现有的分税制和县乡财政体制，乡镇财政的制度内收入十分有限，而且其主体税源都是一些数额小、分散的和难以征收的税种；如果不加重农民负担，就不能生产、供给基本的乡村公共品，满足广大乡村人民日益增长的公共需求。在这两难之中，乡镇政府面临着双重的合法性挑战：一方面，如果不能满足乡村人民基本的公共需求，生产和供给最起码的乡村公共品，乡镇政府的存在价值就被置疑；另一方面，如果为了生产和供给基本的乡村公共品而加重农民负担超出了农民接受的界限，乡镇政府的合法性同样会大打折扣。农村税费改革虽然减轻了农民负担，但是同时却又将乡镇政府推向了另一种合法性危机之中，由于受财力所限和规范化财政的刚性束缚，不可能有效生产和供给乡村公共品而满足乡村人民日益增长的公共需要。

五、以城乡统筹科学发展观推动乡镇的改革与发展

(一)以城乡统筹科学发展观推动我国乡镇改革

城乡统筹是经济社会发展的必经之路。我国工业化进入中期阶段，客观上为城乡统筹创造了前提和条件。根据世界经济发展的普遍规律：工业化进入中期阶段后，国民经济的主导产业由农业转变为非农产业，经济增长的动力机制主要来自于非农产业，不再需要从农业吸纳资本等要素。农业应获得与工业平等发展的机会与权利，并成为接受“补助”的部门。这个阶段就是二元经济结构向一元经济结构转换过渡，工农、城乡关系开始改善的阶段。根据专家们对我国人均 GDP 或 GNP、产业结构、就业结构和城镇化水平等四项工业化发展指标的衡量：2002 年，人均 GDP 按汇率计算，为 970 美元，农业与非农产业的产值结构大约为 15：85，农业与非农产业的就业结构大约为 50：50，城镇化水平约为 38%。国际经验反映出的工业化中期阶段：人均 GDP 由 700 美元上升到 1500 美元之间，农业在 GDP 总值

中的份额由25%下降到15%，农业人口就业份额由55%下降到30%，城市人口份额由35%上升到50%。通过比较分析，可以判断中国已进入工业化中期阶段。我国现在实行城乡统筹既适逢其时，和工业化中期阶段城乡关系基本特征相适应，又颇具超前眼光。

城乡统筹对于乡镇来讲还有它独特的含义。作为一级财政组织，乡镇政府总是想方设法自筹资金，从而刺激了乡镇面向农民的集资、摊派等行为的扩张，使农民负担问题更加突出，造成国家财税的大量流失，乡村有限资源的掠夺性开发以及乡村社会发展的困顿、萎缩、贫困化。因此，一方面国家对普通民众的控制和汲取的功能不断增强，另一方面，是国家对各级政府机构、各类组织及其成员的约束力不断减弱。乡镇一级政权机构臃肿、运行成本高、公共物品提供能力差，财权与事权、公平与效率矛盾。

城乡统筹是解决乡镇发展问题的迫切要求。通过对近年来乡镇发展过程中的热点问题的分析，我们可以看到，由于不合理的地方行政设置和管理体制，我国乡镇的发展已经到了一个临界点。无论是财政上的事权和财权不配套，还是政府行政层次过多造成的政令不畅，还有因为权力范围过大造成的农民负担过重等等这些问题。要从根本上解决这些问题，必须实行城乡统筹，从本质上对乡镇改革的目标和手段进行调整。在我国目前的经济发展水平下，从城乡统筹的角度出发，在统一管理的前提下，使乡镇往一个服务型政府转变。

(二)增强党在乡镇一级的执政能力

党的十六届四中全会提出了关于加强党的执政能力建设的决定，乡镇一级政府作为党的最基层组织，肩负着重要的责任和使命。乡镇是政治、经济、文化和民主建设的前沿，在我国的基层体现我党立党为公、执政为民的精神。乡镇一级政权，直接面向村民自治组织及广大村民，上传广大农民的呼声，反馈农业和农村中的问题，下达中央在农业和农村的路线、方针、政策，乡镇政府的行政行为在一定程度上代表党的形象，同时也关系到农村社会的繁荣，关系到农业的稳定发展，关系到农民收入的增长。在落实中共中央提出的加强党的执政能力建设的五个重要任务过程中，尤其是在不断提高驾驭社会主义市场经济能力、发展社会主义民主政治的能力、建设社会主义先进文化能力和构建社会主义和谐社会的能力方面，乡镇一级政权组织会起到不可或缺的作用，加强乡镇政权的执政能力具有极其重要的意义。

乡镇一级政权直接面对中国最大的社会群体(农民)，要全面贯彻党的基本路线、基本纲领、基本经验，把握执政规律、提高执政能力、完善执政方略、改进执政方式、巩固执政基础、完成执政使命，保持党同人民群众的血肉关系。

(三)乡镇改革的方向

乡镇政府的改革就是要把乡镇政府职能从包揽一切转变为只提供核心公共产品，从行政管制转变为公共服务，从直接管理转变为间接管理，要按照市场化、小型化、民营化、自治化的原则重塑乡镇政府。

市场化。要求乡镇政府管理引进市场机制，对乡镇政府向社会提供的公共产品进行成本核算，使公共产品发挥最大的经济效益和社会效益。根据这个原则，我国农村社会所需要的公共产品必须一分为二。一部分公共产品必须由上级政府提供，例如电力、煤气、自来水设施等需要有庞大的消费群，才能有生产规模，因而才不会亏本，这种半公共产品应该由上级政府统一提供，而不应由乡镇政府提供。另一部分可以由乡镇政府提供的公共产品则必须进行优化整合，如教育资源的整合。要调整好乡镇政府与市场的关系，减少规制，让市场和民间在公共产品和公共服务的提供上发挥更大的作用。

小型化。实行小政府政策，让乡镇党委、乡镇政府合署办公，使乡镇政府公务员一身兼数职，一专多能，充分发挥乡镇政府公务员的聪明才智。特别是中央提出逐步取消农业税后，一些比较发达的地区政府纷纷响应，农业税逐步取消以后，乡镇税收的主要来源开始转向第二产业和第三产业，如果农村乡镇第二产业和第三产业发展不起来，那么，乡镇政府的小型化更是势在必行。要重新划分行政区划，扩大乡镇规模，加快农村城镇化步伐，具体的做法可以是农村人口向县城集中，也可以是乡镇合并，边远村镇向中心乡镇集中。乡镇规模大了，政府行政管理机构和政府行政管理人员相对就减少了，政府向社会提供的公共产品的经济效益和社会效益就可以大大提高了。

民营化。主要是建立政府与社会、企业的关系，减少政府职能，将减少的职能移给社会，利用社会力量，包括与民营企业建立固定和非固定的伙伴关系，以合同出租或核发许可证等方式，让公共服务社会化、民营化，减少乡镇政府的公共开支。例如半公共产品的供给就可以实行民营化体制。乡镇政府因为其管理能力薄弱，在一般情况下，需要从垄断性行业里面退出，这样对提高市场效率有益处。

自治化。是指对乡镇与自然村的关系进行调整，最大限度实现村民自治。建立和完善村委会、社区和专业技术协会等社会组织，通过社会组织和社会中介组织保护农民的利益，维护农村的社会治安，控制农村人口的增长，协调农民之间的互助等。

中国乡镇发展报告发布

2004年11月3日，2004年中国乡镇发展报告正式发布。国务院发展研究中心农村经济研究部副部长谢扬在中国乡镇发展高层论坛上代表课题组发布这个报告时指出，我国的乡镇体制的改革适合我国农村经济的发展，解放了农村生产力，已经并将继续促进农村经济的发展。

据了解，农业基础型小城镇、商贸型小城镇、工业型小城镇、旅游型小城镇、城郊型小城镇等类型不断丰富的乡镇正日益促进我国城乡经济的发展。到2003年，我国乡镇已达42620个，其中建制镇达20226个，县城以外的小城镇总人口约为1.91亿。

报告在回顾了农村经营制度建立、乡镇企业“异军突起”、政治民主化进程不断加快、乡村文教卫生加快发展等乡镇发展的历史轨迹后指出，我国乡镇的发展正处于一个转型期，小城镇的发展对于吸纳农村劳动力，促进农村经济发展，刺激消费，缩小地区差距有着重要作用。

报告同时指出，我国乡镇发展中还存在乡镇机构和人员膨胀、乡镇财政免机等突出矛盾和问题。要从根本上解决这些问题，必须实行城乡统筹，从本质上对乡镇改革的目标和手段进行调整，切实把乡镇政府职能从包揽一切转变为只提供核心公共产品，从行政管制转变为公共服务，从直接管理转变为间接管理，要按照市场、民营化、自治化的原则重塑乡镇政府。

我国城镇化进入快速发展阶段

我国城市化已进入加速发展期，城市发展和竞争力的不断增强，正成为中国经济增长和竞争力增强的重要引擎。从1978年至2003年，我国城镇化率由17．92%提高到40．53%，每年提高近1个百分点。特别是自1998年以来，在国家积极财政政策的带动和我国经济高速发展的拉动下，我国城镇化水平已进入一个快速发展阶段，城镇化率每年都保持了近2个百分点的增长。截至2003年底，我国城市数量从改革开放初期的193个增加到662个，其中超大、特大城市已达46个，建制镇2．06万个，城镇总人口5．02亿。城市已成为我国国民经济发展的重要载体，城市经济对我国GDP的贡献率已超过70%。

近几年，我国中央和地方各级政府对城市建设高度重视，在资金、政策上给予大力支持，对城镇化起了至关重要的作用。2003年，我国城镇固家资产投资占GDP的比重已从以前的不足1%上升到4．2%，实际完成投资额达4882亿元，都是建国以来最高的。国家积极财政政策的实施，对促进我国城市基础设施的快速发展起了重要作用。1998年以来，国家在全国城市基础设施建设项目上投入的国债资金为722亿元，6年共完成城建投资14897亿元，带动地方财政等相关资金的投入达2500亿元。

城市基础设施建设市场化进程的加快，对我国近年城市化水平的提高起了一定的促进作用。近年来，全国各地通过采取特许经营权转让、发行企业债券等办法，将有盈利的城建项目推向市场，盘活存量，吸引民间投资，都取得了明显效果。2003年，我国城市建设项目中，企业通过股份制改造，自筹资金的比重已达33%，外资投入占2%，企业债券占0．4%，投资主体多元化格局正逐步形成。城市化水平的提高，反过来也推动了我国国民经济的发展。在我国，城市化水平每提高一个百分点，新增加的城市人口大约为1500万。而新增1500万城市人口，相应的城镇基础配套设施，又需新投入1200多亿元，对市场的拉动直接而且明显。如今，无论是大中城市还是小集镇，都在发生着日新月异的变化。无论是展现在人们面前的城市建筑、道路、交通、绿化，还是深藏城市地下的供水、排水、供电、供气设施等，都为生活在城里的每一个人提供着便利快捷的生活环境。目前，我国城市市政设施建设快速发展。2003年末，拥有城市道路20．8万公里、道路面积31．6亿平方米，城市人均道路面积9．34平方米。城市建成区绿化覆盖面积88．2万公顷，全国拥有城市公共绿地面积22万公顷，城市人均拥有公共绿地6．49平方米。同时，城市服务功能不断增强。城市供水积极推进，目前城市供水总量475亿立方米，城市用水普及率86．2%。城市燃气供应结构继续调整，城市燃气普及率76．7%。城市公共交通设施服务能力提高，全国城市拥有公共交通车辆25．9万台，城市出租车辆90．3万辆，这些都极大方便了人民生活。

全国小城镇综合发展指数测评报告

(2005年2月18日)

当前，加快我国城市化进程的一个重要方面是将一些重点镇发展成具有城市特征的中小城市。因此，利用乡镇统计资料开展全国小城镇综合发展水平测评，研究我国小城镇发展水平、生活质量、发展潜力，对促进我国城市化进程具有重要的现实指导意义。

一、测评对象的概念界定

我国实施城乡二元化管理模式形成了城市、乡和镇三种基本社会聚集格局。

（一）城市　凡经国务院批准，设置建制市人民政府所在地均列为城市。城市通常有人口集中、工商业发达、以非农业人口居多等特点，它是周围地区政治、经济和文化活动的中心。

（二）乡　乡是农村的基层行政组织。它在上联国家政权组织，下联村民自治组织和农户方面发挥桥梁和纽带作用。乡下属的组织形式是村民委员会，人口以农业人口为主。

（三）镇　指经省、自治区、直辖市人民政府批准成立的，按行政建制设立的镇，通常也将其称为小城镇。其规模比城市小但又初步具备了城市基本要素，它是农村脱离自然状态向城市化发展迈进的第一步。其辖村委会和居委会两种组织形式。小城镇虽然在行政级别上与乡相同，但它的功能远超过乡。目前，有些地区将一些镇改名为街道办，但其功能仍与镇相同，在统计上也列为镇的范畴。

党的“十六”大提出的统筹城乡发展，全面建设小康社会的宏伟目标，为我国小城镇发展指明了方向。为此，结合全面建设小康标准，立足现状，兼顾指导性和可操作性，构建了全国小城镇综合发展测评体系，并对2003年全国近2万个小城镇（包括城关镇）进行了综合测评，评定出1000个综合发展水平较高的小城镇（以下简称千强镇)。

二、测评的指导思想和主要测重点

以科学发展观为指导，以科学的测评体系为手段，以综合发展水平为标准是本次测评的总体指导思想。具体侧重以下三个方面。

（一）强调小城镇经济发展水平的评价　发展是硬道理，发展是第一位的，只有经济发展，才能实现全面建设小康社会的宏伟目标。小城镇经济发展体现在经济发展规模、发展水平、城镇化水平和聚集人口能力等方面。

（二）以人为本，注重人民生活质量的评价　一个地区的社会经济发展的目的是提高人民生活水平。生活质量高低应该作为测评一个地区综合发展水平的重要方面。

（三）坚持走可持续发展道路是我国今后的发展方向，小城镇综合发展水平测评必需坚持这一发展方向　基础设施、环境建设和教育水平等发展潜力的方面内容也应作为一个重要测评点。

三、测评指标的选择

根据测评指导思想，我们主要从发展水平、生活质量和发展潜力三个方面来选择测评指标。根据全国乡镇基本情况调查方案，我们初选了30个指标，利用主成份分析法、聚类分析和因素分析等数学方法，对初选指标进行鉴别力分析，计算它们的离散系数，删除那些鉴别力小，数据质量不高的指标，最终选择了 25 个指标作为本次小城镇综合发展指数测评的指标体系。

	模块	子模块	指标	测评内容
综合发展水平	发展水平	规模水平	总人口 外来人口比重 外来劳动力比重	人口规模、聚集外来人口和劳动力的能力
			财政总收入	经济总量
			企业个数 其中：工业企业	工业化进展程度
		平均水平	人均财政收入 农民人均纯收入	人均财力
			每个企业利润 每个企业上缴税金	企业规模和效益水平
	生活质量	镇区生活设施	镇区人均住房面积 镇区自来水普及率 镇区有线电视入户率 镇区生活燃气普及率 全镇万人拥有医院个数	居民生活方便程度
			镇区面积占全镇面积比重 镇区人口占全镇人口比重	反映城镇化进程水平
	发展潜力	资金和资源	居民人均储蓄余额	资金方面潜力
			人均耕地面积 公路密度 万人拥有供水站数 万人拥有垃圾处理站数	资源和基础设施方面潜力
		教育	每镇拥有教师人数 平均每个学校学生数 万人拥有图书馆、文化站数	教育文化方面潜力

四、测评方法

（一）将每个入选指标数据标准化后指数化　数据标准化处理主要包括数据同趋化处理和无量纲化处理两个方面。数据同趋化处理主要解决不同性质数据问题，对不同性质指标直接加总不能正确反映不同作用力的综合结果，须先考虑改变逆指标数据性质，使所有指标对测评方案的作用力同趋化，再加总才能得出正确结果。数据无量纲化处理主要解决数据的可比性，在此我们采用指数化处理方法。指数化处理以指标的最大值和最小值的差距进行数学计算，其结果介于 0～1 之间。具体计算公式如下：

$$z_i = x_i - x_{min} / x_{max} - x_{min}$$

其中：zi 为指标的标准分数

xi 为某镇某指标的指标值

xmax 为全部镇中某指标的最大值

xmin 为全部镇中某指标的最小值

经过上述标准化处理，原始数据均转换为无量纲化指标测评值，即各指标值都处于同一个数量级别上，可以进行综合测评分析。

（二）指标权数确定　使用标准化处理后的数据进行综合测评，还必须对各参评指标做出较为科学的权数调整，合理反映各测评指标的影响和作用程度，以便得出科学合理的综合测评结果。指标权数的确定一般有二种方法：一是主观赋权，即专家赋权，这种方法的缺点是受人为因素的影响较大。二是客观赋权，是指从原始数据出发，通过一定的数学转换，运用数理统计方法取得指标权重的一种赋权方法。这种方法客观性强，没有人为因素的影响，如主成份分析、因素分析法等。在此，我们采用了主成份分析法确定指标权重。

（三）综合发展指数的计算　经过前述的数据处理和指标权数的确定，即可计算各建制镇的综合发展指数，公式为：

$$y = \Sigma y_i = \Sigma z_i t_i$$

其中：y 为综合发展指数

yi 为第 i 个指标的发展指数

zi 为第 i 个指标经无量纲化处理后的数据

ti 为第 i 个指标权数。

指数的经济意义：综合发展指数值的范围是介于 0 到 200 之间，单项指数范围介于 0 到 100 之间，每一个指数值代表一个镇在某方面的水平高低，指数为 100 代表基期年度的最好水平。在综合发展指数值中，每个指数值代表一个镇在某年度综合发展的水平和程度。

五、测评的结果

测评结果显示：千强镇主要分布在北京、天津、河北、山西、内蒙、辽宁、吉林、黑龙江、上海、浙江、江苏、福建、江西、安徽、河南、山东、湖南、湖北、广东、广西、重庆、四川、云南和贵州等二十四个省（市）。其中在长江三角洲和珠江三角洲的江苏、浙江、上海和广东数量较多。超过 20 个的省市有：江苏有 266 个、浙江有 268 个、广东有 152 个、上海 102 个、山东 49 个、福建 40 个、北京 29 个。（“全国小城镇综合发展指数排名前 1000 位名单”见本书附录）

六、千强镇的主要发展特征

（一）综合实力强，发展水平高　综合实力千强镇具有较雄厚的经济实力，经济发展水平大大高于全国乡镇平均水平。据统计，2003 年，千强镇人口仅占全国小城镇人口的 10%，但创造的财政收入占到了全国小城镇的 50%左右，居民储蓄存款余额占 45%；财政总收入平均每个镇达 1.55 亿元，是全国小城镇平均水平的 10 倍多。

（二）企业多、吸纳劳动力能力强　镇域经济发展的主要动力来源于二三产业的发展，尤其是企业数量和规模的扩大。千强镇大都有企业多、吸纳外来人口能力强的特征。据统计，千强镇 2003 年拥有乡镇企业个数达 150 万个，占全部企业数的 15%；吸纳外来人口达 2400 多万人，外来人口占全镇总人口比例达 30%。千强镇对人口和企业的集聚作用正在显现。

（三）基础设施好、人民生活水平高　千强镇在致力于经济建设的同时，不放松基础建设，逐步形成了经济与环境的良性互动，呈现出了较高的发展潜力。交通条件：千强乡镇公路密度达到了 1.2 公里/平方公里，是全部镇平均水平的 1.9 倍。教育条件：平均每个学校在校学生人数达到了 712 人，是全部镇平均数的 2 倍，表明千强镇教育规模和水平都比较高。医疗卫生：平均每万人拥有的医生数达到了 20 人、拥有的病床数 21 床，分别比全部镇平均数高出 25%和 30%，表明生活在千强镇的人们可以享受到更便利、更优越的医疗卫生服务。镇区居民自来水普及率、有线电视入户率均在 80%以上。

（四）从各种发展水平来看，地处珠江三角洲的广东区域内的镇，表现出较高的城镇化水平，其经济类型测重于外向型经济；地处长江三角洲的上海、江苏和浙江区域内的镇表现出较好的生活质量，其经济类型侧重于民营经济，人民生活富裕程度相对均衡。

全国撤并乡镇工作

2004 年 1 月，中共中央、国务院下发的《关于促进农民增加收入若干政策意见》指出，要“进一步精简乡镇机构和财政供养人员，积极稳妥地调整乡镇建制，有条件的可实行并村”。为贯彻落实中央一号文件精神，民政部下发了《关于贯彻中发〔2004〕一号文件精神继续做好乡镇行政区划调整工作的通知》，要求地方从实际出发进一步调整乡镇村的规模，特别是有的地方乡镇规模调整是上世纪 90 年代初期完成的，有条件、有必要的还可以继续调整。在有条件的地方积极稳妥地做好并村工作。截止到 2004 年 9 月 30 日，有 20 个省（自治区、直辖市）继续开展了撤并乡镇工作，全国撤并乡镇 864 个。

撤并乡镇有利于精简机构，减少乡镇行政人员和财政开支，降低管理成本，减轻农民负担，是解决中国“三农”问题的重要措施；有利于优化资源配置，促进乡镇的经济发展；有利于优化小城镇体系，促进小城镇建设，从而推进中国城镇化进程。据了解，一般乡镇设置各类机构 20 个左右，每个乡镇按 100 名管理干部计，每人每年的财政支出按 1 万元算，减少 864 个乡镇，就精简机构 17280 个，裁减财政供养人员 86400 人，减轻财政负担 8．64 亿元。不仅如此，还有许多大广场、宽马路等基础设施建设的费用，减少的财政开支更多，大幅度降低了行政成本，大大减轻了农民负担。

农村村民自治

村民自治，简而言之就是广大农民群众直接行使民主权利，依法办理自己的事情，创造自己的幸福生活，实行自我管理、自我教育、自我服务的一项基本社会政治制度。村民自治的核心内容是“四个民主”，即民主选举、民主决策、民主管理、民主监督，因此，全面推进村民自治，也就是全面推进村级民主选举、村级民主决策、村级民主管理和村级民主监督。

（一）全面推进村级民主选举，把干部的选任权交给村民

民主选举，就是按照宪法、村委会组织法、实施村委会组织法办法和村委会选举办法等法律法规，由村民直接选举或罢免村委会干部。村委会由主任、副主任和委员三至七人组成，每届任期3年，届满应及时进行换届选举。选举实行公平、公正、公开的原则，把“思想好、作风正、有文化、有本领、真心愿意为群众办事的人”选进村委会班子。也就是说，选出一个群众信赖、能够带领群众致富奔小康的村委会领导班子。

（二）全面推进村级民主决策，把重大村务的决定权交给村民

民主决策，就是凡涉及村民利益的重要事项，如乡统筹的收缴方法，村提留的收缴和使用，享受误工补贴的人数及补贴标准，从村集体经济所得收入的使用，村办学校、村建道路等公益事业的经费筹集方案，村集体经济项目的立项、承包方案及村公益事业的建设承包方案，村民的承包方案，宅基地的使用方案等，都应提请村民会议或村民代表会议讨论，按多数人的意见作出决定。

（三）全面推进村级民主管理，把日常村务的参与权交给村民

民主管理，就是依据国家的法律法规和党的方针政策，结合本地的实际情况，全体村民讨论制订村民自治章程或村规民约，把村民的权利和义务，村级各类组织之间的关系、职责、工作程序以及经济管理、社会治安、村风民俗、计划生育等方面的要求，规定得明明白白，加强村民的自我管理、自我教育、自我服务。村民自治章程是村民和村干部自我管理、自我教育、自我服务的综合性章程，也是村内最权威、最全面的规章，村民形象地称之为“小宪法”。村规民约一般是就某个突出问题，如治安、护林、防火等作出规定，作为村民的基本行为规范。

（四）全面推进村级民主监督，把对村干部的评议权和村务的知情权交给村民

民主监督，就是通过村务公开、民主评议村干部和村委会定期报告工作等形式，由村民监督村中重大事务，监督村委会工作和村干部行为。民主监督的重点是村务公开，凡是村里的重大事项和村民普遍关心的问题，都应向村民公开。

村民自治主要成就

农村村民自治，是伴随着农村经济体制改革产生和发展的。在这个过程中，民政部门作为负责指导农村基层民主政治建设的职能部门，忠实地履行自己的职责，坚定不移地贯彻党的方针政策和国家的法律法规，依法维护农民的民主权利，取得了显著成效，得到了各级党委、人大和政府的信赖，得到了人民群众的支持。

（一）撤销村公所和管理区，改设村民委员会

从1980年第一个村民委员会建立，到80年代中期，各地普遍建立了村民委员会组织。但在村民自治推行的初期，由于对村民自治的认识不同，究竟在多大的范围内建立村民委员会没有固定的模式和硬性的规定。全国绝大多数地区是以原来生产大队管辖范围为基础建立了村民委员会，以生产队的管辖范围为基础建立了村民小组。但也有少数地区以原来的生产队（自然村）或两三个生产队为基础建立村民委员会，以原来的生产大队管辖范围为基础建立了村公所或管理区，作为乡镇的派出机构或中间环节。广西、广东、云南尤为突出，全国其他一些省份也有类似情况。例如，作为村民自治发源地的广西，1987年下半年开始，陆续把原来以生产大队为基础建立的村民委员会改为“村公所”，作为乡镇的派出机构，直接行使管理村民的行政职责，而把村民委员会下设在自然村（主要是原来的生产队）。如此一来，全区的村民委员会数量一下子由原来的14737个猛增至7万个，平均所辖人口仅500人。随着经济、社会发展和村委会组织法的贯彻落实，村公所体制逐渐暴露出管理层次多、机构重叠、农民办事难、干部数量多、加重农民负担等弊端，与时代潮流不符，与村民自治的要求背道而驰。有鉴于此，1993年中共中央下发了7号文件，提出“为减少管理层次，乡镇不再设置派出机构村公所。”此后，各地开始了撤销村公所和管理区的工作。数量不大的省份，在中央文件下发后不久，就陆续撤销了不合时宜的村公所。到1995年，广西全区顺利地完成了撤销村公所的任务，在原村公所管辖范围建立了村民委员会，基本上恢复了1987年前村民委员会的规模。继广西之后，从1998年下半年开始，广东在全省范围内开展了撤销管理区办事处，设立村民委员会，理顺农村基层管理体制的工作，到1999年下半年，全部完成了撤区改村任务。云南省从1999年5月份开始，进行了改革村级组织体制的试点工作，在总结试点经验的基础上，全省开展了撤销村公所（管理区），设立村民委员会，实行村民自治的工作，到2001年上半年，全省顺利完成了改革任务。撤销村公所或管理区，是第十次民政会议以后，民政部门在推进农村基层民主建设方面取得的第一个胜利。撤销村公所，设置村民委员会，不仅减少了管理层次，精简了村干部职数，而且在全国范围内建立健全了村民委员会组织，极大地推动了村民自治体制的完善、发展。

（二）深入开展村民自治示范活动

村民自治示范活动是上世纪80年代末期辽宁省沈阳市等地在贯彻实施《村民委员会组织法（试行）》过程创造的。1990年中央19号文件肯定了这一做法，要求“每个县都要选择几个或十几个村，开展村民自治示范活动，摸索经验，树立典型。”根据这一要求，民政部于1990年9月26日专门下发了《关于在全国农村开展村民自治示范活动的通知》，要求各级民政部门要选择有一定工作基础的县（市）、乡（镇）、村作为示范单位，组织示范活动。县级民政部门侧重抓示范村，有条件的也可以抓示范乡（镇）；地级民政部门侧重抓示范乡（镇）；省级民政部门主要抓示范县。民政部还同时决定把莱西县作为全国村民自治示范县。该通知对村民自治示范活动的内容和标准提出了明确要求。开展村民自治示范活动的目的：一是积累和摸索经验，总结村民自治的办法、措施；二是树立和推广典型，通过典型使干部、群众明白什么是村民自治，如何实行村民自治；三是以点带面，全方位推动村民自治进程。此后，各地开始了声势浩大的村民自治示范活动。在总结经验的基础上，1994年2月，民政部印发了《全国村民自治示范活动指导纲要（试行）》，对示范活动的目标、示范单位的任务、示范活动的措施提出了明确要求。同年12月，民政部办公厅又印发了《关于全国农村村民自治示范单位命名管理工作的意见》，对命名标准、示范单位布局、命名程序进一步提出了要求。1995年11月，民政部在京召开了全国村民自治示范工作经验交流暨表彰会议，第一次命名表彰了31个“全国村民自治模范县（市、区）”。1998年4月上旬，民政部在河南省许昌市召开了全国村民自治工作经验交流会议（以下简称许昌会议），总结交流了十年来村民自治工作的基本经验，研究部署了贯彻落实党的十五届三中全会精神和新颁布的村委会组织法的任务措施，命名表彰了第二批95个全国村民自治模范县（市、区、旗）。村民自治示范活动，是民政部门推动农村基层民主的一条成功经验，也是推动工作的一个有力抓手和有效措施。

（三）提炼、丰富和规范“四个民主”

村民自治的核心内容是“四个民主”，即民主选举、民主决策、民主管理、民主监督，但“四个民主”的内容并不是一下子形成的，而是随着村民自治实践的发展和基层群众的创造而逐步提炼、归纳而成的。在村民自治开展的初期，最早受到关注和重视的是民主选举，在选举的实践中，候选人确定从上级指派、党团组织提名、村民联名到村民一人一票直接提名，出现了“海选”、竞选，设立秘密写票处，村主任、副主任和委员三个职务都实行差额选举，当场计票、唱票，当场公布选举结果，彻底摆脱了“上面定框子，群众画圈子”的不正常状况，实行了真正的公正、公开、公平的选举，并逐步走上规范化、制度化的轨道。其次是民主决策，如何实现群众当家作主，自己的事情自己说了算，最大的突破莫过于村民代表会议的创立和完善。试行法时，民主决策只是规定了村民会议一种形式，但由于中国农村千差万别，村落规模大小不一，在一些人数较多、居住分散的村庄，召开村民会议面临着难组织、难召开、难议决等实际困难，在这种情况下，山东、河北、四川等地的一些农村创设了村民代表会议这种形式，效果相当不错。民政部及时总结推广了这一做法，并明确要求各地在开展村民自治示范活动中建立村民代表会议制度。修订后的村委会组织法专门把村民代表会议纳入了法律条文。再次是民主管理，民政部及时总结推广了山东章丘等地创造的依法建制、以制治村、民主管理的经验，通过发动村民制定村民自治章程、村规民约等形式，实现村民的自我管理、自我教育，做到既约官又约民，改变了过去农村规约只约民不约官的现象。最后是民主监督，村民如何有效地监督村干部，始终是农村基层管理中的一个难题。在实践中，基层干部和群众创造了村务公开、民主评议村干部、村委会定期向村民报告工作等方式，发挥了有效的作用。特别是村务公开，得到了村民群众的普遍欢迎，还了干部一个清白，给了群众一个明白，干群关系明显改善。民政部门在总结各地经验的基础上，把村民自治的内容概括、提炼为“四个民主”，并在实践中不断丰富发展。1995 年，“四个民主”第一次写进了党的十五大报告，1998 年通过的党的十五届三中全会决定和修订后的村委会组织法，进一步肯定了这一提法。“四个民主”的内容正逐步被人们所接受，并在人们的社会生活中发挥着愈益重要的作用。

（四）推动建立健全村民自治的配套法规

社会主义民主和法制是不可分割的。村民自治是农民群众广泛参与的民主实践活动，必须在法律法规规定的范围内进行。制定法律、法规是全国人大和地方人大的职责，但民政部门作为指导村民自治的职能部门，有责任也有义务推动村民自治配套法律法规的制定和完善。在推行村民自治过程中，民政部门始终把制定和完善法律法规作为自己的一项重要任务。1987 年，根据全国人大和中央领导的指示，民政部门负责起草的《村委会组织法（试行）》获得全国人大常委会第 23 次会议通过，为开展村民自治提供了法律保障。在试行期间，全国共有 25 个省、自治区、直辖市制定了贯彻试行法的实施办法和意见，9 个省、自治区制定了专门的村委会选举法规或行政规章。根据试行法的情况，民政部门又及时提出了修订村委会组织法的草案和意见，在充分征求全国人民意见的基础上，获得九届人大常委会第五次会议的通过，取消了“试行”二字，更加明确地规定了“四个民主”的内容，为村民自治、保障农民直接行使民主权利提供了更为可靠的法律保障。此后，在短短的三年时间内，有 19 个省、自治区、直辖市制定出台了村委会组织法实施办法和村委会选举办法（即“两个办法”），有 5 个省制定了实施办法，其中 4 个省的实施办法详细规定了村委会的选举程序，另外有 6 个省份专门制定了村委会选举办法。在市、县级层面，制定出台了一些指导村民自治工作的政策规定；在村级层面，则是制订或修订村规民约和村民自治章程，有近 80% 的村制定了规约或章程。法律法规、规章制度的出台和完善，初步形成了较为完善的村民自治法律制度体系，为全面推进村民自治提供了法律依据和政策依据，大大加快了村民自治的法律化、制度化、规范化进程。

（五）广泛开展民政干部和乡村干部培训

加强农村基层民主政治建设，全面推进村民自治，迫切要求民政干部和乡村干部增强民主法制观念，提高民主管理能力。因此，加强对民政干部和乡村干部的培训工作，提高民政干部和乡村干部的基本素质就显得尤为重要。近些年来，民政部门始终把培训民政干部和乡村干部作为推进村民自治的重要一环，坚持不懈，抓紧不放。重点抓了四个方面的培训：一是民政干部，各级民政部门分级分批对主管基层政权建设和基层民主政治建设的民政业务干部进行了培训，中央、省级重点抓示范培训，地市、县乡抓普及培训，避免“以其昏昏，使人昭昭”的情况出现。二是选举骨干，凡举行村委会换届选举，不仅要事先对县级以上选举骨干进行培训，而且还有重点地对乡级指导组成员、包村干部、村民选举委员会成员进行培训，使他们掌握法律法规和有关政策，熟悉选举程序和办法。三是乡镇干部，通过培训，使乡镇干部提高对村民自治的认识，转变工作作风，正确处理与村委会的关系，掌握指导村民自治的基本知识。四是新当选村委会干部，重点解决他们如何处理好同党支部关系、如何同农民打交道、如何做好新时期的农民工作等村务管理中“不懂不会”的问题。各级民政部门在培训工作中，坚持从实际出发，在培训对象上，注意层次性，在培训内容上，注重针对性，在培训形式上，讲究灵活性。同时重视培训教材建设，编写出适合农村情况的培训教材和培训大纲。近几年，民政部先后编写出版了“民政系统农村基层政权建设公务员系列培训教材”（一套九本）和“乡村干部村民自治知识培训教材”（一套九本），以及《村委会组织法学习读本》、《村民委员会选举规程》、村民自治宣传挂图、“四个民主一套车”（录像带和 VCD），颇受民政干部和乡村干部的欢迎，为宣传党的方针政策、国家的法律法规和村民自治知识，推动农村基层民主政治建设发挥了重要作用。

（六）认真接待处理群众来信来访

据中办国办、全国人大、民政部的信访部门统计，自新的《村委会组织法》颁布实施后，有关村民自治工作的来信来访量呈大幅度增长态势，而且大量的是集体或群体上访。客观分析我们不难发现，农民上访，大量反映的乡村干部违法施政、集体财务管理混乱、乡村干部贪污腐败、选举程序违法、村务政务不公开等问题，许多问题是农村基层管理中多年积累而成的，并不是村民自治本身造成的，对这些问题，长期以来，农民一直找不到反映问题的渠道，有些问题即使反映了也没有得到解决。实行村民自治，特别是村委会组织法颁布实施后，农民手中有了法律武器，自然而然要讨一个说法，而村民自治恰好给释放农村多年积累的矛盾找到了一个“出口”。这是村民自治上访增加的重要原因。农民上访说明农民群众还相信党和政府，相信有关部门会给他们一个公正的说法，说明我们的工作还没有做到家，还存在各种缺点和不足，还有不少不尽人意的地方；同时也说明老百姓对他们民主权利的重视，说明他们的民主意识在增强，法律意识在提高，农民群众在实实在在地运用自己的民主权利，用法律武器来维护自己的合法权益。民政部门始终把处理好群众来信来访，作为自己的重要职责，也把它作为联系群众、了解民情、推动工作的重要渠道。对每一件群众来信或来访，都要认真分析，调查研究，弄清情况，做好上访群众的引导和疏导工作，晓之以理，动之以情，化解矛盾，维护稳定。同时，加大执法力度，对侵犯农民民主权利的各种违法行为坚决依法查处，该纠正的纠正，该追究有关当事人责任的依法追究当事人的责任，决不姑息迁就，以确保村委会组织法的顺利实施，依法维护农民群众的民主权利。

中国农村基层民主概况

农村基层民主是我国社会主义民主政治建设的重要组成部分。党和国家历来十分重视。以毛泽东、邓小平、江泽民同志为核心的党中央三代领导集体都曾作出过重要论述。这种根植于中国大地上的“草根民主”，已从一棵稚嫩的小草，成长为一棵枝繁叶茂的大树。

健全的城乡基层政权组织。在城市，有市辖区人民代表大会和人民政府，有街道办事处，还有居民委员会和家属委员会；在农村，有乡镇人民代表大会和人民政府，还有村民委员会。截止到 1998 年底，全国共设有市辖区 737 个，街道办事处 5732 个，居民委员会 119042 个，家属委员会 12087 个，有街道干部、居委会干部约 100 万人；有乡 25712 个（其中民族乡 1517 个），镇 19216 个，村民委员会 832987 个，有乡镇干部约 300 万人，村干部 358 万人。这些密如蛛网般的基层政权组织几乎遍布城乡各个角落，成为开展基层民主的重要阵地和组织依托。长期以来，它们充分发挥了党和政府联系人民群众的桥梁和纽带作用，体现了我国人民民主专政强大的政权基础。

日趋完善的村民自治制度。在农村基层推行村民自治，让村民群众自己办理自己的事情，实行自我管理、自我教育、自我服务，是我国社会主义政治制度的一大特点和优势。十一届三中全会以后，亿万农民群众在党的领导下创造了村民自治，成为与包产到户、乡镇企业并列的农村改革三大成果之一。1982 年宪法，第一次确认了村民自治制度的法律地位。之后，人们在实践中又把村民自治的内容提炼概括为“四个民主”，即民主选举、民主决策、民主管理、民主监督。1997 年 9 月召开的党的第十五次代表大会，第一次把“四个民主”的内容写进了政治报告。1998 年党的十五届三中全会，充分肯定了村民自治的历史地位，把进一步扩大农村基层民主，全面推进村民自治，作为我国农村跨世纪发展的重要目标和方针。全国农村普遍进行了三至四届村委会换届选举工作，选举的民主化、规范化程度不断提高。亿万农民以空前的政治热情，积极参加村民自治活动。在村委会选举中，村民的参选率高达 90%以上。全国 60%以上的村委会建立了村民会议、村民代表会议和村务公开制度，实行了村务和财务公开，建立了“公开栏”，制定了村民自治章程和村规民约。各地广泛开展了村民自治示范活动，目前，已有国家级村民自治模范县（市、区、旗）95 个，省级村民自治模范县（市、区、旗）488 个，村民自治模范乡镇 10754 个，村民自治模范村 207898 个，基本上实现了省有模范县、县有模范乡镇、乡镇有模范村的格局。“四个民主”逐步深入人心，村民自治制度日趋完善。

逐步配套的村民自治法律法规。1987 年 11 月 23 日，第六届全国人大常委会第二十三次会议审议通过了《村委会组织法(试行)》，并于 1988 年 6 月 1 日施行。1998 年 11 月 4 日，在总结村民自治十年实践经验的基础上，第九届人大常委会第五次会议又审议通过了修订后的《村委会组织法》。新法的颁布实施，为村民直接行使民主权利，依法开展自治活动，进一步建立健全村民自治制度，提供了可靠的法律保障。各省、自治区、直辖市结合本地实际情况，纷纷制定出台了《村委会组织法》实施办法和村委会选举办法。截止目前，已有广东、安徽、江西三省制定出台了村委会组织法实施办法，广东、山东、安徽、甘肃、湖北、新疆、上海、陕西八省制定出台了村委会选举办法。预计到明年底，31 个省、自治区、直辖市将全部出台两个“办法”。在此基础上，有些省、市还制定了《村民代表会议议事规则》、《村务公开民主管理实施细则》。河北省、重庆市还制定出台了《农村基层民主政治建设发展纲要》。

日趋规范的村委会选举。绝大多数地方的选举工作基本做到了以省为单位统一部署，统一选举程序，统一届期，统一选举统计报表。换届选举期间，从省到乡、到村层层成立了选举指导工作机构，培训了大批各种层次的选举工作骨干，普遍对选民进行了选举动员和教育。有的地方还以县（市）为单位统一了村委会选举日。在选举中，按照法律规定进行选民登记，在选举日 20 天前张榜公布；由村民直接提名村委会候选人，多数地方实行了“海选”的办法，即不内定和指定候选人，不定调子，不画框框，由每一个选民根据候选人条件提名选举候选人；候选人产生后，组织他们向全体村民发表竞选演说，公布自己的治村方案和对村民的一些承诺，允许选民当场提问，也允许候选人之间相互提问，以便于选民进行选择；实行差额、无记名、秘密（设立秘密划票间）投票，当场计票，当场公布选举结果；许多地方对外出打工经商不能回村参加投票的村民实行“函投”或委托投票，对年老体弱的人采用流动票箱的形式进行投票，保证每个选民都能行使自己的民主权利，充分体现了公开、公平、公正的原则。国外许多人士现场观摩过村委会选举，对选举的组织水平、选举程序和选举的公正性都给予了很高的评价。

独具特色的我国城乡基层民主，正以崭新的面貌活跃在民主政治建设的舞台上，以稳健的步伐迈入二十一世纪。

农村基层民主政治建设发展的主要进程

村民自治发端于 20 世纪 80 年代初期，并在 80 年代中后期伴随着人民公社体制的解体而迅速普及，成为具有中国特色社会主义的农村基层民主制度和农村治理的一种有效方式。同任何新生事物一样，村民自治经历了一个探索发展并逐步壮大的过程。

中国农村的村民自治，大致经历了三个发展阶段：

（一）探索阶段（从 1980 年至 1987 年）

党的十一届三中全会以后，我国进入了改革开放的新时期。改革率先从农村突破，在全国范围内普遍实行了以“大包干”为主要形式的家庭联产承包责任制。这一制度的推行，使农民获得了生产经营自主权，也使农村的生产方式和分配方式发生了根本性的变化，使原来负责组织农民统一生产、统一分配的生产大队、生产队两级组织失去了依托逐渐瘫痪，由此导致了基层管理的某些职能无人负责，村庄里出现了一定程度的无序和混乱状态。在这种情况下，一些地方的农民自发创设了村民委员会这一新的组织形式。1980 年 2 月，全国出现了第一个由农民选举产生的村民委员会——广西宜州市屏南乡果作村民委员会。村民委员会成立后，与村民一起订立村规民约，实行村务民主管理，取得了很好的效果。同时，广西罗城、宜山县一些村庄的农民也自发选举产生了村民委员会，实行自我管理，使农村出现的一些问题，如偷盗、乱占耕地、打架斗殴、水利失修、乱砍滥伐等迅速得到了解决。这一新生事物的出现，得到了党中央的高度重视和充分肯定。1981 年 6 月，我们党在总结历史经验和教训的基础上，在《关于建国以来党的若干历史问题的决议》中明确提出要“在基层政权和基层社会生活中逐步实现人民的直接民主”。1981 年下半年，中央派出调查组，经过深入调查研究后对这一做法予以肯定。1982 年修改宪法时，总结各地经验，把“村民委员会”这一组织形式写进了宪法条文，明确规定了村民委员会的性质和任务，确立了村民委员会是群众性自治组织的法律地位。之后，全国农村逐步建立了乡镇政府和村民委员会。可以说，以普遍建立村民委员会为标志，我们党和政府找到了一条在新的历史条件下组织领导农民、发展农村基层民主的新路子，解决了我国农村基层管理体制这个意义重大的问题。

（二）发展阶段（从 1988 年至 1998 年）

村民委员会建立之后，农民群众如何实行自我管理、自我教育、自我服务，需要在实践中不断探索，并从法律上加以规范。1987 年第六届全国人大常委会第二十三次会议审议通过的《村民委员会组织法（试行）》，就是在总结各地实践经验的基础上制定的。它为村民自治提供了法律的保障。尽管这部法律是试行法，但由于其立法原则和基本精神具有前瞻性，符合农村改革和发展的需要，受到广大农民的热烈欢迎，得到了有效的贯彻实施。1990 年中央几个部委联合召开的“莱西会议”，在总结以党支部为核心的村级组织配套建设经验的同时，澄清了对村委会组织法的一些模糊甚至错误认识，对村民自治给予了充分肯定。1992 年召开的“章丘会议”，总结了“依法建制，以制治村，民主管理”的经验，丰富了村民自治的内容。1994 年中央召开的全国农村基层组织建设工作会议，明确提出完善村民选举、村民议事、村务公开、村规民约等项制度，使村民自治的内容和形式进一步完善。民政部在认真总结各地经验的基础上，把村民自治活动概括为“四个民主”，即民主选举、民主决策、民主管理、民主监督。1997 年 10 月党的十五大召开，村民自治的基本内容——“四个民主”首次写进了党的代表大会报告。可以说，以村民委员会组织法颁布试行为标志，我国广大农民在党的领导下走上了一条直接行使民主权利、依法自治的道路。

（三）普及阶段（从 1998 年至今）

在十年试行期间，村民自治从探索试点到面上展开，从思想认识分歧较多到思想认识逐步统一，从具体操作办法不规范到逐步规范，不断走向成熟，日益深入人心，植根于广阔的农村大地。1998 年 10 月召开的党的十五届三中全会，对村民自治的伟大实践给予了高度评价，明确指出“扩大农村基层民主，实行村民自治，是党领导亿万农民建设有中国特色社会主义民主政治的伟大创造”。1998 年 11 月 4 日，九届全国人大常委会第五次会议审议通过了修订后的村民委员会组织法，在加强党的领导、选人、议事、监督方面充实了新的内容，对村民委员会的性质、职能和相关问题作了更加明确的规定，从而使村民自治有了更加可靠的法律保障。村民自治发展到今天，已经成为党在农村工作中的一项基本政策，成为与家庭承包经营、乡镇企业并列的农村改革二十年来的三大成果之一。以党的十五届三中全会和村民委员会组织法正式颁布为标志，村民自治开始了一个新的发展阶段，农村基层民主政治建设的道路越走越宽广。

目前，村民自治在全国农村普遍实行，多数农村已经进行了三至四届村民委员会换届选举工作，选举的民主化、规范化程度不断提高。从 1998 年至今，全国 31 个省、自治区、直辖市全部按照新的村委会组织法的要求，组织进行了新一轮村委会换届选举工作，涉及 70 多万个村委会和近 6 亿农村选民。全国 80%以上的村民委员会建立了村民会议、村民代表会议和村务公开制度，制定了村民自治章程和村规民约。全国共有 95 个国家级村民自治模范县（市、区），获得省级命名表彰的村民自治模范县（市、区）561 个，村民自治正在向广度和深度发展。

农村村民自治换届选举

2002年，中共中央办公厅、国务院办公厅发出《关于进一步做好村民委员会换届选举工作的通知》（中办发〔2002〕14号文件），对进一步激发亿万农民当家作主的积极性，切实推进村委会直接选举，完善村民自治制度，建设农村社会主义政治文明，产生了深远影响。这是推进村民自治以来第一份全面规范村民委员会直接选举工作的中央文件，为各地加强农村基层民主政治建设，规范村委会选举程序，依法搞好村民委员会换届选举工作，提供了重要的政策依据。

根据《通知》要求，各地特别注意了以下关键环节：一是做到由村民会议或各村民小组民主推选产生村民选举委员会，保证村民的推选权。村党支部领导班子成员按照规定的推选程序担任村民选举委员会成员，不能硬性规定或由组织指定、委派。村民选举委员会成员被依法确定为村民委员会成员候选人的，即失去其在村民选举委员会中的任职资格，村民选举委员会所缺名额从上次推选结果中依次递补。二是做好选民登记工作，不能错登、重登、漏登，保证村民的选举权。要认真研究城镇化、户籍制度改革、人口流动等给选民登记工作带来的新情况、新问题，保证广大村民群众都能依法行使自已的选举权利。有选举权和被选举权的村民名单，应当在选举日的20日以前张榜公布，接受群众的监督。三是做到由村民直接提名确定村民委员会成员候选人，不能用组织提名代替村民提名，保证村民的直接提名权。正式候选人的名额应多于应选名额，并通过预选或按村民提名得票数多少确定，不能由少数人甚至个别人说了算。候选人确定后必须张榜公布。有条件的地方，村民选举委员会应组织正式候选人与村民见面，介绍村设想，回答村民提出的问题。四是做好选举日的投票工作，保证村民的投票权。坚持“选举村民委员会，有选举权的村民的过半数投票，选举有效；候选人获得参加投票的村民的过半数的选票，始得当选”的原则，积极动员、组织群众亲自投票。选举时，设立秘密写票处，写行无记名投票、公开计票，选举结果应当场公布。严格控制流动票箱的使用，依法办理委托投票手续。五是完善罢免程序，保证村民的罢免权。对不称职的村民委员会成员，要按照法律法规的规定，依法进行罢免，任何组织或者个人不得直接撤换村民委员会成员，不得以“停职诫免”、“离岗教育”等方式变相撤换村委会成员。各地严格依法办事，坚决纠正和查处村民委员会选举中的违法行为。

根据《通知》要求，各地特别强调了党在农村的基层组织要充分发挥领导核心作用。主要体现在：选举前要做好宣传动员工作；选举中要把握正确的方向，充分发挥党员的先锋模范作用，带领广大村民正确行使权利，自觉抵制各种违法行为；选举后主动支持、保障新一届村民委员会依法开展工作。提倡把村党支部领导班子成员按照规定程序推选为村民委员会成员候选人，通过选举兼任村民委员会成员。提倡党员通过法定程序当选村民小组长、村民代表。提倡拟推荐的村党支部书记人选，先参加村委会的选举，获得群众承认以后，再推荐为党支部书记人选；如果选不上村委会主任，就不再推荐为党支部书记人选。提倡村民委员会中的党员成员通过党内选举，兼任村党支部委员成员。要注重在优秀村民委员会成员和村民小组长、村民代表中吸收发展党员，不断为农村基层党组织注入新生力量。

民政部根据中办发［2002］14号文件，精心指导地方搞好村委会换届选举工作。各地认真开展了查找村委会选举工作中的突出问题和薄弱环节，采取切实有效的措施，积极进行整改提高。各地加快修改和完善地方配套法规。对原有的实施意见、方案、细则进行了清理，凡发现和村委会组织法、中央14号文件相抵触的，立即予以修改或废止。民政部门积极做好群众来信来访工作，加大了解决群众信访反映的问题的力度，把解决农民上访问题作为检查村民自治工作质量的突破口，尤其是对一些“难点村”、重点村，逐个研究解决办法，不留任何死角。对每一件群众来信或来访，都能认真对待，做出登记和记录，想方设法帮助群众解决所反映的问题，基本上做到了事事有结果，件件有回音，有效地维护了农民群众的民主权利，维护了农村社会的稳定。民政部门加强了村民自治工作中出现的新情况、新问题的研究，重点包括村委会选举中遇到的新情况、新问题，如村民的界定、候选人资格审查、完善罢免程序、防止和减少“贿选”、基层党组织的领导核心作用、违法惩处等，研究了对策办法和工作思路。

2002年，全国25个省开展了村委会换届选举工作（其中跨年度选举省份有7个），涉及63万个村委会，近4亿多选民，其中18个省已经顺利完成换届选举任务。这次换届村委会选举呈现出以下明显的特点：一是农民的参选热情高涨，广大农民群众经受了新一轮选举实践的锻炼，民主法制素质有了新的提高。据不完全统计，各地平均参选率均在80%以上。二是选举结果令人满意，一大批思想好、作风正、有文化、有本领，愿意带领群众致富奔小康的村民被选进了村委会班子，农村基层干部结构有新的改善。据统计，新当选的村委会成员中党员平均约占七成以上。全国半数以上的村委会成员为初、高中以上文化程度，绝大多数村委会成员的年龄在30岁至50岁之间。妇女成员、少数民族成员在当选的村委会成员中也占有适当比例。三是绝大多数农村的选举能够依法按程序进行，村民的推选权、提名权、选举权、投票权、罢免权得到了切实落实，选举的制度化、程序化、规范化水平有新的提高。

村务公开、民主管理工作

2004年中共中央办公厅、国务院办公厅下发的《关于健全和完善村务公开和民主管理制度的意见》，标志着以村务公开和民主管理为核心的村民自治工作进入新阶段。各地认真贯彻落实文件精神，普遍建立了党委和政府统一领导、有关部门共同参与、民政部门组织协调的推进村民自治领导体制和工作机制，总结推广了一批村务公开和民主管理的典型经验，会同司法部开展了“民主法治示范村”创建活动，初步形成村党组织领导的充满活力的村民自治机制。城市社区基础设施建设得到加强，示范活动进一步深入，“万家社区图书援建活动”和“万家社区读书活动”成效显著。有13个省份村委会和14个省份居委会进行了换届选举。

农村卫生事业补助政策

根据《中共中央、国务院关于进一步加强农村卫生工作的决定》（中发［2002］13号），按照公共财政和分税制财政体制的要求，为了规范各级人民政府对农村卫生的补助范围和方式，（财政部、国家计委、卫生部2003年2月14日）提出如下意见。

一、明确责任，加大农村卫生投入

农村卫生工作关系到保护农民健康、振兴农村经济、维护农村社会发展和稳定的大局，做好农村工作是各级人民政府义不容辞的责任。随着经济发展和财政收入的增长，各级人民政府要努力增加卫生事业投入，增长幅度不低于同期经常性财政支出增长幅度，并积极调整卫生支出结构，从现在起到2010年，各级人民政府增加的卫生投入主要用于发展农村卫生事业。同时，要广泛动员社会力量筹集资金发展农村卫生事业，不断提高农民健康水平。

二、合理安排各项农村卫生经费

各级人民政府对农村卫生的财政补助范围包括：疾病控制、妇幼保健、卫生监督和健康教育等公共卫生工作，必要的医疗服务，卫生事业发展建设以及支持新型农村合作医疗制度。

（一）农村公共卫生经费　根据当地服务人口、公共卫生服务量及乡（镇）公共卫生人员数量，并考虑经济发展和财力情况等因素，由县级财政合理安排公共卫生经费，纳入财政预算，保证开展公共卫生工作需要的人员和业务经费。农村公共卫生经费主要实行项目管理。县级卫生部门按照国家确定的农村公共卫生服务基本项目及要求，合理确定项目实施所需人员经费和业务经费。人员经费按照工作量核定，业务经费按照开展项目工作必需的材料、仪器、药口、交通、水电消耗等成本因素核定。项目可以交由政府举办的卫生机构组织实施，也可以由政府通过招标等方式交由其他符合条件的医疗卫生机构承担。目前不具备项目管理条件的地区和不适合按项目管理的工作，可以按照定员定额和项目管理相结合的方法核定公共卫生经费。省和市（地）级卫生部门根据工作需要，在市（地）、县（市）、乡（镇）开展公共卫生工作所需经费，由同级财政安排经费补助。省级财政承担购买全省计划免疫疫苗和相关的运输费用。中央财政通过专项转移支付对困难地区涉及面广、危害严重的重大传染病、地方病和职业病等的预防控制项目给予补助。村卫生室、民办卫生机构或乡村医生、个体医生承担预防保健任务所需经费，由乡（镇）卫生院等按其承担的具体任务核定。

（二）乡（镇）卫生院医疗服务经费　乡（镇）卫生院医疗服务原则上通过医疗服务收入进行补偿。对乡（镇）卫生院开展基本医疗服务所需的必要经费，由县级财政根据医疗服务工作需要予以核定。按规定条件和程序招聘的乡（镇）卫生院院长的工资按国家有关规定标准核定，其医疗保险单位缴费按当地职工基本医疗保险制度规定的标准核定，由县级财政预算安排。事业单位职工基本养老保险制度建立以前，乡（镇）卫生院原全民和集体所有制离退休人员的离退休费按国家有关规定和标准核定，由县级财政预算安排，并逐步实行集中支付。

（三）农村卫生事业发展建设资金　农村卫生机构的建设应与当地人口、经济发展水平相适应。要根据区域卫生规划要求，合理确定政府举办卫生机构的数量、规模和布局，加大对农村卫生基础建设的投入力度，到 2010 年基本完成县级医院、预防保健机构和乡（镇）卫生院房屋设备的改造和建设任务，保证开展公共卫生和基本医疗服务所需的基础设施和条件。政府举办的县乡两级卫生基础设施建设投资主要由县级计划部门按基建程序审核批准后，列入年度投资计划，其他卫生基础设施建设按规定纳入国家基本建设程序管理。乡（镇）卫生院的基础设施修缮、设备更新购置、人才培养等项目支出，要根据当地经济发展水平、卫生事业发展总体规划等情况，经论证后合理确定，列入同级财政预算，逐年安排。中央和省级财政通过设立专项资金对贫困地区农村卫生机构基础设施建设和设备购置等给予补助。

（四）农村合作医疗补助经费　县级财政按实际参加合作医疗人数和补助定额对合作医疗给予资助，并按参加合作医疗人数及工作任务量等因素合理安排合作医疗经办机构的人员经费和工作经费。县级财政根据实际需要和财力情况安排资金，对农村五保户和贫困农民家庭实行医疗救助，可以直接用于贫困农民家庭大病医疗费用的补助，也可以用于资助其参加新型农村合作医疗制度。省级和市（地）级财政设立专项资金对农村合作医疗和贫困农民家庭医疗救助给予适当支持。各地应根据当地实际情况合理确定省、市（地）、县、乡各级财政对农村合作医疗和医疗救助的资助标准，并纳入同级财政预算予以安排。地方财政每年对参加新型农村合作医疗农民的资助资金应不低于人均 10 元。中央财政通过专项转移支付对贫困地区农民贫困家庭医疗救助和中西部地区农村合作医疗给予适当支持。从 2003 年起，中央财政根据试点进展情况，逐步对中西部地区除市区以外的参加新型合作医疗的农民每年按人均 10 元安排补助资金。

三、加强农村卫生经费管理

乡（镇）卫生院的人员、业务、经费等上划县级卫生行政部门管理，要认真做好乡（镇）卫生院经费指标划转等有关工作。乡（镇）卫生院经费指标上划基数，原则上由各地按当年县级财政下划乡（镇）财政的经费基数，参考经济增长及近几年乡（镇）政府经费安排情况合理确定。其中：人员经费按照“老人老办法，新人新办法”的原则划转，原县级下划到乡（镇）管理的人员（含现已离退休的人员，不含已脱离卫生院的人员）所需经费全部上划，下划后新增加的人员按经县级卫生行政部门考核合格后留岗的人员所需经费上划。乡（镇）卫生院的资产，要在乡（镇）财政和卫生院认真清查的基础上，由县级财政部门和卫生行政部门统一组织清产核资验收后，交由县级卫生行政部门统一管理，县级财政（国有资产管理）部门要按有关规定加强监督管理，防止乡（镇）卫生院资产流失。乡（镇）卫生院经费指标上划后，县级人民政府负责对全县（市）农村卫生事业发展进行统一规划，县级财政部门统一核定农村卫生经费预算。乡（镇）人民政府要继续对农村卫生工作给予支持，并按规定在用地、用工和资金等方面给予必要的投入。各级财政、计划、卫生部门要按照国家有关规定，加强对农村卫生资金和财务的监管，提高资金使用效益。

医疗救助工作

2004年在农村，有30个省份已经展开试点，26个省（市、区）颁发了实施方案，943个县（市、区）实施了救助，共救助492万人。城市医疗救助试点方案已报国务院待批。其他如教育、司法、住房等专项救助制度也相继出台。配合艾滋病、血吸虫病、特种传染病的防治，提出相应的救助办法，并从部本级彩票公益金中列出专款，用于艾滋病孤儿救助和安置。

农村文化建设

2002年全国基层文化工作会议之后，各级党委和政府认真贯彻会议精神，从农民精神文化需求和基层文化工作的实际出发，切实推进农村文化建设，农村文化工作取得了可喜进展。主要表现在：

一、各级党委、政府对农村文化建设重视普遍增强

全国基层文化工作会议以后，各省、区分别召开会议，下发文件，贯彻落实会议精神，围绕“四基”建设，出台相关政策，制定具体措施，较好地推动了农村文化建设。浙江、四川、福建等省把建设文化大省作为发展方略，提出奋斗目标，农村文化建设纳入其中成为重要内容。福建、湖南专门召开会议，专题研究农村文化建设问题，宣传、文化、教育、建设、财政、发改委等部门互相配合，共同研究出台相关配套政策性文件。许多地方党委和政府认真落实基层文化建设“四个纳入”的要求，努力将农村文化建设纳入党委政府的重要议事日程、纳入各地经济和社会发展规划、纳入领导干部目标管理责任制、纳入财政预算，并出台具体举措，使“四纳入”落到实处。

二、加大投入，农村基层文化设施建设得加强

各地党委政府按照全国基层文化工作会议精神和国办发［2002］7号文件的要求，加大了对农村文化建设的投入力度，文化阵地建设有了很大发展。重点文化建设工程稳步实施，在农村文化建设中发挥了积极的推动作用，带动了农村文化资源的整合，促进了农村文化建设。

三、农村文化队伍的待遇和素质有所提高

四川省全面加强乡镇文化机构和农村文化队伍建设，明确规定，乡镇文化机构为乡（镇）政府领导下的公益性文化事业单位，设置文化专干编制1至2名，经费列入财政预算，乡镇文化站“机构、编制、人员、经费”四个落实基本到位。甘肃省酒泉市重点解决了农村乡镇文化专干的待遇问题。经2003年调查，全市有乡镇文化专干131人待遇问题得到解决。文化专干干部身份占80%左右，县市或乡镇聘用的占20%，平均年龄为40岁，月工资均在千元左右。

四、积极探索有效的工作新机制

一是普遍用大文化的思路开展农村文化工作，扩大农村文化机构职能，把农村文化机构建成综合性的农村文化载体，将秧歌等传统文化形式、庭院文化、校园文化、网络文化涵盖其中，使之成为农民学文化、受教育的学校，成为推广科学技术、带领农民致富的示范基地，成为抵御不良风气的阵地，更好地满足农民群众多方面的文化需求。二是农村文化工作重点普遍下移，立足乡镇，深入农户。三是建立评选和表彰机构，发挥典型的示范作用。

五、农民自办文化有了很大发展

各地鼓励和扶持农村文化中心户的发展，注意发挥他们在农村文化生活中的积极作用。有的民办文化实体顺应市场，机制灵活，筹资方式多样，在广大农村具有极高的市场占有率和竞争力。农民参与乡镇文化站建设的积极性也比较高，乡镇文化机构的形式日趋多样化。

六、农村文化建设与农村经济发展紧密结合，农村文化市场有了初步发展

各地普遍反映，实现农村文化可持续发展的根本动因在于调动农民自身积极性，文化建设必须与农民发展经济，与农民脱贫致富结合起来；发展农民文化的关键在于培育文化市场，发展农村文化产业。福建南平市将文化家庭的创建活动与农民致富的愿望紧密结合，培育建立了覆盖影响80％农户的一批不同类型、特色鲜明的农村文化中心户和社区文化之家。这些文化家庭通过科普宣传、科技讲座、信息咨询和农技交流活动，增加了农民收入，改善了生存环境，推动了家庭经济乃至社会整体经济的有效发展，实现了文化工作与经济的有机结合。在推动农村文化建设过程中，各工纷纷利用地方独特的文化品牌，提高农民的文化消费意识，摸索发展农村文化产业的新路子。

2002年全国基层文化工作会议之后，农村文化建设虽然取得了进展，但总体上来看，发展速度仍然相对缓慢，与广大农民群众日益增长的文化需求不相适应；其滞后于农村经济和社会发展需要的整体状况也并未发生根本性改变。农村文化建设面临的主要困难和问题主要有以下几个方面：农村文化发展不平衡的状况没有得到根本性改变；农村文化经费投入严重不足的状况没有得到根本性改变；农村基层文化设施落后的状况没有得到根本性改变；农村基层文化队伍素质偏低的问题没有得到根本性改变；农村基层文化资源严重匮乏，活动形式单一的状况没有根本改变；农村基层文化管理体制不顺；农民自办文化缺乏明确的政策保障和引导；腐朽、落后文化影响日渐严重。

救灾救济工作

2004年在进一步完善救灾工作分级管理，救灾资金分级负担，救灾款专户管理制度的同时，重点提高了灾害应急处置能力和综合协调能力，中央和各省（市、区）都基本建立和规范了自然灾害应急预案、响应程序和灾情会商机制，初步做到大灾3天内中央资金到位、24小时内救灾物资到位。今年共下拨中央级救灾补助资金32亿元、救灾捐赠款489万元，调拨救灾帐篷33900顶，转移安置群众611万人，救助人数达9000万人（次），保证了受灾群众的衣、食、住、水、医等基本需求，灾区人心安定、社会稳定。

农村五保供养和特困户救助工作

2004年民政部协调财政部、国家发改委联合下发《关于进一步做好农村五保供养工作的通知》，规范了五保供养工作，明确了五保供养资金来源渠道，总结推广了“福星工程”、“五保村”、“中心敬老院”等多种五保供养方式和改扩建经验。对农村特困户实行建账发证制度，2004年已领取特困证（实行农村低保的地方为低保证）的人数达1257万，占整个农村贫困人口的64%。有条件的地方积极探索建立了农村低保制度。目前，全国有8省（市）全面建立了农村低保制度，其他省（直辖市、自治区）也在部分地区进行了探索，全国共有1206个县（市）建立了农村低保制度，享受农村低保人数455万人。

社会捐助工作

2004年民政系统接受捐赠款9．1亿元，衣被4278万件。在全国已建立2．3万个捐助接收站、点，基本形成覆盖全国城市的社会捐助网。创建了“慈善超市”、“爱心超市”、“扶贫超市”、“爱心捐助家园”等捐助新模式和对口支援活动。开展“爱心捐助奖”评选表彰活动，褒扬年度捐赠的先进集体和个人，推动了社会捐助活动的深入开展。新型城乡社会救助体系正在形成，循着“单项突破、系统完善，点上突破、面上扩展”的思路，以最低生活保障、自然灾害紧急救助、农村五保供养、农村特困户救助和医疗救助等制度为重点，注重制度间的互通、互联、互补，着重推进社会捐助经常化、规范化和捐助形式多样化，现全国已有14个省份初步形成了社会救助体系框架，为建立形式有别、覆盖城乡的社会救助体系打下了基础。

表彰“全国民主法治示范村”

2004年8月司法部、民政部作出决定，表彰“全国民主法治示范村”。决定指出，党的十六大以来，各地以邓小平理论和“三个代表”重要思想为指导，认真贯彻党在农村基层民主法制建设方面的方针政策，在开展“民主法治示范村”创建活动中，涌现出了一大批先进典型，有力地促进了农村各项事业的发展。

决定明确，为鼓励先进，进一步推动农村基层民主法制建设，司法部、民政部决定，授予北京市昌平区郑各庄村等299个村为“全国民主法治示范村”荣誉称号。这些受命名表彰的示范村的共同特点是：村级组织健全，村党组织充分发挥领导核心作用；法制教育深入开展，村民法律素质明显提高；“四民主、两公开”落实，村民自治得到保障；依法建章立制，村务管理规范有序；矛盾纷纷调处及时，村民和睦社会稳定；小康建设成效显著，三个文明协调发展。

决定要求，各地要以受命名表彰的单位为榜样，在以胡锦涛同志为总书记的党中央的坚强领导下，以“三个代表”重要思想为指导，坚持科学发展观，深入贯彻党的十六大和中办发［2004］17 号文件关于扩大基层民主、加强社会主义法制建设的精神，搞好村民民主选举，健全村务公开制度，规范民主决策机制，完善民主管理制度，强化村务管理的监督制约机制，保障农民群众的知情权、决策权、参与权和监督权。加大农村法制宣传教育力度，继续做好法律服务、人民调解和治安防范工作，努力推进农村基层民主法制建设，把“民主法治示范村”创建活动不断引向深入，为全面建设小康社会作出新的更大贡献。

万家社区图书室援建和万家社区读书活动

“第二期万家社区图书室援建和万家社区读书活动”2004 年 5 月在北京正式启动。据介绍，截至 4 月 30 日，第一期“万家社区图书室援建和万家社区读书活动”受援社区已达 1．3 万个，比原计划增加了 3000 个，社区读书活动和社区文明知识竞赛的预赛目前也正在进行中。

在第二期“万家社区图书室援建和万家社区读书活动”工作会议上，“万家社区图书室援建和万家社区读书活动”组委会主任、民政部部长李学举在会上做重要讲话。中央文明办副主任翟卫华、新闻出版总署副署长柳斌杰出席会议并讲话。民政部副部长陈杰昌主持会议。李学举在讲话时用四个“超出预料”概括了前期“图书室援建和社区读书活动”取得的进展，同时对第二期活动工作进行安排部署。他指出，各地民政部门要牢牢把握“以人为本，服务居民”的基本原则，实现“四个贴近”，把这项活动坚持不懈地抓下去，使社区成为宣传科学理论、传播先进文化、塑造美好心灵、弘扬社会正气的坚强阵地，把我们的社区真正建设成为文明、详和、美好的家园。

翟卫华在谈到如何开展今后的工作时指出，要在巩固第一期成果的基础上，把第二期活动抓实抓好，同时注意三个环节：一是建好图书室，这一点已基本实现；二是管好社区图书室，把它视为精神文明建设的重要基地和载体，保证正常运行；三是用好图书室，把广大社区居民群众吸引到读书活动中来。

柳斌杰强调，“万家社区图书室援建和万家社区读书活动”把建设图书室与读书活动结合起来是一个特色。这样做搞活了社区，吸引了群众，推动了精神文明建设，对整个社区建设起到了推动作用。活动取得了很多经验，今后的工作要进一步扩大社区思想文化阵地，调整扩充书目，不断满足群众的需求。

据介绍，为贯彻落实十六大有关精神，民政部、中央文明办于 2003 年 7 月联合发出通知，要求在全国范围内开展“万家社区图书室援建和万家社区读书活动”。随后，民政部、中央文明办、新闻出版总署、广电总局又联合下发了万家社区文明建设知识竞赛方案。半年多来，这项工作在全国城市社区扎实而富有成效地开展起来，受到了社区居民和社会各界的热烈欢迎和积极参与，产生了极大的社会反响。许多社会团体、企事业单位、共驻共建单位主动走到活动中来，援建图书室达数千家之多。第一期“万家社区图书室援建和万家社区读书活动”受援社区已达 1．3 万个，比原计划增加了 3000 个。其中，超过了 500 个省的、市有江苏省、四川省、黑龙江省、辽宁省、山东省、浙江省和青岛市。

据了解，在第一期活动中，各地参与活动、宣传活动的方式灵活多样，各具特色。社区读书活动和社区文明知识竞赛的预赛目前也正在进行中。第二批社区图书室援建活动将在全国选择 1 万个社区图书室作为重点对象，于 2004 年 11 月完成援建 260 种适合社区居民文化生活和社区工作需要的优秀精品图书，同时广泛深入地开展社区读书活动。万家社区图书室援建和万家社区读书活动组委会将对两项活动进行总结表彰。

地名管理工作

从1999年全国地名管理工作会议以来，在党中央、国务院的正确领导下，在地名系统广大干部职工的共同努力下，地名工作有了长足的发展。全国绝大多数省份的地名工作已归口民政部门管理，对有关专业地名的管理进一步规范，管理体制逐步理顺。地名管理法规逐步健全，各地从本地实际出发，制定出台了一大批地方性法规，进一步加强了当地的地名管理工作。与此同时，国家还发布了《地名分类与类别代码编制规则》、《外语地名汉字译写导则》等多个国家标准，为地名管理工作提供了相应的规范。近年来，各级民政部门根据《地名管理条例》和《地名管理条例实施细则》的有关规定，本着“尊重历史、照顾习惯、体现规划、易找好记”的精神，积极稳妥地开展了地名的命名、更名工作，一方面减少了地名中的方言字、生僻字、简化字、自造字及异读音字，另一方面也较好地维护和丰富了地名的文化内涵，增加了地名的文化品味。各级民政部门在夯实基础、做好传统工作的同时，还做了大量满足经济社会发展需求的工作，诸如逐步推进地名标志设置工作，建立地名信息系统，开展地名标准化工作等。

当前我国已经进入一个全新的发展阶段，经济社会的快速发展，对地名工作的改革提出了新的任务和要求，今后一个时期地名工作的主要任务是以邓小平理论和“三个代表”重要思想为指导，全面贯彻党的十六大和十六届三中全会精神，适应全面建设小康社会的新形势，坚持全面、协调、可持续的科学发展观，以人为本，立足服务，强化规划，规范管理，不断提高地名工作法制化、规范化、标准化、信息化水平，逐步建立健全完善规范的地名管理服务体系。

民间组织管理工作

2004年4月5日，全国贯彻《基金会管理条例》工作会议在广东省广州市召开，来自全国各省、自治区、直辖市民政厅（局）的主管厅（局）长及民间组织管理局局（处）长共计130名代表与会。民政部部长李学举、副部长姜力、广东省副省长李容根出席会议，并作了重要讲话。

李学举部长在讲话中指出，近年来，通过规范制度、培育发展和监督管理等手段，民间组织得到了健康发展，民间组织在社会经济发展中发挥了越来越大的作用，已成为党和政府联系人民群众的桥梁和纽带。李学举部长强调，各级民政部门要坚持科学的发展观，千方百计为民间组织创造有利的发展环境，充分调动、发挥和保护民间组织的积极性。要根据民间组织管理工作遇到的新情况、新问题，不断创新民间组织管理工作，牢固树立大局观念、法制观念、发展观念和协调观念。要针对基层民间组织管理力量薄弱的问题，加强自身建设，积极培养和建立一去专业化的管理干部队伍，把民间组织管理工作信息化作为新形势下转变政府职能、提高民间组织管理与服务水平的一项重要工作来抓。

2002 年按财政收入排列居全国前 1000 位的乡镇

地　区	乡镇代码	乡镇名称	财政收入（万元）
北　京	110105002	朝阳区十八里店乡	6598
	110105012	朝阳区太阳宫乡	4496
	110111003	房山区房山街道	10051
	110111010	房山区长沟镇	9154
	110111015	房山区韩村河镇	5757
	110112003	通州区宋庄镇	8201
	110112004	通州区张家湾镇	4249
	110112006	通州区马驹桥镇	5839
	110113002	顺义区后沙峪镇	4742
	110113017	顺义区北小营镇	4144
	110114006	昌平区沙河镇	4700
	110114007	昌平区回龙观镇	4840
	110114008	昌平区小汤山镇	5446
	110114012	昌平区东小口镇	5009
	110114013	昌平区北七家镇	7351
	110115002	大兴区西红门镇	7031
	110115003	大兴区旧宫镇	4907
	110115006	大兴区安定镇	4605
	110115007	大兴区礼贤镇	4335
	110115008	大兴区榆垡镇	8412
	110115009	大兴区庞各庄镇	7954
	110115011	大兴区魏善庄镇	5406
	110115014	大兴区亦庄镇	4561
	110116004	怀柔区杨宋镇	4912
	110116005	怀柔区庙城镇	4387
	110116007	怀柔区怀北镇	5104
	110117004	平谷区峪口镇	5659
天　津	120112108	津南区北闸口镇	5000
	120114113	武清区石各庄镇	16482
	120223108	静海县大邱庄镇	4836
河　北	130105201	新华区西三庄乡	5565
	130182105	藁城市岗上镇	23087
	130185101	鹿泉市铜冶镇	4754
	130205100	开平区开平镇	4327
	130205200	开平区越河乡	4144
	130207100	丰南区胥各庄镇	23818
	130207101	丰南区银丰镇	10159
	130207104	丰南区黄各庄镇	7402
	130208100	丰润区丰润镇	4459
	130283109	迁安市马兰庄镇	6277
	130684103	高碑店市白沟镇	5369
	131081105	霸州市胜芳镇	7807
山　西	140121203	清徐县王答乡	5183
	140211201	大同南郊区新旺乡	6150
	140481100	潞城市店上镇	11177
	140522101	阳城县北留镇	4867
	140624206	怀仁县新家园乡	4696

地　区	乡镇代码	乡镇名称	财政收入（万元）
内　蒙	150502102	通辽市科尔沁区余粮堡镇	4526
	150525103	奈曼旗东明镇	25786
	152128101	鄂温克旗伊敏河镇	5398
辽　宁	210114005	沈阳市于洪区陵东乡	11000
	210114007	沈阳市于洪区北陵乡	5500
	210211001	大连市甘井子区营城子镇	5040
	210211002	大连市甘井子区辛寨子镇	6000
	210211005	大连市甘井子区红旗镇	7000
	210211006	大连市甘井子区凌水镇	5933
	210211007	大连市甘井子区大连湾	5751
	210213005	大连市金州区登沙河镇	7556
	210281012	大连市瓦房店市长兴岛镇	8156
	210311007	鞍山市千山区宁远屯镇	5699
	210381009	鞍山市海城市英落镇	4518
	210381011	鞍山海城市西柳镇	14500
	210381018	鞍山海城市腾鳌镇	10100
	210881003	营口市盖州市东城办事处	11467
	210881107	营口市盖州市熊岳镇	5939
	210882101	营口市大石桥市水源镇	6112
	211402103	葫芦市连山区白马石乡	4800
	211402203	葫芦市连山区钢屯镇	4778
吉　林	220103100	宽城区兴隆山镇	4120
	220104100	朝阳区富锋镇	5520
	220106101	绿园区西新镇	7500
	220106102	绿园区城西镇	5300
	220381105	公主岭市范家屯镇	4180
黑龙江	230103101	南岗区王岗镇	4200
	230103200	南岗区红旗乡	12000
	230105200	太平区团结镇	8059
上　海	310104101	徐汇区华泾镇	25054
	310105102	长宁区新泾镇	10707
	310107102	普陀区长征镇	55274
	310107103	普陀区桃浦镇	41000
	310108101	闸北区彭浦镇	8505
	310110101	杨浦区五角场镇	8500
	310112101	闵行区莘庄镇	73398
	310112102	闵行区七宝镇	57508
	310112103	闵行区颛桥镇	34820
	310112106	闵行区华漕镇	35496
	310112107	闵行区虹桥镇	49365
	310112108	闵行区梅陇镇	61600
	310112110	闵行区吴泾镇	18702
	310112112	闵行区马桥镇	47452
	310112114	闵行区浦江镇	53039
	310113101	宝山区罗店镇	10821
	310113102	宝山区大场镇	24867
	310113103	宝山区杨行镇	16597

续表 1

地　区	乡镇代码	乡镇名称	财政收入（万元）	地　区	乡镇代码	乡镇名称	财政收入（万元）
	310113104	宝山区月浦镇	11785		310118103	青浦区练塘镇	39027
	310113109	宝山区顾村镇	8156		310118104	青浦区金泽镇	5391
	310113111	宝山区高境镇	6534		310118105	青浦区赵巷镇	29710
	310113112	宝山区庙行镇	11057		310118106	青浦区徐泾镇	40356
	310113113	宝山区淞南镇	7116		310118107	青浦区华新镇	36631
	310114102	嘉定区南翔镇	16080		310118109	青浦区重固镇	23193
	310114103	嘉定区安亭镇	63000		310118110	青浦区白鹤镇	11267
	310114104	嘉定区娄塘镇	8438		310118111	青浦区赵屯镇	19604
	310114106	嘉定区马陆镇	46328		310118118	青浦区西岑镇	15384
	310114109	嘉定区徐行镇	10138		310118119	青浦区商榻镇	7532
	310114111	嘉定区华亭镇	4175		310119101	南汇区惠南镇	7525
	310114114	嘉定区外冈镇	7148		310119102	南汇区周浦镇	16554
	310114117	嘉定区黄渡镇	15153		310119103	南汇区新场镇	4314
	310114118	嘉定区江桥镇	38154		310119109	南汇区康桥镇	30749
	310115103	浦东新区川沙镇	56188		310119110	南汇区航头镇	6916
	310115104	浦东新区高桥镇	47082		310119114	南汇区泥城镇	4248
	310115105	浦东新区北蔡镇	16981		310119123	南汇区新港镇	5383
	310115108	浦东新区机场镇	17578		310120101	奉贤区南桥镇	38495
	310115110	浦东新区合庆镇	13588		310120102	奉贤区奉城镇	25543
	310115114	浦东新区唐镇	33404		310120103	奉贤区西渡镇	4981
	310115117	浦东新区曹路镇	29794		310120104	奉贤区庄行镇	4390
	310115120	浦东新区金桥镇	58033		310120106	奉贤区金汇镇	5130
	310115121	浦东新区高行镇	34863		310120107	奉贤区泰日镇	4807
	310115123	浦东新区高东镇	19727		310120108	奉贤区头桥镇	5334
	310115125	浦东新区张江镇	41455		310120109	奉贤区四团镇	5898
	310115126	浦东新区花木镇	71721		310120110	奉贤区平安镇	8160
	310115130	浦东新区三林镇	41519		310120115	奉贤区新寺镇	5881
	310116101	金山区朱泾镇	17455		310230101	崇明县城桥镇	7882
	310116102	金山区枫泾镇	7303		310230102	崇明县堡镇	5365
	310116103	金山区张堰镇	5159		310230104	崇明县庙镇	4404
	310116104	金山区亭林镇	5672		310230115	崇明县陈家镇	4088
	310116106	金山区干巷镇	4520	江　苏	320111101	浦口区泰山街道	5000
	310116109	金山区金山卫镇	9030		320111104	浦口区珠江镇	10616
	310116110	金山区兴塔镇	6046		320111105	浦口区桥林镇	5530
	310116111	金山区朱行镇	4158		320111106	浦口区永宁镇	4348
	310116112	金山区漕泾镇	4573		320111107	浦口区汤泉镇	4439
	310117103	松江区佘山镇	6874		320111108	浦口区星甸镇	4760
	310117104	松江区车墩镇	7307		320114005	雨花区板桥街道	11864
	310117105	松江区新桥镇	5472		320114006	雨花区铁心桥街道	4386
	310117106	松江区洞泾镇	4231		320114007	雨花区沙洲街道	10435
	310117107	松江区九亭镇	9588		320115102	江宁区禄口镇	9105
	310117109	松江区泖港镇	12216		320115103	江宁区上坊镇	8048
	310117116	松江区石湖荡镇	8897		320115112	江宁区江宁镇	5167
	310117117	松江区新浜镇	7806		320115116	江宁区汤山镇	4800
	310117120	松江区叶榭镇	11723		320201101	无锡市新区硕放镇	12977
	310118101	青浦区青浦镇	26096		320201102	无锡市新区旺庄镇	29630
	310118102	青浦区朱家角镇	20491		320201103	无锡市新区南站镇	11800

续表2

地　区	乡镇代码	乡镇名称	财政收入（万元）	地　区	乡镇代码	乡镇名称	财政收入（万元）
	320201104	无锡市新区坊前镇	5400		320281115	江阴市北国镇	7171
	320201105	无锡市新区梅村镇	7050		320281116	江阴市祝塘镇	17843
	1320202101	崇安区广益镇	8350		320281117	江阴市南闸镇	5793
	320203101	南长区扬名镇	13690		320281119	江阴市山观镇	9464
	320204101	北塘区黄巷镇	14288		320282101	宜兴市张渚镇	11984
	320204102	北塘区山北镇	7931		320282108	宜兴市官林镇	9729
	320205101	锡山区查桥镇	9153		320282115	宜兴市高塍镇	9541
	320205102	锡山区安镇镇	4406		320282116	宜兴市屺亭镇	4792
	320205103	锡山区羊尖镇	9507		320282119	宜兴市周铁镇	5285
	320205106	锡山区后宅镇	4300		320282121	宜兴市新庄镇	5678
	320205108	锡山区甘露镇	4800		320282123	宜兴市丁蜀镇	6063
	320205109	锡山东北塘镇	11910		320282129	宜兴市环科园	15021
	320205110	锡山区八士镇	6320		320323106	铜山县柳新镇	7316
	320205111	锡山区张泾镇	5398		320382103	邳州市官湖镇	4243
	320205113	锡山区港下镇	22430		320402202	常州市天宁区茶山乡	9088
	320206101	惠山区堰桥镇	33408		320402203	常州市天宁区雕庄乡	20763
	320206102	惠山区前洲镇	18716		320402204	常州市天宁区红梅乡	7468
	320206103	惠山区玉祁镇	19559		320402207	常州市天宁区青龙乡	12378
	320206104	惠山石塘湾镇	7800		320404200	常州市钟楼区五星乡	12138
	320206105	惠山区洛社镇	27516		320405100	常州市戚区丁堰镇	6912
	320206106	惠山区钱桥镇	20902		320405101	常州市戚区潞城镇	5900
	320206107	惠山区藕塘镇	5615		320411122	常州市新北区魏村镇	7243
	320206108	惠山区杨市镇	8598		320411124	常州市新北区薛家镇	4889
	320206110	惠山区陆区镇	4594		320411126	常州市新北区罗溪镇	4384
	320211101	滨湖区马山镇	14526		320411127	常州市新北区西夏墅镇	4188
	320211102	滨湖区蠡园镇	18873		320411128	常州市新北区小河镇	4840
	320211103	滨湖区大浮镇	8039		320411150	常州市新北区龙虎塘镇	5977
	320211104	滨湖区河埒镇	33475		320411151	常州市新北区新桥镇	5001
	320211105	滨湖区渔港镇	23071		320411152	常州市新北区百丈乡	4262
	320211106	滨湖区胡埭镇	7585		320411153	常州市新北区圩塘镇	5887
	320211107	滨湖区东降镇	23374		320411350	常州市新北区三井乡	11839
	320211108	滨湖区雪浪镇	10213		320412101	武进区南夏墅镇	12068
	320211109	滨湖区南泉镇	11136		320412102	武进区牛塘镇	11581
	320211110	滨湖区华庄镇	13228		320412103	武进区洛阳镇	16132
	320211111	滨湖区新安镇	8675		320412104	武进区遥观镇	20765
	320281101	江阴市璜土镇	9243		320412105	武进区横林镇	15048
	320281102	江阴市利港镇	11075		320412106	武进区横山桥镇	14932
	320281103	江阴市申港镇	12374		320412107	武进区芙蓉镇	4165
	320281105	江阴市月城镇	7025		320412108	武进区焦溪镇	10119
	320281106	江阴市青阳镇	5806		320412109	武进区郑陆镇	7969
	320281108	江阴市璜塘镇	9282		320412111	武进区潘家镇	6133
	320281109	江阴市峭岐镇	6649		320412112	武进区漕桥镇	6645
	320281110	江阴市华士镇	27281		320412113	武进区前黄镇	6118
	320281111	江阴市周庄镇	35285		320412114	武进区礼嘉镇	8033
	320281112	江阴市新桥镇	23214		320412115	武进区寨桥镇	8904
	320281113	江阴市长泾镇	12651		320412116	武进区邹区镇	10078
	320281114	江阴市顾山镇	7367		320412117	武进区卜弋镇	4193

续表 3

地　区	乡镇代码	乡镇名称	财政收入（万元）	地　区	乡镇代码	乡镇名称	财政收入（万元）
	320412120	武进区湟里镇	6744		320581018	常熟市王庄镇	4370
	320412125	武进区奔牛镇	6850		320581019	常熟市冶塘镇	5070
	320481101	溧阳市埭头镇	7354		320581020	常熟市张桥镇	4609
	320481114	溧阳市南渡镇	5298		320581021	常熟市辛庄镇	10690
	320482104	金坛市儒林镇	4391		320581022	常熟市杨园镇	5455
	320482109	金坛市薛埠镇	5897		320581023	常熟市莫城镇	10178
	320504001	金阊区虎丘镇	9990		320581024	常熟市森泉镇	5213
	320505002	虎丘区浒墅关镇	5745		320582001	张家港市塘桥镇	11608
	320505003	虎丘区枫桥镇	18168		320582003	张家港市港口镇	6240
	320505004	虎丘区通安镇	5570		320582006	张家港市乐余镇	5636
	320505005	虎丘区东渚镇	6260		320582008	张家港市锦丰镇	12651
	320506002	吴中区用直镇	19116		320582015	张家港市后塍镇	7493
	320506004	吴中区郭巷镇	6042		320582019	张家港市港区镇	9980
	320506005	吴中区光福镇	6563		320583001	昆山市正仪镇	7081
	320506006	吴中区藏书镇	4372		320583002	昆山市巴城镇	4538
	320506007	吴中区木渎镇	21671		320583004	昆山市陆杨镇	5093
	320506008	吴中区胥口镇	12615		320583005	昆山市周市镇	28853
	320506009	吴中区横泾镇	4715		320583006	昆山市蓬朗镇	13091
	320506012	吴中区东山镇	4108		320583007	昆山市陆家镇	33875
	320507001	相城区望亭镇	6581		320583008	昆山市花桥镇	11888
	320507003	相城区黄埭镇	8172		320583009	昆山市石浦镇	6008
	320507004	相城区黄桥镇	9484		320583010	昆山市淀山湖镇	8257
	320507005	相城区元和镇	25402		320583011	昆山市张浦镇	24627
	320507006	相城区渭塘镇	12419		320583012	昆山市周庄镇	11586
	320507007	相城区北桥镇	5896		320583014	昆山市千灯镇	7566
	320507008	相城区太平镇	4430		320583015	昆山市锦溪镇	5030
	320507009	相城区湘城镇	4846		320584002	吴江市同里镇	5985
	320508001	苏州工业园区娄葑镇	76336		320584003	吴江市菀坪镇	4689
	320508002	苏州工业园区跨塘镇	8204		320584004	吴江市芦墟镇	19550
	320508003	苏州工业园区唯亭镇	16756		320584005	吴江市北厍镇	8210
	320508004	苏州工业园区胜浦镇	8153		320584006	吴江市金家坝镇	6457
	320581002	常熟市梅李镇	17391		320584007	吴江市黎里镇	8501
	320581003	常熟市海虞镇	27009		320584008	吴江市平望镇	7441
	320581004	常熟市新港镇	17798		320584009	吴江市梅堰镇	4655
	320581005	常熟市徐市镇	5397		320584010	吴江市盛泽镇	39743
	320581006	常熟市东张镇	4568		320584014	吴江市七都镇	14886
	320581007	常熟市唐市镇	9172		320584016	吴江市震泽镇	8210
	320581008	常熟市古里镇	7440		320584018	吴江市桃源镇	9013
	320581009	常熟市沙家浜镇	4312		320585001	太仓市陆渡镇	9558
	320581010	常熟市支塘镇	7334		320585003	太仓市浮桥镇	4330
	320581011	常熟市何市镇	4461		320585004	太仓市金浪镇	4570
	320581012	常熟市董浜镇	5434		320585005	太仓市璜泾镇	8476
	320581013	常熟市白茆镇	9911		320585006	太仓市鹿河镇	5291
	320581014	常熟市任阳镇	5235		320585009	太仓市双凤镇	5264
	320581015	常熟市大义镇	7224		320585010	太仓市城厢镇	49855
	320581016	常熟市谢桥镇	7293		320585011	太仓市沙溪镇	11332
	320581017	常熟市练塘镇	6237		320585012	太仓市浏河镇	8661

续表4

地　区	乡镇代码	乡镇名称	财政收入（万元）	地　区	乡镇代码	乡镇名称	财政收入（万元）
	320602100	崇川区观音山镇	6094		330109011	萧山区宁围镇	20819
	320682111	如皋市长江镇	4168		330109012	萧山区新街镇	22447
	320683102	通州市二甲镇	5106		330109013	萧山区坎山镇	9411
	320683110	通州市石港镇	4345		330109014	萧山区瓜沥镇	21926
	320683114	通州市平潮镇	8033		330109015	萧山区党山镇	9793
	320683117	通州市兴仁镇	4442		330109016	萧山区益农镇	4830
	320684101	海门市三星镇	6115		330109017	萧山区靖江镇	5576
	320684104	海门市德胜镇	4266		330109018	萧山区南阳镇	6730
	320684105	海门市三厂镇	7455		330109019	萧山区义蓬镇	9709
	320928109	盐都县龙冈镇	4929		330109020	萧山区河庄镇	5923
	320928110	盐都县潘黄镇	4100		330109021	萧山区党湾镇	7213
	321003107	邗江区蒋王镇	4453		330109023	萧山区城厢街道	9634
	321003108	邗江区汉河镇	6590		330109024	萧山区北干街道	4242
	321003112	邗江区杭集镇	12600		330109025	萧山区蜀山街道	4537
	321112112	丹徒区高资镇	4443		330109026	萧山区新塘街道	4292
	321181118	丹阳市界牌镇	5769		330110001	余杭区运河镇	10964
	321181120	丹阳市后巷镇	10376		330110002	余杭区乔司镇	4889
	321182101	扬中市新坝镇	20963		330110003	余杭区塘栖镇	9312
	321182103	扬中市油坊镇	5348		330110004	余杭区仁和镇	5298
	321202100	海陵区九龙镇	4403		330110006	余杭区余杭镇	12234
	321202201	海陵区东郊乡	4125		330110007	余杭区闲林镇	10465
	321281123	兴化市戴南镇	13344		330110010	余杭区良渚镇	10603
	321281124	兴化市张郭镇	5850		330110011	余杭区瓶窑镇	9783
	321282101	靖江市新桥镇	5138		330110017	余杭区南苑街道	19122
	321282105	靖江市西来镇	4520		330122009	桐庐县横村镇	4524
	321283114	泰兴市姚王镇	5441		330122014	桐庐县分水镇	4338
	321283118	泰兴市七圩镇	4235		330182001	建德市新安江街道	5229
	321284102	姜堰市白米镇	6523		330182005	建德市乾潭镇	9054
	321284107	姜堰市华港镇	4607		330182008	建德市梅城镇	5163
	321284115	姜堰市梁徐镇	5337		330183006	富阳市新登镇	7208
浙　江	330104002	江干区笕桥镇	25318		330183009	富阳市大源镇	8897
	330104003	江干区彭埠镇	7196		330183010	富阳市灵桥镇	5132
	330104004	江干区四季青街道	13540		330183019	富阳市高桥镇	6988
	330105001	拱墅区上塘镇	11394		330183020	富阳市受降镇	6325
	330106002	西湖区留下镇	5886		330183024	富阳市富春街道	20330
	330106004	西湖区转塘镇	4629		330183025	富阳市春江街道	21286
	330106007	西湖区三墩镇	6325		330183026	富阳市东洲街道	4160
	330108001	滨江区浦沿镇	7774		330185001	临安市锦城街道	16596
	330108002	滨江区长河镇	10368		330185002	临安市玲珑街道	6026
	330109002	萧山区河上镇	4879		330185008	临安市太湖源镇	5303
	330109003	萧山区戴村镇	4364		330203001	海曙区望春街道	7731
	330109005	萧山区进化镇	4128		330203002	海曙区段塘街道	5150
	330109006	萧山区临浦镇	11440		330204001	江东区东郊街道	15554
	330109007	萧山区义桥镇	7619		330204002	江东区福明街道	7933
	330109008	萧山区所前镇	5480		330205002	江北区庄桥镇	7647
	330109009	萧山区衙前镇	12336		330205003	江北区洪塘镇	6888
	330109010	萧山区闻堰镇	8640		330205004	江北区慈城镇	10620

续表 5

地　区	乡镇代码	乡镇名称	财政收入（万元）	地　区	乡镇代码	乡镇名称	财政收入（万元）
	330206002	北仑区小港镇	15203		330282005	轰溪市三北镇	6584
	330206003	北仑区大矸镇	15285		330282006	茧溪市范市镇	5109
	330211002	镇海区蛟川街道	7094		330282007	慈溪市掌起镇	10684
	330211003	镇海区骆驼街道	15563		330282008	慈溪市观海卫镇	21381
	330211004	镇海区庄市街道	13230		330282009	慈溪市附海镇	5923
	330211005	镇海区解浦镇	7652		330282010	慈溪市桥头镇	4623
	330211006	镇海区九龙湖镇	5762		330282011	慈溪市匡堰镇	5393
	330212003	鄞州区塘溪镇	6517		330282012	慈溪市逍林镇	6347
	330212004	鄞州区东钱湖镇	13691		330282013	慈溪市新浦镇	7850
	330212006	鄞州区五乡镇	11014		330282015	慈溪市横河镇	14505
	330212007	鄞州区邱隘镇	22093		330282017	慈溪市庵东镇	9547
	330212008	鄞州区下应镇	17534		330282018	慈溪市天元镇	5939
	330212009	鄞州区云龙镇	10929		330282019	慈溪市长河镇	14320
	330212010	鄞州区横溪镇	7731		330282020	慈溪市周巷镇	34006
	330212011	鄞州区姜山镇	19637		330283001	奉化市溪口镇	6381
	330212012	鄞州区茅山镇	4642		330283002	奉化市莼湖镇	8429
	330212013	鄞州区钟公庙镇	14660		330283003	奉化市江口镇	9279
	330212014	鄞州区高桥镇	15463		330283004	奉化市西坞镇	5201
	330212015	鄞州区横街镇	11112		330283006	奉化市萧王庙镇	5666
	330212016	鄞州区集士港镇	9772		330283010	奉化市锦屏街道	22558
	330212017	鄞州区古林镇	12677		330283011	奉化市岳林街道	11355
	330212018	鄞州区石矸镇	24539		330302002	鹿城区双屿镇	8157
	330212019	鄞州区洞桥镇	4734		330303002	龙湾区瑶溪镇	7387
	330212020	鄞州区鄞江镇	5591		330303006	龙湾区永中街道	25159
	330212021	鄞州区龙观乡	1187		330303007	龙湾区蒲州街道	4644
	330225001	象山县丹东街道	20380		330303008	龙湾区海滨街道	4184
	330225002	象山县丹西街道	7851		330303010	龙湾区海城街道	6585
	330225003	象山县爵溪街道	10288		330304001	瓯海区梧埏镇	20686
	330225004	象山县石浦镇	14735		330304006	瓯海区娄桥镇	4851
	330225005	象山县西周镇	8678		330304007	瓯海区郭溪镇	9858
	330226005	宁海县茶院乡	7844		330304009	瓯海区新桥镇	12970
	330226016	宁海县西店镇	11401		330324002	永嘉县瓯北镇	49414
	330226017	宁海县深圳镇	5725		330324003	永嘉县桥头镇	9258
	330281005	余姚市临山镇	7311		330326002	平阳县敖江镇	36122
	330281006	余姚市黄家埠镇	4980		330326003	平阳县水头镇	20187
	330281008	余姚市泗门镇	15382		330326004	平阳县萧江镇	9772
	330281009	余姚市低塘镇	15907		330326006	平阳县腾蛟镇	4933
	330281010	余姚市朗霞镇	6089		330327001	苍南县龙港镇	79529
	330281011	余姚市马渚镇	8579		330327003	苍南县钱库镇	7985
	330281014	余姚市丈亭镇	6553		330327006	苍南县金乡镇	8217
	330281015	余姚市三七市镇	4462		330381002	瑞安市塘下镇	31806
	330281018	余姚市陆埠镇	5709		330381003	瑞安市莘塍镇	21311
	330281020	余姚市梁弄镇	5269		330381004	瑞安市汀田镇	8538
	330282001	慈溪市浒山街道	72822		330381005	瑞安市飞云镇	8113
	330282002	慈溪市宗汉街道	30380		330381006	瑞安市仙降镇	4500
	330282003	慈溪市坎墩街道	10261		330381016	瑞安市湖岭镇	4296
	330282004	慈溪市龙山镇	4763		330382002	乐清市大荆镇	8826

续表6

地　区	乡镇代码	乡镇名称	财政收入（万元）	地　区	乡镇代码	乡镇名称	财政收入（万元）
	330382009	乐清市虹桥镇	22958		330501305	湖州市东林镇	5005
	330382015	乐清市柳市镇	56792		330521002	德清县城关镇	6650
	330382016	乐清市北白象镇	27717		330521003	德清县新市镇	11712
	330402001	秀城区城南街道	5399		330521004	德清县洛舍镇	6440
	330402004	秀城区新丰镇	7184		330521005	德清县钟管镇	8157
	330402005	秀城区大桥镇	7125		330522002	长兴县李家巷镇	8021
	330402006	秀城区余新镇	9536		330522011	长兴县和平镇	4648
	330402007	秀城区凤桥镇	5418		330522014	长兴县煤山镇	10868
	330411001	秀洲区王店镇	7200		330601001	袍江区马山镇	6216
	330411003	秀洲区新塍镇	6333		330601002	袍江区斗门镇	6030
	330411004	秀洲区王江泾镇	9654		330602007	越城区灵芝镇	22697
	330421002	嘉善县惠民镇	4149		330602008	越城区东浦镇	4919
	330421004	嘉善县西塘镇	10229		330602010	越城区皋埠镇	5387
	330421006	嘉善县干窑镇	6077		330621005	绍兴县齐贤镇	15245
	330424008	海盐县西塘桥镇	4760		330621006	绍兴县钱清镇	31676
	330481002	海宁市许村镇	6049		330621007	绍兴县孙端镇	4827
	330481003	海宁市长安镇	8310		330621008	绍兴县福全镇	31634
	330481004	海宁市周王庙镇	6553		330621009	绍兴县马安镇	12201
	330481005	海宁市斜桥镇	10595		330621010	绍兴县平水镇	7913
	330481006	海宁市郭店镇	6361		330621011	绍兴县安昌镇	12696
	330481009	海宁市袁花镇	5848		330621012	绍兴县王坛镇	5026
	330481010	海宁市丁桥镇	5208		330621013	绍兴县兰亭镇	4194
	330481011	海宁市盐仓镇	7567		330621015	绍兴县杨汛桥镇	32052
	330482001	平湖市当湖镇	11070		330621016	绍兴县漓渚镇	5744
	330482002	平湖市乍浦镇	14315		330681004	诸暨市大唐镇	13238
	330482003	平湖市新埭镇	6802		330681005	诸暨市应店街镇	4301
	330482004	平湖市新仓镇	13924		330681006	诸暨市次坞镇	7005
	330482005	平湖市黄姑镇	5181		330681007	诸暨市店口镇	23915
	330482006	平湖市全塘镇	8139		330681008	诸暨市阮市镇	5651
	330482008	平湖市林埭镇	4365		330681011	诸暨市山下湖镇	12835
	330482010	平湖市曹桥乡	8392		330681012	诸暨市枫桥镇	16765
	330483001	桐乡市梧桐街道	28975		330681017	诸暨市草塔镇	7296
	330483004	桐乡市乌镇镇	7383		330681019	诸暨市牌头镇	9095
	330483005	桐乡市濮院镇	11420		330682004	上虞市道墟镇	16187
	330483006	桐乡市屠甸镇	4801		330682010	上虞市丰惠镇	6093
	330483007	桐乡市石门镇	6785		330682017	上虞市崧厦镇	8959
	330483008	桐乡市河山镇	5028		330683005	嵊州市甘霖镇	7192
	330483009	桐乡市洲泉镇	11327		330683006	嵊州市长乐镇	4082
	330483011	桐乡市崇福镇	9472		330701001	开发区秋滨街道	6490
	330483012	桐乡市高桥镇	5061		330702004	婺城区白龙桥镇	5111
	330501101	湖州市织里镇	22425		330703002	金东区孝顺镇	5408
	330501102	湖州市八里店镇	11555		330703008	金东区赤松镇	4118
	330501201	湖州市南浔镇	30300		330723001	武义县白洋街道	5025
	330501202	湖州市练市镇	8709		330723002	武义县壶山街道	5043
	330501204	湖州市双林镇	11522		330781014	兰溪市灵洞乡	6883
	330501301	湖州市菱湖镇	7806		330782001	东阳市吴宁街道	8291
	330501302	湖州市和孚镇	5324		330782002	东阳市横店街道	17510

续表 7

地　区	乡镇代码	乡镇名称	财政收入（万元）	地　区	乡镇代码	乡镇名称	财政收入（万元）
	330782004	东阳市白云街道	4083		331081001	温岭市太平街道	28076
	330783001	义乌市稠城街道	66944		331081004	温岭市城北街道	4249
	330783002	义乌市江东街道	17797		331081005	温岭市横峰街道	8429
	330783003	义乌市稠江街道	8451		331081006	温岭市泽国镇	23205
	330783004	义乌市北苑街道	42339		331081007	温岭市大溪镇	17865
	330783005	义乌市后宅街道	22426		331081008	温岭市松门镇	13312
	330783011	义乌市佛堂镇	15571		331081009	温岭市箬横镇	13912
	330783012	义乌市赤岸镇	5800		331081010	温岭市新河镇	11658
	330783013	义乌市义亭镇	6998		331081011	温岭市石塘镇	6920
	330783015	义乌市上溪镇	5950		331081012	温岭市滨海镇	4426
	330783016	义乌市苏溪镇	9872		331081013	温岭市温峤镇	8405
	330783017	义乌市大陈镇	11273		331081014	温岭市城南镇	5109
	330783018	义乌市廿三里镇	30429		331081001	临海市古城街道	18320
	330784001	永康市东城街道	16459		331082002	临海市大洋街道	16945
	330784002	永康市西城街道	12546		331082003	临海市江南街道	4870
	330784003	永康市江南街道	5607		331082005	临海市汛桥镇	12906
	330784004	永康市芝英街道	21180		331082017	临海市杜桥镇	12906
	330784006	永康市古山镇	13346		331122002	缙云县壶镇镇	5657
	330784007	永康市龙山镇	5494	安　徽	340111100	合肥市包河区常青镇	6696
	330902001	定海区金塘镇	6476		340121100	长丰县水湖镇	8700
	330902004	定海区小沙镇	4207		340122100	肥东县店埠镇	16992
	330902015	定海区临城街道	6008		340207100	芜湖市鸠江区官陡镇	4290
	330903001	普陀区六横镇	5479		340207101	芜湖市鸠江区湾里镇	4315
	330921008	岱山县衢山镇	5641		340207102	芜湖市鸠江区大桥镇	4870
	331002001	椒江区海门街道	6459		340811202	安庆市郊区白泽湖乡	4580
	331002002	椒江区白云街道	8912		341021100	歙县徽城镇	4126
	331002003	椒江区葭芷街道	9894		341422123	无为县高沟镇	7000
	331002004	椒江区洪家街道	12799		341522105	霍邱县石店镇	5251
	331002006	椒江区下陈街道	8524	福　建	350101190	晋安区鼓山镇	6040
	331003001	黄岩区东城街道	25243		350121150	闽侯县青口镇	6338
	331003002	黄岩区南城街道	5361		350181160	福清县龙田镇	4326
	331003003	黄岩区西城街道	11646		350182210	长乐市金峰镇	5532
	331003003	黄岩区北城街道	10601		350201130	湖里区禾山镇	15172
	331003015	黄岩区澄江街道	6969		350201150	集美区灌口镇	13952
	331003018	黄岩区新前街道	6354		350301220	涵江区江口镇	8580
	331003019	黄岩区院桥镇	7159		350501130	丰泽区东海镇	4749
	331004001	路桥区路南街道	13178		350501140	丰泽区北峰镇	8299
	331004002	路桥区路桥街道	19844		350521170	惠安县崇武镇	6629
	331004003	路桥区路北街道	11395		350526110	德化县龙浔镇	8747
	331004006	路桥区峰江街道	10016		350581100	石狮市灵秀镇	10917
	331004007	路桥区新桥镇	4290		350581120	石狮市蚶江镇	4580
	331004008	路桥区横街镇	5054		350581130	石狮市祥芝镇	4916
	331004009	路桥区金清镇	10118		350581140	石狮市鸿山镇	4456
	331004010	路桥区蓬街镇	5940		350582110	晋江市安海镇	28744
	331021002	玉环县清港镇	12132		350582120	晋江市磁灶镇	11111
	331021003	玉环县楚门镇	14404		350582130	晋江市陈埭镇	30594
	331023007	天台县平桥镇	4984		350582140	晋江市东石镇	14915

续表8

地　区	乡镇代码	乡镇名称	财政收入（万元）	地　区	乡镇代码	乡镇名称	财政收入（万元）
	350582150	晋江市深沪镇	8862		370982116	新泰市汶南镇	5898
	350582160	晋江市金井镇	7981		370982502	新泰市新汶街办	14062
	350582170	晋江市池店镇	11969		371082003	荣成市成山卫镇	6700
	350582180	晋江市罗山镇	7196		371082012	荣成市虎山镇	8650
	350582190	晋江市内坑镇	4649		371082013	荣成市人和镇	6286
	350582200	晋江市龙湖镇	8329		371082014	荣成市石岛镇	12490
	350582210	晋江市永和镇	5243		371102007	东港区涛雒镇	9331
	350582220	晋江市英林镇	11857		371302103	兰山区半程镇	11069
	350583230	南安市洪濑镇	6139		371402502	德城区运河街办	4118
	350583280	南安市官桥镇	4793		371602001	滨城区滨北镇	4379
	350583290	南安市水头镇	14177		371624101	沾化县下洼镇	6287
	350583300	南安市石井镇	15249		371624103	沾化县冯家镇	5000
	350601120	芗城区芝山镇	5829		371624200	沾化县大高乡	4603
	350982160	福鼎市白琳镇	7000	河　南	410105101	郑州市金水区柳林镇	4533
江　西	361181101	德兴市泗洲镇	4770		410822103	博爱县月山镇	6774
山　东	370102100	历下区姚家镇	9048		418181107	济源市大峪镇	5305
	370105013	天桥区药山街办	4700	湖　北	420102050	江夏区流芳街	6329
	370105014	天桥区北园街办	8450		420105010	洪山区洪山乡	6849
	370112101	历城区王舍人镇	9306		420105050	洪山区和平乡	9215
	370112102	历城区华山镇	7386		420221110	大冶市陈贵镇	6200
	370126103	商河县玉皇庙镇	4863		420221160	大冶市还地桥镇	6100
	370212102	崂山区沙子口街办	7806		420321081	丹江口武当山镇	5011
	370214002	城阳区夏庄街办	13012		420521080	夷陵区龙泉镇	4479
	370214003	城阳区流亭街办	13456		423401130	潜江市张金镇	4100
	370214004	城阳区棘洪滩街办	5632	湖　南	430181103	浏阳市大围山镇	5688
	370281002	胶州市中云街办	5534	广　东	440111001	白云区萝岗镇	4830
	370281003	胶州市北关街办	4181		440111010	白云区人和镇	7155
	370281005	胶州市云溪街办	5452		440111012	白云区江高镇	4135
	370281007	胶州市李哥庄镇	4711		440113001	番禺区沙湾镇	12376
	370282121	即墨经济开发区	4259		440113002	番禺区榄核镇	5431
	370284102	胶南市隐珠镇	4326		440113003	番禺区灵山镇	6161
	370321105	桓台县马桥镇	4835		440113004	番禺区鱼窝头镇	7198
	370523101	广饶县大王镇	8588		440113005	番禺区东涌镇	6182
	370681106	龙口市东江镇	7312		440113006	番禺区万顷沙镇	4293
	370681121	龙口市龙港街办	4855		440113007	番禺区南沙区	15412
	370782002	诸城市龙都街办	6224		440113010	番禺区黄阁镇	6383
	370782110	诸城市昌城镇	4624		440113011	番禺区石楼镇	19661
	370783122	寿光市大家洼镇	30026		440113012	番禺区化龙镇	5825
	370784100	安丘市景芝镇	4640		440113013	番禺区石基镇	13563
	370882009	兖州市新兖镇	23016		440113014	番禺区南村镇	11800
	370902502	泰山区财源街办	4463		440113015	番禺区新造镇	6536
	370903100	岱岳区山口镇	4161		440113016	番禺区大石镇	16770
	370982101	新泰市东都镇	4725		440113017	番禺区钟村镇	12388
	370982102	新泰市小协镇	4788		440113019	番禺区大岗镇	9492
	370982103	新泰市翟镇	5770		440113024	番禺区沙头街道	4489
	370982107	新泰市西张庄镇	4837		440114002	花都区花东镇	7270
	370982112	新泰市谷里镇	4242		440114004	花都区狮岭镇	9915

续表9

地　区	乡镇代码	乡镇名称	财政收入（万元）	地　区	乡镇代码	乡镇名称	财政收入（万元）
	440114005	花都区炭步镇	8368		440605014	南海区里水镇	25721
	440183002	增城市新塘镇	20645		440605015	南海区和顺镇	8283
	440221011	曲江县犁市镇	5182		440605016	南海区罗村镇	19191
	440306001	宝安区西乡镇	43000		440605018	南海区丹灶镇	14902
	440306002	宝安区福永镇	25038		440605019	南海区狮山区	9218
	440306003	宝安区沙井镇	33000		440606002	顺德区伦教镇	45000
	440306004	宝安区松岗镇	15592		440606004	顺德区北窖镇	24623
	440306006	宝安区石岩镇	18211		440606005	顺德区乐从镇	23370
	440306007	宝安区龙华镇	24900		440606006	顺德区勒流镇	27410
	440306008	宝安区观澜镇	28895		440606007	顺德区龙江镇	18125
	440307001	龙岗区平湖镇	14165		440606008	顺德区杏坛镇	31635
	440307002	龙岗区布吉镇	150464		440606009	顺德区均安镇	8887
	440307003	龙岗区横岗镇	23456		440606010	顺德区容桂镇	58837
	440307005	龙岗区坪地镇	11007		440607008	三水区乐平镇	4298
	4403070006	龙岗区坪山镇	12349		440607010	三水区白坭镇	7880
	440307007	龙岗区坑梓镇	9485		440607011	三水区芦苞镇	5654
	440307008	龙岗区葵涌镇	12144		440705003	新会区司前镇	4119
	440307009	龙岗区大鹏镇	9683		440705013	新会区棠下镇	6073
	440307010	龙岗区南澳镇	5793		441381004	惠阳市新圩镇	6400
	440402002	香洲区唐家镇	4577		441381006	惠阳市陈江镇	5726
	440403007	斗门区白蕉镇	4470		441621021	紫金县临江镇	6334
	440404004	金湾区平沙镇	6561		441998001	东莞市中堂镇	38315
	440404005	金湾区红旗镇	4767		441998002	东莞市望牛墩镇	15804
	440582007	潮阳市和平镇	4871		441998003	东莞市道窖镇	11998
	440582018	潮阳市峡山镇	12428		441998004	东莞市洪梅镇	5013
	440583006	澄海市莲下镇	5876		441998005	东莞市麻涌镇	42822
	440604001	禅城区张槎镇	5028		441998006	东莞市万江区	16005
	440604004	禅城区南庄镇	26710		441998007	东莞市虎门镇	194138
	440605002	南海区平洲区	27563		441998008	东莞市长安镇	51277
	440605004	南海区大沥区	40639		441998009	东莞市厚街镇	27656
	440605005	南海区盐步区	25830		441998010	东莞市沙田镇	14888
	440605006	南海区黄歧区	28770		441998011	东莞市南城区	12779
	440605007	南海区官窑镇	14087		441998012	东莞市东城区	34740
	440605008	南海区松岗镇	8525		441998013	东莞市寮步镇	43904
	440605009	南海区小塘镇	11363		441998014	东莞市大岭山镇	27785
	440605010	南海区金沙镇	5882		441998015	东莞市大朗镇	20023
	440605011	南海区九江镇	20876		441998016	东莞市黄江镇	14176
	440605012	南海区沙头镇	13191		441998017	东莞市樟木头镇	29273
	440605013	南海区西樵镇	39769		441998018	东莞市清溪镇	24865

续表10

地　区	乡镇代码	乡镇名称	财政收入（万元）	地　区	乡镇代码	乡镇名称	财政收入（万元）
	441998019	东莞市塘厦镇	40359	广　西	450221108	柳江县进德镇	7083
	441998020	东莞市凤岗镇	13122		450521007	合浦县公馆镇	4299
	441998021	东莞市谢岗镇	11106		450681100	东兴市东兴镇	4860
	441998022	东莞市常平镇	26719		451221002	广西南丹县大厂镇	7280
	441998023	东莞市桥头镇	11055		452101004	凭祥市夏石镇	9587
	441998024	东莞市横沥镇	12585	四　川	510104200	锦江区琉璃乡	9998
	441998025	东莞市东坑镇	10201		510104201	锦江区三圣乡	11154
	441998026	东莞市企石镇	7828		510105200	青羊区苏坡乡	6425
	441998027	东莞市石排镇	16668		510106200	金牛区金牛乡	11093
	441998028	东莞市茶山镇	10575		510106202	金牛区洞子口乡	9945
	441998029	东莞市石碣镇	17318		510106203	金牛区天回乡	5722
	441998030	东莞市高步镇	19293		510107200	武侯区永丰乡	8214
	441998032	东莞市石龙镇	23491		510107201	武侯区簇桥乡	8621
	442098001	中山市黄圃镇	10121		510108200	成华区圣灯乡	9901
	442098002	中山市民众镇	10791		510108201	成华区保和乡	6752
	442098003	中山市东凤镇	13021		510108202	成华区龙潭乡	5276
	442098004	中山市东升镇	10792		510108203	成华区青龙乡	7881
	442098005	中山市古镇镇	14086		510112106	龙泉驿区十陵镇	9127
	442098006	中山市沙溪镇	40632		510112109	龙泉驿区同安镇	8178
	442098007	中山市坦洲镇	10076		510122103	双流县华阳镇	6610
	442098008	中山市港口镇	7321		510122113	双流县白家镇	9040
	442098009	中山市三角镇	8443		510124102	郫县犀浦镇	7775
	442098010	中山市横栏镇	8931		510304207	大安区凤凰乡	4681
	442098011	中山市南头镇	29462		510703113	涪城区永兴镇	5550
	442098012	中山市阜沙镇	5554		510703200	涪城区城郊乡	7470
	442098013	中山市南朗镇	9770	贵　州	520121102	开阳县双流镇	4249
	442098014	中山市三乡镇	13053		520121103	开阳县金中镇	6414
	442098015	中山市板芙镇	19797	云　南	530111101	官渡区前卫镇	6816
	442098016	中山市大涌镇	8502		530111104	官渡区金马镇	9056
	442098018	中山市五桂山镇	4182		530111105	官渡区龙泉镇	5947
	442098019	中山市石歧	12200		530111108	官渡区联盟镇	7867
	442098021	中山市火炬区	62102		530111201	官渡区福海乡	7698
	442098023	中山市南区	14055		530112101	西山区黑林铺镇	5267
	442098024	中山市小榄镇	122177		530402103	红塔区大营街镇	9121
	445121008	潮安县彩塘镇	4538	青　海	632523007	贵德县罗汉堂乡	5401
	445121022	潮安县枫溪镇	4788	新　疆	652924203	沙雅县塔里木乡	4767
	445202003	榕城区渔湖镇	5427		653123209	英吉沙县苏盖提乡	4750

2002 年按粮食产量排列居全国前 1000 位的乡镇

地区	乡镇代码	乡镇名称	粮食产量（吨）	地区	乡镇代码	乡镇名称	粮食产量（吨）
河北	130123201	正定县南楼乡	43313		150502108	通辽市科尔沁区清河镇	58336
	130124202	栾城县西营乡	43911		150502130	通辽市科尔沁区辽河镇	70545
	130133102	赵县北王里镇	47087		150523105	开鲁县麦新镇	45181
	130133104	赵县韩村镇	55800		150523108	开鲁县建华镇	44497
	130133105	赵县南柏舍镇	47872		150523109	开鲁县小街基镇	48630
	130133200	赵县前大章乡	46906		152103100	扎兰屯市磨菇气镇	48889
	130181107	辛集市王口镇	50579		152103101	扎兰屯市中和镇	47300
	130181203	辛集市和睦井乡	45025		152122101	阿荣旗孤山镇	43954
	130181204	辛集市田家庄乡	60055		152122102	阿荣旗六合镇	55130
	130182104	藁城市梅花镇	56600		152122103	阿荣旗太平庄镇	51753
	130182106	藁城市邱头镇	44870		152122104	阿荣旗亚东镇	54486
	130182110	藁城市增村镇	40633		152122105	阿荣旗三岔河镇	50810
	130183101	晋州市总十庄镇	41483		152122106	阿荣旗霍尔奇镇	54167
	130183103	晋州市桃园镇	43981		152122109	阿荣旗复兴镇	54843
	130183106	晋州市小樵镇	45281		152122110	阿荣旗三道沟镇	41007
	130183107	晋州市槐树镇	40673		152123102	莫力达瓦旗宝山镇	42315
	130183200	晋州市东里庄乡	50440		152123110	莫力达瓦旗塔温敖宝镇	57601
	130184106	新乐市邯邰镇	47344		152801108	临河市古城镇	43833
	130225103	乐亭县王滩镇	52321		152822101	五原县塔尔湖镇	53479
	130229101	玉田县亮甲店镇	41195		152824104	乌拉特前旗大佘太镇	63130
	130322203	昌黎县马坨店乡	45455	辽　宁	210124103	沈阳市法库县三面船镇	40900
	130423103	临漳县柳园镇	47110		210124104	沈阳市法库县秀水河镇	66655
	130423201	临漳县张村集乡	51684		210181019	沈阳市新民市兴隆店镇	46247
	130435101	曲周县安寨镇	44211		210283010	大连市庄河市栗子房镇	44067
	130525104	隆尧县华龙镇	44776		210321004	鞍山市台安县黄沙镇	49035
	130525105	隆尧县固城镇	56291		210321005	鞍山市台安县高力房镇	41129
	130525201	隆尧县东良乡	41891		210381020	鞍山海城市耿庄镇	50307
	130525205	隆尧县大张庄乡	44356		210381025	鞍山海城市温香镇	43326
	130527102	南和县郝桥镇	44009		210681006	丹东市东港市前阳镇	46885
	130528101	宁晋县河渠镇	56457		210681009	丹东市东港市长山镇	56619
	130528102	宁晋县北河庄镇	49702		210726108	锦州市黑山县无梁殿镇	43852
	130528103	宁晋县耿庄桥镇	51542		210781109	锦州市凌海市新庄子镇	42743
	130528105	宁晋县贾家口镇	49270		210782106	锦州市北宁市中安镇	72052
	130528106	宁晋县四芝兰镇	45430		210882104	营口市大石桥市高坎镇	70617
	130528204	宁晋县换马店乡	49908		210882105	营口市大石桥市旗口镇	62500
	131102100	桃城区郑家河沿镇	41097		210921007	阜新市阜新县建设镇	45128
	131102101	桃城区赵家圈镇	41169		210921016	阜新市阜新县平安地镇	50006
	131126100	故城县郑口镇	41430		211011001	辽阳市太子河区东京陵乡	64458
	131128104	阜城县崔家庙镇	45952		211021004	辽阳市辽阳县小北河镇	42500
内蒙	150404105	赤峰市松山区哈拉道口镇	44064		211081012	辽阳市灯塔市五星镇	41586
	150404109	赤峰市松山区安庆沟镇	45324		211121004	盘锦市大洼县唐家乡	56000
	150426103	翁牛特旗桥头镇	45033		211122002	盘锦市盘山县高升镇	49000
	150429109	宁城县大明镇	40562		211221105	铁岭市铁岭县凡河镇	78582
	150502100	通辽市科尔沁区大林镇	62500		211221201	铁岭市铁岭县蔡牛乡	45882
	150502101	通辽市科尔沁区钱家店镇	58476		211221203	铁岭市铁岭县双井子乡	46690
	150502102	通辽市科尔沁区余粮堡镇	48082		211221205	铁岭市铁岭县李千户乡	52481
	150502104	通辽市科尔沁区木里图镇	45656		211223202	铁岭市西丰县天德乡	40500

续表1

地　区	乡镇代码	乡镇名称	粮食产量（吨）	地　区	乡镇代码	乡镇名称	粮食产量（吨）
	211224002	铁岭市昌图县老城镇	49145		220182102	榆树市闵家镇	71994
	211224003	铁岭市昌图县八面城镇	43514		220182103	榆树市大坡镇	77549
	211224012	铁岭市昌图县大洼镇	57688		220182105	榆树市土桥镇	55249
	211224015	铁岭市昌图县毛家店镇	77000		220182106	榆树市新立镇	72008
	211224031	铁岭市昌图县前双井镇	47255		220182107	榆树市大岭镇	66342
	211224033	铁岭市昌图县四面城镇	45000		220182108	榆树市向阳镇	53632
	211282002	铁岭市开原市庆云堡镇	45869		220182109	榆树市泗河镇	51808
	211282005	铁岭市开原市金沟子镇	54000		220182110	榆树市八号镇	57302
	211282006	铁岭市开原市八宝屯镇	47945		220182111	榆树市刘家镇	70786
吉　林	220112100	双阳区新安镇	42164		220182112	榆树市秀水镇	125783
	220112104	双阳区齐家镇	48858		220182113	榆树市保寿镇	71261
	220112202	双阳区长岭乡	45010		220182115	榆树市新庄镇	65472
	220122101	农安县伏龙泉镇	67375		220182200	榆树市育民乡	64831
	220122102	农安县哈拉海镇	78894		220182201	榆树市红星乡	72050
	220122104	农安县合隆镇	101153		220182203	榆树市太安乡	71680
	220122105	农安县开安镇	143702		220182204	榆树市先峰乡	58872
	220122106	农安县烧锅镇	52303		220182208	榆树市青山乡	64912
	220122107	农安县高家店镇	81209		220182210	榆树市恩育乡	80658
	220122108	农安县鲍家镇	60725		220182211	榆树市城发乡	81501
	220122109	农安县华家镇	107333		220182212	榆树市福安乡	51881
	220122111	农安县三盛玉镇	85033		220182213	榆树市环城乡	106571
	220122112	农安县巴吉垒镇	94793		220183100	德惠市大青嘴镇	66505
	220122200	农安县滨河乡	89460		220183101	德惠市郭家镇	58156
	220122201	农安县前岗乡	48092		220183102	德惠市松花江镇	62243
	220122202	农安县龙王乡	61695		220183103	德惠市达家沟镇	63347
	220122203	农安县三岗乡	72394		220183104	德惠市大房身镇	66374
	220122204	农安县万顺乡	87340		220183105	德惠市岔路口镇	110050
	220122205	农安县杨树林乡	96110		220183106	德惠市朱城子镇	55169
	220122206	农安县新阳乡	56501		220183107	德惠市米沙子镇	117382
	220122207	农安县永安乡	64462		220183108	德惠市万宝镇	70520
	220122209	农安县黄鱼圈乡	59155		220183109	德惠市夏家店镇	53676
	220122210	农安县新农乡	82512		220183111	德惠市天台镇	73612
	220122211	农安县万金塔乡	80205		220183112	德惠市菜园子镇	79242
	220122212	农安县小城子乡	82149		220183113	德惠市杨树镇	53166
	220181100	九台市沐石河镇	85686		220183200	德惠市同太乡	43025
	220181101	九台市城子街镇	71469		220183201	德惠市和平乡	49676
	220181102	九台市其塔木镇	59827		220183202	德惠市边岗乡	61666
	220181103	九台市上河湾镇	49295		220183203	德惠市五台乡	67940
	220181106	九台市龙家堡镇	86411		220183204	德惠市朝阳乡	86318
	220181107	九台市卡伦镇	64465		220202101	昌邑区桦皮厂镇	59035
	220181108	九台市苇子沟镇	83000		220203100	龙潭区乌拉街镇	47533
	220181109	九台市兴隆镇	53487		220204101	船营区搜登站镇	42768
	220181111	九台市纪家镇	64848		220221101	永吉县岔路河镇	43437
	220181112	九台市波泥河镇	49999		220221105	永吉县一拉溪镇	46149
	220181201	九台市莽卡乡	43348		220221106	永吉县万昌镇	42500
	220182100	榆树市五棵树镇	121978		220283100	舒兰市法特镇	69155
	220182101	榆树市弓棚镇	150090		220283101	舒兰市白旗镇	84830

续表 2

地区	乡镇代码	乡镇名称	粮食产量（吨）	地 区	乡镇代码	乡镇名称	粮食产量（吨）
	220283102	舒兰市溪河镇	40486		220381114	公主岭市朝阳坡镇	74288
	220283201	舒兰市亮甲山乡	45675		220381115	公主岭市大榆树镇	59901
	220284100	磐石市烟筒山镇	82582		220381116	公主岭市秦家屯镇	99719
	220284107	磐石市吉昌镇	49952		220381117	公主岭市八屋镇	56995
	220284200	磐石市宝山乡	46919		220381118	公主岭市十屋镇	64482
	220322101	梨树县郭家店镇	65000		220381119	公主岭市桑树台镇	47196
	220322103	梨树县石岭镇	50650		220381203	公主岭市永发乡	49667
	220322105	梨树县小城子镇	106000		220381204	公主岭市柳杨乡	49381
	220322106	梨树县喇嘛甸镇	75475		220381205	公主岭市双榆树乡	49953
	220322107	梨树县蔡家镇	70000		220381207	公主岭市育林乡	40732
	220322108	梨树县刘家馆子镇	75967		220382101	双辽市双山镇	45000
	220322109	梨树县十家堡镇	85000		220422105	东辽县建安镇	50530
	220322111	梨树县叶赫满族镇	58200		220702100	宁江区大洼镇	48252
	220322112	梨树县太平镇	48078		220702103	宁江区毛都站镇	41536
	220322113	梨树县万发镇	58291		220702201	宁江区朝阳乡	48378
	220322114	梨树县东河镇	75645		220721103	前郭尔罗斯蒙古族自治县深井子镇	63358
	220322115	梨树县沈洋镇	65000		220721104	前郭尔罗斯蒙古族自治县乌兰图嘎镇	80629
	220322116	梨树县林海镇	87558		220721106	前郭尔罗斯蒙古族自治县王府站镇	65605
	220322117	梨树县小宽镇	55000		220721108	前郭尔罗斯蒙古族自治县哈拉毛都镇	43077
	220322200	梨树县梨树乡	48376		220721201	前郭尔罗斯蒙古族自治县平凤乡	71761
	220322202	梨树县白山乡	70000		220721203	前郭尔罗斯蒙古族自治县重新乡	49579
	220322204	梨树县泉眼岭乡	50934		220721206	前郭尔罗斯蒙古族自治县吉拉吐乡	40490
	220322205	梨树县胜利乡	55000		220721207	前郭尔罗斯蒙古族自治县新立乡	54207
	220322206	梨树县四棵树乡	73061		220721208	前郭尔罗斯蒙古族自治县洪泉乡	51719
	220322207	梨树县双河乡	80039		220721209	前郭尔罗斯蒙古族自治县大山乡	54183
	220322208	梨树县金山乡	72500		220721211	前郭尔罗斯蒙古族自治县长龙乡	51495
	220323102	伊通满族自治县伊丹镇	41307		220721212	前郭尔罗斯蒙古族自治县乌兰塔拉乡	57777
	220323103	伊通满族自治县马鞍镇	52894		220722102	长岭县巨宝镇	65559
	220323104	伊通满族自治县景台镇	51568		220722103	长岭县太平山镇	69160
	220323105	伊通满族自治县靠山镇	46040		220722106	长岭县三青山镇	67475
	220323106	伊通满族自治县大孤山镇	70811		220722109	长岭县流水镇	70952
	220323107	伊通满族自治县美小孤山镇	46120		220722110	长岭县永久镇	55000
	220323108	伊通满族自治县营城子镇	43921		220722202	长岭县集体乡	46000
	220323202	伊通满族自治县三道乡	41742		220722203	长岭县光明乡	47392
	220381101	公主岭市南崴子镇	48282		220722204	长岭县三县堡乡	47893
	220381102	公主岭市刘房子镇	62041		220722205	长岭县海青乡	45000
	220381103	公主岭市黑林子镇	86148		220722206	长岭县前进乡	60000
	220381104	公主岭市陶家屯镇	68108		220723102	乾安县水字镇	42100
	220381105	公主岭市范家屯镇	80000		220723103	乾安县让字镇	69774
	220381106	公主岭市响水镇	76309		220723105	乾安县安字镇	80088
	220381107	公主岭市大岭镇	59615		220723206	乾安县严字乡	68530
	220381108	公主岭市怀德镇	74455		220723207	乾安县赞字乡	73413
	220381109	公主岭市双城堡镇	64405		220724102	扶余县五家站镇	79157
	220381110	公主岭市双龙镇	54834		220724103	扶余县陶赖昭镇	41851
	220381111	公主岭市杨大城子镇	100000		220724104	扶余县蔡家沟镇	68827
	220381112	公主岭市毛城子镇	66302		220724105	扶余县弓棚子镇	51634
	220381113	公主岭市玻璃城子镇	69824		220724108	扶余县新万发镇	59410

续表 3

地　区	乡镇代码	乡镇名称	粮食产量（吨）	地　区	乡镇代码	乡镇名称	粮食产量（吨）
	220724109	扶余县大林子镇	45637		230181200	阿城市杨树乡	40814
	220724110	扶余县新源镇	44056		230181202	阿城市料甸乡	71308
	220724200	扶余县四马架乡	65635		230182101	双城市兰陵镇	62482
	220724201	扶余县永平乡	77956		230182103	双城市五家镇	57625
	220724203	扶余县新站乡	40711		230182104	双城市韩甸镇	95287
	220724206	扶余县伊家店乡	50395		230182105	双城市单城镇	65117
	220724207	扶余县石桥乡	48221		230182106	双城市东官镇	45542
	220724208	扶余县三义乡	46458		230182107	双城市农丰镇	55563
	220724209	扶余县肖家乡	55579		230182108	双城市杏山镇	73676
	220724210	扶余县榆树沟乡	60497		230182200	双城市朝阳乡	120145
	220724211	扶余县新成局乡	45963		230182201	双城市金城乡	53355
	220881102	洮南市黑水镇	42050		230182204	双城市联兴乡	42069
黑龙江	230121101	呼兰县康金镇	90952		230182207	双城市公正乡	51679
	230121102	呼兰县对青山镇	46429		230182210	双城市水泉乡	69380
	230121104	呼兰县石人镇	51701		230182211	双城市乐群乡	48618
	230121105	呼兰县白奎镇	44646		230182213	双城市团结乡	96366
	230121106	呼兰县许堡乡	58252		230182214	双城市万隆乡	85185
	230121108	呼兰县莲花镇	48019		230182216	双城市希勤乡	66055
	230121109	呼兰县大用镇	46568		230182217	双城市同心乡	49772
	230121204	呼兰县乐业镇	51819		230184101	五常市拉林满族镇	63493
	230123102	依兰县江湾镇	55901		230184102	五常市山河镇	42591
	230123103	依兰县三道岗镇	62202		230184103	五常市小山子镇	89180
	230123104	依兰县道台桥镇	72416		230184104	五常市安家镇	48500
	230123106	依兰县团山子乡	69654		230184105	五常市牛家满族镇	84917
	230123107	依兰县愚公乡	69768		230184108	五常市冲河镇	41309
	230123108	依兰县迎兰乡	42146		230184110	五常市向阳镇	50448
	230125103	宾县糖坊镇	61066		230184200	五常市兴盛乡	48486
	230125104	宾县宾安镇	48035		230184201	五常市志广乡	61974
	230125107	宾县宁远镇	47999		230184202	五常市卫国乡	42301
	230125109	宾县满井镇	45133		230184204	五常市民意乡	45730
	230125110	宾县鸟河乡	57425		230184205	五常市龙凤山乡	79163
	230125204	宾县三宝乡	44251		230184206	五常市红旗乡	75197
	230126101	巴彦县兴隆镇	58430		230184209	五常市营城子乡	53488
	230126102	巴彦县西集镇	45197		230184210	五常市长山乡	66193
	230126103	巴彦县洼兴镇	43932		230184211	五常市兴隆乡	98565
	230126104	巴彦县龙泉镇	45895		230221102	齐齐哈尔市龙江县龙兴镇	49114
	230126106	巴彦县龙庙镇	60845		230221103	齐齐哈尔市龙江县山泉镇	57028
	230126107	巴彦县万发镇	52617		230221104	齐齐哈尔市龙江县七棵树镇	69801
	230126108	巴彦县天增镇	85531		230221202	齐齐哈尔市龙江县广厚乡	40987
	230126110	巴彦县松花江乡	54321		230221203	齐齐哈尔市龙江县华民乡	49183
	230126201	巴彦县华山乡	47788		230223101	齐齐哈尔市依安县依龙镇	77117
	230126202	巴彦县德祥乡	84869		230223103	齐齐哈尔市依安县三兴镇	40657
	230126203	巴彦县红光乡	71799		230223104	齐齐哈尔市依安县中心镇	109254
	230126204	巴彦县山后乡	56020		230223200	齐齐哈尔市依安县富饶乡	44136
	230126205	巴彦县镇东乡	42360		230223204	齐齐哈尔市依安县太东乡	48826
	230126206	巴彦县丰乐乡	65322		230223206	齐齐哈尔市依安县红星乡	104309
	230181109	阿城市新华镇	42059		230223208	齐齐哈尔市依安县新屯乡	40938

续表 4

地　区	乡镇代码	乡镇名称	粮食产量（吨）	地　区	乡镇代码	乡镇名称	粮食产量（吨）
	230223210	齐齐哈尔市依安县新兴乡	62044		230882113	富锦市锦山镇	113386
	230224107	齐齐哈尔市泰来县克利镇	51208		230882114	富锦市大榆树乡	43199
	230225202	齐齐哈尔市甘南中兴乡	59437		231084105	宁安市海浪镇	44409
	230225204	齐齐哈尔市甘南县宝山乡	48781		231121104	嫩江县海江镇	42498
	230229101	齐齐哈尔市克山县北兴镇	50393		231181104	北安市石泉镇	61112
	230229200	齐齐哈尔市克山县河南乡	61427		231202101	北林区宝山镇	43081
	230229203	齐齐哈尔市克山县河北乡	44632		231202103	北林区西长发镇	53923
	230229205	齐齐哈尔市克山县西联乡	41318		231202106	北林区秦家镇	43155
	230230103	齐齐哈尔市克东县玉岗镇	44261		231202108	北林区三河镇	47069
	230231102	齐齐哈尔市拜泉县国富镇	54082		231202109	光林区四方台镇	46747
	230231202	齐齐哈尔市拜泉县兴华乡	47708		231202202	北林区连岗乡	42980
	230231211	齐齐哈尔市拜泉县新生乡	48294		231202203	北林区新华乡	44800
	230281102	齐齐哈尔市讷河市二克浅镇	57482		231202204	北林区兴福乡	42732
	230281103	齐齐哈尔市讷河市学田镇	93096		231221002	望奎县通江镇	42368
	230281104	齐齐哈尔市讷河市龙河镇	44805		231221007	望奎县先锋镇	41767
	230281105	齐齐哈尔市讷河市讷南镇	63447		231221011	望奎县火箭乡	46111
	230281106	齐齐哈尔市讷河市六合镇	63621		231223006	青冈县劳动乡	43159
	230281107	齐齐哈尔市讷河市长发镇	47840		231223015	青冈县祯祥镇	45063
	230281108	齐齐哈尔市讷河市通南镇	54875		231224004	庆安县平安镇	45011
	230281109	齐齐哈尔市讷河市同义镇	59008		231224006	庆安县久胜镇	46284
	230281110	齐齐哈尔市讷河市九井镇	63060		231224010	庆安县新胜乡	45652
	230281111	齐齐哈尔市讷河市老莱镇	101962		231224011	庆安县丰收乡	47619
	230281201	齐齐哈尔市讷河市进化乡	41810		231224014	庆安县致富乡	43569
	230281204	齐齐哈尔市讷河市和盛乡	41564		231226101	绥棱县上集镇	44711
	230281205	齐齐哈尔市讷河市同心乡	60993		231226203	绥棱县长山乡	51778
	230521008	集贤县永安乡	50547		231226207	绥棱县泥尔河乡	48090
	230606200	大庆市大同区祝三乡	54405		231281106	安达市羊草镇	47623
	230621103	肇州县朝阳沟镇	48805		231281108	安达市老虎岗镇	40737
	230621104	肇州县兴城镇	75574		231281110	安达市吉星岗镇	49363
	230621204	肇州县二井镇	73618		231282002	肇东市昌五镇	47874
	230622101	肇源县三站镇	47425		231282003	肇东市宋站镇	44161
	230622104	肇源县古龙镇	65608		231282004	肇东市五站镇	67929
	230622105	肇源县新站镇	54098		231282009	肇东市涝洲镇	59539
	230623205	林甸县花园乡	40489		231282010	肇东市五里明镇	66450
	230781101	铁力市双丰镇	73368		231282011	肇东市黎明镇	86709
	230822005	桦南县土龙山镇	87025		231282012	肇东市太平乡	42658
	230822106	桦南县大八浪乡	45130		231282014	肇东市向阳乡	50205
	230822108	桦南县阎家镇	42309		231282015	肇东市洪河乡	69120
	230826205	桦川县创业乡	50693		231282016	肇东市跃进乡	53794
	230882103	富锦市长安镇	75191		231282017	肇东市西八里乡	42377
	230882106	富锦市砚山镇	59075		231282018	肇东市德昌乡	56949
	230882107	富锦市头林镇	46825		231282020	肇东市安民乡	58896
	230882108	富锦市兴隆岗镇	53380		231282021	肇东市明久乡	43524
	230882109	富锦市宏胜镇	58852		231283002	海伦市前进乡	43717
	230882110	富锦市向阳川镇	105124		231283005	海伦市东林乡	46387
	230882111	富锦市二龙山镇	118026		231283014	海伦市永富乡	49873
	230882112	富锦市西安镇	83275		231283015	海伦市伦河镇	44412

续表5

地　区	乡镇代码	乡镇名称	粮食产量（吨）	地　区	乡镇代码	乡镇名称	粮食产量（吨）
	231283019	海伦市永和乡	45257		320922103	滨海县正红镇	70372
	231283021	海伦市海北镇	43978		320923101	阜宁县沟墩镇	53153
江　苏	320115105	江宁区湖熟镇	41808		320923103	阜宁县陈良镇	42591
	320125102	高淳县阳江镇	44080		320923118	阜宁县罗桥镇	41380
	320321104	丰县欢口镇	55278		320924101	射阳县临海镇	75831
	320321112	丰县王沟镇	43432		320924102	射阳县千秋镇	51300
	320322108	沛县张庄镇	41558		320924105	射阳县阜余镇	45483
	320322109	沛县张寨镇	43910		320924106	射阳县海河镇	51924
	320324002	睢宁县官山镇	52039		320925101	建湖县建阳镇	43741
	320324004	睢宁县邱集镇	47909		320925106	建湖县芦沟镇	44447
	320324014	睢宁县桃园镇	41101		320925107	建湖县庆丰镇	56589
	320324015	睢宁县岚山镇	40628		320928108	盐都县秦南镇	75592
	320381112	新沂市时集镇	40627		320928109	盐都县龙冈镇	48782
	320382112	邳州市新河镇	40669		320928111	盐都县郭猛镇	45046
	320382123	邳州市赵墩镇	41537		320928112	盐都县大冈镇	49465
	320481114	溧阳市南渡镇	46110		320981110	东台市富安镇	42840
	320481116	溧阳市社渚镇	47592		320981115	东台市三仓镇	42770
	320621102	海安县李堡镇	43751		320982102	大丰市白驹镇	49966
	320623109	如东县马塘镇	82013		321023101	宝应县汜水镇	74475
	320623111	如东县曹埠镇	47664		321023102	宝应县夏集镇	66508
	320623112	如东县岔河镇	91072		321023103	宝应县柳堡镇	56478
	320623113	如东县双甸镇	67546		321023109	宝应县曹甸镇	42791
	320623114	如东县新店镇	42913		321023111	宝应县山阳镇	43203
	320682105	如皋市白蒲镇	41928		321023113	宝应县泾河镇	44703
	320682117	如皋市磨头镇	43395		321081108	仪征市大仪镇	42561
	320683110	通州市石港镇	51556		321084107	高邮市卸甲镇	73677
	320722101	东海县白塔镇	49051		321084115	高邮市临泽镇	51564
	320722102	东海县浦南镇	58381		321281100	兴化市戴窑镇	44504
	320722106	东海县石榴镇	41538		321281101	兴化市合陈镇	52220
	320722109	东海县桃林镇	42000		321281102	兴化市永丰镇	46625
	320722111	东海县安峰镇	49227		321281117	兴化市荻垛镇	47690
	320722112	东海县房山镇	80507		321281118	兴化市陶庄镇	40853
	320722113	东海县平明镇	97014		321281121	兴化市周庄镇	50077
	320722200	东海县驼峰乡	53837		321281123	兴化市戴南镇	59003
	320722207	东海县张湾乡	58629		321281124	兴化市张郭镇	43253
	320723207	灌云县东王集乡	49588		321284101	姜堰市娄庄镇	41495
	320723211	灌云县陡沟乡	44750		321284111	姜堰市张甸镇	48009
	320803111	楚州区顺河镇	42977		321284114	姜堰市苏陈镇	47471
	320803113	楚州区博里镇	44094		321324013	泗洪县陈圩乡	49267
	320803207	楚州区范集乡	48988		321324015	泗洪县孙园镇	43123
	320826109	涟水县岔庙镇	40873		321324019	泗洪县归仁镇	41062
	320829103	洪泽县岔河镇	41496		321324024	泗洪县界集镇	43694
	320829108	洪泽县黄集镇	42458	浙　江	330411003	秀洲区新塍镇	49780
	320830101	盱眙县马坝镇	60642		330411004	秀洲区王江泾镇	48550
	320830108	盱眙县黄花塘镇	44217		330501101	湖州市织里镇	41186
	320921106	响水县南河镇	42905		330501201	湖州市南浔镇	42667
	320922101	滨海县五汛镇	63475		330501202	湖州市练市镇	49083

续表 6

地　区	乡镇代码	乡镇名称	粮食产量（吨）	地　区	乡镇代码	乡镇名称	粮食产量（吨）
安　徽	340321109	怀远县万福镇	50918		341621117	涡阳县马店集镇	44269
	340321110	怀远县唐集镇	69481		341621202	涡阳县标里乡	42464
	340321203	怀远县找郢乡	69237		341622102	蒙城县小涧镇	51469
	340321210	怀远县古城乡	42628		341622103	蒙城县漆园镇	43021
	340322102	五河县沫河口镇	58276		341622106	蒙城县许町镇	41936
	340322104	五河县双忠庙镇	44513		341622107	蒙城县板桥集镇	51824
	340322106	五河县东刘集镇	57614		341622116	蒙城县三义镇	40668
	340322111	五河县浍南镇	85251		341623108	利辛县巩店镇	40510
	340621105	濉溪县南坪镇	49353		341623114	利辛县胡集镇	40490
	340621106	濉溪县祁集镇	44124	江　西	360121101	南昌县向塘镇	56119
	340621108	濉溪县孙町镇	40728		360121104	南昌县塘南镇	64722
	340621110	濉溪县百善镇	44385		360121105	南昌县幽兰镇	45950
	340621201	濉溪县岳集乡	57851		360121106	南昌县蒋巷镇	74538
	340621203	濉溪县陈集乡	42583		360121202	南昌县泾口乡	73477
	341125105	定远县张桥镇	41250		360121204	南昌县南新乡	58121
	341222117	太和县坟台镇	45355		360122201	新建县联圩乡	41731
	341302101	宿州市埇桥区芦岭镇	41603		360281104	乐平市众埠镇	42247
	341302105	宿州市埇桥区夹沟镇	60206		360502101	渝水区罗坊镇	41512
	341302111	宿州市埇桥区大店镇	54370		360921107	奉新县赤岸镇	41898
	341302206	宿州市埇桥区苗庵乡	42324		360981106	丰城市张巷镇	50978
	341322104	萧县新庄镇	40816	山　东	370125101	济阳县垛石镇	73233
	341322109	萧县杜楼镇	40999		370125103	济阳县曲堤镇	75630
	341322111	萧县王寨镇	43713		370125104	济阳县仁风镇	50557
	341322114	萧县张庄寨	43200		370125204	济阳县太平镇	41831
	341323104	灵璧县杨疃镇	40652		370125206	济阳县新市乡	41752
	341323105	灵璧县尹集镇	44834		370281014	胶州市铺集镇	44493
	341323108	灵璧县下楼镇	45678		370283104	平度市张戈庄镇	47255
	341323109	灵璧县朝阳镇	50594		370283107	平度市兰底镇	52440
	341324102	泗县丁湖镇	49867		370283108	平度市万家镇	49515
	341324103	泗县草沟镇	51675		370283111	平度市崔家集镇	54607
	341324107	泗县山头镇	52005		370283112	平度市明村镇	52116
	341324200	泗县大路口乡	45989		370283113	平度市白埠镇	59914
	341324204	泗县小梁乡	44770		370283117	平度市张舍镇	42860
	341521101	寿县双桥镇	46387		370283119	平度市灰埠镇	40505
	341522109	霍邱县户胡镇	43418		370305102	临淄区皇城镇	44580
	341522114	霍邱县高塘镇	40570		370305104	临淄区朱台镇	51785
	341522117	霍邱县冯井乡	47361		370321110	桓台县果里镇	46838
	341522205	霍邱县宋店乡	41076		370322106	高青县花沟镇	47149
	341522209	霍邱县潘集乡	47968		370481106	滕州市滨湖镇	50319
	341522211	霍邱县彭塔乡	47968		370481107	滕州市级索镇	48270
	341523202	舒城县柏林乡	42717		370481108	滕州市西岗镇	43495
	341621104	涡阳县双庙镇	44271		370481110	滕州市鲍沟镇	46450
	341621109	涡阳县曹市镇	62577		370481111	滕州市张汪镇	42636
	341621110	涡阳县青疃镇	61772		370523101	广饶县大王镇	60274
	341621112	涡阳县龙山镇	52105		370523103	广饶县石村镇	45159
	341621114	涡阳县新兴镇	41148		370684110	蓬莱市北沟镇	40881
	341621116	涡阳县丹城镇	43144		370781116	青州市东夏镇	41881

续表7

地　区	乡镇代码	乡镇名称	粮食产量（吨）	地　区	乡镇代码	乡镇名称	粮食产量（吨）
	370811103	任城区安居镇	47425		371523015	茌平县温陈乡	41327
	370811104	任城区唐口镇	49375		371525102	冠县桑阿镇	42167
	370811110	任城区喻屯镇	94381		371526102	高唐县尹集镇	43989
	370826102	微山县欢城镇	40767		371526205	高唐县杨屯乡	51314
	370827101	鱼台县清河镇	47380		371621101	惠民县石庙镇	45091
	370827103	鱼台县王鲁镇	53100		371622201	阳信县水落坡乡	42861
	370829102	嘉祥县梁宝寺镇	42178		371625104	博兴县湖滨镇	41930
	370829103	嘉祥县卧龙山镇	42123		371626101	邹平县长山镇	64889
	370829106	嘉祥县金屯镇	46030		371626102	邹平县魏桥镇	48961
	370830103	汶上县次丘镇	42352		371626108	邹平县焦桥镇	46246
	370830107	汶上县康驿镇	46317		371626109	邹平县韩店镇	46176
	370832108	梁山县小安山镇	41987		371626200	邹平县九户镇	41600
	370881103	曲阜市陵城镇	46220		371702107	牡丹区李村镇	40987
	370882004	兖州市王因镇	50142		371721101	曹县普连集镇	46807
	370882006	兖州市颜店镇	46588		371724114	巨野县董官屯镇	41260
	370882007	兖州市新驿镇	45226		371726101	鄄城县旧城镇	43611
	370882012	兖州市大安镇	40826		371727102	定陶县冉固镇	46889
	370883104	邹城市北宿镇	41129	河　南	410224103	开封县八里湾镇	49020
	370883105	邹城市中心店镇	48040		410224205	开封县杜良乡	56897
	370883107	邹城市太平镇	64288		410225103	兰考县张君墓镇	53279
	370883109	邹城市石墙镇	51085		410225201	兰考县三义寨乡	41600
	370903110	岱岳区大汶口镇	46560		410422101	叶县任店镇	44224
	370921105	宁阳县罡城镇	44303		410422103	叶县仙台镇	46334
	370923204	东平县新湖乡	44886		410422205	叶县旧县乡	49763
	370983109	肥城市安驾庄镇	56715		410422209	叶县廉村乡	47024
	370983112	肥城市边院镇	53586		410482104	汝州市小屯镇	40478
	371102009	东港区巨峰镇	46772		410482205	汝州市纸坊乡	41053
	371322204	郯城县红花乡	40613		410522106	安阳县白壁镇	44765
	371324102	苍山县兰陵镇	66966		410523104	汤阴县宜沟镇	50012
	371424101	临邑县临盘镇	48614		410526101	滑县城关镇	47858
	371424103	临邑县德平镇	45322		410526102	滑县白道口镇	56408
	371424106	临邑县孟寺镇	46184		410526103	滑县留固镇	50835
	371425102	齐河县焦庙镇	45622		410526104	滑县上官镇	47608
	371425104	齐河县祝阿镇	45988		410526105	滑县牛屯镇	57832
	371425105	齐河县仁里集镇	43693		410526106	滑县万古镇	54608
	371425106	齐河县潘店镇	46237		410526107	滑县高平镇	41823
	371426103	平原县王风楼镇	42045		410526108	滑县王庄镇	44963
	371426107	平原县前曹镇	57435		410526202	滑县八里营乡	60282
	371481103	乐陵市黄夹镇	45354		410526206	滑县老庙乡	42601
	371481105	乐陵市花园镇	48899		410526207	滑县老店乡	61052
	371481108	乐陵市孔镇	45660		410526210	滑县焦虎乡	45099
	371482104	禹城市伦镇镇	44989		410526211	滑县半坡店乡	42531
	371482107	禹城市房寺镇	57955		410611100	鹤壁市淇滨区大赉店镇	52375
	371502107	东昌府区梁水镇	55846		410621101	浚县善堂镇	46626
	371521101	阳谷县阿城镇	43253		410621102	浚县屯子镇	44525
	371523003	茌平县冯屯镇	54158		410621103	浚县巨桥镇	42251
	371523005	茌平县博平镇	41675		410621104	浚县新镇镇	76771

续表 8

地　区	乡镇代码	乡镇名称	粮食产量（吨）	地　区	乡镇代码	乡镇名称	粮食产量（吨）
	410621105	浚县小河镇	68150		411328300	唐河县城郊乡	60880
	410621106	浚县黎阳镇	57969		411328306	唐河县昝岗乡	64252
	410621107	浚县卫贤镇	61004		411328308	唐河县马振扶乡	43125
	410621201	浚县白寺乡	50260		411403103	商丘市睢阳区高辛镇	50556
	410622101	淇县高村镇	40740		411425213	虞城县稍岗乡	51329
	410622102	淇县北阳镇	42726		411481105	永城市裴桥镇	45265
	410622203	淇县西岗乡	46756		411481201	永城市候岭乡	40653
	410721103	新乡县七里营镇	47882		411503101	信阳市平桥区明港镇	41578
	410725102	原阳县师寨镇	54496		411525106	固始县胡族镇	49465
	410725203	原阳县祝楼乡	42005		411525205	固始县汪棚乡	45113
	410728102	长垣县凡相镇	51308		411528104	息县项店镇	56812
	410728211	长垣县常村镇	47890		411528105	息县小茴店镇	40691
	410782102	辉县市峪河镇	40731		411528201	息县孙庙乡	43968
	410782106	辉县市吴村镇	54100		411528204	息县杨店乡	40499
	410823103	武陟县谢旗营镇	45145		411528205	息县张陶乡	50978
	410823104	武陟县大封镇	51232		411622103	西华县奉母镇	45831
	410922201	清丰县仙庄乡	40761		411622104	西华县红花镇	41778
	410923202	南乐县千口乡	44927		411623104	商水县固墙镇	50890
	410923203	南乐县福坎乡	44480		411623106	商水县巴村镇	44094
	410928101	濮阳县柳屯镇	42797		411623107	商水县谭庄镇	49234
	410928104	濮阳县八公桥镇	42959		411624207	沈丘县洪山乡	43083
	410928203	濮阳县鲁河乡	44180		411625102	郸城县南丰镇	47556
	410928209	濮阳县子岸乡	49145		411625103	郸城县白马镇	44234
	410928210	濮阳县胡状乡	42892		411625107	郸城县汲冢镇	50759
	411023103	许昌县苏桥镇	45877		411625203	郸城县张完乡	42288
	411023104	许昌县蒋李集镇	45816		411626205	淮阳县大连乡	44033
	411023106	许昌县灵井镇	41457		411626208	淮阳县白楼乡	40545
	411023200	许昌县陈曹乡	49304		411627101	太康县常营镇	43118
	411023202	许昌县小召乡	54035		411627103	太康县老冢镇	42069
	411023205	许昌县椹涧乡	53253		411627104	太康县朱口镇	61651
	411024202	鄢陵县陶城乡	52883		411627105	太康县马头镇	53157
	411025204	襄城县姜庄乡	46322		411627207	太康县大许寨乡	43750
	411025205	襄城县范湖乡	60419		411628211	鹿邑县杨湖口乡	45027
	411082202	长葛市石象乡	42070		411702100	驻马店市驿城区水屯镇	57132
	411123103	郾城县召陵镇	47174		411721102	西平县权寨镇	40706
	411123104	郾城县邓襄镇	42123		411721103	西平县师灵镇	48463
	411123105	郾城县龙城镇	43145		411721202	西平县盆尧乡	48929
	411123106	郾城县万金镇	49111		411721204	西平县宋集乡	48377
	411123108	郾城县裴城镇	43123		411721205	西平县谭店乡	40667
	411123203	郾城县青年乡	54520		411721206	西平县吕店乡	50450
	411302103	南阳市宛城区瓦店镇	41710		411721208	西平县芦庙乡	52880
	411302104	南阳市宛城区红泥湾镇	49100		411721210	西平县专探乡	52396
	411322102	方城县博望镇	54889		411721211	西平县二郎乡	49855
	411322105	方城县赵河镇	50086		411722105	上蔡县朱里镇	41952
	411328101	唐河县源潭镇	46165		411722106	上蔡县华陂镇	45192
	411328102	唐河县张店镇	51290		411723203	平舆县后刘乡	44485
	411328108	唐河县桐寨铺镇	50083		411724211	正阳县大林乡	47039

续表 9

地　区	乡镇代码	乡镇名称	粮食产量（吨）	地　区	乡镇代码	乡镇名称	粮食产量（吨）
	411725104	确山县留庄镇	46740		420621040	襄阳区黄集镇	79366
	411725105	确山县刘店镇	49026		420621050	襄阳区伙牌镇	59849
	411725200	确山县三里河乡	42121		420621060	襄阳区古驿镇	51925
	411727106	汝南县金铺镇	50294		420621070	襄阳区朱集镇	18700
	411727202	汝南县三桥乡	46712		420621080	襄阳区双沟镇	57812
	411728200	遂平县常庄乡	42874		420621090	襄阳区张集镇	56112
	411728202	遂平县和兴乡	43267		420621110	襄阳区峪山镇	61995
	411728203	遂平县沈寨乡	66392		420621120	襄阳区东津镇	75110
	411728213	遂平县石寨铺乡	43914		420622030	枣阳市环城办事处	57722
湖　北	420103080	黄陂区罗汉街	41304		420622040	枣阳市琚湾镇	55693
	420104020	新洲区阳逻街	43698		420622050	枣阳市七方镇	104024
	420104040	新洲区汪集街	42832		420622060	枣阳市杨当镇	71090
	420221130	大冶市金牛镇	40545		420622070	枣阳市太平镇	83079
	420401010	荆州区纪南镇	47636		420622080	枣阳市新市镇	41986
	420401020	荆州区川店镇	76396		420622090	枣阳市鹿头镇	40982
	420401030	荆州区马山镇	46103		420622100	枣阳市刘升镇	42591
	420401040	荆州区八岭山镇	47922		420622110	枣阳市兴隆镇	58685
	420421050	江陵县白马镇	46775		420622130	枣阳市吴店镇	77722
	420421060	江陵县沙岗镇	44187		420623020	宜城市郑集镇	76253
	420423110	公安县章田寺乡	42572		420623030	宜城市小河镇	71237
	420423130	公安县章庄铺镇	43610		420623040	宜城市刘猴镇	45943
	420425030	监利县新沟镇	67485		420623060	宜城市流水镇	47720
	420425050	监利县周老嘴镇	41850		420624020	南漳县武安镇	58367
	420425060	监利县黄歇口镇	53520		420624030	南漳九集镇	92081
	420425070	监利县汪桥镇	64720		420801100	制门市白庙街办	52031
	420425090	监利县分盐镇	45380		420802010	沙洋县五里镇	67106
	420425130	监利县汴河镇	45280		420802040	沙洋县拾桥镇	46532
	420425140	监利县尺八镇	49610		420802050	沙洋县后港镇	77238
	420425190	监利县红城乡	49503		420802070	沙洋县官当镇	54540
	420426080	共湖市峰口镇	47713		420802100	沙洋县高阳镇	45443
	420426140	共湖市万全镇	42336		420802110	沙洋县沈集镇	52486
	420521090	起陵区鸦鹊岭镇	44072		420802120	沙洋县曾集镇	76913
	420523010	皮江市安福寺镇	47812		420821010	钟祥市洋梓镇	83907
	420523060	吱江市问安镇	57003		420821020	钟祥市长寿镇	51439
	420524050	当阳市河溶镇	51323		420821040	钟祥市胡集镇	69180
	420524090	当阳市半月镇	54148		420821080	钟祥市冷水镇	54065
	420601060	襄樊市欧庙镇	52508		420821090	钟祥市石牌镇	61062
	420620060	老河口市张集镇	58000		420821130	钟祥市东桥镇	46423
	420621020	襄阳区龙王镇	85606		420822040	京山县罗店镇	78865
	420621030	襄阳区石桥镇	81869		420822130	京山县雁门口镇	65458

续表 10

地　区	乡镇代码	乡镇名称	粮食产量（吨）	地　区	乡镇代码	乡镇名称	粮食产量（吨）
	420822140	京山县钱场镇	48003		430621107	岳阳县筻口镇	45087
	420927020	应城市杨河镇	58335		431102105	芝山区邮亭墟镇	49644
	420927080	应城市陈河镇	45714		431321103	双峰县杏子铺镇	42655
	420927090	应城市扬岭镇	48988		431321105	双峰县蛇形山镇	41461
	422124070	麻城市铁门乡	48651		431321109	双峰县青树坪镇	45848
	422127030	浠水县竹瓦镇	46001		431382106	涟源市桥头河镇	44000
	422127050	浠水县团陂镇	43741		431382108	涟源市杨市镇	41223
	422127060	浠水县关口镇	55074	广　东	440823004	遂溪县黄略镇	41015
	422128040	蕲春县横车镇	74085		440882002	雷州市附城镇	51544
	422129010	武穴市梅川镇	66453		440882011	雷州市南兴镇	42058
	422129030	武穴市花桥镇	64255		441224011	怀集县冷坑镇	45987
	422130080	黄梅县濯港镇	54938		441225012	封开县南丰镇	44883
	423101010	随州市曾都区淅河镇	52790	广　西	450324080	全州县龙水镇	41800
	423101100	随州市曾都区唐县镇	42495		450521002	合浦县党江镇	47853
	423101130	随州市曾都区安居镇	44188		450703107	钦北区大寺镇	41491
	423201030	仙桃市豆河镇	48328		450722113	灵山县旧州镇	41491
	423201070	仙桃市西流河镇	48288		450722114	灵山县太平镇	43330
	423201100	仙桃市彭场镇	45456		450923004	博白县龙潭镇	41258
	423201110	仙桃市张沟镇	41784	海　南	469007103	东方市感城镇	45940
	423301200	天门市九真镇	45693	重　庆	500113105	巴南区南彭镇	42215
	423301230	天门市石河镇	51069		500113117	巴南区接龙镇	48222
湖　南	430121104	长沙县江背镇	47661		500222107	綦江县永新镇	52694
	430121105	长沙县黄花镇	69924		500236259	奉节县五马乡	73714
	430124109	宁乡县双江口	40616		500381108	江津市石蟆镇	42940
	430124116	宁乡县道林镇	48123		500381113	江津市白沙镇	41265
	430321103	湘潭县中路铺镇	41114	四　川	510321101	荣县成佳镇	42660
	430321106	湘潭县射埠镇	52581		510521009	泸县太伏镇	41061
	430321112	湘潭县石潭镇	45799		510902118	遂宁市市中区三家镇	41284
	430321113	湘潭县杨嘉桥镇	40677	陕　西	610114101	阎良区关山镇	41537
	430381111	湘潭县泉塘镇	40783		610121103	长安县滦镇	42000
	430421111	衡阳县渣江镇	43009	新　疆	652325101	奇台县老奇台镇	42539
	430421203	衡阳县岘山乡	45344		652325102	奇台县半截沟镇	56197
	430525101	洞口县高沙镇	68665		652701100	博州博乐市小营盘镇	54158
	430525103	洞口县竹市镇	48010		652924101	沙雅县托依堡镇	46864
	430525104	洞口县黄桥镇	46965		652924103	沙雅县英买力镇	42158
	430581101	武冈市邓元泰镇	47055		654121214	伊宁县回族榆其翁乡	54277
	430581102	武冈市湾头桥镇	50505		654123201	霍城县兰干乡	178967

2002年按棉花产量排列居全国前1000位的乡镇

地　区	乡镇代码	乡镇名称	棉花产量（吨）	地　区	乡镇代码	乡镇名称	棉花产量（吨）
北　京	110112011	通州区永乐店镇	3959		130533204	威县贺钊乡	2800
天　津	120110103	东丽区华明镇	3000		130533205	威县贺营乡	1501
	120114110	武清区城关镇	1572		130533206	威县张营乡	1504
	120114112	武清区黄花店镇	1770		130533207	威县常屯乡	2398
	120221102	宁河县宁河镇	4500		130533208	威县常庄乡	1494
	120221103	宁河县苗庄镇	2600		130533209	威县高公庄乡	1501
	120221104	宁河县丰台镇	2070		130533210	威县赵村乡	3079
	120221105	宁河县岳龙镇	1468		130535102	临西县下堡寺镇	3200
	120221109	宁河县造甲城镇	1800		130535201	临西县老官寨乡	2344
	120221112	宁河县东棘坨镇	5170		130535202	临西县吕寨乡	2638
河　北	130181107	辛集市王口镇	1647		130535223	临西县摇鞍镇乡	1899
	130207109	丰南区王兰庄镇	1450		130581101	南宫市大高村镇	2139
	130231101	芦台农场海北镇	1866		130581102	南宫市垂杨镇	2484
	130232101	汉沽农场汉丰镇	2372		130581103	南宫市明化镇	2176
	130424101	成安县商城镇	2009		130581104	南宫市段芦头镇	1443
	130424102	成安县漳河店镇	2238		130581202	南宫市大屯乡	2380
	130424103	成安县李家疃镇	1442		130581203	南宫市王道寨乡	3198
	130424200	成安县辛义乡	2753		130581204	南宫市薛吴村乡	2697
	130424202	成安县道东堡乡	3111		130581205	南宫市前紫家乡	2022
	130424203	成安县北乡义乡	2929		130923101	东光县连镇镇	2780
	130428101	肥乡县天台山镇	1786		130923103	东光县秦村镇	2508
	130428200	肥乡县大西韩乡	1404		130923104	东光县灯明寺镇	1943
	130428202	肥乡县毛演堡乡	1485		130923105	东光县南霞口镇	1728
	130428203	肥乡县元固乡	1462		130923200	东光县龙王李乡	3340
	130428205	肥乡县东漳堡乡	1404		130923201	东光县于桥乡	1507
	130428206	肥乡县旧店乡	1586		130928101	吴桥县铁城镇	1847
	130430101	邱县邱城镇	3378		130928102	吴桥县于集镇	1968
	130430200	邱县梁二庄乡	3323		130928103	吴桥县梁集镇	2400
	130430201	邱县南辛店乡	2533		130928104	吴桥县安陵镇	1953
	130430202	邱县香城固乡	2512		130928200	吴桥县曹家洼乡	1560
	130430203	邱县旦寨乡	3231		130928201	吴桥县宋门乡	1440
	130433102	馆陶县柴堡镇	1474		130928203	吴桥县沟店铺乡	1722
	130433203	馆陶县路桥乡	1734		130928204	吴桥县何庄乡	2168
	130435102	曲周县侯村镇	1488		130929208	献县本斋回族乡	1413
	130435205	曲周县第四疃乡	1488		130984204	河间市西九吉乡	1500
	130530202	新河县西流乡	2195		131025200	大城县北魏乡	1800
	130530203	新河县仁让里乡	2443		131026111	文安县德归镇	1387
	130531205	广宗县北塘疃乡	3320		131102101	桃城区赵家圈镇	1754
	130531206	广宗县冯家寨乡	1693		13121102	枣强县大营镇	1499
	130533101	威县梨元屯镇	1733		131121202	枣强县王均乡	1390
	130533102	威县章台镇	2149		131121203	枣强县唐林乡	2793
	130533103	威县侯贯镇	2433		131121204	枣强县王常乡	1674
	130533104	威县七级镇	2362		131124202	饶阳县留楚乡	1833
	130533200	威县方家营乡	2297		131126100	故城县郑口镇	2303
	130533201	威县第什营乡	3240		131126101	故城县夏庄镇	1800
	130533202	威县枣园乡	1812		131126104	故城县武官寨镇	1398
	130533203	威县固献乡	2558		131126105	故城县饶阳店镇	1890

续表 1

地　区	乡镇代码	乡镇名称	棉花产量（吨）	地　区	乡镇代码	乡镇名称	棉花产量（吨）
	131126202	故城县房庄乡	2160		320706100	海州区新坝镇	1643
	131126203	故城县三郎乡	1725		320723102	灌县杨集镇	1944
	131128101	阜城县古城镇	2160		320723104	灌云县同兴镇	4777
	131128200	阜城县漫河乡	1400		320723106	灌云县圩丰镇	3036
	131128202	阜城县蒋坊乡	1489		320723201	灌云县伊芦乡	1606
	131181102	冀州市官道李镇	1500		320723203	灌云县图河乡	3788
	131181103	冀州市南午村镇	1681		320723205	灌云县下车乡	3703
	131181104	冀州市周村镇	1469		320723209	灌云县小伊乡	2041
	131181105	冀州市码头李镇	2360		320723210	灌云县穆圩乡	4890
	131181200	冀州市门庄乡	2535		320724101	灌南县堆沟港镇	2030
	131181201	冀州市徐家庄乡	2100		320831105	金湖县涂沟镇	1936
	131181203	冀州市小寨乡	3044		320902100	城区南洋镇	3648
山　西	140802101	盐湖区龙居镇	1684		320902101	城区青墩镇	1931
	140802201	盐湖区金井乡	1770		320921101	响水县陈家港镇	1632
	140802204	盐湖区冯村乡	1440		320921105	响水县双港镇	1869
	140821101	临猗县嵋阳镇	3390		320921106	响水县南河镇	2404
	140821102	临猗县临晋镇	1804		320922109	滨海县滨淮镇	1606
	140821103	临猗县七级镇	3710		320924101	射阳县临海镇	3224
	140821104	临猗县东张镇	2200		320924102	射阳县千秋镇	4019
	140821200	临猗县楚侯乡	1608		320924103	射阳县通洋镇	1656
	140821201	临猗县庙上乡	4151		320924105	射阳县阜余镇	2056
	140881003	永济市城北办事处	2499		320924106	射阳县海河镇	4549
	140881100	永济市于乡镇	1725		320924107	射阳县陈洋镇	2428
	140881101	永济市卿头镇	7295		320924108	射阳县海通镇	4884
	140881102	永济市开张镇	5334		320924109	射阳县兴桥镇	7171
	140881103	永济市栲栳镇	2791		320924110	射阳县新坍镇	3380
	140881106	永济市张营镇	2501		320924111	射阳县长荡镇	3007
江　苏	320116106	六合区龙袍镇	1830		320924112	射阳县盘湾镇	4330
	320305002	贾汪区塔山镇	1539		320924113	射阳县特庸镇	5088
	320321101	丰县首羡镇	6189		320924115	射阳县黄尖镇	4255
	320321102	丰县顺河镇	1923		320924116	射阳县盐东镇	7028
	320321105	丰县师寨镇	1874		320924200	射阳县耦耕乡	2752
	320321113	丰县赵庄镇	2777		320925109	建湖县冈东镇	2700
	320322113	沛县鹿楼镇	1533		320928112	盐都县大冈镇	2588
	320322115	沛县安国镇	2095		320928115	盐都县步凤镇	7857
	320323115	铜山县单集镇	2160		320981101	东台市时堰镇	1545
	320323118	铜山县大许镇	1796		320981103	东台市台南镇	1458
	320324013	睢宁县王集镇	2735		320981109	东台市南沈灶镇	1902
	320382105	邳州市宿羊山镇	1400		320981113	东台市新街镇	2543
	320382106	邳州市八集镇	2939		320981115	东台市三仓镇	2509
	320382108	邳州市碾庄镇	3037		320981118	东台市头灶镇	2243
	320382119	邳州市邢楼镇	1506		320981119	东台市四灶镇	1825
	320623104	如东县长沙镇	1494		320981120	东台市海丰镇	1552
	320623105	如东县大豫镇	1417		320981121	东台市港镇	1977
	320623108	如东县兵房镇	1994		320982101	大丰市草堰镇	2927
	320683104	通州市三余镇	1950		320982102	大丰市白驹镇	2322
	320683106	通州市海晏镇	2211		320982103	大丰市刘庄镇	2292

续表2

地　区	乡镇代码	乡镇名称	棉花产量（吨）	地　区	乡镇代码	乡镇名称	棉花产量（吨）
	320982105	大丰市沈灶镇	1947		341322200	萧县圣泉乡	1520
	320982106	大丰市小海镇	4503		341323104	灵璧县杨疃镇	2025
	320982107	大丰市西团镇	3487		341323111	灵璧县高楼镇	2545
	320982108	大丰市新丰镇	3578		341324105	泗县黄圩镇	2210
	320982109	大丰市方强镇	4286		341324106	泗县大庄镇	3150
	320982110	大丰市大桥镇	3234		341324107	泗县山头镇	1950
	320982111	大丰市草庙镇	4030		341324109	泗县黑塔镇	1650
	320982112	大丰市万盈镇	3581		341324111	泗县屏山镇	1920
	320982116	大丰市三龙镇	7787		341324202	泗县大杨乡	1760
	321084109	高邮市甘垛镇	2703		341324203	泗县瓦坊乡	2125
	321084111	高邮市横泾镇	1682		341422102	无为县二坝镇	1835
	321281112	兴化市临城镇	1884		341422103	无为县汤沟镇	2129
	321322106	沭阳县沂涛镇	2370		341422104	无为县陡沟镇	3780
浙　江	330682018	上虞市沥海镇	1715		341422105	无为县石涧镇	3669
安　徽	340321102	怀远县龙亢镇	2100		341422112	无为县姚沟镇	4298
	340321106	怀远县双桥镇	2700		341422113	无为县泥汊镇	4600
	340321208	怀远县陈集乡	1916		341422114	无为县仓头镇	2279
	340321213	怀远县徐圩乡	2730		341422115	无为县白茆镇	3669
	340323103	固镇县新马桥镇	1639		341422116	无为县河坝镇	2617
	340323105	固镇县湖沟镇	1655		341422117	无为县福渡镇	2780
	340323106	固镇县任桥镇	2060		341422119	无为县雍南镇	3648
	340323207	固镇县杨庙乡	1500		341422120	无为县赫店镇	3867
	340323208	固镇县何集乡	1476		341422123	无为县高沟镇	2235
	340521209	当涂县江心乡	1696		341422201	无为县红庙乡	1606
	340621105	濉溪县南坪镇	2158		341422202	无为县六店乡	1375
	340621107	濉溪县任集镇	2184		341422204	无为县十里墩乡	17724
	340621111	濉溪县古饶镇	2414		341422209	无为县凤凰桥乡	2750
	340621112	濉溪县双堆集镇	2550		341422210	无为县三叉河乡	6096
	340621113	濉溪县五沟镇	2415		341423100	含山县环峰镇	1436
	340621202	濉溪县白沙乡	2500		341423101	含山县运漕镇	1932
	340621203	濉溪县陈集乡	2975		341423103	含山县铜闸镇	1564
	340721209	铜陵县安平乡	1764		341525208	霍山县太阳乡	2860
	340823103	枞阳县汤沟镇	2100		341602101	亳州市谯城区张集镇	1975
	340826101	宿松县复兴镇	3543		341602117	亳州市谯城区十河镇	2633
	340826102	宿松县汇口镇	4089		341602119	亳州市谯城区双沟镇	1860
	340826103	宿松县许岭镇	4089		341602200	亳州市谯城区张店乡	1800
	340826204	宿松县洲头乡	3078		341622101	蒙城县双涧镇	1565
	340827101	望江县华阳镇	2500		341622104	蒙城县坛城镇	1975
	340827102	望江县杨湾镇	1961		341622105	蒙城县范集镇	2296
	340827103	望江县漳湖镇	1618		341622106	蒙城县许町镇	1950
	340827107	望江县长岭镇	1886		341622111	蒙城县柳林镇	1540
	340827200	望江县雷池乡	1870		341622112	蒙城县立仓镇	1600
	340827201	望江县莲洲乡	1860		341622116	蒙城县三义镇	1664
	341302108	宿州市埇桥区永安镇	1457		341622204	蒙城县罗集乡	1876
	341302115	宿州市埇桥区大营镇	1436		341702100	池州市贵池区乌沙镇	1712
	341322107	萧县大屯镇	1400		341721102	东至县大渡口镇	3397
	341322114	萧县张庄寨镇	1541		341802111	宣城市宣州区水阳镇	3404

续表 3

地　区	乡镇代码	乡镇名称	棉花产量（吨）	地　区	乡镇代码	乡镇名称	棉花产量（吨）
	341881102	宁国市中溪镇	6475		370832105	梁山县杨营镇	2947
江　西	360421102	九江县江洲镇	4116		370832108	梁山县小安山镇	2473
	360421200	九江县永安乡	1400		370832211	梁山县马营乡	2062
	360426203	德安县林泉乡	3325		371402103	德城区赵虎镇	1740
	360429101	湖口县流泗镇	1730		371421102	陵县郑家寨镇	4000
	360430101	彭泽县马当镇	1814		371421103	陵县梅镇	3024
	360430102	彭泽县棉船镇	3186		371421104	陵县宋家镇	3496
	360430103	彭泽县芙蓉墩镇	1489		371421105	陵县会王镇	3600
	360430106	彭泽县杨梓镇	1540		371421106	陵县滋镇	2475
	360981118	丰城市梅林镇	1735		371421107	陵县神头镇	3440
山　东	370125104	济阳县仁风镇	2100		371421108	陵县前孙镇	2472
	370126102	商河县怀仁镇	1440		371421201	陵县义渡乡	2560
	370126212	商河县白桥乡	1396		371422104	宁津县保店镇	1674
	370322102	高青县高城镇	1508		371422105	宁津县大柳镇	1800
	370322103	高青县黑里寨镇	2406		371422106	宁津县大曹镇	18344
	370322104	高青县唐坊镇	2133		371422200	宁津县张大庄乡	1425
	370322106	高青县花沟镇	2214		371422201	宁津县刘营伍乡	5200
	370502102	东营区牛庄镇	2739		371424103	临邑县德平镇	1707
	370502105	东营区龙居镇	2492		371424200	临邑县翟家乡	1430
	370521103	垦利县黄河口镇	1609		371425105	齐河县仁里集镇	2430
	370522101	利津县北宋镇	2024		371426102	平原县恩城镇	1560
	370522102	利津县盐窝镇	3120		371427101	夏津县苏留庄镇	1810
	370522103	利津县陈庄镇	2584		371427102	夏津县新盛店镇	9999
	370522104	利津县汀罗镇	2541		371427103	夏津县雷集镇	2470
	370522201	利津县明集乡	2000		371427105	夏津县白马湖镇	5630
	370522203	利津县虎滩乡	2086		371427106	夏津县东李镇	2755
	370523104	广饶县丁庄镇	2849		371427107	夏津县宋楼镇	2874
	370523204	广饶县大码头乡	2232		371427108	夏津县香赵庄镇	1601
	370523208	广饶县陈官乡	1897		371427109	夏津县双庙镇	2770
	370703201	寒亭区泊子乡	1920		371427204	夏津县田庄乡	2576
	370785108	高密市大牟家镇	1632		371428101	武城县老城镇	3765
	370827102	鱼台县鱼城镇	1600		371428102	武城县滕庄镇	3550
	370827105	鱼台县王庙镇	2400		371428103	武城县鲁全屯镇	2735
	370827106	鱼台县李阁镇	1978		371428104	武城县郝王庄镇	1800
	370827204	鱼台县罗屯乡	2090		371428200	武城县杨庄乡	1700
	370828101	金乡县羊山镇	2904		371428201	武城县李家户乡	3500
	370828102	金乡县胡集镇	3010		371481103	乐陵市黄夹镇	2661
	370828103	金乡县肖云镇	3420		371481104	乐陵市丁坞镇	1726
	370828104	金乡县鸡黍镇	3458		371481106	乐陵市郑店镇	4427
	370828106	金乡县王丕镇	1402		371482107	禹城市房寺镇	2838
	370828107	金乡县司马镇	2986		371502005	东昌府区东城街办	1427
	370828109	金乡县马庙镇	3359		371502216	东昌府区阎寺镇	1800
	370828200	金乡县化雨乡	3649		371502201	东昌府区许营乡	1750
	370828201	金乡县卜集乡	3109		371524009	东阿县姜楼乡	1640
	370828202	金乡县高河乡	1824		371525102	冠县桑阿镇	1500
	370828203	金乡县兴隆乡	3312		371526101	高唐县梁村镇	4136
	370829103	嘉祥县卧龙山镇	1711		371526104	高唐县琉寺镇	1845

续表4

地　区	乡镇代码	乡镇名称	棉花产量（吨）	地　区	乡镇代码	乡镇名称	棉花产量（吨）
	371526105	高唐县涸河镇	1996		371722113	单县李新庄镇	2808
	371526202	高唐县三十里铺镇	2488		371722114	单县龙王庙镇	1862
	371526206	高唐县赵寨子乡	1960		371722115	单县张集镇	2431
	371581102	临清市老赵庄镇	1626		371722200	单县谢集乡	1452
	371581103	临清市康庄镇	2800		371722205	单县李田楼乡	1944
	371581105	临清市刘垓子镇	1662		371723101	成武县大田集镇	5100
	371581201	临清市金郝庄乡	2080		371723102	成武县天宫镇	2550
	371581202	临清市代湾乡	1964		371723103	成武县汶上集镇	4064
	371581203	临清市尚店乡	2357		371723104	成武县南鲁集镇	1690
	371621101	惠民县石庙镇	1534		371723105	成武县伯乐集镇	1403
	371621104	惠民县胡集镇	3723		371723108	成武县孙寺镇	2086
	371621105	惠民县李庄镇	1889		371723109	成武县白浮图镇	2520
	371621107	惠民县麻店镇	1705		371723110	成武县九女集镇	1632
	371621200	惠民县何坊乡	1583		371723200	成武县党集乡	2670
	371621204	惠民县皂户李乡	2000		371723201	成武县张楼乡	3323
	371621205	惠民县辛店乡	2925		371724101	巨野县龙固镇	2624
	371622101	阳信县商店镇	1499		371724102	巨野县柳林镇	2550
	371623101	无棣县水湾镇	1434		371724103	巨野县章缝镇	4599
	371623204	无棣县佘家巷乡	5540		371724104	巨野县大义镇	7200
	371624103	沾化县冯家镇	5008		371724105	巨野县谢集镇	5395
	371625201	博兴县乔庄镇	3021		371724106	巨野县独山镇	3780
	371626102	邹平县魏桥镇	4579		371724107	巨野县麒麟镇	5400
	371626110	邹平县孙镇镇	3384		371724108	巨野县核桃园镇	1500
	371626112	邹平县明集镇	2451		371724109	巨野县田庄镇	3200
	371626113	邹平县台子镇	2755		371724110	巨野县万丰镇	3240
	371626200	邹平县九户镇	3677		371724111	巨野县太平镇	3048
	371626202	邹平县码头镇	2248		371724112	巨野县田桥镇	2408
	371702008	开发区佃户屯街办	1740		371724113	巨野县营里镇	3276
	371702101	牡丹区吴店镇	1500		371724114	巨野县董官屯镇	4526
	371702102	牡丹区王浩屯镇	1492		371724115	巨野县陶庙镇	4500
	371702103	牡丹区黄罡镇	1599		371725101	郓城县武安镇	1500
	371702110	牡丹区大黄集镇	1650		371725102	郓城县黄安镇	1745
	371721101	曹县普连集镇	2370		371725103	郓城县郭屯镇	1596
	371721102	曹县古营集镇	3987		371725104	郓城县丁里长镇	1682
	371721106	曹县安才楼镇	2701		371725105	郓城县杨庄集镇	1715
	371721108	曹县梁堤头镇	2250		371725107	郓城县侯咽集镇	3169
	371721109	曹县邵庄镇	8198		371725108	郓城县玉皇庙镇	2233
	371721114	曹县韩集镇	1449		371725110	郓城县随官屯镇	2813
	371721115	曹县砖庙镇	1681		371725209	郓城县张营镇	1809
	371721207	曹县常乐集乡	4588		371725210	郓城县黄堆集乡	3640
	371721208	曹县青岗集乡	2119		371725216	郓城县黄集乡	2466
	371722103	单县郭村镇	1481		371725222	郓城县张鲁集乡	1481
	371722105	单县黄岗镇	2441		371725224	郓城县水堡乡	1621
	371722108	单县杨楼镇	1504		371727101	定陶县陈集镇	2064
	371722110	单县终兴镇	3615		371727102	定陶县冉固镇	3209
	371722111	单县时楼镇	3960		371728104	东明县马头镇	1913
	371722112	单县徐寨镇	2002		371728106	东明县大屯镇	3890

续表 5

地　区	乡镇代码	乡镇名称	棉花产量（吨）	地　区	乡镇代码	乡镇名称	棉花产量（吨）
河　南	410221101	杞县五里河镇	1954		411024206	鄢陵县马坊乡	2117
	410221102	杞县傅集镇	1748		411082101	长葛市坡胡镇	2234
	410221103	杞县圉镇镇	2700		411122103	庙颖县王岗镇	3563
	410221104	杞县高阳镇	1946		411022105	临颖县瓦店镇	1455
	410221106	杞县葛岗镇	1987		41122107	临颖县三家店镇	2368
	4110221200	杞县裴村店乡	2265		411122200	临颖县大郭乡	1380
	410221202	杞县宗店乡	1540		411123108	郾城县裴城镇	1654
	410221203	杞县板木乡	1841		411123203	郾城县青年乡	1956
	410221204	杞县竹林乡	1763		411302102	南阳市宛城区官庄镇	1984
	410221205	杞县官庄乡	2705		411302103	南阳市宛城区瓦店镇	1633
	410221206	杞县湖岗乡	1674		411302104	南阳市宛城区红泥湾镇	3942
	410221211	杞县柿元乡	2542		411302105	南阳市宛城区黄台岗镇	2674
	410222102	通许县玉皇庙镇	1863		411302301	南阳市宛城区溧河乡	2763
	410222202	通许县大岗李乡	1915		411302302	南阳市宛城区汉冢乡	4113
	410223104	尉氏县永兴镇	4125		411302303	南阳市宛城区金华乡	3277
	410223105	尉氏县张市镇	3281		411302304	南阳市宛城区茶庵乡	4267
	410223106	尉氏县十八里镇	2538		411302305	南阳市宛城区高庙乡	3450
	410223107	尉氏县水坡镇	1825		411302306	南阳市宛城区新店乡	1510
	410223206	尉氏县大桥乡	181		411303106	南阳市卧龙区青华镇	2715
	410223207	尉氏县南曹乡	2475		411322102	方城县博望镇	3243
	410223208	尉氏县小陈乡	1561		411322105	方城县赵河镇	1528
	410224103	开封县八里湾镇	3936		411324313	镇平县安子营乡	1500
	410224104	开封县曲兴镇	2844		411327101	社旗县桥头镇	2177
	410224201	开封县土山岗乡	1642		411327102	社旗县青台镇	1673
	410224202	开封县罗王乡	2096		411327301	社旗县大冯营乡	1520
	410225102	兰考县南彰镇	1663		411328101	唐河县源潭镇	2937
	410225210	兰考县仪封乡	2037		411328102	唐河县张店镇	2989
	410522210	安阳县安丰乡	2892		411328103	唐河县郭滩镇	1950
	410523101	汤阴县菜园镇	3553		411328104	唐河县湖阳镇	1665
	410526102	滑县白道口镇	2292		411328105	唐河县黑龙镇	1876
	410526103	滑县留固镇	1752		411328101	唐河县桐寨铺镇	3845
	410526105	滑县牛屯镇	1861		411328110	唐河县上屯镇	1538
	410526202	滑县赵营乡	1404		411328300	唐河县城郊乡	2215
	410721103	新乡县七里营镇	2100		411328301	唐河县桐河乡	1959
	410726205	延津县王楼乡	2204		411329101	新野县王庄镇	1680
	410922203	清丰县马村乡	1697		411329101	新野县沙堰镇	8000
	410923200	南乐县杨村乡	1501		411329103	新野县新甸铺镇	2608
	411023101	许昌县五女店镇	2360		411329104	新野县施庵镇	3360
	411023105	许昌县张潘镇	1483		411329105	新野县歪子镇	3173
	411023200	许昌县陈曹乡	1662		411329107	新野县溧河铺镇	3300
	411024101	鄢陵县马栏镇	2584		411329108	新野县王集镇	2100
	411024104	鄢陵县望田镇	2144		411329303	新野县前高庙乡	1836
	411024200	鄢陵县张桥乡	2467		411329307	新野县上庄乡	2347
	411024201	鄢陵县南坞乡	2966		411381106	邓州市林扒镇	2030
	411024202	鄢陵县陶城乡	3725		411381107	邓州市构林镇	5100
	411024203	鄢陵县只乐乡	3590		411381110	邓州市都司镇	2430
	411024205	鄢陵县彭店乡	1705		411381112	邓州市刘集镇	6100

续表6

地　区	乡镇代码	乡镇名称	棉花产量（吨）	地　区	乡镇代码	乡镇名称	棉花产量（吨）
	411381113	邓州市桑庄镇	2442		411426105	夏邑县车站镇	1642
	411381302	邓州市白牛乡	1544		411426106	夏邑县杨集镇	1716
	411381316	邓州市小杨营乡	2142		411426205	夏邑县中峰乡	1474
	411381319	邓州市龙堰乡	1940		411426207	夏邑县桑固乡	1649
	411402103	商丘市梁园区谢集镇	3960		411481209	永城市马牧乡	2265
	411402201	商丘市梁园区水池铺乡	1866		411481210	永城市郑阳乡	1461
	411402202	商丘市梁园区关堂乡	2530		411481217	永城市条河乡	1446
	411402203	商丘市梁园区王楼乡	2629		411527103	淮滨县防胡镇	5586
	411402204	商丘市梁园区李庄乡	4845		411528101	息县包信镇	2058
	411402205	商丘市梁园区孙福集乡	2508		411528103	息县东岳镇	2429
	411403101	商丘市睢阳区郭村镇	3135		411528207	息县岗里店乡	2280
	411403102	商丘市睢阳区李口镇	2080		411621101	扶沟县崔桥镇	4225
	411403103	商丘市睢阳区高辛镇	2233		411621102	扶沟县江村镇	2933
	411403201	商丘市睢阳区闫集乡	3680		411621103	扶沟县白潭镇	3021
	411403202	商丘市睢阳区冯桥乡	2130		411621104	扶沟县韭园镇	2983
	411403203	商丘市睢阳区坞墙乡	2159		411621105	扶沟县练寺镇	4618
	411403204	商丘市睢阳区包公庙乡	1520		411621106	扶沟县大新镇	4356
	411403206	商丘市睢阳区毛固堆乡	2342		411621107	扶沟县包屯镇	3121
	411403207	商丘市睢阳区路河乡	3600		411621108	扶沟县汴岗镇	4288
	411403208	商丘市睢阳区勒马乡	1600		411621200	扶沟县曹里乡	3763
	411421102	民权县龙塘镇	2198		411621201	扶沟县柴岗乡	3682
	411421103	民权县北关镇	2626		411621202	扶沟县固城乡	4173
	411421104	民权县程庄镇	2424		411621203	扶沟县吕潭乡	4399
	411421203	民权县孙六乡	2059		411621204	扶沟县大李庄乡	2188
	411421204	民权县野岗乡	2687		411622101	西华县西夏镇	3917
	411421206	民权县林七乡	2541		411622103	西华县奉母镇	2628
	411421212	民权县王桥乡	2612		411622104	西华县红花镇	3465
	411421213	民权县王庄寨乡	1821		411622105	西华县聂堆镇	3143
	411422100	睢县长岗镇	1759		411622106	西华县东夏镇	2648
	411422101	睢县平岗镇	1432		411622107	西华县西华营镇	5397
	411422103	睢县蓼堤镇	1410		411622201	西华县清河驿乡	2188
	411422104	睢县西陵镇	1491		411622206	西华县叶埠口乡	2439
	411422106	睢县潮庄镇	2199		411622209	西华县艾岗乡	3006
	411422203	睢县孙寨乡	5625		411623101	商水县黄寨镇	1620
	411422205	睢县河堤乡	1386		411623209	商水县郝岗乡	1600
	411422207	睢县胡堂乡	2087		411625101	郸城县吴台镇	3076
	411422211	睢县涧岗乡	1468		411625103	郸城县白马镇	2154
	411423101	宁陵县张弓镇	1752		411625104	郸城县宁平镇	2313
	411423200	宁陵县黄岗乡	2556		411625106	郸城县钱店镇	2154
	411423205	宁陵县乔楼乡	2119		411625107	郸城县汲冢镇	3946
	411423209	宁陵县孔集乡	1638		411625108	郸城县石槽镇	3917
	411423210	宁陵县赵村乡	2118		411625200	郸城县城郊乡	4020
	411425103	虞城县杜集镇	2314		411625201	郸城县虎岗乡	2549
	411425106	虞城县贾寨镇	2474		411625202	郸城县汲水乡	2848
	411425203	虞城县站集乡	1470		411625203	郸城县张完乡	2527
	411425209	虞城县营盘乡	2400		411625204	郸城县丁村乡	1633
	411426103	夏邑县济阳镇	2233		411625205	郸城县双楼乡	2358

续表 7

地　区	乡镇代码	乡镇名称	棉花产量（吨）	地　区	乡镇代码	乡镇名称	棉花产量（吨）
	411625206	郸城县秋渠乡	2246		411628212	鹿邑县贾滩乡	3400
	411625207	郸城县东风乡	2029		411729101	新蔡县砖店镇	1468
	411625209	郸城县李楼乡	2227		411729104	新蔡县练村镇	2102
	411625210	郸城县胡集乡	3522		411729206	新蔡县宋岗乡	1408
	411626103	淮阳县四通镇	2963		411729210	新蔡县化庄乡	2100
	411626104	淮阳县临蔡镇	2400		411729212	新蔡县孙召乡	1795
	411626105	淮阳县安岭镇	1935	湖　北	420401060	荆州区弥市镇	7475
	411626202	淮阳县冯塘乡	2640		420402050	沙市区岑河镇	2398
	411626205	淮阳县大连乡	1960		420421010	江陵县资市镇	1478
	411626206	淮阳县葛店乡	1816		420422010	松滋市南海镇	1400
	411626207	淮阳县黄集乡	1686		420422020	松滋市八宝镇	3600
	411626209	淮阳县齐老乡	3695		420422030	松滋市宛市镇	1884
	411626210	淮阳县郑集乡	2325		420422040	松滋市老城镇	2912
	411626211	淮阳县曹河乡	3731		420422160	松滋市沙道观镇	1392
	411626213	淮阳县许湾乡	1444		420423010	公安县埠河镇	5568
	411627101	太康县常营镇	3515		420423030	公安县夹竹园镇	2124
	411627102	太康县逊母口镇	3732		420423050	公安县杨家厂镇	4321
	411627103	太康县老冢镇	2642		420423060	公安县麻豪口镇	2180
	411627104	太康县朱口镇	2648		420423120	公安县南平镇	2116
	411627105	太康县马头镇	2745		420423140	公安县狮子口镇	3630
	411627107	太康县板桥镇	4575		420423150	公安县斑竹当镇	3799
	411627108	太康县符草楼镇	2861		420423160	公安县毛家港镇	3935
	411627109	太康县马厂镇	3044		420424010	石首市人民大垸乡	2555
	411627201	太康县杨庙乡	2009		420424060	石首市横沟市镇	1877
	411627202	太康县王集乡	3287		420424070	石首市小河口镇	2085
	411627203	太康县高贤乡	2258		420523070	枝江市七星台镇	4191
	411627204	太康县芝麻洼乡	3002		420523080	枝江市百里洲镇	5175
	411627205	太康县清集乡	3005		420621030	襄阳区石桥镇	1591
	411627206	太康县独塘乡	2661		420621110	襄阳区峪山镇	1466
	411627207	太康县大许寨乡	2230		420622020	枣阳市南城办事处	1690
	411627208	太康县五里口乡	1682		420622030	枣阳市环城办事处	1783
	411627209	太康县张集乡	1838		420622040	枣阳市琚湾镇	2000
	411627210	太康县高朗乡	2377		420622050	枣阳市七方镇	2806
	411627211	太康县转楼乡	2276		420623020	宜城市郑集镇	2326
	411628104	鹿邑县王皮溜镇	4005		420623030	宜城市小河镇	1391
	411628105	鹿邑县试量镇	3653		420623060	宜城市流水镇	1900
	411628106	鹿邑县辛集镇	1770		420802080	沙洋县李市镇	3347
	411628201	鹿邑县郑集乡	2037		420802090	沙洋县马良镇	3536
	411628202	鹿邑县观堂乡	3256		420821030	钟祥市丰乐镇	1604
	411628203	鹿邑县生铁冢乡	3150		420821040	钟祥市胡集镇	1400
	411628204	鹿邑县张店乡	2140		420821100	钟祥市旧口镇	1508
	411628205	鹿邑县赵村乡	2968		420822120	京山县永隆镇	3800
	411628206	鹿邑县任集乡	2848		420927070	应城市义和镇	1721
	411628207	鹿邑县唐集乡	2915		420928060	汉川市沉湖镇	1564
	411628208	鹿邑县高集乡	2055		420928150	汉川市杨林沟镇	1894
	411628209	鹿邑县邱集乡	2030		420928160	汉川市西江乡	1996
	411628211	鹿邑县杨湖口乡	1655		422129110	武穴市龙坪镇	2255

续表8

地　区	乡镇代码	乡镇名称	棉花产量（吨）
	422130020	黄梅县孔垅镇	3158
	422130090	黄梅县蔡山镇	3938
	422130100	黄梅县新开镇	2867
	422130160	黄梅县刘佐乡	1406
	423101100	随州市曾都区唐县镇	1602
	423201010	仙桃市郑场镇	2142
	423201040	仙桃市三伏潭镇	1460
	423201060	仙桃市长倘口镇	3153
	423201070	仙桃市西流河镇	1825
	423201090	仙桃市杨林尾镇	1702
	423301030	天门市杨林办	1649
	423301040	天门市多宝镇	1500
	423301050	天门市拖市镇	2045
	423301060	天门市张港镇	1620
	423301080	天门市汪场镇	1943
	423301090	天门市渔薪镇	3580
	423301100	天门市黄潭镇	3634
	423301180	天门市卢市镇	1632
	423301190	天门市小板镇	1485
	423401030	潜江市竹根滩镇	2565
	423401060	潜江市王场镇	1378
	423401070	潜江市高石碑镇	2178
	423401100	潜江市老新镇	2380
	423401110	潜江市浩口镇	2750
	423401120	潜江市积玉口镇	1617
	423401130	潜江市张金镇	3784
湖　南	430124209	宁乡县朱良桥	1464
	430611103	君山区钱粮湖镇	1430
	430611104	君山区良心堡镇	2200
	430623103	华容县北景港镇	2027
	430623107	华容县塔市驿镇	1800
	430623110	华容县插旗镇	2022
	430623111	华容县注滋口镇	8643
	430623112	华容县操军镇	2280
	430623201	华容县新河乡	3543
	430623206	华容县幸福乡	3640
	430623207	华容县团洲乡	4714
	430703102	鼎城区中河口镇	1576
	430703104	鼎城区牛鼻滩镇	1921
	430721102	安乡县黄山头镇	2400
	430721105	安乡县下渔口镇	1400
	430721106	安乡县陈家嘴镇	1560
	430721205	安乡县安全乡	2000
	430721206	安乡县安福乡	2060
	430721207	安乡县安凝乡	1680
	430721208	安乡县安丰乡	2562
	430721209	安乡县安裕乡	2280
	430721210	安乡县安康乡	1440
	430723102	澧县小渡口镇	1392
	430723201	澧县官垸乡	2107
	430723213	澧县中武乡	1425
	430724101	临澧县合口镇	2090
	430725203	桃源县木塘垸乡	2548
	430921101	南县华阁镇	2321
西　藏	542121008	昌都县日通乡	1914
陕　西	610115105	临潼区相桥镇	1500
	610523101	大荔县许庄镇	1746
	610523103	大荔县安仁镇	1758
	610523105	大荔县羌白镇	2115
	610523200	大荔县户家乡	1385
	610723207	洋县秧田乡	1909
甘　肃	620621101	民勤县东坝镇	1495
	620621213	民勤县中渠乡	3101
	620921100	金塔县中东镇	2119
	620921101	金塔县鼎新镇	1510
	620921104	金塔县古城乡	2186
	620921202	金塔县东坝镇	2034
	620921203	金塔县大庄子乡	2351
	620921205	金塔县西坝乡	1442
	620921207	金塔县双城乡	1581
	620922102	安西县三道沟镇	1638
	620922202	安西县环城乡	2203
	620922204	安西县瓜州乡	2101
	620922205	安西县南岔镇	4047
	620981204	玉门市花海镇	1395
	620982100	敦煌市七里镇	1386
	620982102	敦煌市肃州镇	1422
	620982103	敦煌市郭家堡乡	2569
	620982202	敦煌市莫高镇	2165
	620982204	敦煌市吕家堡乡	1696
	620982205	敦煌市转渠口镇	3079
	620982206	敦煌市黄渠乡	3408
	620982207	敦煌市孟家桥乡	1380
新　疆	652201103	哈密市二堡镇	1817
	652201203	哈密市大泉湾乡	2139
	652201204	哈密市陶家宫乡	1804
	652301102	昌吉市榆树沟镇	3386
	652301201	昌吉市滨湖乡	2276
	652301202	昌吉市佃坝乡	2066
	652323101	呼图壁县大丰镇	7237
	652323103	呼图壁县二十里店镇	4207
	652323104	呼图壁县五工台镇	5631
	652323105	呼图壁县园户村镇	2415
	652324101	玛纳斯县乐土驿镇	6705

续表 9

地　区	乡镇代码	乡镇名称	棉花产量（吨）	地　区	乡镇代码	乡镇名称	棉花产量（吨）
	652324103	玛纳斯县北五岔镇	9042		652922206	温宿县古勒阿瓦提乡	8519
	652324104	玛纳斯县六户地镇	6939		652923102	库车县阿拉哈格镇	5175
	652324105	玛纳斯县包家店镇	20196		652923103	库车县齐满镇	5847
	652324106	玛纳斯县兰州湾镇	6880		652923104	库车县墩阔坦镇	3874
	652324200	玛纳斯县头工乡	2012		652923105	库车县牙哈镇	2480
	652324205	玛纳斯县广东地乡	3688		652923106	库车县乌尊镇	1886
	652701101	博州博乐市达勒特镇	9203		652923201	库车县玉奇吾斯塘乡	1772
	652701102	博州博乐市乌图布拉格镇	6385		652923202	库车县比西巴格乡	2460
	652701201	博州博乐市贝韦林哈日莫敦乡	5216		652923203	库车县哈尼喀塔木乡	8398
	652722101	博州精河县大河沿子镇	10955		652923204	库车县阿克吾斯塘乡	3480
	652722200	博州精河县茫丁乡	4721		652924101	沙雅县托依堡镇	1880
	652722201	博州精河县托里乡	2832		652924102	沙雅县红旗镇	3416
	652801205	库尔勒市哈拉玉宫乡	2685		652924200	沙雅县古勒巴格乡	5600
	652801206	库尔勒市阿瓦提乡	2549		652924201	沙雅县海楼乡	5293
	652801207	库尔勒市托布力其乡	1560		652924202	沙雅县努尔巴格乡	1800
	652801208	库尔勒市普惠乡	2714		652925101	新和县尤鲁都孜巴格镇	2586
	652822101	轮台县轮南镇	5760		652925200	新和县依其艾日克乡	2359
	652822103	轮台县阳霞镇	1793		652925201	新和县排先巴扎乡	2200
	652822200	轮台县大道南乡	1397		652925202	新和县塔什艾日克乡	1760
	652822201	轮台县哈尔巴克乡	3088		652925203	新和县渭干乡	3827
	652822206	轮台县铁热克巴扎乡	1505		652925204	新和县玉其喀特乡	3810
	652823200	尉犁县塔里木乡	6468		652925205	新和县塔木托拉格乡	3280
	652823201	尉犁县兴平乡	6864		652927203	乌什县阿合雅乡	1500
	652823202	尉犁县团结乡	1592		652928101	阿瓦提县乌鲁却勒镇	9202
	652823205	尉犁县阿克苏甫乡	1954		652928102	阿瓦提县拜什艾日克镇	7475
	652823206	尉犁县古勒巴格乡	5511		652928200	阿瓦提县阿依巴格乡	4528
	652825207	且末县塔提让乡	1529		652928201	阿瓦提县塔木托拉克乡	4296
	652828200	和硕县乌什塔拉乡	2430		652928202	阿瓦提县英艾日克乡	6050
	652828201	和硕县曲惠乡	1953		653121203	疏附县布拉克苏乡	21458
	652901100	间克苏市喀拉塔勒镇	10498		653121204	疏附县萨依巴格乡	1875
	652901101	阿克苏市阿依库勒镇	4003		653121214	疏附县英吾斯塘乡	1760
	652901201	阿克苏市拜什吐格曼乡	6505		653122101	疏勒县罕南力克镇	1516
	652901202	阿克苏市托普鲁克乡	3886		653122102	疏勒县牙甫泉镇	2560
	652901203	阿克苏市库木巴希乡	3651		653122200	疏勒县巴仁乡	1738
	652901204	阿克苏市托喀依乡	1784		653122201	疏勒县羊达曼乡	2100
	652922102	温宿县克孜勒镇	6187		653122202	疏勒县亚曼牙乡	1896
	652922103	沮宿县阿热勒镇	3741		653122203	疏勒县巴合齐乡	2413
	652922104	温宿县佳木镇	3745		653122204	疏勒县塔孜洪乡	1700
	652922202	温宿县恰格拉克乡	2979		653122205	疏勒县英尔力克乡	2360
	652922204	温宿县依希来木其乡	3519		653122206	疏勒县库木西力克乡	1995

续表10

地　区	乡镇代码	乡镇名称	棉花产量（吨）	地　区	乡镇代码	乡镇名称	棉花产量（吨）
	653122210	疏勒县阿拉甫乡	1728		653129207	伽师县和夏阿瓦提乡	1704
	653123210	英吉沙县乌恰乡	8818		653130101	巴楚县色力布亚镇	3081
	653124201	泽普县依玛乡	2318		653130102	巴楚县阿瓦提镇	3226
	653124202	泽普县古勒巴格乡	2250		653130200	巴楚县恰尔巴格乡	5149
	653124203	泽普县赛力乡	2053		653130201	巴楚县多来提巴格乡	5344
	653124204	泽普县依克苏乡	2030		653130202	巴楚县阿纳库勒乡	3410
	653124208	泽普县阿依库勒乡	1538		653130203	巴楚县夏玛勒乡	2784
	653125101	莎车县恰热克镇	1750		653130204	巴楚县阿克萨克马热勒乡	8045
	653125102	莎车县艾里西湖镇	1600		653130205	巴楚县阿拉格尔乡	4063
	653125103	莎车县荒地镇	2250		653130206	巴楚县琼库尔恰克乡	4869
	653125104	莎车县阿瓦提镇	2300		653130207	巴楚县英吾斯堂乡	3633
	653125105	莎车县白什坎特镇	2500		653224204	洛浦县杭桂乡	1426
	653125106	莎车县依盖尔其镇	1500		654122101	察布查尔县爱新社里镇	2149
	653125203	莎车县托木吾斯塘乡	1500		654202101	乌苏市哈图布呼镇	3648
	653125204	莎车县英吾斯塘乡	1600		654202102	乌苏市皇宫镇	4042
	653125205	莎车县乌达力克乡	3300		654202103	乌苏市车排子镇	3425
	653125206	莎车县阿热斯兰巴格乡	1800		654202104	乌苏市甘河子镇	2180
	653125215	莎车县塔尕尔其乡	3050		654202105	乌苏市百泉镇	2160
	653125218	莎车县阿拉买提乡	1800		654202106	乌苏市四棵树镇	3238
	653126101	叶城县恰尔巴格镇	1658		654202107	乌苏市古尔图镇	2450
	653126205	叶城县江格勒斯乡	1714		654202108	乌苏市西湖镇	2093
	653126206	叶城县加依提勒克乡	1657		654202109	乌苏市西大沟镇	2278
	653127200	麦盖提县巴扎结米乡	1920		654202200	乌苏市八十四户乡	1771
	653127201	麦盖提县希依提敦乡	2134		654202202	乌苏市九间楼乡	3441
	653127202	麦盖提县央塔克乡	5683		654202203	乌苏市石桥乡	4560
	653127203	麦盖提县吐曼塔勒乡	4935		654202204	乌苏市头台乡	2837
	653127204	麦盖提县尕孜库勒乡	3920		654223101	沙湾县四道河子镇	10226
	653127205	麦盖提县克孜勒阿瓦提乡	4371		654223102	沙湾县老沙湾镇	8364
	653127206	麦盖提县库木库萨尔乡	2024		654223103	沙湾县乌兰乌苏镇	2714
	653127208	麦盖提县库尔玛乡	3925		654223104	沙湾县安集海镇	1899
	653128200	岳普湖县岳普湖乡	1800		654223107	沙湾县柳毛湾镇	5438
	653128204	岳普湖县色也克乡	3250		654223108	沙湾县金沟河镇	3794
	653128205	岳普湖县铁热木乡	3344		654223200	沙湾县商户地乡	5429
	653128206	岳普湖县巴依阿瓦提乡	1650		654223201	沙湾县大泉乡	4485
	653129203	伽师县卧里托格拉克乡	1729		654226200	和布克赛尔自治县夏孜盖乡	5042
	653129204	伽师县克孜勒博依乡	1860		659001100	石河子市北泉镇	7295
	653129205	伽师县米夏乡	1400		659001201	石河子市石河子乡	7295

2002 年按油料产量排列居全国前 1000 位的乡镇

地区	乡镇代码	乡镇名称	油料产量（吨）	地区	乡镇代码	乡镇名称	油料产量（吨）
北京	110228003	密云县西田各庄镇	5821		150621030	达拉特旗白泥井镇	4766
河北	130123201	正定县南楼乡	7232		150621070	达拉特旗树林召乡	10781
	130123204	正定县曲阳桥乡	5731		150621090	达拉特旗解放滩镇	6112
	130125201	行唐县安香乡	4750		150621100	达拉特旗昭君坟乡	4811
	130184001	新乐市长寿街道办事处	4689		150625100	杭锦旗吉日嘎朗图镇	6486
	130184102	新乐市承安镇	8533		152104100	牙克石市牧原镇	10120
	130184105	新乐市杜固镇	5904		152104101	牙克石市免渡河镇	7091
	130184106	新乐市邯邰镇	6450		152128203	鄂温克旗锡尼河淮苏木	6478
	130207107	丰南区钱营镇	5128		152130205	新巴左旗罕达盖苏木	9750
	130223102	滦县东安各庄镇	8539		152131203	陈巴尔虎旗鄂温克民族苏木	8296
	130223103	滦县雷庄镇	4632		152221108	科右前旗俄体镇	11449
	130223108	滦县古马镇	8272		152801100	临河市狼山镇	8435
	130223109	滦县小马庄镇	10108		152801107	临河市双河镇	7612
	130224106	滦南县司各庄镇	7399		152801108	临河市古城镇	11598
	130224108	滦南县扒齿港镇	6467		152822101	五原县塔尔湖镇	10205
	130224109	滦南县程庄镇	8002		152822102	五原县套海镇	9049
	130281101	遵化市堡子店镇	5275		152822103	五原县复兴镇	7488
	130281104	遵化市东新庄镇	4680		152822104	五原县新公中镇	5573
	130283200	迁安市扣庄乡	4729		152822105	五原县天吉太镇	10680
	130322102	昌黎县安山镇	5596		152822106	五原县胜丰镇	6419
	130322103	昌黎县龙家店镇	8738		152822200	五原县和胜乡	12472
	130322203	昌黎县马坨店乡	5091		152822202	五原县向阳乡	9532
	130425101	大名县杨桥镇	4900		152824104	乌拉特前旗大佘太镇	6508
	130425103	大名县龙王庙镇	4725		152824105	乌拉特前旗朝阳镇	4600
	130425104	大名县束馆镇	8988		152824106	乌拉特前旗西小召镇	10618
	130425105	大名县金滩镇	8177		152824107	乌拉特前旗公庙镇	8327
	130425200	大名县沙圪塔乡	5608		152824200	乌拉特前旗黑柳子乡	4921
	130425207	大名县孙甘店乡	7011		152824202	乌拉特前旗长胜乡	6838
	130425208	大名县西付集乡	12095		152824203	乌拉特前旗树林子乡	5494
	130425209	大名县埝头乡	12516		152824204	乌拉特前旗北圪堵乡	6746
	130425210	大名县北峰乡	7236		152824205	乌拉特前旗苏独仑乡	6500
	130425211	大名县张集乡	9828		152824207	乌拉特前旗明安乡	4874
	130622104	清苑县温仁镇	6693		152825100	乌拉特中旗德岭山镇	7340
	130626102	定兴县贤寓镇	5088		152827200	杭锦后旗查干敖包乡	5550
	130682201	定州市小油村镇	4755		152827201	杭锦后旗南小召乡	5725
	130684102	高碑店市泗庄镇	5057		152827203	杭锦后旗召庙乡	5085
	131124202	饶阳县留楚乡	5096		152827207	杭锦后旗红旗乡	5410
	131124203	饶阳县东里满乡	4742		152827209	杭锦后旗红星乡	4660
	131182102	深州市辰时镇	11312	辽宁	210122010	沈阳市辽中县牛心坨乡	4725
	131182203	深州市北溪村乡	5117		210123011	沈阳市康平县海洲乡	7550
山西	140728104	平遥县宁固镇	5120		210124104	沈阳市法库县秀水河镇	6000
	140728208	平遥县香乐乡	6965		210681019	丹东市东港市新农镇	5236
	140927102	神池县八角镇	6167		210726101	锦州市黑山县芳山镇	8402
内蒙	150221203	土右旗海子乡	7411		210726104	锦州市黑山县姜屯镇	6730
	150404110	赤峰市松山区文中镇	6472		210726105	锦州市黑山县励家镇	5891
	150526105	扎鲁特旗嘎亥图镇	4623		210726109	锦州市黑山县胡家镇	4681
	150621020	达拉特旗吉格斯太镇	7462		210726205	锦州市黑山县薛屯乡	7381

续表1

地　区	乡镇代码	乡镇名称	油料产量（吨）	地　区	乡镇代码	乡镇名称	油料产量（吨）
	210781205	锦州市凌海市白台子乡	4722		230281203	齐齐哈尔市讷河市团结乡	5000
	210782107	锦州市北宁市廖屯镇	5259		230523007	宝清县七星泡镇	6550
	210921005	阜新市阜新县旧庙镇	4560		230622103	肇源县茂兴镇	5069
	210921007	阜新市阜新县建设镇	5277		230622206	肇源县古恰乡	7260
	210921009	阜新市阜新县泡子镇	4663		230882113	富锦市锦山镇	6400
	210922004	阜新市彰武县五峰镇	4839	上　海	310118102	青浦区朱家角镇	17824
	210922009	阜新市彰武县苇子沟蒙古族乡	5152		310230104	崇明县庙镇	5035
	211021004	辽阳市辽阳县小北河镇	8536	江　苏	320115102	江宁区禄口镇	6472
	211224016	铁岭市昌图县付家镇	20009		320115105	江宁区湖熟镇	6747
	211224017	铁岭市昌图县古于树镇	11327		320115112	江宁区江宁镇	5559
	211224025	铁岭市昌图县七家子镇	12547		320116110	六合区程桥镇	6443
	211224026	铁岭市昌图县长发乡	5780		320116111	六合区竹镇镇	5750
	211224030	铁岭市昌图县曲家乡	6234		320124101	溧水县白马镇	6131
	211481113	葫芦市兴城市红崖子满族乡	5755		320124102	溧水县东屏镇	7301
吉　林	220122205	农安县杨树林乡	4700		320124106	溧水县和风镇	6260
	220322206	梨树县四棵树乡	5000		320124107	溧水县晶桥镇	6235
	220721211	前郭尔罗斯蒙古族自治县长龙乡	6295		320125102	高淳县阳江镇	6979
	220722105	长岭县新安镇	9750		320125105	高淳县固城镇	5057
	220722208	长岭县二里界乡	7000		320125106	高淳县东坝镇	5600
	220724106	扶余县三井子镇	12170		320125108	高淳县椏溪镇	7533
	220724107	扶余县增盛镇	17642		320324008	睢宁县梁集镇	5440
	220724108	扶余县新万发镇	6292		320324009	睢宁县魏集镇	5265
	220724109	扶余县大林子镇	6211		320324013	睢宁县王集镇	12000
	220724202	扶余县社里乡	16037		320324015	睢宁县岚山镇	4637
	220724203	扶余县新站乡	8616		320324016	睢宁县庆安镇	5606
	220724204	扶余县更新乡	6032		320381106	新沂市棋盘镇	8634
	220802202	洮北区三合乡	4656		320381107	新沂市王庄镇	9106
	220802204	洮北区金祥乡	5538		320381109	新沂市高流镇	8925
	220802206	洮北区德顺蒙古族乡	7390		320381110	新沂市阿湖镇	9488
	220822103	通榆县兴隆山镇	8000		320381111	新沂市北沟镇	7787
	220822107	通榆县新华镇	10000		320381112	新沂市时集镇	5453
	220822202	通榆县新兴乡	5000		320381114	新沂市双塘镇	10086
	220881208	洮南市蛟流河乡	5600		320381116	新沂市新店镇	6307
	220882105	大安市舍力镇	4660		320481110	溧阳市上沛镇	5007
	220882109	大安市太山镇	5814		320481114	溧阳市南渡镇	5110
黑龙江	230221214	齐齐哈尔市龙江县济沁河乡	5787		320481116	溧阳市社渚镇	6297
	230223104	齐齐哈尔市依安县中心镇	14498		320623108	如东县兵房镇	5557
	230223200	齐齐哈尔市依安县富饶乡	4798		320681101	启东市大兴镇	4569
	230224106	齐齐哈尔市泰来县和平镇	8801		320681102	启东市南阳镇	5101
	230225103	齐齐哈尔市甘南东阳镇	5528		320681106	启东市久隆镇	4919
	230225104	齐齐哈尔市甘南县巨宝	6126		320683102	通州市二甲镇	7062
	230225201	齐齐哈尔市甘南长山乡	8460		320683104	通州市三余镇	5027
	230225202	齐齐哈尔市甘南中兴乡	8177		320684105	海门市三厂镇	5896
	230225203	齐齐哈尔市甘南兴隆乡	9724		320684106	海门市常乐镇	6937
	230225204	齐齐哈尔市甘南县宝山乡	13186		320684108	海门市悦来镇	7142
	230231105	齐齐哈尔市拜泉县富强镇	4740		320684110	海门市三阳镇	5014
	230231209	齐齐哈尔市拜泉县爱农乡	6028		320684111	海门市四甲镇	4598

续表 2

地　区	乡镇代码	乡镇名称	油料产量（吨）	地　区	乡镇代码	乡镇名称	油料产量（吨）
	320684115	海门市包场镇	4994		321324015	泗洪县孙园镇	5095
	320684116	海门市刘浩镇	5570		321324018	泗洪县梅花镇	8137
	320721101	赣榆县柘汪镇	5214		321324024	泗洪县界集镇	5871
	320721102	赣榆县石桥镇	11072	浙　江	330411003	秀洲区新塍镇	6830
	320721105	赣榆县厉庄镇	4844		330424008	海盐县西塘桥镇	5527
	320721108	赣榆县赣马镇	7514		330482004	平湖市新仓镇	4700
	320721109	赣榆县班庄镇	5918		330482005	平湖市黄姑镇	5686
	320721110	赣榆县城头镇	6705		330482008	平湖市林埭镇	4768
	320721115	赣榆县沙河镇	5270		330522006	长兴县林城镇	4630
	320722108	东海县双店镇	8025		330522008	长兴县泗安镇	4893
	320722109	东海县桃林镇	11041	安　徽	340121105	长丰县吴山镇	5565
	320722204	东海县山左口乡	6968		340122106	肥东县石塘镇	5279
	320722205	东海县石湖乡	5192		340122108	肥东县八斗镇	5156
	320804111	淮阴区吴集镇	8915		340122110	肥东县白龙镇	4872
	320826113	涟水县成集镇	5608		340122206	肥东县解集乡	5033
	320826115	涟水县陈师镇	4603		340122213	肥东县马湖乡	4801
	320830102	盱眙县官滩镇	9413		340122214	肥东县陈集乡	5296
	320830103	盱眙县旧铺镇	7010		340122217	肥东县杨店乡	4895
	320830104	盱眙县桂五镇	7647		340123104	肥西县高刘镇	4553
	320830105	盱眙县管镇镇	5893		340123106	肥西县小庙镇	5085
	320830107	盱眙县鲍集镇	7916		340123108	肥西县丰乐镇	4629
	320830109	盱眙县明祖陵镇	5271		340123110	肥西县农兴镇	4600
	320830110	盱眙县铁佛镇	9338		340221102	芜湖县清水镇	4948
	320830112	盱眙县仇集镇	4565		340321101	怀远县包集镇	12481
	320830201	盱眙县木店乡	5469		340321106	怀远县双桥镇	7793
	320830202	盱眙县王店乡	8716		340321107	怀远县魏庄镇	7624
	320830204	盱眙县兴隆乡	6919		340321201	怀远县淝河乡	6388
	320922105	滨海县界牌镇	4738		340321207	怀远县看町乡	5009
	320922107	滨海县八滩镇	6534		340321208	怀远县陈集乡	6545
	320924101	射阳县临海镇	5097		340321209	怀远县高庄乡	7305
	320981113	东台市新街镇	6863		340322102	五河县沫河口镇	7513
	320981115	东台市三仓镇	7441		340322104	五河县双忠庙镇	10313
	320981116	东台市新曹镇	9726		340322106	五河县东刘集镇	32835
	320981117	东台市曹丿镇	6899		340322111	五河县浍南镇	11327
	320981118	东台市头灶镇	6978		340322112	五河县申集镇	8595
	320981121	东台市港镇	5822		340323101	固镇县王庄镇	18329
	320982106	大丰市小海镇	4875		340323102	固镇县曹老集镇	8357
	320982110	大丰市大桥镇	5648		340323103	固镇县新马桥镇	6435
	320982111	大丰市草庙镇	5369		340323104	固镇县西刘集镇	12942
	321183109	包容市天王镇	4834		340323105	固镇县湖沟镇	10334
	321322117	沭阳县潼阳镇	10998		340323106	固镇县任桥镇	17287
	321322204	沭阳县茆圩乡	6925		340323107	固镇县濠城镇	12912
	321323204	泗阳县八集乡	5433		340323108	固镇县连城镇	6210
	321323205	泗阳县来安乡	4703		340323200	固镇县磨盘张乡	8710
	321324006	泗洪县上塘镇	8462		340323201	固镇县石湖乡	11416
	321324007	泗洪县魏营镇	6800		340323202	固镇县九湾乡	5700
	321324013	泗洪县陈圩乡	4800		340323203	固镇县宋店乡	16771

续表3

地　区	乡镇代码	乡镇名称	油料产量（吨）	地　区	乡镇代码	乡镇名称	油料产量（吨）
	340323204	固镇县仲兴乡	16337		341324201	泗县瓦韩乡	6910
	340323205	固镇县唐南乡	9455		341324205	泗县徐贺乡	7500
	340323206	固镇县瓦町乡	6945		341402100	巢湖市居巢区柘皋镇	4560
	340323207	固镇县杨庙乡	14325		341402112	巢湖市居巢区中垾镇	4638
	340323208	固镇县何集乡	8116		341402204	巢湖市居巢区庙岗乡	5352
	340621105	濉溪县南坪镇	6075		341402205	巢湖市居巢区西峰乡	4935
	340621107	濉溪县任集镇	7507		341421107	庐江县白山镇	4977
	340621112	濉溪县双堆集镇	6752		341422119	无为县雍南镇	4660
	340621202	濉溪县白沙乡	4742		341422209	无为县凤凰桥乡	11780
	340621203	濉溪县陈集乡	4579		341424107	和县西埠镇	5060
	341122106	来安县雷官镇	7769		341424108	和县香泉镇	4552
	341124100	全椒县襄河镇	5325		341424110	和县善厚镇	6277
	341124101	全椒县古河镇	8408		341424205	和县腰埠乡	4922
	341124102	全椒县大墅镇	7451		341521113	寿县众兴镇	6017
	341124103	全椒县二郎口镇	5673		341521117	寿县刘岗镇	10094
	341124107	全椒县章辉镇	5898		341521121	寿县大顺镇	4611
	341124200	全椒县程家市乡	5375		341521204	寿县开荒乡	5675
	341124202	全椒县管坝乡	5000		341522113	霍邱县乌龙镇	5134
	341125105	定远县张桥镇	6145		341581213	六安市叶集区三元乡	7044
	341125109	定远县界牌集镇	6799		341622102	蒙城县小涧镇	5169
	341125110	定远县仓镇	4795		341622107	蒙城县板桥集镇	5494
	341125113	定远县岱山镇	4862		341622111	蒙城县柳林镇	5125
	341302101	宿州市埇桥区芦岭镇	15185		341622112	蒙城县立仓镇	6893
	341302102	宿州市埇桥区朱仙庄镇	10431		341622113	蒙城县常兴镇	7557
	341302111	宿州市埇桥区大店镇	4976		341622114	蒙城县楚村镇	7035
	341302112	宿州市埇桥区四寺坡镇	5539		341622117	蒙城县篱笆镇	14740
	341302113	宿州市埇桥区桃园镇	4790		341622200	蒙城县王集乡	7098
	341302115	宿州市埇桥区大营镇	10151		341802108	宣城市宣州区洪林镇	4922
	341302207	宿州市埇桥区龙王庙乡	4822		341802111	宣城市宣州区水阳镇	6730
	341302208	宿州市埇桥区北杨寨乡	5955		341802115	宣城市宣州区狸桥镇	8080
	341323101	灵璧县韦集镇	17558		341802211	宣城市宣州区养贤镇	4777
	341323102	灵璧县黄湾镇	21082		341822104	广德县邱村镇	5342
	341323103	灵璧县娄庄镇	18613	福　建	350623130	漳浦县赤湖镇	4681
	341323104	灵璧县杨疃镇	15834	江　西	360281101	乐平市镇桥镇	11868
	341323110	灵璧县渔沟镇	6042		360281200	乐平市礼林镇	4819
	341323200	灵璧县向阳乡	11178		360828103	万安县窑头镇	5156
	341323201	灵璧县长集乡	13449	山　东	370125204	济阳县太平镇	5249
	341323205	灵璧县禅堂乡	5367		370181114	章丘市高官寨镇	4996
	341323206	灵璧县虞姬乡	5435		370281011	胶州市胶西镇	6300
	341323207	灵璧县灵西乡	13317		370281014	胶州市铺集镇	6586
	341324100	泗县泗城镇	5140		370281016	胶州市洋河镇	6439
	341324101	泗县墩集镇	10990		370281017	胶州市九龙镇	4751
	341324102	泗县丁湖镇	12995		370282103	即墨市龙泉镇	7608
	341324103	泗县草沟镇	10620		370282105	即墨市温泉镇	5587
	341324104	泗县长沟镇	9780		370282108	即墨市丰城镇	5303
	341324110	泗县草庙镇	8050		370282109	即墨市金口镇	5023
	341324200	泗县大路口乡	5506		370282110	即墨市店集镇	7959

续表 3

地　区	乡镇代码	乡镇名称	油料产量（吨）	地　区	乡镇代码	乡镇名称	油料产量（吨）
	370282111	即墨市华山镇	19863		370481110	滕州市鲍沟镇	5556
	370282112	即墨市灵山镇	11320		370481118	滕州市东郭镇	6255
	370282113	即墨市段泊岚镇	7360		370612108	牟平区水道镇	5502
	370282114	即墨市刘家庄镇	5120		370612110	牟平区高陵镇	5438
	370282115	即墨市移风店镇	7387		370682103	莱阳市沐浴店镇	6528
	370282119	即墨市普东镇	8198		370682104	莱阳市团旺镇	11220
	370283101	平度市麻兰镇	10147		370682105	莱阳市穴坊镇	6136
	370283104	平度市张戈庄镇	11291		370682107	莱阳市姜疃镇	5552
	370283107	平度市兰底镇	8492		370682111	莱阳市谭格庄镇	11663
	370283108	平度市万家镇	14067		370683103	莱州市朱桥镇	4711
	370283109	平度市蓼兰镇	9384		370683104	莱州市郭家店镇	8897
	370283111	平度市崔家集镇	10800		370683108	莱州市驿道镇	7440
	370283112	平度市明村镇	12837		370683110	莱州市程郭镇	5108
	370283113	平度市白埠镇	11122		370684108	蓬莱市大辛店镇	6140
	370283114	平度市门村镇	8189		370684109	蓬莱市村里集镇	4578
	370283117	平度市张舍镇	6905		370684110	蓬莱市北沟镇	8110
	370283119	平度市灰埠镇	5400		370685102	招远市辛庄镇	6675
	370283121	平度市店子镇	4951		370685105	招远市毕郭镇	5037
	370283124	平度市大田镇	5887		370685107	招远市张星镇	5110
	370283125	平度市旧店镇	6182		370685109	招远市夏甸镇	11628
	370283126	平度市祝沟镇	7420		370685110	招远市阜山镇	9476
	370283127	平度市云山镇	6712		370685111	招远市齐山镇	5242
	370283128	平度市崔召镇	7900		370686108	栖霞市蛇窝泊镇	5345
	370284102	胶南市隐珠镇	4650		370687104	海阳市盘石店镇	4633
	370284104	胶南市张家楼镇	10329		370687106	海阳市徐家店镇	5813
	370284107	胶南市泊里镇	7516		370687107	海阳市发城镇	5649
	370284108	胶南市大场镇	7505		370687108	海阳市小纪镇	5371
	370284109	胶南市海青镇	7567		370687109	海阳市行村镇	5860
	370284110	胶南市大村镇	9741		370687110	海阳市辛安镇	5971
	370284111	胶南市六汪镇	7618		370687113	海阳市朱吴镇	8893
	370284113	胶南市宝山镇	8516		370725110	昌乐县红河镇	10526
	370284116	胶南市王台镇	4677		370782200	诸城市桃园乡	5400
	370285003	莱西市河头店镇	8921		370785102	高密市姚哥庄镇	6570
	370285004	莱西市马连庄镇	12164		370785105	高密市夏庄镇	6177
	370285005	莱西市南墅镇	6240		370785106	高密市姜庄镇	5760
	370285006	莱西市日庄镇	8615		370785108	高密市大牟家镇	5436
	370285008	莱西市牛溪埠镇	8273		370785109	高密市周戈庄镇	5717
	370285009	莱西市武备镇	7031		370785118	高密市柴沟镇	8274
	370285012	莱市夏格庄镇	6134		370786109	昌邑市北孟镇	9297
	370285013	莱西市李权庄镇	6717		370830101	汶上县南站镇	6246
	370285014	莱西市姜山镇	8248		370830103	汶上县次丘镇	5852
	370285015	莱西市孙受镇	5232		370830106	汶上县苑庄镇	5200
	370402102	市中区税郭镇	4991		370832102	梁山县韩岗镇	5902
	370403102	薛城区沙沟镇	7506		370832103	梁山县徐集镇	6135
	370481106	滕州市滨湖镇	9341		370832107	梁山县馆驿镇	5286
	370481107	滕州市级索镇	8132		370882001	兖州市小孟镇	9249
	370481109	滕州市姜屯镇	8301		370882006	兖州市颜店镇	8619

续表5

地　区	乡镇代码	乡镇名称	油料产量（吨）	地　区	乡镇代码	乡镇名称	油料产量（吨）
	370883101	邹城市香城镇	7654		371102111	东港区虎山镇	7145
	370883102	邹城市城前镇	10590		371102112	东港区碑廓镇	10199
	370883111	邹城市看庄镇	5291		371121102	五莲县街头镇	4863
	370883112	邹城市张庄镇	10450		371122103	莒县夏庄镇	5802
	370883113	邹城市田黄镇	12237		371122203	莒县棋山镇	4671
	370921103	宁阳县东疏镇	6946		371321111	沂南县蒲汪镇	4831
	370921105	宁阳县罡城镇	5279		371322205	郯城县泉源乡	5818
	370921106	宁阳县蒋集镇	11774		371323108	沂水县四十里堡镇	6330
	370921108	宁阳县华丰镇	7707		371323109	沂水县杨庄镇	5240
	370921109	宁阳县葛石镇	7638		371324101	苍山县大仲村镇	5523
	370921201	宁阳县鹤山乡	5356		371325103	费县方城镇	7482
	370923101	东平县沙河站镇	5520		371325107	费县梁邱镇	5466
	370923102	东平县彭集镇	10155		371325203	费县胡阳镇	7329.2
	371002106	环翠区桥头镇	5565		371327101	莒南县团林镇	7827
	371081002	文登市宋村镇	4747		371327103	莒南县坊前镇	8331
	371081003	文登市泽头镇	5422		371327104	莒南县坪上镇	8455
	371081004	文登市小观镇	7783		371327106	莒南县板泉镇	5898
	371081007	文登市张家产镇	5230		371327107	莒南县洙边镇	7859
	371081008	文登市高村镇	5762		371327108	莒南县文疃镇	32126
	371081009	文登市大水泊镇	8553		371327109	莒南县壮岗镇	6435
	371081011	文登市苘山镇	5247		371327111	莒南县石莲子镇	6016
	371081014	文登市葛家镇	7233		371327115	莒南县涝坡镇	6300
	371082003	荣成市成山卫镇	5800		371327205	莒南县相沟乡	10205
	371082007	荣成市崖西镇	4620		371329101	临沭县蛟龙镇	6564
	371082008	荣成市荫子镇	5177		371329102	临沭县大兴镇	12004
	371082009	荣成市滕家镇	5060		371329103	临沭县石门镇	8905
	371082010	荣成市大疃镇	5367		371329104	临沭县曹庄镇	5257
	371082011	荣成市上庄镇	8520		371329108	临沭县青云镇	8085
	371082012	荣成市虎山镇	4845		371329109	临沭县玉山镇	6282
	371082013	荣成市人和镇	7680		371329110	临沭县店头镇	10278
	371082014	荣成市石岛镇	8050		371329200	临沭县朱仓乡	7430
	371083100	乳山市夏村镇	5720		371425201	齐河县安头乡	13200
	371083101	乳山市乳山口镇	4620		371502109	东昌府区郑家镇	7941
	371083103	乳山市白沙滩镇	6000		371502111	东昌府区张炉集镇	5250
	371083104	乳山市大孤山镇	5724		371521203	阳谷县大布乡	8125
	371083106	乳山市冯家镇	7000		371523004	茌平县菜屯镇	4585
	371083107	乳山市下初镇	5460		371523013	茌平县洪屯乡	5229
	371083108	乳山市午极镇	5600		371525102	冠县桑阿镇	10661
	371083109	乳山市育黎镇	5400		371525103	冠县柳林镇	7280
	371083110	乳山市崖子镇	6250		371525104	冠县清水镇	6501
	371083111	乳山市诸往镇	6600		371525105	冠县东古城镇	7511
	371083112	乳山市乳山寨镇	4680		371525204	冠县范寨乡	5003
	371102007	东港区涛雒镇	5417		371525208	冠县烟庄乡	5026
	371102009	东港区巨峰镇	12531		371525209	冠县万善乡	6224
	371102010	东港区后村镇	6849		371526103	高唐县清平镇	10049
	371102013	东港区南湖镇	5417		371526206	高唐县赵寨子乡	12604
	371102014	东港区三庄镇	5610		371621111	惠民县姜楼镇	5173

续表 6

地　区	乡镇代码	乡镇名称	油料产量（吨）	地　区	乡镇代码	乡镇名称	油料产量（吨）
	371702108	牡丹区马岭岗镇	5699		410122208	中牟县刁家乡	5304
	371721104	曹县苏集镇	5502		410184107	新郑市孟庄镇	11456
	371721110	曹县阎店楼镇	4841		410184203	新郑市龙王乡	6289
	371721113	曹县桃源镇	5371		410221105	杞县葛岗镇	6557
	371721201	曹县郑庄乡	6016		410221106	杞县阳固镇	17063
	371722101	单县莱河镇	7007		110221200	杞县裴村店乡	4800
	371722102	单县孙六镇	5353		410221209	杞县平城乡	9110
	371722103	单县郭村镇	4900		410221212	杞县西寨乡	15181
	371722104	单县高韦庄镇	4733		410222104	通许县朱砂镇	8709
	371722105	单县黄岗镇	18180		410222201	通许县孙营乡	6582
	371722106	单县浮岗镇	7628		410223200	尉氏县邢庄乡	11091
	371722108	单县杨楼镇	9712		410223201	尉氏县庄头乡	11442
	371722109	单县朱集镇	8756		410223202	尉氏县大营乡	6134
	371722110	单县终兴镇	7048		410223203	尉氏县大马乡	7209
	371722113	单县李新庄镇	4558		410223204	尉氏县岗李乡	10845
	371722114	单县龙王庙镇	6476		410224102	开封县仇楼镇	4678
	371722200	单县谢集乡	7024		410224105	开封县杏花营镇	4802
	371722201	单县高老家乡	12731		410224106	开封县朱仙镇	4695
	371722202	单县曹庄乡	5152		410224200	开封县半坡店乡	10995
	371722205	单县李田楼乡	8626		410224204	开封县袁坊乡	6428
	371724101	巨野县龙固镇	8726		410224207	开封县仙人庄乡	5350
	371724102	巨野县柳林镇	4659		410224208	开封县西姜寨乡	11223
	371724110	巨野县万丰镇	7048		410224210	开封县万隆乡	13415
	371725101	郓城县武安镇	7252		410224211	开封县范村乡	17619
	371725104	郓城县丁里长镇	4562		410225103	兰考县张君墓镇	13913
	371725105	郓城县杨庄集镇	6580		410225104	兰考县红庙镇	6503
	371725106	郓城县程屯镇	10690		410225200	兰考县城关乡	9642
	371725203	郓城县双桥乡	12657		410225201	兰考县三义寨乡	4600
	371725205	郓城县唐庙乡	5280		410225203	兰考县爪营乡	7020
	371725215	郓城县潘渡乡	9495		410225205	兰考县小宋乡	5202
	371725218	郓城县李集乡	5135		410422211	叶县龚店乡	4632
	371725224	郓城县水堡乡	6808		410482104	汝州市小屯镇	6666
	371725225	郓城县陈坡乡	4978		410526101	滑县城关镇	5807
	371726102	鄄城县红船镇	6068		410526102	滑县白道口镇	8876
	371726103	鄄城县阎什镇	4594		410526103	滑县留固镇	5800
	371726104	鄄城县什集镇	4907		410526104	滑县上官镇	]0115
	371726105	鄄城县箕山镇	4751		410526105	滑县牛屯镇	9381
	371726109	鄄城县彭楼镇	6398		410526106	滑县万古镇	7120
	371728101	东明县东明集镇	5081		410526107	滑县高平镇	9231
	371728103	东明县陆圈镇	8782		410526108	滑县王庄镇	6323
	371728106	东明县大屯镇	7921		410526200	滑县枣村乡	9520
	371728200	东明县武胜桥乡	4614		410526201	滑县四间房乡	12223
	371728202	东明县小井乡	7679		410526202	滑县八里营乡	10340
河　南	410122102	中牟县官渡镇	14547		410526203	滑县赵营乡	5744
	410122106	中牟县郑庵镇	9888		410526204	滑县大寨乡	10549
	410122109	中牟县黄店镇	6250		410526206	滑县老庙乡	9659
	410122206	中牟县三官庙乡	7030		410526207	滑县老店乡	9186

续表7

地　区	乡镇代码	乡镇名称	油料产量（吨）	地　区	乡镇代码	乡镇名称	油料产量（吨）
	410526208	滑县慈周寨乡	7425		411303105	南阳市卧龙区陆营镇	5978
	410526209	滑县瓦岗乡	10162		411303107	南阳市卧龙区英庄镇	9226
	410526210	滑县焦虎乡	10377		411321104	南召县南河店镇	5738
	410526211	滑县半坡店乡	9099		411322101	方城县独树镇	11939
	410526212	滑县小铺乡	6736		411322102	方城县博望镇	7242
	410527103	内黄县梁庄镇	8451		411322104	方城县小史店镇	10480
	410527104	内黄县后河镇	9969		411322105	方城县赵河镇	8642
	410527203	内黄县卜城乡	5708		411322106	方城县广阳镇	16765
	410621101	浚县善堂镇	18199		411322300	方城县券桥乡	5427
	410621102	浚县屯子镇	21993		411322302	方城县二郎庙乡	7167
	410621104	浚县新镇镇	10794		411322303	方城县古庄店乡	9938
	410621105	浚县小河镇	6828		411322304	方城县杨楼乡	10974
	410621200	浚县王庄乡	5628		411322306	方城县清河乡	9308
	410721104	新乡县朗公庙镇	5616		411322309	方城县柳河乡	7091
	410721105	新乡县古固寨镇	6520		411324109	镇平县曲屯镇	7103
	410725216	原阳县阳阿乡	10263		411324110	镇平县枣元镇	5765
	410725217	原阳县王杏兰乡	6711		411324310	镇平县张林乡	5000
	410726102	延津县丰庄镇	4862		411324313	镇平县安子营乡	4696
	410726203	延津县位邱乡	4963		411326103	淅川县香花镇	5232
	410726207	延津县马庄乡	5450		411326104	淅川县厚坡镇	10100
	410726210	延津县于林乡	7592		411326105	淅川县九重镇	5390
	410726211	延津县新安乡	8177		411326111	淅川县马蹬镇	5701
	410726212	延津县塔铺乡	8100		411327311	社旗县下洼乡	7371
	410727101	封邱县黄陵镇	5310		411328101	唐河县源潭镇	4599
	410727102	封邱县黄德镇	5490		411328103	唐河县郭滩镇	10124
	410728104	长垣县恼里镇	7560		411328104	唐河县湖阳镇	5270
	410728203	长垣县孟岗乡	6018		411328106	唐河县大河屯镇	7470
	410728211	长垣县常村镇	11306		411328107	唐河县龙潭镇	7470
	410781106	卫辉市上乐村镇	4620		411328109	唐河县苍台镇	12740
	410823106	武陟县龙源镇	9450		411328110	唐河县上屯镇	5325
	410823203	武陟县三阳乡	4718		411328300	唐河县城郊乡	13991
	410883101	孟州市化工镇	4935		411328307	唐河县祁仪乡	9814
	410902200	濮阳开发区王助乡	5142		411328311	唐河县王集乡	5205
	410922200	清丰县六塔	7515		411329101	新野县王庄镇	7179
	410922202	清丰县巩营乡	7871		411329102	新野县沙堰镇	8730
	410922203	清丰县马村乡	6236		411329107	新野县溧河铺镇	5578
	410922205	清丰县古城乡	5663		411329305	新野县樊集乡	6555
	410922209	清丰县固城乡	5125		411330101	桐柏县月河镇	4960
	410922211	清丰县柳格乡	4764		411330102	桐柏县吴城镇	5347
	410928204	濮阳县梁庄乡	5770		411330103	桐柏县固县镇	7242
	411023104	许昌县蒋李集镇	4596		411330104	桐柏县毛集镇	13565
	411023206	许昌县榆林乡	5873		411381102	邓州市罗庄镇	14627
	411082101	长葛市坡胡镇	28601		411381104	邓州市穰东镇	8907
	411082106	长葛市大周镇	6088		411381107	邓州市构林镇	19626
	411123103	郾城县召陵镇	8183		411381109	邓州市张村镇	5801
	411123109	郾城县老窝镇	6324		411381110	邓州市都司镇	9248
	411302103	南阳市宛城区瓦店镇	5074		411381111	邓州市赵集镇	9481

续表 8

地　区	乡镇代码	乡镇名称	油料产量（吨）	地　区	乡镇代码	乡镇名称	油料产量（吨）
	411381112	邓州市刘集镇	22319		411723105	平舆县西洋店镇	8786
	411381301	邓州市张楼乡	10132		411723208	平舆县老王岗乡	10900
	411381304	邓州市夏集乡	10916		411724101	正阳县寒冻镇	14655
	411381305	邓州市裴营乡	6905		411724102	阳县汝南埠镇	6540
	411381310	邓州市文渠乡	7788		411724103	阳县铜钟镇	14608
	411381311	邓州市高集乡	8554		411724104	正阳县陡沟镇	12023
	411381318	邓州市腰店乡	6934		411724105	正阳县熊寨镇	14400
	411402206	商丘市梁园区李口乡	5345		411724200	正阳县慎水乡	18694
	411403208	商丘市睢阳区勒马乡	6213		411724201	正阳县傅寨乡	16158
	411421102	民权县龙塘镇	6664		411724202	正阳县袁寨乡	19427
	411421104	民权县程庄镇	5221		411724203	正阳县新阮店乡	12593
	411421202	民权县尹店乡	16638		411724204	正阳县油坊店乡	13168
	411421204	民权县野岗乡	6815		411724207	正阳县雷寨乡	5222
	411421205	民权县双塔乡	5960		411724208	正阳县王勿桥乡	7630
	411422102	睢县周堂镇	5273		411724209	正阳县永兴乡	10267
	411422107	睢县尚屯镇	5855		411724210	正阳县吕河乡	17153
	411422208	睢县尤吉屯乡	4981		411724211	正阳县大林乡	5788
	411422210	睢县董店乡	8531		411724212	正阳县皮店乡	8956
	411423102	宁陵县柳河镇	5714		411724213	正阳县彭桥乡	10278
	411423103	宁陵县逻岗镇	13067		411724214	正阳县兰青乡	13995
	411423207	宁陵县阳驿乡	8148		411724215	正阳县梁庙乡	8432
	411423208	宁陵县石桥乡	8076		411725102	确山县任店镇	5151
	411525102	固始县黎集镇	9666		411725104	确山县留庄镇	8890
	411525106	固始县胡族镇	6026		411725105	确山县刘店镇	8239
	411525200	固始县城郊乡	6233		411725200	确山县三里河乡	5254
	411525201	固始县洪埠乡	4873		411725206	确山县双河乡	5336
	411525216	固始县沙河铺乡	6103		411725207	确山县杨店乡	5147
	411528211	息县关店乡	5729		411725208	确山县顺山店乡	5691
	411621104	扶沟县韭园镇	7480		411726102	泌阳县羊册镇	5418
	411621203	扶沟县吕潭乡	8844		411726104	泌阳县板桥镇	7098
	411622202	西华县皮营乡	5038		411726205	泌阳县老河乡	5103
	411623206	商水县舒庄乡	9152		411726209	泌阳县贾楼乡	5040
	411623208	商水县张明乡	5718		411726211	泌阳县郭集乡	5343
	411625106	郸城县钱店镇	4804		411726213	泌阳县官庄乡	5916
	411626101	淮阳县新站镇	6601		411727102	汝南县马乡镇	12854
	411626200	淮阳县朱集乡	16629		411727103	汝南县和孝镇	9659
	411626202	淮阳县冯塘乡	24216		411727202	汝南县三桥乡	7992
	411626203	淮阳县刘振屯乡	22593		411727204	汝南县南余店乡	6308
	411626204	淮阳县王店乡	7550		411727205	汝南县大王庄乡	9544
	411626205	淮阳县大连乡	6761		411727206	汝南县常兴乡	5869
	411626206	淮阳县葛店乡	8883		411727207	汝南县官庄乡	5813
	411626207	淮阳县黄集乡	6701		411727209	汝南县韩庄乡	5366
	411626209	淮阳县齐老乡	38555		411729103	新蔡县佛阁寺镇	6094
	411626213	淮阳县许湾乡	5656	湖　北	420101060	蔡甸区侏儒镇	6355
	411627101	太康县常营镇	6885		420102050	江夏区流芳街	4811
	411627102	太康县逊母口镇	4886		420102090	江夏区五里界镇	6057
	411702205	驻马店市驿城区诸市乡	5494		420102110	江夏区山坡乡	6565

续表9

地　区	乡镇代码	乡镇名称	油料产量（吨）	地　区	乡镇代码	乡镇名称	油料产量（吨）
	420103040	黄陂区木兰乡	5031		420621110	襄阳区峪山镇	11505
	420103050	黄陂区王家河镇	5228		420621120	襄阳区东津镇	8686
	420103070	黄陂区六指街	5423		420621130	襄阳区程河镇	4600
	420103080	黄陂区罗汉街	4626		420622030	枣阳市环城办事处	6422
	420103090	黄陂区李集镇	6285		420622040	枣阳市琚湾镇	4772
	420103100	黄陂区祁家湾街	6454		420622050	枣阳市七方镇	11677
	420104020	新洲区阳逻街	6238		420622060	枣阳市杨当镇	8077
	420104030	新洲区仓埠街	5441		420622070	枣阳市太平镇	8597
	420401010	荆州区纪南镇	5385		420622080	枣阳市新市镇	6845
	420401020	荆州区川店镇	5212		420622100	枣阳市刘升镇	5770
	420401030	荆州区马山镇	5092		420622110	枣阳市兴隆镇	6242
	420401060	荆州区弥市镇	8950		420622130	枣阳市吴店镇	7474
	420421020	江陵县马家寨乡	6518		420623020	宜城市郑集镇	9710
	420422020	松滋市八宝镇	4996		420623030	宜城市小河镇	5603
	420423130	公安县章庄铺镇	4980		420623040	宜城市刘猴镇	12903
	420423140	公安县狮子口镇	5645		420623050	宜城市孔湾镇	4557
	420423150	公安县斑竹当镇	6019		420623060	宜城市流水镇	14079
	420423160	公安县毛家港镇	5860		420623070	宜城市板桥镇	14261
	420425030	监利县新沟镇	7078		420623080	宜城市南营办事处	5598
	420425140	监利县尺八镇	6023		420623090	宜城市王集镇	22137
	420521090	夷陵区鸦鹊岭镇	7481		420624020	南漳县武安镇	8254
	420523010	枝江市安福寺镇	7167		420625030	谷城县冷集镇	5178
	420523050	枝江市仙女镇	5988		420801030	荆门市漳河镇	5827
	420523060	枝江市问安镇	6865		420801100	荆门市白庙街办	12487
	420524050	当阳市河溶镇	10571		420801110	荆门市掇刀街办	8594
	420524060	当阳市育溪镇	5881		420802010	沙洋县五里镇	9632
	420524080	当阳市王店镇	7074		420802020	沙洋县十里镇	4898
	420524090	当阳市半月镇	11846		420802040	沙洋县拾桥镇	4661
	420601060	襄樊市欧庙镇	10357		420802050	沙洋县后港镇	7959
	420601090	襄樊市牛首镇	5845		420802070	沙洋县官当镇	5167
	420620100	老河口市袁冲乡	4784		420802100	沙洋县高阳镇	5219
	420621020	襄阳区龙王镇	11697		420802110	沙洋县沈集镇	9277
	420621030	襄阳区石桥镇	14786		420802120	沙洋县曾集镇	9786
	420621040	襄阳区黄集镇	21633		420821010	钟祥市洋梓镇	12500
	420621050	襄阳区伙牌镇	16378		420821020	钟祥市长寿镇	9497
	420621060	襄阳区古驿镇	21310		420821030	钟祥市丰乐镇	15111
	420621070	襄阳区朱集镇	16123		420821040	钟祥市胡集镇	6217
	420621080	襄阳区双沟镇	4787		420821050	钟祥市双河镇	12080
	420621090	襄阳区张集镇	5344		420821060	钟祥市磷矿镇	5846
	420621100	襄阳区黄龙镇	6995		420821090	钟祥市石牌镇	6637

续表 10

地　区	乡镇代码	乡镇名称	油料产量（吨）	地　区	乡镇代码	乡镇名称	油料产量（吨）
	420821100	钟祥市旧口镇	13782		423401090	潜江市周矶办事处	6136
	420821110	钟祥市柴湖镇	17146	湖　南	430124203	宁乡县城郊乡	5708
	420821120	钟祥市长滩镇	5503		430421111	衡阳县渣江镇	5319
	420822040	京山县罗店镇	11408		430421203	衡阳县岘山乡	4661
	420822110	京山县石龙镇	7670		430482202	常宁市兰江乡	4552
	420822130	京山县雁门口镇	10741		430681112	汨罗市桃林寺镇	33900
	420822140	京山县钱场镇	13375		431225216	会同县岩头乡	5160
	420927070	应城市义和镇	21190	广　东	440221004	曲江县樟市镇	4999
	422123010	红安县杏花乡	8960		440221011	曲江县犁市镇	4796
	422123030	红安县七里坪镇	30288		440224005	仁化县董塘镇	4990
	422123040	红安县华河镇	5486		440823004	遂溪县黄略镇	4742
	422123050	红安县二程镇	6520		440882005	雷州市客路镇	7775
	422123070	红安县高桥镇	7959		441721002	阳西县程村镇	4960
	422123090	红安县八里路镇	4754	广　西	452129001	崇左县新和镇	5484
	422123110	红安县永佳河镇	8535		452229002	融水县融水乡	5443
	422124180	麻城市乘马岗镇	7703	海　南	469026105	屯昌县南坤镇	41590
	422127020	浠水县巴河镇	6529		469033106	乐东县利国镇	7000
	422127030	浠水县竹瓦镇	6009	重　庆	500236259	奉节县五马乡	10565
	422127050	浠水县团陂镇	4940	云　南	530324200	罗平县环城乡	10305
	422127060	浠水县关口镇	6257		530522200	腾冲县界头乡	5902
	422127120	浠水县散花镇	5022		610523106	大荔县县官池镇	5061
	422129010	武穴市梅川镇	7781		610523205	大荔县八鱼乡	5861
	422129020	武穴市余川镇	4952		610523206	大荔县张家乡	4943
	422129030	武穴市花桥镇	8845		610523208	大荔县西寨乡	5025
	422130080	黄梅县濯港镇	5454		620722101	民乐县洪水镇	4634
	422130090	黄梅县蔡山镇	5048		620722105	民乐县永固镇	6598
	422301040	咸安区横沟桥镇	5278		620722200	民乐县南丰乡	6546
	422301060	咸安区双溪桥镇	4800	青　海	632126021	互助县南门峡镇	5358
	423201010	仙桃市郑场镇	4841	新　疆	652302103	阜康市滋泥泉子镇	20580
	423201030	仙桃市豆河镇	6203		652723200	博州温泉县安格里格乡	4562
	423201040	汕桃市三伏潭镇	5436		653124201	泽普县依玛乡	4993
	423201060	仙桃市长倘口镇	5352		654126202	昭苏县阿克达拉乡	5502
	423201090	仙桃市杨林尾镇	5117		654126206	昭苏县阿克苏乡	4643
	423301040	天门市多宝镇	10132		654126207	昭苏县夏塔乡	4608
	423301060	天门市张港镇	5431		554201202	塔城市阿西尔达斡尔民族乡	4601
	423401030	潜江市竹根滩镇	5106		554221200	额敏县郊区乡	4763
	423401060	潜江市王场镇	4858		554223201	沙湾县大泉乡	8877

2002 年按糖料产量排列居全国前 1000 位的乡镇

地　区	乡镇代码	乡镇名称	糖料产量（吨）	地　区	乡镇代码	乡镇名称	糖料产量（吨）
河　北	130722102	张北县二台镇	15750		230223101	齐齐哈尔市依安县依龙镇	20160
	130722202	张北县馒头营乡	18000		230223103	齐齐哈尔市依安县三兴镇	17334
	130722209	张北县郝家营乡	24000		230223104	齐齐哈尔市依安县中心镇	19791
山　西	140622202	应县臧寨乡	17090		230223200	齐齐哈尔市依安县富饶乡	18293
内　蒙	150221207	土右旗小召子乡	22088		230223204	齐齐哈尔市依安县太东乡	19735
	150404105	赤峰市松山区哈拉道口镇	17853		230223206	齐齐哈尔市依安县上游乡	19559
	150404109	赤峰市松山区安庆沟镇	17630		230223206	齐齐哈尔市依安县红星乡	22109
	150404201	赤峰市松山区太平地乡	31250		230223207	齐齐哈尔市依安县先锋乡	19047
	150404214	赤峰市松山区河南营子乡	30000		230223208	齐齐哈尔市依安县新屯乡	18896
	150424203	林西县统部乡	21760		230223210	齐齐哈尔市依安县新兴乡	24192
	150426101	翁牛特旗乌敦套海镇	23000		230225102	齐齐哈尔市甘南平阳镇	17200
	150426103	翁牛特旗桥头镇	40000		230225104	齐齐哈尔市甘南县巨宝	23260
	150426105	翁牛特旗梧桐花镇	16252		230225201	齐齐哈尔市甘南长山乡	32149
	150426207	翁牛特旗杜家地乡	22000		230225203	齐齐哈尔市甘南兴隆乡	25353
	150426212	翁牛特旗巴嘎塔拉苏木	16000		230225204	齐齐哈尔市甘南县宝山乡	26520
	150430106	敖汉旗长胜镇	24456		230227101	齐齐哈尔市富裕县富路镇	19210
	150621100	达拉特旗昭君坟乡	16200		230227102	齐齐哈尔市富裕县富海镇	32016
	152104101	牙克石市免渡河镇	15008		230227200	齐齐哈尔市富裕县繁荣乡	15169
	152122108	阿荣旗红花梁子镇	28710		230227201	齐齐哈尔市富裕县绍文乡	299983
	15212903	网荣旗新发朝鲜民族乡	25884		230229101	齐齐哈尔市克山县北兴镇	23101
	152221108	科右前旗俄体镇	18900		230229103	齐齐哈尔市克山县古城镇	15571
	152630104	察右前旗巴音塔拉镇	22750		230229201	齐齐哈尔市克山县双河乡	34978
	152630206	察右前旗赛汉塔拉乡	22100		230229207	齐齐哈尔市克山县西建乡	33499
	152801103	临河市黄羊木头镇	16398		230229210	齐齐哈尔市克山县曙光乡	39082
	152801104	临河市乌兰图克镇	17064		230231104	齐齐哈尔币拜泉县长春镇	15570
	152801105	临河市隆胜镇	16563		230231208	齐齐哈尔币拜泉县永勤乡	17808
	152801106	临河市小召镇	18543		230231209	齐齐哈尔市拜泉县爱农乡	17100
	152801108	临河市古城镇	25437		230281103	齐齐哈尔市讷河市学田镇	28710
	152822104	五原县新公中镇	15845		230281105	齐齐哈尔市讷河市讷南镇	28092
	152822106	五原县胜丰镇	30140		230281106	齐齐哈尔市讷河市六合镇	36715
	152822202	五原县向阳乡	17783		230281107	齐齐哈尔市讷河市长发镇	37080
	152894202	乌拉特前旗长胜乡	25666		230281108	齐齐哈尔市讷河市通南镇	20010
	152824203	乌拉特前旗树林子乡	51192		230281109	齐齐哈尔市讷河市同义镇	105990
	152824204	乌拉特前旗北圪堵乡	22100		230281110	齐齐哈尔市讷河市九井镇	22500
辽　宁	210111108	沈阳市苏家屯区沙河铺镇	18990		230281111	齐齐哈尔市讷河市老莱镇	30000
吉　林	220122107	农安县高家店镇	17400		230281203	齐齐哈尔市讷河市团结乡	30000
	220122112	农安县巴吉垒镇	17400		230281204	齐齐哈尔市讷河市和盛乡	17310
	220122206	农安县新阳乡	17000		230281205	齐齐哈尔市讷河市同心乡	29701
	220721212	前郭尔罗斯蒙古族自治县乌兰塔拉乡	20000		230281207	齐齐哈尔市讷河市兴旺乡	45000
	220722215	长岭县双龙乡	20000		230523007	宝清县七星泡镇	26000
	220723207	乾安县赞字乡	23370		230523008	宝清县七星河乡	21340
	220882203	大安市乐胜乡	17304		230606200	大庆市大同区祝三乡	27480
黑龙江	230123106	依兰县团山子乡	17510		230606205	大庆市大同区八井子乡	36099
	230208102	齐齐哈尔市梅里斯区卧牛吐镇	22920		230621200	肇州县新福乡	22500
	230208104	齐齐哈尔市梅里斯区共和镇	15355		230623203	林甸县三合乡	18000
	230208200	齐齐哈尔市梅里斯区莽格吐乡	21515		230623205	林甸县花园乡	20000
	230208203	齐齐哈尔市梅里斯区瑞廷乡	21000		230623206	林甸县四合乡	29992

续表 1

地　区	乡镇代码	乡镇名称	糖料产量（吨）	地　区	乡镇代码	乡镇名称	糖料产量（吨）
	230882103	富锦市长安镇	40450		350629110	华安县丰山镇	44000
	230882106	富锦市砚山镇	15458		350629120	华安县沙建镇	50400
	230882112	富锦市西安镇	47500		350629130	华安县新圩镇	32500
	230882113	富锦市锦山镇	18000	江　西	360722111	信丰县西牛镇	17500
	230882114	富锦市大榆树乡	78780		360732104	兴国县高兴镇	17454
	231084106	宁安市兰岗镇	20011		360732206	兴国县埠头乡	26078
	231121101	嫩江县伊拉哈镇	16016		360732217	兴国县长冈乡	15817
	231121104	嫩江县海江镇	70000		360781101	瑞金市壬田镇	19017
	231121107	嫩江县科洛镇	17340		360826105	泰和县苏溪镇	27750
	231224008	庆安县建民乡	15300		360826106	泰和县马市镇	46705
	231226201	绥棱县后头乡	18000		360826115	泰和县沿溪镇	22852
	231283002	海伦市前进乡	50850		360981101	丰城市小港镇	41250
	231283005	海伦市东林乡	17400		360981111	丰城市袁渡镇	24200
	231283008	海伦市共荣乡	38232		361002104	临川区温泉镇	22319
	231283010	海伦市祥富镇	23850		361024103	崇仁县孙坊镇	24397
	231283011	海伦市海兴镇	20000		361024204	崇仁县白露乡	25380
	231283012	海伦市福民乡	17680	河　南	411381313	邓州市陶营乡	22684
	231283018	海伦市共合镇	18555		411528201	息县孙庙乡	16760
上　海	310230109	崇明县三星镇	19710	湖　北	420622050	枣阳市七方镇	38700
江　苏	320124105	溧水县石湫镇	16115		420622130	枣阳市吴店镇	96899
浙　江	330225001	象山县丹东街道	26460		420701010	鄂州市杜山镇	22500
	330402007	秀城区凤桥镇	16123		422129010	武穴市梅川镇	15134
	330481002	海宁市许村镇	15907		422129040	武穴市石佛镇	17270
	330481012	海宁市许巷镇	34158		422322050	嘉鱼县新街镇	20000
	330702009	婺城区洋埠镇	18502	湖　南	430426110	祁东县白地市镇	18390
	330781003	兰溪市城南街道	15239		430611100	君山区柳林洲镇	42380
	330783011	义乌市佛堂镇	16685		430611103	君山区钱粮湖镇	54349
	331003019	黄岩区院桥镇	35987		430611104	君山区良心堡镇	50788
	331004009	路桥区金清镇	21272		430611105	君山区采桑湖镇	32780
	331081006	温岭市泽国镇	71367		430921109	南县金盆镇	59460
	331081007	温岭市大溪镇	16328		430921110	南县千山红镇	98897
	331081010	沮岭市新河镇	101921		430921112	南县河坝镇	206550
	331081012	温岭市滨海镇	23231		431121116	祁阳县文富市镇	22429
福　建	350322110	仙游县榜头镇	19290		431122105	东安县井头圩镇	17825
	350322130	仙游县度尾镇	21000	广　东	440113002	番禺区榄核镇	62680
	350322150	仙游县赖店镇	22710		440113003	番禺区灵山镇	123660
	350322180	仙游县大济镇	31885		440113004	番禺区鱼窝头镇	80587
	350425160	大田县建设镇	27000		440113006	番禺区万顷沙镇	81148
	350601100	芗城区浦南镇	32696		440229002	翁源县坝仔镇	16247
	350601110	芗城区天宝镇	27208		440229003	翁源县仙鹤镇	19958
	350601130	芗城区石亭镇	28800		440229004	翁源县江尾镇	20636
	350601160	龙文区朝阳镇	25600		440229005	翁源县南浦镇	17580
	350601170	龙文区郭坑镇	24278		440229007	翁源县周陂镇	31696
	350623170	漳浦县石榴镇	25970		440229010	翁源县六里镇	28555
	350625110	长泰县岩溪镇	35526		440229012	翁源县官渡镇	28280
	350625120	长泰县陈巷镇	66246		440229013	翁源县翁城镇	16802
	350625130	长泰县枋洋镇	17404		440403004	斗门区斗门镇	25590

续表 2

地　区	乡镇代码	乡镇名称	糖料产量（吨）	地　区	乡镇代码	乡镇名称	糖料产量（吨）
	440403005	斗门区五山镇	74160		440881013	廉江市青平镇	21901
	440403006	斗门区乾务镇	117907		440881016	廉江市石岭镇	15750
	440403007	斗门区白蕉镇	24050		440882005	雷州市客路镇	246995
	440404004	金湾区平沙镇	394801		440882006	雷州市杨家镇	48532
	440404005	金湾区红旗镇	116132		440882007	雷州市唐家镇	310732
	440608003	高明区更楼镇	18000		440882008	雷州市纪家镇	342500
	440704001	江海区礼乐镇	77200		440882010	雷州市企水镇	33900
	440705005	新会区双水镇	32892		440882011	雷州市南兴镇	51079
	440705006	新会区崖门镇	17913		440882013	雷州市调风镇	372020
	440705007	新会区沙堆镇	15838		440882014	雷州市雷高镇	276460
	440705008	新会区古井镇	40978		440882015	雷州市东里镇	28080
	440705009	新会区三江镇	37685		440882016	雷州市龙门镇	225020
	440781007	台山市三合镇	18320		440882017	雷州市英利镇	144050
	440781012	台山市端芬镇	15004		440882018	雷州市北和镇	159200
	440783017	开平市赤水镇	34800		440882020	雷州市乌石镇	53860
	440783018	开平市东山镇	16179		440902002	茂南区公馆镇	15150
	440811001	麻章区太平镇	22045		440982004	化州市良光镇	60216
	440811003	麻章区湖光镇	70000		440982005	化州市笪桥镇	81216
	440823004	遂溪县黄略镇	94500		440982006	化州市南盛镇	41000
	440823005	遂溪县洋青镇	143858		440982008	化州市新安镇	15625
	440823006	遂溪县沙古镇	55275		440982024	化州市石湾镇	33944
	440823007	遂溪县界炮镇	153806		441224008	怀集县梁村镇	28422
	440823009	遂溪县杨柑镇	283314		441224009	怀集县大岗镇	31912
	440823010	遂溪县城月镇	265000		441225004	封开县大洲镇	16658
	440823011	遂溪县乌塘镇	137054		441225012	封开县南丰镇	19266
	440823012	遂溪县建新镇	105000		441225016	封开县金装镇	18000
	440823013	遂溪县岭北镇	202306		441283004	高要市禄步镇	24810
	440823014	遂溪县北坡镇	391600		441322001	博罗县石坝镇	84171
	440823015	遂溪县港门镇	180540		441322003	博罗县麻陂镇	21310
	440823017	遂溪县下录镇	28125		441322004	博罗县观音阁镇	25097
	440823018	遂溪县河头镇	228804		441322005	博罗县公庄镇	21132
	440823019	遂溪县乐民镇	35489		441322006	博罗县杨村镇	30000
	440823020	遂溪县江洪镇	46410		441323001	惠东县大岭镇	19349
	440825001	徐闻县城南乡	58050		441323002	惠东县白花镇	19597
	440825002	徐闻县城北乡	133133		441521003	海丰县公平镇	18240
	440825004	徐闻县龙塘镇	60750		441602006	源城区埔前镇	26291
	440825005	徐闻县下桥镇	243500		441781010	阳春市春湾镇	30152
	440825006	徐闻县曲界镇	90848		441781015	阳春市岗美镇	23000
	440825007	徐闻县前山镇	54000		441781016	阳春市潭水镇	22701
	440825008	徐闻县锦和镇	39223		441881008	英德市石灰铺镇	63830
	440825009	徐闻县下洋镇	20925		441881009	英德市含光镇	102336
	440825010	徐闻县新寮镇	16000		441881014	英德市石古塘镇	55056
	440825016	徐闻县和安镇	27990		441881019	英德市大镇镇	24212
	440881002	廉江市石城镇	21224		441881020	英德市黄陂镇	18320
	440881007	廉江市良垌镇	16363		441881021	英德市横石水镇	128931
	440881010	廉江市横山镇	97182		441881022	英德市桥头镇	45594
	440881011	廉江市安铺镇	43860	广　西	450101202	南宁市辖区三塘镇	42195

续表 3

地　区	乡镇代码	乡镇名称	糖料产量（吨）	地　区	乡镇代码	乡镇名称	糖料产量（吨）
	450101401	南宁市辖区金陵镇	16830		450221109	柳江县穿山镇	558972
	450101402	南宁市辖区双定镇	119700		450221110	柳江县土博镇	143676
	450101403	南宁市辖区那龙镇	38180		450221200	柳江县白沙乡	26882
	450101603	南宁市辖区江西镇	192000		450221201	柳江县福塘乡	31272
	450121102	邕宁县良庆镇	15095		450222101	柳城县龙头镇	154574
	450121103	邕宁县那马镇	55210		450222102	柳城县太平镇	416564
	450121104	邕宁县那楼镇	82330		450222103	柳城县沙埔镇	188263
	450121105	邕宁县刘圩镇	135112		450222104	柳城县东泉镇	181800
	450121106	邕宁县新江镇	129620		450222105	柳城县凤山镇	93347
	450121107	邕宁县镇龙乡	79540		450222106	柳城县六塘镇	302000
	450121108	邕宁县百济乡	333250		450222107	柳城县冲脉镇	111546
	450121109	邕宁县南阳镇	53824		450222200	柳城县西安乡	104764
	450121110	邕宁县中和乡	83003		450222201	柳城县社冲乡	175000
	450121111	邕宁县伶俐镇	65000		450222202	柳城县古砦仫佬族乡	137551
	450121112	邕宁县长塘乡	46066		450222203	柳城县洛崖乡	148000
	450121113	邕宁县五塘镇	25956		450222204	柳城县寨隆乡	173009
	450121114	邕宁县四塘镇	45933		450222205	柳城县马山乡	215965
	450121116	邕宁县吴圩镇	200100		450321020	阳朔县福利镇	17935
	450121117	邕宁县苏圩镇	301225		450322090	临桂县五通镇	20000
	450121118	邕宁县延安乡	176949		450322100	临桂县保宁乡	25000
	450121119	邕宁县那陈镇	192120		450326080	永福县三皇乡	21685
	450121120	邕宁县大塘镇	245023		450331020	荔蒲县新平镇	26983
	450121121	邕宁县南晓镇	29550		450423002	蒙山县西河镇	33217
	450122102	武鸣县太平镇	31138		450423004	蒙山县文圩镇	29475
	450122104	武鸣县双桥镇	23185		450481013	岑溪市归义镇	21250
	450122105	武鸣县甘圩乡	76200		450502003	海城区涠洲镇	23000
	450122106	武鸣县宁武镇	190571		450503001	银海区福成镇	266600
	450122107	武鸣县罗圩镇	200031		450503003	银海区高德镇	20352
	450122108	武鸣县玉泉乡	65396		450504001	铁山港区南康镇	136277
	450122109	武鸣县灵马乡	27829		450504002	铁山港区营盘镇	42330
	450122110	武鸣县仙湖镇	224715		450504003	铁山港区兴港镇	36000
	450122111	武鸣县府城镇	249465		450521003	合浦县西场镇	242011
	450122112	武鸣县陆斡镇	178232		450521004	合浦县沙岗镇	111500
	450122113	武鸣县两江镇	78376		450521005	合浦县乌家镇	183300
	450122114	武鸣县罗波镇	20916		450521009	合浦县白沙镇	105095
	450203100	柳州市鱼峰区羊角山镇	45455		450521010	合浦县山口镇	46401
	450205101	柳北区沙塘镇	51823		450521012	合浦县石湾镇	43645
	450205102	柳北区长塘镇	27935		450521013	合浦县石康镇	31765
	450205201	柳北区白露乡	16650		450521014	合浦县常乐镇	52000
	450221101	柳江县里雍镇	145601		450521015	合浦县星岛湖乡	71673
	450221102	柳江县百朋镇	257355		450521016	合浦县十字路乡	28100
	450221103	柳江县成团镇	29500		450603103	防城港市防城区那梭镇	17900
	450221104	柳江县洛满镇	138233		450603204	防城港市防城区滩营乡	17739
	450221105	柳江县流山镇	75435		450621101	上思县在妙镇	120000
	450221106	柳江县三都镇	39233		450621201	上思县叫安乡	232200
	450221107	柳江县里高镇	56986		450621202	上思县华兰乡	72000
	450221108	柳江县进德镇	391782		450621203	上思县南屏瑶族乡	24000

续表 4

地　区	乡镇代码	乡镇名称	糖料产量（吨）	地　区	乡镇代码	乡镇名称	糖料产量（吨）
	450621204	上思县平福乡	140000		450803105	港南区八塘镇	17000
	450621205	上思县七门乡	211600		450803200	港南区新塘乡	45600
	450621206	上思县那琴乡	77755		450803201	港南区瓦塘乡	29784
	450702100	钦州市钦南区沙埠镇	37434		450803202	港南区平悦乡	19530
	450702104	钦南区大番坡镇	35184		450803203	港南区横岭乡	15360
	450702106	钦南区西牛脚镇	132810		450821104	平南县大新镇	44050
	450702107	钦南区久隆镇	116572		450821105	平南县大安镇	38010
	450702108	钦南区东场镇	110000		450821109	平南县镇隆镇	24380
	450702109	钦南区那丽镇	137040		450821111	平南县环城镇	35653
	450702110	钦南区那彭镇	143692		450821112	平南县安怀镇	34771
	450702111	钦南区那思镇	175500		450821115	平南县思旺镇	43326
	450703100	钦北区大垌镇	18869		450881114	桂平市大湾镇	45975
	450703106	钦北区那蒙镇	30400		450881115	桂平市白沙镇	61200
	450703107	钦北区大寺镇	46308		450881116	桂平市石龙镇	17000
	450703108	钦北区贵台镇	27420		450881117	桂平市蒙圩镇	17550
	450703109	钦北区大直镇	37640		450881120	桂平市江口镇	19500
	450703110	钦北区青塘镇	80028		450881200	桂平市马皮乡	16558
	450703111	钦北区平吉镇	161438		450881204	桂平市厚禄乡	55000
	450721101	浦北县泉水镇	15952		450901010	市辖区城北镇	18468
	450721105	浦北县大城镇	25620		450922004	陆川县马坡镇	41211
	450722110	灵山县那隆镇	22400		450923003	博白县东平镇	22323
	450722111	灵山县三隆镇	38466		450923004	博白县龙潭镇	26387
	450722112	灵山县陆屋镇	160105		450923013	博白县亚山镇	18625
	450722113	灵山县旧州镇	30319		450923031	博白县绿珠镇	15117
	450722116	灵山县武利镇	20986		451002101	右江区阳圩镇	111000
	450722117	灵山县文利镇	56015		451002102	右江区四塘镇	112000
	450722118	灵山县伯劳镇	117382		451002103	右江区龙川镇	50821
	450802101	港北区港城镇	60000		451002200	右江区那毕乡	70822
	450802102	港北区大圩镇	93325		451002201	右江区永乐乡	72740
	450802103	港北区庆丰镇	58360		451002202	右江区汪甸乡	70066
	450802105	港北区东龙镇	60784		451002203	右江区达江乡	73900
	450802106	港北区三里镇	103302		451002204	右江区大楞乡	44140
	450802107	港北区黄练镇	43000		451002207	右江区百兰乡	98000
	450802108	港北区石卡镇	328000		451021102	田阳县坡洪镇	49918
	450802109	港北区五里镇	165029		451021103	田阳县那满镇	21335
	450802200	港北区奇石乡	23976		451021104	田阳县百育镇	50260
	450802201	港北区中里乡	36061		451021105	田阳县玉凤镇	170000
	450802202	港北区根竹乡	26945		451021106	田阳县头塘镇	65423
	450802203	港北区武乐乡	145520		451021200	田阳县百锋乡	60000
	450802204	港北区山北乡	45380		451021202	田阳县洞靖乡	25720
	450802205	港北区古樟乡	143037		451021203	田阳县桥业乡	20892
	450802206	港北区振南乡	46000		451021204	田阳县巴别乡	16514
	450802207	港北区蒙公乡	63359		451021207	田阳县坤平乡	80324
	450802208	港北区大岭乡	110211		451022101	田东县祥周镇	24559
	450803100	港南区桥圩镇	35695		451022103	田东县林逢镇	199862
	450803103	港南区湛江镇	27252		451022104	田东县祷午镇	60400
	450803104	港南区东津镇	38697		451022105	田东县思林镇	170700

续表 5

地　区	乡镇代码	乡镇名称	糖料产量（吨）	地　区	乡镇代码	乡镇名称	糖料产量（吨）
	451022106	田东县印茶镇	65700		452122015	横县良圻镇	88895
	451022108	田东县朔良镇	35991		452122016	横县石塘镇	119061
	451022109	田东县义圩镇	78538		452122017	横县灵竹镇	47770
	451022110	田东县那拔镇	60457		452122018	横县陶圩镇	117624
	451022200	田东县坡塘乡	26230		452122019	横县校椅镇	116046
	451022201	田东县作登乡	52769		452122020	横县云表镇	137432
	451023102	平果县果化镇	104031		452122022	横县马岭镇	62633
	451023105	平果县四塘镇	38982		452123010	宾阳县邹圩镇	78536
	451023106	平果县旧城镇	23532		452123011	宾阳县大桥镇	91080
	451023107	平果县榜圩镇	15953		452123014	宾阳县古辣镇	34888
	451023200	平果县城关乡	41500		452123016	宾阳县王灵镇	86100
	451023201	平果县耶圩乡	24300		452123019	宾阳县和吉镇	119734
	451023208	平果县金沙乡	29544		452123020	宾阳县洋桥镇	150460
	451031203	隆林县扁牙乡	28852		452123022	宾阳县黎塘镇	150985
	451102002	八步区黄田镇	19335		452123023	宾阳县甘棠镇	21450
	451102005	八步区桂岭镇	20305		452124003	上林县白圩镇	50765
	451102007	八步步区莲塘镇	20603		452124004	上林县三里镇	86000
	451102019	八步区沙田镇	20966		452124005	上林县澄泰乡	22733
	451201001	广西金城江区白土乡	79800		452124006	上林县乔贤镇	42000
	451225001	广西罗城仫佬族自治县龙岸镇	100000		452124009	上林县西燕镇	18108
	451225002	广西罗城仫佬族自治县黄金镇	20000		452134011	上林县覃排乡	37000
	451225003	广西罗城仫佬族自治县小长安镇	136000		452134012	上林县木山乡	85000
	451226102	广西环江毛南族自治县洛阳镇	35502		452126002	隆安县南圩镇	123280
	451226204	广西环江毛南族自治县大安乡	24081		452126003	隆安县雁江镇	18316
	451227012	广西巴马瑶族自治县那桃乡	15432		452126004	隆安县那桐镇	278610
	451281002	广西宜州市流河乡	106700		452126005	隆安县乔建镇	199861
	451281003	广西宜州市三合乡	45800		452126006	隆安县丁当镇	300000
	451281004	广西宜州市矮山乡	119600		452126008	隆安县古潭乡	91000
	451281005	广西宜州市太平乡	160700		452127002	马山县百龙滩	29487
	451281006	广西宜州市三岔镇	234000		42127004	马山县古零镇	23809
	451281008	广西宜州市洛东乡	81000		452127006	马山县周鹿镇	17226
	451281009	广西宜州市洛西镇	58657		452127009	马山县乔利乡	22721
	451281010	广西宜州市石别镇	129800		452128002	扶绥县渠黎镇	544150
	451281011	广西宜州市北山镇	202300		452128003	扶绥县渠旧镇	236545
	451281012	广西宜州市福龙瑶族乡	49100		452128004	扶绥县柳桥镇	307870
	451281013	广西宜州市北牙瑶族乡	185000		452128005	扶绥县东门镇	390381
	451281014	广西宜州市拉利乡	38000		452128006	扶绥县山圩镇	419076
	451281015	广西宜州市同德乡	123300		452128007	扶绥县中东镇	228000
	451281016	广西宜州市怀远镇	176500		452128008	扶绥县东罗镇	414000
	451281017	广西宜州市安马乡	73756		452128009	扶绥县龙头乡	105030
	451281018	广西宜州市德胜镇	67300		452128010	扶绥县岜盆乡	180688
	451281020	广西宜州市拉浪乡	40000		452128011	扶绥县昌平乡	212188
	452101004	凭洋市夏石镇	59225		452129001	崇左县新和镇	488000
	452122005	横县百合镇	173880		452129003	崇左县濑湍镇	401000
	452122006	横县阳城镇	50553		452129004	崇左县江州镇	317000
	452122012	横县莲塘镇	17970		452129005	崇左县罗白乡	306500
	452122013	横县平马镇	108747		452129006	崇左县板利乡	173500

续表6

地　区	乡镇代码	乡镇名称	糖料产量（吨）	地　区	乡镇代码	乡镇名称	糖料产量（吨）
	452129008	崇左县左州镇	590500		452224007	象州县中平镇	65527
	452129009	崇左县那隆镇	227000		452224008	象州县百丈乡	41100
	452129011	崇左县驮卢镇	520000		452224009	象州县罗秀镇	95199
	452130002	大新县雷平镇	422700		452224010	象州县大乐镇	54241
	452130004	大新县全茗镇	18925		452224011	象州县水晶乡	98860
	452130007	大新县龙门乡	16044		452225101	武宣县马步乡	85000
	452130010	大新县那岭乡	28024		452225102	武宣县禄新乡	120000
	452130011	大新县恩城乡	90020		452225103	武宣县思灵乡	70500
	452130012	大新县榄圩乡	180000		452225106	武宣县金鸡乡	126360
	452130013	大新县宝圩乡	18750		452225202	武宣县桐岭镇	65176
	452130014	大新县堪圩乡	31208		452225205	武宣县三里镇	135449
	452131008	天等县驮堪乡	23136		452225206	武宣县二塘镇	241600
	452131014	天等县小山乡	16116		452225207	武宣县黄茆镇	16335
	452132002	宁明县明江镇	134947		452226101	来宾县北五乡	180072
	452132005	宁明县驮龙乡	112908		452226102	来宾县三五乡	111803
	452132006	宁明县亭亮乡	380000		452226103	来宾县五山乡	42458
	452132007	宁明县寨安乡	111702		452226104	来宾县陶邓乡	135900
	452132009	宁明县东安乡	85000		452226105	来宾县桥巩乡	327842
	452132010	宁明县板棍乡	50793		452226106	来宾县良塘乡	155561
	452132011	宁明县北江乡	135820		452226107	来宾县七洞乡	100575
	452132012	宁明县思乐乡	154700		452226108	来宾县大里乡	130000
	452132013	宁明县那堪乡	113000		452226110	来宾县城厢乡	100012
	452133002	龙州县下冻镇	63987		452226111	来宾县蒙村乡	114880
	452133003	龙州县水口镇	129330		452226112	来宾县寺山乡	39000
	452133004	龙州县金龙镇	21700		452226113	来宾县石牙乡	15079
	452133005	龙州县响水镇	162761		452226114	来宾县南泗乡	110000
	452133006	龙州县霞秀乡	170000		452226115	来宾县高安乡	25404
	452133008	龙州县上降乡	21267		452226116	来宾县大湾乡	192470
	452133009	龙州县彬桥乡	120032		452226117	来宾县正龙乡	148614
	452133010	龙州县武德乡	154766		452226202	来宾县凤凰镇	437920
	452133011	龙州县逐卜乡	202400		452226203	来宾县良江镇	126031
	452133012	龙州县上金乡	114345		452226204	来宾县小平阳镇	80025
	452133013	龙州县上龙乡	215699		452226205	来宾县迁江镇	219467
	452201002	合山市北泗乡	19620		452226206	来宾县石陵镇	247970
	452201003	合山市河里乡	56300		452226207	来宾县平阳镇	65475
	452223002	鹿寨县平山镇	185431		452227100	融安县沙子乡	26068
	452223003	鹿寨县城关乡	100846		452227120	融安县大良镇	101200
	452223004	鹿寨县江口乡	30192		452227130	融安县谭头乡	47718
	452223005	鹿寨县导江乡	40000		452229002	融水县融水乡	40275
	452223008	鹿寨县四排乡	25541		452229004	融水县和睦镇	126054
	452223009	鹿寨县中渡镇	27755		452229007	融水县永乐乡	106780
	452223010	鹿寨县雒容镇	271480		452230002	金秀县桐木镇	47845
	452224001	象州县马坪乡	247161		452230010	金秀县七建乡	24057
	452224002	象州县石龙镇	220000		452231002	忻城县宁江乡	90246
	452224003	象州县妙皇乡	106910		452231003	忻城县马泗乡	48498
	452224005	象州县运江镇	130250		452231004	忻城县欧洞乡	44351
	452224006	象州县寺村镇	173496		452231005	忻城县大塘镇	42773

续表 7

地　区	乡镇代码	乡镇名称	糖料产量（吨）	地　区	乡镇代码	乡镇名称	糖料产量（吨）
	452231006	忻城县思练镇	89769		469031105	昌江县海尾镇	59240
	452231007	忻城县安东乡	35758		469031106	昌江县七差镇	52370
	452231010	忻城县红渡镇	17837		469033104	乐东县千家镇	19520
海　南	460105103	秀英区石山镇	118088	重　庆	500381108	江津市石蟆镇	49246
	460105104	秀英区永兴镇	17506	四　川	510421101	米易县丙谷镇	41847
	460107102	琼山区云龙镇	50654		510421103	米易县撒莲镇	17074
	460107103	琼山区红旗镇	19522		510421104	米易县垭口镇	20874
	460107107	琼山区旧州镇	37000		510421202	米易县坪山乡	26557
	469002108	琼海市塔洋镇	17990		510421203	米易县新河乡	32965
	469003102	儋州市南丰镇	16270		510421204	米易县头碾乡	21064
	469003103	儋州市大成镇	15287		510421207	米易县观音乡	16458
	469003106	儋州市光村镇	18244		510421209	米易县沙坝乡	23760
	469003108	儋州市海头镇	189148		510502107	江阳区江北镇	50000
	469003109	儋州市峨蔓镇	52000		510502108	江阳区方山镇	18696
	469003110	儋州市三都镇	31207		511402102	东坡区太和镇	31080
	469003111	儋州市王五镇	164227		513424204	德昌县巴洞乡	24281
	469003112	儋州市白马井镇	49154		513424208	德昌县锦川乡	23052
	469003114	儋州市排浦镇	98940		513425236	会理县云甸乡	18000
	469003115	儋州市东成镇	44893		513426213	会东县可河乡	18000
	469003116	儋州市新州镇	25806		513426234	会东县鲁吉乡	15100
	469006103	万宁市后安镇	18864		513426235	会东县溜姑乡	19300
	469025104	定安县雷鸣镇	21975		513426236	会东县大崇乡	48000
	469025105	定安县龙门镇	28658		513426239	会东县野牛坪乡	25500
	469025106	定安县龙河镇	75000		513427101	宁南县松新镇	38000
	469025109	定安县富文镇	38260		513427103	宁南县华弹镇	46500
	469026101	屯昌县新兴镇	23840		513427104	宁南县六城镇	43000
	469026105	屯昌县南坤镇	31308		513427105	宁南县葫芦口镇	28088
	469027101	澄迈县老城镇	63455		513427202	宁南县新村乡	21330
	469027103	澄迈县永发镇	32522		513427213	宁南县大同乡	19100
	469027108	澄迈县福山镇	19460	贵　州	522301007	兴义市泥凼镇	32000
	469027109	澄迈县桥头镇	38300		522301008	兴义市巴结镇	101200
	469028101	临高县波莲镇	63581		522325030	贞丰县白层镇	85684
	469028102	临高县东英镇	35086		522325031	贞丰县鲁容乡	83594
	469028103	临高县博厚镇	88392		522325032	贞丰县鲁贡镇	69300
	469028104	临高县皇桐镇	101200		522325033	贞丰县沙坪乡	20340
	469028105	临高县多文镇	69578		522326025	望谟县桑郎镇	21863
	469028108	临高县新盈镇	17499		522326033	望谟县蔗香乡	23220
	469028109	临高县调楼镇	16622		522326034	望谟县昂武乡	47550
	469030101	白沙县七坊镇	70456		522328036	安龙县坡脚乡	16751
	469030102	白沙县邦溪镇	31460	云　南	530427101	新平县扬武镇	42976
	469030103	白沙县打安镇	26007		530427102	新平县漠沙镇	254213
	469030200	白沙县细水乡	15783		530427103	新平县戛洒镇	74189
	469030203	白沙县阜龙乡	17400		530427104	新平县水塘镇	71000
	469030206	白沙县荣邦乡	30960		530427105	新平县腰街镇	156816
	469031102	昌江县十月田镇	105130		530427203	新平县老厂乡	56530
	469031103	昌江县乌烈镇	23480		530428102	元江县青龙厂镇	50454
	469031104	昌江县昌化镇	15161		530428200	元江县羊岔街乡	29273

续表8

地　区	乡镇代码	乡镇名称	糖料产量（吨）	地　区	乡镇代码	乡镇名称	糖料产量（吨）
	530428201	元江县羊街乡	59572		532526104	弥勒县朋普镇	239142
	530428202	元江县那诺乡	15483		532526105	弥勒县巡检司镇	23486
	530428204	元江县咪哩乡	35607		532526108	弥勒县西二镇	17005
	530428205	元江县龙潭乡	17300		532526202	弥勒县江边乡	49490
	530502103	隆阳区蒲缥镇	38177		532528206	元阳县逢春岭乡	35175
	530502211	隆阳区杨柳乡	98878		532528212	元阳县马街乡	26322
	530502212	隆阳区道街乡	29434		532529200	红河县勐龙乡	40747
	530502213	隆阳区潞江乡	256357		532529202	红河县宝华乡	25427.5
	530502214	隆阳区芒宽乡	239073		532529204	红河县石头寨乡	15010
	530521101	施甸县由旺镇	15698		532529206	红河县乐育乡	45300
	530521102	施甸县姚关镇	23193		532621101	文山县攀枝花镇	101257
	530521201	施甸县等子乡	25393		532627211	广南县底圩乡	19587
	530521202	施甸县万兴乡	19386		532627213	广南县八达乡	40804
	530521204	施甸县酒房乡	80000		532628102	富宁县剥隘镇	28861.1
	530521205	施甸县旧城乡	172523		532723201	墨江县新安乡	53814.9
	530521208	施甸县何元乡	40500		532723202	墨江县孟弄乡	22890
	530522210	腾冲县五合乡	18200		532724101	景东县文井镇	106903
	530522214	腾冲县荷花乡	40668		532724102	景东县漫湾镇	47702
	530523101	龙陵县镇安镇	54162		532724200	景东县者后乡	56494
	530523102	龙陵县勐糯镇	259886		532724201	景东县花山乡	21700
	530523201	龙陵县龙江乡	16100		532725101	景谷县永平镇	220959
	530523202	龙陵县腊勐乡	79536		532725103	景谷县民乐镇	29124
	530523203	龙陵县碧寨乡	45580		532725200	景谷县钟山乡	121397
	530523207	龙陵县平达乡	58620		532725201	景谷县凤山乡	29388
	530524103	昌宁县柯街镇	130000		532726102	镇源县勐大镇	40603
	530524104	昌宁县卡斯镇	164523		532727101	江城县整董镇	28155
	530524105	昌宁县勐统镇	90298		532727200	江城县红疆乡	25295
	530524202	昌宁县鸡飞乡	65180		532727203	江城县宝藏乡	30353
	530524204	昌宁县湾甸乡	117200		532727204	江城县康平乡	80945
	530524205	昌宁县更戛乡	40000		532728101	孟连县勐马镇	15780
	530622214	巧家县金塘乡	21974		532728102	孟连县芒信镇	118436
	530625102	永善县黄华镇	15050		532728200	孟连县景信乡	74226
	530625105	永善县大兴镇	31286		532728201	孟连县南雅乡	38723
	532501102	个旧市大屯镇	37107.5		532728202	孟连县富岩乡	15401
	532502200	开远市大庄乡	20650		532729101	澜沧县上允镇	174339
	532502201	开远市羊街乡	22752		532729200	澜沧县东朗乡	70761
	532522101	蒙自县草坝镇	36156		532729208	澜沧县酒井乡	28439
	532522107	蒙自县十里铺镇	23011		532729209	澜沧县惠民乡	16924
	532523203	屏边县白河乡	38543		532729210	澜沧县东回乡	36656
	532524104	建水县南庄镇	23349		532729211	澜沧县拉巴乡	18684
	532524109	建水县面甸镇	38277		532729212	澜沧县竹塘乡	17409
	532524202	建水县坡头乡	15710		532729213	澜沧县富邦乡	32325
	532524203	建水县东山坝乡	15668		532729219	澜沧县发展河	33884
	532524204	建水县盘江乡	16410		532801105	景洪市普文镇	20627
	532525105	石屏县冒合镇	41564		532801201	景洪市勐旺乡	20439
	532525202	石屏县大桥乡	26030		532822201	勐海县勐宋乡	89126
	532526103	弥勒县竹园镇	143453		532822202	勐海县勐阿乡	91316

续表 9

地　区	乡镇代码	乡镇名称	糖料产量（吨）	地　区	乡镇代码	乡镇名称	糖料产量（吨）
	532822203	勐海县勐往乡	70985		533123201	盈江县姐冒乡	47258
	532822205	勐海县格朗和乡	81836		533123203	盈江县岗勐乡	66410
	532822206	勐海县布朗山乡	24234		533123204	盈江县莲花山乡	112579
	532822207	勐海县勐遮乡	169957		533123205	盈江县新城乡	149342
	532822208	勐海县勐满乡	54796		533123206	盈江县油松岭乡	16204
	532822210	勐海县巴达乡	17785		533123207	盈江县芒章乡	50098
	532823101	勐腊县勐捧镇	91600		533123209	盈江县支那乡	29000
	532823102	勐腊县勐满镇	23727		533123215	盈江县太平乡	94099
	532823104	勐腊县磨憨镇	20720		533124101	陇川县陇把镇	81848
	532823105	勐腊县勐伴镇	28196		533124102	陇川县景罕镇	159393
	532823205	勐腊县瑶区乡	41361		533124103	陇川县城子镇	48650
	532932103	鹤庆县黄坪镇	177246		533124201	陇川县护国乡	31800
	532932201	鹤庆县朵美乡	38856		533124202	陇川县清平乡	85729
	533102102	瑞丽市弄岛镇	53552		533124204	陇川县王子树乡	74809
	533102200	瑞丽市姐勒乡	109606		533124205	陇川县赛号乡	80347
	333102201	瑞丽市姐相乡	96882		533124206	陇川县姐乌乡	81556
	533102202	瑞丽市户育乡	64514		533124207	陇川县勐约乡	30530
	333102203	瑞丽市勐秀乡	113078		533222105	永胜县程海镇	23000
	533102205	瑞丽市混板乡	15727		533222204	永胜县涛源乡	32055
	533103101	潞女西市城郊镇	34277		533222205	永胜县太极乡	18920
	533103102	潞西市遮放镇	202713		533222206	永胜县片角乡	19830
	533103103	潞西市勐戛镇	45459		533321200	泸水县上江乡	54790
	533103105	潞西市风平镇	63454		533521204	临沧县那招乡	22184
	533103106	潞西市法帕镇	19964		533521205	临沧县圈内乡	25675
	533103200	潞西市轩岗乡	97270		533521208	临沧县平村乡	37300
	533103201	潞西市江东乡	16259		533522103	凤庆县营盘镇	226043
	533103202	潞西市西山乡	88348		533522104	凤庆县勐佑镇	26106
	533103203	潞西市东山乡	22608		533522105	凤庆县雪山镇	20704.5
	533103205	潞西市三台山乡	80509		533523200	云县茂兰乡	54480
	533103206	潞西市五岔路乡	100539		533523202	云县晓街乡	23581
	533122101	梁河县芒东镇	100977		533523209	云县幸福乡	200100
	533122102	梁河县勐养镇	100641		533524101	永德县小勐统镇	170170
	533122203	梁河县杞木寨乡	15858		533524102	永德县永康镇	230626
	533122204	梁河县九保乡	40047		533524203	永德县亚练乡	84756
	533122205	梁河县曩宋乡	57952		533524205	永德县大雪山乡	70102
	533122206	梁河县河西乡	64741		533524206	永德县班卡乡	50449
	533123101	盈江县旧城镇	65011		533524207	永德县崇岗乡	16358
	533123103	盈江县弄璋镇	111294		533525101	镇康县勐捧镇	69202
	533123104	盈江县盏西镇	59555		533525102	镇康县南伞镇	122740
	533123200	盈江县芒允乡	67938		533525201	镇康县勐堆乡	97799

续表 10

地　区	乡镇代码	乡镇名称	糖料产量（吨）	地　区	乡镇代码	乡镇名称	糖料产量（吨）
	533525202	镇康县军弄乡	26011		552926208	拜城县大桥乡	15194
	533525204	镇康县军赛乡	19000		554101100	伊宁市巴彦岱镇	23450
	533526101	双江县勐库镇	34299		654101200	伊宁市汉宾乡	19752
	533526200	双江县沙河乡	128069		654101203	伊宁市托格拉克乡	18443
	533526203	双江县贺六乡	42850		654101205	伊宁市英也尔乡	20071
	533526204	双江县邦丙乡	39650		654121202	伊宁县阿热吾斯塘乡	31885
	533527101	耿马县勐永镇	181281		654121206	伊宁县达达木图乡	20844
	533527102	耿马县勐撒镇	112793		654121207	伊宁县胡地亚于孜乡	28520
	533527202	耿马县四排山乡	146575		654121208	伊宁县英塔尔乡	36950
	533527203	耿马县贺派乡	244091		654121209	伊宁县巴依托海乡	34100
	533527206	耿马县河外乡	33376		654121210	伊宁县维吾尔榆其翁乡	42000
	533528102	沧源县勐省镇	137153		654121213	伊宁县温亚尔乡	39050
	533528200	沧源县团结乡	32361		654121214	伊宁县回族榆其翁乡	29467
	533528202	沧源县糯良乡	25742		654123100	霍城县清水河镇	46620
	533528203	沧源县勐来乡	35668		654123101	霍城县芦草沟镇	108000
	533528204	沧源县勐角乡	34580		654123102	霍城县萨尔布拉克镇	68000
甘　肃	620921104	金塔县古城乡	22138		654123103	霍城县惠远镇	25380
新　疆	652301101	昌吉市三工镇	24000		654123200	霍城县伊车乡	31354
	652301102	昌吉市榆树沟镇	37200		654123201	霍城县兰干乡	52500
	652301106	昌吉市二六工镇	31655		654123203	霍城县三宫乡	19355
	652323103	呼图壁县二十里店镇	45423		654123204	霍城县三道河乡	22890
	652323104	呼图壁县五工台镇	40346		654125100	新源县新源镇	15190
	652323105	呼图壁县园户村镇	18073		654125102	新源县塔勒德镇	77610
	652325105	奇台县西地镇	80606		654125200	新源县别斯托别乡	109101
	652325201	奇台县西北湾乡	73670		654125203	新源县阿拉马勒乡	64721
	652701100	博州博乐市小营盘镇	58797		654125204	新源县吐尔根乡	41656
	652701200	博州博乐市青得里乡	18513		654201100	塔城市二宫镇	18945
	652723101	博州温泉县哈热布呼镇	31320		654201203	塔城市阿不都拉乡	21460
	652723201	博州温泉县查干吨格乡	27025		654221200	额敏县郊区乡	149541
	652723203	博州温泉县塔秀乡	23458		654221201	额敏县上户乡	34500
	652826102	焉耆县永宁镇	35760		654221204	额敏县杰勒阿尕什乡	37677
	652826200	焉耆县北大渠乡	38000		654221205	额敏县玛热勒苏乡	35000
	652826201	焉耆县五号渠乡	57922		654223103	沙湾县乌兰乌苏镇	17908
	652827200	和静县乃门莫墩乡	24295		654223105	沙湾县东湾镇	30515
	652827201	和静县协比乃尔布呼乡	27600		654223106	沙湾县西戈壁镇	47600
	652829204	博湖县查干诺尔乡	28200		654223202	沙湾县博尔通古乡	25479
	652922202	温宿县恰格拉克乡	28000		654301101	阿勒泰市阿苇滩镇	33257

2002 年按肉类产量排列居全国前 1000 位的乡镇

地　区	乡镇代码	乡镇名称	肉类产量（吨）	地　区	乡镇代码	乡镇名称	肉类产量（吨）
北　京	110111002	房山区琉璃河镇	15152		130181203	辛集市和睦井乡	7064
	110112003	通州区宋庄镇	12824		130182103	藁城市南营镇	7487
	110112005	通州区漷县镇	8865		130182104	藁城市梅花镇	10078
	110113004	顺义区杨镇	11274		130182106	藁城市邱头镇	9182
	110113009	顺义区李桥镇	11226		130182109	藁城市南孟镇	9960
	110113010	顺义区李遂镇	11217		130182110	藁城市增村镇	10518
	110113011	顺义区南彩镇	12455		130182111	藁城市小常安镇	7217
	110113013	顺义区大孙各庄镇	31311		130182112	藁城市前西关镇	12070
	110113014	顺义区张镇	26550		130182201	藁城市九门回族乡	10823
	110113015	顺义区龙湾屯镇	31649		130184001	新乐市长寿街道办事处	10150
	110113016	顺义区木林镇	13616		130184102	新乐市承安镇	13863
	110113017	顺义区北小营镇	24403		130184106	新乐市邯邰镇	12090
	110113019	顺义区赵全营镇	26678		130184108	新乐市马头铺镇	10270
	110114016	昌平区流村镇	8253		130184202	新乐市彭家庄回族乡	7443
	110115005	大兴区采育镇	13961		130185101	鹿泉市铜冶镇	7762
	110115006	大兴区安定镇	7899		130185102	鹿泉市寺家庄镇	7757
	110115007	大兴区礼贤镇	15206		130185104	鹿泉市李村镇	7966
	110115008	大兴区榆垡镇	12254		130185107	鹿泉市大河镇	15784
	110115009	大兴区庞各庄镇	13080		130207103	丰南区小集镇	8340
	110115011	大兴区魏善庄镇	13073		130207106	丰南区大新庄镇	12605
	110115012	大兴区长子营镇	7277		130207107	丰南区钱营镇	8295
	110228003	密云县西田各庄镇	9738		130208111	丰润区丰登坞镇	7338
天　津	120111104	西青区南河镇	8619		130208117	丰润区杨官林镇	7531
	120114107	武清区大孟庄镇	8738		130223102	滦县东安各庄镇	8299
	120114110	武清区城关镇	7621		130223105	滦县榛子镇	9438
	120115117	宝坻区高家庄镇	11903		130224109	滦南县程庄镇	8253
	120115119	宝坻区牛道口镇	8520		130224111	滦南县柏各庄镇	9868
	120225101	蓟县泗溜镇	10727		130229102	玉田县鸦鸿桥镇	10979
	120225108	蓟县尤古庄镇	9507		130281103	遵化市平安城镇	8113
	120225111	蓟县下仓镇	12946		130283102	迁安市杨各庄镇	8192
	120225115	蓟县侯家营镇	16011		130283103	迁安市建昌营镇	7808
	120225116	蓟县桑梓镇	8070		130283110	迁安市沙河驿镇	9552
	120225119	蓟县杨津庄镇	9790		130322101	昌黎县靖安镇	9608
河　北	130123101	正定县诸福屯镇	8331		130323101	抚宁县留守营镇	8569
	130123102	正定县新城铺镇	10264		130323102	抚宁县榆关镇	8549
	130123103	正定县新安镇	9820		130323103	抚宁县牛头崖镇	7280
	130123200	正定县南牛乡	8738		130323105	抚宁县台营镇	8294
	130123201	正定县南楼乡	10503		130323200	抚宁县茶棚乡	7872
	130123203	正定县北早现乡	8238		130423205	临漳县章里集乡	7878
	130123204	正定县曲阳桥乡	8060		130433102	馆陶县柴堡镇	7078
	130124103	栾城县冶河镇	9800		130525102	隆尧县尹村镇	8273
	130124104	栾城县窦妪镇	10121		130525200	隆尧县北楼乡	8483
	130124202	栾城县西营乡	7956		130626210	定兴县天宫寺乡	10418
	130130103	无极县北苏镇	7979		130682103	定州市砖路镇	9013
	130130200	无极县高头回族乡	7146		130682105	定州市叮咛店镇	8461
	130133200	赵县前大章乡	7062		130984202	河间市兴村乡	7037
	130181201	辛集市前营乡	8001		131022104	固安县马庄镇	8085

续表1

地　区	乡镇代码	乡镇名称	肉类产量（吨）	地　区	乡镇代码	乡镇名称	肉类产量（吨）
	131024106	香河县五百户镇	6953		210321006	鞍山市台安县桑林镇	9481
	131025102	大城县大尚屯镇	7836		210321007	鞍山市台安县富家镇	8293
	131028101	大厂回族县夏垫镇	16575		210321010	鞍山市台安县新台镇	6933
	131082101	三河市李旗庄镇	7299		210321011	鞍山市台安县桓洞镇	8044
	131082102	三河市杨庄镇	10013		210381004	鞍山市海城市析木镇	8564
	131082103	三河市皇庄镇	10109		210381018	鞍山海城市腾鳌镇	10380
	131082104	三河市新集镇	9588		210381020	鞍山海城市耿庄镇	11322
	131082107	三河市高楼镇	16635		210411205	抚顺市顺城区会元乡	8524
	131082109	三河市燕郊镇	7236		210726105	锦州市黑山县励家镇	14684
山　西	140727104	祁县城赵镇	7513		210726106	锦州市黑山县绕阳河镇	10622
内　蒙	150404110	赤峰市松山区文中镇	8735		210726112	锦州市黑山县大虎山镇	7305
	150502100	通辽市科尔沁区大林镇	10068		210726115	锦州市黑山县太和镇	7198
	150502101	通辽市科尔沁区钱家店镇	7882		210726202	锦州市黑山县镇安乡	10941
	150502102	通辽市科尔沁区余粮堡镇	9664		210727106	锦州市义县九道岭镇	7464
辽　宁	210111102	沈阳市苏家屯区大淑堡乡	14859		210782103	锦州市北宁市常兴店镇	7143
	210111104	沈阳市苏家屯区王纲堡乡	15783		210782104	锦州市北宁市正安镇	9937
	210111105	沈阳市苏家屯区永乐乡	8625		210782105	锦州市北宁市闾阳镇	10403
	210111110	沈阳市苏家屯区大沟乡	165241		210782106	锦州市北宁市中安镇	22356
	210113003	沈阳市新城子区新城子乡	7173		210782107	锦州市北宁市廖屯镇	19629
	210113007	沈阳市新城子区财落镇	12915		210782109	锦州市北宁市青堆子镇	10463
	210122001	沈阳市辽中县城郊乡	13259		210782111	锦州市北宁市沟帮子经济开发区	17084
	210122003	沈阳市辽中县乌伯牛乡	10576		210782204	锦州市北宁市大屯乡	9911
	210122009	沈阳市辽中县大黑乡	9193		210811101	营口市老边区路南镇	7913
	210122010	沈阳市辽中县牛心坨乡	12046		211021007	辽阳市辽阳县唐马镇	7929
	210122012	沈阳市辽中县朱家房镇	7047		211081001	辽阳市灯塔市佟二堡镇	8100
	210122017	沈阳市辽中县肖寨门镇	9910		211081004	辽阳市灯塔市西大窑镇	11312
	210122019	沈阳市辽中县长滩镇	9778		211224002	铁岭市昌图县老城镇	7865
	210123006	沈阳市康平县东关屯镇	8008		211224003	铁岭市昌图县八面城镇	14638
	210124105	沈阳市法库县叶茂台镇	9305		211224005	铁岭市昌图县金家镇	8070
	210181014	沈阳市新民市公主屯镇	11161		211224006	铁岭市昌图县宝力镇	14015
	210181015	沈阳市新民市东蛇山子乡	11682		211224009	铁岭市昌图县亮中桥镇	10618
	210181019	沈阳市新民市兴隆店镇	7793		211224013	铁岭市昌图县头道镇	8852
	210181025	沈阳市新民市前当铺镇	13545		211224033	铁岭市昌图县四面城镇	8409
	210213006	大连市金州区杏树屯镇	8797		211282002	铁岭市开原市庆云堡镇	9099
	210281015	大连市瓦房店市炮台镇	11058		211282004	铁岭市开原市威远堡镇	8981
	210282015	大连市普兰店大谭镇	17069		211282006	铁岭市开原市八宝屯镇	8318
	210282016	大连市普兰店夹河庙镇	24731	吉　林	220103100	宽城区兴隆山镇	8013
	210283003	大连市庄河市吴炉镇	13623		220104101	朝阳区乐山镇	10044
	210283004	大连市庄河市黑岛镇	6942		220106100	绿园区合心镇	14592
	210283008	大连市庄河市大郑镇	9912		220106102	绿园区城西镇	7851
	210283010	大连市庄河市栗子房镇	8450		220122102	农安县哈拉海镇	23031
	210283018	大连市庄河市鞍子山乡	7665		220122103	农安县靠山镇	13005
	210311007	鞍山市千山区宁远屯镇	16785		220122104	农安县合隆镇	31997
	210321002	鞍山市台安县西佛镇	8383		220122105	农安县开安镇	38754
	210321003	鞍山市台安县新开镇	12119		220122106	农安县烧锅镇	9925
	210321004	鞍山市台安县黄沙镇	14906		220122107	农安县高家店镇	20559
	210321005	鞍山市台安县高力房镇	10024		220122108	农安县鲍家镇	9002

续表 2

地　区	乡镇代码	乡镇名称	肉类产量（吨）	地　区	乡镇代码	乡镇名称	肉类产量（吨）
	220122109	农安县华家镇	22874		220183200	德惠市同太乡	13815
	220122110	农安县柴岗镇	12277		220183201	德惠市和平乡	12438
	220122111	农安县三盛玉镇	9336		220183202	德惠市边岗乡	18014
	220122112	农安县巴吉垒镇	15517		220183203	德惠市五台乡	20700
	220122200	农安县滨河乡	17914		220183204	德惠市朝阳乡	17498
	220122201	农安县前岗乡	8532		220202100	昌邑区孤店子镇	14333
	220122202	农安县龙王乡	10733		220202101	昌邑区桦皮厂镇	7958
	220122203	农安县三岗乡	16169		220202102	昌邑区左家镇	7186
	220122204	农安县万顺乡	12210		220203101	龙潭区缸窑镇	7410
	220122208	农安县青山口乡	17710		220221101	永吉县岔路河镇	7560
	220122209	农安县黄鱼圈乡	14207		220221205	永吉县黄榆乡	9080
	220122210	农安县新农乡	19971		220284100	磐石市烟筒山镇	19340
	220122211	农安县万金塔乡	20087		220284107	磐石市吉昌镇	17708
	220181100	九台市沐石河镇	32271		220284200	磐石市宝山乡	9175
	220181109	九台市兴隆镇	11081		220322103	梨树县石岭镇	7000
	220181110	九台市东湖镇	11502		220322105	梨树县小城子镇	12800
	220182100	榆树市五棵树镇	40696		220322106	梨树县喇嘛甸镇	8000
	220182101	榆树市弓棚镇	30656		220322107	梨树县蔡家镇	8800
	220182103	榆树市大坡镇	8729		220322108	梨树县刘家馆子镇	10440
	220182104	榆树市黑林镇	9614		220322109	梨树县十家堡镇	14500
	220182105	榆树市土桥镇	7423		220322112	梨树县太平镇	11530
	220182108	榆树市向阳镇	7147		220322113	梨树县万发镇	8400
	220182110	榆树市八号镇	16094		220322114	梨树县东河镇	9407
	220182114	榆树市怀家镇	13113		220322200	梨树县梨树乡	11830
	220182200	榆树市育民乡	7753		220322201	梨树县大房身乡	8290
	220182201	榆树市红星乡	10153		220322205	梨树县胜利乡	12000
	220182202	榆树市大岗乡	7895		220322208	梨树县金山乡	7495
	220182204	榆树市先峰乡	10958		220323103	伊通满族自治县马鞍镇	7703
	220182205	榆树市谢家乡	7355		220323106	伊通满族自治县大孤山镇	7195
	220182206	榆树市光明乡	7570		220323108	伊通满族自治县营城子镇	9676
	220182210	榆树市恩育乡	10068		220323110	伊通满族自治县河源镇	8830
	220182211	榆树市城发乡	12324		220381100	公主岭市二十家子镇	8236
	220182213	榆树市环城乡	8072		220381101	公主岭市南崴子镇	10820
	220183100	德惠市大青嘴镇	20212		220381103	公主岭市黑林子镇	23670
	220183101	德惠市郭家镇	27990		220381105	公主岭市范家屯镇	29805
	220183102	德惠市松花江镇	24356		220381106	公主岭市响水镇	8124
	220183103	德惠市达家沟镇	15300		220381108	公主岭市怀德镇	22489
	220183104	德惠市大房身镇	18580		220381112	公主岭市毛城子镇	8400
	220183105	德惠市岔路口镇	22237		220381113	公主岭市玻璃城子镇	7506
	220183106	德惠市朱城子镇	19244		220381114	公主岭市朝阳坡镇	13385
	220183107	德惠市米沙子镇	38586		220381203	公主岭市永发乡	10984
	220183108	德惠市万宝镇	11565		220381205	公主岭市双榆树乡	15000
	220183109	德惠市夏家店镇	9086		220381207	公主岭市育林乡	8000
	220183110	德惠市布海镇	11385		220382100	双辽市茂林镇	8850
	220183111	德惠市天台镇	22939		220382101	双辽市双山镇	7800
	220183112	德惠市菜园子镇	17168		220422105	东辽县建安镇	9637
	220183113	德惠市杨树镇	17164		220524104	柳河县孤山子镇	8087

续表3

地区	乡镇代码	乡镇名称	肉类产量（吨）	地区	乡镇代码	乡镇名称	肉类产量（吨）
	220524105	柳河县圣水河子镇	11764	江苏	320111110	浦口区石桥镇	7519
	220524200	柳河县城关乡	6935		320115105	江宁区湖熟镇	13612
	220581100	梅河口市山城镇	7096		320115112	江宁区江宁镇	9568
	220581102	梅河口市海龙镇	11597		320116109	六合区新集镇	7831
	220581103	梅河口市新合镇	17659		320116111	六禽我竹镇镇	8500
	220581112	梅河口市牛心顶镇	7566		320125108	高淳县桠溪镇	8510
	220581202	梅河口市杏岭乡	7950		320281103	江阴市申港镇	7500
	220581204	梅河口市湾龙乡	14993		320305002	贾汪区塔山镇	8200
	220724106	扶余县三井子镇	7733		320305005	贾汪区江庄镇	8510
	220724211	扶余县新成局乡	10218		320321106	丰县华山镇	9600
	222403102	敦化市官地镇	7184		320321110	丰县宋楼镇	8100
黑龙江	230121101	呼兰县康金镇	14974		320321112	丰县王沟镇	15100
	230121104	呼兰县石人镇	7944		320322104	沛县大屯镇	8100
	230121106	呼兰县许堡乡	7693		329322108	沛县张庄镇	14730
	230121107	呼兰县方台镇	7859		320322109	沛县张寨镇	10200
	230121108	呼兰县莲花镇	7077		320322110	沛县敬安镇	14500
	230121110	呼兰县双井镇	9613		320322114	沛县朱寨镇	7075
	230121201	呼兰县长岭镇	15324		320322115	沛县安国镇	9899
	230121202	呼兰县孟家乡	8155		320323103	铜山黄集镇	7710
	230126101	巴彦县兴隆镇	8960		320323112	铜山张集镇	15435
	230126108	巴彦县天增镇	7844		320381102	新沂市草乔镇	21767
	230126110	巴彦县松花江乡	7524		320381106	新沂市棋盘镇	7960
	230126203	巴彦县红光乡	12730		320381107	新沂市王庄镇	9275
	230181202	阿城市料甸斗	8518		320381109	新沂市高流镇	7340
	230182101	双城市兰陵镇	10520		320381111	新沂市北沟镇	8966
	230184211	五常市兴隆多	8500		320382106	邳州市八集镇	7500
	230223101	齐齐哈尔依安县依龙镇	7191		320382115	邳州市铁富镇	9676
	230281103	齐齐哈尔市讷河市学田镇	8465		320382117	邳州市戴圩镇	7300
	230281109	齐齐哈尔市讷河市同义镇	8103		320382123	邳州市赵墩镇	8100
	230281111	齐齐哈尔市讷河市老莱镇	8894		320382124	邳州市议堂镇	19000
	231282012	肇东市太平乡	8463		320481110	溧阳市上沛镇	8660
	231282016	肇东市跃进乡	7470		320584004	吴江市芦墟镇	11325
上海	310112114	闵行区浦江镇	7547		320585009	太仓市双凤镇	9332
	310113101	宝山区罗店镇	11370		320585010	太仓市城厢镇	9875
	310114102	嘉定区南翔镇	74629		320682110	如皋市石庄镇	7104
	310114104	嘉定区娄塘镇	10594		320682115	如皋市常青镇	8402
	310117102	松江区泗泾镇	28000		320682116	如皋市搬经镇	7283
	310117117	松江区新浜镇	8339		320682117	如皋市磨头镇	8584
	310117120	松江区叶榭镇	11085		320683108	通州市骑岸镇	7341
	310118101	青浦区青浦镇	9220		320683110	通州市石港镇	12708
	310118103	青浦区练塘镇	12156		320683113	通州市新联镇	7403
	310118107	青浦区华新镇	7837		320722109	东海县桃林镇	7797
	310118109	青浦区重固镇	7409		320722111	东海县安峰镇	7894
	310119103	南汇区新场镇	8210		320723201	灌云县伊芦乡	7910
	310119115	南汇区宣桥镇	11185		320723211	灌云县陡沟乡	7095
	310120102	奉贤区奉城镇	16751		320803107	楚州区泾口镇	7365
	310120107	奉贤区泰日镇	7553		320803200	楚州区建淮乡	7335

续表 4

地　区	乡镇代码	乡镇名称	肉类产量（吨）	地　区	乡镇代码	乡镇名称	肉类产量（吨）
	320804106	淮阴区棉花庄镇	7522		330501202	湖州市练市镇	7592
	320804207	淮阴区三树乡	7102		330521011	德清县雷甸镇	8478
	320830104	盱眙县桂五镇	8250		330803007	衢江区杜泽镇	10773
	320902100	城区南洋镇	7375		330881008	江山市贺村镇	9272
	320922101	滨海县五汛镇	7302		330881013	江山市淤头镇	7387
	320922105	滨海县界牌镇	7928	安　徽	340111103	合肥市包河区义城镇	9468
	320923101	阜宁县沟墩镇	11204		340123106	肥西县小庙镇	12612
	320923103	阜宁县陈良镇	7488		340123201	肥西县高店乡	8975
	320923104	阜宁县施庄镇	7255		340123212	肥西县大柏乡	6967
	320923107	阜宁县新沟镇	9763		340421203	凤台县桂集乡	7008
	320923108	阜宁县陈集镇	8257		340881114	桐城市大关镇	7900
	320923109	阜宁县羊寨镇	7159		341221110	临泉县长官镇	11448
	320923117	阜宁县古河镇	7747		341226104	颍上县江口镇	7912
	320923118	阜宁县罗桥镇	7820		341322104	萧县新庄镇	7640
	320928109	盐都县龙冈镇	10262		341323104	灵璧县杨疃镇	7345
	320928111	盐都县郭猛镇	8095		341323108	灵璧县下楼镇	7166
	320928115	盐都县步凤镇	9482		341323109	灵璧县朝阳镇	8739
	320981109	东台市南沈灶镇	8206		341324102	泗县丁湖镇	7768
	320981110	东台市富安镇	6948		341424108	和县香泉镇	13872
	320981114	东台市许河镇	8608		341522104	霍邱县新店镇	7049
	320981115	东台市三仓镇	12975		341522105	霍邱县石店镇	13183
	320981118	东台市头灶镇	7222		341522106	霍邱县马店镇	7349
	320982106	大丰市小海镇	7323		341522109	霍邱县户胡镇	9916
	320982116	大丰市三龙镇	7772		341522110	霍邱县长集镇	7145
	321001101	扬州市开发区施桥镇	9500		341522113	霍邱县乌龙镇	15172
	321003108	邗江区汊河镇	10042		341522115	霍邱县龙潭镇	7487
	321003118	邗江区甘泉镇	9000		341522116	霍邱县岔路镇	10749
	321023109	宝应县曹甸镇	7578		341522118	霍邱县众兴镇	8179
	321023113	宝应县泾河镇	7339		341522120	霍邱县曹庙镇	8709
	321088102	江都市吴堡镇	7160		341621109	涡阳县曹市镇	7541
	321282105	靖江市西来镇	7093		341621110	涡阳县青疃镇	7675
	321283101	泰兴市黄桥镇	13914		341622102	蒙城县小涧镇	7530
	321283110	泰兴市河失镇	7837		341622103	蒙城县漆园镇	7559
	321283200	泰兴市分界镇	8852		341622110	蒙城县岳坊镇	7254
	321284100	姜堰市蒋垛镇	7267		341622116	蒙城县三义镇	7474
浙　江	330103001	下城区石桥镇	11427		341623116	利辛县程家集镇	6966
	330109004	萧山区浦阳镇	7913		341822104	广德县邱村镇	8597
	330109006	萧山区临浦镇	11060	福　建	350101120	仓山区城门镇	11813
	330110012	余杭区径山镇	7780		350121150	闽侯县青口镇	12539
	330402004	秀城区新丰镇	35600		350181100	福清县音西镇	9766
	330402005	秀城区大桥镇	8227		350181110	福清县宏路镇	10345
	330402006	秀城区余新镇	11933		350181130	福清县海口镇	8388
	330402007	秀城区凤桥镇	16916		350181160	福清县龙田镇	8220
	330411003	秀洲区新塍镇	6933		350181230	福清县渔溪镇	8460
	330421004	嘉善县西塘镇	9288		350301120	城厢区灵川镇	14264
	330424008	海盐县西塘桥镇	10274		350601130	芗城区石亭镇	9808
	330481005	海宁市斜桥镇	6935		350601160	龙文区朝阳镇	7429

续表5

地　区	乡镇代码	乡镇名称	肉类产量（吨）	地　区	乡镇代码	乡镇名称	肉类产量（吨）
	350627120	南靖县靖城镇	9228		370285004	莱西市马连庄镇	10804
	350681200	龙海市紫泥镇	7794		370285005	莱西市南墅镇	16880
	350802120	新罗区雁石镇	7369		370285006	莱西市日庄镇	9178
江　西	360111101	青山湖罗家镇	7793		370285007	莱西市韶存庄镇	8984
	360121101	南昌县向塘镇	10078		370285009	莱西市武备镇	19857
	360121106	南昌县蒋巷镇	9118		370285011	莱西市店埠镇	15438
	360121204	南昌县南新乡	7692		370285013	莱西市李权庄镇	12206
	360281200	乐平市礼林镇	8362		370285014	莱西市姜山镇	10446
	360732104	兴国县高兴镇	7055		370481116	滕州市界河镇	9865
	360982207	樟树市洋湖乡	7155		370523103	广饶县石村镇	8589
山　东	370112112	历城区唐王镇	7892		370523207	广饶县花官乡	7886
	370125101	济阳县垛石镇	8220		370612104	牟平区大窑镇	8035
	370125107	济阳县崔寨镇	8868		370681104	龙口市北马镇	8416
	370125204	济阳县太平镇	8660		370681106	龙口市东江镇	16824
	370181114	章丘市高官寨镇	7866		370683103	莱州市朱桥镇	10087
	370181204	章丘市黄河乡	7037		370683110	莱州市程郭镇	10800
	370281006	胶州市胶东镇	13738		370683115	莱州市三山岛街办	8297
	370281007	胶州市李哥庄镇	9327		370724103	临朐县冶源镇	7560
	370281014	胶州市铺集镇	7184		370725104	昌乐县五图镇	10485
	370281015	胶州市里岔镇	9170		370725108	昌乐县唐吾镇	11561
	370281016	胶州市洋河镇	9605		370725109	昌乐县高崖镇	8311
	370282103	即墨市龙泉镇	10695		370725110	昌乐县红河镇	12905
	370282105	即墨市温泉镇	8449		370725112	昌乐县阿陀镇	8135
	370282107	即墨市田横镇	8195		370781118	青州市郑母镇	9013
	370282109	即墨市金口镇	7219		370782002	诸城市龙都街办	34823
	370282110	即墨市店集镇	8367		370782003	诸城市舜王街办	11434
	370282112	即墨市灵山镇	6940		370782100	诸城市吕标镇	9213
	370282113	即墨市段泊岚镇	8498		370782101	诸城市枳沟镇	16101
	370282115	即墨市移风店镇	9458		370782102	诸城市贾悦镇	8392
	370283105	平度市郭庄镇	16624		370782103	诸城市孟疃镇	12578
	370283107	平度市兰底镇	10744		370782104	诸城市马庄镇	8580
	370283108	平度市万家镇	28260		370782105	诸城市石桥子镇	11055
	370283109	平度市蓼兰镇	10269		370782106	诸城市程戈庄镇	31108
	370283111	平度市崔家集镇	38739		370782108	诸城市相州镇	9393
	370283112	平度市明村镇	11867		370782109	诸城市郭家屯镇	7721
	370283113	平度市白埠镇	33594		370782110	诸城市昌城镇	25492
	370283115	平度市田庄镇	13909		370782111	诸城市百尺河镇	9162
	370283116	平度市马戈庄镇	12600		370782112	诸城市辛兴镇	11859
	370283118	平度市新河镇	16605		370782114	诸城市林家村镇	7347
	370283119	平度市灰埠镇	13225		370782115	诸城市瓦店镇	8925
	370283120	平度市长乐镇	8686		370782116	诸城市郝戈庄镇	17385
	370283121	平度市店子镇	9713		370782117	诸城市皇华镇	10368
	370283502	平度市同和街办	7176		370782201	诸城市桃林乡	14772
	370284104	胶南市张家楼镇	9753		370783105	寿光市台头镇	11356
	370284108	胶南市大场镇	7630		370783107	寿光市道口镇	7122
	370284109	胶南市海青镇	8407		370783108	寿光市田柳镇	11567
	370284110	胶南市大村镇	8460		370784100	安丘市景芝镇	22831

续表 6

地　区	乡镇代码	乡镇名称	肉类产量（吨）	地　区	乡镇代码	乡镇名称	肉类产量（吨）
	370784101	安丘市黄旗堡镇	8765		371312102	河东区梅埠镇	7166
	370784102	安丘市南流镇	10452		371312106	河东区太平镇	11080
	370784103	安丘市凌河镇	17977		371312201	河东区刘店子乡	9826
	370784109	安丘市赵戈镇	14633		371324106	苍山县车网镇	7219
	370784112	安丘市石堆镇	7012		371324205	苍山县下村乡	10308
	370784113	安丘市关王镇	7435		371325102	费县薛庄镇	14100
	370784121	安丘市金冢子镇	14010		371326111	平邑县白彦镇	7827
	370785102	高密市姚哥庄镇	7437		371422107	宁津县相衙镇	11551
	370785107	高密市仁和镇	10933		371424101	临邑县临盘镇	8780
	370785109	高密市周戈庄镇	7110		371482101	禹城市辛寨镇	8684
	370785117	高密市注沟镇	8007		371482102	禹城市梁家镇	8100
	370785118	高密市柴沟镇	12723		371482107	禹城市房寺镇	11231
	370785119	高密市拒城河镇	8030		371502104	东昌府区沙镇	9173
	370786103	昌邑市夏店镇	15117		371502201	东昌府区许营乡	7352
	370786104	昌邑市卜庄镇	8059		371502202	东昌府区朱老庄乡	11079
	370786105	昌邑市围子镇	20173		371521103	阳谷县安乐镇	15000
	370786106	昌邑市宋庄镇	18430		371521203	阳谷县大布乡	10005
	370786107	昌邑市石埠镇	7407		371521204	阳谷县西湖乡	7126
	370786202	昌邑市太保庄乡	18000		371522101	莘县张鲁镇	8350
	370826101	微山县韩庄镇	7063		371522102	莘县朝城镇	7811
	370826102	微山县欢城镇	9678		371523002	茌平县乐平镇	9919
	370831101	泗水县泉林镇	11435		371523009	茌平县广平乡	8877
	370832217	梁山县大路口乡	7069		371523015	茌平县温陈乡	7323
	370881002	曲阜市书院街办	7387		371525105	冠县东古城镇	7020
	370881102	曲阜市姚村镇	9061		371526202	高唐县三十里铺镇	7464
	370881103	曲阜市陵城镇	10167		371602001	滨城区滨北镇	8713
	370881107	曲阜市时庄镇	8975		371621101	惠民县石庙镇	11800
	370881201	曲阜市董庄乡	7976		371621105	惠民县李庄镇	7900
	370882003	兖州市兴隆庄镇	10041		371625104	博兴县湖滨镇	8609
	370882006	兖州市颜店镇	9578		371626101	邹平县长山镇	11499
	370882007	兖州市新驿镇	8662		371626110	邹平县孙镇镇	8500
	370882009	兖州市新兖镇	12805		371702109	牡丹区安兴镇	9980
	370882012	兖州市大安镇	8756		371721105	曹县孙老家镇	13420
	370883102	邹城市城前镇	6937	河南	410221101	杞县五里河镇	7575
	370883113	邹城市田黄镇	6937		410221103	杞县圉镇镇	7800
	370903113	岱岳区良庄镇	7019		410221105	杞县葛岗镇	8413
	370921109	宁阳县葛石镇	10079		410221202	杞县宗店乡	8244
	370923100	东平县州城镇	7148		410221211	杞县柿元乡	9465
	370923204	东平县新湖乡	7912		410223104	尉氏县永兴镇	7440
	370982103	新泰市翟镇	8146		410225101	兰考县固阳镇	7432
	370982116	新泰市汶南镇	7800		410225103	兰考县张君墓镇	7719
	370983104	肥城市王庄镇	7640		410225210	兰考县仪封乡	25637
	370983109	肥城市安驾庄镇	11630		410422103	叶县仙台镇	9057
	370983112	肥城市边院镇	10260		410422205	叶县旧县乡	8613
	371102002	东港区石臼街办	9100		410422206	叶县辛店乡	7236
	371122110	莒县浮来镇	10000		410422207	叶县龙泉乡	10810
	371302103	兰山区半程镇	8439		410422209	叶县廉村乡	7338

续表 7

地　区	乡镇代码	乡镇名称	肉类产量（吨）	地　区	乡镇代码	乡镇名称	肉类产量（吨）
	410425104	郏县薛店镇	6996		411422103	睢县蓼堤镇	7290
	410481201	舞钢市枣林乡	8075		411425200	虞城县黄冢乡	11410
	410481204	舞钢市武功乡	8554		411525106	固始县胡族镇	10016
	410482104	汝州市小屯镇	8281		411525200	固始县城郊乡	9418
	410482205	汝州市纸纺乡	9724		411526105	潢川县仁和镇	7932
	410621102	浚县屯子镇	7820		411526106	潢川县付店镇	10743
	410621105	浚县小河镇	7044		411526202	潢川县魏岗乡	8618
	410622101	淇县高村镇	12604		411622101	西华县西夏镇	10270
	410622102	淇县北阳镇	8456		411624107	沈丘县新安集镇	8986
	410622200	淇县桥盟乡	11831		411624203	沈丘县李老庄乡	13634
	410622203	淇县西岗乡	13633		411625102	郸城县南丰镇	8991
	410721103	新乡县七里营镇	7022		411625103	郸城县白马镇	7826
	410726208	延津县班枣乡	9801		411625200	郸城县城郊乡	8848
	410781103	卫辉市后河镇	9138		411625202	郸城县汲水乡	8334
	410781104	卫辉市李源屯镇	13562		411627101	太康县常营镇	8300
	410821204	修武县五里源乡	7025		411627102	太康县逊母口镇	7459
	410823104	武陟县大封镇	8000		411627103	太康县老冢镇	8436
	410923202	南乐县千口乡	13662		411627104	太康县朱口镇	7745
	410928208	濮阳县五星乡	9641		411627203	太康县高贤乡	6959
	411023203	许昌县河街乡	10683		411627204	太康县芝麻洼乡	11619
	411024102	鄢陵县柏梁镇	7387		411627212	太康县毛庄镇	7379
	411024104	鄢陵县望田镇	8600		411681200	项城市城郊乡	9696
	411024202	鄢陵县陶城乡	7969		411721101	西平县五沟营镇	8663
	411024203	鄢陵县只乐乡	12128		411721102	西平县权寨镇	8253
	411121104	舞阳县辛安镇	7440		411721103	西平县师灵镇	9240
	411122101	临颍县繁城镇	7161		411721201	西平县重渠乡	7059
	411122102	临颍县杜曲镇	7140		411721204	西平县宋集乡	9796
	411122103	临颍县王岗镇	9809		411721206	西平县吕店乡	6949
	411122107	临颍县三家店镇	7729		411721208	西平县芦庙乡	7446
	411122204	临颍县陈庄乡	7960		411721210	西平县专探乡	8805
	411123101	郾城县孟庙镇	7879		411721211	西平县二郎乡	10025
	411123103	郾城县召陵镇	10449		411724105	正阳县熊寨镇	8037
	411123106	郾城县万金镇	7534		411724200	正阳县慎水乡	11178
	411123109	郾城县老窝镇	8373		411724214	正阳县兰青乡	7482
	411123110	郾城县大刘镇	8587		411725104	确山县留庄镇	7433
	411123202	郾城县空中郭乡	7855		411728202	遂平县和兴乡	7153
	411123204	郾城县黑龙潭乡	8924		411728203	遂平县沈寨乡	8272
	411322102	方城县博望镇	9017	湖北	420102020	江厦区金口街	7566
	411328101	唐河县源潭镇	8481		420103010	黄陂区蔡店乡	11300
	411328112	唐河县少拜寺镇	7070		420103070	黄陂区六指街	7499
	411328300	唐河县城郊乡	8451		420103100	黄陂区祁家湾街	11245
	411328306	唐河县昝岗乡	7076		420401060	荆州区弥市镇	7516
	411329103	新野县新甸铺镇	7243		420422020	松滋市八宝镇	8685
	411329105	新野县歪子镇	7326		420422060	松滋市王家桥镇	6973
	411329300	新野县城郊乡	6936		420521090	夷陵区鸦鹊岭镇	9991
	411403100	商丘市睢阳区宋集镇	8980		420522090	宜都市枝城镇	7194
	411403201	商丘市睢阳区闫集乡	11447		420523010	枝江市安福寺镇	8555

续表 8

地　区	乡镇代码	乡镇名称	肉类产量（吨）
	420523080	枝江市百里洲镇	7029
	420524050	当阳市河溶镇	8384
	420524080	当阳市王店镇	7238
	420621040	襄阳区黄集镇	7849
	420621060	襄阳区古驿镇	12194
	420621090	襄阳区张集镇	18539
	420621110	襄阳区峪山镇	11708
	420621120	襄阳区东津镇	7580
	420622030	枣阳市环城办事处	8468
	420622040	枣阳市琚湾镇	9145
	420622050	枣阳市七方镇	10777
	420622060	枣阳市杨当镇	6954
	420622070	枣阳市太平镇	8862
	420622080	枣阳市新市镇	7655
	420622130	枣阳市吴店镇	9887
	420624020	南漳县武安镇	12248
	420624030	南漳九集镇	7331
	420801100	荆门市白庙街办	8490
	420821100	钟祥市旧口镇	10507
	420822040	京山县罗店镇	7321
	420927020	应城市杨河镇	7456
	422130090	黄梅县蔡山镇	14782
	422130150	黄梅县苦竹乡	17606
	422801050	恩施市白扬乡	7217
	422826040	咸丰县尖山乡	7919
	423301050	天门市拖市镇	7419
	423401100	潜江市老新镇	7374
	423401130	潜江市张金镇	8189
湖　南	430105101	开福区捞刀河镇	7156
	430121104	长沙县江背镇	10285
	430121105	长沙县黄花镇	14400
	430121106	长沙县春华镇	8540
	430121112	长沙县安沙镇	8780
	430121114	长沙县北山镇	10421
	430122115	望城县白箬铺镇	7000
	430124103	宁乡县双凫镇	7453
	430124112	宁乡县坝塘镇	8186
	430124115	宁乡县煤炭坝	7259
	430124217	宁乡县大屯营	8640
	430181114	浏阳市枨冲镇	8370
	430181117	浏阳市永安镇	11576
	430181118	浏阳市北盛镇	9500
	430321103	湘潭县中路铺镇	7960
	430321106	湘潭县射埠镇	7102
	430321111	湘潭县云湖桥镇	9105
	430321112	湘潭县石潭镇	9623
	430321113	湘潭县杨嘉桥镇	9234
	430321201	湘潭县响水乡	8507
	430321203	湘潭县排头乡	8862
	430381112	湘潭县梅桥镇	7124
	430381200	湘潭县东郊乡	8951
	430381204	湘潭县龙洞乡	7452
	430421113	衡阳县台源镇	8818
	430421206	衡阳县库宗乡	7248
	430422110	衡南县三塘镇	7225
	430521103	邵东县仙槎桥镇	7010
	430523105	邵阳县长阳铺镇	7080
	430525101	洞口县高沙镇	10859
	430525102	洞口县石江镇	11228
	430525103	洞口县竹市镇	10806
	430525104	洞口县黄桥镇	14506
	130525106	洞口县毓兰镇	7481
	130581101	武冈市邓元泰镇	10509
	430581102	武冈市湾头桥镇	9853
	430581201	武冈市头堂乡	7779
	430621106	岳阳县柏祥镇	7978
	430623112	华容县操军镇	8803
	430624110	湘阴县洞庭围镇	16200
	430624111	湘阴县南湖洲镇	8210
	430624213	湘阴县西林乡	7868
	430626101	平江县安定镇	10069
	430626111	平江县伍市镇	9984
	430724101	临澧县合口镇	9236
	430725103	桃源县漆河镇	8637
	431102103	芝山区富家桥镇	7162
	431102105	芝山区邮亭墟镇	8406
	431124101	道县寿雁镇	12125
	431124106	道县蚣坝镇	7958
	431321102	双峰县梓门桥镇	10105
	431321103	双峰县杏子铺镇	12837
	431321105	双峰县蛇形山镇	9038
	431321106	双峰县洪山殿镇	7134
广　东	440111001	白云区萝岗镇	9282
	440111006	白云区竹料镇	7088
	440111007	白云区良田镇	8080
	440111008	白云区钟落潭镇	9412
	440111009	白云区九佛镇	9837
	440111010	白云区人和镇	18348
	440111012	白云区江高镇	12819
	440111013	白云区神山镇	8586
	440113012	番禺区化龙镇	7709
	440114003	花都区花山镇	8210
	440114006	花都区赤坭镇	8544
	440306005	宝安区公明镇	8728

续表9

地　区	乡镇代码	乡镇名称	肉类产量（吨）	地　区	乡镇代码	乡镇名称	肉类产量（吨）
	440582009	潮阳市成田镇	17961		440981012	高州市荷花镇	7665
	440583008	澄海市溪南镇	7062		440981014	高州市东岸镇	8340
	440604001	禅城区张槎镇	7108		440981016	高州市大井镇	9323
	440604004	禅城区南庄镇	7510		440981018	高州市长坡镇	7926
	440605004	南海区大沥区	13220		440981025	高州市曹江镇	8068
	440605007	南海区官窑镇	13862		440981026	高州市顿梭镇	10165
	440605013	南海区西樵镇	9194		440982003	化州市杨梅镇	11387
	440605014	南海区里水镇	7128		440983002	信宜市池垌镇	14587
	440605019	南海区狮山区	12297		440983003	信宜市朱砂镇	9661
	440606002	顺德区伦教镇	8466		440983004	信宜市贵子镇	7045
	440606004	顺德区北窖镇	11133		440983005	信宜市怀乡镇	15018
	440606005	顺德区乐从镇	7401		440983012	信宜市合水镇	8897
	440606007	顺德区龙江镇	7525		440983014	信宜市水口镇	9313
	440606009	顺德区均安镇	11909		440983015	信宜市镇隆镇	7425
	440607004	三水区南边镇	13664		440983016	信宜市北界镇	11174
	440607006	三水区大塘镇	11269		440983018	信宜市金垌镇	8675
	440607008	三水区乐平镇	10279		440983019	信宜市径口镇	7895
	440607011	三水区芦苞镇	14115		440983020	信宜市安莪镇	7688
	440608003	高明区更楼镇	10906		441203003	鼎湖区永安镇	10180
	440608005	高明区明城镇	7836		441224008	怀集县梁村镇	7986
	440705004	新会区罗坑镇	12563		441224011	怀集县冷坑镇	9303
	440705005	新会区双水镇	7216		441225007	封开县莲都镇	7000
	440705013	新会区棠下镇	26571		441283009	高要市白诸镇	8779
	440781012	台山市端芬镇	10852		441283013	高要市回龙镇	7980
	440881002	廉江市石城镇	13291		441284006	四会市大沙镇	12994
	440881010	廉江市横山镇	8625		441284014	四会市下茆镇	8799
	440881011	廉江市安铺镇	7352		441322001	博罗县石坝镇	11583
	440902001	茂南区金塘镇	12493		441581008	陆丰市南塘镇	8070
	440902002	茂南区公馆镇	14357		441602006	源城区埔前镇	7540
	440902005	茂南区鳌头镇	7006		441802007	清城区石角镇	7678
	440902006	茂南区袂花镇	9784		441998007	东莞市虎门镇	12326
	440903003	茂港区七径镇	8869		441998008	东莞市长安镇	7738
	440903004	茂港区坡心镇	8554		441998009	东莞市厚街镇	9576
	440903005	茂港区羊角镇	9555		441998013	东莞市寮步镇	29669
	440981001	高州市谢鸡镇	8279		441998015	东莞市大朗镇	12709
	440981005	高州市根子镇	8388		441998019	东莞市塘厦镇	8761
	440981006	高州市泗水镇	7529		441998022	东莞市常平镇	10699
	440981007	高州市石鼓镇	8776		441998026	东莞市企石镇	8098
	440981008	高州市镇江镇	9389		441998028	东莞市茶山镇	7596
	440981011	高州市南塘镇	7580		442098010	中山市横栏镇	12816

续表 10

地　区	乡镇代码	乡镇名称	肉类产量（吨）	地　区	乡镇代码	乡镇名称	肉类产量（吨）
	441522007	饶平县钱东镇	7451		452132012	宁明县思乐乡	17525
	445302007	云城区腰古镇	9578		452226203	来宾县良江镇	7941
	445321002	新兴县车岗镇	10559	海　南	469002107	琼海市潭门镇	7296
	445321005	新兴县稔村镇	11144		469003209	琼海市长坡镇	7749
	445621006	新兴县东成镇	7150		469002110	琼海市大路镇	7348
	445321008	新兴县太平镇	7501		469005114	文昌市龙楼镇	10998
	445321010	新兴县集成镇	9661		469033103	乐东县志仲镇	15782
	445321013	新兴县天堂镇	11151	重　庆	500101116	万州区分水镇	23072
	445321015	新兴县力竹镇	10060		500222107	綦江县永新镇	6983
	445322012	郁南县大湾镇	11018		500226112	荣昌县铜鼓镇	10675
	445323009	云安县前锋镇	7692		500381108	江津市石蟆镇	8262
广　西	450121121	邕宁县南晓镇	12933		500382102	合川市钱塘镇	7048
	450122111	武鸣县府城镇	7605		500382105	合川市官渡镇	9011
	450122112	武鸣县陆斡镇	8852		500383102	永川市临江镇	8309
	450325050	兴安县高尚镇	7240	四　川	510122103	双流县华阳镇	22480
	450450300	银海区福成镇	7171		510603101	旌阳区孝泉镇	6998
	450521002	合浦县党江镇	9142		510922102	射洪县柳树镇	7327
	450521003	合浦县西场镇	7261		510923101	大英县隆盛镇	7305
	450703105	钦北区小董镇	9527		511421108	仁寿县彰加镇	10925
	450722101	灵山县三海镇	7831		512022104	乐至县童家镇	7707
	450802108	港北区石卡镇	7886		512022203	乐至县龙门乡	6950
	450821112	平南县安怀镇	8350	云　南	530125101	宜良县北古城镇	7538
	450821202	平南县东华乡	7400		530125200	宜良县蓬莱乡	12738
	450881102	桂平市木圭镇	8900		530322101	陆良县板桥镇	8014
	450921003	容县黎村镇	6979		530322102	陆良县三岔河镇	7931
	450922009	陆川县横山乡	37095		530322103	陆良县马街镇	12719
	450922010	陆川县乌石镇	7288		530324200	罗平县环城乡	6975
	450923003	博白县东平镇	11377		530381101	宣威市来宾镇	7956
	450923004	博白县龙潭镇	10835		530381106	宣威市倘塘镇	7548
	450923012	博白县三滩镇	10384		530381109	宣威市海岱镇	7318
	450923016	博白县浪平乡	11594		530381111	宣威市龙潭镇	7151
	450924003	兴业县大平山镇	11344		530381114	宣威市热水镇	8221
	450924006	兴业县葵阳镇	8532		530381202	宣威市东山乡	6943
	450924010	兴业县铁联乡	8121		532901102	大理市凤仪镇	7367
	451102005	八步区桂岭镇	14524	陕　西	610125109	户县甘河镇	18076
	451102007	八步区莲塘镇	12000		610321101	宝鸡县阳平镇	8462
	45112207	钟山县公安镇	7205	新　疆	652923101	库车县乌恰镇	8113

2002年按水产品产量排列居全国前1000位的乡镇

地 区	乡镇代码	乡镇名称	水产品产量（吨）	地 区	乡镇代码	乡镇名称	水产品产量（吨）
北 京	110112009	通州区台湖镇	21820		210212002	大连市旅顺口区江西镇	34500
天 津	120108101	汉沽区杨家泊镇	9709		210212003	大连市旅顺口区双岛镇	31500
	120108103	汉沽区营城镇	13110		210212004	大连市旅顺口区三涧堡镇	10000
	120110103	东丽区华明境	9075		210212007	大连市旅顺口区北海镇	35100
	120111104	西青区南河镇	11663		210212008	大连市旅顺口区龙王塘街道	100882
	120111105	西青区大寺镇	8506		210213003	大连市金州区三十里堡镇	18300
	120111106	西青区王稳庄镇	14218		210213005	大连市金州区登沙河镇	30800
	120112107	津南区八里台镇	7051		210213006	大连市金州区杏树屯镇	44630
	120114103	武清区崔黄口镇	6235		210213007	大连市金州区石河镇	25370
	120114117	武清区上马台镇	6898		210213008	大连市金州区大魏家镇	31774
	120114207	武清区大黄堡乡	11542		210213010	大连市金州区七顶山乡	34595
	120115102	宝坻区大白庄镇	5720		210222002	大连市开发区大李家镇	49712
	120115207	宝坻区尔王庄乡	6450		210224101	大连市长海县獐子岛镇	104085
	120221107	宁河县潘庄镇	7663		210224102	大连市长海县王家镇	27105
	120223111	静海县团泊镇	8800		210224201	大连市长海县小长山乡	50732
	120223201	静海县杨成庄乡	6000		210224202	大连市长海县广鹿乡	46494
河 北	130207109	丰南区王兰庄镇	5989		210224203	大连市长海县海洋乡	19425
	130207110	丰南区柳树瞿镇	6295		210224204	大连市长海县石城乡	33958
	130207111	丰南区黑沿子镇	45231		210281007	大连市瓦房店市李官镇	9395
	130207112	丰南区滨海镇	14974		210281009	大连市瓦房店市东岗镇	28580
	130224111	滦南县柏各庄镇	16793		210281012	大连市瓦房店市长兴岛镇	61315
	130224113	滦南县柳赞镇	38635		210281013	大连市瓦房店市谢屯镇	21190
	130224114	滦南县南堡镇	55449		210281014	大连市瓦房店市复洲湾镇	22166
	130225103	乐亭县王滩镇	28219		210281015	大连市瓦房店市炮台镇	10714
	130225105	乐亭县马头营镇	20664		210281019	大连市瓦房店市土城乡	7462
	130225108	乐亭县姜各庄镇	35850		210281021	大连市瓦房店市西阳乡	37600
	130225203	乐亭县古河乡	14585		210281024	大连市瓦房店市交流岛乡	53060
	130303101	山海关区石河镇	8632		210282006	大连市普兰店城子坦镇	63530
	130322105	昌黎县大蒲河镇	28756		210283001	大连市庄河市青堆镇	16820
	130322108	昌黎县茹荷镇	16457		210283004	大连市庄河市黑岛镇	40868
	130322201	昌黎县团林乡	17948		210283008	大连市庄河市大郑镇	32150
	130323101	抚宁县留守营镇	16343		210283009	大连市庄河市明阳镇	31850
	130323103	抚宁县牛头崖镇	19120		210283010	大连市庄河市栗子房镇	32371
	130427200	磁县路村营乡	10616		210283016	大连市庄河市兰店乡	16572
	130632103	安新县端村镇	7945		210283017	大连市庄河市观驾山乡	23588
	130983101	黄骅市南排河镇	69250		210283018	大连市庄河市鞍子山乡	7700
山 西	140881104	永济市蒲州镇	8000		210603001	丹东市振兴区安民镇	6540
辽 宁	210122005	沈阳市辽中县潘家堡乡	6068		210681001	丹东市东港市大东办事处	20374
	210122013	沈阳市辽中县冷子堡镇	14546		210681006	丹东市东港市前阳镇	21131
	210122014	沈阳市辽中县刘二堡镇	16438		210681009	丹东市东港市长山镇	18862
	210181025	沈阳市新民市前当铺镇	13250		210681010	丹东市东港市北井子镇	28142
	210211001	大连市甘井子区营城子镇	8250		210681011	丹东市东港市椅圈镇	16054
	210211003	大连市甘井子区革镇堡镇	7800		210681012	丹东市东港市黄土坎镇	11653
	210211005	大连市甘井子区红旗镇	6200		210681020	丹东市东港市菩萨庙镇	20193
	210211006	大连市甘井子区凌水镇	42952		210781110	锦州市凌海市娘娘宫镇	36520
	210211007	大连市甘井子区大连湾	118765		210781203	锦州市凌海市建业乡	31100
	210212001	大连市旅顺口区铁山镇	41100		210811101	营口市老边区路南镇	6283

续表 1

地　区	乡镇代码	乡镇名称	水产品产量（吨）	地　区	乡镇代码	乡镇名称	水产品产量（吨）
	210811104	营口市老边区二道镇	6000		320381102	新沂市草桥镇	9670
	210881005	营口市盖州市团山办事处	42380		320381105	新沂市窑湾镇	10600
	210881006	营口市盖州市西海办事处	18500		320381106	新沂市棋盘镇	7039
	210881105	营口市盖州市沙岗镇	11000		320412102	武进区牛塘镇	7503
	210881108	营口市盖州市九垅镇	28241		320412109	武进区郑陆镇	7287
	210881115	营口市盖州归州满族镇	8020		320412110	武进区雪堰镇	6032
	210882102	营口市大石桥市沟沿镇	7433		320412115	武进区寨桥镇	20838
	210882104	营口市大石桥市高坎镇	14820		320412119	武进区嘉泽镇	6777
	211081001	辽阳市灯塔市佟二堡镇	6162		320412121	武进区东宇镇	8362
	211081007	辽阳市灯塔市柳条镇	6200		320481107	溧阳市别桥镇	6187
	211121004	盘锦市大洼县唐家乡	6571		320481108	溧阳市绸缪镇	5772
	211121005	盘锦市大洼县荣兴乡	25800		320482107	金坛市建昌镇	6100
	211121006	盘锦市大洼县西安镇	13200		320506003	吴中区车坊镇	5707
	211121008	盘锦市大洼县东风镇	14619		320506005	吴中区光福镇	8783
	211421112	葫芦市绥中县网户乡	24580		320506009	吴中区横泾镇	7810
	211421201	葫芦市绥中县西甸子镇	6998		320506012	吴中区东山镇	9123
	211421204	葫芦市绥中县万家镇	27175		320507004	相城区黄桥镇	7734
	211421205	葫芦市绥中县前所镇	18200		320507010	相城区阳澄湖镇	7200
	211421206	葫芦市绥中县高岭镇	12222		320508001	苏州工业园区娄葑镇	12178
	211421209	葫芦市绥中县塔山镇	18980		320508003	苏州工业园区唯亭镇	8189
	211421212	葫芦市绥中县王宝镇	10320		320581007	常熟市唐市镇	5854
	211421214	葫芦市绥中县小庄子镇	17830		320581009	常熟市沙家浜镇	5672
	211481102	葫芦市兴城市双树乡	12000		320583001	昆山市正仪镇	10535
	211481106	葫芦市兴城市刘台子满族乡	9990		320583010	昆山市淀山湖镇	6615
	211481116	葫芦市兴城市海滨族乡	17000		320583011	昆山市张浦镇	11441
	211481117	葫芦市兴城市菊花岛乡	14582		320583015	昆山市锦溪镇	13453
	211481202	葫芦市兴城市沙后所满族镇	10660		320584002	吴江市同里镇	7455
	211481205	葫芦市兴城市曹庄满族镇	32560		320584004	吴江市芦墟镇	8253
	211481306	葫芦市兴城市四家子办事处	29850		320584008	吴江市平望镇	5738
吉　林	220724204	扶余县更新乡	7000		320584010	吴江市盛泽镇	5893
黑龙江	231202103	北林区西长发镇	8500		320621118	海安县老坝港镇	9163
	231282009	肇东市涝洲镇	17400		320623100	如东县拼茶镇	12384
上　海	310118102	青浦区朱家角镇	8314		320623101	如东县洋口镇	20272
	310118103	青浦区练塘镇	5913		320623102	如东县环港镇	6029
	310118118	青浦区西岑镇	6742		320623103	如东县苴镇镇	5921
	310120106	奉贤区金汇镇	6920		320623104	如东县长沙镇	17346
	310230103	崇明县新河镇	5746		320623105	如东县大豫镇	16866
	310230115	崇明县陈家镇	21697		320681110	启东市吕四港镇	144624
	310230118	崇明县港西镇	7519		320681111	启东市天汾镇	10096
江　苏	320111106	浦口区永宁镇	7774		320681115	启东市向阳镇	12315
	320115102	江宁区禄口镇	5730		320681116	启东市东元镇	10880
	320125102	高淳县阳江镇	7939		320681117	启东市近海镇	14600
	320282108	宜兴市官林镇	8855		320681118	启东市寅阳镇	18110
	320282112	宜兴市丰义镇	7298		320681119	启东市和合镇	7132
	320282113	宜兴市范道镇	11795		320681122	启东市东海镇	15200
	320282114	宜兴市和桥镇	7873		320682113	如皋市江安镇	5844
	320282121	宜兴市新庄镇	7715		320683106	通州市海晏镇	7386

续表 2

地　区	乡镇代码	乡镇名称	水产品产量（吨）	地　区	乡镇代码	乡镇名称	水产品产量（吨）
	320684117	海门市东灶港镇	30571		321023200	宝应县水泗乡	11027
	320703101	连运区连岛镇	22600		321084101	高邮市龙虬镇	10952
	320703202	连运区高公岛乡	10988		321084108	高邮市三垛镇	10046
	320721101	赣榆县柘汪镇	32825		321084109	高邮市甘垛镇	11451
	320721102	赣榆县石桥镇	32155		321084110	高邮市司徒镇	12833
	320721106	赣榆县海头镇	33178		321084111	高邮市横泾镇	13477
	320721114	赣榆县宋庄镇	22914		321084115	高邮市临泽镇	16310
	320721117	赣榆县罗阳镇	15798		321088102	江都市吴堡镇	5886
	320722102	东海县浦南镇	20500		321088103	江都市武坚镇	5999
	320722112	东海县房山镇	6149		321281104	兴化市安丰镇	6050
	320722113	东海县平明镇	7491		321281108	兴化市沙沟镇	9633
	320723103	灌云县燕尾镇	12229		321281109	兴化市中堡镇	12845
	320724101	灌南县堆沟港镇	5940		321281110	兴化市李中镇	11096
	320803108	楚州区流均镇	17000		321281111	兴化市西郊镇	7613
	320829102	洪泽县仁和镇	6354		321281113	兴化市垛田镇	8875
	320829103	洪泽县岔河镇	11177		321281203	兴化市周奋乡	6235
	320829104	洪泽县西顺河镇	6973		321281204	兴化市缸顾乡	5724
	320829105	洪泽县老子山镇	8654		321321104	宿豫县皂河镇	15889
	320830109	盱眙县明祖陵镇	5650		321321115	宿豫县关庙镇	5735
	320830111	盱眙县淮河镇	6770		321323112	泗阳县高渡镇	5781
	320831105	金湖县涂沟镇	16660		321323114	泗阳县中杨镇	5784
	320921101	响水县陈家港镇	29355		321324012	泗洪县临淮镇	9667
	320922101	滨海县五汛镇	7090		321324014	泗洪县半城镇	7063
	320922108	滨海县滨海港镇	12200	浙　江	330109007	萧山区义桥镇	6933
	320922203	滨海县振东乡	17500		330110001	余杭区运河镇	8242
	320923101	阜宁县沟墩镇	6671		330110003	余杭区塘栖镇	6148
	320923116	阜宁县杨集镇	6061		330225004	象山县石浦镇	280000
	320924101	射阳县临海镇	8093		330226002	宁海县长街镇	9771
	320924117	射阳县黄沙港镇	56395		330226006	宁海县明港镇	23426
	320925101	建湖县建阳镇	10005		330226007	宁海县一市镇	17524
	320925102	建湖县蒋营镇	9960		330226008	宁海县越溪乡	11011
	320925104	建湖县颜单镇	8900		330226015	宁海县强蛟镇	18505
	320925105	建湖县沿河镇	5950		330226016	宁海县西店镇	18366
	320928100	盐都县大纵湖镇	17996		330281005	余姚市临山镇	6919
	320928101	盐都县北龙港镇	13073		330281008	余姚市泗门镇	6290
	320928102	盐都县楼王镇	15404		330281011	余姚市马渚镇	8432
	320928104	盐都县义丰镇	8728		330283002	奉化市莼湖镇	66216
	320981100	东台市溱东镇	8083		330322002	洞头县大门镇	6258
	320981115	东台市三仓镇	7950		330322003	洞头县东屏镇	40299
	320981116	东台市新曹镇	6103		330322004	洞头县元觉乡	9563
	320981121	东台市港镇	57744		330322005	洞头县倪屿乡	14070
	320982116	大丰市三龙镇	16530		330322011	洞头县鹿西乡	46457
	321023101	宝应县汜水镇	7447		330326002	平阳县敖江镇	15715
	321023103	宝应县柳堡镇	14555		330326017	平阳县西湾乡	9337
	321023104	宝应县射阳湖镇	10558		330326031	平阳县南麂镇	9812
	321023105	宝应县广洋湖镇	15450		330327001	苍南县龙港镇	8300
	321023111	宝应县山阳镇	17246		330327004	苍南县芦浦镇	8969

续表 3

地　区	乡镇代码	乡镇名称	水产品产量（吨）	地　区	乡镇代码	乡镇名称	水产品产量（吨）
	330327007	苍南县巴曹镇	63711		330921008	岱山县衢山镇	165165
	330327008	苍南县炎亭镇	8120		330922002	嵊泗县嵊山镇	37576
	330327009	苍南县大渔镇	11644		330922003	嵊泗县洋山镇	35935
	330327016	苍南县赤溪镇	8443		330922004	嵊泗县五龙乡	26258
	330327018	苍南县霞关镇	31613		330922005	嵊泗县黄龙乡	43239
	330327019	苍南县沿浦镇	6913		330922006	嵊泗县枸杞乡	51161
	330327025	苍南县石坪乡	10791		330922007	嵊泗县花鸟乡	8065
	330327031	苍南县中墩乡	13655		331002005	椒江区三甲街道	8579
	330327036	苍南县渔寮乡	10500		331002007	椒江区前所街道	29664
	330381002	瑞安市塘下镇	5878		331002009	椒江区大陈镇	33265
	330381003	瑞安市莘塍镇	14810		331004009	路桥区金清镇	74504
	330381031	瑞安市北龙乡	13196		331021002	玉环县清港镇	9594
	330381032	瑞安市北麂乡	16228		331021003	玉环县楚门镇	7890
	330382005	乐清市雁荡镇	8132		331021004	玉环县干江镇	13465
	330382018	乐清市翁洋镇	11508		331021005	玉环县沙门镇	18463
	330411004	秀洲区王江泾镇	7792		331021006	玉环县芦浦镇	28403
	330421004	嘉善县西塘镇	6241		331021007	玉环县龙溪乡	9338
	330482007	平湖市广陈镇	8684		331021008	玉环县鸡山乡	13144
	330482008	平湖市林埭镇	6164		331021009	玉环县海山乡	25583
	330501301	湖州市菱湖镇	17626		331022002	三门县沙柳镇	13041
	330501302	湖州市和孚镇	12800		331022005	三门县六敖镇	24676
	330501305	湖州市东林镇	9222		331022006	三门县健跳镇	19452
	330621007	绍兴县孙端镇	6738		331022007	三门县横渡镇	6412
	330681011	诸暨市山下湖镇	5970		331022008	三门县漓浦镇	6752
	330682017	上虞市崧厦镇	11745		331022009	三门县花桥镇	7958
	330682018	上虞市沥海镇	5891		331022010	三门县小雄镇	10199
	330902001	定海区金塘镇	18582		331022012	三门县沿赤乡	8300
	330902004	定海区小沙镇	7917		331022103	三门县泗淋乡	24607
	330902006	定海区干览镇	9646		331081008	温岭市松门镇	138397
	330902008	定海区北蝉乡	17569		331081009	温岭市箬横镇	20560
	330902010	定海区长白乡	9963		331081011	温岭市石塘镇	317817
	330902015	定海区临城街道	11665		331081012	温岭市滨海镇	11959
	330902016	定海区盐仓街道	8245		331081014	温岭市城南镇	25626
	330903001	普陀区六横镇	79182		331081016	温岭市坞根镇	14128
	330903002	普陀区朱家尖镇	40310		331082017	临海市杜桥镇	14972
	330903003	普陀区虾峙镇	119563		331082018	临海市上盘镇	63209
	330903004	普陀区展茅镇	41484		331082019	临海市桃渚镇	40250
	330903005	普陀区桃花镇	43221	安　徽	340123218	肥西县刘河乡	10234
	330903006	普陀区东极镇	41266		340322200	五河县沱湖乡	12600
	330903007	普陀区蚂蚁乡	32021		340721205	铜陵县钟仓乡	5957
	330903008	普陀区登步乡	15226		340881118	桐城市嬉子湖镇	6000
	330903009	普陀区白沙乡	15870		341124200	金椒县程家市乡	7315
	330903010	普陀区佛渡乡	6101		341126208	凤阳县枣渔业乡	6242
	330921003	岱山县岱东镇	15359		341181102	天长市秦楠镇	7497
	330921005	岱山县泥峙镇	10625		341181201	天长市龙集乡	12948
	330921006	岱山县秀山乡	7979		341182110	明光市女山湖镇	17506
	330921007	岱山县长涂镇	38021		341402112	巢湖市居巢区中垾镇	8160

续表 4

地　区	乡镇代码	乡镇名称	水产品产量（吨）	地　区	乡镇代码	乡镇名称	水产品产量（吨）
	341502107	六安市金安区施桥镇	11491		350182190	长乐市漳港镇	7670
	341522204	霍邱县城西湖乡	10510		350182220	长乐市文岭镇	6380
	341802111	宣城市宣州区水阳镇	13931		350182230	长乐市梅花镇	109720
	341802115	宣城市宣州区狸桥镇	7375		350182240	长乐市潭头镇	6900
福　建	350101120	仓山区城门镇	5925		350201100	杏林区杏林镇	17646
	350101130	仓山区盖山镇	8014		350221140	同安区西柯镇	23934
	350101140	仓山区建新镇	7769		350221190	同安区马巷镇	19081
	350101180	琅岐开发区琅岐镇	7565		350221200	同安区新店镇	16612
	350121140	闽侯县祥谦镇	7370		350221210	同安区大嶝镇	11857
	350122120	连江县东岱镇	12251		350301120	城厢区灵川镇	9600
	350122130	连江县馆头镇	41051		350301130	城厢区东海镇	8880
	350122140	连江县晓澳镇	31902		350301150	荔城区黄石镇	6087
	350122190	连江县马鼻镇	37390		350301170	荔城区北高镇	31389
	350122200	连江县官坂镇	8543		350301180	涵江区三江口镇	12414
	350122210	连江县筱埕镇	96109		350301220	涵江区江口镇	25850
	350122220	连江县黄岐镇	65206		350301290	秀屿区东庄镇	21327
	350122230	连江县苔篆镇	141006		350301310	秀屿区东铺镇	12000
	350122240	连江县浦口镇	11200		350301320	秀屿区东峤镇	7033
	350122250	连江县坑园镇	59775		350301330	秀屿区埭头镇	70000
	350122290	连江县安凯乡	59500		350301340	秀屿区平海镇	71370
	350122300	连江县下宫乡	31373		350301350	秀屿区南日镇	120700
	350123110	罗源县松山镇	75920		350301360	秀屿区月塘乡	11600
	350123150	罗源县鉴江镇	10330		350301380	湄洲岛湄洲镇	30028
	350123200	罗源县碧里乡	42700		350322100	仙游县枫亭镇	6631
	350128110	平潭县苏澳镇	24065		350501120	丰泽区城东镇	7205
	350128120	平潭县流水镇	62136		350501130	丰泽区东海镇	20621
	350128130	平潭县澳前镇	23219		350501200	泉港区南埔镇	21326
	350128140	平潭县北厝镇	20160		350501210	泉港区界山镇	9728
	350128160	平潭县敖东镇	35600		350501220	泉港区后龙镇	22874
	350128170	平潭县白青乡	17790		350501230	泉港区峰尾镇	39200
	350128180	平潭县屿头乡	13711		350501240	泉港区山腰镇	13744
	350128190	平潭县大练乡	18169		350521140	惠安县洛阳镇	8700
	350128220	平潭县东庠乡	11320		350521160	惠安县张坂镇	24510
	350128230	平潭县岚城乡	5677		350521170	惠安县崇武镇	72706
	350128240	平潭县南海乡	9500		350521180	惠安县山霞镇	6528
	350181130	福清县海口镇	8892		350521200	惠安县东岭镇	17010
	350181140	福清县城头镇	15834		350521210	惠安县东桥镇	25000
	350181160	福清县龙田镇	22155		350521220	惠安县净峰镇	68900
	350181170	福清县江镜镇	18675		350521230	惠安县小乍镇	64900
	350181180	福清县港头镇	7102		350521240	惠安县辋川镇	19310
	350181190	福清县高山镇	11636		350581120	石狮市坩江镇	10602
	350181200	福清县沙埔镇	19027		350581130	石狮市祥芝镇	128550
	350181210	福清县三山镇	22965		350581140	石狮市鸿山镇	28600
	350181220	福清县东瀚镇	15781		350581150	石狮市锦尚镇	12400
	350181260	福清县江阴镇	24511		350581160	石狮市永宁镇	82393
	350182140	长乐市松下镇	7560		350582140	晋江市东石镇	14983
	350182170	长乐市文武砂镇	9440		350582150	晋江市深沪镇	128186

续表 5

地　区	乡镇代码	乡镇名称	水产品产量（吨）	地　区	乡镇代码	乡镇名称	水产品产量（吨）
	350582160	晋江市金井镇	15556		350981260	福安市湾坞乡	15935
	350583290	南安市水头镇	6054		350982120	福鼎市沙埕镇	146460
	350583300	南安市石井镇	57991		350982140	福鼎市秦屿镇	12612
	350622110	云霄县陈岱镇	57265		350982160	福鼎市白琳镇	5669
	350622120	云霄县东厦镇	44250		350982190	福鼎市嵛山镇	25908
	350622140	云霄县列屿镇	48560	江　西	360121101	南昌县向塘镇	6529
	350623110	漳浦县旧镇镇	12937		360121104	南昌县塘南镇	7600
	350623120	漳浦县佛昙镇	23386		360121105	南昌县幽兰镇	8900
	350623130	漳浦县赤湖镇	8784		360121106	南昌县蒋巷镇	10800
	350623150	漳浦县霞美镇	45103		360121202	南昌县泾口乡	6380
	350623200	漳浦县前亭镇	7411		360121204	南昌县南新乡	7499
	350623220	漳浦县深土镇	5984		360124105	进贤县梅庄镇	7602
	350623230	漳浦县六鳌镇	28265		360124208	进贤县钟陵乡	6893
	350623240	漳浦县沙西镇	35457		360124210	进贤县三里乡	11072
	350623250	漳浦县古雷镇	119036		360124213	进贤县赵埠乡	7396
	350624110	诏安县四都镇	42970	山　东	370211001	黄岛区黄岛街办	19788
	350624120	诏安县梅岭镇	120680		370211003	黄岛区薛家岛街办	69000
	350624130	诏安县桥东镇	24836		370212102	崂山区沙子口街办	40000
	350624190	诏安县金星乡	30734		370212104	崂山区王哥庄街办	51536
	350626110	东山县樟塘镇	12713		370214003	城阳区流亭街办	34500
	350626120	东山县康美镇	14746		370214004	城阳区棘洪滩街办	13150
	350626130	东山县杏陈镇	21427		370214005	城阳区上马街办	19380
	350626140	东山县陈城镇	104851		370214006	城阳区红岛街办	155206
	350626150	东山县前楼镇	34337		370214007	城阳区河套街办	84380
	350626160	东山县铜陵镇	70299		370281006	胶州市胶东镇	10033
	350681110	龙海市海澄镇	21939		370281018	胶州市营海镇	88452
	350681120	龙海市角美镇	39664		370282104	即墨市萫山卫镇	98554
	350681140	龙海市浮宫镇	13826		370282105	即墨市温泉镇	20446
	350681160	龙海市港尾镇	114636		370282106	即墨市王村镇	12208
	350681200	龙海市紫泥镇	47422		370282107	即墨市田横镇	77837
	350681230	龙海市隆教乡	8421		370282108	即墨市丰城镇	87200
	350902110	蕉城区漳湾镇	37796		370282109	即墨市金口镇	10388
	350902120	蕉城区七都镇	13452		370284103	胶南市大珠山镇	49739
	350902180	蕉城区飞鸾镇	20799		370284104	胶南市张家楼镇	7400
	350902190	蕉城区三都镇	39405		370284105	胶南市琅琊镇	79397
	350921110	霞浦县长春镇	44389		370284107	胶南市泊里镇	68000
	350921120	霞浦县牙城镇	7586		370284116	胶南市王台镇	12690
	350921130	霞浦县溪南镇	48578		370284117	胶南市红石崖镇	46231
	350921140	霞浦县沙江镇	47272		370284118	胶南市灵山卫镇	28955
	350921150	霞浦县下浒镇	36310		370284119	胶南市积米崖港区	16300
	350921160	霞浦县三沙镇	32478		370284120	胶南市琅琊台度假区	5983
	350921170	霞浦县盐田乡	8468		370406109	山亭区冯卯镇	6600
	350921210	霞浦县北壁乡	14031		370481106	滕州市滨湖镇	6000
	350921220	霞浦县海岛乡	59450		370502002	东营区黄河街办	32976
	350921230	霞浦县州洋乡	12772		370503101	河口区仙河镇	24000
	350981180	福安市下白石镇	23450		370503102	河口区孤岛镇	8000
	350981190	福安市溪尾镇	13792		370503200	河口区新户乡	23000

续表6

地　区	乡镇代码	乡镇名称	水产品产量（吨）	地　区	乡镇代码	乡镇名称	水产品产量（吨）
	370503203	河口区六合乡	7000		370783121	寿光市羊口镇	330000
	370521102	垦利县永安镇	19988		370783122	寿光市大家洼镇	79592
	370521103	垦利县黄河口镇	7480		370811110	任城区喻屯镇	6400
	370521104	垦利县胜坨镇	12000		370826104	微山县鲁桥镇	18187
	370521501	垦利县红光渔亚街办	7314		370826106	微山县留庄镇	8400
	370522104	利津县汀罗镇	10060		370826203	微山县高楼乡	7000
	370522206	利津县刁口乡	19864		370827103	鱼台县王鲁镇	5902
	370523104	广饶县丁庄镇	26371		370923204	东平县新湖乡	7717
	370523204	广饶县大码头乡	18540		371002100	环翠区张村镇	33300
	370611102	福山区古现镇	16338		371002102	环翠区温泉镇	7787
	370611107	福山区八角镇	17000		371002103	环翠区崮山镇	44736
	370612104	牟平区大窑镇	20110		371002104	环翠区孙家疃镇	99400
	370612105	牟平区姜格庄镇	37016		371002105	环翠区泊于镇	25150
	370612113	牟平区养马岛街办	27859		371002108	环翠区初村镇	18250
	370613103	莱山区解甲庄镇	14000		371081003	文登市泽头镇	18096
	370613105	莱山区滨海街办	9000		371081004	文登市小观镇	43000
	370634102	长岛县砣矶镇	20789		371081006	文登市泽库镇	139280
	370634201	长岛县北长山乡	13000		371081007	文登市长家产镇	35450
	370634203	长岛县大钦岛乡	19280		371082002	荣成市俚岛镇	167000
	370634204	长岛县小钦岛乡	8466		371082003	荣成市成山卫镇	230000
	370634205	长岛县南隍城乡	13108		371082005	荣成市港西镇	15000
	370634206	长岛县北隍城乡	8600		371082012	荣成市虎山镇	115000
	370681102	龙口市徐福镇	44016		371082013	荣成市人和镇	200000
	370681103	龙口市黄山馆镇	33150		371082014	荣成市石岛镇	187800
	370681121	龙口市龙港街办	59910		371082015	荣成市宁津镇	110027
	370681131	龙口开发区	18964		371083101	乳山市乳山口镇	79450
	370682106	莱阳市羊郡镇	11403		371083102	乳山市海阳所镇	129000
	370683102	莱州市沙河镇	6500		371083103	乳山市白沙滩镇	60300
	370683105	莱州市土山镇	13500		371083105	乳山市南黄镇	9000
	370683106	莱州市虎头崖镇	16035		371083112	乳山市乳山寨镇	9850
	370683112	莱州市金城镇	40840		371083114	乳山市徐家镇	7425
	370683113	莱州市永安路街办	12220		371102002	东港区石臼街办	79000
	370683114	莱州市城港路街办	24018		371102003	东港区奎山街办	10310
	370683115	莱州市三山岛街办	131946		371102004	东港区秦楼街办	54405
	370684103	蓬莱市刘家沟镇	65109		371102005	东港区河山镇	212283
	370684104	蓬莱市潮水镇	16000		371102111	东港区虎山镇	53000
	370684105	蓬莱市大季家镇	180031		371324107	苍山县尚岩镇	7149
	370684110	蓬莱市北沟镇	24800		371524004	东阿县陈集乡	15321
	370684112	蓬莱阁旅游管理办	23850		371602002	滨城区里则镇	6667
	370684113	蓬莱市新港街办	51000		371623104	无棣县埕口镇	31543
	370685102	招远市辛庄镇	12000		371623105	无棣县马山子镇	26166
	370687102	海阳市风城镇	19901		371623204	无棣县佘家巷乡	6329
	370687103	海阳市留格庄镇	89962		371624103	沾化县冯家镇	23140
	370687109	海阳市行村镇	33026		371624202	沾化县滨海乡	11056
	370687110	海阳市辛安镇	49358	河　南	410105100	郑州市金水区祭城镇	8500
	370703102	寒亭区央子镇	7418		410105200	郑州市金水区姚桥乡	9650
	370783104	寿光市营里镇	6700		410108101	郑州市邙山区花园口镇	7337

续表 7

地　区	乡镇代码	乡镇名称	水产品产量（吨）	地　区	乡镇代码	乡镇名称	水产品产量（吨）
	410322101	孟津县会盟镇	6024		420701200	鄂州市区沟镇	19140
	410928101	濮阳县柳屯镇	12000		420701220	鄂州市沼山镇	7651
	420102040	江夏区郑店街	7000		420701250	鄂州市涂镇	7381
	420102050	江夏区流芳街	8780		420802040	沙洋县拾桥镇	5900
	420102090	江夏区五里界镇	9880		420802050	沙洋县后港镇	31600
	420102110	江夏区山坡乡	13000		420802060	沙洋县毛李镇	18207
	420103130	黄陂区滠口街	5850		420802100	沙洋县高阳镇	6050
	420104020	新洲区阳逻街	21880		420821010	钟祥市洋梓镇	12500
	420104040	新洲区汪集街	6756		420821040	钟祥市胡集镇	6000
	420104090	新洲区双柳街	9600		420821050	钟祥市双河镇	7067
	420105010	洪山区洪山乡	11900		420821090	钟祥市石碑镇	12000
	420105020	洪山区青菱乡	6720		420822040	京山县罗店镇	5660
	420105050	洪山区和平乡	6159		420822130	京山县雁门口镇	5693
	420107010	江岸区后湖乡	8500		420926040	云楚县吴铺镇	5711
	420321050	丹江口均县镇	9765		420927040	应城市郎君镇	6900
	420401010	荆州区纪南镇	11985		420927070	应城市义和镇	5700
	420401020	荆州区川店镇	5916		422128020	蕲春县蕲州镇	23209
	420401030	荆州区马山镇	7696		422130020	黄梅县孔垅镇	7953
	420401040	荆州区八岭山镇	5812		422130040	黄梅县下新镇	12689
	420402040	沙市区观音当镇	13064		422322030	嘉鱼县官桥镇	8955
	420402050	沙市区岑河镇	9162		422322050	嘉鱼县新街镇	5765
	420423030	公安县夹竹园镇	6000		422322060	嘉鱼县渡普镇	15250
	420423140	公安县狮子口镇	6000		422322080	嘉鱼县牌洲湾镇	6525
	420423150	公安县斑竹当镇	6050		422323060	赤壁市神山镇	7057
	420423160	公安县毛家港镇	6500		423201030	仙桃市豆河镇	19444
	420425030	监利县新沟镇	5800		423201050	仙桃市胡场镇	19703
	420425100	监利县毛市镇	6000		423201060	仙桃市长倘口镇	8257
	420425130	监利县汴河镇	13000		423201070	仙桃市西流河镇	20400
	420425150	监利县白螺镇	7420		423201080	仙桃市沙湖镇	14870
	420425180	监利县桥市镇	9200		423201090	仙桃市杨林尾镇	11878
	420425200	监利县棋盘乡	11000		423201100	仙桃市彭场镇	8789
	420426020	洪湖市滨湖办	19540		423201110	仙桃市张沟镇	11336
	420426040	洪湖市乌林镇	6500		423201120	仙桃市郭河镇	17408
	420426050	洪湖市龙口镇	7500		423201140	仙桃市通海口镇	18737
	420426070	洪湖市新滩镇	8855		423201150	仙桃市陈场镇	13318
	420426110	洪湖市戴家场镇	8500		423301200	天门市九真镇	6561
	420426130	洪湖市沙口镇	20745		423301220	天门市胡市镇	7165
	420426140	洪湖市万全镇	6500		423301240	天门市佛子山镇	9624
	420426150	洪湖市汊河镇	8351		423401050	潜江市渔洋镇	6264
	420426170	洪湖市黄家口镇	17937		423401110	潜江市浩口镇	8046
	420523060	枝江市问安镇	6887		423401130	潜江市张金镇	7297
	420524050	当阳市河溶镇	9521		423401140	潜江市龙湾镇	21877
	420524090	当阳市半月镇	6493	湖　南	430722104	汉寿县西港镇	8692
	420621060	襄阳区古驿镇	7514		430981203	沅江市七子浃乡	7817
	420701010	鄂州市杜山镇	12513	广　东	440111010	白云区人和镇	6094
	420701110	鄂州市庙岭镇	11431		440111013	白云区神山镇	6047
	420701190	鄂州市蒲团乡	6838		440113001	番禺区沙湾镇	8989

续表8

地　区	乡镇代码	乡镇名称	水产品产量（吨）	地　区	乡镇代码	乡镇名称	水产品产量（吨）
	440113002	番禺区榄核镇	8028		440607006	三水区大塘镇	11371
	440113003	番禺区灵山镇	8377		440607008	三水区乐平镇	8824
	440113004	番禺区鱼窝头镇	8065		440607010	三水区白坭镇	8529
	440113006	番禺区万顷沙镇	7595		440607011	三水区芦苞镇	11536
	440113009	番禺区横沥镇	14802		440608005	高明区明城镇	7850
	440113011	番禺区石楼镇	82490		440608009	高明区西安区	7392
	440113012	番禺区化龙镇	9063		440705005	新会区双水镇	8490
	440113013	番禺区石基镇	23124		440705006	新会区崖门镇	39966
	440113016	番禺区大石镇	5756		440705007	新会区沙堆镇	12499
	440113017	番禺区钟村镇	9491		440705009	新会区三江镇	8385
	440113019	番禺区大岗镇	7638		440705010	新会区睦洲镇	11106
	440114005	花都区炭步镇	15218		440705011	新会区大鳌镇	10856
	440114006	花都区赤坭镇	17746		440705012	新会区荷塘镇	7143
	440183008	增城市三江镇	6149		440705013	新会区棠下镇	21539
	440306002	宝安区福永镇	6206		440781010	台山市都斛镇	37936
	440306003	宝安区沙井镇	9529		440781011	台山市赤溪镇	14423
	440403001	斗门区上横镇	11012		440781013	台山市广海镇	114047
	440403002	斗门区莲溪镇	9535		440781014	台山市海宴镇	11912
	440403007	斗门区白蕉镇	10588		440781015	台山市汶村镇	25023
	440404005	金湾区红旗镇	10142		440781016	台山市深井镇	10498
	440523002	南澳县云澳镇	40345		440781018	台山市北陡镇	6011
	440523003	南澳县深澳镇	16912		440781019	台山市上川镇	156115
	440582001	潮阳市海门镇	46512		440781020	台山市下川镇	20405
	440582006	潮阳市井都镇	12115		440801002	湛江市辖区东简镇	9525
	440582025	潮阳市西胪镇	8155		440801004	湛江市辖区硇州镇	38684
	440583006	澄海市莲下镇	7524		440803001	霞山区海头镇	9033
	440583008	澄海市溪南镇	11312		440804001	坡头区南三镇	28346
	440604004	禅城区南庄镇	10459		440804002	坡头区坡头镇	6958
	440605007	南海区官窑镇	7576		440804003	坡头区乾塘镇	8410
	440605009	南海区小塘镇	6770		440804005	坡头区官渡镇	8078
	440605011	南海区九江镇	12504		440804006	坡头区南调街道	6470
	440605012	南海区沙头镇	6840		440811001	麻章区太平镇	27642
	440605013	南海区西樵镇	24034		440811003	麻章区湖光镇	13369
	440605014	南海区里水镇	5764		440823004	遂溪县黄略镇	28149
	440605015	南海区和顺镇	5675		440823008	遂溪县北潭镇	42845
	440605018	南海区丹灶镇	13501		440823009	遂溪县杨柑镇	32865
	440605019	南海区狮山区	6034		440823015	遂溪县港门镇	42620
	440606002	顺德区伦教镇	18061		440823016	遂溪县草潭镇	54140
	440606004	顺德区北滘镇	19481		440823017	遂溪县下录镇	9183
	440606005	顺德区乐从镇	24696		440823019	遂溪县乐民镇	12215
	440606006	顺德区勒流镇	37732		440823020	遂溪县江洪镇	37600
	440606007	顺德区龙江镇	35766		440825015	徐闻县外罗镇	6378
	440606008	顺德区杏坛镇	45966		440825016	徐闻县和安镇	7117
	440606009	顺德区均安镇	22819		440881011	廉江市安铺镇	9508
	440606010	顺德区容桂镇	17278		440881012	廉江市营仔镇	20061
	440607002	三水区河口镇	7497		440881014	廉江市车板镇	39236
	440607004	三水区南边镇	7334		440882002	雷州市附城镇	8882

续表 9

地　区	乡镇代码	乡镇名称	水产品产量（吨）	地　区	乡镇代码	乡镇名称	水产品产量（吨）
	440882009	雷州市流沙镇	10199		441502001	汕尾城区红草镇	14768
	440882010	雷州市企水镇	27107		441502002	汕尾城区马宫镇	41586
	440882018	雷州市北和镇	14020		441502003	汕尾城区东冲镇	20668
	440882020	雷州市乌石镇	25318		441502004	汕尾城区捷胜镇	9791
	440902002	茂南区公馆镇	6270		441521005	海丰县梅陇镇	21507
	440923002	电白县岭门镇	33317		441521006	海丰县联安镇	12320
	440923003	电白县爵山镇	72906		441521010	海丰县后门镇	22582
	440923004	电白县电城镇	51973		441521012	海丰县小漠镇	16740
	440923005	电白县树仔镇	25062		441521013	海丰县大湖镇	11058
	440923006	电白县龙山镇	79618		441581002	陆丰市甲子镇	62515
	440923007	电白县麻岗镇	6231		441581003	陆丰市碣石镇	67081
	440923008	电白县旦场镇	26651		441581004	陆丰市湖东镇	25819
	440923009	电白县陈村镇	81825		441581011	陆丰市金厢镇	13342
	440923019	电白县博贺镇	95548		441701001	阳江市辖区海陵镇	92240
	440981007	高州市石鼓镇	12112		441702001	江城区岗列镇	38436
	440981008	高州市镇江镇	8775		441702003	江城区埠场镇	9430
	440981026	高州市顿梭镇	8653		441702004	江城区平岗镇	22165
	440982003	化州市杨梅镇	19117		441721002	阳西县程村镇	113051
	440982011	化州市中垌镇	11037		441721004	阳西县上洋镇	26458
	440982012	化州市合江镇	7062		441721005	阳西县溪头镇	113460
	440983015	信宜市镇隆镇	8852		441721007	阳西县儒洞镇	12904
	441203002	鼎湖区沙浦镇	5766		441721009	阳西县沙扒镇	66975
	441203003	鼎湖区永安镇	9139		441723009	阳东县雅韶镇	29160
	441283004	高要市禄步镇	7573		441723010	阳东县大沟镇	50829
	441283009	高要市白诸镇	6736		441723011	阳东县三山镇	10320
	441283010	高要市莲塘镇	7807		441723013	阳东县东平镇	77137
	441283012	高要市蛟塘镇	6336		441802007	清城区石角镇	7472
	441283014	高要市白土镇	7218		441998007	东莞市虎门镇	18937
	441283015	高要市金渡镇	8676		441998008	东莞市长安镇	6698
	441283016	高要市金利镇	16589		441998010	东莞市沙田镇	16737
	441284006	四会市大沙镇	17838		442098001	中山市黄圃镇	19900
	441284007	四会市新江镇	8273		442098002	中山市民众镇	16191
	441284013	四会市龙湾镇	6500		442098003	中山市东凤镇	13311
	441323004	惠东县捻山镇	13939		442098004	中山市东升镇	22424
	441323006	惠东县平海镇	6768		442098005	中山市古镇镇	7769
	441323007	惠东县港口镇	21272		442098007	中山市坦洲镇	12891
	441323011	惠东县盐洲镇	6638		442098008	中山市港口镇	13865
	441381020	惠阳市澳头镇	23887		442098009	中山市三角镇	17594
	441501001	汕尾市辖区田乾镇	16823		442098010	中山市横栏镇	29835
	441501002	汕尾市辖区遮浪镇	17078		442098012	中山市阜沙镇	8833

续表 10

地　区	乡镇代码	乡镇名称	水产品产量（吨）	地　区	乡镇代码	乡镇名称	水产品产量（吨）
	442098013	中山市南朗镇	14906		450702105	钦南区龙门港镇	105620
	442098015	中山市板芙镇	13072		450702106	钦南区西牛脚镇	107570
	442098017	中山市神湾镇	6526		450702108	钦南区东场镇	19920
	442098024	中山市小榄镇	9940		450702109	钦南区那丽镇	12600
	445122003	饶平县所城镇	6469		450721101	浦北县泉水镇	6396
	445122004	饶平县柘林镇	16295		450721102	浦北县石冲镇	10331
	445122005	饶平县海山镇	32215	海　南	460105101	秀英区西秀镇	7111
	445122006	饶平县井洲镇	37276		460108104	美兰区大致坡镇	6820
	445224004	惠来县靖海镇	17360		460200100	三亚市海棠湾镇	5842
	445224007	惠来县神泉镇	37510		460200103	三亚市崖城镇	5886
	445381012	罗定市素龙镇	5954		469002104	琼海市博敖镇	8432
广　西	450502001	北海市海城区靖海镇	25376		469002107	琼海市潭门镇	25660
	450502003	海城区涠洲镇	9845		469002109	琼海市长坡镇	10425
	450503001	银海区福成镇	9700		469003106	儋州市光村镇	17356
	450503002	银海区西塘镇	17500		469003107	儋州市木棠镇	7705
	450503004	银海区侨港镇	103036		469003108	儋州市海头镇	27181
	450503005	银海区咸田镇	30705		469003109	儋州市峨蔓镇	9255
	450504002	铁山港区营盘镇	105084		469003110	儋州市三都镇	8259
	450504003	铁山港区兴港镇	20037		469003112	儋州市白马井镇	71466
	450521002	合浦县党江镇	87890		469003114	儋州市排浦镇	13147
	450521003	合浦县西场镇	86789		469003116	儋州市新州镇	76399
	450521004	合浦县沙岗镇	41598		469005115	文昌市铺前镇	11632
	450521006	合浦县闸口镇	6500		469006102	万宁市和乐镇	15185
	450521009	合浦县白沙镇	24700		469027101	澄迈县老城镇	8873
	450521010	合浦县山口镇	28430		469028102	临高县东英镇	6743
	450521011	合浦县沙田镇	58578		469028103	临高县博厚镇	6080
	450602100	防城港市港口区企沙镇	90073		469028108	临高县新盈镇	124929
	450602101	防城港市港口区光坡镇	49486		469028109	临高县调楼镇	158764
	450602102	防城港市港口区公车镇	31830		469031104	昌江县昌化镇	8286
	450603201	防城港市防城区茅岭乡	33300		469031105	昌江县海尾镇	37137
	450603208	防城港市防城区江山乡	48500		469033110	乐东县莺歌海镇	15944
	450681100	东兴市东兴镇	29870		469034107	陵水县新村镇	41678
	450681101	东兴市江平镇	70602		469034108	陵水县黎安镇	7900
	450702100	钦州市钦南区沙埠镇	8180	四　川	510122121	双流县万安镇	22602
	450702101	钦南区康熙岭镇	18555		510183109	邛崃市冉义镇	6020
	450702103	钦南区尖山镇	28730		510183203	邛崃市南君平乡	8317
	450702104	钦南区大番坡镇	58130	新　疆	654122201	察布查尔县孙扎齐牛录乡	35395

强镇视窗

北京市

海淀区东升乡

东升乡前身为东升公社，成立于1958年8月。1984年4月，恢复乡建制，形成乡党委、乡政府、乡农工商总公司三套班子。2001年底大钟寺、太平庄两个行政村撤村并街后，乡政府所辖村委会由原来的7个减少为5个，现有塔院、八家、清河、马坊、小营5个村委会。

东升乡位于北京市海淀区最东部，中关村科技园区核心区内。乡域范围南起西直门，北至西三旗与昌平区相连，西以白颐路为界直至上地开发区，辖区面积54．6平方公里，乡村人口9822人。东升乡地处城乡结合部地区，有学院南路、三环路、知春路、四环路、成府路、五环路横亘东西，德昌路、学院路、双清路纵贯南北，形成了一个四通八达，交通便捷的立体交通网。乡域内有清华大学等20多所高等院校和国家自然科学基金委等30多个科研院所。这些大学以其各具特色的专业优势，不仅为东升乡增添了浓厚的文化氛围，同时也带来了很多合作机遇。

东升乡历史人文资源丰富，域内名胜古迹有位列“燕京八景”的蓟门烟树、存有“世界钟王，”永乐大钟的大钟寺博物馆、辟为石刻艺术博物馆的五塔寺等。

多年来，东升乡人民在乡党委政府坚强有力、卓有成效的领导下，高举邓小平理论伟大旗帜，以“三个代表”重要思想为指导，紧紧围绕中关村科技园区建设的总目标，以经济建设为中心，以规划为龙头，以环境建设为重点，狠抓机遇、加快发展。在推进城市化进程的过程中，全乡经济建设、改革发展稳定、社会各项事业、精神文明和民主法制建设等方面都取得了很大的成就。东升乡是全国乡镇之星、北京市六好乡镇党委标兵、首都文明乡镇示范乡、北京市计划生育工作红旗单位、首都社会治安综合治理先进集体、全国信访系统优秀集体。

在实施经济结构战略性调整以及农村城市化的进程中，东升乡狠抓机遇，深化改革，逐步开拓出一条符合东升实际、具有东升特色、以建设富裕民主文明的社会主义新农村为目标的发展路子。为了加快向现代化、社会化目标迈进的步伐，东升乡十五规划明确提出要实现“四化”目标：即实现农业产业化、工业园区化、三产社会化、居住城市化。并结合“四化”目标，提出应对挑战的五大发展战略、实施战略的七个产业基地的发展蓝图，极大的鼓舞和激发了全乡发展经济的信心和决心。2003年，我乡制定了三次产业发展方针，即“优化提高第一产业、调整重组第二产业、优先发展第三产业”的思路，全乡从农村经济向城市经济转变、农村管理向城市管理转变的工作思路更加清晰。从几年来的具体实施看，我乡通过经济结构调整，不断扩大资产总量抓规模效益；通过整合资源挖潜力，不断形成新的经济增长点；通过开源节流抓管理，不断提高经济效益；通过集体经济体制改革，在试点单位妥善处置了历史遗留问题，建立社区股份合作制正在酝酿之中。全乡经济在由农村经济向城市经济转轨的变革中经受住了考验，产业结构调整不断深化，区域优势得到充分发挥。第三产业的主导优势更加巩固，工业经济运营平稳，区域经济和个体私营企业发展迅速，经济结构的战略性调整初步完成，进一步实现了农村经济向城市经济的融合与对接。经济运行质量良好，各项经济指标稳步增长。2004年，全乡主要经济指标完成情况(含地域经济)：经济总收入完成26．38亿元，比上年增长4%；纯收入完成4．76亿元，比上年增长8%；劳均所得26540元，比上年增长6%；人均所得15443元，比上年增长7．4%。

积极整合土地资源，加快重大项目的统筹规划和建设进程，乡域环境建设取得重大突破。抓住北京市加快城市基础设施建设和海淀区加快城乡结合部城市化进程的有利契机，以中关村科技园区建设为动力，以为全乡发展积蓄后劲、服务经济建设和改善村民生活环境为目的，加快了全乡“大建设、大整治、大规划、大提高”的步伐，以整合土地资源促进经济增长，以规划建设积蓄发展后劲，全乡规划建设取得了重大突破，乡十五规划确定的20个重点建设工程累计开复工面积23．3万平方米，目前项目建设进展顺利。被列入北京市60项重大工程项目之一，定位为市级商业中心的大钟寺国际广场项目已正式开工，预计2006年全面开业。锦秋知春国际大厦、小营环岛综合楼、小营君安商业综合楼、蓟门保福大厦等一批重点项目的建成使用，必将为今后全乡经济的发展提供新的增长点。

为打造自然清新、景致优美的人居环境，实现人与自然的和谐相处，全乡实施退耕还林，退房还绿，确立了种大树、种好树、出精品、建景观的绿化目标。从2000年开始的绿化隔离地区建设、“五河十路”绿色通道等工程在东升乡形成了面积达5000多亩，包含马坊森林公园、小营西小口生态休闲园、西三旗南路绿色精品园等一系列森林和绿地，极大地改善了周边的生态环境，为附近居民提供了优美的休闲健身场所，实现了地区生态生活的和谐统一，同时也孕育着发展绿色产业的无限生机。

结合绿化隔离地区建设，与之配套的新村建设和设也取得阶段性成果。马坊新村、清河朱房新村、大钟寺头堆村等新村的陆续建成彻底改变了平房区外来人口聚居、环境脏乱差的面貌，广大村民的居住条件得到明显改善。绿色产业项目建设坚持“以新村建设推动绿色产业，以绿色产业带动二、三产业” 的发展规划，现已初具模型，形成了八家绿色教育产业园、马坊村“天地邻枫”绿色产业项目、小营西小口绿色休闲会馆一系列的绿色产业项目。通过先绿化、后开发，紧抓机遇，不断缔造出一道道精品风景线，并为我乡发展培育出新的经济增长点。使全乡产业发展的方向更加明晰。

海纳百川是东升人的胸襟，与时俱进是东升人的品格。东升乡所确定遵循的发展理念是：以人为本，自立自尊；以义生利，同舟共济；以和为贵，奉献社会；以德治乡，建设小康。今后全乡人民还将高举邓小平理论伟大旗帜，认真贯彻“三个代表”重要思想，以党的“十六大”精神为指导，在全面建设小康社会的进程中，加快经济结构的战略性调整和集体经济体制改革的步伐，加快城市规划和环境建设的步伐，全面推进物质文明、精神文明、政治文明的协调发展，促进经济和社会各项事业的持续快速健康发展，为建设东升小康社会，为建设富裕文明的新东升而努力奋斗！

海淀区上庄镇

北京市海淀区所辖镇，位于海淀区西北部，东邻昌平区沙河镇，南至海淀区西北旺镇，西接海淀区苏家坨镇，北靠昌平区马池口镇。镇政府驻地距海淀区政府 14．6 公里，佛香阁北偏西 11．6 公里。镇域处于近山平原地区，西高东低，平均海拔 45 米，总面积 38 平方公里。南部为褐壤土，北部为沙壤土。

镇政府因驻上庄村得名。镇域在元代属昌平区。明、清代属昌平州。民国时属昌平县。1947 年至 1949 年 4 月属昌平县十一区。1949 年 4 月至 1950 年 5 月属昌平区六区（区治阳坊镇）。1950 年 6 月至 1956 年 2 月划归区治沙河镇的二区。1956 年 2 月至 1958 年 10 月属于苏家坨乡。1958 年 5 月，北京市西郊农场场部从彰化村迁到上庄，1958 年 10 月划入海淀区，成为永丰人民公社的一部分。1961 年 4 月成立上庄公社，与西郊农场合为一体，1984 年 4 月改设上庄乡，1986 年建立行政村村民委员会，1998 年 11 月上庄乡与西郊农场机构分开。2000 年，上庄乡将村委会调整为东马坊村、西马坊村、常乐村、上庄村、北玉河村、西闸村、八家村、皂甲屯村、东小营村、罗家坟村、永泰庄村、南玉河村、李家坟村、梅所屯村、双塔村、前章村、后章村、西辛力屯村、河北村、白水洼村 20 个村民委员会。2003 年 7 月，上庄乡正式更名为上庄镇，改镇后辖域面积不变，原有 20 个行政村不变。

全镇耕地面积 18580 亩，总户数 9601 户，户籍人口 20334 人，农业人口 8086 人，非农业人口 12248 人，农业劳动力 6408 人，流动人口约 6000 人。

境内有南北沙河贯穿，南沙河全长7千米，蓄水能力200万立方米，灌溉面积9300亩；北沙河全长7.6千米，流域面积6.3平方公里，蓄水13万立方米。南沙河流域形成水面66.6万平方米上庄水库。

辖区内公路纵横交错，303路、933支线等多条公交线路连接全镇主要道路；西北环铁路设有后章村站。镇域内建有全日制中学2所，小学4所，卫生院1所，敬老院1所，幼儿园1所。

全镇经济发展主要依靠现代化种植业，重点发展第三产业。2004年全年经济总收入6.2亿元。

结合本镇农业发展的优势条件，该镇集中精力创建了以镇农业服务中心牵头领办的农民专业合作组织——北京上庄创新种植中心。该中心以农业科技试验、绿色产品生产示范及农技科普推广实践为基础，构成京郊都市农业的特色。该中心分区建有2个园，1个中心，即：农技创新试验园、绿色产品示范生产园、农业科普活动中心。农技创新试验园不断引进新技术、新品种，为发展规模化生产提供技术依托。示范种植有温室草莓和葡萄。绿色产品示范生产园全面推行农业标准化生产，其中“上庄”牌产品，冬枣、葡萄、樱桃、油桃，已获得全国无公害安全食品认证。农业科普活动中心设有农村远程教育系统。

京郊第一“绿肺”——翠湖湿地公园位于该镇，东接上庄水库，西临稻香湖公园，南北皆为市级绿化园林带。公园开挖环湖生态渠，将上庄水库北侧的1500亩低凹地围成具有湿地生态特征的生态园，并引进湿地植物140余种，湿地动物40余种，形成湿地景观，同时还能收集雨水，净化湖水。公园内建有荷花塘、芦苇塘、野生湿地植物展览区、水禽保护区、湿地生态农业园、环园生态水区等。

该镇皂甲屯村西、路北，原有清康熙大学士明珠墓，坐北朝南。墓门、牌楼、各种石雕、供桌等残物散落各处。上庄村中心原是明珠花园，现在龙湾子河南沿残存数十米围墙。上庄村南南沙河上曾有座马蜂桥，已被水库淹没。西马坊村南有清康熙帝四胞弟薛亲王常宁墓。双塔村有双塔故城遗址，1976年出土铁铸牛，为辽金遗物。白水洼村有300多年的古银杏树一株。

海淀上庄是清代大词人纳兰性德生前活动的主要地区之一，死后埋葬于海淀上庄皂甲屯，附近至今仍保存有其祖茔、故居明府花园及其他遗迹。纳兰性德（1655～1685），原名成德，字容若，满洲正黄旗人。其父明珠，曾任武英殿大学士，在康熙年间权重一时。纳兰本人也深得康熙皇帝的赏识，被授予一等侍卫，正三品。他词宗五代后主李煜，多写离愁别情，写真意，抒真情，摹真景。被后人推为“国初第一词人”。此外，他还广泛结交汉族文人，为满汉文化交融做出杰出贡献。1998年5月由上庄乡政府投资修建成的纳兰性德陈列馆，建筑面积1000平方米。陈列馆通过实物、拓片、照片、图表等，表现纳兰性德的一生，重点反映其文学成就。70年代其墓地出土的墓志铭、朝珠及部分封诰、康熙年间铜钱等也在此馆展出。陈列馆将逐步建成国内外关于纳兰性德的研究资料中心。

朝阳区来广营乡

来广营乡位于朝阳区西北部，西邻亚运村和建设中的奥运村，东邻首都机场路，南靠北四环路，北接昌平区，望京新城和北苑小区坐落在来广营乡南北，全乡区域面积25.88平方公里，管辖7个行政村，19个居委会，常住人口35149人，其中农业人口8000人。

来广营乡党委、乡政府以“家乡富裕，百姓安康”为目标，以团结、务实、廉洁、高效、发展为准则，把党的自身建设与发展本乡的经济紧密结合起来，同步调，共辉煌，被评为市级“六好党委”、朝阳区“六好党委”标兵、全国文明小城镇示范点。

来广营乡领导班子坚持以党建工作总揽全局，优化发展环境、优化空间布局、优化产业结构，不断加快农村城市化建设。以安全、稳定为大局，不断提高农民收入，改善农民生活质量，努力开创三个文明建设协调发展的新局面。

在产业发展中，按照“组团式规划建设，坂块式经济发展”的新思路，落实好7个产业板块的建设：一是高科技产业板块；二是家具建材商业板块；三是汽车专卖板块；四是绿色产业板块；五是规模企业发展板块；六是绿色家园综合服务板块；七是商务金融产业板块；实现新的发展。

2004年，全乡将完成经济总收入30亿元，比上年预计增长17%；完成利润总额2亿元，比上年预计增长20%；完成乡域税金1．2亿元，比上年预计增长33%；农民人均收入预计实现13650元，比去年将增长8%。

朝阳区南磨房乡

南磨房乡位于北京市东南城乡结合部，西靠东三环，北接通慧河，是全市距离中心城区最近的乡镇之一。乡域面积10．23平方公里，东四环路贯穿全乡，京沈高速公路从此开端。辖区常住人口69000人，其中农业人口2009人，另有流动人口30000多人。1993年7月成立地区办事处以后，同时行使农村和城市双重管理职能。现有2个村委会、7个社区、六大专业公司，乡党委管辖7个社区党委、2个村党支部、4个企业党总支和1个流动人口党支部，全乡共有党总支（支部）46个，党员2187名。1991年，南磨房乡跨入北京市首批亿元乡行列，1995年，全乡集体经济总收入突破10亿元，2004年，全乡经济总收入达到38亿元，14年间，经济总量年递增达到21%。

通州区漷县镇

漷县镇现有61个行政村，镇域面积113．68平方公里，57972人。镇域内有北运河、凤港河、凉水河、港沟河四条主要河流，有漷永路、漷马路、觅西路、觅永路、觅凤路五条区级公路，有镇级公路69．3公里，还有京塘、京沈两条高速国道。

漷县历史悠久，古代即为京东重镇。汉朝属泉州地，辽太平中（约公元1025年前后）置镇设漷阴县。元至元十三年（公元1276年）升为漷州，辖武清、香河两县。明洪武五年（公元1372年）降为县，隶属通州，清朝顺治十六年（公元1659年）撤县。漷县镇地名即由此而来。

漷县小城镇是1994年经市政府批准的北京市建设总体规划中的首批试点镇，1995年经首规委批准完成了镇域总体规划和控制性详规，小城镇总体规划面积3．23平方公里。2000年经国务院体改委批准升级为国家级小城镇综合改革试点镇，2002年经北京市规划委员会批准，小城镇中心区规划面积由3.23平方公里调整为6．6平方公里。

2004年漷县镇党委、政府结合自身实际，调整发展思路，明确工作重点，努力推进发展模式和增长方式的转变，保持了经济的稳步增长。全镇用于小城镇基础设施建设资金2000多万元，全镇实现区域生产总值7．2亿元，同比增长9．8%；实现税收1．4亿元，同比增长28．9%；实现工业销售收入13．2亿元，同比增长25．5%；实现农业总产值3．8亿元；农民人均纯收入达到6670元，同比增长9．3%。

漷县镇始终坚持经济建设与各项社会事业协调发展，教育的基础地位得到进一步加强。2004年用于教育投入950万元，落实了可容纳300名学生的寄宿楼；完成了东定安小学原址翻建工程；实施了漷县中学操场的改造，建成了塑胶跑道。文化、体育事业进一步发展，投资24万元，在绿茵小区等地点安装了8套健身器械，全镇成立了龙灯协会、书画协会等十个协会和文艺演出团、电影放映队等三个团队。基层文体活动丰富多彩，开展了农民艺术节、五月的鲜花等歌咏活动，举办了秧歌赛、门球赛、篮球赛等一系列文体活动，极大丰富了基层群众的业余文化生活。弱势群体帮扶力度进一步加大，全镇办理城市低保120户、农村低保614户，弱势群体得到了有效救助。农村新型合作医疗体制进一步健全，全镇新型农村合作医疗农民参保率达到83．6%，初步解决了部分农民因病致贫、因病返贫的问题。

顺义区马坡镇

北京市顺义区马坡镇位于首都东北郊，离市区30公里，距首都国际机场8公里。全镇21个行政村，人口2．3万，镇域面积35．1平方公里。1999年4月被市政府批准为小城镇建设试点，同年9月，被国务院列为首批国家级综合改革试点镇。

近几年，在市、区两级政府的正确领导下，镇党委、政府以“服务奥运，发展马坡”为主题，围绕北京市空间规划布局调整总体战略，开拓进取，扎实工作，取得了三个文明建设的丰硕成果。

一、领导班子坚强有力

在多年的发展实践中，马坡镇形成了一支乐

于奉献、敢于打硬杖、具有较强凝聚力的镇村领导班子。班子成员弘扬“团结务实，开拓进取，创新争先，自强不息”的马坡精神，以“三个代表”重要思想为指导，树立和落实科学发展观，认真贯彻落实党在农村的各项方针政策，廉洁自律，勤政为民，切实为群众办好事、办实事，执政能力切实增强，得到了群众的衷心拥护。10月2日，胡锦涛总书记视察白各庄村工作时，对全镇的基层组织建设给予了高度评价。

二、经济稳步发展，人民生活水平不断提高

镇党委、政府以“把马坡建成京郊旅游、休闲、渡假基地”为功能定位，按照“强化四个服务，建设三大基地，发展六大产业”的总体发展思路，求真务实，加快发展，全镇经济及社会各项事业稳步发展。2004 年全镇完成地区生产总值5．8亿元，属地财税收入6073万元，农村经济总收入 11．3 亿元，农民人均劳动所得 8651元，同比分别增长 22%、27%、20%和 10．4%。连续三年经济目标考核在全区名列前茅，人民生活水平不断提高，目前，一批高品位、高档次的文体娱乐设施遍布街头巷尾。全镇建有文体活动站 15 个。85%的村建立了大众图书室、老年活动中心、市民文明学校等。广大群众通过参与文体娱乐活动，陶冶了情操，充分享受了现代文明成果，文明素质和文明程度显著提高。目前，全镇有首都文明村 4 个，区级文明富裕村 12 个。先后获得全国精神文明创建活动示范单位、全国乡镇企业示范区、全国创建文明村镇工作先进单位、国家级卫生镇、京郊城镇建设先进镇、郊区环境整治样板镇、北京市环境优美乡镇、国家级环境优美乡镇等多项荣誉称号。

三、切实加强环境建设，服务于民

以绿色生态文明走廊建设、村庄连片整治、花园式村庄创建等为载体，环境整治工作成效显著。去年获得“北京市环境优美乡镇”和“全国环境优美乡镇”荣誉称号。在抓好硬环境建设的同时，切实加强软环境建设。大力推进电子政务建设，加强干部队伍建设，提高了工作人员的整体素质和服务水平。转变政府职能和工作作风，大力推进全程办事代理制。各村也按要求建立了全程办事代理点，切实方便了群众。实行“技能培训、职业指导、就业推荐”一条龙服务，积极开拓就业岗位，去年全镇共有农村劳动力 7624人，完成就业 7098 人，就业率达 93．1%，被区政府授予“2004 年就业工作先进单位”荣誉称号。

四、精神文明建设成效显著，各项社会事业全面进步

2004年市农委对全市37个小城镇经济社会发展动态监测结果显示，马坡镇精神文明指标位居第一，综合排名第八位。在全镇上下广泛深入开展了“同心全面建小康”主题教育活动。在全镇已有 7 个村获得文明富裕村称号的基础上，2004 年在毛家营、马卷等 6 个村深入开展了文明富裕村创建工作，有 5 个村获得“文明富裕村”荣誉称号，资金投入力度加大，基础设施条件明显改善，村容村貌发生了巨大变化。群众性文体活动广泛开展，群众文明程度明显提高。教育事业健康发展。坚持把教育摆在优先发展的战略地位，继续加大教育投入力度，努力改善办学条件，提高教职工福利待遇，教育教学质量不断提高，成绩显著。全力构建学习化社会，不断完善学习型社区的管理体制和运行机制，逐步建立起多层次、全方位、开放式的社会化教育体系。卫生、防疫、新型农村合作医疗工作成效显著。2004年全镇共有 4192 户 11286 人参加新型农村合作医疗，户参保率达到 84%，人参保率达到 77%。全年累计报销 4590 人次，报销金额 67．7 万元，占缴费额的 141%。圆满完成了献血和改水改厕工作任务。人口和计划生育工作得到加强，荣获“北京市计划生育红旗镇”称号。切实加强安全生产工作，落实安全生产责任制，广泛深入开展安全生产宣传教育，强化安全生产检查和专项整治，确保了年内没有发生大的安全生产事故。加强流动人口管理与服务，深入推进社会治安综合治理，连续三年辖区内未发生重大刑事案件，确保了地区社会稳定。

五、深入推进政务公开，完善村民自治

镇党委充分认识到“环境就是资源，环境就是形象，环境就是生产力”，围绕服务经济、服务企业、服务基层、服务群众，深入推进政务公开。完善了《机关学习制度》、《机关管理制度》、《机关工作制度》等一系列规章制度，以达到规范工作行为的目的。不断加大政务公开力度。要求各科室结合工作实际，制定本科室的工作制度

和工作职责，明确服务承诺项目，并设立公开栏，按照工作标准为群众搞好服务。推行全程办事代理制，建立监督考评机制，提高责任意识。深入推进村务公开，除国家有关法律法规和政策明确要求公开的事项，适应新形势，及时丰富和拓展村务公开内容，如土地征用补偿及分配、粮食直补、新型农村合作医疗等群众关心的事项逐一公开，增加透明度。推进基层民主政治建设，采取两推一选的办法，选举产生了新一届村支部班子。采取直接选举的办法，21个行政村全部一次产生了新一届村委会。认真宣传贯彻《村民委员会组织法》，各村制定了村民自治规划，健全了各项规章制度。

大兴区榆垡镇

2004 年，榆垡镇地区生产总值完成 8．83 亿元，同比增长 18．3%，其中一产增加值完成 1．15 亿元，同比增长 16．6%；二产增加值完成 3．48 亿元，同比增长 9．7%；三产增加值完成 4．2 亿元，同比增长 27．1%；财政收入完成 8935 万元，同比增长 0．9%；农民人均收入达到 7360 元，同比增长 15．1%。各项经济指标均列大兴区前三名，是大兴区经济强镇、北京市先进城镇。

平谷区峪口镇

峪口镇是平谷区西北部经济、文化、商贸中心。1994 年 9 月被市政府确定为第一批十个小城镇建设试点之一，1999 年 9 月列入国家级综合改革试点镇。镇域面积 65 平方公里，辖区有 20 个行政村，总人口 3．4 万。近年来，峪口镇党委、政府紧紧围绕“强镇富民”这一主线，努力发挥乡镇党委的领导核心作用和党员干部的先锋模范作用，积极推进工业化、城市化和农业化进程，全镇经济、社会各项事业全面协调和可持续发展，为建设和谐城镇奠定了坚实基础。1999 年至 2004 年，全镇累计实现工商税收 2．5 亿元，年均增长 27%；累计实现工农业总产值 56．5 亿元，年均增长 22%；累计实现国内生产总值 23．1 亿元，年均增长 18．8%。2004 年全镇农民人均可支配收入 7521．4 元，比 1998 年的 3672．5 元增长了 104．8%，年均增长 12．1%。

房山区十渡镇

一、十渡概况

十渡镇位于北京西南，距市区 96 公里，全镇总面积 213 平方公里，耕地面积 3212 亩，辖 21 个行政村，4674 户，11958 人。2004 年，实现国内生产总值 1．5 亿元，增长 18．6%；农村经济营业收入 3．6 亿元，增长 15．1%；农民人均纯收入 4902．3 元，增长 4．5%；税收实现 3598 万元，增长 27%。

十渡自然风景独特，是华北地区最大的岩溶峰林大峡谷景区，是中国北方少见的喀斯特峰林地貌景观，有“青山野渡，百里画廊”之称。

二、全镇经济社会发展情况

近几年来，在区委、区政府的正确领导下，坚持“旅游立镇，旅游强镇，旅游兴村，旅游富民”的发展思路，全镇各项事业全面稳定协调发展。

1．狠抓景区基础设施建设。

先后实施了橡胶坝、35KV 变电站、程控电信局、中心景区公路拓宽、标识建设、水体景观打造、停车场等多项重点工程。开发建成了 10 大集吃、住、行、游于一体的自然景区，15 个民俗旅游村，建成 48 家宾馆、培训中心，建筑面积 65677．8 平方米，共有从业人员 1700 人，安置本地就业 950 人，日接待能力达 2 万人。

2．实施绿化、美化工程，打造景区优美环境。

几年来，先后实施了景区百里绿色长廊建设工程、村容村貌整治工程、小园林建设工程，完成绿化面积近 30000 亩，林木绿化率 73.62%，沿路小园林 42 处，800 亩。

3．举办各类特色活动，景区知名度不断提高。

几年来，先后举办了全国首届蹦极大赛、十渡山水节、首都市民文明健康生态十渡游、“天使之吻”大型集体婚礼、十渡民俗节、十渡河灯节等大型特色活动。

4．主导产业的经济优势逐步显现。

目前，十渡已发展成为一个百万游客市场的旅游大镇。2004 年，全景区接待游客 130 万人，实现综合收入 2．32 亿元，占全镇总收入的 64%。围绕旅游业，旅游富民产业迅速发展，初步实现了“山上退牧种草栽果、水中养鱼垂钓餐饮、田中精种观光采摘、户中民俗住宿旅游”四大富民产业格局。素有“椒乡”之称，磨盘柿荣获部优产品。护林人员达581名，专门从事护林管林工作。流水养鱼水面达600亩，1000池，品种达20余种，从事养鱼农户800户，年产优质成鱼100万公斤，纯收入887万元，户均收入10000元，是京郊最大的流水养鱼基地。全镇林地面积达14万亩，其中果园面积9000亩，干鲜果品产量260万公斤。有15个民俗旅游村，其中市级民俗旅游专业村4个，从事民俗旅游业户达880户，其它专业户153户。富民产业的发展，实现了农业和旅游业最有效的对接。

三、今后工作设想

从现在起到2008年，我们既面临着良好的发展机遇，也面临着严峻的挑战。

从有利的方面分析，我们面临难得的发展机遇：

一是独具魅力的特色自然旅游资源，为十渡实现旅游强镇兴村富民奠定了基础。独特的喀斯特地貌，构成了华北地区最大的岩溶峰林大峡谷景区，拒马河湿地景观，地质遗迹，山水风光，历史文化，景观独特，资源丰富，区位优越，居于北京西南旅游的中心，上下互联，可形成黄金旅游线。

二是十渡品牌效应日益显著，已拥有了一批市级、国家级品牌。

早在1986年就被评为北京新十六景之一，现在既是市级风景名胜区、北京市唯一的旅游专业镇、市级文明景区、市级水生野生动物自然保护区，还是以旅游为主的国家小城镇经济综合开发示范区、国家体委蹦极攀岩训练基地、国家旅游局行风建设试点、国家AAA级景区、全国青少年地质科考夏令营基地、全国青少年德育教育基地，又被国土资源部确定为国家地质公园，为我镇主导产业的发展营造了良好的氛围。

三是十渡的开发已初具规模，基础设施建设逐步完善，景区内吃、住、行、游、购、娱等要素初具雏形，旅游区域经济优势正逐步显现。

四是市委、市政府、区委、区政府对郊区旅游产业非常重视，而十渡有年接待百万人以上规模的市场容量和独特的山水秀地品牌及良好的区位优势，必将成为房山实现旅游大区战略的龙头，即将配套出台的旅游扶持政策也将推动这一目标的实现。

五是在绿色奥运的指引下，适合首都经济特点的旅游产业将得到超前的发展，休闲旅游已成为都市居民的时尚消费，而青山野渡、百里画廊的十渡，得天独厚，必将占得先机。

同时，我们也面临严峻的挑战：

一是十渡既是景区，又是农区，现代文明景区的高标准、严要求与从业人员素质较低的矛盾突出，教育农民、培训农民，使其真正从农民向旅游经营者过渡还是一项艰巨的任务。

二是旅游企业龙头作用相对还不够强，旅游市场低水平、无序，重复竞争还时有发生，整合旅游资源，扶优成势，规范旅游秩序，发掘深层旅游内涵，是今后工作的重点。

三是景区目前的生态环境质量与建设国家地质公园的要求还不相适应，林畜矛盾、畜游矛盾、水体保护、资源永续利用等都是亟待解决的问题。

四是十渡景区道路与漫水桥建设滞后，已成为十渡景区旅游业发展的瓶颈。加快景区基础设施建设与资金缺乏的矛盾日益突出，景区经营缺乏市场化运作机制，单一的政府投资远远不能满足景区的发展需求。

今后工作的指导思想：以人为本，坚持全面、协调、可持续的科学发展，认真贯彻落实市郊区工作会、区五次党代会、区五届一次人代会精神，围绕“三农”，解放思想，开拓创新，全力加强各项工作落实力度，加快景区建设步伐，促进农民增收致富。

发展思路：“一二三四”发展思路，即坚持一个科学的发展观，实现两大目标，培育三大富民产业，建成四大休闲旅游体系。

坚持一个科学的发展观：即保护山水秀地，建设民俗文化走廊，实现人与自然和谐发展。

实现二大目标：即实现国家级重点风景名胜区目标和强镇兴村富民目标。

培育三大富民产业：即民俗旅游、精品养鱼和观光农业。

建成四大休闲旅游体系：即自然风光、休闲度假、地质科考、民俗文化四大旅游体系。

任务目标：到2005年底，农村经济营业收入4．1亿元，比去年增长14．9%；农民人均纯收入5542元，比去年增长6%；

预计到2008年农村经济营业收入实现7．04亿元，年递增20%；国内生产总值实现2．7亿元，年递增18%；财政收入实现5900万元，年递增7．5%；人均纯收入实现7800元，年递增12%。

重点工作：

（一）抓基础设施建设，实现农村城镇化建设。

加快基础设施建设，改善景区综合环境。一是建设施。投资5000万元完成七渡、九渡、北石门三座高架桥建设，北石门桥现已动工。十平公路十渡至北石门段10公里拓宽改造及投资9000万元的六石公路21．5公里拓宽改造工程即将启动。在不妨碍拒马河两岸自然景观的保护与游赏的原则下合理设置适应景区规模的停车场，解决停车难的问题。建设公共厕所，并充分利用现有环保厕所，解决游客在景区如厕难问题。二是打造景观。继续打造水环境，以生态化、景观化为原则，变以旅游开发为主向以景区生态环境改善为主转变，重点实施平峪、七渡两道叠水坝建设工程。以十渡作为水生野生动物保护区和应急水源地建设为依托，加强水源的保护力度，对宾馆、饭店的排污设施严格管理。围绕基础设施建设景观化，美化村内街道环境，结合民俗旅游村的建设，投资200万元，完成15个村、2万米的街道硬化工程。三是实施改造。统一规范广告、牌示，在各景区沿途合理设置路标、解说图片为游人服务，一切与景区内解说导游标示牌等无关的招牌一律拆除。实施八渡村旧村改造工程，解决人口分散的问题，实现统一管理、统一供水、统一供电，达到节约用地、为市民提供开发农艺园场地、土地增值、农民增收的目的。

（二）抓品牌提升，提高十渡对外影响力。

以建设国家地质公园为切入点，不断提高知名度使其品牌不断提升。一是提升无形资产存量。高标准的完成国家地质公园配套设施工程，保证6月中旬开园揭碑，努力实现国家“AAAA”级旅游景区，积极运作“京西岩溶世界地质公园”的申报工作，申报世界地质公园，不仅可以弥补北京地区世界地质公园的空白，而且将会成为京西一大旅游品牌和亮点，对北京在世界自然遗产和地质遗产中的地位及知名度将会产生深远的影响。二是打造经营品牌。举办“家庭联姻”、自行车公路越野赛、十渡地质探险游、十渡首届国际徒手攀岩比赛等特色活动，不断提高景区影响力和知名度。三是加大在各电视台、报刊、杂志等新闻媒体的宣传、推介力度，使更多的人了解十渡。

（三）抓产业化经营，实现农民增收致富。

推进农业产业化经营，为农民增收致富搭建平台。一是通过对柴鸡、中华蜂等养殖户扶持，引导劳动力养殖就业，特色鲜明景点、旅游项目的开发建设及游客服务中心的投入使用，安置劳动力300名，使农村剩余劳动力由原来的598名减少到298名，就业率达到96．2%，增长了17．7%。二是为农户发展旅游搭建平台，延伸旅游线路，让农户吃旅游饭，举办“家庭联姻”活动，将农村经济和城市经济有效的捆绑在一起，开阔农民的视野，提高农民素质，让城里人和十渡人结“亲家”，使其在农村有个家，在城市有个家，利用亲情促进十渡经济的发展，今年将推出20户。三是围绕旅游市场发展农产品加工业，将花椒、杏仁、蜂蜜等农产品进行商标注册并设计、制作出了农产品包装箱，打出十渡农产品的品牌，使农产品变成旅游商品，提高农产品效益，为实现农产品最大效益化和富民增收搭建平台，转变了农产品一家一户在旅游旺季进行摊点经营的经营方式。积极组织各类产业协会向农户提供技术服务和生产资料，着重解决农产品“卖难”和农产品增值问题。

（四）抓文化带动，实现旅游发展的新突破。

围绕主导产业旅游延伸，逐步完善旅游区域经济框架体系。一是依靠十渡全面建设国家地质公园这一契机，努力挖掘地质文化内涵，丰富地质科考内容，给十渡旅游融入更加新鲜的血液。紧密联系地质遗迹的分布特点，科研教学需要，研究制定旅游科考线路，组织地质科考游活动，使国家地质公园的作用更加突出，特色更加明显。二积极完成八渡金沙乐园景区及七渡“狐狸险”景点的开发建设，使其为十渡旅游业注入新的活力，成为新的经济增长点。三是利用我镇是革命老区的优势，以六壮士墓、平西烈士陵园为依托积极开发红色旅游，使红色旅游成为今年十渡旅游的新热点。逐步实现农区向景区、农业向旅游业转化。

（五）抓经营理念转变，实现体制更新的突破。

转变经营理念，拓展发展空间。一是引人才。随着景区旅游业的发展，旅游人才的需求量也急剧增长，要建立科学的用人机制，吸纳高学历、懂管理的旅游人才，真正作到“人才为我所用”，以推动旅游业走上有序发展的轨道。二是提素质。举办各类旅游从业人员培训班，提高从业人员综合素质及整体服务水平。三是拓市场。创新经营策略，加大宣传促销力度，黄金周期间北京游客占总数的46．3%，天津、河北的游客占总数的51%，其他地区的游客只占总数的2．7%，今后要向周边省市广泛宣传，以便巩固老客户，开发新市场，使十渡的客源由北京、天津、河北等地向其他地区扩展，从而扩大十渡旅游市场领域。黄金周期间游客中20～60岁占总数的89%，除了中青年这一主力军外，学生和老年人这两大市场潜藏着巨大发展空间，今后要重点开发两极市场。四是捉脉点。十渡要想留住游客，就要不断推陈出新，推出名优项目，创出自己的特色，使游客每次来都有新的感受。今后我们要通过旅游市场的调查，开发一些具备“新、奇、特”特点有特色、内涵的项目。五是抓整合。加大旅游企业的改革力度，各景点要突破单打独斗的局面，走联合之路。以拒马娱乐有限公司为主体，成立北京十渡旅游开发（集团）有限公司，为成立旅游集团做准备，变景区政府管理为市场运作，走集团化大发展的路子。六是改体制。按国家地质公园的要求确定地质公园统一管理体制，正式组建国家地质公园管理委员会。统一负责地质公园的管理规划和开发建设，统一管理公园范围内的园林、文物、环保、旅游、休闲疗养、商业服务、农林、治安等各方面工作。

天津市

津南区葛沽镇

葛沽镇位于天津市区东南，海河下游南岸，津南区东北部，滨海新区的西南部。东与塘沽区接壤，西靠咸水沽镇，北邻海河，南接大港区。总面积44．74平方公里，常住人口50863人。葛沽镇具有得天独厚的区位优势，地处天津市工业东移战略中规划的海河下游工业区内，北距天津机场15公里，东距天津港、南疆码头各15公里，距天津市区25公里，镇内有丹拉、津晋两条高速公路通过。

葛沽镇的历史可追溯到春秋战国时期，至明朝永乐年间成镇。明清两代和民国时期是北方有名的漕运码头、水陆交通枢纽和货物集散地。随漕运传至葛沽镇的妈祖文化更是全国独一无二，至今享誉海内外。

葛沽镇历史上还是津门著名春游胜地，自古人称“小江南”。葛沽镇有着深厚的文化底蕴，曾经产生、发展和传播盐业、码头、妈祖、科举、漕运、民俗及京畿文化。由此，葛沽镇成为经济繁荣、文化底蕴厚重的“华北八大古镇之一”。

近年来，葛沽镇逐步确立了“建设具有较高工业化和城市化水平，具有较强经济实力的沿海都市型现代化城镇”的奋斗目标，并付诸不懈努力。2004年实现地区生产总值16．8亿元，税收2.82亿元，形成了以冶金、机械加工、服装、餐具、化工五大行业为支撑的产业结构，涌现出甘泉牌潜水电泵、凤鸣牌热水锅炉、长城牌高级西装、津鸥牌农用复合肥、启明牌螺杆钻具和螺杆抽油泵等一批誉满国内外市场的名牌拳头产品。至2004年，全镇企业达280余家。其中年税收千万元以上企业3家，五千万元以上企业1家；亿元以上企业1家。经济发展促进了城镇建设的日新月异。自20世纪90年代以来，先后投入大量资金用于基础设施建设，兴建了一批以福海园为代表的环境优美的住宅小区，拓宽了镇区和乡村公路，完成了引滦入葛工程，扩大了绿地面积，极大地推进了农村城市化进程。

为促进镇域经济的快速发展，先后建成津南

经济开发区冶金工业园和轻工业园区，总规划面积550公顷。为投资者提供一系列快捷、高效、优质的“一站式”服务，使投资环境日益优化。

葛沽——这座昔日风景秀丽、商业繁华的华北古镇，如今正以与时俱进、开拓创新的崭新姿态，昂首踏上新世纪的征程。

葛沽镇2004年发展概况：

（一）镇域经济步入良性发展轨道

全镇国内生产总值完成16.8亿元，比上年增长32.2%。税收完成2.82亿元，比上年增长138.9%。农民人均收入7180元，比上年增加778元。全社会固定资产投入完成6.45亿元，比上年增加4500万元。

（二）工业经济持续快速发展

全镇工业经济完成总产值44.8亿元，比上年增长84.4%；销售收入41.7亿元，增长87.6%；利税4.96亿元，增长49.7%；出口交货值4.53亿元，增长7.4%；固定资产投入6亿元。

（三）第三产业发展势头稳健

全年完成增加值5.8亿元，比上年增长19.5%；完成社会消费品零售额1257万元，完成年计划的100%。

（四）农业结构调整稳步推进

全镇共种植粮食作物9951亩，蔬菜和经济作物17158亩，水产养殖面积发展到3740亩，畜牧养殖面积稳定在400亩。

（五）城镇面貌发生新变化

新修了津沽公路镇区段，使镇区公路路况得到明显改善。8个村共投入约443万元完成大修乡村公路18公里。实施了葛沽三中扩建工程，建成了葛万路口小型绿地，启动了福海园二期平改工程。

（六）社会各项事业全面进步

技术改造和新产品开发取得了新进展。开发填补市以上空白新产品6项，其中国家级3项；完成技术改造项目5个；获得国家专利5项。教育事业取得明显进步。有2所小学进入全区办学水平评估小学组前10名。卫生保障工作进一步落实，投资20万元实施了户厕改造工程，兴建和改造了1267座农村户厕。新发展有线电视用户1300户，扩大了有线电视网络覆盖面。人口和计划生育继续保持了低水平，计划生育率为99.3%。

北辰区天穆镇

天穆镇位于北辰区中南部，面积30平方公里，现辖15个行政村，14个居委会，人口10.7万。近年来，镇党委、政府带领全镇干部群众，认真学习贯彻“三个代表”重要思想和党的十六大精神，坚持科学发展观和“三个文明”一齐抓的方针，紧紧围绕创建全国文明镇这条主线，全面提高创建工作的整体水平，推动了全镇经济社会协调、健康、可持续发展。先后荣获全国十佳乡镇、全国最佳乡镇、全国少数民族工作先进镇、全国军民共建先进单位、市级先进党组织、文明城镇“五个一”建设先进镇、“乡镇之星”等荣誉称号。

一、加强班子建设，进一步提高领导水平和执政水平。

多年来，党委、政府把建设廉洁勤政、务实高效的党委班子和和依法行政、公正严明的法治政府作为总目标。坚持用科学理论武装头脑，全面掌握市场经济、科技、法律等专业知识，不断提高运用理论指导实践的能力。创新发展，贴紧发展主题，服务经济建设，牢固确立科学发展观，加快各项社会事业的发展，实现速度、结构、质量、效益的统一。强化公仆意识，居安思危、反骄破满、增强忧患意识和责任意识，自觉实践“三个代表”，全力以赴地解决好群众关心的热点问题，真正做到权为民所用、情为民所系、利为民所谋。坚持依法办事、依法决策、依法处理问题，提高依法行政的水平和能力。严格执行党的“四大纪律”，落实“八项要求”，厉行勤俭节约，反对铺张浪费，把自律与他律、教育和管理有机结合起来，立党为公、执政为民，以实际行动取信于民。

二、加快经济建设步伐，高标准提升经济质量和水平。

镇党委、政府充分发挥地理位置优势，制定了“一产做精、二产做大、三产做强”的发展战略，以培育高新技术产业、提升商贸聚集能力和激活招商引资方式为着力点，提高核心竞争力，促进大发展。特色种养殖比重加大，农业结构趋向优化。工业经济快速发展。以骨干企业及拳头产品为重点，提高现有设备、技术和产品的科技含量，拉起新的发展生机和活力。全镇形成了金属制品、电线电缆、家用电器、电子元器件、食品、机械制造等六个骨干行业和一批拳头产品，到2004年底全镇乡镇企业已达2000余家，销售收入超亿元企业发展到11家。服务业实力显著增强。围绕增强聚集辐射功能，盘活本镇和外来资源，引入现代化管理手段，做大做强物流专业市场，建立了钢材、建材、自行车、摩托车集散地和大型零售商业以及物流、房地产等一批优势项目。自行车市场获天津市文明市场称号，摩托车市场被评为十大物流中心，民营经济获天津市百强乡镇评比第二名。对外开放取得新进展。全方位拓展开放型经济，全镇外贸出口企业达到24家，三资企业68家。2004年全镇实现生产总值19.99亿元，财政收入1.76亿元，农民人均收入9096元，分别增长19.1%、21%和9.7%。各项指标始终保持在全区首位。

三、加强载体建设，提高群众的思想道德素质和科学文化素质。

搞好思想道德建设。深入开展邓小平理论、“三个代表”重要思想、科学发展观和十六届四中全会精神的学习、宣传、教育活动。继续贯彻落实《公民道德建设实施纲要》，开展多种形式的理想信念、社会公德、职业道德、家庭美德、个人品德和形势任务等主题教育活动，强化倡导爱国守法、明礼诚信、团结友善、勤俭自强、敬业奉献的基本道德规范，加强未成年人思想道德建设，提高全民思想道德水平。

深化群众性精神文明创建活动。以打造“精品工程”为突破口，加强村（居）“五个一”建设，推进了文明胡同、文明街、文明机关、文明单位、文明小区、文明窗口、文明家庭等系列创建活动。进一步搞好“携手共建美好家园”活动，多渠道加大投入，全面治理“五乱”，确保建城区环境和谐、美观整洁，着力培育农村环境建设新亮点。做大做精“文明胡同”、“文明街道”等品牌项目，推动精神文明创建活动再上新水平。抓好移风易俗，加大对各类封建迷信活动和“大操大办”的治理，营造文明、健康的社会新风尚。

四、加大投入力度，推动科教文卫体工作健康发展。

打造教育强镇。坚持把教育放在优先发展的战略地位，全面实施素质教育，努力提高教育质量。加强和改进未成年人思想道德建设，开展诚信教育、法制教育、心理教育活动。完善教育奖励机制，加大学校现代化教学及信息硬件投入，积极开展创建市级“行为规范示范校”等活动。镇属六所小学入学率、在校学生巩固率、毕业升学率全部达到100%，有两所小学被评为市级文明校。以建立学习型社会为目标，发展社区教育、成人教育和职业教育，搞好全民教育大培训，实施农村教育“五种证书”工程，为经济社会发展提供强了有力的智力支持和人才保障。

繁荣文化体育事业。加强文化阵地建设，完善镇文化活动中心和村居活动室，镇相继组建了民乐团、京剧团、曲艺团等三个业余文艺团队，骨干队员达140余人。建成广场舞蹈团（队）、花毽、摔跤、冬泳队等体育组织20余个。每年举办各种文化体育活动和比赛20次（项），曾两次获得全国群众体育先进单位称号。镇图书馆是全市三个乡镇一级馆之一，年接等读者4万多人（次）。“天穆杯”小品大赛已连续举办10届，成为天津市具有地区特色的文化品牌。其中两个剧目获全国金奖，一个剧目获银奖。小品《风车》曾代表天津市参加全国第十一届“群星奖”决赛获金奖。小品《打工妹的Party》参加天津市“三五八十”成果展“天津新貌”小品比赛，获创作一等奖和表演一等奖。

重视卫生、计划生育工作。完善镇村居医疗卫生网络建设，提高了公共卫生突发事件防范意识和应急处置能力。推行以镇办镇管四级筹资为主导，镇办村管与社会医疗保险制度并行的工作模式。加强妇幼保健工作。深化计划生育村民自治和现居住地管理工作，强化流动人口与常住人口的管理服务。扩建镇计划生育生殖保健服务中心，提升服务水平。深入开展婚育新风进万家活动，推动计划生育“三结合”工作的开展，全镇人口出生率、符合政策生育率、为独生子女家庭奖励扶助兑现率、独生子女父母奖励费兑现率和为退二胎生育指标夫妻投保率均达到100%。

村务公开、政务公开和厂务公开工作进一步深入。2004年我镇王庄村的村务公开工作代表天津市接受了反腐败国际民间组织“透明国际”代表团检查，并得到高度评价。民主法制建设稳步推进，深入开展民主政治和民主法制示范村创建活动，我镇柳滩、王庄两村分别被评为全国和市级民主法制建设示范村。加强社会治安综合治理。强化村居治安巡逻队伍建设，建立治安防范通讯网络。深入开展法制宣传教育活动，提高全民的法律素质。加强经常性的矛盾纠纷排查调处工作。严厉打击各种刑事犯罪。深入开展安全村居创建活动，健全社会治安防控体系。

五、加大基础设施建设，大力创造优美环境。

一是镇容环境建设实现突破。以实施“环境立区”战略为契机，以旧村改造为动力，大力开展环境建设，近年来，相继完成8个村的改造拆迁任务，拆迁总面积达到30万平米，已建成农民住宅楼251万平米，使7800户改善住房条件。与此同时，以“携手共建美好家园”和“胡同革命”、“楼道革命”为载体，加大市容环境治理力度，对影响环境的重点部位进行不间断治理，成效显著。镇里建立市容办和执法队，强化了日常管理。

二是设施建设实现突破。镇投资260万元，建成1200平米文化活动中心，建成镇级图书馆，藏书1.8万册；建有集排练、展览、培训为一体的多功能活动厅和书画活动室。中心外设有15米长宣传橱窗，门前绿化、硬化到位，成为市级达标文化活动中心。此外，各村已建成文化活动室（广场）18个，文体设施面积达5000平米，晨晚练点30余处，文化体育设施投入千余万元。每天参加文化、体育活动的人数达3000余人（次）。

天穆镇党委、政府将坚持以邓小平理论和“三个代表”重要思想为指导，团结带领全镇人民，与时俱进，开拓进取，励精图治，扎实工作，站在新起点，实现新跨越，再攀新高峰。

塘沽区新城镇

新城镇是天津市小城镇建设试点镇、文明示范镇之一，位于天津市塘沽区界内的海河南岸，同塘沽城区隔河相望，南连塘沽盐场、大港区，西与津南区葛沽镇毗邻，北靠海河，东临河南路，占地31平方公里，人口2．1万人，现有6个行政村（18个自然村）。

新城镇改革开放以来，已初步形成了以建筑材料制造、海洋精细化工、仓储运输为主的产业结构，农业正在向以高新技术农业为龙头，林果、蔬菜、花卉为主的新型农业发展，城市建设也取得了较快的发展，建有自来水厂、电站、公路等城市基础设施，现有住宅楼面积8万平方米。2004年镇党政领导班子高举邓小平理论和“三个代表”重要思想，全面贯彻党的十六大和十届三中、四中全会精神，按照科学发展观的要求，团结一致，善谋实干，保持了全镇经济的持续、快速、健康发展，城市建设和社会各项事业得到了全面进步。人民生活水平有了较大幅度的提高，人均GDP达到2460美元，社会总产值达到14．86亿美元。

静海县大邱庄镇

大邱庄于1993年11月18日撤村建镇，隶属天津市静海县，现辖尧舜、万全、津美、津海四个街和大屯、满井子、王虎庄3个村，全镇总面积32．8平方公里，现有耕地为19590亩，总人口3．3万人，其中户籍人口1．2万人，外来人口2万余人。

2004年全镇实现GDP22．9亿元，同比增长20%；工农业总产值达到153．47亿元，同比增长12%；完成财政收入1．56亿元，同比增长115%；人均纯收入6945元，纯增701元；新增固定资产投入6．8亿元，增长23．6%。

大邱庄镇位置优越，交通便利。北距天津市区30公里，天津机场45公里，至天津新港60公里；西部紧靠津沪铁路和京福公路；丹拉高速公路穿越镇区并留有出口。

全镇经济构成主要以第二产业为主，占经济总量的90%，一产和三产占10%，民营企业是全镇经济构的主要成分，企业全部实行公司化管理经营。拥有460余家具有规模效益的工贸企业，形成了以钢铁加工为主体，涉及五金电器、化工轻工等15个行业，有10多个产品分别获得国家级、市级名牌产品称号。钢材年加工生产能力达到600万吨，是华北地区重要的钢铁基地之一。其中，螺旋焊管、直缝焊管等各种型号的钢管生产能力达到300多万吨，是全国较大的焊管生产基地之一，各种带钢、热轧型钢、热轧薄板达到200多万吨。

河北省

邢台市大曹庄乡

一、概况

大曹庄乡位于河北省中南部，距省会石家庄70公里，邢台市100公里，交通便利，东临青银高速，北临308国道，西临京广铁路、107国道、京深高速公路；全乡共辖7个行政村，总面积21平方公里，耕地1435公顷，总户数3528户，总人口16352人；基层党支部12个，党员492名；2004年全乡共实现国民生产总值1．5亿元，社会固定生产投资1560万元，增加值5120万元，人均纯收入3000元。

二、社会经济发展成就

2004年大曹庄乡认真贯彻党的十六大及十六届四中全会精神，围绕“富民强乡”目标，全乡人民抢抓机遇、奋力拼搏，以“务实、高效”的工作方法，勤政爱民的工作精神，认真抓好“稳定、发展”两大主题，实现国民生产总值1．5亿元，社会固定生产投资1560万元，增加值5120万元，人均收入3000元。（1）项目资金创历史新高。全年项目资金投入300万元。其中完成撤退路工程资金150万元，筹集中心小学建设项目资金150万元。（2）吸收区外资金1000余万元。其中南镇华鑫机械有限公司与沧州合资的精密铸件厂，融资700余万元，樱联造纸有限公司有五个车间，新吸入资金300万元，这些区外资金的注入，为我乡企业的发展注入了新的活力，又增加了新的经济增长点。（3）村级公益事业投入加大。2004年全乡村级共投入500万元，硬化了东中南镇的部分街道。彻底解决了群众的吃水问题，全乡各村全部实现井渠双配套，解决了群众的生产难题，进一步密切了干群关系。（4）产业结构调整步伐加快。大力扶持聚源奶牛公司，继续完善、配套小区功能，以小区建设促进奶牛养殖业的快速发展。2004年新建奶牛小区2个，新增奶牛养殖户20户，奶牛存栏达2000余头。

三、政府机构、人员设置情况

大曹庄乡政府机构设置为“四办两所三个服务中心”，事业单位编制数为8个。

四、主导产业及知名企业、名牌产品

大曹庄乡的主导产业为墩布加工业，畜牧养殖业，知名企业大禹水工机械有限公司已达1．2亿元。（1）大曹庄乡具有30年的墩布生产历史，目前墩布生产专业1700多户，占全乡户数的1/2，生产布毛再生线100余家，木杆加工厂百余家，每年生产墩布8000万余把，产品销往全国28个省市。为将墩布行业做强做大，大曹庄乡在广泛征求广大群众的意见的基础上，乡党委、政府经过认真分析研究，决定筹建墩布市场，墩布市场总投资2000万元，于2002年3月分正式开工，截止目前已投资1500万元，新建商品楼100座，小区内交通、通讯、供电、供水畅通，已完成上下水工程和配套工程，业户已入住经营。墩布市场建成后将成为全国最大的墩布原料集散地。大曹庄乡以新建的墩布市场为依托成立了墩布市场管委会，组织了墩布协会，组建了多层次的销售网络，实行统一管理，进一步提高了产品质量，增加了产品科技含量。（2）大曹庄奶牛因农场而闻名，随着奶牛养殖业的蓬勃发展，奶牛质量尤为重要。外地客商到大曹庄购牛大多是闻名而来，同时大曹庄是联体村，人口众多，奶牛养殖群体大，而且奶牛养殖起步较早、积累了一定的养殖经验。目前全乡现有奶牛2000余头，具有了区位优势。2004年，组建了河北燕南奶牛协会，主要是为了适应目前人民生活质量的提高，鲜奶需求量的增大，奶牛业迅猛发展的势头，积极引导养牛户，促进全乡奶牛饲养业的繁荣和发展，协会聘请了河北农业大学中兽医学院奶牛研究专家作指导。大曹庄将准备成立奶牛交易市场，以诚信揽顾客，把奶牛业做大做强，力争做成万头奶牛乡。（3）为创造有利于民营经济发展良好的环境，大曹庄乡出台了《关于进一步鼓励、支持和引导民营经济发展的实施意见》等一系列意见或办法。在思想上放心放胆，工作中放手放开，政策上放宽放活。大禹水工机械有限公司2004年完成投资2000万元，已全部竣工投产，固定资产投入已突破1．2亿元，被评为国家水利部会员单位。

隆化县隆化镇

隆化镇历经1991、1994年两次扩镇并乡。现辖28个行政村，214个村民组，5个社区居委会。共有23188户，71277人。其中农业户11014户，农业人口39004人。总面积290平方公里，有耕地28249亩。党委下设54个党支部，现在党员1370名。2004年以来，隆化镇党委、政府坚持以党的十六届三中、四中全会精神为指针，立足县城镇的区位、资源和经济优势，不断强化第一要务意识，积极适应宏观调控的新形势，加快建设小康镇，提高人民生活水平。2004年，完成生产总值10．8亿元，增长17%。全社会固定资产投入2．17亿元，增长149%。财政收入4720万元，占年任务的120%。农民年人均纯收入1960元，增长8．3%。主要指标均创历史最好水平。年工商税收占全县25个乡镇总额的50%左右，2004年在全市205个乡镇综合经济实力排队中越居第六名。基层组织建设扎实推进，农村“两委”班子凝聚力、战斗力不断提高。“三农”政策全面落实，农业结构调整取得实效，形成以温室菜、制种、食用菌、特色养殖为主的产业格局。项目工作不断加强，个体私营经济对财政的贡献率稳步提高，上缴税金占全镇工商税收的90%以上。文明生态村建设全面铺开，村级交通、通讯、人居环境等基础设施条件明显改善。通固定电话的行政村达到89%，行政村移动通信信号覆盖率达到85%。

邯郸市马头镇

马头镇在上级党委、政府和工业城的领导下，以“三个代表”重要思想为指导，认真贯彻落实党的十六大和十六届三中、四中全会精神，以建设全国重点镇为总体目标，以经济建设为中心，努力推进三个文明建设，保持了全镇大局稳定，经济建设和社会各项事业保持了良好局面。

2004年全镇完成总收入54300万元、工业总值29800万元、利润1705万元、税金1037．5万元，农民人均纯收入达到4127元，人民生活稳步提高。

在城镇建设上，着眼生态重点抓环境建设。在镇区内大力开展绿化、美化活动。对107国道过境段和金马路两侧进行树木补栽，对建行南北两侧进行了游园绿化，对邯峰公路、107国道过境段两侧进行了彩色便道砖铺装，铺装面积达21000平方米，使两条公路初显街道氛围。用力抓镇区北口亮化，积极配合工业城对牤牛河北侧清理拆迁，共拆迁便道砖企业和摊点50余家，建筑面积4300平方米，107国道两侧填土4万余方，为美化北口奠定了基础。着眼于企业和商户利益，让群众少受损失能够发展，千方百计迁建整合了便道砖市场，达到了退场还林、退路进场、多方有利、多方多赢的目标。同时加大城建巡查力度，纠正违规建筑20余起。对107国道、邯峰公路等进行了多次拆违治理活动，共拆除违章建筑2000余平方米。着力改变居住习惯，去年投资1050万元，推动居住楼房建设，使粮市村住宅楼工程和关东洼住宅楼投入使用，刘庄村多层住宅楼去年10月开工建设，工程主体已完工。大力开展环境卫生整治和村容村貌治理活动。对107国道过境段、邯峰公路、高速引线、商业城小区等重点部位进行了整治，拆除大量不规范牌匾，清理占道经营，清运垃圾杂物1万余方，使107国道卫生状况进一步改善。

唐山市新军屯镇

自1998年以来，我镇坚持实施以城建拉动经济发展的战略目标，坚持从旧城改造为切入点，以优化环境为依托，以重点项目建设为载体，强力推动小城镇建设。几年来，小城镇建设累计总投入2．8亿元。拆迁9万多平方米，新建12万平方米。2000年对南北主街进行了拓宽改造，路面宽度由原来16米拓宽到现在的40米，并新开通了三条南北向次的干道。新达路、外环东路、南环路，构成了镇区的总体框架，并建设了镇政府大楼、新军屯小学教学楼、邮政大楼、国税办公楼、地税办公楼、电力综合楼、镇中心医院综合楼（带电梯）、隆盛百货大楼、新军屯供销大厦、钟楼、街心时代广场、镇文体中心、新军屯法庭办公楼等一批公用服务设施；东西、南北两条主街两侧新建临街商居楼4万多平方米，壮大了城区规模，新建一化、富强、富丽、汽贸、新北、地税等居住小区6处，总建筑面积7万平方米，极大地改善了居民的居住条件，人均居住面积达到29平方米。特别是时代广场、文体中心、小学绿地的建设，为广大居民提供了休闲娱乐、健身的场所，得到了广大居民认可。在市政设施建设方面，东西、南北两条主街新安装路灯210

盏。路两侧绿化带达1万多平方米，镇区新铺水泥路和沥清路面12．5公里，主污水管道总长10公里。新规划三个工业小区，总用地2500亩，目前，进入园区的企业已达到20多家，力争在2010年将镇区内企业全部迁入园区。此外还对钟楼、隆盛百货楼、供销大厦、镇中心医院等标志性建筑物统一实行了美化、亮化、绿化。为加快镇域经济的发展，2004年实施了“村村通水泥路”，截至目前，投资400多万元，镇域内所有通村路全部实现了水泥路，铺路总里程36公里。

宁晋县大陆村镇

大陆村镇位于河北省中南部，辖24个行政村，5．2万人，镇域面积66平方公里，耕地7．3万亩，镇区规划面积7．62平方公里，建成区面积3．61平方公里，镇区人口2．53万人，赵宁公路穿越镇区，近邻308国道，距省会石家庄市60公里。

大陆村镇以高标准的农田林网、繁荣发达的商贸流通、诚信优越的投资环境著称。几年来，大陆村镇党委、政府累计投资2558万元，修路312华里，实现了村村通公路。镇区街道全部硬化，主要街道形成了“五纵五横”，主干街道排水实现管网化。镇区内中小学校、医院、敬老院、宾馆、饭店、娱乐场所设施齐全，安装程控电话5000部，电力充足，主要街道安装了永久路灯。在镇区入口建成镇标准公园一座，在市场管理区入口处设置标志性构筑物一座，在镇区东部设立了占地1．7平方公里的工业园。位于工业园区西侧的农机配件市场建于1993年，经过发展，2001年农机配件北市场扩建项目被列入省重点建设项目，历经三期扩建，投入资金8621万元，建筑面积8．5平方米，固定门店650多个，经营商品达六大类4000多个品种。目前有近百家全国知名企业在此设有销售网点，日客流量达6．5万人次，年成交额16．5亿元，已成为全国第二大农机配件市场。现在，一个环境优美、设施一流的现代化小城镇已初露端倪。

近年来，大陆村镇党委、政府积极贯彻“小城镇、大战略”方针，把城镇建设放在突出位置。按照规划，到2020年大陆村镇将建设成为布局合理、设施配套、功能齐全、经济繁荣、环境优美、独具特色的全国知名小城镇。城镇面积达到8平方公里，城区人口突破7万人，城市化水平达到66．67%。

三河市燕郊镇

燕郊镇隶属河北省三河市，地处首都东大门，距北京市区30公里，全镇辖55个村街，总人口15万，常住人口12万，行政区面积108．2平方公里。

近年来，镇党委、政府坚持以“三个代表”重要思想为指导，以全面建设小康社会为目标，充分发挥自身得天独厚的区位、交通、人才和科技等多方优势，按照“走开放之路、活一方经济、富一方百姓、播一方文明”的发展思路，不断加快农村城市化进程，从而实现了全镇经济和各项社会事业的可持续发展。2002年，GDP达到32.36亿元，财政收入2．9亿元，城镇居民可支配收入8986元，农民人均纯收入4812元。截止目前，共引进项目604个，实际利用内资150亿元，实际利用外资5．2亿美元，在河北省率先跨入小康镇行列。先后被国务院体改办确定为全国小城镇综合改革试点镇，被中央文明委等五部委命名为全国创建文明小城镇示范点，被省委、省政府命名为文明乡镇，被国家民政部命名为“中国乡镇之星”

一、精心规划，构筑城镇建设新格局

镇党委、政府根据燕郊地处环京津产业带和环渤海经济圈中心地带的独特优势，坚持“高起点规划、高标准设计、高质量建设、高效率管理”的原则，面向二十一世纪搞好小城镇科学规划。一是超前规划。将燕郊镇置于首都经济圈，以高科技发展和旅游度假为重点，聘请专家教授制定出了《燕郊镇城镇建设总体规划》，充分体现了现代化城镇的特色和面貌。面对新的发展形势，镇党委、政府又及时对规划进行了修编，增强了可操作性和超前性。二是精心布局。本着社会、经济、环境协调发展的原则，在全镇45平方公里的规划区内，划分了旅游度假区、金融商贸区、科研文化服务区、高科技工业园区、农业高新技术示范区等五大功能区。三是科学管理。坚持“规划一张图、审批一支笔、建设一盘棋、管理一条龙”的原则，利用目前国际上先进的GPS全球卫星定位系统进行实际定位，将成果存入计算机，随用随调，形成了独具特色的城镇发展新格局。

二、优化环境，营造城镇建设新形象

环境面貌直接代表着城镇的形象和文明程度。近年来，镇党委、政府一直把优美环境、优良秩序、优质服务作为重中之重抓紧抓好。通过抓环境建设，为对外开放、招商引资、提高人居环境质量、促进城镇经济社会的可持续发展创造了有利条件。一是加快基础设施建设。几年来，已累计投入资金近25亿元，对水、电、路、气、讯等基础设施进行了彻底改造，建成了六座二星级以上宾馆、一个高标准影剧院和文化活动中心、一个集农工贸为一体的具有综合功能的行宫商贸市场和商业步行街；修建了 80 万平方米高级柏油路；开通了“6159”局北京市话；新建了高标准的二中、八中、十一中和六小四所中小学校以及燕郊公园、图书馆、体育馆、游泳馆等大型娱乐场所；此外三河电厂、华堂高尔夫球场和一大批花园式别墅区已投入使用；“双回路”供电系统、宽带城域网也已运行。同时通过大规模植树、栽花、种草，新增 7000 多亩生态林，镇区绿地面积达到300多万平方米，全镇绿化覆盖率 44．4%，构筑了北京周边的天然氧吧，创造了方便怡人、近悦远来的美好家园。目前拟投资4．5亿元的潮白河万亩自然公园正在建设当中，其独特浓郁的田园风光将进一步吸引投资者和旅游观光者的到来。二是搞好综合整治。在环境卫生治理上，成立了环卫队，对镇区街道日扫两遍，常天保洁；在交通秩序整治上，严格管理，强化宣传，严厉打击，公民交通安全意识不断提高，确保了道路畅通、秩序井然；在社会治安综合治理上，坚持严打斗争和专项治理相结合，全镇治安状况良好、社会秩序稳定；在城镇形象建设上，实施了102国道两侧大规模拆迁改造，整体建筑以欧式为主，100 余幢商贸楼各具特色。三是提供优质满意服务。按照快节奏、高效率的要求，实行政府机关工作提速，树立起主动超前服务意识，变要我服务为我要服务，变单一服务为综合服务，变阶段性服务为全方位服务，大力推行 24 小时服务、承诺服务、上门服务、现场服务、全程服务的“五星级”服务，切实让客商进镇欢心、落户放心、生产安心、工作舒心，真正形成了“亲商、安商、扶商、富商”的良好投资环境。

三、活化载体，树立城镇文明新风尚

城镇的发展离不开城镇居民整体素质的提高。近年来，镇党委、政府始终以提高人的思想道德素质为中心环节，把丰富群众的文化生活作为一件大事来抓，为城镇快速发展提供了强大的精神动力。一是塑造一支高素质的干部队伍。经常组织镇村干部出去学习考察，使广大干部增长见识、拓宽视野、解放思想、更新观念。举办“双休日党校”活动，聘请北大、清华、中共党校、农业部、建设部、国土资源部、信息产业部等高校和中央部委的专家、领导，有计划地对干部进行系统培训，使广大干部掌握各方面的知识和技能，学会招商引资、“筑巢引凤”的本领。二是提高城镇居民素质，加速农民向市民的转化。一抓社会公德和职业道德教育，制定了《居民文明公约》和各行业《职业道德规范》，引导人们明礼守法、按规矩办事。二抓科学文化、职业技能培训。充分利用乡镇党校、农业技校和职教中心举办文化、科技、法律学习班和各种专业技能训练班，对就业居民按专业进行定向培训。其中西柳河屯村与农业部乡镇企业管理学院合作创办了经济管理大专班，全面提高了村民素质。三抓高校和科研机构的引进。目前共引进8所大专院校和 18 家国家科研机构，大学生和科研人员近30000人，大幅度提高了高素质居民在全镇人口中的比例，为各类企业特别是高新技术企业发展提供了大批适用人才。三是健全文体基础设施，丰富群众文化生活。目前藏书3000册以上的村街图书室已建成48个；有21家驻镇的中省直机关、科研院所、大专院校和项目单位的文化设施对居民进行了开放。并成功举办了“同一首歌”走进燕郊大型演唱会，连续10年举办了元宵商贸灯会，从而丰富了群众的文化活动，陶冶了人们的情操，弘扬了时代主旋律。

四、抓住要务，实现经济发展新突破

近年来，镇党委、政府始终把发展作为第一要务，紧紧抓住经济建设这个中心不放松，促进三个文明建设协调发展，并充分发挥毗邻首都的科技优势和驻镇科研机构的人才优势，瞄准高科技发展的前沿，大力发展信息产业、生物制药和第三产业，使全镇的各项事业得到大发展。一是拉动二、三产业迅猛发展，实现了劳动力向城镇的转移，推进了城乡一体化。二是汇福粮油制品有限公司、五丰福成公司等农业龙头带动了全镇农业的高质高效发展和农业结构调整步伐，为农民增收致富提供了便利条件。三是依托城镇的高品位和知名度积极引进高新技术产业。面向服务北京，以高科技为导向，坚持“四个依托”，即依托信息产业部、中关村、世界著名硅谷、首都院校，抓整体引进，全力打造京东硅谷。现已建成信息电子、生物制药、绿色食品、新型材料、旅游度假五大产业园区，已有来自美国、加拿大、德国、法国、奥地利、澳大利亚、日本、韩国、马来西亚、新加坡、印尼及港澳台等20多个国家和地区的客商在燕郊投资建厂。

五、协调发展，努力开创各项工作的新局面

近年来，在全面向小康社会进军的过程中，镇党委、政府做到了统筹兼顾、全面安排，巧弹钢琴，进而开创了各项工作的新局面。在非典防治工作上，燕郊镇是三河市抗击非典斗争的最前沿和主战场，在突如其来的灾害面前，镇党委、政府按照上级的统一部署，审时度势，沉着应战，团结带领全镇人民，万众一心，共抗非典，迅速建立起了一个坚强有力、高效运转的组织体系和一整套具有燕郊特色的非典防控和救治工作机制。全镇在发生两例非典病例的情况下，严抓封堵、排查、上报、留观、隔离、防治等关键环节，有效地遏制了疫情的输入和扩散，全镇没有再出现新的非典病例，打了一场抗击非典的漂亮仗。在教育工作上，坚持全面贯彻党的教育方针，把“办合格加特色学校、育合格加特长学生、训合格加特点教师”作为教育的重点来抓，使教学改革、教育投入、教师队伍建设、校风校纪等项工作都有了新的突破，应试教育向素质教育的转轨也取得重要成果。几年来，镇、村、校共投入资金4000余万元，用于改善办学条件和育人环境。2002 年全镇中小学教学质量在全市名列前茅。在卫生工作上，全镇医疗网络进一步健全，各卫生院共投入资金达3000余万元，用于医院的设施建设和购置先进的诊疗设备，改善就医环境。同时，各卫生院还和北京各大医院建立了密切的协作关系，设立了专家门诊，实现了全镇常见病和部分疑难病就医不出镇的目标要求。在计划生育工作上，几年来，以搞好“三结合”为主线，全面加强计生队伍建没，充分发挥镇村计生协会的作用，把各项基础性工作纳入制度化、规范化管理轨道，工作取得了显著成效。2002 年，全镇计划生育率达到98．24%，工作受到了上级主管部门的充分肯定和好评。在农村民主政治建设上，全镇55个村街，都建起了高标准的村务公开阵地，对村务公开的内容都能按要求及时公开，各项工作都已步入规范化、制度化、法制化管理轨道。同时，全镇各村街以党支部为核心的村级组织健全、职责明确，制度规范，村民自治各项制度得到落实。村村制定了《村规民约》、《村民自治章程》和村干部《施政守则》，全镇依法治村工作跨上了一个新台阶。

面对飞速发展的新形势，燕郊镇党委、政府没有满足于已取得的成绩，决心在今后的工作中，进一步以党的十六大精神和“三个代表”重要思想为指导，紧紧围绕全面建设小康社会的总目标，做到振奋精神，开拓进取，与时俱进，加快发展，努力实现全镇各项工作的新跨越。

蠡县留史镇

蠡县留史镇是国家体改委等11个部委首批确定的“全国小城镇综合改革试点镇”之一。全镇辖26个行政村，总面积57平方公里，人口12．4万（其中常住人口4．4万，流动人口3．5万，暂住人口4．5万），镇区面积6．8平方公里，人口5万人。2003年，全镇完成国民生产总值7．5亿元，财政收入3510万元，农民人均纯收入3785元。

留史地处京、津、石三角腹地，距京、津各200公里，距省会石家庄150公里，地理位置优越，交通发达，镇区西距京深高速路35公里。现已形成道路框架“四横”、“三纵”，温留公路在此穿过，西通蠡县、东通高阳，交通便利。建有110KV电站一座，电力充沛。电信、移动、联通公司相继成立。留史镇皮毛皮革业历史悠久，源远流长，目前已形成以制革、裘皮、羊绒三大产业为主，化工、硝染、喷浆、高档裘服、皮服皮件深加工、货运等多业并举的经济格局。2004年全镇乡镇企业总产值完成29．6亿元，总收入完成28．4亿元，实现利税1．5亿元，实际利用外资 35 万美元，小城镇建设初具规模。

文安县文安镇

文安镇隶属于河北省文安县，为县政府所在地，是全县政治、经济文化中心，全镇总面积 50.77 平方公里，辖 27 个行政村，人口 2.7 万，可耕地 35916 亩，林地面积 8285 亩。

交通便捷　文安镇地处环京津、环渤海腹地，被京、津、保、沧、廊五市环抱，北距北京 120 公里，东邻天津 80 公里，西邻保定 90 公里，南接沧州 110 公里，西有 106 国道和京九铁路，东靠廊大线、静王线、文大线、文左线纵贯全境，交通十分便利。

设施完备　镇区境内现有 220KV、110KV 变压电站各一座，并拥有 8000 门程控交换机及设备的移动设施。1999 年天然气工程全面竣工，为改善人们的生产生活质量提供了更加优质高效的能源条件。

经济发达　文安镇是 1996 年首批跨入小康的乡镇，一、二、三产业发展势头迅猛。农业方面：以发展效益农业为突破口，大力调整农业结构，涌现出观赏鱼养殖、绒山羊养殖、奶牛养殖、獭兔养殖、苜蓿种植、棚菜种植、林木种植等独具特色的农业基地。乡镇企业方面：通过扶持、引导、服务，形成了胶合板生产、模具加工、塑料化工、商业餐饮、粮食深加工五大主导行业。三产方面：形成了以服装百货、餐饮娱乐、副食批发为主导的服务型商业群体，满足了人民群众多元化的消费需求。

教育事业蒸蒸日上　镇党委、政府不断加大教育投入，彻底改善了中小学的办学条件。2000 年赵村中心校被评为“廊坊市素质教育明星校”，镇中学被评为“廊坊市素质教育先进校”，2001 年 10 月顺利通过省级“双基”教育工作的验收，被省教育厅、省财政厅、省发展计划委员会命名为“两基工作先进区”。

社会政治形势持续稳定　社会治安综合治理工作连年受到上级表彰，防火防爆工作达到规范化标准。信访工作在全县考核中名列前茅，计划生育实现了规范化管理，使各项政策法规落到实处，计划生育各项指标均达到上级要求。

2004 年文安镇财政收入完成 1466.75 万元（其中国税 719 万，地税 593.3 万，农业四税 154.45 万），民营经济营业收入实现 174673 万元，项目总投资实现 16600 万元，全镇农民人均纯收入达到 3852 元。

沙河市十里亭镇

十里亭镇位于河北省沙河市中部丘陵地区，总面积 63.3 平方公里，耕地面积 2218 公顷，总人口 25373 人。

一、党务工作方面：

1.扎实开展保持共产党员先进性教育活动，健全抓党建工作运行机制，使基层组织建设强化工作落实到行动。

在第一批保持共产党员先进性教育活动轰轰烈烈开展时，我镇就先行一步，带领机关党员、双委干部和入党积极分子 100 多人于 4 月 5 日到革命圣地西柏坡召开了表彰会，对全镇 18 名优秀共产党和 7 个先进集体进行了表彰，此举树了正气，鼓了干劲，受了教育。当我市第二批保持共产党员先进性教育活动动员大会召开后，我们迅速召开了党委会、联席会，统一了思想认识，形成一致目标，制定了切实可行的教育活动《实施方案》。我和镇长等主要领导还带头向同志们讲授了党课，做了形势报告。在整个教育活动期间，党委对每一具体环节都认真研究谋划，确保了教育活动的顺利开展。通过教育活动，提高了每个党员的思想认识，研究制定了三项基层组织建设的制度，即：《党委抓村级组织建设制度》、《定期研究党建工作制度》和《党员冬训制度》。使镇干部抓基层组织建设工作成为自觉行动，密切了党群干群关系。

2.认真进行“强化基层、集中整治”工作，切实解决基层组织中的实际问题

在“强化基层、集中整治”活动中，党委从自身做起，找出在机关形象、制度建设、为农服务、解决实际问题等 4 个方面重视不足。通过整治活动，这些问题已全部解决到位，机关形象和“五小”建设，共投资 17 万元，美化了机关大院、办公楼，重新装修了小浴室、小餐厅，为图书室添置了图书和器材；制定了一套完整的长效工作机制；为各村解决实际问题 28 件。研究发展党员 12 名，消灭了 2 个三年不发展党员村，

研究建议开除党籍党员1员（十里亭学区支部：窦平均），筹资12万元新建支部一个（柳沟村），建成“支部+协会”样板一个（南高汽车运输协会），全部规范了各支部的工作运作。这些问题的解决，进一步增强了农村党支部的战斗力。

3．做好农村干部党员教育工作，全力推进农村基层干部素质工程

2005年，我们自主举办支书、村主任培训班4次，民兵连长培训班1次，计生主任、会计、村育龄妇女小组长培训3次，村双委和村民代表科技培训1次，累及培训近600人次。在第三批保持共产党员先进性教育活动的学习教育阶段，吸收全镇各村支书一同参加学习，为开展第三批教育活动做准备。同时，我们还选派5名年轻的村干部参加了大专正规化学历培训，并计划在今冬明春搞两次规模较大的《村民委员会组织法》、《河北省村民委员会换届选举办法》及支部换届办法培训，为明年的两委换届工作做准备，确保稳定，实现平稳过渡。

4．严格村干部年终考核，决不让考核工作流于形式

我们一贯认为：村干部有无作为，关键在考核工作实不实，只要动了真招，能者上庸者下，就没有干不好的工作。因此，今年，还要组织力量对各村干部继续进行考核，采取镇干部综合评议村干部和党员、群众代表评议村干部方式相结合的办法进行，同时摸索村与村互评的方法，完善考核机制。根据考核的结果，对优秀村干部给予表彰，对不称职的村干部给予组织处理，让考核工作起到推进整体工作的作用。

二、经济社会发展和其他工作方面

2005年，十里亭镇受国家治理污染和停产整顿矿山的影响，经济增长形势严峻，但经过全镇干部群众的不懈努力和顽强拼搏，顺利实现了年初制定的各项经济目标，地税收入350万元，超年初计划6．5%，较去年增长11．1%；固定资产投入1．1亿元；农民人均纯收入增长6%，其他各项社会进步事业也得了长足发展。

1．搞好为农服务，实现农民增收。一是认真贯彻落实中央的各项惠农政策，扎扎实实的把农民的种粮补贴兑付到户，调动农民种粮的积极性；同时，以镇主管农业副职牵头，为农民统一购进良种6万公斤；二是发动各村双委加大对农业基础设施的投入，全年新打机井9眼，开发造地500亩，完成低水高调一处，增加水浇地600余亩，新修水渠3000多米，累计投资100多万元，为今后农业持续增长打好了基础；三是农闲季节积极为农民组织科技培训，发放各种致富信息，引导农民致富；四是成功地做好了禽流感的防治工作，确保了家禽养殖的健康发展。

2．抓好村村通工程和生态文明建设工作，改变村容村貌。今年我镇列入村村通计划的共2个村，5．1公里，实际完成南高、王岗、上申庄3个村，9．1公里，总投资234万元，超额完成年初任务；另外，我镇还完成了大汕村、西葛泉村、上申庄村、中高村、南高村等5个村的生态文明村建设，累计投资200余万元。这项工作的开展，充分展现了十里亭镇干部群众上下团结一致，政通人和的气象。

3．抓好矿山安全整顿，为今后经济发展增强后劲。2005年，我们按照国家对矿山企业进行重点整改的有关政策，加强了对辖区内的煤矿、铁矿的安全检查力度，制定了具体措施，明确了责任，使各矿都在停产期间加大了对安全生产设施的投资规模，为今后的顺利生产和经济发展奠定基础。同时，按照治理污染的政策，配合上级部门取缔了140余家小选矿厂，优化了经济发展结构。

4．齐心协力，做好计划生育工作。在今年的计生工作中，党政主要领导亲自挂帅，克难攻坚，狠抓基础工作和生殖健康服务工作，夯实了我镇计划生育工作的基础，全面实现了年初人口规划的各项目标。

5．教育、文化等工作齐头并进，农村社会稳定。教育工作，通过镇、村、学区的共同努力，投资184万元完成了十里亭镇中科技楼和王岗小学教学楼建设，投资37万元为十里亭村小学、大油村小学、高店村小学、南高村小学、下解村小学等5个村装备了计算机室和多媒体教室，改善了办学条件，顺利通过了省普九三轮复查。文化方面，实现了村村都有娱乐班，都有自编自演的健康向上的节目，丰富了群众文化生活，抵制了“法轮功”等不良思想的侵袭，收到了良好的效果。民政方面，扶贫救济工作到位，深入人心，

切实做到了上为中央分忧，下为群众解愁。由于以上各项工作的协调开展，构建了十里亭镇和谐的社会氛围，实现了我镇农村的安全稳定，全年没有发生群访和越级访事件。

回顾过去一年来的工作，不管是基层组织建设，还是经济社会发展及其他工作，都离不开市委、市政府的正确领导和大力支持，离不开全镇干部的团结一致和奋力拼搏，也离不开全镇父老乡亲的辛勤劳动和聪明才智，因此，我坚信：2006年，十里亭镇的各项工作一定能开好局，取得更加骄人的成绩，为全市的稳定和经济社会和谐发展做出贡献。明年，主要做好以下三方面工作：

一、以开展第三批保持共产党员先进性教育活动为契机，巩固扩大第二批教育活动成果，抓好村干部党员素质的全面提升。进一步解放思想，开拓进取，探索发展经济的新路子，全面推进农村经济社会健康发展。

二、积极稳妥的做好村双委换届工作，确保稳定的大局，营造和谐发展社会。

三、加大工作力度，再改、新建 2-4 个在我市进入一流的农村基层党组织，同时加大“选树”典型工作力度，以点带面，加强正面宣传，落实科学发展观，全力推进全镇全面建设小康社会的步伐，圆满完成市委、市政府的各项经济社会预期目标，向党和人民交上一份满意的答卷。

涉县井店镇

井店镇位于河北省西南端，地处晋冀豫三省七县（市）交界，镇域总面积 98 平方公里，所辖 28 个行政村，户籍人口 3．8 万多人，外来人口 4．5 万多人，是邯郸市经济十强乡镇之一。2004 年，全镇财政收入完成 3800 万元，人均纯收入 3097 元。实现社会总产值 33．1 亿元，工农业总产值 22．35 亿元，出口交货值 708 万元，增加值 67896 万元，税金 3560 万元，固定资产投入 1100 万元，全镇生产总值 34 亿元。

民营经济发展迅猛，镇内企业星罗棋布，981 家民营企业齐头并进，整体运行质量良好，遍及冶金、建材、洗选、采矿、轴承、耐火等 10 多个行业，从业人员逾万。实交税金 3560 万元，位居邯郸市十强乡镇。镇区除驻有天铁集团、崇利制钢、崇利轧钢等大中型企业外，雄厚的工业基础，良好的发展环境，相继吸引了投资 35 亿元的天铁热轧板生产线、6 亿元的天利煤化、96 亿元的国电龙山电厂等重点项目落户井店。

农特产品日益丰富。盛产久负盛名的涉县土特“三珍”（花椒、柿子、核桃），特别是深受国内外消费者喜爱的王金庄“十里香”花椒，年产量达 560 吨。农业产业化发展特色突出，建成了万亩花椒园、五千亩核桃园、两千亩小杂粮基地及四个种养园区，龙头企业王金庄花椒专业合作社，年成交额近亿元，成为全市推进农业产业化发展的亮点。

城镇功能日趋完善。累计投资 3．2 亿元用于城镇建设，仅道路建设就投入资金 6600 万元，形成“四纵六横”道路网络框架，龙共大街、成汤大街等镇区主干道，路面宽 32 米，地下管网、煤气、通讯、硬化、美化、绿化一次到位。新建高标准。住宅小区 10 个，竣工房屋面积 17 万平方米。镇区新增绿地面积 32000 平方米，风景林 1200 亩，建成了老爷庙休闲广场、成汤文化广场、世纪花园等群众性文化活动广场，投资 400 余万元新改扩建了镇宣传文化活动中心，村村建起了图书室、文化站，极大地丰富了群众的精神文化生活。

乐亭县乐亭镇

乐亭镇地处乐亭县城，为全县政治、经济、文化、交通中心，全镇共辖 90 个行政村，人口 8.67 万，耕地 10 万亩，面积 93．6 平方公里。2004 年完成国内生产总值 13 亿元，工业投入完成 6100 万元，企业出口创汇 309 万美元，财政收入完成 3300 万元，农民人均纯收入达到 4463 元。

该镇依托国家级冀东果菜批发市场发展高效果菜（鲜桃、甜瓜、葡萄、韭菜），达到了全年生产，四季供应，果菜总面积达 46700 亩，总产 43 万吨；以牛、猪、鸡、兔、貂、貉、狐为主的动物养殖总量达 275 万头（只），建设了中外合资河北金土农业发展有限公司，金土地食品有限公司等一大批牵动力强的农业龙头企业，促进了农产品的销售、转化和升级。

城镇建设突飞猛进，城区平改楼工程、村村通工程、文明生态村建设等惠民工程大大地提高了群众的生活质量，提升了城市品位，也增强小城镇的承载能力和吸纳功能。投资13亿元的北京华能风力发电项目、海通建材项目、耐火材料项目和一批物流企业等相继落户该镇。第三产业蓬勃发展，形成了集餐饮、娱乐、服务为一体的配套服务，全镇各类工贸企业达1000余家，从业人员15700人。

隆尧县隆尧镇

隆尧镇党委、政府认真按照“依托县城，基础先行，‘三产’带动，强镇富民”的战略目标，带领全镇干部群众，团结实干，拼搏进取，取得了经济和各项社会事业的协调、健康、快速发展。一是经济快速增长。乡镇企业营业收入完成9.85亿元，工农业总产值完成15.03亿元，其中农业产值为2.75亿元；项目投入完成7756万元，引进市外资金6100万元，财政收入完成583万元。二是加大基础设施建设和公益事业建设。投资190万元完成了11个村的村村通工程，全镇40个村提前一年，实现了村村通公路目标。投资200万元建设的四所中心小学已全部竣工投入使用；三是文明生态村创建成效显著。第一批涉及到义丰等5个村全部实现了“经济发展，民主健全，精神充实，环境良好”的目标要求。去年7月份，市县领导在该镇义丰村观摩，给予了高度评价。今年4月，义丰村被省委、省政府授予“文明生态村先进单位”称号。在义丰村典型的推动下，文明生态村创建已成为广大群众自我完善、自我发展、自我提高的自觉行动；四是认真开展党建创优工程，基层组织建设实现了新跨越。镇党委、政府紧紧把握第一要务，通过建设与时俱进战斗堡垒，打造特别能战斗的干部队伍，构建跨越发展的良好环境，开创了基层党建新局面。去年，全镇优秀党支部达到26个，比上年增长43%，镇党委被市委命名为“先进基层党组织”；五是创新信访机制，维护农村稳定。该镇地处县城，环境特殊，矛盾层面深，为此，镇党委在全镇广泛实行了村党支部、村委会定期信访接待日制度，变上访为下访，做到政策讲明、原则讲清，依法行政，公开公正。这一制度深受群众好评，市电视台等多家媒体先后报道，肯定了这一经验，该镇被市评为“信访工作先进单位”。

黄骅市吕桥镇

吕桥镇位于黄骅市北部，距黄骅市仅20公里，全镇总面积150平方公里，耕地76203亩，全镇下辖35个行政村，3.62万人，交通便利。地理优势明显，基础设施完善，2004年全镇完成国内生产总值46亿元，完成增加值9亿元，财政收入完成2474万元，比2000年的1200万元翻了一番。农民人均收入3085元，连续多年被沧州市委、市政府命名为明星乡镇。

农业基础设施不断完善，种植结构不断优化。近几年镇用于农业基础设施的投资达到500多万元，利用苦咸水养虾面积达到1300亩，全镇畜牧业总产值达到1800万元。

乡镇企业蓬勃发展，优势产业初具规模。近几年吕桥镇的资金、关系、人才优势得到充分的发掘和利用，强劲的项目建设势头拉动了镇域经济特别是乡镇企业的蓬勃发展，初步形成石化、被服、制革、化工、五金、运输、盐业、造纸八大特色。2004年全镇企业产值达38亿元，利税近3亿元，成为黄骅市名副其实的经济重镇，实行特色聚商、感情招商、服务兴商的三项宗旨，倡导尊商、重商、安商、富商的民情导向和舆论氛围，2004年石化园区进区企业达21家，实现产值6亿元，上交税金1000多万元。

小城镇建设步伐加快，城镇化水平逐步提高。镇政府围绕“小城镇，大战略”的指导方针，加快小城镇建设步伐，初步形成以南部工业区，中部商贸、金融区，北部服务、餐饮、农副产品贸易区，镇中心政治、文化功能区四位一体的发展模式。

社会公益事业稳步推进，人民群众安居乐业。镇政府加大教育投资，先后投入805万元新建5所中小学教学楼，目前全镇有中学2所，小学17所。医疗卫生事业顺利发展，法制环境稳定，人民安居乐业。

围场满族蒙古族自治县四合永镇

四合永镇位于承德市围场县城南14公里处。地理位置为东经117°68′，北纬41°31′，年平均气温4.7℃，素有“塞外小江南”之称，历史上是清王朝几代皇帝举行“木兰秋弥”大典的必经之地，1984年5月，经省政府批准设立建制镇，全镇总面积153．2平方公里，辖13个村，158个村民组，7600户，32000人，驻镇机关单位82家。该镇既是北临内蒙、南接京津的交通要塞，又是全县唯一一个以工业为基础的经济重镇和对外开放的窗口。

2004年，镇委、镇政府在县委、县政府的正确领导下，以“三个代表”重要思想和党的十六大精神为指导，紧紧围绕县委、县政府的重大工作部署，高扬“树正气、讲团结、求发展”的主旋律，按照“产业立镇、工业强镇、商贸活镇、开放兴镇”的工作思路，坚持以经济建设为中心，以结构调整为主线，以壮大壮强工业经济为重点，以农民增收为目标，以小城镇建设为基础，突出发展第一要务，着力打造发展平台，努力优化发展环境，完善发展举措，形成发展合力，经过全镇干部职工的共同努力，圆满地完成了年初确定的各项工作任务。全镇实现工农业总值11536万元，其中：第一产业增加值完成1380万元，第二产业增加值完成4710万元，第三产业增加值完成5445万元，全镇固定资产投入完成5577万元，占全年计划的101%，财政收入完成800万元，占全年计划的131%，同比增长57%，引进市外资金1167．7万元，占全年计划的116．8%，同比增长16．4%。

隆化县碱房乡

碱房乡位于隆化县西北部。土地面积207平方公里，人口8千左右，7个行政村，山林茂密，矿产丰富，有铝锌矿、油质岩矿、莹石矿、锡铁矿等。现已建有两座铝锌选厂，日处理矿石100吨，年利税30万元。2004年引进河北省地调院探矿项目一个。投资300万元，鉴定了油质岩矿开发项目。锰铁矿开发还在筹划之中。我乡草场广阔，但由于养殖品老化，效益很低，需要品种改良。乡党委、政府热烈欢迎有识之士来我乡开办企业，将给予全力的帮助。

怀安县柴沟堡镇

2004年，该镇党委、政府按照“农业富民、企业强镇、财政稳增、协调发展”的总体思路，积极运作，强力实施，努力实现镇域经济的跨越式发展。一是农业经济效益得到了稳步提升。种植业：全镇发展蔬菜面积2．4万亩（其中设施蔬菜6500亩），水稻9230亩，马铃薯5000亩，玉米制种2350亩，退耕还林15500亩，其它作物2000亩。畜牧养殖业：全镇生猪饲养量达49911头，羊饲养量30005只，牛饲养量达1752头，禽饲养量达33194只，兔饲养量达6．8万只，珍稀动物饲养量达6．3万只，畜禽防疫密度达100%。二是项目建设取得新突破。年内新上民营企业13家，其中有规模创税能力的8家。全镇非公有制企业摊点发展到2415家。年内共引进资金9570万元，占五年任务的273．4%。三是社会各项事业全面推进。年内共完成道路硬化17000多米；落实城镇居民低保1338户，共2582人；城镇建设、计划生育、文教卫生等各项事业均取得快速发展。四是财政税收稳步增长。2004年，全镇累计实现财政税收1400万元，实际入库税金1125万元，比上一年翻了一番。

怀来县沙城镇

2004年，沙城镇城经济建设和社会各项事业都取得了很大成绩，综合经济实力位于张家口市乡镇第三；农村经济总收入达到17．1亿元、社会总产值达到17．3亿元，同比分别增长24%和21．8%；乡镇企业完成总收入16．7亿元、总产值16．6亿元、实现利润9973万元，同比分别增长22%、22%和11%；全部财政收入2485万元，位居张家口市第二；农民人均纯收入4098元，较上年增长41%，位居全市第一；人口自然增长率为0．564%；全镇建设项目总投资1亿元，是近来投入最多的一年。

去年以来，我镇紧紧抓住发展这一要务，重点培植奶牛养殖、市场建设、民营经济三大主导产业，使镇域经济得到快速发展。

一是奶牛业形势喜人，实现了万头奶牛镇的发展目标。通过建养殖小区，强化管理服务，使全镇奶牛数量达到14500头，奶牛存栏数和鲜奶产量均列张家口市第二。奶牛养殖业总收入达5753万元。成立奶业协会并在养殖专业村建立了多个分会，同时把每头奶牛的信息资料纳入奶牛信息库，实行微机化管理。

二是加大京西果菜批发市场二期建设力

度。作为国家农业部农业综合开发产业龙头项目的京西果菜市场，2004年完成了基建投资1500多万元。完成了4500平方米二期商住楼工程，完成600平方米二期商住楼转角楼主体工程，兴建了2600平方米的仓库，12000平方米的露天交易广场全部硬化。信息系统准备工作已就绪，检测系统已开始工作，两大系统建成后，将成为全国仅有的81个农副产品定点检测单位。电子大屏幕建成并投入使用。

三是各街村建设项目力度加大。一街投资700万元的燕京商贸大楼建设工程已完成200万元的工程量。二街投资1500万元的双语学校已完成投资500万元的建设项目。三街投资1000万元，建筑面积7000平米的富达园二区路边开发工程已全部完工并使用。投资300万元的五街村委会旧宿改造工程已全面竣工。六街投资100万元的40间二层门脸楼已全部竣工。东园投资60万元建筑面积1000平米的活动中心楼已完成主体工程。

全镇招商引资到位资金7616．5万元。引进人才27名，引进项目20个。

山西省

盂县南娄镇

2004年，南娄镇党委、政府坚持以邓小平理论和“三个代表”重要思想为指导，认真贯彻落实党的十六大和十六届三中、四中全会精神，坚持以人为本，注重科学发展，紧紧依托煤炭、耐火等资源优势，围绕建设宽裕型小康强镇和工业化新型城镇总体目标，按照“重调产权、快调产品、长调产业”的调产工作思路和“一产调强、二产调优、三产调高”的方针，全镇产业结构调整取得显著成效，基础设施建设取得突破性进展，全镇经济建设、政治文明建设和精神文明建设取得了令人瞩目的成就，全镇农村社会总产值完成26亿元，农村经济总收入完成14．5亿元，财政收入完成8623万元，农民人均纯收入达到了4400元。保持了全市第一经济强镇的“头衔”，跻身于全国千强镇行列。特色产品有煤炭、耐火材料、核桃露等。

重点调产项目效果显著。山西省1311工程农业产业化龙头企业——大寨饮品有限公司投资6000万元，建成了第二条核桃露生产线，使该企业年产量将达到5万吨，实现产值5亿元；南娄集团特耐总厂投资1亿元，建成了目前国内最先进的标准化、环保型隧道窑生产线4条，达产达效后将实现产值2亿元；南娄集团对煤炭企业的有效整合和技术改造，大大提升了煤炭产业的经济效益；西小坪耐火材料公司建成了10条生产线，形成了年产20万吨、产值3亿元的目前全国最大的耐火生产基地；耀森耐火材料公司投资1．2亿元，建成了全封闭式现代化生产线3条；晋玉物资有限公司投资3000万元建成了35万吨焦炉生产线，该公司实现了焦炭产量50万吨，产值3个亿的目标；全镇万亩核桃生产基地初具规模；以坡头兴达原种猪有限公司万头种猪生产基地为龙头，全镇畜牧养殖业得到了较快发展。

基础设施建设取得显著成效。投资5000万元，硬化乡村道路122公里，实现了村村通硬化路的目标；投资800余万元，开展饮水解困工程，解决了1万余人的吃水困难；投资6000余万元，铺开了西小坪工业园区6公里长、40米宽的城市一级公路建设工程，完成工程量的95%；建成了南娄集团、北娄新村、北上社村、东宋村等一批农民住宅小区；在全县乡镇中率先免征农业税；全镇85%的村和户安装了有线电视；95%的村、94%的户安装了固定电话；全镇固定资产投资达到5亿元。

古交市马兰镇

古交市马兰镇由原来姬家庄乡和马兰街道撤并组建，并于2001年2月24日正式挂牌成立，全镇区域面积为105平方公里，耕地1．3万亩，辖14个行政村，26个自然村，4个居委会，总人口2．89万人，该镇位于古交市西北，距市区14公里，居屯兰川中游，一川两梁，北与娄烦县古交市镇城底镇接壤，南交常安乡，西与岔口乡为邻，东与屯兰街道相连，屯兰河自西向东横贯全境，境内土地肥沃，资源丰富，交通便利，通迅发达。驻有马兰矿、马兰选煤厂、煤气化公司三家大中型国有企业，一个大型集市场，42

个乡镇企业，市场繁荣经济发达，属典型的城郊工矿交错型城镇，近年来工农共建共同发展，人民安居乐业，各项事业蓬勃发展，一个新型的城镇正在健康地向前发展。

内蒙古自治区

麻池镇

2004 年，麻池镇党委、政府在区委、区政府的正确领导下，以“三个代表”重要思想和十六大、十六届四中全会精神为指导，深入贯彻落实区委七届六次全委（扩大）会议精神，带领全镇干部群众团结拼搏，奋勇争先，把发展作为第一要务，把提高镇财政收入、村集体收入和农民人均纯收入作为一切工作的出发点和落脚点，全力推进工业化、农业产业化和城镇化进程，取得了经济、社会等各项事业的全面胜利，在麻池的发展史上写下了崭新而辉煌的一页。

一、经济实现了高速、高效运行，各项目标任务圆满完成

今年，全镇实现工业总产值 11 亿元，同比增长 41%，工业增加值 3．2 亿元，同比增长 38%，完成农业总产值 1．2 亿元，同比增长 22%，农牧民人均纯收入达 5590 元，同比增长 15%，实现财政收入 1．106 亿元，同比增长 242%，财政收入的总量和增量连续三年位居全市乡镇第一。经济发展取得显著成效，主要得益于三大重点工作的有力推动。

——工业经济突飞猛进。我镇坚持把发展工业经济作为全镇的中心工作，充分发挥土地、交通等资源优势，解放思想、优化环境，提升服务。大力发展煤炭储运、钢铁冶炼、稀土加工和电力产业，形成了以四大产业为支柱的工业企业结构框架。华美稀土、神华煤业、宏伟铸造已成为全镇经济发展的主要支撑。总投资 200 亿元的华电包头发电有限公司 2×60KW 一期工程已全部动工，于 2006 年即可建成投产。新引进的投资 8000 万元的包头兴宇煤炭已开始运营，又为麻池经济发展注入了新的活力。2004 年，全镇引进规模以上企业 25 家（投资 8000 万元以上的企业 1 家，投资 1000 万元以上的企业 7 家，投资 500 万元以上的企业 9 家，投资 300 万元以上的企业 8 家），共引进资金 12 亿元。其中，纳税在 3000 万元以上的企业 1 个，纳税在 1000 万元以上的企业 1 个，纳税在 500 万元以上的企业有 2 个，纳税在 300 万元以上的企业有 3 个。

——农牧业生产稳步发展。我镇把农业产业结构调整作为农业增效、农民增收的重要手段。积极争取农业综合开发项目，大力加强农业基础设施建设。累计投资 140 多万元，完成了小召湾村 5000 亩土地综合治理项目，项目区内林、渠、水、电、路配套齐全。总投资 438 万元的古城万亩农业综合开发项目已开始实施，渠、路建设已基本完成。农业综合开发项目的有效实施，使全镇的农业基础设施建设得到的明显改善。全力实施奶业富民工程。积极协调贷款扶持，大力进行养殖小区建设，扎实开展疫病防治，确保了奶牛养殖业健康发展，使奶牛养殖存栏数达到 17852 头。大力扶持蔬菜运销市场扩大规模，今年，黄草洼蔬菜运销市场外销蔬菜 8000 万公斤，小召湾村蔬菜运销市场外销蔬菜 6000 万斤，两大蔬菜运销市场的快速发展，不但基本上解决了农民菜难问题，同时更为有效地促进了农业结构的调整优化，增加了农民收入。认真落实国家“双补一减”政策，为农民发放粮食直补元，良种补贴亩，合元。农民收入打破了多年来的低增长，提高到了新的水平。

——小城镇建设逐步推进。我镇把小城镇建设作为建设经济强镇的重要组成部分，本着统筹规划、合理安排、分步实施的原则，镇政府投入 20 多万元，高标准、高起点、大手笔编制了“镇域总体规划”和“土地利用总体规划”。根据各村不同的地理和人文特点，规划了六大功能小区，即集镇区、工业园区、观光旅游区、无公害绿色生态农业园区、房地产及物流配送中心和养殖区。其中，以小召湾村为中心的无公害绿色生态农业园区已形成规模，以古城村为重点的集镇区建设已初步起动，古城商业街项目已完成了拆迁前期的准备工作，预计于明年四月份动工兴建，届时麻池镇的城镇建设将实现新的跨越。

二、各项社会事业蓬勃发展

全面强化社会治安综合治理，广泛深入地开展了以矛盾纠纷排查、调处为重点的社会治安综

合整治工作，并连年被自治区、包头市、九原区评为先进集体。切实加强计划生育管理，积极推进计生服务形式的转变，计生服务水平明显提高，接受了自治区的检查，并受到好评。社会保障工作成效显著，社会保障事务所有效运营，为200多名下岗职工和农民群众提供了社保服务和就业信息服务。双拥工作不断创新的，被授予“全国双拥工作模范镇”的光荣称号。教育事业蓬勃发展，软硬件建设不断改善，中小学都建成了包头市先进学校和优秀学校。各项社会事业的协调发展，为经济建设创造了良好的社会环境。

三、基层组织建设、精神文明建设和民主法制建设水平进一步提高

基层组织建设以争创“五好支部”、巩固自治区先进党委为目标，以“三级联创”活动统揽党的建设的全部工作，创新工作思路、谋求新的发展，取得了新的成效。扎扎实实地开展了“执政为民，加快发展”学习教育活动，党员干部的宗旨意识进一步增强。进一步完善工作制度，强化考核力度，实施奖惩兑现，有力地激发了党员干部的工作热情。按照整体推进，突出重点，发挥特色的原则，加强村党支部示范点建设。投入5万多元，对支部办公室和党员活动室作了一次普遍修缮，配备了教学设备。积极引导和鼓励示范点支部创新工作机制，创建“特色支部”。探索出了黄草洼村、王大汗村支部加协会的特色支部发展模式，完成了把千千万万分散生产经营的农户组织起来，纳入整个市场体系，把农民自产自销的单个产品纳入整个产业链条的新探索。基层组织建设接受了自治区的检查验收并受到了好评。

以星级文明城镇创建为载体，切实加强精神文明建设。通过贯彻落实公民道德建设和深入开展“三讲一树”、“四五”普法宣传活动，良好的道德规范和文明的生活方式正逐渐被群众接受。进一步转变领导方式和政府职能，提高政府工作的透明度，不折不扣地落实好以财务公开、村务公开为主的农村“四项制度”，扩大村民对村务财务监督的范围和增强工作的透明度，以民主促稳定，以民主促发展，不断推进基层民主政治建设。全镇社会安定、人民安居乐业，未发生一起重大刑事案件，物质文明、精神文明、政治文明得以协调发展。

在肯定成绩的同时，我们也清醒地认识到工作中还存在一些问题和不足。工业经济运行效益不高，对增加农民的带动作用不明显；农业结构调整步伐缓慢，整体效益低；干部群众的思想不够解放，机遇意识、市场意识、服务意识仍需加强；乡镇企业结构单一，科技含量低；小城镇建设资金不足，基础设施建设相对滞后；党的建设、精神文明建设和民主法制建设仍有一些薄弱环节，还需不断实践与探索。所有这些问题的存在一定程度制约着我镇经济社会各项事业的发展，在今后的工作中必须认真加以解决。一年来的工作实践告诉我们，只要我们解放思想，大胆构筑，不畏艰难，奋勇拼搏，我们就能够战胜一切困难，夺取更加辉煌的胜利。

包头市达茂旗百灵庙镇

百灵庙镇在改革开放以来，经济不断发展。2004年，全镇财政收入448万元，农牧人均收入3981元，城镇居民可支配收入8180元。

特色产品主要有：土豆、牛奶、牛羊肉。

发展需求是：引进大型生产企业。

杭锦旗巴拉贡镇

巴拉贡镇位于鄂尔多斯高原西北部，北靠黄河与巴彦淖尔盟相望。穿镇而过的京兰铁路、110国道、丹东—拉萨高速公路以及境内的黄河铁路大桥、公路大桥，使我镇成为连接鄂尔多斯市、巴彦淖尔市、乌海市等地的枢纽，被誉为“水旱码头”。全镇总面积1859平方公里，总人口16105人，其中非农业人口达8600人，占50.3%。巴拉贡镇党委、政府遵循“工业立镇、农业促镇、开放强镇、科教兴镇、文化塑镇、依法治镇”的发展思路，立足区位优势，有效地促进了全镇经济社会的全面发展。

国民经济健康发展、综合实力显著提高。2004年全镇GDP达到1．65亿元，其中一产完成4125万元，占25%；二产完成6600万元，占40%；三产完成5775万元，占35%；财政收入1900．5万元，比上年增长47%，比1994年的65万元增长了28．24倍；城镇居民人均收入可支配收入6785元，增长17．3%，农牧民人均收入达到4757元，增长31．5%。2004年，城镇从业人员从建

镇初期的3700人增加8600人，增长了2．3倍，一、二、三产业从业人员的比例为4．25：3．3：1，从业人员结构比例比较优化。

对外开放和招商引资工作取得突破性进展，工商业经济迅速发展。三星油脂淀粉有限责任公司投资2．3亿元的变性淀粉、精炼植物油项目，山东黄金集团投资2500万元的纸面石膏板深加工项目，鄂尔多斯光达化工有限公司投资2800万元的氯化亚砜项目等一大批项目纷纷落户巴拉贡镇。2004年全镇共引进精细化工、电力建设、农产品加工、建材工业等20多个招商项目，协议引资额达3．6亿元，实际到位资金1．2亿元。

城市面貌发生历史性变化，城市管理水平跃上新台阶。截至2004年底，城镇化水平达到50．2%，城镇基础设施进一步增强，人均道路铺装面积达9．1平方米，绿化覆盖率达10%，人均居住面积21．3平方米，人均生活用电163千瓦时/年，自来水普及率100%，电话普及率60%，村村通油路，村村通自来水，牧区人畜饮水达到饮用水标准。

社会各项事业全面进步。进一步增加科技投入，科技对农牧业、工业经济的贡献份额明显增加；办学条件明显改善，师资队伍建设得到加强，教育教学水平不断提高，远程教育走在全国旗县级前列，被教育部确定为国家远程教育试点学校。教育设施新建改建建筑面积1．2万平方米，投资1200万元，教育基础设施建设全面增强。大力弘扬先进文化，农牧民宣传教育基地建成，农村有线电视网络建设稳步发展，群众喜闻乐见的文艺活跃在大街小巷，地区文明程度进一步提高；医疗卫生条件进一步改善；实现低保对象应保尽保；加大农牧民和下岗失业人员职业技能培训力度，促进就业和再就业，多渠道提高城乡居民的收入；深入开展严打整专项斗争，依法防范邪教组织，有效维护了社会稳定；积极开展群众性精神文明创建活动，加强社会公德、职业道德、家庭美德教育，促进了社会风气的好转，为构建和谐社会奠定了基础。

准格尔旗沙圪堵镇

沙圪堵镇位于晋、陕、蒙三省交界处，现内蒙古沙圪堵经济技术开发区所在地。全镇总面积490．9平方公里，辖8个行政村、6个社区、105个农业合作社、50个居民小组，全镇总人口5.6万人。2004年，全镇完成地区生产总值8.02亿元，财政收入达到8018万元，城镇居民可支配收入和农民人均纯收入达到8610元和4316元，固定资产投资达到2亿元。截至2004年底，全镇共引进各费项目111个，企业89家，实际到位资金6．57亿元。

达拉特旗树林召镇

树林召镇是达拉特旗旗委、旗政府所在地，是全旗的政治、经济和文化中心。全镇总面积24平方公里，下辖15个社区和1个行政村，总人口93188人，其中农牧民2018人，有流动人口36400人。近年来，在旗委、旗政府的正确领导下，树林召镇始终把产业结构调整作为经济工作的重头戏，地区经济持续、快速、健康发展，综合经济实力明显增强。农牧业产业结构调整成效显著，整体经济效益明显提高。几年来，树林召镇累计协调各种农牧业贷款850万元，新建标准化棚圈500处，购入优良种畜1.93万头（只），发展保护地蔬菜600亩，其中温室和大棚蔬菜260亩，率先引进并建成全旗第一个奶站，新建了全市乡镇最大的再就业基地——富源奶牛养殖基地，基地面积4．7万平方米，已兴建棚圈42栋，现有奶牛898头，解决了150名下岗失业人员的就业和再就业，先后有国家、自治区、市旗及国内外专家来调研指导、观摩学习，得到一致好评，发展肉奶牛、绒山羊、肉用羊等养殖示范户365户，带动了养殖业向市场化、规模化方向发展，牲畜的出栏率、商品率明显提高；农牧业的科技含量大幅度增加，科技对农牧业增长的贡献率达到15%。个体私营经济发展迅速，树林召镇确立了个体私营经济是经济主体的指导思想，认真贯彻落实旗委、政府制定的一系列优惠政策，积极招商引资，注重引进发展文化娱乐、家政服务、信息咨询、房地产开发等新兴产业，有力地促进了个体私营经济的进一步发展，拓宽了下岗和失业人员的就业渠道；工业经济主导地位得到确立。通过转制和扶持工业企业发展，全镇工业经济得到了快速发展，2004年工业总产值达到10亿元，已占到国内生产总值的65．5%，城镇基础设施建设步伐加快。树林召镇始终把城镇建设和管理作为全镇的一项主要工作，常抓不懈，积极配合旗城建和土地部门认真实施总体规划，高标准建设新城区，环绕金珠广场建成一批环境优美的住宅小区；努力改造旧城区，以硬化居民巷道为重点，累计集资投劳120万元，硬化巷道57条2．8万平方米，新修砂石路3．5公里，镇容镇貌明显改观；城市服务功能日趋完善，优化了投资环境，树立了良好的对外形象。树林召镇于1998年被评为自治区级卫生城镇，2003年被自治区党委组织部定为社区党建工作联系点。

树林召镇总体发展思路是：认真贯彻党的“十六大”精神，以“三个代表”重要思想为指导，以不断改革城镇基层管理体制，促进制度创新和机制创新为手段，加快树林召镇城市化进程，努力把树林召镇建设成为富裕、文明、美丽的生态型现代化的新型城镇。

土默特右旗萨拉齐镇

萨拉齐镇是土默特右旗政治、经济、文化中心，是内蒙古首批国家级小城镇综合改革试点镇。位于110国道673公里处南侧，是塞外有名的古镇，距今有270多年的历史。自然赋予了她独特的优势，地肥水美，资源丰富；历史造就了她优越的位置，地处广阔而肥沃的土默川平原中心，北靠大青山，南临黄河，象一颗璀璨的明珠，镶嵌在京包铁路、110国道和呼和浩特市、包头市和鄂尔多斯市“金三角”腹地，历史上就以商品集散地而扬名于世，是一个人杰地灵的古镇。

全镇总面积27．8平方公里，城区面积9．4平方公里，耕地1．43万亩，辖7个行政村，12个社区，总人口6．47万人（其中农业人口1．44万人）。

萨拉齐镇及周边地区资源丰富，镇内商贾云集。已探明的矿产资源有煤炭、大理石、石灰石、高镁石灰石、泥灰岩等，储量大、质量好、品种多。还有丰富的农副产品如小麦、玉米、土豆、葵花，药材分布也很广，正北枸杞、青山党参、甘草等名贵中药材驰名中外。

近年来，萨拉齐镇经济社会各项事业迅速发展，2004年全镇国内生产值达5．4亿元，财政收入突破3000万元大关，城镇居民可支配收入达7004元，农民人均纯收入达5010元。特别是依托伊利、蒙牛两大龙头企业大力发展规模化、集约型园区奶牛养殖业，先后兴办3个奶牛养殖小区，奶牛头数已达到6000头，成为农民增收致富的重要途径。

今后一个时期，萨拉齐镇将全面实施奶业富民、工业强镇、商贸活镇和城建树镇“四大战略”，突出发展以奶牛养殖为主的规模化、集约化园区养殖业，以PE系列管材为载体的工业经济，以餐饮、物流配送、商贸流通、交通运输为主的个体私营经济和以旧城中心区拆迁改造工程为重点的城镇建设，力争通过3～5年建成自治区中西部地区园区养殖奶牛示范第一镇和包头市的卫星城镇，率先进入自治区中西地区经济强镇行列。

扎兰屯市鄂伦春民族乡

鄂伦春民族乡位于大兴安岭南麓，东南与哈拉苏镇、萨马街鄂温克民族乡毗邻，北与牙克石巴林镇接壤，西部与绰尔林业局施业区连接。全乡总面积1580平方公里，是以鄂伦春民族为主体，由鄂温克、达翰尔、蒙古、汉、满等11个民族组成。辖区总居民2200户，7980人，主要以农牧为主。

一、自然条件和特色产品

鄂伦春民族乡境内属于中温带大陆性气候，平均海拔在400～1360米，全年气温在0～24℃，全年降雨量在450～500毫米。林地面积1106平方公里，草原316平方公里，耕地20700公顷，主要河流有雅鲁河、阿木牛河、济沁河。阿木牛河的流长约80公里，两岸的地域较宽，适宜农耕和牧业生产。全乡大部分耕地分布在阿木牛河两岸。

自然资源和特色产品丰富，天然林以柞桦为主，桦树占林地面积的39%，柞树占38%，落叶松占18%，还山杨、柳树等。灌木有山丁子、胡枝子、榛子等。拥有林间草地40万亩，可载畜8万头，草原无污染，水原充足，有暖泉和不封冻的小溪，牲畜饮水非常方便，适合大力发展畜牧业。原始森林中有马鹿、狍子、狐狸、飞龙、沙鸡、野鸡、野鸭等珍贵野生动物。还有木耳、蘑菇、猴头等食用菌。

鄂伦春民族乡立足于以经济建设为中心，以增加农牧民收入为重点，加大产业调整力度。政府牵头引进高、精、尖农作物诸如高油大豆、脱毒马铃薯、紫花苜蓿等；另外，大力支持发展特种养殖，又将是鄂伦春民族乡经济发展的新亮点。以蒙森特种养殖为代表的特种养殖正在悄然兴起，一代、二代、三代野猪、狍子等肉产品价格走俏，也为旅游业中的餐饮、购物增添亮丽一笔。

二、旅游业发展概况

素有“塞外苏杭”之称的扎兰屯市被评为全国优秀旅游城后，也为鄂伦春民族乡的旅游业的发展带来了机遇。鄂伦春民族乡境内旅游资源丰富，有极大的开发潜力。目前，已开发旅游景点四处，年接待游客21000余人次。五公里断桥、雅鲁河漂流是新兴的旅游项目，既休闲又具有拼搏探险的刺激，是人们旅游休闲的好去处，让人们在欣赏到风光秀美的自然景观时，又能感受到鄂伦春人的纯朴、热情、好客的品格，体验鄂伦春族的生活习俗和文化风情。

在扎兰屯市委开放政策的驱动下，全乡在原有的基础上新投入大量资金，做大做强旅游业，充分挖掘民族历史文化，展示鄂伦春民族的内涵和底蕴，拉动各行各业的快速发展。并开发出旅游配套产业，尤其是“行、游、住、食、购、娱”六要素构成的综合性产业。重点推出“绿色”系列山产品、民族工艺品、鹿产品。形成发展绿色生态旅游业融合自然景观、民族风情于一体的旅游产业。

如发达地区的乡镇领导有意来鄂伦春民族乡搞投资开发，我乡全体人民将会热烈欢迎，搞好全方位的服务。

鄂温克旗巴彦托海镇

巴彦托海镇是中共鄂温克旗委员会、旗人民政府所在地。全镇总面积达5432．43平方公里，是一个多民族聚居的草原城镇，在这里居住着鄂温克、达斡尔、蒙古、汉、满等14个民族，人口为24663人。2004年全镇财政总收入494万元，完成税收1571万元，固定资产投资完成11850万元，城镇居民年人均收入6480元，牧民年人均纯收入达到3516元。

畜牧业是巴彦托海镇的支柱产业，多年来，镇党委、政府紧紧围绕发民生态畜牧业的方针，大力发展乳、肉、草业。2004年牧业年度全镇牲畜总头数达44366头（只），奶产量7981吨，肉类总产量2363吨。在大力发展畜牧业的同时，也加大了对草原生态的建设，加强了对草场沙化、退化的治理，采取草场禁牧、封育、休牧等措施，有效地扼制了草原生态的继续恶化，促进了草原的永续利用，使畜牧业不断向生态环保高效优质的方向发展。

巴彦托海镇的城镇建设和管理逐步步入规范化、科学化轨道。城镇环形路建设初具规模，实现了集中供热，给排水形成管网化，社区建设不断加强，城市功能不断提升，绿化、亮化、净化、硬化，美化工程一年一个台阶。巴彦托海镇交通发达，信息快捷，民俗浓郁，民风淳朴，既有城市的功能，又具乡村的朴实，是投资的热土，更是旅游度假人文考察的极好去处。由于近几年内的迅速崛起和各方面的发展优势，吸引了很多外商在此投资发展，同时也吸引了众多国内外的游客来此观光旅游，领略草原上的秀美风光和独特的民族文化。

辽宁省

大连市石河镇

石河镇位于辽宁省大连市区与北三市（普兰店市、瓦房店市、庄河市）的结合部，南距大连市市区67公里，北与普兰店市交界，西濒渤海普兰店湾，镇域面积87平方公里，辖7个行政村，1个社区居委会，人口27000人，其中满族人口占42%。多年来，石河镇党委、政府坚持以经济建设为中心，贯彻实施“工业化带动城市化促进农业现代化”的发展战略，走工业强镇之路。2004年全镇实现社会产值70亿元，比2000年增长43%；其中工业产值62亿元，比2000年增长63.2%；农业产值2.5亿元，比2000年增长25%；农民人均纯收入6451元，比2000年增长36%；税收总额5489万元，比2000年增长152%；财政收入3573万元，比2000年增长216%。

石河镇先后被评为国家基层政权建设百颗星乡镇，全国小康建设明星乡镇，全国少数民族经济发展示范区，全国小城镇建设试点镇，全国卫生示范镇，全国绿化百佳镇，全国亿万农民健身运动先进单位，全国婚育新风进万家先进单位，辽宁省文明镇，辽宁省民族团结先进镇，辽宁省综合经济实力十强镇以及大连市两个文明建设多种荣誉称号。

工业是石河镇的支柱产业也是特色产业，占经济总量的80%以上。多年来，石河镇大力开展招商引资，加强基础设施建设，扶强做大骨干企业，积极为各类企业营造良好的发展环境，使全镇工业逐步形成了食品、服装、建材、农产品加工等门类众多的工业体系，拥有规模企业150多家，其中，大连华农豆业集团股份有限公司和大连华良企业集团拥有资产分别达到20亿元和16亿元，年加工大豆分别达到300万吨和260万吨，成为全国油脂行业的领头羊，石河镇成为大连市金州区工业第一强镇。

在农业发展上，石河镇以农业产业结构调整为契机，以农业增效、农民增收，农村繁荣为目标，集中精力抓好设施农业和特色农业。全镇规划建设“一带三园”，一带：即沈大高速路两侧经济带，发展大樱桃、黄桃、大扁杏等优质水果、干果种植。栽植大樱桃2000亩，黄桃1000亩，大扁杏1000亩。三园：即南部畜牧业园区，以大连益康生物饲料公司、大连禾丰饲料公司等龙头企业为依托，发展禽畜和经济动物饲养，建成两个万头、三个5000头猪场，一个20万头貂厂；中部种植业园区，建成石河农业园区。该园区2000年开始建设，总占地面积4000亩，累计投资6000万元，建有124栋300亩温室和投资3000多万元的加工、气调储藏工厂，主要从事优质水果、蔬菜栽培，是集生产、加工、储藏、出口、旅游、观光为一体的省级现代化农业园区；西部海上养殖业园区，充分利用沿海资源，做大水产养殖业，海参养殖面积达到3000亩，对虾养殖面积达到2000亩，工厂化养殖水体达到20000立方米，虾参育苗室14座，成为大连市较有规模的水产育苗基地。

在城镇建设上，按照“高起点规划、高标准建设”的总体要求，自上世纪九十年代末起，累计投资15亿元，全面实施小城镇建设。商品房开发累计达到20万平方米，人均居住面积达到22平方米，供排水管网、集中供热等基础设施全部配套；累计修建柏油路100多公里，达到屯屯通柏油路；大力开展植树造林和绿化美化，全镇每年植树30万株以上，基本消灭空白宜林地，各生活区全部进行绿化美化，镇内主要公路全部安装路灯；投资800万元建设“石河之韵”广场等。全镇基本实现液化汽化、自来水化、集中供热化、道路柏油化、信息网络化、电视有线化。一排排高楼拔地而起，一座座工厂鳞次木节比，一条条马路宽阔笔直，广场凝绿，喷泉吐珠，路灯璀璨，石河镇正在成为一座现代化的小城市。

在社会各项事业上，石河镇党委政府一贯把搞好社会各项事业作为落实“三个代表”的重要措施来抓，每年投巨资改善义务教育基础条件，常年坚持开展群众文化活动和全民健身运动，全镇建立了歌舞、绘画、剪纸、书法四支群众文艺队伍，多项节目和作品进京、省、市表演和展出，荣获大连市群众歌舞基地、辽宁省精神文明先进单位等称号，每年拿出上百万元用于救济贫困户和弱势群体；常年坚持开展村屯建设和环境治理，荣获全国卫生示范镇称号。大力开展社会治安综合治理工作，常年坚持对村民进行法律法规知识教育，全镇成立了治安巡逻小分队和11个帮教小组，常年保持打击犯罪的高压态势，与此同时，积极开展信访工作，设立“领导接待日”制度，化解社会矛盾，使全镇连续三年未发生重大刑事案件，多年无上访，被评为大连市社会治安综合治理先进镇。

盖州市沙岗镇

沙岗镇辖9个行政村，有6182户，20620人，共有耕地1420公顷，果园面积1200公顷。林地面积1734公顷。镇内拥有企业609家，其中规模以上企业13家。地理条件优越，资源丰富，交通方便。

镇党委、政府坚持以人为本，广纳四海英才，八方商家。坚持科教兴镇，不断深化改革。以沙岗拥有“三路三站”和临港的地理优势为依托，以营口鲁冰花饮料集团、营口永进缝制品有限公司为龙头，以扩大税源、增加财政收入为途径，以优化产品、提高经济效益为中心，加快发展农村经济，推动我镇各项事业健康发展。

大力发展“两高一优”农业是发展农村经济必须趋势，蔬菜大棚、水果大棚和地膜覆盖的白色面积，全镇已达6000亩。

2004年在镇党委、政府正确领导下，不断深化改革加大招商引资力度，仅2004年就引进9家规模企业，解决全镇就业劳动力5950人。

企业总产值9．3亿元，比上年增长20%，国内生产总值28440万元，比上年增加49%，出口创汇额880万美元，比上年增加16%，财政总收入完成755万元，与上年持平，人均年纯收入3803元，比上年增长1%。

随着我镇的各项经济的蓬勃发展，人民群众精神文明需求的日益增长，2004年沙岗镇又投资100余万元兴建了文化小剧场和文化活动中心以及图书馆。我镇卫生院投资80余万将院舍重新翻盖，并引进先进的医疗设备，高薪聘请高级医师为我镇的百姓提供可靠的医疗保证。

新宾满族自治县永陵镇

全年永陵镇各项事业有长足进展，全镇国内生产总值24．500万元，与上年同比增长9%，地方财政收入实现520万元，比上年增长20%。农民人均年收入达2．800元，比上年增长8%。城镇建设再上新台阶，新建9幢仿古楼，建筑面积达23000平方米；二产业蒸蒸日上，增加值实现9．000万元，抚青药业公司等几大GMP项目迅猛发展，农业结构调整迈出新步伐，增加值实现7500万元；林业工作成绩显著，完成春季造林面积5666．5亩。

海城市西柳镇

西柳镇地处辽宁省南部，位于海城市区西南。全镇总面积64．12平方公里，现辖5个街道办事处，9个村。全镇有常住人口4．07万，外来暂住人口约4万人，日流动人口近10万人。

闻名全国的西柳服装市场始建于上世纪80年代初期，历时20余年的发展壮大，已成为占地1平方公里，拥有摊位1．6万个，总投资8亿元人民币的全国一流大市场。市场经营服装、布匹、小百、电子、电器等20余类2万余种商品，主要销往东北三省一区及华北、西北、中原部分省区，并通过订单和边贸与国际市场接轨。2004年，西柳服装市场交易额实现190亿元。

市场的繁荣，带动了西柳镇经济社会的健康、和谐发展。2004年，全镇国内生产总值实现27亿元，镇财政收入1．34亿元，人均年收入8274元。依托市场优势，西柳镇在抓经济发展的同时，更加注重以人为本，努力构建和谐社会，积极培育西柳多元文化共融的市场文化、移民文化和城镇文化，全力打造开放式、生态型、现代化的文化商镇。一个环境优美、富裕文明、充满魅力的霓裳之都展现在世人面前。

昌图县昌图镇

昌图镇因位于昌图县城境内而得名，它是辽北地区重要的商贾聚集区，这是一片美丽而富饶的土地，这里物产丰富，气候宜人，它为辽北地区经济繁荣做出了突出贡献。

昌图镇位于松辽平原与长白山余脉交汇处，南与“较大城市”铁岭相望，北邻吉林省四平市，东靠长白山余脉，西与辽河隔河相望。这里交通十分便利，四通八达，京哈铁路、沈哈高速公路、102国道贯穿南北，昌法公路、昌威公路横亘东面，现在已村村通公路，这里信息快捷，联通、移动覆盖全镇。境内有山川河流，东部为山区，西部为平原，区域面积为19300公顷，其中耕地面积6263公顷，是全国重点商品粮基地，林地面积5333公顷，水域面积100公顷。合乡并镇后，所辖17个行政村，6个社区委员会；全镇总人口13．5万人，其中农业人口4．2万人，农业劳动力1．5万人，包括民族有汉、满、回、朝鲜、蒙古等民族。

昌图镇有著名的太阳山、天桥山风景区，有辽北最大的佛教圣地“常泰寺”坐落于太阳山脚下，天桥山山顶巨石横卧，怪石嶙峋，山脚下溪水潺潺，群山怀抱，郁郁葱葱，花香鸟语，天然溶洞可供人们纳凉，毛泽东诗词碑林俊秀挺拔，苍劲有力，是人们旅游观光好去处。

昌图镇气候温和，四季分明，雨量适中，日照充足，适宜多种农作物生长。主要农作物有玉米、高粱、大豆、水稻、花生等；水果主要有苹果、梨、山楂、葡萄、油桃等；野生植物有落叶松、油松、柞树、杨树等；矿产资源有石灰石、花岗岩、河沙、黄土等；优越的地位位置和丰富的自然资源，为发展农村经济提供了得天独厚的条件。

2004 年，昌图镇在县委、县政府领导下，高举邓小平理论和“三个代表”重要思想的伟大旗帜，团结和带领全镇人民，努力工作，开拓进取，实现了经济持续快速发展和社会的全面进步。2004 年全镇国内生产总值实现 17．5 亿元；固定资产投资完成 5000 万元；社会消费品零售总额完成 2．5 亿元；财政收入完成 2045 万元；城市居民人均可支配收入达到 4500 元；农民人均收入达到 3300 元。

2004 年，铁岭市昌图县为大力发展镇域经济，昌图镇被确立为五大中心镇之一，通过“公推公选”选举出新的党政主要领导，新的党委一班人，内聚人心，外树形象，充分利用昌图镇的自然条件，发挥区位优势，从本镇实际出发，制定了昌图镇“四大发展战略”，为今后工作确定了正确的发展方向。

开放招商立镇就是举全镇之力打招商引资总体战。以资源为依托，以城建为载体，把工作中心放在引进生产加工型，创税创汇型“大高外”项目上。

城乡连动发展就是以城镇建设为依托，带动全镇经济持续快速健康发展。昌图镇城镇比重大，具有丰富的人流、物流、资金流和信息流。发展的优势、潜力和希望均在城镇。按中心镇“六个一”的标准，通过多元投入，加快城镇的开发改造，不断完善城镇功能。以工业园区、民营企业、农贸市场带动农畜产品基地建设，实现城乡一体、良性互动。

实施产业化经营就是通过产、加、销一条龙形成产业化链条。农业的根本出路在于实现产业化，用产业化经营谋划农业发展，就是要围绕加工抓农业，围绕市场抓农业，围绕效益抓农业，用产业化组织生产、经营和销售。

民营经济支撑就是要把发展民营经济作为增强财政实力的重要支撑点。经过运作，使民营企业创造的产值税收及从业人员要以翻番速度增长，成为镇域经济的主力军。

昌图镇在实施四大发展战略的同时，大力推进了农业产业化进程，持续加大结构调整力度，为镇域经济发展注入新的生机与活力。到现在全镇已形成区域化布局，规模化生产，社会化服务的农业产业化新格局。一是大面积种植甜叶菊，围绕甜叶菊生产加工做文章，提高农民收入，增加企业的附加值。全镇已种植甜叶菊达到 1．5 万亩，每亩纯收入可达 600 元，全镇可增收 450 万元。二是利用地处县城的区位优势，引导农民发展庭院经济，大面积种植无公害蔬菜和地膜裸地菜，鼓励农民大面积种植花生，通过花生生产，提高单位亩效益，增加农民收入。三是大力发展绿色生猪生产。增加饲养量，确保出栏量，围绕绿色生猪育肥、销售做文章，既促进龙头企业的发展，又促进畜牧业增值。目前全镇畜牧业发展势头强劲。2004 年，全镇猪、牛、羊、禽的饲养量分别为 15 万头、2．8 万头、2．5 万头、100 万只。绿色生猪饲养量和饲养规模不断扩大，绿色生态园区和国美绿色生猪养殖场对全镇畜牧业发展起到至关重要的作用。形成了龙头企业、基地和农户连动发展模式。四是广泛吸引农民到城镇投资创业，积极支持农村剩余劳动力外出务工，使剩余劳动力得到合理有序流动，并逐渐由一产业向二、三产业转移，由农民向农工转移，昌图镇即将变成客商投资的首选地，农产品购销的集散地，吸纳农村剩余劳动力的聚集地。

昌图镇招商引资取得新成就。2004 年，本着立足区位优势，发挥资源优势，围绕盘活闲置资产，集中精力招商引资，坚持向北招商与四平客商洽谈。向南招商与沈阳本溪客商洽谈，走出去与韩商恳谈，充分展示了昌图镇对外开放的形象。现在全镇有规模企业 5 家。分别为天幸建材制造有限公司、丰翼实业有限公司、亿达节能设备公司、国美牧业有限公司、甜菊糖业有限公司。全镇 2004 年引进资金 1．2 亿元，其中：6000 万元大项目 1 个，100 万元以上项目 14 个。这些项目的引进，特别是甜菊糖加工厂的建成，进一步增长了镇域经济实力。

昌图镇第三产业服务网点星罗棋布，遍布全镇。昌图镇拥有辽北最大的农副产品批发市场，新创集团承建的样式独特、装饰新颖的商贸区，环境幽雅，条件优越，舒适高雅的住宅小区，500 多延长米仿古商贸一条街，有北山早行夜市，有红河大卖场、万客家超市等 20 多家超市。有餐饮、洗浴、总统套房综合性服务的万顺达酒店，有豪华的金碧辉煌KTV广场，帝豪歌厅等娱乐场所。第三产业的发展壮大，拉动了全镇经济持续快速健康发展。

昌图镇经济的不断发展，推动了社会各项事业的全面进步。物质文明、政治文明、精神文明共同发展，文明社区、文明楼院，层出不穷，家居环境得到改善，公民道德水准不断提高，社会风气逐渐好转。形成了良好的社会风气。全镇共有中小学8所，教育资源实行重新整合，师资队伍得到加强，教育投入逐步增长。广播、电视、电影、文化等社会事业明显提高。

近年来，昌图镇被省政府命名为中心镇，被辽宁省委评为先进党委，被铁岭市评为发展农村经济先进镇等称号。

昌图镇正已矫健的英姿，迎着旭日的曙光，迈着稳健的步伐，走向未来！

台安县高力房镇

一、概况

高力房镇位于台安县东南32公里处，地处辽、浑河下游。东濒浑河与海城市温香镇、高坨子镇相望，西以外辽河为界和盘山县沙岭镇为邻，南与本县韭菜台镇毗连，北与本县黄沙坨镇接壤。境域东西两面环河，地形南北纵长10公里，东西横距20公里，地状为南北短，东西宽相似长方形。境内无山多水，一马平川，地势北高南低，地面海拔平均6米，其地理座标是东径122° 29′，北纬40° 09′。镇内流域面积112平方公里。土地面积为167211亩，耕地面积97219亩。粮食作物面积80719亩，其中：玉米54480亩，水稻23944亩，高粱210亩，大豆2085亩，蔬菜保护地面积16500亩。

高力房镇有着悠久的历史，高力房人很早就在这块土地上劳动、繁衍、生息。唐朝时期高丽房在辽东半岛西，居住在这里的人，都是高句丽人（即朝鲜族人），他们居住在这里，得地名高丽房，后“丽”字演变成“力”字，故此得名高力房。

历史沿革与建制沿革。高力房镇在历史上不属台安县管辖，1949年底以前一直是海城县第七区。还有一段时间是属牛庄县浑河区管辖。1949年1月，经辽南地委决定：将高力房从海城县划归台安县，建立第七区政府，管辖14个村。1951年6月，经辽西省人民政府批准：将原属盘山县六区管辖的陈家房、太平、桥坨子、九台子、黑坨子5个村划归台安县第七区管辖，至此高力房辖19个村。1952年12月，高力房随县划辽阳专署所辖。1954年8月，辽东、辽西两省合并为辽宁省，高力房七区随县归辽宁省辖县。1959年1月，撤销辽阳专署，实行市辖县，高力房随县归沈阳市所辖。1964年3月，改属沈阳专署所辖，1965年1月，随县划归铁岭专署所辖。1968年7月，随县划归盘锦垦区（市）所辖。1976年1月，随县划归鞍山市所辖至今。

高力房镇行政村19个、一个居民委员会、一个林场。行政村有：永安村、马坨子村、东曾村、锅铚子村、黄金村、枣木村、红旗村、红星村、大高力房村、小高力房村、程家村、欧力村、陈家房村、前黑坨子村、后黑坨子村、平安村、太平村、桥坨子村、九台子村、华油居民委员会。

高力房镇总户10381户，总人口37768，其中：户籍人口37501，外来人口267。民族：汉族37238人，满族506人，蒙古族5人，回族6人，朝鲜族12人，锡伯族1人。从业人员20310人（包括农业），非农业人口11267人，其中外来人口267人。全年社会总收入14．8亿元。人均收入3419元。粮食总产量39821吨，肉类11007吨，水产品976吨，水果3536吨，蔬菜152600吨。镇辖企业3个，个体企业297个，从业人员11267人。财政收入1006．12万元。乡镇年度税收868．5万元。全镇电话8001部，移动电话3278部，全镇境内县级以上公路为30公里。南北有库二线，东西有旧沙线。全镇有12个村村民吃了自来水。镇境内汽车站2个，自来水站11个，公共厕所5处，垃圾场3处，集贸市场1个，个体商业户523户。学校总数18所，其中一所中学，17所小学。幼儿园5所。文化站1个，影剧院一所，台安第三人民医院座落镇区，有病床70张。人口文化程度：大专345人，高中1841人，初中14124人，小学14584人，半文盲5651人，文盲1114人。

辖区风景区有两处：镇区美景华光湖。华光

湖始建于2003年4月，由台安华油化工厂法人代表、全国劳动模范、五一劳动奖章获得者、镇党委书记丁奇同志创意和策划的，由该厂投资750万元。湖区占地面积4万平方米，水面面积3万平方米，湖中容水量6.5立方米，水深5.5米，备有抽、排水设备。湖面呈椭园形，南大北小，座落在台安华油化工厂东侧，与厂区相连。湖南岸铁栅长180米，湖边水泥甬路900延米，湖边由 500 个青石雕刻围栏。湖面上有假山一座，人工岛一处，九曲桥、6尊青石雕塑屹立在湖面上，雄伟壮观。

高力房烈士陵园，修建于2003年5月。在镇党委书记丁奇同志倡导下进行修缮的，投资47.6万元。有悼英桥、忠烈门、陵园志碑、功德碑。园内有主碑，主碑后面有三座小青石碑，上刻有沙岭战役无名烈士纪念碑，抗美援朝烈士纪念碑，解放战争社会主义建设时期烈士纪念碑。碑后有坟墓116个，是进行革命传统教育的露天课堂。

二、社会经济发展成就

高力房镇党委、政府一班人，在党委书记丁奇同志的率领下，始终认真贯彻落实邓小平理论和“三个代表”重要思想，科学发展观；始终以经济建设为中心牢记在心，长抓不懈；始终把招商引资做为工作重点；始终把人民的冷暖挂在心怀；始终把教育战略地位摆在工作的首位。

（一）社会发展

1．狠抓基层班子建设。2004年3月份村级班子换届选举结束后，镇党委召开村委会新班子成员会议，进行有关村级干部业务知识培训。全镇发展党员48名，培训非党积极分子78人。270名党员参加党群共同致富结对子活动，在开展“六个好”支部活动中，欧力村党支部被省委命名为“六个好”党支部。实施老党员安居工程一户，三间青砖瓦房。纪检工作在反腐斗争中成绩突出，被县委评为先进纪检单位。

2．党委下发了《科技、项目、文化、法律“四进家庭”活动方案》，这项工作开展以来，发放科技宣传单9000份、发展农业项目蔬菜保护地670户、养殖户246户，工商户121户。创建“无毒”活动中心户123个，带有图书、报纸、秧歌的文化中心户37个，有线电视进户达9个村4314户。

3．教育教学质量居全县农村之首，省、市、县四次在高力房中、小学召开现场会：课堂观摩、教学实验、美学教育、教研成果。2004 年升入上一级学校的学生153名，其中县高中43名。由于镇党委书记丁奇多次跑市、县争取资金110万元，为中学兴建电教楼2400平方米。镇党委号召机关干部、公安分局捐资助学13人。

4．出版《高力房镇志》。

5．高力房镇率先在全县农村实行新型合作医疗，参加率93%。

6．村镇建设。高力房镇被国家列为小城建设卫星城。省级重点建设镇，自1984年以来，村镇建设突飞猛进，日新月异。东西延长8华里，南北延长5华里的街道两旁高楼林立，二十年的发展，累计建筑面积294251平方米。

7．交通道路顺畅，通往周边市、县及进京路线。境内省级公路库二线15公里油路重修，镇级黑色路面41.7公里，村级砂石路68.889公里31条，在修砂石路期间，镇党委书记丁奇亲自去鞍山东矿找矿长王德普先生，王先生慷慨解囊无偿提供价值16万元的石料。

8．开展利民工程，为老百姓打自来水井。2003年以前6个村打自来水井，2004年又有6个村打自来水井，12个村7084户、25125人吃上了自来水。

9．镇党委、政府在县委、县政府统一部署下开展了“双无”工作，即“无毒、无黑”，全镇达到无有吸毒人员和无带有黑社会性质的团伙。社会治安稳定，老百姓安居乐业，高力房镇被鞍山市委、市政府评为社会治安综合治理先进单位。

10．民政优抚、扶贫工作成绩显著。保证优抚、优待补助费正常发放，全年所需资金248436元。农村低保金328人，年补助金额78720元，三老建房21户，58间，投放资金29万元。

（二）经济发展

1．企业发展。5 月份本溪客商齐辉来高力房投资2000万元，建立鞍山金惠高新冶金炉料有限责任公司。7月建厂，年底试车运行。

2．民营经济发展到297家，个体商业户达到523个。

3．市场贸易活跃，月贸易额达162万元。

4．农业。高力房镇原有四个科技园，即桥坨子网纹瓜科技示范园，黄金、东曾蔬菜科技园，枣木甜瓜生产基地园，马坨子养殖发展科技园。今年，桥坨子网纹瓜科技园水浇地建成，扩大到平安村面积5000亩，投资277万元，园内建桥15座，建涵55座，农涵100座，打4寸井185眼，喷灌设备56套，修砂石路3公里。

5．开展绿色通道工程。植树造林1310亩，其中用材林730亩，经济林380亩，防护林200亩，四旁植树7．9万株。

6．养殖业。全年肉牛10595头，生猪93823头，羊1537只，肉鸡2667115只，蛋鸡34343只。

三、组织机构

镇机关公务员编制35人，实有29人。

1．党委机构：设书记、副书记、纪委书记、组织委员、宣传委员、武装部长、团委书记、妇联主席、组织干事。

2．人大主席团：主席、秘书（兼）。

3．政府机构：镇长、副镇长、镇长助理、财政所长（兼）、会计、现金、土建助理、农业助理、水利助理、民政助理、两办主任、计生助理、交通助理、司法助理、工贸公司办公室主任、畜牧助理、统计助理、统计干事、司机。

4．事业单位：编制58人。

①水利工作站13人。

②人口与计划生育服务中心4人。

③村镇建设服务中心5人。

④农业综合服务中心15人。

⑤文化服务中心3人。

⑥经贸服务中心18人。

5．机关管理人员8人。

四、历史文化

在抗日战争时期，1932年流传救国会夸赞青山“老北风”：青山来造反，“北风”志更坚；精忠来救国，消灭日寇抗强权；卫国有方略，光辉照人寰；人人都争气，定叫鬼子退兵又赔款。“老北风”本名张海天，号北风，（1890-1939年）今台安县高力房镇九台子村人，日寇侵入东北，他与项青山等组织抗日队伍，被北平抗日救国会委任东北民众抗日救国军第二军区第三路司令。青山原名项国学，号青山，激于民众义愤与张海天合伙抗日，主要活动在台安、海城、盘山、营口一带。1947年到1948年夏，东北人民解放军和国民党军拉锯时，由地主还乡团组成的一股反动武装，他们无恶不作，在辽河两岸打家劫舍，人民群众恨之入骨，称他们是“红眼蒙”用五更调演唱歌谣，当时流传群众之中，至今70岁以上的老人都会唱。

五、主导产业及知名企业、名牌产品

高力房镇的主导产业是蔬菜保护地生产。1990年以来共发展16500亩，主栽品种是西安绿皮茄子、网纹瓜。2001年4月高力房镇生产的西安绿皮茄子、网纹瓜在国家商标总局注册，誉名为“关东蜜瓜”、“台安绿茄”。

知名企业，台安华油化工厂，始建于1 9 8 8年，是一个以生产石油、润滑油、蜡油、渣油等石化产品为辅的集体所有制的现代化企业，该产品通过了ISO 9001国际质量体系认证，厂区占地面积21万平方米，建筑面积1.5万平方米，现在职工322人，高级工程师7人，工程师14人，职工高中以上文化程度占全员的88%。厂长丁奇全国劳动模范全国“五一”劳动奖章获得者。生产经营厂长王学一辽宁省劳动模范“五一”劳动奖章获得者。华油化工厂2004年荣获全国“五一”劳动奖状。该厂固定资产1．4亿元，流动资金3500万元，年加工原油15万吨，十年来累计向国家缴纳税金4563万元，是鞍山地区纳税大户。

六、区域资源优势

高力房地区境内地下资源丰富，截止2004年末先后打成油气井62眼。2005年辽河油田准备在高力房境内打24眼井。

瓦房店市炮台镇

炮台镇位于大连瓦房店市南端，总面积248．95平方公里，人口5万人。2004年，全镇实现国内生产总值59亿元，实现财政收入5千万元，农民人均年收入7200元。年内，全镇新增企业43家，累计达到854个，企业职工达1．8万人；实现工业总产值54．7亿元，销售收入达52亿元；完成工商税收3300万元，个体工商户达到 647户；已建成辽宁省大连炮台经济开发区、辽宁省大连炮台现代农业园区，在大连炮台台商投资区的基础上又于当年申请建成辽宁省大连炮台现代渔业园区，总面积8平方面公里，现已建设7万水体育苗室、养殖海参面积340公顷，养殖对虾、车虾面积330公顷，到2004年底，炮台镇已引进外资企业55个，累计使用外资2亿美元。

2004年，炮台镇植树造林400万株，全镇森林覆盖率达到48%以上；新修镇村公路25公里，铺标准路21万平方米，全镇道路建设已网络化，26个行政村全部通上柏油路；小城镇规划设计面积8平方公里，已实现水、电、路配套；新建教学楼2处，建筑面积7000平方米，全镇已有2所中学、12所小学住进了教学楼。有10个村、8个单位获得大连市级“园林式村庄”和“花园式单位”称号。

沈阳市五三乡

沈阳市浑南新区五三乡位于沈阳市浑河以南，三环高速公路以北，全乡总面积24平方公里，耕地面积5235亩，总人口32719人，有朝鲜、满、蒙、回、锡伯等5个少数民族，户籍人口26000余人，外来人口13000余人，少数民族人口5300人。下属12个行政村、1个社区、5个居委会。12个行政村：浑河堡村、营盘村、铁匠屯村、糖场子村、五里台村、朝鲜村、营鲜村、教场村、张官屯村、东黄泥坎村、西黄泥坎村、孤家子村，其中五里台、朝鲜村、营鲜三个村为朝鲜族村。1个社区：孤家子社区。5个居委会：5005厂居委会、煤工委居委会、机修厂居委会、精神卫生中心居委会、农机试验厂居委会。1953年2月19日，当地农民建立了蔬菜生产合作社，为了纪念这个年份，取名“五三蔬菜生产合作社”。1958年9月3日，在原五三高级生产合作社基础上成立五三人民公社，1983年初撤社建乡。

1958年12月，五三乡荣获周恩来总理亲笔签发的“农业社会主义建设先进单位”奖状，1979年12月，五三乡又荣获国务院总理华国锋签发的国务院嘉奖令。1990年被国家民政部评为全国十佳乡镇，获得由彭真同志题字的“大地杯”。1991年被中宣部、农业部授予全国乡镇企业思想政治工作先进单位。1995年被国家民政部评为中国乡镇之星。1996年，乡党委被中组部命名为全国先进基层党组织。1997年五三乡被民政部评为全国民政工作全优乡镇。1989年以来，五三乡党委、政府多次被省委、省政府评为先进集体、先进单位、文明单位和社会治安综合治理标兵单位。

五三乡地处东北重工业城市沈阳南部近郊，这里风光秀美，物产丰饶，堪称集祥纳瑞、钟灵毓秀的风水宝地。沈阳人民的母亲河——浑河缘其北侧缓缓流过，浑然天成了“引水归帆”、“浑河晚渡”、“龙滩垂钓”等诸多如诗似画的人间胜景。雄伟的长青大桥、富民大桥、青年大桥像三道彩虹横跨两岸。置身桥头，看天光水色，听柳浪莺歌，让人心胸开阔，悠然自得。浑河北岸，有中国男足冲向世界杯的福地——沈阳五里河体育场；有五星级国际酒店——皇朝万豪酒店、丽都喜来登饭店；有被评为世界文化遗产的沈阳故宫、清昭陵、清福陵。浑河南岸，有沈阳桃仙国际机场；有绿岛森林公园。

五三乡是以农业为基础、乡镇企业为支柱，农、林、牧、副、渔、工、商、建、运、服综合经济全面发展的城郊乡，是经济与技术相结合的科技示范基地。2000年，五三乡国内生产总值17亿元，向国家上缴税金8000万元，财政收入完成1700万元，人均收入5120元，招商引资额4.35亿元。2001年2月21日，沈阳市委、市政府决定，五三乡划归浑南新区管辖。这一新的区划，为五三乡的发展提供了更为广阔的空间。2004年，全乡农民人均纯收入7036元。为改善人居条件，加快农村城市化进程，新建富民经济小区2个，还为动迁农民兴建两处经济适用型住宅回迁小区——浑南世纪新城小区和文澜苑小区。建成后的世纪新城可安置回迁农民6100户、18000人。2004年底，已有3000余户农民喜迁新居；文澜苑已安置回迁农民520户。为了让失地农民能够顺利转型再就业，今后生活有保障，五三乡于2002年组织兴建了五三劳动力市场，为当地农民提供免费的职业介绍和技能培训。到2005年3月，该市场已安置本地区农民再就业4300多人次。同时，建立农村劳务输出基地13个，劳务输出2117人。在引导、扶持民转型就业的同时，五三乡党委、政府还鼓励农民到外乡租地，继续从事农业生产。全乡已有 224 户农民到邻近乡镇采取租赁、承包等形式租用农业用地 2000 余亩，用于种植、养殖业。

沈阳市白塔堡镇

辽宁省沈阳市东陵区白塔堡镇是国家建设部确定的全国小城镇试点镇。2002 年，辽宁省委、省政府命名为“文明小城镇”。

《东三省古迹遗闻》记载“沈阳县南二十里许，有村曰白塔铺，村东侧，有古塔一，峥嵘兀立，高耸云端，辽北沈南无有出其右者”镇因塔得名，塔为镇争辉。

1964 年，沈阳市新建东陵区，白塔堡划归东陵区管辖，1958 年组建白塔堡人民公社，1977 年成立白塔堡乡人民政府，1988 年改为白塔堡镇人民政府。

一、概述

白塔堡镇位于沈阳城南 8 公里处，北依沈阳高新技术产业开发区，西连沈阳浑南大市场，东临沈阳桃仙机场，南接沈丹铁路。白塔堡河自东向西蜿蜒流入浑河，地理位置优越，交通方便，环境优美，被誉为“沈阳城南第一镇”。镇辖 16 个行政村，5 个居委会，地域面积 50．9 平方公里，耕地面积 5．2 万亩，人口 3．6 万人，其中少数民族有满族、回族、锡伯族、朝鲜族等。

二、经济产业

白塔堡镇以东北花卉大世界为龙头的一产业，以工业环保产业集群为龙头的二产业，和以房地产开发为龙头的三产业有机结合，协调发展。遵循“高科技，新产业；市场化，新体制；高品位，新城区”的发展目标，逐步形成并完善二、三、一的产业结构；二产业，集中精力发展高新技术产业加工区和农副产品深加工区，大力发展 IT 产业和汽车配套业，扶持阿仙食品等龙头企业的多元化发展；三产业，发展成集商业、科研、教育、卫生为一体的 21 世纪的新型现代化城区和沈阳市最佳人居区；一产业，坚持农业产业化的原则和工业化的方向，大力发展花卉、种养殖业；另外，重视绿化美化建设，加强绿地、公园建设，把白塔河建成景观河。逐步把白塔地区建设成为沈阳南部投资机会多、交易成本低、社会效益好、发展潜力大的投资地区，最终发展成为南部副城最具活力、最富吸引力、最有竞争力的中心区。

本着“立足现在，面向未来，科学规划，合理布局”的原则、“可持续发展”的理念和“繁荣镇区、搞活南北、发展南片”的思路，规划并初步形成了“四大区域，五大基地”，即工业区域、农业区域、研发区域、中心金融商贸区域和花卉基地、养殖基地、农业研发基地、工业加工基地、中心城区建设基地。主要建设用地 5．2 万亩，其中二产业用地 1 万亩，三产业用地 2 万亩，一产业用地 1 万亩，公共绿地 1 万亩，其他用地 2000 亩。现拥有企业 300 余家，外资企业 55 家，总投资额 1030 万美元。白云穗港集团、浙江华育、汉拿混凝土、九月保温管等一批国内外知名企业已在白塔落户。

三、发展规划

1．中心金融商贸区

规划面积 12 平方公里，以沈营公路为轴，北起沈阳三环公路，南至小羊安村，规划范围包括塔北、白塔、塔南、塔东、鸡冠、高三、苏家、小羊安 8 个村，是为发展高新技术产业服务的金融商贸区．现有白塔商贸一条街、无垢净光塔景点以及各具特色的中档居民区(阳光新嘉园居民区，鑫塔居民区，龙盛家园小区、白塔佳园小区)。穗港花园城，浙江新天地、丰泽城等高档居民小区 2005 年将开工建设。中心金融商贸区集中体现白塔地区“高科技、高品位，现代化、国际化”的特征，将规划建设成为具有中高档住宅、初高中教育、医疗、贸易、商业、购物、信息、文体娱乐、商务服务、政府服务、旅馆、饭店等功能的综合性区域。

2．工业园区

规划面积 20 平方公里，位于白塔堡镇西南部，规划范围包括小羊安、大羊安、毡匠、火石 4 个村。工业园区是以高新技术产品配套为主的综合性园区，重点发展 IT、先进制造技术、生物工程、新型材料、汽车配件、农副产品深加工等主导产业，将建成沈阳高新区和浑南大市场的加工区，逐步成为本地区的主要税源区和劳动就业区。

3．农业园区

规划面积 6 平方公里，主要以白塔地区南部的毡匠、大张尔、小张尔 3 个村为主，由农业养殖基地、东北花卉大世界和优质米基地组成。农业园区将重点发展花卉、优质米、蔬菜、果树和畜牧养殖业。

农业养殖基地占地约200万平方米，总投资1．5亿元。第一期工程已投入建设，占地1万平方米的阿仙生态养殖场已经基本建成。

东北花卉大世界占地约333万平方米，由核心区、科技开发区和花卉生产区组成，总投资2.71亿元，其中固定资产投资2．42亿元。第一期工程基本竣工，花卉大门与园区道路等配套设施工程已经完成，花卉交易大厅已基本建成。东北花卉大世界将发展成东北最大的花卉生产、科研、交易的平台。

4．研发区

规划面积6平方公里，位于白塔地区东北部，包括上深、下深、青堆3个村。研发区是进行高新技术研究、实验、生产的基地，将发展成为现代化农业示范区。目前，双孢菇食用菌基地和海翔观赏鱼出口基地已初具规模。

面对经济全球化、区域经济一体化的趋势，镇党委、政府始终坚持积极实施产业强镇、文化立镇、人才兴镇战略，以经济结构调整为主线，以小城镇建设为重点，以农民的“双增”为目标，地区发展日新月异，初步形成了以工业环保产业集群为主体，　以农产品深加工为依托，　以房地产开发为基础的产业发展框架。

一流的领导班子带出一流的干部队伍，一流的工作作风创造了一流的工作业绩。以镇党委书记于欣欣、镇长刘金财为核心的党政领导班子年富力强、团结合作、配合默契，具有较强吸引力、向心力、凝聚力和创造力，充分发挥火车头作用，带领全镇人民创造“两个文明”和建设和谐城镇，被沈阳市人民政府授予“五一”先进集体。面对日新月异的发展形势，白塔人决心再接再厉，顽强拼搏，与时俱进，开拓创新，为全镇经济发展和社会进步做出更大的贡献。

白塔堡镇天时、地利、人和，发展前景广阔，土地资源丰富，劳动力资源丰富，经济基础雄厚，文化底蕴深厚。这里思路与出路完美对接，管理与效益同步升华，项目与资本最佳融合，是沈阳南副城发展热带，是21世纪沈阳的人居中心，是人们的致富宝地。

沈阳市陈相屯镇

陈相屯镇位于沈阳东南22公里的塔山脚下，全镇总面积78．56平方公里，耕地面积5．6万亩，人口3．5万人。规划区6．49平方面公里。2004年实现国内生产总值7．51亿元，财政收入实现1778万元，人均年收入4510元。

陈相屯镇经过十多年的建设，现在已形成一座新兴的卫星城镇。十几年来，镇政府先后投资2亿元，新建三条街、四条路共计20公里，交通十分便利，排水管线4公里，进行了电力、电讯线路改造，万门程控电话开通，直拨海内外。并进行旧区改造三处，新建住宅楼64栋，达20多万平方米。规划建成区3．4平方公里，初步形成了文化教育，卫生、商饮服务，居民社区，行政管理四个功能小区。

“十五”期间，陈相屯镇以工业发展为龙头，共引进内资13．5亿元，外资150万美元，引进了菲菲澳家庄园、亚洲红葡萄庄园、西洋钢铁、30万吨H钢、大龙洋石油、黎天木业、丹森木业、东盛电器等企业。西洋集团当年投入7000万元，生产型材1500吨。制鞋户逐年增加，年产值达到1．5亿元。黎天、兴锐、丹森木业年创汇670万美元，年产值达到1．5亿元，出口供货5500万元人民币。

随着城市化发展的加快，三产业得到空前的发展，形成了轻工、农贸、餐饮、建材、加工等各具特色的商业街，辐射到周围乡镇，以菲菲澳家庄园为龙头积极发展旅游业。

农业产业结构调整不断加快，农业效益不断提高，注重发展绿色无公害农业、养殖业、林果业，规模进一步扩大。

社会各项事业协调发展。镇内设有高标准的初中、高中各一所，小学一所，教学楼建筑面积2万平方米。每年中考、高考升学率在全区名列前茅。镇内现有地区级医院一所，门诊量为300人/日，床位100张，基本满足小城镇发展需求。医疗保险正在普及。

改革铸辉煌，重换新颜，今天陈相屯镇以永不满足精神，积极抢抓机遇，推进城市化进程，建设经济繁荣、环境优美、社会文明、人民富裕的新城镇。

抚顺县章党镇

2004年，章党镇在县委、县政府的正确领导下，紧密结合实际，扎实工作，使全镇文明、经济、社会各项事业均取得较大发展，全镇出现社会稳定、经济快速发展的良好局面。

一、党的建设取得新成绩，基层组织建设得到加强。

结合“三学”、换届，认真开展党员、干部培训工作、扎扎实实开展“三向培养”工作，深入开展党群共富活动，加强党员干部队伍建设。

二、经济持续稳定增长，人民生活水平不断提高。

全镇国民生产总值预计达5亿元，本级财政收入达到400万元，省级54.6万元，全口径1000万元，完成年计划的117.6%，比上年同期增长了17.5%，增收150万元，全社会固定资产投资额1亿元，农民人均年纯收入3229元，民营经济增加值34000万元。

三、项目建设扎实推进，发展势头良好。

实现三化，即农村城镇化、农业产业化、农民非农化。

一年来，章党镇大力实施项目建设，广开招商渠道，推动经济快速增长，我们主要采取资金上支持、政策上倾斜、主要领导亲自抓、亲自跑，班子成员具体负责、项目工作有分工有侧重等措施，取得了一定的成效。

四、农业产业化进程加快，效益明显。

采取的措施：一是抓好龙头企业的建设；二是加大基础建设；三是加大资金投入力度；四是强化服务体系意识，取得了一定的成效。

五、公路建设发展快速。

主要做法：一、宣传到位；二是做细思想工作；三是坚持标准。

六、精神文明建设成果突出。

一年来，我们坚持开展精神文明创造活动，由点到线，由线到面，群众的思想建设和科学文化素质得到极大的提高。

七、文教卫生事业进一步提高。

为完善全镇的教学环境，提高教学质量，巩固提高“普九”成果，坚决把初中生辍学控制在35%以下。提高装备水平，改善教学条件，充实中小学实验的设备，维修改造学校3所。

岫岩满族自治县偏岭镇

2004年，偏岭镇党委、政府解放思想，创新思维，扎实作风，深度推进各项工作，经济及社会各项事业取得了历史性突破。经济持续发展。实现工农业总产值21.2亿元，比上年增长16%。特别是工业经济，始终表现出持续、稳定、快速发展的良好态势，年增长率保持在两位数以上。经济运行质量较高。规模以上企业实现销售收入5亿元，比上年增长37%；实现税金1566万元，比上年增长12%。工业实缴税金2850万元，比上年增长66%。镇财政收入1900万元，比上年增长11%。农民人均年纯收入3900元，比上年增长6%。产业结构得到重要调整。围绕农民增收，加快产业发展步伐。投资120万元，建“名贵山野菜反季节种植基地”；投资80万元，发展绒山羊专业户46户。投产1.5亿元，新建菱镁制品深加工企业4家。经济发展内力增强。利用域外资金5000万元，投产1.5亿元，新建菱镁制品深加工企业4家。全年规划论证铝镁坚晶石、方解石超细加工、型煤加工、石墨加工等项目6个，其中超千万元项目4个。经济基础进一步坚实。加强农田水利基本建设，投资200万元，植树造林7000亩，治河3条4段8920延长米。加大小城镇建设力度，投资550万元，建2300平方米健身中心，完成工业园区大桥工程，完成5.6公里村村通油路工程。社会矛盾得到初步化解。在全县率先实行农民“零赋税”制度，农民人均减免45元。撤并3个建制村、3所村小，化解村级债务182万元。全年用于社救款达37万多元。

大石桥市水源镇

水源镇，位于大石桥市最西部，南与营口市区接壤，西与盘锦市隔辽河相望。辽河环抱镇区长达25公里。305国道纵贯全境。总面积108平方公里，镇辖22个村（其中2个为朝鲜族村），157个村民小组，总人口数42060口人，耕地86801亩。全镇共有44个基层党组织，党员2304名。2004年，全镇社会总产值实现59.5亿元，比上年增长17%；国内生产总般预算收入实现523万元；社会人均年收入实现5838元，比上年增长8%。

几年来，水源镇始终坚持工业立镇、全面发展的战略。目前镇内规模以上企业已达到64家。盼盼集团快速发展，已发展成为国家大型企业集团，亚洲门业最大生产基地，全国乡镇企业中的一颗璀璨明珠。通过上规模、讲质量、创名牌，全镇企业有5个产品在国内外叫响，盼盼品牌享誉全国，京鸟牌填鸭，辽滨碳黑厂碳黑，广远包装制品，山河牌铆钉在东北三省及国内都很有知名度。

农业产业化发展步伐不断加快，确立了水稻生产、淡水产品、畜禽饲养、草苇制品加工四项主导产业。2004年投资500余万元用于大站改造；投资1200万元新建的4万KVA变电所，成为大石桥市唯一一家有2个变电所的乡镇。结合省市村村通油路工程，完成了总投资450万元的15公里镇级公路的改扩建工程。第三产业也有较大发展，农民群众逐步摆脱土地的束缚，向二、三产业转移。

小城镇建设稳中求进。按照“代表辽宁形象，达到先进水平，建设高标准盼盼城”这一总体思路，小城镇建设历经“规划设计年”、“起步年”、“基础建设年”，已初具规模。

新宾满族自治县南杂木镇

全镇总面积92平方公里，辖六个行政村，三个社区，总户数8314户，其中非农业户数5305户，总人口21147人。镇区面积2.33平方公里，镇区人口15327人。

我镇工业骨干企业有：“哥俩好”集团，添泷耐火材料集团，华泰钢铁厂，林特产品加工区。主导产品有：“哥俩好”精细化工系列产品（中国驰名商标）、耐火材料、钢铁、食品、塑料制品、冶金、机械制造、林特产品加工。

到2004年全镇实现社会总产值21.68亿元，其中企业总产值实现21.46亿元；企业增加值实现5.7亿元。其中工业增加值实现3.3亿元；营业收入20.44亿元，其中工业12.09亿元；利润6，540万元，其中工业4，220万元；财政收入1.8亿元；年缴税金2320万元，农业总产值685万元，粮食总产量4421吨，农村人均年收入3550元。

吉林省

桦甸市红石砬子镇

桦甸市红石砬子镇位于吉林省东部山区，长白山麓，第二松花江上游，幅员面积787.1平方公里。辖11个行政村，2个社区，57个社（组），17个居民委员会。总户数14875户，总人口49941人，其中农业人口14152人。2004年度，实现国民生产总值4.418亿元，财政收入782万元。

一、农林牧渔业发展情况

全镇农林牧渔业生产总值1.7564亿元。

（一）农林业生产

耕地种植面积5087公顷，粮食总产量35590吨，其中玉米32855吨，大豆2335吨，水稻340吨。

（二）牧渔业生产

牧业生产发展较快，肉类总产量7113吨，其中猪肉产量2485吨，牛奶1228吨，禽蛋3912吨，水产品150吨。

（三）多种经营产业

红石砬子镇地域资源丰富，多种经营产业有较大的发展。总收入7.730万元，梅花鹿存栏484头，产茸370公斤，蜜蜂6000箱，产蜜210吨，发展狐狸320只，有105户在70个林班发展养殖林蛙，当年放养量27500万只，当年回捕量580万只。地栽木耳40万袋，平菇10000平方米，山菜采集量975吨，中药材贝母757吨，园参野化510公顷。日光温室蔬菜大棚2.7公顷，西瓜、香瓜57公顷，水果生产372吨。

二、二、三产业发展情况

近年，镇域民营经济发展较快。镇区内有3个商贸区，2个工业园区。全镇共有民营企业工商业户1273个。其中年产值5000万元以上规模企业4户，小型民营企业56户，个体工商业户1213户。实现生产总值2.6619亿元。

在镇委、镇政府领导努力下，加大了招商引资力度，2004年招商1000万元以上的项目3个，完成招商引资额5300万元。

城镇下岗职工再就业2180人，农村剩余劳动力转移3113人。

三、小城镇基础设施建设情况

完成房屋开发面积19360平方米，人均住房面积21平方米。镇区绿化4．8公顷。完成村级公路修建39．1公里，投资1812万元。

四、科技、文教、卫生

成立农村科普组织11个

农业科技队伍不断壮大，农业科技服务单位3个，农业技术人员30人，其中中级职称9人，完成科技项目5个，国家推广项目3个，玉米集成研究与示范，田间灭鼠、测土配方施肥。

全镇学校18所，镇级中学1所，林业局中学1所，镇级中心小学1所，林业局子弟小学3所，参场子弟小学2所，村完小10所，实有教师482人。2004年完成镇中学教学楼建设3500平方米，改善了教学环境。

医疗环境良好。镇区内有医院3个，从医人数140人，床位208个，医疗器械先进，医生的医疗技术医德良好。

五、生活质量，社会福利

居民储蓄存款金额达20621万元，农民人均收入4175元，固定电话装机10727部，移动电话拥有13480部，自来水普及率98%，生活用燃气70%，有线电视95%，供养人数35人，基本医疗保险参保人数12350人，基本养老保险参保人数1050人，享受居民最低生活保障人数1110人。

大安市安广镇

一年来，安广镇在市委、市政府的正确领导下，紧紧围绕兴农立镇、重工兴镇、强商富镇的工作中心，坚持"资源拉动、产业创效、多元推进、协调发展"的镇域突破工作思路，团结协作，克难攻坚，克服非典带来的不利影响，各项重点工作开展顺利，经济持续稳步增长，社会事业协调发展。全镇国内生产总值完成45000万元，同比增长18%，其中一、二、三产业增加值分别完成9000万元、13500万元和22500万元，同比增长12．4%、11．5%和16%；全口径财政收入实现1500万元，农民人均纯收入3100元。

2004年，我们坚持把城建工作当做一件大事来抓，投放了大量的人力、物力和资金，取得了可喜的成绩。今年3月被国家体改委确定为"国家级综合改革试点镇"，7月又被吉林省人民政府授予改革与发展先进镇的荣誉称号。在白城市小城镇综合实力排序中我们安广镇名列第一名。同时在"吉鹤杯"竞赛中名列第一名。

以增产增收为目的，种植业结构实现大调整。把烤烟、西瓜、蔬菜、万元田棚、白鹅生产等作为主要产业来抓。根据市场需求，积极调整了种植业结构，即：蔬菜、经济作物、粮豆作物比例为40%、40%、20%，建立一个西瓜专业屯，西瓜、香瓜种植面积达600公顷，实现了人均增收200元；水稻种植面积达100公顷；烤烟种植面积达67公顷；蔬菜大棚发展到380栋，面积为100公顷。万元田棚已达到2251户，其中万元田1432户，万元棚799户，万元池11户，万元企业19户，万元田棚总种植面积为590公顷，户数比2001年增加92户，面积增加42.8公顷。另外，多方筹资，新建75栋暖棚，配套设施齐全。为了进一步扶持农业生产，今年春耕期间，为农民协调货款1700万元用于购买种子、化肥。在农田基本建设上，今年共打大电机井6眼，打小电机井10眼，投资近3万元修复故障井13眼。

劳务输出实现了走出安广、发展安广的效果。今年共输出6000人，绝大多数走出去站住了脚，挣到了钱。例如，永强村总共320户，1100口人，今年年初就有80户、200多口人举家到外地做生意，把剩余土地交给当地种植能手租种，收到了耕地不荒废，前方有出路、后方有退路的效果。

在招商引资工作中，安广先达肉类食品加工厂引进外资500万元，进行粘玉米加工，此项目占地3000平方米，建设一座容量4000吨的冷库，可生产加工粘玉米1500吨，实现产值150万元，利税25万元。该项目已投入生产。另外石油机械厂引进外商投资100万元，建立了生产环保材料生产线，已投入生产。另外还引进吉林市造纸生产线180万元；吉粮饲料加工600万元，投资500万元的"月亮泡"酒生产线正在建设之中，由供电部门协调上级部门，投资450万元的牧业园区供电工程已批复，由中外合作投资200

万元的洗浴中心已经建成，投入使用，超额完成了市委下达的1280万元的招商引资任务，而且获得了实效。

一年来，紧紧围绕经济建设这个中心，在抓好物质文明的同时，积极抓好精神文明和政治文明，使“三个文明”建设得到同步发展。我们紧紧围绕“发展经济抓党建，抓好党建促经济”的党建工作思路，切实加强了党的思想建设、组织建设、作风建设，努力实现党的建设和经济建设同步发展，共同促进，同收实效。

扶余县三岔河镇

三岔河镇位于吉林省最北部、地处长春、哈尔滨两大城市之间，全镇幅圆157平方公里，城区面积14平方公里，耕地1．2万公顷，辖5个街道，40个居民委，25个行政村，30个自然屯，全镇总人口84465人，城区人口46645人。

三岔河镇是吉林省改革与发展抓的较早，做的较好的镇。二十年来，三岔河镇在各级党委、政府的领导下，在上级部门的关怀下，团结奋斗，努力拼搏，不断克服困难，国民经济稳步发展，改革开放取得显著效果，各项社会事业蓬勃发展，人民生活水平进一步提高，为三岔河镇实现跨越式发展奠定了良好的基础。

1．国民经济稳步发展，总体实力不断增强。

到2004年，全镇实现国内生产总值15．83亿元，三次产业增加值分别为4．84亿元、3．83亿元、7．16亿元。三次产业结构调整为30．6∶24．2∶45．2。人均国民生产总值达到1．87亿元，财政收入3000万元。

在农业产业结构调整上，采取了“因地制宜，发挥优势、注重效益、规模发展”的战略。形成市场＋基地＋农户的农业产业化模式。2004年全镇农业总产值达到4．8亿元，种植业增产增效明显。2004年粮食总产量达到10万吨，粮经作物比例由原来的7∶3调整到6∶4。在稳定粮食作物和经济作物的同时，城郊型农业特别是蔬菜生产发展迅速。到2004年底全镇已发展蔬菜面积565公顷，其中棚菜154公顷，林果种植快速发展，实现了大地林果与庭院林果并驾齐驱的态势，2004年全镇林果面积315公顷，远近闻名的“半号李子”就已经发展到600公顷，养殖业在农业产值中的比重迅速上升，已成为农业经济的重要组织部分。到2004年全镇种鸡、蛋鸡、肉食鸡饲养已发展到105万只，李家店村被称为吉林省养鸡第一村。

在二、三产业上，加工业、饮食服务业、运输业和其他各业都已得到迅速发展。并从整体上实现了经济结构的优化组合。在产品加工业中本着围绕本地资源兴办各类加工工厂，利用当地农产丰富这一强大优势。2004年由吉粮集团投资兴建的吉粮嘉实油脂有限公司，总投资1．18亿元，占地12公顷。第一期工程已完成。预计达产后可实现产值12亿元，利润2亿元，税金1亿元。

2004年末，由江苏雨润集团投资兴建的占地10公顷的120万头生猪加工项目，和5000万只禽类加工项目也正式签约，分别投资1．5亿元和1．2亿元。进而形成了农畜产品加工的产业集群。

利用当地林带杨木为生产原料的木器加工厂有2个。饲料加工厂12个，食品加工厂42个。二是饮食服务业星罗棋布。现有集体、个体私营企业81个，个体工商业户7680户。化肥、酿酒、建材、机械加工、食品、饮料已形成本地特色产业和主导产品。2004年全镇实现工业总产值3．8亿元。

市场建设步伐加快，商贸流通日益活跃，已经成为能够辐射周边几十个乡镇的农副产品集散中心。到2004年底，全镇已初步形成规模较大，专业化程度较高的十一个大市场。即：粮油批发市场、蔬菜批发市场、建材市场、轻工产品市场、日杂商品市场、小食品批发市场、水果市场、鲜蛋市场、购物中心综合批发城。由吉林德卡投资兴建的面积为2．6万平方米的扶余德卡购物中心也于2004年底投入运营。

2．各项社会事业全面发展，人民生活水平逐年提高。

科普工作广泛开展，科技在生产和生活中的应用程度有较大提高，对经济社会发展的促进作用逐步增强。教育已全面完成“普九”任务，加快了由应试教育向素质教育的转变，教学水平不断提高，已建有2所高中，3所初中，18所小学，17所幼儿园。适龄儿童入学率达100%，中小学控流率分别控制在98%和99.7%以内。

3. 城区建设步伐加快，各种设施配套齐全。

近年来，全镇基础设施投入不断加大，“十五”累计完成建设投资4亿元，初步形成了“五横八纵”的镇区网状街路，镇内街路总长已达到100公里，其中柏油路9条，共计18公里，红砖巷路82公里，全镇25个村红砖路已全部接通。新建两座公铁立交桥和一座30万平方米的集中供热站。镇内给排水设备齐全，自来水入户率100%，拥有程控电话2万门。城区电话入户率95%，农村电话入户率35%以上。并建有全镇1个电视台，1个有线电视台，1个差转台，2个卫星地面接收站，有线电视普及率达80%，2个无线电寻呼台和较完善的移动电话通讯设备。城镇居民生活环境不断改善，在主要街道两侧植树种草、绿化、美化。建设垃圾处理场1处。公厕62座，垃圾箱等公共卫生设施日益完备。

4. 人民生活水平日益提高。

随着城镇经济社会的不断发展，人民生活日益提高。2004年城区居民人均可支配收入4980元，农民人均收入3722元。居住条件有较大改善，旧房收建加快。2000年以来，新建办公楼、商业楼15万平方米，新建住宅楼30万平方米。全镇住房砖瓦化达到98%以上。精神文明和民主法制建设进一步加强，社会风气和社会治安明显好转。

今后，我们三岔河镇将继续贯彻落实科学发展观，以加快结构调整步伐，促进镇城经济发展为中心，实施以农稳镇，以工富镇，以商强镇，以科技兴镇的战略，增强城镇的承载功能，走城镇化的发展之路，把我镇建设成为经济发展，市场繁荣，人民富裕，环境优美，社会和谐的经济强镇，财政富镇，辐射能力强的区域中心镇。

龙井市朝阳川镇

朝阳川镇位于吉林省东部延吉盆地中心，地处图们江中下游综合开发区金三角，正逐渐成为延边州经济发展的“核心”和“物流中心”。

朝阳川镇面积393平方公里，耕地8797公顷，草场7880公顷，林地7729公顷。现辖20个村和5个社区，总人口5.6万人，其中朝鲜族人口占总人口的65%。

朝阳川镇是州内的交通枢纽和周边乡镇的经济文化中心，现已初步形成陆、海、空运输系统相互配套的对外交通运输网络。朝阳川镇充分利用区位和交通优势，全面推进小城镇建设。2004年，房地产开发面积达到了10万平方米。我镇太东村是延吉市白山大厦绿色大米和绿色蔬菜签约生产基地。

2004年，朝阳川镇以“三个代表”重要思想和十六届三中、四中全会精神为指导，抢抓机遇，依托中心城市，以发展城郊经济为切入点，以项目建设和招商引资为突破口，以小城镇建设为重点，推进经济社会全面协调发展，加快了建设小康社会的步伐。

2004年全镇国内生产总值达到2.2亿元，其中第一产业0.7亿元，二、三产业1.5亿元，财政收入（全口径）完成1643万元，其中镇级财政收入实现978万元。农民人均纯收入达到3340元，招商引资完成5410万元。

朝阳川镇党委书记金永男、镇长权基万代表勤劳淳朴的朝阳川镇人民向全国广大人民群众和各界朋友致意，欢迎到朝阳川镇旅游观光，投资兴业！

抚松县抚松镇

抚松镇是抚松县委、县政府所在地。位于吉林省东南边陲，第二松花江上游，长白山西北麓。气候宜人，年降水量800毫米左右，年平均气温4.3℃，属长白山旅游开发带，幅员面积28.5平方公里，镇区面积7.09平方公里，总人口52880人，其中农业人口3668人。辖4个行政村，6个社区，33个居委会，是抚松县政治、经济、文化的中心。

抚松镇建于1945年，是全国著名的人参之乡，交通方便，距省会长春310公里，民航机场30公里，高速公路、铁路3公里（正在立项），距通白铁路仙人桥火车站22公里，是长白山旅游的必经之路。抚松镇的水电资源、矿泉水资源、森林资源、药材资源、矿产资源、旅游资源非常丰富，长白山旅游开发区得天独厚的自然景观，为繁华的古镇注入了无限生机。

抚松镇配套设施齐全，投资环境完善，城镇范围内有规模医院2家、中小学6所，较大幼儿园1所。

抚松镇积极推进农业产业结构调整，目前已建成人参、蔬菜、蛋鸡养殖、林蛙养殖等四大生产基地。抚松镇工业有林产工业、农源工业、能源工业、医药工业、建材工业、矿产工业、人参加工业等支柱产业，各类企业120家，其中规模以上工业企业68家，中外合资企业5家，2003年完成工业总产值1亿元，其中500万元以上企业6户。

抚松镇第三产业发展迅速，全镇拥有个体工商业、服务零售网点1358家，各类集贸市场4个，摊位1000个，个体私营户1307户。2003年全镇完成三产增加值4600万元，在建的北新区是商家投资兴业的理想场所。

公主岭市范家屯镇

范家屯镇党委政府能认真执行党的路线、方针、政策，全面贯彻落实党的十六届四中全会精神，树立科学发展观，坚持立党为公、执政为民，积极带领全镇党员干部群众，投身到改革开放和社会主义经济建设中，取得了显著成效。截止到2004年末，全镇社会总产值实现41．9亿元，国内生产总值实现12．5亿元，全口径财政收入实现5031万元，农村人均收入达到了4765元。

一是项目建设突飞猛进，招商引资工作成果显著。几年来，共引进域外资金近8亿元，引进各类项目130个，其中超千万元的项目8个，年创产值9亿元，实现税收2000万元，形成了以生产汽车零部件为主的“五个工贸小区”。同时，新安排了1500人就业，为发展农村经济拓展了新的经济增长点。

二是种植业结构调整不断深入，棚膜经济发展迅速。全镇已新建蔬菜大棚、温室2806栋，发展露地菜2480公顷，每年生产各种果菜58万吨，占省城长春市场需求量的20%左右，仅发展蔬菜一项，村民可人均增收860元，现在全镇各村共建棚膜示范区28个，牧业小区3个。范家屯镇还引导村民发展畜牧业，形成了以牛、猪、鸡等为主导产业的规模饲养、加工基地400个，同时，鼓励村民从事第三产业，教育村民依靠科技致富，为全镇人民早日实现小康社会，奠定了基础。

三是小城镇建设日新月异，城镇总体功能不断增强。几年来，先后筹措资金近7亿元，致力于旧城改造和新区开发，改造面积每年以10万平方米速度递增，新建商宅楼400栋，总面积104万平方米，不断强化基础设施建设，全面实现了镇内道路硬面化、总体功能标准化、居民住宅社区化。农村实现了村村通电话、通硬面路、通有线电视、通小公共客车。使全镇人民的整体生活质量得到了提高。

几年来，由于范家屯镇党委政府一班人，大胆改革，努力拼搏，勇于创新，开拓进取，带领广大人民群众艰苦创业，促进了全镇各项事业的全面进步。

伊通满族自治县伊通镇

2004年，全镇社会生产总值达到8．37亿元，农业产值达到2．87亿元，镇村企业产值达到5．5亿元，畜牧业产值达到1．4亿元，各种经营收入达到4700万元；人均收入达3962元。

全镇实际完成工程项目投资5300万元，占全县乡镇任务的四分之一以上，全镇的土地面积、人口均占全县25个乡镇的四分之一。旅游资源丰富，矿产资源、水资源丰富。近年来，经济发展软环境和一系列基础设施硬环境都得到了充足发展。招商引资环境逐年改善，是投资者理想的选择目标。

梨树县郭家店镇

全镇面积150平方公里，耕地1万公顷，总人口9．7万人，所辖17个村、6个社区；2004年，全镇完成国内生产总值12亿元，财政收入2555万元，城镇居民人均收入4850元，农民人均收入3900元；粮食总产量10万吨；牛、猪、羊、禽分别达到3．5万头，8万头，7000头，150万只；镇内工矿企业发展到220家，私营企业3650户，城市开发建筑面积44万平方米，乡村道路全部实现沙石化；建设完善农贸、商贸、建材、轻工等6大市场；镇内高中一所，初中三所，小学20所；建设完善医院3所；有线电视入户4000户，各类文化团体8个；人口自然增长率5．5%，城乡低保3850户。

磐石市烟筒山镇

烟筒山镇位于吉林省中南部，距长春、吉林两市均不足百公里，全镇幅员面积497平方公里，辖两个社区，46个行政村，132个自然屯，总人口8．1万人，其中城镇人口3．8万人。现有耕地面积8989公顷，其中水田2449公顷。

一、国民经济稳步发展

几年来，镇政府紧紧围绕经济建设这个中心，以增加"三个收入"为主线，努力培植税源经济；使全镇经济总量有了新的增长，综合实力得到提高，到2004年底，国内生产总值实现14亿元，比上年增长16．7%，全口径财政收入实现2015万元，剔除政策规定免征的农业税和特产税，同比增长12．05%，农民人均纯收入实现3800元，比上年增长5．6%。城镇居民可支配收入实现5500元，比上年增长5%。

二、农村经济稳步增长

几年来，我们按照重心转移、产业聚集的指导思想，调整了工作思路，把农业结构调整、产业基地建设、农产品深加工项目及产业大户的培植工作作为工作重心，不断创新工作思路，转变工作职能，给农村经济注入了新的活力。到2004年底，全镇12000户农民中有7931户农民有致富项目，占农户总数的66%。2004年新培植各类产业大户97户，规模户340户，共建立42个专业协会，5个新型经济合作组织，培养各类经济能人97人。农田水利基本建设得到加强。完成村村通水泥路46公里，并有13个村实现了屯屯通。

三、招商引资成果显著

烟筒山镇地处磐石市的东北部，202国道、长大公路贯穿全境，烟白公路、沈吉铁路及吉林亚泰水泥有限公司专用铁路在境内交汇，交通四通八达。饮马河流经镇域南北，区域内矿产资源丰富，独特的区位优势，使烟筒山成为磐石市东北部的经济、文化和商贸中心。为了充分发挥优势，变资源优势为经济优势，烟筒山镇把招商引资作为发展镇域经济、培育新的经济增长点的必由之路，不断扩大开放和引进。靠区位优势招商，靠良好环境招商，靠优惠政策招商，靠资源优势招商，努力营造招商引资的良好环境。到2004年底，共引进招商引资项目41项，其中一产业19项，二产业16项，三产业6项，1000万元以上项目6项。招商引资总额度2．0782亿元，比计划1．5亿元增长了38%，其中固定资产投资1．3243亿元，比计划1亿元增长了32%。非公经济快速发展。

四、旅游业发展迅速

烟筒山镇有丰富的旅游资源，现有黄河水库、官马溶洞、莲花山公园旅游带。烟筒山镇政府把旅游活镇作为一项战备任务来抓。经过几年的建设，已经形成了三大景区：第一个景区是莲花山森林公园，已投资7500万元，建设了松林阁、洗浴中心、跑马场、滑雪场、度假村、吊水壶、攀岩、原始森林等。特别是滑雪场，是由加拿大设计、南韩投资兴建的，可举行国际滑雪比赛；第二个景区是官马溶洞景区，已投资500万元，建成了奇石馆、蒙古包乐园、地下暗河、别墅群、唐诗宋词书法碑林等；第三个景区是黄河水库景区，投资建观景坝区、旅游宾馆、网球场、游泳池、观景码头、垂钓长廊等。这三个景区现在正以崭新的姿容展现在人们的眼前。

以上三个景区的建立，形成了独具特色的旅游胜地。已经使烟筒山成为全省的旅游大镇，成为省内由北至南长春的净月潭—烟筒山的黄河水库—官马溶洞—莲花山森林公园—长白山天池旅游带。

五、城镇建设得到加强

投资2000万元，完成了全镇集中供热工程；引资600万元，完成了5600平方米的颐和园小区综合楼主体工程建设；引资200万元完成了公路客运站改造工程；投资20万元完成了202国道两侧彩砖硬覆盖工程2380平方米，并进行绿化、美化；投资15万元在政府路及中学路新安装路灯34盏；投资18万元将主街电力线路全部改到环路；投资200万元完成了铁中路、北安路、育才路三条巷路水泥硬覆盖工程650延长米。继续保持了省级精神文明建设先进镇的荣誉。

六、各项事业共同进步

全面抓好文明卫生城镇创建工作，进一步完善了各种卫生设施，集中开展了经商秩序、卫生秩序和交通秩序的集中整治活动。

继续加大教育投入，改善办学条件。引资

227 万元，为镇中学新建宿舍楼 3429 平方米；投资130万元为官马中学新建校舍2055平方米，维修校舍 1000 平方米；先期投资 130 万元完成了中心小学迁址和奠基工程。2004 年全镇 84 名学生参加高考，有 36 名达到本科录取线，有 47 名达到专科录取线。中考升学率达到 100%，高考成绩名列全市第二。

全面加强社会治安综合治理工作，国家安全、依法治镇及反邪教工作取得了突破性的进展，依法加强了对“法轮功”问题的管理和斗争，严肃认真地开展了严打整治和反黑除恶斗争，保持了社会稳定。

民政和社会事务管理工作得到加强。在资金紧缺的情况下，投资 110 万元新建了设施先进、功能齐全的社会福利中心，加大了对城市低保、扶贫、再就业工作和农村五保户供养、特困户救助力度，强化了对民间组织的管理，全年共开发就业岗位 1000 个，培训就业人员 2300 人，安置就业人员 800 人。老龄、残联、低保、劳动再就业等多项工作被吉林市评为先进单位，民族宗教工作管理到位，取得了较好的成绩，并代表磐石市在省市宗教工作会上做了经验介绍。档案工作多次代表磐石市迎接省里检查，被评为吉林省档案管理先进单位。

计划生育工作取得较好成绩。投资 40 万元新建了计划生育生殖保健中心 660 平方米，计划生育率 98%，人口出生率控制在 5‰，统计求实率 100%，13 次接受市计生委的考核，并得到市计生局的好评。

辉南县朝阳镇

2004 年全镇工农业总产值实现 6．8 亿元，比上年增长 15%；镇本级财政收入实现 2447 万元，比上年增长 18%；农民人均收入达到 3613 元，比上年增长 8%。工业经济通过改组改制，加快了民营化进程，形成了以几个药业公司为代表的制药产业，以康保公司、荣发公司为代表的医药产业，以及制酒产业。农业经济形成了种植区域化、养殖规模化、加工专业化的发展格局，发展蔬菜、白果 1 千亩，生猪 5 万头，鸡 100 万只。商贸流通不断活跃，新增民营业户 600 户，新增就业岗位 2000 多人。

柳河县柳河镇

柳河镇是吉林省通化市柳河县政府所在地，位于长白山的龙岗山脉与磐岭山脉之间，是全县的政治、经济、文化中心，全镇辖区面积 28．5 平方公里，居住 7．6 万人口。近年来，通过招商引资发展民营经济，提高综合实力，被评为通化市经济强镇（甲级）。

2004 年柳河镇实现全口径财政收入 1218 万元，实现工农业总产值 16，579 万元，工商业户总数发展到 1872 户。其中民营企业 39 户，农民人均收入 3910 元。为发展镇域经济，增加财政收入，镇政府大力招商引资，在县城柳河镇北侧建设柳河镇工业园区。先后出台了“招商引资四项优惠政策”，规定凡 100 万元以上的生产加工型企业可以进入园区落户，并对一次性固定资产投资在 100 万元以上的企业实施“企业征地零费用”制度，同时规定：对入园生产加工型企业，年缴增值税 5 万元以上的，按企业缴纳增值税额的 15%，前 5 年予以财政支持，镇本级财政所得的教育附加税、城市建设缴护税和企业所得税镇财政留用部分，前 5 年全部予以企业财政支持，用于企业扩大再生产。通过一系列招商引资优惠政策宣传和实施，2004 年共招商引资 13 户，实现引资金额 6580 万元，2004 年上缴税金 540 万元。

为使镇支柱产业快速走上市场化运作、产业化经营、规模化发展的道路，2004 年投资 65 万元扩建蔬菜科技示范园区，使蔬菜科技示范园区日光温室达到了 37 栋，形成了产业规模。为加大对水泥路建设力度，镇财政又投资 178 万元修筑水泥路，使全镇水泥路建设率先达到了“户户通”。

2004 年，在柳河镇党委、政府的带领下，全镇人民团结奋进、趋利避害、协调发展，镇域经济和各项事业都取得了丰硕成果，柳河镇将继续以经济建设为中心，坚持把发展作为全镇工作的第一要务，扎实工作、乘势快上，为建设经济繁荣、环境优美、社会和谐发展的柳河镇而努力奋斗！

梨树县梨树镇

梨树镇位于松辽平原腹地,英雄城四平市北郊,幅员面积 70 平方公里,辖九个行政村,九个社区,全镇总人口1 0万人,其中城镇人口7.5万人,是梨树县政治、经济、文化的中心。

在发展农村经济中,不断优化农业产业结构的战略性调整,充分发挥得天独厚的区位优势,实施“重点建设经济园区,辐射周边全面发展”的有力措施,促使农村经济实现稳步、健康发展。2004年梨树镇被列入省级无公害蔬菜生产基地。到 2004 年末,全镇粮食产量达到 35,000 吨,建无公害蔬菜棚膜经济区四处,总量达到2840栋,112万平方米,年产无公害蔬菜 1200 万公斤;全镇畜牧业实现突破性发展,到 2004 年末,猪、牛、羊、禽年饲养量分别达到5万头、5000头、3000头、200万只。全镇农业总收入 2004 年实现 1. 57 亿元,其中粮食收入3500万元,全部经济收入8200万元,畜牧业收入 4000 万元,农村农民人均纯收入实现4200元。

在发展镇办企业中,实行“加快改革,锐意创新,积极引进,稳步发展”的战略,镇办企业实现了快速发展的目标,2004年末,全镇企业总产值实现 11 亿元,利润 1. 2亿元,其中工业产值2.5亿元,全体私营企业产值8.5亿元,全镇企业总户数达到 5460 户,安排就业人员 1. 2万人。

梨树镇支柱企业“梨树县铁塔厂”2004年完成股份制改革实现产值 5300 万元,利润1735万元,招商引资项目“宏泰换热器厂”年产值5000万元,利润 1200 万元;“四平市优尔特工艺品有限公司”生产木雕工艺品,年创产值6000万元,出口创汇 2000 万元;“四平市巨龙食品有限公司”2004年投资3000万元,2005年初投资1亿元,已建成四平市最大一家食品加工企业,年产值可实现5000万。

黑龙江省

阿城市平山镇

2004 年,平山镇党委、政府带领全镇广大党员及群众,以十六大精神为指针,认真践行“三个代表”,求真务实,开拓进取,把平山镇建成省内“旅游名镇、生态重镇、集贸大镇、经济强镇”为目标,竭力同心、艰苦奋斗,各条战线都取得了丰硕成果。镇域经济生产总值达 10. 4亿元,全年GDP比上年增长12%,实现各项利税268. 5万元,农民人均年收入达3863元,比上年增长 33%。优化农业经济结构,发展“粮、经、饲”三元经济,实现青贮饲料种植136亩,柳编种植210亩,食用菌近45万袋。两牛养殖达13850头,转化劳动力4200名。2004年全镇农业类收入实现总产值3996. 3万元,比上年增收22%。“三农”问题得到有效缓解。我们以优越的环境、优惠政策充分调动各方面的积极性,抢抓机遇,大力实施招商引资战略,当年成功引进资金7100万元,增加产值1100万元,六大旅游景区已初具规模。旅游名镇目标已基本实现。进一步推进城镇建设。年初,迈进了国家千强小城镇,使平山镇的文化、教育、卫生、计划生育、群团、民族宗教等工作均取得了令人满意的成绩,全镇有线电视铺装率达90%以上。

绥芬河市阜宁镇

阜宁镇位于黑龙江省东南部,隶属于“国境商都”绥芬河市。现辖 9 个行政村,总面积418 平方公里,人口 1. 8 万。东部与俄罗斯滨海边区接壤,边境线长达26公里,距俄远东最大港口海参崴市230公里。是中国哈尔滨—俄罗斯海参崴—日本新潟国际大通道上的要塞,是连接欧亚经贸大通道上的桥头堡。

阜宁镇经济实力进一步增强。初步形成了以外向型农业、为不特色的农村经济,以木材加工为主导的乡镇工业,以边境贸易为统领的第三产业,全镇的经济结构战略性调整取得成效,现形成了以三、二、一排列的合理产业结构,成为了全国最大的木材集散地和对俄商品集散地。2004

年，全镇生产总值实现5．2亿元，同比增长26．8%，其中工业总产值实现2．58亿元，同比增长51．8%，利税完成550万元，同比增长37．5%，农业总产值完成4818万元，同比增长16%，农民人均年纯收入完成4635元，同比增长16%。进出口总额实现4000万美元，同比增长33%，引进外资5500万元，同比增长83%，地方财政收入实现2200万元，同比增长55%。

阜宁镇基础设施日臻完善。通过实施绿化、美化、亮化、净化工程，基本实现了道路硬化、自来水净化、垃圾处理无害化、楼房供热化，域内电力充足、通讯发达，服务功能配套齐全，正向一流的园林式城镇迈进。是东北铁路主干线滨绥线、“301”国道的起点，有一条铁路、两条公路与俄罗斯相通，建设了国内第一家民营机场一阜宁机场，初步形成了航空、铁路、公路为支撑的立体交通体系。

展望未来，全镇人民以“十六大”精神为统领，全面贯彻“三个代表”重要思想，深入实施工业立镇、农业兴镇、贸易强镇、多业并举的发展战略，紧紧围绕重力打造“北方深圳”这一目标，继往开来，与时俱进，开拓创新，努力把阜宁镇建设成为经济繁荣、社会文明、人民富裕的现代化口岸强镇。

哈尔滨市康金镇

康金镇是全国首批百家建制镇之一。幅员244平方公里，城区面积4平方公里，现有26个行政村，52个自然屯，一个街道办事处，8个居民委。人口88992人。2004年，实现国内生产总值15．8亿元。其中，第一产业4．9亿元，第二产业6．1亿元，第三产业4．8亿元。乡镇财政预算内收入678万元，城镇年人均可支配收入4510元，农民人均年纯收入3698元。

纳河市拉哈镇

拉哈镇地处松嫩平原北端，北枕兴安龙脉，南接万顷平畴，域内属北温带大陆性季风气候。小镇历史悠久，人文厚重，独具韵势，位于黑龙江省西北部，是两省（黑龙江、内蒙古）、四县（讷河、莫旗、甘南、富裕）、三江（嫩江、龙门江、博荣江）交汇的富庶地区。京加铁路、111国道贯穿全境，交通运输四通八达。全镇总面积83．36平方公里，辖2个村，5个社区委员会，总人口5．4万，其中农业人口6千余人。

在镇委、镇政府的领导下，坚持以邓小平理论为指导，认真践行“三个代表”重要思想，加快发展，锐意进取，重点推进，合力攻坚，赢得了经济和社会协调持续发展，2004年，拉哈镇实现国内生产总值5．53亿元，城镇居民年人均收入3009元，农村人均年收入2064元。

拉哈镇因濒临江河，故水域辽阔，砂石资源极其丰富，矿体厚，储量大，遍布沿江一带采矿场多达30余家，并有二条铁路专用线，所产细砂、河流石等是优质建筑用料，经汽车运输、铁路运输等手段远销内蒙石、大庆、绥化等地，年外运砂石100万立方米，是当地财源的重要支柱之一。地下非金属矿产蕴有黄土、红壤土等，具有较大开采价值，因而造就了全镇六家大型砖厂，年产优质红砖1亿块，红砖造型整齐，坚固耐用，远近闻名。悠悠嫩江水，源出大小兴安岭，是全国唯一一条没被污染的内陆河，拉哈与外省临县莫力达瓦达斡尔族自治旗隔岸相望，也是黑龙江省与内蒙古自治区的分界线。由于该河水质好，流域广，故水产品极其丰富，盛产鲤、鲫、泥鳅、草鱼、鲶、虾、贝类等水产品。因拉哈地处江河汇合处，故地下水资源极其丰富，经专家验证，含有多种人体必需元素和微量元素。

拉哈镇传统上是工业大镇，工商企业最多时达287家，分税制前，纳税额始终在1000万元以上。近年来，全镇努力推进“四个换位”工作思路，大力调整经济结构，发展民营经济，现有大型私营企业48户，年产值达4．5亿元，其中依托地方特产优质黄豆和水稻优势，两家大型私营企业引进黑龙江北龙米业公司、黑龙江才子制油有限公司两家企业，由于设备先进，管理先进，流程合理，故产品质量颇受青睐，产品远销江浙一带。依托沿江水草肥美的优势，加大了对养殖户的扶持力度，使畜牧业得到长足发展。现黄牛存栏达1100头，山绵羊达2700头，育肥猪9000头，家禽饲养达21万只，产成品辐射附近乡镇及内蒙、加格达齐等地。

拉哈镇物宝天华，水肥地美，拥有极其丰富的天然资源，地下水资源丰富，是开发商品饮用水的最佳原料。波涛汹涌的三江口，风光旖旎，与江中近10平方公里的黄花岛、对岸内蒙古自治区遥相呼应，是开发旅游景区的绝好投资热土。传统的工业大镇为现在的拉哈遗留了大量厂房、设备以及大量高素质工人队伍，也为各界朋友来此投资兴业提供了充分条件。拉哈镇也将借“振兴东北老工业基地”的这艘大船，重振工业雄风，推进小康社会进程，加速实现“工业小城镇，商贸小城镇，生态小城镇”的目标。

拜泉县拜泉镇

按照省委提出的“努力加快发展，全面建设小康”的战略部署和市委提出的“四个换位”的总体要求，以及县委提出的“生态立县，招商兴县，企业强县，牧业富民”的发展思路，拜泉镇紧密结合自身实际，制定了切实可行的发展规划，并围绕工作重点扎实开展工作，经过不懈努力，各项事业取得了可喜成绩。2004年，全镇种植业总产值实现5268万元，牧业产值实现7150万元，个体私营经济产值实现6000万元，人均增收2160元。

蔬菜种植水平有所提高，全镇高效日光节能温室发展到30栋60亩，蔬菜大棚发展到252栋460亩，全镇蔬菜种植面积达到2万亩。

林业生态工程建设又登新台阶。三北四期防护林工程营造800亩，“两荒”造林500亩。全镇森林覆被率达到24%。顺利通过国家林业工程验收。

牧业发展又有新突破。全镇奶牛达到1150头，交售鲜奶180吨。生猪产业化进程加快，生猪生产专业村达到3个，养猪专业屯发展到14个，养猪专业户发展到266户，年出栏生猪达到65000头，人均增收660元，2004年全镇牧业收入实现3875万元，人均增收1467元。真正实现牧业收入占人均收入的一半以上。

劳动力转移取得新成绩，成立了办公室，建立了微机档案管理体系，共转移劳动力2182人，实现劳务收入1090万元，切实增加了农民收入。

招商引资取得新发展，全镇采取有效措施广泛进行招商，2004年共完成招商额690万元。

环卫工作取得新佳绩。基础设施建设不断完善，管理不断增强，工作取得了认可。党的建设全面加强，各项事业形势喜人，推动了镇域经济发展，保证了农民增产增收，维护了社会稳定。

哈尔滨市王岗镇

王岗镇位于哈市南岗区西南郊、全镇面积为57. 24平方公里，城镇面积6平方公里，全镇辖有11个村、4个社区委会，全镇人口52000人，常住人口42000万，流动人口10000多人。农民人均年收入4548元。

目前，该镇共有大小企业300余家，规模型龙头企业十一家。民营企业占主导地位，其主要产品和项目有建材、电池、医药、化工、电缆、电镀、机械加工、家具、乳品等。

2004年王岗镇完成经济总指标29. 3亿元，比上年同期比增长23%；其中农业总产值1. 5亿元，同比增长6%；工业总产值25. 8亿元，同比增长20%；第三产业总产值2亿元，同比增长7. 9%；获取利润19. 385万元，同比增长24%，税金7000万元，同比增长15%，实现增加值75. 079万元，同比增长21%。

王岗镇资源丰富，总耕地面积4万余亩，其中播种面积3. 5万亩，保护地面积1600亩，菜薯作物面积3. 3万亩，粮食作物面积4880亩，经济作物面积2600亩，生态林面积450亩，王岗镇现有树木品种达30种，累计种植树林面积275.5亩，其中杨树84.5亩，樟子松树167.5亩，云杉15. 5亩，树林覆盖率达到5. 05%。农业方面：有红星村特菜、哈达蔬菜为代表的六大蔬菜基地；有以位于兴隆村的生态农业观光园，位于红星村的特菜种植观光园为代表的五个农业示范园区；有以位于房身村的科技畜牧观光园为代表的3个畜牧小区；家庭养殖方面：家禽存栏27万只，生猪存栏8000头，奶牛存栏3100头，肉牛存栏400头，羊存栏3000头；家庭加工业方面：开设豆腐房31家，食杂126家，粉房6家，油坊3家，酒坊9家，粉碎加工12家，农民个体饮食21家，砖厂9家。

哈尔滨市新发镇

2004年，新发镇大力实施小城镇建设，不断调整优化产业结构，提升一产，做强二产，优化三产，努力打造精品城镇。

提升一产。继续支持打特色牌走特色路，突出发展新发镇无公害蔬菜农业、订单农业，实现粮、经、饲三元结构向经、饲二元结构转变的新突破，粮食种植面积达6000亩，菜类及经济作物种植面积达33000亩，青储饲料、饲草种植面积达到6000亩，退耕还林面积实现500亩，进一步加强花卉生产基地、二场村食用菌生产基地、五一村优质鱼生产基地，建国村国家现代农业园区及马铃薯食品加工项目，哈市巾帼高科技示范园区的建设。加快培养经济人队伍，壮大中介组织，完善服务体系和信息网络建设，提高了农产品外销能力。

做强二产。全力加强经济建设，扩大总量，增加实力。我们通过高起点定位，高效率引资，高质量服务的"三高"措施，推动镇财税增长。一是高起点定位，完成了120万平方米新发小域镇"绿色家园"初期建设，培植新的经济增长税源；二是高效率引资，营造优良发展环境。推进大招商战略，采取积极有效措施，不断加大招商引资工作力度，进一步突出"以情招商"的特点，加大对洽谈项目锲而不舍抓落实的力度，把能人拦过来，把项目引进来，把企业留下来；三是高质量服务，培育发展规模企业。发挥经济管理中心作用，提高对企业服务的质量，为企业提供高效、便捷、热情的服务，大力推进企业技术改造和新产品开发，重点扶持哈药集团哈尔滨中药二厂，哈尔滨市德利达装饰材料有限公司，胜利玻璃厂，哈尔滨凯亚建筑材料有限公司等一批骨干企业，加大技术改造和新产品开发步伐，突出工业招商，把优势产业做大，做活，做强，带动我镇经济跨跃发展。

优化三产。以新发大市场开发为主攻方向，配合我镇"绿色家园"开发建设，打亮品牌，形成龙头市场，带动相关产业的发展，不断提高新发镇的知名度，对劳动力的吸纳能力，解决就业问题，增加农民收入，引导剩余劳动力兴办铆焊、修理、食杂店等商服网点，形成新的经济增长点，同时引进千万元企业2家，百万元企业10家，引资额2亿元，协议额8000万。使区本级财政收入达750万元。

阿城市玉泉镇

2004年，全镇经营总收入实现10．6亿元，本级财政收入实现2500万元，可用财力实现256万元，农村人均年纯收入实现4550元。一年来，共引进资金 5680 万元。其中工业建设项目 10个，总投资 2230 万元，旅游企业已发展到 14家，全年接待游客130万人次，旅游业收入近1亿元。

2004年，全镇畜牧业产值实现3030万元，占农业总产值的52%。

全镇林地面积 32600 亩，森林覆盖率达到71．6%。全镇共有拦河坝4座，水库一座，库区容量40万立方米，2004年共投入资金50万元加强水库设施建设，完成玉泉河改造二期工程。

农村劳动力转移明显加快，全镇农村劳动力已实现转移2600人，总收入近1000万元。

全镇计划生育率达到96．8%以上，人口自然增长率为1．34‰，人口出生率控制在5‰以内。全镇享受最低生活保障人数184人，其中镇区172人，农村 12 人。镇内有高中一所；初中二所，在校生1401人；小学六所，在校生1990人。

玉泉城镇建设日新月异。改革开放以来，每年投资3000多万元进行城镇建设，一座初具规模、功能比较齐全、设施比较完备的小城镇已经形成，在黑龙江省综合实力百强乡（镇）评比中玉泉镇位居第九名，有龙江重镇之称号。

肇东市宋站镇

2004年，宋站镇按照"三个代表"重要思想和全面建设小康社会的要求，特别是以中央一号文件关于减轻农民负担，增加农民收入的政策为指导，立足镇情，牢牢把握发展的主题，紧紧围绕发展奶牛产业化这条主线，大上工业，规模发展牧业，调整种植结构，加大招商引资力度，优势发展，配套跟进，着力推进各项工作的整体升级，加快了"富民强镇"的进程，使经济发展与社会各项事业步入协调、快速、健康、良性的发展轨道，取得了可喜成绩。全镇实现社会总产值11．19亿元，比上年增长10%；实现工业总产值6．87亿元，比上年增长12%；实现农业总产值4．33亿元，比上年增长10%，其中牧业总产值2．86亿元，占农业总产值的66%；实现粮食总产量12303.4万斤，比上年增加2498.2万斤；实现财政收入1440万元，实现农村人均年纯收入3760元，比上年增长13.4%。其中牧业人均收入2924元，占农村人均总收入的78.7%，比上年增长13%。

上海市

嘉定区马陆镇

马陆镇地处上海市嘉定区中心板块，辖区面积为57.16平方公里。现有18个村民委员会、5个居民委员会，常住人口114029人，其中户籍人口50376人。三年来，马陆全镇上下坚持以“三个代表”重要思想为指导，认真贯彻落实十六大和十六届三中、四中全会精神，按照“稳二进三退一”、增强可持续发展能力的总体发展思路，使我镇经济继续保持了强劲的发展势头，各项社会事业发展取得了新成绩。

2004年实现增加值54亿元，同比增长25.9%；实现社会总产值345.6亿元，同比增长30.5%；其中实现工业产值238.5亿元，同比增长27.9%；第三产业增加值9.2亿元，同比增长26.5%；实现财政总收入13.9亿元，同比增长26.5%；地方财政收入6.9亿元，同比增长22.2%。目前，全镇共有5个村产值超10亿元，3个镇级公司产值超3亿元。通过配置后续增量，紧抓招商引资不放松。2004年，马陆镇全年共引进外资项目69个，实现合同外资3.1亿美元，其中增资项目41个，增资额达1.9亿美元。

被誉为中国乡镇之星的马陆镇，国民生产总值、税收均名列上海市第一，人民生活水平已超过全国农村小康生活水平的基本标准。

金山区朱泾镇

2004年，全镇完成国内生产总值11.79亿元，同比增长27.06%；工业总产值完成38.02亿元，同比增长36.19%；农业总产值完成0.70亿元，同比增长7.3%；税收收入完成4.25亿元，同比增长32%；财政收入实现2.29亿元，同比增长30.34%；外贸出口拨交值完成8.77亿元，同比增长39.3%；农民人均收入达到6175元，城镇化率达到62.1%。

2004年，工业园区基础设施建设力度加大，投资8000万元，建设了道路、桥梁、绿化等，形成了“四纵四横”的道路网络。招商引资取得了较大进展，全年落户企业30家，新招企业3182户，实现税收3.42亿元，同比增长41.2%。农业生产稳步发展，粮食播种面积增至25415.26亩，粮食总产14140吨。完善和规范了土地流转合同，完成全镇承包地清理工作。城镇建管水平有了进一步提高，房地产业发展较快，全镇有房地产公司18家，年内住宅施工面积35万平方米，竣工12万平方米，商品住宅预售35万平方米，销售产值10.8亿元。完成了老城区3万平方米“平改坡工程”。绿化种植面积26700平方米；总投资2亿多元新建造的金山中学迁入使用；完成农村水网改造7717户。

劳动和社会保障工作进一步推进。全年新增就业岗位2713个，完成区政府下达指标147%。分流、安置、再就业1444人。全镇338名机关干部与贫困家庭结对帮扶，为882个低保家庭发放救助金214.34万元，为208名残疾贫困者发放救济金6.73万元。为984人落实老征地人员镇保或征地养老，办理各类新征地人员参保1764人，其他各类镇保543人。为全镇2860人落实了65岁以上农民每月75元补贴的生活保障。

科教文卫体工作进一步推进。在紫金广场开展各类文化活动27场，参演人员2400多人次，观众6万多人次。组队参加金山区十月歌会，获合唱一等奖；农村合作医疗投保18179人，占应保人数的96%。精神文明建设深入推进。年内，5个村被评为区文明村，15个新村被评为区文明小区，22个企业被评为区文明单位。

江苏省

靖江市新桥镇

新桥镇地处长江经济开发带，位于靖江市西南部，东临广靖高速公路，南有江阴长江大桥直通无锡、常州，公新公路、沿江高等级公路从镇区穿过，区位条件十分优越。全镇总面积61.3平方千米，镇区面积26.3平方千米，辖18个行政村，3个社区居委会，398个村民小组，总人口6．1万人。

2004年，我镇牢固确立“以工兴镇”、“以工强镇”的指导思想，紧紧抓住开票销售、招商引资、技术改造、盘活存量等关键措施，使新桥镇生产总值达到了11．13亿元，同比增长21．4%；人均GDP1．98万元，同比增长21．4%；全社会固定资产投资3亿元，同比增长10%；各项税收收入8016万元，同比增长54．3%。工业经济发展呈三个特点：一是龙头骨干企业支撑大局。光芒集团、标新公司实现销售收入4．2亿元，占全镇25%，23家骨干企业实现销售收入占全镇55%；二是工业投入势头强劲。完成工业投入2．2亿元，增长32%，投资达1000万元以上的项目8个，创历史新高，年内开工建设项目18个，实际竣工16个；三是私营企业发展迅猛。全镇新办私营业51家，新增注册资本9845万元，工业企业总数达340多家。

2004年新桥镇全力抓好农业结构调整工作，粮经比例6．5∶3．5，新建花卉、苗木、生猪、特种水产养殖基地8个。江边围栏养殖已形成规模，今年又新增养殖面积20公顷，投入200万元养殖河豚、鳜鱼、淡水白鲳、螃蟹、江虾等。年产值约800万元，可增利润90万元。

2004年坚持社会事业协调发展。投资500万元修建了公新公路、新夹公路；投资620万元建设通村道路16.6公里和通组道路26.7公里，并改造了新桥中路、江河南路；投资288万元建设镇工业园区道路3．6万平方米；投资200万元新铺自来水管道6．5公里，并实施了区域供水；投资近百万元完成里太路、工业园区、标新园区等绿化工程，新增公共绿地面积1．6万平方米；投资36．4万元帮助32户住房困难户翻建了新房。

建湖县近湖镇

一、镇域基本情况

据史料记载，本镇境内原是古淮夷的一部分，春秋初属吴，战国时属楚，秦初为东海郡属地，汉初属射阳县东境，后经西汉元狩四年、东晋义熙七年、隋大业九年、唐武德八年及清雍正九年，多次变更属地。1941年9月盐城划县分治，属建阳县（因与福建建阳同名，1951年7月改建湖县）。1957年10月，撤区并乡时组建近湖乡，1958年改称东风人民公社，1961年春改称近湖人民公社，1983年5月撤社恢复乡建制，1996年6月改为近湖镇人民政府，2001年6月原建湖镇与近湖镇合并，仍称近湖镇至今。

近湖镇地处江苏省里下河腹地，位于盐城市西北部，是建湖县城关镇，北纬33°25′，东经119°21′。全镇地势平坦低洼，境内沟河港汊纵横交错，交通便捷，南临盐淮、京杭高速公路，东接204国道，新长铁路穿境而过，紧靠盐城飞机场。

镇区面积88．66平方公里，粮食及农作物播种面积4万亩，总户数82981户，总人口19．2555万人。下辖1个街道办事处，镇南、镇北、裕丰、太平、长沟、胜利、严桥、唐东、东冯、高桥、蔡徐、陈堡、西葛等13个行政村，近湖、近郊、城南、城北、建北、先锋、神台、沈舍、管舍、徐东、西苑、花园、季埝、黄桥、桥东、镇西等16个社区居委会。

区域资源丰富，土地肥沃，常年气温偏高，降雨偏多，日照充足，全年达2228小时，正常风力3．4米/秒，属亚热带湿润季风气候，灾害性天气较少，地处淮河下游，水资源十分丰富，属营养性水体，适宜粮、棉、油料、水果、蔬菜、水产品和畜禽业发展，素有“鱼米之乡”之称。生物资源品种繁多，植物资源有木本植物、花本植物、地被植物三大类，1000余种。动物资源有水陆动物近1000种。

二、经济发展成就

坚持科学发展、城乡统筹协调发展，围绕经济建设中心，积极实施城市化、规模化、块状化战略，倾力培大活小，经济建设保持了持续快速发展态势。GDP、财政收入等主要指标连续15年在盐城市乃至苏北5市乡镇中列居首位，素有“苏北第一镇”美誉。2004年实现GDP19．18亿元，完成工业产值76．2亿元，三产总量19．5亿元，实现财政收入1．8亿元，农民人均纯收入4917元，城镇人均可支配收入9800元。粮食总产量37388吨，油料产量865吨，肉类总产量6150吨，水产品总产量536吨，水果蔬菜总产量158吨。辖区内现有工业企业810家，农业龙头加工企业6家，目前，已形成皮鞋、化工、机械、五金工具、服装、花炮、农副产品深加工等门类齐全的工业体系，森达皮鞋、克胜农药2个中国驰名商标，省级著名品牌6个，市优品牌29个。主导产业有森达皮鞋，年销售630多万双；机械加工企业有近600家，其中年销售3000万元企业达32家；现有森达集团、克胜集团、飞达尔集团、东洋插秧机公司、雷诺服装公司、华威机械公司等5家亿级企业。森达集团跻身全国500强企业，国家级星火技术密集区、世界最大的单件皮鞋生产基地。克胜集团是国家农业部农药定点生产企业、江苏省高新技术企业。还拥有全国金刀王——飞达尔旋耕刀，国家“863”计划产品——陶瓷复合钢管，全国最大的农用机械生产基地——东洋公司，江苏最大规模的近湖民营工业园。现有个体工商户3851户，其中外来人员经商户136户。全镇从业人数51813人，其中企业从业人数36583人，服务业及个体工商从业人数17300人，管理行业1180人，外来务工人员4250人，其他2500人。

三、社会事业发展成就

农村基础建设成效明显，13个村全部实现通电、通邮、通话、通公路、通自来水，其中用电入户率达100%，电话入户率达61%，自来水除环城5村与县城配套外，其余8个村村村都有自建自来水塔，入户率达97%。村村通公路，水泥路面90多公里，设有乡村汽车停车点2个。城乡环卫设施齐全，建有16座公共厕所，9个垃圾处理站，6个农贸市场，大小商场24个。教育布局更趋合理，文化医疗卫生事业得到加强。辖区内现有学校27个，其中高级中学3所，职业中学1所，外国语学院1所，初级中学7所，实验小学2所，城乡小学13所，在校学生32130人。辖区内幼儿园23个。设有2个文化站，16个社区图书室，体育场馆1个。辖区内医疗单位27个，其中县级医疗机构5个，拥有床位3308张，镇属医院2个，拥有床位782张，村居卫生室20个，敬老院2个，老年康复中心3个。全镇人口平均文化程度达到高中水平，其中大学以上学历占21%，高中文化占57%，初中、小学文化占15%，半文盲和文盲占7%。

四、政府机构、人员设置情况

近湖镇人民政府下设5大办公室，即党政办公室、社会事业办公室、农业办公室、工业办公室和财政办公室，设置监察、人武、组织、民政、农经、农业、副业、科技、计卫、统计、村建、综治、司法、环保、教育、共青团、妇联等公务员岗位17个，设置农业技术服务推广、农村经营服务管理、经贸服务、村镇建设管理、文化广电服务、计划生育服务、人力资源等7大中心事业单位，镇办单位设有民政办、安全办、综治办、教育办、三产办、建筑管理办、镇区办、城管办等8大办公室。全镇现有公务员设置编制数47人，其他管理和服务人员5人。

启东市天汾镇

一年一度的科技五金交易会，在天汾镇科技五金交易中心举行，已成为国内规模最大的行业盛会，影响深远。天汾，也因此成为名副其实的中国电动工具之乡。去年11月，省委书记李源潮来启东视察，称赞天汾镇的电动工具行业很有潜力，很有爆发力，并指示一定要把这块蛋糕做大做强，向国内外知名的“五金之都”进军。

一、现状及特点

2002年，市委、市政府确立了科技五金产业在启东经济发展格局中的特殊地位，把天汾科技五金工业园列为全市“一港两带三区四园”经济发展布局的重要组成部分。2003年1月12日，天汾科技五金工业园总体规划通过评审。整个规划体现出鲜明的产业特色，基础设施完善，布局合理有序，将分近、中、远三期实现。回顾近20年的发展历程，天汾电动工具业经历了一次又一次成功的飞跃，已成为启东乃至南通市最具潜力的特色经济之一。近年来，天汾电动工具业总体运行情况主要呈现以下几个特点：

1．天汾电动工具业结束了单一的配件销售、工具维修的历史，实现了由经营型向生产经营复合型转变。早在上世纪90年代中期，天汾镇电动工具产业就形成了一个遍布全国各大中城市的销售服务网站，当时浙江永康的电动工具产品一半以上依靠启东的营销网络走向市场，不少经营户由此积累了雄厚的资本。近几年来，天汾镇党委、政府及时把握机遇，因势利导，积极鼓励具备一定经济实力的经销户回乡创办实业，实现由三产向二产延伸，并以此为契机，逐步规划建设了电动工具城。在园区，在外经商的天汾人回启办的实业占了园区内企业总数的 80%。从1995 年以来，天汾在外经销人员每年回乡创办的企业不少于 20 家，2003 年全镇销售超 1000 万元以上的电动工具生产企业已经超过了 20 家。

2. 天汾电动工具业从简单的零配件生产向附加值较高的整机生产转变。在电动工具产业发展初期，电动工具生产企业主要生产维修使用的转子、定子、活塞等配件，产业分散，集中度低。1999 年，天汾镇制订了优惠政策，坚持政策助动，行政推动，积极鼓励和引导条件成熟的企业进一步扩大投入，生产电动工具整机。到目前为止，有 21 家企业生产电功工具整机，整机年销售额 1000 万元以上的企业有 7 家。整机生产的扩大，进一步带动了塑料、印刷、包装、橡胶、铝制品等相关行业的发展，形成了新兴的电动工具产业群。

3. 天汾电动工具业从仿制、冒用他人品牌向自创品牌转变。众所周知，天汾曾是全国闻名的假冒品牌电动工具发源地之一，许多企业虽靠冒牌赚到过一点小钱，但也吃够了冒牌的苦头。为扶持发展好电动工具产业，天汾镇坚持一手抓发展，一手抓规范，引导企业增强商标意识、名牌意识、质量意识。目前，天汾镇已有 46 家企业通过 ISO9002 国际质量认证，一百四十个产品获得国家电工产品 CCC 认证，注册商标达 121 个，3 个产品成为南通知名牌产品。现在仅东成公司就注册了 17 个商标，东成商标已经成为江苏省著名商标。

4. 天汾镇电动工具业从家族化管理模式走出来，全面推行现代企业制度。家族化管理模式是大多数电动工具生产企业发展初期的一大特点，所有权和经营权合一，权力高度集中，与外界企业缺乏必要的合作，技术落后，营销不畅。为适应企业管理和技术复杂化的要求，不少私营业主放眼企业长远规划，求贤若渴，大胆启用能人，不断引进管理技术人才，招聘大中专毕业生。圣德里公司以 8 万元年薪聘了享受国务院特殊津贴待遇的齿轮生产专家和上海日立公司总工程师作技术顾问，为电动工具行业进一步发展提供人才的保证。

5. 天汾电动工具业以国内市场为主向国内、国际两个市场并举转变。电动工具在工业、建筑、装潢、汽修、园林等行业的广泛使用，为天汾镇电动工具走向国际市场创造了良好的机遇。天汾镇电动工具生产企业在巩固国内市场的同时，积极拓展国外市场。目前，该镇电动工具自营出口企业有近 10 家，间接出口企业已有 100 多家，产品远销欧、美、日、韩及港台地区。

二、规划与打算

当前，天汾镇电动工具产业面临着前所未有的机遇和挑战，为进一步发挥优势，把电动工具产业做大、做强、做优，天汾镇今年力争在产业发展规划跨度、基础设施投入力度、会展中心建设速度、招商引资组织程度、行业辐射带动深度上求突破。

1. 集聚内外潜力，力求在电动工具产业发展规划跨度上求突破。规划是产业发展的龙头，2004 年上半年天汾与市电动工具行业协会和兄弟镇乡配合，在规划制定过程中坚持“四个要”的原则，即一要全面调查发展基础；二要深入考察，认真借鉴浙江永康、海门三星的发展经验；三要登门拜访、虚心听取全国电动工具行业协会领导、专家的指导意见；四要走访企业，激发斗志，凝聚企业业主全力形成发展的共识，从而把电动工具产业十年发展规划编制成前瞻性、科学性的规划。

2. 实施市场运作，力求在电动工具基础设施投入力度上求突破。园区是产业发展和项目投入的载体。2004 年，天汾要在前几年布点 33 省道两侧和 2003 年开发双飞路和振兴路一段的基础上，参照北新工业园区开发模式，确保园区发展中轴线振兴路延伸 1000 米，腾出 1000 米工业用地，建成 1 万平方米标准厂房，同时相应完成电力、通讯、供水、排污、路灯、绿化、居住等配套设施，真正奏响载体建设进行曲。

3. 注重高效服务，力求在电动工具会展中心建设速度上求突破。随着本地电动工具制造业的蓬勃发展，一个辐射国内外、带动周边各地的交易平台是迫切需要的。经过努力，天汾已经与江苏金侨置业有限公司签约，由该公司投资，在天汾建成一个占地 101 亩、建筑面积 5. 4 万平方米，投入 8000 万元的会展中心，它将是集展览、物流、商务、研发、检测、办公、酒店于一体的大型会展中心和交易市场。2004年12月底全面竣工，并确保2005年春节在此举办中国天汾第六届电功工具展销会。

4．丰富招商内涵，力求在电动工具招商引资组织程度上求突破。产业发展、经济增长的关键是有源源不断的项目投入。2004年我镇在招商上主攻浙江、上海、北京、苏州、沈阳等地，面向国际资本市场，实施网上、委托、节会、企业和驻点招商，确保完成1000万元以上项目十个、500万元以上项目十个和100万美元外资到账。

5．培育龙头企业，力求在电动工具行业辐射带动深度上求突破。要形成集群，一个很重要的着力点就是以培育、扶植、服务为抓手，加大对龙头企业培育力度，力争在2004年形成亿元规模企业1～2家、5000万元规模企业3～5家，从而形成产业辐射带动。

三、建议和要求

目前，抓住机遇，加快发展，实现新的飞跃，努力构筑国内外知名的“五金之都”已经成为天汾镇乃至启东全市上下的共识，并开始全面构筑建设“五金之都”。但建设“五金之都”，并非一时之计，任重而道远。

1．源泉在规划。根据我市经济社会发展的战略要求，我们希望尽快在电动工具产业发展战略方面进行研究部署，在电动工具产业的指导思想、战略目标、发展重点等方面作出明确规定，在规划中应体现三方面的结合：一是部门之间、地区之间的结合，打破部门分割，地区封锁、各自为战的状况，打总体战，形成合力。二是园区内与园区外的结合，充分发挥天汾电动工具科技园区对发展电动工具产业的带动作用。三是发展新兴电动工具与改造传统产业的结合，既要发展今后支撑天汾电动工具产业的新兴高新技术产品，又要加快利用高新技术对传统产业进行全面改造的步伐。

2．关键在创新。我们认为，竞争力可以浅近直白地概括为“人无我有，人有我优，人优我廉，人廉我新”，说到底是要靠生生不息、与时俱进的创新。在调研中，一些企业家也有同感。建设“五金之都”的关键是创新，用科技创新来促进天汾成为全国乃至世界五金制造中心。科技创新的主要标志是发明专利，天汾五金有没有竞争力、有没有市场，能不能实现质的提升和可持续发展，主要取决于掌握多少发明专利和关键技术。天汾要坚持科技为本，大力发展五金产业共性技术创新中心，建设具有国际竞争力的五金先进制造业基地。

3．升值在品牌。天汾小五金要重视提高产品的附加值。在充分竞争的前提下，提高附加值，一靠技术，二靠品牌。市场经济的竞争史，大致经历了产品竞争、资本竞争、品牌竞争三个阶段。显然，品牌竞争是最高层次的竞争形式。当前的市场竞争，品牌竞争力的重要性越来越突出。近几年来，“中国启东天汾科技五金工业园”这个著名的市场品牌，“天汾五金”的特色，涵盖了单个企业的知名度，较好地弥补了以小企业为主体的天汾五金产业。提高品牌竞争力，要在不断提高五金城知名度的基础上，引导企业争创名牌。着眼于“五金之都”，中国科技五金城要力争成为世界五金品牌汇聚中心和世界五金产品集散中心；企业争创名牌，争取在若干年后，拥有几个“中国驰名商标”。

4．载体在城市。都和城，都和市是不可分割的一个整体。从某种程度上说，五金之城+五金之市=五金之都。建设“五金之都”要跳出天汾的狭小行政地域，放眼启东、江苏、全国乃至全世界的背景来审视，站在区域经济协调发展的高度，南通市特别是启东市更应举全市之力，全市一盘棋，将有影响的电动工具企业，包括核心零配件企业引进天汾，培育全国性的电动工具生产基地。当前，我市正加快推进城市化的进程，一座中等城市已经初具雏形，位于启东北部的天汾更要依托“天汾五金”这块金字招牌，产业通过向兆民、王鲍等城乡延伸，建设一座名副其实的五金之都，目标成为启东市北部的卫星城。

让天汾小五金走向世界，让世界小五金汇集天汾。已经跨进新世纪，新的发展机遇已经到来。天汾人民正以饱满的热情，以自己的聪明才智，不断推陈出新，向世界展示了一轮又一轮五金产品的热潮，宛如一首优美的“五金交响乐”，以自己海纳百川的胸怀，容纳着来自世界各地五金工业精华，浑然天成“五金协奏曲”。如今的天汾，已经构筑了现代五金的亮丽风景，正以雄健的步伐迈向“五金之都”。

吴江市同里镇

同里镇地处长江三角洲，位于太湖之滨，古运河之东，紧靠上海，西接苏嘉杭高速，西边是318国道，距苏州18公里。全镇行政区面积102．91平方公里，人口4．3万。同里是一个具有千年历史文化的古镇，历史上人文荟萃、文物古迹遍地，它以“小桥、流水、人家”江南水乡特色而闻名于海内外，被誉为“东方威尼斯”、“明清建筑博物馆”。改革开放以来，同里镇加大古镇保护力度，不断提升文化内涵，坚持“文化带动旅游，旅游促进发展”的理念，较好地树立了“同里水乡、旧时江南”特色品牌。2004年全镇实现国内生产总值17．05亿元，财政收入1．06亿元。

1．旅游业成为经济发展主导产业。以著名世界文化遗产退思园为代表的旅游景点近20处，每年一届的中国吴江“同里之春”旅游文化节、水乡丽人大型评选、“同里杯”天元围棋赛等活动已成为同里对外宣传、交流与合作的桥梁，年接待旅游人次超过200万。

2．产业集聚形成“五大工业”特色。古朴典雅的水乡风貌、良好的投资环境，吸引了众多投资者前来创业。至2004年在同里落户的外商投资企业有60多家、民营企业有300多家，形成了“电子资讯、医药医保、新型建材、汽车配件、金属表面加工”五大工业产业特色。2004年末，工业销售收入超过30亿元。

3．城镇现代化服务功能全面提升。目前，镇内已拥有五星级同里湖大饭店等星级宾馆3家，各类商业150家，围绕“同里红”土特产系列品牌产品，在市场上已享有极高声誉。“同里人家”、“东溪花园”、“同里湖山庄”等住宅区的建设，构筑了同里良好的人居环境。

特色产品：古镇旅游业。

盱眙县马坝镇

马坝镇地处洪泽湖南岸，是苏北重要的水陆交通枢纽。全镇总面积197．5平方公里，辖23个行政村，2个居委会，总人口78000余人。2004年，全镇实现GDP5．488亿元，财政收入1750万元，农民人均纯收入4360元。

工业和招商引资：2004年全镇工业总产值17亿元，比2003年增长11．6%；工业销售收入16．2亿元，比2003年增长12%；工业列统企业销售收入3．4亿元，比2003年增长340%，工业固定资产投入1．6亿元。

2004年全镇共引进33个项目，合同引资额4．28亿元，其中竣工投产项目28个，在建项目5个，进县开发区项目9个，投资超亿元项目1个。招商引资工作中，在突出引进县开发区项目的同时，以盘活镇区闲置资产为重点，积极做好镇区项目引进工作。截至年底，已成功盘活原丙伦丝厂、原杭都包装厂、原塑胶公司、原文化站等闲置资产。项目的落成，增加了税源，为全镇财政收入的快速增长奠定了坚实的基础。

农业经济：全镇共有耕地面积15万亩，种植小麦7．5万亩，水稻9．6万亩，油菜2万亩，2004年粮油总产量8．8万吨。在加大产业结构调整的同时，积极做好上级有关助农政策的落实工作，将粮食直补资金258万元、良种补贴110万元全部及时发放到农民手中。做好农业税税率下调工作，全年农业税调减220万元。

基础设施建设：2004年先后分别投资120万元、180万元对文明西路、文明东路进行了改造。投入15万元对马坝大涧浇铸了防护坡，投入30余万元对镇区的绿化、亮化进行了改造。发动镇区居民户对五条主干道门面房进行一次全新的粉刷。目前镇区道路宽阔整洁、卫生有序。

社会事业：2004年全镇计划生育率达100%，人口出生率6．89‰，生殖保健率达86．7%，知识普及率达92%，群众满意率达90%。计划生育工作通过了省市县的各级验收，受到了市表扬，并获全县计划生育工作第一名。

马坝中学高考连续十年获淮安市高中教学质量优胜奖。马坝初级中学在2004年中考获县一等奖，连续两年被市教育局表彰为教育工作先进学校。马坝中心小学被评为淮安市“五十强”中心小学。我镇敬老院被评为“省级文明敬老院”。县第二人民医院先后荣获“全国优秀乡镇卫生院”、“江苏省卫生系统先进集体”等多项殊荣。

年初由赵长松个人投资1000余万元异地新建了楚东医院，该院占地20亩，建设面积4900

多平方米，开放床位40张。全镇电视普及率90%，有线电视用户普及率40%，电话普及率95%。

徐州市大吴镇

大吴镇在2004年实现GDP11．2亿元，同比增长18．2%，财政收入实现6691万元，同比增长47%，其中一般预算收入2605万元，同比增长22．4%。全社会固定资产投入12．2亿元，同比增长43．5%。

全镇完成工业总产值54．8亿元，销售收入达52．6亿元，创造利税4．15亿元，同比增长29．4%；工业用电量2．08亿度，同比增长24．5%。全年共实施500万元以上项目38个，1000万元以上项目16个，其中亿元以上项目2个，工业固定资产投资8．1亿元，同比增长30%。

全镇小麦面积稳定在1．7万亩，亩产达到922斤，落实水稻面积1．55万亩，全年粮食总产实现4600万斤。经济作物达到1000亩；规模养殖户达到110余家。组织劳务输出658人。农民人均纯收入5397元。

投资580万元新建扩建镇村道路22公里；投资3800万元开发步行街、建设新居民小区；投资300万元进行绿化、亮化，整治环境。至2004年底，大吴镇在镇区建成居民小区5处，在镇外还建成了荒里别墅区、潘安新区等农村中心居住区，城镇化水平达到44．4%。

党建工作注入了新的活力，镇党校被省委授予“红旗党校”称号，四个村基层党组织和一批党务工作者受到了市、区表彰；两个村被评为省组文明村。全面实施完成了“三新一亮”和“六有”工程，被表彰为江苏省实施教育现代化先进乡镇和江苏省实施教育重点工程先进乡镇。“有线电视村村通”工程全面告捷，被市政府命名为“有线电视先进镇”。社会治安综合治理和平安大吴创建工作不断引向深入，被表彰为江苏省社会治安综合治理先进单位。

大吴镇经济社会快速、稳定、协调发展，得到上级领导的充分肯定。

宝应县安宜镇

安宜镇隶属扬州市，地处江苏中部，是宝应县政治、经济、文化、商业中心，镇域面积104平方公里，辖20个社区居委会，8个行政村，1个专业水产养殖场，总人口21．5万人口。全镇现有耕地面积3．5万亩，水产养殖面积3．2万亩。2004年，完成国内生产总值7．5亿元，增长6．4%，财政收入5000万元，增长20．5%，城镇居民可支配收入7400元，增长12．6%，农村人均纯收入4485元，增长8%，人口自然增长率3‰。全镇共有中共党员4500名，下设26个党总支，47个党支部。现有在职机关干部70人，离退休干部68人，在职教师404人，退休教师154人。该镇是江苏省首批卫生城镇、全面优质粮棉油生产基地，2001～2004年获省社会治安综合治理先进乡镇、江苏省体育先进乡镇、江苏省文明乡镇、江苏省群文先进乡镇等荣誉。

该镇现有工业企业826家，拥有以机械、电子、轻纺、食品、化工、包装、医疗器械、工艺制品为龙头的八大类、数千种产品。镇内有安宜民营业区、安宜镇工业园、安宜创业园等3个特色工业园区，总面积5000多亩。区内基础设施配套，服务功能完备，进园落户项目48个，总投资达7．5亿元。

该镇积极实施农业产业结构调整和科技兴农战略，加大农业“三资”投入力度，初步形成水产、畜禽、花卉、优质稻米、蔬菜、林业等六大特色，宝应湖大闸蟹荣获“中国十大名蟹”称号，安宜牌大米、朗亭牌马铃薯等一批农副产品叫响国内外市场。

该镇服务业发展迅猛，2004年实现服务业增加值3．4亿元，利税7000万元，从事服务业单位（个体）7500家，从业人员1．8万人。

该镇全力营造亲商、富商、安商的氛围，优化经济发展环境，建设服务型政府，为来镇兴办企业的客商全程办理各项手续，投资环境十分优越。

20万安宜人民将以饱满的热情、崭新的姿态喜迎八方宾客，合资合作，共同开发，携手并进，浓墨重彩地描绘安宜新蓝图，使这颗古运河畔的明珠放射出更加夺目的光彩。

沛县沛城镇

沛城镇位于江苏省北端，是沛县县委县政府驻地镇，是全县政治、经济、文化中心，总面积110平方公里，总人口19．2万人，辖26个行政村，16个社区居委会。2004全年新增技改扩建项目38个，总投资1.2亿元，其中固定资产投资500万元以上项目11个，1000万元以上项目5个。全年完成国内生产总值9亿元，实现财政收入3172万元。农民人均纯收入4630元。

坚持高效农业发展，沛城镇积极推进农业产业结构调整，按照“抓龙头、上规模、促销售、增效益”的思路，进一步优化农业品种结构，提高农业科技含量，逐步实现新产品调优，规模调大，效益调高，优势调强。目前，已建成了苏北一流高科技示范园，引进国内外名、优、稀新品种40余种，推广实用新技术20多项，走出一条高产高效的农业发展之路。

沛城镇工业发展迅速，现有新加坡、香港、台湾、浙江、河南、福建、张家港等20余家投资商在该镇投资兴业。已形成了化工、食品、机电、机械、冶金、建材、纺织、服装等行业齐全的工业体系。

沛城镇东临美丽的微山湖，北靠大屯煤电公司，西接已并入华东电网的坑口热电厂，南距五省通衢的徐州仅60公里，交通便利，两座煤矿座落境内，具有得天独厚的区位优势和丰富的煤炭、电力资源。

沛城镇始终坚持“发展是第一要务”，大力实施“项目兴镇”战略，根据区位、交通、资源优势，进一步制定完善对外开放的优惠政策，创造更加宽松的投资环境，提供更加优质的服务，诚挚欢迎国内外嘉宾、港台同胞、企业家到沛城镇投资合作，共创大业！

通州市平潮镇

2004年，平潮镇组织和带领全镇广大干部群众，牢牢把握加快发展第一要务，用全面建设小康的奋斗目标统揽全局，着力推进“以工兴镇，富民强镇、创建美镇、人才立镇”四项重点工作，全年实现国内生产总值16亿元，同比增长20%；完成工农业总产值49.76亿元，同比增长19%，服务业增加值5.8亿元，同比增长26%；财政收入100666万元，同比增长25.2%。这个镇坚持把发展民营经济作为“以工兴镇，全面小康”的首要抓手，全镇70%以上的机关干部创办、帮办、参办企业，全年新增私营企业470家，新增个体工商户2300家，新增私营企业注册资金4.7亿元，在通州市民营经济争先进单位竞赛活动中位于前列，并进入南通市前10名。这个镇坚持把招商引资作为工作的重中之重来抓，组织“故乡情”联谊会、春季项目恳谈会、平潮镇电子项目专题招商会，先后有美国、日本、西班牙、香港等国家和地区20多名客商来考察，并签订了项目7个，总投资额2亿多元，实现注册利用外资1200万美元，实际利用外资517万美元，并完成技改投入资金7.13亿元。通过发展，这个镇以江海电容器、中联科技、蛟风重工和有明集团为龙头的电子产品及原材料、机械制造、服装服饰等大产业基地已初具雏形。全镇有三家企业成为亿元企业。经济的持续、快速发展使这个镇逐渐成为通州市领域经济上的排头兵和南通社会经济发展的新亮点。

江阴市周庄镇

江阴市周庄镇是江阴市的人口大镇、工业重镇。全镇总面积80平方公里，全镇辖14个行政村，一个街道办事处，三个居委会。集镇建成区面积4平方公里，耕地面积40939亩，本镇人口10万，外来务工人口6万多。

周庄镇经济发达，实力雄厚，拥有2家上市企业，6家省市级企业集团，以三房巷化纤、江南模塑的汽车零配件、龙山人造革、江东法兰为主体，形成四个产业群体：即年销售收入超130亿元的轻纺化纤区，年销售收入超50亿元的轻工、人造革、橡塑制品区，年销售收入超40亿元的机械、建材、冶金区，年销售收入超20亿元的小型项目高产区。产品门类齐全，拥有纺织等10多个门类600多种产品，其中化纤、橡塑制品、汽车配件、纺织印染、人造革、铝塑型材、液压机械、杜美丝等多种产品在国内占有较大的市场份额并远销上百个国家和地区。2003年，全镇实现产值202亿元，成为无锡市首家实现工业产值双百亿的乡镇。

2004年，全镇完成工业总产值275亿元，同比增长36.33%；工业开票销售收入227亿元，同比增长51.39%；利税总额20亿元，同比增长17.97%；实现财政收入5.47%亿元，同比增长12.7%。工业投入达到30.33亿元，工业设备投入49．39亿元，占总投资的72．7%；亩均投入达到177．5万元，同比提高57%。2005年全镇计划完成工业总产值360亿元，工业开票销售收入324亿元，利税总额25亿元，财政收入7．75亿元，新增工业投入30亿元。

南京市汤山镇

汤山镇位于南京东郊，宁杭公路、沪宁高速穿镇而过，面积117平方公里，常住人口4万余人。汤山镇旅游资源丰富，有世界之最的阳山碑材，“南京猿人”发现地汤山溶洞，中国四大温泉之一的“汤山温泉”等。2004年，汤山镇围绕富民强镇的目标，以环境建设为先导，以工业发展为前提，以外向型经济为第一战略，以旅游为特色重点，大力实施富民工程，切实提高群众生活水平，增强经济发展的动力和活力。全年实现地区生产总值87000万元，增长23%；预算内财政收入6000多万元，增长28%；全社会固定资产总投资51000万元，增长60%；三个产业比调整为9．1∶51．3∶39．6。

汤山镇以旅游经济为龙头。三个产业协调发展。以农民增收为目标，全年实现农业增加值7900万元，农民年人均纯收入6800元；以项目建设为突破口，实现工业增加值44600万元，利税21000万元；以旅游带促三产，实现三产增加值34500万元，增长28．4%。坚持把大力培育骨干企业和提升经济规模，作为实现工业强镇的第一抓手，发挥规模企业对经济的拉动作用。以工业集中区为招商主阵地。大力推进园区规模化、特色化，增强吸聚功能，构筑引资洼地。进一步加大产业结构调整力度，转移、淘汰一批技术含量低、贡献小、有污染的企业，重点扶持规模制造企业，发展高新技术产业。鼓励更多中小企业进行扩张、重组，向工业集中区集中，培育一批新的龙头企业。

特色产品：汤山板鸡、汤泉洋兰。

扬中市油坊镇

油坊镇总面积45．73平方公里，耕地面积2219公顷，辖16个行政村，2个社区居委会，总人口43733人（男21216人，女22517人）。

2004年实现国内生产总值7．26亿元，财政收入6515万元，农民人均收入5389元。

全年实现农业总产值11593万元，粮食总产量21506吨。生猪合作社成功建立，金银花等一批农业产业化产品成功推出，并取得初步效益。

全镇实现工业总产值14．66亿元，工业销售额11．76亿元，实现利税8989万元，同比增长27．84%、33．18%、51．08%。实施技改项目36个，实现技改财务支出1．59亿元。销售额500万元以上企业43家，完成产值10.37亿元，实现销售8．59亿元，利税5486万元，出口产品交货额2.87亿元。全年协议利用外资5433.5万美元，实际利用外资2779．5万美元。

全镇有中学2所，中心小学2所，在校学生总数4658人，幼儿园2所。镇中心卫生院有病床46张，医卫人员108人。自来水普及率100%，人口继续保持负增长，计划生育率100%。

溧阳市南渡镇

苏南名镇南渡镇位于苏浙皖三省交界，距南京、苏州、无锡等城市均在100公里左右，距上海、杭州200公里左右，距南京禄口国际机场仅60公里，宁杭高速和104国道穿越境内。全镇总面积110．8平方公里，辖30个行政村和2个居委会，总人口6.98万人，集镇建成区面积2．5平方公里，常住人口1．5万人，为溧阳市第二大集镇和规划中的城市副中心。

南渡镇历史悠久，早在春秋战国时期即有“濑渡”之名，史贞女舍身搭救伍子胥的动人故事就源出于此。唐代著名诗人孟郊在溧阳任县尉时，曾在南渡修建“射鸭堂”，并写下《游子吟》等许多流传深远的千古绝唱。南渡有丰富的自然资源和人文景观，国家首批4A级景区——天目湖旅游度假区坐落境内。

南渡物产丰富，盛产优质稻米、水芹、苗禽和特种水产等，工业以建材、化工、纺织为主体，有5家企业销售超亿元，靛蓝、工业季戊四醇名列全国前茅，硬酯酸盐类已形成生产基地，年产水泥近250万吨，五星集团位列全市建筑企业五强。

2004年全镇实现国内生产总值13.4亿元，财政收入7420万元，完成工业销售收入38．2亿元，工业应税销售收入14．5亿元。农村五件实事全面完成：农村合作医疗参保率达 83%，自来水普及率 95%以上，实施农村公路建设 13 条近 36 公里，总投入达 1260 万元，为全市第一，投资 150 万元扩建了南渡敬老院，投入 67．6 万元全面完成了 120 户草危房改造，深入推进农村税费改革，全年免征农业税 435．8 万元，发放水稻直补资金 130．5 万元，城乡统筹得到了新的加强。

特色产品：苗禽、水芹、优质稻米。

涟水县涟城镇

江苏省涟水县涟城镇地处苏北腹地，是涟水县委、县政府所在地，是全县政治、经济、文化和商贸中心。西距淮安市区 35 公里，南和楚州区隔河相望。全镇总面积 47 平方公里，辖 1 个蚕种场，3 个社区工作委员会，14 个社区居委会，2 个居委会，5 个行政村，10．5 万人口。

近年来，涟城镇党委、政府坚持以邓小平理论和“三个代表”重要思想为指导，按照科学发展观的要求，始终以加快发展为第一要务，以工业强镇为第一方略，以招商引资为第一抓手，以全民创业为第一需要，以创新创优为第一追求，以科技进步为第一动力，经济建设快速推进，综合实力明显增强。2004 年，全镇实现人均 GDP10156 元，招商引资实际到位 5190 万元，人均财政收入 17900 元，农民人均纯收入 4660 元，分别比 2003 年增长 29．6%、19．8%、11．7%和 11．4%，新增劳务输出 3900 人，占全镇总劳动力的 18．86%，比 2003 年递增 6．84 个百分点。

沭阳县沭城镇

沭城镇是沭阳县城关镇，总面积 102 平方公里，辖 21 个居委会、13 个行政村和 2 个场圃，总人口 22 万人。近年来，沭城镇经济和各项社会事业发展均取得了令人瞩目的成绩。2003 年实现国内生产总值 8．86 亿元，农民人均纯收入 3880 元；财政收入 3700 万元，在全市乡镇中名列第一。

区位独特，交通便捷，近邻徐州观音机场、连云港机场；距连云港港口仅 120 公里；新长铁路在镇内设有客、货运站，京沪高速公路在镇区设置有进出口和大型服务区；205 国道和 324、326、245 省道穿镇而过，城区 5 大出口连接全县 36 个乡镇，通往四面八方。全省 20 大内河港之——淮沭河码头紧靠城区。

工业经济初具规模。目前全镇拥有服装、纺织、锅炉、玩具、建材化工、食品、木材深加工、电子配件等 10 多个主导产业。招商引资全年引进项目 44 个，进园项目 6 个，由张家港江苏张铜集团投资的张铜沭阳有限公司总投资超亿元。

农业经济富有特色。全镇现有耕地 3．8 万亩，其中粮食作物面积 1．5 万亩，营造成片林 1 万亩，花卉 4000 亩，浅水藕 4000 亩，油料作物 4000 亩，食用菌面积 220 万平方尺，初步形成了 326 省道浅水藕种植带、205 国道花卉带、沭宿路沿线蔬菜种植带、高速公路沿线林经间作带及沂、淮河淌养殖带。

沭阳县华冲镇

1．2004 年度，实现国内生产总值 3.86 亿元，财政收入 903 万元，农民人均收入 3899 元，全社会固定资产投入 9000 万元，分别比 2003 年增长 18.1%、13.8%、11.4%、87.5%。

2．引资工作：全年共引进 15 个企业，其中进工业园区项目 2 个，投资 500 万以上骨干项目 3 个，完成招商引资总额 3260 万元。内培企业 21 个，累计投资 1680 万元。

3．农业：全年实现农业收入 3.98 亿元，比 2003 年增长了 13.3%。特色产业富士苹果生产基地、西红柿无公害生产基地规模持续扩大。农产品质量建设不断深化，“大尖”牌西红柿被省评为名牌产品，华冲镇获批国家级农业标准化示范基地。

4．城镇建设：我镇小城镇建设取得了新突破，2004 年度获国家级重点镇。

5．社会事业、基础设施建设有很大发展。党的建设、基层民主建设进一步加强，安定团结大好局面得到新的巩固。

灌云县伊山镇

因华夏第一贤相——商朝宰相伊尹晚年隐居于此而得名的伊山镇，坐落在风景秀丽的大伊山脚下。依山傍水，是全县政治、经济、文化的中心，全镇地域总面积 76．75 平方公里，其中域区面积13平方公里，耕地面积7万亩，总人口20万人，辖31个村（居）委会，其中村民委19个，社区居委12个，是江苏省首批百家名镇之一。

历史古镇　境内大伊山青风岭上的新石器时代石棺墓遗址，印证着古东夷人的勤劳智慧，已有6500多年的历史，是国家一级文物保护单位。还有石佛寺、茯苓泉等名胜古迹，丰富的史前文化、殷商文化和佛教文化，给本镇增添了人文的厚重。

农业　全镇拥有肥沃农田7万亩，盛产优质大米、小麦、蔬菜、林果等绿色无公害农副产品。建有樱桃谷肉鸭、绍兴蛋鸭、二元母猪、大棚西瓜、无公害蔬菜农业科技园五个，由于产业结构的调整和主攻主打品种的优势，农民平均年收入3804元。

工业　在镇已形成机械化、轻工纺织、服装、建材、食品等10多个初具规模的行业，效益可观，年产总值13691万元，财税收入1423万元。

服务业　本镇属温暖气候带，四季分明，日照充足，气侯宜人，山清水秀，无霜期较长，光、热、水资源丰富。纵横交错的城区水网使本镇拥有淮北“小江南”的美誉。大伊山风景区为国家3A级风景区。“伊山三十六景”集幽、古、神、奇于一身，美不胜收。在本镇还有星级宾馆三家、桑拿六家，是旅游、休闲、度假的好地方。

科教文化　全镇拥有初级中学六所，高级中学、中等职业技术学校四所，私立的双语学校一所。青壮年非文盲达99%以上。人均文化生活服务支出占消费支出的20%，全镇建有三个广播电视站，道路两旁都有广播，通响率达95%，广播电视覆盖率达95%以上。

社会治安　以“平安创建、和谐社会”为有效载体，各部门齐抓共管。形成专防、联防和群防有机结合的防范网络，使城区居民住宅小区和农村地区治安巡逻覆盖面达95%以上。伊山镇已成为社会安定和谐，居民安居乐业，投资者安心放心的乡镇。

民主法治　2004年，在（村）居委会换届中，充分发挥民主作用，体现群众意愿、严格按法律规定程序操作，让党员、干部、群众都有民主的权力，全镇村民参选率达98%以上，村（居）委会换届成功率100%。

道路交通　宁连高速、徐连高速、汾灌高速、204国道构成本镇四通八达的对外交通网，盐河、东门河为历史悠久的运输航道，距连云港机场、港口、火车站仅30多公里，主体交通优势十分明显。

还有水、电、通讯设施完备，是投资兴业合作开发的理想场所。

因此，我们诚邀海内外有识之士前来观光旅游、洽谈贸易、投资开发、兴办实业，以期共同发展，互惠双赢。

丹阳市后巷镇

后巷镇位于丹阳市东北部，属苏南经济板块。镇域土地总面积63．9平方公里，总人口3．6万人。境内交通便捷，101省道由西向东横贯全镇，镇常公路南北方向从镇中穿过，有市级公路4条，连接大运河的国家六级航道从镇东擦边入江。后巷镇距丹阳高速公路入口处20公里，距长江第二大港口——镇江大港港口12公里，距南京禄口机场120公里，距常州飞机场20公里，交通十分便捷。

后巷镇是著名的“中国工具之乡”，是世界上最大的麻花钻和高速工具钢生产基地，是华东地区最大的电子接插件生产基地。2004年，全镇实现工业销售收入50．26亿元，工业增加值16．3亿元，利税5．42亿元，分别比上年同期增长38%、26%、42%。实现合同利用外资4300万美元，实际利用外资2060万美元，自营出口创汇6150万美元，在外向型经济上实现了历史性的突破，日本大赛璐化学工业株式会社总投资达一亿美元的“汽车安全气囊用气体发生器项目”已正式落户我镇。在技改投入上全年完成5．45亿元，达亿元以上的项目2个，千万元以上投资项目达8个。这些项目的建设成功有效地改变了后巷工业经济结构，有力地推动了经济加快发展，实现了加快发展、率先发展、全面发展与协调发展的有机统一，经济发展在量和质上有了新的提高。2004年我镇着手对六家企业进行了改制和二次改制，进一步明确了产权，优化了资源，促进了企业的活力。

民营经济保持了稳步发展，新增个体工商户184家、民营企业52家，新增注册资金2500万元。2004年全镇实现国内生产总值19．5亿元，比上年增长21%，人均GDP5．83万元，比上年增长22%，实现财政收入1．69亿元，比上年增长23%，全社会固定资产投资6．1亿元，比上年增长25．3%。经过多年的市场竞争，后巷形成了一批在国际、国内享有一定知名度的产品，其中尤以钻头著称，后巷每年生产钻头15亿支，每天出口钻头100万支。有人曾经计算过，后巷的钻头平均每支15厘米，假如将钻头连接起来，后巷镇每年生产的钻头可绕地球一圈有余。目前后巷的产品有：钻头系列、金刚石工具、合金工具系列、五金产品、电镀产品系列、医药化工、农药化工系列、各类包装材料、包装产品、注塑产品系列，建筑材料、服装产品等等。生产要素的配套体系比较完备。目前，有特种钢冶炼厂为钻头配套，有铜材、钢材冶炼厂、电镀厂为五金产品配套，有包装纸箱、吸塑、印刷厂产品为出口的内外包装配套，有合金粉沫制造厂为合金工具配套，有各类仪表机床厂、电线厂为电子产品配套。

后巷镇营造优越的发展环境，不断加大技改投入和产品创新力度，创造了惊人的“后巷速度”。自1995年以来，后巷镇连续9年经济综合实力居丹阳市首位。自2000年以来，后巷镇连续五年居镇江市经济总量第一镇。

后巷镇主要经济社会指标一览表

国内生产总值	197646万元
合同利用外资	4300万美元
财政收入/可用财力	12656/2828万元
实际利用外资	2060万美元
自营出口额	6150万美元
工业销售收入	502595万元
第三产业增加值	26950万元
粮食总产量	14942吨
三产从业人员	2965人
粮经种植比例	2∶1
个体工商户	881户
水果产量	35吨
电话总数(入户)	10882部
水产品产量	618吨
有电话普及率(入户)	98．5%
工业投入	54500万元
有线电视开通数	7500户
工业用电	37686万度
有线电视普及率(入户)	70%
工业企业总数	326个
中小学校	10所
三资企业数	15个
医院(卫生院)	2所
私营企业数	305个
卫生室	13个
当年新办三资企业	3个
职工人均工资	10500元/年
人均储蓄存款	14600元
农民人均纯收入	5825元

宿迁市大兴镇

大兴镇位于宿迁市宿豫区东南15公里处，下辖14个行政村，3个居委会，273个村民小组，总面积59平方公里，4．7万亩耕地，社会人口5．6万。

大兴镇东临京沪高速公路，西靠京杭大运河，宿泗路横穿腹部，区位条件优越，交通便利。历史悠久，是宿豫区四大古镇之一，隋唐时已初具规模，明代成集，经济繁荣，有“小宿迁”之称，涌现出许多文学家、艺术家和科学家，尤其在文学方面，清代有宋用锡和著名女诗人倪瑞璇。革命时期，原宿迁县第一任县委书记马仑于1927年在大兴建立了宿迁第一个党支部——中共马仑支部。

近年来，大兴镇党委和政府确立了“工业强镇、商贸活镇、调整富镇、畜禽大镇、科教兴镇”的发展思路，全力在“工业经济、城镇建设、招商引资、结构调整、禽蛋产业”上寻求五大突破，目前该镇蚕桑、禽蛋、芦笋等支柱产业已形成规模。全镇已有蚕桑10000亩、出口蔬菜6000亩、杨树成片林2000亩，无公害优质稻麦1．5亩，年产粮食总量逾12927吨，蔬菜30000吨。在蚕桑生产上，全镇年发种量达到25000张，年产鲜茧1120吨，蚕茧资源丰富。全镇有养鸡专业户1132户，年饲养蛋鸡、肉鸡等禽类400万只，日产蛋量达100吨，使该镇成为苏北久负盛名的养鸡大镇。

大兴镇在农业产业结构调整上，立足镇情，创新思路，紧紧围绕“上规模、抓特色，突出区域特点，走标准化建设”的发展思路，以“特色+规模+档次”和“规范种植，调优布局；增大面积，增加总产；专业生产，市场化经营”为导向，走富民强镇的标准化、规范化、产业化之路。通过科学调研论证，在苏州创元集团的大力扶持下，在中国芦笋研究中心的专家指导下，规模发展芦笋产业。目前，全镇绿芦笋种植面积已达3000亩，日产绿笋20吨，主要品种为“硕丰”1号和“冠军”F_1，品质优秀，营养价值极高。为保障销售，货畅其流，大兴镇会同有关各方，成立了宿迁市圆源“农业科技有限公司”，并与农户签定了一式三份的产品销售合同，使农户可以放心种植。2005年全镇规划新增芦笋面积10000亩，其中上半年规划4500亩，下半年规划5500亩。大兴镇坚定不移的以“品种优质化、布局科学化、生产标准化、经营产业化”为抓手，实现芦笋的优质、高产、高效，做好芦笋“产前、产中、产后”各项工作，统一育苗，统一种植，统一管理，统一收购，切实致富农民。基地现与宿迁市圆源农业科技有限公司合作，走出了一条“公司+基地+农户”的农业发展之路，实现了农业发展产业化、集约化、规模化。

在第三产业上，以小城镇建设为载体，不断扩大镇区规模，如今镇区面积达到3.6平方公里。已建成三横六纵九条街，拥有风格各异楼房700余幢，三个绿地广场和一个人民公园。投资400万元，新铺振兴东路水泥路4800平方米；改造振兴中路柏油路7000平方米；改造镇区兴张路柏油路面8400平方米；新建镇区宿泗路水泥人行道14300平方米。总投入1000万元的大兴农贸市场二期工程，兴建商住楼10幢，建筑面积11562平方米，美化、优化镇区环境，集聚人气，发展了商贸流通业。

“栽下梧桐树，引得金凤来”。大兴镇努力营造“亲商、爱商、扶商、护商”的良好社会氛围，为投资商创造开放透明的社会环境，热情周到的服务环境，秩序良好的经营环境，舒适温馨的生活环境。大兴镇优美的投资环境，舒适的生活环境，和谐的创业环境引得了广大客商的青睐。2004年8月，江苏宿迁绿源照明有限公司落户于该镇工业园区，该公司是一个专业生产电子节能灯的集团性企业。占地100亩，计划投资额8000万元，总建筑面积5万平方米，是一个大型节能灯及节能光源的生产基地。主要产品为电子节能灯。该公司建成后，年销售额将达到3亿元以上，年税利3000万元以上，就业劳动力3000人，年产各种节能灯及各类节能灯管1亿只以上。

勤劳、开拓、创新的大兴人民将在“三个代表”重要思想的指引下，高举邓小平理论伟大旗帜，深入贯彻落实党的十六大及十六届四中全会精神，开拓创新，锐意进取，以“三步并作两步迈，再做淮北领头雁”的冲天豪情和干劲，以发展为主题，以结构调整为主线，以改革开放和科技进步为动力，以提高人民生活水平为根本出发点，继续坚持“工业强镇、商贸兴镇、调整富镇、畜禽大镇”的发展思路，实现超常规、跨跃式发展。为了把该镇建设成为经济繁荣兴旺、生活富裕安康、生态环境优美、社会文明进步的家园，该镇全体干群正不懈努力开拓着！

如东县掘港镇

一、概况

全镇总面积263.14平方公里。辖行政村47个，居委会16个，村民小组1045个。2004年末实有耕地面积176774亩，总户数7.77万户，总人口20.86万人，其中非农人口7.51万，出生1329人，死亡1209人，自然增长率0.59‰。国内生产总值27.23亿元。第一产业增加值7.79亿元，建筑业增加值1.29亿元；第三产业增加值13.8亿元。农业总产值8.66亿元。工业总产值39.22亿元，产品销售收入36.01亿元，乡镇工业利润总额9618万元，工业从业人数1.98万人。建筑业从业人数1.04万人。粮食总产量8.4万吨，生猪出栏数40.28万头；羊出栏数3.48万头；家禽出栏数289万羽。农村经济总收入36.31亿元，农民年人均纯收入4319元。财政总收入2.17亿元。水产品总产量13970吨。水果总产15078吨。合资产企业15家。个体私营总产值26.28亿元，个体工商在册总数8957户，三产固定资产投资3亿元。电话普及率70部/百人。中小学在职教师871人，在校学生1.29万人。医院、卫生室39个，医护人员322人，参加农村医疗保险10.89万人。有线电视用户3.4万户。全镇新增项目69个，其中5000万元以上项目3个，千万元以上项目18个。掘港镇在全县乡镇综合考核中夺得11项大奖，在全国综合发展千强镇中排列第442位。

二、工业经济

实现国内生产总值8.68亿元，完成销售收入36亿元。新批有效注册外资，实际到账双双突破千万美元大关，有效新批注册外资2422.2万美元，外资实际到账1313.33万美元。新办外商投资项目20个，其中注册资金超百万美元的项目12个，超500万美元的项目1个，超千万美元的项目1个。重点建筑企业的市场品牌取得新突破，南通祥华建筑公司承建的县中医院住院楼获得江苏省“扬子杯”奖。

三、全民创业

依托县城区位优势，以发展服务业为重点，新增私营企业739家，新增个体工商户3796个，新增私营企业注册资本11.81亿元，规模以上民营工业销售收入16.27亿元，民营经济固定资产额7.06亿元，民营经济增加值7.79亿元，各项指标均创历史新高。

四、农业经济

实现农业企业固定资产投入1.1亿元以上，三资投入农业总额1.03亿元以上。新办25个注册农业企业，新建7个农业产业园区，新创1个市优农产品基地，2个省级无公害农产品基地，3个无公害产品，4个国家级绿色食品，直接带动和辐射订单农产品种植6万多亩，直接受益2.1万农户。农村公路投资1700多万元，新建改建道路66.05公里，在全县农村公路中是路程最长、质量最好的，被评为南通市农村公路建设先进镇，镇农路办获县农村公路建设先进集体一等奖。

如皋市江安镇

江安镇地处如皋、靖江、泰兴三市交界，是著名的革命老区，宁通高速公路、省道336线、新江曲线、蒲黄线贯通全境。全镇总面积88.03平方公里，耕地面积4300公顷，镇区面积6.75平方公里，辖居委会2个、行政村23个，总人口9.4万人，其中农业人口8.4万人。2004年被评为南通市“民营经济十强镇”、如皋市“劳动保障先进镇”。

农业和农村经济：实现农业招商项目3个，投资总额600万元，4月总投资150万元的申九果蔬梨园落户申九村，6月总投资300万元的新泉科技园林项目落户我镇百新村，9月总投资150万元的新港蔬菜研究所落户我镇百新村。1～4月，组织农业应用技术培训班六期，承办如皋市科协举办的“送科技下乡”活动，邀请专家来镇作卫生健康知识讲座1次，受教育人群达20000人次。

工业经济：全镇累计完成工业总产值10.38亿元，利润总额7200万元，销售利润率2%，应交税金总额723万元，销售税金率1.2%。全年共引进市外资金项目19个，投资总额19020万元，实现到账市外资金9014万元，完成市交任务的128.9%，引进外资项目4个，合同利用外资610万元，实际到账105万美元。民营经济发展迅猛，全镇累计新增私营企业207家，新增私营企业注册资本26430万元，累计新增个体工商户2322户，被评为民营经济十强镇。

浙江省

东阳市横店镇

东阳市横店镇位于浙江省中部，距离东阳市区18公里，于宋咸平四年(公元1001年)设乡建制。镇区面积97平方公里，下辖10个社区、6个行政村，常住人口8.6万，流动人口4万。镇区面积18平方公里，人口近8万。

横店镇坚持以发展工业为主导，带动影视旅游等第三产业和高科农业发展，先后建起了高科技工业城、影视旅游城、文化教育城。横店镇是首批国家可持续发展实验区，成了中国经济改革的试验场和农村城市化建设的样板。2004年全镇完成工农业总产值达142.2亿元，实现利税10.8亿元，财政总收入2.6亿元，农(居)民人均年收入达11000元。

横店是浙江省高新技术实验区，形成了以磁性材料、医药化工、电子照明、轻纺针织、工程塑料等为龙头的工业体系。横店工业的核心企业——横店集团，在中国企业500强排序中名列第131位，在全国民营10强企业中名列第3位。横店集团企业技术中心在国家级技术中心排名跃入95位。工业支柱产业中的磁性材料规模世界第一，有“中国磁都”之称。“东磁”牌磁性材料在2004年底被评为中国名牌产品，实现了中国磁性行业产品在中国名牌领域中零的突破，东磁牌永磁铁氧体系列、软磁铁氧体系列、扬声器系列产品被国家质检总局授予国家免检产品。照明电子产品 90%以上出口，获美国“能源之星”标识使用权；电机产品拥有规模大、质量高、性能好、品种全的多种优势；电子陶瓷基片、空调器内置保护器、特种铝电解电容器、环保无汞电池等产品均处国际先进水平，畅销国内外；医药化工拥有多个国家二类、四类新药，独家生产的“百士欣”、“立安”名入国际权威性医药科研院所认定的4种抗非典特效药之列，氧氟沙星产量世界第一，邓钾盐等5种原料药和中间体为国内最大厂家；生物工程也在不断壮大基地规模，以技术创新赢得高效；工程塑料有多个产品填补了国内和省内空白；轻纺针织产品全部外销，已有20多年生产出口历史。

横店影视城是国家首批AAAA级旅游区，浙江省十佳最具吸引力景区，拥有清明上河图、秦王宫、广州街、江南水乡、明清宫苑等13个影视拍摄基地，是亚洲最大的拍摄基地，被国内外媒体誉为“中国好莱坞”。横店影视城至今已累计接待拍摄影视剧400多部、4000余集，平均每天有10多个剧组上千人在横店拍摄。电影《英雄》、《鸦片战争》、《荆轲刺秦王》、《汉武大帝》、《无极》等均摄自横店。2004年共接待游客250余万人次，旅游收入超过2亿元。2003年底，横店影视城被国家广电总局批准为全国首个国家级影视产业实验区。已有时代华纳等30家影视知名企业入驻实验区。

横店农业以发展“一优、两高、三省”高效农业为特点，初步建立了农业社会化服务体系，种养殖业正朝基地化、产业化、规模化、市场化方向发展。横店草业拥有全国最大规模的饲草基地和世界最先进的各类农耕机械，是“国家农业产业化龙头企业”。横店“京都”巴西菇已通过日本JAC(有机食品)认证，在日本享受同价待遇。

横店已列入经国务院批准的《浙江省城镇体系规划》，2010年将发展为10万人以上人口规模的小城市。为提速超前早日实现这一规划，横店加快了城镇建设的进程，城区规划面积为35平方公里，城区面积已达18平方公里。2000年由上海同济大学对横店10万人口小城市进行了规划，面积为25平方公里。为了更好地适应城市和影视业不断发展的需要，2004年镇委、镇政府委托横店集团、影视产业实验区邀请美国艾斯弧设计公司(哈佛大学)中国分公司对横店城市建设和影视建设规划进行修编。新扩镇区面积10平方公里，分商贸居住中心、影视旅游中心、电子工业中心等三个功能区。开展大规模城镇基础设施建设。先后投入60多亿元资金，完成宽12米以上硬化道路49条90多公里，形成了“五纵四横一环”的交通网络。建成了镇自来水厂、污水处理厂和热电厂等城镇基础设施；完成了中心公园、江滨广场、文化体育中心等一大批休闲娱乐设施，建成了贵宾楼、国贸大厦、东磁大厦、旅游大厦、影视城宾馆等一大批星级宾馆饭店。大力实施亮化、绿化、美化、洁化工程，镇区绿化覆盖达40%以上，人均绿地面积超过8平方米。随着发展战略的成功实施，横店的生态环境、河道治理、路桥交通、水电供给、城区建设均布局有序，科学合理，并配套城管、环卫、消防、绿化等服务机构，使横店城镇建设的人性化在人与自然的和谐中得到了充分体现。

横店各项社会事业也取得长足进步。通过公益性福利事业机构和游乐设施等公共场所的建设，初步形成了覆盖幼教、小学、中学和高等教育完整的教育体系，其中投资2亿元建成的横店高中成为全省校园规模最大的普通高中，横店科技专修学院与浙江传媒学院正式签定联合办学协议，新校区规划建设已经展开。以横店骨伤科医院(东阳市第二人民医院)和横店集团医院两家重点医院为骨干，以村(居)卫生室为基础，建立了集预防、治疗、康复、保健、养生为一体的完善医疗卫生防疫体系，提高了群众医疗卫生服务水平；以提高社区文化生活质量为目标，建立健全了关爱和援助妇、幼、老、残的各种社会公益机构和组织，建起了各种文化、体育等社区公益性活动场所。全镇有170户，254人享受低保，2004年共发放低保金54800元。五保户集中供养率90%。开展了新型农村合作医疗工作，全镇共有19245户，54095人参保，参保率为86.8%，共计保费1081900元。开展社会养老保险工作。2004年又新增养老保险人数1万多，全镇职工养老保险覆盖率达到50.6%，农民社会养老保险覆盖率达到82%。实现了村(居)民群众的生活质量与社会经济发展水平的同步提高。

在“三个代表”重要思想和党的十六大精神指引下，为打造国际化的横店，全镇人民奋发进取，各行各业同心同德，正在农业产业化、农村城市化、农民非农化的三大战略实施中，加速推进城乡一体化，使横店的政策环境更加开放，城镇环境更加优美，人文环境更加文明。

杭州市义桥镇

一、乡镇概况

义桥镇位于杭州市萧山区，是一个闻名遐迩的历史古镇。唐宋时为新义乡，1951年后为义桥乡、山后乡、新坝乡、云峰乡、许贤乡、复兴乡，1958年后为临浦公社义桥、山后管理区，许贤公社许贤、振庭管理区，1961年后为义桥公社、许贤公社、朱村桥公社，1969年为义桥公社，1971年后为义桥公社、许贤公社、朱村桥公社，1992年5月为义桥镇、许贤乡，2001年7月28日，撤消许贤乡，合并为义桥镇。

就地理位置而言，义桥镇位于钱塘江与浦阳江、富春江三江汇合处。北濒富春江与杭州市西湖区袁浦乡隔江相望，东与萧山区闻堰镇、蜀山街道、临浦镇接壤，南与萧山区戴村镇为邻，西依云峰山与富阳市渔山乡相连，为三市区交界之地。镇区距杭州市中心、萧山区中心各为15公里，距杭州萧山国际机场20公里，杭州绕城南线、钱江五桥横穿全镇，并与闻戴公路设有互通立交，交通便捷。

全镇面积58平方公里，下辖50个行政村，1个社区，总人口为4.7万人，有耕地2.6万亩，山林2.5万亩，水面1680亩。2004年义桥镇实现国内生产总值22.5亿元，镇财政可用资金7572万元，农民人均收入达到8970元，被誉为萧山南片具有江南特色的历史名镇，物阜民丰的渔米之乡，经济繁荣的三江明珠。

至2004年底，全镇已有杭州市级文明村4个，区级文明单位(村)22个，省级卫生村3个，市级卫生村12个，区级卫生单位(村)13个，区级文化村4个。辖区内有卫生院2家，固定病床87张，新建了规范化的社区卫生服务中心和分中心。有九年一贯制学校1所，初中1所，中心小学2所，分校5所，成人中专1所，在校学生达4838人，师资力量雄厚，有中级职称以上教师301人。有中心幼儿园1所，村级幼儿园48个，在园幼儿1322人。尤其是投资1600万元兴建占地80亩的九年一贯制义桥实验学校，列为全国九年制试点学校，内有多媒体教室、电脑室、语音室、400米标准跑道等先进设施。全镇村级道路基本硬化，每个行政村都已用上了自来水，已实现村村通有线电视，电话入户率达到95%以上。2004年全镇企业职工参加养老保险7848人；征地农民参加养老保险1500人；参加新型农村合作医疗39170人，参加率达97%。

二、经济发展

在“坚持工业强镇、实施三产兴镇、打造旅游名镇”这一总目标的引领下，义桥人民提出了跨江发展思想，致力于把家乡建设成为欣欣向荣的现代化江滨城镇，力争使义桥成为大手笔、高起点的萧山南部重镇。至2004年底，义桥镇共有工商在册企业600余家，其中规模以上企业63家(以2005年度镇经济发展办公室财务统计口径为准)。2004年，全镇完成工企业总产值60.61亿元，实现工业产值55.8亿元，实现利润1.86亿元，完成税金2.08亿元，实现工业增加值10.5亿元，实现出口交货值26.4亿元，实现自营出口1.49亿美元。完成合同外资1294万美元，实际到位外资341万美元。

义桥自古就是萧山南部农业重镇，在工业经济繁荣发展的今天，农业发展、农民增收依然是义桥人民所关注的重点。2004年，全镇实现农业总产值2亿元，实现农民人均收入8400元。全镇粮食复种面积达2.1万亩，总量达到1140万公斤。在保障粮食供给安全的同时，蔬菜、花木、水产、畜牧、茶果林特等五大主导产业进一步做大做强，结构调整步伐加快，全镇实现常年和季节性结构调整面积1．2万亩。年生猪饲养量达4．58万头，各类家禽饲养量达到98万羽。逐步形成以传雅沙小围垦为主的5400亩水产养殖基地，以山区片为主的4200亩林果基地，以河口、潘山、民丰为主的1100亩花卉苗木基地，以联村、何家桥为主的大棚蔬菜基地，以桥亭为主的140亩秧草基地，以横筑塘猪场、磨刀猪场两个万头猪场为主的畜禽基地等六大特色基地，在民丰、潘山两村建立了现代农业示范园区，在潘山、王家桥两个村探索土地股份制试点，建立了土地使用流转机制，形成现代农业格局。

第三产业已经成为义桥新的经济增长点。2004年，全镇三产总量达到9．8亿元。旅游和商贸两大特色日益明显。通过不断建立和完善市场体系，全镇目前已拥有各类商贸服务业1300家，第三产业从业人员已达4200余人，拥有已建、在建、待建各类市场5处，一个商贸、机电、钢材、装饰布、废旧金属、陶瓷石材等区域性专业市场体系正在逐步形成。以“文化游、山水游、江中游”为特色，义桥镇旅游业呈现出前所未有的良好发展态势，特别是位于义桥杨岐山麓的杭州东方文化园，在浙江、长三角，乃至全国都享有盛名，成为了义桥镇的一张“金名片”。

三、政府机构

义桥镇人民政府位于义桥镇东方路74号，是全镇的政治中心，下设8个办公室，即党委政府办公室、经济发展办公室、农业办公室、财政办公室、社会事务办公室、计划生育办公室、村镇建设办公室、综治民政办公室；7个事业单位，即企业服务中心、农业技术服务中心、村镇建设服务中心、经营管理站、劳动和社会保障站、计划生育技术服务站、文化广播电视服务站。共有行政编制41人、事业编制46人；实有行政工作人员39人、事业工作人员32人，其他管理服务人员9人。

四、历史文化

义桥昔为浙江上八府、下三府的咽喉要塞之地，曾为浙东地区木材、食盐的集散地。境内曾有“渔浦烟光”为天下奇观，南朝谢灵运、丘迟，唐代孟浩然，宋代陆游，元代王冕等历代著名诗人游览渔浦后，留下大量诗篇。“渔浦夕照”曾为“萧山八景”之一。上埠村建于清雍正八年的“节孝承恩”牌坊为萧山重点文物保护单位，镇西优罗环山有始建于梁朝的罗峰寺，是游人怀古的好去处。

义桥镇西山村、何家桥村、山后村等曾是土地革命时期我党早期活动地区，这些村组建的党支部是萧山历史上最早的农村党支部之一，上世纪二十年代义桥还组建过党委，指导农村党的工作，现有19个村被省、市民政部门列入老革命根据地村。

义桥人杰地灵，人才辈出。明天顺年间，韩祺官至监察御史，牌坊遗址犹存。现代金石大师韩登安曾任西泠印社总干事，一生作品四万余件。民国时塘坞村沈佩兰女士因为中国军队传递情报，而全歼日军，被国民政府发“国而忘家”匾额一块。韩祯祥曾任浙大校长，祖籍也在义桥牌轩村。何家桥村老中医李汝安因创建李氏伤骨科而闻名乡里。民间艺人高关梧的雕刻作品也多有建树。

五、特色产业

义桥镇历史上手工业比较发达。改革开放二十多年来，义桥镇工业经济迅速发展，并由粗放型逐步向集约型、产业化方向发展，涌现了一批有影响有规模的企业和品牌。已初步发展成为以富可达集团、柯尼拉公司为主的皮革服装业，以潘山集团为主的卫生用品业，以中强建工集团、华浙实业、达璞水泥等公司为主的建筑材业，以天翔、山水、星丰、耶鲁、中泰、龙合等公司为主的五金机械业；以昌华、宏达、田野、经纬等公司为主的装饰布等五大支柱产业。

其中浙江达璞水泥公司生产的“达璞”牌水泥在东南沿海广有市场；潘山集团生产的“雅妮娜”卫生巾远销全国各省市，并获“浙江名牌”和“浙江省著名商标”称号，在全国同行销售位居第五；“山水牌”传动链获“浙江省著名商标”；“富可达”牌出口服装获中国出口名牌，富可达公司先后获得省级高新技术企业、省级文明单位，农业部命名中国国际休闲服饰科技园，中国光彩事业促进会批准全球最大的富可达光彩工业园，获得了中国民营企业500强、中国服装行业“双百强”企业等多项殊荣，公司董事长徐水连也被评为2004年中国乡镇企业的十大新闻人物。

六、区位优势

义桥镇地处三江咽喉地带，自古以来货运业十分发达，如今交通优势更加凸现。从陆路来看，03 省道东复线穿境而过，杭州绕城高速设有出口，永富公路横贯南北，义桥大桥、义桥二桥（规划）连接东西，交通可谓四通八达。从水路来看，钱塘江、浦阳江、富春江三江交汇，金属材料市场货运码头地理位置优越，建设中的杭甬运河出江船闸、货运码头落户义桥，更使义桥成为黄金水运枢纽。此外，义桥镇紧邻城区，能够共享城市中心基础设施资源。

七、旅游休闲

义桥地处三江口，依山傍水，气候宜人。不仅有“萧山八景”之一的“渔浦夕照”，脍炙人口的“三江莺飞”，峰峦叠起的寺坞岭，风景秀丽的黄石垄等自然景观；还有国家 AAAA 级旅游景区、全国十佳主题公园——杭州东方文化园。

东方文化园占地 2700 亩，实际投入已逾 5 亿元，这里浅山绿树环抱，湖池点缀，曲径通幽，胜似仙境。园内以《周易》八卦布局，儒、释、道三家同构；2500 米的文化长廊贯穿全园八大景区；建有金壁辉煌的万佛金塔地宫、“天下无双”仿古牌坊；充分展示了东方园林文化、传统文化和养生文化的内涵和精髓；园内还配有东方保健院和四星级宾馆——太虚湖假日酒店，集观光、度假、休闲、养生于一体，是旅游、会议、疗养的绝好去处。

杭州市坎山镇

坎山古称龛山，位于钱塘江南岸风景秀丽的航坞山西麓，是萧山区东部经济重镇、交通枢纽之一。下辖 19 个行政村、4 个社区，人口 4．8 万，地域面积 32．88 平方公里。2004 年，全镇实现工农业总产值 525820 万元，农民人均收入 9873 元。

坎山全境地貌分明，境东南有航坞山，高 299 米，为萧山东部平原上崛起的第一高峰。航坞山麓的北海塘一直向西延伸，塘南为水网平原，塘北是沙地。气候属北亚热带季风气候，年平均气温 16．1℃，光照充足，温暖温润，雨量充沛，四季分明。常年无霜期 248 天，主导偏东风。

坎山区位优势明显，投资环境优越。杭州萧山国际机场及机场出口在镇境内，沪杭甬高速公路出口离镇境仅 2 公里。沪杭甬、杭金衢高速公路、八柯线、衙党公路、新东公路、新红公路和区主干河道北塘河、解放河等纵横交叉，穿越镇境。特别是萧山实施 “1918” 工程以后，坎山更成为东片地区的交通枢纽，实现了家门口坐飞机、一刻钟到城区、半小时进省城中心的愿望。萧山经济技术开发区坎山工业区块和杭州钱江科技工业区块，是坎山经济发展的龙头。不断完善的基础设施、高效的服务效能、优惠的投资政策，已吸引一大批企业来坎山投资落户。坎山中学、坎山中心小学、光明中心小学和坎山成人学校是浙江省和杭州市级示范学校。坎山卫生院是萧山东片地区规模设施一流的镇卫生院。有线电视、互联网、自来水等设施网络齐全，入户率高。

坎山经济发达，综合发展潜力较大。工业主体地位突出，规模企业较多。2004 年，全镇实现工企业总产值 505812 万元，有 5 家企业产值超亿元。在做大做强规模企业的同时，注重提升产品档次，工业产品拥有省市区级名牌共 5 个。工业结构日趋合理，有电气电缆、机械五金、纺织印染、建筑建材、化工化肥、蔬菜加工、机电等行业。招商引资成效显著，2004 年，新引进中外合资、外商独资企业 3 家，合同利用外资 351 万美元。坎山镇农业基础稳固。围绕“闯新路、创特色、上规模、增效益”的工作方针，适时调整农产品结构，推进农业产业化。目前光明蔬菜加工厂的产品已获省优质农产品银奖，“水祥”牌黑鱼已成为萧山区农业名牌产品。集镇建设有序推进，基础设施配套完善。7．5 平方公里的集镇框架已基本构建。文化娱乐活动丰富多彩，是杭州市级东海文化明珠乡镇。

坎山环境优美，有历史悠久的古刹景区，地藏禅寺、极乐寺是杭州市人民政府批准的开放寺庙。有山川毓秀的航坞山等丰富的旅游开发资源和人文景观，历代文人墨客如李白、刘禹锡、萨都剌、徐渭等足迹所至留下了脍炙人口的诗篇。坎山名人辈出，近代的妇运先驱杨之华、著名越剧演员张桂凤、中国四大名医之一的施今墨等名扬海内外。坎山还是萧山花边的发祥地，萧山萝卜干的原产地。

随着“钱塘江时代”的到来，勤劳、睿智、

勇敢的坎山人民正在为早日实现“创现代化经济强镇、建空港型物流新镇”的目标而努力拼搏着。

执政为民，创现代化经济强镇

新形势下，坎山镇党委政府按照“立党为公、执政为民”的要求，坚持以人为本，把握全面、协调、可持续发展这一主题，着力夯实基础，努力调整结构，全力提升形象，合力营造环境，力争到2007年实现工农业总产值100亿元。

抢抓机遇，建空港型物流新镇

坎山镇将在邓小平理论和“三个代表”重要思想的指引下，认真贯彻落实党的十六大和十六届五中全会精神，按照“发展、创新、为民”的总要求，紧紧抓住城乡一体化、民营企业“二次创业”和“空港物流”三大引擎，扎实有效推进招商引资、环境建设和素质提升活动，推动经济和社会各项事业和谐发展，努力把坎山建设成为集人居、物流、商贸、旅游为一体的空港型物流新镇。

品牌兴镇，实现经济可持续发展

坎山镇充分利用有利时机和区位优势，按照“实施品牌战略，推进二次创业”的发展思路，不断壮大品牌企业，积极创建名牌、发展名牌、壮大名牌。大力发展电气电缆、外贸服饰、空港物流为重点的坎山特色产业，打造特色经济品牌，展示镇域品牌经济魅力。

杭州市瓜沥镇

瓜沥镇位于钱塘江南岸、萧山东部的航坞山麓。是始建于北宋太平兴国三年（978）的千年古镇，近代绘画巨匠任伯年先生的故乡。全镇总面积42.5平方公里，其中镇建成区面积5.1平方公里，辖23个行政村，5个社区，7.2万人口。近年来，随着杭州大都市发展战略的确立，瓜沥已被列为六大组团之一。历史性的机遇给瓜沥新一轮发展提供了广阔的回旋余地。镇党委、政府按照十六大报告提出的“发展要有新思路，改革要有新突破，开放要有新局面，各项工作要有新举措”的要求，坚持把发展作为第一要务，坚持开拓创新、与时俱进的发展理念，构筑新框架、谋划新思路、推进新发展，全镇上下正信心百倍地向“创建世纪浙江名镇建现代化瓜沥新城”目标大步迈进。

公沥镇有坚实的经济基础。2004年，全镇实现生产总值267.9亿元。第三产业增加值7.11亿元，工农业总产值111.06亿元，农村经济总收入142.26亿元，镇财政可用资金1.88亿元，农民人均年收入9911元。工业基本形成了轻纺印染、信息技术、环保材料、轻工机械、建筑建材、家用电器等六大行业结构。

杭州市义蓬镇

义蓬镇位于杭州市东南部，钱塘江南岸。距沪杭甬高速公路和杭金衢高速公路出入口3公里，离杭州萧山国际机场1.5公里，地理位置优越，交通便捷。

2004年，义蓬镇秉承城乡统筹发展、实施工业化与城镇化联动互进战略，按照做大、做美城镇的工作思路，着力建设杭州江东、萧山东北部现代化的新兴城市。目前，6平方公里的城镇建设框架已初具雏形，居民住宅小区、建材市场、城区5条主干大道、鸿景宾馆、老年颐乐园、客运中心、义蓬路北伸、青蓬路扩建、商贸一条街、城市示范村等一批标志性建筑群相继竣工或动建，新的行政中心、文体中心也将呼之欲出。

目前，全镇拥有工业企业570多家，基本形成了化纤纺织、化工橡塑、机械电子、建筑建材、蔬菜食品等五大支柱产业群。2004年实现工企业总产值56亿元，实现利润2.2亿元。

义蓬农业也从传统农业转向都市农业，全镇已形成了大棚蔬菜、花卉苗木、高温蘑菇、高档水产等3个农业示范园区和6个特色农业基地。去年农民人均收入达到10016元。

全力打造“平安义蓬”，为民构建全方位安全保障体系，营造安居乐业环境，全镇70%的单位创建成了市、区文明单位。

富阳市新登镇

新登镇历史悠久，自三国黄初五年（公元226年）置县至1958年撤县建镇，已有1700多年历史。全镇行政区域180平方公里，辖7个工作站，71个行政村，4个社区，总人口7万。境内气候温和，山清水秀，风光旖旎，松溪东来，葛溪西去，贤明夕照，云浮古塔，古人诗赞“一朵莲花耸碧霄，二水襟带万山朝”。晚唐诗人罗隐就出生在这片美丽的土地上。

新登镇位于杭州市西南部，与桐庐、临安接壤，是富阳市西部的经济、文化、商贸中心，320国道杭新公路和05省道杭淳公路在镇区交汇，处于“三江一湖”黄金旅游线上。北去富阳市中心25公里，距千岛湖88公里，交通便捷。城镇建成区内功能齐全，供电、供水、通信、学校、医疗、金融、文娱、宾馆等设施一应俱全。

1992年行政区划调整以来，新登镇沐浴着改革开放的春风，综合实力不断增强，工业经济稳步发展，农业产业结构调整步伐明显加快，城镇面貌日新月异，社会各项事业全面发展，精神文明建设硕果累累。2004年，全镇实现国内生产总值18.56亿元，工农业总产值48.3亿元，其中工业产值45亿元，外贸出口交货值8.8亿元，财政收入11807万元，农民年人均收入7038元。

新登，一座古老而勃发生机的城镇，一片充满希望的热土，优良的基础设施，优惠的投资政策，营造了优越的投资环境。新登人民将敞开胸怀，竭诚欢迎海内外朋友携手合作，共谋发展，共创繁荣。

嘉兴市西塘镇

一、概况

西塘镇位于江浙沪交界，是嘉善县北部的经济、文化和交通中心，距嘉善县城9公里。水陆交通十分便捷，杭申甲级航道穿境而过，善江一级公路横穿西塘镇。2004年底，全镇总面积83.61平方公里，建成区面积为2.8平方公里，耕地面积5631公顷（84458亩），辖26个行政村、1个水产养殖场、4个社区。全镇总人口59411人，其中非农业人口12492人，外来人口9412人，三大产业总从业人数43886人，其中第一产业12314人，第二产业18256人，第三产业13316人。2004年全镇实现国内生产总值14.64亿元，财政总收入1.16亿元，农民人均纯收入7192元。五通（通电、通邮、通话、通公路、通自来水的村数）率达百分之百。企业516家，个体工商户5168户。学校15所，其中中学2所，小学12所，成人学校1所。幼儿园29所，托儿所5所，广播电视站1个。医疗卫生单位32个。敬老院、卫生院3个。古镇开发保护区1个。

二、社会经济发展成就

“两个来源”有效推进，农业产业化进程进一步加快。2004年，全镇实现农业产值3.9亿元，其中种植业产值13787万元，牧业产值18864万元，渔业产值6331万元。着力进行种养结构调整，大力发展千亩花卉苗木、千亩大棚设施栽培、省级粮油示范、生猪养殖、蛋鸭养殖、千亩鳜鱼养殖、千亩河蟹养殖、2000亩河蚌育珠、省级无公害罗氏沼虾养殖、千亩柑桔等十大种养殖基地建设。“西塘”牌罗氏沼虾在我市及我省都有着一定的知名度，罗氏沼虾产业局授予“沼虾之乡”荣誉称号，2002年罗氏沼虾获省农博会优质产品，省无公害农产品。2004年，共计投入资金1176万元进行水利设施建设。2004年，全镇26个行政村可支配收入总额达1906万元，平均每个行政村为73万元；农民人均收入7192元。

“一号工程”稳步实施，工业经济运行质量不断提高。2004年，全镇实现工业总产值73亿元，销售产值72.6亿元，工业增加值8.53亿元，工业产销平衡，产品销售率99.31%，外贸出口交货值1.5亿元。招商引资取得了一定的成效，在抓好工业区建设的基础上，加大了招商引资力度，积极培育民营经济，加快了全镇工业经济的发展。共投入830万元进行工业区基础设施建设。2004年全镇上下克服土地、电力、资金等要素供给紧缺的重重困难，共引进项目32个，协议（意向）总投资5.24亿元，其中服装辅料项目23个，协议（意向）总投资2.05亿元，五金、电子等项目9个，协议（意向）总投资3.19亿元，合同利用外资名列全市乡镇第三。

旅游配套建设逐步完善，旅游产业蓬勃发展。2004年，共接待中外游客89万人次，营业收入1062万元；旅游相关行业收入8496万元。以《古镇保护规划》为依据，投入1800万元，进行古镇风貌整治和景点建设。投入40万元，完成联合国教科文组织遗产中心资助项目——里仁港市场改造工程。导入了ISO9000质量管理体系和ISO14000环境管理体系，古镇管理逐步规范。对外宣传不断加强，制作了沪杭高速公路广告牌，完成了杭州至北京的往返列车车厢广告，以及对杭州地区进行了广告宣传等。成功举办了2004年国际旅游小姐中国区总决赛，百名旅行社西塘采风及百家旅行社聚会西塘等一系列活动，西塘的知名度进一步扩大。

基础设施投入力度不断加大，有力推进了城市化进程。形成了新一轮《西塘镇城镇总体规划》的战略构想，以规划为依据，加快基础设施建设。西塘镇农村环境卫生综合整治位居全县首家且高分通过验收，村庄整治工作进展顺利，农村面貌得到切实改变，尤其是生猪重点户的污染治理得到了有效推进。宅基地复垦工作取得了显著成效，共复耕土地1260亩，约占全县的三分之一。以康庄工程为重点的城乡基础设施建设顺利推进，投入2000万元分步实施道路改造和桥梁建设。

全面开展“平安西塘”创建，社会稳定工作得到进一步加强。充分发挥综治司法信访联动中心作用，积极调处各类社会矛盾纠纷。高度重视安全生产。成立了安全保障中心，组建专职义务消防队。2004年镇安全生产、消防工作获得市级先进集体称号。

继续实施“科教兴镇”战略。支持、鼓励企业科技进步，2004年获得省科技型企业1家，市民营科技企业1家，申报国家级星火项目1项，省级新产品6项。加强了农业科技示范基地的建设，开展好实用技术培训，推进农业产业结构调整。继续加强对教育的投入，完善“归口办园”的学前教育模式，加强中小学学生的素质及安全教育，加强师德师能建设，抓好成校学历教育与非学历教育；城乡合作医疗顺利推进，城乡居民参保率分别达到73．9%、88．47%；卫生事业成效显著，计划生育优质服务进一步完善。

三、政府机构，人员设置情况以及管理经验

作为全国小城镇改革试点镇，西塘镇在全省乡镇机关首家引进ISO9000质量管理体系。西塘镇为了适应新形势和新的发展要求，特别是我国加入WTO后所面临的机遇和挑战，进一步改进机关工作作风，提高服务效率和质量，规范政府行政，提升政府形象，结合机关效能建设活动，西塘镇在全省乡镇机关中首家引入了ISO 9000质量管理体系。ISO 9000质量管理体系要求对政府机关进行文件化管理，全部工作都要进行文件化的程序操作，任何工作都要有记录考核，对服务差错率进行控制，纠正差错和防止差错的再发生，同时，制订方案和奋斗目标，把目标分解到每个部门和岗位，并要求保证目标的实现。

西塘镇在机关开展“争先、移位、创特色”活动。为了大力倡导求真务实、调查研究、锐意创新之风，进一步培养机关干部敬业爱岗、团结协作精神，形成你追我赶、奋勇争先的良好氛围，西塘镇在机关内以条线为单位开展“争先、移位、创特色”活动。要求各条线围绕年初制订的《条线工作纲要》做到四个“争先”：一是基础工作争先；二是特色工作争先；三是业务工作争先；四是服务工作争先。

西塘镇开展机关中层干部述职评议。为了更好地总结全年工作，自觉接受监督，客观公正地开展好年度考核，西塘镇在机关中层干部中开展了年度工作述职评议。同时在评议会上进行了机关干部民主测评，围绕机关干部德、能、勤、绩、廉和学六个方面进行无记名综合测评。

西塘镇开展“百佳”评创活动。为了在全镇兴起学习贯彻“三个代表”重要思想新高潮，开展好建党八十三周年纪念活动，西塘镇在全镇范围内进行“十佳优秀西塘人”、“十佳青年”、“十佳好学生”、“十佳好婆媳”、“十佳贤内助”、“十佳文明星级户”、“十佳规模企业”、“十佳纳税大户”、“十佳科技示范户”、“十佳景区经营户”为主要内容的“百佳”评创活动，评创对象为西塘镇域范围内符合先进条件的单位及个人。

西塘镇制定机关干部“七个禁止”。为了进一步严明纪律，树立机关干部良好形象，有效推进机关效能建设的开展，西塘镇制定了机关干部“七个禁止”。

西塘镇在全县成立了第一支专职消防队。作为全国农村消防工作试点镇的西塘镇，一直十分注重消防安全工作，2004年7月，为认真贯彻县十三届第十次常务会议精神，努力构建一个较为完善的地方消防体系，镇党委、政府拨出专门工作经费40多万元，在全县成立了第一支专职消防队，向社会公开招聘了八名专职队员，配备了营房、独立车体、消防车、消防艇及一大批比较齐全的装备。

四、历史文化

“历史文化名镇”西塘镇是江南较具特色

的水乡古镇，历史文化源远流长，距今4000余年前镇域内已有人类生息，春秋战国时期为吴越争夺的边界，故称“吴根越角”。在清朝和民国时期是杭嘉湖平原的商业重镇，出现过一批具有相当规模的老字号，对当时的江南地区的经济发展起到了积极作用。西塘古镇区仍然保存着完好的明清市镇格局和传统风貌，其建筑布局和风格体现了中国传统“天人合一”的思想。古镇保护区内的廊棚、古弄、小桥可谓是古镇的三大看点；明清时代的建筑，古朴的民风，舞文弄墨的文人形成了古镇鲜明的特色。

五、主导产业及知名企业、名牌产品

大力发展特色产业，努力推进百姓致富工程。民营企业作为西塘的工业支柱，在整个西塘的经济发展中起着至关重要的作用。镇政府一直积极扶持个私企业的发展，加大了对凌龙毛纺、龙鼎管桩、银昆新材料、中达轴承等小型巨人企业的培育力度，不断健全中小企业培育服务体系。钮扣纺织、五金机械、建材、木业四大行业对全镇工业经济发展拉动作用明显，四大行业完成工业产值52．04亿元，占全部工业产值的71．2%，其中五金机械业完成产值11．82亿元，钮扣纺织业完成产值30．38亿元，建材业完成产值8．5亿元，木业完成产值1．33亿元。至2004年底，全镇规模以上工业企业63家。全年销售收入5000万元以上的民营企业3家，其中1家销售收入超亿元。全镇共有特色专业村7个，其中工业产值5亿元以上的专业村3个。2004年全镇共有5家企业通过了ISO9000质量管理体系认证。

六、西塘辉煌的足迹

西塘镇荣获“联合国遗产保护杰出成就奖”。西塘镇自上世纪80年代中期开始及时进行科学合理的城镇建设规划，保护了古镇，开辟了新区，得以较为完整地保存了原汁原味的水乡古镇风貌。1986年，邀请浙江大学编制西塘镇总体规划，开始提出了“保护老区、发展新区”的思路。1996年又邀请上海同济大学对城镇建设总体规划进行了全面修编，2002年10月《西塘省级历史文化保护区保护规划》得到了浙江省人民政府的批准。为确保古镇能完整保护及可持续发展，又编制了《西塘镇工业区规划》、《西塘镇旅游发展规划》、《西塘镇环境保护规划》。近年来，西塘镇坚持“保护为主，抢救第一”的方针，先后投资1．5亿元，开展了古镇保护和环境综合整治工程。在进行古镇保护性维修过程中，坚持“修旧如旧，以存其真”的原则，聘请专家、行家作指导，使传统建筑的真实性、完整性得到了切实保护。2003年12月，西塘镇荣获联合国教文组织颁发的“联合国遗产保护杰出成就奖”。

西塘镇荣获全国首批“历史文化名镇”称号。多年来，西塘镇十分重视古镇文化的挖掘，并依靠政府、社团、民间艺人，通过举办“‘兰亭’论谈会”、“纪念毛泽东《在延安文艺座谈会上的讲话》发表60周年名家西塘写生采风活动”等，展示西塘文化底蕴，打造江南文化名镇，使古镇独特的文化得以传承，历史文脉得以延续。2003年1月，西塘正式申报中国历史文化名镇，同年11月，西塘荣获全国首批“历史文化名镇”称号。西塘镇还成功举办了“2004年国际旅游小姐”中国赛区总决赛，使西塘的知名度、美誉度进一步提升。

2002年，西塘镇农工商开发服务公司申请注册了“西塘”牌商标，指定使用商品类别31类，“西塘”商标在2004年被嘉兴市人民政府授予著名商标荣誉称号。

西塘旅游局被授予浙江省入境旅游工作先进单位等荣誉。随着入境旅游的发展和海外旅游市场的开发，来西塘旅游的海外游客逐年增多。古镇西塘2004年全年接待的海外游客总人数将近5万人，约占团队游客总数的10%，对海外游客的接待工作和接待质量也得到了有关部门的一致好评。

岱山县秀山乡

秀山岛位于舟山群岛中部海域，介于舟山本岛和岱山本岛之间，陆域面积22．88平方公里，在舟山诸岛中位列第九，其中丘陵面积约占70%。秀山以岛建乡，辖3个行政村、45个自然村，现有人口3500户8600人。岛上居民崇教重教风气浓郁，素有“兰秀文化之乡”的美称，中小学教育早在20世纪90年代初期就通过了省“两基”验收。

秀山海岛资源丰富，东部沙滩群面积逾万亩，沙质金黄松软，三面群山环抱，是建造海滨休闲度假区的理想选址，目前已建有一个海滨浴场和一家海景酒店，另有大规模的海景房产和海上游乐项目正在启动，不久将成为集会议、游乐、休闲度假、运动于一体的海滨度假胜地。西北部有大片滩涂，滩涂泥质细腻松软，并富含对人体有益的矿物质和微量元素，现已开发建成全国首家以“海泥”为主题的公园，并推出泥上保健运动项目和海泥泥疗馆，非常有特色。西南部有浙江省著名的深水良港——兰山港，目前世界七大造船企业之一的日本常石集团在该港区建立了日本常石集团(舟山)修造船基地。

岛上气候宜人，冬暖夏凉，物产丰富，生态保护良好，有省级首批湿地自然保护区，是眼镜蛇生长纬度最高的地域，也是全国野生獐数量最多的地区。秀山岛景色优美，宋代大诗人苏东坡曾诗誉“兰山摇动秀山舞，小白桃花半吞吐”。近年来，充分发挥海岛资源优势，大力发展旅游产业，已逐渐成为东南沿海有名的生态旅游岛。

除了旅游以外，航运和船舶修造业也是该乡的主要产业，其中航运业历史悠久，早在明朝时期就已经拥有比较庞大的船队，特别是清朝末期的“兰秀帮”船队，北到青岛、大连，南到福建、广东，在江、浙、沪一带名声赫赫。早在1954 年就创建了浙江省首家海运企业。目前，岛上共有海运企业四家，拥有船只近百艘，年产值在 2 亿元以上。近年来，以船舶修造为主的临港工业发展迅速，已能成功修造 5～10 万吨级的货轮，预计 2005 年年产值在 8 亿元左右。

目前，环岛公路、高速客运码头等基础设施工程正纷纷上马，秀山岛的面貌日新月异。在新的历史时期，秀山人民将紧紧把握发展机遇，坚持经济社会和谐发展方针，坚持“生态立岛、港口兴岛、旅游强岛”战略，充分发挥资源优势，凭着脚踏实地、开拓进取的毅力，依靠勤奋和聪明才智，齐心协力建设一个美丽、富强、文明的“海上花园”。秀山岛和秀山人民热忱欢迎您!

永嘉县上塘镇

上塘镇为永嘉县人民政府驻地，全县政治、文化、科技、教育、经济管理中心。距温州市区 14.5 公里，辖 82 个行政村，13 个居委会，镇域面积 157 平方公里，人口 10.69 万，建成区人口 6.62 万，列温州市 30 经济强镇第 23 位。

2004 年，上塘镇党委、政府全面贯彻落实党的十六大和十六届三中、四中全会精神，以科学的发展观为指导，团结和带领全镇干部群众紧抓机遇、优化环境，因势利导、统筹发展，全镇经济持续快速发展，社会各项事业全面进步。实现国内生产总值 18.2 亿元，年增 9.1%；完成财政总收入 1.4 亿元，年增 17.6%；城镇居民人均可支配收入 10970 元，农民人均收入达到 5887 元。经济综合实力荣获全国千强镇称号。

在新的一年里，上塘镇党委、政府将继续高举邓小平理论和“三个代表”重要思想伟大旗帜，以科学的发展观统揽全局，以创建省级文明县城为目标，以“平安上塘”建设为载体，以加快城市化进程为主线，以加强基层组织建设为保障，以统筹协调发展为抓手，全力实施城市“东进、西扩、南联、北延、中提升”的发展战略，推进经济社会跨越新台阶。

磐安县安文镇

安文镇为浙江省磐安县城所在地，东临墨林乡和大盘镇，南邻盘峰、双峰、深泽乡，西北与东阳市马宅镇接壤，辖 8 个社区居委会，23 个行政村，国土面积 90. 03 平方公里，常住人口 2. 8 万人，流动人口近 1 万，2004 年 GDP 为 8. 776 亿元，财政收入 3340 万元，农民人均收入 3890 元。

开放后的安文，以日新月异的步伐融入时代发展的洪流，经济建设和社会事业不断迈向新台阶。筹集资金兴建了镇中、镇校教学综合楼，添置了现代教学设备。投资 335 万元创建了省级东海明珠工程，组建了各类艺术团队和民间传统表演队伍，创办了万册图书馆，农村初级卫生保健得到了进一步的加强。安文镇花溪风景区为省级旅游胜地，这里有尚未开发的 3000 米平板溪，还有颇具特色的斤丝潭、石星岩等景点，流传着富有传奇色彩的民间传说；诗人陆游为镇内安福寺留下“山穷水尽疑无路，柳暗花明又一春”千古绝句。安文镇又是避暑胜地、生态休闲的好去处。

“经济强镇、旅居名镇、平安县城”是安文社会经济发展的三大战略。2004 年，安文镇对城区的社会治安大联防更加重视，组成“专业+机动+义务”的三合一联防模式，取得了良好的效果。对城区的机关部门按照“属地管理”和“谁主管、谁负责”的原则，推行了两级管理办法，做到了综治管理纵向到底，横向到边。

余姚市泗门镇

余姚市泗门镇地处长江三角洲杭州湾南岸，329国道穿境而过，距余姚市区17公里，距宁波机场、萧山国际机场约80公里，且位于正在建设中的杭州湾跨海大桥的接口处，交通便捷。全镇总面积66．3平方公里。辖16个行政村、4个居委，人口近6．3万，素有“名邦之源”、“阁老故里”之誉，是一座悠久历史和现代文明交相辉映的中心城镇。

近年来，镇党委、政府坚持以邓小平理论和“三个代表”重要思想为指导，按照科学发展观的要求，坚持“经济增实力、稳定促发展、文明塑形象、党建聚人心”的工作方针，负重奋进，敬业实干，全镇经济社会各项事业得到了长足发展。

一、发达的经济水平。2004年实现工农业总产值134．1亿元，财政收入达到3．5亿元。本级可用资金收入2．4亿元，农民人均年收入9735元。

二、良好的产业配套。坚持农业立镇，工业强镇，三产活镇。农业主要以榨菜等经济作物为主，采用订单式农业，有10家农业龙头企业，朝精加工、深加工、高附加值方向发展。工业门类齐全，全镇有2000多家企业，500万元以上销售企业100余家。社会事业发展迅速。截止6月底，完成危房改造29户，提前半年完成了市交任务。8月完成了江安小学及中心幼儿园搬迁工作。11月投资90万元，实际使用面积1500平方米的计生大楼、财政大楼交付使用。集镇建设投入80多万元，实施了西区街道北楼工程6000米。完善了街道的绿化、亮化、美化工程。铺设排水涵洞1000米，安装新式路灯30盏。改水工作后来居上，受益人口9万多人，完成率达98．54%，居全市前列。并通过省验收。有线电视线路已覆盖全镇各村，年底前完成了4个有线电视村，有线电视用户已发展到12000户。劳动保障工作得到大力推进，全体村干部参加社会养老保险率100%，企业职工参保率达到98%，被评为社保先进镇。加快推进通达工程，年底前完成了58．38公里的省级工程任务和4公里的市级任务。公共卫生防疫体系、卫生监督体系初步建立，民营医院规范化管理得到加强，全面推行农村新型合作医疗，受益农户达20000多户。

三、政治文明、精神文明建设。组织农业应用技术培训班6期，承办如皋市科协举办的“送科技下乡”活动，邀请专家来镇作卫生健康知识讲座一次，受教育人群达20000人次。5月份市残疾人艺术团送戏下乡演出2场。10月推进的百村万户帮扶工程，开展送温暖、扶贫济困道德实践活动。12月进行文明单位、文明村、文明户的创建评比活动。推行保安联防市场化管理，成立保安联防大队，4月组建镇民事大调解中心，截止12月底，成功调解了各类社会矛盾258起，构建群防群治体系，社会综合治安得到加强。11月份通过南通市社会治安安全镇达标验收。同月，徐柴村被南通市委、市政府命名为“民主法治示范村”。

温岭市泽国镇

泽国镇位于浙江省温台产业带“台州金三角”腹地，南距温岭市区18公里，北距黄岩机场9公里，离台州市中心和海门港24公里，104国道和规划中的沿海铁路穿境而过，甬台温高速路紧依其旁，一线航道月河横贯其中，扼水陆交通之咽喉。镇域面积63.12平方公里，人口11.92万，外来人口逾12万。

2004年，泽国镇坚持“工业立镇、商贸兴镇”战略，社会经济取得了良好成绩。全镇实现工农业总产值134．08亿元，其中工业产值131．81亿元，同比增长15．7%；第三产业增加值14.03亿元，同比增长15%；财政收入3.21亿元，同比增长34．1%；农民人均纯收入8255元。效益农业、品牌农业不断发展。“温联”果蔗、“鑫雨”金记米、“棱花”无铅皮蛋又获省农博会金奖。E26单季杂交水稻最高亩产达776.83公斤，创省内单产最高记录。工业经济实力不断增强。500万元以上规模企业达190家，超亿元企业达14家，超5亿元企业1家。5月27日，被命名为“中国小型空压机之乡”。现我镇的小型空压机生产和销售量占全国65%以上，成为国内最大的小型空压机生产基地，今年空压机产值达30多亿元。已形成了以空压机为龙头，以普通机械制造、金属制品、鞋革皮服、汽摩配件等支柱产业为主体的工业体系。第三产业层次不断提升。投资1.2亿元、占地7.8万平方米的泽国机电五金城一期工程8月份建成并投入使用。占地10亩、建筑面积5200平方米的温岭宝利贸易有限公司在台州及周边设置800多个网点，年营业额达1.5亿元。此外，城市建设日新月异，城区框架进一步拓展，形象工程亮点纷呈。文化、教育、计生、科技、环卫等社会事业蓬勃发展。

“三秋泽国鲈鱼美，十里林塘橘柚香。”站在新世纪的起点上，泽国这只振翅翱翔的“浙东雄鹰”正朝着水乡特色、工贸发达的现代化小城市展翼奋进。

新昌县城关镇

新昌县城关镇位于唐诗之路、“东南眉目”的剡江溪畔，北邻嵊州，东联宁波，南接温州，是省级风景名胜“江南大佛”的所在地，104国道穿境而过，地域面积189平方公里，下辖100个行政村，12个社区居委会，总人口18.98万，其中常住人口14.84万，外来流动人口4.14万。是新昌县的政治、经济、文化中心，绍兴市的第一人口大镇。

近年来，城关镇党委、政府牢牢把握发展这个第一要务，聚精会神谋发展，全力以赴搞建设。2004年全镇实现国内生产总值29.7亿元，占全县的27.6%；工农业总产值122.65亿元；地方税收入1.4亿元；城镇居民人均可支配收入15635元；农民人均收入6658元（三次产业比例为4∶63∶33）。城关镇在浙江省综合实力百强乡镇（街道）排名中位居第50位，在绍兴市工业经济十强乡镇（街道）排名中位居第6位。

工业经济蓬勃发展。形成了制冷配件、机械轴承、轻纺针织、化工制塑建材、农产品加工等五大支柱产业，2004年完成技改投入8.6亿元，实施省级以上技改项目7项，开发省级以上新产品29个，全镇有省级高新技术企业3家，上市企业2家，“三资”企业31家，自营进出口企业39家。

第三产业势头迅猛。商贸物流、交通运输、市政服务等传统服务业方兴未艾，信息服务、中介服务、房地产等现代服务业优势明显。

农业经济特色明显。城郊型农业优势明显，有无公害、反季节蔬菜基地3000亩，形成了以城郊为块状的菜篮子农业。花卉型农业发展迅猛，城关镇是全国桂花之乡，2004年全镇共有花卉基地6500亩，实现产值3500万元。特色型农业初具规模，形成了以美国西洋参、簿壳核桃、冷水鱼、梅花鹿等1000多亩的特色种养产业。流通型农业成效明显，现有各类农产品市场6个，从事各类农产品运销2000多人。

社会事业全面进步。计划生育、土地管理、环境保护三大国策和其他社会事业都有新的发展。

城关镇拥有丰富的人文和自然资源，基础设施日益完善，城市建设日新月异，是创业者的热土，是投资者的福地。城关镇竭诚欢迎国内外的有识之士加盟，共同谋求新发展，实现新跨越。

莲都区大港头镇

2004年，全镇实现工农业总产值3.1亿元（原统计口径），其中：工业产值2.26亿元（根据经济普查情况，预计产值为1.2亿元）、农业产值0.844亿元、农民人均纯收入3625元，财政收入102.19万元。

农业经济稳步发展，基础地位得到巩固。2004年粮食生产面积达160万亩，产量达6197吨，通过有机茶认证350亩，11个无公害基地，面积4700亩。

工业经济持续发展，合力扶工成效明显，2004年从事竹木制品加工生产企业达110家，销售产值16048万元，全年完成技改项目10个，实现技改资金到位710万元。

城镇建设快速发展，镇区环境得到改善。完成440米长玉溪路一期主工程和渡南路改造工程，社会各项事业协调发展，精神文明工作再上台阶，全镇计划生育率达95.33%，全年查处治安案件42起。

严格要求，政府自身建设得到加强，全镇上下形成干事、创业、能干事业、能干成事业的良好氛围。

桐庐县富春江镇

富春江镇位于风光秀丽的富春江畔，西南靠浦江、建德市，东连桐庐县城，距杭州90公里，是国家级风景名胜区富春江、新安江、千岛湖“两江一湖”黄金旅游线上的一座新兴的工业旅游城镇。全镇总面积200余平方公里，总人口3.2万，辖15个行政村，9个居委会，镇内有中央省部属企事业单位5家，个私工商企业1100余家。2004年，全镇工业销售产值21亿元，财政收入7000余万元，农民人均收入6800余元。富春江镇的一大特色是旅游资源丰富，境内有东汉古迹严子陵钓台和风景如画的富春江小山峡、白云源瀑布、江南龙门湾等景点。

近年来，富春江镇的发展较快，各项事业取得了可喜的成绩。在坚持“环境立镇，工业兴镇”发展战略的同时，不断加大“双建设、双整治”工作力度，着力打造“投资创业在富春江，休闲度假在芦茨湾”品牌，社会经济呈现了良好发展态势。

泰顺县罗阳镇

该镇地处国家级生态示范县——泰顺县的中心，镇域总面积102.82平方公里，辖20个行政村，5个居委会，常住人口4.6万。2004年全镇工农业总产值2.01亿元。以生态农业、资源清洁型工业为总的产业架构，实现了茶叶、玩具、小水电开发等产业的全面发展及其产业链的延伸。第三产业迅猛发展、社会事业不断进步，人居环境更趋和谐，目前正致力于省级文明县城的创建。

仙居县白塔镇

白塔镇地处仙居县中部平原，距仙居县城20公里，行政区域面积119平方公里，全镇共辖66个行政村，总人口3.9万。是国家重点风景名胜区的核心景区——神仙居景区、景星岩景区，省级旅游度假区——神仙居旅游度假区的所在地。几年来，勤劳智慧的白塔人民，沐浴改革开放之春风，发扬艰苦创业的精神，同心协力、开拓创新、奋发有为，综合实力不断增强，经济区位条件逐步优化，工业结构渐趋合理，形成了以农副产品加工、花园工具、医药化工、工艺品为主体的工业体系组合；以高山绿色蔬菜、有机茶、柑桔、杨梅为主的农业生产组合。城镇设施功能基本齐全，个体工商业较为发达。既有历史悠久的文化底蕴和文物古迹，又有景色优美的国家重点旅游风景名胜区，也有较为发达的教育、卫生等社会基础事业。2004年该镇国内生产总值达2.19亿元，比去年同期增长15.5%；地方财政总收入达420万元，增长率为12.9%；国税完成380万元；工农业总产值达2.98亿元，比去年增长15.02%；全镇实现第三产业总产值达9378万元，比去年同期增长18.4%；农民人均收入5350元，比去年同期增长8.15%。

临安市於潜镇

於潜镇位于天目山南麓风景秀丽的天目溪畔，是临安市中心城镇之一。全镇总面积202.62平方公里，其中建成区1.7平方公里，辖53个行政村，1个居委会，575个村（居）民小组，总户数15529户，总人口46520人。

2004年，於潜镇党委、政府紧紧围绕“建设市域交通枢纽、构筑城市中心、争当工业西进龙头、打造和谐发展腹地”这一发展战略，深化改革、抢抓机遇、开拓进取，赢得了经济加快发展、事业全面推进、人民安居乐业、社会和谐稳定。28家上规模企业。全年实现工业销售产值27.68亿元，同比增长27.1%，其中规模以上企业完成销售额6.4亿元，同比增长36.9%。实现出口交货值6亿元，同比增长35.8%。完成工业性投入1.7亿元，同比增长5.1%。工业增加值5.63亿元，同比增长21%。企业上交税金4800万元，同比增长23%。500万元以上规模企业28家。全镇入库国地两税计3455万元，其中国税入库2060万元，同比增长24%；地税入库1395万元，同比增长54.3%；完成财政收入4712万元。全镇农业总产值1.75亿元，农村经济总收入21.63亿元，农民人均收入6238元。

德清县新市镇

新市镇位于杭嘉湖平原腹地，德清县北端，距杭州、湖州、嘉兴均50公里，离宣杭铁路、杭宁高速、沪杭甬高速均为30公里，距萧山国际机场80公里、上海浦东机场220公里。上海至莫干山风景区的高标准一级公路穿境而过，黄金水道京杭大运河绕镇达10余公里，规划建设中的申嘉杭高速公路将在2008年实现通车，并设有新市互通区，交通便捷，地理区位佳。

区域调整后的新市镇由原新市镇、高林乡、梅林乡、新联乡、士林镇合并而成，总区域面积92平方公里，常住人口7.1万人，辖24个行政村，4个社区，1个居民区。

2004年新市镇实现工农业总产值67亿元，其中工业总产值64.5亿元，同比增长27.5%，实现工业税利3.8亿元，同比增长30%。农业总产值2.6亿元。实现财政总收入1.88亿元，其中地方财政收入5244万元，同比增长分别为24.6%和31.4%。城镇居民人均可支配收入13452元，农民人均纯收入6396元。

近年来，新市镇深入实施“开放带动、接轨沪杭”战略，工业经济快速发展。目前，全镇共有各类工业企业1318家，汇聚糖油食品、新型建材、丝绸纺织、服装面料、新型化工、皮革塑料、包装纸业、电子电缆等八大主要行业上千种产品，千万产值以上企业64家。2004年，全镇新建续建工业技改项目52个，年内竣工投产项目44个，其中被列入县百亿投资先进制造业基地项目12个，被列入国家级项目2个。全年共完成技改投入6.62亿元，开发省级新产品33个，枫洋水泥被列为全国免检产品，五龙化工、新市油脂、华业韶洋、莫干山泉啤酒、新市大酒店等5家单位创省、市级名牌产品5个，著名商标4个。

新市工业园区创建于2001年5月，总规划面积15平方公里，是国家农业部批准的“全国乡镇企业科技园区”、浙江省经贸委等三部门批准的“浙江省食品工业专业区”和湖州市重点工业园区，2004年又被省政府确认为保留的134个园区之一。目前，工业园区共有企业126家和个体企业68家。

以工业园区为平台，大力推进招商引资“一号工程”，招商引资成效明显。2004年全镇共协议外资2605万美元，实到外资1517万美元，完成年计划的117%；实到内资3.36亿元，完成年计划的120%，协议外资、实到外资、实到内资等三项指标都突破了年度目标。

农业经济特色明显。基本上形成了以特种水产养殖、蛇类繁殖、湖羊生猪养殖、蔬菜瓜果种植等为主的产业格局。建立了甲鱼养殖、外塘河蟹养殖等多个农业种养殖基地。金羊湖洋养殖场、五龙绿色农庄、子思桥蛇类繁殖等农副产品示范和加工基地已初具规模。拥有各类农业企业52家，绿色农产品2个、专业特色村6个，其中专业养蛇村1个（子思桥）、养猪村2个（蔡界村、水北村），养鸭村3个（勇兴村、乐安村、新塘村）。新市一品羊肉、莫干山蜜饯和子思桥莫干山赤练胎蛇三个产品通过了国家原产地商标的认定。

城市建设稳步推进。按照全国重点镇、省级中心镇的建设要求和新市的实际，1983年开始编制城镇建设总体规划，2004年进行了第三次城镇总体规划的修编，在城市建设上，一是着力于古镇的保护和改造。请同济大学编制了《古镇保护和开发规划》，重点以“特色新市”的理念和“古镇保护、南区修建”的构想，积极稳步地推进古镇开发，使水乡古镇风貌得到保护和修缮。同时对部分地段进行了旧城改造，完成投资2.7亿元中心广场商贸城建设和西成路地块拆迁改造，投资1.4亿元的新北路改造正在建设，使镇区面貌得到改善；二是推进新区建设，建设了河滨别墅住宅区、湖滨公园，正在实施府前路拓宽配套工程和市民公园建设，并着手做好了俞家里小区整体搬迁，稳步推进城市的西扩。

乐清市柳市镇

柳市镇位于浙江省东南沿海，镇域总面积49.88平方公里，规划建城区面积12万平方公里。辖77个行政村和6个社区居委会。户籍人口10.1万，外来人口11.2万。拥有3个中国驰名商标，被誉为“中国电器之都”，是全国城乡一体化发展试验区。

柳市以发展股份合作制经济为起点，较早实行市场化取向的经济改革，形成了以民营经济为主体、股份合作制为特点、商品市场为依托的经济格局，走出了一条独具特色的区域发展新路子，被新闻界、经济界、学术界称为“柳市现象”和“温州模式的发祥地”，引起了各级领导和各界人士的高度关注，江泽民、胡锦涛等党和国家领导人多次莅临柳市视察。

2004年，全镇工农业总产值176亿元，比上年增长20.6%；财政总收入7.4亿元，比上去增长19.4%；农民人均纯收入14698元，比上年增长7.5%；市场商品成交额达15亿元，金融系统存款余额达44亿元，贷款余额达49亿元。综合实力列全国千强乡镇第21位，列浙江强镇第3位，始终稳居温州市第一强镇位置。

农业和农村经济稳步发展。农业产业化经营水平进一步提高，乐清市山头人食品有限公司等2家企业成为温州市农业龙头企业，创新农场被评为农业部科技示范场。加强农业基础设施建设，共投入支农资金784万元。村级集体经济不断壮大，全镇村级资产总计达6.5亿元，流动资产达2.5亿元，上园、长虹等村集体资产均超亿元，先后被评为“中国十佳小康村”。工业经济整体素质明显提高。2004年实现工业总产值175亿元，实行销售产值166亿元，产销率为95%，外贸出口交货值达18亿元。规模企业支撑作用明显，年产值在500万元以上的规模企业超过200家，其产值占全镇工业总产值的78%以上。“质量立镇、名牌兴业”战略成效显著，正泰、德力西、天正3家企业的7个产品被评为中国名牌产品。2004年全镇列入国家级新产品开发计划4项，申请到省技改立项7项，总投入技改资金3.5亿元。先进制造业基地品牌建设卓有成效，新增了“中国断路器产业基地”“中国防爆电器产业基地”。突出选商引资，注重“以民引外”，正泰和世界500强企业美国通用电气公司合作。大力推进民营企业制度创新，7家企业组建“中驰”财团控股公司。城市化进程不断加快。积极组织实施“五纵五横”和“南北拉开，向西推进”的城市建设战略，实现了经济社会服务中心的新建搬迁，建成了市民休闲广场，完成了柳青北路主体工程、柳江大桥和绿洁大桥等工程建设，柳白公路建成通车，柳翁公路柳市段拓宽工程已全面启动，海关、商检、法庭等大楼均已封顶，新的中心区已初步形成，城区主要道路硬化率达100%，路灯亮化率达98%，做到路平灯明。社会事业全面推进。截止2004年底，共创建省级以上文明单位3家，温州市级文明单位13家。教育基础设施建设投入1097万元，同时在教育、卫生、全民健身、计划生育、普法教育党建等方面都取得显著的成绩，受到国家有关部委、省政府、市政府的表彰和肯定。

文成县大峃镇

大峃镇位于浙江省温州市西南部、飞云江中上游，因地势呈“鹤”状，又名“鹤城”，是文成县政治、经济、文化中心，对外开放的重要窗口、著名侨乡。全镇总面积25.37平方公里，其中旱地1359亩、水田3380亩、山林面积14028亩。下辖27个行政村、12个居民区，总户数12743户，共有常住人口3.67万人、暂住人口2.1万人。设党支部52个，党员935名，其中建国前入党的老党员124名。

近年来，大峃镇紧跟省、市发展步伐，围绕文成县“全力打造生态旅游县”发展目标，解放思想、与时俱进、抓紧机遇、奋力拼搏，2004年全镇实现社会消费品零售额4.42亿元，工农业总产值2.03亿元，农民人均收入3298元。

农业经济有了新的发展，农村产业结构得到了调整。2004年实现工农业产值2.03亿元。“蔬菜、水果、养殖”三大支柱产业进一步发展，特色绿色效益农业初步规模，现已建成千年梨花、食用仙人掌、鱼腥草等多个生产基地。工业经济持续发展，现有工业企业13家，以锰钢生产制造为主。2004年，全镇工业产值1.62亿元，销售产值1.59亿元。第三产业快速发展，零售、文化、娱乐、餐饮、宾馆等行业日益繁荣，旅游经济效益明显。城镇建设势头强劲，基础设施日益完善，道路建设、旧城改造、新区开发稳步推进。民主法制和精神文明建设成绩显著，省级文明县城和省级卫生县城创建深入开展，市容市貌、环境卫生得到改观，市民素质、社会风气得到了提高和净化。目前，全镇有市、县级文明小区创建示范点5个，文明村11个。党建工作取得了新成绩，党的十六大精神主题教育活动深入开展。

艰苦创业闯新路，鹤城古镇展宏图。大峃镇党委、政府将带领全镇人民振奋精神，阔步前进，共同建设经济发达、生活富裕、设施完善、文明开放、环境优美、风光秀丽的生态旅游小城镇。

安徽省

阜南县城关镇

阜南县城关镇位于安徽省西部，属淮北平原，与河南省隔河(洪河)相望，平均海拔26米，年均气温14.9℃，年均降雨量889㎜。城关镇是阜南县的政治、经济、文化、商贸、交通中心，辖21个行政村、16个社区居委会、17个镇直单位，总人口12万人，其中农业人口4.3万人，区域面积64平方公里，耕地面积4.2万亩。2004年，全镇共实现工农业总产值6.35亿元，其中农业产值1.83亿元，工业产值4.52亿元，完成财政收入1600万元，农民人均纯收入达到2400元。

近年来，阜南县城关镇党委、政府紧紧抓住国家西部大开发和农村税费改革的有利时机，抢抓机遇，乘势而上，加快发展，奋力崛起，先后荣获2000年全国第五次人口普查工作先进集体、1996—1999年度全省社会治安综合治理工作先进集体、1999年全省发展乡镇企业“百强乡镇”、2004年安徽省先进基层党校；2001年全民健身运动工作受到省级表彰，连续五年获得阜阳市“六个好”先进党委，连续三次获得阜阳市“菜蓝子工程”先进乡镇，招商引资、林业工作等多次受到市委、市政府的表彰奖励。

阜南县城关镇历史悠久，人杰地灵，镇政府所在地为历史古镇——薛集镇，现如今，城关镇“北抓种、南抓养，郊区种蔬菜，县城建市场”的格局已形成，农业生产已形成粮食、油料、速生用材林、果树、生猪、山羊、禽蛋、大棚蔬菜八大生产基地，水产养殖、立体种植等生态农业蓬勃发展。

阜南县城关镇商贸发达，市场繁荣，流通体系健全。县城富陂商城、皖北建材大市场、皖西北农产品物流大市场、皖阜兔毛市场、焦阳农贸市场、骆庄竹木市场等辐射省内外，是远近闻名的农副产品集散中心。计划投资3个亿，占地面积500亩，建筑面积33万平方米的中原浙江商品物流中心已规划审批，即将付诸实施。

阜南县城关镇区位独特，交通便捷。105国道、S328、S202省道在县城交汇，贯穿城关东西、南北，京九铁路贯穿全境并设客站、货站，城区内地城路、淮河路纵横交错，四通八达，城乡道路晴雨畅通。

阜南县城关镇城市功能齐全，环境优美。近几年，随着基础设施建设力度加大，县城面积扩大2倍，街道、巷道硬化、绿化步伐加快，居民小区服务功能完备，城市品位逐步提升，城乡面貌焕然一新。街心公园、苗南河游园、河滨公园、城北大三角文化广场、西苑广场、东苑广场点缀城区，距城南3公里处的淮河公园犹如一颗耀眼明珠镶嵌淮河岸边！

丰富的资源，独特的区位，便利的交通，优越的环境，阜南县城关镇得天时，占地利，政通人和，社会进步，全力打造和谐城关。

阜南县城关镇竭诚欢迎省内外朋友来我镇旅游、考察、贸易、投资、做客，携手共创美好未来。

池州市涓桥镇

2004年，涓桥镇党委、政府进一步务实基层组织建设，在全市率先成立了七一村村级党委，三支村村级党总支部；充分发挥自然资源和区位优势，以加快发展为第一要务，以企业改制为抓手，不断务实基础设施建设，投入百余万元兴修扩建水利、公路、校舍等基础设施，增强发展后劲；加大农业结构调整力度，充分发挥省级谷物农业科技示范园和省级渔业科技示范园的示范带动作用，发展香菇30余万株，脱毒甘薯1000余亩，珍珠苗木500余亩，无公害蔬菜300余亩，进一步扩大特色水产——秋浦花鳜的养殖规模；绿化投资环境，招商引资共落户项目13个，上海、江苏、浙江一批客商纷至沓来，协议总投资7150万元，实际到位资金4310万元。狠抓了3家小水泥厂的改制和5家煤矿的安全生产，企业效益大幅攀升，做好产需的供求，扩大建材资源规模，进行技术开发，生产能力不断提高。全年完成工农业总产值3.86亿元，其中工业产值2.52亿元，比去年增长10.5%。实现财政收入1.11亿元，农民人均纯收入达3175元。稳步推进生态文明村创建工作，“千池镇”目标即将实现，精神文明建设全面加强，社会各项事业协调发展，名列全区乃至全市前列。

六安市叶集镇

叶集地处豫皖两省金寨、霍邱、固始三县的结合部，素有“安徽西大门”、大别山门户”之称。镇区面积99平方公里，总人口8.6万，实行区镇合一。

2004年，叶集镇以科学发展观为指导，以工业化、城镇化为主攻方向，大力推进加工制造、商贸流通、休闲旅游三大产业发展，使经济结构战略性调整和经济总量快速扩张，国民经济和社会发展步入了新的发展轨道。全年实现财政收入4084万元，工业总产值60885万元，农业总产值20245万元，固定资产投资2.5亿元，社会消费品零售总额21658万元，金融机构存款余额3.9亿元。

经济发展势头强劲。农村改革扎实推进，农村经济全面复苏，种草养羊等特色农业加快发展，羊肉品牌效益初步显现；工业经济快速增长，金叶水泥、林星板业、捷丰食品、林星化工、集伟鞋业等企业生产销售形势良好，个私工业园与沿岗工业区初具规模：三产层次稳步提升，皖西市场、大别山木竹市场等专业市场建设进一步加强，城镇集聚辐射功能不断增强；引入了浙商组团投资，实施项目牵动。一产发展、二产扩张、三产升级的经济协调互促发展局面初步形成。

步伐不断加快。通过加大对外引资和对上争取力度，加快城镇基础设施建设步伐，启动完成了北外环路、皖西路、民强路、史河路等7条主干道的修建与改造工程。实施了11万伏变电所和2万吨自来水国债项目，基础设施进一步完善，美化、绿化、亮化整体推进，叶集城市形象显著改观。

社会事业长足发展。增加了对教育、卫生、文化基础设施的投入，教育、卫生条件大为改善，教育和医疗卫生网络进一步健全，被市政府推荐为完善农村义务教育管理体制改革样本区。人民生活水平和质量大幅提高，城乡居民年收入分别达到6480元和2477元，城镇登记失业率低于4%，以养老、医疗和失业保险为主体，民政优抚、社会救济为补充，城市最低生活保障相配套的社会保障体系建设取得明显成效，全区呈现出社会安定、政治稳定、团结向上、协调和谐的良好局面。

界首市光武镇

2004年，光武镇认真贯彻落实“三个代表”重要思想和党的十六届三中、四中全会精神，实现了物质、政治、精神三个文明建设的快速、健康、协调发展，有力地推进了我镇小康建设的进程。截止2004年11月30日，全镇共完成国税地税收入52万元，工商费收入30万元，农民人均年纯收入同比增长6%以上。

经济发展取得较好成绩。全年实现国内生产总值2.3亿元。民营企业蓬勃发展，形成了以塑料加工为主的支柱产业，全镇新增塑料加工企业60家，实现营业收入4.4亿元，利税160万元，完成产值2.2亿元，经济发展环境进一步优化，招商引资势头喜人，达成投资意向600万元，实际引资300万元；农业结构调整顺利推进，优质专用小麦面积和订单农业面积不断扩大，支农小额贷款逾2000万元。

综合改革深入进行。农村税费改革逐步规范完善，农民负担大幅度减轻。一事一议筹资规范有序，无代扣代缴和搭车收费现象；社会保障制度改革成效显著。教育体制改革稳步推进；城镇基础设施步伐加快。民主法制建设得到加强。政务公开，村务公开，校务公开继续深入进行。加大了依法治访的宣传力度。认真排查各类予盾和潜在隐患，基本上做到了小事不出村，大事不出镇，群众越级上访、集体上访现象有所减少，逐步形成了依法、逐级、有序的信访健康态势。社会治安综合治理工作得到加强，“治安模范村”、“七无村”创建活动如火如荼，全镇无重大刑事案件，无重大灾害事故，无民转刑案件，政治稳定，社会安定，人民安居乐业，为经济建设营造了一个良好的社会环境。

社会各项事业全面发展。科教兴镇战略继续实施，“两基”成果得到进一步巩固提高，环境保护日益受到重视。人民生活进一步改善，农村贫困人口大幅度减小，居民储蓄增长较快，手机、多媒体电脑、家用轿车正在进入寻常百姓家。

枞阳县枞阳镇

枞阳镇是枞阳县机关所在地，面积37.58平方公里，辖9个居民委员会，8个村民委员会，人口61467人，其中农业人口1．4万人。全镇经济以工商业为主，农牧渔业为辅，第三产业逐步兴起并持续稳定发展。2004年，工农业总产值1．6亿元，财政收入780万元，乡镇企业营业收入2．7亿元，农民人均年纯收入1700元，镇内文物古迹有滩市衬蛟虫、落箭七敦、晋枞阳令陶侃洗墨池，惜阴亭，宋黄山谷读书处的达观亭，明清桐城派先导方以智的还庵和钱川间的北山楼；有三国吕蒙扎寨的莫旗山，元末陈友谅的“枞阳水寨”等遗址；省级文物保护单位的太平军枞阳会议旧址望龙庵和1949年人民解放军中线渡江指挥部旧址。有幼儿园、托儿所共14所，小学13所，中学1所（不含县办中学），以及黄梅剧团、电影院、县医院、中医院、红十字医院、血防站、防疫站、保健站各1所，所有村居委会均设有卫生室，实行合作医疗。

桐城市新渡镇

新渡镇位于桐城市南部，全镇国土面积76平方公里，总人口5．1万人，辖13个村、2个居委会。为全面建设小康社会，新渡镇适时提出了以城镇经济为龙头，以招商引资为抓手，着力打造工业经济，打响民营经济，调活农业经济，激活商贸经济，强势推进各项工作协调发展，经济社会获得长足进步。2004年，全镇实现工业总产值6．5亿元，财政收入1498万元（不含调减的农业税），其中国税地税分别增长10%、14%，工业用电量达3500万度，金融机构年末存款余额达3．2亿元，农民人均年纯收入3711元，城镇居民年收入7828元，经济实力位居安庆市乡镇前列。

新渡镇交通便捷，区位优势明显，北距省会合肥130公里，南临古城安庆50公里，西望国家4A级名胜风景区天柱山，206国道、沪蓉高速公路、合九铁路纵贯南北，人形河、柏年河、挂车河穿镇而过，风光秀丽，环境优美。

新渡镇工业基础雄厚，产业特色鲜明，是桐城市乡镇企业发源地之一。自上世纪七十年代末以来，镇区就从事塑料加工制造业，经过近三十多年的不断发展，现拥有各类塑料印刷包装企业600余家，能生产高、中、低档的各种包装袋、真空袋、手提袋、纸塑包装盒等产品，产品销售网络遍布全国，有的已走出国门，远销到英格兰、俄罗斯、日本、东南亚等各国，深受广大消费者喜爱。新渡镇也因此成为中国三大塑料包装印刷基地之一，成为闻名遐迩的“塑料之乡”。近几年，新渡镇在医药化工业发展势头强劲，各业呈齐头并进态势。

新渡镇基础设施完善，园区经济活跃。几年来，累计投入城镇资金3亿元。目前，镇区面积已达4．4平方公里，城镇人口1．98万人，城镇化率38%，镇区拥有标准化道路28千米，日供水1．2万吨自来水厂一座，110千伏变电所一座，农民公园一座，有线电视、通讯网络实现无缝覆盖，城镇绿化率达35%；为进一步促进产业优化升级，新渡镇在镇区西南部开发建设新渡塑料工业园，整个园区占地1500亩，横跨206国道，东连沪蓉高速公路入口，西接合九铁路杨树店站，区位优势十分明显。整个园区均铺设柏油路面，按五通（水通、电通、气通、宽带通、有线电视通）一平标准建设。良好的环境，吸引了来自浙江、江苏、本省阜阳、安庆等地的客商前来投资兴业，新渡镇正逐渐成为皖西南最具投资潜力的地区之一。

无为县无城镇

无城镇是无为县城关镇，面积68平方公里，人口15．6万。2004年，该镇紧紧围绕“加快发展、富民强镇”主题和全面建设小康社会的目标，抢抓机遇，开拓奋进，扎实工作，克服各种不利因素，全力保持了经济社会发展的良好势头。

经济总量稳步上升，综合实力不断增强。2004年全镇工农业总产值19．03亿元，比上年增长35．2%；地方生产总值6亿元，比上年增长24.9%：农业产值1.19亿元，比上年增长5.8%；乡镇企业产值17．8亿元，比上年增长37．8%，其中企业增加值5．3亿元，比上年增长25．8%；全社会固定资产投资3．37亿元，比上年增长147%；财政收入5162万元，比上年增长13．9%。

农业生产明显升温，产业结构逐步优化。中央1号文件等一系列扶农、支农政策的实施，极大的提高了农民的生产积极性，抛荒田问题得到彻底解决。粮油播种面积、产量、农民收入出现三增长。粮食生产面积明显扩大，早稻、单季稻和双晚稻面积分别比上年增加 43．49%、30%和 18%。全年水稻产值 2118．17 万元，比上年增长 56%。油菜、小麦单产分别比上年增长 39．05%和 23．08%。棉花收益平稳，总产值达 1233．80 万元。养殖业蓬勃发展，尽管受禽流感的影响，由于有效防疫和广泛宣传，禽类养殖呈恢复性增长，达到 82 万多只，猪牛羊 1．1 万多头，养殖量仍居全县领先地位。农民人均年纯收入 2829 元，比上年增长 8%，为近几年新高，克服了多年徘徊不前局面。

工业生产增势强劲，招商引资成效明显。全镇共有企业 2312 家，其中：工业企业 857 家，规模企业 34 家，高新技术企业 3 家，民营科技企业 6 家。年营业收入超千万元企业 20 家，超亿元 3 家。乡企实现营业收入 18．25 亿元，与去年增长 40．4%；工业增加值 3．34 亿元，与去年同期相比增长 26%；完成出口产品交货值 3．39 亿元，比上年增长 10．7%。全年共引资金 1．97 亿元，居全县之首。直接出口创汇 862 万美元，比上年增长 42．2%；园区经济势头强劲，已形成以农副产品加工、电线电缆、羽毛加工、服装加工为主的支柱企业。全年园区实现企业总产值 12．3 亿元，其中工业 10．5 亿元；实现增加值 3．7 亿元，其中工业 3．2 亿元；实现税金 0．56 亿元，当年完成固定资产投资 2．66 亿元。

福建省

晋江市深沪镇

深沪镇位于闽东南沿海突出部，三面临海，一面依山，海岸线长 18 公里，山清水秀，风光旖旎，素有“峙海金狮”之美称。镇域面积 33.46 平方公里，辖 19 个行政村（居），本地人口 4.8 万人，是著名的侨乡和台胞祖籍地。

深沪镇境内基础设施日臻完善，交通通讯发达，拥有国家一类开放口岸万吨级多功能商港、国家级中心渔港、年发电量 3 亿千瓦时的火力发电厂、日供水 10 万吨的自来水厂、装机容量 3 万门的程控电话模块局等，污水处理厂日处理污水能力正从 1.25 万吨扩建至 4 万吨，“一环三横三纵”的交通网络、宽 100 米的泉州沿海大通道贯穿深沪海滨。深沪湾自然人文旅游资源丰富，有国家级自然保护区，保护区内有距今约 7500 年的海底古森林遗迹，有距今约两万年的古牡蛎礁群，有距今约 50-80 万年的旧石器遗迹，还有一批享有盛誉的文物、风景区，如宋朝建成的崇真殿，明朝建成的抗倭遗址烟墩山烽火台、壁山崖刻、古栈道、汪公墓，清朝建成的宝泉庵、节孝流芳牌坊，朝拜胜地镇海宫、深林宫等。此外还有名闻遐迩的深沪鱼丸、马鲛羹、壶仔饭等各式各样的特色风味小吃。2004 年元月，深沪湾获准建设国家级地质公园并入选“泉州十八景”。

深沪镇党委、政府坚持以邓小平理论和“三个代表”重要思想为指导，全面贯彻落实党的十六大和十六届三中、四中全会精神，围绕“着眼新发展、抢抓新机遇、营造新优势、迈向现代化”的奋斗目标，紧紧抓住经济建设这个中心，坚持“两手抓、两手都要硬”的方针，团结带领全镇广大党员、干部和群众，解放思想、与时俱进、开拓创新、艰苦创业，经济和社会各项事业都取得了新的进展。

一、国民经济持续增长。

深沪镇始终坚持以发展为第一要务，努力实施“突出特色、面向海洋、依托港口、科教兴镇”的发展战略，加快“港口经济”发展步伐，保持了国民经济持续、快速、健康发展的良好势头。

综合实力继续增强。2004 年全镇实现国内生产总值 22.23 亿元，比增 14.3%；第三产业产值 8.64 亿元，比增 15%；工农业总产值 45.68 亿元，比增 15%，其中：工业产值 41 亿元，比增 17%，农业产值 4.68 亿元，比增 2%；乡镇企业总产值 46.8 亿元，比增 14%。财政总收入 2.10514 亿元，比增 29.3%，其中：国税收入 1.6153 亿元，比增 30%，地税收入 3774.8 万元，比增 43.8%。供电量 2.6829 亿度，比增 18%。农民人均纯收入 7170 元，比增 5%。

农业基础日趋稳固。围绕农民增收、农业增效，扎实抓好农业和农村各项工作。稳定粮食生产。积极做好春耕备耕和抛荒地复耕工作。购入玉米种子 2600 斤、调剂 20 万株薯苗无偿提供给农户种植，依托 2 个专业种植场建立二级薯苗基地 10 亩，开展春季农田灭鼠、防治病虫害，面积达 5000 多亩。拨出专款补助购置 3 台大型拖拉机和 18 台 5 匹抽水机，出台了 6 条扶持抛荒地复耕、发展春耕生产的优惠措施。春耕生产及抛荒复耕工作取得了明显成效，2004 年共复耕 1350 亩，共落实播种面积 14700 多亩。推进农业产业化进程。通过鼓励土地转包、承包和租赁经营等形式，推进土地合理流转，构筑“公司+基地+农户”,发展订单农业的农业产业化组织形式，2004 年新流转承包抛荒地 600 多亩。发展特色蔬菜基地，以专业规模生产提高效益。发展高产优质高效农业，兑现农业产业化扶持资金 77 万元。促进农业上规模、上档次，福成良种畜牧场获得国家农业部“无公害农产品（生猪）”的产品认证，并通过市环保等有关部门对全场环境工作及环保处理设施的验收，成为泉州市第一家通过环保验收的养殖企业。认真做好禽流感防治工作，实现辖区内无疫情。强化农业基础设施建设。积极争取上级支持，投入 300 多万元在东华、浔光等村建设 3000 亩省级标准农田示范片，建设机耕道路 4500 米，灌溉渠系 6700 米，新建固定式、移动式喷灌 600 亩，节制闸及交通便桥各一座，进一步改善了农业生产条件，降低生产成本，增加经济效益。开挖的 14 口农用大井于 2004 年开春投入使用，发放大井补助资金 12 万元，新增及改善灌溉面积 1200 亩，积极发展节水灌溉农业，基本解决了田间缺水问题。完成总投资 5800 多万元的国家中心渔港工程建设施工及监理招投标等前期工作，并动工建设。完成总投资 345 万元的科任海堤工程建设招投标工作并开工建设。概算投资 350 万元的华峰海堤二期工程被纳入第四期海堤除险加固工程建设项目。组织对华海琵琶穴水闸及周边乌漏沟进行疏浚，清理水浮莲 6000 平方米，修复加固堤岸 60 多米。深入开展水利冬春修，整治村级排灌渠 1.1 公里。规划建设农区五华片排水系统，投入 90 多万元建设华峰至华海至出海口、浔光至东华至乌漏沟和三峡移民居住小区至乌漏沟排水渠 2.3 公里。通过不断完善农业基础设施，农业和农村经济发展后劲得到进一步的增强。

支柱产业不断壮大。坚持以传统产业为支撑，着力扶持和发展优势产业及其配套行业，不断提高镇域经济发展的整体实力。进一步优化海洋产业。充分发挥国家一级渔港的作用，完善配套设施建设和渔港管理。做好镇渔业协会的换届工作。做好拖网渔船新春集体出海工作，协调后山居委会动员组织 6 艘灯捕渔船率先出海生产，打破了灯捕渔船“三车”的陋习。加大科技兴渔力度，抓好渔船技改，发动渔民多方筹集资金 2530 多万元，更新钢质单拖渔船 7 艘，更新灯捕渔船 3 艘，已全部投产。全镇现有各类渔业船舶 360 多艘，2004 年渔业总产量达 13.1 万吨。发挥渔业基地优势，优化渔业产业结构，抓紧富鸿水产有限公司冷冻深加工项目的扩建，协助其上报为省级农业产业化龙头企业。狠抓渔业生产管理和教育，开展渔业船员“六小证”专业训练培训。大力发展内衣产业。全镇现有内衣生产企业及相关配套企业 360 多家，主要产品有短裤、T 恤、背心、泳装、睡衣、胸罩、针织童装、保暖内衣等系列产品，年产量近 10 亿件，产品 90% 出口。拥有“SBS”、“浩沙”2 个中国驰名商标，“通亿”、“竞渡”、“德荣”等 3 个福建省著名商标，内衣产业规模不断壮大。2004 年元月，深沪镇被授予 “中国内衣名镇”荣誉称号。做好内衣协会换届工作，充分发挥内衣协会服务交流等桥梁、纽带作用。2004 年全镇新增内衣企业 20 多家，内衣产业规模化、产业化、市场化优势明显，出口势头强劲，订单业务增多且比较稳定，产销势头良好。围绕解决经济发展的瓶颈问题，稳步推进内衣工业园区的建设。坑边赤山工业区 192 亩土地全部倾斜给内衣生产企业作为生产用地，为内衣企业的增资扩营和产业升级营造良好的载体。积极激励和引导企业打造品牌，企业求质量、重品牌意识显著增强。2004 年全镇新增 1 个中国驰名商标和 2 个省著名商标，“浩沙”牌针织保暖内衣获得国家免检产品资格。着力培育拉链产业。坚持以市场为导向，引导企业走产品经营、品牌经营和资本经营等现代经营方式相结合的发展路子。浔兴拉链科技股分有限公司是国内拉链行业规模最大、综合实力最强、产品型号规格最齐全的制造基地之一，是中国拉链中心所在地和中国拉链国家标准、行业标准制定的组长单位。以浔兴拉链科技股份有限公司为龙头，扩大“SBS”中国驰名商标品牌效应，“拉链之都”发挥骨干作用。坚持企业创新、科技先导、以人为本，不断增资扩营，2004 年浔兴拉链科技股份有限公司通过科技部国家火炬计划重点高新技术企业认定（福建省共 3 家），拉链计算机仿真系统获得国家级火炬计划项目。该公司被列为晋江市 2004 年重点工业建设项目的总投资 5 亿多元的拉链生产扩建项目、涤纶丝生产线项目及扣具生产扩建项目已申报立项，正在做建设的各项前期准备工作，该项目的建设将进一步壮大我镇拉链支柱产业。

对外开放继续深化。坚持以结构调整为主线，着力改善投资环境，提高利用外资水平。不断规范东海安工业开发区管理，加快晋江市科技工业园区东海安园、坑边工业区及华山村工业区建设步伐，引导企业向工业园区集中。坑边工业区完成征地 368.5 亩，有 30 家企业 314 亩土地在办理用地报批手续；华山村工业区完成 300 多亩土地平整，推开园区内的路网，正在建设路架及着手制定土地分配方案。组织浔兴拉链科技股份有限公司等企业参加 2004 年中国・福建项目成果交易会，组织十几家重点内衣生产企业参加全国纺织集群产业创新现场会，取得预期的效果。全镇服装、纺织、漂染、拉链、化工、电子等行业发展迅猛，内衣、拉链、漂染行业今年虽然受到限电避峰、出口退税下调及欧盟实行配额限制的影响，但规模化、产业化优势显著，出口继续增加。2004 年全镇新批三资企业 30 家，合同外资 4121 万美元，增资企业 4 家，合同外资 189 万美元；三资企业产值 21.3 亿元，比增 19.7%；社会商品出口总值 14.04 亿元，比增 4.8%。港口吞吐量 105 万吨，比增 5%。

二、社会事业全面协调发展

坚持社会事业与经济协调发展，加大对社会各项事业的领导和投入，统一思想、凝聚力量，大力推进社会各项事业全面发展。

不断推进科教兴镇战略。加强科技创新，广泛开展科普宣传活动，健全基层科普网络，积极开展实用技术培训，促进科技与经济发展紧密结合。进一步整合教育资源，优化学校布局，切实加强基础教育投入。投入 200 万元整修原科泉中学，于 2004 年春季合并育孺、坑边、运伙三所小学为科泉小学；选定群峰、首峰、华峰小学并校新址，正进行征地及规划设计；完成狮峰小学改造主体工程，如期交付秋季招生使用；完成科任小学教学楼及综合楼的设计及工程建设招投标，已开工建设；拆除深沪中心小学危房，做好新建教学楼图纸设计、筹措建设资金；完成深沪中学图书楼建设并投入使用，开工建设深沪中学体育馆；首峰中学扩建的征地工作，大部份群众已同意征地补偿方案，现正筹措征地补偿资金。全镇教育资源得到更加科学、合理、有效的利用，教育“两基”成果进一步巩固，“双高普九”成效明显。

着力创建文化示范工程。把创建农村“先进文化示范工程”、“文明精品村”与旧村改造新村建设工作有机结合起来，华峰文明精品村的创建顺利通过验收。加强精神文明氛围宣传，在镇主要地点设置有关“中国内衣名镇”、“诚信建设”和“基本道德行为规范”等内容的大型宣传板画近 20 幅，有力地营造了一个良好的精神文明环境。积极推进文体基础设施建设，投入 60 多万元建设沪星体育球场及配套设施，成功地举办了“税务杯”男子篮球邀请赛。充实完善占地面积 12000 平方米的镇文化中心的配套设施，新增绿地近 2000 平方米，增设室外健身路径一套，进一步充实阅览室、乒乓球室、健身室、网络室、会议室的功能设施。加大文化市场整顿力度，取缔非法经营游戏机场所 8 处，取缔无证经营网吧 8 家。成立深沪镇太极拳协会、游泳协会，沪星体育会进行重组换届，注册组建泉州市第一个足球俱乐部—沪星足球俱乐部，成立民间老艺人“唆罗连”等民俗表演队，组织各社团往香港、青岛、漳州、泉州、石狮及晋江各镇、街道等地参加各种各样的文体交流活动。积极开展各种群众性文体活动，成功承办晋江市第十四届“华丽杯”侨乡灯谜会、晋江市第二届文化艺术节民间民俗文化展演、晋江市少儿乒乓球赛和老年乒乓球赛，举办广场文艺晚会、广场歌舞晚会、灯谜展猜、电影公映、绘画展览、南音演唱、男子篮球赛、乒乓球赛等活动，极大地丰富了广大群众的文体生活。

充分挖掘旅游资源。2004 年元月深沪湾获准建设国家地质公园，进一步夯实了深沪旅游基础。结合沿海大通道建设、中心渔港建设、深沪湾省级森林公园建设以及承办晋江市深沪湾旅游风情大展示活动，做好深沪旅游资源的宣传、推介，特别是深沪湾的规划及渔区海洋文化、深沪民俗的宣传。做好深沪湾风情民俗馆、海洋文化馆的布馆，改造旅游公厕，全面整治烟墩山烽火台、汪公墓等名胜古迹和山体环境及海底古森林遗迹道路两侧环境，整修壁山古栈道，使之与自然景观、宗教朝圣、民俗风情、海洋文化、名人史迹等相配套，大力培育旅游产业。

全面落实基本国策。认真贯彻落实《人口与计划生育法》、《福建省人口与计划生育条例》等计生法律法规，强化宣传教育及督查指导，突出重点，打击非法抱养、非法鉴定胎儿性别行为，狠抓流动人口计生管理及常规工作，充分发挥计生协会作用，今年来共新建18家企业计生协会。2004年全镇共出生406人，出生率8.38‰，人口自然增长率2.13‰，政策符合率98.52%，计生合格村（居）和基本合格村（居）率达100%。加强环境保护工作，加快金泉环保有限公司污水处理扩建进程，加大污水处理规范管理，进一步控制环境污染。强化环卫队伍建设，搞好镇区环境卫生及垃圾管理，巩固创卫成果。大力加强土地管理、清理和矿产资源管理工作，制止无证采沙行为15次，查封无证采石场3个，认真开展土地利用现状更新调查、农村集体土地所有权登记发证和土地整理工作，测量报送土地整理3675亩，预计可新增耕地350亩。

同时，积极配合市政府做好三峡库区30位移民的承接安置工作，通过积极稳妥、耐心细致的工作，30位三峡移民已顺利在我镇安置落户。扎实开展慈善、低保等民政工作，扩大低保面、救助面，低保对象从2003年199户、492人扩大至2004年297户、815人，做到应保尽保。殡葬管理进一步规范，火化率达100%。进一步加强档案管理，被评为泉州市档案工作先进单位。认真做好治理乱建寺观教堂、露天宗教造像和民间信仰活动场所工作，统战、武装、双拥、侨务、老龄、保密等各项工作取得新的进展。

三、城镇建设全面推进

加强基础设施建设，努力提高城镇品位，着力改善投资环境，为经济和社会发展奠定了坚实的基础。镇区总体规划通过会审。镇区总体规划通过进行修编、会审和修订，正将总体规划修编方案上报晋江市政府审批。道路建设不断完善。投资170万元拓宽金屿路口至东山环岛4车道水泥路面为6车道，对中间隔离带进行绿化；投资300万元铺设文化中心广场至金屿路口道路水泥路面、人行道，架设路灯并对道路两侧高压线进行整治，改为地下线路。投资55万元砌筑同心桥东侧乌漏沟护岸块石档土墙300多米；砌筑华山至科任公路华海后寮至性泰纪念桥路基块石排水沟；架设英深路首峰至深沪镇与龙湖镇交界处路段路灯；铺设红山至深沪中学至坑边环岛非机动车道；改造美化坑边环岛，加宽、整治深金路路肩；绿化华海至金井山苏道路及华山至科任道路，种植巨尾桉3万株；整治文化中心广场至狮峰居道路排水系统；旧区改造、新区建设同步推进。改造群峰灰寮口旧居住区，已基本完成同群众签订拆迁安置协议，补偿款已发放，并开始拆除已签订协议并兑现补偿款的房屋；完成壁山居庵宫口区域旧居住区改造的规划、设计及效果图，正同拆迁户协商确定拆迁补偿、安置方案。完成旧深沪中学至友联路口道路两侧周边区域的局部改造；完成华峰村别墅新区周边环境的整治、美化；完成环岛路通亿公司路口至后山网场路段街景立面改造的设计及效果图，正进行改造资金的预算和制定改造补偿方案；完成坑边环岛至红山沿路整个区域的居住新社区、车站区、体育广场区、星级酒店第三产业配套区建设的规划、设计及效果图，正研究建设方案。金泉环保有限公司污水处理扩建进度加快。一年来完成了公司股份制改造，成立了董事会，扩建工程建设资金已到位3000多万元。完成控制区内污水管网的改造设计及施工方案编制，并开工建设，预计2005年6月底可完工投入使用。扩建工程建设用地已解决，正委托设计单位进行设计。

四、依法治镇成效明显

坚持“依法治镇”方针，继续强化普法宣传教育活动，不断加强社会治安综合治理，加大专项整治力度，保持了社会安定稳定。

加强法律宣传，开展社会治安综合治理。认真实施“四五”普法规划，开展普法宣传和法制教育，加强对青少年的法制和道德教育。落实综治领导责任制，与各村（居）、有关单位签订《2004年村（居）、单位党政领导社会治安综合治理责任书》，形成一个层层抓落实的责任机制和齐抓共管的良好格局。强化流动人口综合治理，完善齐抓共管的综合管理机制。开展矛盾纠纷排查调处，坚持稳定分析例会制度。加强隐蔽战线斗争，堵塞敌对势力的海上渗透渠道。密切关注辖区内的宗教活动，不断加强对辖区内宗教的教育引导和管理，严密防范“法轮功”等邪教组织的非法活动。

坚持专项整治，构筑打防结合防控网络。深入开展“平安深沪”建设活动，认真开展反走私、反偷私渡、“禁毒”、反“两抢”、打击“六合彩”违法犯罪活动、“打盗抢”等平安1、2、3、4号专项整治斗争。制定实施《深沪镇社会治安重点整治村整治方案》，重点整治工作取得明显成效。加大巡逻工作力度，拨出专项资金支持两个派出所各配置一辆专用巡逻警车，充分发挥公安机关巡逻队、镇级专职巡逻队、村（居）巡逻队及治安岗亭、公安值勤临检卡的作用，形成全方位、多层次、共同联动的打防网络，进一步增强辖区的防控能力。

强化检查监督，健全安全生产管理制度。按照“谁主管、谁负责”的原则，建立安全生产工作管理机制，与各村（居）委会签订安全生产责任状，实行安全生产管理目标责任制。大力创建安全生产合格镇，深入开展“安全生产月”活动，营造浓厚的安全生产氛围。健全安全生产管理制度，着力抓好“三合一”厂房、学校、液化气市场、建筑工地、渔业生产、文化娱乐场所、公共聚集场所、农业水利设施等八大安全生产专项整治项目的安全整治工作。镇8个安全生产专项检查整治小组经常性和定期性地开展安全生产监督检查，逐一排查，做到有隐患不放过、无整改不放过。在镇、村两级的共同努力下，一年来没出现重大安全责任事故。

五、党的建设不断加强

坚持以“三个代表”重要思想和十六大、十六届三中、四中精神为指导，以廉洁、勤政、务实、高效为目标，不断加强党的建设和机关效能建设，提高党的执政能力。

理论学习继续深化。进一步强化党委中心组理论学习的带头作用，严格按要求制定中心组学习计划，灵活运用各种学习形式，既有集中学习又有个人自学，既有辅导讲座又组织观看电教片等，严格落实各项制度，促进党委中心组理论学习走上经常化、制度化轨道。进一步健全落实党员、干部、职工学习例会制度，每次学习都安排一名党政领导成员进行主题辅导，并结合组织学习新《党章》、《宪法》、《行政许可法》、《中国共产党纪律处分条例》、《中国共产党党内监督条例（试行）》及十六届四中全会精神等，引导党员、干部、职工解放思想、实事求是、与时俱进，保持“两个务必”，凝心聚力谋发展。

基层组织建设全面加强。全镇现有基层党组织59个，深入开展“三级联创”活动，认真开展村务民主听证试点工作，抓好村务公开工作。配合晋江市委做好3名市派优秀干部到金屿居任职工作，同时镇选派4名优秀党员干部到相对薄弱村挂职，治理整顿经济欠发达村和不适应村。组织现、离职村（居）干部办理新保险，规范完善村（居）干部补贴管理办法。贯彻从严治党方针，加强对全镇1066名党员的管理，抓好村（居）党员“学党章、讲党性”学习教育活动总结处置阶段工作。做好保持共产党员先进性教育活动的各项准备工作，加大党员干部教育培训力度。每季度组织对各支部的党建工作进行考核，推进各支部的组织建设。认真做好新形势下发展党员工作，今年共发展新党员28名，培训入党积极分子468人次。全面开展“非公党建年”活动及“50100”计划，实行镇党员党政领导成员包村（居）挂钩联系非公企业抓党建工作责任制，建立健全非公党建各项工作制度，成立流动党员服务站，并出台一系列相应措施，鼓励外来流动党员转入组织关系及企业成立党支部。同时，通过培育非公党建典型，带动其他非公企业组建党支部，通过举办各种培训班，大力培养非公企业入党积极分子，为非公企业组建党支部奠定基础。今年来，共新成立非公有制企业党支部22家。

党风廉政建设深入开展。坚持标本兼治、综合治理、惩防并举、注重预防，全面落实反腐倡廉“六个机制”。严格执行领导干部廉洁从政四大纪律、八项要求和十个不准等有关规定，召开科级党员领导干部民主生活会，开展批评与自我批评，促进领导干部廉洁自律。坚持日常教育和专题教育相结合，全面开展党风廉政教育。强化监管，充分发挥纪检监察职能作用，努力纠正部门和行业不正之风，着手从源头上预防和解决腐败问题，推进党风廉政建设和反腐败工作深入开展。

认真做好信访排查调处工作，调整充实信访联络员队伍，积极主动介入矛盾纠纷调解处理，开展市镇领导联合接待群众来访活动等，今年共排查调处各类矛盾纠纷54起，圆满处理来信5件，成功调处劳务争议83起，成功调解各类民间纠纷88起，将矛盾化解在基层，保持信访低发率。

机关效能不断增强。把机关效能建设作为实践“三个代表”的重要内容及加强政府自身建设的重点，推进依法行政，增强服务意识，提高办事效率和为人民服务质量，落实群众参与权、知情权和监督权。健全机关效能建设的各项规章制度，加大督查力度。继续推进计生、综治、安全生产、土地管理和党建工作等五大工作机制的改革，层层建立责任制，逐条量化考核指标，使各项工作走上制度化、规范化、科学化轨道。不断健全完善每月政务公开制度，做到办事制度公开、热点难点问题公开、职责身份公开，继续实行机关干部职工佩带胸卡上班制度，主动接受群众监督。

群团组织作用充分发挥。全镇现有工会组织497个，团组织25个，妇女组织25个。充分发挥工会、妇联、共青团等群团组织作用。镇工会开展“双爱双评”活动及组织企业职工参加全市各项技能竞赛等，全面推进工会工作，不断促进镇、村、企各级工会组织发展壮大，新组建非公企业工会25家。镇妇联切实维护妇女的合法权益，关注儿童的教育与健康，积极开展“三八”妇女节系列活动、扶贫助学“春蕾计划”等，充分展现了我镇妇女的新风采。镇团委大力开展“五四红旗团支部”创建活动、青年志愿者行动及“青年文明号”创建活动，加大非公企业团员的管理，结合纪念“五四”运动举办青年环岛跑、广场歌舞晚会等活动，不断增强团组织的吸引力、凝聚力和战斗力。

石狮市祥芝镇

祥芝镇位于石狮市东北部海滨，泉州湾湾口。现辖10个行政村，土地面积15．9平方公里，海岸线12．9公里，人口30900人，外来人口2．5万人，是我省乃至全国的渔业重镇和水产品加工基地，也是石狮市起步较早、最早形成规模的工业区——大堡工业区的所在镇，为全国千强镇之一。目前全镇拥有祥渔国家一级群众渔港及占地110亩、总投资近亿元的石狮市水产品批发市场，拥有各类渔船713艘，20多万匹马力，年产值超5亿元。辖区内有即将贯通的60米宽的石狮大道和正在使用的38米宽的石祥大道、26米宽的沿海大通道，有11万伏变电站和10万吨供水管网和热电厂，可满足工业用水、用电、用气需求。形成了以文行灯饰为龙头的五金灯饰生产基地，以华宝集团为龙头的染整基地，以明祥食品为龙头的水产品加工基地。全镇拥有乡镇企业238家，其中省著名商标企业5家，国家级高新技术企业1家，省级高新技术企业3家。2004年，全镇实现工农业总产值22．15亿元；其中工业产值17．0亿元；农业产值5．15亿元；完成财政收入5547万元；农民人均收入7200元。

特色产品：海产品。

上杭县临江镇

临江镇地处福建省上杭县城区，位于美丽的汀江河畔，是全县政治、经济、文化中心。全镇总面积4．9平方公里，有7个社区，15个党支部，现有人口5．4万人，其中常住人口3．9万。该镇坚持以邓小平理论和“三个代表”重要思想为指导，以开展保持共产党员先进性教育活动为动力，以发展为主题，以创建全国文明镇为目标，以推进“八联八共”活动为抓手，以“项目发展协调和谐、社区繁荣、居民富裕”为主线，以“依托县城、服务县城、管理县城、发展县城”为宗旨，始终贯彻“两手抓、两手都要硬”的方针，扎实推进各项创建工作，三个文明建设取得显著成绩。2004年实现社会总产值7．26亿元，其中企业总产值7．22亿元，比增18．1%（第二产业5．79亿元，比增17．4%，第三产业1．43亿元，比增21.8%）；财政收入4041.46万元，比增18.4%；居民人均可支配收入达7265元，比增13．6%。

平潭县潭城镇

潭城镇，是平潭县委、县政府所在地。辖区面积12平方公里，现辖4个村委会，8个社区居民委员会，2004年末总户数13912户，总人口46923人。潭城镇属海洋性南亚热带季风气候，四季如春，是旅游避暑的疗养胜地。堪称东方“夏威夷”，被列为国家级风景名胜区的龙凤头海滨度假村，就坐落在城东濒海处。2004年，我镇坚持以邓小平理论和“三个代表”重要思想为指导，树立和落实科学发展观，围绕发展第一要务不动摇，扭住经济建设中心不放松，经过全镇人民共同奋斗，经济和社会事业保持持续、稳定、健康发展的良好态势。2004年全镇工农业总产值1.7亿元，比增18.9%；工业总产值1.4亿元，比增13.5%；农业总产值3011万元，毕增67%；乡镇农业总产值5.38亿元，比增8.4%；乡镇农业总收入7.78亿元，比增6.6%；财政总收入470万元；农民人均纯收入4820元；粮食总产量428.5吨；人口自然增长率控制在6.68‰。积极引导并扶持乡镇农民转变经营机制，扭亏为盈，全年共完成企业税金1503.5万元，比增10.4%；完成企业利润1150.8万元，比增1.4%。同时，大力扶持发展个体私营经济。增加镇域经济总量，目前乡镇共有个体经营户3973户。深入开展经济工作“五赛五比”活动，大力实施项目带动战略，根据食用仙人掌种植、土地管理开发、潭城商贸中心、城关果蔬批发市场、城关水产品展销市场五大经济项目的落实，做大做强城区经济。逐步完善基础设施建设，总投资300多万元，先后完成了三条总长近5000米的城区水泥道路建设，铺设水泥路面达2.2万平方米。财政工作平稳运行，城区卫生管理逐步规范，计生整体水平不断提高，社会事业协调发展，人民生活水平逐步提高。

建宁县溪口镇

溪口镇地处县城北郊，毛泽东同志旧居与镇政府一墙之隔。全镇辖13个行政村，总人口20460人(某中农业人口18133人)，耕地面积3.7万亩；山地面积24.5万亩，其中果园面积2.8万亩。是典型的城郊型特色农业大镇。2004年，我镇党委、政府认真学习党的十六大、十六届三中、四中全会精神，紧紧围绕省、市、县委、政府的决策部署，牢固树立科学发展观，不断创新农村工作机制。去年3月为更好地贯彻落实中央一号文件精神，推动我镇经济发展，促进农民增收，我们在全镇上下开展了“增加农民收入，减轻农民负担，诚心和农民交朋友，消除干部与群众疑虑”活动（简称“加、减、诚、除”活动)。通过活动的开展和养牛、养鹅、养羊、果业、企业等7个行业协会的组建，全镇农业产业结构进一步调整，农民收入大幅增加，党群干群关系更加密切，社会保持安定稳定，经济持续健康发展，各项事业均取得可喜成绩。据统计，全镇完成工农业总产值1.74亿元，其中农业总产值1.3亿元；镇财政收入完成236.3万元；农民人均纯收入增加230元，达到3838元；乡镇企业总产值2.1亿元。新上生产性项目3个，完成固定资产投资800万元，重点项目投资2521万元，引进项目资金900万元。经县委、县政府年终考评，我镇党建工作、项目工作、基础设施建设、产业结构调整和精神文明建设均获得第一，综合考评被评为全县第一名，较好地完成了县委、县政府下达给我镇的各项工作任务。

2004年我镇经济社会发展的总体思路是：走“稳粮、扩林、增养、壮企，发展效益经济”的工作路子，立足城郊优势，深化“加、减、诚、除”活动，壮大特色农业，发展特色养殖，实现项目带动，构建和谐社会，提高执政能力，全面实现农业增效、农民增收、农村稳定。主要措施是：一、以增加农民收入为重点，加快农村经济结构调整，提高农业综合生产能力、农业产业化和农副产品市场竞争力，实现农村经济发展的新突破。二、以建设工业小区为重点，加快新型工业化进程，着力培育优势产业，改造提升传统产业，建设加工、制造业聚集带，实现产业结构调整优化的新突破。三、以大力招商引资为重点，积极推进优势产业发展和利用外资步伐，继续实施“走出去”战略，实现对外开放的新突破。四、以扩大总量和提高档次为重点，发展一批综合实力强的民营企业，引导民营企业向现代企业转变，实现民营经济发展的新突破。五、以基础项目建设为重点，强化农业基础设施投入，拓宽重点建设资金筹措渠道，实现投资增长的新突破。六、以产权制度改革为重点，进一步深化集体林权制度改革，明晰产权，整合资源，实现激活集体林经济发展的新突破。七、以大力加强党的建设为重点，努力营造干事创业、加快发展的良好氛围，实现人文环境、社会环境、市场环境、服务环境、舆论环境的新突破。

江西省

余江县锦江镇

2004 年，在县委、县政府和镇党委的正确领导下，镇政府以科学发展观为指导，按照“壮大支柱产业，稳定发展农业”的工作思路，紧紧依靠全镇广大干部群众，较好地完成了经济社会发展各项目标任务。2004 年实现国内生产总值 1．98 亿元，比上年增长 11%；完成财政收入 632 万元，增长 8．2%；社会消费品零售总额 1 亿元，增长 12%；全社会固定资产投资 0．68 亿元，增长 12.6%；农民人均纯收入 2690 元，增长 24.4%；城镇居民人均可支配收入 3680 元，增长 7%；居民储蓄存款余额 1．81 亿元，增长 20．5%；全镇经济和社会取得了平稳较快的发展。

宜丰县潭山镇

一年来，潭山镇在县委、县政府的正确领导下，在全镇干群的共同努力下，始终坚持“第一要务”，牢记“两个务必”，实践“三个代表”，进一步创新思路、坚定信心、转变观念、改进方法，实现了全镇经济和社会事业的全面发展。

一、扩充了经济总量

2004年，全镇实现固定资产投资1844万元，招商引资1480万元，工农业总产值14300万元，其中农业总产值 2853 万元，工业总产值 8247 万元，第三产业3200万元，财政收入543万元，农民人均纯收入3025元。

二、增强了发展后劲

一手抓项目引进，依托境内丰富的木竹和水利资源，凭借良好的投资环境，引进客商投资 250万元新上逍摇竹胶板厂；挖掘民间资金，投资 200 万元新建星安竹胶板有限公司；投资 120 万元新建逍遥村丰发电站；新建龙岗村蚊香厂。一手抓项目服务，做到“商机留客，感情留人”，重点扶持好镇宇安公司、福丰公司、星安公司等木竹加工龙头企业，促其上规模、出效益，全年实现工业产值5300多万元，销售收入4700万元，上缴税金 320 万元。

三、夯实了农业基础

2004 年，全镇共种植旱稻面积 2900 亩，比去年增长了 26．3%，粮食产量 9800 吨，共发放粮食补贴资金 54．8 万元，人均补贴 50．5%元。同时抓好了扩种增养工作，大力发展了我镇的“菜、苗、茶、花”四大特色农业，将其做大做强，进一步增加了农民收入。

四、改善了基础设施

一是投资200万元顺利完成了镇莲茜公路改造工程；二是抓好了奉带公路找桥段 4．2 公里水泥路面的基础工程建设；三是投资 40 万元进行了集镇亮化、美化和下水道辅设；四是投资 50 万元兴建镇中心卫生院门诊楼；五是投资 46 万元完成了中心小学教学楼及校园配套设施建设。

五、提升了党建水平

通过实行绩效管理，健全镇干部日考勤、月讲评、年考核，记“民情日记”制度，镇村两级组织的凝聚力、战斗力明显增强。通过实施“引领”工程、“富脑”工程、“示范”工程、“保先”工程，为广大党员提高能力、保持先进搭建平台。通过“双带三培”活动，86 名有“双带”能力的党员和村组干部带动 192 户农户共谋发展，共同致富。

特色产品：竹胶板、竹工艺吕。

吉水县八都镇

2004 年，八都镇全镇国内生产总值完成 20000 万元，财政收入累计完成 635．3 万元，全镇实际利用外来资金 2390 万元；引进项目 9 个，大部分项目实现了当年引进、当年投资见效。全年农民人均增收500元，人均收入达2900元。粮食加工、板鸭生产加工、汽车运输等几大支柱产业发展更为稳固，继续领跑八都经济，凸显其优势。在几大支柱产业的带动下，八都的城镇建设、工业园区建设、旅游产业发展得如火如荼，成为经济发展的亮点和特色。

上栗县上栗镇

上栗镇位于湘赣边陲，萍乡北部，为上栗县人民政府所在地，是全县政治、经济、文化和商贸中心。上栗自古商贾云集，素有“小南京”之美称。全镇总面积98.9平方公里，人口 7.86 万人，下辖 29 个行政村，4 个社区。全镇交通便利，通讯网络发达，南（昌）长（沙）公路横贯东西，319国道纵穿南北，至长沙1小时车程，至黄花机场45分钟。城镇建设发展迅猛，城区面积不断增大，城区人口不断增多，高品位、高层次的上栗新型城镇正在逐步形成。

近年来，上栗镇经济快速发展，财政收入稳步增长，以工业为主的经济总量不断扩大。全镇逐步形成了一个以鞭炮烟花、煤炭产业为主导，以啤酒、肉松等产业为代表的食品工业迅速崛起，亮点不断增多的工业经济格局，工业的发展为人民的增收、财政的增强作出了突出的贡献。2003年，全镇财政收入首次突破4000万元在关，2004年完成财政总收入5212万元，同比增长28.24%。

上栗镇近几年来把招商引资工作作为增强发展后劲、优化经济结构的主要途径，大力营造亲商、为商、富商的良好投资环境。通过重点抓好大项目的引进工作，全镇招商引资形势喜人，引资项目开始在上栗扎根并发挥着越来越大的社会和经济效益。如小南京商贸城、中强步行街等精品工程运行良好，涂布纸厂按期投产，上栗贸易广场顺利开盘，10万吨啤酒厂新建项目签约成功等等，都已并即将为上栗镇发展注入新的血液。2004年全镇实际引进内资4.57亿元，引进外资272.5万美元，完成出口创汇60万美元。

上栗镇近几年来辩证地把握安全稳定与发展的关系，通过实施打造平安上栗的活动，为上栗经济社会发展打造了一个良好的外部环境。综治工作以整改巩固提高为重点，以两创一保、三个坚决防止为目标，全面完成双向承诺制工作，推进了基层创安，并在规范化、制度化建设方面上了一个新台阶。司法调解、法律援助工作成绩斐然，化解了大量的民间纠纷，做到了小事不出村、大事不出镇，上栗镇司法所被评为“全国法律援助先进单位”。通过实施信访督办制度，大力解决人民群众实际问题，群众集体访、越级访、异常访逐年减少。

上栗镇高度重视安全生产工作，做到安全生产天天讲、时时抓，通过创新工作机制，规范系统管理，建立健全一套适合本镇高危产业发展特点的安全生产长效管理机制，自2000年以来，全镇未发生任何重大安全事故，实现了煤炭、花炮产业安全发展、平衡增长的良好发展态势。

在经济发展的同时，着力改善全镇人民的生产、生活环境，促进了社会各项事业的全面发展。对农村交通、水利等设施的投入力度不断加大，农村交通状况全面改善，农村水利设施维修及病险水库除险加固定工作进展顺利。近两年来，全镇农村交通设施投入资金就达2640万元，实现水泥硬化通达里程120公里，提前两年实现了村村通。对红旗、新坝水库除险加固等涉及全镇农业生产的项目投入了较多的资金，保障了农业用水的需要。近几年来，镇政府对社会弱势群众的关注力度不断加大，投资达400多万元、可容纳226人的镇敬老院建设完工，即将搬入使用；各项救灾救济及时到位；城镇、农村低保户全面纳入低保体制。全镇基础教育稳步推进，“两基”工作基础扎实，教育投入不断增加，教育成果逐步显现。全镇全面消除了中小学校危房，中考上线率名列全县前茅，今年高考中有两人考上清华，一人考上北大。

上栗镇政府办公楼，是上栗镇人民政府与长沙金友融有限公司以资产置换的方式进行开发的项目，工程总投资2000多万元，由长沙建筑设计院设计，主要由主楼、附楼、篮球场、停车场、绿化带等组成，占地面积14828平方米。主体建筑采用框架式设计，计生楼、财税楼相对分离，外墙使用大幅整体透明玻璃，美观大方，庄严挺拔，气势恢宏，办公宽敞明亮，功能齐全，科技含量高。地下停车场设计新颖，备有63个车位，多功能餐厅同时又是文化活动中心。整个办公楼设计新颖，布局合理，是较为理想的现代化办公场所。

上栗镇有优越的区位优势，有良好的投资环境，更有丰富的旅游和自然资源，是投资兴业、发展创业的理想之地。

特色产品：鞭炮烟花。

永修县涂埠镇

涂埠镇地处江西省永修县城所在地，是永修县的政治、经济、文化中心，是行使城、乡两种职能的新型乡镇；它距省城南昌38公里，昌北机场18公里，是省城赣江两岸开发中迅速崛起的赣府新郊。

涂埠镇环境优美，基础设施完善。全镇辖属

4个社区，10个居民委员会、4个行政村、2个养殖场、65个村民小组，总人口52145人，其中城市人口40330人，农业人口11819人；总面积26平方公里，其中城区面积6.5平方公里，耕地面积1.2万亩；2004年全镇财政收入达650万元，农民人均纯收入2786元。城镇人均道路面积6平方米，人均公共绿地面积17平方米，境内现已有注册企业1810家、个体工商户1762户，年产值2.46亿元，经济总量居永修县各乡镇之首。

涂埠镇地处江西北部，气候宜人，交通便利，区位优势明显，昌九高速公路、京九铁路穿城而过，是连接省会城市南昌市与江西北大门九江的交通枢纽。修河横陈境内，沿修河上游有宽阔的县级公路直通旅游风景区，溯河而下可至江西四大名镇之一的吴城镇及鄱阳湖候鸟保护区。

近年来，涂埠镇各行各业蒸蒸日上，农业经济步入了持续、稳定、持续发展的轨道，形成了粮、油、棉、蔬菜、猪、禽、鱼、虾等综合发展的格局，并以蔬菜生产为主，是江西有名的菜篮子基地之一。每年夏，套种蔬菜达4000余亩，产品主要销往武汉、南昌、九江等地；工业经济迅速发展，形成以骨干企业为龙头，骨干产品为依托，以家电、服装、化工、包装、印刷、水晶、食品加工为主的门类齐全的行业行系。现城镇建设如火如荼，白莲文化广场、老城改建及蓝天商业的一条街，移民建镇搬迁工程等一大批建设项目，投资达2亿余元，正成为永修城市建设的一道道亮丽风景。

优越的区位、优良的交通、优美的环境、优质的服务、优惠的政策，吸收了众多境内外客商前来投资兴业。随着省城经济重心北移，作为赣府新郊的涂埠镇发展步伐将越来越快，集镇建设将以两个文明建设迅速崛起的崭新面貌展现在世人面前。

吉安县敦厚镇

敦厚镇是吉安县城所在地，总面积89平方公里，辖20个村委会，7个社区居委会，人口达8万。105国道纵贯南北，吉井公路横穿东西，赣粤高速公路出入口设在境内，正在修建的吉衡铁路路经西东。优越的环境为镇域经济和社会各项事业的良好发展提供了保障。

2004年在县委、县政府的正确领导下，全镇各项事业取得快速的发展，实现地区生产总值24791万元，财政总收入835.1万元，农民年人均纯收入比年增长31%。全镇共完成招商引资6690.4万元，先后引进吉安县建新机砖厂、吉安县金利料石有限公司等十几家企业在我镇落户，有永亮家具厂、九洲防盗门厂2家企业在县工业园区投资发展。产业结构得到优化，巩固并发展了瑶前、罗家、金家百亩蔬菜生产基地和胜上反季节蔬菜基地，扩大了连山水产和对门葡萄生产基地。农村基础设施和农村面貌有了新的改善。全年新修通村水泥路14.2公里。新建水塘水库8座，新增抗旱井27座、电排2座，维修塘坝6座，对5座小山塘水库进行了除险加固，有效地改善了全镇的灌溉条件。全年完成“户户通自来水”工程11宗，近3000名群众用上了洁净的自来水。新建沼气池156座，实现了千池镇的目标。体恤民情，关心弱势群体。全年共办理城镇居民低保2070户，5505人，有356户农户得到最低生活保障，发放特困救助金8.56万元，五保金9.3万元。各项社会事业有了新的发展，多方筹资48万元，完成了3所小学的校建配套。扎实做好第二轮新型农村合作医疗参保工作，全年共报销医疗费45万余元。

深入开展计划生育“十到户”活动，计划生育率达90.39%。加大矛盾纠纷排查力度，全年共排查调解矛盾纠纷44起，其中重大矛盾纠纷十起，为全镇营造了一个和谐的经济社会发展环境。

上栗县桐木镇

一、概况

桐木镇地处湘赣边界，位于萍乡最北端，处栗水河上游，与宜春慈化、水江、本县鸡冠山、金山、湖南浏阳澄潭江、文家市六乡镇毗邻。总面积109.5平方公里，其中集镇面积1.5平方公里，耕地面积1720公顷，辖17个村委会，1个居委会，337个村民小组，年末总户数16496户，总人口数73744人。全年实现国民生产总值8.4亿元，财政收入3000万元，同比增长36.5%，农民人均收入3010元，银行存款余额1.07亿元。

全镇以烟花爆竹、原煤生产为支柱产业，农业生产以水稻为主，城区商贸活跃，是周边几个乡镇的商品集散地。境内有金属镁、石灰石、白云石、优质瓷土等矿产资源，具有良好的经济价值和开发前景。是“中国首届全国投资环境 300 佳”，江西省 20 个综合改革试点镇之一，全国一百个样板镇之一。经济总量居全县第二，万上公路纵贯东西，乡村水泥路贯通全镇，入户电话 7276 部，电话普及率 45%，自来水普及率 90%。

二、工业经济

有煤矿企业 11 家，花炮企业 63 家，花炮基地 156 个。全年煤炭产量 30 万吨，完成工业总产值 6．5 亿元，同比增长 5．1%，工业累计投入 8500 万元，同比增长 26%，完成工业增加值 5700 万元，同比增长 17%，被市人民政府评为“2004 年工业经济十强乡镇”。

三、农业生产和农民收入

全年粮食总产量 19571 吨，比上年增加 11.2%，新增苗木基地 2 个，面积 420 亩，花卉基地 1 个；专业养殖户 47 户、牲畜养殖 4 个。

四、安全生产

组织了八次安全生产大检查，配合县主管部门进行一次全县安全交叉大检查，煤炭安全办和花炮安全亦自行组织检查 14000 余次。共填写整改意见书 2900 余份，安全建议 3500 余条。处理重大违章违规事件 15 起，打击一条龙式非法生产户 87 户，非法下单 133 户，治安拘留 7 人，煤炭线共炸（捣）毁非法小井 962 个（次），抓获非法生产业主 82 人，治安拘留 18 人，刑事拘留 5 人。安全生产投入同比增长 21%。

五、基础设施

全镇基本建设投资 3700 万元，同比增长 16%，完成了城镇的硬化、绿化、亮化工程。供销社旧房改造成步行街并投入使用。城镇新增绿化面积 0．3 平方公里，绿化率达 60%。完善了城镇供水工程和排水道改造，投资 60 余万元新建的敬老院完成了主体建筑和外墙装修工程。完成了丹桂小学、杨坊小学、崇德小学新教学楼建设。

六、交通建设

投资 280 万元修建了建设南路、城冲公路、洪东公路、楚（山）枧（冲）公路、莲台公路等水泥公路，全年累计修建水泥公路 14．8 公里，实现了水泥公路村村通。

七、环境综合治理

结合“环境整洁优美、思想道德良好、公共服务配套、人与自然和谐”的文明村镇创建活动，加强环境整治，依据国家环境保护的有关法规，取缔了三个造纸厂，关停了污染严重的水泥厂，清理各类违章建筑，实施道路畅通工程，清理卫生死角，治理各种污染，环境状况得到改善。

八、教育教学

全镇有中学 4 所，小学 18 所，教学点 7 个，在校学生 12886 人，教职工 559 人；小学入学率和巩固率为 100%，中学入学率 100%，巩固率 98．2%，重点高中升学率 15%，比上年增长 3 个百分点。

九、医疗卫生

镇卫生院有分院 1 个，医疗诊所遍布各村，有病床 40 张，医卫人 70 人，其中有中级以上专业技术职称 5 人，拥有 B 超机、碎石机、急救车等医疗、救护设备。被评为群众满意医院。

十、民政优抚

共发放特困群众常年补助款 11．88 万元，发放特困群众临时补助款 8．31 万元，计 1385 人次；发放城镇居民最低生活保障金 50 万元、救灾资金 27 万元，发放春荒救济粮 1．33 万斤、防寒棉被 153 床；发放各类优恤优待金 33 万元。

十一、基层组织建设

全镇有中共党员 1661 人，党总支 5 个，基层党支部 55 个，其中非公有制企业党支部 16 个，社团党支部 1 个。非公有制企业党建工作得到省委组织部的高度评价；社区党支部被市委评为“红旗社区党支部”；司机协会党支部被授予“红旗社团党支部”；桐木村被省政府列为民主法制示范村。

特色产品：烟花、鞭炮、原煤。

上犹县东山镇

东山镇地处赣南西部，是上犹县政治、经济、文化活动的中心，是一个融城区、郊区、山区、库区于一体的复合型大镇。全镇辖区面积 157．5 平方公里，其中山地面积 17．66 万亩，耕地面积 1．76 万亩，水面面积 1．34 万亩。现有 17 个行政村，5 个社区居委会，6．2 万人口，其中农业人口 3．58 万人。有中小学 19 所，卫生院 2 处。2003 年，全镇实现工农业总产值 3．2 亿元，实现财政收入

3149．9万元，农民人均纯收入达1580元。

东山镇交通便利，已被列入“赣州市一小时都市经济圈”，正以创建生态旅游城市为目标，围绕“城镇化、工业化、产业化、生态化”四大战略，加快与“长珠闽”地区的对接步伐。推进全镇经济和社会各项事业快速健康协调发展，城镇建设按控制区35平方公里、10万人口的标准进行规划编制，在村村通水泥路的基础上朝“组组通水泥路”目标迈进，并通过全面开展以建设新村镇、发展新产业、培育新农民、组建新经济组织、塑造新风貌、创建好班子“五新一好”为主要内容的新农村建设工作，用五年时间打造经济繁荣、设施配套、功能齐全、环境优美、生态平衡、城乡协调、文明进步的社会主义新农村。加快全面小康建设步伐。工业产业发展重点是着力抓好南河工业园区的规划和建设，建成“长珠闽”地区的互补型、搬迁型工业园区，使之成为客商投资兴业的“风水宝地”，打造全省最大的玻纤产业生产基地。农业产业发展的重点是抓好商品蔬菜、肉食品、高效林果业三大支柱产业的培植和壮大，利用丰富的山地资源发展生态旅游农业，在赣丰线公路沿线村建设2万亩精品果园基地。旅游产业发展重点是开发仙人湖、南湖两大库区，形成集水面养殖、水上旅游为一体的生态休闲娱乐景区。

“朝霞映古镇更添改革新貌，旭日升东山再展经济宏图”。在党的路线、方针、政策的正确指引下，东山镇党政班子团结带领全镇人民奋勇拼博，吹响了全面建设小康社会的号角。

山东省

邹城市北宿镇

邹城市北宿镇位于孔孟桑梓之邦、文化发祥之地，战国时期著名思想家孟子故里——山东省邹城市西郊平原地带。临城靠矿，辖45个村，社会总人口8．3万人，其中农业人口5万人。近年来，镇党委、政府坚持“两手抓、两手硬”的方针，加强领导，健全队伍，完善制度，强化措施，注重建设，狠抓落实，物质文明建设、精神文明建设和政治文明建设协调发展，同步推进。2004年全镇国民社会生产总值完成23．6亿元，财政收入达到5600万元，农民人均纯收入达4286元。在连续17年保持“省级文明单位”荣誉称号的基础上，蝉联两届“中国乡镇之星”、“齐鲁乡镇之星”，先后荣获“全国创建文明村镇先进单位”、“中国乡镇管理先进单位”、“全国小城镇综合改革试点镇”，“全国民政工作全优乡镇”、“全国亿万农民健身先进乡镇”、“山东省环境优美乡镇”，镇党委被命名表彰为“山东省先进基层党组织”。

一、规范党委自身建设，基层组织坚强有力

适应农村改革发展新形势要求，探索总结了乡镇工作规范化建设的经验，受到民政部的充分肯定，并在全国迅速推广。在此基础上，镇党委、镇政府坚持以规范为遵循，积极探讨村级规范化管理新办法，制订并逐步完善了《北宿镇村级工作操作规程》，把村级工作制度、组织制度、学习制度，物质文明建设、精神文明、政治文明建设的目标，村“两委”成员的工作职责加以规范细化，科学明确职责，规范领导方式，实行决策的民主化、科学化，使村级各级工作都有章可循、有法可依，收到了良好效果。去年12月我镇成功承办了“中国社会工作协会乡镇工作委员会常务委员会议”，并当选为常务委员和副主任单位，与10个明星乡镇签订了《中国乡镇友好〈北宿〉公约》。党的领导核心作用不断增强。扎实开展“三个代表”重要思想，十六大，十六届三中、四中全会精神教育活动。认真贯彻落实党在农村的各项方针、政府，镇村党员干部班子团结，廉洁奉公，执政为民，政治理论水平和服务能力得到增强。认真宣传贯彻《村民委员会组织法》，指导各村成功进行了党支部和第八届村民委员会换届选举，村级“两委”成员交叉任职率达到80%，支部书记、村委会主任“一肩挑”的达90%，健全完善了各项村自治制度和自治组织，村级班子坚强有力。全镇45个行政村一类班子达90%以上，杜绝了三类班子。创办了“镇务公开中心”，将镇村两级涉及群众切身利益的重大事项全公开、真公开、常公开，提高了工作透明度，依法行政的典型做法受到省政府的充分肯定。

二、倡导社会文明新风，公民素质全面提高

坚持“德”“法”并举，宣传和实践《公民道德建设实施纲要》，大力弘扬了德治文明、法制文明、民主文明、婚育文明。广泛开展群众性精神文明创建活动，弘扬德治文明。广泛开展了“岗位明星”、“文明标兵”、“十星级文明户”、“好媳妇、好婆婆”、“纳税模范户”、和“学先模、树新风、见行动”等精神文明细胞工程创建活动。明礼诚信，敬业奉献、团结友善成为全镇人民的自觉行动。坚持依法治理，弘扬法制文明。加强对公民的法制教育，健全完善社会治安综合治理群防群治网络，积极开展严打整治、打击“法轮功”邪教组织等专项斗争，全镇安全文明单位达98%以上，安全文明村庄达95%以上，连续6年辖区内未发生重大刑事案件。强化民主教育，弘扬民主文明。认真贯彻落实《信访工作条例》，成立了“司法调解中心”、“民情恳谈中心”，畅通民情“通道”，解决农民群众热点、难点问题。加强婚育教育，弘扬婚育文明。积极开展了计划生育“双进”活动，先后有230余对夫妇放弃二胎生育指标，被济宁市评为计划生育“双进”活动先进镇，连续8年获得邹城市计划生育“一等奖”。

三、发展社会公益事业，群众生活环境不断优化

小城镇建设日新月异，制订完善了《小城镇总体规划》，镇区面积发展到9．6平方公里，建有农村居民小康新区11处，居民小康楼2800幢，人均住房面积达到26平方米，小城镇居住人口达3．9万人，开通固定和移动电话8000部，镇村自来水普及率达100%，生活燃气普及率达55%。小城镇规划建设和管理工作连年位居全市首位，目前正积极创建全国环境优美乡镇。1999年被确定为“全国第二批小城镇综合改革试点镇”，投资1500万元实施了“创建文明一条街”工程，加大对小城镇及村庄的净化、绿化、美化力度，在文明路街分别设置了读报栏、科技宣传栏、村务政务公开栏、法制计生宣传栏、刷制文明标语，开展了“三美进家”（居室美、庭院美、环境美）、“四有进村”（有绿地、有公共娱乐场所、有路街卫生管理员、有村级图书室）活动。小城镇生态农业园区、工业园区、住宅生活区错落有致。文化、教育事业全面发展，镇政府投资970万元建起科技文化中心和藏书量20万册的农民图书馆，村村设有科技文化大院，有线电视入村率100%，幼教、小教、中教、成教、党教等文化教育体系健全完善，素质教育得到较快发展。实施农村医疗卫生一体化改革，农民群众医疗卫生条件不断提高。农村卫生防疫工作成效显著，体系完备，发挥了防治“非典”第一道防线的任用。加大了科普推广力度，强化农业职业教育和技术培训，通过中国农业大学、山东农业大学等高等院校培养了50名高层次农技人员，2300余名农民获得专业技术职称。农业生态环境进一步改善，镇投资4000余万元对辖区内6000亩采煤塌陷进行了综合治理，复垦土地1800亩，建高标准温室大棚140座，深挖渔塘60个，将采煤塌陷地建成了集生态农业、旅游观光、餐饮娱乐于一体的现代农业示范园，实现了农业的可持续开发和生态环境的良性转变，其治理经验被国土资源部面向全国推广。

四、提升全镇经济总量，群众生活质量不断改善

农业产业化步伐加快。投资2600万元建起了“北宿镇农业高科技示范园”，园内建有华强园艺、金鹏园艺、1200吨智能控温冷库、高档鲜食葡萄等高科技农业龙头项目，其智能温室、农业组培中心等苗木引进繁育、组织培育系统达到国际先进水平，示范园被确定为“山东省农业科普示范基地”、“济宁市级农业高科技示范园”，带动全镇发展高档鲜食葡萄6000亩，高标准蔬菜大棚15000个，保护地蔬菜、花卉植培1．1万亩，为农业标准化体系建设的打下了坚实基础。外向型经济项目规模大、效益高。与兖矿集团及下属北宿煤矿联合创办了“高岭土厂”、10万头生态养猪场——“北晨养殖有限公司”，特别是与兖矿集团、澳大利亚龙澳国际集团公司联合投资35.35亿元，占地1740亩的煤电铝项目，极大地拉动了全镇第三产业的迅速发展。民营经济快速发展，全镇涌现出“方正建筑安装公司”、“誉华建筑安装公司”、“明星家具公司”、“邹城市呱鸭制品有限公司”四个产值过6000万元和“卧龙食品”、“昶宏工具制造”、“刚领煤炭精洗”、“恒阳纺织”等11家产值过2000万元的民营骨干企业，民营企业经济总量占全镇经济的45%以上。全镇经济每年以25%以上的速度发展。经济总量居邹城市首位、济宁市前列。

北宿镇三次文明建设取得了显著成绩，主要得益于党在农村的正确的方针政策，得益于各级、各有关部门的长期关怀和支持。今后的工作中，我们将以实践“三个代表”为总抓手，以实现农业现代化、农民非农化、农村城镇化为目标，努力促进农民增收致富奔小康步伐，进一步坚定全镇人民的理想信念，努力建设政治安定、经济繁荣、事业兴旺、人心思上、各项事业蓬勃发展的社会主义新型乡镇。

枣庄市陶庄镇

陶庄镇，位于枣庄市薛城区北部，总面积80平方公里，总人口10万，辖30个行政村，1个街道办事处，13个居委会。历史文化源远流长，夏商先贤奚仲、仲虺在此留下了永放光辉的足迹。

矿产资源丰富，早在元、明时期就有人在此采煤，1920年中兴公司在此开矿，并建有专用铁路运营线，因此，陶庄赢得了“小窑”的美誉，并成为枣庄市最早的两个建制镇之一。已探明的资源还有石灰石、铝土、陶土、磨石、煤矸石等30多种矿藏，开发前景十分广阔。

地理位置优越，交通条件便利。陶庄镇地处枣(庄)薛(城)滕(州)经济带腹地，面临交通大动脉京沪铁路和104国道，南距京福高速公路开口处仅10公里，境内有枣薛铁路、枣薛公路、店韩公路、山官公路等国道、省道纵横交织，有与徐州铁路局合建的50万吨的铁路货场，形成了四通八达的交通运输网络，功能可辐射到徐州、临沂、济宁等地，是本地区的人流、物流、信息流中心。

自然环境优越，农业生产便利。陶庄镇位于枣陶盆地西部，北靠千山山脉，面对平原，气候属暖温带季风型大陆性气候，土壤肥沃，光照充足，水源丰富，境内盘龙河、十字河长年流水不断，农业生产连年丰收，有薛城粮仓的美誉；建有长毛兔、肉鸽、生猪、牧草、蔬菜和果品等生产基地，有油桃、金太阳杏、黄金梨等50多种名优稀特蔬菜、林果新品种；庭院经济繁荣，畜牧小区众多，畜禽存养量达300万头(只)。

城镇基础设施齐全，服务功能完善。驻地开发商贸房15万平方米，街道硬化、美化率100%，形成了“三纵三横一外环”的城建格局。有大型农贸市场3处，工业园3处，有鲁南地区乡镇级规模最大、标准最高的商贸园区，商品交易活跃，集贸繁荣。城区建有镇、矿供水厂，日供水20000立方米，自来水普及率达95%；通讯网络发达，建有全市一流的乡镇邮电大楼一座；电力充足，建有35千伏农电变电所1处，热发电厂1处，矿区变电所19处；医疗卫生条件优越，枣矿集团中心医院、陶庄中心医院医疗设备齐全，医疗水平省内一流；镇内教育发达，设有中专1处，中学3处，小学及幼儿学校16处；文体设施齐全，文化事业繁荣，建有影剧院3个，文化馆3个，体育馆4个，有线电视台2个，有线电视入户率达80%以上；生活环境优美，建有占地80亩的“浸月山庄”公园和占地30多亩的龙泉广场。

发展思路清晰，经济实力雄厚。近年来，陶庄镇党委、政府始终坚持以经济建设为中心，以解放思想为动力，大力实施“工业立镇、农业稳镇、城建活镇、民营富镇、科技兴镇”五大战略，初步形成了煤炭、水泥、造纸、电线电缆、农副产品加工五大支柱产业，两大文明建设均取得了丰硕成果。2005年1～5月份，全镇完成国内生产总值6.4亿元，工农业总产值16.8亿元，财政收入2220万元，农民人均纯收入达到3680元。

勤劳淳朴的陶庄人民诚挚邀请各界朋友来陶庄投资兴业，共享资源，共谋发展。

乐陵市朱集镇

2004年，我镇在市委、市政府的正确领导下，与时俱进，开拓创新，三个文明建设取得了丰硕成果。全镇实现国内生产总值8.8亿元，实现财政收入1860万元，农民人均纯收入达3880元。

一、突出特色，做强做优小枣产业。以绿色、无公害为主攻方向，全面推行了标准化管理，生产出的小枣已通过国家绿色食品发展中心认证，获绿色食品标志，为朱集小枣直接打入国内大、中型超市和国际市场开辟了绿色通道。开发、建成了江南食品有限公司、赛福佳枣业公司等小枣加工龙头企业。新发展小枣初加工业户100多家。产品有无核酥脆枣、无核蜜枣、真空保鲜枣、水晶枣、鸡心枣、枣花蜜等十几个，年加工能力6000万公斤，产值7500万元，创利税750万元，加工增值达1100万元。依托长达20余华里小枣购销长廊和面积达 50 余亩的专业红枣交易市场，吸引江苏、福建、上海等地1000多名客商落户朱集，日交易量达30万公斤，日交易额180多万元。并通过代理商、派驻专门驻外销售人员等方式，在青岛、上海、天津等地开辟市场 30多处，年向外直销各类小枣和枣制品8500多吨，实现销售收入5500多万元。

二、双管齐下，民营经济实现新跨越。新增江南食品有限公司、强盛公司高效无磷洗衣粉生产项目、强力公司甘油生产项目、赛福佳枣制品项目等投资过百万元项目7个，其中过千万元项目3个，3家企业达到限额以上企业标准。新增民营业户350多户，从业人员1100多人。以强力日用化工有限公司为龙头，吸纳有海洋化工有限公司、强盛日化公司等5家企业的八里庄化工工业园和以张存志、北小高为中心，以福盈园食品公司、明星枣制品厂为龙头的农产品加工工业园都已初具规模。全镇民营企业已实现营业收入4.03亿元，利税4150多万元。

三、拓宽渠道，招商引资取得丰硕成果。紧紧围绕小枣、毛纺、化工等优势产业，坚持领导招商、企业招商、以商招商、代理招商多管齐下。全镇共达成江南食品有限公司、赛福佳枣业公司、泡花碱生产、甘油生产、高效无磷洗衣粉项目向11个，引资总额25800多万元，为我镇经济发展注入新活力。四是十万亩枣林生态旅游业取得长足发展，对万亩枣林观光塔、李先念题词碑、百枣园、结义园等十几处景点进行维修和扩建，健全了旅游服务设施，接待游客15万人，旅游增收1500多万元。五是调整结构，农民增收迈出新步伐。鼓励一村一品，发展特色产业。通过市场带、基地促、大户引，开创了特色种养的新格局。进一步扩建繁荣了仔猪交易市场三处，良种仔猪繁育基地、波尔山羊繁育基地、葡萄繁育基地等10多处，形成了各类专业村 30多个，涌现出种养殖大户 200 多户，带动起特色种养户3000多户走上致富路。另外，城镇建设、精神文明建设、党的基层组织建设全面加强，全镇呈现出政治稳定、经济发展、人民安居乐业、各项社会事业欣欣向荣的可喜局面。

滕州市西岗镇

西岗镇位于山东滕州市西南部、苏鲁结合部，西邻微山湖，东靠京沪铁路、京福高速公路和104国道。镇域面积79.8平方公里，辖8个居委会，64个行政村，总人口13.1万人，其中非农业人口6.5万人，城市化率达62.8%。2004年全镇实现CDP13.1亿元。财政收入3065万元，同比增长41.23%。工业固定资产投资总额实现2.7亿元，规模以上工业完成增加值2.9亿元，实现利税1.75亿元，实际利用市外资金3.5亿元，连续两年被枣庄市评为“十强乡镇”。

一、民营经济借招商引资之力实现了重大突破。

投资6.5亿元的盛隆煤焦化，投资2.6亿元的世纪通泰煤焦化在2004年内分别建成投产，新发展中小民营企业73家，个体工商户82户。民营经济不断扩大与发展，有效提升了西岗经济实力。改善了经济结构，逐步驶入一条依托优势、多元发展、大企带动、滚动前进的企业发展快车道。

二、城镇建设日益完善，商贸经济日益发达。

2004年城区净增人口0.46万人，城镇绿化、美化、亮化工程日益完善。完善了1.2平方公里的民营商贸经济园建设，总投资5600万元的柴里综合市场二期工程基本完成，进一步完善了超市、批发市场等商业中心，增进了人流、物流、信息流，年商品交易额达12亿元。

三、培植特色农业，壮大集体经济，经济强村不断涌现。

去年新发展冬暖蔬菜大棚260架，更新了“圣女”西红柿和“顶峰”系列黄瓜。以矿区周围十几个运输专业村（居）为基础，组建了大满、南王等煤炭运输服务公司；筹资460万元新建了两处大型合同鸡标准化养殖场。由于深挖了农村经济发展的内在潜力，选准了致富路，2004年农民人均纯收入达到4322元，使一大批经济强村不断涌现。

四、科教文卫等各项社会事业和精神文明建设取得新的成绩。

注重精神文明建设，投资近千万元创建了大

满居、后寨居、北曹居、东王村等四个文明生态样板村。投资20万元在全镇30个村（居）进行了文明生态村创建。投资20万元改善了镇村卫生医疗条件，农村合作医疗工作运行健康顺利。全镇教育事业蓬勃发展，中考升学率在滕州市乡镇级名列第一，开通了乡镇级第一家小灵通业务，互联网宽带业务覆盖面达到80%。民政、老龄、邮政、电信、体育等事业乘势而上，创造了一个又一个行业 第一和典型经验，促进了全镇物质文明、政治文明和精神文明建设的协调发展。

特色产品：煤炭、焦炭。

发展需求：向工业型、科技型城镇发展。

栖霞市桃村镇

2004年，全镇上下坚持以邓小平理论和“三个代表”重要思想为指导，深入贯彻党的十六大和十六届三中、四中全会精神，牢固树立科学发展观，按照栖霞市委、市政府提出的“东部突破桃村”的要求，紧紧围绕“创先进特别工业区，造区域物流中心，建现代文明城镇”战略目标，依托自身的区位、产业、资源和载体优势，以招商引资和扩大开放统揽全局，以城镇建设和生态型文明村镇创建为重点，自我加压，负重奋进，有力地推动了全镇经济和社会各项事业协调快速发展，全镇GDP达10．5亿元，财政收入达2078万元，全社会固定资产投资达7．5亿元，农民人均纯收入4056元。全镇各项事业呈现出快速发展的良好态势。

城镇建设日新月异，运用“经营城镇”理念，先后投资 5000多万元用于道路、给排水、绿化等基础设施建设，城镇载体功能进一步加强。

招商引资硕果累累，全年新上项目61个，总投资19．8亿元。

市场培育成效显著，快速推进总投资达9.6亿元的桃村商贸中心、胶东生资交易中心、桃村世纪园、机械配件市场建设。

结构调整力度加大。工业方面，机械制造、建材、医药化工、针织服装、食品加工五大支柱产业实力不断增强，新增民营企业44家；农业方面，新建无公害苹果生产基地1．2万亩，培育养殖村20个，养殖小区30多处，养殖大户150户，发展蔬菜大棚1500多个。

社会各项事业全面进步。全镇各村累计投资2000多万元，办实事200多件。20个村新通了自来水，10个村新通了有线电视，36个村硬化了街道，“平安桃树”、“诚信桃村”、“文明桃村”及生态型文明村镇创建工作成效显著。全镇社会治安稳定，经济快速发展，群众安居乐业。

特色产品：农产品有香椿、大樱桃等；工业品有石材、针织等。

发展需求：一、二、三产业协调发展，城镇建设快速推进。

高唐县琉璃寺镇

经济发展迅速。2004年全镇完成国内生产总值3亿元，财政收410万元，农民人均纯收入3350元，分别比去年增长25．6%、6%和17．5%。全镇机关干部和农村干部的工资得到及时足额发放。投资环境日趋优良。2003、2004两年投资 2000多万元建成古寺商城商贸楼，卫生院商业楼，计生办、服务站办公楼；中学办公楼和卫生院门诊楼、病房楼正在建设中。完成镇驻地主要街道1．1万米路面拓宽改造，农贸市场内道路已全部硬化。新建3900平方米的汽车站一处。全镇新修公路95公里，实现了村村通柏油路。招商引资、民营经济工作成绩显著。投资1200万元已建成2000平方米的储运库6个，总面积1．2万平方米，货物储存量600万吨，自2004年5月份运营到年底吞吐货物30万吨。同时投资500万元，新上榨油设备，并扩地80亩建棉花储备库一个。鸿运铸造厂同哈尔滨理工大学合作，投资500多万元，购买进口化验、检测设备，开发树脂砂铸造产品。农村产业结构调整步伐明显加快。全镇蔬菜面积2．7万亩，新建食用菌大棚100个，食用菌大棚数达500个。新建食用菌加工厂1个。六合集团投资2000万元和镇农工贸公司合作，新建的种鸭繁育基地有力地促进全镇畜牧业的发展。全镇新栽植三倍体毛白杨65万株，建设和完善绿色通道45公里。

荣成市俚岛镇

山东省荣成市俚岛镇位于山东半岛最东端，与韩国、日本隔海相望，海岸线长80华里，像一颗璀璨的明珠镶嵌在中国黄海之滨。全镇总面积108平方公里，耕地5.1万亩，下辖71个行政村、7个居委会（5个村改居、2个镇区居委会）、11个农场，总人口3.7万，其中农业人口2.9万人。2004年农村经济总收入44亿元，完成固定资产投资15.2亿元，实际利用外资3200万美元，实际利用内资2.1亿元，出口创汇1031万美元，地方财政收入1875万元，农民人均纯收入4821元。

俚岛镇环境优美，气候宜人，这里属暖温带季风性气候，夏无酷暑，冬无严寒，年平均气温12摄氏度。境内自然风光秀丽，名胜古迹甚多，独具海岸岩礁风光特色，旭日掩映，波涛澎湃，蔚为壮观。赋有古老传说的龙王辟天观日、流传千古绝唱的海神娘娘爱心石、八仙立礁炊饭的天灶、千年海浪雕琢的虎头礁和象鼻石、碧海金沙的万亩海水浴场等自然景观，令人流连忘返，浮想联翩。清朝道光年间被列为“荣成八大奇观”之一的花斑彩石，以“秀、险、奇、峻”闻名海内外，有“天下第一奇石”之称。花斑彩石风景区内亭台楼阁，廊庑回绕，石文化景观堪称一绝，中华奇石，形态各异、鬼斧神工、颇具灵性。此外，书画馆内，国家级绘画大师作品云集，流派纷呈；南极馆将中国极地考察队的装备及极地标本、图片尽现游人眼前。 崮山半岛风光秀丽，大树参天，奇石林立，倚山望海，海天一色，极为壮观。俚岛镇拥有中国最大的天鹅湖自然保护区，每年冬、春两季都会有成千上万的大天鹅从北方高寒地带飞临此地越冬栖息。

改革开放以来，俚岛镇经济和社会各项事业得到了长足发展，综合实力不断攀升，形成了工业、渔业、农业齐头并进，水产品加工、船舶修造、房地产开发和旅游三大新兴产业蓬勃发展的崭新格局。

俚岛镇是“中国渔业第一大市”——荣成市的重点渔业镇之一，拥有5家渔业公司、2处海水养殖公司、30个渔农结合村，渔业从业人员2万多人，渔业总资产20亿元。全镇80华里海岸线蕴育着丰富的天然无污染的海产资源，素有“黄金海岸”之称，盛产海参、鲍鱼、海胆、魁蚶、对虾、鹰爪虾、海带等40多种海产品，年水产品总产量20万吨，渔业总收入32亿元。全镇拥有机动渔船500多艘，其中450马力以上远洋捕捞渔船达到30对，大洋金枪鱼钓船6艘，年水产品总产量19万吨。全镇拥有现代化冷藏厂30处，年水产品加工能力20万吨，年加工出口鱼糜3.8万吨，出口鲜鱼10万吨。俚岛镇海岸线岩礁分布广，饵料丰富，发展名优精养有着得天独厚的条件。全镇现有海上各类养殖面积5万亩，工厂化养鲍、养鱼水体6万平方米，形成了以筏式养鲍、底播海参海胆、吊养三倍体牡蛎、工厂化养鱼为主导的名优精品养殖体系，已建成大菱鲆、鲍鱼、海胆、海参、贝类综合育苗等六大名优精品养殖基地。近几年来，俚岛镇先后与中国海洋研究所、中国海洋大学以及智利、法国、澳大利亚等国有关机构联姻，联合建立了4处水产品养殖和加工科研开发中心，并引进了大批专业技术人才，通过广泛的交流与合作，加快了海洋科技产品的开发步伐和海洋科技的研究、推广和转化，近年来他们相继攻克了大菱鲆、海参、鲍鱼、贝类育苗以及鲍鱼养殖等一系列技术难关，使名优养殖品种的成活率达到95%以上，鲍鱼、海参、海胆、大菱鲆等年总存养量达8000万头（尾）。

俚岛镇是全国闻名的海带养殖大镇，海带养殖面积3.8万亩，产量40万吨，约占全国海带总产量的六分之一，是山东省海洋与渔业厅确定的全省海带养殖加工示范基地。全镇海带产业基础实力雄厚，拥有海带加工流水线45条，年加工鲜菜能力在20万吨以上，以“食藻宝”、“高绿”两个品牌为龙头的海带精深加工产品已形成盐渍海带扣、卷、丝，熟干海带丝、条、片、块、海带面、海带水饺、即食海带等六大系列138个品种，先后获得中国国际农业博览会名牌产品、绿色食品和首批无公害食品等荣誉称号，远销加拿大、美国、澳大利亚、新加坡、日本、韩国、台湾等二十个国家和地区。为进一步发挥海带的资源优势，俚岛镇提出了打造“中国海带第一镇”的目标，专门设立了一处以海带加工为主导产业的科技工业园。目前，已经有来自日本、韩国及中国福建、辽宁、浙江等省市的大批客商投资的20多家海带加工和配套企业入驻，投资项目包括盐渍海带、海带粉、海带生物提取等不同类型和档次。所有项目投产后，年可增加海带加工能力10万吨，全镇海带系列产品总加工能力达到30万吨。

俚岛镇工业基础雄厚，已形成建材、化工、造船、机械、食品加工等多个产业并举的工业格局，以“映波”牌高压阀门、“荣光”牌水泥、“鲁亭”牌劳保制品、“威翔”牌彩电变压器、“美亚”牌色母粒等为支撑的名牌产品和拳头产业，具有极强的市场竞争力和竞争优势。俚岛镇是山东省国际修造船基地，俚岛湾水深、避风、腹地条件优良，发展造船工业条件得天独厚，可为10万吨以上大型船舶制造提供良好的建港条件和广阔的港前水域，目前已在俚岛港以北、俚岛湾沿岸规划了占地1万亩的造船工业区，引进了韩国伽耶重工株式会社等世界级造船企业，成立荣成伽耶船业有限公司，总投资2980万美元，每年可造船10万吨。日本名村造船、韩国三湖造船、新亚造船、韩国三井特殊工业、常石造船、荷兰安泰国际公司钻井平台制造等项目及一大批造船配套企业也多次到俚岛考察论证，准备投资造修船业及其配套生产。

俚岛镇农业资源丰富，是山东省小麦、玉米、地瓜、大豆等农作物的生产基地。近年来，俚岛镇着重发展以蔬菜、畜牧及水果为主的高效创汇型农业，培植了奶牛养殖、花生加工、林业育苗、药材种植、花卉种植等产业化龙头骨干企业15处，生产基地5处，农副产品加工基地2处。香港明丰集团投资200万美元成立的荣成红太阳花生制品有限公司、韩国独资韩林农产品有限公司建设的千亩泡菜加工基地、韩国独资时东农牧有限公司千亩黄金梨园等外资农业龙头企业已初具规模。全镇先后开发了占地1000亩的东庄绿色农业生态园、占地3000亩的德兴公司山地开发种植园、占地800亩的速生杨基地等六大农业开发园。

俚岛镇工业园位于俚岛镇镇区北部，2002年底被国家农业部正式批准命名为全国乡镇企业科技园区。园区规划起步区面积1平方公里，控制区3平方公里，目前已开发面积2200亩。园区基础设施已投入9800万元，先后搬动土石方220万方，开通4车道18米宽园区道路6公里，硬化路面4万平方米，道路两侧各15米绿化带，栽植各类高档绿化苗木4万棵，绿化面积18万平方米，镇区至工业园2．5公里路段全部实现高标准绿化，平整园区土地1800亩；建日供水3000立方米水场一处，将镇内3座水库联网供水；浆砌河道及排污沟1万米，铺设排污管道8000米，主供海水管道5000米，新建110千伏变电站一座，架设区内高压供电线路2600米，安装路灯200盏，已埋设区内有线电视、电信、联通、移动管线18000米。

工业园主要依托俚岛镇海带产量占全国近六分之一的资源优势，立足打造“俚岛——中国海带第一镇”这一品牌，将以海带加工为主的水产品精深加工业定位为俚岛科技工业园的主导产业，利用园区这一载体，大力实施特色产业招商，先后吸引22家企业入驻，总投资9．6亿元。

俚岛镇交通便利，投资环境优越。国家一级环海公路贯穿境内，俚岛港可停泊3000吨客货轮，距威海机场、火车站30公里，距烟台机场、火场站50公里，距韩国93海里，距日本174海里。所在的荣成市有龙眼港、石岛港、蜊江港三处国家一类对外开放港口，开通了龙眼港至韩国平泽港、石岛港至韩国仁川港两条国际客货航线。俚岛镇水电供应充足，商业网点众多，其中变电总容量1．8万KVA，宾馆酒店20多家，大型娱乐场所8处，形成了吃、住、游、购、娱、行为一体的配套服务体系。

俚岛镇科教卫生事业发展迅速，全镇拥有8座集教学、科研、办公于一体的教学大楼，各类专业技术人才800多人；拥有中心卫生院两处，医疗网点30多处，医疗保健事业达到了现代化水平。农民住宅实现了楼房化和别墅化，全镇拥有7个花园式别墅小区，居民住宅楼房普及率达到48%，被中国建设部确定为国家级小城镇建设试点镇。爱莲湾畔5000亩的黄金海岸，现已开发别墅式、公寓式住宅楼20多万平方米，建设了学校、医院、购物、休闲、度假、娱乐等高档次配套设施，吸引了国内外众多地区的人士前来居住，成为我国北方最具特色的滨海旅游度假区。

临朐县辛寨镇

2004年，辛寨镇党委、政府突出抓好“三大重点”，狠抓“三个关键”，以农业增效、农民增收、财政增长为工作中心，全镇经济和社会各项事业快速发展。全镇共落实招商引资项目127

个，其中投产或在建109个，总投资5.96亿元，实际到位1.9亿元。通过招商引资、挂靠联合、技术改造、群体扩张等措施，民营经济大力实施“三个一批”战略，初步形成了以地挂毯、童车、橡胶、陶瓷、食品加工、汽摩配件、木器加工等为主的一批支柱产业。山东红叶地毯集团、临朐星冠童车有限公司等3家企业年销售收入过亿元，其中规模以上工业企业发展到21家，通过采取加大科研投入、与国内技术院校合作、引进技术人才等措施，加快产品创新，全面提升产品档次，“红叶地毯”、“星冠童车”、“齐韵陶瓷”、“万宝乳业”，“津君食品”等一批名牌产品享誉国内外。山东跃马胶带有限公司的“跃马胶带”被评为山东省名牌产品，成为全县6个省级名牌之一。小城镇建设日新月异，辛寨镇被国家建设部等6部委审批为“全国重点镇”。2004年全镇实现财政总收入1521.6万元，同口径比上年增长10.9%；地方财政收入549.8万元；农村经济总收入实现20.3亿元，同比增长82.2%；全镇储蓄总额达2.72亿元，比上年增长19%；农民人均纯收入达到3886元，增长18.5%。

淄博市朱台镇

2004年，全镇实现生产总值12.86亿元，完成财政收入1903万元，社会固定资产投资2.7亿元，农民人均纯收入达5329元。农业综合开发1.3万亩，畜牧总产值7560万元。当年，朱台镇被国家建设部等六部委联合列为小城镇建设“全国重点镇”，被中国农业产业化高层论坛组委会授予“中国芦笋之乡”称号，继而被列为省级“绿色食品生产示范基地”。

济南市姚家镇

2004年，全镇实现地方财政收入1.0917亿元，同比增长17%；限额以上工业增加值完成4.82亿元，增长48.87%；工业销售收入12.5亿元，增长36.2%；出口创汇949万美元，增长33.7%；招商引资完成项目94个，注册资金5.4亿元；全社会固定资产投资81000万元，农民人均纯收入达到5508元，全镇经济保持了持续快速协调发展的良好势头。近年来，加大了城市建设和管理力度，推进城市化进程，坚持以人为本，提高农民素质和农村文明程度。全国“千强乡镇”评选中，在山东省排名第一。

胶南市王台镇

王台镇位于胶南市区北24公里处。北与胶州市交界，东与青岛经济技术开发区相邻，距青岛前湾港15公里，流亭国际机场57公里，环胶州湾高速公路、同三高速公路贯穿镇内，并在我镇设有出口，204国道、诸黄省道从镇驻地通过，区位优势明显。全镇总面积85平方公里，辖52个行政村，一个社区居委会，人口4.5万，流动人口近万人。镇驻地建成区面积达到6.3平方公里，镇区人口3.38万人。

王台镇一、二、三产业齐头并进，全面协调发展。2004年，全镇完成国内生产总值16.65亿元，地方一般财政收入5142万元，农民人均纯收入6013元。共引进外资项目23个，合同利用外资9576.6万美元，实际到位外资4855.3万美元；实际利用内资6.33亿元，其中外资过500万美元的大项目5个，内资过5000万元的大项目6个。

工业基础雄厚。全镇已形成机械制造、化纤纺织、环保设备、建筑材料、橡胶轮胎、服装加工、医疗器械和食品加工等八大行业。纺织机械产业成为特色支柱产业，喷水织机、梳棉机产销量分别占国内市场的1/2和3/4，全镇拥有各类机床9000台（套），CNC加工中心210套。全镇有各类工业企业178家，其中国家二级企业2家，青岛市高新技术企业3家，青岛市高新技术产品6个，有专利授权7件。骨干企业星火集团、东佳集团快速扩张提高。青岛星火纺机纺织集团是中国500家最大机械工业企业、青岛市县域经济十强企业，已分别在市海滨工业园、镇东工业园规划建设了纺机工业园。东佳集团企业研发中心是省级研发中心。“家庭工厂”是工业经济新亮点，全镇拥有“家庭工厂”860家，从业人员1万余人，纺机专业村26个。同春公司、华信机械、大田机械、洪鑫源机械、海佳机械等民营企业发展成规模企业，规模以上工业企业达到51家。全镇纺机产业的产值和销售收入分别占全镇工业总量的70%，全镇地方财政收入的82%和农民人均纯收入的70%来自于乡镇企业。2004年1月份被中国纺织工业协会命名为“中国纺织机械名镇”。镇东工业园已发展汽车零部件、仓储物流等产业为主，先后引进了豪瑞宗物流、三祥科技等一批高科技项目，2003年11月被青岛市政府批准设立“青岛市汽车零部件产业区”。全镇有40余家韩国、德国、日本、台湾等国家和地区的企业落户，外商直接投资1.5亿美元。

高效农业特色鲜明。以青岛（王台）高效农业示范园为龙头，探索一条高起点、高档次推进农业产业化的新路子。园区总规划面积1万亩，目前已建成高标准冬暖式大棚2032个，建成10000平方米的育苗中心、800平方米的组培中心、1700平方米的培训中心和综合办公楼、10000平方米的遮雨式钢架结构市场交易大棚，配设2套产品检测设备。新投资10万元，建设多媒体电子教室，加强农民的科技培训，增强农民的标准化生产意识。园区已累计完成投资1.2亿元，成为青岛市高效农业对外展示的窗口。被列为“山东省引智示范园”、“青岛绿色食品生产基地”、“北京市食品放心工程场地挂钩蔬菜生产基地”；“漕汶”牌甜椒、西红柿、黄瓜三个品牌被认定为国家级无公害农产品品牌，2005年8月份，“漕汶”牌蔬菜被评为全国“三绿工程”畅销品牌，是青岛市唯一获此殊荣的蔬菜类品牌。

第三产业繁荣兴旺。王台镇是历史上的商贸重镇，历史文化悠久。先后建成天龙花园等住宅小区9个，竣工建筑面积20.7万平方米。建设建材批发市场、漕汶蔬菜批发市场等专业市场2处，巩固扩大了纺机配件市场。建设了1万平米的中心绿地广场和省内乡镇一流的体育场。2004年居民储蓄余额达4亿元，小汽车拥有量较高。

小城镇建设品位不断提升。抓住2004年被列为全国重点镇、青岛市卫星镇的机遇，围绕建设繁荣、文明、生态城镇的目标，聘请省城乡设计院对城镇总体发展规划进行修编，率先完成镇区消防、环保两项省级专业规划。加大了基础设施建设投入，对黄张路、204国道及东外环、王台路等实施了综合整治工程，工业园区基础设施日趋完善。加大了规划建设执法力度，成立了城管中队和40余人的环卫大队，对镇区实施全日保洁、规范化管理。

新泰市翟镇

2004年，镇党委、政府围绕工业经济、招商引资、民营经济、特色农业四个工作重点，细化工作措施，狠抓工作落实，经济社会持续快速发展，被国家六部委联合命名为“全国重点镇”。一是项目建设取得突破。招商引资到位资金1.6亿元，国家资产投资5.4亿元，新上项目5个，全部竣工投产；二是综合经济实力增强。完成GDP总量20.3亿元，完成地方财政收入3574万元，同比增长54.6%；三是农业和农村经济持续发展。大力推进农业产业结构调整，落实中央一系列方针政策，全年新建冬暖式大棚360个，新开工水利项目54个，鲜菜产量34万公斤，产值600万元，农民人均纯收入达到3711元；四是小城镇建设步伐加快。投资300余万元，建成“村村通”公路18.4公里，对镇区进行了高标准的开发、绿化，小城镇面貌焕然一新。

兖州市新兖镇

新兖镇位于兖州市郊，全镇79个行政村，总面积86平方公里，耕地面积6.8万亩，人口8.6万人。2004年，完成地区生产总值30.76亿元，财政总收入3.2亿元，地方财政收入1.5亿元，农民人均纯收入4589元，全社会固定资产投资21.8亿元，企业销售收入85.8亿元，上交税金6.4亿元，各项经济指标均比上年有了较大幅度增长。

经济发展势头迅猛。坚定不移地实施“工业立镇、民营强镇”战略，工业经济获得长足发展。全镇现拥有各类企业216家，其中国家级企业集团2家、省级企业集团4家、中外合资企业24家，固定资产总额达80亿元。形成了以造纸、化工、冶金、医药、电子等为主的八大工业体系。计划用五年时间，培植销售收入过百亿元的企业两家、过三十亿元的三家、过十亿元的六家。其中太阳纸业股份有限公司计划到2010年累计完成投入88亿元，使浆纸产量达到260万吨，销售收入突破150亿元，利税达到30亿元，跨入世界造纸百强；银河德普胶带有限公司计划到2008年累计投资60亿元，建设“亚州一流橡胶工业基地”，销售收入达120亿元，利税突破20

亿元。大力发展以林纸产业化、畜牧标准化、粮菜优质化、基础设施现代化四大农业重点工程，全镇纸浆林面积达到 2 万亩，畜禽饲养总量达 700 万只（头）。稳步实施合村并点工作，农村城镇化进程加快。全镇已建小康楼 4000 多栋，26%的农民入住楼房。

社会事业全面进步。深入开展群众性精神文明创建活动，全镇县级文明单位达到 46 个，市级以上文明单位 12 个，创建文明一条街 120 多条。近年来，累计投资数亿元，用于发展文教卫生、社会保障等事业。实施合班并校和校舍楼房化工程，新建和改建幼儿园 45 所，建设高级中学一处，中小学适龄人口入学率、巩固率均达到 100%，组建了兖州学院，建成了从幼教到高教的现代化教育体系；收购租赁了原中国人民解放军第九十一医院，组建成兖州久益医院，为提高全镇人民医疗健康水平提供了保障；建设了省级规范化老年公寓和高标准的老年活动中心，实现了老年人“六有”目标；实施了社会救助、农民低保、劳动力转移、义务教育阶段收费减免、农村合作医疗、农业税财政返还六项利民工作，减轻农民负担，增加农民收入，调动了积极性，促进了经济社会的持续协调发展。

蓬勃发展的新兖镇，热忱欢迎各级领导视察指导，诚挚欢迎各地客商投资兴业。

文登市苘山镇

苘山镇位于文登市北部，镇政府驻西苘山村。辖 65 个行政村户，面积 103 平方公里，耕地 3234 公顷。2004 年实现工业总产值 74 亿元，农村经济总收入 9. 0032 亿元，财政收入 1. 2 亿元，农民人均纯收入 5209 元，境内交通发达，青威一级公路、桃威铁路贯穿镇区。名优产品有大疥草莓、山马干西瓜、熊胆保健品等。镇办工业主要有机械、电子、有色金属、轻工、建材、通讯器材、医药、建筑、塑料、化工等 12 个行业 100 多个系列，600 余种产品，形成了威达机床工具有限公司生产的钻夹头，佳赛体育用品有限公司生产的高档钓具，万丰集团公司的建筑机械、钢构产品等支柱产业，2004 年实现销售收入 67 亿元，利税 7. 1 亿元。农业形成了粮油、蔬菜、果品、畜牧等主导产业。粮食总产量 24677 吨、蔬菜总产量 9000 吨。招商引资又上新台阶，全年共引进投资 150 万美元或 1000 万人民币以上的大项目 20 多个，实际利用外资增长 43%。国内招商合同利用外资 8 亿元，实际到位资金 5.2 亿元。有中学 1 所，小学 6 所，在校生 4755 人。计划生育率达 100%，人口自然增长率-0. 09‰。

肥城市石横镇

石横镇位于泰山西麓、肥城市的西北部，是我国春秋时期著名史学家、文学家、鲁国左史左丘明的故里。全镇辖 37 个行政村、6 个居委会，建有石横发电厂、石横特殊钢厂、查庄煤矿等九处国有大中型企业，人口 8. 8 万，总面积 92 平方公里。改革开放以来，在党的方针政策指引下，通过全镇上下的不懈努力，石横镇发生了深刻的变化，经济持续快速增长，人民群众生活已达到小康水平。2004 年，全镇实现国内生产总值 34. 7 亿元，地方财政收入突破 3000 万元，农民人均纯收入 4233 元，各项指标完成情况均居全市前列，夺得“全市经济工作优胜单位”，镇党委被评为泰安市“五个好”乡镇党委。

“小城镇、大战略”。近年来，石横镇始终把城镇建设作为经济建设的载体平台来打造，坚持按照一个县城的框架标准规划建设，按照一个县城经济的思路和招数谋划布局，先后邀请清华大学、同济大学、山东建工学院、山东省规划设计研究院对城镇发展进行超前研究、科学规划，确立了建设现代化工业科技型小城市的目标。在城镇建设上，适应新形势，坚持用市场化手段运作城镇建设，用经营城镇的理念来发展城镇，形成了以政府投入为先导，房地产经营开发为带动，多元化投资、多主体建设的良好局面。组建了城镇管理综合执法大队，健全了各项规章制度，实现了城镇管理法制化、日常化。开展了“平安石横”、“诚信石横”、“卫生石横”等创建活动，增强了居民的文明意识，加快了城市化进程。

2004 年，共完成城镇建设投入 1. 3 亿元，重点加强了绿化、美化、亮化，房产开发、道路和公共服务设施建设，构建起了“五纵八横，四园四区”的主体框架，城市品味大大提升。一个新而强、富而美的现代化小城市雏形已经形成。

被评为全国小城镇建设项目示范基地，为

石横小城镇发展提供了难得的历史机遇。石横镇党委、政府将与北京诚信诚用企业管理有限公司、中铁二局集团有限公司等有关各方密切协作，共同把石横建成布局合理、经济繁荣、生态良好、特色鲜明的现代化工业城市。

邹平县魏桥镇

2004年，魏桥镇实现工农业总产值143．8亿元，地方财政收入1．4亿元，农民人均可支配收入4596元，城镇居民人均纯收入10000元。大力实施工业强镇战略，加大招商引资力度，民营经济实现新突破，初步形成以造纸、纸制品加工、油棉加工、机械制造为主导的工业框架。全镇共引进资金11．7亿元，完成百万工程项目30个，其中过亿元的项目2个，过5000万元的项目3个。农村经济稳步增长，“投入、调整、转移”力度不断加大，“三农”工作得到加强，全年用于农业的投入达1000多万元。实现粮食总产3．4万吨，棉花1．9万吨，林果畜牧优势日益明显，农业结构明显优化。编制完成林业生态镇建设规划，绿化造林4950亩，全镇森林覆盖率达14.5%。向非农产业和城镇转移劳动力4000人。第三产业蓬勃发展，镇驻地人口达7．8万人，各类从业人员13000人，经营业户突破3000家，建成6大商贸区，年营业收入10亿元。加快城镇建设步伐，实现了由省级中心镇向国家级重点镇的跨越，全年用于城建工作的投资达1.87亿元，完成小城镇建设“百件实事”工程13项，城区面积由13．5平方公里扩大到现在的16．8平方公里，文明建镇成效显著，国家级文明镇建设稳步推进。教育、卫生、计划生育等各项社会事业全面发展，人民生活水平不断提高。

定陶县定陶镇

定陶县定陶镇现辖42个行政村、6个社区、173个自然村，总面积93．77平方公里，总人口11．42万人。2004年，镇党委、政府在上级党委、政府的坚强领导下，在突破菏泽战略的强力推动下，牢固树立科学发展观和正确政绩观，立足本镇实际和优势，抢抓发展机遇，实施重点突破，保持了经济社会持续快速协调健康发展，实现了年初确定的“三二二三”目标。全镇社会固定资产新增投资3．6亿元，比上年增长30%以上；工业企业发展到60余家，新增20多家；规模以上工业企业发展到12家，新增2家；个体工商户发展到4095户，通过经济普查，两年新增1600余户；工商税收达到2296．9万元，按可比口径增长58%，连续5年每年增收500万元以上；自营进出口企业发展到13家，外贸出口创汇突破2000万美元，增长了7倍；农民人均纯收入3266元，比上年增长20%以上；市内二、三产业新增就业人员3000人。教育投入200多万元，对7处定点小学进行建设改造；乡村公路新建通车14条，总长57．8公里，提前实现村村通工程目标。全镇政治稳定，社会安定，没发生一起集体越级上访事件、群体恶性事故和重大治安事件。

平邑县平邑镇

平邑镇地处临沂市西大门，是县城驻地镇，总面积220平方公里，耕地11万亩，辖90个行政村居，18．8万人。平邑地理位置优越，交通四通八达。327国道、日东高速公路、兖石铁路及5条干线公路交汇穿城而过、电力、通讯、网络基础设施完善，矿产资源和农副产品资源极为丰富。2004年全镇实现财政收入3001万元，农民人均纯收入达到3252元，引进招商项目28个，实际利用外资1．8亿元，规模企业达到45家。

我镇在招商引资工作中，进一步创新招商思维，完善招商方式，明确招商重点，按照“龙头企业拉动，配套企业跟进，产业集群发展”的产业链招商思路，立足我镇优势产业，围绕建材、造纸、机械加工、食品加工等四大产业依托，每招一个产业，产品、配套产品集群落户，发挥聚集效应，以兴建园区和市场建设为重点，构造招商载体，优化招商环境，发挥浚河新城开发区的辐射作用，以镇办工业园为依托，带动山东沂蒙石材城、白马石材园和民居石材园连片开发；该镇把2004年定为市场建设年，分别投资3000万元扩建沂蒙石材市场，投资4000万元兴建金桥商贸城，目前已完成基础设施建设。

平邑镇优越的交通条件和丰富的水利资源，为该镇农业发展、农民增收奠定了坚实的基础。该镇坚持用工业理念谋划农业，以市场为导向，大力发展城郊农业，借助县城这一巨大消费市场优势，围绕扩大畜牧、稳定粮食、优化林果园，着力打造大菜园的思路，构建县城“米袋子”、“肉篮子”、“菜园子”，建龙头，带基地，发展主导产业，巩固发展总面积达3．5万亩国家级无公害“莲花山”牌土豆及1万亩生姜、1万亩大蒜、1万亩西瓜四大产业基地，同时建起了以宏达食品厂为龙头的10大畜牧肉食加工厂，为转化农民、减少农民、促进农民增收、农村繁荣和财政增长奠定了基础。

沂水县沂水镇

沂水镇辖15个社区，80个行政村，常住人口10万人，流动人口7万人；实现工农业总产值67．5亿元，财政收入1．32亿元，人均ＧＤＰ37700元。农（居）民人均收入4058元。建成区面积23．5平方公里。镇区绿化覆盖率达35%，人均绿地面积10．08平方米。沂水形成了以轻工业、旅游业为主的产业结构：工业有食品、布鞋、液压油缸，造纸印刷、建筑建材五大支柱产业。年产饼干、方便面、糖果及肉制品等产品300万吨，布鞋近亿双，液压油缸、液压动力机、钻机300多万台套，成为全国最大的液压油缸生产基地，并被中国地区发展促进会授予中国食品城、油顶城、布鞋城称号，多种产品被评为部级、省级名牌产品。旅游业发展了以国家ＡＡＡ级雪山彩虹谷为主的七大功能区，90多个景点，2004年共接待游客60多万人。制定环境规划，加大治污力度，使工业废水排放达标率达100%，工业废气排放达标率达100%，生活污水集中处理率达80%，生活垃圾处理率达95%，争创了山东省级环境优美乡镇。在全国率先创建了ＩＳＯ9001党务工作质量管理体系认证工作。

临清市烟店镇

2004年，烟店镇政府高举邓小平理论伟大旗帜，坚持以“三个代表”重要思想和十六届三中、四中全会精神为工作指针，认真落实科学发展观，坚持实事求是、解放思想、团结拼搏、真抓实干，加强内部人事改革，调动了广大干部的工作积极性，实现了全镇社会稳定、经济繁荣、事业振兴的良好局面，圆满完成了上级安排的各项工作任务。2004年，烟店镇共完成固定资金投入4．8亿元，比2003年增长了2．3亿元；完成新建项目63个，扩建项目64个；完成工商税收1800万元，财政收入1180万元，分别比2003年同期增长51%、42%。

一、立足优势，真抓实干，做强做大主导产业。

烟店镇拥有全国规模最大的轴承专业批发市场，全国各大轴承企业均在此设有直销处或分公司。2004年7月，镇政府再次投资5000万元对轴承市场进行第三期工程建设，投资3000万元完善了市场配套设施建设，共建成楼房门店3100套，实现市场建筑面积26．7万平方米。现市场集中上市业户2万余人，年交易额20亿元，经营型号万余种，产品销往全国及亚欧二十多个国家和地区。目前，烟店镇轴承加工业户共有2600多户，轴承加工企业有200余家，能生产加工8000多种轴承，有效地带动了临清市及周边地区的经济发展，形成了以烟店为中心，涵盖潘庄、唐园、八岔路三个乡镇的产业集群，使轴承成为临清市三大支柱产业之一。

二、大力发展轴承企业，促进经济快速发展。

镇政府坚持以经济建设为中心，依托轴承市场，大力发展轴承企业，促进经济快速发展。创新招商机制，采取多种方式开展招商引资工作，激活企业内部活力，借助外力加快发展。2004年共引进外资2．2亿元，招商引资项目32个。实现企业品牌化经营，同时鼓励有经济实力的工商户投资建厂，继续扩大企业规模。截至年底，全镇企业注册率达99%，知名品牌有十几个。加大对企业主和从业人员的培训力度，全面提高他们的管理水平和生产技能，共培训5580多人次。2004年全镇新上投资50万元以上的轴承加工项目53个，扩建项目64个，其中投资500万元以上的项目38个，促进了全镇经济快速发展。

三、调整产业结构，大力发展农业。

烟店镇政府立足烟店实际，因地制宜、因时制宜地狠抓了农村产业结构调整，推广“协会+基地+农户”的新型经济模式，积极推广抗虫棉种植3000多亩，形成了鲁西规格最大的优质抗虫棉育种基地；发展速生杨5000多亩，形成了鲁西北规格最高的速生杨基地；发展其他经济作物面积达 2 万亩，实现了农业发展历史性突破。

四、加快城镇建设步伐，努力构建和谐社会。

在改革开放新形势下，镇政府结合实际加大投入，扩大小城镇建设规模。2004 年 5 月投资 3000 万元在卫生院旧址建成了一座大型综合商贸市场，以经营服装、日化、百货、农产品为主，建筑面积 4．6 万平方米，投资 1000 多万元使镇区基础设施日臻完善。修建道路 20 多公里，“村村通”工程全部完成，实现了道路硬化率 100%；新建 110 千伏变电站一处，完成了配套工程建设及全镇电网改造；镇区全部安装了路灯；镇区修建了高标准排水管道 6．5 公里，实现了供排水配套；全镇集中供水率达 100%，有线电视入户率 100%，人民群众的生活环境有了很大必善，同时搬迁了地税、邮政、医院等服务部门，实施镇直部门一条龙服务工程，为经济步入发展快车道搭建了平台。

五、各项事业快速发展。

2004 年，镇政府积极贯彻落实《九年义务教育法》，继续加大教育投入，使教育事业蓬勃发展。同时加强了医疗卫生和劳保工作，企业职工及部分农民积极加入养老保险；全镇农民均参投了新型农村合作医疗，人人享有初级卫生保障。其他各项事业也都呈现出蒸蒸日上的局面。全镇实现了经济和各项事业同步发展，加快了和谐社会构建步伐。

莱州市沙河镇

2004 年，全镇实现国内生产总值 19．18 亿元，完成地方财政收入 3069 万元，实际利用外资 655 万美元，引进内资 1．23 亿元，出口创汇 1050 万美元，社会固定资产投入 6．07 亿元，农民人均收入 4598 元。同年，沙河镇被国家建设部等六部委联合列为小城镇建设“全国重点镇”。

河南省

洛阳市工农乡

曾蝉联两届“中国乡镇之星”的工农乡，位于洛阳市城区西部，与十余所科研院所、大中专院校和国有大中型企业相毗邻，为典型的“都市村庄”，总面积 14 平方公里，辖 13 个行政村，人口 3．3 万。

近年来，全乡人民在历届党委、政府的正确领导下，按照科学发展观的指引，紧紧围绕经济建设这个中心，把发展作为第一要务，把全面建设小康乡作为奋斗目标，正确处理改革、发展和稳定的关系，使全乡经济建设和各项社会事业蓬勃发展，走出了一条政治稳定、社会进步、经济繁荣、科教兴旺的乡村建设新路子。2004 年全乡完成社会生产总值 186600 万元，完成乡镇企业总产值 106628 万元，完成营业收入 10306 万元，实现利润 6987 万元，按新口径计算，完成财税收入 7080 万元，完成固定投资 82000 万元，农民人均纯收入 5850 元。经济建设继续保持了持续、健康、稳定、快速的发展势头，综合经济实力在全市 157 个乡镇中位居第一。

在经济快速发展，人民日渐富裕的同时，工农乡的各项社会事业也是硕果累累。基层组织建设进一步巩固，社会政治日趋稳定，社区建设取得突破性进展，村镇建设管理水平不断提高，城乡环境明显改善。人口与计划生育工作取得新的成效，群众文化生活日益丰富。工农乡先后获得国家、省、市多项荣誉，多次被授予“全国民政工作全优乡镇”、“全国计划生育先进单位”、“河南十佳乡镇”、“文明乡”、“小康乡”、“六好乡镇党委”、“创建省级文明单位达标单位”、“发展民营经济先进乡镇”等称号。

一、全面落实科学发展观，经济建设不断取得新成就

工农乡始终坚持科学的发展观，解放思想干事业，与时俱进求发展。一是大力实施企业改制，使乡属工业企业获得新的生机与活力。从现代产权制度改革入手，使改制后的企业真正成为产权清晰、责权明确、自主经营、自负盈亏的经营主体，使老企业获得了新生。二是依托高新技术提升传统工业。引导企业加大科研开发力度，提高产品的科技含量，不断增强市场竞争力。浅井头聚酯切片公司投资开发了新一代水溶性切片，居世界领先水平，使产品科技含量增大，在价格上涨 5 倍的情况下，产品仍然供不应求，彻底扭转了局面。三是充分利用地域优势，大力发展第三产业。珠江南路商业街、金梦国际家俱城、同乐

建材市场等一批商贸设施经营活跃。房地产业发展势头强劲。投资2.3亿元开发建设了一期占地500余亩的中原物流中心，成功举办了规格高、规模大、影响深远的首届全国旅游商品交易博览会和中国国际鞋业交易博览会，产生了良好的社会和经济效应。目前，已定位为中国国际鞋业城，300余家鞋业经销商正在陆续入驻，将把中原物流中心打造成豫西地区最大的鞋业中心。四是招商引资成效明显。采取走出去，请进来，建立激励机制等方式积极开展招商引资工作，仅2004年就引入资金15.27亿元。五是抓住洛阳市工业强市的发展机遇，打造占地5500余亩的科技工业园区新的经济增长点。建成后的科技工业园区将是一个投资环境优良、配套设施齐全、管理水平一流、生态环境良好，集生产休闲、观光娱乐为一体的多功能现代化园区。目前，科技工业园投资2000万元的基础设施建设已竣工，已与8家企业签订了正式协议，不日即可全面开工。投入使用后，将从经济总量上再造一个工农乡，推动工农乡经济实现跨越式发展。

二、基层组织建设更加巩固，群众生活水平不断提高

"火车跑得快，全靠车头带。"工农乡所取得的成绩，得益于有一个团结务实，勤政廉洁的领导班子。班子成员认真实践"三个代表"重要思想，坚持以科学发展观统揽工作全局，对工农乡的未来有着清晰的思路，牢牢把握正确的方向，使全乡的发展始终在良性轨道上运行。班子坚持两会一课等制度，重视学习新的理论知识，不断提高政策理论水平和执政能力。班子作风扎实，工作务实，扎扎实实为群众解难事、办实事、做好事，解决了许多关系群众切身利益的实际问题，切实做到了情为民所系，权为民所用，利为民所谋。班子成员担负着全乡改革、发展、稳定的重任，尤其是基层事情繁琐，工作又苦又累，但他们廉洁奉公，严于律己，认真落实党风廉政建设的各项规定，从不搞任何特殊化。班子坚持政务公开，专门制作了政务公开电子显示屏，随时接受群众的监督。

在搞好自身建设的同时，乡党委、政府狠抓村级组织建设。乡党委、政府善于选人用人，大力培养"双强"党员干部，选拔群众威望高、综合素质好、公道正派的同志担任村党组织书记。乡党委、政府高度重视村民民主自治工作，严格按照《村委会组织法》，精心组织，周密安排部署，使各村村委会换届工作均顺利进行，一批"能人"走上了村委领导岗位。乡党委、政府加强了对各村班子的指导、考察与监督力度，强化对村两委干部的教育培训，健全和完善村务公开和民主管理制度，充分发挥村民议事小组、监督小组、村民代表会议的作用，发扬基层民主，坚持"一事一议"和重大事项集体决策，置广大村干部于群众监督之下，提高村民参政议政的能力和水平，增强了干部干事创业的自觉性，使基层组织的战斗力、凝聚力明显增强，战斗堡垒作用日益突出，走出了一条与自身实际紧密结合的独特的发展经济与民主管理的新路。工农乡村级民主政治制度的完善和村级管理水平，在全市都是罕有其匹的。群众从中得到了明显实惠，生活水平有了显著提高。全乡大部分村都实行了村民退休制度，统一为村民办理家财保险、人身保险、独生子女婚嫁保险，统一安装有线电视，村民子弟入学、入托、就医实行免费或补贴，对考入重点高中及大中专院校的学生实行奖学金制度，每年组织村民外出旅游观光，每月按人口给村民发放工资或实物，逢年过节发放生活补助费及节日礼品，使全乡群众都生活幸福，安居乐业，无后顾之忧。

三、社会政治和谐稳定，法制进程逐步加快

乡党委、政府始终把社会治安综合治理工作作为重中之重，纳入重要议事日程，常抓不懈。以创建安全文明村为载体，以加强基层基础工作为重点，完善了各项规章制度，充实了综治工作队伍，强化警务区建设，健全综治治安网络，全面开展"人防"、"物防"和"技防"工作，24小时接受群众求助举报，治安应急应变能力不断提高，有效地减少了各类案件的发生。加强了对流动人口的管理、服务，取得了成功的经验，全乡流动人口引发的治安案件大幅度下降，被称为"南村模式"在全省推广。采取疏堵结合，标本兼治的方法，使矛盾及时化解在萌芽状态。以预防控制越级重访，大规模集体上访为重点，开展对群众重复信访问题的专项治理，使信访案件和不安定因素全部妥善解决，保持了社会政治大局

稳定，被评为全省综合治理工作先进单位。

积极推行法律服务进社区，入楼院，入家庭活动，广泛开展法律法规的宣传教育，尤其是把能否依法行政作为衡量干部素质优劣的重要指标，使“用法律说话，依法律办事”在工农乡成为一种时尚，干部群众的法制观念和依法办事能力普遍增强，依法治乡工作取得新成效。

四、村镇建设力度加大，都市村庄树立新形象

工农乡因其“都市村庄”的特殊地理位置，城市管理难度大，任务重，但工农乡党委、政府历来把此项工作目标与城市区看齐，进行高标准的城市化管理。先后重拳出击开展了市容环境卫生、占道经营、店外经营、户外非法广告、居民小区环境、露天烧烤等10余项专项整治活动，收到了明显实效，使群众居住生活环境明显改善。重点抓了辖区内主干道、城市入口处、城乡结合部、集贸市场等部位的环境治理，提升了都市村庄品位。近年来，洛阳市基础设施重点工程建设高潮迭起，工农乡先后为市重点工程洛浦公园建设、西出入口道路打通、亚世广场建设、中州路改造、南昌路整治改造、景华路改造、西苑路改造、牡丹路改造、联盟西路打通、凯旋西路打通、涧河截污整治等几十项工程建设作出了重大贡献，配合完成了拆迁、安置、美化、绿化、彩化、亮化等工作，被市委、市政府评为“支持城市基础设施建设先进单位”。据粗略计算，工农乡近年来在城市建设上直、间接投资近2亿元人民币。

在城市建设加快的同时，工农乡的村庄面貌也随之发生了明显改善，与城市日益融为一体。工农乡加快了旧村改造步伐，大手笔、高规格建设了许多农村社区，其中有2个被评为国家级先进，先后迎接中央及省部级领导视察和各级媒体采访50余次，极大地提高了工农乡美誉度。此外，工农乡还自筹资金140万元，修通了连接310国道的“富民大道”。投资500万元对西三村道路进行了硬化，彻底改变了西三村面貌。加强了全乡环卫基础设施建设，对旱厕进行了水冲改造。加强环卫日常管理，每年投资520万元，投入人员800余人，对生活垃圾做到日产日清。加大环境保护力度，在发展工业经济引进项目上，牢固树立科学发展观，坚决杜绝高污染、高能耗的项目，实现了环境、资源与经济协调发展。

五、计划生育效果明显，社会各项事业齐头并进

工农乡积极探索属地化管理新路子。加强硬件设施建设，新购进3台B超机，一台波姆光检查仪。建立、健全计生管理与服务网络，提高计生综合管理水平，认真落实各项奖励政策，使群众生育观念逐步转变。创立流动人口管理的“南村模式”被在全省推广，逐步完善了“属地管理，单位负责，村民自治”的管理机制，推动了计生工作由管理型向服务型转变。三年来，全乡政策生育率、统计符合率均达到100%，人口自然增长率在2．23‰以内，远远低于同等条件乡镇，在省、市、区20余次考核、评估、调研中均获得好评。

工农乡扎实开展农村特困户救助工作，建立了扶危解困的长效机制。筹集10余万元，开展送温暖活动，解决了困难群众燃眉之急。筹集危房重建资金60余万元，使受灾的村民全部按期搬入新居。年计发放低保金50万元，对低保户做到了应保尽保。高度重视教育事业，不断加大教改力度，推进素质教育，辖区适龄儿童入学率及保持率达100%，义务教育普及率达到100%。认真开展平坟扩耕和殡葬改革，平坟率和火化率达到100%，因成效明显，被评为“全市殡改工作先进单位”。工农乡加大对卫生事业的投入，完善了乡、村预防保健体系，在提高群众生活水平的同时，不断提高群众健康水平。在2003年的抗击非典斗争中做出了突出贡献，被市委、市政府授予“抗非先进集体”荣誉称号。

工农乡仅西三村有少量耕地，但他们并没有因此轻视“三农”工作，而是深入进行农业结构调整，使良种普及率达到100%；加大农田基础设施建设，投资20余万元完成了“西水东调”工程，解决了退耕还林及部分群众吃水难问题；投资5万余元，为尤东村新打机井一眼，使300亩土地变为水浇地；投资10万余元，为农业村购置了秸秆粉碎机和玉米播种机等机械，提高了农业的机械化水平，减轻了农民劳动强度。认真落实农村税费改革及各项配套政策，严格按规定免除农业税，使全乡农民负担为零。加强农民教

育和技能培训，加大了劳务输出力度。认真开展清欠农民工工资工作，切实保护务工农民的合法权益，实现了农业增效，农民增收。

六、精神文明建设成效显著，群众文化生活日益丰富

工农乡在物质生活丰富的同时，丝毫也不放松精神文明建设。乡党委、政府提出了“以硬件建设为依托，以各种创建活动为载体，以提高全乡党员干部和人民群众的思想道德和科学文化素质为目的”的指导思想，确立了引导全乡由农业文化向企业文化转变，由村办文化向社区文化转变，由乡村文化向都市文化转变的思路，使全乡的精神文明建设不断向高层次、纵深化发展。首先，我们舍得投资，狠抓硬件设施建设。乡机关和各村都建立了文化活动室、图书室、活动中心，各村还建成了功能全、档次高的文化大院，总面积达1 0000多平方米，全乡拥有各种图书4 0000册，购置活动器材800多件，成立各种文艺宣传队48个，建立电教室24个。近年来，乡、村两级仅此项已投资近500万元。其中七里河村和兴隆寨村的文化活动中心，层次高、功能全、设备先进、环境优美，为村级同类机构中罕见。

其次，经常举行各种文化活动，积极探索和大力推进新形势下农村精神文明建设。深入开展“道德规范进万家，诚实守信万人行”活动，经常组织各种形式的文化娱乐与宣教活动，调动群众参与的积极性与创造性。七里河村自编自演的节目在省、市举办的文艺汇演中多次夺魁。

再次，加大了精神文明创建力度。全乡文明新人、文明新事，文明单位层出不穷。近年来，共创建市级文明村10个，区级文明村3个，全国优秀文明物业管理小区1个，全国文明社区示范点1个，市级文明单位12个，乡机关被评为创建省级文明达标单位。全乡评选“十佳百星”个人208名，五好文明家庭达到5800户，占总户数的85%。人民群众的精神风貌和社会风气大为改观，一种浓郁的极具工农特色的都市文明已悄然形成。

由于工农乡所取得的巨大成绩，党和国家及省部级领导周永康、刘云山、陈奎元、邓朴方、李学举、李克强等先后到工农乡视察，对工农乡的工作给予高度评价，但工农乡在成绩面前并没有陶醉止步，而是以与时俱进、奋发有为的精神状态，按照党的十六大提出的全面建设小康社会的目标，以中原物流国际鞋业城和涧西科技工业园建设为龙头，带动全乡商贸、机电、化工、房地产、市场建设、餐饮服务等行业迅猛发展，一个民主、富裕、文明的百星乡镇正在与时俱进，谱写新的辉煌篇章！

伊川县城关镇

2004年，城关镇国内生产总值达8.57亿元，地方财政一般预算收入完成2205．8万元，农民人均年纯收入达到2800元。发展非公有制经济。全镇现有中小型企业450家，个体工商户3500多家，从业人员25500多人。年产值超千万元的企业20个，超500万元的企业32个。年产值超亿元的村有5个，超千万元的村15个。全镇共有出口创汇企业50余家。以瑶湾工业区为基地的鑫豫金刚砂集团，是全国五大金刚砂基地之一，年出口创汇3800万美元，产品远销美国、日本、韩国、香港等10多个国家和地区。发展第三产业。镇域内餐饮业150余家，其中投资500万元以上的大酒店15个，商业1200余家；交通运输业现有货、客车共1200余部；服务业500余家，从业人员1．5万余人。完成产值6亿元，占全镇非公有制经济的36%，占全镇锐收的35%。农业综合开发完成中低产田开发改造1500余亩，发展城郊型农业，形成了千亩千棚的规模；投资900余万元用于农业生态园区建设。村村通路情况涉及13个村，累计总长15公里，总投资180余万元的6条通村公路全部建成投用。2004年，用于社会保障和抚恤救济类的财政资金支出达31．76万元。完成社会保障费征缴14．45万元。建立了农村特困群众救助制度，累计为469户613人发放救助金9．195万元。在科教文卫方面，中小学D级危房改造共实施危改项目13个，完成投资65．5万元，成为全县第一个消灭D级危房的乡镇。有5个村级“文化大院”相继建成投用，群众文化生活更加丰富多彩。计划生育出生率控制在9．74%以内，计划生育率达99%，综合节育率达89．36%，出生统计符合率达100%，人口自然增长率4．95‰。

太康县逊母口镇

逊母口镇位于太康县城西15公里，地处豫东平原，总面积89．7平方公里，总人口6．7万余人。2001年，全镇工农业产值4．2亿元，财政收入348万元，农民人均纯收入达到2095元，综合经济实力位居太康县和周口市前列。1996年被确定为原周口地区综合改革试点镇，1998年被确定为河南省综合改革试点镇。

逊母口镇历史悠久，人杰地灵。国家二级公路和许郸地方铁路东西贯穿，交通十分便利。这里土地肥沃，物产丰富，是太康县的粮食生产大镇，周口镇棉花生产十强乡镇。

逊母口镇镇区现有建成面积1．5平方公里，镇区内文化、卫生、教育、交通、电力、通讯、金融、商贸、食宿娱乐等设施齐全，开通了程控电话和有线电视，建立了移动通信基站和变电站。

逊母口镇经济发展迅速，种植业灌溉系统完善，科技服务网络健全；逐步形成了规模养殖、全面发展的新格局；果林业以发展经济为主，现有各种果树4500亩，年产干鲜果品300多万公斤；食用菌生产建成了规模较大的生产、加工基地，形成了特色经济，被河南省食用菌协会授予“食用菌之乡”的称号；乡镇企业的主要产品有三辰税控燃油加油机、城市垃圾集运设备、颗粒饲料机等，销往全国和十多个国家和地区；商贸流通活跃，镇区现有工商户800余户，初步形成了工业品、蔬菜、牲畜交易、木材家具、交通运输五大市场。

目前，逊母口镇集镇面貌正在发生日新月异的变化，投资环境日臻完善。逊母口镇领导班子精诚团结，具有强烈的开拓创新意识。欣欣向荣的逊母口镇热诚欢迎各界朋友的到来！

淇县朝歌镇

该镇的在招商引资、项目建设和镇域经济实现了跨越式发展。2004年招商引资签约金额达到1．9亿元，到位资金6607万元，全镇限额以上工业总产值达到3．65亿元，全镇财政收入达到564万元。

交通公路、城镇建设成为新亮点。完成了镇区主干道改造建设任务，实现了镇区“六横三纵”的格局；加强了城区基础设施建设，完善了城市功能，做到了“一路一景”，实现了绿化、美化、亮化。

农村集体经济、群众增收实现新突破。2004年全镇农村集体经济收入增加120万元，达到670多万元；全镇畜牧总值完成17600万元；积极培育群众致富项目，大力发展劳务经济，农民人均纯收入达到3200元，增收11%。

全镇大局稳定，综合治理成效显著。全镇未出现一起集体越级访，没有一起市县交办的案件。无大刑事治安案件发生。

党员干部作风进一步转变。开展了“村情民意恳谈会”活动，有郊地转变了干部作风，增强了干部的服务意识。“村情民意恳谈会”、便民服务中心等典型做法先后在中央电视台新闻联播、人民日报、中原焦点等新闻媒体上进行了专题报道。

精神文明建设和社会各项事业全面发展。以“道德规范进万家”、“诚信在淇县、道德伴我行”和“创建诚信村镇、争做诚信农民”活动为主线，开展了一系列的诚信教育和道德教育活动，使精神文明建设工作充满了生机和活力。

光山县城关镇

2004年，城关镇党委、政府突出特色农业，深化企业必革，大力发展非公有制经济，全力招商引资，加快城镇化进程，开拓创新，扎实工作，取得了较好的经济和社会成就。全镇完成国内生产总值30088万元，农业总产值8560万元，工业总产值完成19741万元，其中限额以上工业产值8600万元；工业增加值5909万元，其中限额以上工业企业增加值2300万元；非公有制经济总产值33168万元，增加值9912万元，完成入库税金734万元，新发展个体工商户273家，新发展私营企业4家。财政收入完成1313万元，其中地方财政收入999．5万元，农民人均纯收入达到2410元，全社会固定资产投资完成5460万元。教育事业健康发展，“普九”顺利通过省政府验收，教学水平多年一直高居全县第一。计划生育工作取得新进展，在省市县年终考评成绩突出。社会治安坚持以“打防结合，预防为主”的方针，不断完善创新工作机制，努力打造和谐稳定的社会环境和公正高效的法治环境。市政建设成效显著，规划2200亩的森林公园，已投资800万元完成一期1200亩的工程建设，由城关镇承建的全县重点建设项目，占地200亩的羽绒大市场一期工程已开工建设；规划占地200亩的光山县家县市场，正由城关镇筹建；城镇居民收入稳步增长，民政福利及社会劳动保障等各项事业全面发展。

镇平县城关镇

镇平县城关镇位于镇平县城区，是全县政治、经济、文化中心。总面积12平方公里，总人口9．8万人，其中农业人口1．95万人，现辖5个村，63个村民小组，15个社区居委会。

近年来，城关镇党委、政府坚持“抓招商引资建工业强镇，抓市场开发建商业大镇，抓社区服务建文明新镇，抓财源培育建财政富镇”的工作思路，实现了经济发展的新突破。目前，全镇非公有制企业已达3977家，建成专业市场8个，工贸小区7个，形成了玉雕、地毯、服装、建筑建材、交通运输、三产服务业等六大支柱产业。其中该镇1992年建成开业的镇平珠宝玉雕大世界成为河南省南阳市西线旅游重要景点，境内的彭雪枫纪念馆也是远近闻名的旅游景点之一。2004年全镇国内生产总值完成6．7亿元，乡镇企业总产值10．8亿元，地方财政收入完成1171．7万元，主要经济指标连年名列南阳市各乡镇前茅。

新乡县七里营镇

2004年，七里营镇完成工农业总产值29．8亿元，上缴国家税金6500万元，实现地方财政收入2390万元，农民人均纯收入3352元，综合经济实力居省市前列。新型工业化进程不断加快，形成医药、造纸、机械三大主导产业，医药行业是全国最大的肌苷生产厂家和全国最大的青霉素原料药生产基地之一。造纸业是全省最大的造纸工业基地。机械行业中漆包线规模和技术居全省先进行列。农业产业化格局初步形成，已形成三大农业基地和三大农业园区，种子产业化基地被定为国家小麦工程技术研究中心七里营种子产业化基地，无公害蔬菜基地是河南省无公害蔬菜标准化生产示范基地，菜椒产品已获无公害农产品标志，取得了进京许可证。小城镇建设规划科学、环境优美、设施完备、功能齐全，是全国小城镇综合改革试点镇，是国家体改委确定的“新乡县全国小城镇综合改革试验区”的重要组成部分。

汤阴县城关镇

城关镇地处县城，京广铁路、107国道、京珠高速公路穿越南北，汤濮铁路、壶台公路横贯东西，交通四通八达。城关镇辖16个村，5个街道办事处，1．1万亩耕地，6．4万人。2004年，镇党委、政府坚持以经济建设为中心，充分发挥区位优势，大力发展乡镇企业，全镇已经形成医药化工、塑料制品、服装纺织、彩印包装四大支柱产业。2004年，全镇实现工业产值4．8亿元，实现财政收入723．8万元。综合经济实力位居安阳市第7位，位居全县第一。

淇县高村镇

2004年，高村镇以“稳定才能保发展，发展才是真政绩”为指导思想，开拓创新，扎实工作，推动了全镇经济和各项社会事业的持续快速健康发展。在发展经济上，不断建立健全招商引资优惠政策，完善招商引资机制，打造经济发展平台，大胆走出去，请进来。2004年工业总产值完成3.8亿元，较2003年增长18%，新增100万元以上私营企业11家，其中300万元以上企业10家，限额以上工业实现利润420万元，上交税金470万元。认真落实中央1号文件精神，加快农业结构调整步伐，积极为农业增产、农民增收搞好服务。农业总产值达到1．57亿元，比2003年增长9%，粮食总产量达52884吨，新建500亩玫瑰庄园公司一家，优质粮食面积达到5．2万亩，完成食品安全关键技术应用核心区1．1万亩，示范区2．2万亩，经济作物种植面积达到1．42万亩，新建和完善林网4万亩，退耕还林4000亩。畜牧业以布局区域化、产业化为目标，逐步建成了饲料加工、蛋鸡养殖、生猪养殖、肉鸡养殖4个专业畜牧基地，全镇逐步走上产业化轨道，2004年全镇畜牧业总产值达到2．01亿元，2004年农民人均纯收入达到2900元，比上年增长12%。在小城镇建设上，顺利完成国家级重点镇申报工作。贯穿镇域南北的大骑线、高西线和东西的省道浚南线建设顺利完工，镇区人口达到1．4万人，二、三产业从业人员达到8580人。

柘城县城关镇

城关镇地处豫东平原，是全县经济、文化中心。总面积11．6平方公里，共有耕地3810亩，辖9个村、12个街道办事处、12个居委会，总人口62500人，农业人口14300人。

近年来，城关镇紧紧抓住经济建设这个中心，以改革总揽全局，以乡镇企业、第三产业、农贸市场为三大支柱产业，使全镇一年上一个台阶。2004年，全镇乡镇企业总产值达6．9亿元，上交税金660万元，财政收入530万元，农民人均年纯收入12805万元，人口自然增长率4．7‰。

乡镇企业蒸蒸日上。全镇现有村办、联办、服装、个体企业共344个，其中产值在千万以上的企业22个，柘城县皮革集团为豫东最大的黄牛皮生产、加工基地，90%以上的产品出口到东南亚。以农村产品加工为主的清真食品企业有7个，生产的各种饼干、素羊肉串、麻辣牛肉干等系列产品销往全国各地，深受消费者的青睐。另外，制造、加工、修理、化工，铝制品等企业遍布辖区。

城镇建设加快，第三产业发展迅速。镇党委、政府以开发城镇建设、优化投资环境为动力，促进全镇工、商、运、建、服等第三产业的发展。几年来，全镇通过引资、集资共建成了南关、东关、西关工贸小区和春水大街、黄山路、和平商业街，同时又相继建成了商贸城等4个专业市场，建筑面积60万平方米，有力地促进了第三产业的发展。招商引资任务完成2．6亿，新上固定资产投资千万元以上企业6家。

目前，镇党委、政府制定了一套远景规划，并相继制定了一套对外开放、招商引资的优惠政策。城关镇人民“诚招天下客，共同来发展”，使柘城经济再创浑煌。

西华县城关镇

西华县城关镇是全县的政治、经济、文化、交通、信息中心。辖4个办事处、5个村，总面积27．86平方公里，农业人口2．4万，耕地面积15300亩。周郑公路、漯双公路、邓扶公路交叉贯通全境。相传是人类始祖女娲繁衍生息的地方，境内有炼石补天、插柳为媒、滚石成婚、推土造人，女娲宫、箕子读书亭、城隍庙等遗址。近年来，在上级党委、政府的领导下，围绕“强化工业、优化农业、城建带动、强镇富民”的发展战略，强力推进“三化”建设，使城关镇经济快速发展，社会事业全面进步。2004年，完成国内生产总值72013万元。其中，农业总产值5330万元，民营企业总产值66683万元；实现地方财政税收1200万元；农民人均纯收入2728元。

农业结构调整成效明显。2004年全镇粮经比例达到30∶70，复种指数达到260%，形成了林果、瓜菜、花卉、苗木等特色产业。生猪、山绵羊、黄牛、家禽存出栏量大幅度增加，畜牧业在农业结构中的比重由上年的21.3%上升到34%。

民营企业稳步发展。全镇现有民营企业248个。其中，限额以上企业6个。已形成裘皮工艺、印铁制罐、酿酒制造、饮食服务、面粉加工、建筑建材等民营经济群体。2004年，完成民营企业总产值66683万元，同比增长12%。

基础设施日趋完善。投资8000多万元，先后开发建设了城区几条主要道路，形成三纵三横的城区框架；硬化小街小巷51条，修建下水道21550次，完善了城市功能，提高了城市品位；投资1000多万元，建成并逐步完善了“华隆果蔬批发市场、南方家具广场、金桥综合贸易市场”三大市场，年成交额达2．3亿多元，创利税150多万元。大大增强了城市功能和吸纳农村剩余劳动力的能力。一个环境优美、地理位置优越、投资环境宽松的现代化中心城镇日趋形成。

登封市卢店镇

2004年，卢店镇紧紧围绕强镇富民的工作目标，按照“面向登封、服务登封、融入登封”的发展思路，强力实施“实业强镇，开放活镇，科技兴镇”发展战略，全镇经济社会各项事业健康全面发展。城镇建设成效显著，城镇基础设施进一步完善，完成了“两纵两横”5500米的排污管道铺设工程，镇区整修铺油75000平方米，硬化道路30余条。工业经济呈旺盛发展势头，已成为登封东部的主要技术加工区，全镇工业企业发展到220家，其中磨料磨具企业147家，“中原磨料第一镇”的基础地位进一步夯实。已形成了以磨料磨具产业为基础，以耐材加工业为增长点，以家具、电器、粮食加工为补充的多层并进型工业经济结构。坚持以工业的理念谋划农业，成功推广“公司＋农户”的发展模式，以现代农业科技示范园区为龙头，农业产业化发展取得新突破。创建了全省无公害蔬菜生产基地，新发展日光温室50座，全镇日光温室总数达600座，年销售无公害蔬菜300万公斤，产值达1000万元。以“红泥”杂粮品牌为依托，进一步巩固和壮大了景店、瓦亥沟优质红薯、小杂粮生产基地，优质红薯和小杂粮种植面积分别达到6000亩和2000亩。投资500万元，建成了拥有30座温室、占地面积100亩的苗木花卉生产基地，为进一步优化种植结构，加快农民增收开辟了新途径。第三产业蓬勃发展，镇区已形成了以无公害农产品基地为依托的农贸市场，以建材业为主导的生产资料市场，以服装、家电经营为主的日用百货市场和以“冯记”烩羊肉等十大名优小吃为主的餐饮市场等相互促进的市场体系；形成了文化生活、市场贸易和工业加工等三大专业区域。镇区现有常住人口达1．98万人，拥有各类固定商户1800余家，市场日交易额达250万元，已成为辐射周边县市乡镇的区域性人流、物流中心。

2004年，全镇ＧＤＰ完成4．83亿元，同比增长28％；主要工业增加值完成2455万元，同比增长48．88％；财政收入完成1379万元，占目标任务1100万元的125％；国税收入完成1681万元，同比增长23．5％；地税收入完成770万元，同比增长26．7％；农民人均纯收入达到3320万，同比增长10．59％。

睢县城关回族镇

河南省睢县城关回族镇地处县城，是睢县的政治、经济、文化、信息中心，郑永公路、民太公路、睢柘公路的交汇点，通惠渠贯穿全境，西距省会郑州180公里、七朝古都开封市80公里，东距陇海、京九黄金十字架——商丘市仅50公里。全镇总面积25平方公里，辖七个行政村，七个居委会，总人口58762人，其中回族人口8000人，耕地3970亩。2004年度，全镇国内生产总值43552万元，工业总产值50125万元，招商引资8658万元，财政收入650万元，人均纯收入2516元。

镇区内乡镇企业发达，个体及联合体企业达2860家，年产值超百万元的企业有：河南盛荣皮业集团、商丘绿源食品有限公司、永发黄牛养殖场、睢县万达合成材料公司、兴洋皮毛革制品厂、睢县第二皮毛厂、睢县云凤磷肥厂、商丘教育服装厂、红旗清真食品厂等。河南盛荣皮业集团生产的裘皮服装、羊剪绒系列产品挖花隽秀、做工精细，深受海内外消费者的青睐，畅销欧美、日本、韩国、澳大利亚、东南亚、香港等十多个国家地区，年产值超亿元，创汇300万美万，已发展成为拥有进出口自主权的省一级企业。

这里人杰地灵，人文景观丰富，有省级重点文物保护单位——袁家山、汤文正公祠、粟裕将军睢杞战役前线指挥所——东关清真寺等，新开发的城湖有2000多亩水面，碧波荡漾，成为旅游观光的好去处，是豫东平原著名的“中原水城”。

睢县古称睢州、又名凤凰城。热情好客的回族群众欢迎天下客商、西方宾朋前来我镇观光、旅游、洽谈项目、投资发展。

林州市姚村镇

2004年，该镇社会总产值完成34亿元，国内生产总值完成8.5亿元，乡镇企业总产值　完成33．2亿元，各项税收完成6373．7万元，镇一般预算收入突破2000万元大关，达到2065万元，农民人均纯收入达到3390元，全镇金融机构各项存款余额达到6．5亿元。为进一步加快发展步伐，姚村镇把发展乡镇工业作为经济建设的重中之重，狠抓重点项目建设和工业园区建设。在重点项目建设上，史家河企业集团投资5000万元新上了汽车前后桥和变速箱总成项目，新增产值2亿元，新增利税2000万元；仙电机械铸造有限公司投资1000万元新上了无极变速箱和奥贝球铁齿轮生产线项目；东张村投资3000万元新上了石墨化项目；带钢有限公司投资2000万元新上了10万吨冷轧带钢项目一期工程，鑫源汽车部件有限公司投资1000万元，新上了制动器总成扩建等项目。在工业园区建设上，一是科学规划了一个以柳林、东张、河西、申家泊、西张等村区域为主的近2000亩新型特色工业新区，并制定了一系列优惠政策，吸引企业向新区集中。二是抓好了史家河、定角、西市、申家泊、上陶、冯家口、李家岗等工业小区建设，共吸纳了各类工业企业258家，其中，汽配企业180家，年铸造能力达到20万吨。同时，农业、小城镇建设、旅游开发等各项事业都取得了显著成绩。

湖北省

大冶市灵乡镇

灵乡镇地处湖北省“冶金走廊”腹地，素有黄石、大冶两市乡镇经济“三小龙”的美誉。全镇国土面积135平方公里，总人口5．1万，辖1个管理区、21个村委会、1个社区居委会，武汉钢铁集团灵乡铁矿位于镇内。近年来，灵乡镇按照“三个代表”重要思想的要求，牢固树立和落实科学发展观，紧紧围绕率先实现小康社会为目标，全面统筹镇村发展，奋力构筑“和谐灵乡”。镇域经济实现了跨越式发展，全镇综合经济实力已跨入湖北省“十强”乡镇，并率先在湖北省全面取消了农业税、实现了水泥公路村村通、有线电视村村通、标准化水渠村村通，农村生活达到了全国农村小康生活水平的基本标准，为灵乡全面建设小康社会奠定了坚实的基础。

综合经济实力跨入湖北省“十强”、位列黄石、大冶两市前列。

2004年，灵乡镇完成工农业总产值42．3亿元，完成综合财政收入9200万元，农民人均纯收入达到3652元，全镇引进镇外资金3．54亿元，分别比2003年增长29%、65%、17%、107%。全镇综合财政收入和上交国家税收跨入湖北省前十名，工农业总产值、农民人均纯收入、上交税收均位于黄石、大冶两市的前列。

目前，全镇各类工业企业已达386个，其中产值过亿元的企业有5家，重点有大冶华灵集团、远成钢铁公司、集成矿业公司、灵成钢铁公司、灵溪风味食品公司。正在建设和洽谈的项目主要有：投资11亿元的武钢80万吨活性灰项目、投资1．2亿元的河南信阳特钢、投资9000万元的福星铝业公司、投资3．5亿元的冶钢20万吨铸管等项目。其中信阳特钢和冶钢20万吨铸管两项目预计在2005年5月1日之前可投产。镇西已建成占地面积达500公顷的灵成工业园已列入湖北省省管工业园，目前园内已有一个温州工业小区和八大公司。园区内技术密集型产业主要有节能电器、温州汽车、摩托车配件、奥达电器、光纤连接器等，园区产值过10亿元，利税过亿元，安排劳动力3000人以上，这为实现灵乡的可持续发展提供了有力保证。全镇工业项目为农民提供就业岗位6000个以上，实现了农村劳动力大转移，全镇农民年平均岗位工资都在9000元左右。招商引资、项目建设、工业园区建设加快了灵乡工业化、城乡一体化进程。

围绕农民增收，提高农业社会化服务程度。一是健全了农业服务体系。将农技站、林业站、兽医站、农机站、水利站等技术人员组成了农业服务中心，同时成立了灵乡镇农业技术培训推广学校，各村成立了农村夜校，定期组织农民参加技术培训。2003年，我镇列入湖北省农村实用技术示范推广基地，农技站、林业站、兽医站等农口各站成立了技术咨询服务部，开设了农技服务热线，推行兽医、农技人员包村包片责任服务。通过免费“坐诊”、电话咨询、公开栏、上门指导等多种渠道，及时为农民解答种植、养殖难题。二是提高了农业服务技术。目前全镇农技人员中有高级职称1 3人，中级职称46人，镇政府评选出优秀乡土人才123人，定期为农民提供各类技术服务，农口各站开设了农技服务热线，特别是兽医站推出了“七包一赔”的技术服务措施，推动了全镇畜牧业的发展。三是搭建了农村信息服务平台。建立了农村市场信息服务网站和灵乡科技信息服务网站。形成了镇、村、组三级科技服务网络体系，共建有科普分会21个，科普小组293个，各类种、养植专业技术研究会15个，设立科技咨询服务站4个，现有科普协会会员1200余人。四是拓宽了农业服务领域。成立了灵乡镇农产品贸易服务公司，公司以订单方式对外销售各类农副产品，建立了农副产品直接进入市场的“绿色通道”，有效地激发了农民群众调整种植结构的积极性。五是提高了农业服务水平。通过专门培训、“请进来、送出去”培训、基地培训和上门培训等措施，每年培训农民达12000人以上，目前全镇万亩以上基地2个，5000亩以上基地12个，全国最大的楠竹种苗基地、湖北省最大的低产林改造基地均落户我镇。六是组建了农业服务团体。抗旱专业服务队，对群众急需的翻耕、抗旱随时服务，随叫随到，农机服务只收油费，抗旱只收电费。

社会各项事业齐头并进。

一是社会治安综合治理每年荣获黄石、大冶两市优胜单位或先进单位。2002年社会治安综合治理荣获湖北省先进单位。一是抓整治。全面整治了学校、矿区周边环境，网吧，对影响和破坏企业外部环境的事件发现一起，处理一起；发现一处，惩治一处，教育一方。同时，积极鼓励镇村争创市、省、国家级社会治安综合治理先进单位。二是文教卫、防疫工作成绩显著。村村建立了标准的卫生室，中心集镇建立了标准卫生所，镇区建立了标准卫生院，全面推行了新型农村合作医疗。全镇3．6万农民全部享受免费农村新型合作医疗，国家干部职工全面享受社会医疗保险。建立了卫生防疫站，广泛开展流行性疾病防治防疫工作，有力控制了“非典”、禽流感、脑膜炎等传染性疾病，近年来没有发生任何流行性疾病死亡现象。在全镇实施了改水改厕工程，全镇普及了压把水井、水冲式厕所。三是计划生育工作名列黄石、大冶两市前列。相继荣获“全国婚育新风进万家先进集体”、“湖北省婚育新风进万家先进集体”和黄石市计划生育优质服务先进乡镇等光荣称号。三年来，全镇计划生育率达到98．3%，性别比为10：9，晚育率达到35%。同时全面开展计生服务工作，成立了计生服务站，定期免费为育龄妇女开展“三查四术”服务，全面推行“二女户”养老保险，计生工作年年获黄石、大冶两市先进单位和优质服务优胜单位，计划生育综合改革列入全国、湖北省试点单位。

精心打造小城镇，构筑“和谐灵乡”。

2001年以来，我镇借一举夺取湖北省第二届小城镇规划建设管理“楚天杯”的东风，再掀城镇建设新高潮。按照“增强城镇功能、壮大城镇规模、改善投资环境、促进开放开发”的思路，全力打造“和谐灵乡、文明灵乡、特色灵乡、魅力灵乡”。目前，镇区建成面积已达2．4平方公里，镇区人均绿地面积已达7．8平方米，镇区道路硬化率达98．7%，并列入了全国重点镇、全省中心镇，黄石、大冶两市小城镇建设先进单位。在城镇规划上外扩内改，优化城镇布局，突出超前意识、精品意识、中心意识、生态意识。聘请华中　科技大学对城镇整体规划进行了第三次修编，镇区按3万人的小城市规模铺排布局，镇区格局由原来的“两纵六横一环”重新修编为“三纵六横两环”。同时镇区规划了行政中心、商贸中心、社区中心、社会服务中心、工业中心等五大特色鲜明的板块，勾画出了集商贸、工业、居住、绿色为一体的小城镇建设蓝图。在经营城镇上内融外引，拓宽投入渠道。按照“政府主建、矿镇共建、农民自建、部门参建、引资兴建”等多方筹资的办法，　三年来，共投入城镇建设资金1．5亿元以上，镇区新增建筑面积2．4万平方米，新增路灯510盏，新增绿化面积2万平方米，新增水泥路面2．4万平方米，建设了“十里长街”、灵秀园、灵乡广场、灵矿广场、供电大楼、教育大楼、陈铁移民新村、警务大楼、灵成管委会大楼、卫生院宿舍楼、灵乡中学学生公寓等一批标志性工程。特别是建设了雄伟气派灵乡门楼、延伸了迎宾大道，使人一进入灵乡就有耳目一新的感觉。在城镇管理上，出台制订了《灵乡镇城镇管理暂行规定》和《城镇市容环境卫生管理办法》、《灵乡镇镇区车辆管理办法》等规定，成立了环卫所、建管科、绿化所、路灯所、城建监察中队，划分严管街、严管区，镇区采用分段分块承包管理责任制，加强了镇区管理责任的落实，镇区实现了停车入场、行人入道、垃圾入桶、行商入市、座商入店的目标。

全面加强环境保护。

对辖区内小矿山、小选厂、小钢铁等没有达到国家规定标准的“五小”企业全面进行整顿停产。三年来，全镇共拆除整治“五小”企业28家，有力保护了生态环境。对不能达到环保标准的项目，无论大小，无论内资、外资一律不准进入灵乡。全面实施了荒山造林、退耕还林、封山育林、长防林工程建设。目前，全镇森林面积已达11．3万亩，分别列入湖北省、黄石、大冶市的林业先进乡镇。并在全镇推广“猪—沼—菜”、“谷—酒—猪”的生态产业链，有力保护了环境。

麻城市宋埠镇

宋埠镇系鄂东重镇，106国道、京九铁路汉麻线、沪汉蓉快速铁路三线贯穿全境，距省城武汉相距百余公里。版图面积153平方公里，城区面积10平方公里，总人口7.8万人，其中城区人口3万人。2004年国内生产总值20亿元，乡镇企业产值18.2亿元，工业产值11亿元，农业产值1.5亿元，财政收入2000万元，农民人纯年收入1800元。1996年，原中共中央总书记、国家主席江泽民同志视察该镇龙头企业，2002年，原全国政协主席李瑞环同志视察该镇高效农业示范区。

2004年，该镇全面实施“工业强镇、农业稳镇、商贸活镇、招商富镇、科教兴镇”的发展战略，大力推进“五化”。一是农业产业化，发展蔬菜生产专业村10个，发展反季节大棚蔬菜1万亩，兴建的大别山蔬菜批发市场销售火爆。二是企业民营化，全镇工业企业民营化改造面达90%，英联、华艺两企业改制后出口创汇达2000多万元，年产值过亿元的力美公司也正在进行资产重组。三是街道硬化和净化，筹资百余万元铺设了统一路和建设水泥路面，使主要街道实现全面硬化。改革镇环卫处，城区卫生实现了全天候保洁。四是招商引资工作制度化，实行了严格的招商引资工作定期考核制和年终“一票否决制”，引进投资额达3亿元工业企业1个，引进投资额在100万元以上的外来企业9个，还有10多个引进项目正在洽谈之中。五是精神文明建设经常化，广泛开展了创建文明单位、文明村组、平安乡镇、治安模范村和安全文明小区活动，进一步完善了计划生育基层基础工作，实现了社会事业与镇域经济协调发展。

远安县鸣凤镇

2004年实现工农业总产值42535万元，比2003年增长5.6%，（其中工业总产值36462万元，比2003年增长2.7%）；实现财政收入1502.6万元，同比增长8.1%；农民人均年纯收入达到3405元，同比增长20%，增加578元。

宜都市枝城镇

枝城镇位于宜都市东南部，东隔长江与枝江市相望，东南与松滋市接界，南与松木坪镇相邻，西与王家畈乡、聂家河镇相连，北与姚家店乡、陆城办事处接壤，地跨东径111°22′至111°24′，北纬30°10′至30°21′。2001年3月撤销洋溪镇和黎家坪乡，并将松木坪镇五峰山村划入，建立枝城镇。全镇辖28个村，3个社区居委会，现有国土面积239平方公里，山林面积62788.5亩，耕地面积56427亩，其中水田34260亩，总人口达87881人，农业人口65107人，占总人口的74%。

枝城交通发达，全国第二条南北交通大动脉——焦（作）枝（城），枝（城）柳（州）铁路（复线）经枝城长江大桥相连，镇内国铁干线15公里，境内公路纵横交错，四通八达。水运条件十分优越，港面宽阔、水流平缓，河床稳定，港水深，岸线长达7000米，枝城港口以中转煤炭、石油、磷矿、建材等大宗货物为主，年通过能力625万吨。是国家经贸委批准的全国四大煤炭配送中心之一。

我镇牢固树立科学的发展观和正确的政绩观，坚持物质文明、政治文明、精神文明一起抓，全镇经济社会继续保持了快速健康发展的良好势头。

2004年，粮食总产量达到25121吨，油料总产量达到3361吨，柑橘总产量达到2800吨。全年实现农村经济总收入达17.13亿元，工业总产值达15.15亿元，财政收入达2560万元，农村人均年纯收入达3218元。

蕲春县蕲州镇

经济建设呈现新态势。社会生产总值达到24亿元，固定资产投入新增1.05亿元，完成财政收入1413万元，农村人均年纯收入达到2700元。工业经济发展迅猛，企业改制基本完成，全镇综合经济实力位居全市、全县前列，被列入黄冈市综合经济实力十强乡镇。

招商引资掀起新高潮。全镇坚持领导带头，全员出动，通过政策招商、诚信招商、老板招商、以商招商、环境招商等多种途径，引进资金8700万元，新上项目46个，其中投资过千万元项目4个，一大批停产破产企业被盘活，大量闲置资产焕发生机，再现蕲州工业重镇辉煌。

民营经济开创新格局。全镇通过政策优惠激活、转变观念激活、环境优化激活、典型引路激活、园区平台激活、优质服务激活等多法并举，激活民间资本，发展民营经济。培植了创业民营、盘活民营、家庭民营、扩规民营、科技民营、回归民营、招商民营等大批民营骨干。全镇现有民营企业1152家，其中税收过百万元6家，过50万元12家，工业用电量达亿度。

城镇建设实现新突破。2001年全镇投资220万元，修复、改造、水泥硬化了一大批城区主干道，全镇初步形成中等城市 格局，同时加强管理理顺城管体制，城镇品位日益提高，千年古镇、医圣故里知名度不断提高，影响力不断扩大，四海宾朋云集。

通城县隽水镇

隽水镇是通城县县委、县政府驻地，系全县政治、经济、文化和交通中心，素有“银山积翠、秀水回测、隽溪映月”和湘、鄂、赣“三省通商”之称、全镇区域面积101平方公里，其中城区面积28平方公里，耕地面积2．23万亩，辖3个办事处，12个村，8个社区居委会，12个镇直部门，省、市、县驻镇副科级以上行政、企事业单位近百家，常住人口9．71万人，其中农业人口3．2万人。2004年，全镇实现国民经济总值13亿元，税收8972万元，财政收入2135万元，农村人均年纯收入3785元，比上年同期分别增长28%、28%、32%和22%，其它各项事业也取得了长足进步。

一年来，镇党委、政府紧紧围绕“发展”第一要务，很抓环境促招商，抓改革调结构，抓投资强基础，抓落实求实效：推进“一主三化”，实施“三大战略”，有效地促进了全镇经济社会和谐发展。

发挥城郊区位优势，实施“兴农富民”战略。按照一村一品的发展思路。优化农业产业结构，着力打造“四大品牌”，使优质稻、优质菜、优质棉、优质鱼面积分别达到16000亩5000亩、4000亩、5000亩，仅此每年为农民人均增收60元。

突出工业主导地位，实施“兴工强镇”战略。镇党委、政府紧紧抓住省政府定的“隽水工业园区建设”的战略机遇，全面掀起“全党抓经济，重点抓工业，突出抓招商；全民抓招商，突出抓引进”的热潮，极大地促进了全镇民营经济的提速发展。全镇民营企业发展到了293家，其中投资在100万元以上的有62家，投资在2000万元以上的有5家。2004年新引进工业项目9个，投资总额达4800万元，年新增产值2亿元，利税1800万元，创造就业岗位800多个，初步形成了以强人职业、银邑米业、国森竹业等农村产业为“龙头”，以宝塔涂附磨具、通宝铜材、阳光工贸等工业为支柱的特色产业体系。其中宝塔砂布厂已发展为集造纸、包装、油漆、纺织、磨料等相关产业于一体的集团企业，2004年实现产值1．21亿元，利税1000万元。

加大城镇建设力度，实施“兴市活镇”战略。先后完成了玉立大道、内外环路、银山大街、银域北路、解放东路、携堤西路、东办大道等域区八路两街及“渠化路口”配套设施和新一中建校搬迁等工程建设任务、大大增强了隽水城镇全方位服务功能和发展经济的幅射能力。同时，全镇11个农业村的村级公路基本实现水泥硬化，农民减负政策落到实处；8个社区普遍按要求，建立和基本完善了社区服务体系；城乡村（居）民90%以上的特困户、在保户均乙，落实了低保救济优待政策；计划生育、社会治安和群团组织等工作均率先跨入全县其它乡镇前列。

武汉市和平乡

素有“楚天第一乡”之称的洪山区和平乡地处素有九省通衢的湖北省武汉市城郊结合部，东连十里钢都武钢，西接长江二桥，南邻东湖风景区，北靠长江黄金水道，是一个典型的城中之乡。全乡版图面积43．6平方公里，辖19个行政村、10家企业集团和200多家企业；辖区内有常住、暂住人口近10万人。这里，风景秀丽，地灵人杰，资源丰富，乡情纯朴，历来被人们誉为荆楚大地上的一颗璀灿的明珠。

十六大报告指出：“全面建设小康社会，开创中国特色社会主义新局面，就是要在中国共产党的坚强领导下，发展社会主义市场经济，社会主义民主政治和社会主义先进文化，不断促进社会主义物质文明、政治文明和精神文明的协调发展，推进中华民族的伟大复兴”。和平乡党委、政府近年以来，把加强三个文明建设始终不渝地放在十分重要的位置并取得了丰硕成果，具体归纳为三个方面。

一是曾连续二次荣获“全国最佳乡镇”称号，连续10年居湖北省“十强”乡镇第一名，1999年被中央文明委授予“创建全国精神文明村镇工作先进单位”称号。今年元月，和平乡再次被中央文明委确认为继续保留首批“全国文明单位”称号的乡镇。

二是2002年全乡完成三次产业增加值20亿元，比2001年的17．5亿增长了14．2%，上缴国地两税9900万元，比2001年的8200万元增长了20．7%。农业人口年均收入由1999年以前的3000余元增加到2002年的6300余元，实现了三年翻番。

三是民政优抚、治安民调、科教文卫、计划生育、工妇群团以及文化环境建设等政府主要工作，连续多年均列为全国和湖北省、武汉市先进乡镇前列。我们的具体做法是：

一、学理论，讲政策，用“三个代表”重要思想总揽全乡小康建设全局，努力带出一支廉洁奉公、执政为民、奋发有为的基层干部队伍。

二、认真贯彻执行党的路线、方针与政策，用“三个代表”重要思想总揽全乡小康建设全局，是我乡各项工作取得较好业绩的重要前提与保障。为此，近年我们按照党的十六大提出的全面建设小康社会的目标与要求，在提升乡、村两级干部队伍的理论水平和执政水平上重点抓实了五件事。

一是坚持以理论武装为先导，以理论学习中心小组为依托，定期组织党、政班子成员和机关干部学习邓小平理论和“三个代表”重要思想，及时领会和掌握党对农村的一系列方针政策，建立了“三会一课”学习制度，明确了学习任务，量化了“德、政、勤、绩”等考核指标，以此在全乡举起了一股“学理论、懂政策、讲文明、守法规、比奉献”的新风尚，有效提高了全乡机关干部的政策理论水平和行政执法水平。尤其去年开展“三个代表”重要思想学教活动以来，我乡先后举办专题辅导3场，讨论交流5次，知识竞赛1场，印发简报9期，班子成员、机关干部撰写学习心得100多篇，结合整改收集和解答基层反映的各种问题360余条，其中篇选群众迫节要求解决的难点问题35条全部给予妥善处理，真正做到了“干部受教育，群众得实惠”。去年七月，我们还有计划有步骤地组织班子成员及全乡党员干部开展学习江泽民主席“七一”讲话活动，各级领导带头学习，深刻领会，身体力行，积极为群众办实事办好事，进一步密切了党群、干群关系，在群众中再次树立起党组织的良好形象。

二是以党校为阵地，以全面提高基层干部综合素质为目的，结合应对经济全球化和我国加入WTO等国内国际形势，组织党员干部开展业务培训活动，并请来多所名牌大学的专家教授前来授课，仅去年一年，就开展培训活动三期，培训乡、村两级干部和业务骨干达2700余人次。由于培训得力，目前我乡先后涌现出郭洪甫、郑大成、叶和平、吴盛玉等一大批能够带领群众奔小康的地方能人和“明白人”。这些人在小康建设事业起到了中流砥柱的作用。

三是强化领导班子建设，使乡村两级领导班子在小康建设中始终保持朝气蓬勃，奋发有为的精神状态，努力形成了一种雷厉风行、真抓实干的工作氛围。我们要求广大党员干部自觉把思想认识统一到“三个代表”的要求上来，放下架子，密切联系群众，严于律已，以俭为荣，克服小富即安、小富即满思想，以与时俱进的状态，一切围绕“小康”转，一切围绕发展干，倡导主动创业而不被动守业的新观念，切实加快全乡小康建设步伐。

四是狠抓党员的教育管理，坚持清正廉洁，反对以权谋私，坚持艰苦奋斗，反对享乐主义。我们认为，农村社会全面建设小康，首先有待于农村基层干部思想认识、思想品德、思想作风上的进步。为此，我们一再引导广大党员干部牢记全心全意为人民服务的宗旨，正确对待权力、地位和自身利益，不为虚名所累，不为利禄所动，甘做人民的“老黄牛”。同时，加强了对权力的制约和监督，强化了党的民主集中制，严肃了党的纪律，做到了令行禁止。并经常性地教育广大党员干部自重、自省、自警、自励，讲修养、讲道德、讲廉耻，反对讲排场、比阔握、铺张浪费，激励广大党员干部用自己的高尚情操和人格魅力来影响群众和领导群众，从而进一步增加了干部队伍的凝聚力和战斗力。

由于领导班子团结务实、坚强有力，全乡上

下形成一股浩然正气，为全面建设小康社会提供了有力地政治保障。最近三年，我乡党委连续三年被湖北省委、武汉市委授予“先进基层党组织”和基层党组织“十面红旗”称号。同时，集体经济雄厚，人民生活富民安康，精神文明建设万紫千红，民政优抚、治安民调、科教文卫、计划生育、工妇群团以及小场面镇建设等主要工作均列全市、全省乃至全国先进乡镇前列，先后获得各种奖项420余项。

二、抓调整、促创新，优先发展都市农业、高科技企业和新型服务业，为全面建设小康社会奠定坚实的物质基础。

优化产业结构和提高经济效益是党的十六大所提出的全面建设小康社会的四大主要目标之一，也是坚持经济可持续发展的必要途径。为此，最近三年，我们始终以与时俱进的精神，狠抓产业结构调整，在发展本乡经济过程中作出了一系列的创新，最终使主要经济指标完全达到《全国农村小康生活水平的基本标准》。

1. 发挥区域优势，兴建都市型农业，努力拓宽农村群众的致富渠道。我乡大部分区域处在武汉市经济快速发展带，紧依东湖风景区，有广阔的发展空间和丰富旅游资源。针对这一特点，我们始终围绕“农业结构调优、农产品质量调好、农业竞争力调强、农民收入调高”做文章，不断提高农业的科技含量和规模效应，坚持都市农业和工厂化农业的发展方向，在全乡先后建立起特莱基地、无土栽培基地、“三鲜”基地、肉类食品加工基地等21个农业产业化基地。目前，农业科技在我乡得以大力推广运用，农业社会化服务程度日益提高，蔬菜亩产效益由97年的1100余元提高到现在的10000余元，5年翻了9番；农业人口年均收入由1999年以前的3000余元增加到2002年的6500余元，三年翻了两番。同时，有效发挥近郊优势，优先发展都市型农业，全乡沿东湖七个村结合东湖风景区的开发和管理，抢前争先，利用已有土地和水面，兴建起东湖落雁风景区、白马山庄、湖光花卉盆景基地等一批集观赏、休闲、旅游、生态和“种养殖”于一体的都市型农业，提高了农业产业的集约化程度拓宽了广大村民奔小康的致富渠道。

2. 加大科技投入，优先发展科技型企业，顺利完成乡镇企业的第二次创业。改革开放初期，我乡得风气之先，抢滩占点，曾先后兴建了数百家乡镇企业。但这些企业起点很低，大多数属于填空补缺、附属产品打工和小作坊式的企业。随着市场经济的不断深入，这批企业大部分不能适应新形势的发展。为此，近年来，我们着眼乡镇企业的二次创业和二次腾飞，果断采取“抓大放小”，先后淘汰了一些小企业，同时兴建和发展了一批高科技企业，先后办起了武汉亚美蝶阀公司、武汉团结激光公司、武汉和平联化公司、武汉宏振水泥成品厂等10多家科技型企业，从根本上改变了我乡工业企业原有框架结构。最近又重点扶植了武汉亚美蝶阀厂开发和生产砣螺阀、金属密封阀等一大批新型科技产品，这些产品不仅在三峡、大亚湾核电站等一批国家重点项目中——显身手，而且还辐射全国27个省、市、自治区；团结集团激光股份有限公司已操作进入国家证券市场，即将上市。为我乡赢得了更大的经济效益。同时我们还运用新技术对原有武汉和平包装厂、武汉新墙材硅酸盐制品厂等10多家基础较好的传统企业的技术设备、生产工艺、生产规模进行了改造和升级，使一批传统产业重现活力。最近三年，我们还相继建立了武汉洪山经济开发区和平铁机工业园、武汉市和平建材工业园等一批民营工业园区，经济效益逐年看好，并加快了我乡区域经济的块状化和集约化。

3. 发展路桥经济，加大招商引资，迅速发展新型商业业态。随着武汉市城市建设的发展，我乡区位优势日益突出，辖区内先后建有数条城市主干道穿乡而过，武汉长江二桥、天兴洲大桥首尾相连，这一切为我乡发展路桥经济创造了条件。我乡先后在和平大道、徐东大街两旁兴建起武汉和平家具大世界、武商三角量贩店、中商徐东平价广场、徐东凯旋门广场等一大批大型商业企业和专业市场。最近三年，又瞄准大财团，引进大项目，重点发展了武汉好美家装璜建材超市、徐东金马家居广场、武汉团结销品茂等一批享有盛名的新型商业业态。其中武汉团结销品茂总投资8亿多元，总营业面积20万平方米，集休闲购物中心、文化娱乐中心、金融商贸中心为一体，涵盖了30多个商业行业，被称为“商海航母”。发展路桥经济、三产业比重逐年加大，全乡产业结构由过去的“一、二、三”格局改变为“三、二、一”格局，这一格局的变化，与市场变化相适应，提高了我乡产业布局上的合理性，使我乡地方产业再次立于不败之地：2002年全乡三次产业增加值突破20亿元，三年平均增长13．9%，上交本区国地两税(不含其他税收)9900万元，与1999年比净增3914万元，三年翻了一番，年平均增长26．7%；全社会固定资产投资三年累计达到28亿元，年均增长22%。今年上半年，全乡又次闪现新的经济增长点，至6月完成区国地两税4684．12万元，较去年同期增长21．6%；三次产业增加值完成110160万元，较去年同期增长11．05%。

三、讲民主，聚民心，切实推进政务公开与村务公开，突出地方民主政治在小康建设中的主导地位。

党的十六大指出，发展社会主义民主政治，是我们党始终不渝的奋斗目标，也是全面建设小康社会的重要内涵之一。为此，近年，我们始终着眼于扩大基层民主主义，保证人民群众直接行使民主权利，依法实行民主管理，具体在推行政务公开、村务公开的切实落实《村民委员会组织法》等方面做了大量工作。

一方面乡党委、乡政府提出，以推行村务公开为基础，坚持实行民主选举、民主决策、民主管理和民主监督，推进农村民主法制建设；紧扣改革、稳定与发展三大主题，全面推进和平乡农村社会文明进步。根据这一总体思路，和平乡党委又提出，要把“转作风、强素质、理思路、求发展”作为推行村务公开的出发点和归宿点，要求全乡干部做到“班子团结、作风严谨、为人正派、办事高效”，并努力做到推行村务公开与开展其他工作的“四个结合”：

其一，推行村务公开与建立农村民主政治相结合。看一个地方文明进步与否，首先要看这里的干部讲不讲民主，民主政治氛围浓不浓。为此，和平乡教育和督促干部办事要有法律政策，遇到村务管理的重大事项和村民关注的热点难点问题，要先召开党员大会讨论，再分别提交村民大会和村民代表大会讨论，在广泛征求党内外意见后，方才按大多数人的意见推行民主决策。和平乡还积极开展“民主政治建设日”活动，规定每月第一周的星期五，乡主要领导和部门领导要到各村广泛听取村民意见，现场办公，及时化解矛盾和为村民办实事，在全乡农村引起良好反响。

其二，推行村务公开与干部思想作风建设相结合。干部思想作风建设，不仅关系到当地的稳定与发展，而且关系到党在村民中的威信。例如，和平乡的干部一度讲排场、搞攀比，出门就要坐车，汽油等开支不小，村民反映不少。实行村务公开后，他们结合“思想作风建设”，制定了小车使用管理制度，对干部用车作了限制，并用节省出来的车，开展租赁经营，村民无不拍手称好。

其三，推行村务公开与确保经济健康持续发展相结合，避免失误，确保经济建设顺利进行。俗语说：“三个臭皮匠，顶个诸葛亮”。民主决策，集思广益好处很多。因此，和平乡每上一个重大建设项目，都要由村民参与决策。例如和平乡团结村通过民主决策上的两个项目都很成功，一个是亚美蝶阀厂，产品于1996年通过ISO9001国际质量体系认证，畅销全国；另一个是团结激光股份有限公司，这个公司继收购上海激光公司和吸纳上海复兴激光集团等5家公司股金之后，又于去年进入“证券二级板块”，并于今年投资1700万元，研制国际领先的“863”项目——TJ—H500型铝合金激光表面合金化成套设备。

其四，推行村务公开与创立宽松的招商引资环境相结合。近几年，来和平乡投资的国内外著名企业和商家有百余家，一般企业和商家则多达千余家。仅去年一年，和平乡就引进资金4．5亿元。在这种情况下，如果村务公开不到位，搞暗箱操作，就有可能乱成一锅粥。为此，和平乡在加大招商引资力度的同时，努力“夯实”村务公开，做到“每项进账来源明，每笔开支去向清，实物账目两相符，一个项目一口清”。这样，村民满意，前来投资的客商心里也踏实，愿意合作，从而形成了招商引资的良性循环。

另一方面，以最近两届村委会换届选举为契机，进一步贯彻落实《村民委员会组织法》，不仅充分尊重了广大农村群众的合法权益，而且通过群众参政议政，集思广益，使村政工作出现一个全新的局面。在换届选举过程中，我们严格以《村民委员会组织法》和相关法律为依据，以中央和省、市《实施意见》为范本，充分尊重基层群众的意愿，严格依照程序组织选举，最终使一批政治素质好、思想作风正、业务能力强、工作效率高、勤奋务实、清正廉洁、乐于率领群众奔小康的能人进入村级领导班子。目前，这些同志有的成为省、市劳模和全国劳模，有的担任省、市人大代表和政协委员，有的还因业绩突出而受到江泽民、朱镕基等党和国家领导人的亲切接见。正因为有了这一大批小康建设的领头雁，我乡19个行政村，村村出现一种抢前争先、团结互助、热火朝天的社会主义劳动场面。

四、重文明，抓创建，努力提升全民思想道德素质、科学文化素质和健康素质，全面推进小康社会文明进步。

我们认为，全面建设小康社会，我乡人民不仅仅只是追求物质的富有，更应该追求精神的富有和社会文明程度的整体提高。基于这种认识，长期以来，我们以全国文明乡镇创建活动为载体，坚持“两手抓”和“两手硬”，努力提升广大干部群众的思想道德素质、科学文化素质和健康素质，确保了我乡长期健康稳定发展。

“以德治国”是全面小康的一个重要内涵。为此，我们坚持以“十星级文明农户”评比活动为先导，在改变乡民的精神面貌和提高乡民的思想品质上做足了文章，为文明创建活动提供了一个良好的社会氛围。这种活动最早是1994年开展的，1999年至2001年三年间，我们继续加大该项活动的力度，至今已评出“十星级文明农户”146家，评出“五好家庭”1800余家，基本形成了文明创建活动的主力阵容。最近三年，前来我乡投资的国内外客商纷至沓来，其中一个主要的原因，就是这些客商认为我们的乡民风气好，修养好，讲文明，讲礼貌，讲诚信。

在注意道德教化的同时，我们更致力于农村法制建设，即一手抓“以德治国”，一手抓“以法安民”，实行双管齐下。早年，由于部分村民综合素质偏低，打架闹事、扯皮拉筋的事时有发生，一度与我乡经济的快速发展形成反差。为此，在整个文明创建活动中，乡党委、政府痛下决心，狠抓民主法制建设，实行民主法制建设的经常化，出台了一系列有针对性的社会治安综合治理举措，建立健全了一个周密的治安防范网络，使全乡治安形势彻底好转，群众有了安全感，正义之风不断抬头和高涨。1991年至今年12年间，我乡结合“二五”、“三五”、“四五”普法教育，做到了“抓深度，因势利导使普法工作落到实处”，全乡应普对象23000余人，已普对象21500余人，占普法对象的95%。全乡32个基层单位，经区、乡领导小组考核验收全部合格，20多个单位被授予区“文明单位标兵”。同时，通过卓有成效的努力，配合有关部门实行“打”、“教”结合，有效遏制了“黄、赌、毒”及邪教和封建迷信活动，民事纠纷和刑事犯罪率也大幅度下降。

计划生育工作是最大的国策，和平乡有个持续十年的做法，就是乡党政“一把手”和基层“一把手”签订计生责任状。按业绩考核标准，“管好一个孩子”与“走好一条路子，办好一个厂子，盘好一个班子，建好一个湾子”一样重要，甚至更加重要。由此，全乡完全实现了无计划外生育，计生率为百分之百，自1991年起，全乡连续10年获得“无双”(无计划外生育、无大月份引产)乡称号，计生工作每年获得国家和省市先进单位称号。

环境创新是全面小康的必要前提，一方面，我乡以余家头、东方红、柴林、铁机、徐东、三角路等11个村的农民新村建设为依托，村湾改造和小城镇建立跻身于省、市乃至全国先进行列，大部分农民搬进了别墅式的农民新村，电气化、家庭影院、通讯交通现代化在全乡逐步普及。另一方面，过去“脏乱差”现象严重，所谓，“室内象宫殿，室外象猪圈”，听得看不得，对此，最近三年乡党委、政府一度把整治“脏乱差”作为全乡小康建设的重要内容来抓，先后投入大量人力、物力和财力，其中动员劳动力20余万人次，投入资金2000余万元，修建道路，整治环境，在全乡范围内大兴“洁、亮、绿、美”工程，最终使全乡面貌焕然一新，正所谓：草木花卉四季鲜，万家灯火喜丰年；塘荷月色东湖景，农家快活赛神仙。

在强化文明环境建设的同时，我们丝毫没有放松科教文化的投入与建设。一是投入200多万元，建立起了一流的农民文化活动中心(文化站大楼)，建立了一流的乡级图书馆和19家村级万册图书室，全乡人民视读书学习为一种时尚和需要。二是，每年定期开展各种文体活动，各村在健全和完善各种文化娱乐设施的同时，相继建成了体育队、文艺宣传队、秧歌队、腰鼓队、舞狮队、老年舞扇队、农民管乐队、农民楚剧社等文艺体育团体20多个，丰富多彩的文艺、体育活动使广大乡民的精神文化生活日益丰富多彩。三是，近年筹措资金610万元，全部用于教育事业，新建学校楼28座，总面积24800平方米；并投入200多万元为全乡的中小学和幼儿园添置仪器、图书、劳技、体音美等设施，全部按国家规定配齐配足，并相应配备了各种实验室和活动室，全乡文教事业又有了新的发展。

“雄关漫道真如铁，而今正步从头越”。过去的三年，尽管我们在两个文明建设中做了一些有益的工作，也取得了一定的成绩，但离上级的要求，还存在着差距。但是，我们有决心有信心，在今后的工作中，继续高举邓小平理论伟大旗帜，以“三个代表”重要思想为行动指南，坚持与时俱进，开拓创新，为努力把我乡建设成为一个经济实力更加雄厚，招商环境更加宽松，发展步子更加强健，科学文明之风更加兴盛的全面小康乡镇而努力奋斗。

武汉市左岭镇

左岭镇地处武汉市东大门，长江南岸，镇域面积48.23平方公里，建成区面积3.06平方公里，镇域人口4151万人，镇区常住人口1.57万人，镇辖16个村，4个新区居委会。2004年，全镇国民生产总值达到3.056亿元，财政收入达到2190万元，农民人均年收入达3631元。左岭镇地理交通优势得天独厚，国家级著名高新技术开发区和武汉东湖高新技术开发区与之毗邻，同时也是武汉市化工发展区的腹地，2004年招商引资近亿元，先君有四方行。蓝天集团等股份制企业在此落户，城镇面貌日新月异，2004年，小镇镇建设投资1500万元，建成了占地7500平方米的绿化广场，新修城镇公路5公里。

钟祥市胡集镇

2004年，全镇实现国内生产总值7.99亿元，工农业总产值达到12.96亿元，同比分别增长10.5%、17%，完成镇级财政收入3500万元，同比增长12%，城镇居民年可支配收入达到6850元，农民人均年纯收入达到3864元，比上年分别净增500元和570元。工业经济增速加快，运行质量明显提高，全年实现工业企业总产值90748万元，销售收入88511万元，利税3778万元，同比分别增17%，17.5%和13.8%；农业生产形势喜人，全镇实现农业总产值3.9亿元，增长9%；财政金融运作平稳、累计入库税金2222.8万元，个体私营经济不断发展，全年实现营业额1.7亿元。同比增12%，群众生产生活条件不断改善，维稳工作成效显著。

松滋市刘家场镇

刘家场镇镇域面积291.59平方公里，人口84187人。2004年，全镇完成GDP9.8亿元，工业总产值9亿元，固定资产投资额5500万元，镇区人口年均收入达到6000元，农民人均年纯收入达到2783元。

枝江市安福寺镇

2004年，安福寺镇紧紧围绕发展是第一要务，牢固树立和落实科学发展观，坚定不移地实施“工业立镇、项目强镇、农业稳镇、商贸富镇、城镇活镇”的五大战略，镇域经济持续快速增长，社会和谐进步，“三个文明”协调发展，党的建设进一步加强，全镇上下呈现出风正气顺、人和业兴、欣欣向荣的良好势头。2004年，我镇实现工农业总产值8.01亿元，增长17.8%；农民人均年纯收入达到3582元，增长12.8%；财政收入完成935.36万元，增长5.6%。

农业经济稳步发展，农民收入大幅增加。2004年，全镇实现农业总产值3.43亿元，同比增长27%；以粮食、油料、柑桔为主的大宗农副产品全面丰收，以生猪为主的养殖企业全面快速发展。粮食总产4.8万吨，油料总产8883吨，柑桔总产4.5万吨，生猪出栏199万头。

园区发展势头强劲，项目建设日新月异。举全镇之力，克服重重困难，加快了宜昌（安福寺）果蔬食品工业园建设。项目建设顺利推进，全年新上项目3个，天元食品、湘宜水产品等项目全面竣工，鸿新公司三期扩建项目顺利启动。

社会事业健康发展，全镇上下稳定和谐。教育事业再创佳绩，卫生建设协调发展圆满举办了第三届桃花艺术节。依托工业园区，加速小城镇设力度，城镇面积扩大500余亩，积极推进生态家园建设。文化建设成效显著，顺利实现了市镇光纤联网，收视质量显著提高。同时、民政、武装、计划生育、工会、妇联、共青团等各项工作也都取得了新成绩、依法行政、依法治镇、社会治安综合治理工作取得新进展、社会稳定和谐。

党的建设得到加强，党风政风明显好转。全面推行“三会一区”制度，“五好”创建工作深入开展。党的宣传工作成效显著，党风廉政建设和反腐败斗争进一步深入，治腐防腐机制更加健全。党风政风得到加强，在全省首创的“四位一体”村级民主管理模式进一步完善。

荆门市漳河镇

荆门市东宝区漳河镇位于湖北省中部，与宜昌、襄樊毗邻，滨临全国八大人工水库之一的漳河水库，是闻名遐迩的省级风景名胜区。漳河镇交通条件便利，区位优势明显，集镇距市区18公里，镇内有火车货运站，皂当公路、焦枝铁路、正在建设的荆宜高速公路。辖区有航空航天部宏图飞机制造厂、漳河管理局、宝源集团等近20家中央、省、市属企事业单位。

漳可镇辖38个村，3个社区居委会，222个村民小组，国土面积386平方千米，其中水域面积104平方千米，耕地面积3479.65公顷。现有13962户，43960人（农业人口28886人）。

2004年，全镇实现GDP2.4亿元，农业总产值1.35亿元，工业总产值5.82亿元，分别比上年增12%、9.5%、15%，全镇人均纯收入3958元，比上年增加了572元，增长23.63%。综合财政收入918万元，支出818万元，比上年分别增长5.8%、14.4%，存款余额2.22亿元，比上年增9.4%，货款余额0.66亿元，比上年增17.9%。

漳河镇充分依托山林、水源、企业、耕地四大优势，大力调整农业产业结构，利用漳河独特的气候和适宜的土质，种植柑桔近2万亩。在皂当公路沿线及镇郊11个村建成万亩优质荸荠生产基地、柑桔、荸荠已获国家农业部门颁布发的绿色食品证书和无公害食品证书。

漳河镇以漳河水库而闻名，旅游资源丰富、水域辽阔、水质清澈，岛屿众多，旅游开发潜力巨大，发展前景可观。目前被省列为“着力培养的10个省级旅游休闲度假区”。景区面积400平方公里，水域宽阔，气候宜人，风景秀丽，有工程、人文、自然、生态游泳四大景观，是一处风光旖旎，极具磁力的旅游观光、体闲度假胜地，每年旅游收入达500万元。

潜江市张金镇

张金镇位于潜江市西南，与监利、江陵、潜江三县市交界，是江汉平原的水陆交通枢纽。国土面积155平方公里，下辖35个村和1个街道办事处，全镇总人口6万人，其中镇区常住人口2万人。实行开发区与镇委、镇政府两块牌子一套班子的领导管理体制。近几年来，全镇紧紧围绕“建现代铝业城、创亿元税收镇（区）”的奋斗目标，把握发展机遇，立足开发开放，经济社会发展保持良好势头。2004年实现工农业总产值39.2亿元。综合财政收入达到5474万元，农民人均年纯收入达到3369元，年未各项存款余额近2亿元。

张金镇产业优势明。农业组化商具规模，建立了4万亩优质粮基地，6万亩优质油菜基地、3万亩优质棉基地，水产殖面积近万亩，建立了“金三口”渔猪联养小区和东兴渔鹅养殖小区。生猪年出栏10万头，家禽年出笼180万只，现有规模以上企业家，从业人员14万人，企业资产总额27.8亿元。现有全省著名的市国有控股企业华盛铝电公司，有集服装，铝型材生产、输变电等行业于一体的上市公司——幸福实业股份有限公司。还有粤盛治金、荆盛水泥等一批外商投资企业，形成了铝电工业园、股装工业园和农副产品加工工业园等三大工业园区和铝业、电力、服装、建材、运输等五大支柱产业，具有年产原铝4.6万吨、输变电量7亿千瓦时、水泥20万吨等生产能力。“潜盛”牌铝锭、“管殿”牌铝材、“普拉索”牌衬衫、“三峡”牌水泥等10个产品获省部优质产品称号；产品行销国内20多个省市，并出口美、欧、韩等10多个国家和地区。截止2004年，共引进外资项目28个，引资额3.23亿元。

基础设施齐备。投资8.5亿元完成了镇区水、电、路、通讯等基础设施的建设，交通四通八达，道路承载能力60吨以上，拥有50吨级总干渠水运码头，2个日供水2万吨的自来水厂，有发电能力15万千瓦的发电站1座，220千伏变电站1座，邮政电信、移动通讯、宽带网畅通无阻。中小学校、医院等服务设施齐备。

服务环境良好。镇政府在企业与农民、企业与部门之间设立了两条“隔离带”，并由公安、纪检、组织等部门联合对镇区各大企业实行重点保护。凡进驻镇区的企业均能享受各项相应的优惠政策，并得到服务专班优质高效的全程服务。

红安县城关镇

2004年，红安镇实现农村经济总收入31993．41万元，比上年增收1126．74万元，财政收入达到1333．9万元，较去年增长3．9万元，农村人均年纯收入2153元，以上年增收225元。招商引资初显成效。全年引进各类大小项目10多个，引资3000万元。金沙大酒店成功签约，投入资金2000万元，建成一座集餐饮、住宿、娱乐为一体的三星级宾馆。深圳韩厨食品调味品有限公司投资300万元在四马山村开设红安分公司，生产韩国口味调料品种10余个。联河村鄢胜红投资60万元兴办空心砖厂和预制板厂；台商独资的广桦公司在我镇投资规模一步扩大。农业结构调整规模扩大。巩固建成了园艺新世纪万家园、胡家河蔬菜基地的排水灌溉工程，在长渠村新发展蔬菜地506亩，建成了蔬菜大棚120多座。完成地膜花生种植面积2．3万亩，较去年1．8万亩增长0．5万亩，增长28%。建设了陈升林特基地，全镇新老基地建设面积共计达15000余亩。民营经济发展迅速。全年新登记个体户150余户、民营企业家56家。铁路配件厂成功改制，ADI磨耗板获得了铁道部的质量认证。工业建安公司承接工程，实现产值2800多万无，创利税70余万元。机械制配公司通过了ISO09001：2000国际质量体系认证，成为我县首家通过质量认证的民营企业。常乐运输公司全年纳税153万元，比上年增加60多万元。楚花油厂生产的“楚花香”精品花生油通过了省商检局的认证：实现产销两旺。似马山农贸市场建设初具规模。金沙私营小区日趋繁荣。全县最大的养殖小区——红华养殖小区，带动了本村和周边村组养殖业的发展。

湖南省

湘乡市栗山镇

栗山镇辖24个行政村，1个居委会，245个村民小组，3898户。总面积67．8平方公里。耕地面积21688亩，其中水田20517．5亩。旱地1170．5亩。全镇农业生产总值7565．11万元，农业收入3211．56万元；企业总产值2．8亿元，其中：乡镇工业总产值830万元，林业收入300．75万元，牧业收入3773．8万元，生猪饲养量4．16万头。年末总人口26779，其中农业人口26225人，农民人均纯收入2976元。计划生育率为95%。

产业结构调整步伐加快推行，“公司十基地十农户”的经营方式已形成，早晚稻播种面积达4．6万亩，优质稻种殖面积达2．4万亩。涌现出一批种养专业户，种粮大户。养牛专业户陈雪梅受到湘乡市表彰奖励。完成退耕还林700亩，低产林改造1000亩，封山育林3000亩。

招商引资力度加大，项目推进成效显著。全年引进种猪、米业、家畜牧业，发展造纸、家俱、养猪等企业7个。共计完成招商引资521万元，新增项目投资1328万元。金福家俱公司、华龙米业公司年产值达510万以上。社会稳定，人民群众安居乐业。

湘潭县花石镇

2004年，全镇总面积133．4平方公里，辖花江、监毕、石坝三个管区，31个行政村，2个居委会，563个村民小组，总人口为54636人。2004年，全镇国民生产总值达到5．19亿元，完成财政税收为69861万元，城镇居民人均纯收入达到8231元，农民人均纯收入达到2749元。

花石镇的支柱产业——湘莲产业在2004年加工粗白莲1．9万吨，出口湘莲5．5万吨，贸易额近8亿元，产品辐射到全国大部分省市和东西亚市场。

企业主要有水泵厂、陶瓷机械厂、阀门厂，工业泵厂等机械制造加工企业；其中花石镇水泵厂年产值过三千万元。

湘潭县易峪河镇

易俗河镇人民政府是湖南省湘潭县城所在地，面积73平方公里，人口6．2万人。

一、坚持以人为本，加强队伍建设。近几年，该镇围绕事业发展，着力加强队伍建设，在政府机关中积极开展“创学习型机关，做学习型干部活动”，在职的122名干部中已有102人获得大专以上文凭，对一般干部实行双向选择，去年竞争上岗中有5名干部落聘。2004年镇党委推行绩效考核，干部积极性得到充分调动，全镇干部中形成了不讲报酬讲奉献，不讲名利重实绩的良好氛围。

二、规范政府行政行为，重塑政府形象，首先狠抓作风建设，号召全体干部进村入户，为民办实事、办好事，2004年共为群众办实事、办好事125件，为群众解决具体问题215件，争取项目资金投入310万元；第二，重视政务公开，加强监督，建立了举报箱和领导接待日制度，推行首问责任制，干部身份公开制，办事制度、程序和收费项目公开，增强透明度；第三狠抓廉政建设，层层鉴定党风廉政建设责任书，严格执行财务制度，2004年比上年节省各项非生产性开支达6．8万元；第四加强精神文明建设，开展“一创三满意活动”和“文明家庭”评选活动，严厉打击黄、赌、毒等违法犯罪行为。

三、围绕小康建设，提高发展水平。镇政府始终突出经济建设为中心，2004年完成财政收入1279万元，比上年增长11%；积极招商引资，2004年共引进新五丰行、宏兴隆食品等14个项目，合同引资13408万元；稳步发展乡镇企业，2003年完成乡镇企业总产值105734万元，同比增长89．07%；实现农业和农村经济全面增长，2004年总产值8903万元，比上年增长7．5%，通过两补一降，全镇农民直接增收75．7万元，农业结构调整得到优化；加快小城镇建设步伐，2004年累计完成建设投入2981万元，项目涉及安居改造，基础设施建设、产业结构调整等诸多方面。

在主抓经济工作的同时，镇政府不断推动社会事业进步。计划生育工作常抓不懈，2004年全镇计划生育率为98．92%；卫生事业全面发展，加强了传染病的预防和控制，该镇成为全县第一个农村合作医疗参与率达到60%的乡镇；文化事业丰富多彩，经常性地开展群众娱乐活动，组织书画、歌咏比赛等；民主法制建设不断加强，全面推行政务公开、村务公开，全镇17个村，8个社区居委会全部实行村、社区财务代管制度，农民负担监督管理工作落到实处。

常德市蒿子港镇

蒿子港位于湖南省常德市鼎城区北部，东临澧水，西接西洞庭管理区，镇域总面积46．8平方公里，辖13个行政村，5个居委会，1个渔场，总人口33212人，其中农业口22128人，是一个典型的湖区农业大镇。

2004年，镇党委、政府确立了“扩粮稳棉固基础，大上养殖增收入，突出城建树亮点，招商引资建龙头，强化管理求实效，改进作风争一流”的经济发展思路。把发展作为第一要务，用改革的思想、务实的态度、创新的精神、克服困难的勇气，稳中求进，实现了镇域经济和各项社会事业全面发展。主要表现在：农业增产增收，农民收入普遍增加；工业发展迅速，招商引资卓有成效；落实政策真心实意，办实事抓得实实在在；税费收缴全面彻底，经济管理规范有序；计划生育再登新台阶，各项社会事业有新发展；干部作风进一步改进，强化管理取得了实效。

2004年，全镇实现国内生产总值16500万元，增长15．63%，其中农业总产值达到9420万元，增长20．78%，工业总产值达到2880万元，增长8．14%，农民人均纯收入达到2340元，增长14．01%。

邵东县两市镇

镇财政收入达到1．65亿元，新办投资100万元以上的民营企业有32家，100万元以下的企业有25家，新办企业投资额达到3200万元，完成工业总产值10亿元，企业增加值达到3．2亿元，实现利税1．14亿元出口创汇3880万元。全镇农民年人均纯收入达到4248元，投入城建资全1000余万元，修建三条米宽的高标准乡村公路，投资200余万元，计划投资7000万元完成无害化垃圾处理场。

岳阳县新墙镇

新墙镇辖27个村，2个居委会，252个组，土地面积76平方公里，耕地面积2.84万亩，人口2.98万，非农人口4400人，人口出生率12‰，自然增长率6‰。主要农产品产量为：稻谷1696.4万公斤，玉米80万公斤，薯类100万公斤，葡萄90万公斤。主要工业产品产量为：湘渝公司产焦糖色素等产品100000吨，汇天公司年生产酱油、醋1000吨，连心公司年产粉末涂料200吨，鑫湘木业年产细木工板5万平方米，富天公司年产洗衣粉9000吨。

企业引进方面：一、引进山东华龙有限公司投资兴建鑫湘木业有限公司，公司产品为细木板，总占地面积50亩，总投资5000万元；二、湘阳食品有限公司占地56亩，生产车间2100平方米，总投资2000万元，是以生产盐渍荞头为主的大型食品加工企业，年创销售收入1700万元；三、引进长沙高原工贸公司投资兴建湘北农机摩托车市场，总投资3000万元，占地60亩。

集镇建设方面：2004年多渠道争取国家重点投入，全面改善集镇基础设施，增强集镇的发展后劲，积级争取国家和省、市重点集镇建设的相关项目和资金支持100多万元，全面完成了对集镇水、电、路等基础设施的配套和改造。

农业结构调整方面：农业科技示范园逐步形成规模效益，占地面积800亩，总投入1000万元，主要品种为美国红提、礼品西瓜等。

计划生育方面：2004年新墙镇计划生育科技队伍以“三个代表”重要思想为指导，以稳定低生育水平为中心，认具贯彻“一法四规”，严格依法行政，进一步夯实基础，规范管理，健全机制。加强综合治理，努力推行村民自治，围绕“生育、节育、不育”开展科研攻关。落实各项避孕节育手术，为广大育龄群众提供优质的技术服务，为全镇计划生育工作持续、稳定、健康发展作出了重要项献。

岳阳县城关镇

岳阳县城关镇地处县城，是全县政治、经济、文化的中心，东距107国道12公里，京珠高速公路16公里，西接洞庭湖鹿角码头10公里，北距岳阳市区23公里，京广铁路贯穿境内，交通十分方便，全镇共辖13个行政村，20个居委会，总人口9.8万人，地貌以丘岗为主，总面积48.6平方公里。

近年来，城关镇在上级党委、政府的正确领导下，依靠广大干部群众，励精图治，开拓创新，各项工作都有了新的发展，初步形成了工业以制药、医疗器械、纸业、包装、渔类加工为主体，农业以稻渔业为主体的产业格局。农业和城镇基础设施不断完善，社会大局保持稳定，计划生育实现了保一类排名前十位的目标，教育工作平稳发展，中考上线率达62.7%，招商环境不断优化。2004年实现GDP值7.31亿，增长12%；其中工业总产值实现4.4亿，农业总产值实现1.08亿，第三产业产值实现1.83亿。财政收入达1685.1万元，人均纯收入达3550元。

临武县城关镇

2004年，城关镇经济工作在县委、县政府的领导下，坚持以“三个代表”重要思想和党的十六大精神为指导，以加快发展，强镇富民为主题。全党紧抓经济，重点抓建设，突出抓税收，凝心聚力，真抓实干，奋力拼搏，全年完成国内生产总值21768万元，增长率13.5%，人均增加709元，其中第一产业完成1888万元，比上年增4%；第二产业完成9048万元，增12%；第三产业完成10832万元，增16.7%；完成工农业总产值59457万元，增长14.7%，全镇人均可支配收入达3462元，较上年增378元，增长2.5%。

一、基础设施明显改善。

2004年全镇完成固定资产投资5870万元，其中，投入城镇建设资金3610余万元。一年来主要围绕巩固“创新”成果，重点狠抓了全县重点工程之一的回峰路建材市场项目的开发建设，投资360万元铺设了回峰水泥路，还引进了湖南炳诚置业有限公司投资3000万元兴建湘南临武建材市场，提供就业岗位800个，实现镇财政税收200万元，对推动我镇城西经济发展发挥了重要作用。镇政府还加大了对辖区旧城改造的工作力度，拆除了城关农贸市场两侧镇属二层平楼，通过以租代建的运作方式，投入200多万元新建了二栋占地2000余平米的框架结构新楼，达到了增值增效，美化市容市貌的目标。另外，我们还结合全市城市建设工作观场会在我县召开的有利时机，狠抓了镇区内的乱停乱摆、乱搭乱建和环卫清扫工作，整顿规范了新屋场、城东开发区等区域内户外广告和门面招牌，使我镇城镇建设和管理工作跃上了一个新台阶。

二、外向型经济取得新突破。

现乡镇企业总产值66460元。长沙天河集团有限公司投资650万元的天和大酒店，开创了我县酒店星级服务历史上的新突破；个体老板周作飞投资300多万元打造建设的阳光家电超市航母店，通过靠强联大，实现了民营企业的规模经营；另外由浙江正荣贸易有限公司投资300万开办了太平洋服饰超市；通过镇党委、政府招商引资，由湖南炳诚置业有限公司老板邓彬程投资4000余万元的湘南临武建材大市场也正在如火如荼的建设中。总之。全年招商引资工作成效显著，民营经济、外向型经济的发展取得了新突破。

三、产业结构调整成效明显。

一是加大了农业投入，新修了黄皮山500米水泥路，20多个沼气池，在黄皮山村新建一个停车场，红心桃种植面积达到了3800亩，黄皮山村已成为集生态、旅游、观光为一体的小康示范村。西城村依靠科技、资金扶持大力发展山羊和生猪养殖，形成了一定的规模，目前，有养殖大户11户，山羊数量561只，生猪数量6518只。二是积极争取市、县农业综合开发项目，多方筹措项目开发建设资金200余万元，到目前为止，兴建了贯穿塘下、曾家岭、杜家、南溪、西城等村的高标准灌溉水渠，改善了农业生产条件。三是加快农业技术推广。积极开展预防禽流感工作，狠抓了“开展三个深入，掀起三个高潮”的帮农、支农服务活动。四是落实了中央农业政策补助资金。全镇共发放农民粮食直补良种补贴资金9．3万元。农机具补贴2万元，全镇降低农业税三个百分一点，有效调动了农民种田的积极性。

四、计生工作再上新台阶。

计生工作围绕“夯实基础，创造特色，强化服务提升水平’’的工作思路，狠抓了计生队伍建设，强化了优质服务意识，夯实了基层基础工作。通过计生大宣传、大服务、大整治，全镇计生整体水平有了较大提高。2004年独生子女户和纯二女户免费入学人数39人，减免学费1．5万元，实现计划生育率97%，“三查一治”到位率98．6%，节育措施落实率100%，顺利通过了省、市年度抽检，确保了计生一类乡镇工作目标。

五、其他各项工作稳步推进。

人大、综治、安全、科教文卫、扶贫建整、青年、妇女、武装、等各项工作都有新的起色，圆满完成了上级下达的各项任务，特别是禽流感防治工作扎实有效，确保了全镇人民的生命财产安全。

临澧县合口镇

临澧县合口镇是国家建设部小城镇建设试点镇和示范镇，是国家综合改革试点镇，是湖南省小城镇建设对口联系工作确定的50个重点镇之一。全镇辖3个居委会和24个行政村，总面积47．34平方公里，总人口4．6万人，其中城区面积2．5平方公里，城区常住人口1．6万人。近些年来，该镇紧紧抓住小城镇建设试点的契机，坚持高起点编制规划，多渠道增加投入，大力度抓建设，严要求抓管理，重实效促发展，一个功能齐全、管理有序、品位较高、经济活跃的新型小城镇已基本形成。2004年，全镇国内生产总值6．5亿元，乡镇企业实现产值达4．7万元，实现利润1800万元，财政总收入1320万元，农民人均年纯收入达4018元。

炎陵县霞阳镇

霞阳镇是全国重点镇，位于湖南省株洲市炎陵县中北部，是湘赣边境人流、物流中心，属井冈山革命老区，是老一辈无产阶级革命家进行建党、建军创举的重要活动地区之一。是炎陵县的政治、经济、文化、交通中心。1996年，由原城东乡和城关镇合并组建霞阳镇。全镇总面积118．45平方公里，人口3．5万人，依山傍水，气候宜人，是中南地区绿化最好、绿色最浓、独具特色的生态园林旅游城镇之一。镇内有省级森林公园湘山公园等生态旅游景点，省级文物保护单位洣泉书院等名胜古迹。森林、小水电、旅游等资源丰富，金、辉绿岩、锑、萤石、石灰石、花岗石等多种矿产资源储量较大，延季蔬菜、黄花梨、新世纪梨、良种杨梅、板栗和特种养殖享誉远近，交通、通讯、信息等城市基础设施完善。

近几年来，镇党委、政府带领全镇人民，立足区位优势，紧扣发展要务，创新发展思路，致力推进工业化、城镇化、农业产业化进程。全镇城乡基础设施不断完善，城乡居民收入日益增长，社会事业明显进步，城乡统筹协调发展，生产发展、生活富裕、生态良好的新形象正展现在世人面前。全镇有大小企业 13 家，上规模企业 7 家，总投资上亿元，涉及房产、陶瓷、冶金、林木加工等行业。2004 年，工农业总产值达到 19594 万元，财政收入达到 738．3 万元，农民人均年纯收入达到 2775 元。

目前霞阳人民正满怀信心，以更加开放的思维，更加优越的发展环境，更加务实的工作作风，谱写着新的篇章。

宁乡县花明楼镇

湖南省宁乡县花明楼镇是原国家主席刘少奇的故乡，系全国创建文明村镇工作先进镇和全国小城镇建设重点镇，这里距省会长沙 40 公里，韶山 20 公里，交通便捷，湘江支流靳江穿镇而过。总面积 112．4 平方公里，人口 4．8 万，耕地面积 4．5 万亩，村级区划调整后辖 17 个行政村，2 个居委会。

2004 年，镇党委、政府围绕建设"工业强镇、旅游大镇、文明新镇"，全力打造"中国名镇"目标，狠抓"活财政，树形象，促发展"三项工作重点，主攻经济发展、城镇建设、文明创建，努力构建和谐社会。

项目工程和招商引资工作不断推进。2004 年，启动鑫源铸钢厂、湘宁耐火材料厂等年度投资额在 500 万元以上项目 8 个，全年共启动项目 22 个，完成投入 7335 万元。落实招商引资项目 5 个，实际到位资金 6770 万元。

"工业强镇"逐步确立。培植了佳宁农机公司、五星公司等规模企业 13 家，强化了耐火材料，机械制造、仪表螺丝和玻璃制瓶四个拳头产业。2004 年工业总产值达到 4 亿元。

农民增收初见成效。积极调优农业产业结构，加强基础设施建设，2004 年农民人均纯收入增加 950 元，达到 3979 元。

望城县丁字镇

丁字镇是全国小城镇建设重点示范镇之一，面积 91．2 平方公里、耕地面积 1926．4 公顷，辖 8 个行政村、2 个社区居季会，总人口 4．3 万人。有世界陶瓷发源地铜官窑遗址、书堂山八景、麻潭山十景等旅游资源。镇域内有得天独厚、蕴藏丰富的花岚石矿藏。区位优势十分明显，交通非常便利。2004 年，党委、政府一班人，团结带领全镇人民，以邓小平理论和"三个代表"重要思想为指针，紧紧围绕强镇、兴镇的发展思路，强力推进"三化进程"，加大招商引资和融资力度，在致富奔小康的路上迈出了新的步伐。

依托丰富的花岗石资源，充裕的民间资本，投资活跃，石 材加工个体企业增加，石材工业规模进一步提升，现已有 600 多个石材加工企业，精细化工业也日趋扩大。2004 年，全镇实现生产总值 5．6 亿元，工业总产值达到 10．9 亿元，财政总收入达到 3332．4 万元（其中地方财政收入 1724．5 万元），农民人均可支配收入达到 4200 元。招商引资工作取得显著成绩，为提升我镇的整体经济实力，先后引进了湖南兴龙玻璃厂、长沙鑫科建房地产开发有限公司、金瓯化工厂、相聚食品有限公司、鸿胜仓储等 10 个项目，协议资金达 2．41 亿元，实际到位资金 1500 万元。

依托长湘公路规划建设的丁字新镇已初具规模，镇区面积约 150 公顷，居住人口 3000 人左右，为丁字镇的经济社会发展带来了新的契机，并提供了良好载体。2004 年 5 月，新的镇政府办公楼投入使用。目前，镇区内公路纵横，高规划、高质量的楼房耸立，到处体现出丁字镇的显明特色，绿化，亮化工程相继配套，一个环保、文明、秀美、现代和充满发展前景的新丁字镇已经呈现在世人面前。

平江县城关镇

全镇社会政治稳定，经济持续快速健康发展。城镇建设、招商引资、转变干部作风、计划生育等 17 个单项被评为县级先进。2004 年，全镇实现国民生产总值 28．34 亿元，完成财政总收入2177.75万元，城镇居民人均可支配收入达6840元。农民人均年收入达3190元。

全镇工业企业生产总值达21.4亿元，实现利税10284万元。全年新上招商项目11个，共引进合同资金1.5亿元，到位资金0.6亿元，其中投资500万元以上的规模工业企业1家，200万元以上的3家。

城镇建设主要抓了六大工程，财富花园建设当年完成投资3500万元：完成一期工程3.4万平方米的土方回填和“五通一平”，并开始了财富商业步行街建设。城区防洪堤建设全面启动，全长1380米，全年共完成投资400万元，一期工程500米已竣工。城区至平伍公路的出口通道——怀甫路建设年内正式启动，怀甫路规划全长840米，路幅宽12米，当年共完成投资220万元，路基工程基本结束。主要承担城关地区义务教育的九年制寄宿学校——启明中学整体搬迁通过多方融资，年内共投入建设资金1100万元，征地46.3亩，完成教学大楼、食堂、校门、办公楼等主体工程建设，共计建筑面积8000余平方米。西街旧城改造二期工程共完成投资810万元，拆迁房屋7000平方米，新建4栋六层商品房，建筑面积12000平方米，共提供营业性铺面52个，达2600平方米；提供商品房115套。富康大道建设已完成申报审批，经市计委审批立项，报国家开发银行和省城建委批准，列入了城市建设重点工程项目。项目横贯镇区西北部12个村，在城郊结合部沟通平伍公路与106国道，构成县城西北环线。项目实施后能新扩城镇面积8～10平方公里，是一个经济效益好、辐射功能强的城镇建设项目。规划总投资5000万元，年内已到位启动资金200万元。

很抓农业生产，全镇粮食总产量达7000余吨，较往年增加16.7%。产业结构调不断深化，城郊无公害蔬菜、林场花卉苗木、城坪天麻种植、三兴公司肉牛养殖、福江公司“公司+农户”生猪养殖项目等，为农民增收开辟了新的渠道。全镇共推广无公害蔬菜6500亩，发展肉牛2500头，出栏1100头，发展生猪3万多头，出栏2.4万头。

华容县城关镇

全镇辖3个农业村场，12个社区居委会，18个村民小组，59个居民小组。总面积9.6平方公里，耕地面积697亩。总人口80070人，其中农业人口1816人。人口出生率12.6‰，自然增长率7.4‰。年内气温最高39℃，最低值-3℃。年降水量796㎜。全年实现工农业总产值52000万元，比上年增加3700万元，其中工业总产值达到46000万元，比上年增加12700万元。财政收入1205达到万元，占年度计划110%。农民人均年纯收入达到4937元，比上年增加1207元。

——突出壮大优质服务，工业活力得到进一步增强。2004年，全镇上下进一步优化服务手段，改进服务措施，积极扶持企业发展，收到了较好的效果：华奥纺织、华容二建、环城砖厂、华凯食品、陵园酱菜等企业进一步做大做强，纸箱彩印、纺织彩染等技改项目顺利完成。华奥纺织有限公司投资1000万元，新建成了全自动电脑彩色印染生产线，产品荣获出口免检权；年创产值1.3亿元，创利税900万元。环城砖厂抓质量、强管理，全年完成销售收入240万元，实现利税40万元，并于年底顺利实现了改制，为企业今后更好的发展奠定了基石。二建公司抢市场、创品牌，实现产值3800万元。

——突出调优结构，农业经济得到进一步提升。2004年，全镇紧紧围绕中央1号文件，以促进农民增收为目标，把做好农业工作摆到重要位置。全年发展水稻种植面积700亩。有农业计税面积的五个农业村场、社区努力调优农业结构：环城村种植时令蔬菜达200亩；李家湖村花大力气引进了200多头良种母猪和100多头良种山羊；水产场落实淡水珍珠养殖100亩；章台街大力扶植本街居民发展肉猪养殖达1500多头；城兴街充分开发低洼田，栽种意杨80多亩。全镇形成了特色养殖、意扬风景、时令蔬菜三个农业特色板块。

——突出建设引资金，城市开发进一步加速。作为县城中心镇，镇党委、政府始终将优化经济发展环境的着力点放在城镇建设上，加以重视和动作。2004年，共投入城镇建设资金4000多万元，基本完成了蠡北路和移民安置小区后续工程等建设项目，顺利启动了状元民俗文化街、华容一中扩容和城市防洪工程等建设项目。着力将社区建设作为一项特殊的城市建设工程，认真加以建设，广厦示范社区创建初具成效。

——突出管理抓创收，集体经济得到进一步增长。2004年，我镇财政预算资金缺口高达200万，面对财政压力，认真分析形势，以增收节支为重点，狠抓财税征管，力保收入；狠抓内部管理，力控支出。在组织收入上，采取过硬措施，狠抓税收征缴，全年完成国税459．4万元，超收30万元；地税685万元，超收6万元。在节减开支上，全面启动和部署乡镇机关公务消费货币化补贴改革，将启动改革和内部控支有机结合起来，根据干部职务和实际岗位严格实行公务消费包干限额补贴，对非公务消费支出严格实行财务“支出通报制”和“支出审批制”。通过强化财务管理，年内各项开支较上年同比减小50万元。

——突出发展抓引资，争资引项得到进一步加强。2004年，全镇上下把争资引项工作作为加快镇域经济发展的重要举措来抓，立足环境优化，加大引资力度，多渠道、全方位的开展争资引项：环城村充分利用城关汽修厂资产优势，年底与北京一家公司洽谈，达成投资2000万元兴建项目的协议，并到位资金105万元。年底又以通村公路为项目，赴省财政厅争取专项资金，批准24万元，到位4万元。水产场四处联络客商，引入500万元兴建了华容县汽车销售维修中心。陵园街利用陵园酱食厂闲置厂房引入60多万元投资兴建了洗涤有限公司。李家湖村抓住县办点工作队驻村办点的机遇，年内向上争引资金5．6万元。状元街利用乡友优势，加紧疏通关节，尽全力向省计委争取资金，到位资金3万元。章台街善于捕捉市场信息，寻求招商动态，积极与长沙力宇路桥建材有限公司洽谈了宏发物流中心项目。

——突出协调激活力，社会事业得到进一步推进。2004年，镇党委、政府统筹兼顾，促进了各项社会事业的协调发展：计划生育方面，狠抓流动人口管理，坚持优质服务，大抓利益导向，全面完成了全年人口计划，各项人口与计划生育指标均达到上级考核要求。社会治安综合管理方面，深入开发了创建“无码社区、无毒社区、无访社区、无灾社区”活动，为全镇经济发展提供了一个稳定的社会环境。教育工作方面，坚持教育公办、民办并举，全镇中小学生入学率和巩固率均达到100%，素质教育、教研教改在全县继续名列前茅。医疗工作方面，全面启动了第二轮农村新型合作医疗改革，全年新增农村新型合作医疗对象500多名，并发动群众铲草除障灭螺，切实加强了血吸虫病的防治工作。水利事业方面，对5000米大堤进行了养护。对1万米沟渠进行了疏通，对朱家湖机埠、李家湖机埠进行了维修等，为全镇农业生产提供了坚持保障。低保工作方面，全年新增低保对象158人，使全镇低保人数达到7900人，共发放低保金360万元，对稳定社会起到了重要保障作用。安全生产方面，全镇开展安全生产大检查达10多次，整改安全隐患60多处，全年无一重大安全事故发生，确保了人民群众生命财产安全。农民负担方面，严格按照上级要求操作，全镇农民负担比上年减少4万多元，切实减轻了农民负担。经济普查方面，全面启动了普查工作，阶段性地完成了单位清查任务，不仅有利于下一阶段普查任务的开发，还为彻底摸清全镇经济底子奠定了坚实的基础。就业工作方面，狠抓失业人员的再就业工程，全年上岗人员有较大幅度增长。

临湘市羊楼司镇

羊楼司镇地处湘北鄂南结合部，是沿107国道由北进入湖南的第一镇，也是全省四大边境重镇之一。全镇辖17个行政村，4个居委会，2.6万人，总面积107平方公里，其中旱地6386亩，水田15062亩，茶园4530亩，山林11．7万亩。2004年，该镇以中央1号文件为指针，以壮大特色产业经济为主攻目标，认真贯彻落实“民本岳阳”九项工程，大力开展农村“三个文明”建设，“三化”进程得到了整体推进，经济和社会各项事业得到了全面发展。2004年全镇国内生产总值达到2．53亿元，比上年增长7．8。其中一产业为0．57亿元，二产业为1．29亿元，三产业为0．64亿元，一、二、三产业比重为21：51：28。财政收入达到1818万元，人均年纯收入达到4367元，分别比上年增长8%和16%。

该镇按照国家级改革试点镇和省级重点镇的要求，从满足全镇人民生产、生活的实际需要出发，持续加大城镇建设力度，集镇建成区面积达到2.3平方公里，比上年扩大0.2平方公里；集镇人口达1.2万人，增长10%；集镇人口占全镇人口总数的46%。先后筹措资金440余万元，搞了多项基础设施建设。一是投入180万元，建设了新屋铁路立交桥涵，新修了新屋至罗形、水田交通主干道2公里；二是投入20万元，新建了大全通村公路主干道桥梁2座；三是投入50万元改造了双山至小港、小港至大全共18公里道路；四是投入50万元，改造拓宽了八一四至石壁12公里石壁公路，路基达到8米宽；五是投入20万元，硬化了水泥厂北街路面500米；同时投入20余万元，对街道店面进行了绿化、美化、亮化。基础设施建设的持续推进，改善了集镇面貌，扩大了镇域面积，促进了非农人口的转化，也增加了农民收入。

特色产业经济不断扩张。在楠竹产业方面，一方面组织全镇拓展、改良楠竹资源。改造低产楠竹2万亩，栽植新竹3000亩，楠竹总产量同比增加12%，原竹产值达到4000万元，同比增加15%。另一方面，大力组织新产品开发，推动竹产品加工。新开发出的仿古竹筒产品问世后，畅销国内礼品市场，极具艺术、收藏价值。新创办的蓝峰竹业公司运用高科技，既开发了竹筒等新产品，又改进了传统竹产品，年创产值200余万元。全镇竹业和加工产值增加到1.8亿元，同比增加10%。在茶叶方面，改造了1800多亩茶园，年外销精茶4000公斤，砖茶5万吨，茶叶产值达到1.42亿元，同比增加8.4%。在矿产业方面，由于加大了开发的力度，新增矿产产值6000万元。一年来，全镇有2000余人从事葛粉提炼、加工，发展大小型加工户30余个，生产葛粉180余吨，新增产值600余万元。

招商引资再结硕果。全镇共引进（扩建）项目8个（其中扩建项目2个），协议引资2650万元，实际到位资金780万元。这8个项目涉及到四个方面：一是在竹业主导产业方面，引进了投资80万元的长沙圣波竹粉厂和由湖北客商投资200元创办的蓝峰竹业公司，上马了云天竹胶板厂第二期1500万元的扩建工程；二是在工业方面，引进了总投资450万元的新河轧纲厂，目前已投入生产，年创利润达60余万元；三是在茶业方面，引进了由长沙外贸公司牵头，投资200万元创办的湘北茯砖茶厂；四是在基础设施方面，引进总投资180万元的新屋铁路立交桥涵工程，同时投入300万元拉开了自来水厂二期建设工程。

社会事业全面发展。计划生育水平不断提高。由于强化了经常性工作力度，实施了利益导向机制，出生率11‰，比上年下降1‰；计划生育率94.7%，比去年上升0.7%；多孩率为0.5%，各项指标均比去年有了实质性的提高。

文明创建深入推进。在全镇范围内大力开展了“十星级农户”、“党员示范户”、“文明小区、文明单位、文明街道”竞赛活动和“为农服务先进单位”评比活动。通过创建，全镇群众崇尚文明的风气逐步形成，先后有523个家庭分别被评为“十星级农户”；2个单位、2个小区、3条街道被评为文明小区（单位、街）；3个单位被评为“为农服务先进单位”。同时以镇文化综合楼及绿化广场为阵地，积极开展群众业余文化活动，配合开展了“落实中央1号文件文艺宣传”活动。一年来，外来文艺团体演出8场，举办了大型文体活动2次，老年文艺汇演1场，配合开展“落实中央1号文件文艺宣传演出”28场，极大地活跃了农民业余文化生活。

社会政治持续稳定。由于深入开展“创平安乡镇”、“创交通安全示范镇”为主题的“两创”活动，全镇范围内无法论功练习者，无重大涉农恶性案件，无群体性闹事，无群死群伤重大生产安全事故，无集体赴省、进京上访事件，地下“六合彩”赌博活动得到有效遏制，全镇社会治安秩序持续稳定。

科技兴镇成效显著。该镇利用镇农科教中心，举办了各类技术培训班15期，参训3100多人次。围绕特色产业的开发，兴办了葛、蕨基地，楠竹低改基地，茶叶基地，发展了78个科技示范户，进行了葛蕨粉精练，竹醋、竹炭研制和竹器防虫，防霉技术的研究等科研工作。竹醋竹炭的生产和加工被列入了国家星火科技计划。企业、产品的科技含量与日俱增。

教育事业突飞猛进。突出抓好了学校布局

调整这个重点，将全镇21个村级小学按照“生源相对集中，资源有利共享”的原则，合并成8所完全小学、2个教学点，同时多方争资39万元，兴建了新屋逸夫教学楼、中洲教学楼，改造维修了9所教学危房。全镇中小学生入学率达100%，义务教育率达98%。一大批优秀教师和学生脱颖而出，在省市获奖。全镇中小学教师论文获奖88篇，优秀案例8个，其中国家级2篇、省级2篇，岳阳市级3篇，临湘市一等奖10篇。在全市教学比武中获一等奖3个，二等奖2个。中学各学科竞赛获市级奖104人，小学语文阅读竞赛、数学奥赛获奖学生达108人次。

卫生工作有新的加强。健全了村级卫生服务网络，扩充了卫生力量，加强了农村防疫和妇幼保健等专项工作。选送医务人员进修深造，提高了医疗水平，使农村初级卫生保健得到了普及。民政、国土、水利、社保、武装、通信、邮政和金融等各项事业都得到了长足的发展。

澧县澧阳镇

澧阳镇是澧县政治、经济、文化的中心，地处洞庭湖畔、澧水之滨，古为澧州腹地，民风淳朴，历史悠久，文化昌盛。历史文贤屈原、范仲淹、李群玉，新中国开国元勋贺龙元帅等在此留下了许多珍贵的人文遗迹，是近代著名历史人物蒋翊武先生的故乡。

全镇总面积60平方公里，辖18个行政村和15个社区居委会，全镇共有耕地面积33251亩，水面3380亩。总人口16．8万人。澧阳镇工业基础较好，全镇共有工商企业820多家，2004年共完成工业总产值12．8亿元，工业化、城镇化、农业产业化水平不断提升。去年，完成工商税收8600多万元，镇本级财政收入达到3800多万元，农民人均纯收入3500元，城市居民可支配收支达到8200多元。连续多年被评为省、市发展乡镇企业的明星乡镇。澧阳工业小区被农业部评为“全国乡镇企业东西部地区合作示范区”。

城镇基础设施配套完善，城市建设日新月异，城区面积18平方公里。澧阳镇人气旺盛，大局和谐，已初具澧水流域的中心城市规模。交通通讯发达，能源充足，207国道纵贯全镇，1868、1852省道在此交汇，滟洲水电站装机容量3万千瓦，为全镇的经济发展提供了强劲动力，是一方充满希望的沃土，一块潜力巨大、有待开发的宝地。

浏阳市大瑶镇

浏阳市大瑶镇地处浏阳南部，毗邻江西，现辖6个行政自然村和4个社区居委会，146个居民小区、总人口5．6万，城区人口2．85，总面积7575平方公里，城区面积3.4平方公里。

大瑶风光秀丽，四季分明、雨量充沛、日照充足、气候宜人、无霜期长、利于各类喜温作物生长。大瑶物产丰富，特产众多，花炮、煤炭、水泥、瓷器是大瑶四大名产，其生产的鞭炮烟花闻名中外，多次在国际焰火大赛中荣获大奖，产品畅销全球60多个国家和地区；在国内比赛中，先后有32项次获部、省、市优质产品奖。

大瑶历史悠久，积淀丰富，人才辈出。隋唐初有李畋、后人尊其为花炮始祖。清有振威将军刘炳昌，屡立战功，誓死卫国，还有清代名医张绍修，著有《时疫白喉摘要》。革命战争中，有中共大瑶第一位区委书记刘波、红三师师长邓崇江，艺术界有湘剧乐师欧阳寿庭，早期著名演员王人美。中华人民共和国成立后，担任党政等重要职务的有：广东省发改委主任陈善如，原长沙市政协主席张贤遵，中国人民解放军空军指挥学院博士导师杨绪金少将，中华人民共和国国防信息中心主任、政委钟柏林等。

大瑶区位优势明显，信息发达。大瑶镇位于湘赣两省三市（萍、浏、醴）结合部，处于319、106国道和1855省道交汇点，是浏阳经济重镇，南区政治、经济、文化中心。1993年，在省内敲响了国有土地拍卖第一锣，2004年，实施“以地生财，滚动发展”战略，融资3000多万元，用于新建供水设施，改造下水道，环境绿化等。至此，集镇已形成“三纵四横”新格局。另投资3200万元的花炮大道于2004年底全线开通，将集镇与花炮大市场连成一体，集镇总用地面积扩大到3．4平方公里，集镇拥有常住人口2503人，城镇人口达2．85万人，城镇化率达50%。2005年1月，市政府下发浏政［2005］6号文件，大瑶镇设浏阳市城管行政执法局大瑶执法中队，成为全省第一个被授于城镇综合管理执法权的乡镇。

大瑶信息通讯行业发展迅速，电网覆盖面积为75.6平方公里，供电量为3000万千瓦时；固定电话和移动电话用户分别为3075和7136户，电脑宽带网已进入农家，网上漫游成为时尚。

2004年，全镇完成农业总产值8430万元，乡镇企业总产值达到124570万元，财政总收入5083.5万元，比上年增长38.1%。农民人均年纯收入5606万元，比上年增加1526万元；人口出生率为11.9‰，计划生育率为98.9%，综合实力早在1997年就进入"全省二十强乡镇"行列。

近年来，大瑶镇以"兴工强镇"为主线，通过推动投资增长，大力调整产业结构，走出了一条内贸和外资共增、传统产业及新兴产业齐飞的工业发展路子。通过整合提升、出口带动，全镇规模企业不断增加。2004，全镇新上非花炮类工业项目11个，逐步形成了造纸业、彩印业、金属粉业等三大产业集群。全镇共有企业1917家，企业总产值124570万元，比上年增加52178万元。增长72%。

农业在稳定粮食生产的同时，种养结构不断优化，逐步形成了以粮、菜、药、林、猪、羊为主导的产业格局。2004年全镇经济作物面积达39%，实现农业总产值8430万元。

大瑶镇在致力于发展工业和城镇建设的同时，大力发展科技、教育、文化、卫生、体育等各项事业，实施"人才兴业"和"科教兴镇"战略，促进了社会的全面进步。1999，科技创新工作步入全市先进行列，教育"两基"顺利达标。2000年，大瑶获"湖南省群众文化艺术之乡"、"特色花炮书画之乡"等称号。2005年全市第一家乡镇文学艺术联合会在大瑶成立，下设10个分会，拥有250名会员。大瑶中心医院医疗设备先进、医疗技术系乡镇一流。

为实现建设小康镇的宏伟目标，大瑶镇党委、政府进一步创新思维，发展求变，大瑶今后的发展战略是：以科学发展观为统揽，以邓小平理论和"三个代表"重要思想为指针，紧紧围绕"再上台阶、争创第一"这一目标，继续抓住"工业发展、城镇建设"两个重点，始终坚持"创新、突破、跨越"三大工作方针，全力实施"观念牵引、品质提升、行政革新、人文渗透"四大战略，继续弘扬大瑶精神，全力推进工业化、农业产业化和城镇化，动员和组织全镇人民，为全面构建富裕和谐的新大瑶而努力奋进。

洞口县高沙镇

镇党委、政府贯彻"政府引导、市场运作、科学规划，环境招商、开发筹资、产业兴镇"的战略，走工业小区、市场建设和城镇发展"三位一体"的路子，重点抓好城镇基础设施建设和经济产业开发工作，有力地促进了全镇"三个文明"建设。2004年实现国内生产总值14.08亿元，比上年增长了12%，其中工业总产值达到8.35亿元，财政收入完成3100万元，比上年增长9.6%，农民人均年纯收入3680元，比上年增加480元。

广东省

东莞市虎门镇

东莞市虎门镇，位于广东省西南部珠江口东岸，总面积170平方公里，现有常驻人口11万人，外来人口53万多人，共有28个村委会和3个居委会。

虎门历史悠久，秦始皇时隶属南海郡番禺县，后屡有变动，隶属过增城、宝安，唐肃宗至德二年(757年)九月，宝安更名东莞，东莞立县，从属东莞。民国初期，东莞县置区、乡制，虎门分别属三、五、八区。民国13年(1924年)，原为农村圩市的太平改为镇，成为东莞三大镇之一。1955年称虎门区，1958年9月成立虎门人民公社，1984年撤社改区，1985年与太平镇合并为虎门镇，1998年，新湾镇合并入虎门镇。

1839年6月，清朝钦差大臣林则徐在虎门率领军民销烟御敌，揭开了中国近代史和世界禁毒史的悲壮开篇，虎门，从此载入了中国和世界的光辉史册。

虎门人民历来有"敢为天下先"的为事风范，自1978年虎门引进全国第一家来料加工企业(太平手袋厂)以来，虎门人民在虎门镇委、镇政府的正确领导下，锐意改革，开拓创新，将虎门建设成了名闻遐迩的服装名城，现代化南国海滨港口商城的动人风貌开始渐露端倪。自1995年起，虎门镇每年均获得国家、省、市各项荣誉称号和奖励几十项，主要奖项有：中国乡镇之星、广东省乡镇之星、中国女装名镇、广东省技术创新试点单位——虎门服装专业镇、广东省卫生镇、连续9年各项税收总额排在全国乡镇第一名、在全国首次小城镇综合发展指数测评中成为千强镇之首。

2004年全镇国内生产总值达63.98亿元，工业总产值142亿元；农业总产值3.92亿元；各项存款余额221亿元，总用电量25.9亿千瓦时，税收总额24亿元，位居全国乡镇前列；居民储蓄存款余额162亿元，农民人均纯收入9516元，合同利用外资1.68亿美元，实际利用外资1.33亿美元，外贸出口13.3亿美元，个体工商户、私营企业总数突破3万户，注册资金总额突破60亿元，注册资金超过1000万元的有70家，两家民营企业入选市50强，一家民营企业入选广东省100强。村组两级集体总收入12.62亿元，纯收入7.63亿元，其中超亿元的村有3个，超3000万元的村有11个，村组两级集体总资产75亿元。

服装产业是虎门镇政府大力扶持和精心培育的支柱产业。1996年，镇政府根据虎门在广深珠经济带中优越的地理位置和历史上是商品集散地的特点，结合虎门产业发展现状，成功举办了首届中国（虎门）国际服装交易会，对虎门服装业的进一步发展产生了深远的影响。至2004年，虎门已成功举办九届服交会，成交额从第一届的12.6亿元增加至第九届的32.6亿元，轰动了国内外服装界。虎门服交会以其成交量大、国际味浓、凸现品牌形象而蜚声海内外，成了业界的名牌会展。如今，虎门已有服装及配套生产企业1220多家，并在镇区形成方圆1平方公里的服装批发市场，共有商铺8000多间，经营面积超过17万平方米，从业人员占全镇总人口的30%，其中私营及个体业主超过3万人，成为举世闻名的服装名城，松鹰、以纯、灰鼠、伊韵儿等品牌服装畅销大江南北，深受消费者的喜爱。一业兴、百业旺，在服装产业的带动下，房地产、旅游、交通、饮食、旅业、物流、文化、信息等行业也兴旺发达。今日虎门，社会稳定，经济发达，市场繁荣，城市建设日新月异，一个繁荣富庶的南国海滨商城日渐凸现。人民安居乐业，生活富裕，提前达到了宽裕小康水平，正向全面小康社会迈进。

虎门，钟灵毓秀，人杰地灵。我国第一位蕃薯引种者陈益，一代抗日名将、淞沪战役总指挥蒋光鼐，国民政府第一任外交总长王宠惠，现代著名书画家卢子枢等历史文化名人都是虎门这方热土养育出的虎门骄子。

虎门风景优美，胜景无数。林则徐销烟池与虎门炮台旧址为国家级文物保护单位，也是全国爱国主义教育基地，每年吸引数百万游人前来旅游观光，接受教育；镇内还有蒋光鼐故居、村头贝丘遗址等两个省级文物保护单位及一批市级文物保护单位，虎门大桥、海战博物馆、服装城、虎门广场、虎门公园等景点也吸引着越来越多的海内外游客。

开平市塘口镇

塘口镇位于广东省开平市中部，距市区8公里，北接马冈镇、沙塘镇，西与恩平市沙湖镇接壤。面积73.5平方公里，辖3个居委会和16个村委会，190条自然村，总户数9236户，人口31671人（其中户籍人口30971人，外来人口700人）。华侨、港澳台同胞4万多人，分布在世界58个国家和地区，是广东著名侨乡。2004年财政收入达到733万元，农村人均年收入达到4919元。

塘口镇在清代属平康都，民国时期属第三区，1950年为第二区，1952年为第六区，1958年与赤坎、百合合并成立赤坎人民公社，1960年分设出塘口人民公社，1983年改制设区，1987年撤区设镇。1998年11月镇政府由塘口墟迁驻水边新区。

自然环境　塘口镇地势西高东低，为丘陵地。植被覆盖面广，主要山脉有东西走向海拔394米的百立山和南北走向海拔208米的罗汉山。主要河流有南渠、北渠。矿产资源有铁等。地处亚热带，气候温和，雨量充足，年均气温为22℃，年降雨量2200毫米。

塘口镇是广东省商品粮基地之一，优良的自然环境和地理优势为农、林、牧、副、渔生产的发展提供了有利条件。全镇有可耕地30266亩，其中水田27253亩，旱地2849亩。宜林山地3.8万亩，鱼塘6000亩。盛产稻谷，蔬菜、花生、甘蔗、大豆、荔枝、龙眼、荷兰豆、木薯、竹子等各种农产品。土特产有北义莲藕、大庇萝卜、潭溪番茄、古巷黑蔗等。近年来，塘口镇贯彻“科技兴农”的方针，积极引进外资，发展“三高”农业，基本上形成以魁草大皇古、北义台湾精致农场及仲和至四九一带的水果基地为重点的大片“三高”农业基地，合计面积6000多亩。其中，深开高新农业开发有限公司投资开发的1500多亩大皇古三高农业基地，已实现产、供、销一条龙，融科研、种养、观光为一体。塘口镇现有创高产示范片3个，面积360亩；2004年粮食产量16877吨；全镇森林覆盖率30%，林业总产值超1300万元；水产养殖面积1900亩，年总产量达2384吨；三鸟年末存栏量49.96万只。建立了蔬菜、生猪、优质粮、林业和水果等商品基地，其中开平市区农贸市场的蔬菜有一半产自塘口镇2000多亩的省级无公害蔬菜基地----冈陵蔬菜基地，每天下午5时左右，大大小小的货车停靠在基地路旁收购新鲜的蔬菜，菜贩的喊价声和农民的欢笑声此起彼伏，好一片兴旺的景象。先进的生产技术得到了广泛的推广和应用，农业生产逐步向基地化、集约化、现代化方向发展。同时，塘口镇建立“水利为社会，社会办水利”的多渠道、多层次、多元化的水利投入机制，大力发展水利事业，并取得显著的成效，为全镇农业和国民经济的长远发展打下稳固的基础。

塘口镇是珠江三角洲经济开发区卫星镇之一。全镇遵循“工业兴镇，商贸旺镇”的思路，全面开拓工商贸易发展空间，大力发展乡镇企业，初步形成以水边为龙头，以敬、升平为两翼的工业发展格局，开发了具有塘口特色的酱油食品系列、“贡宝”小家电系列产品。目前，全镇有“三资”企业3家，私营企业和个体企业564家，年产值超1000万元的企业有2家。全镇从事工商、建筑、运输、服装制造业人员达5000多人，逐步充实以针织、食品、印刷、包装、厨具、化工等产业为支柱的生产体系。私营、个体企业异军突起，“贡宝”牌电热水壶成功进入日本和美、加市场，“美富达”酱油、“广开”牌腐乳等特色产品远销全国各地，深受客户欢迎，成为镇级经济的一大增长点。主要工企业有：贡宝电器有限公司、祥润纸品有限公司、劲力粘胶厂、开平市美富达调味食品有限公司、鹰田厨具厂、塘口印刷厂、三德食品公司等。

塘口镇素有“建筑之乡”的美誉，全镇有8家建筑队，工程主要分布在广州、佛山、江门等大、中城市，2004年实现建筑安装产值5000万元。

全镇兴建农贸市场5个，总面积9.99万平方米，年成交额1000多万元。

交通电信发达。塘口镇毗邻325国道，境内的赤九公路南接赤坎镇，北连马冈镇，西通恩平沙湖镇。开（平）阳（江）高速公路横跨全镇5个村委会，并在升平村委会有出口。东距国家一级口岸三埠港12公里。地理位置优越，交通运输便利。实现电话程控化，装机容量6000门，开通了移动电话、无线传呼、住宅电话、图文传真服务，实现有线电视网络化。2004年供电量296万千瓦时。全镇所有村（居）委会都实现通电、通邮、通话、通公路。9个村委会的群众全面喝上自来水，全镇改水步伐在市政府和热心华侨的支持下正不断加快。

文教卫体发展迅速。全面普及九年义务教育。有初级中学2所，小学9所，幼儿园3间，图书馆3所。2004年在职教师223人，在校中小学生4191人。塘口宝树中学被评为广东省尊师重教先进单位和开平市一级学校。有医院1家，计划生育服务站1所，卫生站14间。全镇实施农村医疗保障制度。办有侨刊《潭溪月报》、《古宅月刊》、《里讴月刊》和多家民间曲艺社等。1999年以来，塘口每年均创建至少一条开平市级文明村。群众文化生活丰富多彩，群众性体育活动普及到自然村。

改革开放以来，塘口籍华侨和港澳台同胞热心捐资赠物，为家乡建设和公益事业特别是文教卫生事业作出巨大贡献。捐建了塘口侨联大厦、塘口卫生院、方氏图书馆、潭溪图书馆及崇义小学、同安小学、树德小学等。知名华侨有旅美侨领方创杰先生、旅加拿大方君学先生等。

源远流长的华侨文化赋予塘口丰富的旅游资源和人文景观。近年来，开平市发挥侨乡优势积极向外推介开平碉楼，在全市登记在册的1833座碉楼当中，塘口镇有568座，数量之多位居开平各镇之首，因而有“碉楼之乡”的美誉。镇内村村有碉楼，碉楼建筑风格独特，融汇中西文化精髓，极具观赏价值，见证了华侨的历史，百年碉楼是历史的走廊，也是侨乡建筑艺术的瑰宝。著名景点有江门侨乡新八景之一的AAAA级景点、“中国华侨园林一绝”----立园，立园以《红楼梦》描绘的大观园为依托，对中国园林古典建筑艺术兼收并蓄，并对欧美当时流行的别墅建筑特色加以融会贯通，达到中西合璧之化境，从而有“小观园”的美称。游人置身其中，油然而生“立石诗题花下客，园亭图绘画中人”的款款风情。国家和省重点文物保护单位、申报世界文化遗产的重要景点----自力村碉楼群也位处塘口境内。目前，自力村“修旧如旧”回复昔日风采，实现了人与大自然的和谐融合，村内15幢碉楼分布于田野和莲花池塘之间，景观自然而错落有致，让人们对这个独特的侨乡气息流连忘返。2001年以来，开平市人民政府均在塘口镇举行“碉楼文化旅游节”，吸引各方宾客前来观光，大大提升了塘口的旅游形象，带动第三产业的发展。

英德市浛洸镇

浛洸镇是广东省英德市西部的一个重点镇，曾有1520年县级建制史，现辖有17个自然行政村。

总面积240.3平方公里，浛洸镇常住人口70082人，镇区常住人口22085人。镇区建成区面积3.8平方公里。2004年，全镇GDP为88010万元，第一产业总产值33804万元,第二产业总产值达到30588万元,第三产业总产值达到23618万元,农民人均年纯收入达到3412元。2000—2004年，全镇工业投资总额19866万元，其中2004年全年工业投资总额为8500万元。

农业方面：目前，已形成了蔬菜种植基地、蚕桑养殖基地、优质谷基地、水果种植基地、笋竹种植基地、马蹄生产区，“三高”农业初定格局。通过加强基地板块的建设，实施“筑巢引凤、引凤筑巢”战略，成功引资400万元兴办了笋竹加工厂，为浛洸的笋竹种植提供了空间。2004年，引资916万元兴建了缫丝厂，延伸了蚕桑产业，进一步繁荣了浛洸蚕桑养植业。

工业方面：2004年，浛洸镇的企业从业人员有12184人，全年工业总产值30588万元。全镇有各类企业187家。2002—2004年来，通过招商引资，浛洸共引进项目9个，合同资金达15171万元，其中建成投产的有5家企业；在建的有4家企业。

城镇基础设施建设：投资70.8万元铺设了5条乡村公路，铺设里程约21.6公里；投资169万元，维修加固农业水利设施；城镇建设日新月异，小区开发十分火热，公寓式商住楼盘销售火爆，商住楼盘出现了良好的发展苗头，开发前景广阔；投资126万元兴建了学校等各类公共设施；城乡交通已全部由城乡公交车取代，镇容镇貌、居民生活环境进一步改善。

城镇总体规划和建设：投资60万元，邀请中山大学规划设计研究院对镇区总体规划进行重新修编，完成了浛洸镇镇区地形图测量、镇区总体规划。

饶平县黄冈镇

饶平县黄冈镇地处粤东沿海，是闽、粤、台经济辐射的交汇点。全镇面积96．6平方公里，总人口187974人，辖12个社区居委会、24个村委会和1个村级场。2004年全镇工农业总产值16．57亿元，其中工业产值13．58亿元，农业产值2．99亿元，外贸出口3485万美元，农民人均年纯收入达到3847．21元。

工业产品主要有：水族机电、电子元件、粮食机械、木材和茶叶加工、医药保健、毛织服装、工艺饰品、金漆木雕等20大门类4000多个花式品种。农业方面目前已形成了粮食、水产、水果、蔬菜、禽畜五大生产基地。

汕头市陈店镇

陈店镇位于324国道潮南和普宁市交界处，全镇面积28．3平方公里，耕地面积17779亩。总户数18761户，人口102919人，还有旅外华侨和港澳台同胞3．2万人，是有名的侨乡。

2004年，我镇以发展作为第一要务，紧紧围绕“规范、落实、发展”的工作主题，积极实施“改善环境、加快发展、强化管理、全面推进”的发展战略，结合陈店实际，采取有效措施扶持一村一品和重点行业的发展，积极发展第三产业，引导三大支柱产业不断上规模、上档次，被国家授予“中国内衣名镇”。

——经济建设蓬勃发展。全镇新办有限责任公司10家，新办私营企业6户，新办个体工商户212户，新办自营进出口企业12家，有汕头科信等8家企业增资扩产，投资8000万元，还引导企业实行科技兴工，有广东联盛、得胜二家公司三项电子产品通过省科技成果鉴定，达到国内外同类产品水平。2004年，全镇实现国内生产总值10．52亿元，比增14．8%；工农业总产值28．204亿元，比增16．93%，其中工业企业产值27．3亿元，比增18．3%，农业产值9403万元，比增3%；外贸出口总额1500万美元，比增71%；农村人均收入4021元，比增2%。

——基础设施进一步完善。已整体完成西环路路基建设，铺筑了六禾乡路水泥路面，着力完善镇区交通网络。逐步进行农电改造，架设10千伏高压线路80公里，年供电量2．5亿千瓦/时；对324国道两旁的供水管理进行迁移，年供水量550万吨。

——精神文明建设不断加强，社会治安稳定，各项社会管理步入规范化轨道。优先支持教育事业，全镇投资800万元，新建了流仙小学1所，扩建陈店中学，配套先进教学设备一批，全镇实现了楼房化校舍。

遂溪县遂城镇

遂城镇位于雷州半岛北部，是中国第一甜县——遂溪县委县政府所驻地，是广东省中心镇，总面积264平方公里，辖管14个居委会和31个村委会，总人口20多万人。

遂城镇拥有地处沿海和连接大西南的区位优势，黎湛、广湛铁路纵穿城区东部；国道325、207线在县城交汇，广湛、渝湛高速公路环城而过，城镇距湛江港、湛江民航机场、湛江火车站仅20多公里，海陆空交通条件优越。矿产品种多，储量大，开采价值高，主要有高岭土、石英石、泥炭土、铁矿、金矿、瓷土等，盛产龙眼、荔枝等热带水果，物产资源丰富。

改革开放以来，特别是2004年，遂城镇党委政府认真贯彻落实党的十六大和十六届三中、四中全会精神，树立和落实科学发展观，实施“工业化、农业产业化、农村城镇化”发展战略，加大招商引资，建设工业园区，引进泰国正大集团南宁正大畜牧有限公司等农业龙头企业，大力发展“订单”养鸡、养猪，树立经营城市理念，把遂溪县城建成湛江市区“后花园”；建设生态文明村，加强精神文明建设；加强信访工作，全力维护社会稳定；实施“固本强基”工程，全面加强党的建设；努力打造经济强镇、文化大镇、和谐社会，经济社会发展硕果累累。2004年，全镇国内生产总值达到23．4亿元，比增9．6%，全市各乡镇经济综合指标考核排名第一。

清新县三坑镇

三坑镇位于清新县西南部，总面积108平方公里，下辖14个村委会，1个居委会，总人口4.7万人。2004年全镇农村社会总产值达3.71亿元，农村人均纯收入达到3599元，农业总产值1．99亿元，工业总产值3247万元。

一、招商引资力度加大，工业经济发展增速。

2004年，我镇统一认识，坚定信心，加大力度，把握机遇，共引进项目5个，合同金额14．25亿元，招商引资和工业经济均取得了一定的成绩，并呈现出新的特点。一是以民营企业为发展重点，打造具有较大发展前景的工业经济。先后引进了广东标牌陶瓷、清新诺雅水暖器材和东方灯饰等3家民营企业到我镇桥北工业项目区建厂。标牌陶瓷项目投入资金近1亿元，完成首期工程2条生产线建设，并投入生产。诺雅水暖器材厂已完成厂区建设，近期将进行设备安装。东方灯饰项目已进入规划筹建阶段。二是招商引资向村下移。雅文村委会利用旧厂房引资创办超卓五金塑料饰品厂，鸡凤村委会引资创办“田园牧歌”农业观光项目等。三是以商引商、以商招商局面铺开。通过现有投资商的推介和引见，已有多家大型企业到我镇考察和洽谈项目，为今后招商引资工作打下了基础。四是新办企业巩固发展。清新弘霖鞋厂加大投入，增资100万美元，扩建厂房和扩大生产规模；清新名将乡村体育俱乐部于2004年10月1日正式投入经营。

二、农业和农村工作稳定发展。

首先是坚决落实减轻农民负担政策。坚持涉农收费公示制度，坚持农村税费改革政策，进一步减轻了农民的负担。二是抓好农业增收工作。加强粮食生产的指导和管理工作，使粮食产量在大旱之年无明显减少，确保了粮食生产的稳定。加大对种养发展的扶持，支持和鼓励群众发展优质鱼和优质果等特色农业，全镇鱼塘养殖面积7893亩，其中优质鱼养殖面积达1000亩；柑桔种植面积4590亩，其中挂果面积达1300。三是抓好农田水利建设，尽全力抓好抗旱工作，积极筹措抗旱资金，加大抗旱人力、物力的投入，想尽办法抗御旱灾，有效地减轻了旱灾对农业造成的损失。认真部署冬修水利工作，抓好规划，落实方案，确保冬青水利维修工作顺利。

三、基础设施日臻完善。

一是把全长12．5公里的清禅大道建设作为全镇经济发展线，加大人力、物力的投入，抓好协调督促，确保该公路顺利建成通车。二是抓好村级公路建设，完善产业路网水泥硬底化。三是抓好墟镇建设，改善墟镇环境。完成墟镇府前路面铺建和亮化建设，引资在矮车路口建设占地面积40亩的商住区，规划总建筑面积达44000平方米，总造价约2640万元。

四、各项工作全面落实。

一是加强领导，落实责任，全面完成上级下达的人口与计划生育指标。二是加强教育建设。在继续深化教育体制改革，提高教育教学质量的同时，抓好三坑初级中学规划建设，并完成教学楼西侧和一幢学生宿舍楼建设。三是加强法治建设，落实严打整治，开展普法宣传，重点打击“六合彩”赌博，积极开展联防活动等，全镇社会治安明显好转。四是抓好财税工作。完成农业税征收54万元，国税征收131万元，地税征收209万元。五是团结协作，全面完成各项工作任务。农村合作医疗工作于年底全面铺开。征兵工作做到早行动、早部署，并严把兵源质量关，圆满完成征兵任务。民政优抚、殡葬政策全面落实，工作顺利开展。国土村建等部门认真履行职责，积极配合全镇各项建设等。

徐闻县徐城镇

徐城镇位于徐闻县中部，是徐闻县的政治、经济、文化中心，总人口75675人，下辖有七个社区和3个村委会，城区建成面积有12平方公里。2004年，全镇共有乡镇企业1500多家，其中工业企业230多家，实现国内生产总值7092万元，工农业生产总值达11556万元，财政总收入达1350万元，农民人均年纯收入达到3670元。

近两年来，徐城镇积极实施拓展思路，以经济建设为中心，积极实施“工业兴镇”发展战略，加大农作物结构调整力度，全面发展现代化农业。为配合县委、县政府建设“滨海绿城”的奋斗目标，认真实施“136”工程，加快城区的小路小巷建设及整治城区环境卫生，随着近几年建成城东大道、贵生路形成繁荣的街道。2004年县政府完成文塔路的建设工程。此外，去年由徐城镇筹集资金完成东门路、宾朴路的硬底化建设任务。其次，为加快该镇生态文明村建设，2004年筹集资金1100万元，完成小路小巷硬底化水泥道路230条，总长29公里，目前全镇已完成小路小巷建设任务76%，县城面貌焕然一新。

电白县沙琅镇

沙琅镇是电白县北部山区片的交通枢纽和经济文化商贸中心。全镇面积89平方公里，辖15个村委会和2个居委会，总人口72579人。该镇地理位置优越，投资环境完善，水陆交通发达，通信便捷，电力充足。三茂铁路穿越镇境，镇内公路纵横交错，路网发达，建有大型客运站；沙琅江直通大海，船运方便，客流物流繁荣。城区面积约6平方公里，城镇常住人口2．5万多人，主要街道10条，总长近8．8公里。有年供水量5000多万吨的自来水厂1座，全镇100%居民饮上卫生合格水。有小水电站3座；10000门程控电话全面开通；5000多户有线电视网络进入家庭；全镇初步实现排污管网化。此外，镇还成立政务中心，建立健全招商引资工作责任制，落实各项优惠政策和激励措施，加大招商引资力度，先后引进了东潮香料有限公司、蓝宇木器加工厂、丰银陶料厂、琅江纺织厂、君元商贸城等一批私营企业落户沙琅。

经济快速稳步健康发展。农业产业化发展势头强劲，已形成了金钱龟、小耳花猪、红辣椒、香蕉、萝卜干、北运菜、南药、果蔗、优质稻谷、山地养鸡等农业十大种养基地。乡镇企业形成了农副产品加工、食品加工、竹木器加工等主导产业。第三产业蓬勃发展，建有果菜批发、成衣批发、农副产品批发、小耳花猪和耕牛等专业市场，构筑了商贸流通大平台。目前，建筑、运输、修理、服装、通讯器材、药材批发销售、休闲娱乐等行业已成为该镇第三产业的重要组织部分。

精神文明建设上了新台阶。“科教兴镇”战略得到进一步实施，教育投入继续加大，“普九”成果得到巩固，教育质量全面提高。文化基础设施逐步完善，建有镇文化娱乐活动中心、新城文化广场和占地500亩的新城公园，群众体育活动和全民健身活动蓬勃发展。近年来全镇群众性精神文明创建活动不断取得新进展。已涌现出了3个市级文明村、3个县级最佳文明村、13个县文明村和13个县文明单位。

罗定市罗镜镇

罗镜镇位于罗定市南部，是著名抗日爱国将领蔡延楷将军的故乡，距市区20公里，一直以来，是罗定市南部和信宜市东部的经济、文化、交通和信息中心和商贸中心，经济辐射面宽，辐射人口达40多万人。全镇总面积1614平方公里，辖24个村委和1个居委会，2004年底，全镇总人口达9万多人，全部为汉族。2004年，该镇实现生产总值5．72亿元，增长12%;工农业总产值9．36亿元，增长10．6%，其中工业总产值6．96亿元，农业产值3．00亿元，分别比上年增长15%和5．4%；财政收入5600万元年，比上年增长 7．4%；农村人均年纯收入达到 4156元，比上年增长 4%。罗镜镇自然资源丰富。有丰富的水资源，建有水电站9个，水电总装机客量5000千瓦，年发电量达1880万千瓦时，全镇已实现电网改造后与省电网联接，另外，罗定市在我镇建有一座11万千伏的变电站，为我镇的电力提供了保障；罗镜河横贯全镇，为工业提供充足用水；已建成日供水量1万吨的自来水厂，能供应10万人需要的液化石油气站等。罗镜镇在大岗坪有可利用土地达1000亩，利用这一资源优势；统一规划，分步实施，前期准备建设一个面积为5000亩左右的罗镜大岗坪工业区，使其成为该镇招商引资的载体。罗镜镇人力资源丰富，劳动力素质高。该镇有中学校 4 所，小学28所，共有学生18000多人。可为该镇提供丰富的、高素质的劳动力、交通便利。省道圣贵线罗镜段公路改造建设路基工程已完成过半，部分路面工程开始铺设，将于今年10月全部改造完成；另外，镇通村水泥硬底化建设已完成，基本实现了村村通水泥硬底化公路。

鹤山市共和镇

共和镇位于鹤山市东南部，与江门市蓬江区、新会区接壤。全镇总面积90．07平方公里，辖2个社区居委会，9个村民委员会，101个自然村，户籍人口2．3万人，外来人口1．9万人。区内交通便利，佛开高速、广珠东线江鹤高速于镇内交汇，江鹤一级公路穿镇而过，毗邻 325国道。共和镇坚持“提高城镇综合实力，提高人民生活水平，全力打造精品”为目标，以经济建设为中心，全力推进招商引资、小城镇建设和社会各项事业全面发展。

共和镇农业种养历史悠久，是江门市、鹤山市现代农业示范区和传统的优质蔬菜种植基地，获得了广东省无公害蔬菜标志认证，“三瓜两豆”远近驰名，“共裕”牌粉葛获国家绿色食品认证。工业从90年代中期起步并快速发展，几年来全镇初步形成以电子灯饰、汽配、五金、制衣为支柱，资金密集型与劳动密集型相结合、大中小相结合的工业发展格局。共和镇属于低丘陵地区，自然景观丰富，环境优美，主要历史文化古迹有市重点文物保护单位——大凹关帝庙及大凹古樟树，旅游资源首期已建成并投入使用的鹤山高尔夫乡村俱乐部，是共和镇第三产业建设的亮点。

高要市新桥镇

新桥镇是广东省的中心镇和市的示范强镇。该镇位于高要市城区西南部，距肇庆城区10多公里，全镇总面积40多平方公里，总人口4万多。该镇交通便利，国道324线、新埠线、广肇高速、三茂铁路和西江支流新兴江均从镇内通过，设有新桥火车站，广肇高速公路出入口设在新桥境内，形成“四通八达”的交通网络，是邻近各镇的商品交易中心和运输的中心枢纽。该镇的规模工业业已形成，全镇工业企业365家，其中：外资企业有圣莎拉制衣发展有限公司、肇庆市骏诚实业有限公司等13家。民营企业有：

联发工艺厂、振兴工艺厂等252家。形成了制衣、手袋、家具、竹木编织、食品等行业。工业的发展拉动了商业、服务业和农业等的发展、全镇的经济质量和总量跃上了新水平，科教文卫体等精神文明建设事业跃上新的台阶。目前，该镇已形成以工业为龙头，带动各业加快发展、协调发展、跨越发展的良好态势。

广州市大岗镇

大岗镇位于广州市番禺区的西南部，西邻中山市黄辅镇、北接顺德市大良区、东连灵山镇、南望横沥镇。全镇总面积58．58平方公里，建成区面积7．5平方公里，辖20个村民委员会和4个社区居委会，2004年总人口约11万人，其中户籍人口54873人。2004年生产总值（现价）16．2亿元，比上年同期增长16．97%。工农业总产值59．06亿元，增长14．96%。

全镇有投产工业企业485家，其中镇居2家，外资企业38家，私营个体415家，全年实现工业总产值35．63亿元，增长15．02%，其中镇属2169万元，同比增长44.41%，外资157219万元；私营个体896910万元，同比增长26．4%。全镇工业销售产值55．03亿元，增长18．58%；工业增加值11．56亿元，增长17．20%；出口产品交货值207163万元，比上年同期增长3．17%。通过不断优化产生结构，该镇工业形成制衣、五金家电、红木家具、珠宝首饰四大支柱行业。2004年实现农业总产值3．63亿元，增长13．93%。

根据经济普查数据显示，全镇共有批发零售业、饮食业服务业网点3250家，从业人员9000多人，其中个体商业2453家，从业人员4701人。社会商品零售额8．27亿元，增长24．8%。

全镇税收收入达（不含免抵调）1．05亿元，财政收入达1．18亿元。2004年，全镇社会消费品零售总额达到8．27亿元，增长24．8%；存款余额22．57亿元，增长16．00%，贷款余额16．38亿元，增长31．44%。

2004年该镇共参加养老保险单位（含个体户）638个，参保人数1326人；参加城镇职工基本医疗保险单位653个，参保人数12914人；参加失业保险单位464个，参保人数12875人，参加工伤保险单位211个，参保人数6005人，参加生育保险单位125个，参保人数3314人。

2004年，该镇职工平均工资14190元，比上年增长10．98%，农村劳动力年平均10742元，比上年增长7．8%。农村私人建房3万平方米，总投资1773万元，平均每百户拥有电视机108台（其中彩电100台），洗衣机67台，电冰箱60台，摩托车85台，空调机30台，电话135部。

高州市分界镇

本镇是传统的农业大镇，全镇有荔枝4．5万亩，储就眼1．3万亩，年种植北运菜1．5万亩，红烟8000亩。近年来，该镇实施“工业滚动，种养翻动，集镇驱动，流通促动”的发展战略，以发展工业为核心，大力推进工业化，农业产业化和城镇化，推动全镇由农业大镇向工业强镇转变。2004年，全镇实现社会总产值12．31亿元，其中工业总产值达到5．13亿元，农业总值达到3．67亿元，农民人均年纯收入达到4585元。

云浮市腰古镇

2004年，腰古镇政府在云城区委、区政府的正确领导下，以邓小平理论和“三个代表”重要思想为指导，全面贯彻落实十六届三中、四中全会精神和胡锦涛总书记视察广东重要讲话精神以及区委、区政府年初制订的工作部署，以经济建设为中心，紧抓发展主题，团结带领全镇广大干部群众解放思想，与时俱进，开拓创新，较好地完成了年初确定的各项工作目标任务，推动了全镇经济和社会各项事业全面进步。

2004年，全镇完成工业总产值22170万元(现价)，比去年同期增长12%；农业总产值11252．54万元（不变价），比去年同期增长6．8%。工商税收591万元，其中国税收入322万元，地税收入269万元，较好地完成了上级下达的指标任务。农村人均年收入达到3919．2元，比增6．5%，全镇新引进投资项目11个，引进资金7200万元。

佛山市龙江镇

2004年，龙江镇加大招商引资、科技创新、品牌营建的力度，培育优势产业，促进产业结构调整和优化升级，经济持续协调快速发展。全镇实现生产总值43亿元，工农业总产值119亿元。成功引进国内外企业投资项目30多个，其中菲律滨生力集团新上食品饮料项目和扩大原有啤酒厂生产规模两项总投资近亿美元，龙江镇将成为生力在中国的重要生产基地。全年实际利用外资5198万美元，合同利用外资4182万美元，利用民营资本超10亿元。被确定为省级“专业镇技术创新试点镇”，两家企业的研发中心被确定为省级工程技术研究开发中心。年内，全镇企业28个科研和产品开发项目纳入各级经费资助计划，其中纳入国家火炬计划3个；认定的国家或省级高新技术产品5个、国家免检产品2个、省级名牌产品6个、省级著名商标2个、省级4高新技术企业1个；企业获授权专利529项。注册家具生产企业增至1477家，厂房面积达800多万平方米，亚大木业城建成开业，家具材料专业市场经营面积增至100多万平方米；建设中的亚洲国际家具材料交易中心占地近千亩，投资约20亿元。被誉为“中国家具制造重镇”和“中国家具材料之都”。同时，城市化建设步伐加快，社会各项事业协调发展。全年城镇建设总投入4亿多元，新增城镇建筑面积50多平方米，占地面积9万多平方米的大型商城——盈信城市广场，首期建筑面积10万平方米年内建成开业。全年科教文卫体及社会公益事业的镇级投入近亿元，本地居民登记失业率为0．97%，合作医疗保险参保率达98%。

梅县雁洋镇

雁洋镇位于梅县东北部山区，是叶剑英元帅的故乡。全镇辖27个村，2个居委会，279个村民小组，7399户，31852人，其中农业人口28300人，耕地面积22530亩，其中：水田15000亩。改革开放，特别是近年来，党委政府紧紧抓住改革开放带来的机遇，树立科学发展观，全镇经济实现了持续、快速、健康发展，社会各项事业取得长足进步。

党的十一届三中全会以后雁洋镇历届党委、政府坚持解放思想、实事求是、与时俱进、开拓创新，树立了敢为人先、开放兼容、求真务实、重才爱乡的雁洋人精神；历届党委、政府以实事求是、政策的连续，宽松的投资环境，镇内外企业纷纷来雁洋投资，全镇先后创办了“梅雁企业（集团）股份有限公司”和“广东宝丽华集团股份有限公司”两家上市公司和广东华银集团、广东超华科技股份有限公司等一大批企业。雁洋镇发展乡镇企业是通过抓好经营机制改革，调动企业积极性；大胆起用“能人”，充分发挥“能人”效应；转变工作职能，积极服务经济建设；开发高新技术产品，推进乡镇企业科技化等做法，使企业从无到有，从小到大，得以飞跃发展。到2004年底，全镇已形成广东梅雁企业（集团）股份有限公司”和“广东宝丽华集团股份有限公司”两家上市公司和广东华银集团、广东超华科技股份有限公司、梅雁投资实业股份有限公司、梅县客都实业有限公司、梅县龙盘建材有限公司、梅县五丰实业有限公司、梅县洁源实业有限公司等九大公司，乡镇企业总数已达161个。有横跨电子、化工、服装、水泥、冶炼、橡胶、煤炭、注塑、商贸、房地产、生物工程、基础工程等20多个行业。据统计，2004年，全镇实现农村经济总收入33.9亿元，比上年增长20.17%，其中：乡镇企业收入达到31．4亿元，比增23%，农业收入达到2.5亿元，农民人均年收入达4766元，比增2%，镇级机动财力770万元，上缴国家税收2．21亿元，比增2．4%，利润总额4．80亿元，比增5．7%。集“三高”农业、生态农业和农业开发示范基地与旅游于一体的全国“AAAA”级旅游景点雁南飞茶田、华银雁鸣湖旅游渡假村已成为梅州的新景点。旅游业的发展，带动了我镇第三产业的发展，拉长了产业链，成为我镇又一新的经济增长点。

东源县仙塘镇

2004年，全镇完成生产总值6．5亿元，同比增长37．6%，其中第一产业实现产值5027万元，同比增长5．2%，第二产业实现产值4．9亿元，同比增长52．2%，第三产业实现产值1．1亿元，同比增长7．55%。三次产业比为7．7：75：17．3，人均年纯收入达4273元，同比增加225元。2004年，仙塘镇工业生产和固定资产投资继续飞跃式高速增长，实际完成固定资产投资1．48亿，同比增长112．6%，极大地刺激了该镇的消费和第三产业发展，实现了农业稳步发展，工业突飞猛进，第三产业不断壮大，一、二、三产业全面协调发展的目标。2004 年，仙塘镇经济发展的最大亮点是工业发展迅猛，以招商引资为突破口的工业立镇进程加速；成效突显，项目带动全新发展，工业园区建设日臻完善，工业大镇格局进一步凸显。目前，该镇已建成的工业园区面积达 3 平方公里，已落户仙塘镇工业园的工业企业 32 家，工业型的小城镇格局进一步凸显，与此同时，随着工业园企业的陆续投产扩产，工业化程度大大提高，为打造仙塘镇全市工业大镇、经济重镇奠定了基础。2004 年，工业增加值对生产总值的贡献率为 94．1%，工业已占绝对主导地位。2004 年税收突破 3000 万元，比上年增加 30．47%。

广西壮族自治区

宜州市德胜镇

德胜镇地处桂西北宜州市西部，距南宁市 300 公里，柳州市 166 公里，西接河池市金城江区，北连环江毛南族自治县，总面积 309 平方公里，耕地面积 5．5 万亩，总人口 4．5 万人，城区面积 2．5 平方公里。黔桂铁路、国道 323 线金宜高等级公路穿境而过，境内有 3 个火车站，是大西南出海通道的咽喉，历来为桂西北物资商品集散地，素有“金三角”之美称。

近年来，德胜镇凭借区位优势，深化改革，扩大开放，推进了工业化、城镇化和农业产业化进程，实现了国民经济持续、快速、协调、健康发展和社会全面进步。

德胜镇内有广西德胜铝业有限公司、德胜红兰酒厂等多家区、市办企业，有镇、村办企业 1097 家，主要从事冶金、化肥、砖瓦、建筑、服装、农具、建材、煤炭、五金、机电等行业，有集贸市场 3 个。同时，德胜充分发挥区位优势抓好德胜工业加工区建设。2005 年，全镇共引进外资企业 9 家，总投资 3000 多万元，极大地推进了德胜工业化进程。

德胜镇农业主要以甘蔗、桑蚕、畜牧为三个支柱产业，同时盛产水稻、玉米、水果，特别是实施“千亩牧草养牛”、“千亩优质果蔬”、“千亩优质蔗”、“千亩速生桉”、“千亩优质桑园”等“五个一千”高效农业示范工程，大大地带动了全镇及周边乡镇农业经济的发展。

德胜不断提升小城镇建设品位，优化投资软环境，加大招商引资力度，壮大德胜工业基础，以工业化推动城镇化进程。近三年来，全镇共投入 2800 多万元，修建政和街、红兰街等九条街道、一个自来水厂、一个公园、两个市场等一批基础设施项目。

2004 年全镇工业总产值达到 3．54 亿元，乡镇企业总产值达到 1．73 亿元，财税收入达到 2189 万元，农民人均纯收入达 2918 元。

海南省

昌县屯城镇

屯城镇是屯昌县委县政府所在地，是海南中部地区人流、物流、信息流的汇集中心。全镇土地面积 184．8 平方公里，总人口 79032 人。近年来，该镇坚持以市场经济为导向，以增加农民收入为目标，加工农业结构调整力度，加强农业基础设施建设，实施良种良苗工程，像胶、槟榔、甘蔗等经济作物种植面积不断扩大，畜牧业发展迅速，全镇饲养“屯昌猪”近万头。同时，该镇坚持“围绕经济抓党建，抓好党建促发展”的工作思路，切实抓好基层党组织建设，为全面建设小康社会提供坚强的组织保证。此外，该镇认真做好小城镇、文明生态村的规划建设工作，使经济和社会进入发展的快车道。2004 年，全镇实现国内生产总值 28627 万元，同比增长 7．2%，农民人均年纯收入达到 2306 元，同比增长 7%。

昌江县石碌镇

石碌镇是昌江县委、县政府所在地，是全县政治、经济、文化中心。区域面积 220 平方公里，辖四个基层派出所，四个地税所，12 个村委会，29 个自然村，4 个社区居委会，总人口 57145 人（不含矿区人口），其中农村人口 19708 人。设有党支部 26 个（其中农村支部 12 个），党员 69 个；拥有 1 所初级中学，12 所完小和 1 家镇级卫生院。

石碌的基础设施功能较为完备，大坡火车站就在境内，高速公路和海榆西线公路横贯其境，道路四通八达。粤海铁路的开通和作为2004年全省“四大工业开发区”之一的“昌江工业开发区”设立。石碌以“工业兴镇”这一战略部署的实施如虎添翼。近年来，新一届镇委、镇政府高举邓小平理论的伟大旗帜，全面贯彻“三个代表”重要思想，树立和落实科学发展观，不断创新工作思路，立足区位优势和资源优势，服务城市，富裕农民为目标，做好“一城二区三张牌”并重，推进“六镇”工程，建设小康石碌。石碌正步入一个经济和社会全面发展的快车道。2004年，全镇实现国内生产总值 3845．6 万元，比2003年增长3%；财政收入完成522．1万元，同比增长11．7%；农村人均年纯收入达1410元，比上年增长8%。

东方市大田镇

大田镇是海南省东方市的一个纯黎族聚居山区镇，2002年由原抱板镇和大田乡合并而成。总面积302．8平方公里。现辖24个行政村（26个自然村），总人口为2．5万人。镇政府驻扯于抱板村，距市城区30公里。

大田镇位于海南省西部工业走廊中部，毗邻东方市八所工业开发区；国道225线、海南省西环高速公路和西环铁路横穿腹地，交通便利，土地辽阔肥沃、光照充足，水利发达，具有发展热带高效农业的优势，因此成为东方市近郊的发展重镇。

大田镇的经济结构主要以农业种值业为主，是一个典型的农业乡镇。农作物主要有：香蕉、芒果、龙眼、水稻、糖蔗、剑麻等。近年来，大田镇顺应市场经济体制的形势要求，不断深化农村经济改革，改善投资环境，积极引导农业结构的调整，大力招商引资创办热带高效农业基地，初步形成了以香蕉为主导，芒果、糖蔗、龙眼、剑麻并举的基地化、规模化热带高效农业格局。目前在大田镇投资高效农业的客商有 200多家（户），承包经营的土地总面积约有7万余亩。其中香蕉：2．5 万亩、经济果林（芒果、龙眼等）1．5万亩、粮蔗2万亩、剑麻0．8万亩、瓜菜0．5万亩。

2004全镇GDP为1．5亿元，农民人均纯收入为1280元；镇区的餐饮、娱乐、商贸、运输、经纪中介、加工包装、劳务市场、教育等第三产业兴旺发达，欣欣向荣。已建成东方市农村中规模最大、档次最高的中学1所，在校生1300多人。2004 年以来，小城镇建设步伐加快，已完成小城镇总体规划的编制，交通、通讯、供电、农产品批发市场等基础设施日趋完善，小城镇的服务、集纳、辐射、带动功能日益凸现，发展前景广阔。

重庆市

开县汉丰街道办事处

汉丰街道办事处位于刘伯承元帅的故乡——开县县城，依山傍水，镇富民殷，是全县政治经济文化中心。三峡工程的修建，汉丰镇因淹没实物量之大，移民数量之多，搬迁安置任务之重，堪称三峡库区移民第一镇。

汉丰镇始建于东汉建安 21 年，迄今 1800多年历史，自唐代以来均为县置地。自古人丁兴旺、交通方便、商贸活跃，是渝东北地区的物资集散重镇。汉丰千百年来雄峙巴国，造就了一代诗人韦处厚，哺育了一代军神刘伯承，积淀了帅乡古镇厚重的历史文化。

汉丰镇是一个人口大镇、教育大镇、经济重镇和移民大镇。幅员面积 52 平方公里，辖 26个社区(村)，常驻人口10万人，流动人口5万余人。镇内有中小学、幼儿园60所，有全国电教实验校、市教育科研基地校、市文明学校、示范校。村村通公路，户户通电，通电话、有线电视覆盖率达96%以上，文体场所设施齐备，医疗卫生网络健全。全镇经济结构趋于合理，三次产业比为6：15：79，年工农业总产值突破8亿元，辖区“两税”总收入突破1亿元，其中本级收入2000多万元。全镇经济社会全面协调健康发展，综合实力一直位居全县乡镇第一，近几年，年度综合目标考评均为全县一等奖。

汉丰镇移民任务有近5万人，其中农村移民17569人、新城占地移民15345人、旧城纯居民私房搬迁13000人，还有学校、卫生院所、镇属企业、镇机关“需搬迁”，拆迁房屋 140 多万平方米，复建各类房屋 200 万平方米以上。汉丰镇党委政府以移民为先为重，面对泰山压顶般的移民任务，勇往直前，攻坚克难，按照一切有利于移民搬迁，一切服务于移民搬迁的出发点，调动一切可以调动的力量，采取一切可以采取的办法，解决一切可以解决的问题，严格坚持移民政策，加强移民资金、移民档案、移民干部队伍、考评奖惩管理，确保工作依法有序推进、辖区社会稳定。目前，“三民并举、七项并进”的攻坚格局已经形成，全镇以移民工作为一切工作的中心，通过狠抓移民工作来带动其他工作，以只争朝夕的精神往前赶，依法移民，以德移民，用情移民，千方百计完成移民攻坚任务。

开县是重庆市上规划定位的渝东北区域性中心城市，到 2020 年，一个“山水园林品味、帅乡文化风格、滨湖城市风貌”的中等城市，将在渝东北地区崛起。面对这一发展机遇，镇党委政府一班人及时调整工作思路，提出并致力构建“1234”经济格局，即突出一区(城市龙头经济区)，构建“两圈”(城郊都市特色经济圈、城周生态经济圈)，致力“三线”(围绕骨干交通线、镇内公路线和库周环湖线发展路域经济和休闲旅游经济)，建设“四片”(无公害蔬菜、特种养植、精品水果、南山森林公园休闲度假等四大基地)，最终把汉丰建成开县甚至渝东北地区真正意义上的区域中心镇、经济龙头镇、科教示范镇、生态休闲镇和环境最优镇。目前，新城建设全面提速，农村移民、新城占地移民、旧城居民搬迁全面攻坚，境内刘帅纪念馆红色旅游精品工程和重点交通建设如火如荼，万开高速公路明年将全面贯通，南山森林公园、盛山公园、汉丰寨、魁星楼等开发建设前景广阔……汉丰的未来将更加辉煌！

大足县龙水镇

龙水镇是全国著名的“五金之乡”、中国西部最大的建制镇、是大足县城的重要组团。龙水城区南距成渝铁路、成渝公路 15 公里，北距大足县城 14 公里，东距重庆城区 90 公里，大邮路（大足-邮亭）、荣铜（荣昌-铜梁）路穿境而过，交通十分便捷。全镇辖 10 个社区、18 个村，幅员面积 111．88 平方公里，其中城区面积 6．73 平方公里，总人口 13．3 万人，其中城镇人口 7．1 万。主要经济特点：工业为主导，商贸为支撑，农业为基础，城镇为依托。工业五大支柱产业：五金机电、汽摩配件、铸造、农用机械、钢模等。2004 年完成的主要经济指标：地区生产总值（GDP）17 亿元，镇域财政总收入达 7800 万元（2002 年是 3670 万元，同口径比，年均增长 45%），固定资产投资 3．24 亿元，城镇居民可支配收入达 7600 元，农民人均年纯收入达 3660 元，产业结构比为 13．6：59．1：27．3。城镇化率 53．5%。全镇上下正不懈努力，使龙水从贸易拉动转为贸工联动，从商业集群转到产业集群，真正把龙水打造成为中国西部五金铸造基地、五金产品集散地、西部第一镇、镇级小城市。2010 年的城区面积 10 平方公里，城区人口达到 11 万，地区生产总值（GDP）达到 42 亿元，年均增长 15%以上，镇域财政总收入达到 2．4 亿元，年均增长 22%以上，城镇居民可支配收入达到 13470 元，年均增长 10%以上，农民人均纯收入达到 5950 元，年均增长 8%以上。

奉节县兴隆镇

兴隆镇位于重庆市东南，绝世奇观天坑地缝风景名胜区的腹心地带，海拔 211～2046 米之间，幅员面积 347．21 平方公里，共 23 个村（居委会），总人口 4．85 万人。2004 年，兴隆镇继续突出旅游产业的主导地位，并依托旅游开发狠抓小城镇建设，旅游基础设施配套建设和农业产业结构调整，取得了良好的发展态势。

兴隆镇按照“科学规划，突出特色，旅游兴镇，建设生态园林旅游边贸小城市”的城镇化目标，通过整治发展环境，加大招商引资力度，形成了有利于促进城镇化的体制和政策环境，在农业生产方面，大胆调整产业结构，确保钱粮双增。积极引导发展经济作物种植，利用示范片带动新品种、新技术的推广。

永川市来苏镇

2004 年，全镇农村经济总收入实现 2．8 亿元，其中农业总产值亿达到 1．6665 元，工业总产值实现 7000 万元，第三产业收入达到 4335

万元；农民人均年纯收入达到3242元，财政收入413.9万元。实施“工业强镇”，工业实力不断增强。永川市结义制鞋有限责任公司进行了项目融资和技术改造，年销售额实现4200万元。积极引导食品企业与科研院所、茶山竹海旅游管理区联姻，加快提升食品加工工艺，来苏绿色食品公司年销售收入达600万元。实施“农业稳镇”，农业产业化水平进一步提高。组建了塔院养猪专业合作社和仔猪贩运公司。完成种猪改良600头，出栏肥猪9.2万头，仔猪上市16万头；新栽桑树200万株，发放蚕种子1.1万张，总产量424吨；再生稻面积2万亩以上，优质再生稻产量达3600吨。同时粮食产量稳定在3.75万吨，其它各项农业工作稳步推进。实施“招商建镇”招商引资能力明显提高。创新招商手段和机制，大力推行首问负责制，一站式代办制，以服务留人、诚信留人、环境留人，全年协议引资2000万元，实际到位资金1600万元。实施“商贸活镇”，推动“三产”上档升级。加快建设区域商贸中心，新引进连锁店3家，在90%的村建立了专业合作社和购物超市；方石塔新村居民点正式兴场赶集；新建农家乐6家，新开张各类餐馆30余家。实施“生态美镇”，城镇化水平明显提高。筹资35万元完成了永吉路王坪段6.2公里公路硬化工程；投资20余万元整修场镇道路2000余平方米；投资15万元对来苏污水厂进行技改，投资32万元改造了王坪水厂；成立了来苏镇城管分队，集镇管理进一步理顺。实施“文化兴镇”，加快社会事业发展步伐。辖区各中小学素质教育硕果累累；成功举办庆“五·一”“五·四”暨花卉盆景展活动、庆“七一”渝西广场文艺演出；健身队、老年腰鼓队等群众文化事业蓬勃发展。

高升区渝州路街道办事处

2004年，镇域经济稳步健康发展，征地开发建设全面推进，城市面貌不断改善，各项社会事业蓬勃发展，全镇全年实现总产值76.92亿元，增加值15.59亿元；总收入达到86.88亿元，利润达到4.18亿元，其中乡镇企业总产值达到54.6亿元，增加值10.09亿元，总收入达到62.12亿元，利润达到1.72亿元；入库税金达到1.09亿元，镇级财政收入达到1513万元。

合川市肖家镇

肖家镇位于合川市东北部，如果把地图上的合川比作一只振翅欲飞的雄鹰，肖家镇就是其中一只有力的翅膀。肖家镇原名肖家场，始建于清乾隆时期，民国13年（1924年）设镇，民国30年（1941年）7月改镇为乡，1953年9月分肖家乡街区设肖家镇，1958年9月并入肖家乡成立肖家公社，1983年12月撤乡设肖家镇。是著名爱国实业家卢作孚先生、川剧表演艺术家吴晓雷先生的故乡，具有浓厚的历史文化底蕴。

肖家镇幅员面积29.98平方公里，下辖8个村、1个居民委员会，总人口2.6万人。与武胜县的乐善镇、岳池县的裕民镇接壤，场镇距合川市主城区38公里，合武二级公路穿境而过，交通十分便捷。信息快捷（宽带信息网已开通、有线电视用户1000多户）；通讯畅通（建有移动、联通通讯站，1800余门程控电话、移动用户达1600余户）；就学、就医方便。区域内地势平坦、土坡、水泥无任何污染，全镇以绿色农业为主，蚕桑生产发达、是有名的西瓜之乡。

肖家镇地灵人杰，在漫长的历史长河中，无数的能工巧匠、英雄名流，以自己的智慧和勤劳，在肖家镇这块土地上创造并留下了光辉的业绩。特别是近几年，肖家镇人民进一步解放思想、创新实干，狠抓农业产业结构调整、招商引资、加快城镇建设。各行各业持续健康发展，各项经济指标大幅度跃升，一个欣欣向荣而又昭示着无限前景的崭新肖家镇呈现在世人面前。2004年，全镇实现国内生产总值6361万元，居民储蓄存款达9310万元，农民人均年纯收入达2286元，财税收入达到110万元。

——山清水季 物产丰富

肖家镇“五马归槽、四坝平铺”屹立在上马寺山上的古寨保存完好，是一处亟待开发的游乐胜地。全镇地势平坦、日照充足、土地肥沃、气侯宜人。种植业主要以水稻、玉米、红薯、水果、蔬菜为主。2004年粮食总产量达13418吨，西瓜产量9000余吨。养殖业以生猪、蚕桑为主。2004年全镇出栏生猪1.78万头，栽植优质桑

10 万余株。利用境内溪河众多的有利条件，大力发展小家禽饲养，2004 年出栏鸡 10 万只，出栏鸭 20 万只。

——商贸活跃 市场繁荣

肖家镇历来边界贸易繁荣，为方便农民购物、活跃农产品交易，1989 年以来扩建了农贸市场，繁荣了农村集市贸易，开拓了农产品销售市场，促进了农业结构调整和农村经济的发展，辐射全镇和周边的龙市、码头、佛门，岳池县的裕民、大佛，武胜县的乐善等乡镇个体工商户到肖家镇经商、办企业。同时我镇积极筹建西瓜交易综合市场，加快特色农产品的流转。

——设施完善 服务周全

随着城镇化水平的进一步提高，作孚街、万乐街新区的成功开发，肖家镇镇区规模不断扩大，2004 年，镇区面积增至 1．2 平方公里。新增人口 1000 余人，加之交通便捷，每天都有固定的班车往返于重庆、合川、岳池、武胜、广安等地。

目前，根据该镇绿色农业和边界贸易繁荣的特点，镇党委、政府把“抓特色、搞创新、引企业、促增收”作为今后一个时期的发展思路：狠抓西瓜之乡建设。以中山、圣明、茶店、凉泉、红花等合武二级公路沿线的村为核心种植区，建设十里西瓜长廊，在 2010 年力争种植西瓜 10000 亩。强力推进生猪改良工程。大力推广猪养殖，引导农民向规模化养殖过渡。利用我镇边界优势，组织商品仔猪向周边辐射，形成以合武二级公路沿线圣明村为依托的猪养殖带。利用境内溪河众多的特点，发挥我镇鸭乡优势，培育养鸭、养鸡大户，形成沿“石岸溪”的小家禽养殖带。积极扩大反季水果“茂田冬桃”的种植规模，培育反季节水果种植基地。

为把商贸发达的边界优势做大做强，肖家镇大力发展非公有制经济，大力招商引资，着力打造商贸亮点，树立起“人人是招商主体，人人是投资环境”的观念，为前来投资者营造一个亲商、安商、富商的浓厚氛围和良好的环境。

梁平县屏锦镇

屏锦镇幅员面积 102 平方公里，辖 19 个村委会和 2 个社区居委会，182 个村居民小组，总人口 6．59 万人，其中城镇人口 3．15 万人。

2004 年实现乡镇总值 63000 万元，地方财政总收入达 2400 万元，固定资产投资完成 10303 万元，社会消费品零售总额达 14730 万元。城镇居民年人均可支配收入达 7853 元，农民人均年纯收入达 2610 元。三产业比重为 16.5:47:36.5。粮食总产量 17865 吨。现有工业企业 149 个，工业总产值达到 38360 万元。城镇建成区面积 3.04 平方公里；新增城镇人口 1500 人，城镇化率达到 45．2%。全年新增个体工商户 351 户。现有各类专业市场 7 个，商业网点达 1626 个。城镇居民储蓄余额达 40000 万元，人均住房面积达到 15．3 平方米。通讯畅通，现有固定电话 13100 部，移动电话 15060 部，上互联网 150 余户。

屏锦镇将按照市级中心镇、百强镇、商贸中心镇和国家级小城镇建设要求，努力培育化工、建材、纺织和农业产业化为重点的支柱产业，积极稳妥地推进城镇化建设进程，充分发挥市级中心镇的辐射和带动作用，把屏锦镇建设成为全县经济文化次中心。到 2007 年，建成区面积扩大到 4 平方公里，到 2020 年形成功能分区、设施配套，风貌独特的梁平第一个小城市。

垫江县桂溪镇

一、狠抓“三农”工作，农村经济持续发展。

粮食生产稳定增长全年实现粮食总产量 15202 吨，比去年增长 7．2%。结构调整力度进一步加大通过结构调整，农村经济稳中有升，农业总产值达 1．4877 亿元，比上年增长 19．18%，农民人均年纯收入达 2512 元，比上年增加 450 元；生态环境得到较大改善，取得了生态和经济效益的双丰收。自 2003 年以来，我镇连续两年实施退耕还林、荒山造林工程建设，共完成退耕还林 12196．1 亩，荒山造林 87067 亩，栽植苗木 19 个品种，165.97 万株，营造生态林 18128.1 亩，占 84．3%，经济林 27567．7 亩，占 15．7%；剩余劳动力转移培训工作得到加强，全镇农村人口 49000 人，农村劳动力（16～55 岁）22210 人，为了增加农村剩余劳动力就业机会，我镇开辟了多渠道就业途径。2004 年，全镇常年或季节性输出劳务 11370 余人，实现劳务收入 6823

万余元，成为农民增收的主渠道。

二、深化改革，强化管理，非公有制经济蓬勃发展。

积极引导扶持非公有制经济稳步壮大。一年来，各项经济指标都取得了可喜成绩，全年实现乡镇企业总产值15．352亿元，增加值36870万元，营业收入实现15．352亿元；乡镇企业比去年同期增长10%；实现工业增加值16670万元，全年实现纳税5万元的“小巨人”企业61户，比去年增加10户。筑巢引凤，招商引资工作成效显著 全年招商引资完成2310万元，占年初县上下达引资计划的128%。落实措施，新型工业化整体推进 2004年共上新建和技改项目32个，共完成投资5581万元。非公有制经济各项经济指标较去年同期都有较大幅度增长，与去年同期相比，工业总产值增长24%，营业收入增长26%，利润增长6%，固定资产投入增长24%。

三、抓质量，促进度，基础设施建设步伐加快。

2004年新修公路3．5公里，整治156公里，硬化路面4公里，投资额达80余万元。完成安置房建筑面积 50000 平方米完成地质滑坡搬迁 37户，启动了安置点的施工便道和划地平整等工作。

四、深化改革，加强征管，财税收支再创佳绩。

一是加大税收征管力度，全年完成工商企业税收2470．6万元；二是多方筹集资金，保证了重点支出及时到位；三是积极推进财政改革，严格执行“收支两条线”的规定；四是进一步深化农村税费改革，群众负担明显减轻；五是强化财政监督，不断提高财政管理水平。全年完成财政总收入2963．9万元，占年初预算2765万元的107．19%，完成财政支出2768．2万元。

五、整体推进，协调发展，社会事业全面进步。

科教兴镇战略取得新的突破 全镇全年度共举办实用技术教育 84 班，培训并结业学员8640人，其中贫困人口有298人次；举办各种短训班102期，组织参培人员3160人。教育和文体、广电事业不断发展，共计投入406万元，积极支持各校改善教学条件。大力倡导全民健身活动；大力发展广播影视事业。全年新增光纤用户238户，累计达到4191户，布光节点23个，覆盖18个村，96个社。计划生育工作得到全面加强 2004年全镇出生人口为936人，符合政策生育率为95%，人口出生率为7．4‰，自然增长率为3．7%，人口性别比为100:106，实现了年初县委下达的各项目标任务。城乡卫生水平明显提高，乡镇卫生院通过全面整顿，医疗卫生服务质量和技术水平进一步提高，农村中医工作全面加强。劳动和社会保障事业不断发展 对符合城镇居民最低生活保障条件的 24168 户次，52548人次，发放低保金233．8368万元。

忠县石宝镇

石宝镇位于长江北岸，地处三峡库区腹心地带，距忠县县城32公里，距重庆江北国际机场320公里。全镇幅员面积68平方公里，辖12个村，1个居委会，93个村（居）民小组，14457户，32944人，其中镇区人口近1万人。

石宝镇是三峡库区移民淹没大镇、镇内气侯适宜，物产丰富，民风纯朴，交通便利，素有川东重镇之称。境内石宝寨被世人赞誉为江上明珠和世界八大奇特建筑之一，属国家AAAA级风景区。镇内村村通公路、通有线电视和电话。

集镇建成区面积1．2平方公里，基础设施完善，功能齐全。镇内岩盐矿、石油、天然气等资源丰富。农业以柑桔、畜禽和优质水稻、大豆、油菜等为主导产业。旅游、建筑建材、航运、天然气供应、农副产品加工等是全镇非公有制经济的支柱产业。

2004年，全镇实现生产总值12350万元，三次产业结构比例为32．3:35．5:32．2，农民人均年纯收入达到1863元，财政总收入达到895万元，其中本级财政收入实现166．5万元。乡镇企业总产值达到20020万元，其中：工业总产值4004万元，入库税金130万元。金融机构存款余额14971万元，贷款余额4552万元。文教、卫生、精神文明、民主法制等各项社会事业协调发展，城乡居民安居乐业。

秀山县中和镇

2004年全镇实现国内生产总值3．7亿元，比上年增长 21．3%；工农业总产值实现 3．5亿元，比上年增长 19%，其中，农业总产值实现1．1亿元，增长17．0%；工业总产值实现2．4亿元，增长21%；财政收入实现2612万元；增长 16．0%；全社会固定资产投入 1．0 亿元，增长 16%，社会消费品零售总额实现 5．1 亿元，增长 17．5%；城镇居民人均年可支配收入 8132 元，增长 19．8%；农民人均年纯收入 2122 元，增长 18．6%；城镇失业登记率控制在 4%以内，人口自然增长率控制在 4‰以内，城镇化率达 59%，增长 19%。

全镇现有各类农业园区 17 个，农业龙头企业 6 个，从业人员 900 余人。2004 年实现劳动力转移达 9211 人，占农村劳动力的 35%，劳务收入达 2581．1 万元，比上年增长 34．8%。

全镇现有工业企业 147 个，从业人员 2387 人，其中规模以上工业企业 6 个，从业人员 611 人。工业经济已初步形成了三大产业支柱；一是锰加工支柱。有各类锰加工企业 17 个，从业人员 885 人，硅锰合金年生产规模 1．5 万吨，2004 年实现产值 14070 万元，占全镇工业总产值的 58．6%。二是建材业支柱，现有各类建材、建筑业 69 个，从业人员 2655 人，2004 年实现产值 4504 万元，占全镇工业产值 18．7%。三是安装企业支柱。全镇已有各类安装企业 12 个，从业人员 1257 人，2004 年实现产值 3240 万元，占工业总产值的 13．5%。

全镇现有房地产开发企业 10 个，从业人员 231 人；有各类商贸、餐饮、服务企业 77 个，从业人员 1192 人；有个体工商户 4312 户，增加 1556 户，注册资金 2．106 亿元，从业人员 9864 人，实现社会零售额 50570 万元；民营企业 255 户，注册资金 2．3 亿元，从业人员 5274 人，实现产值 2919 万元。

南川市水江镇

2004 年，全镇实现镇域经济总量 29970 万元；财政收入完成 1571．2 万元；农民人均纯收入 2877 元；乡镇企业总产值完成 33250 万元；乡镇工业总产值完成 22795 万元；农业总产值达 9620 万元；粮食产量达到 23970 吨；社会消费品零售总额完成 14990 万元；全社会固定资产投资额完成 9200 万元；城镇建成区规模 1．73 平方公里，建成了长 3．18 公里、宽 40 米的南陵大道工程；全镇煤炭企业达 28 个，占全市的 47%，年产原煤 70 万吨，水泥产量为 26211 吨，胶鞋 280．1 万双，机砖 1000 万匹。全镇综合经济实力名列全市乡镇、办事处前列。

云阳县凤鸣镇

一、基本情况：

1．凤鸣镇地处云阳县境西南部的长江南岸。东与凤桥乡接壤，南与里市乡相邻，西邻盘石镇，北连长江。幅员面积 33．5 平方公里，耕地面积 15424 亩，土质肥沃，多为大土和夹沙泥土，海拔高度在 120-800 米之间。全年气候温和，年平均气温 18℃，雨量充沛，日照充足，无霜期长，四季分明，冬暖夏凉。

镇内水源丰富，有人造水库 7 个，堰塘 663 个，能蓄水 40 万方，长期保证人畜用水及水稻旱涝保收。荒山徒坡多数是竹林、树木、桑树。市场繁荣，社会稳定，人居环境良好。

2．经济总貌：

全镇人口 2.3 万人，其中集镇居住人口 7400 人。农村青壮年大多外出务工。农业生产以水稻、小麦、玉米为主，粗粮以红苕、洋芋（马玲薯）为主，玉米、粗粮均作为养锗之饮料主用。其次产有黄豆、杂豆、芝麻、油菜籽、豌豆、胡豆、桐籽等。农业产业结构调整以蚕桑为主导，鱼业、毛猪、果类、蔬菜多业并举的结构调整方向，瞄准市场需求，实行良种良法、科技兴农，使农民增收。畜牧业养殖较早，属传统产业，家禽家畜主要有猪、牛、羊、鸡、鸭、鹅、兔等，此业产值在农业中的比重越来越大，占到 40%以上。

近年来，新发展桑园 6000 亩，新栽桑树 1200 万株，奠定了养蚕基础，巩固了蚕桑基地，每年能养蚕 1400 张，年产茧 42000 公斤，产值 50．4 万元；新发展优质梨树 40 万株，甜柿 3 万株，矮晚柚 1．85 万株，大枣 2 万株，全镇实施了生态林工程 3000 亩，退耕还林 5000 亩的青山绿化工程，全面落实了退耕还林的“三补两免两落实”的政策，管护措施到位。目前绿树成荫，山青水秀。

生猪饲养被农户称之为“小银行”、“肥料厂”，历年是家家饲养。为了改良劣质生猪，该镇近年来引进荣昌瘦肉型良种种猪 62 头，瘦肉型商品猪已走向市场，深受消费者喜爱。每年全镇生猪出栏 9500 头，产值 296 元。发展南山黄半2800只，产值150万元。

竹业资源丰富。全镇家户中家家有青竹、户户离不开竹子，此竹除被当地砍伐搞竹编，做成篓、席、绳、撮箕、笼等自用外，还是造纸的好材料，每年可产成材青竹1000多吨，农民每年自用公占 5～10%，其余还望有识之士收购利用。

镇乡镇企业电站1个，属移民迁建工程，复建工程已竣工投入使用。水产养殖以草鱼、鲢鱼为主，鲤鱼、鲫鱼为辅，鳝鱼更广，新县城的大餐馆饮食店每月都来我处采购，全年产鱼量达5万公斤，凤鸣不愧是鱼米之乡。

私营企业已有6家，其中酒厂3家，纸厂1家，页岩砖厂1家，锅铧厂1家。个体工商户517家，非公有制经济年产值达1362万元，财税收入达110万元。

水利得到改善，投资20万元实施了和平水库节水保水工程，整治输水堰2000米，发行涵管200余米，有效地防治了水库输水渗漏严重的问题，提高了输水质量。集镇居民饮水质量得到改善，投资20万元检修了水池，更换了输水管道，解决了集镇人口增加，供水欠足的矛盾，并对水质进行机械净化处理，使居民饮用上了标准自来水。除此以外，整治病塘病库31处，整治引水堰50公里，新修堰2000米，全镇形成了供水网络，解决了全镇用水之忧。

交通建设发达。凤鸣镇地处江南库区移民公路，云万南路、云利路交汇处，特别是云阳长江大桥建设成后，凤鸣将是云阳南岸连接新县城、利川、万州、奉节、故陵、龙角等地的交通枢纽，镇内村村社社通路通车，水上有7．5公里的长江黄金水道，发达的水陆交通，蕴藏着无限的商机，促进了该镇经济快速发展。

集镇建设稳步推进，成绩显著。凤鸣镇是由原“二墩声场”迁建到宝华山下至凤凰岭上的。从1990年至今先后建成。宝华路、莲花路、凤凰路、凤鸣路四条街。目前正轰轰烈烈的起动建设两个规模高档，由专家堪定绘制设计，功能齐全现代化的小区。一个是占地 8 公倾的梧桐小区，该小区位于集镇的西北方，小区内将建成“一路四个中心”。“一路”即是：迎宾路，全长1000米，街面宽6米；“四个中心”是：行政中心，将政府办公地搬迁到该小区、群众文化活动中心、卫生医疗中心，商贸中心。另一个就是春笋小区，该小区占地50～70亩，将作为凤中新建运动场及教师宿舍，凤鸣中心卫生院新征地 20亩将建一幢住院部。同时打造凤凰岭景区；开发磨芋包生态休闲公园，修建环绕公园的人工湖和宝华路自然风景带，这个风景区内的生态公园主要突出一年四季鸟语花香，把磨芋包生态休闲公园修建成半岛模式。凤凰风景区建成后，成为具有山区特色的自然风景，十分美丽，使人流连忘返。当前集镇建设发展迅速，基础设施完善，服务功能齐全，有较为完善的车站和待建的农贸市场，集镇范围的道路全部硬化，供电农改一体化，是发展经济的好地方。

该镇页岩丰富（俗称红石谷子），村村社社都有，是建筑砖的好材料，1996年前农村建房都是在田地取土烧窑制砖瓦，严重损害了耕地。由于制砖工序的改良，利用了红石谷子作为制砖材料，烧出来的红砖受压力强，质量好，深受建房户的喜爱，泥土制建筑砖近几年绝迹，我镇仅有一家页岩砖厂，还有较大潜力可挖，目前页岩砖供不应求。

3．该镇有12个行政村，1个城镇居民委员会，120个农业合作社，4个居民小组，2003年末总人口2．3万人，其中农业人口2　1523人（含流动人口），占93．6%，非家业人口1477人，占 6．4%。民族以汉族为主，少数民族有蒙古、土家、傣族、壮族、苗族、彝族、布衣族14人，占0．06%。

4．社会福利救济工作，对复转军人实行定额补助，对下岗职工，残疾人等社会弱势群体实行最低生活保障救助等方法。目前已享受低保的有126人，每年发放低保金2．5万余元，按时按标准发放优抚、定补人员的补助金和干部、教师的工资，全镇呈现民心安定，社会稳定的良好氛围。

5．科教文卫方面：教育事业优势明显，有占地65亩的国办高完中凤鸣中学1所，黄龙初级中学1所，凤鸣中心小学1所，村校3所，共有教职员工225个，中小学生6000余人，各学校教学环境优美，教育质量好，升学率高，是理想的育人好去处。有乙级甲等中心卫生院1所，已被重庆市命名为“文明单位”和“爱国卫生先进单位”，该院环境优美，设备齐全，技术精湛，医德医风好。村村有卫生医疗室，生殖健康中心1个，群众健康得到保障。

民风民俗：每逢春节、元宵节玩灯舞狮拜年庆祝，村村有锣鼓、吹锁呐、扭秧歌、唱山歌，旧历腊月三十过年，正月初开始拜年，七月过月半烧纸祭祀先辈亡人，八月十五中秋吃月饼、糍巴。五月端午节等群众都要履行旧的礼仪。婚丧嫁娶、请客送礼、人际交往密切，完全实行礼尚往来，融洽双方感情，增强团结。

6.2001年8月顺利完成了119名移民外迁到江西省奉新县国营东风垦殖场落户，超县下达任务100名的19%；二是完成生产安置移民203户734人，生活安置215户785人，完成移民投资经费1272.1万元；三是完成了二线库清理任务，已通过二线清库自验领导小组验收达标；四是淹没的电站复建工程竣工，并投入使用。

云阳县双江镇

双江镇是三峡库区移民大县重庆云阳的新县城所在地，南临长江。西依小江，以巍巍磐石城古寨为中心，享有“库区明珠”奖誉。全镇幅员面积69平方公里，其中城区规划面积15.5平方公里，辖17个社区，9个农业村，全镇人口达15万人，其中城区人口超过13万人。

2004年，镇党委，政府牢固树立和认真落实科学发展观。紧紧围绕“产业双江、生态双江、和谐双江”的建设目标，不断推进小康进程，实现经济社会持续、快速、健康发展，农民人均纯收入稳步增长。

——以环境为第一要素。加大库周绿化和城市绿化力度，深入开展“文明、卫生、山水园林、旅游城区”系列创建工作，完善城市功能，提升城市形象，“中国优秀旅游城区”一次性验收合格达标。

——以招商引资为第一手段。提供优惠政策：增强对投资者的吸引力，做到既“招外”，又“安内”，既能“招得进”，又能“稳得好”，积极营造“重商、亲商、安商、富商”的良好氛围。

——以创新为第一动力，加快推进城镇化战略。稳步推进农业产业化，抓好果品、生猪、蔬菜、苗卉“四大基地”建设；积极推进新型工业化战略，加快企业改革步伐，提高工业经济运行质量；大力发展个体工商业和私营企业，以旅游业为重点，带动商业，交通运输、饮食、服务等第三产业发展。

丰都县三合镇

三合镇于1998年撤乡建镇而得名，位于长江南岸的县城所在地，是丰都的政治、经济、文化中心，全镇幅员面积78.1平方公里，辖13个行政村，10个社区居委，总人口87402人（其中非农业人口61278人，农业人口25295人），全镇耕地面积23812.5亩，森林面积24465亩，森林覆盖率达21%。其基本镇情是：肩负神圣的特殊使命，地处优越的独特区位，面临艰巨的发展重任。

2004年是该镇建镇以来发展最快的一年，镇党委、政府围绕全面建设小康社会目标，突出发展主题，围绕全面建设小康社会目标；实现两大转移，坚持工作重心从农村向城市，推进“三化”进程，努力提高推进农业产业化、城乡一体化、乡镇工业化水平；全力抓好四个重点，移民安稳致富、城市管理、发展城市经济和扶贫开发作为经济工作的四大重点。沉着应对移民投资减少、宏观调控加强等挑战，实现了工作重心的全面转移。经过调整，全镇工作实现了经济发展势头强劲，城市管理更为规范，移民安定，致富工作扎实推进，基础设施更加完善，社会事业协调发展，党的建设得到加强，人民生活水平进一步提高。全年共完成财税收入1278.8万元，与上年同比增长25%；农民人均年纯收入达到1970元；农村经济总收入实现7500.01万元，比上年同期增长8.8%；乡镇工业产值实现2011万元，实现工业增加值629万元；固定资产投入18378万元，比上年同期增长22%。

渝北区大湾镇

大湾镇位于渝北区北部，东与长寿区接壤，西与茨竹镇相连，南靠高嘴镇，北与邻水县毗邻。镇政府沿公路距区政府驻地58公里，全镇幅员58.5平方公里。在建的渝邻高等级公路横穿我镇5个村，沿高速路距区政府驻地40公里。2003

年，全镇幅员60．25平方公里，辖12个村、69个社。现有耕地面积 32860 亩（资源数），其中田7368亩，土8938亩。林地26000亩。全镇总人口20044人，其中农业人口19326人，非农业人口718人。人口出生率5．5‰，人口自然增长率－0．4‰。企业经营收入 726 万元，税金 23万元，实现利润23万元。全镇粮食总产量10706吨，比上年增3．6%。蔬菜产量9434吨，增2%。油菜籽产量112吨，减8．94%。生猪出栏18057头，增6．1%。蚕茧产量4．79吨。水果产量600吨，增0．5%。农副业产品1245万元，水产品产量90000公斤，比上年增2．3%。全年财政收入101万元，增27%，财政支出606万元，增11%。全镇有中小学11所，在校学生2484人，教师126人，适龄儿童入学率100%。农民年人均纯收入2500元，比上年增146元。有正规卫生院1所，卫生技术人员12人。全镇有12个村通公路，12个村通电话，10个村通有线电视。

城镇化建设进程加快。大湾镇已被区委、区政府规划为区域性中心镇和边贸镇。2002年，投资100余万元，硬化街道280米，新修新街至中心小学校公路桥一座，改造了场镇自来水管道。新增农村建房面积2．3万平方米。2003年，投资140余万元，硬化街道373米，新铺人行路板1800平方米，安装下水管道953米，改造场镇架空电线、安装路灯地下线2800米、路灯130盏。新增场镇建筑面积10060米，农村建房面积2．5万平方米。

加大教育投入。镇党委、政府重视教育工作，始终坚持"再穷也不能穷了教育"的思想。2002年，投资98万元，新建初级中学校学生公寓和中心小学校幼儿院，建筑面积 1800 平方米，并还清了"普九"借款。2003年，筹集资金120万元，结合危房改造工程进行小学网点调整，拆除三沟、水口、界牌三所村小，在渝邻高速路旁建成了占地3亩、建筑面积900平方米的较高规格的三沟小学，硬化金安完全小学操场 1600 平方米，维修教师宿舍、落实了金安完全小学700平方米的教学楼，硬化新街至中心小学道路100米。

招商引资成绩斐然。渝邻高等级公路的建成，区位优势得以凸现，大湾镇优化投资环境、强化保障服务，出台租赁荒山每年每亩1元的优惠政策。2002年，成功引进双凤桥农业综合开发公司投资100余万元在天池、杉树开发荒山500亩，建成农业生态园一座。2003年，引进重庆市高朱农业生态园在杉树村进行荒山改造1000亩；做好了民生集团重庆华强农业科技发展有限公司在水口、天池、金安三个村占地 3000 亩高规格的农业观光旅游示范园的前期工作；投资 200万元，占地 10 亩的渝北区坪桥机械厂落户新街旁，结束了大湾镇境内无工业企业的历史。

产业结构调整。大湾镇把农业经济发展作为主要课题，千方百计实现农民增收。2003年，大力调整农业产业结构，在大湾、河嘴、龙亩等八个村实施退耕还林3000亩，其中，种植枇杷374亩、竹笋1300亩、花椒间作香椿1326亩。发展草食性牲畜，建高床种羊场2个，从四川、云阳等地引进种羊 800 只，年内新增山羊存栏10只以上的专业户114户，年末出栏山羊3100只，存栏4980只。发展草鸡15000羽。同时，引进工、农业企业在镇内落户、投资建设，使结构指标和农业内部指标发生变化，产业结构明显得到调整。

社会事业稳步发展。人口与计划生育工作坚持"三为主、三服务"的方针，从严控制人口增长，认真开展依法征收社会抚养费的执法宣传教育活动，2003年征收社会抚养费60余万元，计划生育率达 93%，荣获创全国计划生育优质服务先进区优质奖。民政事务以"上为领导分忧，下为百姓解愁"的宗旨，认真开展了社会服务，2003年，发放优抚对象补助金17．5万元、救灾救济款3万元、五保费用8．6万元；火化率达69．3%。妇联、人事、文化、村建、国土、林业等部门围绕中心工作，开展了社会服务、增强了自身实力，取得了新的成绩。

渝北区明月镇

明月镇这块热土，有着革命历史的光荣传统，她孕育着2万人民茁壮成长，激励着人们创新发展、奋发向上，全面建设小康社会；她记录着明月镇的发展史，谱写着一篇篇新的乐章，十年沧桑，十年巨变，给明月镇人民带来了优美的发展环境。

历史与建制沿革：清初名东升场，乾隆年

间扩建时，掘出一块直径2米的大圆石，光灿如明月，因此更名为明月场。民国18年置明月镇，民国30年撤镇为乡，解放后仍置乡，1958年改为明月人民公社，1983年复为明月乡，2000年1月23日又复为明月镇。

自然地理位置：明月镇位于渝北区的东北部，距区政府所在地61公里，地处东经106°30′，北纬29°30′，东与大盛镇接壤，西南与统景镇相邻，北靠长寿洪湖镇。辖区总面积37．6平方公里，粮食及农作物播种面积32357亩。行政辖区居民委员会和村民委员会个数共计7个。

全镇有5515户，总人口为19284人。其中非农人口3918人。全镇以汉族居首，少数民族占总人口的1%左右。2004年人均纯收入达到2838元。乡镇年度财政收入58．5万元，其中农业税48万元。

社会经济发展成就。小城镇建设：2004年底，小城镇建设占地面积已达到0．2平方公里，完成了预期的小城镇建设一期工程。

小康乡（镇）村建设：到1999年全镇实现了小康镇、村建设，已通过了市、区验收。

镇村文化建设：1999年实现了全镇村通闭路电视，镇建有1个文化合格站，村村设有文化活动阵地。

农村教育改革：1997年全面完成了农村教育“两基”普实任务。全面推进了素质教育工程，实行了计算机课程教学，扩大、提高了教育教学质量，被区政府称之为山区教育的“一面旗帜”。

农村环保与耕地保护：1998年完成了生态林工程建设，实现了1万亩坡地改梯耕地保护，同时，建成了1万亩优质柑桔水果基地建设工程，被区命名为柑桔基地镇，已投产见效，单位实现人均均增收80元左右。

农业基础设施建设：全镇拥有小二型水库3座，山坪塘105口，微型水池125口，提灌站10个，修人行水泥路75公里，机耕道98公里，基本确保农业生产必备的环境条件，更好地发挥农业生产在农村经济发展中的地位与作用。

镇政府建设：2003年，政府购置了25台计算机，建起了现代化办公网络，新建了明月镇网站，开通了互联网，基本实现了资料、档案数据化信息网络化、办公自动化、无纸化的现代办公格局。

通讯设施建设：1999年政府建起了程控电话交换机1座，安装电话985门，实现了村村、组组通电话。2000年建起了移动、联通转移站2座，辖区移动通讯基本无盲区。

2001年实施完成了辖区农网改造工程，实现了全镇同网同价目标，充分体现了群众真得实惠，脚踏实地践行了三个代表重要思想。

合川市钱塘镇

钱塘，合川版图中的一颗明珠，位居合川市东北部，距合川城区23公里，行政区域辖28个村、3个居委会、219个农业合作社。全镇幅员面积90．64平方公里，总人口7万人。近年来，该镇党委、政府按照“三个代表”的要求，坚持“三个文明一起抓，三个成果一起要”，各行各业健康有序发展，各项经济指标大幅度上升。在2003年初，该镇已被重庆市定位为重点发展的“百个经济强镇”、“百个小集镇商业群”和合川市规划建设的三个小城市之一。在合川市委、市府的综合目标考核中也连续多年获得了一等奖，2003年还获得了“合川市突出贡献奖”，镇机关也已创建为重庆市文明单位。

在党的建设方面：该镇始终坚持“以人为本求发展”的工作思路，大力发扬“团结、务实、廉洁、高效”的工作作风，积极开展“内聚活力，外树形象”的系列活动，不断强化领导班子和干部队伍建设，突出抓好党员干部的政治思想教育、理想信念教育、党风廉政教育和法律法规的学习，使全镇党员干部的素质提高到一个新的层次。1998年以来，该镇已连年被合川市委评为先进领导班子，宣传工作、组织工作、党风廉政建设等也连续多年获一等奖或先进单位。

在小城市建设方面：该镇按照“你发财，我发展”、“建优美城市，纳四方宾客”的发展思路，采取“招商引资，滚动发展”的办法，着力在优化环境和完善服务上下功夫，引农造城，引企造城，招商造城，聚财造城。到2004年，钱塘的城区建成面积已达1．8平方公里，城镇人口近1．8万人，城市化率达36．4%。与10年前仅一条宽不足5米、长不足1000米的旧街相比，用众多领导视察钱塘后的话说：一个农业镇，发展有这样快，不简单。

在农业结构调整方面：该镇针对本镇地处浅丘的实际，因地制宜，突出特色，着力在全镇实施“1135”工程（1万亩钱塘梨，1万亩果桑，3万头PIC商品猪，5千担优质蚕茧），他们通过政策促动、典型带动、大户推动，现在万亩雪梨工程已载种各种优质梨树150万株，2004年已产果350万公斤，产值近560万元，仅此就为农民人均增收上百元。与此同时，上千亩的大行桑已给凤寺村的山坡披上绿装，PIC商品猪也已年出栏万余头。现在该镇已涌现出侯光明、邓永福、肖汉平、刘世明、张成彬、陈汉武等一大批种养大户。通过内引外联，现在忠县移民熊德发已在壮金村租地100亩种经果，返乡创业的平建云已在三元村租地720亩种果桑，巴南区的邓召首已在小泥村租地近100亩种大棚菜。

在基础设施和社会事业发展方面：该镇党委、政府本着“权为民所用，情为民所系，利为民所谋”的“三为”方针，集能人之智，聚社会之财，举全镇之力，突出抓了公路建设、文教卫生事业发展的公用事业建设。他们采取向上级争取一点、政府补贴一点、农民投工和社会捐资一点的办法大办交通，改变农民祖祖辈辈肩挑背扛的历史，使全镇28个村中26个实现了通公路，60%的社级公路延伸到了农家大院。通过招商引资，该镇已建成了日供水1500吨的嘉陵江自来水厂，改变了城镇居民长年吃溪河水的状况；建起了10000平方米的三级汽车站，改变了晴天一身灰、雨天一身泥、以路为站的历史；建起了35KV变电站，改变了电灯不如油灯亮的状况。

另外，还建成了合川市一流的园林式中心医院，合川市特色完全小学和合川市样板幼儿园，有线电视和程控电话的入户率也分别达到了30%和40%以上。

在精神文明建设方面：“抓领导，强机制，重教育，抓创建，上台阶”，是钱塘镇精神文明建设的基本思路和工作方针。近年来，他们在认真贯彻《公民道德建设实施纲要》和全民健身计划的同时，大力提倡自力更生、艰苦奋斗精神，倡导社会公德、职业道德、家庭美德和文明健康的生活方式，强化信用意思、科技意识、法律意识。创新开展文明村、文明单位、诚信文明户和“创建平安村社，建设平安钱塘”评选活动；开展“合武边际文明示范带”建设系列活动；开展农村院坝绿化、院坝洁化、院坝硬化和院坝文化的“四化”活动；开展寓教于乐的群众性文化体育活动，使文明之风在钱塘劲吹。其做法、形式和效果得到了重庆、合川和四川省广安、武胜县（市）文明委的好评。

九龙坡区石桥镇

石桥镇位于重庆市长江与嘉陵江交汇的腹心地带，总面积约10.188平方公里，现隶属重庆国家级高新技术产业开发区，与渝中区、九龙坡区、沙坪坝区接壤，是重庆主城区地理中心。1929年建乡，1958年成立石桥人民公社，1984年改公社为乡，1993年撤乡建镇，1995年划归九龙坡区管辖，1998年按照市委、市政府文件精神，九龙坡区将石桥镇的党务、政务、经济和社会事务委托重庆高新技术产业开发区代管。

石桥镇机关现设党政、财政、经济发展、国土建设、社会事务5个办公室和农业综合服务站、审计站、乡建国土所、文化站、城管所5个站、所，行政、事业编制人员54人。辖白合、二郎、高庙、兰花、六店5个行政村和龙井湾社区、渝州路第二社区2个居委会，总人口10.15万人，2.3万常住人口中，城市居民2万余人，农业人口2000余人，汉族占99.9%，人口平均文化程度在高中以上。

石桥镇距西南地区最大的工业城市——重庆直辖市市委、市政府驻地10公里，距九龙坡区人民政府驻地6公里，离重庆高新区管委会不到1公里。石桥镇自古以来为重庆陆路交通的重要枢纽，域内有成渝高速公路起点，车辆可快速进入渝涪、渝万、渝黔高速公路，交通便利，镇内主次干道纵横，至重庆主城各区中心及各大车站、港口、机场仅需5至30分钟车程。

改革开放以来，石桥镇两个文明建设取得巨大成就，发展水平一直位居全市前列。1985年成为重庆市第一个“亿元乡”，被市委、市政府授予“富冠渝州”金匾；1993年乡镇企业总产值上10亿元新台阶，市委、市政府授匾“再创辉煌”。十多年来，先后获得四川省、重庆市“乡镇企业50强”、四川省“发展乡镇企业先进单位”、四川省城郊经济研究会“排头兵镇”、重庆市“小康达标镇”、重庆市“先进镇党委”、全国城郊经济研究会“优秀乡镇”、重庆市“明星乡镇”等数十项殊荣。1998 年由重庆高新技术产业开发区托管以来，石桥镇确立了“立足高新建设、共谋经济发展”的工作思路，抢抓发展机遇，镇域经济继续保持了持续快速健康发展。2004 年，实现总产值 76．92 亿元，增加值达 15．59 亿元，总收入 86．88 亿元，利润 4．18 亿元，其中乡镇企业总产值 54．6 亿元，增加值 10．09 亿元，总收入实现 62．12 亿元，利润 1．72 亿元；入库税金达到 1．09 亿元，镇级财政收入达到 1513 万元，农民人均纯年收入达 4600 余元。

目前，石桥镇交通、邮电、通讯、医疗卫生、广播电视、水、电、气等基础设施十分完备，商贸、餐饮、娱乐行业分布密集，各类专业市场远近闻名，区位优势极为突出。镇域范围内有法人单位、产业活动单位和个体工商户 7000 余个，其中有格力电器重庆公司、宗申机车制造公司、宝钢配送中心等大中型企业 100 余家；有机械工业第三设计院、解放军后勤工程学院、重庆医科大学、重庆广播电视大学、重庆市委党校、市行政学院、市公共管理学院等科研院所和大中专院校 27 所；重庆电视台、重庆奥林匹克体育中心也坐落在石桥镇范围内；有国宾馆——渝州宾馆和其他三星级以上酒店 7 个。

镇域范围内高新技术产业发展和市场建设形成规模。围绕高新区主导产业，在镇域范围内形成了以信威、华邦、光能、海扶、杜克、嘉顿、庆铃、宗申、秦安等为代表的电子信息、生物生化制药及医疗器械、新材料及节能环保、汽车摩托车配套新型产品等四大产业群。此外，还建成了以赛博数码广场为龙头的 IT 市场群；以巴山陶瓷建材城为龙头的陶瓷、建材市场群；以歇台子通信产品市场为龙头的渝州路通信市场一条街；以江燕公司汽车销售中心、西南汽车销售中心、老顶坡汽配市场为龙头的汽车汽配市场；以及石桥铺园区内的机电市场、医疗器械市场和仪器仪表市场，渝州交易城的工磨量具市场等专业和综合市场。同时，由镇投资建设的 11 万平方米“西部商城”、白合村 25 万平方米的“渝州新城”、兰花村 20 万平方米“兰花汽车城”、二郎村 11 万平方米“二郎商城”等项目也相继开工建设。在全镇范围内，已经基本形成了一个以高新技术产业，和在重庆市乃至西部地区有一定影响的各类专业和综合性市场群为核心的繁荣的都市商业区。

镇域范围内的石桥铺高科技开发园区已建成标准厂房 12 幢近 15 万平方米，科技孵化楼 10 万平方米，建有重庆生物生化制药技术开发园、软件孵化园、出国留学人员创业园。园区内设有 13 家商业银行支行，建有星级宾馆 6 个，各类学校 13 所，居住小区、公园、市场、会展中心、医院、餐馆等配套齐全。

二郎科技新城位于兰花、二郎和白合村，是重庆高新区的拓展区，为重庆市“西部大开发”十大重点工程之一，总投资 400 亿元，其中基础设施建设投资 34 亿元。二郎科技新城从 2000 年开始建设，道路主骨架现已基本形成。10 余个项目入驻园区，格力空调、世纪精信等项目已建成投产。新城规划有 2 个中心区，为行政管理、商业金融与文化娱乐用地，有 4 个居住区，1 个占地 1 平方公里的公园和 1 个自然博物馆。新城将发展和引进低污染、低能耗、高效益的产业项目，建成重庆 21 世纪绿色高新技术产业基地。

重庆高新区委托石桥镇开发建设的高庙、六店科技新区享有国家对高新区的有关政策和重庆市的各项优惠政策，规划占地 3．95 平方公里，规划居住人口 6 万，将成为以发展住宅及公共配套服务设施和无污染的高新技术产业为主的综合园区。54 米宽的城市快速干道“高九路”贯穿新区，区内学校、医院、公建设施完备，水、电、气、通讯等公用设施按规划配足，计划在 5 年内建成。

石桥镇境内的革命纪念地红岩村久负盛名。红岩革命纪念馆的主要革命遗址红岩村 13 号是抗战时期中共中央南方局和八路军驻重庆办事处所在地。周恩来、董必武、叶剑英、博古、吴玉章、王若飞、邓颖超等中国共产党著名领导人曾在此生活、工作，历时 8 年，为中国抗日战争的胜利作出了卓越的贡献。1945 年 8 月 28 日，毛泽东同志亲临重庆与国民党谈判，迫使国民党和共产党签订了《国共双方代表会谈纪要》（“双十协议”）。毛泽东同志在红岩村度过了 41 个日日夜夜。红岩村以它对中国革命的特殊贡献享誉海内外。

石桥镇党委、政府坚持以爱国主义、集体主义和建设中国特色社会主义理论教育干部群众，积极开展社会主义精神文明创建活动，取得丰硕成果，现在的石桥镇正朝着经济繁荣、环境优美、人民富裕、社会文明的都市新区的目标不断迈进。

四川省

峨眉山市桂花桥镇

2004 年全镇人民在镇党委政府的领导下，大力实施“工业强镇，商贸先镇、产业化富民”的发展战略，积极调整产业结构，建立信息化，服务体系，推进工业化进程，加快招商引资力度，加快小城镇建设，推动城市一体化。加大社会产出的投入，保持经济持续健康发展，社会稳定。全年实现国内生产总值 56670 万元，其中第一产业增加 5934 万元，较上年增加 8．6%，第二产业增加 37737 万元，第三产业增加 12999 万元，较上年增加 10．9%万元，农民人均年纯收入达到 3993 元，较上年增加 430 元，完成入库税金 3438 万元，计划生育率达 98．8%。

成都市洛带镇

成都市龙泉驿区洛带镇（洛带街道办事处合署），位于成都市东郊，龙泉驿区北部。全镇辖 15 个村委会，113 个组，3 个社区居委会。幅员面积 43 平方公里，人口 30479 人。2004 年实现 GDP38500 万元，财政收入达到 681 万元。实现地区生产总值（GDP）3．85 亿元，其中第一产业 9309 万元，第二产业 12450 万元、第三产业 16775 万元；农村经济总收入达到 8.37 亿元；财政税收 1100 万元；固定资产投资总额 2．3 亿元；招商引资 2．3 亿元；农民人均纯收入达到 4081 元。

洛带镇历史文化底蕴深厚。洛带古镇历史悠久，相传汉代即成街，名“万景街”。三国蜀汉丞相诸葛亮兴市，更名为“万福街”。因蜀汉后主刘禅的玉带落入镇内的八角井，而更名为“落带”，后又演变为洛带。全镇 85%以上都是客家移民的后裔。主要来自广东、江西、湖北、湖南等省的客家聚居地。上千年的悠久历史和多种文化相互交融，留下众多民间传说、历史遗留、古老建筑、客家会馆。保存完好的有千年老街，明清民居、客家会馆建筑群，燃灯寺、金龙寺等众多历史古迹，现存的建筑多系明清风格；尤以省级文物保护单位的广东会馆、江西会馆、湖广会馆、川北会馆闻名，还有四川客家博物馆、客家公园为其古建筑之翘楚。一年一度的“水龙节”、“火龙节”更是几百年来客家人传承下来的特色民俗活动。洛带镇是全国首批重点小城镇，省级历史文化名镇，成都市优先发展的重点镇，是中国西部最大的也是惟一的客家古镇，因此又被世人称之为“世界的洛带，永远的客家。”作为2005年世界客属第20届恳亲大会的核心分会场，将确定洛带在世界的客家文化地位。

洛带镇自然资源丰富。有丰富的旅游资源。古镇客家文化旅游区和金龙湖旅游区相得益彰，交相辉映，呈现出“走进历史，回归自然”的文化生态旅游格局；有丰富的地热资源，可开发成都市区近郊大型天然温泉；有丰富的页岩矿产资源，可发展新型建材业；天然气储藏量大，能够提供丰富能源；湖泊、河流等水系完整，生态保持完好，绿化率高，是国家绿化之乡。水、电、气、路、通讯、教育、医院、邮政等基础和市政设施配套。

洛带镇区位优势明显。洛带西距成都市区 15 公里，南距龙泉城区和国家级成都经济技术开发区 11 公里，距离成渝高速阳光城入口 3 公里，距双流国际机场 43 公里，北距洪安火车站 1．5 公里。成洛路、成环路东西南北贯穿全镇，也是成赵公路、成洪公路、洛黄公路三路交汇处。219 路市区大公交车将洛带与成都市连成一体，20 分钟就可到达成都市中心。

洛带镇发展前景美好。洛带镇将紧扣“统筹城乡经济社会发展，推进城乡一体化”这个中心，以第 20 届世界客属恳亲大会和成都项目年为契机，抓好土地利用总体规划、城镇建设规划、城市设计规划、古镇核心区保护规划、客家生态旅游民居规划、成都市文化产业园规划和金龙湖景区规划等七大规划；奋力实施古镇风貌整治、客家生态旅游民居、成都市文化产业园项目建设，实现“文化兴镇、产业强镇”，努力把洛带打造成“世界知名，中国惟一”的一流客家古镇。

射洪县太和镇

太和镇位于四川丘区北缘，涪江流域中部，是射洪县政治、经济、文化中心，有近1300年的建制历史，为四川四大历史名镇之一。由原太和镇、武安乡、紫云乡、平安乡三乡一镇合并而成。幅员面积64平方公里，城区面积18平方公里，耕地面积1．8万亩，总人口21．4万。现辖平安、紫云、子昂三个街道办事处和一个武安党工委，辖20个村委会，229个农业合作社，有城市社区10个，居民小组87个。以汉族为主，同时还居住着回族、藏族等12个少数民族。省道绵渝路由北向南贯穿全境，两条县道柏油路从东向西，实现了村村通公路，人民渠、前锋渠、武安水库自流渠三大水系在境内纵横交错，拥有得天独厚的交通水利条件。

2004年，全镇实现国内生产总值11．3亿元，比上年增长18．2%，乡镇企业总产值14．3亿元，增长16%，镇本级财政收入566．4万元，农民人均纯收入实现3497元。

坚持用发展工业的劲头抓农业，用发展工业的办法提升农业，用发展镇域工业的收益反哺农业，城郊农业经济发展势头强劲，产业结构稳步推进。以“三村”建设为载体，以“三园建设”（山上建精品果园，山中建小康家园，山下建绿色菜园）为模式，对20个村逐一进行规划，着力发展蔬菜、水果、花卉、养殖、休闲观光，畜禽养殖等六大农业支柱产业，走公司+基地+农户的产业发展道路。以粮油集团为龙头，建成无污染优质水稻基地；以高金公司为龙头，建成瘦肉型生猪为主的养殖基地，畜牧业产值年达5000万元，占农业总产值的65%以上；以专业大户带动，建成1000亩鱼藕基地，发展优质水果4500多亩，优质蔬菜3500多亩，花卉300多亩，发展观光农业大户50多户，经济作物面积已超过全镇种植面积的50%以上。全镇农业已成功跳出了“粮猪”农业的圈子，向产业化、规模化大踏步进军，正逐步向现代农业的战略转移。

作为县域经济发展的中心带，太和镇不失时机，把发展民营经济作为中心工作来抓，响亮而明晰地提出抓思想创新，激活民营；抓产权改革，催生民营；抓招商引资，扩张民营；抓政策启动，扶持民营；抓典型引路，带动民营；抓优化环境，服务民营；抓素质提高，推动民营。促进了太和镇民营经济的异军突起。到2004年底，以民营企业为龙头，工、商、建、运、服齐头并进，累计发展个体工商户8214户，规模以上民营企业309家，从业人员3．5万人，实现产值14．3亿元，实现利润6000万元，税收5200万元。中日合资四川富士电机有限公司生产的电流互感器获省优，电动刮水器荣获国家星火计划奖。2004年，投资3500万元，新建成年产20万台电动自行车，畅销省内外；射洪电梯厂生产的客货电梯，获国家建设部优质产品称号，隆鑫机械有限公司、洪达家鑫股份有限公司、虹桥建安、建设集团等骨干民营企业投入资金均超过2000万元，将全镇民营经济发展推上了规模化、现代代经营的快车道，成为了镇域经济的力量之源和兴旺之本。

城市化步伐飞速加快，县城区面积由10年前的4平方公里，人口不足5万，发展到现在的城区面积近20平方公里、人口逾20万。目前，全镇城区共有主干道17条，次干道及小巷50余条，街道总长65公里，面积约214万平方米，道路硬化率达99%，城市亮化率达98%以上，人均公共绿地面积达8平方米。

金堂县淮口镇

2004年，全镇国内生产总值(GDP)达到6.53亿元，地方财政收入为824万元，农民人均纯收入达到3582元，城镇居民人均可支配收入为6575元。城镇化水平为35．9%，建成区面积为3．1平方公里，人均公共绿地面积为1．3平方米，人均道路面积5．6平方米，自来水普及率达60%，天燃气普及率50%，生活污水处理率30%，生活垃圾无害化处理率70%。

金堂县赵镇

2004年在金堂县委、县政府的正确领导下，赵镇党委、政府以邓小平理论和“三个代表”重要思想为指导，解放思想，把握机遇，扎实工作，取得了可喜的成绩。

经济发展速度进一步加快，发展后劲进一

步增强。坚持第一要务，把握经济工作全局，推动国民经济持续，健康发展。预计全年完成地区生产总值23亿元，比上年增长16%；完成财政收入1412万元，比上年增长18.06%。

农村经济进一步发展，农民收入进一步提高。认真贯彻中央一号文件，以农民增收为目标，促进农村经济进一步发展。预计全年完成农业总收入4.07亿元，比上年增长13%；农民人均纯收入达到3852元，比上年增加318元。

城乡面貌进一步改善，对外形象进一步提升。积极进行了三江片区整治与开发，投入大量人力、物力对全镇小街小巷和城郊结合部进行了环境卫生综合整治，完成了农村沼气池建设800口，全面完成了村通工程，农业综合开发项目投入492.7万元，进一步改善了城乡基础设施，提升了对外形象。

人民生活进一步改善，各项社会事业全面进步。实施了土坯危房改造工程，加强困难群众的帮扶工作，改善了人民生活条件。启动了计划生育创优工程，巩固了计划生育“红旗乡镇”成果。教育、文化、科技、民政、社区等各项工作都得到加强和发展。社会治安整体联动防范工程”顺利开展，保持了社会稳定。

政府自身建设进一步加强，工作效率进一步提高。按照规范化服务型政府建设的要求，进一步转变职能，转变观念，强树公仆意识、服务意识，明确行政责任，提高行政效率。认真学习贯彻《行政许可法》，进一步规范行政行为，做到依法行政。大力推进反腐倡廉工作。廉洁行政，稳步推进民主法制建设，认真办理人大建议案和政协提案。增强政府工作透明度，坚持向人大报告工作制度，自觉接受人大，政协和群众监督。

南充市龙门镇

2004年，在区委、区政府的正确领导下，在镇人大的监督支持下，认真贯彻党的十六大和十六届三中、四中全会精神，树立科学发展观和正确政绩观，与时俱进，开拓创新，迎难而上，扎实工作，较好地完成了镇四届人大三次会议确定的各项目标任务。全镇生产总值实现21830万元，比上年增长14.6%，高于全区两个百分点。其中：第一产业增加值5438万元，增长12.7%；第二产业增加值9601万元，增长19.8%；第三产业增加值6791万元，增长17%。

农民收入明显增长。全年劳务输出达10900人，劳务收入达5360万元；农民人均负担20多元，农民人均纯收入比上年增加476元，实现3491元，有了大幅度的增长。

招商引资成绩突出。全年招商引资项目12个，到位资金1100万元，其中工业项目到位资金957万元。

财税工作成效卓著。坚持保运转，促发展的工作思路，着力财源培育，强化税收征管，严控财政支出；向外争取国、地税110万元，实现税收入库524万元，同比增长8%；争取专项无偿资金70万元，实现当年财政收支平衡，化解政府债务300万元，财税工作获区年度考核一等奖。

冕宁县泸沽镇

2004年泸沽镇党委、政府按照“以农稳镇，以建兴镇，以工富镇，以文美镇”的发展战略，以“小城镇建设”为重点，以统筹城镇发展为主线，以率先实现全面小康为目标，强抓机遇，克服多种自然灾害和各种不利因素的影响，以农运产业结构调整为主线，使经济和社会各项事业保持良好的发展势头，实现GDP10222万元；农业总产值完成1844万元；乡镇企业产值实现27561万元；工业总产值实现9942万元；人均纯收入实现2726万。做好创建优美小城镇的环境规划编制工作。引进投资2000万元，建成商品房564套，门市533间，实现经济发展与城市建设“双赢”的局面。

简阳市贾家镇

贾家镇地处龙泉山东麓，西距省会成都47公里，东距简阳25公里，是成渝线上的商贸重镇。全镇幅员面积77平方公里，有耕地3.6万余亩，田1.08万余亩。辖25个村委会，2个社区居委会，210个农业生产合作社（村民小组），总人口5万余人，其中农业人口4.07万余人。

2004年全镇国内生产总值（GDP）达4.4656亿元，工农业总产值9.1亿元，乡镇企业总产值8.36亿元（其中工业总产值5.17亿元），农业总产值7846万元，分别较上年增长12%、13．2%、10．3%、5%；地方财政收入310万元，增长7%；农民人均纯收入2848元，增加518元。全社会固定资产达4450万元。在简阳市综合目标考核中荣获前四名。

贾家镇党委、政府坚持“民营立镇”的发展战略，把民营经济作为镇域经济的主导产业。2001年9月率先在资阳市建立起第一个“个体私营经济园区”。2004年，为加快园区建设步伐，使园区从无形向有形跨越，对个私经济园区进行了总体规划修编工作，形成了贾家工业园区新格局。为加快园区基础设施建设步伐，先后投入近百万元架通了园区内的水管和电网，园区内实现路、水、电、气“四通”。全镇新增民营企业8户，私营企业已达66户，个体工商户968户，运输专业户394户，从业人员达9500人。实现乡镇企业总产值8．36亿元，同比增长13．2%；工业总产值5．17亿元，同比增长10．3%；营业收入7．4212亿元，同比增长12．5%；利税总额5125万元，同比增长9．8%；固定资产投入2324万元，同比增长15．7%。基本形成标准件、防盗门、轻化工、食品四大支柱行业。特别是“若男”牌挂面被评为四川省名牌产品，此外，帝王洁具、强力标准紧固件、防盗门和贾家风干鸡（肉）等产品畅销省内外。民营经济已经成为镇域经济的主体，形成一批有自主知识产权的拳头产品，成为税收的主要来源和转移农村富余劳动力的主要渠道。

党委、政府坚持科学规划、配套建设的方针，牢固树立“经营城镇，特色兴镇”的理念，投入13万元完成《贾家镇城镇2010年总体规划》和投入100万元对埝水村中心村规划建设；加快城镇商贸新区的开发步伐，使城区总面积达2．4平方公里。在已建万门光纤电话机房和20个城镇IT电话及移动通讯139、130网站基础上，又吸引资阳市电信局投资200余万元，新开通小灵通，移动公司也将该镇列为移动电话镇，并开宽带网络，水、电、气、路、通讯、闭路电视“六通”，城镇功能进一步优化。同时，进一步加强城镇管理，投入11．5万元新、改建公厕，绿化建设，在环卫清扫、保洁中引入竞争机制，城镇形象进一步提升，人居环境进一步改善。

为进一步改善交通条件，促进地方经济快速发展和稳定增长，争取和自筹资金250万元在成渝路和石人路已纵横贯通全镇的便捷条件下，对贾老路、贾五路、贾武路过境乡道8公里路面进行了水泥路面硬化。改造村道机碎石路面15公里。形成了交通发达的公路网。

按照“山区水果丘区菜”的农业产业结构调整思路，大力发展效益农业。如今，在大山村、双林村等山区村建起以水蜜桃为主的万亩优质水果生产基地，年创产值近2510万元，所产水蜜桃形美汁甜，脆口爽心，远销新加坡、香港、广州、深圳等国际国内市场，2002年9月，被四川省农业厅确定为首批无公害水果生产基地。与此同时，形成了以小家禽深加工为主的风干系列食品业，如风干鸡、风干肉、风干兔等。结合生态农业综合开发，积极发展旅游观光农业。如今，沿成渝线和“石（盘）一三（岔）”路兴起一批上规模、上档次的农家乐在资阳市范围内都有一定的知名度。旅游观光农业正成为“朝阳产业”，为我镇经济增添新亮点。

贾家整个地形成浅丘，海拔高度在440～460米之间，地势北高南低；西北风和东南风为主。全年平均气温17.1℃，年平均降雨量880.29毫米，平均相对湿度77%，日照率28%，无霜期300天，气候宜人，雨量充沛，四季分明。水利资源丰富，关帝庙河绕镇而过，龙泉山引水工程南北干渠自流灌溉全镇农田，并建有天宫山、涌泉两座近500万立方米水库蓄水。

贾家镇始建于清朝康熙五年，建镇于20世纪80年代，1992年撤区扩镇至现规模。广播电视网络用户已达3000户，已覆盖整个小城镇和部分农村，贾家烈士陵园1966年修建，占地面积159．8平方米。全镇现有高完中1所，初级中学3所，中心小学4所，幼儿园5所，其中投资200余万元建成的“康乐”幼儿园为中德合资幼儿园，在职教师500余人，学生9000人。近年来，先后投入近600万元，新建、改建全镇中小学校舍、学生公寓，改善办学条件，校园环境、教学设施、教学质量均位居全市前列。有国家二级甲等医院（简阳市第二人民医院）1所，该院集医、教、研、防、保卫行政管理为一体；各类医疗卫生站点遍布全镇。

邻水县鼎屏镇

鼎屏镇是邻水县的中心城镇，辖10个社区居委会3个村委会，现有人口近14万人。2004年，坚持走“以城建兴镇、以城镇带农、以社区强镇、以城管优镇、创建平安镇”之路，解放思想、开拓创新、与时俱进、务实工作。全镇GDP完成35024万元，同比增长15．5%；地方财政一般预算收入完成752.8万元，同比增长25%；农民人均可支配收入增加169元，达到3610元；个私经济产值完成7亿元，同比增长18．6%；工业总产值完成13552万元，同比增长15．1%；农业总产值完成1523万元，同比增长5%；招商引资到位资金17000余万元，同比增长66．7%；新增固定资产投资8000万元，同比增长20．5%；新增个体工商户938户，累计达4552户，新发展私营企业26户；新增就业岗位568个，组织劳务输出2832人次，实现劳务收入2950万元；计划生育率达92．75%，党员干部无违法妊娠和违法生育现象；实事目标完成率达100%；城市经营超常规运作，七大城镇新开发区形成亮点，两年来，城镇新增建城区面积达3平方公里。各项经济指标和综合目标考核连续两年名列全县第一。2004年4月被批准为全国重点镇，保持了“全国综合治理先进乡镇”称号、“全省综合治理模范镇”称号，镇党建工作、精神文明建设、社区建设、纪检监察、信访、妇联工作、人民调解工作、普法依法治理工作、司法行政工作、企业退休人员社会化管理服务工作、敬老院残疾人工作等均获市、县表彰。

阆中市河溪镇

河溪镇位于阆中市东南部，距阆中市行政中心6公里，地理位置险要，素有“河溪镇水陆码头”之称，唐代于此设关，水路上至广元，下到重庆，陆路拓守通（江）南（江）巴（中）咽喉，建设中的金银台航电枢纽位居镇规划区内，是阆中市行政新区至金银台电站到湿地保护区构溪河旅游线路必经之地。全镇辖20个村委会，3个居委会，幅员面积52平方公里，人口23465人。

河溪镇建成区面积5平方公里，是河溪区的行政经济、文化中心，因其独特的地理环境，悠久的文化底蕴，1996年8月被列为省级试点小城镇，2003年7月列为省级重点镇，2004年2月被列为全国重点小城镇。

2004年是列入全国重点镇的第一年，河溪镇党委政府先是投资15万元，对河溪镇进行了新的规划修编，描绘了河溪未来二十年的发展蓝图。把发展场镇建设作为第一要务，盘活土地资产，引导农户自己投资，新开发了丝绸大道、金银路，共长1500米，硬化街道1000米，总投资600万元，新建房屋15000平方米，新增城镇面积0．5平方公里，基础设施建设加快，更加合理完善。投资30万元，对穿过场镇的3条主要道路进行翻新硬化，让河溪的路面更平，街道更宽。河溪小学投资60万元教学楼已完工，河溪镇中心卫生院投资50万元的住院大楼正待崛起，河溪镇的文化设施更加齐全，特别是在未来的3到5年内，随着金银台航电枢纽的建成投入使用，在其旁边一个拥有现代化的医院、学校等功能齐全、环境优美，面积为1平方公里的新区将要建成，目前政府投入15万元完成了金银台新区前期规划工作，并初步完成招商引资80万元。

眉山市永寿镇

永寿镇位于全国闻明的三苏故里，四川省眉山市。现全镇辖32个村委会，四个居委会，人口52000人，幅员47．9平方公里，属典型的成都平原地貌，这里物产丰富（盛产优质水稻、小麦、油菜、各种水果蔬菜等），交通便利（距眉山市区仅5公里，距省会成都市仅1小时车程），人杰地灵，滔滔岷江横贯全镇养育了一代又一代勤劳朴实、聪明能干的永寿儿女，全国著名的通威企业集团创始人刘汉元先生就生长在这里。

近年来，永寿镇党委、政府始终牢牢把握发展是第一政务的观点，坚持“工业强镇、农业稳镇、商贸活镇、招商兴镇”的总体发展思路，不断改变和完善投资环境，积极招商引资，把投资客人“请进来，留得住，让投资商满意”是镇政府对招商引资工作的基本要求。现全镇工业经济除传统的铸造、轧钢、制糖、造纸、机械制造、汽车配件、木艺加工、家具制造、竹编工艺外，新引进投资达15亿元的江山纸业项目为龙头，加速带动岷江工业园区的发展，努力成为三苏故里岷江河畔一颗璀璨的明珠。

2004 年永寿镇全年完成工业产值 23180 万元，同比增长 37．07%；工业增加值 6954 万元，同比增长 41．92%；利润总额 790 万元，同比增长 27．42%；工业投入 82347 万元，同比增长 204．96%。农业方面，实现农业总产值 8754 万元，较上年同期增长 47．28%，落实高产水稻面积 1100 亩，新增无公害蔬菜 1500 亩，使总面积达到 4500 亩。新增甘蔗、烟叶 1000 亩，使面积达 4023 亩。养殖鸡鸭鹅等小家禽 20 万只，肉兔 1 万只，成鱼 8000 吨。

2004 年永寿镇广播电视通讯工作进一步加强，电视节目质量不断提高，广播电视覆盖率达 100%，全镇 32 个村全部实现电视电话村村通。镇内现有中国移动、中国联通、中国网通、中国电信等几家无线网络运营商提供优质的无线网络服务，网络覆盖率达 100%。

基础建设方面，2004 年全镇投入 68 万元完成 2 条长 6 公里的水泥路，新修长 3000 米的便民道 6 条，整治长 12000 米的机耕道及 5000 米的保坎 2 条。2004 年春季全镇共投入资金 7．5 万元，投工投劳 1200 个，彻底整治沟渠 320 条，以保证大春生产顺利进行。年底多方筹集资金 300 万元，新建占地 12．5 亩设计摊位 126 个的大型农贸市场一个。投入资金 6 万元实施场镇亮化工程，新装路灯 76 盏。

诚信务实的永寿镇欢迎四方朋友前来作客投资。

宣汉县胡家镇

2004 年，胡家镇党委，政府紧紧围绕“川东化工城秦巴奶业强镇和国家级重点镇”三大目标，一靠创新，二靠实干，顺利推进了经济社会的快速协调，健康发展。全镇 GDP 实现 13498 万元，农民人均纯收入 2610 元，消赤化债 335 万元，引进了甲醇厂，富钾卤水厂，新兴食品公司等规模企业 12 家，修建了近 2000 平方米的中心休闲广场，奶牛，优质稻，水果等特色农业迅猛发展。

大邑县晋原镇

2004 年晋原镇财政税收完成 4300 万元，其中国税完成 2689 万元，地税工商各税完成 1611 万元，农业增加值 3163．7 万元，粮食总产量 21282 吨，乡镇企业增加值完成 8．787 亿元，工业增加值完成 5．44 亿元，实现利税 9420 万元，农民人均纯收入达 4170 元。完成招商引资项目到位资金 6977 万元，其中工业性税源性项目 5057 万元、其他税源性项目 1920 万元，引进项目到位资金 1000 万元以上的项目有 7 个。

全年共开展失地农民培训 7 期，培训 1762 人，通过各种渠道安置就业 800 余人，失地农民参保 4167 人，缴纳保费 2142．7 万元，2004 年底全镇城镇人口达 8．74 万人，城镇化率达 77．3%，解决失地农民低保 163 户，489 人。积极配合交通部门完成公路征地 94．9 亩，完成企业征地 873．3 亩，拆农户 220 户，770 余人。完成村道社区公路加密 11．62 公里，新建蓄水池 69 口，解决灌溉面积 2000 余亩，落实退耕还林 1223 亩。调整农业种植结构 6600 亩，扶持发展养殖大户 70 余户，完成成温邛高速公路、二环路等两侧农户“变脸”工程。完成楼房改造 1344 间。平房 7161 间，围墙 20978 米。

青屏村完成市级文明村验收，成立镇老体协和 5 个分会，严格控制人口增长，全年出生人口 810 人，对全镇 111 名独生子女父母给予每人每年 600 元的奖励，扶持农村贫困户 120 户，脱贫 100 户。全镇参加新型农村合作医疗 14533 人，参保率达 55%，处理纠纷 51 件次，接待群众来访 1200 人。

隆昌县金鹅镇

金鹅镇位于四川东大门隆昌县县城所在镇，西距成都 210 公里，东距重庆 130 公里，321 国道、成渝铁路、成渝高速公路穿境而过，又是川云东路、隆黄（贵州黄桶）、西南山海辅助通道高速公路的起点，历来是川南地区重要陆路交通枢纽和物资集散地，有“川南门户”之称。全镇幅员面积 57 平方公里，辖 28 个村委会，15 个社区居委会，总人口 15．5 万（农村人口 5．9 万人），有党支部 81 个，党员 3585 人，是全国重点小城镇。

2004年全镇实现地区生产总值5.56亿元，财政收入3084万元，工业总产值9.82亿元，有工业企业355户，个体工商户5347户，其中年产销额1000万元以上的企业37户，形成了机械汽配、丝绸纺织、食品加工、青石加工四大支柱产业。

农业总产值2208万元，粮食总产量2.2万吨。有水稻制种基地1个，1000亩蚕桑基地1个，700亩草莓基地1个，1000亩花卉基地1个。生猪养殖年出栏2.8万头，豆筋加工基地1个，年加工豆筋200吨，饴糖加工基地1个，年加工饴糖2400吨，养殖基地8个，年出栏肉鸭60万只。有年屠宰加工30万头生猪、100万只盐水鸭和20万头乳猪的农业产业化龙头企业—四海公司，产品出口多个国家和地区。

镇内资源丰富。有各类专业技术人才5000余人；有石料质量好、纹理优美、颗粒细、硬度强，有储量达2亿立方米的青石资源；有全国重点保护文物立体史书牌坊群、省级风景名胜古宇湖；有储量丰富的天然气。有驰名中外的“隆昌夏布”、“隆昌白猪”、世界名兰“隆昌素”等地方特产。

彭山县凤鸣镇

2004年，凤鸣镇党委、政府坚持发展是第一要务，稳定是第一责任，实施“强工稳农兴三产，城乡共融夯基础，产业互动促发展”的战略，紧紧围绕经济建设中心，努力招商引资，强力推进工业强镇；以助农增收为核心，用工业理念发展农业，重农、抓农和助农增收扎实有为；以创卫达标为使命，积极优化城市环境，探索和完善城市服务，统筹城乡发展。2004年全镇实现国内生产总值4.9471亿元，同比增长28.6%，工业性销售收入完成6.65亿元，农民人均纯收入达到3465元，全年人均增收435元。2004年新引进企业8个，招商引资1.9806亿元。全社会固定资产投入4.12亿元，综合实力在全市名列第6位，工业经济在全市50强工业乡镇中名列第14位。我镇已形成5000亩泽泻基地；水稻制种基地1000亩；1个波尔羊种养基地；年出栏生猪14000头。以创省级卫生城市为重心，大力实施“科教兴镇”战略，新型农村合作医疗全镇参保率达到85%以上，计划生育率96.3%，基地农田持续保持在15490亩。

崇州市羊马镇

羊马镇东距成都市中心29公里，西距崇州市中心5公里，与温江区永胜镇和崇州市崇平镇、廖家镇、大划镇、江源镇、崇阳镇毗邻，是崇州市东大门。成温邛高速公路横穿镇境，并于场镇修建立交桥，设立高速公路入口和出口，老成温邛公路直通温江区，安江路、崇安路、羊江路、羊安路、羊太路，5条15公里长的乡道可通往双流、新津、都江堰等市县，基本实现村村通水泥路。镇域面积41.1平方公里，场镇面积达2.5平方公里(规划面积为6平方公里)，人口43071人，建城区人口15000人，城镇化率34.9%。辖12个村委会及4个社区居委会。

羊马镇属平坝地区，羊马河、黑石河穿镇域而过，自流灌溉，土壤肥沃，镇域以灰色冲积水稻土(油沙土)为主，耕地面积33163亩，气候温和，年平均气温16℃，降雨量990毫米。农作物以水稻、小麦、油菜为主，兼产川芎、土豆、土菸、蔬菜等经济作物。

羊马镇清末为中兴乡，1940年始建羊马镇，后改镇为乡，新中国成立后沿用，亦设区于此。1992年撤乡，与崇平乡合并建羊马镇，1998年又将崇平乡分出，实行乡镇分治。2004年，安阜乡与羊马镇合并，新建羊马镇。

2004年全镇国内生产总值达到120754万元，工业总产值达到96243万元，农业总产值达到11494万元，第三产业总产值达到13017万元，完成工商税收795万元，农民人均纯收入达3901元/年。2004年，成都市正康药业有限公司、成都市宝木工艺有限公司和崇州市裕华皮革加工厂引进项目3个，到位资金共计1546万元，为企业的技术改造、产品更新和企业发展提供了坚实的保障。

在农业产业结构调整方面，该镇以农业产业化发展区为载体，壮大优质粮油基地、花卉苗木基地、蔬菜种植基地和养殖基地实力，依托日本独资四川和协食品品厂、千里香菌类食品公司、宝山肉联厂、岷山肉联厂等农产品加工龙头的带动力，在全镇范围内形成了2000亩的蔬菜菌类种植基地，1000亩花卉苗木基地，4000亩的优质粮油基地和生猪、奶牛养殖基地，建立了食用菌协会和蔬菜协会。

在企业发展方面，该镇以工业集中发展区的规划建设为龙头，全力发展工业经济，镇内有家俱、电子、制药、制鞋制革、建筑建材、玻璃制品、食品加工等24个行业282家企业，职工12028人，利税总额4644万元，其中年营业额在500万元以上的企业18家。成都市全友家俬有限公司、四川和协食品有限公司、崇州市恒达电子厂、成都东金家俱有限公司等企业靠技术创新，创知名品牌，产品远销全国各地，已成为镇域经济的重要支撑和带动因素。

在商贸物流业方面，作为全国重点镇和崇州市东部区域性商贸中心的羊马，区域贸易、餐饮业和物流业已具规模。川西第一猪肉市场日成交额50万元，远销新疆、西藏等地；羊马大头菜，块大无筋，色鲜味美，享誉川西；"查渣面"、"魏盐煎"等风味小吃闻名遐迩；以皮鞋家俱产品为重点的物流业和日用生产生活资料的商贸业，正产生着巨大的带动力和辐射力。

在房地产业方面，该镇充分发展紧邻温江区的地理优势，抓住光华大道的建设，利用羊马河自然资源的有利条件，将北起成温邛高速公路，南至江源沿羊马河两岸宽200米，总长3.2公里的地段作规划，在美化两岸环境，创造自然旅游条件的基础上开发商住楼及高档住宅小区。

郫县古城镇

围绕建设古蜀文化旅游特色镇，充分利用"古城遗址"的历史文化效应，仿古建筑群的规模优势和"沙西线"通车契机，注重发展文化旅游产业、生态观光农业和食品加工业。2004年引进攀枝花学院成都教育实习基地、成都市松达商贸有限责任公司能源基地、麦欢食品有限责任公司等10个项目，投资总额2.84亿元。完成全口径工业增加值800万元，固定资产投资6000万元，技改投资100万元。大力发展杂交稻制种、花卉苗木和无公害蔬菜、无公害奶业、笋材两用竹等特色农业。农业附加值增长5%，达到5197.5万元，农民人均纯收入达4071.5元，比上年增加302元。

宣汉县东乡镇

东乡镇位于四川省宣汉县城，嘉陵江流域之州河前、后江交汇处，素有"三江合流膏腴地"之称。初置于1500多年前的刘宋初年，复置于明成化元年(1465)，现辖15个村委会，113个村民小组，8个社区居委会，97个社区居民小组，幅圆面积140平方公里，人口11.5万人。现在的东乡，是全国重点小城镇和全国100个信息化建设试点城镇之一，2004年，已跃居全市十强乡镇之列。

近年来，镇党委、政府结合实际，以科学发展观统揽全局，按照建立和谐社会的总体要求，根据地处县城，工、农、商并举的镇情，经过大量调查研究，提出了"市场的需求是我们的供求，市民的要求就是我们的追求"的理念，确定了把东乡镇建成"绿色食品基地、商贸旅游重镇、巴人文化名城"三大目标，强力推进全镇的跨越式发展，各项事业突飞猛进。大力实施了"1234881"支柱产业工程和"115111"科技示范工程以及"三百万"工程。

几年来，该镇在江口湖区以及全镇150余口塘、库、堰的近万亩水面养鱼100万尾；建成粮食高产优质科技示范核心工程200亩，2004年粮食总产达到19560吨；建成优质水果改造3000亩，无公害蔬菜4000亩，优质油菜8000市，优质肉年改良800头；猪、羊改良面积达到90%以上。

目前已初步形成了以"黄金槽枇杷"、"西北玫瑰香柑"、"安格斯肉牛"、"优质桃花米"和特种水产养殖五大支柱产业，为东乡的绿色食品特色化走出了一片新天地。

东乡镇具有得天独厚的商贸旅游资源优势。2000年以来，县、镇两级党委、政府共投入建设资金1.05亿元，完成了三条主要街道的硬件改造、六条街道亮化、绿化和美化，建成了达州市第一个音乐喷泉以及东门广场、滨河公园、西门转盘花园、北门标志性建筑和五条步行街、石岭迎宾大道等15项亮点市场工程，南都商贸城已竣工投入使用，文体商贸中心已基本建成。

东乡镇属典型的城郊型经济。为充分利用这一优势，2004年组织了农村剩余劳动力进城和到外地务工经商办企事业，全年实现务工收入3370多万元；通过引进外地资金和技术，新上了黄金槽环保洗选厂和廖家河洗选厂两个项目，共投入资金达750万元扶持发展了民营企业；新上了远大铁合金厂等 8 个技改项目，投入资金4595万元；加大了对镇属集体企业改制的力度，基本完成了花炮厂、渔业社两个企业的改制，妥善解决了铁丝厂改制后的遗留学生问题；在商贸上，还抓住陕西杨凌金坤集团在我县开发优质肉牛的大好机遇，新建了南岸大型牲畜交易市场，并大力支持城市个体工商业主，形成了以后街为中心的商贸服务区；以建筑业为着力点，扶持了3个有一定规模的建筑市场，推动了建筑建材企业的健康发展，实现税金1450万元。

东乡镇地理位置优越，风景秀丽，是川东的旅游胜地。镇内的“金门文榜”、“铜峡渔灯”、“龙潭蹴月”、柳荫垂钩”四角主胜景，早已被历代文人墨客题咏无数，十余艘设施齐全、各具特色的人力旅游观光船为泛舟碧波千顷的江口湖提供了便利条件；销架山上“正月初九登高”、“清明踏青祭祖”、盛夏避暑观景”等活动吸引了络绎不绝的游人。

红色旅游项目的开发为东乡增添了几抹亮丽的时代色彩。这里是革命家王维舟的故乡，徐向前、李先念、许世友等都曾在这方厚土上播种过革命的种子。著名的项山公园、依山傍水，建阁筑楼，不仅有优美的自然风光，还浓缩了从明清到近代宣汉人的革命斗争史，集人文景观和自然环境于一身，是进行革命传统教育的最佳基地。经过广泛宣传创建“巴人文化名城”的重大意义和发展建设目标后，增强了全镇人民建设巴人文化名城的自觉性，形成了建巴人文化名城的舆论氛围，为构建环境平台铺平了道路。通过一抓创建载体、二抓脏乱差治理、三抓社区建设，东乡镇逐步向着文明城镇的方向持续、健康、协调前进。

贵州省

贵阳市青岩镇

镇党委在促进经济发展中思路清晰，以一座蕴涵深厚的文化古镇，把旅游产业做大做强，使富民富镇的经济持续发展。努力实现“文化名镇、旅游大镇、经济强镇”的目标。

2004 年，青岩镇进一步调整产业结构，大力鼓励发展非公有制经济，在抓好农业、林业、水利、牧业等常规农业的基础上，利用古镇旅游资源，发展旅游业和第三产业。

青岩镇2004年完成社会生产总值22476万元，同比增长15．5%，其中：第一产业完成增加值7200万元，同比增长9．3%，第二产业完成增加值5248万元，同比增长19．2%，第三产业完成增加值10028万元，同比增长18．52%。地方财政收入 502 万元，完成社会固定资产投资1816 万元，预计全年可完成社会固定资产投资1820 万元，增长 23．3%。完成招商引资实际到位资金2100万元，占当年计划的105．5%。完成乡镇企业营业收入 14920 万元，占当年计划的100．8%。完成乡镇企业增加值5235万元。占当年计划的100．19%。实交税金422万元。粮食总产量达到13066吨，农民年人均纯收入达3359元，增长10%，人口自然增长率 2．29%，同比下降1．24 个千分点。

平坎县城关镇

城关镇位于平坝县中部，地处贵阳到安顺及西部地区的交通咽喉，是全县政治、经济、文化和交通的中心，贵昆铁路、滇黔公路、贵黄高等级公路、清镇高等级公路，从东向西横贯全境。镇政府东距省城贵阳市 58 公里，距省民航龙洞堡机场 70 公里，西距贵州西线旅游中心安顺市政府所在地38公里，北距引子度水电站30公里，是安顺市迎接“西部大开发”的东大门。贵昆电气化铁路新平坝火车站位于镇境内东南面，距镇政府所在地平坝县城仅 4 公里。

城关镇域总面积 66．9 平方公里，辖有 21个行政村，4 个街道居委会，1 个社区居委会，53 个自然村寨，143 个村民小组，65 个居民小组。辖区内现有总人口45095人，其中回、苗等少数居族占 31．36%，全镇现有党员 865 人，其中少数民族党员187人，占党员总数的21．6%。镇直(属)股、室、站、所21个，小学2所，中学1所，幼儿园3所，是一个既具有农村工作性质，又有城市工作特点的小城镇。

城关镇境内蕴藏着丰富的矿产资源和水利

资源，主要矿藏有铝钒土、硫铁矿、硅石、重晶石，磷、高岭土、白云石、方解石、石灰石等多种品种。

2004年全镇农业、林牧业、渔业总产值达3156万元，工业增加值完成4623万元，城镇居民可支配收入达4732元。

安顺市经济技术开发区么铺镇

么铺镇位于安顺市以西13公里处，东邻安顺开发区，西望镇宁大山乡，南接西秀区龙宫镇，北连普定马官镇，距离黄果树大瀑布20公里，距国家级风景区龙宫10公里，是贵州省西线旅游的必经之地。滇黔公路、清——黄公路、贵——黄公路、贵昆铁路贯穿全镇、交通优势明显。

2004年，我镇乡镇企业稳定发展，完成乡镇企业增加值4310万元，是计划数的100．23%，乡镇企业营业收入22200万元，是计划数的100．14%。

在科技兴农方面，我镇继续发挥示范效应，进一步扩大以邵小科技示范园为中心，板山村反季节蔬菜种植为支撑点的经济带，立足“产业调优，质量调强，规模调大，链条调长”的原则，切实把产业结构调整作为促进农民增收的有效途径。继续在“一村一品，一村一特”的基础上大力发展第三产业，拓展农民增收渠道。与此同时，我镇还加大农业结构调整力度，以科技示范园为依托，发展多元化高效立体蔬菜种植基地，以生态渔业养殖为基础，立足优势，打造一个集旅游、观光、垂钓、休闲、娱乐为一体的农业经济发展新区。

加快小城镇建设步伐，全面推动新铺小区的建设进程，启动么铺农贸综合市场建设项目、繁荣镇区经济。充分利用安湖小区有利优势，加大招商引资力度。吸纳各方资金，兴扩建安湖工业小区，培植新税源，增创税收，带动经济发展。在小城镇建设工作中，注重增强城镇综合职能，加快以城镇市场道路为重点的基础设施建设。

云南省

元谋县黄瓜镇

黄瓜园镇位于元谋县中北部，国土面积89．3平方公里，山区面积占80%。2004年末，全镇总人口达10705人，其中农业人口9188人，年末实有耕地面积10239．8亩，全年实现工农业总产值9267万元，乡镇企业581个，从业人员1632人，总产值15214万元，实现利润2121万元，上缴税金227万元，财政收入298．88万元。

黄瓜园镇建于1974年，交通便利，108国道和成昆铁路越境而过。2004年，镇党委、政府把加强基础设施建设作为增加农民收入的切入点，一是投资486万元对点连村委会的1900亩中低产田进行改造；二是投资7600万元的丙间中沟尾段改造及延伸工程已完工，改善灌溉面积600多亩；三是投资390万元的朱布电站已建成发电；四是实行水体制改革，以群众预交水费的方式，集资兴建水利设施。

黄瓜园镇积极推进农业产业结构调整，蔬菜、经济林果、优质稻为全镇的农业支柱产业，以无公害蔬菜为重点的绿色产业建设已涵盖所有农产品，年内，全镇共种植蔬菜5198亩，经济林果3398亩，发展优质稻1643亩，实现农业经济总收入2584．2万元，粮食总产量368．4万公斤，蔬菜总产量1252万公斤，人均占有粮食403公斤，农民人均纯收入达3269元。

黄瓜园城镇配套设施日渐完善，年内，投资55万元建成了长14．6米、宽30米、跨径6米的源兴石拱桥；投资18万元进行机掘队归还土地的平整工作，对平整出的20宗6．865亩土地进行挂牌出让，收取拍卖金330多万元；投资113万元在贮木场内新建占地6000平方米的竹木材加工交易市场已投入使用。

黄瓜园镇党委、政府以发展经济为中心，深入持久地开展社会治安综合治理工作，努力营造稳定、良好的社会氛围。

华宁县宁州镇

宁州，华宁县明清时期县治名，宁州镇，现华宁县城驻地，处滇中湖盆南缘，抚仙湖东岸，南盘江西滨，距省会昆明148公里，玉溪市府48公里，国土面积438平方公里，辖4个社区、23个村委会，198个村(居)民小组，7．6万人，中心城区3．2平方公里，城区绿化116公顷，覆盖率36．67%，城镇化水平30%，森林覆盖率53．7%。水利化程度78．86%。

镇党委、政府实施“农业稳镇、轻工业强镇、商贸活镇”的发展规划，建成三配套沼气池9383口，占应建池农户的99．7%，实现沼气化镇，建成小水窖7806口，基本解决了山区、半山区农民人均1亩耕地的用水，加强乡村公路建设，实现村村寨寨通公路，实施农村街道硬化工程，60%以上自然村实现道路硬化，建成年产50万吨高标号水泥生产线、3．6万块红砖、30万吨煤炭规模的生产能力，引进外商建成年产200吨萝卜条、年加工菜籽1．5万吨的加工厂，建成1000亩城市绿化苗木基地、500亩甜柿基地。

2004年，镇内现价生产总值6．81亿元，比上年增长18．8%，人均生产总值8974元。在生产总值中，一、二、三产业增加值分别为1．56亿元、1．84亿元、3．06亿元，分别占生产总值的22．97%、27．10%、44．93%。本级财政收入936万元，比上年增长18．03%。农民人均纯收入达2465元，比上年增长42．83%。固定资产投资4727万元，比上年增长47．06%。出口产品交货值1485万元，比上年增长18．4%。

特色产品主要有：香肠、甜柿、土陶、水泥。

华宁县盘溪镇

盘溪镇地处滇中南、南盘江与曲江交汇处，滇越铁路穿境而过，行政区划面积176．9平方公里，有山区、半山区和坝区，形成一个立体性气候，最高海拔2198米，最低海拔1145米，属低河谷亚热带气候，堪称天然温室。“秋婆兮”柑桔远近驰名。

2004年盘溪镇耕地面积34466亩，其中：田19443亩，地15023亩。辖17个村委会，1个居委会，110个自然村，138个村民小组。总户数15202户，总人口52175人，其中：农业户12295户，农业人口47406人，非农户数2907户，非农人口4769人。汉族占59．3%，彝族占29．2%，回族占12．3%，苗族占0．9%，哈尼、蒙古等少数民族占0．25%，年末全镇社会劳动力数28403人，其中：第一、二、三产业劳动力分别为22894人、2439人、3070人，分别占总劳动力的80．6%、8．6%、10．8%。2004年实现工农业总产值（现价）44736万元，其中：工业总产值达32876万元；农业总产值达11860万元。农村社会总产值达64114万元，其中：农业总产值（现价）11860万元，所占比重18．5%，非农行业产值52254万元，所占比重81．5%。盘溪镇GDP(现价)34620万元；农村经济总收入32777万元；农民人均纯收入（农民所得）2665元；社会固定资产投资额2352万元；年末各项存款余额23942万元。全年农作物播种面积59157亩，总产量1535．02万公斤，人均产粮324公斤，比上年增0．62%，经济作物播种面积5962亩，其他播种面积18742亩。全年水果种植面积6021亩，水果总产量2119820公斤，其中：柑桔产量695760公斤，占水果总产量的32．82%。大牲畜存栏7089头，出栏11095头，出栏率达156．5%。生猪存栏39043头，出栏30337头，出栏率达77%，牛、羊等家禽得到长足发展。

2004年实施国家级“华宁县盘溪镇小城镇经济综合开发示范项目”投入资金649万元，项目完成后将改善和提升盘溪镇的品质，更好地促进盘溪镇的发展。

特色产品主要有：蔬菜、大米、黄磷、柑桔。

江川县大街镇

江川县大街镇位于江川县县城，地处江川经济文化发展中心，全镇辖14个村（社区）居委会，68个自然村（一个彝族聚居村），124个村（居）民小组（93个村民小组，31个社区居民小组），全镇总面积93．38平方公里。2004年末，全镇辖区内总人口76070人，总户数22827户，实有耕地总面积21293亩，其中：田15058亩，地6235亩。

大街镇党委、政府制定了建设“绿色经济名镇、民营经济经强镇、文明示范城镇”三大目标，2004年，全镇农村经济总收入达10．69亿元，人均总收入17335元，农民人均所得3125元。全镇农村社会现价总产值99868．82万元。全镇有企业3672个，其中：集体企业2个，私营企业147个，个体企业3523个，乡镇企业总收入13．37亿元，全镇企业实现所得税8743万元，全镇乡镇企业总产值120052万元，正在兴建万吨蔬菜标准化加工项目、食品加工、制药业、纸制品包装等项目。

江川县大街镇乡镇企业主要以纸制品、烟花爆竹以及建筑建材等为主，农村经济来源主要是烤烟种植、蔬菜种植以及饲养仔猪等行业。

弥勒县弥阳镇

弥阳镇党委、政府在2004年紧紧围绕创建“全省一流强镇、全面建设弥阳小康社会”这一宏伟目标，带领全镇各族人民扎实有效地开展工作，促进了全镇经济和社会各项事业持续、稳步、健康发展。一是全镇经济快速增长：完成工农业总产值67662万元，其中：工业总产值60152万元，农业总产值7510万元，农村经济总收入14．8亿元，财政总收入达到1．72亿元，首次突破亿元大关，成为弥勒县第一个亿元乡镇，金融部门各项存款余额5．53亿元，保险事业实现保费收入726．6万元。二是产业结构调整成效显著：以红河卷烟厂、阿细跳月米业公司、润丰亚麻厂等龙头企业为依托，发展优质、高产、高效农业，使烤烟、优质稻、亚麻、蔬菜形成了一定规模，并成为弥勒县精品粮、烟、麻基地。做大做强畜牧业，大力发展涉及到纸箱、铝箔、煤焦、石材等领域的非公有制企业，引进昆明、曲靖等地的10家企业在工业园区内安家落户，全年完成乡镇企业营业总收入134018万元，实现利税8976万元，上交税金3342万元。三是加大基础设施建设：修建乡村道路25条，投入水利建设资金265万元，完成水利工程建设170余件、完成城镇电网改造5300户，受益26000人。四是各项改革稳步推进：圆满完成了第二届村民委员会换届选举工作。深化教育改革，社会保障体系建设步伐明显加快，农村剩余劳动力的转移有了新突破，城镇职工医疗保险制度改革也取得了积极的成效，切切实实为农民减负，兑付农户粮种补贴27万元，把2003年6%的农业税税率下调为5%，为农民减税30万元。五是依法治镇成效显著。六是社会各项事业全面进步：投入资金129．5万元用于教育基础设施建设，筹建了9个乡村医疗卫生室，发放各类民政对象定期定量补助金55．82万元，救济粮34961公斤。惠及860户、2464人次。发放城市居民最低生活保障金144．94万元，惠及13236户、26922人次，投入资金14．25万元解决53户特困户的住房问题，为1344人落实了农业人口“奖优免补”政策，发放奖金52．65万元，投入计生扶贫资金23．1万元。七是精神文明建设取得新的成绩。八是在全镇推进完善“说事制度”和信访网络制度，加大社会治安综合活理力度促进社会政治稳定。

西藏自治区

曲水县聂当乡

曲水县聂当乡是拉萨市乃至全区无人不知，无人不晓的一个乡，这个远近闻名，不仅是因为该乡地处拉贡公路(318)国道沿线，有着著名的大菩萨及卓玛拉康旅游名胜景点，但最主要的原因是该乡经济发展迅速，社会局势稳定，基础设施建设已初具规模，全乡广大农牧民素质普遍较高，是一个蓬勃发展的文明乡。

聂当乡地处拉贡公路沿线，距拉萨15公里，距县城45公里；总户数为906户，总人口达3784人，其中剩余劳动力人口2271人：辖德吉村和热堆村两个行政村，16个村民小组；5个党支部，21个党小组，党员总数为181人；团员总数为144人，现有民兵130人；2004年农村经济总收入达2018．74万元，农牧民人均纯收入达2713元；牲畜总头数9712头(只、匹)；总耕地面积8053．66亩，粮食总产量达612．85万斤。近几年来，全乡群众在乡党委、政府的正确领导下，充分利用了本乡的交通优势、区位优势、资源优势，加大招商引资力度，大力发展乡镇企业与多种经营，加快农业产业结构调整步伐，大力发展特色城郊农牧业，闯出了一条符合本地实际的富民之路。聂当乡之所以取得如此显著的成绩，归纳起来，主要有以下几点：

一、离不开对口援藏的大力支持

在中央的关心及全国兄弟省市的大力支持下，近几年来，全乡在各方面取得的成绩离不开援藏干部，尤其是在培养乡干部及村干部上、先后派往内地学习、考察，他们中有大部分人从未去过内地，对内地的了解只能以电视及其他媒体来得知西藏的乡镇与内地乡镇的区别，通过自身的实地考察，开亮了眼界，认识到自身所肩负的使命，为进一步解放思想、更新观念、打下了坚实的思想基础。

二、加大招商引资力度，大力发展乡镇企业和多种经营，增加农民现金收入

根据中央、区、市、县级优惠政策，充分利用本乡的区位、交通、资源等优势，进一步解放思想、更新观念，以“开放兴乡、工业立乡、文化兴乡、富民强乡”的总体发展要求，“调优一产，大力发展二、三产业，借助外力全面发展”的格局，树立“发展是硬道理”做好对企业的各项服务工作(招工、调解、办证等方面)。真正能感受到“请的进来，留的住人，企业发展、群众挣钱”的良好氛围。

近几年来，乡党委、政府为进一步增加农牧民的收入，把发展乡镇企业和多种经营、招商引资工作放在全乡的工作重点，不管是政策上，还是在市场引导方面，都寄予企业最大的帮助，尤其是在招商引资方面，按照县里的统一优惠政策，在土地上和交通上，党委、政府积极为企业多考虑，最大限度、最低土地成本，最大效益地体现企业在区位、交通的优势，树立品牌、打造广告第一时间真正为投资者创造良好的发展环境。截止目前，通过县里招引的企业和乡里招引的企业、商户大小已到12家，为群众在企业务工增收起到了良好作用，尤其是在水泥厂务工的聂当乡农牧民群众，年收入在7000元以上，而在其他企业务工收入均在2900—5000元左右，有效地提高了群众的现金收入，集体经济收入也明显地提高。另外原处于瘫痪状态的聂当乡乳汁品加工厂，现已将厂房转为磨面、榨油机房现正在运行中。

多种经营方面，由于外来人员的不断增加，各商业网点建设比往年有所增加，截止目前到聂当乡落户的商业网点和个体经商户达60家，这有利地推进了聂当乡小商品的流通，同时也带动了许多农牧民群众参与市场、进入市场，同时更进一步推动了农产品的转变、尤其是加工业的发展，这为推进聂当乡第二产业的发展和小城镇建设起到了积极的作用。通过近几年的培训，提高手工业、加工业的发展，尤其是以往就有的聂当草垫加工，现在仍然在群众增收方面起着很大的作用。2004年全乡劳务输出的人数为1050多人次，完成收入207．58万元。

三、围绕农牧民增收和农牧业增效，以市场为导向，加大结构调整、促效益、上规模

近几年来，我乡农牧民群众的思想得到了进一步解放、观念有所更新，依靠科技，坚持以市场为导向，以农牧业结构调整为重点，农牧业增产、增效和农牧民增收为中心，坚持“宜农则农、宜牧则牧、宜草则草”的原则，走以农养牧，以牧促农的发展道路。在确保粮食稳定增长的前提下，积极开展多种经营，重视林牧业的发展，全面实现林果业富农，造林绿化的要求；改善生态环境，树立大农业观念，搞好农业综合开发，合理利用农牧业资源；逐步替代了现有产量作物型向经济效益型作物发展，推动全乡农牧林结构型的优化；走出了一条以农养牧，以牧促农的发展之路。

四、精神文明建设常抓不懈，群众整体素质提高

聂当乡党委近几年在努力抓好自身建设的同时，始终把精神文明建设工作作为一项重点工作来抓，按照曲水县委、政府的要求签定了相关的责任书，为了能够把责任制落到实处，我乡将责任书译成藏文的形式量化到各村，以及寺庙民管会，层层把关，层层落实 根据前几年文明村、组、户创建活动的实施方法和奖惩制度，抓好创建活动，加大宣传力度，尤其是普及法律、公民道德建设、普及科教知识，积极引导群众破除封建迷信，在广大农牧民群众中大力倡导文明、健康、积极向上的生活。

虽然我们取得了初步成绩，但路子还很长，压力还很重，但我们坚信在区、市、县的正确领导下，在我们的同心协力，艰苦奋斗，认真学习和贯彻党的各项方针政策及走一条具有本地特色的路，聂当乡的明天更会灿烂辉煌。

陕西省

清涧县宽州镇

宽州镇在县委、县政府的正确领导下，带领全镇人民高举“邓小平理论”和“三个代表”重要思想，全面贯彻落实中央1号文件精神，努力增加农民收入，切实转变政府职能，坚持“二个文明”协调发展，抢抓机遇强基础，依托优势建特色。关心群众生活，关注弱势群体，解放思想，与时俱进，艰苦奋斗，开拓创新，分析存在的问题，确定发展目标，结合该镇实际，规划制定了新的工作思路：抢抓机遇，增强基础建设；退耕还林，加快产业结构调整，依托优势，建设特色经济；引资建镇，促进市场活力规划制定了新的工作目标、培养了一批高品位的房地产开发企业；积极培养一批知识型、服务型、法制型的干部服务队伍；组织一批商业型、经济型、市场型的现代服务业；建设一批科技含量高、经济效益好的农业示范园。2004年底，全镇工农业总产值为11616万元，第二、三产业总产值达到10630万元，财政收入180万元，农民人均年纯收入达2002元，社会各项事业得到快速发展。

围绕经济抓党建，抓好党建促发展。

基层组织建设：全面贯彻“三个代表”重要思想，继续开展基层组织建设，树典型、抓死角、深挖掘、强突破，将刘家湾、鲍家沟、辛家崖、十里铺等落后村整顿后变为先进村。全镇已创建30个一类支部、22个二类支部、无三类支部。为调动农民致富的积极性，“七一”期间对模范共产党员、先进工作者和致富带头人进行了表彰奖励。发展进步青年入党68名。农村各项制度得到具体的落实，民主决策、民主管理、民主监督职能增强，真正达到民心稳、农村兴。深化创建“五型机关”和“五型支部”活动。

安塞县真武洞镇

真武洞镇位于延安市北部30公里处，是安塞县政府的驻地，是全县政治、经济、文化交流中心。东西宽20公里，南北长10．7公里，总土地面积214．4平方公里，东壤宝塔区张坪乡，西连本县招安镇、王尧乡，北邻建华镇，南接沿河湾镇。属温带干旱半干旱气候，春季干燥多风，夏季炎热干旱，秋季秋高气爽，冬季寒冷少雨雪，年均无霜期157天，年均降水量531㎜。全镇森林面积92平方公里，覆盖率达到43%。地下储藏大量的石油、天然气，地上有丰富的土地资源，纯属黄土层，质好层厚，地表水位高，水资源丰富，很适宜“果、菜”的发展。全镇基础设施较好，条件便利，信息畅通，延（延安）——靖（靖边）高速公路穿境而过，有真（真武洞）——招（招安）、徐（徐家沟）——张（张坪）连乡公路，一期流域治理内的环村公路，各村、各组四通八达。全镇村村通电、通路、通自来水和电话，移动、联通通讯覆盖全镇。全镇辖18个村，96个村民小组，2004年底全镇人口达13757人。

真武洞镇党委、政府以邓小平理论“三个代表”重要思想和党的十六大精神为指导，全面实施“科教兴镇、产业富民”的发展战略，大力推进农村主导产业建设、退耕还林工程建设、农村基础设施建设和党的建设，保证了全镇社会稳定经济持续快速发展。2004年，全镇国内生产总值达7243万元，较上年增长12%，财政收入488万元，较上年增长25%，农民人均年纯收入达2590元，与上年相比净增280元，人均生产粮食526公斤。

在产业开发上，真武洞镇党委、政府认真贯彻落实县委、县政府关于做大做强农村主导产业的实施意见，按照因地制宜、科学发展的思路，确立了以棚栽业为龙头，林果业为支柱，草畜业为补充的三大主导产业。在棚栽业开发上，按照“山川并举，先川后山，改造与新建并重，加强科技培训，壮大营销队伍”的工作思路，从政策、技术、规划和服务上给予了强有力的支持，保证了该项产业的快速发展。近几年，在改建新建大棚，弓棚的基础上，2004年全镇又新建大棚747座，弓棚579棚，旧棚改造150座，新旧大棚总数达到2650座，弓棚1480棚。在工作措施上，实行了“宣传调动、政策推动、机制驱动、示范带动和效益拉动”的办法。在改造、新建大、弓棚的政策上，出台了：凡农户每建一个标准大棚解决贷款4000元，无偿为农民补助墙体建设费用1120元，为包村干部奖励100元；建一个标准弓棚解决贷款2000元，为农户补助墙体建设费用200元，为干部奖励50元。建棚30棚以上的大户，奖励5000元，50棚以上的大户奖励10000元。集中30棚以上的建棚点政府负责解决水、电、路配套设施。

丹凤县龙驹寨镇

围绕科学的发展观，全面贯彻落实中央一号文件精神，依托区位优势，以经济结构调整为主线，按照“城抓三产增财税，川抓高科蔬菜地，山抓干鲜重药果，全镇兴牧抓劳务”的工作思路，全面推进城乡经济社会协调发展。全年实现工农业总产值20267万元，同比去年递增128．9%；乡镇企业总产值51150万元，比去年同期增长了103．3%；劳务输出10653人；农民人均年纯收入1448元，与上年相比净增110元。2004年，建成水泉、中于两个社区，一次性将农业人口转为城镇居民。狠抓政府重点标建设，以“四改三建”为主，改善村容村貌，扶持重点村道路建设12．3km，架设通讯线路4000m，安装程控电话64部。大力发展非公有制经济，在去年非公有制企业总数2618个的基础上，新增个体工商户52户，私营企业8户，实现产值51150万元。

甘肃省

兰州市西固区陈坪乡

陈坪乡地处兰州市近郊，毗邻黄河之滨，兰新、兰青铁路和312国道横贯全境。全乡辖6个行政村，总面积27.62平方公里，其中耕地面积5369亩，人口13080人，是一个典型的城郊型乡镇。近年来，伴随祖国繁荣富强的脚步，以邓小平理论和“三个代表”重要思想为指导，认真贯彻党的十六大和十六届三中、四中全会精神，紧紧围绕建设繁荣文明富强的新型小康乡镇这一目标，紧扣加快发展主题，励精图治，挖掘优势和潜力，拓宽思路、统筹规划，加大结构调整力度，推进城市化建设步伐，树立和落实以人为本，全面、协调、可持续的科学发展观，经济建设和社会各项事业实现了历史性飞跃。

社会要发展，经济是关键。我们把经济发展作为衡量工作得失的标准，跨入新世纪以来，为了适应对外开放新阶段的要求，围绕区委、区政府“打造新型石化城，建设西部经济强区”的目标，坚持“以工业为龙头，以三产为主体，以农业为补充，走城市经济发展”的思路，一产、二产、三产均得到了跨越式的发展。乡镇企业作为全乡的龙头，继续在支柱产业和骨干企业上下功夫。利用区域优势调整结构，在全乡形成了石油化工、建材、塑料、机械加工等为主的乡镇企业格局；通过创新乡镇企业机制，利用独特的投资环境和区位优势，每年新上项目、引进资金都有新的发展，涌现出定元塑料集团公司等一批科技含量高、年产值上亿元的骨干企业，全年实现工业增加值11157万元。

坚持以市场为导向，加大招商引资力度，积极培育新的经济增长点，稳定发展势头。近三年中，乡村两级共新建项目21个，引进资金6920万元。截止2004年末，全乡共有集体、私营个体企业77家，全年实现乡镇企业增加值39635万元。发展农村经济仍是乡镇工作的重点，农业以提高农民收入为目的，积极调整种植结构，推进农业产业化进程，围绕培育优势产业、特色产业，大力发展优质、专用、无公害农产品，扩大了百合、花卉、精细蔬菜、奶牛产业规模，2004年底，农业增加值达到2171万元，退耕还林688亩。加大基础设施建设，近几年全乡投入400万元，加大了农业基础设施建设，改善了农业生产条件；第三产业初成体系，现拥有西北最大的陶瓷批发市场、兰州玻璃批发市场等大型专业批发市场4个，建成发展潜力大、提升档次高的商业街3条，商业网点300多个，个体工商户达300多。初步形成了西固福利东路、西固东路、环行东路和兰州陶瓷批发市场、陈官营农贸综合交易网点的商业网点雏型，活跃在流通领域的农民3000多人。三产增加值达到19072万元。大力发展非公有制经济，形成各业并举共同发展的格局。目前，全乡私营、合作企业发展到66户，从业人员3000人，个体工商户300户，从业人员2000人。2004年，全乡国内生产总值达到21.2亿元，财政收入1005万元，农民人均纯收入达5038元，如今人民生活水平不断提高，全乡95%以上农户住进宽敞舒适的新房，彩电、冰箱等高档家电普及率达95%以上，电话入户率达59%。

多年来，乡党委、政府在走好经济发展之路的同时，坚持“以人为本、重点建设”的指导方针，始终把创建一个文明、繁荣的新型乡镇作为精神文明建设的一件大事来抓，努力为群众提供良好的生产、生活环境。坚持从基础抓起，从抓硬件入手，矗立在乡村最漂亮的建筑物是教学楼，教师上下班有专车接送，投资36万元为三所学校配备了语音微机室，投资250万元，建起了3600平方米的六层教工住宅楼，有3个村级学校实行免费教育。全乡有线电视覆盖率达到90%。投资80万元建成的乡文化活动中心，设立了图书室及各种文化、体育活动设施，组建了由100多人参加的老年艺术团，30多人组成的秦腔班，170人参加的太平鼓队及中老年秧歌队，不定期地经常性开展活动，极大地丰富了全乡群众的业余文化生活。投资142万元新建的乡卫生院门诊楼，增加了医疗设备，开办了专家门诊，村级卫生所全部达标。积极为群众办实事、办好事，投资100万元为群众安装了上下水管线，架设更换了照明输电线路，近几年来，村级拓修水泥沥青道路60条，全长共40公里，使村镇道路硬化率达到90%，尤其是孟家山村在村经费十分困难的情况下，共筹资25万元，修建了4公里的沥青路面，为全村群众提供了极大的便利。陈官营、新滩、范坪实行垃圾定点堆放，小坪、东湾村实行垃圾袋装化，村上定点清运。全乡推行水冲式、漏斗式厕所，共改造农厕1013所，“脏、乱、差”现象从根本上得到解决。在农村社会保障体系方面，推行农村社会养老保险制度，参加养老保险1427人，投保率达50%。投资113万元建成乡敬老院，多名孤寡老人在此安度晚年，并成为中老年人的活动场所。全乡4个村实行了发放养老金制度，每年共发放养老金约50万元。进一步抓紧抓好群众性的精神文明创建活动，社会治安综合治理、计划生育、思想道德、环境卫生、家庭文化等作为精神文明创建的重要内容。广泛动员乡村单位和农户参加，深入持久地开展“文明单位”、“文明村”及“十星级文明农户”评选活动，从内容到形式都有了新的发展，全乡已创建各类文明单位80家，文明村6个，评选出文明模范户110户，文明示范户328户，文明户916户。文明竞赛活动带来了社会风气的不断好转，全乡社会治安状况不断改善，民事纠纷逐年下降，全乡6个村均达到“两无”要求，近三年未发生重大刑事案件。计划生育工作取得显著成效，连续三年计划生育率均为100%，被评为全省计划生育优质服务乡。每年都有针对性开展农民思想道德和科学文化教育活动，一个时期突出一个重点，一次活动解决一些实际问题。例如每年春季配合科技部门开展科技下乡到田间活动，妇联组织的“双学双比”，党员中间开展的“双培双带”活动。村民中的村规民约不断完善，都较好地向广大农民进行了科学技术和思想教育，提高了农民群众的道德文化素质和精神生活水平，促进了乡村各项事业的全面进步，为全面建设小康社会创造了一个良好的环境。

陈坪经济的迅速崛起，乡镇企业的持续发展，社会事业的不断进步，与带领群众创业致富的一支优秀党员干部队伍密不可分。乡党委、政府班子从自身建设入手，坚持用邓小平理论和“三个代表”重要思想武装头脑，提高一班人的思想政治素质和政策理论水平。加强制度建设，提高工作效率，促使一班人树立扎实工作，实事求是的作风，结合实际建立健全了《民主决策制度》、《民主评议制度》、《重大事项集体讨论决策制度》、《乡村干部廉洁自律暂行规定》等规章制度，形成了以制度约束人，以制度激励人的良好机制。深入调查研究，切实转变作风，取得工作的主动性，并依据乡情、村情制定发展规划和实施方案，形成了团结一致、齐抓共管的工作新格局。2004年，被省委评为“五好标兵乡镇党委”。加强民主集中制教育，不断增强班子团结，增强班子合力，定期组织召开民主生活会，加强党风廉政教育，制定了符合我乡实际的“六个廉洁”、“两个公开”、“三个监督”的规定，并把廉政建设纳入目标管理，提高了班子的整体工作水平。在以村党支部为核心的村级组织建设中，利用村级换届的有利时机，认真宣传贯彻《村民委员会组织法》，严格按“五个好”的标准，选好配好村级领导班子，切实把想干事、敢干事、素质好、群众信赖的优秀人才选拔到村级党政班子，充实村党支部班子，选配“创业型”、“开拓型”、“管理型”人才担任村党支部书记。依据《村民委员会组织法》充分发挥村民代表大会的作用，增强村民的民主意识，把一批公道正派、开拓精神强、懂经济、会管理、有事业心的中青年干部选进了村委会班子，把一批乡村“能人”充实进集体经济组织中，充分发挥他们带领群众致富奔小康的“领头雁”作用。利用短训班、专题研讨会形式教育经常性开展理论教育、党性教育、政策法规教育，增强了干部及致富带头人的政治业务素质，努力使他们适应改革开放和市场经济需要。进一步完善了以党支部为核心，村委会为主体，群团组织为纽带的村级组织网络，齐备了工作人员，共同参与管理，形成了上下一条线，事事有人管，更好地为广大群众服务提供了保障。

陈坪是一块充满希望和寻求发展的热土，随着西部大开发的推进，这块亟待开发的宝地，将成为西部开放和发展的黄金地。今后，我们将以行政区划调整为契机，围绕全面建设小康社会目标，全面落实科学发展观立足创新求发展，走以社会化管理为基础，工业化建设为龙头，商贸物流为主体、农业绿色化发展为补充、辖区内政通、稳定为保证，走提升农村、扩大城区、服务社会、城乡一体的城市型发展路子，深化改革，扩大开放，统筹城乡发展，推进城市一体化进程，不断改进思想和工作作风，抢抓历史机遇，加快发展，在全面建设小康社会的进程中奋发图强，争创一流。

青海省

贵德县河阴镇

河阴镇位于县城中心地段，平均海拔 2226 米、东经 101° 25′，北纬 36° 02′，东至东河与河东乡为邻、西至西河与河西镇毗连、南依梅茨山与常牧乡、东沟乡相连、北跨黄河与河西镇、拉西瓦镇、尕让乡接壤。总面积 41 平方公里，镇人民政府驻南大街。

河阴镇为贵德县人民政府所在地，是全县的政治、经济、文化、交通、贸易中心。全镇辖 4 个社区居民委员会，12 个行政村民委员会，52 个生产合作社，有汉、藏、回、土、撒拉等 14 个民族，8589 户、21641 人，其中：农业人口 9583，农民人均收入达 2348. 55 元。全镇播种面积 13593. 07 亩，林地 6000 亩，果园 2803 亩，鱼塘 303 亩，境内地形南高北低，地势平坦、土地肥沃、气候温和、空气清新、林木葱郁、水源充沛、盛产各类瓜果蔬菜，宜农和多种经营，是全县重点农业大镇，随着产业结构调整，日光节能温室达到 782 座，生产的无公害精细蔬菜已摇身进入省会城市——西宁市场，抢占青南地区。

近年来，我镇基础设施建设和资源开发有了长足发展，境内闻名的黄河横穿而过，新建的省道西久路横穿境内、三纵九横路网、迎宾大道、沿黄河滨路和村级道路四通八达，并全部硬化。河阴镇有独特的旅游资源，镇道路街区绿化整洁亮丽，占地 500 亩的河滨公园、40 亩的休闲广场和始建于明代的素称“仙云插阁”的玉皇阁古建筑群、“南海溪声”的南海殿、贵德古城、元代的宁河古城、唐代的乜纳塔、民国时期的河阴清真大寺、基督教堂、清朝河阴书院、明代大柳树、明末峰火台。星级旅游宾馆和众多上档次、上规模的农家宾馆及“天下黄河贵德清”等众多的人文景观、餐饮服务、旅游景点为人们提供了度假、休闲、娱乐场所。一年一度的环青海湖国际公路自行车赛、抢渡黄河极限挑战赛，西北五省区花儿演唱会、物资交流暨经贸洽谈会、黄河文化艺术旅游节、梨花节、全省旅游发展大会等一系列大型活动在我镇举行，极大的提高了我镇“青海小江南”别称的知名度和旅游品牌，也为前来开发投资的国内外客商提供了优良的环境。

新疆维吾尔自治区

额敏县额敏镇

额敏镇是额敏县委、政府所在地，是全县政治、经济、文化、教育活动的中心。镇区面积 10. 86 平方公里，居民 10978 户、40693 人，下设 19 党支部，共有党员 343 名，干部、职工 152 人。

2004 年，额敏镇党委、政府带领全镇干部、群众，树立科学发展观，坚持把发展作为第一要务。全镇实现生产总值 7110 万元，同比增长 13. 9%。经济工作呈现四大亮点：一是农业产业结构调整取得新成效，畜牧第一大支柱产业的地位进一步巩固，以桥南惠丰家庭牧场为龙头，带动西郊社区、桥南两村发展畜牧业，全年牧畜 1. 3 万头只、商品率达到 60%以上，年底存栏

9000头（只）；二是招商引资工作迈上新台阶。完成桥南玉忠酒厂、佳诚农机公司350万元招商引资任务；积极宣传开发桥南惠丰家庭牧场的优惠政策，吸引养殖大户前来投资发展，完成固定资产投入960万元，荣获招商引资先进乡（镇）场单项奖；三是植树造林实现新突破，组织机关干部、社区居民完成条田林网化植树任务105亩，成活率达到85%以上，居全县第一，荣获植树造林选进乡（镇）场单项奖；四是精神文明建设不断深入。有效推动社区文化、广场文化和民间娱乐活动，9个社区全年组织11场大型文艺汇演，观众达到36000余人次，极大地丰富了社区居民、群众的业余文化生活。

在解决就业再就业工作中，该镇对有劳动能力的失业人员给予资金扶持，协调小额贴息贷款，从事短、平、快项目就业。2004年提供就业岗位420个，其中养殖就业160人，种植就业50人，第三产业就业130人，小额贷款扶持飞鹅养殖就业60人，其他方面就业20人；提供季节工岗位2100个，组建劳动服务队，采摘红花丝或从事田间劳务；提供钟点工岗位1100个，从事家政服务、公益劳务。

2004年，九个社区居委会开展了不同形式的服务项目：成立“爱心”互助站、中老年棋牌社、文化娱乐室、社区服务中心、社区服务站、培训站、信息站、文印部、鑫宇物业管理公司、鑫宇食品加工部、“匝扫把”厂等经济实体；开展便民诊所，设立46个床位；组织钟点工、计时工上门服务队，解决下岗职工再就业132人；成立打瓜种植、蔬菜瓜果营销、家禽养殖三个协会，解决了群众“找活难”的问题；并创办《社区服务报》，现已发行15期，每期发行5000份。镇委对社区弱势群体积极开展了“1+3”助残扶贫活动，镇社区干部、职工共扶贫助残226人。

坚持“民办、民管、民受益”的原则，2004年成立了城镇商会，经纪人队伍迅速扩大，截止目前已发展会员40人，具有较强的凝聚力和向心力。引进流动资金1.2亿元，2004年销售农副产品5.7万吨，销售额达3.6亿元，其中打瓜子销售达5.2万吨，充分显示出了专业合作经济组织促农增收的作用。并围绕打瓜特色产业，拉长产业链，增加打瓜收购销售环节中其他多种经营项目，如运输、籽种、包装等业。培育和发展各类农村专业合作经济组织，不断提高产业化水平和能力。

乌恰县乌恰镇

乌恰县乌恰镇，义名城关镇，成立于1984年11月26日。1985年8月24日乌恰发生7.4级强烈地震后，旧县城破毁，迁址重建新城，乌恰镇辖区发生变化。乌恰镇（县城）是全县政治、经济、文化的中心，辖区规划面积20平方公里，现已建成3.2平方公里，平均海拔2136.7米，属中温性干旱荒漠气候。全镇常住人口3277户、9246人，由柯尔克孜、汉、维吾等10余个民族构民，柯尔克孜为主体民族，占全镇总人口的49.79%。乌恰镇党委、镇人民政府，有干部职工60人。镇机关内设党政党建、经济发展和社会事务办公室、武装部，辖波鲁什、乌尔多、巴扎、巴格恰4个社区居民委员会和新农场，承担着社区党建、社会治安、社区文化、社区卫生、社区服务等工作。全镇有行政单位47个，事业单位45个、企业34个、个休工商户404个，辖区固定电话装机数量170部、移动电话800部、自来水接通率96%，生活用燃气普及率93%，有线电视覆盖率17%，广播人口覆盖率100%。金融、通讯、教育、文化、卫生等项事业长足发展。

库车县库车镇

库车镇在库车县委、政府的正确领导下，团结和带领各族干部群众解放思想，更新观念，艰苦创业，与时俱进，城镇人口收入增高，社区建设快速健康和谐发展，实现了让全镇居民满意，社会稳定，社区功能建设健康有序发展的目标。2004年完成了2个地区级，4个县级社区的示范创建任务，完成“五好”社区党支部创建15个，创建率达42%；培养社区后备干部70多人，入党积极分子126人，发展党员24名；通过群防群治网络建设，抓建章立制，充分发挥十户长作用，狠抓社会治安综合治理工作，目前全镇共划分220个小区，已创建安全文明小区64个，覆盖率达38%；进一步加大精神文明创建力度，以“十进社区”活动为载体，成功举办社区百日文化活动；重视妇女工作，大力开展“春蕾”救助活动和“五好文明家庭”评选，全年共评出“五好文明家庭”424户；以“三为主，三结合”方针加大对计划生育工作的管理，对28个社区开展了计划生育自治工作，自治率达68%，35个社区计生协会中先进协会15个，合格协会18个；加大社保工作力度，共为2852名下岗人员办理了再就业优惠证，按置下岗失业人员2316人，城区登记失业率为4．1%，并争取上级支持为207名社区干部落实了“三金问题”。目前，全镇共创建示范社区8个（其中地区级2个，县级6个），地区及文明社区3个，县级文明社区4个。

焉耆县焉耆镇

2004年，焉耆镇围绕按照“一一二三四一”的经济和社会发展工作总体思路，以“三级联创”活动为契机，以加强党的建设为关键，以服务群众为根本，切实加强基层组织建设，有利地促进了全镇的三个文明建设。焉耆镇依托地缘优势，把发展做为第一要务，加大招商引资力度，不断壮大镇村集体经济，积极探索和发展社区经济，使镇城经济持续快速发展，经济建设得到快速发展，全镇国民生产总值达到2．2亿元，农牧民人均增收400元以上。

在社会治安综合治理中狠抓领导责任制的落实，在辖区内全面构建“人防、物防、技防”全方位的防范体系，社会秩序明显好转。突出社会救助服务，劳动和社会保障服务，突出社区物业服务，社区服务水平不断提高，服务领域不断拓宽，人民安居乐业。把卫生工作的重点放在治理背街小巷上，依托创建国家卫生城镇，大力加强对社区背街小巷的卫生治理，城镇环境大为改观。把开展创建自治区级精神文明单位工作，作为推动基层组织建设的重要内容来抓，开展文化活动进社区，举办了各类群众喜闻乐见的文化活动，精神文明建设成效显著。

附：

明星村展示

北京市昌平区北七家镇郑各庄村
北京市怀柔区桥梓镇北宅村
河北省唐山市开平镇半壁店村
内蒙古自治区赤峰市元宝山区平庄村
辽宁省大连市旅顺口区小南村
辽宁省大连市大李家镇正明寺村
党委书记、村委会主任　丛树春
黑龙江省佳木斯市长青乡佳西村
浙江省东阳市南马镇花园村
福建省福鼎市硖门畲族乡柏洋村
福建省连江县筱埕镇官坞村
福建省南平市西芹镇西芹村
福建省德化县龙浔镇宝美村
福建省福州市洪山镇黎明村
党支部书记　郑庭富
福建省漳浦县前亭镇后蔡村
镇党委委员、村党支部书记　杨亚知
山东省邹城市北宿镇西故村
党支部书记　李生根
山东省滕州市张汪镇大宗村
湖北省通城县隽水镇宝塔村
湖北省武汉市奓山街道星光村
党总支书记　张传明
重庆市九龙坡区华岩镇共和村
重庆市巴南区花溪镇建新村
党委书记子　杨子勤
重庆市沙坪坝区歌乐山镇山洞村
党支部书记、村委会主任　刘奇建
贵州省纳雍县阳长镇海摩村
甘肃省兰州市陈坪街道东湾村

北京市昌平区北七家镇郑各庄村

“稳定压倒一切”。只有保持社会稳定的局面，才能保证各项事业健康有序发展。造成农村不稳定的因素主要来源于村务不公开，工作不透明，干部办事不公，甚至暗箱操作，群众的民主权利和根本利益得不到保障，导致干群关系紧张，积怨不断加深，随之出现无序上访问题。不仅影响了各级领导的工作精力，也影响了经济建设的正常发展。

北京市昌平区郑各庄村，多年来无一集体上访和无序上访案例的发生，实现了稳定与发展的并驾齐驱。他们的主要做法是：

一、建章建制，实现“自我管理、自我教育、自我服务”

将村民自治纳入制度化、规范化的轨道，是郑各庄村求稳定的重要举措。1997 年，正当这个村步入大规模发展的初期，面对千头万绪的村内事务，村干部尽管起早贪黑、没日没夜地操劳，还显得力不从心，稍有做不到位的环节，群众就会挑点儿“小毛病”，尤其是对诸如土地的承包经营、房基地审批、劳动就业、村民福利待遇等涉及群众切身利益的热点问题，由于没有一个完整统一的条文摆在“桌面上”，导致干部在解答和处理问题时难以统一口径，更加重了群众对干部工作的疑虑，甩闲篇儿、讲怪话儿、甚至骂大街的现象屡见不鲜，并蕴含着一些潜在的不稳定因素，由此，使他们萌发了“立章建制、以制治村”的念头。

同年 8 月，经过民主讨论形成了郑各庄村第一部《村民自治章程》。在章程中，即明确了干部群众的行为规范和权利义务，又对村内办事程序以及经济管理、社会治安、计划生育、村民福利等方方面面的内容规定得明明白白，并送发到每户一册。自治章程的建立，促进村务行为的规范化，群众有问题由原来向村干部要“究竟”、讨“说法”，变为从章程中解疑惑、找答案，村干部干起工作也很得心应手了。随着形势的发展，1997 年至今，这个村已先后两次对《自治章程》进行修改完善，目前使用的是 2001 年 8 月修订的第三版本章程。共由 14 章，279 个条款构成，在内容上更具体，在条理上更规范，尤其是突出了民主管理和民主监督的内容，调整了法律法规不宜调整的大量日常事务，使之成为本村自我管理、自我教育、自我服务的最权威，最全面的自治规章，村民们都把它称之为本村的“小宪法”。

郑各庄村严格依章办事，在处理村政事务过程中，《章程》发挥了重要作用。最为突出的是，这个村在实施旧村改造过程中，在法律法规、政策没有明文规定的情况下，村“两委”依靠村民自治，制订了具体的量房作价方法，拆迁工作程序、折抵上楼方式、上楼后的福利保障等一系列配套制度，并且载入了《村民自治章程》。

村“两委”办事一贯的认真劲儿和践行诺言的信誉度，让村民有了主心骨，打消了“住得上楼，养不起楼”的顾虑，调动了村民搬迁上楼的积极性，不仅为旧村改造的有序进行提供了保障，而且，村民生活质量得到显著提高。

二、坚持民主办事，保障群众的知情权和监督权

政治文明的核心是民主，农村社会稳定与否是检验民主程度的试金石。在郑各庄村有一个严格的规矩，就是“大伙儿的事大伙儿定”。

几年来，村“两委”对村内建设和发展规划、村民福利、安置就业、土地出租、招商引资等事项，都要经过村民代表讨论通过。仅 2004 年就召开 18 次村民代表会议，专题讨论村级各项事务。

去年 7 月，新一届村委会产生后，及时召开了全体村民大会，一是听取村委会主任报告新一届村委会的工作任务和目标，二是讨论通过了村民大会向村民代表授权决策的事项和不予授权的事项，使决策程序更加清晰。

每年 1 月 12 日和 7 月 12 日的民主日活动在郑各庄村已经成为惯例，村民代表要分别听取并审议村委会主任、副主任、财务负责人、民主理财小组长所作的《经济工作报告》、《村政事务报告》、《财务工作报告》、《财务监督报告》，并代表小组村民就村内的相关事务提出质询。如：在去年 7 月 12 日的民主日活动中，有村民代表问：“有群众反映，某村民的违章建筑被动员拆除后，村委会给予该村民 5000 元的补偿，是否属实？”村委会副主任郝春秀肯定而坚决地回答：“没有”。代表们对村委会坚持按制度原则办事非常满意。

这个村的稳定来源于通过村务公开保障村民的知情权。一是公开的内容广泛。财务收支情况，村民的福利待遇，村民代表会议的决议，土地利用情况，“两委”决策预案和方案，每年2次民主评议干部和党员的结果，发展新党员等，凡是村民应知和要知的内容都及时进行公开；二是公开的形式多样。即有传统直观的村务公开栏，又有现代高科技的电子触摸屏，还有自创刊物《宏福简报》。2003年7月又在宏福苑社区网站上专门开辟了村务公开网页，为密切干群关系，使公开的内容及时得到反馈，并在网站上设立了“社区论坛”，村民有了发表意见的空间。村级各项事务全方位的公开，让村民知道村里已经做过了什么、正在做什么和以后打算什么，即是对村干部的监督，又维护和保障了村民合法权益。

三、多办实事，解除群众后顾之忧

“对群众要讲真话办实事，即体现干部讲信用，又是对群众的尊重”。这是郑各庄村“两委”始终坚持的施政准则。

为了让群众安居乐业，近几年，村干部相继向村民做出了“村民就业不出村、村民福利有增无减”的承诺，同时制定了与之相配套的制度。如：村民劳动就业挂帐制度、最低工资保障制度、就业人员劳保福利制度、村民退休养老保障及医疗保险制度、村民子弟全程教育补贴及住房费用报销制度等等，所有制度无一虚设，件件都得到了落实。该村于2000年4月成立了福利保障部和村民劳动就业安置办公室，并配备了三名工作人员，专门从事村民福利保障和就业安置工作。每月的5号为养老生活补贴、职工工龄津贴和干部职务津贴的统一发放日；每月的10号、20号、30号为各项福利费用报销日。2004年，集体用于兑现村民的各项福利达到314万元，相当于1998年12万元的25倍，人均福利2300多元，从根本上解除了村民的后顾之忧。

农民最担心的是无业可从。为此，村委会专门设立了“劳动力就业安置办公室”，并建立了劳动就业挂帐制度，这意味着如果村民得不到就业安置，村干部就欠下了村民一笔“就业帐”，干部的脸上自然无光。在这种机制的作用下，加快了产业结构调整步伐，为村民提供了广泛的就业渠道。目前，全村共有3000多个就业岗位，除了满足全村700多名劳动力就业以外，还带动了周边群众就业。

村“两委”从不忽视对弱势群体的关心和体贴。一是每季度对村民收入状况进行一次调查，凡是人均月收入达不到300元的家庭，由集体出资补足至人均300元，目前有3个家庭得到了这方面的保障；二是以“投资买岗位”的形式鼓励残疾人就业。凡是有自力能力的残疾人都给予妥善安置，并享有与正常人同等的最低工资保障和各项福利保险待遇，让这部分人在心理上体会到与正常人一样的自我价值，并锻炼和培养他们自食其力的能力。目前，全村共有12名肢残、弱智人员走上了工作岗位。

农村老干部含辛茹苦地工作了大半辈子，为了让他们的晚年能够有一个好的归宿，该村向41名建国以来在本村曾担任过生产队副职以上的老干部每月加发了100元至300元老干部职务津贴。曾担任过妇女队长职务的强淑敏老人十分感慨地说：我们想到的问题村干部为我们解决了，我们没想到的事情他们也为我们办了，我们真是太幸福啦！

在落实中央关于农村集体土地承包经营政策中，通过民主讨论，该村推行“确权、确利、不分田”的土地经营方式，农民将土地以流转的方式委托企业经营。为了保护农民的利益，村委会与企业建立了土地有偿使用的合同，每亩年租金保证在5000元以上，并向村民郑重承诺：“土地租金收入全部分配给农民”。

为了便于群众监督，村委会对每块土地的面积、租用单位、租金标准、租用年限以及土地收益分配方案等一一进行公示。

2004年，全村土地租金收入447万元，其中用于兑现村民各项福利314万元，其余133万元做为农民土地收益分配，人均达到1236元。同时，农民作为企业的股东，每年都从企业的利润中分红，连续多年始终保持在15%以上的红利回报，村民的利益得到了双重保障。

四、堡垒当自强

争取工作的主动权，把大家的思想统一到党的方针政策和“两委”的主张上来，是郑各庄村保稳定的上策之一。分别建立了干部连民心和党员联系户制度。11 名“两委”成员每人联系 50 户左右的村民，选派 48 名无职党员把全村 500 余户村民紧紧地联系在一起，不定期的入户走访。一是把上级政策和“两委”决策及时贯彻到每个家庭；二是体察民情，为群众排忧解难；三是倾听群众呼声，收集群众的意见和建议。每个干部都有一本民情帐，详细记录着群众的反馈意见，把群众上访变为干部下访，真正把矛盾化解在萌发状态，把问题解决在基层。2004 年 7 月，村“两委”向村民承诺，凡是被列为村内低保户的家庭，一律免收取暖费。但是，由于村委会与物业公司没能做好事前协调，物业公司按贯例收取了他们的取暖费，群众对此议论纷纷。当村干部得知这一情况后，及时进行纠正，并将不该收的费用如数退还给低保户。

在郑各庄村，当干部的首先要具备办事出于公心。在旧村改造的规章中，明确了从 1998 年 3 月起村民在自家宅基地内再翻建或新建房屋一律不予作价的规定，2000 年 12 月，在为党总支部副书记郝春秀家的房屋评估作价时，他主动提出自家1999 年翻建的东房及改造的猪圈应按翻建前的现状进行作价，并将作价结果及说明在公开栏内进行了公示，群众对此赞不绝口。该村做为全镇的经济强村和纳各大户，党总支部书记黄福水每年都得到镇政府一笔可观的政策奖励，但是，几年来他把所得和应得的奖金全部划到村委会福利保障部的帐上，用于集体福利事业。在进行企业产权制度改革时，以党总支部书记黄福水为首的创业者们毅然放弃按政策规定给予的配股待遇，同村民一道用现金购买股份。群众说的好：“这样心底无私的村干部，我们打心眼儿里佩服”。

能不能当干部通过民主选举做决定，干部称职与否民主评议说了算。在郑各庄村，上至“两委”班子，下至各职能部门的领导成员，都是通过民主选举的方式产生出来的，而且在选举中即不划圈，又不定框，完全是出自群众的个人意愿。如：在去年 3 月以“两推一选”形式产生新一届党总支委员工作中，为保证群众的知情权和参与权，一是先后召开了党员大会和村民代表会议，认真传达贯彻了上级党委的部署要求及党总支部的实施方案；二是先后将支部书记和委员候选人的条件、全体正式党员名单、村民推荐候选人预备人选的选票送发到户，入户率达到 100%；三是在村务公开栏内专门设置了“党总支部换届选举”专栏，将“两推一选”的全过程按部就班地随时进行了公开和公示，保证换届工作建立在群众的民主监督之下；四是在《宏福简报》上出了专刊，对“两推一选”工作进行了全面报道，并送发到各家各户。不仅保证了“两推一选”的质量，而且更突出了新一届支部班子的群众基础。

把对干部的监督延伸到对干部的民主评议，是这个村为加强班子建设推出的重要举措。每年组织村民对“两委”干部进行 2 次背靠背的民主评议已成为制度。为了保证评议的真实和公平、公正，“两委”委托村民代表将《民主评议问卷》和《征求意见书》一并送发到各家各户，并采取 2 天后收回的方法，给群众留有充分的考虑和讨论机会。对群众评议的结果和群众提出的意见、问题以及“两委”的整改措施再通过召开村民代表会议、公开栏、简报等形式原汁原味地反馈给群众。正是由于干部靠自勉和实干赢得了群众的信任和好评，班子的整体优秀率每次都在 80%以上，称职率达到 95%以上。“我们村儿的领导班子所想所做都是老百姓叫好的事儿，我们打心眼儿里拥护”。群众一语道出了真情。

民主公开增强了“两委”班子的透明度，保障和维护了群众的合法权利；权为民所有，利为民所谋，提高了“两委”班子的执政能力；干部与群众建立了血肉联系，又进一步增强了集体战斗力。展示出郑各庄村干部群众团结向上的精神风貌，构建了和谐的干群关系，营造了以民心稳定为基础的发展环境，促进了“三个文明”的协调发展。近三年来，这个村先后被授予“全国‘三个代表’学教活动先进集体”、“全国创建文明村镇活动先进单位”和“全国民主法治示范村”等荣誉称号，连续 7 年保持市级“五好村党支部标兵”的称号，并先后被评为京郊百强村、北京市先进村委会、北京市民主法治示范村、北京市生态文明村等。各项经济指标每年都保持在 20%以上的幅度增长，2004 年，完成经济总收入 7 亿元，纯收入 6500 万元，上缴税金 3100 万元，人均纯收入达到 17200 元。

从郑各庄村在推进民主管理和村务公开方面所做出的努力以及所取得的成效，不难看出，群众所盼的是村干部能够并敢于实施“阳光工程”。有阳光就必然清晰、透明，只有坚持村务公开，保证村民的知情权，才能在真正的意义上实现民主管理。这就要求我们的村干部要切实转变发展观念和执政理念，以一切为民、先民、富民做为出发点和落脚点，通过全社会的共同努力，构建社会主义和谐社会，促进“三个文明”的协调发展。

北京市怀柔区桥梓镇北宅村

被誉为北京后花园的怀柔区，有个文明、富裕的村，它就是位于怀柔城区西侧 10 公里，怀柔水库上游的桥梓镇北宅村，全村 600 户、1800 口人，有 2100 亩耕地，2 万多亩山场。村党支部由 3 人组成，村级三套班子共 6 人。几年来，在村党支部书记谢长明同志的带领下，坚持“三个代表”的重要思想，全面落实科学发展观，依托得天独厚的自然资源，发展集体经济，带领农民致富，实现了农村经济建设快速发展和村民的安居乐业。2004 年全村实现村级总收入 1．96 亿元，人均劳动收入 9003 元。这个村先后获得了市级 2000 年度北京市五好村党支部标兵，2000 年度北京市“五四”红旗团支部，2000 年北京市经济结构调整先进村，2000 年至 2004 年连续获得首都文明村称号，2001 年北京市敬老先进村，2001 年北京市先进治保会，2001 年北京市婚育新风进万家活动先进单位，2002 年首都绿化美化先进村，2002、2003 年度首都交通文明村，2003、2004 年北京市郊区环境整治工作先进单位，2003 年首都创建文明村镇活动示范点，2003 年度北京市体育先进村，2003 年度北京市严打整治先进集体，2003 年北京市民俗旅游专业村，2003 年北京市先进治保会标兵，2004 年京郊发展旅游先进单位，2004 年北京市民主法制示范村，2004 年北京市社会稳定先进村，2004 年北京市先进基层党组织，2004 年首都平安示范村、并得到了全国“交通安全文明示范村”和“二五普法先进单位”等国家、市、区荣誉称号。

北宅村山多树多泉水多，环境优美，资源丰富。但由于多种原因，前些年经济不景气，十几个企业多数亏损，集体账面不足 1000 元钱。村民之间打架、骂街现象时有发生，干部之间不团结、干群关系紧张。1996 年 7 月，组建了以谢长明任村党支部书记的新班子。班子成员认识到，没有稳定的社会环境，经济发展就无从谈起，而村级稳定和经济发展是与村党支部班子建设及村务公开、民主管理密切相关的。为此，北宅村把加强村党支部班子建设和村务公开及民主管理制度建设作为一项密切党群干群关系，促进村级经济社会发展的重要举措紧抓不放，制定并实施了“四抓”的工作措施。

一、“打铁还得自身硬”。要想赢得民心，促进经济发展，首先抓好建设一个团结有力的好班子

1996 年，以谢长明为支部书记的新一届村级班子成立了。当时村党支部缺乏凝聚力，村干部上班没准点，有的干部甚至根本就不到村委会办公，群众办事找村干部难，找到后办事更难。

俗话说，“村看村、户看户，群众看党员、党员看干部。”谢长明认识到，没有规矩，不成方圆。要想树立党支部的威信，赢得民心，干部首先要行得端，做得正。新班子组建后，首先规范了村干部行为。要求村干部每天早八点上班，晚六点下班。否则，迟到一次警告，迟到三次扣发一个月工资。要求村干部一律不准以任何借口到企业吃拿卡要，收受回扣，更不能对群众的需求置之不理，凡是群众需要的事，只要符合政策又能办到，一定要认真落实。在党纪、政纪约束下，干部的工作走上了正规化轨道。为适应经济发展的要求，他们建立健全了工作会前学习、个人自学、学习体会交流等一系列学习制度。村党支部书记谢长明和副书记姚建荣还参加了大专课程学习，为干部带了好头。几年下来，村干部的综合素质和工作能力有了明显提高。

要增强班子的凝聚力和向心力，不仅要规范干部管理，更主要的是要民主议事。几年来，村里的重大事项、重大开支，首先要召开班子会研究，然后提交到党员、社员代表大会讨论，决不搞独断专行。如村里在引进鹅和鸭农庄项目时，遇到了极大的阻力。景区的建设涉及村内 3000 多亩的山场、果园、河滩。当时，一部分老党员、老代表认为，这是老祖宗留下的产业，应把它传给后代，不能当败家子；还有的认为把那么大的地方租给人家，连早晚遛弯的地儿都没有了……面对各种阻力，村干部没有强迫命令，急于求成，而是走民主程序。村党支部一班人分别包户，书记谢长明和村干部们一起深入到每个党员和村民代表家中做思想工作，从大到小，从近到远，掰开揉碎，苦口婆心，终于打动了党员和村民的心，使项目顺利落成。

群众一天天地看到了北宅村的变化，从干部身上看到了北宅村的希望，75 岁的老党员刘宗善经常发自内心地说："这是一届值得百姓信任的班子。"

二、抓发展集体经济，带领全村百姓共同致富

北宅村地处怀柔水库上游，属一类水源保护区，发展经济受到多种限制。根据所处的区域特点，党支部书记谢长明大胆地提出要借助自然优势，将北宅村建成一个集观赏、餐饮、娱乐与休闲为一体的花园式村庄的设想。经过深入研讨，得到了大家的一致认同。

"无工不富"，首先从企业整顿入手。党支部根据党员、村民代表的意见，把各企业的会计进行了大调换，对 12 个大小企业进行资产重组，将其中 11 个小型企业租赁给懂管理、会经营的人员。企业的改制，极大地调动了经营者的积极性，经济效益逐年增加。村里的印铁厂是福利企业，改制前，负债 38 万元。改制后，当年就实现了扭亏，成为村里的当家企业。村砖厂的机砖由于信誉好、质量高，打入市场供不应求，每年上交集体利润 50 万元以上，目前 12 家企业运转形势良好。2003 年又引进建设了投资 1000 万元的北京大唐庄园饮品有限公司矿泉水生产项目，预计今年就可投入生产。达产后可新增产值近亿元，解决劳动力就业 50 多人。

北宅村是全区为数不多的山湖为一体的公园式村庄，自然环境优美，有发展旅游业的良好条件。为此，村里把发展经济的突破点放在了民俗旅游业发展上。他们一方面加强宣传引导，开发本村资源广泛招商引资，一方面鼓励村民发展民俗旅游接待，建设民俗旅游专业村。几年来，先后引进建设了鹅和鸭农庄、北京人济国际生态康运动中心等 10 个项目。鹅和鸭农庄投资 2000 多万元，建设了城市高尔夫、卡丁车场等各种娱乐项目，日高峰接待游客 1000 人次，年收入近千万元，安排村内劳动力就业 60 余人，每年上交村利润 11 万元。北京人济生态健康运动中心计划注资 1．5 亿元，建设北宅高效生态示范园项目，发展集现代农业、旅游休闲、观光度假为一体的农业观光项目，目前项目已全面启动建设，将于 2004 年十月正式营业，建成后将解决村内就业 100 人，大大拉动村内经济的发展。

为发展民俗旅游，村里把承包给村民的 160 亩果园收回，建设了集观光采摘、餐饮娱乐为一体的"民俗大院一条街"，目前已建民俗大院 8 家，其中 4 家已建成营业，4 家正在施工建设。全部建成后，可同时接待游客 600 人，解决本村 50 多人就业。为促进一家一户农民致富，村里制定出台了优惠政策引导各户发展民俗旅游。目前已有 80 多户营业接待游客，最多的户一年可获收入 3 万多元。2003 年，北宅被评为市级民俗旅游专业村，2003 年 9 月，成功举行了北京市首批民俗旅游专业村揭牌仪式。民俗旅游业促进了三产的蓬勃发展，目前，全村有大小商品零售店 70 个，个体运输户 128 户，从事二三产业人数占全村劳动力总数的 85%以上。

在农业生产上，村里积极响应区、镇两级政府的号召，大力调整生产结构，种植优质板栗 1480 亩，板栗专业村初步形成，为今后增加农民收入打下了良好基础。在加强密植板栗园管理的同时，村里号召村民进行粮果间作，在板栗园中发展豆类种植，2003 年群众种植的 1000 余亩黄豆喜获丰收，最多的一户收入 3000 多斤，年增收 4000 多元。

经过几年的发展建设，北宅村的集体经济日益壮大，北宅砖厂、印铁厂等 12 家村办企业和各景区、民俗大院每年都可为村里贡献 300 万元的收入，形成了一、二、三产齐头并进的良好格局。

三、抓法制教育，提高村民法律意识

讲民主，还要讲法制。为提高村民的法制意识，北宅村还注意采取多种形式加强法制建设。一是利用党员会、村民代表会等各种会议宣传；二是每周开办专题广播，利用闭路电视和板报向村民宣传讲解；三是每年配合镇里开展几次大规模的法律法规咨询，开展有奖竞赛活动；四是完善了村级联防和治保组织，将村里的50名村民代表作为法制宣传员，向村民义务宣传法律法规；五是对村民举报不良行为、为集体挽回损失的好人好事给予相应奖励。通过以上措施，村民的法制意识和治安防范意识明显增强。经群众举报，村里配合派出所抓获了一名在逃犯，及时发现制止了偷盗行为，为集体和个人挽回了经济损失。

为广泛征求群众的意见和建议，进一步促进村里各项工作开展，村里于2002年下半年在村委会门口设立了写有“齐心协力促发展，献计献策做贡献”字样的意见箱。每15天开箱一次，两年多来共收到各种意见和建议60多条，对征求上来的意见和建议进行汇总后，村党支部、村委会开会认真研究倾听群众的意见，经反复研究讨论后积极采纳合理的建议，对不能采纳的建议也通过村民代表会等形式向村民耐心解释。如老党员阮福丰提出，村南1600米长的水渠漏水严重，不仅浪费了资源，而且还影响村民浇地。对这条意见，两委班子专门召开了会议，经村民代表会集体讨论研究决定后，投资4．1万元对水渠进行了水泥浆砌，解决了浇地难问题。又如80岁的退休工人阮德奎老人提出应加强对村内花草树木管理的建议，村里采纳了。及时将全村11个保洁员召集到一起，进行了明确分工，建立了责任制，他们定期对村里的花草树木浇水、施肥和修剪。针对人力不足的问题，村里又增添了3名保洁员，使全村保洁人员总数达到了14人，提高了全村的环境质量。2002年在广泛征求村民意见的基础上，村里又重新修订了《村民自治章程》。总之，经过几年的努力，村级民主决策、民主管理、民主监督水平不断提高，全村形成了一个民主、团结、和谐、发展的良好氛围。

四、抓福利事业，提高村民生活质量

村风民风好了，村级班子也赢得了村民的拥护和支持。为改善群众的生产生活条件，让百姓有一个良好的生活环境，能够安居乐业，几年来，村里先后投入资金800余万元改善村民的生产生活环境，提高群众福利待遇。硬化了20多条总长15000米面积5万余平方米的街道和胡同建成了3个总面积7000多平方米的街心公园；栽植各种风景树、花灌木5万多株；建起了占地2335平方米的文化站和同时可容纳60人洗澡的浴池；安装了卫星电视；建起了农贸市场、停车场；改造了1万米长的低压电路；投资100元建设了日处理120吨的污水处理厂；投资56万元新打了一眼无塔式微机控制的深水井，彻底解决了村民的吃水难问题。此外，村里每年为村民入大病统筹保险；为60岁以上老年人每人每年发放120至200元生活补贴；为我村每人每月发放4张澡票和1张理发票；每年放映电影150场；村民每年每人免交5方生活用水款，免费浇灌口粮田；对村里考入大学的学生每人500元的奖励；对娶进或招进高中以上学历的媳妇或女婿的户，村干部带着300元的礼品登门祝贺；为独生子女每人每年交纳学杂费、书本费300元。

有以谢长明为书记的党支部坚强领导，随着村务公开和民主管理制度的建立、完善和落实，在党支部周围凝聚了民心，聚集了民力，使北宅村经济发展、社会稳定、人民群众安居乐业。几年来，村里没有发生一起上访事件，淳朴的北宅人走上了安康、富足的生活。而今，在推进城市化建设的伟大进程中，北宅村通过实施旧村改造有利于为旅游农业、生态农业发展创造条件，形成产业的聚集，促进该地区经济的更快发展，人民生活水平有更大的提高。

河北省唐山市开平镇半壁店村

半壁店村隶属河北省唐山市开平区开平镇，辖区范围1．34平方千米，现有耕地500亩，人口1300人，另有外来人口500多人，主要为汉族，设6个村民小组。

据滦县县志记载，半壁店村始建于清朝康熙三年(公元1664年)。相传，当年随着采矿业和制陶业的发展，临时搭建的工棚与简易房屋，在荒凉的原野上逐渐形成了半壁村街，由此得名半壁店。

1948年12月12日，唐山解放；1950年，半壁店村土地改革结束；1954年，成立互助组；1955年，发展成为初级农业生产合作社；1956年，与邻村耿家营、国各庄联合建立了“七一”高级农业生产合作社：1958年，邻近9村组建了铁钢公社。1961年，建立村党支部。

1963年，半壁店村由于坐落在煤矿采空区上而搬迁；市民户西迁进入唐山市区，农民户则东迁到开平区开平镇境内，成为今天的半壁店村。

沧海桑田，时事变迁，几十年过去，随着经济的发展、城市的兴建，如今的半壁店村，西距市中心不足5公里，东与开平新城相连，京沈、唐津、唐港三条高速公路在此交汇，京哈铁路从村南通过，交通便捷，区位优越。

从上世纪七十年代初，特别是党的十一届三中全会以来，半壁店人在村党支部领导下，抢抓改革开放的先机，坚持共同富裕的宗旨，摆脱小农经济的桎梏，闯出了一条农村工业化之路。使这个远近闻名的贫困村一跃成为全省的首富村。1995年被民政部命名为全国优秀村委会；1999年被中央精神文明建设指导委员会命名为“全国创建文明村镇先进单位”。1993年，被河北省委、省政府命名为“河北第一村”。2001年，被河北省委、省政府命名为河北省文明生态示范村；2004年，被河北省司法厅定为民主法制示范村；2005年被河北省爱卫会命名为省级卫生村。村党委书记、村委会主任韩文臣2003年当选全国农村基层干部十大新闻人物和第三届新世纪中国改革百名优秀人物，并被评为河北省先进企业家、河北省劳动模范，荣获河北省“五一”劳动奖章；2004年被评为年度中国农村改革十大新闻人物；2005年被评为全国劳动模范。

成绩面前，半壁店党委一班人，树立科学发展观，通过引进民营资本、企业改制等一系列改革举措，发展成为现在的年产铁、钢、材各200万吨的钢铁企业集团。使“河北第一村”再创辉煌。

2004年，全村工农业总产值达50亿元，总收入35亿元，利税3亿元，人均收入1.5万元。连续12年居全省农村之首。

经济的发展使半壁店人的社会福利事业一年一个台阶。继1985年实行的退休村民养老制度，2004年1月份开始，又为适龄村民办理了社会养老保险，成为全省农民参加社会养老保险的第一村。当年5月26日《唐山劳动日报》《“铲土劳保”变成了“铁劳保”》为题，头版头条予以报道。退休村民的工资逐年增加，已由开始时的人均每月35元增加到现在的459.5元。为了提高村民享受的公费医疗水平，继2003年投资140万元对村医院进行扩建和添置设备后，2004年6月，村医院又与唐山工人医院联合，成立唐山工人医院集团半壁店医院，使村民不出村即可享受到唐山市一流的医疗服务。村里每年出资组织退休村民外出旅游，领略祖国的太好河山，始于1990年；2004年参加旅游的退休村民已达200多人。1992年开始的村民住宅改造工程，至今已建成二层别墅楼184栋，高层点式楼11栋，条式楼4栋，建筑面积141201平方米。

1993年投资750万元建成的半壁店村育才学校，设有小学和初中，设备堪称全国一流，教学质量名列全区前茅。

2004年7月，投资2600万元、建筑面积6790平方米的村文化中，心，为半壁店村乃至周边村镇居民提供了一个业余文化活动的场所。

2004年8月29日，村党委筹办的《小康之路》展览在村文化中心揭幕。展览以302幅照片和100多件实物，再现了半壁店人在邓小平理论指导下，艰苦创业的历程。堪称中国农村改革的缩影。展览珍藏着党和国家领导人江泽民、李鹏、胡锦涛亲切接见已故村党委书记韩振国的照片，以及1992年半壁店村奖励“澳星”发射功臣后，航天功臣回赠的“澳星”模型；以半壁店村别墅为背景之一的唐山大地震30周年《震后新唐山》特种邮票；原中共中央政治局常委、组织部部长宋平，中共中央政治局委员、全国人大副委员长王兆国等领导来半壁店村视察时的题词等实物。是一部生动的爱国主义教材。展览揭幕当天，唐山市委宣传部领导代表市委、市政府为半壁店村“爱国土义教育基地”挂牌。2005年，市委、市政府又为其申报省级“爱国主义教育基地”。2005年3月，又投资10万元在毗邻村文化中心建成了精神文明建设一条街。在柳绿花红的村街两侧，依次排开10个宣传橱窗60块展牌。内容涉及道德教育、廉政建设、健康教育、村务公开等；图文并茂，通俗易懂，广大村民寓教于休闲娱乐之中。并吸引了大批外地客人前来参观学习。为半壁店村“爱国主义教育基地”又增加了新的内容。

内蒙古自治区赤峰市元宝山区平庄村

平庄村，是内蒙古自治区赤峰市元宝山区所辖的一个行政村。位于赤峰市南部，辽河上游主河流老哈河畔西岸。地处辽宁、河北、内蒙古交界的三角地带，距北京、沈阳、锦州、承德都不超五百公里。沈赤铁路穿城而过可直达叶柏寿、朝阳、阜新、沈阳、鞍山、海城、大连等地。锦赤铁路与京沈铁路相连接，可直达锦州。距离50公里的市区铁路、民航、公路可直接进入北京、呼和浩特、沈阳、哈尔滨等地，这里交通方便，通讯便捷，日照充足、水源丰富、煤电充沛，适宜居住和农、牧、工业项目的开发和发展。

平庄历史悠久，有八十多年的发展史，素有“煤电之城”之称。曾为热河省建西县、喀喇沁旗和平庄区政府所在地。一九九二年被自治区批准为“平庄经济开发试验区”，一九九三年元宝山区政府从元宝山迁址到平庄。平庄村成为元宝山区政府所在地的主要载体。辖区面积7.5公里，区域人口达六万多人，是一个以蒙、汉为主、满回等少数民族聚居的多民族大家庭。平庄村农业人口占区域总人口的十分之一，驻地内有国家知名企业“草原兴发集团”，大型企业“平煤集团公司”等多家企事业单位。具有显著的“工农杂居、民族众多、城乡交融、地企交织”的“双二元结构”社会特征。

平庄村位居平庄城区中心区域，2002年平庄城区街道办事处成立后，平庄村成为其所属的惟一的一个村民委员会。全村共分六个村民组，有农户1600多户，农业人口5800人。现有耕地1200亩，人均占有量不足三分地，人地矛盾比较突出，社会结构比较复杂，是一个典型的“城中村”。为解决好村民生产、生活中存在的问题，村党委、村委会适时实施“农、工、商多业并举，种、养、加、销四轮驱动”的发展战略。在有限的土地上大力推广设施农业，产业结构得到良性调整。投入300万元进行农田水利设施的改造，露天耕地实行喷灌、温室大棚实行微灌、滴灌。被列为国家节水灌溉示范项目。为使全村劳动力有序地流动和择业就业，村两委会开辟多种经营场所和就业渠道，引导农民群众“能农则农、能工则工、能商则商”，因人而宜、因地制宜，对没有经商办企意识和经验的农民群众，村里利用原砖厂的废弃地建起了种植、养殖示范小区，全部配套设施和服务设施由集体投资建设，让农民群众在农业种植、畜牧养殖、产品加工项目中找到生存和发展的空间。

平庄村地处平庄矿区，地域经济比较发达，地理位置优越，投资领域广阔。随着赤峰城区百万人口规划和平庄城区框架的拉大，为商贸流通和房地产开发创造了巨大的发展和投资空间。平庄村立足地域优势，以建筑建材为主导产业，大力发展集体企业。不但增加了集体积累，同时也带动了相关产业的迅速发展。以集体投资建设专业市场为平台，鼓励农民群众务工经商，平庄商城是内蒙古十大农贸市场之一，是辐射周边百里的贸易中心和货物集散地。为完善服务功能先后投资200万元扩建了“蔬菜果品批发市场”，投资100多万元新建了“生熟食水产批发大厅”。全村已有1150户农户走上了务工经商之路，从业人员达到2050人。从业范围遍布煤炭、运输、建材、陶瓷、家具、服装、餐饮、商服等各个行业。产业规模不断扩大。已形成了专业经营“装饰材料一条街”、“餐饮服务一条街”。得天独厚的地域条件和前景广阔的发展空间给平庄村人带来了无限的商机和巨大的财富。2004年末，全村经济生产总值达到3.29亿元，创利税5900万元，农民人均收入达到5298元。村级经济实力跻身于自治区乃至赤峰市村级经济发展的前列。先后荣获“全国模范村委会”、内蒙古自治区“文明村”等称号。连年被自治区党委、政府命名为“自治区发展乡镇企业先进单位”。在短短的十几年里，平庄村人的村容村貌和农民群众的精神面貌发生翻天覆地的变化，农民群众的生活水平、“衣、食、住、行”有了质的飞跃。全村有上千户农民住上了楼房，电视电话入户率达到100%。有一大部分农户还购置了多媒体电脑和家庭小轿车。已建成的四个住宅小区各具特色，“农民新村”为仿古式设计，别墅式结构，每户为二层独院，并配有车库和附属用房。“幸福家园”住宅小区为花园式风格，九排六层住宅楼主体灰白相间，红色坡屋顶，与环绕的绿色长

廓相映升辉，成为平庄城区一条亮丽的风景线、

在不远的几年，平庄村将会以更加崭新的风貌面对世人，“农业工业化、农村城市化、农民现代化”是平庄村人最终的追求。平庄村人真诚地欢迎海内外有识之士、有志之士到平庄来投资办企、置家兴业。

辽宁省大连市旅顺口区小南村

享誉旅顺口区“奔小康排头村”、大连市“文明村标兵”、辽宁省“五个好村党委标兵”和“村民自治模范单位”的水师营街道小南村，地处风景秀丽的旅顺口区中心区域，辖区面积 6.37 平方公里、1436 户、3994 人，155 名党员，下设 7 个村民组，11 个党支部。几年来，村两委班子在上级党委和政府的领导下，坚持以邓小平理论和“三个代表”重要思想为指导，干群同心协力，闯出一条科技兴村，经济强村，文明建村，民主管村，依法治村奔小康的发展之路。2002 年，全村实现社会总收入 5.4 亿元，人均收入 6400 元，村级可支配财力 209 万元。

一、与时俱进　共奔小康

为政之道在于安民，安民之道在于为民，为民之本在于富民。这是历届小南村两委班子所共同遵循的为官从政之道。被授予“全国青年科技星火带头人”的村党委书记、村委会主任解麟海不仅以身作则，率先垂范，并以“四力观”来规范班子言行，即：“对群众要有亲和力，对学习要有吸引力，对困难要有意志力，对工作要有创造力”。他把干部群众的心拧到致富奔小康上，把大伙的劲给镖在富民强村上。并以创新思维确立本村发展思路，既：引进外来的，推广自已的，孵化新生的，培育优势产业和骨干企业以及抓好农业，巩固提高工业，大力发展第三产业，积极鼓励支持发展民营企业。

走企业兴村之路。在致富奔小康的道路上结合小南村的地域优势，村两委班子把发展的点子打在兴办企业上，把资金的来源吸纳到招商引资上。先后与日、美合资的三益机械有限公司，与韩合营的三和商贸有限公司，与台湾合资的瑞凤服装有限公司 90%产品畅销国外，成为全区同行业的佼佼者。注册资金达 680 余万元的村龙头企业——瑞鑫机械工业公司，以科技创新不断推动产业结构和产品结构的调整，公司建立起现代企业管理制度，全面实施 ISO—9002 国标质量体系认证，实现年缴税收 200 余万元。注册资产 800 万元的瑞鑫房地产开发公司，成为国家三级房地产开发，每年上缴利税达 240 万元。集旅游观光、餐饮、娱乐于一体的瑞鑫餐馆，每年接纳国内外游客达两万余人次。占地 6800 平方米以生产 PVC 塑花门，木制品，建材装饰的瑞春木制品有限公司，年产值达 1000 余万元。无工不富，不仅成为全村共识，更成为村民填足钱口袋的来钱道。

创农业名牌效益。人均不足 2 分地的小南村如何做好农业增效，农民增收的大文章，村两委班子可是花费了一番心血，他们把功夫下在科技兴农上，村里成立了由村党政一把手为会长的农业科技推广协会，定期组织科技能手、示范大户去沈阳，赴山东，奔上海，学习引进国外高新技术，新品种，村民杨庆义在科协的引荐下，大胆试栽“台湾一点红西红柿”当年获纯利 4 万余元。果农马生振，在科协的指导下，换掉残次老果树，栽上“日本脱毒大樱桃”，获得增产 10 倍的好效益。村两委班子积极引导村民向观赏农业，绿色农业，高效农业发展。村民张元昱在村里扶持下，承包 300 亩土地，开发研制集试验、生产、销售为一体的旅顺园艺试验场，该场研制培育出的“脱毒红薯、马芩薯、大樱桃”等，在省内外推广面积达 6000 余亩，他们开发研制的“生物保鲜工程——干押花”在“99 昆明世界园艺博览会”上获得国际金奖。目前，这座园艺试验场已成为全村农业科技推广中心和技术转化中心。

做发展小康文章。党的十六大“全面建设小康社会”的宏伟目标，激发了小南村两委班子和干部群众同心协力奔小康的热情。他们结合旅顺成为建设“大大连”先行区的村位优势和资源优势，先后投资 200 余万元，修建“外来人口公寓”，组建占地 300 亩“瑞鑫农牧业发展基地”，占地 10 万平方米的“龙泉庄园”和占地 2.5 万平方米的“钢材建材批发市场”。在去秋今春的农业产业结构调整中，为了多植树，快造林，向荒山和低产田要效益，两委班子带领村民退耕还林 800 余亩。

机遇垂青有备人。2003 年 7 月，市、区领导来小南村视察时，高度的评价说：“小南村奔

小康能与时俱进，目标清晰，意识超前，发展肯动大手笔，不愧是小康建设明星村。”

二、四个民主，凝心聚力

蓬勃发展的小南村，得益于认真贯彻执行《村民委员会组织法》。在历届村委会换届选举中，他们始终按照《村委会组织法》选举指导委员会的要求，严格履行宣传动员、选民登记、推选候选人、投票选举、建章立制等各工作阶段的法定程序，一丝不苟地抓好选举工作。在2001年第七届村民委员会换届选举中，为让村民进一步全面深入理解《村委会组织法》的精神和直接选举的深刻意义，他们组织人力挨户发放宣传材料并具体讲解。在投票选举过程中，对因残疾、患病和年迈等行走不便的村民，按有关法定程序要求设流动投票箱，把选票送到选民手中投票，村民参选率过90%以上。通过“海选”，村民选出了自己信赖的村委会班子，大家都高兴地说：“这是名符其实的民主选举，选出的村官，我们个顶个的满意。”

实行民主决策，让村民当家作主。民主决策的主要组织形式是村民会议和村民代表会议。在第七届村委会换届选举中，村里按每20户推选一名村民代表的方式，共产生60多名村民代表，并经全村选民投票授权，同意由村民代表会议讨论决定除选举、罢免以外的全村重大事宜。这一民主方式有效地保证了村里事务的民主决策。去年春天，在进行农村产业结构调整中，村民们根据村里发布的网络科技信息，建议在山坡地段搞退耕还林，引进优良速生杨树苗。村两委班子因势利导，经研究决定立即组织实施，带领有关技术人员和种植大户到山东、北京等地考察验证后，为全村引栽了600亩“欧美速生转基因杨”和“中林46号速生杨”。看到浓绿丛生的新树苗，有的不到半年就长到3米多高，村民们为干群心心相印而欣慰。在民主决策中，他们还坚持体察民情、倾听民意。2001年7月，有的村民提出一些村民饲养的家禽散放，还有的村民养犬不按时防疫办犬证，给生活环境和人身安全带来不良影响。但已确定的共计16条《村规民约》中对此没做规定。为此村委会及时召开村民代表会议研究讨论，代表们一致通过在《村规民约》中增加一条即“村民饲养家禽一律不得散放，养犬的要定期及时注射疫苗，领取养犬证。”这么一加，村民们按章办事，自学遵守，全村闹“家禽纠纷”打“狗官司”的没有了。

落实民主管理，依法按章办事。村里成立了村务公开领导小组，村民理财小组，并建立了一整套工作制度，如《干部廉洁制度》、《村民代表议事制度》、《财务公开制度》、《工作奖惩制度》等，并逐一落到实处。村民代表会议每季度召开一次，听取村委会工作汇报，并提出意见和建议。村民理财小组每月将各项收支等财务情况逐项列出，在公开栏上张贴，并留有公开记录。对涉及全村村民利益和救济款物发放、计划生育指标、宅基地审批等到重大事项坚持每季度在村务公开栏公布，遇到临时重要事项，随时公布。确保公布不留死角，不带水分，内容真实，帐让群众算，家让群众当，事让群众办。村委会实行岗位目标管理责任制，每年对分管村务、财务的领导实行百分考核制度。村委会与7个村民组每年都签定目标管理责任状，年底实行全面考核评分，兑现奖惩。

处理疑难问题时，积极组织村民参与，民主管理。村里原有一座闲置多年的新型建材厂，厂房及设备总价值达240多万元。为了解决好这一问题，村委会广泛听取村民意见，发动村民献计献策，最后集中村民意见，采取公开招标的方式，盘活了这笔资产。现在不仅已改建成容纳60多户的家庭式外来人口公寓，还开办了红瓦厂、包装箱厂，使集体资产起死回生。

民主监督，兴利除弊。小南村原10多家集体企业于1995年前后改制。由于历史原因，至去年底已有8家企业拖欠集体承包款600多万元，拖欠村民工资11万元。面对这一棘手的历史遗留问题，村民提出不少意见。村两委班子也不断为此积极工作，坚持依据事实，依靠群众，依靠法律，充分发挥民主监督机制的作用，逐厂解决问题。如解决红砖厂拖欠问题，村委会张榜公布70多户入股村民股金兑付明细通过召开股民大会民主表决兑付办法，使问题迎刃而解。通过村委会的多方努力，这些历史遗留问题得到彻底解决，遏制了集体资产流失，维护了村民的根本利益。

2002年，有两个村民组的村民向村委会反映村民组有经济问题。村委会立即请街道审计部门和村民理财监督人员对这两个组的财务帐进行全面核查，并逐项登记公开。经过全面核查，一个组财务帐清晰，不存在违纪问题另一个组共发生不合理白条两万元，经研究决定限期全额退赔。村民们心悦诚服地说："村里重视民主监督，秤杆让我们把，俺们心里敞亮踏实。

四个民主聚民心，村民齐心奔小康。小南村连续四年被大连市授予"社会治安综合治理模范单位"，计划生育率和晚婚晚育率达100%。

辽宁省大连市大李家镇正明寺村

党委书记、村委会主任　丛树春

在辽东半岛东南端的黄海之滨，有一个美丽的小渔村，她以女子荷花龙舞而名声斐然，她更以文明富庶而远近闻名，这就是辽宁省文明村——大连开发区大李家镇正明寺村。提起正明寺村今天的辉煌，每个正明寺人都有一种发自内心的自豪，提起正明寺村的"领头雁"——村党委书记、村委会主任、总经理丛树春，每个正明寺人都会竖起大拇指，熟悉正明寺村的人都说：没有丛树春，就没有正明寺村的今天。

丛树春从1984年担任村党委书记、村委会主任以来，二十多年如一日，坚持以邓小平理论和"三个代表"重要思想为指导，认真贯彻落实党的富民政策，以强村富民为己任，围绕党建带村、发展强村、理财富村、民主治村、文明兴村的思路，带领全村广大党员干部群众，艰苦创业，开拓创新，致力于小康村建设，取得了丰硕成果。现在，正明寺村每年村级财力都在500万元以上，农民人均纯收入达到了7000元，一个环境优美、社会安定、文明富裕的社会主义新农村正在蓬勃发展。

一、因地制宜，艰苦创业

正明寺村依山傍海，丛树春同志上任伊始就念起了"山海经"，大做海的文章，坚持"因地制宜、实事求是、效益第一、稳中求快、滚动发展"的发展观，紧紧围绕本地的资源优势，大力培育新的经济增长点，推动经济快速发展。先后投资5000多万元扩建育苗室、建海藻加工厂、冷冻加工厂、改造辽东船厂、扩建水坞，使集体企业达到近30家，这些企业现在都已产改，成为村级收入的重要来源。投资650万元，建造两条质量标准高的350马力钢壳渔轮，赴西非加蓬捕鱼，开创了辽宁省村级发展国外远洋渔业的先河，6年向村集体上缴100多万美元，船员总分配也达近百万美元，现在成为村级财力的稳定来源，和村民致富的重要门路。引进了投资400多万美元的外商独资企业——万友食品(大连)有限公司，今年又要增资180万美元搞改扩建，解决了100多名村民就业问题。去今两年，又引进较大型水产品加工企业3家，总投资达2000万元以上。注册了大连水产无公害基地和中和深海渔业(大连)发展有限公司，筹备建立北方生态养殖示范基地，发展深海大型抗风浪网箱养鱼新项目，投入网箱500个，总投资1亿元，现已立项。融资500多万元新建了正明寺商业一条街，带动了第三产业的快速发展。他带领村民大力发展水果生产，共栽果树3.8万株，成为村民致富的重要来源。丛树春在重视发展集体经济的同时，还制定很多优惠政策，鼓励村民发展个体私营经济，致富奔小康，现在全村有近半数村民从事个体经营，村民收入连年增加，银行存款人均达3万多元。

丛树春非常注重集体资产资源的管理和运营，通过改革和建立一系列管理制度，使集体资产得到保值增值。从1994年末开始对全村近30家企业和厂点进行了大手笔的产权制度改革，通过产改，达到了"产权清晰、投资多元、管理严格、效益增加"和集体与企业双赢的目的。现在正明寺村没有内外债，而且银行存款上千万，步入了良性健康的发展轨道。

二、舍得投入，改善环境

小康村建设是人和环境的协调发展，丛树春同志深知这个理儿。所以，在改善村容村貌的硬件建设上，他不惜巨资，舍得投入。投资200多万元对通向村屯的主要道路全部铺上柏油路。投资300多万元进行园林村建设，栽植各种名贵花草树木10多万株，新建花园景点10余处。投资100多万元把多年的大臭水坑改造成村民休闲娱乐的人工湖。投资400多万元进行老村改造，新建了居民楼，部分村民告别了传统的瓦房，住进了新楼房。现在，正明寺村已由一个偏僻的小渔村变成了"道路柏油化、吃水自来化、通讯现代化、电视有线化、家用电器化、村屯绿美化”，轿车电脑进农家的远近闻名的省市文明村，被大连市人民政府授予花园式村庄。

三、两个文明，常抓不懈

小康村建设不仅是物质上的小康，更是精神上的小康。丛树春十分重视精神文明建设和村民素质的提高，采取措施促使两个文明建设协调发展。以建设文明新村、做“四有”新人为目标，在村民中开展学习型村组、学习型家庭和“十星级文明户”创建活动，开展“五爱”、“三德”“公民道德大家评”教育活动，促进良好社会风气的形成和发展；1987年和1992年投资300多万元新建3层小学楼和幼儿园，每年举办多期农村实用技术培训班；寓教于乐，常年开展丰富多彩、健康向上的群众性文化体育活动，全民健身日趋普及；每年举办大型焰火文艺晚会，丰富群众文化生活；年年举办农民书法比赛，陶冶村民情操；今年准备投资300万元新建一处集会议、学习、办公、娱乐和健身为一体的综合型活动中心，以加强党员和群众活动阵地建设；闻名遐迩的“女子荷花龙舞”不断创造辉煌，1999年荣获国家级最高奖——山花奖，2001年作为民间文艺精品走出国门，到日本表演赢得美誉；科普活动不断深化，科技先导企业和示范户的幅射作用日益突出，高素质的农民队伍正在逐步形成；普法教育深入人心，社会治安综合治理效果显著，呈现了政通人和、文明富庶的新气象。

四、廉洁奉公，勤政为民

丛树春当村干部20多年，时刻不忘党的宗旨，视党和群众利益高于一切，把党员和村民“高不高兴、满不满意、答不答应、赞不赞成”做为衡量自己工作的尺度，把“勤政廉洁、敬业奉献”、“做无品官、办有德事”和“为官一任、造福村民”做为自己的座右铭和宗旨。他埋头苦干，敬业奉献，堂堂正正做人，踏踏实实干事。他作风民主，不搞“一言堂”，每年都召开各种不同类型的座谈会，日常事务都召开班子会集体研究，每年“两委”会至少召开三、四十次以上；对关系群众切身利益的大事，他都要广泛征求意见，召开党员、村民代表大会讨论决定。他带头遵纪守法，遵守各项规章制度，要求别人做到的，他自己首先做到；他平日坚持勤俭节约，建章立制，压缩一切非生产开支，十几年为集体节省钱财不下百万元；他从当上村干部起，就打破了“一人得道、鸡犬升天”的陈规陋习，父母兄弟亲戚朋友都抱怨没跟他沾一点光；他能经常听取不同意见和反省自己，及时修正存在的缺点和毛病；他为了拉近与党员群众的距离，区政府奖给的住宅很少去住，他舍小家顾大家，经常带病坚持工作，妻子多病、孩子城里上学他都无暇顾及；他办事公道，坚持原则，对危害集体和群众利益的行为敢抓敢管，从不妥协。多年来，他以身作则、勤政廉洁的表率作用已被广大党员和群众共同认可。

他心里处处装着群众，事事为民着想，平日经常亲自出面为群众解决实际困难，许多事例举不胜举；每年的各大节日他都要走访老党员、老干部、老复转军人、老教师、高龄老人和困难户，送去补助金和慰问品；凡有村民去世，他都亲自到丧户吊唁，一户不漏。丛树春带领“两委”班子为群众办的好事、实事每年都在10件以上。近年来，投资16万元为小学配备了电脑室和语音室，投资12万元建立了标准较高的老人活动中心和门球场；投资近10万元建立图书阅览室，藏书达4000册，去年又投资40万元更换新大客车常年免费接送中学生上下学；程控电话和有线电视覆盖面达95%以上；老年人分年龄段年可领取600至1000元养老补助金、退休职工年可领取1000至4，000余元退休金，现役军人年可领取9000元优抚金，每年用于福利事业开支近40余万元。

多年来，正明寺村先后荣获省、市文明村，省、市先进集体，省安全文明村，省依法治理先进村，省人民调解“四无”活动先进村，省乡镇企业出口创汇百强，省文化先进村，省市尊师重教先进单位，市两个文明建设先进单位，市卫生示范村，市园林式村庄建设优胜单位，市治安模范村，市双拥共建、人民调解、造林绿化、妇女工作、计划生育、交通管理、基层政权建设等先进单位等光荣称号。丛树春本人也连续获得8年区劳模、6年区特模、14年市劳模、市优秀村委会主任、市模范退伍军人、市尊师重教、小学校舍建设、基层政权和自治组织建设先进个人，省市明星乡镇企业家、省转复退伍军人先进个人、全国农业广播电视教育优秀学员、全国军地两用人才先进个人、全国优秀复转军人科技创业新闻人物等殊荣。

面对建设全面小康社会的宏伟目标，丛树春深知自己的肩头的责任，他表示：只要正明寺村需要我，把正明寺村建设成全面小康村就是我毕生的追求。

黑龙江省佳木斯市长青乡佳西村

佳木斯市郊区长青乡佳西村是个近郊村，地处城乡结合部。全村现有耕地1000亩，全村495户，1469人。村党总支共50名党员，下设电缆厂、农业、私企、老龄四个支部。农业生产主要以春夏菜为主，现有大棚246栋，温室223栋，基本形成了保护地生产，并根据地处近郊、城乡结合部的优势、特点，农、牧、工、商、服务业全面发展。目前佳西村集体经济壮大，农户富裕殷康，社会和谐稳定，各项事业蓬勃发展，村多次被乡区市评为先进单位和小康示范村，村党总支被评为区、市、省级的先进党组织。

一、坚持科学的发展观。村经济全面发展。

村党总支选准经济发展的好路子，在不放松农业生产的同时，坚持以发展企业为主导，带动各业的全面发展，村电缆厂(现转制为股份制企业)从86年建厂以来，现已发展到拥有固定资产5000万元，企业占地面积8万平米，建筑面积3万平方米，拥有国内外先进的生产设备150余台套，生产塑力、塑控电缆、架空绝缘、铝绞钱等三大类100多种型号，千余种规格的产品，企业连续多年实现产值收入近亿元，每年上交国家税金200万以上，是全市的税收大户，区、乡财政支柱企业。在电缆厂的带动下，村现有4家私营企业，个体工商户近百户。全村企业总收入连续多年超过亿元，利税近三年都在260万元左右，人均收入4000元左右，总收入、利税，和人均收入三项指标，多年居全区的前三名。

二、民主制度健全。各组织职能作用发挥。

近年来村党总支和村民委在抓好经济的同时，狠抓了各项制度的建设，民主制度健全，充分发挥村党总支和村民委员的职能作用。保证村内各项工作有效运转，逐步走上制度化、规范化轨道。坚持做到认真宣传贯彻《村民委员会组织法》、村委会换届选举做到依法选举，村里的重大事情都由村民大会、村民代表大会讨论通过。村里的各项财务收支都交村民主理财小组审核监督，并将村里的政务、财务情况按时向村民公开，充分发挥民主决策、民主管理、民主监督的作用。

三、坚持以人为本。

抓好法制教育，建设和谐的社会秩序，村党总支和村民委在坚持做到以人为本积极开展各项有益活动的同时，坚持搞好普法教育，坚持以法治村，村民委设调解小组，由村副主任专职做调解和治保工作，民间纠纷及时调解，调解成功率在95%以上。村里的治安状况良好，连续多年没有发生重大刑事案件和火灾等事故，村里设计生宣传员积极搞好计划生育的宣传教育，村设计生服务室，经常为妇女检查身体，为育龄群众提供服务，多年没有计划外超生现象。计划生育率、晚育率连续多年达到政策规定的指标。

四、文明村建设，公共、公益事业成绩突出。

佳西村在搞好经济建设的同时，不忘文明村建设和公共、公益事业。佳西村由于地处城乡结合部，流动人口多，过去环境卫生问题比较严重，近几年，村为搞好文明村、小康村的建设，结合防治非典，进行多次卫生会战，对遗留的垃圾进行了彻底清运，并新建了14处垃圾点，18个渗水井，新建厕所3处，现已保证垃圾日清见底，没有残存。2003、2004年投资30万元，新修村内沙石路4条，3000延长米，新建社区办公室600平方米，使村容村貌得到彻底的改观，受到群众的欢迎。

佳西村自78年以来，一直坚持劳保退休制度，凡男年满60周岁，女年满55周岁的老社员，均可享受劳保退休待遇，现有劳保退休人员130人，人均月工资额260元。

佳西村现有农民集资楼四处，四分之一的农户住上楼房，其余砖瓦房率占100%，全村人均住房面积20多平方米。全部用上自来水，各项指标均达到农村小康生活水平的基本标准，全村现有卫生所四处，每年免费为农户防疫，接种免疫疫苗，身体检查、小病治疗不出村。

领导班子团结一致，廉洁奉公，执政为民，有群众威信。佳西村的新届班子团结一致，辛勤为群众办实事、办好事，坚持原则，敢于碰硬，特别是04年解决了多年没解决的二轮土地调整问题，受到了上级和群众的欢迎和拥护，村党总支和村民委决心带领全村的党员和干部群众在上级党和政府的领导下，与时俱进，努力快发展，全面奔小康，为建设高标准的小康村而奋斗。

浙江省东阳市南马镇花园村

花园村是一个典型的丘陵地带小山村。花园村资源贫乏，土地贫瘠，村民贫困。1978年，花园村年人均收入仅为87元、人均口粮240多斤。十一届三中全会后，村党支部一班人带领花园人艰苦创业，经过22年的拼搏，昔日的穷山庄，一变为新花园。今天的花园村经济发达、村民富裕、文化繁荣、设施配套、保障有力、生态平衡、民主健全、社会和谐的全面小康建设示范村。中共中央政治局委员、原浙江省委书记张德江称花园村为“浙江农村现代化的榜样”，浙江省委书记习近平在花园调研时，对花园村的党建工作和现代化建设给以高度评价。金华市委书记汤黎路和东阳市委书记汤勇分别给花园题词：“金华城乡一体化的先锋模范”、“农民共同富裕花园小康之路”，花园村先后被授予“全国模范村”、“中国名村”、“中国十佳小康村”“省全面小康建设示范村”、“基层党建工作省级示范村”、“省科技星火示范村”等荣誉称号，走出了一条从贫困落后到共同富裕的成功道路。

2003年底，花园村只有183户，人口496人。为加快城乡一体化进程和新农村建设步伐，2004年10月，根据东阳市行政区域调整规划，花园村与周边南山、西田、方店、马府、前蔡、卢头、三余、九联、河泉9个村，新组建成立花园村。现花园村共有农户1607户，人口4271人，耕地1336亩，村区域面积5平方公里。行政区域调整给花园村更快、更好的发展带来了新的机遇和活力。

一、统一思想、凝聚人心，形成发展合力。

根据东阳市委、市政府《关于行政村区域调整工作的实施意见》，积极响应市委、市政府号召，新的花园村由10个村联合组建。为了统一思想，凝聚人心，形成发展合力。花园村首先在2004年10月21日至24日召开全村754名老年人参加的会议。10月24日召开了全体党员、村委成员、团民妇、老年会长会议，并举行了新花园村党总支、村民委员会揭牌仪式；10月25日召开原10个村书记、村主任会议；11月1日召开原10个村会计、出纳会议；11月12日，召开老年协会会长会议。通过各种会议，宣传、贯彻花园村党委书记就统一广大干部和村民的思想，提出的村区域调整的“七个有利于”，即有利于经济建设；有利于缩小贫富差距；有利于村建规划及建设；有利于城乡一体化建设；有利于改善农民生活环境；有利于减少农村内部矛盾。邵钦祥要求广大党员干部要以身作则，率先垂范，树立全心全意为群众办实事、办好事的工作作风，并表示，要在全村上下共同努力下，实现“三年小变样，五年大变样”的目标。极大鼓舞并振奋了花园村村民，统一并凝聚了广大干部、村民的思想，形成了发展合力。

二、资源共享、优势互补，统筹发展规划。

花园村区域调整后，村党委、村委会研究并描绘了花园村今后发展规划，着眼于提高管理效益，提高管理质量，降低管理成本，着眼于管理资源和管理要素的优化组合，并将花园村总体划分为四个区：经济生活区、旅游休闲区、平安居住区、高科技产业区。具体规划是：

1．以原南山、西田村为发展商业经济，创办大型多功能综合市场，农贸综合市场、商业街、创办医院。在此区域内，与浙江万事利集团合资创办多功能综合市场；与缙云田氏伤科医院合资创办医院。东永一线，二线的商业街建设，原建在公路边的木线棚进行拆除整治，建成发展第三产业，形成商业一条街；创建占地50亩的综合农贸市场。

2．以方店水库水资源为依托，结合小康新区、泰山农民公园、原方店村四个自然湖为陪衬发展旅游休闲产业。方店水库挖深，增加蓄水量，水库四周护岸，建成宽8米，长4000米的道路。

水库西边至小康新区建水上走廊。原方店村四个天然湖按旅游景点设计建设，旅游景点全部按标准绿化。

3. 以原马府村、南山村为重点的村庄整治，创建平安居住区。原马府村整村拆迁改造；原下前蔡村整体搬迁到上前蔡东永二线西边；原河泉村、卢头村整体搬迁，原九联、三余、南山、西田等进行村庄整治。

4. 以东永二线为依托，进一步开发高科技产业。

农业建设重点：原方店等村的土地整理，建设无公害蔬菜大棚基地，保障全村及企业的蔬菜供应；完成方店村至河泉村长 4000 米、宽 16 米、深 3 米的罗溪改造，彻底解决原方店、前蔡自然村年年发洪水的历史；做好九个村的土地延包工作，完善土地承包制。

5. 道路建设：东永线至原南山东的村中道路拆迁拓宽，长 300 米，宽 20 米；原南山至原西田长 500 米，宽 16 米；原方店村到花园村两条宽 14 至 16 米，长 1500 米；原方店至原前蔡村长 1500 米，宽 16 米；东永二线至河泉村长 200 米，宽 16 米；原各村之间连接的康庄道路建设；各自然村公共场所及主要道路的硬化。

三、制定制度、强化管理，工作有章可循。

花园村针对区域调整后的实际情况，提出了“五统一”的管理方法，即财务统一管理、干部统一使用、劳动力在同等条件下统一安排、福利统一政策发放、村庄建设统一规划。并制定了各项规章。村级管理规章主要分村级组织自身管理的规章、对党员管理的规章和对村民管理的规章三大方面。对村级组织自身管理的规章，主要包括决策程序、议事规则、财务管理、村务公开、公共事务管理、联系群众、干部考核和其它日常管理等八项制度。对党员管理的规章，主要包括党员作用发挥、党员活动、外出党员管理、党费收缴、党员评议、党员考核等六项制度。对村民管理的规章，主要包括村民自治章程、村规民约等两项制度。

四、建立健全村级组织，全心全意为民办事。

12 月 11 日，中共花园村党总支升格为党委，邵钦祥等 6 人当选为花园村党委委员。花园村党委下设四个支部。团、民、妇等组织负责人也相继确定。为提高村干部的办事效率，切实提高为村民服务的意识，花园村实行村干部工作责任制，并统一办公，设立村书记、主任室外，还设立村办公室、财务室、妇女计生室、村建办公室、文秘室、联村干部室、调解室等。并对广大干部及办公室工作人员进行工作分工。村办公室负责村两委的公章盖印等。

解决了长年未处理的问题，如木线棚租金，违章建房及财务混乱等。原各村生活环境得到明显改善。

1. 亮化　全村道路建好后，全部装上路灯；

2. 净化　各自然村建好垃圾坑和垃圾填埋场，配备专职人员清理各种生活和工业生产垃圾，教育村民讲卫生、爱整洁，同时拆除露天粪缸、池，建生态公厕；

3. 绿化　各自然村都要进行路旁、村旁、公共场所的绿化；

4. 落实了各项村民福利待遇　如每户电视收视费都由村集体承担，老年人享受每月生活补贴等。

初步成效和几点体会：

以“三个代表”重要思想为指导，坚持科学发展观，与时俱进，开拓创新，积极探索提高村级管理水平的新办法、新举措，顺利实现了花园村区域调整后各项工作的平稳、健康发展。

一是实现了区域调整后的快速融合。干部群众达到了思想融合、班子融合、资产融合、目标融合、制度融合，走出了原村的“小圈子”，融入了花园村的“大家庭”，真正达到了区域调整的目的。

二是强化了基层组织，巩固了执政基础。党组织在政治上的领导权，经济上的调控权和对村级事务的协调力大大增强，并且村两套班子关系协调，凝聚力和战斗力提高，村级组织对花园村的社会控制力明显增强。

三是实施花园村经济跨越式发展的同时，促进了花园村各项事业的发展，新村的经济和集体财源得到较好的拓展。

村级区域调整，不仅在短期内成效比较明显，而且对花园村的长远发展具有重要的战略意义。通过此次区域调整，我们深刻体会到村级区域调整对于做好农村工作，发展农村经济具有重要意义。

1．整合了农村资源，拓展村级发展空间。就农业本身而言，村级规模小，会使农业发展空间受到制约，农田基础设施配套难全，不利于农民组织化程度的提高。就村镇工业而言，零星、分散、作坊式的“村落工业”模式，不利于村镇个私企业的规模发展，滞后农村城乡一体化进程，对农村自然资源、生态环境造成破坏，还浪费了大量的宝贵的土地资源。村级行政区域调整后，土地、劳动力、资金、技术等生产要素流动的空间扩大，为优化配置资源创造了条件，土地可以在更大范围内流转，人流、物流、信息流向中心村和城镇集聚，实现优势互补、进一步开拓了发展的外延。把村民的注意力吸引到“争发展、快发展”上来，营造了良好的办事氛围。通过合并，村级基层组织建设明显加强，班子凝聚力、战斗力明显提高；宗族宗派势力弱化，对立情绪缓和；村庄得到科学规划；两村之间的水利灌溉纠纷得到彻底的解决，两村的土地资源得到了合理的调整，两村的山场田地得到综合开发，村级基础设施得到了明显改善。

2．减少行政成本，减轻农民负担，提高办事效率。从行政成本考虑，可分为二个层次来分析：一是减少乡镇政府管理成本。乡镇机构改革的目标是精减干部，提高行政效率，而如果村的规模较小、数量较多，乡镇必然要选派一定数量的干部联系村，花费较多的时间和精力到所联系村开展工作，在一定程度上扩大了工作范围，增加了工作内容，拉长了工作链，降低了行政效率。从乡镇干部的工作实践来看，并没有因村大而工作难做，小村而工作好做，往往大村的工作更好做，小村的工作更难做，小村的宗族宗派势力更加强，甚至左右村级组织工作的开展。二是减少村级管理费用。村级管理费用主要指村干部误工报酬支出及办公费用支出。俗话说：“麻雀虽小，五脏俱全”，按照村级组织的设置，村党支部班子一般由3—5人组成，村委会班子一般由3—7人组成，还有必不可少的村会计、出纳、民兵连长、治保调解主任、团支书、妇代会主任、计生联系员等业务干部，在村级换届选举中大力提倡村干部交叉兼职。

3．统一村庄规划，推进新农村建设。村级规模小，集体经济薄弱，本来就入不敷出的村集体经济无疑“雪上加霜”，连村庄测绘地形图的费用都无力承担，更谈不上村庄配套建设，农村“脏、乱、差”现象难以改变，村庄整治成了一句空话。所以扩大村级规模，做大做强村级集体经济，对于新农村建设，实现经济、文化、人口的集聚对新农村建设是十分有利的。一是有利于村庄规划的编制。农村居民点，历史上形成了高度的分散布局，且村与村之间界线纵横交错，在进行规划时，村村之间道路、水系、通讯电力等设施难以有机衔接，涉及村民生产生活的一些配套功能设施无法布局和实施。村级行政区划调整后，村庄形成了相当规模，可以重新描绘设施配套、功能齐全的新农村蓝图，加快现代化建设步伐。二是有利于村庄规划的实施。对农村居民点进行改造，从制定规划到拆迁，平整土地，进行基础设施建设，建成新房，都需要比较大的资金投入，而目前处于村规模比较小、资源比较匮乏、筹资渠道狭窄、集体可支配资金不多的现实情况，严重阻碍了农村宅基地整治工作的推进。

4．有利于进一步加强农村基层组织建设。由于村规模小，经济薄弱，资源不能有效配置，造成村干部人选渠道狭窄、素质不高，村党组织凝聚力、号召力和战斗力不强。有的村面貌依旧未变，连村的干部报酬都难以保证。因此，在农村从根本上解决“有人管事、有钱办事、有章理事”问题一直是个难点。村级行政区域的调整，可切实改变因村规模小、人才缺乏、干部难选及基础薄弱、报酬低下、干劲不足的恶性循环状况，扩大选拔村干部的范围，从而实现提高干部素质、精简干部职数的目的，进一步夯实党在农村的组织基础。一是拓宽选人用人视野。进行村级区域调整，扩大村级规模后，部分村干部难找的问题，可以在合并后的其他村的优秀人才中得以解决，改“矮子中选高个”为“高个中选高个”，对提高村干部队伍的整体素质是十分有利的。二是有利于党员队伍建设。农村发展党员工作形势相当严峻。究其原因是多方面的，但主要原因之一是一些村党支部对党建工作不够重视，思想观念比较落后，对外出务工创业青年持有偏见，没有创新党员发展途径，认为外出青年与村党支部关系不密切，村党组织不了解等。合并后，基层组织建设强村的党建工作新理念能直接影响弱村，对加强党员队伍的教育管理及党员发展将有较大的促进作用。三是有利于弘扬正气，减少派性斗争。宗族宗派势力较强、村级工作难做的村，较大一部分是村规模小、集体经济薄弱、村民增收途径不宽的村，这种村容易被极少数居心不良者所操纵。而规模比较大的村，因村民人数较多，村民“争发展、快致富”的氛围比较好，大家在选人用人方面相对而言比较有主见，不易被少数人所左右，所以社会风气较好。

福建省福鼎市硖门畲族乡柏洋村

柏洋村是福鼎市全面建设小康示范村之一，地处福建省宁德福鼎硖门畲族乡西北部，背靠国家级名胜旅游风景区太姥山，省道桐松公路、福宁高速公路和即将动工兴建的温福铁路纵穿全境，距太姥山互通口仅有 10 公里。全村地域面积 11．5 平方公里，耕地面积 2240 亩，辖 12 个自然村，境内聚居畲、汉等民族，总人口 3178 人，其中外来人口 650 人，少数民族人口占 12%，主要产业为农业种植业和海水养殖业。近几年来，柏洋村努力实践“三个代表”重要思想，致力于发展是第一要务，积极探索新时期下党建等工作的新路子，扎实推进“堡垒工程”建设，加强自身建设，充分发挥村党支部的战斗堡垒和党员的先锋模范作用，立足自身区位优势，抢抓机遇，与时俱进，开拓创新，求真务实，把一个负债 13．8 万元、农民人均纯收入只有几百元的贫困村建设成为一个村集体年收入达到 60 多万元、农民人均纯收入达 4200 多元的富民新村和新型工业集中区。目前，在总占地面积 3．3 万平方米的“永和新村”，一幢幢别墅型民房整齐地矗立在宽阔的水泥路两旁，果园里的杨梅长势喜人，滩地上的弹涂鱼丰收在望，人民群众生产热情十分高涨。新村内的水、电、路、通讯、学校、闭路电视等配套设施日臻完善，并实施了“新、绿、亮、洁”工程。居民区内设有卫生所、老年活动中心和多家杂什商店。新建占地 2．3 亩村委办公综合大楼和科技文化中心。新建柏洋寄宿制小学占地 8 亩，教学楼建筑面积 960 多平方米，可容纳 500 名学生。

一、筑强堡垒，确立发展新思路。

1994 年的柏洋村，村债务高筑，支部班子涣散，党群、干群关系一度紧张，村经济和社会各项事业面临着十分困难的处境。这一年正处中央全面实施“八七”扶贫攻坚计划和基本小康建设，硖门乡党委积极响应中央号召，采取了一系列措施，针对柏洋村的现状，决定对柏洋村党支部进行调整，一批心系家乡发展大计的经济能人和致富能手被选进了村支部班子。偿还债务，是首先摆在村支部领导班子面前的一项重大而艰巨的任务。支部研究决定，首先要向“守着烂滩子，借债过日子”的现状开刀，并多次召开全体党员动员大会，统一思想，明确共识，共同研究还债的目标和具体措施。要还债，关键要靠发展。但是，当时村级企业一片空白，农业产业结构单一，农民收入很低，村民普遍对村两委失去信心。为增加村财，提高农民收入，支部班子创新工作方法，选准经济发展新路子，提出了支部引导、党员先发展示范，让村民消除疑虑，然后再从资金和技术上帮助村民脱贫致富的发展新思路，改变过去农民群众生产比较盲从、缺少引导的状况。同时，2003 年村两委在征求全体村民的基础上，编制一个符合本村实际的全面小康建设规划。

发挥优势，以工兴农，进行产业大调整。村支部首先发动党员对村里的茶、果场，该承包的进行承包，该转让的进行转让，提高党员的生产积极性。承包或转让后的第二年茶、果场就取得了明显的经济效益，承包户党员的收入开始增加。支部班子认识到“无工不富”的道理，要发展，就得有村办工厂和企业。村支部决定利用本地资源优势办工厂。在这一号召下，党员干部先掏钱兴办起了柏洋村第一家农副食品加工厂，进行酿酒和生产酱菜。农副食品生产出来后，产品一度滞销，支部班子积极联系业务，带着农副产品到过北京等地展销，扩大销路。这是一个艰难的起步阶段。在支部班子的共同努力下，工厂开始取得了可观的经济效益，先期投入资金的党员收回了成本，村财收入也逐渐增多了。

部分党员先富起来了。村党支部认真组织党员开展以“党员互联帮带”为主体的“双带”活动，发挥党员的模范带头作用。一方面党支部对全村 60 岁以上的老党员每月进行补助，让老党员感受到党组织的温暖；另一方面，先富起来的20多名党员每人挂钩帮扶1—2户困难群众，帮助他们发展生产，脱贫致富。村两委一班人率先垂范，在引导带动挂钩帮扶对象发展新生产项目时，总是先示范，然后在资金、技术等方面给予扶持。柏洋村的1500多亩无公害高产茶园、500多亩果园、300多亩药材和800多亩弹涂鱼种养殖基地就是这样发展起来了，同时，一个务实、有为的党支部班子形象在党员和群众心目中树立起来了，支部的凝聚力和战斗力增强了，党员的积极性提高了。支部书记王周齐带头捐资5000元用于兴建岭坪和渠洋两所小学教学楼，同时他还选择帮带家住最偏远的贫困户雷增喜，多次上门动员雷增喜搬迁到“永和新村”，并自掏腰包扶持雷增喜发展生产，种植西瓜等水果蔬菜，通过帮扶，雷增喜一家每年净增几千元的收入，同时搬入了“永和新村”，日子过得红火；党员李盛处、黄精实自己在引种大面积东魁杨梅、密柚等名优水果的同时，不忘群众，为群众提供技术指导；老党员王周杭每年农闲坐不住，牵头发动群众上山兴修公路；老支书陆尚凑不承认自己年老体弱，翻山越岭进村入户宣传计生政策。在柏祥村，随处都可以见到“双带”活动的身影。群众的创业干劲也被充分调动起来了。村民在支部和党员的带动下，开荒山种植果树，整滩涂养殖弹涂鱼，改造低产地，发展效益好的生产项目，增加了农民收入，壮大了村集体经济。

坚持村民自治，扩大基层民主，强化组织建设。近几年来，柏洋村加强村自管理，2000年村党支部被福鼎市确定为“两推一选”试点单位，实行民主选举，村民将大家公认的党性强、懂经济、会管理、能带头勤劳致富、能带领群众共同致富的能人王周齐、黄精实、叶金双等一班人再次推上领导岗位。村两委同时认真落实村务公开、民主听证、民主议事、民主理财等制度，密切了干群关系，为全面建设小康社会提供坚强保证。村务的及时公开，让广大群众明白村财收支情况，增强工作透明度，同时也还村干部一个“清白”。民主听证会的召开，转变村民过去“事不关己高高挂起”的观念，村里每项工程动工之初，村民都积极参与民主听证，工程涉及到群众利益问题，如征地、拆迁，都能取得群众的理解支持。有群众作为坚强后盾，柏洋村才能如期办好各项实事，同时由于干群一心，村两委这几年为民办了许多实事。此外，村两委还意识到只有集思广益，倾听百姓呼声才能促进各项事业发展，走上小康之路。2001年在乡党委、政府的支持下，在乡人大主席团的关心指导下，柏洋村率先在全市创建代表活动室，创建的目的主要是落实村民代表议事制度，请市乡两级人大代表和村民代表提意见建议，给干群提供日常交流机会，增强村两委工作透明度，让群众知道村两委在干什么，怎么干，干出了哪些成效。通过代表活动室，柏洋村集思广益，选定调整产业结构作为推进强村富民进程的突破点，决定走兴农兴企、建设新村的发展之路，在保持农业稳定发展的基础上，寻求办工业富村富民，同时实施新村建设，进一步改善群众生产生活条件。现在广大村民的民主意识、法治意识、参政议政意识、当家作主意识不断增强。

二、抢抓机遇，寻求经济大发展。

从沉重的债务包袱中解脱出来的柏洋两委班子并没有因此而停止发展的脚步。实现村强民富，让群众都过上好日子，才是支部班子的目标。柏洋村两委一班人擦亮眼睛寻求发展机遇。

筑巢引凤，招商引资。2000年，福宁高速公路开始建设，高速公路柏洋路段开工建设时，村两委一班人看到了千载难逢的发展时机。就在这一年，福清市福路建设公司被引进柏洋，总投资270多万元，利用本村境内矿石的下脚料资源，与村委联合办起了福宁材料有限公司，为高速公路建设提供碎石，当年就实现村财创收20多万元。2002年以来，随着福宁高速公路开通，柏洋村充分发挥土地资源优势，规划新型工业集中区，主动承接浙南产业转移，先后引进了柏洋化工有限公司、永宝特钢阀门有限公司、新约机械配件有限公司、福建国新阀门铸业有限公司、柏洋家具厂、紫菜厂等6家企业，其中温州企业4家，累计引进外资8500多万元，可实现年工业产值3亿元，实现劳动力转移600多人，每年为村财增加30万元以上的收入。

为了能让在柏洋落户的企业顺利发展生产，村两委决定加强重点配套主设施建设，为企业生产提供多方服务。先后投资40万元兴建了日供水量达2000吨的自来水厂，保证了新村居民生活和企业生产的用水；投资了60万元铺设工业小区的水泥路，投资23万元建设工厂用地，并完成面积达1830平方米的厂房，这样逐步完善了柏洋永和新村的基础设施，为工业小区的发展奠定了坚实的基础。同时村两委成员及时为企业排忧解难，想企业之所想，急企业之所急，为企业的顺利、安全生产创造了一个良好的环境。

搬迁安置，建设新村。与此同时，福宁高速公路途经的自然村共92户420人要进行搬迁，村两委认为这是建设新村的大好时机。抓住这个难得的机遇，着手筹备，专门委托市建设局对移民新村进行规划设计，多次召开移民代表会议，取得广大移民支持后，决定集中安置，兴建新村，并结合“造福工程”的实施，又先后把田头、东溪、老虎岗等九个被人称为水、电、路“三不通”的自然村群众搬迁到新村来，一系列基础设施相继动工建设，一个全新的中心新村开始形成，柏洋人把它取名为“永和新村”。为了不影响发展生产，对每一户搬迁群众，乡政府给予补贴3000元安家费，村委会无偿规划安排宅基地。对少数民族户，村加大补助力度，仅五斗山、田头两村30多户100多人畲族群众搬迁，村委会光宅基地和修路，就投入40多万元。目前，永和新村入住群众已达175户，人口1000人以上。村财的壮大为带领群众发展生产、完善村基础设施奠定了坚实的物质基础，永和新村规模逐步壮大，群众生产生活条件得到明显改善。

拓宽渠道，增加收入。柏洋村拥有2240亩耕地，4350亩茶、果林，具有丰富的自然资源。如何变资源优势为经济优势?只有进行农业产业结构调整，改变过去单一的农业产业结构和生产模式，引导农民拓宽发展渠道，才能增加农民收入。村两委在村里大力推广优质水稻品种，使全村1400亩水田播上了优质稻，提高种粮的经济效益，同时新开辟了无公害高产茶1500多亩，新种植东魁杨梅350多亩，新种植300多亩药材；大力发展多种经营，充分发挥柏洋村丰富的草地资源优势，鼓励并扶持群众发展了山羊300多只，兔子500多只；开发滩地，养殖弹涂鱼800多亩，一亩弹涂鱼就可以为养殖户增加收入2500元以上。农民收入逐年增加。

三、以开展联动服务为载体，进一步服务三农工作。

2001年，成立了村科技协会，围绕农业增效、农民增收，在农业技术、市场营销、资金和信息等方面开展服务工作。市乡两级科技特派员和本村的20个科技示范户成为本村科技信息服务的主要力量，共举办农业技术培训39期，培训农民2327人，帮助653名群众解决了生产技术问题，提供生产和市场信息751条。党员与大户、贫困户结对，生产大户、科技示范户与贫困户结对，开展创建信用村建设活动，落实帮扶资金56万元。每季度召开群众生产议事会，研究关系全村经济发展的重大事项，生产能人参与到全村发展决策中来，成为党支部的助手。

四、加强精神文明建设，促进社会全面发展。

近几年来，柏洋村在发展经济的同时，认真贯彻《公民道德建设实施纲要》，深入开展以提高群众文明素质、中心村文明程度和加强未成年人的思想道德建设为重点的群众性精神文明创建活动，村坚持“两手抓，两手都要硬”的方针，坚持以德治村，以法治村，努力营造和谐的社会环境，推进村各项事业的全面发展。(1)计生工作。认真贯彻《人口与计划生育法》和《省人口与计划生育条例》，以开展创建优质服务先进乡镇为契机，围绕“依法管理、村民自治、优质服务、政策推动、综合治理”的工作机制，以宣传教育、服务为主线，以二女扎为突破口，深入开展“婚育新风进万家”活动，促进全村计生工作上新台阶。三年来，平均出生人口政策符合率达91%，出生率达9．5%，晚婚率达42%，两查两补率达99%以上，长效节育措施落实率达99%，同时去年代表宁德市、福鼎市顺利通过省创优质服务先进县(市)考核组的验收。(2)加大教育投入，注重抓好“两基”教育的巩固提高工作，村委每年划出一定资金投入到乡助学基金和扶持本村贫困学生的上学问题，使二十九位家庭困难的学生重新走进教室，村里同时给每位上大学的对象资助500元。平时积极争取筹措资金改善农村教育设施，投入50多万元兴建了柏洋小学教学楼和学校围墙，总投资30多万元的柏洋村小学师生宿舍楼和实验室即将开始动工，教育基础设施逐步改善。(3)深入开展“平安村”创建活动，强化社会治安综合治理，成立村民联防队、义务抢险队、消防队等村级组织，加强对新村的巡逻和处理应急事情，并依托村社会服务联动网，建立群众说事制度，认真受理群众来信来访，及时化解社会和家庭矛盾，有效维护了社会安定稳定。此外，还在村完小校开展“小学生带法回家”活动，通过在学校高年级学生中开设法律课，为学生讲解法律知识，从小培养青少年学法意识，从而把法律知识带回家帮助村民及家长掌握基本法律知识，同时村两委订立《文明公约》、《文明村民标准》等村规民约，开展“六提倡、六反对”活动，进一步增强村民的法制观念和道德意识。

五、加大社会保障力度。

近几年来，柏洋村坚持扶贫帮困，每年有50户250人受到各级帮扶，占总人口的10%，32户46人列入最低生活保障，10人列入“五保对象”，村里每年为80岁以上老人定补100元，老党员每年享受200元补助，计生“三户”23户享受独生子女奖励和帮扶资金，其他临时性为困难受灾群众捐款共计8000元。为群众提供贷款担保、技术服务720人次。

柏洋村两委班子紧紧地抓住了发展机遇，使柏洋村的发展又坚实地迈上了一个新的台阶。到2004年底，柏洋村已实现村财年收入60多万元，农民人均纯收入达到4500元，彻底摆脱了贫困落后的面貌，柏洋村的各项事业稳步发展，并逐步向全面小康迈进。

六、今后思路。

思路和目标：坚持以邓小平理论和“三个代表”重要思想为指导，认真贯彻党的十六大、十六届四中、五中全会精神，按照上级党委的决策部署，全面落实科学发展观，坚持发展第一要务，充分发挥党支部的领导核心和党员先锋模范作用，继续走坚持工业富村、协调发展之路，抓住温福铁路出碴口的机遇，实施新村东扩南移战略，以争创闽东小康明星村为目标。目前，在招商引资方面，村两委着重做好已签约项目和正在洽谈项目的落实。在农业方面，加快农业产业结构调整步伐，重点在山上发展三区两片高优农业，引进优质品种，提高经济效益，在山下扩大弹涂鱼的养殖基地规模，争取在明年扩大到1000亩以上。在基础设施和新村建设方面，继续力口大投入，加强山区水利设施建设，确保山区农业生产持续发展。利用铁路建设的石碴，加大实施人口聚集工程力度，完善设施配套，扩大新村规模，计划在2008年前把自然村数从目前的12个再减少为6个，做好搬迁安置工作，新村的人口将超过2000人。力争到2010年引进企业8家，实现村工业产值上亿元，村财收入上百万元，村民人均年纯收入达到8000元以上。

福建省连江县筱埕镇官坞村

官坞村位于黄岐半岛西南部，与马祖列岛一水之隔，是一个集海水育苗、养殖和海产品加工于一体的专业渔村。全村现有867户，3346人。近年来，村党总支部、村委会以实现共同富裕为目标，认真践行“三个代表”重要思想，牢固树立和落实科学发展，积极带领全村干群，立足村情发展经济，走出了一条“科技兴海”、“科技兴村”的发展新路，加快了水产品加工一体化和农业产业化经营的发展进程，壮大了集体经济实力，实现了脱贫致富奔小康目标。2004年，全村社会总产值1.86亿元，人均纯收入达8300元，村集体固定资产达2836万元。由一个极其贫困的小渔村，变成远近闻名的“小康村”，该村村容村貌整洁，实现了村民自治，并在五年内实现“三无”村，即：无刑事案件、无贩卖情报、无偷私渡案件。全村民风良好，建立了村级福利基金会，实施了老人养老金制度，全村60岁以上党员每人每月补助生活费75元，去世补贴3500元；60岁以上非党老人每月补贴生活费45元，去世补贴3000元。实行了幼儿免费入托，独生子女、两女扎户免费入学。建立了学校教师边远补贴、优秀学生奖学金奖学、助学制度等社会福利制度，该村因此多次被省委授予“先进基层党组织”、“文明村”、“五个好党支部”和市委授予“学美岭、创五好”支部等荣誉称号；2001年村党总支被中组部授予“全国先进基层党组织”。村党总支书记林哲龙也被授予“全国劳模”等荣誉等称号，为九届省人大代表、第十届全国人大代表。

一、因地制宜，选准一条切合实际的发展路子。

该村曾经是一个水、电、路、通讯四不通的贫穷落后的渔村，到 1983 年，全村农民人均纯收入仅为 146 元，村集体负债 5．6 万元；全村经济靠的是“地瓜”+“海带”苦苦支撑，被列为全县后进贫困村。民谣“有脚下踏官坞角，有女不嫁官坞男”，道出了我村昔日的贫穷和辛酸。面对乡亲们渴望脱贫致富的迫切心愿，村党总支一班人一方面组织党员、干部围绕全村发展问题，展开了认真的分析和探索；另一方面，组织干部前往先进地区学习、考察。通过实实在在的学习考察，他们发现官坞村的发展有“三优势”、“三缺”，“三优势”就是浅海资源优势、劳动力资源优势、群众吃苦耐劳的优势；“三缺”就是缺胆识、缺创业精神、缺思想的解放。于是，全体村干部进一步解放思想，更新观念，积极探索，寻找适合村情的经济发展路子，决定把海水养殖、加工、销售列为全村经济发展的重点产业。自此以后，官坞村在村党总支带领下，海带养殖生产几乎是一年上了一个台阶，产量呈直线型连年上扬。

在官坞村发展的过程中，村党总支始终抓住发展第一要务，带领群众不畏艰难，勇于开拓，1994 年 12 月，全省各地海带苗出现腐烂的天灾，群众求购无门，海带生产陷入了绝境。危急关头，党总支书记林哲龙挺身而出，以集体名义向外借资近 10 万元，包飞机从山东购回海带苗，以解村民生产的燃眉之急。消息传出，全村上下一片哗然。在一片怀疑声中，村党总支力排众议，使当年官坞村群众及时补种了海带 1000 多亩，当各地海带养殖生产普遍因种苗紧缺而几近绝收时，官坞村村民却因及时补种而又引来一个丰收年。现在官坞村正朝着产、加、销水产品加工一体化、产业化的方向发展。面对着日益蓬勃发展的经济，村党总支敏锐地认识到，要想做大海的文章，就必须适度举债，群策群力。通过向银行贷款、吸收农民入股、对外引资等措施，发展产、加、销一条龙的海带产业链。1995 年，官坞村成立了官坞海洋开发总公司，公司一头连着市场，负责产品销路，保护水产品的价格；一头连着农民，为农民购买苗种，提供养殖技术、生产资金等，为农民担起了大风险，调动了广大农民的生产积极性。农业产业化的发展，进一步增强了经济发展后劲，有力推动了全村经济的迅猛发展，实观了农民增收。

二、依靠科技，扎实推进农业规模化、产业化进程。

在几年的发展过程中，村党总支始终把科技贯穿于经济发展的全过程，以市场为导向，强化产前、产中、产后服务，引导群众走规模化、农业产业化的发展路子。

首先，狠抓养殖技术的试验和推广。在村党总支的积极筹备下，成立了海水养殖研究室，聘请了 2 名水产高级工程师为顾问，专门从事贝藻类养殖、试验、研究，展开了对新技术、新品种的引进、试验、应用、指导，帮助渔民科学搭架、分苗、防治病虫害、调节水层等，取得了可喜成效。1992 年、1997 年研究会分别被评为了“全国十佳农村专业技术研究会”、“全国星级研究会”。其次，开展“科企联姻”。主动与科研部门“攀亲”，为群众架起科技金桥。村党总支一班人东上山东，南下海南，先后与中科院海洋研究所、大连水产学院、省农科院、山东烟台市水产科技推广中心、海南科技开发中心等十几个国家级、省、市科研单位或科技部门发展横向技术协作，引进新技术运用于海带、紫菜、太平洋牡蛎、鲍鱼、红螺、海湾扇贝、贻贝等养殖，建成了江南第一家江篱养殖科研生产基地和全省首家条斑紫菜养殖基地；省海洋与渔业局、省科技厅在此设立了“海上田园实验田”、“黄岐半岛海洋开发试验区”；墨西哥湾扇贝日本栉孔扇贝和杂交海带试养等七项科研项目获得成功；新引进日本的筏流式养殖新工艺还为全省大面积推广潭紫菜浅海养殖提供了科学依据，填补了我省海水养殖的技术空白。这些养殖技术的推广应用，大大丰富了海区养殖品种，提高了养殖产量和效益。全村养殖品种由单一的海带增加到紫菜、江篱、扇贝等十多个品种，形成了多种方式、多种品种并举的立体养殖新格局。目前，全村海带养殖面积、产量均居全省村级首位。第三，注重科技创新。他们不断探索运用新技术，把科技因素运用于养殖产业。前年以来，全村推行分区作业法，对海区实施合理养殖布局。把海区分成深、中、浅三种水域，因地制宜、分区分李度推广贝藻轮养、套养、混养，走精深、高产、低耗、高效的海水养殖路子并通过攻克深水位养殖负业技术难点逐步便养殖区向 20—30 米等深线海区推进，扩大养殖面积。第四，注重品种创新。他们把养殖品种的试验更新作为养殖业发展的动力，注重新品种的开发和引进，在养殖品种中，除原有的海带、贻贝、牡蛎外，目前进行海带杂交育苗、坛紫菜体细胞育苗、三倍体太平洋牡蛎育苗，北方栉孔扇贝养殖。鲍鱼、海胆、牙鲆鱼工厂化降温育苗养殖是全省首家进行的科学育苗养殖新方法。经过发展，全村工厂化鱼、藻、贝综合育苗面积达 1 万平方米，7 个品种育苗。1999 年海带苗种首次销往日本，这是福建海带苗首次出口海外，此后，每年海带苗都出口日本。与此同时，他们还与四川大学联合开发海带粉、鲍鱼饲料加工。从而实现了育苗、养殖、加工、科研、销售、服务一体化，形成了科技产业链。几年来，科技在官坞村经济的贡献率达 90%以上。可以说，科技是害坞村、官坞人摆脱贫困、走向小康的一把“金钥匙”。

三、立足共同致富，推行“公司+渔户”的经营新机制。

随着养殖生产规模的日益扩大，村党总支一班人感到传统农业的分散生产导致了规模不足、适应性差、市场竞争力弱等问题日益明显，特别是苗种供应、生产资料采购、海上治安管理、海区合理利用、养殖新品种引进和推广、水产品质量和销售等矛盾更加突出。这些问题的产生，单靠个体的力量是难以解决的。为了克服这些问题，他们从为渔户提供产前、产中、产后服务入手，实施“产前，统一供应各类苗种、生产资料、统一规划、安排海区；产中，统一管理、防治病害、产后，统一检验产品质量、组织销售、加工”等服务措施，但是，随着生产的不断发展，这些措施仍不能从根本上解决分散、粗放的生产方式，也不能彻底实现共同富裕的目标。于是，他们在学习借鉴了一些地方的先进经验的基础上，探索适合渔区生产发展的经营管理体制，大胆实行了“公司+渔户”的组织形式。1995 年，以村委名义创办了官坞海洋开发有限公司，村集体占股 50%，渔民占股 50%，2003 年开始，公司经济效益逐年递增，为了让利农户，公司把 60%股份让给全村村民。至今全村已有 60%的农户成为公司的股东。公司与村民签订了购销合同，实行“订单农业”，从而把生产经营引入了一体化经营、企业化管理的模式。这一模式的实施，使公司作为龙头，一头连着生产，一头连着市场，把渔民的小生产同大市场联系起来。一方面形成了“船大抗风浪”的市场实力优势，使生产走上集约化、规模化；另一方面延伸了产业链条，从而把水产品的育苗、养殖、加工、科研、销售、服务融为一体，形成了产加销一条龙，贸工农一体化的产业化经营格局，即解决了农产品的“卖难”问题，提高农业整体效益，增加了农民收入，增强了集体经济实力，同时，又吸纳了社会资金，扩大了生产规模，壮大集体资产。官坞海洋开发有限公司采取“入股分红，责任有限，折旧归公”的集体股份体制，实现了经营体制上的创新，从而把集体利益与渔户利益挂起钩来，有力促进了官坞村经济和社会的发展，实现了村民共同富裕，推动了农业产业化的进程。目前开发公司拥有固定资产总额 2836 多万元，职工 1200 多人，2004 年实现利润 1000 多万元。促进了全村共同富裕奔小康目标的实现。

该村在共同致富奔小康的工作中，成为全市乃至全省的一个示范村，主要有以下几点经验启示：

一是坚定不移地抓发展。正是因为坚定不移地抓发展，敢试敢闯，壮大了村集体经济，官坞村才发生了翻天覆地的变化。近年来，官坞村先后投资 1500 多万元，修建了码头、避风港，架设了 6 台海岸运输索道，兴修了 10 多条机动车运输通道，实现了通路、通电、通电话和闭路电视，极大地改善了渔民的生产生活条件，村容村貌也有了较大的改观。同时还建立了村级福利基金会，实施了老人养老金等社会福利制度，有力地推进了全村精神文明建设。

二是有一个坚强有力的战斗堡垒。几年来，官坞村始终坚持“围绕经济抓党建，抓好党建促经济”的指导思想，加强党总支班子和村干部队伍建设。大胆把一些年纪轻、有文化、肯奉献、能为群众办事和带头致富的优秀党员选进村两委班子。把经济工作与基层组织建设捆在一起，党总支以经济建设为中心，一切服务于经济，服务于生产。在具体的干部使用中，村党总支主动把村两委干部推到生产第一线，使领导班子成为企业家队伍、以适应经济建设需要。村两委干部中，支部书记兼任海洋开发公司董事长，村委主任兼任总经理，其他两委干部分别兼任场(厂)长、车间主任、所长，使村级班子既是行政的组织者、领导者，又是企业的决策者和经营者，从而有力推动村各项事业的蓬勃发展。

三是充分发挥党员的先锋模范作用。官坞村在发展集体经济的过程中，全村12名村民小组长，都是养殖能手、技术尖子；总支86名党员中，有43名带头致富，成为奔小康的楷模。这些党员、骨干手把手地把自已的技术毫无保留地传授给村民，带领村民共同发展水产养殖业，使许多村民很快走上富裕路。在一些风险性大、群众一时无法接受的新技术、新项目的推广中，党员干部更是率先示范，甘当"铺路石"、"试验品"，以自身的行动带动群众共同致富。如前几年，村里决定引进条斑紫菜、美国海湾扇贝、太平洋牡蛎等贝藻类新品种，一开始由于一些养殖户对新技术了解不深，而且怕担风险，不仅没有响应，还极力反对。这时，党员董潮盛拿出了准备盖新房的储蓄，并联合其他党员筹措10多万元资金，带头投入新品种的冒险试验。试验成功后，许多跃跃欲试，却担心这些党员肯不肯把他们担着风险积累下来的养殖技术传授给自己。这时候我们的村干部、党员却主动找上门来，并在村里办起了培训班，把全套技术无私地传授给他们。

四是切实抓好村务公开民主管理。官坞村经过几年的发展，集体经济从无到有，从小到大，但是，始终没有发现因为村财或经济方面的问题而引发群众的纠纷和上访。归根结底，是我们强化了村务、厂务公开。几年来，我们深刻认识到"集体经济越强，越要搞好廉政建设"，并本着"内容规范、形式多样、机制健全"的指导思想，严格执行村务公开、民主管理制度，实行村务"八公开"、厂务"五公开"。如在村务公开方面，把村级财务、海埕承包、重大工程建设项目、重大资金使用项目、土地审批、计生等各方面村务工作列为必公开的规范内容，向全村群众实行全方位、真实性公开。在公开的同时，强化公开真实性的监督，建立了村民代表、村务监督员每季度一次的村务情况通报会、每季度初的"村务公开质询日"等监督制度，把公开监督措施真正落到实处。村务、厂务，公开制度的落实，给群众一个明白，还干部一个清白，同时也树立了干部的"公仆"形象。

福建省南平市西芹镇西芹村

西芹村地处南平市中心城区9公里，全村共有18个村民小组，10个自然村，1013户人家，人口4080人，有劳动力1800多个；土地总面积41423亩，其中林地面积19388亩，果山3000亩，菜地1400亩，村属大小企业56家，全村固定资产2137.4万元。近年来，西芹村在上级党委、政府的领导下，坚持以邓小平理论、党的十六大和十六届三中、四中全会精神及"三个代表"重要思想为指导，认真落实科学发展观，以村民根本利益为出发点，不断开拓进取，扎实工作，大胆探索创新，积极推进新形势下的农村工作，社会安定稳定，人民幸福安康，全面推进小康村进程。2004年实现社会总产值1.7亿元，村财收入471万元，人均纯收入5240元。先后荣获"全国先进基层党组织"、福建省先进基层党组织、"首批明星村"、南平市先进基层党组织、文明村等称号。

一、领导班子坚强有力

村党支部、村委会按照"建坚强班子，带过硬队伍，创先进集体，争一流业绩"的目标要求，加强领导班子建设。

1. *思想政治教育*　村两委坚持学习制度不动摇，重点学习马列主义、毛泽东思想、邓小平理论和"三个代表"重要思想以及重大时事、政治、经济、法律、法规、科技、历史等知识，把理论学习开展情况列入支部考核内容，并通过举办党员培训班，请讲师辅导讲座，参加各类培训班等方式，努力提高村班子观察问题、分析问题、解决问题的能力，不断提高干部队伍的素质。

2. *加强作风建设*　始终坚持解放思想、实事求是的思想路线，树立脚踏实地、埋头苦干、不计虚名、自觉奉献的工作作风，不论作决策、上项目都是从群众的长远利益和持续发展考虑，不断深入群众，解决群众反映热点难点问题，努力为群众做好服务、协调、引导工作。

3. *加强组织建设* 对全村党员实行底线跟踪管理，成立底线跟踪考评组，每月底对党员进行评分一次，对评分低的党员进行通报批评，对评分高的党员给予评优秀，把每月的评定作为年终评先评优的依据，不断提高党员的素质，自我管理意识，推进村组织建设。

4. *加强党风廉政建设* 村党支部与村支部委员、村委会与村委、村民小组长签订廉政建设责任书，实行村支部书记负总责，层层抓落实，村两委严格规范实行村务公开、组务公开和村民主决策，定期把村财务收支出情况公布于众，自觉接受群众监督，坚持执行责任追究，坚持以党风廉政建设为主线，加强廉政教育、警钟长鸣，提高了干部廉政意识，在人民群众心目中树立了良好的形象。

二、经济建设蓬勃发展

“谋发展、求发展、快发展”始终是西芹村人的共识。西芹村人多地少，村两委坚定在“巧”字上下功夫。多年来，我们坚持以经济建设为中心，立足村情，迎难而上，村办企业、民营企业、民营商店在这里都有了较好的发展。西芹村两委把握京福高速公路开通和“西区开发”有利契机，发动全村干部群众做好招商引资、开发项目工作，深入一线解决企业发展中存在的困难，现场协调项目开发存在的问题，不断加大引资建设力度，为企业创造良好投资环境。近三年，在村两委班子、群众不断努力下，引进华闽汽车配件有限公司、南平天威交通金属制品有限公司、南平鸿景车箱厂、闽安物流中心、鑫杉科技制品有限公司等在建企业，引进南平华泰汽配、广州本田“4S”汽车贸易公司、九峰建材厂、华闽南平汽车缸套厂等一批龙头骨干企业，如芹龙机械厂生产的竹制品机械，产品遍布全国竹乡，已申请了8项国家专利。同时帮助恒大米业、芹龙机械制造公司等企业发展壮大，解决农村劳动力就业600多名，给西芹村民从传统农业转向产业工人的就业带来无限生机，为西芹发展及“西区开发”进程起推动作用。三年来共新上项目8项，新增投资2.1亿元。工业化进程不断加快，进一步形成以工业促进产业发展，以工业带动第三产业发展的格局。为了经济能长足发展，西芹村制定了行之有效的发展方案：“平地办工厂、上山办果场、洼地办养鱼场、高山荒地办林场”。村两委不断改革山地管理制度、放活山地、有序地把山地流转给村民种植经济作物，提高蔬菜、瓜果、牧草种植比重。

三、社会治安长期稳定

西芹村地处城乡结合部，量多、面广、线长，是全镇人口最多、经济总量最大的村，特别是近年来，我村境内遇到国家重点工程建设，拆迁引发的各种矛盾，如闽宁钽铌矿、南平高新技术园区、京福高速公路和水口、沙溪口库区建设的遗留问题的处理，积极配合政府及有关部门、单位做好各类纠纷矛盾的调解工作，确保国家重点工程建设顺利进行。三年来共调解纠纷101起，调解率达100%，调解成功率达96%，同时村认真开展“四联三防两全”活动。四联是片区警民联防、村级治安联防、十户义务联防、边界协作联防；三防是村民小组调解防线、村级调解防线、乡镇调解防线；两全：全天候、全方位巡逻防范。大力普及法制教育，结合“四五”普法教育，加大宣传《村民委员会组织法》、《土地法》、《森林法》、《人口与计划生育法》等法律法规。遵守社会公德、遵守法律，弘扬正气，反对邪气，对那些早几年劳教人员或者是有些劣迹现象的青年，村两委一发现以上人员有情况，立即成立帮教小组，对他们进行监督和帮助，近几年来，西芹村从未发生过刑事案件，没有出现一起集体上访事件，家家户户都是安居乐业，人人都向往小康社会生活，村两委为村民奔小康保驾护航。同时，民主政治取得新进展。认真宣传贯彻实施《村民委员会组织法》实行村民民主选举，村民参选率达98%，村委会选举按时完成，连续四届一次性圆满完成选举任务，健全监督机制，由村民代表大会无记名选举出村务监督小组，建立重大村务决策议事制度，召开民主听证会制度，较科学地决策村务，与区司法局合作编写西芹村《村务规管理工作手册》，印制1000多份《村规民约》入户宣传，按时定点进行村务、财务公开，同时对组务管理不断完善，率先在全区实行组务公开制度，有效地密切干群关系。如在集体林经营体制改革过程中充分发挥民主管理、民主决策的作用，广泛争取村民群众意见，村两委拿出以村情实际出发的多个林改方案，在村民小组中群众中讨论征求意见，最后把方案在村民代表大会上讨论表决通过，“均山到户，股份经营”的模式，2004 年西芹村被福建司法厅、民政厅授予“全省民主法治示范村”。

四、人民生活水平不断改善

立党为公，执政为民，权为民所用，情为民所系，利为民所谋是我们工作宗旨，村两委始终把群众满意作为工作出发点，把群众呼声当作第一信号，把群众满意当作第一追求，竭尽全力为民办实事办好事，为民排忧解难。

1. *关心群众生活* 西芹村在福利事业方面也有很多喜人的举措，不仅文化教育、娱乐生活等基础设施日趋完善，而且基本上做到老有所乐、老有所养、甚至达到病有所医。目前，我村60岁以上老人不分男女每月可领取50元的养老金，并且在每年的“三八”妇女节、“九九”重阳节开展一些尊老爱幼活动，每年春节前夕，组织村干部慰问特困户、计生困难户、党员特困户、五保户等弱势群体，三年来发放慰问金 51280元。全面落实农村居民最低生活保障制度，全村18户43人享受最低生活保障。

2. *改进医疗制度* 西芹村几年来，妇幼保健免疫四苗接种率达 100%。随着村财的壮大，村两委又在着手进行“村民医保”制度改革，多次召开两委会议和村民代表会议，广泛征求代表群众意见，于2004年完善农村医疗保障制度，建立农村新型互助合作医疗基金，从学龄儿童开始，村民每人每年交纳24元，村贴补24元，住院报销50%，村民年可累计报销1万元，到目前互助医疗有 2683 人参加，覆盖率达 80%，医疗基金达 12．878 万元，2004 年报销人次 82 人次，兑现互助医疗报销金额 81211．8 元。有效解决村民因病致贫、返贫的问题。

3. *促进农民增收* 大力发展加工业、流通服务业，扩大就业渠道，增加农民收入。村两委积极扶持村民种植具有优良品种的芦柑、雪橙、夏橙、脐橙、早钟6号枇杷等优良果树，引导农民种植经济作物。常年聘请专家为村果农技术指导，进行农药剂量使用讲座，产前、产中、产后服务，不断优化农业结构，有效保护农民合法权益。力争用 3～5 年时间使每户村民种植优良品种果树 300～500 棵。目前已完成 200 多户，与果农签订协议 103 份，约 1000 亩山地开发种上优质果树。使每户年增收 8000～10000 元左右。同时，西芹村结合本村具体情况，建立发展生产帮扶基金。最高可贷款 6000 元，帮助农户发展生产。三年来西芹村帮扶村民发展生产共计贷出资金 19．65 万元，如：养殖户王木生、余光耀原饲养 2～3 头生猪，通过资金扶持，目前发展到饲养 70 多头生猪，取得良好的经济效益，切实为村民解决问题，增加农民收入。同时配合政府举办农民就业机械制造业培训班，为村民出资培训费 5400 元，为农民转化产业工人做出应有贡献。西芹村有林业用地面积 19388 亩，森林覆盖率达 74．6%，为发挥林地的最大效益，村两委积极推动集体林经营权改革，让每户村民都成为股东，森林资源得到保护，数年来做到林业管理到位、资金使用到位、利益分配到位，村的林业股份制给村民带来了巨大的效益。2004 年每人分红 350 元，得到了群众的广泛赞扬与好评。

4. *为民办好事实事* 近年来，加大为民办实事力度，同时也调动了群众积极参与的热情，为禾村、合坑、长上、长中、长下、林场等自然村道路水泥硬化村集体投入近 24 万元，村民集资 4 万余元，争取部门资金 3 万元；为合坑饮用水工程投入 28 万余元；为西芹中心小学、长沙小学教学楼的建设投入 35 万元；为院口、水本、水溪、禾村、合坑村民小组耕地投入改良水利资金 4 万余元；为禾村、后甲无公害蔬菜基地投入 3 万余元。受到群众的欢迎。

五、社会事业全面进步

1. *建设扎实推进* 西芹村积极开展精神文明创建活动，在全村营造充满创业激情的人文环境，开展“六提倡、六反对”移风易俗活动，引导群众求知致富，形成互帮互助、敬老爱幼、邻里和睦的良好风尚。认真落实京福高速公路、高新开发区等征地拆迁安置工作，努力实施了“长下精品村”建设，高起点连片规划长沙片区新村，使村容村貌焕然一新。

2. *步伐不断迈进* 西芹村有育龄妇女 1186 人，已婚 917 人，计划生育工作实行网络管理，村主干亲自抓，一名脱产两委分管计生，成立计生协会，配备18名中心组户长，每月一次例会汇报所在小组的计生工作情况，了解出外打工育龄妇女动向和计生困难户情况。2001年开始实行计划生育工作村民自治，把自治条款纳入村规民约，用一套行之有效的制度和协会网络来管理，有效促进计生工作的开展。村里对生育二胎实行结扎手术，可领取营养费和误工费，给两女结扎户办理保险，并给二女结扎户和独生子女户多享受一份责任山分红，到目前为止全村领取独生子女父母光荣的有221人，二女结扎68人，三年来计划生育准确率100%，计划生育率97．8%，晚育率达59．92%，2001年被区委、区政府评为“计生工作先进单位”，2002年计生协会被区授予“一流协会”。

3．事业稳步发展　西芹村在教育方面非常重视，注重文教普九投入，完善办学设施，提高教学质量，仅2001年到2004年投入教育经费55万元，解决长沙小学危房改造和西芹中心小学新建教学楼。为使更多的子女通过教育成长，村里制定教育奖励制度，如对考上大专以上院校的学生每人奖励500元等。一系列的教育鼓励政策给西芹村带来丰硕的教育成果，近三年来，西芹村考上大专以上的学生就有54人，名列全镇乃至延平区各村前茅。

在新的历时时期，西芹村在上级党委、政府指导下，将进一步贯彻落实党的十六大和十六届三中、四中全会精神，与时俱进，开拓创新，艰苦奋斗，狠抓落实，不断开创建设小康社会的新局面。

福建省德化县龙浔镇宝美村

宝美村位于“中国三大瓷都”之一的德化县城关东南部，全村人口4841人，土地面积6.9平方公里，由17个村民小组组成，林地面积4000多亩，该村入驻企业达630家，本村工业企业121家，2004年，工农业总产值27.81亿元，工业产值27.8亿元，人均收入9043元。

1989年至1991年，宝美村先后被省政府授予“村委建设先进单位”、“明星村”、“先进党支部”、“民兵工作先进单位”1992年至2004年先后被省委、省政府、市委、市政府授“先进单位、文明单位、五好支部、文明村”等十六项表彰，2005年又被民政部授予“全国小康建设明星村”称号，所有这一切，都见证了宝美村一班人团结奋斗的艰辛历程，闯出了一条“以工带农，共同致富”的新路子。

一、不等不靠，闯出一条亿元路。

宝美原属浔中公社浔中大队，1985年建村。那时宝美村穷得叮当响，企业基本倒闭，技术人才大量外流，不仅没有什么村财收入，而且村里还欠债5万多元，户头上的储蓄就剩下几块钱。拥有耕地少、家底薄是当时的村情。交通不便、信息不灵，传统落后的生产方式，使宝美村人苦苦挣扎在温饱线上。

改革的春风沐浴着这个具有制瓷传统的瓷都人的后裔，沉重的生存危机，重新燃起宝美村人的脱贫致富的渴望。

1986年那次聚会至关重要。为了确定宝美今后的发展方向，村两委召集了该村部分退休干部和本村社会名流，商谈宝美村的发展大计。那天，与会人员达成一致：宝美村要发展，必须实现从农业经济向工业经济的转变。具体说，就是要利用宝美村历代做瓷的优势，重点扶持1-2家龙头企业，促进宝美村经济的发展。

于是，村民们将目光瞄准了村办瓷厂宝美瓷厂。1988年，共产党员苏尧棠毅然承包了这个停产近2年、亏损70多万元的企业，他紧紧抓住资金、技术、市场、产品这四大要素，投产的当年就取得了高效益，实现了扭亏为盈。同时，他通过完善管理制度、调整产品结构、扩大生产规模，使宝美瓷厂在激烈的市场竞争中迅速崛起。在他带动下，走“因地制宜，大力发展传统工业，争取办大及外向型企业”的路子，一大批企业在宝美村迅速成长，宝美人开始了大踏步的创业。1990年，全村陶瓷产值达到了3680万元；1992年陶瓷产值达5519万元。

昔日的穷样子，今日的好景象，让宝美人大开了眼界。

村领导集体看在眼里，喜在心头，开始以宝美瓷厂为契机的动员宣传工作，鼓励村民办企业，特别鼓励本村民和外来企业入驻东环工业区，并提供积极的优惠政策，村里实行一条龙服务，不收任何费用，先行投资建设了一条宽敞的东环大道，投资环境改变之后，一时间，东环工业区厂房林立，机器声响彻宝美的上空。短短的九年时间，1994 年宝美村工农业总产值达到 1.43 亿元，工业产值 1.4 亿元，首次跨入亿元村行列，人均收入由原来的 300 元猛增到了 3319 元。东环工业区已发展为德化县最大的陶瓷生产出口的基地。

光明的前景，带动宝美人的热情和高昂的斗志。宝美瓷厂看好了国际市场，为壮大企业的竞争力，逐步组建了具有独立专营进出口权的德化县第一家集团公司，产值 6 亿多元，年创税利达到 3600 多万元，到 2004 年，实现了全村工农业总产值 27.81 亿元，工业产值 27.8 亿元，人均纯收入 9043 元。

二、以企带村，脱贫致富奔小康。

佳美集团的成功，东环城工业区的发展，带动了整个宝美的经济，宝美村为了依靠党员干部的力量，在上级部门的大力配合下，成立了党总支，下设了 3 个支部（即综合支部、离退协支部、佳美集团党支部）。企业有了支部，就好比航海有了航标灯一样，党员人数增加到了 129 人，宝美人在党总支、各支部、党员的带领下，在南环设立了工业区，入驻企业 16 家，年可创产值上亿元。

俗话说得好：一业旺带来百业兴。党总支和村委会把目光投向加强基础设施建设和后勤服务保障上，在南环工业走廊上建起了佳美集团职工公寓，留住了人才，保住了发展的劲头。如今宝美村拥有初级以上技术职称的人数达到 40 多人，其中高级工艺美术大师级的达到 8 人。

另一方面，企业的发展为发展农村集体经济，充分发挥集体土地的经济效益打下了坚实的基础。也使农民向产业工人转变，实现了宝美村富余劳动力的转移，同时，党总支、村委会鼓励广大村民发展陶瓷配套产业和第三产业，创办了瓷土加工、石料公司、陶瓷机器、酒家、餐馆、超市、小学、幼儿园等多种功能齐全的服务产业，逐步建立起“一业为主，多业并举”的新形格局。

经济发展了，老百姓的口袋宽裕了。村民们的基本生活条件也得到显著改善，自来水入户使用率 100%；电话入户率 100%，无线电话拥有率每千人 500 部；交通发达，轿车每千人拥有 25.2 部，摩托车每千人拥有 378 部；彩电、VCD、冰箱、消毒柜、微波炉、液化气具基本普及，电脑上网普遍进入居民家庭，每千人拥有电脑 121 台……宝美村成了富甲一方的山区村。

致富不忘本，吃水不忘挖井人。几年来，党总支、村委会积极开展帮扶工作，不让一个村民掉队，通过“先富帮后富，后富促贫户”的做法，使每个村民的年人均收入最低也能达到 6000 元。同时也壮大了村集体经济，保证村老年人生活津贴费，每月每人 30 元的发放。我们经济发展了，应该反哺社会，这是很多企业家和群众的共识。佳美集团董事长、共产党员苏尧棠听说村里要修路，捐出 20 万元；近几年来，他先后捐出 200 多万元支持教育事业。苏清河、苏玉宗等企业家每年都拿出一笔资金资助贫困学生，使宝美村人迈上了共同致富的小康之路。

物质生活的丰富，使一些人在精神生活方面走向一定的空虚，宝美村党总支、村委会及时作出积极的回应，由于地处城关，流动人口多，治安工作形势严峻，加强精神文明建设，抓好治安综合治理工作始终不能放松。因此，宝美村率先在全县开展出租房的人口登记，派专人监护担保，做到来有登记，去有新住址。成立由 9 名治安人员组成的治安联防队，对三片区实行包干负责治安巡逻。为了丰富村民的业余生活，村两委投资 250 多万元建设 3000 多平方米老年人活动中心、青年活动室和“卡拉 OK”歌舞厅等娱乐设施。

在破旧俗立新风上，村党总支、村委会开展“六提倡，六反对”活动，评选文明幸福家庭，倡导文明、健康的生活方式。居民文明学校教育活动经常化，每年共举办各类培训班 20 多期，受训 1700 多人次，目前村领导正筹备投资 1000 多万元建设文化技术学校。随着村民素质的提高，村民的思想和文明程度发生了根本性的改变，为构建“平安德化”做出应有的贡献。

三、再接再厉，建设一流明星村。

宝美村取得了可喜的成绩，而这些成绩让宝美人把目光看得更远，标准定得更高，眼光投向山外的广阔天地。

宝美村的企业由小到大，虽然已经有了 7 家集团公司，但是许多集团公司只停留在国内的一些业务，为了把陶瓷产品业务拓展到国外，村党总支、村委会按照“高标准、高起点、高层次、高质量、高速度”的要求进行远景规划，鼓励集团公司向国外进军，在这个指导思想引导下，佳美、顺美、宝发集团公司于2003年在美国、德国、欧洲等地设立了办事处，并且其他集团公司纷纷仿效这种做法，在泉州、厦门等地设立了办事处，作为公司产品的专卖店和贸易中转站，形成了辐射欧美市场的商贸网。实现了走出大山，走出国门的梦想，让宝美人见到了山外的市场经济风光，冲浪于国际经济大潮。

是的，十几年前，宝美人住过破矮土房不见了，取而代之的是一排排花园式的新居，村庄总体规划布局体现了跨世纪新农村的特点，规划建起了公园、公厕，抓好道路两侧的绿化美化，投资1200多万元建设3000多平方米的幼儿园和扩建、改建了7000多平方米的小学，并扩大了招生数，既保证本村学龄儿童的入学，又保证解决了外来工子女入学的困难问题。使整个宝美村变成了“山村的都市”。

为了更好地面向市场，增强企业发展后劲，宝美村党总支、村委会又把目光投到了未利用的荒山上。

企业的发展需要用地，由于地理位置的特殊性，加上宝美村人多可利用地少，村委一班人决定在荒坡上建一个工业项目区，于是通过土地的审批，毅然在一片参差不齐的山坡上、山谷中规划出1200多亩的企业用地，目前已用推土机推出400多亩的工业企业用地，县委、县政府并把这片荒山坡地上建起的工业项目区列入了县里重点工程加以扶持，派出一批技术人才、管理人员上山，协助抓好工程建设，在工地上，村两委的身影常常在夕阳里下山，在第一缕晨曦中上山，宝美村人硬是在30米高的山坡上，20多米深的山垵里用汗水和精力填平了一宗宗企业用地，如今已有60多家企业报名预约了土地。

宝美村今日的发展靠得是什么，靠的就是这帮团结奋进的班子；靠的就是这些共产党人特有的牺牲精神；靠的就是这个班子的凝集力、向心力、战斗力；靠的就是党总支面对危难时刻的核心作用，村里党员干部艰苦奋斗的模范作用，并且在村民心中生根发芽。

宝美村经济发展的经验在于，他们根据本村人多可利用土地少的实际情况，立足传统瓷雕技术优势，瓷土资源优势和地处城郊人才汇集、信息灵通的区位优势，确立了以陶瓷工业为主，商饮服务业、运输业、建筑业等多业并举的经济发展格局。良好的经济发展格局背后，在于他们拥有一个带领群众发展致富的坚强的党组织，在于村民们开放的意识和发展的强烈愿望。

大浪淘沙，乘风而上。恶劣的环境、艰苦的条件造就这么一批奋发有为的宝美人和一个坚不可催的村集体班子。明天，宝美人将以崭新的姿态把握时代奋进的脉博，站在时代的潮头，去迎接更加光明的曙光。

福建省福州市洪山镇黎明村

党支部书记　郑庭富

福州市鼓楼区洪山镇党委副书记、黎明村党委书记、黎明经济合作社主任、福建省黎明企业集团公司董事局主席、总裁郑庭富同志在黎明村担任领导的十几年中，以自己过人的胆略和锐意改革开拓进取的精神，带领黎明村两委和全体村民及企业员工深入改革、创大业，使黎明经济实现了大跨度的发展。1991年，黎明村成为全省第一个“亿元村”，并跨入全国乡镇企业“十大百强”村的行列。1992年8月组建了福建省黎明企业集团公司，它集中了100多家由黎明村控股的全资、合资及内联企业，当年总产值达2．12亿元，到1993年实现了产值、利税连续三年翻三番。被上级有关部门誉为“黎明模式”、“黎明速度”，当时省委书记陈光毅为黎明村题了“黎明之光”四个大字，并把黎明经验在广大农村广泛宣传。从此，黎明进入了持续发展新时期，先后经历了初始发展，调整发展和持续发展三个创业阶段。

1996～2004年是黎明村进行了第三次创业，深入进行产业结构调整，黎明经济步入了健康稳步发展阶段。2004年黎明村总产值达19．62亿元，实现利润总额1．03亿元，上缴国家税金7632万元，年总产值连续八年在10～20亿元之间持续发展，年利税总额连续五年超亿元，稳列全省千万元以上纳税大户前茅。为此，黎明被评为“中国最具竞争力的大企业集团”和“世界行业500强”，且名列“全国500强”第58位，是福建省14家民营企业进入500强的第1位，被全国工商联领导誉为福建省民营企业的“老大”，获得“全国文明乡镇企业”、“全国先进乡镇企业”。被福建省政府树为“标兵企业”、“福州市农村小康建设工作先进单位”、“福州市文明村镇”等荣誉几十项。郑庭富书记也同时获得世界生产率科学院中国分院授予的“生产创新突出贡献奖”、全国厂商联授予的“中国十佳优秀民营企业”、农业部授予的“全国乡镇企业家”、共青团中央授予的“全国优秀青年企业家”、中共福建省委授予的“福建省优秀农村党支部书记”、被评选为“福建省劳动模范”、“福州市劳动模范”、“福建省依法经营经理”、被选为福州市人民代表大会代表、福州市人大常委会农经委委员、鼓楼区人大常委会常委等几十项荣誉称号。并兼任“中国青年乡镇企业家协会”副会长等10多家社团组织领导职务。

黎明村经济之所以能持续、稳定、快速发展，并取得可喜成绩，主要是在郑庭富同志领导下，发扬敢为人先、敢于创新、敢于拼搏的精神，坚持了：深化企业改革，积极推进两个根本转变，抓管理上效益，在稳中求进，不断创造新业绩。郑庭富书记作为黎明辉煌的开拓者，其取得的成功主要依靠于以下锐意进取的措施：

一、不断深化改革

郑庭富书记十分重视在市场条件下经营者的观念更新，不断推进深化改革。1992年10月，集团成立转制领导小组，郑庭富同志亲任组长，亲自制定改制计划，亲自进行动员，亲自深入各个企业抓改制工作，在总结乌山宾馆进行股份制试点经验后，在全资企业全面推广，一举获得成功。当即引起郊区领导的重视，组织全区有关企业在黎明召开转制工作现场会，推广黎明经验。通过这场现场会对黎明也是更有力促进，郑总裁乘胜借此东风对各企业在转制的基础上，进一步强化了内部管理，坚持以市场为导向，更新观念，以适应市场需要，进一步深化改革，并把改革的效果落实到企业管理和效益上，促进了生产发展。1995年，乌山宾馆又在原来股份合作制的基础上，进一步深化体制改革，引进外资，改造成为中外合资的上星级上档次的福建黎明大酒店有限公司，以餐饮、住宿为主，并充分利用80多亩的池塘水面建造了水上亭台楼阁，开设咖啡厅、音乐舞厅、钓鱼台、舟上烹调等独具特色的服务项目，很受欢迎。

二、狠抓科技兴企

实践证明黎明经济能飞速发展，其重要动力是靠科技进步，是“科技兴企”这一思想指导和重要举措驱动着黎明企业一步一个脚印一步一级台阶地向上发展。其中着重是：加强教育，树立科技观念。郑庭富书记经常提醒企业员工，乡镇企业再发展，必须靠科技兴企，并用这个指导思想不断教育全体员工，引导大家真正意识到集团发展一定要靠科技、靠人才，产值增长效益提高也是靠科技含量提高和新项目增多、新产品开发。为此，在全村上下一致树立了强烈的科技观念并用以来指导、推动企业生产快速发展；重视人才、实施“育人、引才、借脑”计划中，在引进大批各类科技、管理人才的同时，安排使用好人才，针对每个人特长特点安置在适当岗位上使人人都感到“有用武之地”。同时，加强了在职员工内部的培训工作，去年组织了40多名黎明村干部到福建省委党校进行为期一年的企业管理培训班学习，努力提高农村基层干部综合素质和经济工作管理水平，更主要是狠抓了教育这一基础措施，继续实施文教计划，努力办好独具黎明特色的教育产业。

被群众称誉为“热心教育家”的郑庭富同志对发展教育事业呕心沥血无私奉献，多年来投入3亿元资金创办了“美景幼儿园”、“哈利波特幼稚园”、“福州市黎明实验小学”、“黎明问声书斋培训中心”、“福州私立黎明学校”、“剑桥高中部”、“福建黎明卫生学校”、“福建省青少年素质教育基地——地球村”、“福建黎明夕阳红大学”、“福州黎明职业技术学院”。形成了幼儿园一小学一初中一高中一大学较为系统的民办教育体系即黎明教育产业，其知名度不断提高，对国家对社会做出了很大的贡献。注重技术进步，也不忽视对原有设备的充分利用，因此进一步加强集团所属企业的技术改造，对各企业的技术改造工作摆上了领导重要议事日程，全面规划逐项落实、决心改造现有的各种机器设备和旧厂房，以适应生产发展需要。

三、调整产业布局

在狠抓科技兴企的同时，郑庭富总裁有计划、有重点、有步骤地进行黎明辖区内的建设，优化黎明商贸区域的布局结构，促进生产要素合理配置，从而大大增强了企业发展的后劲。并积极引进技术、引进设备、引进项目，引进资金兴办一批上规模、上档次的大、中型商贸：英国百安居建材超市、好百年福州鼓楼店、黎明建材市场；福州文化体育用品批发市场、永辉超市黎明店、永乐家电黎明店等。产业结构的调整，拓宽了服务领域，完善了设施，增进了科技含量，强化了服务功能，增强了经济实力，提高了经济效益，使黎明经济发展实现了质的飞跃，形成了以教育产业、商贸业、餐饮酒店业、房地产业、高科技工业为主体的“五业”并进的经济新格局。经过几年再拼搏，促进了黎明经济发展，而且又有诸多新的创举和提高。

四、努力造福于民

郑庭富书记始终把人民的利益记在心中，始终坚持把实现人民群众利益作为一切工作的出发点和归宿。在抓好经济工作的同时，始终注意努力提高群众的生活质量，通过召开座谈会广泛听取党员、群众的意见，在加强领导、民主管理、班子建设和遵纪守法方面，先后建立并不断完善的有“村两委学习制度”、“两委联席议事制度”、“两委成员民主生活会制度”、“党风廉政建设制度”、“村务公开制度”、“村民代表议事制度”、“密切联系群众制度”等21项规章制度。积极维护村民的合法权益，制定出有关村民劳保福利待遇问题的多项规定和管理实施办法。特别是进入黎明经济发展时期，全面实施“造福于民”的全部计划，采取积极措施多方画大幅度提高村民的经济收入和福利待遇，于1994年就提前7年达到了省定的富裕小康标准，使黎明村全体村民在全省领先过上富裕小康生活。为了进一步提高小康质量和水平，黎明村拨出一批资金分期分批新建改建新居1．8万平方米，人均住房面积达到38平方米，还有80%以上村民住进高层单元式新居；在修建村间道路、水电、通讯、公共卫生、文化娱乐等设施中，现已建成6米至4米宽水泥道路10条，全长达5600多米，形成村间道路网；同时兴办民心工程，为村民设立了10大福利保障机制：一是实行村民退休制，每人每月退休金逐步提高，现已增至300多元，二是子女入托和就读高中免费；三是计生奖励；四是合作医疗报销；五是建立老人福寿保障制度，每人每月保障金50元；六是独生子女保险；七是设立见义勇为立功受奖基金；八是为困难产和残疾人生活补助；九是定期慰问老人、儿童、教师和军烈属；十是村民房屋拆迁安置优惠。仅这十福利每年就得开支800多万元。由于郑庭富书记一心扑在工作上，为家乡的建设做出了巨大的努力，因此、得到了大家的拥护和爱戴，村里的老人说：庭富比自己的孩子还好，为我们想得很周到，感谢党的好领导，使我们能过上好日子。所以每次换届选举他的得票总是最多，是连续几届的村党委书记和市人大代表，被授予“福建省优秀农村党支部书记”和评为“人民的好代表”。

五、无私奉献社会

郑庭富同志常说：我是人民代表，又是共产党员，必须以“三个代表”重要思想为指导，为民办实事、谋福利，不能局限于黎明村，要面向全社会，只要是国家、社会、人民的需要，都得不惜一切贡献自己的力量。因此，黎明村还不失时机地无私奉献社会各项建设事业。福州拓宽二环路，黎明无偿献出大片二地，并拆除民宅工厂企业单位数以百计，除因拆房造成损失外，为安置这批工厂和住户就花去5000多万元：在扩建乌山路通往加洋路的咽喉要道及建造加洋桥又花了1200万元之多，前年建造乌山立交桥，黎明无偿奉献6亩多土地，加上百多家商店，这一项黎明又奉献给社会一千多万元。还有拨款扶贫、助教、捐献希望工程、援助灾区等。还投入100多万元设立“尊师重教基金”和郑庭富希望工程基金。每年分别向福州三中、福州十八中、福二中、福五中、福高等56所中、小学的先进教师和三好学生发放奖励金，效果良好。

六、两个文明齐抓

郑庭富书记领导黎明人在发展社会主义经济过程中，全面实行了两个文明建设一起抓，既抓物质文明建设，又抓精神文明建设。郑总裁常说：“黎明人一定要当物质富裕、精神富有的社会主义一代新人”。为了达到这个“富裕”和

“富有”，他对各层领导本身，对全体干部职工都不断提出新的更高、更严要求。多年来在组织黎明经济高速发展的同时，从不放松精神文明建设，郑总每次都不失时机地亲自传达党的“十四大、十五大、十六大”精神，深刻宣讲自己学习体会，及时提出学习贯彻意见，使党中央的重大决策贯彻落实到广大黎明干部群众中去，有的放矢地解决三个大的原则问题：即坚定共产主义远大目标，坚定社会主义信念，解决政治方向问题；树立全心全意为人民服务的宗旨观念，解决人生观、价值观问题；明确党员权利、义务，解决充分发挥党员的模范先锋作用问题。并向广大党员、干部和职工提出“十个增强”等收到良好效果，从而大大提高了党员干部政治思想水平，进一步改观了精神面貌，不少中青年积极要求入党，全黎明党员已达179名。在村民职工中涌现出一大批“双文明户”和“五好家庭。”郑庭富书记还特别注意发扬“团结、实干、创新、奉献”的黎明精神。并以此来不断激励全体党员、干部、职工建设社会主义的积极性和主动性，让所有黎明人在两个文明建设同时高速发展中得到实惠，早已实现富裕小康目标的黎明人，不但物质生活富裕、精神生活富有，并看到更加美好的未来，对黎明对整个国家发展前景充满信心。为此，使黎明成为远近闻名的“全国村镇建设文明村庄”、“全国文明乡镇企业”、“福建省十好文明村”、“福州市文明单位”、“鼓楼区文明单位”等荣誉称号。

在郑庭富领导下，黎明的创业脚步永不停止，目前黎明人正以认真学习和全面贯彻党的十六大精神为动力，高举邓小平理沦旗帜，以“三个代表”重要思想为指导，坚持与时俱进，进一步发扬改革创新精神，总结经验，发扬成绩，再施新蓝图，再创新辉煌。

福建省漳浦县前亭镇后蔡村

镇党委委员、村党支部书记　杨亚知

杨亚知同志是漳浦县前亭镇党委委员、后蔡村党支部书记。他在1990年担任村委会主任，1994年担任村党支部书记至今的十多年时间里，带领全村党员群众，紧紧围绕经济建设这个中心，坚持科学发展观，，牢固树立“脱贫致富奔小康，建新村”的观念，与时俱进，开拓创新，走出了一条“以工补农、以海兴村、以笋富民”的发展新路子，大力调整农业结构，发展科技种植芦笋2200亩，全面开发利用海滩涂2000亩，发展个私企业引进外资7家，规划再发展12家，旧村改造新村建设已新建楼房100座，2004年实现年国民经济总产值超亿元，村级集体经济年收入80万元，农民人均纯收入5000元，比1994年人均纯收入翻了一番，并加大公共事业的投资力度，村容村貌发生了翻天覆地的变化，使后蔡村成为东南沿海一颗璀璨的明珠。

杨亚知同志的创业精神和领导才干，受到全体村民的普遍赞誉和各级党委的充分肯定。自1990年任村委会干部以来，被镇党委、县委评为“优秀党支书”、“优秀党务工作者”，1993年被省委评为“优秀党务工作者”，1998年被省委评为“优秀党支部书记”，2003年被市委评为“优秀党支部书记”，并被当选为县第十一届人大代表、市第八届党代会代表。他领导的后蔡村党支部历年被县委、镇党委评为“先进党支部”，2001和2003年被市委评为“先进基层党支部”。1993年后蔡村被省委、省政府评为“明星村”，1999年被市委评为“新村建设示范点”。

一、做好表率，充分发挥村两委的战斗堡垒作用

1990年，杨亚知担任村委主任时，后蔡村还是一个贫穷的沿海村，经济滞后，人人思变，但总是跟不上时代改革的步伐。他深深的懂得，要改变全村的落后面貌，带领全村群众走上富裕路，关键在党，关键在人，就是要有一个与时俱进，开拓创新，富有战斗力的领导班子，因此，他在镇党委的领导下，认真做好村两委的组织建设工作。

为进一步提高村两委干部的政治理论素养，他带头加强村党支部班子成员学习，规定每月15日为村两委班子的“学习日”，有针对性地进行一些村级行政事务、财务知识等的培训，并鼓励干部参加镇政府举办的“村主干”上台演讲会，进一步提高村级干部的文字、语言表达能力，极大地促进了两委干部的学习和工作热情。同时，积极抓好以党支部为核心的农村三级网架建设，全村设5个网区、21个网点及450户联系户，全村形成事事有人抓，事事有人管，一级抓一级，多数人做少数人工作的新局面，进一步增强基层组织凝聚力和战斗力。

作为村党支部书记，他怀着对党组织和人民的无限忠诚，克己奉公，做到对上级负责、对群众负责。以改革开放的胆略、敢于负责的勇气、争创一流的魄力创造性地开展工作，使后蔡村的党建工作上一个新水平。他以村党员活动室为阵地，深入开展“双学”活动，组织党员干部进镇党校参加学习培训，努力提高党员素质。

他深知农村工作不能就党建而抓党建，而在于带出一支富有战斗力的干部队伍。他总是要求村两委干部要勤政敬业，坚持“四个不计较”：一是不计较下村工作量，每位包队干部都应带任务入户，少指手划脚发议论，多扑下身子具体帮、亲自干，为民办实事。二是不计较工作时间，要从农村工作特点出发，不分昼夜服务农民，只要能办的事情马上办。三是不计较名誉地位，要牢记党的宗旨，全心全意为人民服务，创一流业绩，默默无闻、脚踏实地做好本职工作。四是不计较报酬。要在困境中求突破，群众满意，就是对自己工作的最佳肯定，最丰厚的回报。在他的带动下，几年来，村两委班子7名成员中，有5名分别上大、中专函授班学习，党员干部树立了劳动致富的榜样。

作为村党支部书记，尽管日常事务多、工作忙，但他始终坚持把加强学习、提高修养、增强党性作为一项重要的政治任务来抓，每天都挤出一定的时间看看电视新闻、报纸等，带头学习“三个代表”重要思想、邓小平理论、十六届三中、四中全会精神及全国“两会”精神，从而提高了政治敏感性和工作的前瞻性。同时，他把调查研究作为搞好农村工作的切入点，经常进村入户，了解农民的生产生活情况，广交农民朋友，帮民困，解民忧，密切党群干群关系，促使各项改革和经济建设顺利进行。

此外，他认真执行镇党委制定的《村两委业绩档案登记制度》，对村两委开展中心工作进行常年性的跟踪考核，相应制定了《村务公开、财务管理制度》，对村干部、村民小组、公共事业等方面的管理作出了明确规定，做到有章理事、按章办事，提高村务工作透明度。作为一名受党培养多年的共产党员，他以身作则，严格要求自己，在坚持讲党性、讲原则、讲大局，自觉维护党委和政府权威的同时，严格执行中央关于领导干部廉洁自律的有关规定，自觉抑制各种腐败和不正之风。没有利用职权之便为家庭和亲友谋取私利或拉关系、走后门，没有收送各种红包，没有参与公款出国旅游活动。在干部群众中塑造一个廉洁为民的公仆形象。

二、求真务实，促进经济全面发展

“发展才是硬道理”，不改革，不发展，就永远处于贫穷状态。杨亚知同志担任村党支部书记以来，带领村两委知难而进，勇于开拓，他们根据本村实际，积极谋划，提出“以工补农，以海兴村，以笋富民”发展农村经济的发展方向，调整优化农业结构，发展个私经济，打造基础设施，建设滨海新村，一步一个脚印，一年上一个台阶，使一个只有2000多人口的贫穷落后的滨海小村，变成国民经济总值超亿元的卫星村。

近年来，在党支部书记杨亚知的带领下，后蔡村两委积极进取、不断寻求新的发展路子，使后蔡村的经济跨上了一个新的台阶。

一是调整和优化农业结构，逐渐壮大产业

后蔡村有550户，2130人口，1994年～1997年，杨亚知同志为使后蔡村走上小康道路，他连续三年在全村掀起了芦笋种植热潮。村党支部从资金上、技术上给予笋农一定的帮助，村集体高薪聘请县芦笋专业技术员专职作技术指导，并制定相应奖励措施，全村现已开发芦笋2200亩，实现户均4亩笋，年创产值1550万元以上，年可增加农民收入500万元以上，使后蔡村农村向高优、高效方向发展。同时，杨亚知同志利用后蔡村2000亩滩涂地大力发展水产养殖业，适时改变虾池养殖结构。后蔡村拥有虾池1800亩，对虾养殖是后蔡村的主要经济支柱之一。2004年，在他的带领下，后蔡村围垦虾池400多亩，投入资金500多万元；新办育苗场4家，投入资金400万元。他组织科技人员探索提高虾池综合效益的新路子，采用“面层养虾、中层养鱼、底层养贝”的生态养殖模式，取得了较好的经济效益。同时，还牵头组织虾农与浙江泥蚶养殖厂联合开发蚶苗培育、虾蚶混养技术，推广泥蚶混养800多亩，年增创产值500万元。

二是招商引资，大力发展个私经济 1994年，他积极引进台商，创建了“景新水产开发有限公司”，投资500万元，年产值700万元。他通过落实优惠措施、改善个私投资环境、鼓励经济能人等方法多方位地营造个私经济发展空间，提高个私经济的地位，树立个私经济的形象。并以外资企业——景新水产开发有限公司为龙头，他积极探索市场水产养殖鱼苗的需求，创办个私经济、股份制企业6家，安排劳力出路150人，年创产值1600万元以上。

三是建设海滨新村 杨亚知同志认识到农民建新房，是农民脱贫致富奔小康的必然要求，他带领村干部一班人，从后蔡村村情出发，立足折旧建设，抓好新村建设，逐步加大水、电、路、通讯、绿化配套建设，改革农村脏乱差面貌，成为全县新村建设的示范窗口。积极组织有关人员去参观学习外地经验，从村建设规划与村容村貌不合理的出发点，从发展经济、节约土地为突破口，走旧村改建村的路子，旧村改造建新楼房100座，总建筑面积2．5万平方米，总投资1250万元。从村委会叫群众，发展到群众要求村规划后来盖新村，仅2004年建楼房就有24户，使后蔡村楼房林立，村容村貌发生了翻天覆地的变化，后蔡村成，为东南沿海新型的村庄。

四是实施为民办、实事工程 他带领村党支部多方筹集资金近400万元投入为民办实事项目。其中，建一座省级农村示范学校，投资120万元，建水泥路1．2公里，投资40万元，并投资50万元铺设村级柏油路2．8Km；投资26万元兴建“夕阳红”老人活动中心；投入80万元修筑机耕路，同时投建村部60万元，绿化20万元，并配套排水设施和防护林网，为芦笋种植等农业项目开发和外资引进打下了坚实的基础。投资300万元、总长2．6公里的桥仔头至后蔡水泥路也将于近期破土动工。

五是大力发展旅游业 以谭州滨海火山国家地质公园建设为契机，配合县委、县政府做好在后蔡湾开发的三星级酒店和海上娱乐等配套项目的建设，进一步推动后蔡村在旅游业上的有力作用。

总之几年来，杨亚知同志成为后蔡村干部群众奔小康的领头雁，在他的领导下，后蔡村各项工作蒸蒸日上，年年上新台阶，各项指标列在全县及全市前列，经济实力迅速增强，人民群众生活如甘蔗一样，一节比一节甜。

山东省邹城市北宿镇西故村

党支部书记 李生根

李生根，男，汉族，1955年5月出生，大专学历，1973年11月参加工作，1975年8月加入中国共产党，1973年11月～1980年9月在中国人民解放军80705部队服役，1981年转业到山东省邹城市北宿镇工作至今。1994年起至今，担任邹城市北宿镇西故村党支部书记。2001年领导创办山东省呱呱鸭制品有限责任公司，任董事长。历任山东省邹城市第十四届、十五届人大代表。任西故村党支部书记以来，李生根同志始终以建设小康村庄、实现“双强双富”为奋斗目标，团结村“两委”一班人，在发展村集体经济、带领群众致富奔小康的道路上，做出了突出成绩。

西故村位于兖矿集团南屯煤矿驻地，总人口1308人，由于采煤塌陷，村里的大部分耕地都被水淹了，到1994年，村里人均耕地已不足两分，村民的基本生活都成了问题。李生根同志担任村支部书记以后，首先提出了“治理塌陷地，向水面要效益”，“增加集体收入，带领群众致富”的奋斗目标。他紧紧抓住国家对塌陷地治理扶持的大好机遇，积极争取了省“采煤塌陷治理”星火计划项目，配合市镇对村周围3000余亩的采煤塌陷地进行了综合治理，经过上千个日日夜夜的艰苦奋斗，原本茅草丛生的泥沼荒滩彻底变了模样：水清了，岸直了，路平了。李生根趁热打铁，又大做起了水面文章，逐步形成了“水中养鱼、水面养鸭、水下养藕、水边养花”的高效立体养殖模式，在他的带领下，村里陆续发展了精养鱼塘近2000亩，养鱼网箱200余个，建起了肉鸭养殖大棚96个，高标准蔬菜温室大棚95个，花卉苗木繁育基地200亩。仅此几项，户均年收入就增加了一万余元，集体年创收近百万元。昔日的“沼泽地”变成为“田成方，林成网，蔬菜、鱼塘连成片”

的高效生态农业区，成了发展集体经济，增加群众收入的“聚宝盆”。

塌陷区综合治理让群众过上了宽裕殷实的日子，但李生根并不满足，也没有放慢发展的脚步，他深谙“无商不兴，无工不富”的道理，创办“农字号”龙头企业，对农牧渔产品进行深加工，成了他的又一个发展目标。2001年初，经过集体研究，反复论证，他大胆投资1200万元与江阴养鸭大户联合创办了集肉鸭繁育、孵化、养殖、宰杀、。加工、销售为一体的农业龙头企业——山东呱呱鸭制品有限责任公司，并亲自出任了董事长。企业创办之初，他就鲜明的树立了“做大一个企业，塑造一个品牌，带活一项产业；富裕一方百姓”的发展目标；努力创新经营理念，实行“公司+农户”的经营模式，迅速带动起全村养鸭业规模的扩张。如今，全村肉鸭养殖专业户发展到近百家，肉鸭年出栏量达到了300多万只。公司产品远销北京、上海、兰州、武汉等大城市，2004年实现销售收入3600余万元，利税400万元，并吸纳了本村剩余劳动力330人进厂务工，取得了显著的经济效益和社会效益。从2003年开始；他们又辐射带动附近15个村庄的100多个农户，建起了肉鸭养殖大棚近200个，活鸭年出栏量增加200多万只，真正把北宿镇的肉鸭养殖业培育成了龙头产业。2003年7月份，“呱呱鸭”公司的产品获得了进京入沪销售资格后，又成功通过了山东省“无公害食品”认证，公司的肉鸭养殖与深加工项目被确定为2003年度国家级“星火发展计划”项目。公司由于重合同、守信誉、诚信经营，2003年9月被国家科技质量中心评为“全国十佳供货合同诚信单位”。2004年底，又被评为“济宁市先进民营科技企业”。

呱呱鸭制品公司的不断发展壮大，吸引了许多省内外客商前来洽谈业务，闲暇之余，客商们常常到水边上转一转，看一看现代化的养殖场和经过综合治理后的塌陷地；附近厂矿的职工下班后也常到水边散散步；城里的人们每逢节假日，或结伴或携家带口来这里钓鱼野炊。李生根抓住这一大好商机，筹资200余万元，实施了西故村乡村旅游建设工程：建起了休闲垂钓亭台，买来了快艇和游船，围湖栽植了绿荫垂柳，还建起了“渔家乐”水上鲜鱼馆、岸边野味快餐店。没多久，一个方圆6000余亩，集休闲、垂钓、餐饮、娱乐等诸多功能于一体的旅游观光农业开发区呈现在人们面前，塌陷地成了邹城的“小西湖”。旅游旺季客流量一天可达上千人，仅娱乐、餐饮年收入就达可200余万元。去年他又挥动大手笔，投资100多万元建成了集休闲、娱乐、健身为一体的文体广场，成为全村旅游创收的新亮点。

经过不懈的努力，西故村经济得到了快速发展，2004 年，全村集体收入 660 万元，农民人均纯收入达到 4683 元。西故村先后被评为济宁市“科业示范村”、邹城市“发展经济先进村”、“精神文明建设示范村”、“双强双富示范村”等荣誉称号。李生根本人也多次被济宁市、邹城市评为“优秀共产党员”、“模范村党支部书记”、“优秀农民企业家”，并连续两届被推选为邹城市人大代表。

山东省滕州市张汪镇大宗村

大宗村始建于明朝洪五二年，地处鲁南大平原，滕州市西南部，面积 16.8 平方公里，西临微山湖，东靠京沪铁路、京福高速公路，南接京杭大运河，北挨鲁南煤田。境内 104 国道、枣沛高速路纵横交错，地理条件优越，交通便利，物产丰富，人杰地灵，是孔子、孟子、墨子文化的发祥地，向东是薛国故城，向北是滕国故城，有丰富的文化底蕴，全村 860 户，3500 人，10 个村民小组，耕地面积 2600 亩，近年来，大宗村广大干部群众在党总支书记宗成乐同志的带领下，认真学习“三个代表”，认真落实科学的发展观，紧紧围绕建设“大而强，富而美”的现代化新农村目标，不断解放思想，干事创业，与时俱进，开拓创新，取得了三个文明建设的丰硕成果，全村现有股份制企业 18 家，固定资产 4.2 亿元，2004 年创工农业总产值 6.2 亿元，农民人均收入 6678 元，先后被各级评为“全国小康建设明星村”、“全国精神文明创建工作先进单位”、“全省村镇建设明星村”、“全省文明村居示范点”、“全省美在家庭示范村”、“全省卫生村”、“经济强村”、“生态文明村”、“五星级文明村”，大宗村环境优雅，人民富裕，生态良好，社会和谐，享有“鲁南第一村”的美誉。

一、迅速发展的民营企业。

大宗村发展到现在迅猛发展的民营企业用了不到10年的时间，按照最初提出的“四千四万”(踏遍千山万水，克服千难万险，想尽千方百计，费尽千言万语)的大宗精神，坚持思想创新，坚持走新型工业化道路，大力发展民营经济，取得了丰硕的成果。目前，大宗村有各类企业18家，形成热电、生物化工、铁运、煤炭煤焦、塑料纺织、机械加工制造，物流运输、房产、制药，国内外贸易等10大行业120个品类，有装机容量为10万KW的煤矸石热电厂，年产10万吨淀粉的生物公司，年产精煤150万吨的洗煤厂，年吞吐量为100万吨的铁运货场，年产5000万条编织袋的塑料制品公司，有100辆货车的物流公司和以建材、纺织、农产品深加工为主的综合贸易进出口公司，并在河南省三门峡市一次性买断了重晶石，铁矿石资源，获得永久性的开采权，同时在美国、日本、北京、上海、济南设立了办事机构，在山西、内蒙等地注册了公司。

二、优雅舒适的生活环境。

近年来，大宗村坚持高起点规划，高标准建设，研究制订了小康村发展蓝图和规划目标，现已建成古典欧式小康房920余套，别墅20余套，人均居住面积达到65平方米。规划建设了千米商业街，商业房300余套，建设封闭式农贸市场一处，设有摊位500余个，使用面积9000平方米。按照村村通的要求，完成了5横8纵及村内多条小巷的硬化绿化。栽植了白玉兰、围槐、冬青、红树等绿化苗木，全村绿化面积8万多平方米，硬化率，绿化率均达到40%以上，形成了村内村外绿化掩映、花里飘香的良好生态环境。为改善人们的生活环境，村里购买了垃圾箱，流动垃圾车，安装了路灯，架铺了水管，开挖了排水沟，村民生活环境焕然一新。为活跃村民的精神文化生活，积极开展了全民健身运动，村里投资300余万元，新建了一处占地35亩，集休闲、观赏、娱乐、健身于一体的农民文化广场，目前全村道路硬化，环境美化，街道硬化绿化，庭院净化，村容村貌焕然一新，形成一条独特的乡村风景线，今年计划新建一处占地5万平方米的大宗公园，让大宗人生活在山水相间，绿树成荫的优美环境中，真正过上城里人的生活。

三、别具特色的精神文化生活。

大宗村坚持软件硬抓、虚功实做的原则，通过抓宣传、抓阵地、抓教育、抓活动，村里制订了《大宗村规范化管理公约》，自办了村级报刊，为村民建成了藏书量为1万册的图书室、高标准的阅览室、老年活动室、职工俱乐部、青年之家等活动场所，订阅了各种书籍杂志，报刊60余种，每逢节假日，都举行丰富多彩的文化娱乐活动。极大地提升了广大村民的精神文化生活档次。每年春节期间，大宗村都代表滕州市参加枣庄市游艺大拜年活动，受到各界领导群众的好评，每年元宵节举行灯展，吸引十里八乡群众前来观看，同时邀请河南豫剧团来大宗搭台唱戏。2004年，山东省体育工作现场会在大宗村胜利召开，蔡秋芳副省长对大宗村的各项建设给予高度评价，大宗村每年都举行“文明一条街”、“十星级文明户”、“五好家庭”、“生态文明户”评选活动，收到良好成效。连续5年被各级评为“五星级文明村”“生态文明村”。

四、实实在在的民心工程。

实施民心保障工程，村里从1993年起统一为年满30周岁的公民办理养老保险，村民全部实行工资制度，各种义务工全部转化为工资发放，以资代劳，连续15年农民承包的土地在耕、种、浇、管、收等费用开支上全部由村里负责，连续18年无集体提留。为企业职工办理了养老保险、意外伤害事故保险。村里还充分发挥各基层组织职能作用，把计划生育、尊老爱幼、移风易俗，文明新风、写进村志，编成剧本，拍成电视剧献给群众。为建设现代化信息村，村里建立了网站，架设了宽带网，率先在全市农村实现网上招商，网上办公。目前全村共有移动程控电话2680部，电脑160余台。在抓农业结构调整上，他们大力开发实施生态农业，促进农民土地增收增产增效。为给村民创造一个宽松和谐的生活环境，村里成立了30人的保安队，保安队员日夜坚守岗位，确保一方平安。平安创建工作多次受到枣庄，滕州两级市的表彰。村里成立了40人的绿化环卫队他们每天打扫街道，修理花木，成为大宗村的美容师。

五、日新月异的文教事业。

近年来，大宗村坚持“以人为本”，全方位培植人才资源。坚持“走出去，请进来”的办法，每年组织村两委干部，企业领导职工到外地学习参观，积极引进国内外先进的技术与管理模式。近年来，大宗村先后从济南、枣庄、滕州等地高薪聘请了具有专业知识的高学历人才20余名，担任公司及各企业重要岗位，先后选派6名优秀青年到日本、美国留学。2003年，投资500余万元的省级规范化标准小学投入使用。从97年起对村里考上大学专科、本科、硕士研究生、博士生研究生的孩子，村里给予5000元至4万元不同层次的奖励。目前，大宗村有硕士研究生4名，博士生1名，同时，村里准备建高标准的幼儿园，扩建初中部，高中部，实施从小学到高中的12年义务教育。

今日创佳绩，明日更辉煌，勤劳善良的大宗村人没有停止前进的步伐，他们按照建设现代化，旅游型小康村的要求，确立了大宗村建设的远景目标。用全国劳动模范、大宗村党总支书记宗成乐同志的话说：“要全力建设富而美的新大宗，全力打造滕州的华西村”。

湖北省通城县隽水镇宝塔村

宝塔村位于鄂南边陲，湘、鄂、赣三省交界的山区县城郊，总面积2平方公里，下辖九个村民小组，263户，1328人。

到过宝塔的人，都说宝塔变了。一条条纵横交错的公路，一座座现代化的工厂，一栋栋鳞次栉比的小洋楼，街巷整齐划一，错落有致，华灯初上，霓虹闪烁。昔日破落的村庄，如今变成了繁华都市，“泥腿子”当上了产业工人，千百年从村中流过的秀水河，记载着这一切的变化。2004年全村实现工农业总产值1.38亿元，其中工业总产值1.1亿元，利税1000万元，净资产6000余万元，村民人均纯收入4800元。近几年来，该村多次被湖北省委、省政府评为“湖北省文明新村”、“湖北省五好村党组织”、“湖北省模范村委会”等荣誉称号；四年来，该村先后被湖北咸宁市通城县评为“小康示范村”、“综合实力第一村”等称号；2004年5月，该村又被评为“全国依法治村先进单位”。

一、架起通向富裕的金桥

二十年前的宝塔村是一个人平年收入只有528元，村组无企业，集体无积累，办公无场所的“三无村”，贫困的幽灵在流经村内的秀水河上游荡。

1984年，刚过不惑之年的共产党员黎泗保出任党支部书记，从此宝塔人改变了贫穷的命运，以他为首的党支部一班人开始探寻重塑宝塔形象的良方，寻找致富这方百姓的路子，认为：要摆脱贫困必须靠发展经济，然而，路在何方？村两委会制订了兴村方略的措施和目标。第一步调整农业产业结构，改以粮为主为多种经营，变传统养殖为科技兴牧，尽快建立吃饭工程，减轻村民负担。第二步形成初具规模的工企业，办好一两家工厂争取在工企业积累中逐步减免村民上缴税费，并尽可能建设村级公益设施，在1998年以前，实现山、水、田、路的综合治理，建造一个新宝塔。第三步形成村组、个体工业网，进一步完善全村公益设施，提高全村人民的生活水平，将宝塔村建设成既有物质文明，又有精神文明的花园小区。

措施和目标确定后，村两委会一班人紧锣密鼓付诸实施。他们把目光投向了茶叶市场，开始创办了第一家村级企业——宝塔茶厂。初试牛刀，第一年就盈利20多万元。由于经营得当，管理有方，经济效益不断攀升。“霞光”牌系列产品一直畅销我国东北、西北市场，累计实现销售收入5800万元，利税600万元，现有净资产380万元。宝塔茶厂的成功，集体有了家底，村民手里有了活钱，干劲足了，胆子更壮了。

1994年又办起了宝塔砂布厂、当年就实现产值500万元，利税60万元。2004年宝塔砂布厂年产值突破8000万元，利税860万元，已成为“湖北农业企业500强”，“祥麟牌”砂布、砂纸荣获“湖北省名牌产品”，并取得了进出口自营权，市场营销网络遍布全国，产品出口东南亚、南非、欧美等20多个国家和地区。以砂布厂为龙头的企业，带动了相关产业的发展，先后办起了造纸厂、包装厂，磨料磨具厂等，村级企业已发展到6家。2004年又投资2000万元创办了“通宝铜材有限公司”，将年创产值5000万元，利税

600万元，成为宝塔村又一个新的经济增长点。与此同时，宝塔村的个体、私营经济如雨后春笋般发展起来，现有个体工商户、私营业主188家，其中年产值在100万元以上的有6家，这些私营企业与村组企业一道共同打造宝塔的“经济航母”，成为一道亮丽的风景。

近十年的艰苦创业，宝塔村的“泥腿子”们，硬是在困境中闯出了一片新天地，走出了一条强村富民之路。现在已形成了茶叶、砂布、造纸、铜材加工为一体的村组企业发展格局。

一、打造干群连心锁

村级经济发展了，村民富裕了，进一步改善村民的生产生活条件又刻不容缓地摆在村两委会一班人的面前，开展“文明新村”建设，改善村落环境，提高文明素质，提高生活质量，成为当务之急，村两委会一班人统筹规划，马不停蹄地实施着一系列“民心工程”：其一，就业工程。千方百计办企业，广开就业门路。每家有1—2人安排在村办企业上班，共解决劳力就业800余人(其中安排改制企业下岗职工200余人)。村民有事做，经济有来源，生活有了保障，从而夫妻好合了，家庭和睦了。其二，免负工程。自1998年以来，全免了村民的各种税费负担，都是由村组代交，没有向村民收一分钱，从而增强了凝聚力与向心力，改善了干群关系，村民更加安居乐业。其三，福利工程。一是修桥铺路，整治河道。几年来共修建大小桥梁4座；硬化路面6公里；投入资金40多万元，用于秀水河的整治。二是为丰富村民的业余文化娱乐生活投资30多万元，建起了宝塔健身广场；投资380万元兴建了一座占地10万平方米的木鱼湖农民公园，昔日荒芜地如今成了村民娱乐休闲的好处所。三是医疗保健。多年来全村育龄妇女，企业职工健康检查和儿童防疫保健都实行免费，为妇女、儿童及职工的身心健康提供了保障。其四，富脑工程。俗话说“欲富口袋，先富脑袋”。宝塔村在壮大集体经济后，注重推进村民的素质教育。一是投资近100余万元建造了宝塔完小，完善了各项教学设施。二是开办职校。通过聘请专家和经营管理人才授课等手段培养农村技术人才和管理人才，自主培养人才100余名。其五，解困工程。主要解决特困户、天灾人祸户、老弱病残者，有困难时能及时得到救助。其六，帮教工程。对失足青年不另眼相待，不向水流洲，而是采取积极的态度，耐心帮教，做好转化工程，企业中先后吸纳20余名失足青年，大部分都学到了一技之长，有的还走上了领导岗位，成为社会的有用之才。

“民心工程”赢得了农民群众的信任和赞誉，干部与群众的心贴得更紧了，感情更融洽了，矛盾少了，事好办了。老百姓的生活就象秀水河的水，流淌着激情，奔腾不息。

如今，宝塔村的村民也和城里人一样，按时上下班，出入有摩托车、小车，通讯有电话、手机，尽情地享受着现代文明成果。全村90%的农户建起了小洋楼，闭路电视覆盖全村，40%的农户使用了电脑，92%的农户有存款，人均拥有集体净资产5万元。宝塔村已成为咸宁市“十强村”、通城县“综合实力第一村”，是通城县村级“双文明”建设的楷模。

三、塑造文明新村形象

宝塔村在抓经济建设的同时，始终把倡导社会公德作为一项主要内容来抓，把打造文明新风作为强村富民的“后劲工程”来抓，以推动文明新村的建设。

近年来，一是在全村广泛开展了“十星级文明户”的评比活动。做到规范上有内容，目标上有要求，操作上有尺度，验收上有标准。全村263户共评出十星户36户、七星至九星户150户，所有参评户由评定小组集体入户挂牌，并对星级实行动态管理，每半年进行一次，重新评审和星级调整，广大农户对此热情高涨。二是切实开展了“美德在农家”和“五好家庭”争创活动，由村妇联和村团委组织实施。2003年全县“美德在农家”活动在宝塔村启动。并以此为契机，在全村大力开展争创活动，村风村貌焕然一新。年底，全村评出“好公婆”6人，“好媳妇”7人，“好丈夫”2人，“好儿女”4人，村里敲锣打鼓，赠送匾牌，群众反映良好，评创活动的开展为推进全村文明建设起到了良好的促进作用。一组村民汪某与杨某两家长期不和，自开展“十星级文明户”评比和争创“五好家庭”活动以后，他们触动很大，互相承认了错误，积极投入到争创活动中，分别被评为“十星级文明户”和“五好家庭户”。三是大力开展关爱老人，尊重老人活动，在全村形成了尊老爱幼的良好氛围。村委会每年“三节”(端午节、中秋节、春节)都要拿出万余元资金对年满70岁以上的老人进行慰问，同时，注重发挥老干部、老党员、老教师的作用，每年组织他们对村级事务进行检查，听取他们的批评，意见和建议。四是村委会设定了文明创建基金，用于奖励在文明建设中起到良好示范带头作用的先进个人和家庭，同时还设定了教育成才基金，对中考、高考中取得较好成绩的青少年学生予以奖励。五是制订《村规民约》、《员工准则》引导村民遵守“爱国守法、明礼诚信、团结友善、勤俭自强、敬业奉献”等基本道德规范。六是经常开展科技文化学习活动。开展“学法制、学文化、学科技”三学活动，求发展、求致富、讲道德，逐渐形成风尚。

宝塔村在村务工作中，充分发挥村民自治的作用。一是立足普法教育，增强村民的法制观念；二是着眼制度建设，切实推行民主议事制度，严格实行村务公开制度；三是狠抓民主决策，充分发挥村民当家作主的作用，真正体现了主人翁地位，这样一来，积极推动了依法治村工作，努力促进了村民由经验办事向依法办事转变，管理体制由随意型向规范型转变，决策机制由专断型向民主型转变，社会风气由不良方面向健康方面转变的可喜局面。

全村连续8年来无计划外生育，社会治安稳定，无刑事案件，无上访闹事，邻里乡亲和睦相处，安居乐业。集体经济跨越式发展，村民们过上宁静、祥和、民主的小康生活，淳朴的民风和健康向上的村风蔚然形成，充满文明清新气息的宝塔村就象一朵奇葩绽放在南鄂边陲！

湖北省武汉市奓山街道星光村

党总支书记　张传明

张传明，男，1952年11月出生，现年53岁，汉族，中专文化，担任星光村党总支书记已有27多年，他勤恳朴实，廉洁正派，脚踏实地，开拓进取，带领全村干群，将星光村由一个贫穷村改变为一个富裕村，将一个落后村改变为一个闻名荆楚的先进村。该村先后获得湖北省“村级经济500强村”、湖北省“先进基层党组织”、全国“村民自治先进单位”等文明称号。2004年，该村完成工农业总产值一亿多元，同比增长45%；完成税收322万元，比上年增长40%；完成 村集体收入275万元，比上年增长40%；农民年人均可支配收入达到5268元，比上年增长12%。该村综合经济实力和人均纯收入位居蔡甸区和湖北省前列，该村正朝小康大道上迈进。

一、牢记“三个代表”，确立工作目标

2003年，星光村作为武汉市2000多个行政村的惟一代表，进行创建“实践‘三个代表’，全面建设小康”模范基层党组织试点示范。张传明深知责任重大，他将“三个代表”与农民奔小康结合起来，把建设文明新村的目标确立在全市、全省乃至全国同类村的标准上，在市区有关部门的帮助下，完成和通过了星光村2平方公里的总体规划和农民别墅——星光新村的详规，力求通过五年建设，实现工业集约化、农业特色化、人居环境园林化、实现农民向市民、农村向城镇的两个根本转变。

二、积极招商引资，发展村办工业

工业是农村奔小康的根本。为壮大村工业经济，张传明提出建设村工业园区的发展思路，将集中居住后留下的400亩土地统一规划，村里先期投入200多万元，完成了180亩的工业园区的“三通一平”。两年来，他和村干部一道，先后引进了7个绿色工业项目，现有5个项目正常生产，2个项目正加紧建设。这些项目投产后，可年创产值5000万元以上，年新增税收350万元以上，并可为村提供200多个就业机会。在抓好招商引资的同时，他根据经济发展的需要和政策规定，及时地对原村办热镀锌厂、制衣公司等骨干企业进行了改革改制，使企业后劲明显增强。改制后，热镀锌厂资产总额发展到1500万元，年创税收100多万元；制衣公司成为武汉市有名的出口创汇企业。

三、改善农业生产条件，调整农业产业结构

农业是农民致富的基础。张传明以改善农业生产条件，调整农业产业结构为着力点，带领干群完成了田间改造，建造400米的U型渠，维修改造了村级机站，投入300万元建成了农业科技示范园。这些好的农业生产条件为农民增产增收提供了保障。星光村调整农业耕地面积425亩，突出了特色农业和高效农业，形成了草莓、泥蒿、梨枣等主导产品，亩平创收近万元，年新增农业

收入238万元，新的产业结构给农民带来了实惠，成为农民致富的主渠道。

四、改善农民人居条件，建设农民别墅

农村人居条件的改善是奔小康的标志。该村农民过去住房星罗棋布，以散居为主，居住环境参差不齐。张传明以开展创建工作为契机，决定高起点规划建设农民新村——农民别墅，五年内完成245户向新村的整体搬迁。他采取村里补助一点、农民自筹一点的办法，激发了农民建设新村的积极性。2004年，该村建成了第一期86栋的农民别墅，竣工面积14000多平米，风格独特，形象凸现，一个崭新的农民新村呈现在人们面前。今年5月1日起，第二期80多栋农民别墅已开工建设，预计今年年底完工，明年第三期开始建设，在剩下的两年内完成。这种集中居住，腾出土地用于工业开发或发展特色农业的模式受到上级肯定。

五、推进"三个文明"建设，促进社会全面发展

张传明十分注重物质文明、精神文明、政治文明建设，采取多种措施，运用组合拳，促进社会全面发展。在壮大村经济实力的同时，加强基层民主法治建设方面，不断建立和完善村务公开、民主管理制度，始终坚持"四民主"，保障农民"五项权利"，促进了村民自治规范化、法制化，2004年该村被评为全国"民主法制示范村"。他还积极抓好村的各种配套建设，村里投资完成了固定电话、有线电视、宽带自来水入村入户工程，环村路面水泥硬化，村办小学实验楼，配置电脑等设施以及村甲级卫生室等建设，完成了一些与农民生活休戚相关的民心工程，建立和完善了农村医疗保险和养老保险制度，兴办各种培训班，提高农民综合素质，让农民真真切切的感受新生活、享受新生活。他致力于开展"十星"级文明户、"五好"家庭等活动，全村参创率达到88%,通过文明创建活动，树立了新风，促进了社会的发展，该2004年步入"市级文明村"的行列。

重庆市九龙坡区华岩镇共和村

美丽的中梁山，起伏蜿蜒，流泻出一幅大自然的无限风光，在中梁山群峰之下，有一个被十里八乡的群众誉为"小康村"的富饶村庄，这就是重庆市九龙坡区华岩镇共和村。共和村交通便利，地理优势突出，凤中公路及襄渝铁路横贯其中，上界高速公路、大件公路与之相连，西依重庆市市级风景区尖刀山森林公园，青山环抱，磨滩河绕村而过，北接巴渝佛教圣地——千年古刹华岩寺，常年香烟缭绕，善男信女络绎不绝，山水的秀丽与佛教的灵韵蕴育了一片人杰地灵的宝地。共和村原名 28 堡，1954 年全国土改工作团驻该地时，团长胡风将 24、26、28 三个堡合并，并名为共和社，共和一名由此沿用至今。该村现有 6 个合作社，村民 1029 户 2730 人，外来人口 2006 人，耕地面积 851 亩，村总支下设支部 3 个，党员 70 名。

进入这个幅员 10．3 平方公里的村庄，一股城市繁华气息扑面而来，高楼鳞次栉比，旺铺商家林立，住宅小区井然有序，宽阔平坦的街道贯村而过，呈现出一派生机昂然的发展景象，处处向人揭示这是一片开发的热土。抚今追昔，共和村的创业过程记录了党和政府不断深化改革，扩大开放的发展足迹，也见证了共和村人锐意改革，敢拼敢干的优秀品质。

1986 年，改革的春风吹过神州大地，当时的共和村还是一个没有一幢"砖混"房、没有一条像样的水泥路，没有一个上规模的企业，村民年人均收入只有 100 来元的小村子。在村两委会的带领下，村民们在奔小康的道路上走了三着妙棋：

第一着：明晰产权，资产经营求发展。

万事开头难，改革伊始，村集体顺应改革的春风，办起了家具厂、建筑公司等十余家小企业，为村级集体经济的发展积累了第一桶金，但是不久，因为市场的变化和产权不明晰，经营体制不健全等原因，企业开始走下坡路，村两委会苦苦思索市场经济规律，意识到要发展必须扬长避短，断然拍卖机器设备，留下厂房和土地出租，变项目经营为资产经营，对所有企业实施了产权和经营权分离，这一"甩包袱"之举，使村里每年有了 50 余万元的稳定收入，迅速摆脱了发展的瓶颈期。

第二着：发展二、三产业，率先调整产业结构。

尝到了甜头的共和村人，在村两委会的带领下，放开手脚，利用得天独厚的口岸优势和土地资源，1994 年，在华岩镇玉清寺最好的地段投资 300 余万元修建了一条建筑面积 5000 余平方米的商业街，这条生意红火的商业街成了共和村集体收入的重要来源。通过几年的改扩建，现在，商业街的建筑面积已经达到1万余平方米，固定资产价值在1000万元以上。在修建商业街的基础上，村集体修建了农民新村5万余平方米，村民们像城里人一样住起了花园小区。同时，村里开始发展综合经济园区4万平方米，以聚英技工学校和重庆庆铃汽车有限公司、瑞典ABB公司等大型企业为中心，引进了一批加工企业落户共和。从2000年开始，共和村人又利用紧靠两大风景区的天然地理优势，发展起了都市农业，投入土地资金150万元，发动村民修建了以星帝农庄为代表的10余家农家乐，植树造林40余亩，10000余株，营造了良好的旅游观光氛围。共和人彻底摆脱了面朝黄土背朝天的命运，走上了二、三产业强村之路。

第三着：做好服务协调，吸引外来投资。

种下梧桐树，引来金凤凰，良好的发展环境是引来资金，留住企业的法宝。村两委一班人提出了"建服务型园区"的口号，坚持为企业提供宽松的发展环境和优质的服务。村两委会建立了党员干部联系企业制度：凡是在共和村落户的企业，哪家有困难，村两委会一班人就会出现在哪里。2002年2月，中外合资企业——重庆茂诠机械有限公司落户该村，急需用电却遇到阻力。村级组织知道情况后，当即跑上跑下帮助协调，保证了企业及时投产。一家企业产生的建筑垃圾影响到生产厂家的进出口通道，村干部轮流带着群众巡查和守护，及时排除一切障碍。良好的投资环境吸引了国内外众多企业纷纷前往共和村考察投资。到2003年底，共和村的工业园区已初具规模，引进企业20多家，企业总产值和营业收入均超过两亿元，利润总额超过1000万元。

乘风破浪会有时，直挂云帆济沧海。通过一代共和人的努力，如今，共和村已发展成为当地数一数二的"小康村"、"亿元村"，全村已形成较完善的汽摩配件、机电电器、机械加工、建筑建材、资产物业管理为主，以运输、饮食、服务业为辅的社会经济发展体系。2004年度实现工农业总产值4.16亿元，完成总收入4.06亿元，利税2476万元，固定资产投入1160万元，增加值9560万元，全村财务总收入227万元，农民人均年纯收入达4950元。1994年被重庆市政府授予乡镇企业发展实现"亿元村"；2001年被中国村社发展促进会重庆办事处，确定为重庆特色"经济村"；2003-2004年被重庆市中小企业(乡镇企业)协会授予"先进集体"；2002年被重庆市授予"三个代表"学教活动先进集体；2004年被重庆市精神文明建设委员会授予"文明村"称号。

凤舞九天，扶摇直上。一个生机勃勃、充满希望的共和村正在日益发展壮大，不断创造新的辉煌！

重庆市巴南区花溪镇建新村

党委书记子　杨子勤

杨子勤，男，汉族，1954年6月18日生，大专文化，籍贯：重庆，中共党员，入党时间：1985年12月7日，转正时间：1986年12月，现任重庆市巴南区花溪镇建新村党委书记兼村民委员会主任。1974年1月至1981年2月在建新13队任副队长，出纳员，作业组长兼村团总支委员、分支书记；1981年3月至1985年9月从事汽车驾驶工作；1985年10月至1987年4月，在建新页岩砖厂任厂长助理，分管供销工作；1987年5月至1992年6月任村党支部副书记；1992年7月至1993年4月任村党支部书记；1993年4月至2004年12月任村党支部书记兼村委会主任。2005年1月至今任村党委书记兼村委会主任。

杨子勤同志任村党委书记兼村委会主任至今15年来，他带领村党委、村委会一班人在镇党委的领导下，以党的十六大精神和十六届三、四中全会精神为指导，高举邓小平理论伟大旗帜，认真贯彻执行党的路线、方针、政策，努力实践"三个代表"重要思想，把发展农村经济，带领群众致富奔小康放在首位，把为群众办好事、办实事放在首位，全村实现了社会稳定，政治安定，经济和其他各项事业的全面发展，取得了三个文明建设的好成绩。

善于学习，有较高的政策理论水平和较强的领导能力，党性观念强，服从组织安排，能正确处理好国家、集体、个人三者利益关系，从不计较个人得失；他每时每刻想的是全村的党员、干部、群众，他深知肩上责任重大，经常带病坚持工作，节假日也没有休息，有几次生病，医生都要求他住院治疗，但他硬是坚持白天带病工作，晚上去医院输液，村民见了都心疼地说：书记，你要注意身体啊！他热爱本职工作，办事公正，作风正派，清正廉洁，勤政为民，经常深入基层，了解群众生产、生活情况，解决群众的实际困难。比如，2001年春节，在慰问五保户、特困户、烈军属、残疾人时，发现十五社余时梅、梁光全夫妇的小孩患病（下丘脑瘫痪）辍学，长期瘫痪在床，家庭经济十分困难，杨书记当即做出决定把小孩纳入村残疾人固定生活补贴人员中，该夫妇非常感动。又如，十四社朱昌福、杨正芳夫妇，均系70多岁老人，还赡养着一位90岁老人，家庭经济十分困难，且住房系危房，即将垮塌，但无钱修建，当杨书记得知这一情况后，亲自到现场实地查看后，立即召开村支两委会研究决定：村补贴5000元资金修建房屋，并给予困难补贴，一家人感动得热泪盈眶，拉着书记的手说：你真是我们的好书记。现一家人住进了新建的砖房中，安居乐业。杨书记深受群众爱戴，群众都说这样的书记信得过，是我们的好带头人。

杨子勤同志善于做好党员干部，群众的政治思想工作，加强对党员、干部的管理，教育党员、干部严格依法办事；抓好党的思想建设，作风建设，组织建设，组织党员、干部认真学习贯彻“三个代表”重要思想和党的十六大报告精神，要求村干部必须做到团结、自律、求实、奋进；在村干部和村工作人员中进行了“三转一推”教育工作（转变思维方式，转变工作方法，转变工作作风）；在村办公室率先开展了文明礼仪、创最佳内务管理办公室评比活动，向周边社、院坝辐射，带动文明院坝及十星级农户评比活动的开展，共评出十星级农户530户，推动了我村的文明建设；加强了对党员的管理，建立完善了组织生活制度，流动党员管理等一系列制度，建立了入党积极分子队伍，按照“坚持标准，保证质量，改善结构，慎重发展”的要求，在中青年村民和各条战线生产骨干中培养积极分子，发展新党员，每年吸收新党员1—2名，不断为党组织输送新鲜血液，入党积极分子保持在7人以上，不断提高党委的凝聚力和战斗力；在党内认真开展“创先争优”活动，去年七一，表彰先进党小组2个，优秀党员11名，杨子勤同志出席了区优秀党务工作先进。历年来我村没有出现党员、干部违法违纪现象。

杨子勤同志能大胆解放思想，有创新精神，他带领村一班人，始终坚持以经济建设为中心，通过大力发展乡镇企业，逐步改造传统农业，内引外联，招商引资，村级经济取得了较快的发展，在进一步明晰思想理清思路的基础上，结合本村实际提出了“12612”和“12235”的工作思路。围绕这一思路开展工作，建起了“长星工业园区”、“金竹工业园区”，为村经济发展开辟了一条新路子；在农业生产上，着力改造传统农业，大力发展特色农业，培育农业科技示范户，引导农民面向市场，依靠科技调整产业结构，发展“三高”农业，提高农民增收途径。2004年全村实现社会总产值4．768亿元，总收入4．635亿元，实现利润861万元，为国家创税1059万元，村级集体经济收入180万元，全村人均收入3930元。

杨子勤同志能大胆启用人才，团结同志，开拓进取，率先在村办公室实行机构改革，采取公开、公平、公正的原则竞争聘用上岗，大家对工作各负其责，各尽其职，工作有序；在全面加强党委建设的同时，坚持党要管党，树立党委的领导核心作用；积极做好后备干部的选拔、培养、教育工作，给年轻干部讲如何干好农村基层工作，强化服务意识，教育后备干部多学文化科学知识，不断提高工作能力和自身素质。目前我村的几位后备干部在他的指导和培养下，逐步适应了各项工作，能出色地完成组织交给的各项任务。

杨子勤同志坚持依法治村，实现村民自治。为加强基层民主政治，保障村民自我管理、自我教育、自我服务和民主选举、民主决策、民主管理、民主监督的权利，调动村民建设社会主义的积极性，促进我村物质文明、精神文明和政治文明建设，根据相关法律法规，结合我村实际制订了《建新村村民自治章程》共九十八条，同时建立健全了村内各办公室的工作职责和制度90多个；村民自治组织健全，村民委员会及其下属委员会、村民小组都能有效发挥作用。民主选举规范有序，村民委员会成员、村民小组长、村民代表都能依法选举产生，选举程序规范，选举秩序良好，选举结果群众满意，民主决策切实落实，村民代表会议制度健全，重大事项都能由村民讨论决定；民主管理扎实细致，村干部依法实行民主管理，村委会公章、财务账目、集体财产、用人制度等管理有序。

杨子勤同志认真贯彻《村民委员会组织法》，积极做好村务公开、社务公开，对村民关心的行政收支情况、人口指标的执行情况、农房建设、干部报酬、水电费收缴等问题公布于众，自觉接受村民的监督，群众满意率达到90%以上，没有发生因村级财务账目不清，村务不公开引起的群众上访案件，增强了村民自治的透明度，真正发挥了村民委员会的“三自”功能。

杨子勤同志关心群众生活千方百计为民谋利造福。他常常说这样一句话：当干部就要做到忠、诚、孝，对党要忠，对事业要诚，对老人要孝。他是这样说的，也是这样做的。他提出每年从村级收入中支付资金用于兴办公益事业，使村民共享发展村级经济和农村改革的成果，把党的温暖送到村民心中。从1993年起，村每年对60岁以上老人和村、社退休干部给予生活补贴，现全村60岁以上老人563人，每人每月生活补贴45元；村级退休干部为181—335元；社级退休干部为118—1 34元。村还坚持为80、90、100岁老人祝寿；对军烈属、五保户、困难户和残疾人给予固定生活补贴，对村民的合作医疗给予补贴；实行教育、计划生育奖励制度；村民死亡火化补贴制度等等。这些实事、好事村民看在眼里，掂在手里，喜在心里。同时，村还加大了对基础设施建设的投入，拨出专款用于修路、修桥、电力增容、农网改造和电缆光纤的安装等。近几年来，仅此项村就投资了120万元，这些公益事业的兴办，极大地改善了村民的生产生活条件及投资环境，满足了村民日益丰富的物质文化生活的需要，得到了广大村民的赞许。

由于建新村党委有一个能够团结带领群众，坚持贯彻执行党在农村基本政策的好书记、好的领头雁，村党委战斗力强，在群众中有号召力。特别是在深化农村改革中，在认真搞好“三农”问题上，努力实践“三个代表”重要思想，出色完成上级下达的各项经济指标和工作任务，取得了较好的成绩，为全面建设小康社会做出了自己应有的贡献。我村先后被评为“四川省先进基层组织”、“四川省乡镇企业百强村”。特别是重庆直辖后，村党支部多次荣获中共巴南区委授予的“先进基层党组织”荣誉称号。被中共重庆市委命名为“标兵村党支部”、“五好村党支部”。两次被评为“重庆市模范村民委员会”，还被评为“重庆市卫生先进单位”、“重庆市刑释解教人员安置帮教工作先进集体”。获重庆市文明单位称号。被市、区定为“三个代表”学教活动示范点，市、区文明办、妇联定为“美德在农家”示范点等，迎来了市内外几十个单位来村参观学习。村党委书记杨子勤同志被选为重庆直辖后第一届党代会代表。1997年获花溪金奖。多年来连续被巴南区委、花溪镇党委评为“优秀党务工作者”、“优秀党员”、“先进工作者”、区镇人民代表、区党代表。

随着物质生活的改善，文明程度也不断得到提高。目前，全村村民都能饮用清洁卫生的自来水，收看光缆传输的闭路电视。全村95%以上的村民修建了楼房，60%的农户安装了程控电话，50%的农户拥有移动电话，电视机普及率达100%，其中彩电占80%以上，电冰箱普及率达80%，空调普及率达30%，电风扇普及率达95%，私人轿车10辆，个体客货运输车70辆，私人网吧16个，拥有电脑700台。

目前，建新村呈现出了“心齐、气顺、风正、劲足”的局面，但发展无止境，任重而道远，建新村党委书记正带领一班人以“三个代表”重要思想为指导，深入贯彻执行十六大和十六届三中全会精神，与时俱进，开拓创新，为加快城镇化建设和三个文明建设进程，全面建设小康社会而努力奋斗。

重庆市沙坪坝区歌乐山镇山洞村

党支部书记、村委会主任　刘奇建

刘奇建，男，出生于1956年6月13日，1994年5月加入中国共产党，1995年任山洞村村民委员会主任，2002年任山洞村党总支书记。

刘奇建同志一贯热爱党、热爱祖国、关心群众，有坚定的共产主义信念，能模范地履行《党章》规定的党员职责和义务，能严格执行《中华人民共和国村民委员会组织法》。工作能力强、责任心强、有经济头脑、有开拓创新意识和真抓实干精神，能密切联系群众，热心为群众办事，群众基础好，办事公道正派、清政廉洁、公私分明，工作认真负责，勇于同各种不良行为和违法行为作斗争，是带领广大群众致富奔小康的真实带头人，是落实“三个代表”重要思想的实践者，是广大村民的好干部。

山洞村地处重庆西部，属城乡结合地区，山丘地带、山多地少。全村有耕地1884亩，其中有25°坡地800余亩。全村共有2200余户，总人口5570人，人均耕地不足三分，村穷人穷，人心焕散，各种矛盾纠纷多，社会环境复杂，这些都是都是全村的突出问题。1995年前农民人均年纯收入不足1500元，村民生活比较贫寒。

自1995年刘奇建担任村委会主任以来，他放下生意不做，把群众事看在眼里，急在心中。他千方百计地为群众所想，想方设法使全村村民尽早富起来，他多次组织召开村、社干部、党员和村民代表大会，多次召开村民院坝会，多方听取、收集广大村民的建议、意见，最后把自己的想法告诉了大家。根据我村人多地少、山多平地少的特殊性，他大胆的提出了调整农村产业结构，将有限的土地合理利用，大力发展乡镇企业，解决人多地少和吃饭就业的新思路。他先后初步制定了全村“九五”、“十五”发展规划，提出了全村的发展规划，提出了走新型工业化的发展路子。通过广大村民的大讨论，最后广大村民采纳了刘奇建同志的意见。我们采用以地入股的方式，大力进行招商引资，通过走出去、请进来，他先后参加了市内外的各种招商引资会，经过刘奇建同志艰辛努力，到2004年底为止，全村共引进落户企业160余家，引进资金达2．5亿元，涉及摩、汽配、建材、机械加工、医药、化工、服装、食品、钢木家具、塔机等行业。由于在他的带领下，山洞村工业园已具规模，给山洞村带来了发展的生机，给山洞村带来了人气和财气，村民就业的机会越来越多，形成了良好的发展氛围，村民的生活水平得到了较大的改善。

自1995年前全村工农业总产值为：产值8000多万元，收入7000多万元，利税200多万元。1995年以后，全村经济发生了一个翻天覆地的变化，每年以35％以上的速度递增，到2004年底为止，全村工农业产值达到5．5亿元，收入4．6亿元，利润3360万元，税金1000多万元。农民人均年纯收入从1995年前的1500元，到2004年底达到4500元。2002年我村荣获沙坪坝区村级经济实力第三名。群众的生活水平每年在发生着可喜的变化，目前为止，全村有90％的村民家有了程控电话机，60％有了手机或小灵通，90％有了冰箱、彩电，部分村民家有了小轿车、摩托车或大货车，村民真的富裕起来了。

这些年来，刘奇建同志带领山洞村两委会一班人，认真学习“三个代表”重要思想和十六大三中、四中全会精神，组织党员、干部学习新宪法、新党章，他把学习放在了工作的重要议事日程，帮助落后党员、干部解放思想、加强学习，使他们向先进看齐，费了不少心思。他努力为群众办实事、办好事，解决了大部分残疾人和困难户的生活问题。全村在男60岁以上、女55岁以上的中、老年人，每月50～150元不同程度地发放了生活费，全村的五保户、困难户和80岁以上的老年人春节还发放了过年钱，使他们真正体会到了党的温暖和村两委会的关怀。

在他的带领和倡导下，经过多方努力，对全村的公路、人行道路全部进行了水泥硬化，对主干公路全部安装了路灯。为解决村民吃水难的问题，经过多方集资修建了高位水池，解决了村民吃水、行路的实质问题。他为了让村民能够有一个安全、祥和的生产、生活环境，村里成立了保安大队和城管监督支队，成立了一支清洁卫生服务队，全村16个合作社分别安排了人员打扫卫生。目前，全村环境卫生得到了很大的改变，使全村村民的身体健康得到了保障。

为使村民能够找到更多的致富路子，他积极动员村民多渠道进行发展，一是以地入股办企业，年终有土地分红(一亩地入股可收入1500～3000多元)；二是搞第三产业；三是修建厂房出租；四是将自家多余的房屋整理出来向企业职工出租；五是积极到企业就业来增加收入。目前，有的村民经商每月有几千元的收入；有的村民自己修厂房出租，年收入达到10多万元；有的村民将自家多余的房屋出租，月收入达200～3000元不等。山洞村近几年的大发展，真正得到实惠的是村民，真正尝到甜头的也是村民。

他非常关心支持计划生育工作，并亲自宣传计划生育工作的重要性，凡是计划生育工作出现问题，他要亲自去安排，所以，有他的重视，近几年全村没有出现计划生育问题，晚婚率达100%。他亲自抓卫生、防疫工作，对全村的饮用水源要检验，并请卫生部门到现场抽样化验，对儿童“单苗”、妇科检查，他都积极支持配合，总是对负责的同志追问得紧，生怕哪项工作没有落实。

在开展精神文明建设工作中，他特别关心“十星级文明户”的评选工作。他说“十星级文明户”的评选，首先是对每户村民负不负责的态度，又是村民在开展这项活动的实质表现问题，如果我们太大意，那会给我们开展这项活动带来很多麻烦，要通过评选，真正达到其实质和目的，让村民相互监督，加深友情，更加支持全村各项事业的发展。通过“十星级文明户”的评选，近几年全村上下安定团结，村民思想素质和道德意识在不断的提高，几年来没有发生过一起重大刑事案件。为了丰富村民的文化娱乐生活，村成立了乡红腰鼓队，平常村内有喜事，外出有任务，她们都会去表演。春节前，村里要组织一次春节文艺汇演，由腰鼓队、军民共建单位官兵、落户企业等自编一台文艺节目，向村民拜年，深受广大村民的赞扬。刘奇建同志总是把名誉淡如水，每次评先进他总是让给别人，他总是说，评先进让别人去，工作是大家做的，他们比我更有功。

刘奇建同志爱惜人才，重视人才，他经常说这样一句话，我们山洞村要大发展，最需要的就是人才。他不但是这样说的，同时他也是这样做的，他从不安排亲属到重要岗位。在他的领导之下，村每年对考上大学和评为“三好学生”的都要进行奖励和鼓励，并召开座谈会，他总是每次都要参加，并鼓励孩子们要好好学习，将来为村的经济发展和精神文明建设献计献策；每年六•一儿童节都要为村各幼儿园准备礼物；凡村青年干部要提高学位的都要为他们解决部分资金，(村干部10人中有大学本科1人，大专4人，高中3人，初中2人)并培养了一批优秀青年后备干部，现在，他们都在不同的岗位上担任一定职位。他起到了传帮带的作用。由于他重才、爱才、用才，有效提高了村民的素质，推动了山洞村的经济发展，广大群众无不赞扬这样的好干部。

他尊敬老人，在每年的重阳节、春节期间，他都要带领村、社干部一班人到80岁以上老人和困难户家中进行看望，带去过年钱，带去组织的温暖，同时感谢老人们以前为村的发展作出的积极贡献，他说道：老人们以前为村的发展作出了许多贡献，现在他们老了，我们去关心他们、看望他们是我们这些干部的应尽之责。他的这一举动，村民们看在眼里，乐在心中，每到一户，老人们含着热泪握着他的手说：“感谢共产党，感谢村领导，感谢刘村长”，并还说道，刘村长你们都忙，还抽出时间来看我们这些老人，真是感谢共产党培养了这么好的干部哟。老人们说出了他们的心里话，是党培养刘奇建这样的好干部。

他克己奉公、清正廉洁，甘做人民的公仆，他在任村委会的主任期间和当书记以来，他从不搞特殊化，一人干两项工作，可他拿的却是一份工资。凡是牵涉到工作和利益方面的事，他从不个人说了算，他总是把事情拿出来大家进行讨论，认真听取大家的建议、意见，从不个人说了算，从不计较个人得失，在他心中，装的是大家的利益和群众的实惠，他认人为贤，凡村民有事情找他，他总是乐意的为他们解决，如果他办不到的，他也要为他们出主意、想办法。他经常说道，当干部就是要为民办实事、办好事，多为村民出出主意，能够办到的事，为何不去帮助办呢?群众选我们出来当干部，目的就是信任我们，希望我们为他们办事，因此，我们就应该尽心尽力的去为群众办事，只有这样，才配当他们的父母官，他说到了，并且也做到了，他牢记了党的宗旨，全心全意为人民服务，密切联系群众，谦虚谨慎，公道正派，艰苦奋斗，乐于奉献的精神受到了村民的高度赞扬。

山洞村近几年来发生了巨大的变化，经济上去了，村民的思想素质在不断的提高，群众的生活水平也在发生巨大变化，这些变化是党的政策好，同时也是和刘奇建同志的努力工作是分不开的，他的成绩是山洞村村民公认的，山洞村“三个文明建设”的发展离不开他的领导，因此，他将会更加努力的带领全村广大干部和群众走向更加美好的明天。

贵州省纳雍县阳长镇海摩村

西摩村位于长兴路、纳水路交叉处，具有便利的交通条件。几年来，该村以独特的便利条件发生了翻天覆地的变化，人民生活水平日益提高，农户住宅逐年改观，“两个文明”建设得到了加强，现该村已基本达到小康各项指标。

一、基本情况。

全村辖1 5个村民组，1020户，3456人，现有耕地面积2416亩，田206亩，海摩村人均纯收入2600元，2004年，人均占有粮食380公斤，人均每年肉、蛋、鱼消费在35公斤以上，食品支出占生活消费支出的40%，平房、瓦房比例占全村的98%以上，平房具有两层以上的占全村的40．45%，15个村民组都通公路，通电农户达98%，安装电话农户230户，电视普及率达80%以上，98%的农户均学到至少一门以上技术，真正找到挣钱的门路，可称得上是致富能手。

二、以村办砂石厂为龙头，村级集体经济不断壮大。

一是在增加村集体经济收入上做文章　随着2000年10月纳雍发电厂在阳长镇破土动工，审时度势的村班子充分发挥自身的区位优势，把创办经济实体列入议事日程，将几百亩乱石山转为资源优势，积极筹措资金进行开发利用，贷款3万元，购进打砂机，粉碎机等设备，创办了以砂石厂为龙头的村级集体经济。2000年10月村办砂石厂开始动工后，随着纳雍电厂、纳水二级公路、长兴二级公路等重点工程项目建设的推进，砂石厂在为建设作出积极贡献的同时，不断发展壮大起来，从动工之初到2003年4月，共生产砂石37000多立方米，实现销售收入70多万元，增加村集体经济收入9万多元。解决了65名劳动力的就业问题，工人月工资在600元以上。同时，通过积极为外地客商作好协调服务工作，共引进外办砂石厂2个，每年上交村管理费3800元；将100亩荒山租赁出去，每年可收管理费1000元。

二是充分发挥村级集体经济的作用、投入资金抓建设　企业效益提高后，村班子通过深入实际，经村民代表议事会议讨论通过后，将村经济投放到刀刃上，两年来，在还清贷款的情况下，投入了3．5万元购置企业机械设备，扩大规模后，1．5万元修通1～10组的水；为加快经果林开发，以利于招商引资，投入1万元改建岩背后公路；1000元帮助解决1组的通户公路；3000元改造杨家寨砂石建材厂公路；并投入1000元赞助海摩小学建设，通过这些投入，改造了全村的基础设施建设，改善了群众的生产和生活条件，提高了村干部在群众中的威信。

三是拓宽思路，从各个渠道增加经济来源　目前办公楼修好后，将充分利用较好的地理位置，在保证办公地点的情况下，准备将12个门面和二楼两套房屋出租，预计每年可收租金4．5万元；村两委班子通过研究，今年准备利用国家退耕还林的优惠政策，投入22500元钱发展400亩集体林场，明年再发展500亩，5年即可见效；另外，结合海摩村所处的优势地理位置，投资20万元，建综合停车场一个，集修车、洗车、停车、食宿等为一体。通过从各个渠道壮大村集体经济，既解决了村办公经费，又可为群众办实事，也才能加快海摩村脱贫致富奔小康的步伐。

四是结合党员致富工程　砂石厂优先考虑有劳动能力的贫困党员，选配了2名有一定文化的贫困党员作为管理人员(会计和出纳)，每人月工资为400元，在砂石厂务工的贫困党员有5个，每人月工资达到500元以上，目前几名务工党员已逐渐被带动脱贫。

三、加强村办公阵地化建设。

通过积极筹措资金，2003年解决了海摩村多年来一直没有办公阵地通过积极筹措资金，共投入38万元修建了1100平方米的办公楼一个，现有门面12个、套房2套，设置了会议室、办公室、计生室等，保证了村办公地点有一个宽松舒适的环境，有了培训农民党员和开展电教活动的场所。同时也方便了群众办事。

四、强化村级民主政治建设，提高村班子凝聚力、战斗力、号召力。

一是坚持会议制度，对工作作好统筹安排　每月1号和20号召开村民代表议事会议，参加人员为村、组干部、治安联防队员、财务监督管理小组人员，会议内容为：1号传达贯彻每月30号镇党委、政府的会议精神，并安排任务

到组，20号由参会的有关人员汇报本月工作完成情况，并提出需要村干解决的问题；28号为“党员活动日”。

二是加强村务和财务管理 对于村办砂石厂严格财务管理和监督。随着企业经济效益的提高，利益分配就成了群众普遍关心的热点问题，为了提高财务管理的透明度，村两委班子通过召开村民大会议定，为了给村民一个明白，村干部一个清白，一是成立村财务监督管理小组，成员由除村两委和企业管理班子以外的组干、党员和村民代表5个人组成。二是监督小组实行月汇报、月公开、季度审计监理制度，每月村务例会上，村企业领办人向村两委、村议事监督委员会、财务监督管理小组及其他与会人员汇报当月收支情况，每月进行则务公开，每季度由村两委组织财务监督小组对村办企业财务进行审计，每次审计情况由审计人员写出报告，审计情况向群众公开；监督管理人员有权随时过问企业的财务管理及向群众解释收支情况。三是财务监督管理的内容包括村办企业创办计划、各项收入支出、各项财产、债务，收益分配，农户承担的集资款、水电费、劳动力积累工、义务工以及有资代劳等情况。四是要求村办企业财务管理人员建立健全财务管理档案，严格财经纪律，坚持做到账目公开、日清月结，自觉接受财务监理小组和群众的监督。通过采取这一举措，海摩村有力地贯彻落实了村务财务公开制度，保障了村集体经济收入不被铺张浪费、贪污挪用，达到了给村两委及村管企业班子成员清白，让广大群众明白的目的，社会反响良好。

三是强化民主管理，实行村民自治 为了从根本上提高组干、计生育龄组长、治安联防队员的工作积极性，增强民主意识，村两委从村集体企业经济中挤出一部分资金为全村15名组干、15名计生育龄组长加薪压担，组干全年发放工资250元、计生育龄组长发放100元，从一定意义上提高了大家的工作积极性，推动了全村工作的顺利开展。组干工资与德、能、勤、绩相挂钩，每月20日在村民代表议事会议上由代表们考评一次，年终总结考核时兑现奖惩，治安联防队员报酬由按照《村规民约》中规定的罚款解决。通过充分发挥民主，多召集村民代表开会商量村务等制度的执行，村民有了广泛的参与意识，杜绝了工作扯皮现象，增强了村级班子的凝聚力、战斗力和号召力，有力推动了各项工作的顺利开展。

甘肃省兰州市陈坪街道东湾村

东湾村位于西固区的最东边，与七里河区相邻，全村有农户448户，人口1349人，村内有联营企业25家，大型陶资石材市场一个，已初具规模的饮食街一条，全村工农业总产值3.7亿元，上缴税金300多万元，村民人均收入达4900元。

近年来东湾村在上级部门的领导和支持、帮助下，加大招商引资力度，以“上项目、办企业、优化产业结构，发展壮大集体经济”为工作重心，以建设宽裕型小康村为目标，全面实施“工业强村”战略，使全村的综合实力不断增强，群众的生活水平不断提高。同时，用新的理念、新的举措、新的载体全面加强村级领导班子建设、干部队伍建设、党建活动阵地建设，为加快全村发展、维护稳定、构建和谐社会创造了良好的环境。

一、立足村情，以招商引资为集体经济注入活力。

长期以来，东湾村的经济一直以农业为主，集体经济薄弱，农业综合效益不高，群众生活水平低下，使农民在致富奔小康的路上步履维艰，为摆脱困境，1993年村党支部一班人结合本村实际，利用得天独厚的地理优势，投资近300万元，开发建成商业一条街(现丽城洁具超市前身)建筑面积5400平方米，50家商户入住经营，此举真正打开了东湾村开放的门户， 由此我们发展商业的机遇也降临了，于1997年先后建成了陶瓷石材市场，丽城洁具超市，仅此每年产值达2.7亿元，兰州成宏网架工程有限公司、三叶加油站、腾达公司、津味梁肠子等25家企业以联营的方式，落户东湾，这25家企业给我村带来了巨大的效益，集体经济和百姓生活发生了翻天覆地的变化，村民中25%的家庭住上了小二楼，95%的家庭用的是水冲式厕所，手机、空调、电脑已开始进入农家。

二、加大投入，营造良好的投资环境。

我村最大的区位优势在于交通便利，南临陈

官营火车站，312国道横贯东西，整洁平坦的环行路穿村而过，直达滨河路，不仅如此，我们先后投资100多万元，使街巷道路、水利、电力、文化、教育、医疗卫生等基础设施逐步完善，在搞好硬环境的同时，进一步加大了软环境的建设，我们着力突出干部队伍素质的培养和提高，每月两次学习，旨在转变工作作风、树立良好形象，并对干部实行目标管理，制定奖罚政策等，与此同时，把精神文明建设、社会稳定，作为改善投资环境的重点来抓，村上每年召集村民、村民代表与驻村企业座谈，并成立治安巡逻队，保护辖区企业的安全，使之能安心生产、安心经营。

三、提供优质服务，为项目建设营造良好的环境。

我村按照党委和政府的有关要求，始终把项目建设摆在各项工作的首位，乘势而上，以扎实有效的工作抓项目、促发展，树立项目建设的服务意识，坚持把“间接管理，直接服务”有机结合起来，设身处地为企业排忧解难，首先推行为企业进行有关手续的代办制度：其次做好征地补偿的协调工作，另外一点是及时帮助企业解决发展中遇到的实际困难，如资金周转、贷款等方面的问题，有力促进了企业的快速、健康发展，也为项目建设和企业发展创造了宽松、有序的外部环境。

四、坚持以党建促经济，落实科学发展观。

根据本村的实际情况和市场经济的发展“立足村情抓党建，抓好党建促经济”成为村党总支的指导思想，首先是立足村情，抓好党员的观念转化，总支先后请区委党校校长在党员中开展“转变观念、认清形势、奋发图强”的观念教育，开展党员先进性教育活动，使党员干部的精神面貌大大改观，在生产、生活中发挥了积极作用，同时村党总支充分发挥战斗堡垒作用，结合村情，加大招商引资力度，几年中已引进各类企业25家，2004年成功引进投资达2500万元的兰州仕通汽车销售有限公司。与此同时，在产业结构调整上，村上注重因地制宜，因势利导，早在八十年代初，村上为全村群众提供桃树新品种，鼓励村民种植，现如今数百亩桃园已成为全村的支柱产业，也是村民收入的一个主渠道，尤其在2004年秋天，村两委会再次购进沙红、北京7号等新品种5000余株，让群众进行产品更新，以便更适应市场的需要。

在搞好经济建设的同时，积极加强精神文明建设和政治文明建设，东湾村积极实施《公民道德建设实施纲要》，通过开展评选“五好文明家庭”、“文化中心户”、“优秀家庭成员”等活动，大力倡导文明、节俭、健康向上的新风尚，2004年被市委命名为“市级文明村”和“五好标兵村党组织”，此外村党支部充分发挥村级治保、民调组织作用，全村没有发生过刑事案件，调解民众纠纷成功率达95%以上，被省司法厅授予全省“民主法制示范村”称号。全村的计划生育工作也因基础扎实，服务到位而得到上级部门的表彰和奖励。

在谋求经济发展的同时，东湾村确立以“实绩”树形象，增强村党组织和村委会的凝聚力和号召力，加大为老百姓办实事的力度，近年来，先后衬砌水渠3500米，铺设、硬化街巷道路2500米，安装、更换上、下水管线近3000米，学生入学补贴、奖学金、养老金等办实事项目等达百万元，深得群众的好评，在2004年底的换届选举中，村两委会连选连任，顺利当选。

五、积极实施阳光工程。

根据农村基层党组织的实际，村党总支认真实施，加快党内民主建设进程，不断健全完善民主选举、民主决策、民主管理、民主监督和村务公开、政务公开的四民主两公开制度，切实保障、党员、群众的民主权利，调动了广大党员参与决策、参与管理、参与监督和带头致富、带领群众致富的积极性。

春华秋实，硕果累累。如今的东湾村，路变宽了，街道整齐、干净了，电话、手机有了，上下水通了，养老金、学童入学补贴、奖学金发到手了，群众住房宽敞了，人民群众的生活水平如芝麻开花节节高，发展中的东湾村正迈着矫健的步伐向小康前进。

荣誉档案

北京市

通州区漷县镇

先后被北京市委、市政府命名为“首都绿化美化花园式单位”、“规划工作先进单位”、“京郊工业化先进单位”称号。

大兴区榆垡镇

2004 年被国家农业部定为“全国农产品加工示范基地”称号。

先后被北京市委、市政府命名为“先进基层党组织”、“京郊工业化先进乡镇”、“京郊环境综合整治先进单位”称号。

平谷区峪口镇

先后被国家建设部等六部委确定为“全国小城镇建设重点镇”称号；被中央精神文明建设委员会评为“全国创建文明村镇工作先进单位”称号。

2004 年被北京市委命名为北京市先进基层党组织，并多次荣获“首都文明乡镇”称号。

天津市

静海县大邱庄镇

先后被中央国家有关部委命授予“全国造林绿化百佳乡（镇）”、“全国小城镇建设示范镇”称号。

先后被天津市委、市政府命名为“天津乡镇之星”、“现代化示范镇”、“乡镇工业小区示范区”、“明星小康乡镇”、“红旗乡镇党委”称号。

津南区葛沽镇

1998 年，被国家农业部、国家体育总局、中国农民体协授予“全国亿万农民健身活动先进乡镇”称号。

2003 年，被国家文化部授予“中国民间艺术之乡”称号。

先后被天津市委、市政府命名为“市体育先进乡镇”、“市红旗乡镇党委”、“宽裕型小康乡镇”称号。

河北省

隆化县隆化镇

先后被承德市委、市政府评为“文明乡镇”、“社会治安综合治理”、等先进单位称号。

镇党委书记徐奉军同志荣获“市委二等功”、“市优秀党务工作者”、“市优秀人大代表”称号。

隆尧县隆尧镇

2003 年被省工会评为“工会工作先进乡镇”称号。

2003 年至 2004 年先后被邢台市委、市政府评为“先进乡镇党委”、“先进基层党组织”、“信访工作先进单位”称号。

乐亭县乐亭镇

先后被唐山市委、市政府评为“市先进基层党组织”、“市综合治理先进单位”、“市十佳文化小城镇”、“市文明生态村建设优秀乡镇”、“市农田水利基本建设先进单位”称号。

镇党委书记陈春昶同志被唐山市政府授予“二等功”称号。

宁晋县大陆村镇

2002 年被中国农业机械流通协会评为“全国流通行业优质服务活动先进单位”称号。

先后被省委、省政府命名为“乡镇政务公开先进单位”、“农村档案工作先进单位”、“农田水利建设”、“海河杯竞赛先进镇”、“河北特产之乡”、“省小城镇改革发展先进集体”、“河北省卫生镇”等称号。

先后被邢台市委、市政府评为“市小城镇建设先进单位”、“市卫生镇”、“优秀乡镇党委”、“先进基层党组织”、“安全生产先进单位”称号。

唐山市丰润区新军屯镇

2004 年被国家建设部等六部委确定为“全国小城镇建设重点镇”称号。

2003 年被河北省政府命名为“全省小城镇建设发展重点镇”称号。

涉县井店镇

被中央宣传部授予“全国婚育进万家先进镇”称号。

先后被河北省委、省人民政府命名为“文明乡镇”、“省先进基层党组织”称号。

先后被邯郸市委、市政府评为“市发展民营经济十强镇”、“市先进基层党组织”称号。

文安县文安镇

2004 年被河北省委、省政府命名为“文明小城镇”称号。

先后被廊坊市委、市政府评为“市先进基层党组织”、“流动人口计划生育管理先进单位”称号。

蠡县留史镇

被国家建设部授予“全国小城镇建设试点镇”、“国家级综合改革试点镇”称号。

被河北省委、省政府命名为“省小城镇改革发展重点镇”、“百强乡镇”称号。

被保定市评为“市十强乡镇”称号。

黄骅市吕桥镇

镇党委书记王月周同志先后被黄骅市评为“全市优秀党务工作者”、“先进工作者”、“信访工作先进个人”称号。

围场县四合永镇

先后被河北省委、省政府授予“小城镇改革重点镇”、“省第五次人口普查先进集体”、“小城镇改革先进集体”、“文明乡镇”、“文明小城镇”称号。

先后被承德市委、市政府评为“优秀乡镇党委”、“三五普法先进集体”、“信访工作先进单位”、“先进基层党组织”称号。

隆化县碱房乡

被河北省人民政府、河北省军区命名为“基层武装部建设标兵单位”称号。

先后被承德市委、市政府、承德军分区评为“基层建设红旗单位”、“党管武装先进单位”称号。

乡党委书记董清芝同志被承德市委评为“发展个体私营经济先进工作者”、“优秀党务工作者”、“绿化标兵”称号。

怀安县柴沟堡镇

先后被张家口市委、市政府评为“抗击非典先进党组织”、“市文明单位”、“市社会治安综合治理先进集体”称号。

怀来县沙城镇

被河北省委、省政府授予“爱国卫生先进单位”称号。

被张家口市委、市政府评为“先进基层党委”、“市文明单位”称号。

邯郸市马头镇

2004 年被邯郸市政府评为“小城镇建设先进单位”称号。

邢台市大曹庄管理区大曹庄乡

2001年至2004年连续四年被邢台市政府评为“全市农工委系统优秀乡镇”称号。

2004 年被邢台市委、市政府评为全市农村“两讲一建”教育活动先进集体和“邢台市农村基层民主政治建设示范乡镇”称号。

山西省

盂县南娄镇

先后被阳泉市委、市政府评为“模范单位”、“宽裕型小康镇”、“市小城镇建设先进单位”称号。

内蒙古自治区

呼伦贝尔市鄂温克旗巴彦托海镇

被建设部等六部委授予“全国小城镇环境综合整治先进单位”、“小康中国小城镇之星”称号。

先后被内蒙古自治区委、区政府命名为“区级卫生城镇”、“区六星级文明城镇”、“区教育先进镇”称号。

被呼伦贝尔市委、市政府评为“基层武装工作先进单位”、“全市政法系统标兵单位”称号。

包头市达茂旗百灵庙镇

2003 年被内蒙古自治区政府命名为“区十佳文明旗县城”称号。

杭锦旗巴拉贡镇

2004 年被国家建设部等六部委联合授予“全国重点镇”称号。

准格尔旗沙圪堵镇

被内蒙古自治区政府命名为“自治区卫生镇”称号。

被东胜市评为“市十佳镇党委”称号。

党委书记甄德雨同志被东胜市评为“十佳镇党委书记”称号。

达拉特旗树林召镇

2004 年被国家建设部等六部委联合授予“全国重点镇”称号。

先后被内蒙古自治区委、区政府命名为“区卫生城镇”、“区先进民兵分队”、“自治区第五次人口普查先进集体”称号。

被伊克昭盟盟政府评为“盟统计基层基础建设先进单位”称号。

土默特右旗萨拉齐镇

被内蒙古自治区委、区政府命名为“发展乡镇企业先进镇”、“区五星级文明城镇”称号。

被包头市委、市政府评为“市小康镇”、“市先进基层党组织”、“市社会治安综合治理先进镇”称号。

镇党委书记伍志昌同志获“全国建设小康镇模范带头人和包头市优秀党务工作者”称号。

镇长伍争春同志获“包头市城市建设先进工作者和市房地产行业先进工作者”、“市城市管理年活动先进个人”称号。

辽宁省

沈阳市陈相屯镇

2004 年被辽宁省委、省政府评为“文明小城镇”称号。

2004 年被沈阳市政府授予“沈阳市文化先进乡镇”称号。

沈阳市白塔堡镇

党委书记于欣欣先后荣获省市“劳动模范”、市“优秀党务工作者”、区“农村基层建设先进个人”、“廉洁自律工程先进个人标兵”称号。

瓦房店市炮台镇

近几年被中央、国务院有关部委授予“全国先进基层党组织”、“国家级卫生镇”、“全国创建文明村镇工作先进单位”、“全国小城镇建设试点镇”、“全国农村‘三个代表’重要思想学习教育活动先进集体”称号。

西柳镇

近几年被中央、国务院有关部委授予“全国小城镇建设先进镇”、“全国创建文明小城镇示范镇”、“全国体育工作先进镇”、“全国环境优美小城镇”称号。

岫岩满族自治县偏岭镇

被辽宁省委授予“五个好先进党委”称号。

被鞍山市政府评为 “发展经济先进集体”称号。

抚顺县章党镇

近几年被抚顺市人民政府评为“发展特色农业先进乡镇”、“安全文明乡镇”、“农业产业化先进单位”、“农田建设先进单位”、“经济发展先进单位”称号。

新宾满族自治县永陵镇

被文化部授予“全国文化历史名镇”称号；被建设部等六部委联合授予“全国重点城镇”称号。

党委书记赵庆斌被抚顺市授予 2003 年“市劳动模范”称号。

新宾满族自治县南杂木镇

1998 年被国家民委授予“全国民族团结进步模范单位”称号。

近几年被辽宁省政府授予“村镇建设先进单位”、“先进党委”、“文明镇”、“五个好党委”的称号。

大石桥市水源镇

2004 年被国家建设部等六部委联合授予“全国重点镇”称号。

2003 年被辽宁省政府命名“村民自治模范镇”荣誉称号。

2004 年被辽宁省省委命名“五个好”乡镇党委标兵称号。

吉林省

桦甸市红石砬子镇

先后被中央、国家有关部委授予“中国乡镇之星”、“全国重点镇”、“全国婚育新风进万家活动先进镇”称号。

先后被吉林省委、省政府命名为“体育先进镇”、“模范纪检单位”、“玉米大豆优双行种植项目”称号。

大安市安广镇

被建设部等六部委联合授予“全国重点镇”称号。

被吉林省委、省政府命名为“精神文明先进单位”称号。

被白城市委、市政府评为“模范集体”称号。

龙井市朝阳川镇

先后被国家有关部委授予“全国重点镇”、“绿色大米生产基地”、“全国小城镇综合改革试点单位”、“全国小城镇信息化建设示范单位”称号。

被吉林省委、省政府命名为“省十强镇”称号。

扶余县三岔河镇

被国家民政部等部委授予“全国小城镇综合改革试点单位”、“首届中国乡镇投资环境100强”、“中国乡镇之星”、“全国重点镇”称号。

先后被吉林省委、省政府命名为“精神文明建设先进镇”、“先进基层党组织标兵”、“改革与发展先进镇”、“六好乡镇党委标兵”、“文明单位”等称号。

抚松县抚松镇

被国家建设部等六部委联合授予“全国重点镇”称号。

先后被白山市评为“政法工作先进集体”、“计划生育先进单位”、称号，并立三等功。

伊通满族自治县伊通镇

被国家建设部等六部委联合授予“全国重点镇”称号。

被吉林省委、省政府命名为“无公害镇”称号。

被四平市委、市政府评为“人口与计生一流镇”、“造林绿化先进单位”称号。

梨树县郭家店镇

被建设部等六部委联合授予“全国重点镇”称号。

被四平市委、市政府评为“农村劳务输出工作先进单位”、“先进纪委”、“老年体育先进单位”称号。

镇党委书记王伯森在2004年被市政府评为“市劳动模范”称号。

公主岭市范家屯镇

先后被评为全国综合改革试点镇；小城镇建设试点镇；全国乡镇企业示范区；全国重点镇；吉林省“十强镇”称号。

镇党委书记、镇长刘子义同志先后被评为全国城镇建设先进工作者；四平市劳动模范称号。

辉南县朝阳镇

2004年被建设部等六部委联合授予“全国重点镇”称号。

先后被吉林省委、省政府命名为“省级文明单位”、“精神文明先进镇”称号。

先后被通化市委、市政府评为“市经济强镇”、“市先进基层党组织”、“市精神文明先进单位”、“计划生育先进单位”称号。

镇党委书记刘毅同志被通化市委评为“优秀党务工作者”、“优秀共产党员”、“计划生育先进个人”、“社会治安综合治理先进个人”称号。

柳河县柳河镇

被国家建设部等六部委联合授予“全国重点镇”称号。

被吉林省委、省政府命名为“先进公务员集体”称号。

被通化市委、市政府评为“经济强镇”称号。

镇党委书记潘金国同志在2004年被通化市委评为“优秀党务工作者标兵”称号。

镇长单宝臣同志在2004年被通化市委评为“劳动模范”称号。

梨树县梨树镇

先后被四平市委、市政府评为“2003至2004年度文明单位”、“劳务输出先进单位”、“畜牧工作先进镇”称号。

镇党委书记刘鹏同志在2004年被四平市政府评为“市劳动模范”称号。

黑龙江省

阿城市平山镇

被哈尔滨市政府评为“教育强镇”的称号。

绥芬河市阜宁镇

先后被国家有关部委授予“全国小城镇综合改革试点镇”称号。

被黑龙江省政府命名为“卫生先进单位”称号。

被牡丹江市授予“文明单位”称号。

哈尔滨市呼兰区康全镇

被中央、国务院有关部委授予“投资综合开发重点镇”、“全国精神文明先进村镇”、“全国发展改革试点镇”称号。

被黑龙江省政府命名为“省小城镇建设试点镇”称号。

泰来县泰来镇

先后被黑龙江省政府命名为“省级卫生镇”、“省级生态园林城”、“全省民政工作全优单位”、“省级文明小城镇”称号。

被齐齐哈尔市委、市政府评为“市级文明单位标兵”、“市级‘六个好’先进党委”、“市级综合治理先进镇”、“市级安全先进单位”称号。

讷河市拉哈镇

2004 年被建设部等六部委授予“全国重点镇”称号。

被齐齐哈尔市人民政府评为“市乡镇企业先进镇”、“社会治安综合治理先进党委”、“齐齐哈尔小城镇建设试点镇”称号。

拜泉县拜泉镇

被黑龙江省委命名为“六好乡镇党委”称号。

被齐齐哈尔市评为“农业生产先进镇”、“市安全工作先进镇”称号。

镇党委书记杜景志被授予“齐齐哈尔市劳动模范”荣誉称号。

哈尔滨市南岗区王岗镇

先后被哈尔滨市委、市政府评为“市农业综合开发先进镇”、“市先进乡镇人民政府”、“市社会治安综合治理先进单位”、“市十佳文明示范村镇”、“市文明乡镇标兵”、“市六好乡镇党委”、“市农业农村经济发展先进镇”称号。

哈尔滨市道里区新发镇

被国务院有关部委授予“全国 500 强小城镇”称号。

肇东市宋站镇

2003 至 2004 年先后被绥化市委、市人民政府评为“先进基层党组织”、“先进镇标兵”称号。

上海市

嘉定区马陆镇

先后被国家有关部委授予“国家卫生镇”、“全国创建文明村镇先进单位”称号。

被上海市委、市政府命名为“上海市文明镇”、“上海市“五好”镇党委”、“上海市“拥军优属模范镇”称号。

金山区朱泾镇

先后被上海市政府命名为“市容环境管理优秀基层单位”、“市社会保障卡工程建设先进单位”称号。

被金山区委、区政府评为“创建国家卫生城区先进单位”、“区农保工作先进集体”称号。

江苏省

建湖县近湖镇

2005 年被建设部授予“全国百强镇称号”。

2005 年被中组部授予“全国先进基层党组织”称号。

2005 年被江苏省委命名为“全省先进基层党组织”。

如东县掘港镇

2004 年被江苏省委命名为“文明镇”、“计划生育先进镇”、“农村系统先进镇”、“实施教育现代化工程先进镇”、“库区移民安置工作先进镇”称号。

沭阳县沭城镇

2004 年被江苏省委、省政府命名为“百家名镇”、“省社区服务示范镇”、“省科技先进镇”、“先进基层党组织”称号。

被宿迁市委、市政府评为“市小康镇”、“市安全乡镇”称号。

沭阳县华冲镇

先后被国家有关部委授予“国家级无公害蔬菜标准化种植示范区”、“国家级无公害蔬菜生产基地”、“全国重点镇”称号。

党委书记鲍洪业同志被评为“全国改水先进个人”、“宿迁市信访先进个人”称号

吴江市同里镇

2003 年被卫生部授予“国家卫生镇”称号。

2003 年被建设部授予“中国历史名镇”称号。

2004 年被国家环保总局授予“全国环境优美乡镇”称号。

先后被江苏省委、省政府命名为“省百家名镇”、“省文明乡（镇）”称号。

灌云县伊山镇

2004 年被江苏省政府命名为“老年工作先进单位”、“婚育新风进万家先进单位”、“人民调

解员先进单位”称号。

被连云港市委、评为“文明强镇”称号。

盱眙县马坝镇

2004年被江苏省委命名为“文明镇”称号。

2004年被江苏省命名为“省先进基层党组织”、“省综合治理先进镇”称号。

被淮安市评为“市十强镇”、“市卫生镇”、“市财政收入上台价单位”、“市招商引资工作先进单位”称号。

徐州市贾汪区大吴镇

2004年被建设部等六部委联合授予“全国重点镇”称号。

2004年被中组部授予“全国先进基层党组织”称号。

2003年被农业部授予“全国农业技术推广先进单位”。

2004年被省委命名为“文明镇”、“省新型示范小城镇”、“省教育先进乡镇”、“省发展乡镇企业先进乡镇”称号。

被徐州市委、市政府评为“市十强镇”称号。

宝应县安宜镇

2003年被国家林业局授予“全国平原绿化先进乡镇”称号。

2001—2004年被江苏省政府命名为“群众文化先进乡镇”。

2003年被江苏省委评为“文明乡镇”、“省体育先进乡镇”、“省社会治安综合治理先进镇”称号。

沛县沛城镇

2002年被中组部授予“‘三个代表’重要思想学习教育活动先进集体”称号。

2003年被江苏省委授予“文明强镇”称号。

被徐州市委、市政府授予“市十强镇”、“市计划生育示范镇”、“财政工作先进单位”、“经济工作先进单位”、“绿化工作先进单位”称号。

通州市平潮镇

2004年被国家有关部委授予“全国重点中心镇”、“全国出口创汇百强镇”、“全国城镇综合实力超强镇”称号。

被江苏省委、省政府命名为“省卫生镇”、“省质量管理重点镇”称号。

扬中市油坊镇

2004年被建设部等六部委授予“全国重点镇”、“全国千强镇”。

先后被省委、省政府命名为“新型示范小城镇”、“文明镇”、“省卫生镇”、“省先进基层党组织”、“省安全生产先进单位”称号。

镇党委书记朱晓阳同志被镇江市评为“市开放型经济工作先进个人”称号。

镇长王成明同志被镇江市评为“双拥双兴活动先进个人称号。

溧阳市南渡镇

2004年被建设部等六部委授予“全国重点镇”、“全国村镇建设先进镇”称号。

靖江市新桥镇

先后被江苏省委命名为“省文明镇”、“省先进基层党组织”称号。

被泰州市人民政府评为“市经济工作十强乡镇”、“社会治安先进乡镇”称号。

建湖县近湖镇

先后被中央国家机关授予“中国乡镇之星”、“全国小康明星乡镇”、“全国先进基层党组织”称号。

先后被江苏省委、省政府命名为“省先进基层党组织”、“省文明单位”、“省社会治安综合治理平安创建先进乡镇”、“江苏名镇”、“省百强乡镇”称号。

先后被盐城市评为“市六好乡镇党委”、“市十强乡镇”称号。

南京市江宁区汤山集镇

被国家体育总局、农业部授予“亿万农民健身活动先进乡镇”称号。

先后被江苏省委、省政府命名为“省新型示范镇”、“省全民健身先进集体”、“绿色建设先进镇”称号。

先后被南京市评为“市综合实力20强乡镇”、“市双拥模范镇”、“市关心下一代工作先进集体”、“市老年人体育工作先进集体”、“市社会治安安全镇”、“市增收杯金杯”称号。

溧阳市南渡镇

先后被中央、国家有关部委授予“全国重点镇”、“全国村镇建设先进镇”称号。

先后被江苏省委、省政府命名为“省文明镇”、“省卫生镇”、“绿化先进镇”、“现代化新型小城镇”、“小城镇建设试点镇”、“集镇绿化达标镇”、“文化体育先进镇”、“教育先进镇”、“社会治安综合治理先进镇”称号。

涟水县涟城镇

先后被江苏省委、省政府命名为“农业基层党校”、“先进基层工会”、“省双学双比竞赛小组”、“省级三八绿色工程先进单位”称号。

被淮安市委、市政府评为“市经济十强镇”、“市农村工业十强乡镇”、“市财政收入十强镇”、“市安全乡镇”、“市文明乡镇”称号。

宿迁市大兴镇

先后被国务院有关部委授予“全国重点镇”、“全国亿万农民健身先进乡镇”称号。

先后被江苏省委、省政府命名为“省文明乡镇”、“省新型示范小城镇”、“省重点中心镇”、“省小城镇综合改革试点镇”、“省环保与经济协调发展镇”称号。

如皋市江安镇

被江苏省政府评为“民营经济十强镇”。

浙江省

东阳市横店镇

先后被国家有关部委授予“中国乡镇之星”、“全国民政工作全优乡镇(街道)”、“全国双百明星乡镇”、“全国造林绿化百佳乡(镇)”、“全国村镇建设先进镇”、“国家卫生镇”，并被列为“国家可持续发展实验区”、“全国乡镇企业示范区”、“全国2000年城乡小康住宅示范区”、“国家星火技术密集区”、“全国小城镇建设试点镇”、“全国小城镇综合改革试点单位”、“国家科技成果转化示范基地”、“社会主义新农村建设示范镇”、“浙江横店影视产业实验区”等称号。

文成县大峃镇

先后被国家有关部委授予“全国第一次经济普查先进单位”、“全国人口普查先进单位”称号。

先后被浙江省政府授予“全省农业普查先进单位”称号。

先后被温州市委、市政府评为“市计划生育先进集体”、“温州市双拥模范镇”、“温州市社会治安综合治理标兵单位”、“温州市创建文明乡镇优胜单位”、“温州市全优乡镇”、“温州市文明镇”称号。

镇党委书记金光宇同志荣获“第五次全国人口普查先进个人”、“温州市社会治安综合治理先进个人”称号。

镇长王日康同志荣获“优秀团干部”、“温州市遵师重教先进个人”称号。

乐消市柳市镇

先后被国家有关部委命名为“小城镇综合改革试点镇”、“全国小城镇建设示范镇”、“全国亿万农民健康活动先进镇”、“中国电器之都”、“中国断路器产业基地”称号。

被浙江省政府授予“省卫生城镇”、“省体育特色镇”称号。

被温州市评为“市三星级文明镇”称号。

镇长陈宜安同志被政评为“省十佳为民好书记”、“中国改革100新锐人物”称号。

杭州市萧山区瓜沥镇

被建设部等有关部委联合授予“全国百强镇”称号。

被浙江省委、省政府授予“省百强镇”、“省文明乡镇”、“省村镇建设现代化示范镇”、“省卫生镇”、“省文化明星镇”、“省绿化先进镇”称号。

被杭州市评为“市文明镇”、“市示范镇”称号。

台州市仙居县白塔镇

先后被国家有关部委授予“荣获全国重点镇”、“国家经济综合开发示范镇”称号。

被浙江省委、省政府命名为“农村基层组织先锋工程建设”、“五好”乡镇党委、教育强镇、社会治安综合治理先进镇、东海文化明珠乡镇称号。

被台州市委、市政府评为“五好”乡镇党委、市教育明星镇、市文明镇、村民自治示范镇、科技进步先进镇称号。

白塔镇党委书记李起福先后被评为省农经工作先进者，科普工作先进工作者，教育“绿叶”奖，村镇建设优秀乡镇长，市吨粮工程建设先进工作者，市尊师重教先进工作者，市教育危旧房改造先进工作者，市党管武装好书记。

临安市於潜镇

2004年被浙江省政府命名为“省体育工作特色乡镇”称号。

2004年被杭州市政府评为“市农村经济发展‘十佳’乡镇”、“市科技示范乡镇”、“市卫生乡镇”称号。

泰顺县罗阳镇

被温州市政府评为"市三星级文明城镇"称号。

永嘉县上塘镇

2004 年被建设部授予"千强镇之一"称号。

被浙江省政府命名为"全省 136 个中心镇之一"、"省级教育强镇"、"省级绿色小城镇"、"省级卫生镇"称号。上塘镇党委多次被评为市级先进党委和省级先进基层党组织。

先后被温州市政府评为"市农业农村现代化示范镇"、"市级文明示范镇"、"市全优乡镇和首批市小康镇"。

杭州市萧山区义蓬镇

先后被浙江省政府命名为"百强镇"、"省卫生镇"、"省教育强镇"称号。

先后被杭州市委、市政府评为"市文明镇"、"市新农村乡镇"、"市标志性教育强镇"称号

桐庐县富春江镇

2004 年被国务院有关部门授予"全国千强镇"称号。

先后被省人民政府命名为"省卫生镇"、"省教育强镇"、"省体育特色镇"、"省社会治安综合治理先进单位"称号。

被杭州市委、市政府评为"市经济发展十佳镇"、"市东海明珠工程"、"市特色文化乡镇"、"双拥模范乡镇"、"市文明镇"、"新农村乡镇"称号。

磐安县安文镇

先后被中央有关部委授予"全国创建文明村镇先进单位"、"全国百家文明城镇示范点"称号。

先后被省委、省政府命名为"文明卫生城镇"、"省城中心镇"、"省绿色小城镇"、"省教育强镇"称号。

新昌县城关镇

被国家建设部授予"全国重点镇"称号。

先后被浙江省政府授予"2004 年创建文明单位"、"省绿色社区"、"省五好乡镇党委"、"省综合治理先进集体"称号。

先后被绍兴市评为"市文化示范镇"、"市卫生单位"称号。

台州市泽国镇

先后被国家建设部等六部委联合授予"小城镇建设试点镇"、"国家小城镇建设科技示范镇"称号。

先后被浙江省人民政府授予"省小城镇综合改革试点镇"、"省村镇建设现代示范镇"、"省绿色小城镇"、"卫生镇"、"教育强镇"、"省中心镇"称号。

余姚市泗门镇

先后被国家有关部委命名为"全国小城镇发展改革试点镇"、"全国优秀乡镇"、"全国环境优美乡镇"等十多个国家级荣誉称号。

杭州市坎山镇

先后被浙江省政府授予"省综合经济实力百强镇"、"省教育强镇"、"卫生小城镇"称号。

被杭州市委、市政府命名为"市文明镇"、"市小康乡镇"、"首批新农村乡镇"称号。

被杭州市萧山区政府评为"区经济发展优胜镇"称号。

杭州市义桥镇

先后被浙江省政府授予"省综合经济百强镇"、"省卫生镇"、"省教育强镇"称号。

先后被杭州市命名为"市小康乡镇"、"市十强镇"称号。

被杭州市萧山市评为"市文明镇"、"市文化先进镇"、"市体育先进乡镇"、"市经济发展优胜乡镇"称号。连续九年被评为"萧山十强镇"。

嘉兴市嘉善县西塘镇

先后被浙江省政府授予"省入境旅游工作先进单位"、"第六届消费者信得过单位"称号。

先后被嘉兴市评为"安全生产工作先进集体"、"市三八红旗集体"称号。

德清县新市镇

2004 年被国家建设部等六部委联合授予"全国重点镇"称号。

先后被浙江省政府命名为"省中心镇"、"省文明镇"、"省卫生镇"、"省小城镇综合改革试点镇"称号。

被湖州市政府评为"十强乡镇"称号。

杭州市新登镇

先后被国务院有关部委授予"全国小城镇综合改革试点镇"、"可持续发展的中国小城镇"、"全国首批发展改革试点小城镇"称号。

先后被浙江省委、省政府命名为"省中心镇"、"省卫生镇"、"东海文化明珠工程"、"省首批科普示范镇"称号。

被杭州市政府评为"市中心镇"称号。

安徽省

界首市光武镇

被安徽省政府命名为“小城镇建设先进单位”称号。

被阜阳市政府评为“社会治安综合治理二等奖”称号。

六安市叶集镇

先后被国家有关部委授予“国家小城镇建设试点镇”、“国家综合改革试点镇”称号。

先后被安徽省委、省政府命名为“省综合改革试点镇”、“省改革发展试验区”称号。

近几年先后被六安市委、市政府评为“全市目标综合考评先进单位”、“全市招商引资先进单位”、“市抗洪救灾先进集体”、“市植树造林先进集体”、“全市思想政治工作先进集体”称号。

枞阳县枞阳镇

2003年被安徽省委授予“抗击非典型肺炎先进集体”称号。

2004年被安庆市委评为“五个好乡镇党委”称号。

桐城市新渡镇

被国务院有关部委授予“全国重点镇”、“全国小城镇建设试点镇”称号。

被安徽省政府命名为“重点中心镇”、“综合改革试点镇”、“环境优美乡镇”称号。

无为县无城镇

先后被巢湖市委、市政府评为“人民满意公务员集体”、“2004年度乡镇综合考评先进乡镇”称号。

池州市涓桥镇

先后被国务院有关部门授予“全国农民健身先进乡镇”、“全国婚育新风进万家活动先进集体”称号。

福建省

石狮市祥芝镇

1998年至2003年连续被福建省委、省政府命名为第六届、第七届、第八届省级“文明乡镇”、“福建省渔业十强镇”称号。

先后被泉州市委、市政府评为“宽裕型小康建设先进镇”、“关注三农办好14件实事工作先进单位”称号。

建宁县溪口镇

2004年被三明市评为“市计划生育协会先进集体”称号。

镇长黄呈伦同志被三明市评为“党管武装好主任”称号。

上杭县临江镇

先后被国家有关部委授予“全国残疾人康复先进单位”、“全国全民健身先进单位”、“全国创建文明村镇工作先进单位”称号。

先后被福建省委、省政府命名为“省财税工作先进单位”、“省乡镇企业外向型经济先进单位”、“省乡镇企业宣传工作先进单位”、“省农村文化工作先进集体”、“省幼儿教育工作先进单位”称号。

被龙岩市委、市政府评为“市六好乡镇党委”称号。

江西省

进贤县温圳镇

1999年被国务院列为第二批小城镇综合改革试点镇称号。

2002年被命名为江西省“农村税费改革先进镇”称号。

2003年被南昌市评为“卫生镇”，称号，自2000年以来连年被评为南昌市重点镇。

余江县锦江镇

2004年被江西省委命名为“乡镇三民好班子”称号。

宜丰县潭山镇

2004年被中宣部授予“全国创建文明乡镇工作先进单位”称号。

2004年被江西省政府命名为“文明镇”称号。

被宜春市委评为“市计划生育红旗乡镇”称号。

吉安市吉水县八都镇

1999年被中宣部授予“全国创文明村镇工作先进单位”称号。

1999年被建设部授予“全国村镇建设先进镇”称号。

2004年被中宣部授予“全国文明村镇”称号。

先后被吉安市委、市政府评为“个体私营经济先进乡镇”、“创建平安大道工作先进单位”称号。

吉安县敦厚镇

先后被吉安市委、市政府评为“市发展个体私营经济先进乡镇”、“市民兵基层建设先进单位”、“市综合治理先进乡镇”称号。

镇党委书记胡顺昌同志被省委命名为“省优秀共产党员”、“防非典先进个人”称号。

上栗县桐木镇

先后被萍乡市政府评为“全市工业经济十强乡镇”、“创建文明村工作示范点”称号。

镇党委书记王涛同志在2004年被萍乡市委评为“全市优秀党委书记”、“优秀市人大代表”称号。

上栗县上栗镇

2003年被省委组织部命名为“六个好乡镇党委”称号。

2004年被萍乡市委、市政府评为“市十强镇”、“市十佳镇”称号。

山东省

枣庄市陶庄镇

先后被国家有关部委授予“全国重点镇”、“全国千强镇”、“全国精神文明工作先进乡镇”称号。

被山东省委、省政府命名为“山东省中心示范镇”、“先进基层党组织”、“文明乡镇”、“人民满意的公务员集体”等多项荣誉称号。

莱州市沙河镇

2003年被国家有关部委授予“全国城镇建设百新工程试点镇”称号。

2004年被国家建设部等六部委联合列为“全国重点镇”称号。

先后被山东省委、省政府命名为“省乡镇企业示范区”、“省小康村”、“省中心镇建设示范镇”称号。

先后被烟台市委、市政府评为“市党建工作先进乡镇”、“市文明小城镇”、“市先进基层党组织”称号。

胶南市王台镇

先后被国家有关部委授予“国家级小城镇综合改革试点镇”、“中国纺织机械名镇”、“全国重点镇”称号。

被山东省政府命名为“中心镇建设示范镇”、“省环境优美镇”称号。

被青岛市政府评为“市卫星镇”等称号。

沂水县沂水镇

先后被中央、国务院有关部门授予“全国重点镇”、“全国综合实力千强镇”、“全国小康建设明星乡镇标兵”、“全国群众体育工作先进单位”称号。

先后被山东省委、省政府命名为“全省先进基层党组织”、“全省平安乡镇创建先进单位”、“省文明经营区”、“省双拥模范乡镇”、“齐鲁乡镇之星”称号。

沂水镇党委书记陈海龙同志被山东省政府评为“省模范公务员”，称号，并记一等功。

广饶县大王镇

先后被中央、国务院有关部委授予“全国先进基层党组织”、“全国农村”三个代表“重要思想党教活动先进集体”、“全国乡镇企业示范区”、“全国精神文明创建活动先进单位”,“全国小城镇建设示范镇”、“全国财政系统先进单位”称号。

临清市烟店镇

先后被山东省委、省政府命名为“省档案管理先进单位”、省科普先进单位”称号。

先后被聊城市委、市政府评为“双拥模范工作先进单位”、“市招商引资先进乡镇”称号

党委书记徐宝福同志被山东省委评为“省校舍政选先进个人”；被聊城市委评为“优秀共产党员”称号。

镇长庞悦国同志被聊城市政府评为“市模范干部”称号。

平邑县平邑镇

先后被中央和国家有关部委授予“全国创建文明小城镇示范点”、“全国优先发展乡镇”称号。

先后被山东省委、省政府命名为“省小城镇建设示范镇”、“省级小康镇”、“社会治安综合治理先进单位”称号。

先后被临沂市委、市政府评为“民营经济发展明星乡镇”、“招商引资先进单位”、“五个好乡镇党委”称号。

定陶县定陶镇

先后被山东省委、省政府命名为“省平安创建工作先进镇”称号。

先后被山东省菏泽市委、市政府评为“市经济工作实绩考核先进镇”、“市对外经贸工作先进镇”称号。

镇党委书记田同修同志被山东省委命名为“省优秀共产党员”称号。同年被菏泽市委、市政府荣记二等功两次。

高唐县琉璃寺镇

2002-2004年，连续三年被聊城市委、市政府评为“防范和处理邪教工作先进单位”称号。

2003-2004年，连续二年被聊城市委、市政府评为“劳务输出先进单位”、“综合治理先进乡镇”称号。

党委书记郭景涛2004年被市委授予“优秀党务工作者”称号。

邹平县委魏桥镇

2004年被国家建设部等六部委联合授予“全国重点镇”称号。

2001年被山东省政府命名为“省级中心镇”、“省级文明镇”称号。

肥城市石横镇

先后被国家有关部委授予“全国创建文明小城镇示范点”、“全国重点镇”、“全国小城镇建设项目示范基地”称号。

先后被山东省委、省政府命名为“省中心镇”、“省中心镇建设示范镇”、“省村镇建设新型乡镇”、“省环境优美乡镇”称号。

文登市高山镇

先后被国家有关部委授予“全国小城镇建设示范镇”、“全国小城镇建设试点镇”、“全国村镇建设先进镇”、“国家卫生镇”、“全国乡镇企业示范区”、“全国乡镇企业出口创汇管理先进单位”、“首届中国投资环境300佳镇”称号。

先后被山东省委、省政府命名为“省齐鲁之星”、“省首批重点镇”、“省小康镇”、“省双文明建设明星镇”、“省环境优美乡镇”称号。

兖州市新兖镇

先后被国家有关部委授予“全国先进基层党组织”、“全国精神文明创建工作先进镇”、“中国投资环境百强镇”、“全国发展乡镇企业好贡献大乡镇”称号。

新泰市翟镇

被国家建设等六部委授予“全国重点镇”称号。

先后被山东省委、省政府命名为“省中心镇”、“省社会文化先进乡镇”、“省级物业强乡”、“省创安全工作先进单位”称号。

乐陵市朱集镇

先后被山东省委、省政府命名为“优秀基层党组织”、“创安工作先进单位”、“中小学危房改造先进单位”称号。

被德州市委、市政府评为“文明单位”、“计划生育优质服务先进乡镇”、“农村卫生工作先进乡镇”等称号。

镇党委书记宋登山同志被授予：山东省“中小学危房改造工作先进个人”、德州市“优秀党务工作者”、“严打整治工作先进个人”、“普九工作先进个人”称号。

济南市姚家镇

先后被国家有关部委授予“全国民间艺术之乡”、“全国首届服务基层、服务乡村文化先进单位”、“全国百强乡镇”称号。

被山东省人民政府命名为“省百强乡镇”称号。

先后被济南市委、市政府评为“市2004年度先进乡镇”、“市五个好乡镇党委”、“市两个文明建设先进单位”、“发展民营经济先进镇”、“市教育示范镇”、“市农村文化建设50强镇”称号。

淄博市朱台镇

先后被国家有关部委授予“全国小城镇建设试点镇”、“全国重点镇”、“中国芦笋之乡”称号。

先后被山东省委、省政府命名为“城乡建设先进集体”、“吨粮田示范乡镇”、“科普先进乡镇”、“淄博乡镇之星”、“小康乡镇”、“省级中心镇”称号。

临朐县辛寨镇

先后被潍坊市评为“市文明单位”、“市农村工作模范乡镇”、“市农村经济结构调整先进乡镇”、“市小城镇建设先进乡镇”、“市发展民营经济先进镇”称号。

栖霞市桃村镇

先后被山东省委、省政府命名为“省先进基层党组织”、“省科普工作先进乡镇”、“省文明镇”称号。

被山东省烟台市委、市政府评为“市模范公务员集体”称号。

镇党委书记吕永坤同志先后被烟台市委评为"三个代表"重要思想学习教育活动先进个人、"市优秀党务工作者"称号。

滕州市西岗镇

先后被国家有关部委授予"国家小城镇综合改革试点镇"、"全国重点镇"、"全国文明创先单位"、"全国林业工作先进单位"称号。

先后被山东省委、省政府命名为"省中心示范镇"、"省经济强镇"、"省民营经济示范区"、"省文明镇"、"省环境优美乡镇"、"省村民自治模范乡镇"、"省民主政治建设先进镇"称号。

镇党委书记姜繁茂同志被山东省委、省政府评为"优秀共产党员"、"省劳动模范"、"省富民兴鲁"等光荣称号。

荣成市俚岛镇

2002年6月被全国农村"三个代表"重要思想学习教育活动联系会议领导小组、中共中央组织部授予"全国农村'三个代表'重要思想学习教育活动先进集体"称号。

2002年11月被农业部授予"全国乡镇企业科技园区"称号。

1994年被国家统计局授予"中国十亿元乡镇"称号。

2002年6月被中共山东省委授予"全省农村学习实践'三个代表'重要思想先进集体"称号。

1994年被山东省统计局、山东省社会经济评价中心、山东省农村社会经济调查队命名为"山东省综合经济实力前200名乡镇"称号。

2003年11月被山东省民政厅授予"山东省村民自治模范乡镇"称号。

1999年11月被山东省乡镇企业管理局、山东省建设委员会命名"省级乡镇企业示范区"称号。

2000年10月被共青团威海市委命名"威海市'五四'红旗团委"称号。

2001年11月被威海市人民政府评为"'两基'工作先进镇"称号。

2003年3月被中共威海市委、威海市人民政府评为"全市对台工作先进单位"称号。

2003年3月被威海市妇联评为"威海市'村在绿中'试点工作先进镇"称号。

2003年12月被威海市人民政府评为"全市农村教育工作先进镇"称号。

2004年6月被中共威海市委评为"先进基层党组织"称号。

2004年11月被山东省"五好文明家庭"创建活动协调小组评为"'美在家庭'活动示范乡镇"。

2004年11月被威海市总工会评为"工会工作十佳镇"称号。

2005年1月被中共威海市委、威海市人民政府评为"平安镇"称号。

2005年1月被威海市610办公室评为"全市农村反邪教警世教育活动先进单位"称号。

2005年被中共威海市委、威海市人民政府评为"经济发展先进镇"称号。

河南省

柘城县城关镇

镇党委书记吴忠义荣获商丘市"民营经济发展先进个人"、"社会治安综合治理先进个人"称号。

淇县高村镇

被建设部等六部委联合授予"全国重点镇"称号；被国家发改委授予"全国发展改革示范镇"称号。

被鹤壁市政府评为"村镇建设先进单位"、"防范处理邪教问题先进工作单位"称号。

党委书记魏增胜同志被鹤壁市评为"2004年度社会治安综合治理先进工作者"称号。

汤阴县城关镇

被国家建设部等六部委授予"全国小城镇建设试点镇"称号。

被河南省委、省人民政府授予"五好乡镇党委"称号。

被安阳市委、市政府评为"五好乡镇党委"、"市先进乡镇"、"市先进文化镇"、"市敬老模范镇"称号。

镇党委书记减佩侠同志被安阳市人民政府评为"安阳市人民满意公务员"称号。

镇长李人昌同志被河南省人民政府命名为"优秀镇长"称号。

新乡县七星营镇

先后被国家有关部委授予"全国重点镇"、

“全国首批小康示范镇”、“全国文明村镇建设示范点”、“首届中国乡镇投资环境100强称号。

先后被河南省委、省人民政府命名为“中州名镇”、“省综合改革发展建设试点镇”、“省科技示范镇”、“省科普示范镇”、“省三个代表学教活动先进集体”称号。

被新乡市委评为“市五个好乡镇党委称号”。

镇党委书记梁常运同志荣获“优秀党员”、“优秀乡镇长”、“全国社会治安综合治理先进工作者”、“河南省农村优秀基层干部”、“中州科技名人”、“第二届河南十大科技英才”、“科学技术拔尖人材”、“市优秀党务工作者”称号。

镇平县城关镇

2001 年被中宣部、国家计划生育委员会命名为“全国婚育新风进万家活动先进乡镇”称号。

2003年至2004年先后被河南省委、省人民政府命名为“全省百强乡镇第25位”、“五好乡镇党委”称号。

2004 年被南阳市委评为“五好乡镇党委”称号。

镇党委书记在2004年被南阳市委、市政府评为“优秀共产党员”、“市信访工作先进工作者”称号。“市五一劳动奖章”获得者称号。

光山县城关镇

2004 年被建设部等六部委联合授予“全国重点镇”称号。

2004 年被省综治委评为“治安综合治理先进乡镇”称号。

2004 年先后被信阳市委、市人民政府评为“五个好乡镇党委”、“民兵基地建设先进乡镇党委”、“市级治安模范先进乡镇”、“市先进卫生乡镇”、“市机关先进单位”称号。

镇党委书记敖日明同志先后被信阳市委评为“防治非典优秀领导干部”、“民兵组织先进领导个人”、“支持国防建设十佳人物”称号。

镇长戴修福同志被信阳市委评为“市优秀公务员”、“依法治镇先进工作者”、“2004 年民兵整组先进工作者”称号。

西华县城关镇

先后被河南省委、省政府命名为“六好先进党委”、“省级卫生先进单位”、“第五次人口普查先进单位”称号。

2003年被河南省周口市委、市政府评为“抗击非典先进单位”、“周口市财源建设十强乡镇”称号。

登封市卢后镇

2003年先后被郑州市委、市政府命名为“小城镇建设先进单位”、“市信访工作先进单位”、“基层老干部工作先进单位”、“计划生育先进单位”、“市五好乡镇党委”、“创建卫生城市工作先进单位”称号。

睢县城关回族镇

被国家建设部等六部委联合授予“国家重点镇”称号。

被河南省人民政府命名为“河南乡镇之星”、“全国农村改革商丘试验区试验点”称号。

被商丘市评为“市特别改革试验镇”、“二十强乡镇”、“市文明之乡”、“市先进单位”称号。

镇党委书记姚本祥同志、镇长赵天法同志连年被评为商丘市“先进个人”、“先进工作者”称号。

林州市姚村镇

先后被国家有关部委授予“全国创建文明村镇工作先进单位”、“全国小城镇建设示范镇”、“中国乡镇之星”称号。

先后被河南省委、省政府命名为“优秀基层党组织”、“河南乡镇之星”“中州名镇”、“十佳乡镇”、“科技示范镇”、“河南省改革建设综合试点镇”、“发展乡镇企业先进单位”、“省级社会发展综合实验区”、“全省115家首批重点镇”称号。

洛阳市伊川县城关镇

2004 年被河南省委命名为“省五好乡镇党委”称号。

2004年至2005年被洛阳市委、市政府评为“五个好乡镇党委”、“市文明乡镇”、“招商引资先进单位”称号。

淇县朝歌镇

先后被国家有关部委授予“全国重点镇”、“创建全国文明村镇先进单位”称号。

2004年至2005年先后被河南省委、省政府命名为“五个好乡镇党委”、“社会治安综合治理工作先进乡镇”称号。

湖北省

潜江市张金镇

2002 年被国务院有关部委授予“全国小城镇综合试点镇”称号。

2002 年被建设部等六部委授予为“全国重点镇”。称号。

1998 年被湖北省人民政府命名为“湖北省红旗乡镇党委”称号。

2002 年被湖北省人民政府命名为“全省重点中心镇”称号。

松滋市刘家场镇

被建设部等六部委授予“全国重点镇”称号。

先后被湖北省委、省政府命名为“省重点中心镇”、“省重点示范镇”、“省五好乡镇党委”称号。

红安县城关镇

1998 年被中央精神文明指导委员会评为“全国创建文明村镇工作先进单位称号。

2000 年被湖北省委评为“省农村基层组织建设六好乡镇党委”称号。

2003 年被湖北省委组织部评为“全省农村建设双拥工作先进单位”。

大冶市灵乡镇

先后被国家有关部委授予“全国文明镇”、“全国经济综合开发示范镇”、“全国重点镇”、“全国科普示范镇”称号。

被湖北省委、省政府命名为“楚天明星镇”、“‘六好’乡镇党委”、“小城镇综合改革试点镇”称号。

荆门市辖区漳河镇

被中央有关部门授予 “中央精神文明创建工作先进单位”称号。

被省人民政府命名为“省小城镇建设楚天标”、“省旅游明星乡镇”、“省百强镇”、“全国重点镇”称号。

钟祥市胡集镇

连续两年被省政府命名为“省小城镇“楚天标”竞赛一等奖、“全省重点中心镇”称号。

枝口市安福寺镇

2001 年至 2004 年被宜昌市委、市政府评为“市先进单位”、“市先进基层党组织”、市农业产业化先进单位“市优秀领导集体”称号。

镇党委书记李奎阳同志在 2005 年获”湖北省农村税费改革突出贡献奖称号。

宜都市枝城镇

2002 年被湖北省政府命名为“文明乡镇”、社会经济综合实力“百强乡镇”称号。

2004 年被宜昌市委评为“五好乡镇党委”称号。

蕲春县蕲州镇

被国家民政部授予“中国乡镇之最”称号。

被中央文明委授予“创建文明小城镇示范点”称号。

被国家建设部等六部委联合授予“全国重点镇”称号。

被中央宣传部授予“全国创建文明乡镇工作先进单位”称号。

被湖省委、省政府命名为“楚天明星乡镇”、“全省文明单位”称号。

被咸宁市政府评为“市十强乡镇”称号。

麻城市宋埠镇

1995 年被湖北省人民政府命名为“楚天明星镇”称号。

1996 年被湖北省命名为“综合改革试点镇”称号。

通城县隽水镇

被湖北省委、省政府命名为“楚天明星乡镇”、“省级五好乡镇党委”、“湖北省示范乡镇”称号。

被咸宁市政府评为“市十强乡镇”称号。

远安县鸣凤镇

被湖北省委、省人民政府授予“1999-2001 年度文明镇”、“湖北省农村基层组织建设六好乡镇党委”称号。

2003 年被宜昌市委、市政府授予“文明乡镇”和“五好乡镇党委”称号。

武汉市洪山区左岭镇

2004 年被洪山区委、区人民政府评为“目标管理先进单位”称号。

镇长周志喜同志被评为“目标管理先进个人”称号。

湖南省

邵东县两市镇

被湖南省政府命名为:“省武装工作示范镇”称号。

镇党委书记单新标同志被邵阳市评为“市综合治理先进个人”称号。

镇长张智德同志被邵阳市记“二等功一次”。

常德市鼎城区蒿子港镇

1996 年被湖南省委、省政府命名为“湖南省百强镇”称号。

1999 年被常德市委、市人民政府评为“双文明建设单位”称号。

2003 年被常德市委评为“先进基层党组织”称号。

2004 年被常德市委评为“五个好乡镇党委”称号。

湘乡市栗山镇

被湘潭市政府评为“湘潭市社会治安综合治理先进单位”、“湘潭市基层工作先进镇”、“湘潭市小城镇建设先进单位”称号。

湘潭县花石镇

2004 年被建设部等六部委授予“全国综合重点镇”称号。

1998 年被湖南省人民政府命名为“湖南省百强镇”称号。

1999 年，被湖南省人民政府命名为“重点示范镇”称号。

澶县易峪河镇

2002 年被评为全省百强乡镇。

2003 年被市委、市政府评为“农村目标考核一等奖”单位；被省委、省政府评为“全省文明村镇”。

2004 年，镇党委被评为全省“五好党委”，8 月，镇政府被中组部、中宣部、中央文明办、人事部授予“人民群众满意的公务员集体”荣誉称号。

望城县丁字镇

先后被长沙市评为“小城镇建设一等奖”、“市计划生育工作模范乡镇”、“市社会治安综合治理工作先进单位”、“市关心下一代工作先进单位”称号。

镇党委书记余学辉同志在 2004 年度被长沙市政府记三等功。

宁乡县花明楼镇

被湖南省委命名为“先进离退休党组织”称号。

先后被长沙市委、市政府评为“计生模范乡镇”、“综合治理红旗单位”、“文体工作先进单位”称号。

炎陵县霞阳镇

先后被株洲市评为“市绿色城镇”、“市小康镇”、“市综合治理先进单位”、“市双文明建设先进集体”、“抗击非典先进集体”称号。

临澧县合口镇

先后被国家有关部委授予“全国村镇建设先进单位”、“全国小城镇建设示范镇”称号。

被常德市政府评为“市学习型村镇”称号。

被湖南省人民政府命名为“省小城镇综合改革试点工作先进单位”、“省文明集镇”、“省百强镇”、“省可持续发展实验区”、“省特色镇发展先进单位”称号。

岳阳县城关镇

先后被湖南省委、省政府命名为“全省百强乡镇”、“省小城镇建设先进单位”、“抗洪救灾先进单位”称号。

被岳阳市委、市政府评为“全市品牌单位”称号。

岳阳县新墙镇

被国家建设部等六部委联合授予“全国重点镇”称号。

平江县城关镇

先后被岳阳市委、市政府评为“市两个文明建设先进单位”、“小城镇建设先进单位”称号

镇党委书记管平源同志被岳阳市委连续两年“记二等功”。

镇长陈骏原同志被岳阳市委连续两年“记二等功”。

临湘市羊楼司镇

先后被湖南省委、省政府命名为“五个好乡镇党委”、“湖南省小城镇综合改革试点工作先进单位”称号。

澧县澧阳镇

被常德市委评为“五个好乡镇党委”称号。

镇长金贤松同志被湖南省命名为优秀共产党员”称号。

浏阳市大瑶镇

先后被国家有关部委授予“全国小城镇建设综合改革试点单位”、“全国小城镇与土地集约利用成就最佳形象”、“全国星火计划农村现代化小城镇建设示范镇”称号。

洞口县高沙镇

先被湖南省委、省政府命名为“省五个好乡镇党委”、“省农村小城镇综合改革试点工作先进单位”、“基层党的建设示范点”称号。

先后被邵阳市委、市政府评为“市双文明单位”、“市社会治安综合治理先进乡镇”称号。

广东省

英德市浛洸镇

1996 年被广东省政府命名为“综合改革试点镇”称号。

2002 年被广东省政府命名为“省中心镇”称号。

1996 年被清远市政府评为“文明乡镇”称号。

2001 年被清远市政府评为“文明小康镇”称号。

2003 年被省建设厅确定为“村镇建设试点镇”。

徐闻县徐城镇

2003 年被省爱国卫生运动委员会授予“卫生城镇”荣誉称号。

电白县沙琅镇

2001 年被国家林业总局授予“全国绿化百佳镇”，被国家体育总局授予“全国体育先进镇”称号。

2004 年被国家建设部等六部委联合授予“全国重点镇”称号。

2002 至 2003 年被广东省人民政府命名为“首批中心镇”、“小城镇健康发展综合试点镇”称号。

罗定市罗镜镇

2002 年被广东省政府授予“首批中心镇”称号。

鹤山市共和镇

被国家建设部等六部委联合授予“全国重点镇”称号。

被国家科技部授予“全国星火小城镇示范镇”称号。

被广东省人民政府命名为“广东省中心镇”、“城镇化技术集成应用试点单位。

被江门市政府评为“2003 至 2004 年度文明村镇”称号。

河源市东源县仙塘镇

2004 年被广东省委、省政府命名为“省农村税费改革工作先进单位”称号。

被河源市评为“先进基层党组织”、“河源市尊师重教先进单位”、“2004 年度经济发展工作先进镇”称号。

佛山市顺德区龙江镇

2004 年被广东省政府命名为“广东省教育强镇”称号。

梅县雁洋镇

被中央组织部授予“全国先进基层党组织”称号。

被广东省委、省人民政府授予“省十佳模范乡镇党委”、“广东省文明单位”、“先进基层党组织”、“文明村镇”、“广东省中心镇”称号。

广州市番禺区大岗镇

被国家建设部授予“全国小城镇建设试点镇”称号。

被广东省委、省政府命名为“广东省中心镇”、“广东省教育强镇”、“省卫生先进单位”称号。

被广州市授予“市绿化先进单位”、“市文明镇”称号。

高要市新桥镇

被广东省政府命名为“广东省中心镇”、和“省小城镇建设示范强镇”、“两个文明建设先进单位”、“文明镇”、“社会治安综合治理先进单位”、“工业园建设先进奖”、“繁荣镇城区建设奖”、“积极引资奖”、“计划生育先进单位”称号。

清新县三坑镇

2004 年被清远市委、市政府评为“文明小康镇”、“先进基层党组织”称号。

镇党委书记曾广泉同志在 2004 年被清远市委评为“先进党员”称号。

遂溪县遂城镇

被全国总工会授予“全国新建立企业工会组建工作先进单位”称号。

先后被广东省委、省政府命名为“省文明

镇”、“省示范镇”、“省卫生镇”、“省严打斗争工作先进单位”称号。

被湛江市政府评为“发展工业先进镇”称号。

汕头市潮南区陈店镇

2004年被国务院有关部委授予“中国内衣名镇”称号。

先后被广东省委、省政府命名为“发展乡镇企业百强镇”、“省中心镇”、“省科技创新专业镇”称号。

饶平县黄冈镇

先后被国家农业部、国家体育总局授予“全国农业技术推广先进单位”、“全国亿万农民健身活动先进乡镇”称号。

先后被广东省委、省人民政府命名为“省乡镇企业百强镇”、“省体育先进镇”、“省科技试点镇”、“省民族民间艺术之乡”、“省耕地保护先进集体”称号。

被潮州市政府评为“科技工作先进镇”称号。

广西壮族自治区

宜州市德胜镇

被国家有关部委授予“全国先进基层党组织”、“全国群众体育先进乡镇”称号。

2005年被自治区政府命名为“人民满意公务员集体”、“全国小康建设明星乡镇”、全国“美德在农家”、“活动示范点”、“全国文明村镇”“全国创建文明村镇工作先进单位”、“南珠杯”竞赛特等奖。称号。

海南省

屯昌县屯城镇

2004年被海南省纪委评为“文明信访区先进单位”称号。

东方市大田镇

被建设部等六部委联合授予“全国重点镇”称号

2004年被海南省政府列为“百镇计划重点镇”称号。

镇党委书记符春兰同志先后被海南省委、省人民政府评为“先进妇联干部”、“全国婚育新风进万家活动先进个人”、“省优秀共产党员”省三八红旗手“海南省民族团结进步先进个人”称号

重庆市

九龙坡区石桥镇

被中央有关部委授予“全国优秀乡镇”称号。

先后被四川省委、省政府命名为“四川乡镇200强”、“四川省发展乡镇企业先进单位”、“四川省乡镇企业50强”、“四川省城郊经济研究会排头兵镇”、“重庆市乡镇企业50强”、“重庆市小康达标镇”、“重庆市先进镇党委”、、“重庆市明星乡镇”等称号。

开县汉丰街道办事处

先后被中央有关部委授予“三峡工程移民库区农村移民外迁工作先进单位”、“第五次全国人口普查先进集体”、“第二次全国基本单位普查先进集体”、“中国科协西部科普工程科普信息化示范镇”称号。

被重庆市委、市政府命名为“‘三五’普法工作先进单位”、“三峡移民工作先进集体”、“社区建设先进单位”、“重庆市依法治理工作先进单位”、“重庆市体育先进社区”;“五好社区党组织”称号。

奉节县兴隆镇

先后被授予“重庆市百强镇”、“重庆市优秀绿化小城镇”、“重庆市卫生小城镇”等称号。

大足县龙水镇

先后被中央有关部委授予“小城镇建设示范镇”、“全国发展改革试点小城镇”称号。

被重庆市委、市政府命名为“百镇工程镇”、“市商业建设中心镇”、“市乡镇企业明星镇”、“市级文明镇”称号。

梁平县屏锦镇

2004年度被重庆市政府命名为“防治高致病性禽流感先进集体”称号。

被重庆市政府命名为“经济百强镇”、“商贸中心镇”称号。

垫江县桂溪镇

2001年至2004年连续四年被重庆市人民政府命名为“发展乡镇企业明星镇”称号。

忠县石宝镇

2004年被国家建设部等六部委授予“全国重点镇”称号。

2001年至2004年先后被重庆市委、市政府

命名为“两基工作先进集体”、“人民调解工作先进集体”、“移民党建工作先进基层党组织”、“市中心镇”、“市卫生镇”、“三峡移民工作先进集体”称号。

秀山县中和镇

被重庆市政府命名为“农民文艺调演金奖”称号。

南川市水江镇

被中央有关部委授予“全国人口普查先进单位”、“全国亿万农民健身活动先进乡镇”称号。

近几年先后被重庆市政府命名为“第 20 个示范镇”、“市 103 个经济强镇”、“市 45 个中心镇”、“市乡镇企业示范园区”称号。

半都县三合镇

2003 年被重庆市人民政府命名为“三峡移民工作先进集体”称号。

永川市来苏镇

2001 年被重庆市委命名为“第一届思想政治工作创新奖”称号。

2001 年被重庆市政府命名为“全市婚育新风进万家活动先进乡镇”称号。

合川市钱塘镇

被重庆市委命名为“市文明单位”称号。

四川省

宣汉县东乡镇

2004 年被建设部等六部委授予“全国重点镇”称号。

2004 年被中央有关部委列为“全国 100 个信息化建设试点小城镇”。

近两年先后被达川市政府评为“全市十强乡镇”、“基层信访工作四无乡镇”、“第三产业普查先进集体”称号。

郫县古城镇

被建设部等六部委授予“全国重点镇”称号。

被四川省政府命名为“省小城镇建设试点镇”称号。

彭山县凤鸣镇

被四川省命名为“基层单位普查先进集体”称号。

被眉山市政府评为“2004 年乡镇综合实力二十强乡镇”称号。

被眉山市政府评为“市优秀安全生产示范乡镇”称号。

隆昌县金鹅镇

被国家建设部等六部委授予“全国重点小城镇”称号。

先后被四川省委、省人民政府命名为“思想政治工作先进单位”、“小康镇”“省级卫生镇”、“省级重点示范小城镇”、“全省经济综合实力 500 强乡镇”称号。

被内江市委、市政府评为“爱国卫生”、“计划生育”、“农村基层组织建设”、“村民自治”、“思想政治工作”、“民营经济”、“安全生产”、“创先争优”等先进单位称号。

宜汉县胡家镇

2004 年被国家建设部等六部委授予“全国小城镇建设重点镇”称号。

2003 年被四川省政府命名为“省小城镇建设重点镇”称号。

眉山市东坡区永寿镇

镇长周建军同志荣获“2004 年度四川省人民满意公务员”称号。

邻水县鼎屏镇

2004 年被中央有关部委授予“全国综合治理先进乡镇”称号。

2004 年被省司法厅评为“人民调解工作先进集体”称号

2004 年先后被广安市委、市政府评为“信访工作先进集体”、“纪检监察工作先进集体”、“妇联综合工作先进集体”称号。

镇党委书记熊帷茗被广安市委、市政府评为“2002 至 2004 年工作先进个人”、“广安市再就业先进工作者”称号。

简阳市贾家镇

被中央有关部委授予“全国创建文明村镇工作先进单位”、“国家小城镇建设试点镇”称号。

被四川省政府命名为“省首批小城镇建设重点镇”、“省乡镇经济综合实力 50 强”称号。

冕宁县泸沽镇

先后被中央国家有关部委授予“国家 500 家试点镇”、“第五次全国人口普查先进集体”称号。

先后被四川省委、省政府评为“乡镇企业示范区”、“乡镇企业优秀示范区”、“省创建文明小城镇示范区"、"文化先进镇"、"四川乡镇经济综合实力500强"、"省50个重点建设镇"称号。

南充市高坪区龙门镇

2004年被南充市委、市政府评为"市先进集体"、"市民政工作先进单位"、"计生工作先进单位"、"社区建设先进集体"称号。

镇党委书记明刚获南充市委"爱民书记"称号。

新津县五津镇

2002年被四川省政府命名为"四川省文化先进乡镇"称号。

2002至2004年被成都市委、市政府评为"全民国防教育先进单位"、"市社区文化建设先进单位"、"市拥军优属先进单位"、"村民自治示范镇"称号。

镇党委书记获成都市委"优秀乡镇党委书记"称号。

金堂县淮口镇

2004年被评为成都市市级卫生集镇。

2005年被评为成都市14个优先发展镇之一。

金堂县赵镇

被国务院有关部委授予"中国人居范例奖"、"全国创建文明小城镇"称号。

被四川省人民政府命名为"省级卫生城镇"、"园林化城镇"、"省文明县城城区镇"称号。

被成都市政府评为"市十大魅力城镇"称号。

射洪县太和镇

被国家民政部授予"全国小康建设明星乡镇"称号。

被四川省委命名为"全省防治非典型肺炎工作先进基层党组织"称号。

先后被遂宁市委、市政府评为"小康乡镇"、"市园林式单位"、"农村卫生工作先进集体"称号。

镇党委书记税清亮同志在2003年被遂宁市委评为"十大杰出青年"称号。2004至2005年连续两年被遂宁市委评为"优秀乡镇党委书记"称号。

成都市龙泉驿区洛带镇

被国家建设部授予"全国重点小城镇"称号。

被四川省政府命名为"省级著名历史文化名镇"称号。

被成都市授予"市优先发展重点镇"称号。

峨眉山市桂花桥镇

先后被中央国家有关部委授予"全国小城镇建设试点镇"、"全国创建文明村镇工作先进单位"称号。

先后被四川省委、省政府命名为"婚育新风进万家活动先进镇"、"省乡镇经济综合实力100强镇"、"省社会治安综合治理模范镇"、"省文化先进镇"称号。

贵州省

安顺市经济技术开发区幺铺镇

2004年被国家建设部等六部委授予"全国重点建设城镇"称号。

2004年被安顺市委、市政府评为"先进文明单位"称号。

贵阳市花溪区青岩镇

先后被贵阳市评为"优秀人民调解委员会"、"农村税费改革试点工作先进单位"称号。

云南省

弥勒县弥阳镇

2002年，被中央文明委授予"全国创建文明村镇工作先进单位"称号。

被云南省委、省政府命名为"省创建文明村镇工作先进乡镇"、"模范基层党组织"、"民兵预备役基层建设先进单位"、"云南省安全单位"称号。

被红河哈尼族彝族自治州委评为"先进基层党组织"、"2004年度党风廉政建设责任制工作先进集体"、"社会治安综合治理工作先进乡镇"称号。

江川县大街镇

2004年被国家农业部、国家体育总局、中国农民体协授予"全国亿万农民健身活动先进乡镇"称号。

华宁县宁州镇

被国家人事部、国家统计局授予"全国统计系统先进集体"称号。

被云南省委、省政府命名为"乙级卫生城镇"、"省体育特色乡镇"称号。

被玉溪市委评为"文明城镇"称号。

华宁县盘溪镇

被玉溪市人民政府评为"涉农价格和收费公示工作先进镇"称号。

元谋县黄瓜园镇

2004 年被国家建设部等六部委授予“全国重点镇”称号。

先后被国家农业部授予“全国农业技术推广先进单位”称号。

先后被云南省政府授予“省两基工作先进地区”、“科技先进乡镇”、“铁路护路联防工作先进集体”、“省体育特色乡（镇）”称号。

陕西省

清涧县宽州镇

被陕西省纪委授予“基层办案工作先进单位”称号。

被榆林市人民政府评为“五个好先进乡镇党委”、“文明乡镇”、“模范乡镇党委科技服务示范基地”、“安全镇”、“创建工业园区标兵单位”称号。

富平县杜村镇

2002 年被国家农业部、国家体育总局、中国农民体授予“全国亿万农民健身活动先进乡镇”称号。

1995 被陕西省委、省政府命名为“乡镇之星”称号。

1996 年被中共陕西省委命名为“小康乡镇先进党委”称号。

1994 年被省教委、省人事厅、省妇联、省总工会评为“幼教工作先进乡镇”称号。

2003 年被省农业厅、省体育局、省农民体协评为“第一批陕西省百万农民健身活动先进乡镇”称号。

2003 年被省新兴产业调查领导小组、省统计局评为“陕西省新兴产业调查先进集体”称号。

1994 年被渭南行署评为“义务教育先进乡镇”称号。

1994 年被渭南行署评为“乡镇之星”称号。

1995 年被渭南地委、行署评为“小康乡镇”称号。

1999 年被渭南市爱卫会评为“卫生先进单位”称号。

2002 年被渭南市人民政府评为“老龄工作先进单位”称号。

2003 年被渭南市委、市政府评为“文明机关”称号。

2004 年被渭南市人民政府评为“劳务输出先进乡镇”称号。

2004 年被渭南市委、市政府评为“社会治安综合治理模范镇”称号。

丹凤县龙驹栗镇

2004 年被农业部、国家体育总局、全国农民体协授予“全国亿万农民健身活动先进乡镇”称号。

镇党委书记贾健康被陕西省政法委评为“社会治安综合治理工作先进个人”称号。

甘肃省

兰州市西固区陈坪乡

先后被国家、省、市命名为“中国乡镇之星”、“乡镇企业发展十强乡”、“民政工作模范乡”、“省级计划生育优质服务乡”、“省级五好标兵先进乡镇党委”等称号。

青海省

贵德县河阴镇

先后被青海省海南州委评为“民族团结进步模范先进单位”、“先进基层党组织”称号

镇长也红霞同志被海南州委、州政府评为“民族团结进步先进个人”称号。

新疆维吾尔自治区

乌鲁木齐市七道湾乡

1996 年被中央组织部授予“全国先进基层党组织”称号。

1999 年被中央文明委授予“全国创建文明村镇”先进单位称号。

1995 年被自治区政府命名为“村民自治与奔小康示范乡”、“自治区先进基层党组织”称号。

1997 年被乌鲁木齐市政府评为“减轻农民负担先进集体”荣誉称号。

焉耆县焉耆镇

2003 年被国家卫生部授予“国家级卫生城镇”称号。

2004 年被国家建设部等六部委授予“全国重点镇”称号。

2004 年、2003 年两次被新疆自治区政府命名为“社会治安综合治理先进单位”称号。

近几年先后被巴音郭楞蒙古自治州党委评为“六好镇党委”、“科教兴教先进单位”、“州精神文明单位”称号。

镇党委书记徐河明在2000年被自治区政府评为“集中整治工作先进个人”。“自治区综合整治工作先进个人”称号。

镇长何忠孝荣获自治州政府“双拥工作先进个人”称号。

库车县库车镇

2002 年被中央有关部委授予“国务院第五次全国人口普查先进集体”称号。

近几年先后被新疆阿克苏地区政府评为“集中整治工作领导小组先进单位”、“四五红旗团委”、“民政工作全优乡镇”称号。

额敏县额敏镇

先后被新疆自治区命名为“精神文明创建”奖。“自治区文明单位”、“精神文明建设工作先进集体”、“区卫生红旗单位”称号。

镇党委书记王富宽同志荣获“自治区综合治理先进个人”称号。

乡镇论坛

树立科学发展观 全面建设小康乡镇

湖北省武汉市洪山乡党委书记 戚茂武

“坚持以人为本，树立全面、协调、可持续的发展观，促进社会和人的全面发展”是我们党在十六届三中全会上明确提出的新的执政理念，也是我们党的新党纪，带领全国人民全面建设小康社会的行为指南。

乡镇作为贯彻和落实党的路线、方针和政策的一个“细胞”，在贯彻和落实科学发展观这一执政理念过程中肩负着重要的历史使命。基于这种认识，洪山乡党委、政府始终将树立科学发展观与地方实际结合起来，充分发挥区位、资源、环境、人文等各方面优势，扎实推进全乡“三个文明”协调发展，实现了“经济增长、人民增收、城乡协调、社会和谐”目标。上世纪 90 年代以来，洪山乡先后获得湖北省楚天明星乡镇、湖北省乡镇企业十强乡镇、湖北省农村党的建设五好乡镇党委等 100 多项省、市、区荣誉。2004 年国内生产总值达 18.8 亿元，税收 1.807 亿元，农民人均纯收入 6854 元，初步实现了提前进入小康社会的目标。

一、经济拉动，着力构建全面建设小康乡镇的物质平台

发展经济是贯彻落实科学发展观的第一要任，也是全面建设小康社会的物质基础。

洪山乡以往是农业大乡，近年来随着武汉市城市化进程的加快，洪山乡已成为典型的“城中之乡”，靠传统农业种植的经济格局越来越不适应本乡发展要求。为此，洪山乡区委在掀起新一轮思想大解放的基础上，充分发挥本乡交通便利，山水资源丰富，科教智力密集，武汉启动“城中村”改造等系列优势，制定出“招商引资规模化，工业发展园区化，商贸流通区域化，农业生产品牌化”的新的经济格局，并制定了一系列相关政策、激励机制和服务措施。

世界 500 强企业德国麦德龙有限公司 2001 年准备去武汉投资，得知这一消息，洪山乡党委迅速派员主动拜访，将一块 70 亩的黄金地段主动让出，对公司提出的征地拆迁、劳力安置等大大小小近 100 个问题在一个月内全部解决。洪山乡的诚意打动了对方，当年，该公司拆资 1600 万美元，建起武汉最高档次的新型流通业态超市，每年仅税收就突破 2000 万元。随后，洪山乡趁势而上，先后引资 6 亿元建起亚洲地区最大的湖北文化出版城，引资 3 亿多元建起华中地区最大规模的粮油批发市场，引资 30 多亿元建起南湖新城。此外，武汉市江南地区最大的汽车 4S 专卖市场、湖北省餐饮航母楚灶王大酒店、广东新一佳超市等多家商贸“大鳄”纷纷落户洪山乡，仅最近 3 年，全乡共引进项目 85 个，其中 1000 万元以上的项目 21 个，这些项目成为洪山乡最重要的经济支柱。

洪山乡在上世纪中期，乡镇企业非常火红，近年来，受市场冲击，纷纷倒闭。洪山乡利用这些企业闲置资产，建起了紫菘工业园，新建了马湖产业园，以及卓刀泉、东亭、思特大厦等 3 个中小型科技企业孵化器，为 200 多家企业制造了发展空间，为乡镇经济持续发展注入了活力。

“无工为富、无商不活、无农不稳”是人们在发展经济过程中所形成的共识。洪山乡有 23 个行政村，2.4 万村民。其中有半数村民经过努力，已成功转移到非农生产，而对土地逐年减少，村民就业压力越来越大的现状，洪山乡大胆探索出了一条“农业生产品牌化”的新路。

洪山菜薹有着上千年的种植历史和悠久的文化底蕴，历来被誉为“金殿御菜”。2004 年，洪山乡着力搞大这一品牌效应。配合洪山区委、区政府在国家工商总局重新注册商标，利用 GPS 卫星定位系统对原产地进行明确定位，划出永久性保护红线，引进一家民营企业专门从事生产，采取公司+农户的模式进行种植，将民间散落的传说、民谣收集整理，聘请国家级烹饪大师对菜肴进行开发，引进专门的酒店和超市经营。此举，使洪山菜薹品牌效应迅速搞大，产品供不应求，农民的种植收入是以往的2～3倍。此外，洪山乡还根据自身特点，在汤逊湖建起武汉地区最大的网箱养殖基地，在东湖、汤逊湖附近建起集农业、旅游、观光、体验为一体的“都市农庄”。品牌农业使洪山乡农民的纯收入每年以6%速度增长。

二、城乡互动，着力开创全面建设小康乡镇的新格局

坚持城乡协调发展，坚持区域协调发展是贯彻科学发展观的客观要求，也是检验一个地方是否真正按科学发展观的要求拓发展的“试金石”。

近年来，洪山乡按照“城乡经济一体化、城乡基础设施一体化和城乡社会事业一体化”的全新思路，将科学发展观的要求落到实处，不断开创了城乡统筹发展的新格局。

在发展经济过程中，洪山乡破除重城市、轻农村的思想，根据本乡有城、有郊的实际，提出在建城区内主要发展商贸物流业、餐饮业和高科技产业；在城郊结合部重点发展园区工业、新型房地产业；在郊区重点发展品牌农业和农业旅游业。由于布局合理，科学规划，全乡经济一体化的格局迅速形成，农民收入差距逐步缩小，就业渠道也越来越畅通。

洪山乡版土面积 46 平方公里，其中建城区面积和郊区面积之比为 1∶2。过去，洪山乡往往只注重建城区内的基础设施建设，而郊区的基础设施相对薄弱。近年来，洪山乡从统筹城乡基础设施建设出发，大力推进城乡五大基础设施建设，既让建城区内锦上添花，又给郊区农村雪中送碳。一是借“城中村”改造之机，将建城区内的村湾逐步进行城市化。相继建成起点高、标准高、品位高的张黄新村、沙湖花园、江宏花园、三鸿花园等多个社区型的农民新村，成为武汉市在推行“城中村”改造过程的样板工程，连城市居民都羡慕；二是大力实施改路、改水、改厕工程，实现了村村通水泥公路，人人饮上自来水，户户厕所无害化，村民彻底告别了行路难、饮水难、入厕难的历史；三是加快通讯设施建设，实现了城乡通讯、宽带网络全覆盖，农民不仅家家装上了电话，而且30%左右的农民家中开始使用电脑，许多农民通过上网，获得了许多有价值的致富信息；四是大力推进“清洁洪山、美化家园”工程，除大力植树、种草、种花外，23 个行政村全年配备了专门的清扫保洁队伍，全乡农村基本实现了“三无一洁”的目标；五是不断改善农村文化设施。先后建起足球场、门球场、高尔夫球场、网球场、健身场等 23 个大型活动场的，总面积近 8 万平方米，23 个行政村每个村支部建起了农民图书室，藏书总量近 10 万册。此外，洪山乡还建起了农民龙舟训练基地，并成功举办了“中国·武汉紫菘杯”国际龙舟邀请赛，余家湖和风光村龙舟队先后5次代表湖北省参加全国龙舟赛，取得了 2 项冠军、6 项亚军、6 项季军的优异成绩。

洪山乡在着力推进城乡经济一体化，城乡基础设施一体化的同时，还将社会事业一体化的发展作为贯彻科学发展观，全面推进小康乡镇建设的重大举措。一是积极推行的大病统筹为重点的农村新型合作医疗制度，村村建起了卫生室，人人享受有初级卫生保健，部分行政村还为农民购买了商业医疗保险和武汉市城镇职工基本医疗保险，彻底杜绝了村民“因病致贫，因病返贫”现象；二是社会保障不断加强，农村低保户实现了应保尽保。建起武汉市一流的乡镇福利院，全乡五保老人实现了集中供养。对低保农户、特困家庭等建立起了完备的保障机制；三是农村教育事业得到健康发展。洪山乡按照逐年增加教育经费投入的办法，不断改善农村办学条件，教育质量和办学水平不断提高。此外，计划生育、民主与法制、社会治安综合治理等各项社会事业近年来也得到了长足发展。

三、党员带动，着力形成全面建设小康社会的战斗保垒

贯彻落实科学发展观，全面建设小康乡镇，必须始终把立足点放到求真务实、真抓实干上来。要实现这一目标，党员干部的先锋模范作用是关键，如果党员干部的认识不深，眼光不远，思路不明，干劲不大，作风漂浮，树立科学发展将会变成无水之源、无本之木。为此，洪山乡在大力发展经济，推进城乡统筹的过程中，不断加快政府职能转变，建设与发展市场经济相适应，人民群众满意的行为规范、运转协调、公正透明、廉洁高效的服务型政府，使其真正成为落实科学发展观，带领全乡人民建设小康社会的战斗保垒。具体来说就是从五个方面进行突破。

一是在抓好领导班子自身建设上进行突破　科学发展观是我们党新时期执政的全新理念，这一理念能否顺利落实关键在各级党委。基于这种认识，洪山乡党委强化了中心组学习制度，将学习——调研——实践纳入到党委一班人“讲学、评学、考学”的范围，增强了学习的针对性和实效性。在此基础上，强化民主集中制，坚持一切重大经济、社会事务按程序、按制度决策，保证了决策的民主化和科学化。此外，乡党委一班人牢固树立“领导就是服务”的行为准则，实行每名领导包挂一个行政村、一个企业、一个项目、一个贫困户、一个信访问题的“五个一”活动，全方位为基层提供“零障碍，低成本，高效率”的服务。

二是在抓好党风廉政建设上进行突破　2004年，洪山乡在武汉市率先实行领导公务用车改革，除保留一部紧急公务用车外。机关内的其它16部车辆全部进行了公开拍卖，将职务消费货币化直接进行分解到人，从源头上有效预防和治理了腐败，树立了廉洁、节俭、文明的机关形象。乡党委还出台了《洪山乡村级组织零招待费管理试行办法》，在23个行政村全面实施“零招待”制度，除外出招商引资、外地客商考察外，取消村级招待费，定期向群众公布，此举有效密切了党群、干群关系。

三是在完善党内监督和民主监督上进行突破　为了保持党员代表的长期性、稳定性和坚定性。洪山乡在全省率先推行党员代表“常任制”，制定出12项相关制度，赋予党员代表更大的参与权、监督权、决策权，调动了党员代表参与党内事务的积极性、主动性和创造性。此外，乡党委还定期邀请人大代表、政协委员参政议政，及时听取他们对全乡经济、社会发展中的意见和建议，对照检查和整改，受到了各级代表的广泛赞誉。

四是在发挥党员先锋模范作用上抓突破　乡党委在全乡开展了“三带一联”活动，即“带头贯彻执行党在农村的各项方针、政策，带头勤劳致富，带头促进农村发展和社会稳定，联系和帮助一户或几户村民”。各村通过召开党员大会，制定了工作制度、建立网络图、公示党员“三带一联”名单、下发工作手册等方式，使“三带一联”活动迅速开展，使广大党员先进性得到充分发挥，思想上、作风上得到全面提高。

五是在实行村务公开、民主管理上抓突破　实行村务公开，建立民主管理制度，是农村基层民主建设的一项重要内容。洪山乡从1998年起对23个行政村全面推行了村务公开、民主管理工作，收到了较好的效果。

乡党委、政府把实行村务公开，建立民主管理制度工作作为扩大基层民主，推进农村基层民主进程，促进三个文明建设的重大举措，坚持做到了“四个到位”。即：“组织领导到位”。乡党委、政府成立以乡党委书记任组长，乡长任副组长和由五大办公室部门负责人参加的村务公开和民主管理工作领导小组，明确乡党委书记是第一责任人，各部门各负其责，齐抓共管，协同工作，形成合力。同时，各行政村也相应成立了专班。村党组织书记任组长，并指定专人负责此项工作；“思想认识到位”。乡党委、政府一班人在认真学习有关文件精神的基础上，认为要把狠抓思想认识的提高放在工作的首位，同各村干部一起学习领会精神的核心和实质，让他们明白推行村务公开、建立民主管理制度能使农村工作逐步走上规范化、制度化的轨道，有利于发展农村基层民主，让群众直接参与民主，行使民主权利；有利于充分调动群众在三个文明建设中的积极性和创造性；有利于更进一步密切党群、干群血肉关系；能帮助基层干部依法建制、以制治村，按章办事，创建业绩。澄清了原有的模糊认识和看法，消除了不必要的疑虑和情绪，使村领导们端正了态度，转变了观念，增强了做好工作的主动性、自觉性。“工作方案到位”。乡领导小组在调研摸底的基础上，认真分析、反复研究，对公开栏的设置、制作，村务公开登记薄和会议记录薄的规范，村两委会、村务公开监督小组会和村民代表会的组成进行了分类指导、有效督促。“督促检查到位”。为切实落实好工作的每个具体环节，定时期组成指导专班，采取分片包村包点责任制方式对各村工作加以指导、督促，促进了各项要求落实到位。

近几年来，洪山乡党委、政府通过树立和落实科学发展观，促进“三个文明”的协调发展，城乡经济持续增长，人民群众安居乐业，城市化进程加快，群众性精神文化活动丰富多彩，弱势群体受到帮扶和救助。城乡社会和谐发展局面逐步形成。几年来的实践也使我们认识到，树立和落实科学发展观是一个长期的过程，我们要经常用科学发展观反思方方面面的工作，坚持立党为公，执政为民，树立正确的政绩观，扎实推进三个文明协调发展，把全面建设小康乡镇提高到一个新的水平。

全面取消农业税对村级组织建设的影响及对策

——对江西省 31 个村的调查

江西省民政厅基层政权和社区建设处
副处长　虞烈东

一、引言

全面取消农业税，是一项利国利民的重大举措。到目前为止，全国已有 27 个省份全部取消了农业税。随着今年 3 月 5 日温家宝总理向全国宣布，比预定计划提前两年，于 2006 年全面免除农业税，中国农民几千年世世代代要交“皇粮国税”的历史即将结束。取消农业税，是广大农民的福音，因为农民负担会减轻，生产积极性会提高，收入会增加。但原先依赖农业税的村级组织（本文所指村级组织为村党支部和村委会）收入将会减少。俗话说，经济是总开关。取消农业税后带来的收入减少，必定会给村级组织建设带来一定的影响。为了了解农业税全面取消后村级组织建设可能遇到的问题，探讨相应的对策，笔者对江西省 31 个村进行了调查，对此问题进行了初步的研究。

二、31 个村的基本情况

（一）村情概况

笔者按照随机抽样选取的这 31 个村，分别位于江西省东部的 G 市、南部的 S 县、西部的 H 县、北部的 D 县等 4 县（市）。从经济条件来说，东部的 G 市和西部的 H 县稍好，其余 2 县较弱。31 个村共辖村民小组 505 个，最多的村民小组 30 个，最少的 6 个，平均 16.29 个；共辖自然村 442 个，最多的为 42 个，最少的为 2 个，平均为 14.26 个，表明多数村居住比较分散；共有人口 75050 人，最多的有 6053 人，最少的只有 703 人，平均为 2392 人；共有耕地 57305 亩，最多的有 3850 亩，最少的为 354 亩，平均 1848.55 亩，人均耕地约 0.763 亩；2004 年人均收入在 1000 多至 4000 余元，最多的为 4880 元，最少的为 1220 元，平均为 2281.16 元，其中 4000 元以上的 1 个，3000 元至 4000 元的 2 个，2000 元至 3000 元的 12 个，1000 元至 2000 元的 16 个。江西省 2004 年农民人均纯收入为 2840 元，31 个村人均纯收入在 2840 元以下的有 24 个村，因此，31 个村中的多数为经济不发达的村。

（二）取消农业税前后村收支情况对比

江西省自 2005 年全面取消农业税，因此，取消农业税前后村收支情况仅以 2004 年和 2005 年的情况作比较。

1. 2004 年村收支情况

2004 年 31 个村总收入为 2501582 元，平均为 80696.19 元，最多的村为 860000 元，最少的为 15400 元；收入超过 10 万元的只有 4 个村，其中 H 县高山村 86 万元的绝对高收入成为一枝独秀，将各村平均收入拉高了近 2 万元，8 万余元的 1 个，6 万余元的 2 个，5 万余元的 4 个，3 万余元的 10 个，2 万余元的 8 个，另 2 个村在 2 万元以下。2004 年 31 个村总支出为 2119300 元，平均 68364.52 元，最多的村为 397405 元，最少的为 13700 元；支出超过 10 万元的有 5 个村，2 万元以下的有 2 个村，其余 24 个村在 2 至 4 万元。上述数字显示，2004 年 31 个村总收入大于总支出 382282 元，如按每村平均计算，为 12331.68 元。收入大于支出的为 13 个村，支出大于收入的为 18 个村。收入减去支出节余最多的村为高山村 716500 元，最少的村为珠坑村 1200 元。如果剔除高山村节余的 716500 元，其余 30 个村总收入少于总支出 334218 元，平均每村亏空 11140.6 元；支出减去收入亏空最多的村为保护村 157715 元，最少的村为七里村和官坊村，各为1000元。保护村开支397405元，亏空157715元的原因为投资34万元兴建了一个科技培训中心，投资34000元维修了水利设施。

2．2005年村收支情况

2005年31个村预计总收入为2198710元，平均每村70926.13元，最多的村为868000元，最少的村只有23000元；收入超过10万元的有3个村，比2004年减少1个，5、6、7、8万余元的各为1个，4万余元的2个，3万余元的5个，2万余元的17个，没有2万元以下的村。2005年预计总支出为2205730元，平均每村71152.58元，最多的村为290000元，最少的村只有16960元；支出超过10万元的有6个村，比2004年增加1个，多数集中在2至5万元。收入大于支出的为8个村，支出大于收入的为23个村，总收入少于总支出9780元，如按每村平均计算，仅为315.48元。收入减去支出节余最多的村仍为高山村578000元，最少的村为湖西村380元；支出减去收入亏空最多的村为恢柳村171200元，最少的村为桐江村400元。31个村支出与收入基本持平的原因是因为高山村节余数字太大，达578000元，剔除这笔数字，另30个村平均亏空近2万元。

3．2004年与2005年收支情况对比

31个村2005年比2004年收入共减少302872元，平均每村减少9770.06元；收入绝对减少的村为22个，减少总金额达365872元，平均每村减少16630.55元；减少最多的村为保护村196690元（该村2004年收入239690元，含上级拨款210000元用于村科技培训中心的建设款。2005年没有了专项拨款收入，故减少幅度较大），其次为程浪村27000元，减少最少的为桐江村700元。收入绝对增加的村为9个，增加总金额为63000元，平均每村增加7000元；增加最多的为马涧村13000元，最少的为湖西村600元。

31个村2005年比2004年开支共增加86430元，平均每村增加2788.06元；开支绝对增加的村为17个，增加总金额为189607元，平均每村增加11153.35元，增加最多的村为高山村146500元，增幅102.1%，其原因是2005年预计修建4公里长的水泥公路，其次为恢柳村99400元，也是预计修建2公里长的水泥公路和1000米的水坝。绝对减少的村为14个，减少总金额为103177元，平均每村减少7369.78元；减少最多的为保护村277405元，其原因是2004年建科技培训中心开支较大，2005年没有了大的开支之故。开支减少最少的村为湖坑村710元。

综合上述情况，可以看出农业税全面取消后，这31个村总收入呈减少趋势，不仅绝对值减少302872元，平均每村减少9770.06元；而且绝对减少的村达22个，占31个村的71%。减少总金额365872元为9个村增加的63000元总金额的4.8倍。村级经济收入减少的一个主要原因是随着农业税全面取消后，村级可以留用的农业税附加也没有了，虽然取消农业税后，江西省财政为每个村增加了1万元的财政转移支付资金，但31个村2004年农业税附加超过1万元的为19个，最多的村农业税附加达4.3万元，减少3.3万元。因此，农业税全面取消后，江西省村级经济收入减少是不争的事实。但是，在总收入减少的情况下，2005年总支出却比2004年总支出增加86430元，绝对增加的村比绝对减少的村还多3个，开支增加的原因是数个村要办理修路、修水坝之类的公益事业。说明经济再困难，迫在眉睫的公益事业还必须得办。这一方面也反映了农村办理公益事业的现状。

（三）取消农业税后村委会面临的主要工作

按照《宪法》、《中国共产党农村基层组织工作条例》、《村委会组织法》的规定，村级组织承担了“搞好本村的社会主义精神文明建设和社会治安、计划生育工作”、“办理本村的公共事务和公益事业，调解民间纠纷，协助维护社会治安，向人民政府反映村民的意见、要求和提出建议。”“承担本村生产的服务和协调工作，促进农村生产建设和社会主义市场经济的发展。”“教育和推动村民履行法律规定的义务，爱护公共财产，维护村民的合法的权利和利益，发展文化教育，普及科技知识，……开展多种形式的社会主义精神文明建设活动”的任务。长期以来，农村村级组织除要做好上述工作外，主要精力还要用于努力完成上级交办的催粮收款任务，村干部一度被称为“要钱、要粮、要命”的干部。催粮收款不仅耗去了村干部绝大部分精力，也恶化了党群干群关系，降低了村干部在群众中的威信。随着税费改革以至全面取消农业税后，村级组织原来承担的催粮收款的任务没有了。从理论上来说，可以把村干部从繁重的“要钱、要粮”中解脱出来，腾出时间和精力来为村民群众服务，多办实事、好事。但是，笔者在调查中，村干部普遍反映，取消农业税后，村级组织和村干部仍然承担着繁重的工作任务，主要有：

1．维护稳定的工作。作为村级组织来讲，协助乡级政府维护农村稳定是目前最重要的工作之一。各级政府都把社会治安综合治理工作当作头等大事来抓，实行一票否决制。而维护稳定的工作必须落实到农村最基层。村级组织在做好维护稳定的工作中，任务极其繁重，要做好调解婚姻、家庭、债务、宅基地、林权、地界、水源、收养、赡养、继承、赔偿、分家等方面的纠纷；调解因轻微的侵占、伤害、打架斗殴、小偷小摸、欺诈、侵害名誉、轻微虐待等轻微违法行为而引起的民间纠纷；协助政府宣传和组织群众做好以防盗、防火、防灾害事故为中心的安全防范工作；协助公安部门组织群众搞好治安联防，维护公共秩序；协助公安机关依照法律规定对被管制、被剥夺政治权利、监外执行、假释、缓刑的人员进行监督管理和教育，对违反治安管理的案件及时予以劝阻和制止，发现刑事和治安案件后，及时向公安机关报告，并协助公安机关保护现场，为侦破案件提供线索，等等，从而努力保一方平安。上述工作内容宽泛，难度较大，贯穿日常工作的全过程。村级组织和村干部莫不将其作为自己义不容辞的重要职责，毫无怨言地认真做好。尤其要提及的是，在维护稳定的工作中，村级组织还要做好上级政府确定的一个很重要的工作，即信访工作。平时农民有冤情自然要上访，但对待上访这件事情，各级政府都不愿意看到，因而将制止上访，尤其是“越级访”、“集体访”作为非常重要的工作来对待，上级政府对下级政府这项工作进行了目标考评，将标准细化、量化，每出现一起上访，将扣除下级政府相应的分数，谁的分扣得多，则该项工作就将成为后进单位。每个乡镇也同样将这项工作目标分解到村。因此，这项工作虽然难做，但村级组织也必须去做，并且当作重要工作去做。

2．计划生育工作。虽然经过前些年的努力，计划生育工作已进入常态化的管理，处罚措施也由过去的罚款改为征收社会抚养费，但这项工作不仅仍然显得重要，列为一票否决制，而且工作量仍然不小。出现了一起计划外怀孕、超计划生育，都将影响到乡政府对村级组织的目标管理考评，村级组织仍然要花大量的人力、物力、财力去完成好这项工作。一个村每年用于计划生育工作的经费需数千元，多的甚至上万元。

3．办理公益事业。如兴修水利、修桥铺路、小学教育、兴办敬老院、托儿所等；组织村民开展“一事一议”并予以实施。

4．安全生产工作。如森林防火、安全入汛、煤矿开采安全等工作。D县8个村所在的乡是个山区乡，森林面积数万亩，防火工作对于该乡和所属的村来说，特别重要。该乡在笔者调查后的第二天发生山火，参加了笔者召集的座谈会的一名年仅29岁的乡党委副书记率领乡村干部和村民群众救火，不幸献出了宝贵的生命。同时，该乡有大小水库13座，一到雨季，安全入汛工作也极为重要。位于赣西的H县，村办煤窑较多，煤窑开采的安全工作任务极其繁重。

5．新农村建设工作。包括移民建镇，村庄规划和建设。赣南的S县按照所属赣州市的部署，全面开展了创建“五新一好”新农村建设（五新一好为：建设新的村镇、发展新的产业、培育新农民、组建新的经济组织、塑造新风貌、创建好的村级领导班子）。

6．发展生产。一是服务农民，搞好农业生产，为村民提供产前、产中、产后服务，推广良种、推广科技、提供生产技术指导、病虫防治预报、帮助产品销售，发放种植水稻、粮种、农机补贴资金，开发荒山，帮助农民增产增收，等等；二是搞好农业产业结构调整，建设诸如优质水稻、黑木耳、中药材等基地；三是发展村集体经济；四是为村办企业提供良好的生产经营环境。

7．代理收取有关税费。农业税全面取消后，虽然农业税的收缴工作没有了，但村干部并不是没有了任何向农民收取的税费，31个村多数村要向农民收取农民合作医疗费（每人10元），农田灌溉水费（一般每亩24斤稻谷）和生猪防疫费（一般每头5元），向违反计划生育的农户收取社会抚养费，代乡镇政府向使用摩托车的村民收取车船使用税，等等。从这个层面上讲，村干部“要钱、要粮”的使命尚未完全终止。

8. 协助完成地税任务。H县和D县各村必须帮助乡镇政府完成县政府下达给乡镇的地税任务。如D县8个村所属的乡政府2005年从县政府那里领受了92.24万元的地税任务。这个任务是硬任务，必须要完成，完不成，则乡政府机关工作人员的工资、乡村两级教师的工资县政府就不予以核拨；这项任务也是逐年递增的，2004年该乡地税任务为76.87万元，今年增加到92.24万元，按20%递增。据乡领导介绍，该乡2005年实际的地税税源大约只有10万元。面对92万余元的巨额任务，乡政府在无能为力的情况下，只好分出一部分（24万元）让各村去完成，并且作为硬性任务。这样，各村在没有税源的情况下，也要千方百计地去寻找税源，努力完成，实在完成不了，就从村集体资金中垫付，没有集体资金的，村干部就得贷款或借债完成。还有一种办法就是去引税，既吸引不在本地办企业的私人老板来本地完税。久而久之，形成了以“优惠条件”引税的模式，即按一定比例给私人老板回扣来达到让其来完税的目的，目前回扣的比例已达到了30—40%（如某村2004年引税2.35万元，给付回扣7000余元），个别的甚至恶性竞争达到了50%，即按私人老板完税额的半数给其回扣。其实这种恶性竞争肥了私人老板，损害了国家利益。完成引税任务不仅凭空增加了村经济负担，也耗去了村干部为群众办事的时间和精力，村干部对此深恶痛绝。

9. 招商引资。H县各村均无奈地接受了乡镇政府下达的招商引资任务，数量根据村规模的大小，数十万至数百万不等；同时，还要为上级政府的招商引资提供良好的环境，即优化招商引资环境。

10. 完成上级部署的有关工作。如征兵工作，三清三改（清路障、清污泥、清垃圾，改水、改厕、改路），党建示范村建设、小康村建设、退耕还林、林业产权制度改革、报刊征订、发放民政口的救济款物，等等。

上述工作仅仅是罗列出的主要工作，此外村干部还有大量的、贯穿于全年当中的日常工作要做。因此，农业税全面取消后，村干部并不是无事可做，而是仍然忙碌，工作量无任何的减轻。尤其是乡镇政府对村级组织仍然实行方方面面的工作任务目标考评，且同报酬挂钩，促使村干部仍要不遗余力地做好每一项工作，即使是对招商引资、协助完成地税等这样既难做，又本不属于本身职责，甚至影响自己经济利益的工作，也要无奈地去尽力完成。

三、农业税全面取消后对村级组织建设的主要影响

农业税全面取消后，虽然给农村带来了许多有利的方面，比如有利于农民增收，有利于农村干群关系的改善，有利于农村社会的稳定。但是，由于经济收入的减少，对村级组织建设而言，却带来了较大的影响。主要方面有：

1. 农村公益事业发展经费不足。农业税全面取消后，村级经济收入普遍减少，现有经费难以维持正常的运转，在这种情况下，农村用于发展公益事业的经费严重不足，将导致公益事业发展缓慢甚至停滞。31个村2005年预计的支出有14个呈减少趋势，笔者仔细分析，所减少的均为公益事业的开支。17个村的支出虽有增加，除3个村外，其余14个村用于公益事业的支出并没增加，主要是增加了选举经费（2005年下半年江西省将进行第六届村委会换届选举工作，每村约需开支选举经费6000元左右），以及用于正在进行的林业产权制度改革的费用。在这种情况下，村内公益事业，如小学危房改造、村级道路硬化、水利设施维护、整治卫生环境等将因经费不足，无法进行。从2004年亏空最多的保护村和2005年亏空最多的恢柳村来看，他们均是因为兴办了数额较大的公益事业而造成的亏空。因此，在村级集体收入不多的情况下，哪个村办公益事业，哪个村就亏空；哪个村办得越多、规模越大，哪个村就亏空得越多。由于村集体经济薄弱，一些村纷纷将停办公益事业作为节省开支的主要方法。调查中了解到，农村中小型水库绝大多数年久失修，带病工作；小学教学条件差，饮水质量差，等等。长此下去，必将严重地影响农村公益事业的发展。

2. 村级正常运转支出难以保证。31个村预计2005年总收入在2至3万元的有17个，3至4万元的有5个，4至5万元的为2个，5万元以上的只有7个。在江西省这样一个经济欠发达地方，一个人口2千人左右的村要正常运转，一年起码也要开支6万元以上。主要开支项目为：村干部补贴报酬2万元左右，组干部补贴报酬6千元左右，招待费5至7千元，报刊征订费1500元左右，办公费5千元左右，差旅费3千元左右，召开村民代表会议补贴经费3千元左右，召开党员会议补贴经费4千元左右，走访老党员、老干部、五保户等2至5千元，民兵训练、计划生育开支若干，等等。即使再节省开支，也必须5万元左右。因此，这31个村中的24个村处于经费不足的状态，难以正常地运转。不仅如此，而且集体经济越薄弱、经费越少的村，又常常难以完成乡镇下达的地税、车船使用税、招商引资等任务，乡镇政府便将他们维持正常运转的财政转移支付资金扣缴，造成了釜底抽薪之势，使穷村的村级集体经济更加捉襟见肘，几乎到了拉不开栓的地步，使得村干部补贴待遇没有保障，有的村村干部几年没有领到补贴报酬；村委会办公经费紧缺，甚至没有出差费、学习培训经费；对困难户难以有效救助；村集体承担的有关上级政府和部门的各项任务难完成，如征兵任务（村干部普遍反映现在农村兵员难以征集，需要做工作动员农村青年去当兵，甚至花钱买他们去当兵；对完不成任务的村，乡镇政府要扣缴村里每个兵员5000元钱）、报刊征订，等等。

3．基层民主政治建设将受到影响。经费的紧缺，使村组建设缺乏活力。一是村中有文化、年纪轻的人选择外出打工，参与竞选村组干部的吸引力减弱，对村干部的素质产生不利的影响。二是村内正常的民主活动将减少。有的村干部直言不讳地对笔者说，今后党员会议、村民代表会议要少开。因为按照过去的习惯做法，召开党员会议和村民代表会议，均要给党员和村民代表支付一定数量的误工补贴，一个村每年用于这两个会议的开支一般在6000至7000元，个别的村达1万元以上。在经济收入减少的情况下，一些村将停开这两个会议作为节省开支的办法之一。有的村反映今后每年“七·一”党员活动的钱也无处开支。三是村务公开活动将受到直接的影响。突出地表现在村务公开监督小组和民主理财小组的活动将难以正常进行。这两个小组在开展活动时，小组成员同样也要领取误工补贴，有的村已决定从今年起不再支付了。因而有可能影响小组成员开展活动的积极性，对村务公开工作的开展带来不利影响。四是在任村干部积极性难以调动。报酬低且难以保证，无疑影响了在任村干部的工作热情和积极性；资金的缺乏，又未给村干部实行养老保险，使他们对离任后的生活颇有后顾之忧。有的村支书对笔者说，现在不想干了（指不想当村干部了），还非得干下去。因为以个人名义借的钱还不了，个人垫付的钱回不了笼，不干的话，担心新官不理旧账，这些钱要打水漂，甚至还要惹上官司。因此现在村干部真是死又死不得，活又活不成；干又干不得，不干又不行。在这种情况下，村干部想得最多的是待遇问题、何去何从的问题。

4．村干部工作任务仍然繁杂，难以腾出时间和精力来为群众服务。如前所述，农业税全面取消后，村干部工作任务仍然繁杂，除仍要完成法律规定的工作任务外，还要用大量的时间、花费较大的精力去努力完成上级政府交办的原本并不应该属于村干部去做的各项任务。如代理收取有关款项，协助完成引税任务，招商引资，征兵任务，等等。这些任务完成的难度极大，压得村干部喘不过气来，村干部往往绞尽脑汁，千方百计、百计千方也难以完成，空耗了时间和精力，甚至最后还不得不通过贷款、借钱去垫付。在这种情况下，村干部仍然无法有更多的时间、更多的精力、更多的资金去为群众服务。

5．对村干部廉洁自律建设带来消极影响。近年来，一些村干部贪污、挪用、侵占集体财产的事情屡有发生，除了村干部主观原因外，从客观上来说，村级集体经济薄弱，村干部补贴报酬低甚至长期拿不到报酬，也是一个重要的原因。俗话说，饥寒起盗心。村干部要吃饭，要养家糊口，在思想防线没有筑牢的情况下，贪污挪用、虚报冒领、私分侵吞集体财产的事情屡有发生，极容易走上经济犯罪的道路。

6．村级债权难以收回，债务难以有效化解。31个村除4个村集体经济收入较高没有村级债务外，其余27个村均背上了沉重的债务负担，初步统计共负债600余万元，多的村达40余万元，平均每村负债25余万元。取消农业税前，村级组织还能指望用农业税附加收入力所能及地还些债。取消农业税后，没有了农业税附加，村级组织还债的资金来源彻底断掉了。虽然每个村都有一些债权，但主要是农民历年所欠下的统筹提留款、农业税款和其它过去收取统筹提留时的杂费，习惯称其为“老欠”、“旧欠”或“历欠”。这部分“老欠”，一方面有关政策强调不能强制收取，另一方面，有些也属于无法收取的呆账。一般来说，村级的债权远远小于债务，如D县全县村级债务为3400万元，债权仅为1100万元。在债权无法收回，债务难以有效化解的情况下，村级所背上的还债包袱极其沉重，不仅本金难以偿还，每年还要支付不菲的利息。因为村级所欠的债务，均是向信用社、农行或私人所借，均需偿还利息，私人的利息一般高达1分以上。七里村共欠外债16万元，每年至少要还2万元的利息。村级债务严重地制约了村级集体经济的发展和正常工作的开展。如某村近年来开办了煤矿，但一收到货款，就被法院扣压，用于偿还过去的债务，使得该村维持煤矿正常运转的流动资金短缺，煤矿无法正常生产，形成了恶性循环的局面。某村新建村小学欠包工头工钱，今年春节村支书被包工头逼债，大年三十晚上不敢在家吃团圆饭。某村支书以个人名义向信用社贷款11万元垫付村里上交的税费，村里无力偿还，本人遭信用社起诉至法院。

四、主要对策和建议

全面取消农业税无疑具有划时代的意义，体现了中央从根本上减轻农民负担的决心。但是，针对农业税全面取消后村级组织建设中存在的问题，要采取切实可行的措施，有效地予以解决，从而保证村级组织的正常运转。

1．逐渐加大财政转移支付力度。江西省在取消农业税前，给每个村财政转移支付资金1.3万元，全面取消农业税后，又追加1万元，合计2.3万元。一个村仅靠这2.3万元是无法正常运转的。因此，建议：一是按照“财力向下倾斜，经费缺口上移”的原则，逐渐加大财政转移支付力度，在财政状况允许的情况下，逐渐地提高转移支付标准，以尽可能地弥补村级集体资金缺口。二是改变财政转移支付方式，将以村为单位下拨转移支付资金改为以村人口为基数核算标准，以避免人多人少一个标准所带来的不平衡的现象，保证人口多的村所得到的转移支付资金多于人口少的村，体现公平性。三是制定对困难村的转移支付方案，确定合理的比例，使其能够正常运转。四是加强对转移支付资金的管理，经常督促检查，防止乡镇克扣截留，保证能够及时足额到村。

2．有效化解村级债务。村级债务是长期困扰村级组织建设和村干部的一个大问题，在农业税全面取消，村级组织化债无门的情况下，各级政府要高度重视，采取有效措施促使村级债权债务的合理解决。笔者建议采取“核查情况、界定责任、分类处理”的原则来化解村级债务：上级政府和有关部门对各村的债权和债务进行全面清理，分清村集体、村干部个人、村民债权和债务的界限和责任，在清理回收债权的基础上，对剩下的债务提出分类处理意见，一是对村级组织办理原本属于政府应当出资兴办的事业，如“普九”教育、“双基”达标而形成的债务，由政府财政予以核销。二是对过去上级强制性的政策性贷款，如产业结构调整，推广新农药、新种子、新化肥而造成的村级债务，也应由上级政府核销。三是对过去村级组织和村干部个人用于借（贷）款完成上级政府下达的经济指标而形成的债务，由上级政府斟情减免。四是对村级组织自身原因形成的债务，则由村级组织分期分批偿还。五是取消向村级组织下达的不切实际的诸如地税、车船使用税、招商引资等经济指标任务，以免村级形成新的债务。六是坚决制止发生新的不良债务。村级组织办理公益事业等支出要坚持“力所能及，量入为出”的原则，尽量不举债搞建设。要实行新债责任追究制度和村干部离任审计制度，把制止新债作为农村工作的一项重要内容，与加强农村基层组织建设，推进农村基层民主，实行村务公开，尤其是村财务公开结合起来，统筹考虑，综合治理。

3．加强农村公益事业发展的法制化、规范化、制度化进程，用制度减少农村公益事业发展中的不公问题。农业税全面取消后，村级组织兴办村内公益事业的能力减弱，已是不争的事实。但是，农村公益事业是不能停办的，否则，将使村级组织失信于民，影响农民的生产和生活，甚至影响农村的稳定。在村级办理公益事业已是无米之炊的情况下，要采取有力措施，改革村级公益事业兴办的旧的模式，按照构建和谐社会的新思路，加强农村公益事业发展的法制化、规范化、制度化进程，用制度减少农村公益事业发展中的不公问题。具体来说，应将那些能产生效益的公益事业，改变权利关系，赋予村级相应的权利，使其在办好公益事业的前提下，获取一定的经济利益，增强村级可持续发展的能力。如自来水的供给，可以由村投资，村民使用后的水费由村里提取一定的比例；对不能产生效益、纯粹属于为村民群众造福的公益事业，政府应加大财政扶持的力度，加大资金的投入，以免村级新债务的产生。

4．理顺农村基层管理体制。乡镇党委、政府要真正转变政府职能，对村级组织实施正确的领导和指导，其主要精力应当用于指导、支持村级组织发展经济、搞好服务上。要取消向村级组织下达的不切实际的经济指标任务，更不能把应当由乡镇政府完成的任务，交给村级组织去完成，凭空增加村级组织不应有的负担，甚至掏空村级组织的家底。也就是说，上级任务的下达与农村执行之间的空档，不能由村级去消化。比如，要取消给村级组织下达收取地税、招商引资等任务，更不能对完不成任务的村，由村干部贷款或借钱去垫付，从而保证村级组织和村干部既有时间为村民服务，又不支付额外的经费，把钱用于村内集体事业的办理。

5．大力加强村级组织建设。在农业税全面取消后，面对全面建设小康社会的新形势，建设好一支精干高效的村级组织班子，显得尤为重要。要完善基层组织运转保障制度。一是要严格控制村干部职数。村干部究竟设几人，要按照《村委会组织法》的要求，由村民会议或村民代表会议讨论决定。乡村两级要尊重村民的意愿，不要在民选的村干部之外，随意聘用诸如会计、计生专干、民兵营长等干部，以减少领取误工补贴的人数，减少村级开支，减轻村级负担。二是要通过民主选举的办法，由村民群众选举产生有文化、有本领、热心为群众服务、能够带领村民群众致富的村“两委”班子。三是要建立民主决策、民主管理、民主监督的一整套制度，在村级全面实行依法建制、以制治村。在当前，尤其要建立村民会议和村民代表会议制度，重大村务要由村民群众讨论决定；建立村务公开制度，发挥村务监督小组和民主理财小组的作用，减少村内不合理的开支，把有限的钱花在最有用的地方。四是要有效地落实村干部补贴报酬和退职后的生活保障政策，妥善解决村干部的后顾之忧。

6．建立合理的村级公共产品的支付运行机制。所调查的31个村，虽然多数经济收入较低，入不敷出，但不管怎样，日子还是能一年年地过下来。其中一个很大的窍门，就是各村都能各显其能地向上、向外争取资金、争取项目。因为一个村总有本村的人在政府部门或企事业单位供职；即使没有，也可以通过挂点帮扶的有关部门（每个村都有挂点帮扶单位），或各种途径认识或找到在政府部门或企事业单位供职的有关人员，然后请求给予项目、资金上的支助。但是，有的村申请来了项目后，将随项目而来的资金并非完全用于项目的实施，而是实施一部分，将一部分用做村里的其它开支；对跑来的资金，更是可以随心所欲地使用。这种政府公共产品的支付运转机制，所带来的弊端多多，不利于政府部门或企事业单位人员依法行政，因为这种支付机制使他们的权力过大，项目既可以给你，也可以给他；资金既可以给这么多，也可以给那么多，也不利于项目和资金的合理安全地使用，甚至为个别村干部中饱私囊、贪污挪用提供了温床。因此，笔者建议要将这种不合理的公共产品支付运行机制进行改革，建立起合理的村级公共产品的支付运行机制，将杂乱无序、随心所欲、暗箱操作的支付方式，变为统筹分配、有章可循、公正透明的支付方式，变“暗补”为“明补”。如对涉农资金由县以上政府协调各部门捆绑起来，根据各村规模大小、人口多少、当年需办项目及所需资金数量等具体情况，统一下拨使用，以保证各项经费下拨合理，渠道畅通，落实到位，足额使用。

7．积极发展村级集体经济。发展壮大村级集体经济，是解决村级财力不足、无钱办事的治本之策。首先，村级组织要因地制宜，创新思路，找准村级经济发展的新途径，不断发展壮大集体经济。其次，上级政府及其有关部门要从政策上、资金上、技术上帮助村级发展壮大集体经济，为村级经济的发展壮大营造良好的环境。

（用于搜集各村基本情况的调查问卷与唐咸富先生共同设计，在此，对唐先生表示感谢！）

加强党的建设 构建和谐社会

湖南省韶山市韶山乡
党委副书记、韶山村党总支书记 毛雨时

韶山村位于韶山市的中心位置，辖区面积4.91平方公里。境内有毛泽东同志故居、毛泽东同志纪念馆、毛泽东铜像、毛氏宗祠、毛鉴公祠、南岸等纪念设施。全村设15个村民组，农业人口1289人，境内另有城镇人口2240多人；有党员74人，设党总支一个，支部2个，党小组12个。1994年被湖南省政府认定为“小康村”，2003年年人平纯收入为5280元。按照党的十六大关于全面建设小康社会的总体部署，2004年，湖南省开始在全省农村开展全面小康示范村建设，我村被确定为全面小康示范村之一，村党总支和村委会从加强党的基层组织建设着手，努力构建和谐社会；全村人民积极投身全面小康村建设之中，村民收入上了一个台阶，达到6225元，较上年增加18%，同时社会事业协调发展，获得了“全国民主法治示范村”称号，被湖南省委命名为“基层党组织建设示范点”。在团结带领村民共同致富奔向全面小康村建设中，我们的主要做法和体会如下：

一、努力学习和实践“三个代表”，切实加强党的基层组织建设

村看村，户看户，群众看干部。工作中我们深刻认识到，在农村，党员干部始终是村民关注的对象；要带领村民发家致富奔向全面小康，没有一个好的支村两委班子，没有一支好的党员队伍，并时刻保持党员的先进性，村民就凝聚不起来，就形不成加快发展的合力。所以，我们始终把支村两委班子建设和党队伍建设放在首位，不断提高党员干部带领村民致富的本领，不断增强党组织的凝聚力、创造力和战斗力。

一是切实加强村级班子建设 支部成员始终牢记全心全意为人民服务的宗旨，大力弘扬艰苦奋斗、无私奉献的精神，热心为群众办好事实事，带领群众勤劳致富。在党的十六大和十六届四中全会召开后，党总支召集农村、企业两个党支部的全体成员，就新形势下如何加强执政能力建设问题进行学习和思考，专门请党校的老师给我们做辅导；其后我们又组织支委成员和部分党员骨干去南街村、牌坊村参观学习，听他们介绍发展经验，颇有启发。去年12月中旬，我们完成农村党支部的改选，一名经过支部几年来精心培养的30来岁的年轻党员当选为支委，今年3月份，村委会换届选举时，他又当选为村委会成员，党支部和村委会的年龄和知识结构得到改善。

二是切实加强党员队伍建设 前几年，我村74名党员中，60岁以上的有30多人。针对党员年龄老化的状况，我们着重加强了在优秀青年农民中培养和发展党员的工作。五年来，我们发展了16名年轻党员。目前，35岁以下的党员已达到34人，党员队伍的年龄和知识结构逐步得到改善，党小组长以上干部都掌握了两门以上的技能，党员干部的先锋模范作用得到充分体现。我们在全体党员中开展了“四帮四带”活动，即帮科技致富，带家庭经济发展；帮学习提高，带素质增强；帮树韶山形象，带文明新风；帮调处矛盾，带团结稳定。为扩大党组织的影响面，我们在个私协党员中推行“共产党员门面”、“共产党员摊位”，取得良好效果，在我村范围内实现了旅游质量零投诉。党员队伍在村民中的威信提高了，党组织的吸引力也增强了，特别是我们在全村68个青年人中组织开展“我是主席故乡人，要为主席添光彩”主题教育活动后，一批思想进步、乐于奉献的优秀青年脱颖而出，积极向党组织靠拢，现在，已经写了入党申请书的年轻人有35名，对其中的一部分优秀村民，我们及时送到党校培训，让其迅速成长。

三是切实加强规章制度建设 通过农村“三个代表”重要思想学习教育活动，我村逐步建立起了“干部经常受教育，农民长期得实惠”长效机制，村党总支和各支部进一步健全了各项规章制度，包括党员目标考核制度、民主评议制度、党员联系农户制度、党员学习制度、村务公开制度、村集体财产管理制度、民主决策制度、民主理财制度等日常管理制度，并严格按制度办事。

现在，村上的重大事情，决策前都进行公示，决策中认真听取村民意见；党员干部的各项工作均置于群众的监督之下，所有党员干部的工作情况都要由村民代表定期进行评议，然后根据评议结果进行奖励和处罚。各项规章制度在制订之后都得到了很好的执行。譬如说，根据党员联系农户制度，全村每一个党员，除75岁以上的外，每个人都联系了一至二户农户，帮助政策宣传、提供科技信息、了解思想动态、解决实际困难，支部年终对党员联系农户情况进行一次考核。这样，提高了党组织和村委会的威信，树立了共产党员良好的形象。

二、牢牢抓住发展"第一要务"，不断提高村集体和村民的收入

改革开放以来，韶山村人民发扬"为有牺牲多壮志，敢叫日月换新天"的韶山精神，充分发挥区位优势，大力发展村级集体经济，提高村民收入，韶山村的面貌发生了显著的变化。中央部署建设全面小康社会的以后，韶山村的发展赢来了更加难得的机遇，发展速度也进一步加快。党总支在引导村民加快发展上主要是因地制宜，走一条适合韶山村发展的特色之路。

首先，高标准制订好村级规划，坚持依法发展。从全面小康示范村建设一开始，我们就紧紧抓住规划这个龙头，坚决按照全面小康村"农民富、村庄美、风尚好"的建设目标，高标准制订村里经济社会发展规划。我们从省、市有关部门聘请专家，韶山市先后召集了15个相关部门，经过几个月时间在韶山村的实地勘测和调查研究，制订出全面小康建设的《总体规划》和《旅游业发展规划》、《生态家园工程建设规划》、《能源建设规划》、《道路建设规划》等8个子规划，经过村民代表的广泛讨论和专家反复论证，在8月下旬评审通过，规划体现了伟人故里的特色，体现了人与自然协调发展的基调，贯穿了坚持改革开放的精神和自力更生为主的本质，因此，在村民代表大会上表决时一致通过。

其次，发挥韶山村的地理优势，突出加快发展。韶山村的特殊地理位置，有利于发展三产业。我们在深入调查研究的基础上，作出决策，并在全体村民中形成了共识。一是大力发展壮大集体经济。80年代初，韶山村集体企业产值不到6万元，村集体经济收入不到6千元。今天的韶山，已经走上一条以农业为基础，以旅游为龙头，第三产业蓬勃发展的路子。我们与一家企业共同投资4000万元兴建的毛泽东纪念园，其中有反映毛泽东革命生涯中经历过的革命纪念地微缩景观15处。现在每年接待国内外游客50多万人次。此后，又投资65万元兴建了二个景区停车场。2003年成立韶乐开发有限公司，投资1400万元兴建占地7000多平方米的"韶乐"演奏厅，将诗、乐、舞为一体的"韶乐"作为一个崭新的旅游项目呈现在游客面前，仅此项目每年实现收入1000万元。2004年，村集体经济收入达105万元，较去年增长12%。二是大力发展个体私营经济。为改变村民小富即安的陈旧观念，村干部深入各家各户，上门谈心，宣传党的富民政策，积极为村民提供创业场地，协调解决发展中的问题，村民逐渐从"提篮叫卖"的小商小贩发展成为具有一定规模的饭店、纪念品生产、销售老板。目前，以旅游业为载体，全村456户村民中，有310户从事个私服务，从事个私服务的村民占总人数的42%。其中，开办具有伟人文化韵味的餐饮服务户98户，经营韶山特色纪念品的经营户100多家，2004年，个体户旅游收入达2000多万元。很多经营户发展势头良好。毛家饭店股份有限公司去年的产值达到1000多万元。2004年，村民人平收入6225元中，有85%来自三产业。三是大力推进农业产业结构调整。近年来，投资200多万元维修改造了山塘、水库、水坝，投资15万元新修了水利工程15处，全村农田实现了旱涝保收；投资300多万元进行农业综合开发，实现了田园化；在自愿的前提下，积极引导村民调整产业结构，开辟花卉苗木基地200多亩，种植猕猴桃180亩。去年，我们在产业结构调整中成功开发毛家祖田米25亩，经过商标注册，产品上市后供不应求。村里与农业产业化龙头企业港越公司合作成立了养猪协会，采取"公司+协会+农户"的形式促进生猪养殖，村民收入的结构进一步合理。

再次，以村民的利益为出发点，强调协调

发展。从一开始，我们就十分注重发展质量，强调经济社会的协调发展，突出物质文明、精神文明和政治文明同步建设。所以，韶山村在经济快速发展的同时，生活环境改善了，社会治安稳定了，村风民俗好转了，村民的生活质量大大提高。去年，我们一是狠抓了基础设施建设，投资100万元新修了村级公路，全村15个村民组，基本实现户户通公路；投资20万元，为每户农户装上了有线电视。二是狠抓了环境整治。在韶河整修工程中投入12万元清理河道；推广了生物气化炉并大力推广新建沼气池；投资32万元新建设公用厕所和农户改厕。目前，全村森林覆盖率达到88%，到处是山清水秀，绿树成荫。农电改造已经基本完成，自来水入户率超过90%，液化汽、沼气和生物气化炉普及率达95%以上，有线电视入户率超过92%，家家户户有了彩电和电话，30多户农户购买了汽车。现在，村民都享受到了村集体经济同步增长的福利，村民养老保险覆盖率为100%，60岁以上的村民每年每人享有300元到500元不等的养老金，16岁以下的村民每年由村集体交100元养老保险费。村烈军属、五保户、困难户得到了较好的照顾，村里对村民子女考入大专、大学、重点大学的家庭，分别给予2000元、4000元和10000元的奖励，去年就投入了资金2.4万元。村民们都说："我们的日子一天比一天红火了。"

韶山村经济社会的全面发展，得到了村民的衷心拥护，得到了社会的充分肯定。40多年来，韶山先后接待20多万外宾，没有发生过一起涉外案件，被誉为"安定的绿洲"、"人间天堂"。我村先后获得"全国先进村民委员会"、"全国创建文明村镇工作先进单位"、"全国计划生育协会先进单位"、"湖南省学习实践'三个代表'先进集体"、湖南省"十佳红旗村"等；村党总支（支部）多次被中央、省、市授予"先进基层党组织"、"红旗党组织" "全省农村基层党组织'五个好'村党组织"称号等，村致富带头人、党总支书记毛雨时被评为全国劳动模范和省、市劳动模范，当选为党的十五大、十六大代表。

三、几点体会

这几年我们在全面建设小康村的具体实践中，通过加强党的基层组织建设，牢牢抓住发展第一要务，全村经济社会得到协调发展，很多指标已经达到或接近全面小康水平。实践中我们有以下几点认识。

1. 加强党的基层组织建设和全面小康建设是相互相承的。

一方面，搞好农村基层党组织建设，是我们建设全面小康村的可靠组织保障；另一方面，搞好全面小康示范村建设，为进一步加强党的基层组织建设，可以提供坚强的物质基础，二者是一个有机的统一体。

2. 要始终抓住高起点规划并严格实施好规划这一"龙头"。

全面小康建设是一项系统性的工程，规划则是这一系统工程的"龙头"和基础。因此，务必立足实际，着眼长远，把搞好规划布局放在突出位置，一步到位，分步实施。制订规划时，既要有宏观上的总体规划，又要有具体的分类子规划；既要坚持实用性，就不同情况提出现实可行的目标，又要注重前瞻性，实现规划理念先进、功能布局合理、个性特色明显；既要抓紧制定远景规划，又要拿出具体的实施方案，明确各阶段目标任务。

3. 要始终坚持以人为本，尊重民意，推进社会的和谐发展。

实现全面小康，关键是增加村民收入，因此，要把扶持村民提高生产效益，广辟致富门路，大幅度、稳定增加村民收入作为工作的重点。但是，在具体落实发展措施时，不能靠行政手段，不能搞"一刀切"，而应该把农民赞成不赞成、高兴不高兴、满意不满意作为衡量工作的标准，使之成为广大农民的自觉行动。这就要把推进发展的力度与财力许可的程度和农民的承受能力有机地结合起来，把发展的客观需要、发展的政策措施和群众的创造性、积极性有机地结合起来，实现规划、建设与管理全面推进，生产、生活与生态环境全面改善，物质文明、政治文明与精神文明全面加强，农村经济、社会和人的全面发展

韶山村多年来沐浴上级党组织的关爱，在社会主义物质文明、精神文明和政治文明建设中取得了一些成绩，但这点成绩离党中央的要求还有

很大的差距。韶山村的发展现状与韶山作为毛泽东同志的家乡的特殊地位还很不相称。我们将以“三个代表”为指导，继续严格按照村党组织“五个好”的目标要求建设好村党总支和党员队伍；同时，按照“农民富、村庄美、风尚好”的目标要求，早日建设成为全面小康村。

深入基层察民情　关心群众解民忧 促进城乡一体化　再现党群鱼水情

——关于东升镇实施“四民工程”的调查与思考

四川省双流县东升镇
党委书记、人大主席　　李荣建

如何提高党的执政能力，如何体现立党为公、执政为民的理念，如何体现共产党员的先进性，这些都是深刻而重大的课题，中共双流县东升镇委员会作为基层党组织，结合实际，积极探索，努力创新，以“四民工程”为载体，开展基层党组织建设，取得了一定的成绩，作出了有益的尝试。

随着我县“三个集中”的深入推进和城乡一体化进程的日益加快，改革、发展、建设的步伐加快，为经济社会带来了深刻的变革，经济大提速，社会大发展，人民生活水平大提高。但是，由于经济发展不平衡，群众思想文化素质参差不齐等因素的影响，镇村工作中出现了许多新情况、新问题，引发了不少新矛盾、新困难，在一定程度上制约了经济的发展速度，也带来了一些不稳定因素。在新时期新任务下，迫切要求镇村干部进一步强化执政理念，改进执政方式，转变执政作风，提高执政质量。为此，东升镇党委结合实际从去年5月17日起，在全镇范围内实施了“四民工程”。一年来的成功实践证明，“四民工程”是一项爱民、助民、富民的工程，是一项增强干部思想素质提高工作水平的工程，是一项不断加强执政能力建设的工程，是一项促进经济社会不断发展的工程。

一、“四民工程”的概况

“四民工程”是以“进民门，察民情，办民事，助民富”为主要内容，大力推进农村经济发展，加强农村党的建设，促进农民致富增收，密切党群、干群关系，确保农村社会稳定的系统工程。

“进民门”，就是进驻村社，深入农户，深入田间地头，上农户门，见农户面，宣传党的路线方针政策，讲解当前发展形势，传播法律法规知识，公开重要政务，走村串户，释疑解惑。

“察民情”，就是带着对农民群众的深厚感情，到群众中去了解群众所想、所急、所盼、所难，了解党的路线方针政策的贯彻落实情况，倾听群众呼声，掌握群众愿望，理顺群众情绪，感受群众生活，查实情、听实话，征询群众的建议、意见、批评。

“办民事”，就是针对工作中的突出问题、群众意见较多的问题、直接关系到群众切身利益的问题，一件一件地帮助解决，一个一个地抓好落实，扎扎实实地为群众办实事、做好事，实现和维护好广大农民群众的根本利益，以实际的工作成绩取信于民。

“助民富”，就是抓好上情与下情、内情与外情、镇情与民情的结合，抓好中央和省市县委的重要方针政策决策、全镇的工作部署与村社实际的结合，多研究做法，少空谈提法，因地制宜地为村社发展谋思路、作规划，真心诚意地为农民增收出主意、想办法，实实在在地让群众得利益、享实惠。

二、“四民工程”的开展情况及取得的成效

（一）工作开展情况

1．领导重视。镇党委专题研究“四民工程”的实施意见，成立了以镇党委书记为组长的实施“四民工程”领导小组，负责此项工程的组织实施。镇党委、政府目标管理督查领导小组把此项工作纳入目标管理，负责工程实施工作的检查督促，确保工程顺利有效实施。

2．精心组织。镇党委制发了《东升镇“四民工程”实施意见》，印发了《致全镇农民朋友的一封公开信》，并利用会议、资料、板报等形式，广泛向干部群众宣传“四民工程”的目的意义，步骤、方法，使“四民工程”家喻户晓，人人皆知，调动了广大干部群众积极参与，使此项工作既轰轰烈烈又实实在在。

3．抓好结合。一是抓好各个步骤的结合。“四民工程”共为六个步骤实施，我们注重按步骤实施的同时，也注重抓好各个步骤的有机结合。边“进民门”，边“察民情”；边“察民情”，边“办民事”；在“办民事”的工作中抓好“助民富”，做到了分步实施，整体推进。二是抓好工程实施与经济发展的结合。不就“工程”抓“工程”，而是突出经济建设这个主战场，突出群众关注的经济热点、难点问题，注意以“工程”促“工作”，统一群众思想认识，解决群众疑难问题，推动了经济工作发展，三是抓好实施工程与其他工作的结合，注重结合县镇中心工作和各阶段的重要工作的落实，有机互动共促，不能顾此失彼。

（二）取得的成效

1．全面了解了民情民意。没有调查就没有发言权，没有研究就没有决策权。东升镇在全镇范围内开展民情调查。在镇主要领导的带领下，全镇机关工作人员和村、社区干部深入房前屋后、田间地头将16000份民情调查问卷发到群众手中，共收回14866份，收回率达92.9%，仔细统计各题问卷情况得出数据。此外各村、社区及驻村（社区）干部通过走访调查的形式，镇党委政府以开通24小时值班的民情热线电话的形式广泛收集群众意见。归纳梳理出以下三方面的信息：一是群众对镇机关干部和村、社区干部的评价。普遍认为镇机关干部和村、社区干部的素质较高，办事能力较强，作风扎实，深入基层，能够努力发展经济造福一方。群众普遍喜欢思路开阔，勇于创新，联系群众，尽责奉献的干部。也有少数群众认为少数干部办事效率不高，方法简单，对群众接待不够热情。二是群众对镇和村、社区工作的关注程度。大多数群众特别关心“三个集中”、创模工作、农民增收教育工作和综治工作。群众对村（社区）村务、财务公开工作和《村民自治章程》的执行情况比较满意。群众大多希望党委、政府大力发展工业经济，提高办事效率，提供就业岗位，完善拆迁政策，多下基层调查研究等。三是群众对自身利益的关注。多数群众认为实行新型农村合作医疗制度和农村社会养老保险制度后有一定的保障，但不足，大部分群众认为“农转非”后会提高生活质量，有一部分认为降低和不变。群众最关心的是干部作风、就业培训和就业岗位。在生产生活中的困难依次是缺门路，缺技术，缺信息。通过进民门、察民情为办民事、助民富提供了依据。

2．增强了镇村干部素质。在实施“四民工程”中，广大干部深入基层、深入群众具体解决问题，宣传政策，进一步强化了宗旨意识，锻炼了工作能力，增进了与农民群众的感情。结合并村并组建社区，把原来的32个村、6个社区调整为4个村、16个社区，并调整了部分村、社区领导班子，选拔了一批“双强”党员（致富能力强、带富能力强）进入村、社区两委，改善了干部队伍结构，提高了干部队伍的素质和能力。同时，还组织干部集中学习、选送干部参加上级举办的干部培训活动，派送村社干部到北京等地参观学习，使镇村干部的思想素养、工作理念、办事能力有了大的提高，村社区干部在人数减少的情况下提高了工作效率，用自己的有德、有能、有为换来了有位，得到了群众的信任。永乐村支书李大富科学谋划村发展前景，自己花3000元设计规划图，去年9月，一条长910米、宽14米的永乐工业大道正式通车，目前已有7家企业进场建设，并有上百名当地村民经过培训进厂就业，当地群众从村干部大胆创新的实际行动中看到了希望，无不感慨地说：“往日闭塞、落后的边远村庄能有今日的发展，多亏了有李书记这样的好干部呀！”永福社区以邹汉福为代表的党员干部根据本地实际情况和市场需求，调整农业产业结构，带领群众共奔小康路，已发展带动养鸭专业户200多家，每户年收入均在万元以上。此外，该社区通过对农民的培训，吸纳农民到休闲农家乐、棠湖肉联厂等单位就业，引导农民利用城郊结合部的特点，进城务工，大胆创业。

3．推动了规范化服务型政府建设。东升镇结合群众意愿和法律法规要求，抓好规范化服务型政府建设，新建和完善制度40项，制作29项便民服务流程图，印制上千张便民卡片，发放500本便民手册。投入30余万元改善办公服务环境，加大力度建设投资服务中心、便民服务中心和会计代理核算中心。开展五个一机关工作作风建设，即一张笑脸相迎，一句礼貌问候，一杯茶水相待，一个满意答复，一次高效办理，解决“门难进，脸难看，事难办”的问题，在机关开展了规服建设文明号、文明岗竞赛活动，制定评分细则，将每月一评的结果纳入目标考核，已逐步建成学习型、服务型、实干型、创新型、廉洁型、竞争型的“六型”政府。东升镇紫东阁社区居民刘杰在镇便民服务中心，仅用半小时就完成了《独生子女父母光荣证》的补表、签章、办证的所有程序（以前可能是几天），凡是到政府办事办证的居民均能感受到服务的热情高效。东升镇的规服建设成果受到上级领导好评，并引来新都、成华区等周边区市、县客人纷纷前来参观学习。

4．密切了党群干群关系。“四民工程”中，我镇组织了300余名镇村（社区）干部在全镇范围开展的农房普查活动，了解到全镇尚有43户住危房的特困户。镇上立即制定了“特困房变新房的方案”，并得到县纪委监察局、县政府办等对口联系单位以及长冶公司、宗申集团等民营企业的支持和响应。现已有43户得到政府与民间共同建立起来的“爱心基金库”帮助，年内全部实现消除“特困房”目标。双合村3组的特困户曾凤琳，一家人挤在一间仅10平方米的破草房中。6月9日，镇村领导与宗申流溪别院总经理周光军一道，将1.5万元建房捐赠款送到她的家中。作为第一个受益特困户，曾凤琳用颤微微的双手握住领导温暖的双手，眼泪汪汪地说：“多亏了干部到我家了解情况，刚反映上去的困难，没想到这么快就有了回音，感谢党，感谢政府，感谢所有的好心人啊！”修房子，送温暖仅仅是解决了“表”上的问题，“四民工程”中，全镇各级党员干部更注重解决“质”的问题，送劳动技术、送科学知识、送创业意识，大力实施农民增收教育工程。将科学种田、科学养殖的先进技术送到田间地头、猪圈鸭舍；将劳动技能、法律法规、创业意识送到失地农民、下岗职工的身边，植入他们的心中。按照“培养一人，发展一家，带动一群”的目标，因地制宜开展一系列“定单式”技能培训，到目前为止，已有5000多人参加了各种各样的培训，就业安置4911名。各村、社区也把失地农民、失地下岗人员的再就业工作作为大事来抓，积极助民富民。如双桂社区空港企业联系，已将150名失地农民送上了新的工作岗位，棠湖社区自建送水公司，吸纳下岗职工前来就业。

5．促进了城乡经济社会的全面发展。“四民工程”党建活动中，全镇上下齐心，克难奋进，围绕中心工作，切实做到人性化抓拆迁，科学化抓规划，诚信化抓招商，服务化抓跟踪，不断发展壮大优势产业，工业经济持续增长；高标准修建统建安置小区，大力度抓好农民增收工作，强措施健全社会保障体系，统筹城乡社会发展，城乡面貌焕然一新；狠抓依法治镇工作，全方位完善社会综治网络，加强精神文明建设、社会事业蓬勃发展。随着工业化和城市化进程的不断加快，大力实施农民向城镇集中，高标准规划并修建了迎春、白鹭、三里坝等统建公寓式小区，已有上千人陆续告别分散、低矮的农房搬进了宽敞明亮、设施完善、环境优美的新房。为解决农民的后顾之忧，我镇启动了“三保一转”工程。本着让利于民的原则，政府出大头，农民出小头，建立失地农民基本养老保险制度，做到老有所养；建立新型农村合作医疗制度，做到病有所医；将生活困难的失地农民参加了社会养老保险，并开始领取养老金。共有2.76万人参加新型农村合作医疗制度，全镇将失地农民纳入了城镇低保，已“农转非”2288户，6311人。全镇经济持续发展，2004年共实现地区生产总值44.23亿元，财政收入达2.55亿元，农民人均纯收入4393元。时至2005年6月，各项经济社会发展指标也均在全县各乡镇之首，提前实现了时间过半，任务过半的目标。

三、“四民工程”的思考与体会

1．镇村工作必须强化干部为民意识。我们党来自于人民，植根于人民，服务于人民，致力于为绝大多数人民谋利益。贯彻“三个代表”重要思想，本质在坚持立党为公、执政为民，出发点和归宿都是为了实现最广大人民的根本利益。党的领导、党的一切工作，都要依靠人民、相信人民，汲取人民的智慧，尊重人民的创造，接受人民的监督。只有培养热爱人民群众的深厚感情，带着感情下基层，倾听群众呼声，关心群众疾苦，按党的政策办事，以人民利益为重，心里装着群众，凡事想着群众，工作依靠群众，才能把各项工作做到位，才能真正体现出我们的执政理念。“四民工程”的实施体现了“立党为公、执政为民”的执政理念。

2．镇村工作必须提高干部执政能力。我们不仅要心中装着人民，更要不断优化执政水平，杜绝决策失误，要不断缩短办事时间，提高办事效率，从群众中来，到群众中去，向人民学习，受人民监督，更好地为人民服务。通过“四民工程”的实施，督促我们采取各种措施不断改进工作作风，优化工作制度，减少流程环节，缩短办事时间，加强政务公开，规范了行政行为，加强了党员、干部的执政能力。

3．镇村工作必须坚持转变干部执政方式。面对新形势新任务，必须要有工作新举措、新办法，要求镇村干部要积极转变执政方式，适应经济社会发展和群众生产、生活、学习等方面的需求。镇村干部要进一步增强党性意识、宗旨观念，进一步发挥主动性和创造性，增强实践“三个代表”的自觉性，让群众看到干部是一心一意干工作，真心诚意为群众谋利益，以实实在在的业绩服务于民，融洽党群、干群关系，取信于民，切实维护党和政府的形象，有力推进动基层组织建设和各项工作。在具体的工作实践中，要注重发挥和调动党员、干部、群众的积极性，形成发展建设的合力；要多研究方法、少行政命令，多服务，少谈权。

4．镇村工作必须体现党员干部的先进性。我们党是历史的选择，人民的选择，进一步为人民执好政、掌好权，是时代的要求，人民的要求。在新的历史条件下，继续保持党的先进性，关系党执政能力的提高和执政地位的巩固，关系着党和人民事业的兴旺发达和国家的长治久安。作为基层党组织要把先进性教育融入实际的行动之中。先进性不是高高在上，目空一切，而是深入基层、深入群众；先进性不是唱唱高调，喊喊口号，而是俯下身子，助民富民；先进性不是各行其是，碌碌无为，而是团结务实，奋发图强。“四民工程”无论形式、内容、效果均是以人民群众为中心，以助民富民为目的，以增强党组织的战斗力、凝聚力和创造力为落脚点的系统工程，更是对广大党员干部进行先进性教育直观、生动、实在的大课堂。

落实科学发展观
建设富裕、文明、生态、和谐的小康镇

重庆市沙坪坝区覃家岗镇

坚持以人为本，全面、协调、可持续的科学发展观，是我们党从新世纪新阶段党和国家事业发展全局出发提出的重大战略思想，是贯彻落实“三个代表”重要思想的具体体现，也是全面建设小康社会的必然要求。重庆市沙坪坝区覃家岗镇党委、政府一班人充分认识到科学发展观在全面建设小康社会各项工作中的重要性，组织广大党员干部开展了关于科学发展观的学习和讨论。通过广泛深入的学习讨论，全镇上下深刻认识到，科学发展观的本质和核心是坚持以人为本，从人民群众的根本利益出发，让发展的成果惠及全体人民。而实现这一目标的基本要求是要坚持全面、协调、可持续发展。在这一思想的指导下，我们对全面建设小康社会有了更明确、更具体的目标，提出了富裕、文明、生态、和谐的小康镇标准，并贯穿到我们的各项工作中，实现了经济社会的全面、协调、可持续发展，向全面建设小康社会迈出了坚实的一步。

一、覃家岗镇基本情况

重庆市沙坪坝区覃家岗镇位于重庆市科教文化名区——沙坪坝区中心地带，是重庆市久负盛名的经济强镇和沙坪坝区科技产业发展的“明星镇”。全镇幅员面积 31 平方公里，常住人口 17000 人、流动人口 26000 人，辖 5 个村，23 个经济合作社和 3 个社区。1990、1995 年，我镇连续两次被授予“中国乡镇之星”称号，1991 年成为最早一批“中国亿元乡镇”之一，1994 年荣获“全国民政工作全优乡镇”称号，2002 年荣获“全国创建文明村镇工作先进集体”，2003 年被授予“全国十佳小康村最佳扶持奖”，2004 年进入中国乡镇 1000 强行列。近年来，我镇经济建设突飞猛进，社会事业全面进步，精神文明和政治文

明协调发展，社会保持团结稳定，各项经济社会发展指标位居重庆市各乡镇前列，先后多次荣获各种市、区级荣誉和奖励。

二、自觉运用科学发展观指导各项工作

（一）以推进新型工业化为动力，助推经济发展火车

创新发展思路。镇党委、政府坚持以改变传统经济结构为经济中心工作，提出了推进新型工业化的要求，在经济建设中着眼于产业结构的优化升级，通过构筑以高新技术为先导，基础产业和制造业为支撑的产业格局，大幅度提高了经济综合竞争力和可持续发展能力。随着城市化进程加快，面对镇域土地资源减少的情况，我镇进一步加大对现有土地的管理、利用，并提出了在其他乡镇规划发展空间的大胆思路，将我镇的资金、技术、管理优势与其他乡镇的土地优势进行有效的结合，在沙坪坝区西部乡镇建立了“覃家岗镇民营企业示范园”，开创了全市乡镇发展的新模式。

深化改革开放。一是积极引导集体企业采取多种方式推进改革与转制，截至2005年初，99%的集体企业完成改制。通过改革，调动了企业经营者和生产者的积极性，企业逐步进入良性循环。二是开展科技示范镇工程，2004年共实施科技计划项目114项，成功开发新产品96项，获国家级重点新产品1项，市（部）级8项，区级6项，新增产值2.7亿元、利税3100万元。三是加大了招商引资力度，近三年来共引进企业60家，引进资金达3.6亿元，为镇域经济的持续稳定增长奠定了坚实的基础。

壮大自身经济实力。目前，我镇乡镇企业占据沙坪坝区乡镇半壁河山，各项经济指标名列重庆市乡镇前列，有全国知名的力帆集团、宏漆涂料有限公司等亿元以上企业11家，大型专业商贸市场3个，上规模企业85家，汽车、摩托车、建筑建材、化工涂料、电子电气产品闻名全国。2004年全镇实现总产值97.9亿元，比上年增长73%；完成增加值25.3亿元，比上年增长58%；实交税金2.72亿元，比上年增长102%；本级财政收入2007万元，比上年增长48%。

（二）以促进个人全面发展为基础，构筑社会文明大厦

完善社会服务体系。实行农民退休金发放制度、医疗保险制度和财产分红制度，认真执行城市居民最低生活保障制度，全面启动以大病救助为主的农村医疗救助工程，广泛开展残疾人保障救助。近两年对病残孤寡群众实施救助累计经费21万元。开展预防艾滋病和青少年生殖健康教育宣传，落实计划生育奖励扶助制度，加强封闭式住宅小区计划生育管理，计划生育率三年来保持100%，2004年成功创建重庆市级优质服务先进镇。做好农民工的管理和服务工作，建立了农民工工会联合会，修建农民工公寓4栋，解决1800多人的住宿问题。建立健全镇、村、社三级社会性服务网络，现有红岩党团志愿者服务队等自发性志愿服务队伍6支，志愿者队伍成为社会性服务的中坚力量。

升华镇村特色文化。大力宣传和倡导“敢为人先，永不满足”的覃家岗精神，加强以“团队精神”为中心的核心竞争力建设。鼓励农村学生求学，义务教育学费全部由集体支付，并设立学生入学奖励制度，对考取本专科、硕博研究生的学生分别给予1000元-8000元的一次性奖励。全镇建立图书阅览室、文化活动中心、健身中心等群众性文体活动阵地26个，成立夕阳红合唱团、青年文艺宣传队、足球队等群众性文体活动队伍10支，结合重大宣传活动和各类节假日开展了上百场文艺表演、合唱比赛和运动会等群众性文体娱乐活动。建立健全科普网络，完善村级科普小组的建设，2004年举办各类科普培训班数12次，有1200多人次参加了培训，通过科学知识的普及杜绝了邪教等反动迷信思想的侵袭。

提高人民思想道德素质。以《公民道德建设实施纲要》为核心开展宣传教育。三年来，累计散发宣传资料3万多份，设立宣传阵地46块，开展精神文明主题宣传活动100多次，吸引上万群众热情参与。高度重视精神文明创建工作，全镇现有国家级创建文明工作先进单位3个，市、区级文明单位、文明村、文明小区15个。广泛开展“十星级文明户”、“文明信用户”评选活动，全镇共有“十星级文明户”284户，各级“文明信用户”2021户。深入开展军、警民共建活动，共结有各类军警民共建对子10个。

（三）以提升人居环境为目标，打造生态良好乡镇

加快城镇建设步伐。建成了9500多方米景观步行街。加快新城区开发建设，投入5000多万元，修筑了宽达30米，长2100米的城区大道，吸引了渝开发等众多知名企业、集团到我镇进行房地产开发。截止2004年，共计规模性建房300多万平方米，促进了沙坪坝区南部新城的开发建设。

改进农村基础设施。加大农村改水、改电、改气、改厕投入力度，在实现了村村户户开灯来电、做饭通气、用水自来，入厕卫生的基础上，开始智能电、气、水表安装改造，截止2004年底，全面实现了智能化。加大了镇、村级公路修建、改造。全镇5个村，23个经济合作社，村村社社通水泥公路。大力改善了农民居住环境。农村居民户户出行方便，有的农户还住进了别墅、住宅小区。

加大环境整治力度。广泛开展“园林式小区”、“卫生村社”、“卫生单位”创建活动。截至2004年底，全镇共有市、区级园林式小区3个，市容整洁小区4个，卫生单位5个。广泛开展全民爱国卫生活动。组织全镇干部群众共同参与环境卫生整治，教育引导群众自觉养成文明卫生好习惯，制止不良行为，倡导文明卫生新风。加大植树造林、环境绿化力度，美化居住环境，截至2005年初，植树造林近100亩。在全镇开展基本无煤区创建，基本杜绝了生产、生活中使用燃煤对环境的污染。实行了企业环保准入制度，拒绝存在环境污染的企业进入我镇工业园区。

（四）以强化民主管理为动力，开创安定和谐局面

健全民主政治机制。推行党代表常任制。镇一级建立了党委会民主议事制度和人民代表大会制度，共同研究决定全镇的大事要事；村一级建立了两委会成员民主议事制度和村民代表大会制度，共同商议本村的大事要事；社一级建立了社委会议事制度和社员大会制度，对社政务、财务进行管理、监督。重视人大代表和政协委员的参政议政作用，认真办理人大代表、政协委员议、提案和意见，满意、基本满意率达100%。严格按照“五公开”要求，全面推行镇、村（社区）、社、企业政务、财务公开工作。坚持每季度定期公布政务、财务工作情况。成立政务、财务监督小组，定期和不定期的检查督促政务、财务公开工作，让群众真正当家作主。

加强安全稳定网络建设。以创建平安镇为目标，健全信息网络和治安群防网络，与各单位签订了综合治理目标管理责任书，使全镇综合治理工作目标化。近年来，全镇发案率一直呈下降趋势，破案率一直呈上升趋势，无一起重大恶性案件发生，无一例重大上访案例。建立安全预防应急网络，通过制定安全事故应急预案、重大灾情24小时上报制度等方式，强化安全监督管理。仅2004年，全镇各单位就制定安全事故应急预案50多份，组织实地演习4次，举办学习培训12次，张贴、发放宣传资料20000余份，全镇受教育面达95%。

转变政府职能。在不断强化“炼就公仆心，服务天下人”的执政理念，加强服务型政府建设。投入12万元建立了政府行政服务大厅，简化了办事程序，为群众提供了方便。认真贯彻执行《行政许可法》，全面推进依法行政，努力建立行为规范、运转协调、公正透明、廉洁高效的行政管理体制。2003年在镇机关内设机构和各事业单位开展机构改革和竞争上岗，一般干部实行双向选择。在对口扶贫乡镇建立了干部教育培训基地，坚持对全镇干部进行教育，促使广大干部转变工作作风，提高政府工作效能。

三、落实科学发展观让人民群众获得实惠

（一）人民群众的物质生活水平得到提高

截至2004年底，全镇共有本级可支配资金4000万元。农民物质生活极大丰富，人均收入突破6000元。部分农民每月可领到200元的退休金、报销500元以内医疗门诊费用和50%的重病治疗费用，农村群众过上了文明、富裕的城镇化生活。

（二）人民群众的精神文化需求得到满足

老年人能够通过老年校、老年人活动中心等活动场所和腰鼓队、合唱队、表演队等文体娱乐队伍老有所学，老有所用，老有所乐；青年人能够通过青年活动中心等场所和青年宣传、表演、文体队丰富自己的业余生活，锻炼提高自己的能力；少年儿童能够通过村、居委会提供的社区课外实践基地，开展课外实践活动，培养动手能力，也能通过爱心义务家教中心，提高学习水平，改进学习方法；各大节假日，全镇人民都能参加到各种群众性文体娱乐活动。

（三）人民群众的生活环境得到改善

在居住环境方面，全镇现有森林面积2000余亩，有步行街、小广场和各类绿化点，马路平整，街道整洁，居民小区环境优美，农民房前屋后也有花有草，群众生活舒适。在社会环境方面，镇域范围内社会和谐、局势稳定。无重大恶性案件发生。群众民主法制意识进一步增强，敢于对政府、村委会、居委会的各类行政行为提出意见、建议，群众间的民事纠纷都能通过法律途径得到较好解决。

我镇在邓小平理论和“三个代表”重要思想的指导下，按照中央贯彻落实科学发展观的要求，在经济建设和社会发展中取得了一定的成绩。但覃家岗人“敢为人先，永不满足”的精神将带领我们继续坚持以人为本，牢固树立全面、协调、可持续的科学发展观，创造明天新的辉煌。

真抓实干不放松　一心一意谋发展
为构建和谐黄甲而努力奋斗

四川省双流县黄甲镇

黄甲镇在双流县委、县政府的正确领导下，认真实践“三个代表”重要思想，以统筹城乡发展，深化“三个集中”为统揽，紧紧围绕县委、县政府的工作思路，解放思想，抢抓机遇，开拓进取，扎实工作，三个文明建设取得了丰硕成果，全镇经济、社会事业得到了快速健康发展。

一、基本情况

黄甲镇地处牧马山腹地，幅员面积32.08平方公里，耕地面积33367亩。辖4个行政村，3个社区，45个组，总人口3.5万人。这里四季分明，冬无严寒，夏无酷暑，雨量充沛，年降雨量1000mm左右。地势起伏不大，土地肥沃。黄甲镇是成都市二线蔬菜基地和成都市牧山麻羊基地，黄甲冬瓜不仅占领了双流、成都等蔬菜市场，而且还远销广元、西安、兰州等城市。黄甲羊肉更是享誉全川，“喝龙眼井水，吃黄甲羊肉”已成为人们的生活时尚。5平方公里工业园区正在开发并已初具规模，到2004年已入驻企业36家，协议引资18亿元，到位资金12亿元。成功引进银龙油料、琪达制衣、阿迪曼尔、科星桥架等一批实力雄厚，市场前景好，辐射面广，带动能力强的工业项目；2004年实现工业总产值9.4亿元。镇内交通发达，区位优势明显：距成都市区20公里，距双流县城7公里，距双流国际机场10公里，紧邻航空港开发区和牧马山开发区。国道成（都）雅（安）高速公路穿越镇内6.5公里，距成雅高速公路双流开口处1.5公里，双（流）华（阳）公路穿越镇内2公里，黄甲大道、双（流）永（安）公路、板（桥）公（兴）路贯穿全境，成（都）乐（山）大件路紧邻我镇，形成了四通八达、纵横交错的交通网络。镇内水、电、气、光纤等基础设施完善。2平方公里集镇新区建设逐步完善，商贸繁华，人气兴旺。

二、镇域经济快速发展，经济竞争力进一步增强

我镇自1996年被双流县委评为“小康建设基本达标乡镇”以来，通过全镇人民的共同努力，到2004年，实现地方生产总值11.7亿元，比上年增加1.2亿元，增长11.4%；财政收入实现11189万元，其中工商税收完成7704万元，同口径增加额1410万元，增长22.4%，增长率连续三年居全县第一名。农村人均纯收入实现4372元，比上年增加535元，增长14%。

三、用科学的理念武装头脑，坚持发展才是硬道理的科学发展观

我镇始终坚持“发展才是硬道理”的科学理念，用发展的科学观作指导。以工业为支撑，坚持“富民升位”，把招商引资作为工作的重中之重，实施“一把手工程”。每年年初都制定了详细的工作计划，对招商引资工作作了周密的安排和部署。严格落实了招商引资工作责任，实现了程序化、规范化，高效率运作。坚持用城市化、市场化的思路来通盘考虑工业集中区的规划、建设和管理，把工业集中区作为打造黄甲品牌的阵地和融入全县18平方公里工业园区整体发展的前沿。逐步建立健全工业集中发展区管理机制，抓好已进入集中区企业的管理和服务，集中区吸聚资本、集聚产业和承载项目的能力明显增强。

按照“项目集中、产业集聚、土地集约”的要求，继续加快推进工业集中区建设，使集中区的聚集和承载功能进一步增强，不断推进工业向集中区发展。

四、躬身实践“三个代表”，全面落实党在农村的各项方针、政策

深入贯彻中央“一号”文件精神，努力增加农民收入。积极宣传贯彻“一号”文件精神，牢固树立科学发展观，按照统筹城乡经济社会发展的要求，坚持“多予、少取、放活”的方针，调整农业产业结构，拓宽农民就业渠道，深化农村改革，强化对农业的支持和保护，促进农民收入较快增长。

切实减轻农民负担。全面贯彻落实中央“一号”文件精神，将减轻农民负担工作切实落到实处。大力宣传并落实“粮食直补”政策，严格按照政策规定时间内将“粮食直补”资金全额发放到农户手中。积极宣传并严格执行农业税收政策，特别是2004年农业税率从6%降到3%，2005年全面取消农业税的政策，把党和政府减轻农民负担，关心农民的好政策落到实处。

五、社会事业协调发展，人民生活安居乐业

全力保障人民群众身体健康。公共卫生体系不断完善，禽流感等各类传染性疾病得到有效控制。高度重视突发的“禽流感”疫情，健全“五防”措施，定期进行拉网式消毒，坚持疫情上报制度，上下一心，措施有力，成功阻止了“禽流感”病源的输入。深入扎实地开展新型农村合作医疗，全镇合作医疗参保率达99.5%，被县政府评为优秀集体。义务献血工作被成都市献血办评为先进集体。认真开展爱国卫生运动，做好春夏传染病的防治工作和春季灭鼠工作，大力宣传“防非”和预防肠道传染病的知识，加大对农村群宴和流动厨师的管理力度，全面完成查螺灭螺目标任务，有效地推动了我镇卫生事业的发展，被评为“成都市卫生城镇”。加大对镇卫生院的监管力度，院风、医德进一步好转，2004年门诊人数达3万人次。

科教、劳动保障、计划生育等工作扎实推进。进一步加大对教育的投入，完成了中心小学教学楼的修建。进一步深化人事制度改革，实现了中、小学教师全员聘任。小学适龄儿童全部入学；小学毕业生升学率达100%，初中毕业生升学率达100%。成人教育“两后”培训、农民实用技术培训、农民增收教育工程、失地无业农业转移安置、农村富余劳动力输出均超额完成上级下达的目标任务。失地农业的养老、医疗、住房都得到了有力的保障。深入宣传和全面贯彻《计划生育法》和《四川省人口与计划生育条例》，把人口与计划生育工作纳入法治化管理轨道，制定了计生村民自治实施方案和自治章程。计划生育率达99.4%，人口自然增长率为3.6‰。教育、卫生、计划生育工作连续几年获双流县目标考核一等奖；2003年被评为“四川省文化先进乡镇”。

环保工作成效显著。绿化成果得到巩固，“绿化乡镇”、“园林式单位”均通过上级复查验收，“天保工程”被评为优秀，按时兑现退耕还林补助金。加大了对工业污水排放、露天焚烧秸秆等行为的监督检查和处理力度，顺利完成了“禁烧”任务，粘土砖厂关闭工作顺利完成，生态环境得到有效保护，为成都市“创建全国模范城市”作出了积极贡献。

民政、工会、档案管理、青年、妇女、儿童工作不断加强，国土、老龄等工作取得新成绩。

六、农业社会化服务程度高，农业科技含量日趋明显

大力引进新品种、新技术。大力推行农产品无公害、绿色生产。积极推广设施栽培技术，不断引进新品种、新技术，扩大淡季蔬菜、无公害蔬菜和高、新蔬菜品种的种植规模，无公害辣椒基地、冬瓜基地得到进一步巩固，2003年获四川省“无公害蔬菜基地”殊荣；2004年获国家农业部“无公害蔬菜基地”殊荣。黄甲麻羊更是声名远扬，2003年获四川省“无公害肉羊基地”称号；2004年获国家农业部“无公害羊肉认证”证书，到2004年已成功举办了六届“双流黄甲牧山麻羊节”。

不断提高农业科技服务水平。加大培训、指导力度，开好农业生产现场会，抓好病虫防治指导服务工作，坚持每月14～16日组织进行优质梨树管理技术培训和麻羊养殖技术培训。扩大农产品流通渠道，提供产前、产中、产后“一条龙”服务，提高农产品附加值，切实增加农民收入。

七、基础设施建设加快，镇村形象进一步提升

城镇形象明显提升。黄瓦中心村配套设施日趋完善，对黄甲场镇的老街街道、老街电力线路进行了维修改造，城镇功能更加完善。

在双华社区新建两座厌氧化粪池，双华社区污水处理能力进一步提高。与此同时，我镇还坚持建管同步，大力实施亮化、绿化、美化、净化工程，城镇形象明显提升，城镇的聚集力和吸引力进一步增强，城镇居民生活环境进一步优化，被四川省列入“首批小城镇建设试点镇”。

八、民主法制建设不断加强，社会治安综合治理成效显著，政府服务水平进一步提高

民主法制进程加快。认真贯彻历次镇人大会议通过的各项决议、决定，2004年共办理人民代表建议、意见16条，办结率100%。认真执行“镇、村（居）、组”三级公开制度，自觉接受社会监督，“三公开”质量明显提高。顺利完成村（居）委会换届选举工作，村（居）委会下设机构健全，分工明确，完善了《村民自治章程》和《居民公约》，村（居）委会各项工作开展井然有序，无软弱瘫痪村（社区）。多年来，我们始终坚持在深入上下功夫，常抓不懈，努力推进，如今已步入了规范化、经常化、制度化的发展轨道，连续三年无因农村财务问题的群众上访事件发生。与此同时，我们还以致富能力强、带富能力强的“双强工程”为抓手，扎实推进基层组织建设，党组织的战斗堡垒作用和党员先锋模范作用得到更充分发挥，基层民主建设进一步加强。“四五”普法扎实开展，法制宣传教育、法律服务力度加大，全镇人民的法制意识进一步增强。群防群治网络更加健全，社会治安状况良好，三年内未发生过重特大刑事案件，社会稳定，为人民群众营造了公平、有序、充满活力、经济社会全面发展的和谐社会环境。

领导班子求真务实，一心一意谋发展。黄甲镇党委政府一班人常年战斗在工作的第一线，心往一处想，劲往一处使，急群众之所急，想群众之所想，真抓实干，开拓创新，扎实推进镇域经济、社会事业不断向前发展，人民生活水平明显提高。领导班子从一九九九年起连续六年被双流县委评为“四好班子”。

扎实推进规范化服务型政府建设，行政水平全面提高。建立了科学、民主的决策制度、重大行政决策事项咨询论证和公示制度。深入贯彻《行政许可法》，强化公务员培训和管理；建立了“首问责任制”，全面推行一站式服务；政务公开及时准确，对群众关心的热难点问题予以及时处理，健全了信息反馈制度，政府服务水平进一步提高。

过去的一年是我镇城乡一体化加速推进、镇域经济综合实力明显增强的一年，是全镇物质文明、政治文明和精神文明全面进步的一年。成绩令人鼓舞，形势催人奋进。这些成绩的取得来之不易，是全镇人民共同努力、奋力拼搏的结果。但是，我们也清醒地认识到：镇内部分配套设施仍需完善；城镇管理的市场化步伐仍需加快；拆迁安置，失地无业农民的就业及社会保障任务还相当艰巨；改善人民生活和维护社会稳定的任务还很繁重。对此，我们将高度重视，采取有力措施，切实加以解决。

2005年是我国加入WTO过渡期和完成“十五”计划的最后一年，也是我镇经济社会全面发展十分重要的一年，按照我镇发展的总体思路，2005年工作的指导思想和总体要求是：以邓小平理论和“三个代表”重要思想为指导，全面贯彻党的十六大及十六届四中全会精神，坚持发展才是硬道理和“三个有利于”标准，牢固树立并认真落实科学发展观，切实提高执行力，深化创新“三个集中”，加速推进产业发展集聚化、城乡发展一体化；扎实推进民主建设，切实加强民主法制、精神文明和政府自身建设，努力营造稳定和谐的社会环境。

为此，我们还将继续加强规范化服务型政府建设，切实提高执行力。完善公众参与、专家论证和政府决策相结合的行政决策机制，健全决策信息反馈和决策后评估机制。强化服务理念，切实转变工作作风，提高服务经济、服务基层、服务群众的水平。进一步精简行政审批事项，减少会议、文件，优化办事流程，进一步提高行政效率。围绕重点工作和事关人民群众切身利益的重大事项，采取听证、公示等方式，提高政府工作的透明度。健全政府采购制度，严格招投标管理，强化审计监督。健全公务员培训、考核、管理和奖惩机制，着力培养一支政治坚定、品德高尚、勤政务实、敢于负责、攻坚克难的公务员队伍，树立“为民、务实、清廉”的政府新形象。

坚持勤政为民，切实为民办好实事。坚持以

人为本、以民为重，时刻把人民群众的安危冷暖挂在心上，常怀利民之心，常思为民之道，常谋富民之策，常行爱民之举，扎扎实实为民办好事、办实事。

让我们高举邓小平理论伟大旗帜，躬身实践“三个代表”重要思想，扎实推进“三个集中”，以发展的理念作指导，坚定信心不动摇，与时俱进不停步，狠抓要务不放松，团结和带领全镇人民，解放思想，振奋精神，真抓实干，开拓创新，为构建和谐黄甲而努力奋斗！

以推进城乡一体化为总揽 富民强镇，全面建设小康华阳

四川省双流县华阳镇党委书记　罗开全

党的十六提出“要在本世纪头二十年，集中力量，全面建设惠及十几亿人口的更高水平的小康社会，使经济更加发展、民主更加健全、科教更加进步、文化更加繁荣、社会更加和谐、人民生活更加殷实”的小康社会的奋斗目标。全面建设小康社会龙头在城镇、重点在农村，关键在发展城乡经济，落脚点在不断提高人民群众的生活水平和质量，保障在于加强党的基层组织建设。

一、全面建设小康社会龙头在城镇、重点在农村

“要逐步提高城镇化水平，坚持大中小城市和小城镇协调发展，走中国特色的城镇化道路。”城镇是小康建设的龙头，城市化是全面建设小康社会的重要途径。通过城市化来带动城乡经济的发展，形成农村、城市相互融合的空间一体化，改善农村生活环境，提高农民生活水平。因此，必须加快农村城镇化进程。华阳镇按照中央、省、市、县各级农村工作会议要求，切实落实县委提出的“三个集中”即工业向园区集中、土地向业主集中和农民向城镇集中的工作思路，坚持城乡统筹的规划、建设、管理理念，打破城乡规划分割的二元结构，建立城乡规划、建设、管理一体的新体制。

（一）坚持以规划为先导，创新城市发展思路　村镇规划是城镇建设和发展的蓝图。城市的发展必须要有土地利用总体规划、城市总体规划、区域功能分区规划，明确分区功能定位和产业发展重点。规划要有开放性，随着发展的需要进行不断修改，以更好地引导发展。华阳镇自1994年至今，已先后完成了四次规划，即国家级小城镇试点镇规划、成都市卫星城规划、成都市城市副中心规划和成都市双流·华阳分区规划。其中1998年由中规院完成的11平方公里规划经主管部门审核批准；2001年由成都市规划院作了调整，规划面积为27平方公里；2004年由中规院再次调整为30平方公里，此规划正在报批之中。此次规划明确后，将引导华阳镇从一个小城镇发展成为以高新技术为主、科教发达、商业繁荣，产业配套完善，环境优美的现代化中等城市，更强有力的带动整个区域，尤其是农村的发展。

（二）完善基础设施建设，不断提升城市形象　基础设施是城市发展的脉，也是接受大城市辐射，带动农村发展的重要通道。随着成都市城市向东向南发展力度的加大，华阳镇按照把“城市建设得像花园，农村建设得像城市”的总体要求，适度超前抓好城市基础设施建设，主动迎接中心城市辐射，把道路延伸到农村，改善城乡生产、生活条件。近年来，全镇用于城市基础设施建设的经费超过5000万元，完成了天府大道、环城路、华龙路等主要城市道路建设和对接城市道路的上百公里的村社道路，形成了城乡合一的城乡道路网络；完成了锦江两岸约5公里堤坝治理；完成旧城区约3平方公里的改造和两条道路的“白+黑”道路改造；全镇各区域房地产项目开发面积超过30平方米。今年，启动“十大城建工程”建设，全面提升华阳镇的城市形象。

（三）创新城市管理机制，不断提高城市管理水平　城镇管理水平反映了城镇整体形象，影响着城镇两个文明建设。华阳镇为突出城市管理成效，一是以创建国家级环保模范城市为契机，加大了管理力度，对城区主要区域的渣子、摊子、交通秩序进行了整治；二是以提升城市形象为目的，狠抓一批市政工程建设的同时，加大了城市立面整治和城市空间净化工作。抓好了主要街道的线下地和街道立面的净化工作，为镇环卫所新添置垃圾清运和洒水设备，对城市环境的不断改善、保洁质量的不断提高提供了设备保障。同时，

以解决现行的管理体制存在的矛盾和问题为重点，以彻底城市管理体制，建立办事高效、运转协调、行为规范、职责清晰、管理科学、符合市场经济和社会发展要求的城市管理体系为根本目标，将城市管理的职能配置搞得更科学、更合理、更有序，真正建立起一个精干、高效、有利于建设事业发展的行政管理体系。

二、全面建设小康社会关键在发展城乡经济

“统筹城乡经济社会发展，建设现代农业，发展农村经济，增加农民收入，是全面建设小康社会的重大任务。”华阳镇按照中央、省、市、县各级农村工作会议要求，切实落实县委提出的“三个集中”即工业向园区集中、土地向业主集中和农民向城镇集中的工作思路，大力发展城乡经济，使全镇农民人均收入连年增长，今年预计达到近五千元。

（一）坚持工业强镇战略，提升经济实力　华阳镇充分认识到建设小康社会，抓产业支撑是关键，具体落实在“工业强镇”。为此，全镇确立了以工业化促进城市化，以发展工业推进“强镇富民”发展思路，以建立产业园区为突破口，全力以赴抓工业经济发展。规划了10平方公里产业园区，以抓生物医药、电子电器、建筑材料、电力等支撑产业，又通过定目标、定企业、定责任、定奖惩的“四定”措施，明确了思路，落实了责任。在认真抓好现有优势企业巩固发展的同时，花大力气抓好产业区建设和招商引资工作。2004年园区共引进新项目16个，新开工建设企业8个，投入资金2.03亿元，实现工业增加值1.4亿元，利税0.16亿元。全镇工业增加值完成5.7亿元，同比增长26.9%；入库税金完成7827.7万元，同比增长12.1%；招商引资到位资金3.31亿元。

（二）坚持产业结构调整，有效增加农民收入　华阳镇以加快农村产业结构调整为契机，切实抓好“三农”工作，进一步促进了全镇“科技兴村、民主管村、依法治村”建设。一是充分发挥区位优势，大力发展都市及观光农业，转变传统农业生产方式，有效提高了农业增产，农民增收。二是做好“加法”，就是采取各种有效措施增加农民收入，加快农业产业化经营，调整农业生产区域布局，充分突出各村特色，发挥区域比较优势，发展蔬菜、优质笋用竹等种植业，突出畜禽养殖优势，建好鸡、鸭等小家禽以及生猪、奶牛及等优质畜禽生产基地。三是做好“减法”，就是减轻农民负担，巩固和坚持农村税费改革成果，防止农民负担反弹，在全面取消农业税及附加后，加快农村金融体制改革，加大农业信贷投放，增加农户贷款，为农民生产、生活和农村经济结构调整提供及时、有效的金融服务。四是加快推进农村城市化，切实提高农业发展水平。创新机制，促进农民从一产业向二、三产业转移；积极推进生态农业、绿色无公害农业；延长农业产业链，创造出更多的就业岗位，实现农村劳动力的转移，加强农业技术培训，大力推广良种良法，增强农民的科技意识，提升农民的致富能力。

（三）坚持三产富民，大力发展第三产业　第三产业增加就业岗位最多的产业，也是城乡共同发展的产业。推进城市化进程中，要优先发展房地产业，在城市规模经过一段扩张以后，就必须发展市场物流业、宾馆服务业、文化生态旅游业、商贸、餐饮、娱乐等为城市功能配套第三产业，这些产业的发展不但为失地农民提供大量的就业岗位，而且会带动农村发展都市休闲观光农业，从而实现城乡经济的共同繁荣。华阳镇在发挥区位优势，树立了房地产业品牌后，成功打造独具华阳特色的3.2公里府河休闲走廊，带动全镇以餐饮、娱乐、保健为龙头的第三产业的发展。在此基础上，坚持农业为都市服务的理念，充分利用丘区村四季瓜果飘香，空气清新、山川秀美的特色，大力发展都市农业生态观光旅游，积极培育新的产业亮点，有效增加农民收入。

三、全面建设小康社会落脚点在提高群众的生活质量和水平

“经济发展的根本目的是提高全国人民的生活水平和质量。”这更是全面建设小康社会的落脚点。要提高人民群众的生活水平和质量，就必须在加快发展经济的同时，要加强公共服务设施建设，改造农村环境；大力发展教育，提高人民群众受教育水平；建立适应新形势要求的卫生服务体系和医疗保健体系，提高城乡居民的医疗保健水平；加强社会治安综合治理，营造和谐安定的社会环境。

（一）加快农民向城镇集中，不断改善群众的生活环境　推进城市化，加快工业化，发展城

乡经济都必然涉及到拆迁安置。拆迁安置小区要按照城市小区的标准进行规划、建设和管理。把安置小区建设成为特色鲜明、布局合理、环境优美的新型居住区，改善群众的生活环境，使农民尽享城市文明，使农民生产、生活习惯，生活方式发生了巨大转变。全镇近期拟建农民安置小区18个，已建成11个，新开建1个。

（二）大力发展教育，提高人民群众受教育水平　把教育放在优先发展的位置，不断巩固提高“两基”成果，为小康建设提供源源不断的智力支援。全镇共有学校19所，学校布局合理，门类齐全，教师学历达标率为100%，全镇6岁零3个月的适龄儿童入学率达100%，12至15周岁的少年初中入学率达100%，青壮年非文盲率为100%，15周岁人口初等教育完成率为100%，17周岁人口中等教育完成率为100%。2002年我镇率先成为全县首批市级教育强镇，全镇教育目标考核连年获一等奖。

（三）积极开展“三讲一树”活动　建立城乡卫生网络，加强防疫工作和常规卫生管理，推进医德医风建设。开展农村新型合作医疗，2004年全镇参保人数为36041人，参保率为65%，2005年参保全镇人数为41000人，参保率为89%。2003、2004年连续两年被评为全县农村卫生工作先进集体。防非工作做到了措施落实，人员、经费到位，做到了横向到边、纵向到底。据统计，镇政府累计投入防非经费9.84万元，各村（社区）、学校、医院共投入经费125.76万元，保证了防治工作的顺利进行。确保了我镇未发生原发性传染性非典疫情和输入性非典疫情，未发现非典疑似病例，并被评为全县非典防治工作先进集体。

（四）强化社会治安综合治理，营造安定的社会环境　大力实施依法治镇战略，坚持社会治安“打防并举，以防为主”的方针，建立健全公安、治安巡逻、守楼护院小组三级治安防范网络体系、普法宣传网络，制定实施　“五个制度”，即：领导责任制、保障激励机制、综治例会制、督查通报制和信息保送制，大力强化整体联动工程建设。近年来，镇政府累计投入社会治安综合治理专项资金200余万元，建立了整体联动指挥中心，购买了对讲机、摩托车等设备设施，组建了由50人组成的治安巡逻大队，各村、社区也成立了治安巡逻分队，加大了严打和治安复杂场所的整治，震慑罪犯，确保我镇的平安。继续深化与“法轮功”邪教组织的专项斗争，严厉打击各种邪教活动，确保政治稳定、社会稳定。我镇连续7年被省委、省政府评为省级社会治安综合治理模范镇，连续2年被市委、市政府评为“防邪”工作先进单位，连续3年被县委、县政府评为普法和依法治理工作、“防邪”工作先进单位。

四、全面建设小康社会的保障在于加强基层组织建设

（一）不断加强党的基层组织建设　紧紧围绕“领导班子好、党员干部队伍好、工作机制好、小康建设业绩好、农民群众反映好”的目标，深入贯彻落实十六大和十六届三中、四中全会精神，以“三级联创”为主线，以“党员先锋工程”、“双强”工程、“三村建设”为载体，认真开展“党委+基地”、“支部+协会”、“党建示范村”等活动，积极推进党的建设新的伟大工程，着力实现组织建设和经济建设相融互动，全面加强农村基层组织建设。全镇农村、企业、机关、学校、社区和非公有经济组织党的建设进一步加强，党的思想建设、组织建设、作风建设取得了明显进步，党员干部的思想水平有了进一步提高，基层党组织的凝聚力和战斗力进一步加强，为全镇推进城市化，建设小康新华阳提供了坚强的保证。全镇共产党员能够发挥先锋模范作用，基层干部能够发挥骨干带头作用，党群干群关系进一步密切，农村经济持续发展，集体经济实力进一步增强，各项事业协调发展，精神文明建设和民主法制建设成效显著。全镇20个村（含6个挂村牌子的社区），村党支部、村委会、团支部、妇代会、民兵连、集体经济组织、治保、调解等村级组织健全，无软弱涣散村和相对后进村。2003年（并村并组前），全镇26个村中有23个村被县委评为“五个好”村党支部，2004年，我镇骑龙、长顺村受表彰为“五个好”村党支部。2004年，镇党委被县委评为“五个好”镇党委。

（二）深入贯彻《村民委员会组织法》，提高村民自治水平　紧紧围绕提高村民自我管理、自我教育和自我服务的目标，广泛开展了村民自治活动，民主选举规范有序，民主决策切实落实，民主管理扎实细致，民主监督推进有力，自治工

作成效显著，全镇 20 个村（含 6 个挂村牌子的社区）都健全了“三会一课”制度、议事规则、干部廉洁及民主生活制度、“创先争优”等制度、村民议事制度、村民自治章程，在拆迁安置、入户分配等方面采取了积极的措施，收到了较好的效果。2002 年，我镇已率先建成了村民自治示范镇，全镇 20 个村（含 6 个挂村牌子的社区）建成了村民自治示范村，建成率达 100%。

在全面建设小康社会的进程中，华阳镇以“三个代表”重要思想为指针，以推进城乡一体化为总揽，以加强农村基层组织建设为保障，大力推进城市化进程，完善基础设施建设，优化产业结构，打造支柱产业，加快经济发展，增加农民收入，不断改善城镇和农村环境，大力发展教育、科技、文化、卫生等社会各项事业，抓好计划生育，社会治安综合治理工作。通过全镇上下的共同努力，2004 年全镇地区生产总值完成 23.86 亿元（人均 21668 元），增长 17.8%，工商税收完成 1.8806 亿元，增长 20.3%，农民人均纯收入净增 442 元，达到 4272 元，招商引资到位资金 3.3 亿元；社会各项事业不断进步，群众生活水平明显提高，生活质量显著改善。华阳正向全面建设小康的目标大踏步前进。

推进开平农业产业化的思考

广东省开平市塘口镇镇长　龚飞舟

农业产业化是以市场为导向，以经济效益为中心，以资源合理配置为基础，以区域性商品生产基地为依托，实行专业化生产、社会化服务、企业化管理，形成贸、工、农一体化，产、加、销一条龙的农业发展新体系。这一体系，具体来说就是以加工或销售企业为龙头，采用“公司+农户”的形式，在市场牵动下，通过优化生产要素的组合，把农业生产的产前、产中、产后整个过程有机地连接起来，实现农业、工业、商业的统一，促进农业资源的合理利用和农产品的增值，从而提高农业生产的综合效益。

农业产业化是社会生产力发展的必然产物。在我国，它随着农村改革的深入和农业生产市场化的发展而逐渐形成和不断完善。就目前而言，农业产业化已开始从农民的自发性行为发展为各级政府的有序引导，从农业的个别领域发展为农林牧副渔全面兴起。

一、开平农业产业化的特点

我市地处珠江三角洲，土地资源丰富，雨量充沛，光照时间长，对农业产业化的发展提供了极为有利的自然条件。近几年来，通过各级政府的积极引导，农业产业化在农业生产的各领域迅速兴起并不断发展，不同地方呈现出各种各样的特点，总的概括起来，主要有如下两个方面：

（一）农业主导产业日益凸现。近年来，我市通过大力调整农业结构，生产逐步朝规模化、专业化的方向发展，形成了一大批具有地方特色的生产基地，并逐步成为推动农村经济健康发展的主要支柱。在专业化方面，已开始从过去的“一镇一业”、“一村一品”向“多镇一业”、“多村一品”的方向发展，较为突出的有金鸡、月山的养鸡业；龙胜、苍城、马冈的水果种植业，马冈鹅养殖业；塘口、沙冈的蔬菜种植业等等。并由此产生了一大批具有一定规模的生产大户，规模化、专业化的水平不断提高。

（二）产业化组织形式多样化。经过近几年的迅速发展，初步形成了多种组织形式，且各具特色。主要形式有：龙头企业带动型（即公司+农户），属这一类型的有大沙的花卉业，苍城的韭菜花种植业，金鸡、月山的养鸡业等；市场带动型（即专业市场+农户），属于这一类型的有塘口、沙冈的蔬菜种植业等；此外，还有基地带动型，如苍城、龙胜的水果种植业；科技服务带动型，如苍城的水产养殖业等。

二、开平市农业产业化发展的难点

虽然开平市农业产业化已经进入全面发展阶段，但仍然存在着许多值得分析和研究的问题和难点。

（一）传统观念仍制约着产业化的发展。农业产业化是将产、加、销等环节紧密地连接起来进行一体化经营，是纵向的一体化。这要求建立与之相适应的管理体制，以及运用市场观念在生产结构的安排上进行优化组合。然而现实是在结构调整上仍然存在诸多行政指令，过于强调农业产业化的速度，并通过采取行政命令促其发展。造成这种局面是管理体制上仍未能从真正意义上摆脱计划经济时代政府对农业的管理理念，未能真正由市场需求指导生产。这在市场经济不断发展的今天，表现出诸多的不适应。具体表现在有时为了追求某种效应而一哄而起，往往造成生产出来的产品未能适销对路，供过于求，出现农产品难卖的现象。从而挫伤了农民的生产积极性，久而久之，造成农民对政府管理部门的不信任，结果是对管理部门的一些正确引导也持观望的态度而贻误时机，从而制约了农业产业化的发展。

（二）龙头企业实力不强，经营一体化程度较低。虽然我市农业产业化化经过一段时间的发展，培育了一些农业龙头企业，但从总体上看，这些龙头的产品，大多是经过简单加工便流向市场，质量档次较低，缺乏深加工。真正上规模、上档次、有实力的骨干龙头企业稀缺，单凭现有企业的实力，难以按照产业化的要求完成产、加、销全部生产环节。产、加、销脱节现象仍然较为突出，经营一体化程度极低，这些企业带动的农户也较为有限，往往出现心有余而力不足的尴尬局面。

（三)缺乏具地方特色的农业主导产业和产品，产品的市场竞争力不强。我市现有农产品“大路货”居多，初级产品居多。一些具有地方特色的传统名、优品种缺乏开发，导致品种退化，甚至濒临失传。这主要是由于一部分基层干部、科技人员和农民的思维习惯、工作方式和生产方法还停留在片面重视产品产量上，对产品的市场调查、市场开拓和区域优势分析不够，其结果是常常出现跟风问题，从而导致产业趋同、产品过剩。特别是面对我国加入WTO之后，国外质优价廉的农产品大量涌入的可能，缺乏足够的思想准备和应有的应对措施。

（四）缺乏完善的社会化服务体系。完善的社会化服务体系是发展农业产业化的添加剂，虽然我市也有不少从事社会化服务的组织和个体，但这些组织或个体由于片面追求自身的经济效益，经常出现合约不规范，甚至不履行合约的现象。服务效率低，甚至坑农损农的现象时有发生。

三、几个值得思考的问题

推进我市农业产业化的发展，除了有针对性地对上述存在问题寻求行之有效的解决方法之外，我们还应从战略上思考如下几个值得关注的问题：

（一）正确理解农业产业化，推进农业的产、加、销一体化进程。随着我国加入WTO之后，农产品的供求关系从根本上发生了重大变化，我们面对的市场概念已经延伸为国内外两个市场。市场需求的农产品日益多样化，市场竞争也日益复杂化，因而发展农业产业化显得格外重要。但是，目前还有个别农业生产经营者，把农业产业化片面地理解为调整生产结构，有的甚至更简单地认为调减水稻生产面积增加其他作物比例就是产业化，具体表现为过于强调粮经比例。因此，我们在实际工作中，应加强对农业产业化的理解，积极推进农业的产、加、销一体化进程，把产品加工和流通摆上与生产同等重要的位置，抓好农产品的深度加工转化，形成系列化的产业经营体系，切实延伸农业的产业链，从而提高农产品的附加值。因而，各级政府都应在资金投入、科研攻关、技术推广和市场开拓等方面给予政策扶持，从真正意义上把推进农业产业化与农业结构调整有机地结合起来。

（二）引导大型工商企业进入农村，通过“公司+农户”的经营模式与农户连为一体，使龙头与龙尾同时舞动。城市大型工商企业一般拥有雄厚的资金、技术和广阔的市场优势，但在发展过程中往往又会受到原材料供应等资源的制约。把它们引进农村，通过“公司+农户”的经营模式与广大农户连成一片，结为一体，一方面可以有效地解决农业产业化发展过程中的资金不足、技术落后、信息不灵、市场狭窄等问题，另一方面又能解决企业所受到的资源制约的困扰，从而降低其生产成本和交易费用，使企业更具竞争力。同时减少与企业连结的农户在生产上的盲目性，降低市场风险。实现龙头与龙尾齐舞，企业与农户双赢。

（三)把农业招商与推进农业产业化有机结合起来。近年来，我市通过加大农业招商的力度，引进不少的外商前来进行农业开发，并发挥了良好的示范作用。但是，引进的外来资金，大多数是采用租赁土地，再聘用当地劳动力为其生产的方式经营，形式较为单调。由于土地属稀缺资源，如果采用这种形式无限量开发，会造成土地过分集中于外商手中，在某种程度成为当地农业未来发展的制约。另外，农民的收入也只限于租金和劳务，这也不利于当地农业的可持续发展。因此，应进一步从战略的高度加强农业招商的引导，把招商引资与推进农业产业化有机地结合起来。有选择地引进外资，多引进拥有资金、技术和市场，又乐意采用“外商+农户”的形式经营的外商外资，使外商与农户结成利益共同体，形成利益共享、风险共担的经营和分配机制，切实增加农民收入，为当地农业生产的可持续发展保留空间，并积累必要条件，促进农业产业化向更广泛的领域和更深的层次发展。

提高乡镇党委执政能力之我见

——关于新形势下如何提高乡镇党委执政能力的几点思考

江苏省赣榆县委常委、青口镇
党委书记 卢西村

当前，正在全党开展的保持共产党员先进性教育活动是以实践“三个代表”重要思想为主要内容的一项重要活动。作为乡镇基层党组织在这一活动中，必须按照胡锦涛总书记“六个坚持”的要求，紧紧围绕经济建设这个中心和改革发展稳定这个大局，以进一步密切党同人民群众的联系为核心，以保持党的先进性、纯洁性和增强党的创造力、凝聚力、战斗力为目标，不断优化基层干部队伍的思想、组织和作风建设，团结稳定，求真务实，勤奋工作，永葆朝气，努力提升执政水平，切实做到：突出提高“五种能力”。

一、审时度势，突出提高保稳定促发展的能力

在新的形势下，正确处理好改革、发展、稳定的关系，是我党的一条宝贵的经验。对此，联系乡镇工作实际，要坚持做到“三个必须”：一是必须牢固树立新的观念。要清醒地认识到，创造和谐稳定是经济发展的重要基础，是营造良好生产生活环境的根本。要牢固树立发展经济是政绩，保稳定促发展也是政绩的新观念，切实做到为官一任，稳定一方，富裕一方。二是必须把握稳定的重点。面对当前的大气候，审时度势的重点要在社会治安综合治理、人民群众来信来访、安全生产、村级规范化建设等主要方面狠下功夫，要以不变应万变的能力，顺应时代潮流，千方百计确保改革、发展、稳定持续健康运行。三是必须妥善处理群众的利益。作为基层党员干部，特别是党员领导干部要本着“群众利益无小事”的原则，从实际出发，认真解决影响改革发展稳定和事关群众切身利益的突出问题，切实维护好、实现好、发展好人民群众的根本利益；要妥善协调好各方面的利益关系，正确处理人民内部矛盾，积极化解各种纠纷，最大可能的让人民群众能够享受到改革和发展的成果。同时，坚持大处着手，小处着眼，尽可能地排除一切不利于稳定的种种隐患，努力营造安定祥和的社会氛围。

二、优化队伍，突出提高抓团结带班子的能力

凝聚产生力量，团结诞生兴旺。要保持共产党员先进性，充分发挥基层党组织的战斗堡垒作用至关重要。班子团结百事顺，班子团结万事兴，班子团结是各项事业发展的重要保证。为此，要抓住开展保持共产党员先进性教育活动这个契机，面对新的形势、新的任务，把高度重视领导班子的团结和加强领导班子干部队伍建设摆上基层党组织的重要议事日程常抓不懈。一要班长抓班子。班长就是一面旗帜，班长必须切实抓好班子建设，要用团结协作来凝聚力量，用团队精神来赢得民心。同时，要坚持民主集中制的原则，不断强化各基层领导班子的团结和统一，要充分调动党员干部一班人的积极性。二要班子带队伍。按照“政治上靠得住、发展上有本事、作风上过得硬、人民群众信得过”的总体要求，努力锻造出一大批维护团结、共同致富的领航型干部；锐意进取、勇于创新的开拓型干部；公道正派、廉洁从政的奉献型干部；精通技术、执政兴业的科技型干部；掌握信息、熟悉市场的服务型干部。三要队伍促发展。通过抓团结、抓班子、抓队伍，进一步增强基层党组织的战斗力。使人人既志存高远，又脚踏实地，既善于服从服务，又敢于创新创造，最终有效地促进经济发展。

三、深化意识，突出提高用权力强责任的能力

党员干部的权力都是人民给的，应该是来自人民，属于人民。因此，在开展保持共产党员先进性教育活动中，必须让广大基层党员干部，特别是基层党员领导干部人人都能够自觉地做到“三化”。一是要淡化官本位意识。牢固树立正确的权力观，深刻领会为谁执政，为谁掌权，为谁服务？怎样才能用好手中的权力？只有这样，才能为人民掌好权，用好权。二是要深化用权就是责任的意识。其实，权力说到底就是一种责任。不管官职高低，权利大小，切实肩负起组织的重托，为官一任，造福一方，促进事业发展是我们的共同责任，可以说，党员干部的责任重于泰山。作为每一个党员领导干部都要本着对组织负责、对人民负责、对单位负责、对工作负责的原则，不折不扣地履行自己的职责，做一名合格称职的领导干部。三是要强化执政为民的意识。结合保持共产党员先进性教育活动，经常扪心自问，自己所处位置的责任是什么？在位应该干什么？离任后将来能够留下什么？只有这样做，才能以此来激励自己不断进取，奋发有为。

四、狠抓落实，突出提高重务实求实效的能力

立党为公，执政为民，一定要在务求实效上下功夫。一要在发展实践上求实效。当前，要重点围绕“着力提高党员整体素质、切实强化基层组织建设、全心全意为人民群众服务”为目标，把着力点和落脚点放在超常发展的实践上来，努力做到把搞好先进性教育活动与推动当前各项工作有机结合起来，要上下形成一股绳，心往一处想，劲往一处使，汗往一处流。二要在狠抓落实上求实效。在具体实际工作中，要大力弘扬求真务实的作风，形成狠抓落实的风气，树立大胆开拓创新的勇气、不断自我加压的豪气、求真务实的士气，紧扣中心工作，以旺盛的精力、昂扬的斗志、创新的举措、超常的速度、务实的作风、求实的方法、坚实的步伐，卓有成效的抓好每一项工作，努力做到摸实情、重实际、出实招、办实事、求实效。三要在虚实结合上求实效。要雷厉风行，能现在办的事情就立即去办，能今天完成的事情就决不能推到明天，务求抓出实实在在的成效。同时，还要学会既要善于抓宏观，更要善于从实事抓起，从难事抓起，从具体事情抓起，从自己做起，从现在做起，扎扎实实的抓好落实。

五、廉洁自律，突出提高严监督促廉政的能力

在大力发展社会主义市场经济的条件下，党员干部面临着许多诱惑，怎样才能保持廉洁自律、秉公办事？如何廉洁从政，自觉接受监督？是摆在我们广大基层党员干部面前的一项重要课题。因此，一要政治坚定。要牢固抓住树立正确的世界观、人生观和价值观这个根本，切实把握权力观、地位观和利益观这个关键，上对组织负责，下对人民负责，保持清醒头脑，经得起各种考验。二要率先垂范。从自身做起，从我抓起，认真贯彻执行党内《两个条例》的规定，严格落实党风廉政建设责任制，自觉接受监督，始终永葆共产党人的蓬勃朝气、昂扬锐气和浩然正气。三要廉洁从政。人人都要以党和人民的事业为己任，牢记党的教导，关口前移，坚守防线，不断提高拒腐防变能力，争当勤政、廉政、优政“三政”标兵，从而树立自尊自重、廉洁自律的良好形象。确保党风廉政建设能够为青口经济快速发展提供坚实支撑和有力保障，进而有效地促进全镇三个文明建设持续、快速、健康、协调发展。

关于建立健全防止农民负担反弹新机制的思考

陕西省农民负担监督管理办公室
李德强　雷小军

2005 年 7 月，全国已经有 28 个省（区、市）宣布已经免征或者决定免征农业税，河北、山东、云南 3 省已按政策要求降低了农业税税率，并免征了国家级贫困县农民的农业税。这样，在 2004 年全国减轻农业税负担 220 亿元、减轻除烟叶外的农业特产税 60 亿元（农民税费人均减少 30 元），减幅 44. 3%的基础上，2005 年农业税由 2004 年的 232 亿元减少到 15 亿元左右，减幅达 93%。免征农业税，是广大农民群众的福音，是广大农村继土地改革、家庭承包责任制之后的又一项重大改革，是减轻农民负担，进一步保护和解放农村生产力，密切党群干群关系的重大举措。免征农业税，充分体现了党中央、国务院对广大农民的关怀和爱护，也是广大群众早就盼望的一件大好事。然而，随着农村实现农民农业税收零负担后，农民负担监督管理新的内容和职责是什么？减轻农民负担长效机制如何建立？从源头和体制上减轻农民负担的治本措施是什么？等等，已成为社会普遍关注的一个问题。因此，从理论和实践的角度，探索取消农业税后如何建立农民负担监督管理工作的新机制，有利于更好地加强农民负担监督管理工作，有利于巩固农村税改减负的成果。我们对这些问题于2005年7月—8月进行了调查与初步探讨。

一、农民负担监督管理工作当前面临的难点

从2002年陕西省开始的农村税费改革实施效果看，农村税费改革刚刚迈出了两步，陕西农民人均负担由农村税费改革前的109元下降到4元多，下降了96.33%：一是农民负担明显减轻。陕西省从2004年开始迈出农村税费改革“两取消（取消农业特产税、取消农业税）”后，全省农民又减轻农业“两税”负担130091万元，人均减负57元多。基本实现了“减轻、规范、稳定”的目标，实现了农民农业税收零负担，受到了广大农民群众的欢迎。二是为农村由传统税制向现代税制的过渡奠定了基础。从开始实行的“治乱减负”到形成比较规范的农业税、农业特产税及其附加，再到逐步减免以至最终取消农业税，终结了由传统农业社会遗留下来的赋税制度，消除了在现代社会中不应由农民承担不合理赋税的制度缺陷，为在全社会逐步形成公正、公平的现代税收制度打下了良好的基础。三是为全面深化农村改革提供了契机。税费改革带动了乡镇机构和人员精简、基层政府职能的转变、农村教育布局的优化等多方面改革，促进了财政支出结构调整；带动了村民自治和农村集体经济组织和农村社区的规范化管理，促进了农村基层民主政治建设。这些都为下一步转入以乡镇机构、农村义务教育和县乡财政体制改革等为主要内容的农村综合改革创造了条件。四是农村干群关系出现了积极变化。税费改革不仅把基层干部从过去繁重的催粮收款任务中解脱了出来，规范了干部的行政行为，而且从制度上促进了基层党风廉政建设，减少了基层干部与群众的摩擦，维护了农村社会稳定。在看到农村税费改革取得显著成绩的同时，也应看到在目前农村税费改革中配套改革不到位的情况下，农民负担监督管理工作面临着诸多难点，主要表现在以下几个方面：

（一）农业税取消后，农民负担监督管理行政规范多，法律法规少，执法难度大，增加了监督管理工作的难度。

为了减轻农民负担，保护农民的合法权益，明确农民应尽的义务，调动农民的生产积极性，促进农村经济持续稳定协调发展，国务院于1991年12月7日发布了《农民承担费用和劳务管理条例》。《条例》明确了农民承担费用和劳务是指农民除缴纳税金，完成国家农产品定购任务外，依照法律、法规所承担的村提留费、乡统筹费、劳务以及其他费用。这个规定使农民负担这一特定概念具体化。同时把党和国家关于减轻农民负担的一系列政策规定和成功经验，用法规形式确定下来，是稳定和完善农村基本政策，保护农民合法权益的有力武器。

2002年，陕西等诸多省份积极稳妥推进农村税费改革试点。随着“三个取消（取消按人均纯收入的一定比例征收的乡统筹费；取消农村教育集资等专门面向农民征收的行政事业性收费和政府性基金、集资；取消屠宰税）、一个逐步取消（逐步取消统一规定的劳动积累工和农村义务工）、一项改革（改革村提留征收使用办法）”等政策的落实，农民只承担农业税、农业特产税和“两税”附加和村内“一事一议”筹资筹劳，使《农民承担费用和劳务管理条例》确定的农民负担这一特定概念无法包涵，而加重农民负担的行为也假借“税收”的名义来实施，使农民负担监督管理缺少法律法规的支持，执法难度加大，增加了监督管理的难度。

2005年，全国大部分省（市、自治区）宣布已经免征或者决定免征农业税（2004年全国已取消了除烟叶外的农业特产税），这样，增加农民负担的行为与村内“一事一议”筹资、行政事业性收费及乱收费相互交织在一起，错综复杂。由于没有法律法规进行约束，只靠行政性规范文件进行制约，使纠正加重农民负担的行为难上加难。

（二）体制运行惯性大，配套改革复杂性强，若配套改革难到位，就会导致农村税费改革减轻农民负担取得成效易、巩固成果难的现象出现。

农村税费改革的过程，实际上是与此相关的不同利益主体之间进行利益调整和再分配的过程。在税费改革中，影响较大的利益主体主要有4类：农民、乡村组织、涉农收费部门和党政主要领导层。①从农村税费改革的实践来看，税费改革减轻农民负担取得的成效，与党政主要领导层超常强化的组织领导是息息相关的。如在陕西农村税费改革中，成立了高规格的全省农村税费改革领导小组，由省长任组长，副省长任副组长；并从有关部门抽调得力人员，组成了省农村税费改革领导小组办公室。仿照省上的模式，各市、县（区）和乡镇也成立了强有力的机构。这种超常强化的组织领导，对于陕西农村税费改革很快取得良好的效果，发挥了重要作用。但是，随着时间的推移，如果这种超常强化的组织领导回归常态，乡村组织的“积极参与”和涉农收费部门的“积极配合”会不会大打折扣？而没有了乡村组织的“积极参与”和涉农收费部门的“积极配合”，减轻了的农民负担会不会出现反弹？②随着税费改革的推进，乡村组织等不同的利益主体运用自身资源，肢解、异化税费改革的进程，也将呈现加快态势。农民的税外负担能否真正控制得住？取消了的行政事业性收费和政府性基金、集资会不会卷土重来？乡村可用财力捉襟见肘的窘境，会不会促进乡村组织大胆“创新”，导致农民负担新的反弹？③配套改革的复杂性，为农村取消农业税改后减轻农民负担成果的巩固增加了新的难度。农村税费改革的成效有多大，改革能不能持续深入地进行下去，会不会跳出“黄宗羲定律”的怪圈？在很大程度上取决于相关配套改革（乡镇机构、农村义务教育和县乡财政体制改革等）。实际上，农村税费改革的任何一个方面，都是一个艰巨复杂的系统工程，远非朝夕之功所能完成的。从农村税费改革实施效果来看，由于税改特别是取消农业税后，乡村可用财力明显减少，由此引发两个问题：一是村干部的工作积极性明显下降，甚至出现不愿配合农村工作的现象；二是村级不良债务、机动地等问题，影响到农村工作任务的落实，形成新的农村不稳定因素。实际上，两个问题中的任何一个问题，都与配套改革的复杂性密切相关，也都可能导致税费改革减负成果巩固难。

2005年7月6日《农民日报》的一篇文章较能反映陕西县乡村财政危机的现状：陕西省清涧县2003年获得农村税费改革转移支付资金1744万元，但下达给乡镇只有1081万元。为了应付上级的检查，县财政局按1744万元的分配方案临时炮制了“红头文件”，检查组走到哪个乡镇，就提前给哪个乡镇发一份。有些乡镇干部看到文件后很吃惊，便悄悄复印一份，并以此向检查组反映了清涧县制作假文件、截留挪用转移支付资金问题。

清涧县位于陕西省北部地区，是国家重点扶持的贫困县，全县每年发工资就需9000多万元，但财政收入只有1000万元左右（为未免征农业税前的数据）。这8000多万元的缺口如何填补？天上不掉，地上不生，惟有转移支付，而转移支付说得贴切一点，就是向上级要钱吃饭。这正是经济欠发达地区县级财政的一个标本，即叫做“要饭财政”。特别是农业税取消后，以前靠农民养活的县、乡两级政府，其“要饭财政”的特征愈显突出（据初步计算，清涧县需要每18.5个农民就要供养一个吃财政饭的干部或其他人员）。“食之者众，生之者寡”，这是清涧县财政的一个生动写照，也是贫困地区县乡财政的一个缩影。像这样的“官民比”，如不降低官民比例，不进行配套改革，财政支出永远难以降下来，税费改革减轻农民负担的成果就难以巩固。

（三）乡村负债积重难返，乡村运转难度加大，增加了农村经济发展工作的难度。

首先，乡村负债积重难返，增加了农村改革的难度。1999年陕西省对乡村两级债务进行了全面清理，全省乡村两级债务41.3亿元，债权23.5亿元。2002年，陕西再次对乡村两级债务进行了全面清查。全省乡村两级债务77.6亿元（其中村级债务37.6亿元），增长72.2%；债权29.9亿元（其中村级债权10.2亿元），增长25.5%。2005年陕西省又对村级债务进行了清理，村级债务43.2亿元，比2002年增长14.9%；债权16.6亿元，比2002年增长62.7%。乡村两级债务已成为乡村干部的精神包袱，牵扯了他们很大一部分精力，影响其从事乡村公益事业、促进乡村经济发展的积极性。其次，取消农业税及附加导致乡村可用财力进一步减少，导致农村公益事业、干部补贴难以为继。再次，乡村可用财力的减少，乡村运转困难的增加，影响农村工作的顺利进行。进行农村税费改革，减轻农民负担，是党和政府的一贯政策，也是广大农民的强烈要求。但是，农村税费改革政策，最终都需要乡村组织和乡村干部去落实。因此，乡村组织的正常运转，乡村干部的积极工作，是保证农村工作顺利推进的基础。而乡村可用财力的减少，乡村组织运转困难的增大，会导致这一基础发生动摇，会从需求上拉动农民负担的增长，抵消农村税费改革的成果。

二、建立农民负担监督管理新机制的设想

面对免征农业税后农村出现的新问题，既不能简单回避，也不能消极对待，必须从改革、发展、稳定的大局出发，在坚定不移执行农村税费改革制度的前提下，从体制上入手，从机制上创新，认真抓好各项配套改革措施的落实。为了适应农村税费改革的新形势，继续加强农民负担监督管理工作，我们提出了如下设想：

（一）明确农民负担监督管理的内容和职责，建立健全减轻农民负担的长效机制。

实行农村税费改革，是党中央、国务院为减轻农民负担、治理农村“三乱”、规范农村税费制度所采取的一项重大举措，而继续加强农民负担监督管理是确保税改后农民负担不反弹的重要手段。所以，农村税费改革后，农民负担监督管理的内容和职责应调整为：（1）管理本行政区域内农村公益事业 “一事一议”等村集体资金和劳务的提取、使用和公开情况；（2）监督审核省级有关部门出台的涉及农民负担文件；（3）与物价、财政等部门负责清理行政事业性收费以及监督农村水电服务等生产经营性收费；（4）受理并查处有关涉及加重农民负担的举报；（5）对因农民负担问题引发的恶性案件、严重群体性事件或造成重大影响的其他案（事）件的县（区）、乡（镇）的党政主要负责人和有关部门的领导人以及其他直接责任人进行责任追究。

（二）抓好农村税费改革的配套改革，从源头上建立防止农民负担反弹的机制。

农民负担重的根本原因是县乡机构庞大，人员过多，经费开支大。“食之者众，生之者寡”，这是县乡财政的一个生动写照，也是贫困地区县乡财政的一个缩影。因此，陕西省从 2002 年开始的农村税费改革中开始了以乡镇机构改革为主要内容的配套改革：全省乡镇数已由税改前的 2016 个减少到 1614 个，精减 20%；乡镇党政机关内设机构共减少 5395 个，精减 28.35%；乡镇财政供养人员减少 7059 人，精减 2.45%；撤并行政村 2151 个，村民小组 7021 个，减少村干部 26589 人，分别比原来减少 13%以上。农村教育布局进一步调整。全省撤并农村中小学 4027 所，清理辞退代课和民办教师 22255 人。

然而，由于乡镇人员分流渠道少，保障政策不到位，造成人员分流不到位，“减编不减人、减人不减支”的现象在一定时期内仍难消除。与此同时，近几年陕西还推行了村级综合改革。调整了村级规模，鼓励强村兼并弱村小村。积极推进村“两委”交叉任职等，然而，就全省而言，村级规模调整还没有全面推开，村庄小、干部多的问题还比较普遍，村级支出压力较大。

为了从根本上解决建立防止农民负担反弹的机制，陕西省委、省政府近日发出了《关于开展乡镇机构改革试点工作的意见》：一是积极稳妥推进乡镇机构改革试点。在安康全市（位于陕西南部山区）和岐山县（位于陕西关中平原）、洛川县（位于陕西北部丘陵沟壑区）开展以农村税费改革为主要内容的乡镇机构改革试点；明年总结试点经验，逐步推开全省乡镇机构改革。要求在乡镇机构改革中切实抓好政府转变职能、严格乡镇行政编制（A、乡镇机关行政编制，按照人口、面积、财政收入三个因素，将乡镇分为一、二、三类，按一类乡镇不超过 30 名，二类乡镇不超过 26 名，三类乡镇不超过 23 名核定行政编制总额。B、乡镇编制内一般设综合性的党政办公室、经济发展办公室、社会管理办公室，各办公室主任由乡镇领导兼任）、事业单位整合与改革（A、县乡农业服务机构总编制按辖区人口的万分之二确定。B、乡镇农经站、劳动保障事务所合并，组建社会事务服务所，承担农民负担监督管理、农民土地承包合同、集体资产管理、劳务输出、社会保障资金和社会救济金发放等，编制 3～5 名）、妥善安置分流人员（①考试选拔上岗；②提前离岗；③自主创业；④退休；⑤下派到村组任职；⑥辞职：⑦严格清退临时人员）以及有步骤地推进村级撤并等工作。二是改革农村义务教育管理体制，建立各级政府责任明确、财政分级投入、经费稳定增长、管理以县为主的体制。完善经费保障机制和管理办法，保证农村义务教育投入。强化县级政府对农村义务教育的统筹管理等。三是推进县乡财政体制改革，完善省以下财政体制，提高县乡财政自我保障能力。进一步规范财政转移支付制度，研究解决县乡财政困难的对策。完善县乡财政管理体制，积极开展“乡财乡用县监管”试点，实行“预算共编、帐户统设、资金统调、集中收付”的管理方式。四是坚决制止乡村发生新债务，逐步化解旧债务，为农村经济发展和社会稳定营造良好环境。

（三）清理和规范涉农收费，建立防止农民负担反弹的制约机制。

农村税费改革后，涉农收费标准高、项目多、征收乱、随意性大，成为农民反映的突出问题。因此，我省针对涉农收费项目进行了清理和规范。

2003年，国务院办公厅转发农业部等部门关于2003年减轻农民负担工作意见的通知下发后，省政府办公厅于6月25日发出了《关于清理涉及农民负担收费项目的紧急通知》，要求涉及农民负担的行政事业性收费、政府性基金和经营服务性收费项目的省级部门，对收费项目及标准进行自查，逐项登记。7月10日开始，由省政府法制办、财政厅、农业厅、物价局按照国务院办公厅文件“四个一律取消”的规定，对14个省级部门申报的67项涉农收费项目和标准逐项审核。10月20日，省政府召开2003年第21次政府常务会议，审定了省法制办、农业厅、财政厅、物价局《关于清理涉及农民负担的收费项目工作的意见》，①同意保留31项合法有效收费项目；②同意取消“护林防火费”；③同意取消“农机化发展专项资金”；④同意取消向非营运车辆征收的客货运附加费；⑤同意对“铁道无人看守道口安全管理费”征收范围进行调整，取消向农用车辆征收无人看守道口安全管理费。同时，省政府发出了《关于进一步做好减轻农民负担工作的意见》，要求各市、县（区）政府严格按照国务院办公厅文件精神，对所有涉及农民负担的行政事业性收费、政府性基金和经营服务性收费的项目名称、收费标准、对象范围、文件依据等必须做到“四个一律取消”，即：“没有法律、法规依据或未经中央和省两级人民政府及其财政、价格主管部门会同农民负担监督管理部门批准的涉及农民负担的行政事业性收费项目一律取消；没有法律、法规依据或未经国务院及其财政部门会同农民负担监督管理部门批准的涉及农民负担的政府性基金项目一律取消；除国家法律、法规之外，1997年以来出台的专门面向农民的行政事业性收费项目和政府性基金一律取消；农村的各种集资、摊派以及要求农民出钱出物出工的达标升级项目一律取消”的规定进行严格审核和清理。几年来，各市、县（区）共清理涉农收费项目1187项，取消了437项，减轻农民负担2916万元。

在规范涉农收费的同时，我们对村级“一事一议”进行了规范和完善。一是简化程序，改过去村民大会通过为户主会议通过，提高了可操作性，二是明确规定上限控制：农村“一事一议”每人每年不得超过15元。三是由省农民负担监督管理办公室统一将涉农收费项目、标准及“一事一议”筹资规定印制在《陕西省农民负担监督卡》上，并发放到全省农民手中，便于农民群众监督。这些办法较好地堵塞了农民负担反弹的漏洞，制约了农民负担反弹。

（四）加大对农业的支持力度，逐步建立起防止农民负担反弹的保障机制。

加大对“三农”的支持力度，保障农村经济社会事业发展所必须的投入，才能逐步建立防止农民负担反弹的保障机制。

2005年陕西省在加大对农业支持方面已经有了很好的探索：一是完善政策保障机制。就是把中央的各项支农、惠农政策坚持住，落实好，把政策的实惠落实到广大农民。主要内容集中表现在“四不减四增加”：坚持粮食直补的1.45亿元不减；对小麦良种统繁统供补贴的3600万元不减；地膜玉米补贴的3500万元不减；对农机具购置补贴的1000万元不减。从今年起，增加全省范围内免征农业税政策，直接减轻农民负担8.42亿元；增加良种奶牛繁育补贴政策；在中央财政对陕西省16个产粮大县进行奖励的同时，陕西省财政增加700万元对7个未纳入中央财政奖励的产粮大县进行奖励；增加3200万元对小型农田水利建设材料费补助政策。二是完善市场拉动机制。继续完善农产品市场体系，加强信息服务；搞好农产品市场的调控，稳定粮价，稳定市场。同时，不断探索发展外向型农业，开拓农产品国际市场。三是强化产业支撑体系。农民要增收，关键还是要靠发展，靠产业支撑。优质粮食生产、畜牧业生产、果品出口创汇等等，都是陕西农民增收的支柱产业，一定要集中精力，发挥优势，做大做强。四是完善劳动力转移就业机制。农民外出务工收入，是近年来陕西农民增收的重要支柱。陕西从西部大开发战略中寻找农民增收的机遇，发展新的产业，广开农民就业门路，拓宽增收渠道。五是完善城乡统筹机制。城乡统筹是解决“三农”问题的根本方略，因此，促进农民增收，既要从“三农”本身考虑问题、寻找出路，更要跳出“三农”，从经济社会发展全局思考问题、研究对策；既要大力挖掘农业和农村内部增收潜力，又要在农业和农村外部寻求增收途径。

（五）充分认识化解乡村两级债务的重要性和紧迫性，积极化解乡村两级债务问题，建立防止发生新债务的防范机制。

乡村两级债务是当前农村经济发展中的一个突出问题。它是我国农村经济转型时期的产物，既有经济发展方面的原因，也有体制方面的原因。农村债务已成为农村特别是贫困地区农村一个巨大的毒瘤，如不尽快切除，必将对整个农村经济社会的长远发展造成极度为不利的影响。陕西省近日出台五条严厉措施，坚决建立防范乡、村发生新债务，防止农民负担反弹的防范机制：一是规范乡镇行为。确保5年内乡镇财政供养人员只减不增，且一律不得举债搞建设，一律不得为经济活动提供担保。二是完善村级财务管理。简减村组干部，压缩开支；不准党支部、村委会向金融机构借款或向企业提供担保，严禁集体用借（贷）款垫付其他开支。三是创造良好环境制止新债。县级以上各级地方政府及其有关部门安排的乡村基础设施建设和农业生产开发项目，必须足额安排必要资金，不得留有缺口。四是改革和完善乡镇基层干部考核体系。对乡镇政绩考核适当减少经济指标，同时增加社会性指标。建立健全新债责任追究制度和乡村干部离任债务审计制度。凡发生新的债务的乡镇，必须追究乡镇党政主要负责人的责任，在新债未化解之前，乡镇党政“一把手”不得提拔重用，不准异地任职。五是严肃查处违纪违法行为。建立乡村干部债务责任追究制度，对违反规定造成新债务的责任人，视情节轻重和数额大小，依照有关规定，给予党纪政纪处分，并依法追究其经济和行政责任。对以举债为名从中牟利的乡村干部，责令其将所得款项全部退回，并视情节轻重给予相应纪律处分，构成犯罪的移送司法机关处理。

建立新债责任追究制和干部离任债务审计制，在新的债务化解之前，乡镇党政主要负责人不得提拔重用，不准异地任职。这些都为乡村两级债务的清理开了好头。同时，积极拓宽偿债途径，是否应着手建立各级政府清偿债务机制，对因政府行为或体制问题而引发的乡村债务可由各级政府承担；对属商业银行的贷款可采用挂帐停息的办法，待村集体经济好转后逐年还清；对村民、村集体和银行之间形成的三角债务，由各级政府部门协同村集体、信用联社和有尾欠的农户，把农民欠村集体的部分理顺为村民与信用联社的借贷关系，减轻村集体债务的压力，增强农民还款还贷的动力。

（六）加强制度建设，建立健全防止农民负担反弹的监督机制。

2004年，陕西省农业厅对全省1155户农民家庭情况的调查数据显示：以供养学生为主的教育支出占总收入的25.91%，成为了农民家庭的最大负担。2005年2月至5月，国家发改委第六次在全国范围内开展了涉农收费的专项检查，共查处乱收费案件1.3万件。结果表明：农村中小学乱收费金额约占涉农乱收费总额的一半，农村中小学乱收费成为加重农民负担的主要因素。突出表现在义务教育阶段“一费制”收费政策在一些地方落实不到位，一些学校违反规定，超标准向学生收取学杂费，或在“一费制”之外，采取“捆绑”收费或强制、变相强制等方式向学生收取服务性费用，或向学生强制订购书刊杂志。检查结果还显示：虽然国家近年来加大了对农民建房的治理力度，明确规定农民建房只能收取《土地证书》工本费和《房屋所有权登记证书》工本费，但一些地方政府和部门受利益驱动，仍然想方设法向农民乱收费。有的地方以村委会名义向农民收取“基建改建费”；一些地方违反规定向建房农民收取“土地管理费”、“耕地开垦费”、“建房抵押金”、“农民建房管理费”、“城市基础设施配套费”、“规划保证金”、“挖占费”等。因此，为了切实防止农民负担反弹，我省重点推进农民负担监督管理制度化、规范化建设，以建立健全防止农民负担反弹的防范机制。

一是坚持对村级“一事一议”筹资筹劳的监督管理制度。加强对村级兴办集体公益事业所需资金“一事一议”筹资筹劳的监督管理，有效防止将“一事一议”筹资筹劳变成固定性让农民出钱、出工的项目。进行“一事一议”筹资筹劳必须坚持民主程序，严格审批手续，决不能“无事乱议”，也不能“有事不议”。具体实施时，应先由村民委员会提出预算，经村民会议或村民代表会议讨论通过后，编制筹资筹劳方案，经乡镇农村经营管理站审核后，报乡镇政府批准后实施。经批准的“一事一议”筹资筹劳项目，由乡镇经管站组织填入农民负担监督卡，并由村民委员会分发到户。农民凭卡履行村内集体公益事业筹资筹劳任务，除监督卡以外的任何形式筹资、筹劳，农民都有权拒绝。今后，无论哪级政府和部门安排的基本建设投资，都要坚持量力而行的原则，不留资金缺口。除遇到特大防洪、抢险、抗旱等紧急任务，经县政府批准，可临时动用农村劳动力外，任何地方和部门都不得无偿使用农村劳动力。

二是建立健全对农民负担情况进行监测制度。2004 年，省农业厅在直属单位干部职工中开展了历时一年的“千名干部联系千户农民”调查活动，对 2004 年我省农民家庭收入与支出等情况进行了较为广泛的调研，掌握了大量宝贵的第一手资料。2005 年，我省将此调研活动扩展到全省农业系统各级干部职工开展“万名干部联系万名农民”调查活动。同时，为了及时了解、纠正和制止向农民乱收费、乱罚款，促进农民负担监督管理工作法制化、规范化，2004 年起，陕西省农业厅在 21 县（区）选取了有代表性的 1050 户农户作为省级农民负担动态监测点，常年对农民家庭经营收入状况和农民负担情况进行调查和监测。这些都为正确分析农村经济与社会发展形势，研究制定减轻农民负担方针政策提供了重要依据。

三是严格执行减轻农民负担的“四项制度”。其一，采取有力措施，推行涉农收费公示制。着力从源头建立减负监督长效机制，在乡镇、行政村设立了公示牌（栏），将涉及农民负担的收费项目、收费标准、批准机关、收费依据、举报电话及受理单位等公诸于众，保护了农民的合法权益。其二，全省义务教育阶段中小学全部实行收费“一费制”。从 2005 年秋季开始，全省义务教育阶段初中、小学，全部严格按“城市初中生每学期不得超过 150 元、农村初中生每学期不得超过 120 元（贫困县农村初中生每学期不得超过 108 元）；城市小学生每学期不得超过 120 元、农村小学生每学期不得超过 95 元（贫困县农村学生每学期不得超过 85 元）”的标准进行收费。其三，制定了农村基层单位订阅报刊“限额制”。要求各单位严格按照①国、省定贫困县乡镇机关每年不得超过 2000 元；其他县的乡镇机关每年不得超过 2500 元。②乡镇的站、所、部等编制 10 人以下的单位每年不得超过 300 元；编制 10 人以上的每年不得超过 500 元。③国、省定贫困县的行政村每年不得超过 300 元；其它县（区、市）的大村每年不得超过 800 元，小村每年不得超过 500 元。④农村中心小学每年不得超过 300 元；贫困县 1500 名学生以上的中学每年不得超过 600 元，1500 名学生以下的中学每年不得超过 300 元；其它地方中学每年不得超过 800 元的“限额制”标准执行。其四，实行对涉及农民负担案（事）件责任追究制。凡发生涉及农民负担的恶性案件和群体性事件的地方，除对直接责任人进行处分外，还对县、乡党政一把手和主管领导进行了责任追究。

四是建立对行政事业性收费进行有效监督的制度。行政事业性收费是国家机关、事业单位、社会团体、具有行政管理职能的企业主管部门和政府委托的其他机构履行或代行政府职能，以及为特定群体提供特殊管理服务，按照非盈利原则收取的费用。它是政府非税收入的一种重要形式。所以，对行政事业性收费进行监督是比较艰难的一项工作。对其有效监督主要从三方面着手：①对现有的行政事业性收费进行清理。凡没有按照审批权限规定程序报经批准或不符合审批规定的收费，都属于乱收费。②按照省政府《关于规范管理涉及农民负担的行政事业性收费和政府性基金的通知》精神，对我省现行涉及农民负担的行政事业性收费和政府性基金项目名称、收费标准、批准文号、执收部门进行确认。③对保留的少量行政事业性收费（主要包括居民身份证工本费、结婚证书工本费、农机管理费、农村中小学杂费、矿产资源补偿费等）在新闻媒体上公布，力求形成全社会监督的作用。④省农民负担监督管理办公室 2004 年将有关涉农的行政事业性收费的项目名称、收费标准等印制在《陕西省农民负担监督卡》中，发放到全省 700 万户农民家中，以便于形成全社会监督的氛围。

五是建立对各种加重农民负担的错误做法定期与不定期检查制度。针对农业税取消后目前农村乱收费的实际情况，我们采用定期与不定期检查方法，下大力气治理农民反映集中的农村教育、计划生育、用水用电、修建道路、农民建房、农民外出务工等领域的乱收费、乱罚款和各种摊派。同时，进一步健全农民负担监测、信访举报、监督检查、案件查处等管理制度。以坚强的组织领导、饱满的工作热情、严谨的工作态度、扎实的工作作风，积极探索农村改革发展的新路子，为实现农村经济的持续快速健康发展做出应有的贡献。

全面取消农业税，农民负担依旧沉重

山东省海阳市盘石店镇　王新海

农民负担轻重问题，是衡量一个政党执政能力大小，一个国家治国方略优劣的尺度。纵观中国历史进程，哪个时期农民负担轻，则国泰民安，经济繁荣；哪个时期农民负担重，则经济萧条，国衰民反。由此可见，农民负担轻重问题，历来都是一件事关国家前途、民族兴衰的大事，切莫等闲视之。

今年年初国务院决定，在全国范围内提前全部取消农业税。这是中国九亿农民的福音，也是党和国家为减轻农民负担而采取的重大举措。全面取消农业税在一定程度上确实是减轻了一部分农民负担，但是这部分负担跟农民全部负担相比却只是冰山一角。农民生活中真正的负担主要并不集中在此，而是以下几个方面：

一、愚昧的灰色消费，是农民现实生活中一个较沉的负担

受封建迷信思想影响，农民灰色消费数额居高不下，这在丧葬方面表现尤为突出。在农村。一个农民办完一件丧事，少则三五千元，多则七八千元，大大超过了农民的承受能力。这种灰色消费像一条沉重的锁链压得农民喘不过气来。在农村，老人在世时子女对之不孝别人无动于衷，但死后丧事办得不隆重、不气派，别人就骂你是不肖子孙。因此，农民在丧葬规格上盲目攀比，搞得农民精疲力尽，生产和生活都受到较大影响。

农民到处建坟，每年都要毁坏和占有大量的山林和国土。同时农民经常到坟头烧纸引发的山林火灾也屡屡发生，给国家和集体财产造成了严重损失。

如何把农民从繁重的封建礼教中的解放出来，杜绝这些毫无意义的灰色消费，这才是减轻农民负担的迫切之需。

二、医院的高额收费是农民最大的负担

农民本来就没有医疗保障，生病后还要受到医院的高利盘剥，这对农民来讲无异于雪上加霜。农民生病之后，由于没有钱或舍不得花钱治疗，小病拖，大病抗，实在坚持不了才进院检查。一检查，一住院，轻则债台高筑，重则倾家荡产。化验，B超，心电图，脑电图，透视，CT，胃镜，总之，只要是住院，医院所有的先进仪器你就必须全部享受一遍。这一遍下来，少说也需五六百元，多者几千元。病还没治，一个开场白就够农民患者受的。治疗起来更是要命，一个青霉素皮试针就收费 18 元，打一针治疗费 6 元，挂一个吊瓶治疗费 14 元，缝一针伤口 20 元。摔折一条腿，治疗费 1 万多元。割一个阑尾五千多元。割一次胃少则八千元，多则一至两万元。总之农民住院，如果花一万元钱，其中药费仅可占两三千元，其它费用则可占到七八千元。

对药价，国家尽管设法控制，但上有政策下有对策。药价降了，但他可以给你多用药，用好药。对其他费用，特别是手术和治疗费，尽管国家也有明文规定，但医院的随意性却很大，地方物价部门对此也是熟视无睹。

九十年代以前，农民生孩子基本上都是村里的赤脚医生接生，全是免费服务，农民什么经济负担也没有，生的孩子也都很健康。但是从九十年代中期开始，地方政府下发了红头文件，要求农民生孩子，要全部到医院去，否则当地公安部门就不给你落户口。这又一次给医院提供了发财的机会。过去在村里生孩子，绝大部分都是顺产。但到医院去生孩子绝大部分却要剖腹产，只要是剖腹产，生一个孩子少则三四千元，多则五六千元。孩子出生后，防疫部门又紧步后尘，名目繁多的防疫针接踵而来，打一针少说几十元，多则上百元，并且要一直打到孩子初中毕业才肯罢休。打了防疫针的孩子，多种流行病还是照患不误。特别是感冒患得最频，并且一感冒就发烧，一发烧就要住院，一住院最少也要一两千元。

上级政府为了减轻农民在看病方面的负担，在全国各地又搞起了农村合作医疗。这个合作医疗，实际上就是各村原来的赤脚医生集中到一起，三至五个村设一个医疗站，统一由乡镇卫生院管理。每个赤脚医生每月基本工资二三百元，然后根据销药和手术费挣的多少，进行工资浮动。绝大部分赤脚医生为了多拿工资，也想尽办法多赚农民的钱，如农民患一般的感冒，本来吃几片普通感冒药就可以好，但他们也学着大医院非给患者挂吊瓶不行，并且还要给你往里加好药。另外，现在农村医疗站，设施简陋，医疗水平低下。取消农业税之后村集体经济全面崩溃，在职干部工资都发不下来，哪里还有钱投向医院疗站？更谈不上为农民报销药费了。现在的医疗站，实际上就是乡镇卫生院设在农村的一个销药点，对减轻农民看病方面的负担一点作用都没有。

现在医院收费为何居高不下？国家法规不严是一方面，但与医护人员医德医风的败落也有很大关系。受利益驱使，许多医护人员满脑子想的都是车子、房子、票子。他们不去刻苦钻研业务，一心想的只是如何多赚患者的钱。现在农民只要一提医院这个词，便会感到毛骨悚然，不寒而栗。许多农民患病后，不敢到医院治疗。特别是一些老年农民，因为他们既没有退休金、也没有养老保险金和医疗保险金，只能靠儿子每年给他们那三五百元养老费来维持生计，哪里还有钱治病。笔者曾亲眼见到过不少老年农民患重病后，因不敢到医院治疗，但又忍受不了病痛的折磨而走上了自杀之路。2003 年春节前夕，海阳市方圆街道办事处北城阳村农民王保习（72 岁）到医院就诊，被确诊为乙肝需住院治疗。老汉问住院大约需多少钱，医生讲最少也得八千到一万元，还不保证能治好。老汉一听说啥也不肯住这个院，回家后喝下半斤种衣剂，当场气绝身亡。

总之，医院对农民患者的高利盘剥，是压在农民头上的一座大山，是农民返贫致贫的重要原因。这个负担比起他们交纳几十元钱的农业税来讲，要大上千倍万倍。医院高额收费，政府却网开一面，一味放纵，使广大农民感到无比愤怒。对医院乱收费，党和政府如果再不严加整治，以法律形式来规范各级医院的收费标准，那么减轻农民负担就只能是纸上谈兵，同时也会严重伤害农民的感情，加剧农民同政府之间的矛盾。

三、农用物资大幅涨价，使农民负担急剧加重

减轻农民负担，仅靠政府行为是远远不够的，社会各界、各行各业，都应以战略的眼光来看待这个问题，都要以真诚的态度来支持农业，扶持农民。扶持了农民的今天，就等于扶持了企业的明天。可惜许多企业和部门就是看不到这一点，认识不到真正减轻农民负担对社会总体发展的重要性。他们往往为了本单位、本部门的眼前利益，不惜杀鸡取蛋，总想千方百计地把农民的腰包掏空。如：国务院刚刚执定对种粮农民的直补政策（种一亩小麦，国家补给农民 15 元），农用物资立刻就大幅涨价，农民刚刚得到的那点实惠，就又被企业和中间商几倍、十几倍地要了回去。国家在没对种粮农民实行直补之前，国产复合肥，零售价每包七十五元，直补以后每包猛涨到 120 元。磷酸二铵每包涨到 130 元。碳酸氢铵每包由 20 元涨到 32 元。每捆地膜由 45 元涨到 69 元。玉米种由每斤 2．5 元涨到 6 元。其他农用物资，包括多种农药、农用工具以及浇水、耕地、播种等服务也都大幅涨价。农用物资大幅涨价，种粮成本成倍提高。但粮食价格不升反降如小麦，直补前每斤小麦收购价 0．8 元，但直补后，每斤小麦市场收购价却落到 0．65 元。

农用物资涨价，农产品落价，导致工农产品剪刀差越拉越大。社会发展到今天，本该工业对农业进行反哺，但不但没有反哺，相反还在拼命索取，农民负担又怎能减轻？农民增收才是最大的减负，农民如果年年都能增收，农业税就是不取消，农民也很乐意接受。现在，农民收入不但不增，相反还减，农业税即使全部取消农民也不领情，甚至还要骂娘。现在的农民已经不是愚民了，他们都会算一笔经济账。

四、子女教育费超负荷支出，是农民身上又一沉重负担

农民子女教育问题，看似个人问题，实际上也是一个社会问题。当前农村人重男轻女思想依然很严重，无儿户都想再生一个儿子。难道农民生儿子，就是单纯的为了传宗接代吗？不，这完全是严酷的现实所致。所有的工薪阶层，老了之后都有退休金，但唯独农民没有，他们只能靠儿子来养活自己。在农村农民没有儿子心里就没了底。

善良的农民兄弟只考虑生儿养老，却没有认真思考他所生的这个儿子，从一出生一直到儿子娶妻生子，要给他这家庭带来多么沉重的负担，要给他的人生带来多少折磨。

农村条件尽管较差，在子女身上的投入相对较少，但这个投入农民仍然承受不了。现在农村小孩，5岁前这段抚养费用先不算，5岁以后就要开始上“育红班了”了。如果在村里上，每个孩子每年要向育红班交1千多元的学费。如果到乡镇上就要交两千多元。如果到县城上就要交四千多元。一个小学生一年的费用一般约需两三千元。一个初中生一年费用约三四千元，一个高中生一年约五六千元。一个大学生一年约1～1．5万元。

在教育问题下，国家尽管三令五申，不许乱收费，但有些学校却置若罔闻，我行我素，仍然挖空心思在学生身上做文章。如我市现有三处重点高中，海阳一中、二中、四中，因为家长们望子成龙心切，都想让自己的孩子到重点高中念书。重点高中便抓住人们的心理，把入学分数线拼命向上提。2005年海阳一中入学分数线788分，四中749分，二中739分。一中每年收8～10个班，每班80人左右，如果按照分数线收，连一半学生也收不够，剩下的他们便采取收费的办法招收，凡是低入分数线10分的想进一中读书，须交3000元；低20分的须交6000元；30分的须交9000元。其他学校也采取同样的办法招收。有些孩子上不了重点高中，就只好到私立学校就读，到私立学校读书价格更贵，每个学生每年必须向学校交五至六千元培养费，一千六百元的学费，一千多元的公寓费、书本费、生活费，每年总费用一万多元。

教育实行一卡制收费后，有些学校不敢明目胆地向学生要钱，就变相赚学生的钱。如有的学校强迫学生统一购买校服，统一入多种保险，学校从中牟利。有的学校在学生课本和作业本价格上做文章，有的在学生课外读物上动手脚，但更多的学校还是在学生食堂上动了脑筋。他们以对学生进行封闭式管理为由，严禁学生到校外买饭吃，更不允许食品商贩到校内卖饭，硬性规定，在校学生必须在校内食堂就餐。学校食堂因为是内部食堂，物价、工商、税务等部门基本都不管，饭菜质量好坏，价格高低，完全是食堂自己说了算。一所普通高中，一个男生每月生活费最少200元，多则250元以上。女生每月至少150～200元。学生花钱不少，但饭菜质量却很差。200元的生活费，实际上连100元钱的东西也吃不到肚子里去。学生食堂的利润率高过饭店几倍，几千个学生的食堂一年下来要挣多少钱？不得而知。这些食堂的承包人，都是校头头或教育局头头的直系亲属，其中的猫腻不言而喻。学生食堂对学生生活费的无限制地克扣、剥削，不仅严重损害了学生的身体健康，而且也加重了农民家长们的负担。对此有关部门应该严加管理。

五、为子女买房、建房、结婚把农民负担推向了高峰

现在农村没有考上大学的孩子，绝大部分都不想务农，都想到城里去打工，并且有的已经在城里买了楼房。农民的儿子在城里买楼，十几万，几十万的购楼款，少不了都要向他们农村的爸爸妈妈“求援”。一个农民在农村一辈子也挣不几个钱，但为了满足儿子的需要，就只能四处去讨、去借，到头来不仅背上了沉重的经济负担，而且也背上了沉重的人情负担。这些负担压得他们心力交瘁，哪里还有幸福而言，哪里还有健康而言，哪里还有精力和财力再去发展什么致富项目。

农民的儿子在城里买楼结婚要把他们的父母折腾得死去活来，而在农村建房娶妻，同样也要把他们的父母剥去几层皮。一个农民一生苦挣苦扒地攒几个钱，就是为了给儿子盖房娶媳妇。现在农村建四间房，最少也需4～5万元，谁家的房子如果建得不气派，装修得不豪华不时尚，谁家的儿子就找不到媳妇。迫于无奈，经济条件好的建好房，经济条件差的举债也要把房子建好，否则儿子就得打光棍。在农村，不仅建房的费用越来越多，儿子相中对象以后，彩礼的含金量越来越高。九十年代农民娶媳妇时订亲钱是6600～8800元，现在是1．2～1．6万。除了彩礼的含金量提高之外，农村人结婚也盲目地跟城里人学，不管穷户富户，都要化大价钱雇出租车，摄影的、录相的也一应俱全，还要大摆宴席，少者十几桌，多者几十桌。并且饭菜烟酒质量也大大提高。总之在农村凡是办过喜事的人家，都要背上几万元的债务。

这种在红白喜事上大操大办、铺张浪费的陈规陋习，把农民负担推向了高峰。如果用农业税负担跟这个负担相比，那真是九牛一毛。

六、形式主义给农民造成的直接负担和间接负担也很沉重

前些年，各级政府在农业方面的决策失误瞎指挥、一刀切，不从农村实际出发，不按市场规律办事，一味追求轰动效应，大搞形象工程、政绩工程，给广大农民带来的直接负担和间接负担也越来越突出。

现在农村已经进入了市场经济时期，但各级政府在指导农村工作时，还在沿袭计划经济时期那一套。一切都靠行政命令，其结果是适得其反。这不仅影响了农村的经济发展，也贻误了农民的致富良机，还让农民背上了不必要的经济负担。如某市从九十年代初就以产业结构调整为由，大搞山区开发。说是山区开发，实际上哪有那么多山可供开发的，大部分都是在粮田里瞎折腾？1991年年底某镇搞了一个六千多亩的山区开发现场。要求全镇40多个村全部出钱出工到现场挖沟。40多个村的男女劳力在现场干了半个多月。连吃饭、放炮误工补贴、交通运输，40多个村每村平均耗资一万多元。由于场面宏大、市里组织全市三级干部到现场参观学习。这个镇的党委书记也被表彰为开拓型党委书记。结果六千多亩的山区开发面积却一颗树没栽，害得有关村的农民整天到山里平沟、捡石头、最后连春播都给耽误了。一个耗资四五十万元的山区开发现场，最后竞都没栽上，这不是劳民伤财又是什么？

此例一开，各地山区开发一发而不可收，现在仍然还在搞。多年来光开发不栽树引起了当地群众的强烈不满。为了对群众有个交待市里又重新做出决定，各乡镇每年秋天的山区开发面积，由秋后验收改为春天验收，即栽上树算数。但是由于各乡镇都在开发，面积大得惊人，苗木问题根本解决不了。为了达标，各乡镇就只能胡乱购苗，没有优质菌木就买劣残的，没有劣残苗就购实生亩，反正市里验收时地里有苗就算数，至于栽上以后能不能活，活了以后怎么管理，挂果后往那里销，却无人问津。九十年代初许多村盲目栽了大量山楂树，但山楂结果后却无人收购。如留格镇前望海村王永宽当时自己栽了十几亩山楂，1993年一下子摘了四五万斤山楂。因为无人要，最后全部烂掉。几年的辛苦，几年投入，全部付诸东流，最后只好砍树。这种情况很多，不胜枚举。

现在，在农村各种农业合作组织和农业中介组织还不健全甚至根本没有的情况下，农民是多么希望各级党委政府，能够向他们准确及时地提供各类市场信息，为他们引进各种货真价实的农用物资和实用技术啊。又多么希望谁能够帮助他们把各种农副产品卖出去，并且卖个好价钱啊。可惜政府对此却并没有予以足够的重视。现在许多地方政府只善于抓宏观方面的工作，而不愿抓微观方面的工作，也就是讲他们不愿意做具体方面的工作，因为做宏观方面的工作能出效益，能出政绩，做具体工作搞不好要引火烧身，出力不讨好。正因为大部分人不愿做具体工作。所以农民自己想办而办不了的事却无人帮助办；农民遇到自己解决不了的困难也无人帮助解决。

七、信息闭塞，技术落后，是农民最大的潜在负担

在农村，由于信息闭塞，种植养殖方面技术落后，农民自己又搞不了市场预测，所以在许多事情上农民只好去瞎碰乱撞，看见别人种什么，自己就跟着种什么；别人养什么自己就跟着养什么，结果是一哄而上，又一哄而下。八十年代后期，海阳西部几处乡镇的农民种芋头发了财，全市农民便一哄而上全部跟着种芋头。结果一下子压跨了市场，秋后芋头无人收。后来有人种姜发了财，不少农民又盲目跟着种姜。2002年秋海阳生婆收购价每市斤3元，2003年春许多农民以每斤5元的价格购买姜种大面积种姜，一亩地需姜种400斤，仅姜种每亩地就要2000多元。2003年秋生姜价格猛跌至每斤0．2元，姜农又是血本无归。这几年生猪价格看好，许多农民又争相建猪场养猪，但由于大多数农民都没有受过正规培训，不懂规模养猪技术，结果出现了两高一低现象，即饲料消耗高。发病率死亡率高，效益低。如盘石镇井家沟村村民卢云战2004年出售肥猪近二百头。但由于管理粗放，饲料价格高，最后不但不挣钱，每头猪反而赔了50多元。又如盘石镇盘石村村民王中阳投资10多万元建起一座规模养猪场，但因为不懂动物防疫知识。盲目从沂蒙山区一次性购进仔猪100多头，结果这些猪没打防疫针，进了猪场后患了猪红附体病。不到10天时间，100头仔猪、10多头母猪、50多头肥猪全部死光。造成该猪场全军覆没。还有养鸡的、养狗的、养兔的也都出现过类似情况。如盘石镇杨格庄村农民薛文谦通过广告得知养獭兔挣钱，便租下村集体20多间房子，投资10多万元建起了规模獭兔场。由于兔场规模较大，前去参观的人络绎不绝，对入场人员没有严格把关，又没及时严格消毒，结果兔子刚刚长到四五斤重时意外感染上了瘟病，一夜之间五百只兔子全部死光。养兔户从此一蹶不振。还有养貂的、养狐狸的、养梭子蟹的、养扇贝的、养河蟹的、养牛蛙的，都有因不懂得这些动物的生活习性和饲养技术而失败赔本的。1992年的时候，海阳沿海农民见养扇贝发财，一哄而上合伙养扇贝，结果由于海水污染，扇贝全部死光。现在不少人又养起了高档鱼“大梭鲆”和“花斑爪”，结果这两种鱼的饲养难度非常高，许多人又严重赔本。特种养殖，投资大、风险高，没有专家指导，不以高规格饲养只能以失败而告终。

特种养殖如此，特种种植同样如此。前几年有人听说种牛蒡挣钱便大面积种植牛蒡。有人听说种沙参、西洋参挣钱又大面积种植沙参和西洋参，结果不是产量低，就是无人收购。1992年，海阳留格镇，留格村在没有认真考察市场、也没有和任何单位签订合同的情况下，仅听供种人员单方胡说种牛蒡如何发财，就调出200多亩好地种牛蒡，还购买了一台专门种植牛蒡的机器。当时种植规格非常高，田间管理也十分精细，后期牛蒡长势也很好，产量也很高。购种时供种人吹嘘秋后牛蒡可以出口日本。但到了收获季节，却不见日本客户，国内又没有市场，供种商也早不知去向。最后大量牛蒡只好沤粪，损失惨重。

这些年来，地方政府由于不能及时向农民提供各种准确的市场信息，农民只能靠道听途说去从事各种生产经营活动，其结果只能是四处碰壁。其代价不知要超过“三提五统”和农业税的多少倍。

八、农产品流通渠道不畅，各种商贩压级压价，增产不增收，变相加重了农民负担

现在因为县乡粮食部门和果品公司已经全部解体，各种农副产品的收购销售全靠市场运作。一些经纪人和粮油果品贩子，便钻政策和农民信息不灵、不明行情的空子，在收购农副产品时有意压级压价，从中牟取高额利润。如2003年秋，海阳的花生收购情况就是如此。海阳是全国有名的大花生出口市，全国各地商贩每年都要到海阳收购花生，但是花生价格却完全被他们操纵。到农民中间去收购的是第四道贩子，每斤花生果只给农民1．5元。几经倒手，最后一道贩子把花生卖给花生加工厂每斤1．8元。如果直接卖给外商每斤花生果的价格则可达到2．2元到2．4元。农民卖一斤花生只可以得到一半的价钱，另外一半则被各道粮贩子瓜分了。

花生价格是这样，其他农副产品的价格也是如此。2003年秋，海阳一级优质红富士收购价每斤只有0．6元，但第二年春天，苹果贩子从冷封库一出手，每市斤就可卖到1．4～1．6元，除了费用每斤苹果净赚果农0．6～0．7元。

现在，在农副产品收购方面，由于国家没有这方面的法规，对各种商贩的收购行为加以约束，他们可以随便定价，甚至合伙垄断一方市场，有意压低农产品的收购价格，来坑害农民，使农民增产不增收。广大农民每年在出售农副产品时，被各级商贩所赚去的钱是无法估量的，农民这块损失，仅靠国家取消农业税那几十元钱怎么可以弥补得了。

九、农村科技人员奇缺、农业新技术得不到及时推广，是农民的又一间接负担

现在，农村的科技信息人才和经济管理人才都非常奇缺，别说较高层次的技术人员不到农村去，就连县乡两级的农技推广人员都不到农村去。他们为什么不去？因为各级政府对此不重视，基层农技推广部门不仅没有科研和办公经费，连工资也只发给一半，基本生活都保证不了，他们那里还有心思和精力去从事自己的专业。另外，十多年来，乡镇事业单位人员一直都处在乡镇机构改革的惊恐之中。上几年由于一些经济欠发达省份的农民为乡村三提五统问题，三番五次进京上访，甚至还出现过集体在天安门前跪旗事件。被他们这么一闹腾，上下都误以为农民负担就是由乡镇干部一手造成的，所以乡镇干部便成了众矢之的，遭到了社会各界的口诛笔伐。党中央国务院也下定决心，要坚决除掉这些阻碍农民致富的拦路虎、绊脚石。其实这是对乡镇干部最大的冤枉和不公。乡镇干部在共产党的干部序列中，地位最低，待遇最低、最没有发言权，整天风里来雨里去，逆来顺受，到头来还要充当别人的替罪羊，真是可悲可叹。在乡镇机构改革一浪高过一浪的呼声中，每个乡镇干部都是惶惶不可终日，有本事的，都千方百计、不惜一切代价提拔调离，逃出了乡镇这块事非之地。剩下的只是一些老弱残兵。受此影响、农业院校的毕业生视乡镇为火坑，毕业后谁也不愿去跳。现在连高中学生都不愿报考农业院校，致使乡镇农技人员出现了严重断层，农技推广工作变得名存实亡，有许多农业新技术都得不到及时推广，使农业变得更加脆弱，使农民的科技文化素质也变得越来越低。有些农民甚至都变得不会种地了，如大量的可以用来沤制优质土杂粪的秸杆全被焚烧，大量的人粪尿、猪粪尿都被倒进河里去了。种地全部靠化肥当家，美其名曰：种卫生田。如方圆街道办北城阳村一农民王炳竹，2004 年种了 1．6 亩夏玉米，用了五包复合肥，其中三包无机肥，两包有机化肥、后来又追喂了两包碳酸氢铵。由于化肥用量太多，造成化肥中毒，使玉米前期烂根死苗、后期又旺长倒伏，致使玉米严重减产，得不偿失。还有一个农民一亩花生打了三喷雾器药水、用了一斤多菌灵、一包代森锰锌、一斤磷酸二氢钾、一瓶氧化乐果。三喷雾器水只有 75 斤，而一斤多菌灵可以兑 600 斤水、一瓶乐果可以兑 800 斤水、一斤二氢钾可以兑 400 斤水，但是由于许多农民不懂农药浓度，兑药时胡乱加药，任意提高农药倍数的现象比比皆是。这不仅造成了不必要的浪费，加大了成本，而且还很可能造成药害，并无形中提高病虫的抗药性，也加大了农药的残留和污染程度。农民每年在这方面造成的损失也很大。

2004 年夏季，海阳雨水多，导致蛴螬大面积发生，但由于农技和植保部门基本瘫痪，无人向农民发出虫情预报，许多农户没有及时防治，造成花生严重减产，有些地块甚至绝产。如方圆街道办北城阳村王保江种了三亩花生基本绝产。秋后 3 亩花生收干花生果 210 斤，亩产 70 斤，正常年景，花生亩产一般都是六百至八百斤。三亩花生一年少收入两千多斤，也就是两千多元。粮油管理如此，果园管理同样如此，现在由于许多村集体经济已经崩溃，加之上面又一再强调压缩人员，所以大部分村都没有果业技术员，农业技术员和兽医，更不用说请专家进村讲课了。因为基层组织已经丧失了为农民服务的功能，政府对农民又不管，农村管理基本属于盲区。这是一种非常危险的现象。

科学是第一生产力。在农村只有努力提高农民的科学文化素质，大力推广和普及科学知识农民致富才有希望。这些工作靠谁来做？当然要靠乡镇干部，要靠农村两委班子，但上面对这两级干部又持否定态度。如此一来，农民的希望不知在何处，农民的出路不知在何处。现在有许多农民，其实也已经认识到了科技和信息对他们致富的重要性。怎奈政府对此只是喊喊而已，并没有付诸实施，农民只能望梅止渴，他们自己虽然想学，可惜又没有这方面的环境和条件。现在一个拥有六七万人口的大镇连一个图书馆都没有，一个拥有上千户的大村连一个图书室都没有，好歹市里有一个小图书馆在街道拓宽中又被拆掉了。农民想看点科技方面的东西就只能到县城书店去买，但那里的材料又贵得吓人，农民只能望而却步。

农民负担还有很多，如拖拉机、三轮车、摩托车的办证费、审证费、养路费等。农民好不容易买一辆三轮车，办行驶证和驾使证就需七八百元，养路费每年都是七百多元，一年一审证，审一次证必须要交一百元的保险、一百多元的审证费。其他机动车辆也都如此。

关于减轻农民负担的几条对策

一、对各级医院特别是县级医院，必须加大整治力度，严格规范他们在治疗、医药方面的收费标准。医院收入应由财政部门统一管理，不需医院再单独设立账户和小金库。医护人员工资应由国家财政按事业人员标准统一发放。医院属于社会公益性事业，国家应该加大投资力度，不能以改革为名，把医院完全推向社会，这样做实际上是在卸包袱。国家不投入，医院就必然要向患者高额索取，这实际上就是国家变相把国家负担转嫁给了农民。

今后医院的治疗，服务收费标准，各类药品价格都应公开，挂在门诊大厅内，供患者查询，对各种收费单据必须详细注明数额、事由。增加收费透明度，各地都要设立医院乱收费举报电话和信箱。要加大医德医风教育，要树立一批不为名利所惑，一心只为患者的典型，严厉惩处那些见利忘义一切向钱看的势利庸医。重塑白衣天使在民众中的形象，要想做到这些，各地党政要员必须以身做则，坚决煞住腐败之风，放下老爷架子，重塑公仆形象，给医护人员做出表率。医院不正之风为何屡禁不止？与各级党政官员为官不廉是有绝对关系的。

二、加大对各地教育乱收费的整治力度。各地纪检、监察、审计、物价等部门应不定期地对各地学校进行抽查，要深入到学生家长中了解学校收费情况，要严格规范课本，作业本的价格，取消统一购买校服，统一入保险。加强对学生食堂的管理和监督。

三、狠抓农村精神文明建设。精神文明建设，在农村尽管搞了二十多年但至今仍然是一片空白，致使农村的各种陈规陋习又沉渣泛起，对此政府必须采取可行措施，使农村精神文明建设真正收到成效，为搞好农村精神文明建设提出以下几条建议。

1. 国家应该下拨一部分专款，帮助乡镇建起一处农民图书馆，使农民有书可看，以此来提高农民的科学文化素质。

2. 各乡镇都应该建起一处信息网站，各村起码要有一台电脑，这些设施都必须配备专门人员操作，乡镇网站一旦建立起来，就应及时向乡镇领导和村干部提供决策依据，向农民提供可靠的市场信息，避免农民盲目投资、盲目生产、最大限度降低农民不必要的经济损失。

3. 进一步改革农村的丧葬制度，严禁农民乱占土地建大坟，烧香烧纸，出大殡，减轻农民在这方面的负担。

4. 在农村要倡导勤俭持家的好风气，要引导农民在建房、结婚、生孩子方面尽量从简从易，不要互相攀比，铺张浪费，要把钱用在发展致富项目和农业生产上。

四、国家对涉农物资，物别是化肥农药种子应该规定最高限价，对超出最高限价销售的单位和个人，有关执法部门应严厉打击。对粮食油料，棉花等主要农副产品国家仍然应该实行保护价收购。防止各类商贩超限压级压价，使农民吃亏太大。

五、对县乡两级农技推广部门只能加强、不能削弱。国家应加大对农业科研机构的投入农业方面的专家学者应该深入农业第一线，听听农民的心声，掌握各地区农业状况的第一手资料。农业院校毕业生都应该先到农村实习锻炼。不断强化农村科技力量。使农业的科技含量不断提高。使中国的农副产品尽快走出国内，打入国际市场。

六、各级党政干部，必须真正改变工作态度和工作方法。对农民要爱要同情，不能时时处处只为自己的荣辱升迁做文章，一切唯上，干工作只考虑上面高兴不高兴，上面满意不满意而不考虑老百姓的承受能力。甚至视农民的利益为儿戏，为搞政绩工程、形象工程不惜糟踏和牺牲农民的利益。

各级干部要坚持立党为公、执政为民，要真正做到象胡锦涛总书记所说的那样，“为群众诚心诚意办实事，尽心竭力解难事，坚持不懈做好事”，“要始终把群众的利益放在第一位，在各项工作、各个环节上，都要细心研究群众的利益，关心群众疾苦，体察群众情绪，各级领导干部必须深入基层，深入群众，特别是要到最困难的地方去，到群众意见最多的地方去，同那里的群众一道排忧解难，要坚决防止和克服形式主义，官僚主义，坚决维护群众的合法权益，始终同群众心连心，同呼吸、共命运、要时刻把群众的安危冷暖挂在心上，对群众生产生活上面临的这样那样的困难和问题。各级领导干部一定要带着深厚的感情去帮助解决”。胡主席的话是多么感人肺腑，多么语重心长，再看看我们现在的一些干部，水平高低且不说，一当了官立刻就变的志高气昂，不可一世，老爷派头十足，那里还有一点公仆形象。他们自以为只要当了官就是高人一等，就可以视农民为草芥，为粪土。他们根本就不去想农民的事，有许多人整天想得就是如何向上爬，如何荣华富贵。现在干部队伍中有相当一部分人，特别是那些靠关系靠送礼上去的人素质极差。老百姓恨之入骨，这些人如果真能脱胎换骨，按照胡主席所说的去做，中国农村就会发生质地飞跃。三农难题很快就会破解，农民收入就会大幅度提高，农民负担就一定能够全面减轻，中国的现代化便指日可待。

现在有许多人一直在讲，三农问题太难，其实只要扑下身子真心实意的去做，解决三农问题也并不难。现在为什么有些人说难？就是他们发自内心不愿去做三农工作，以难来搪塞。世上无难事，只怕有心人，你心里没有装着农民，三农问题又焉能不难，农民负担又怎能不重。

附 录

全国小城镇综合发展指数排名前1000位名单

（2005年02月18日）

行政代码	镇 名	综合指数
441998007	广东东莞市虎门镇	164.4
320583013	江苏昆山市玉山镇	161.6
441998008	广东东莞市长安镇	160.3
320589001	江苏苏州园区娄葑镇	154.6
441998019	广东东莞市塘厦镇	153.8
310115126	上海浦东新区花木镇	148.5
442098019	广东中山市小榄镇	144.2
320582110	江苏张家港市杨舍镇	141.6
310115120	上海浦东新区金桥镇	139.9
310115125	上海浦东新区张江镇	137.6
320581100	江苏常熟市虞山镇	133.5
310114103	上海嘉定区安亭镇	132.1
440307002	广东龙岗区布吉镇	130.0
310112107	上海闵行区虹桥镇	127.6
440306007	广东宝安区龙华镇	127.5
310112108	上海闵行区梅陇镇	126.1
441998022	广东东莞市常平镇	125.2
330621015	浙江绍兴县杨汛桥镇	125.0
330109011	浙江萧山区宁围镇	121.8
320281110	江苏江阴市新桥镇	118.7
330382015	浙江乐清市柳市镇	118.0
320206103	江苏惠山区玉祁镇	116.1
440306003	广东宝安区沙井镇	116.1
310112102	上海闵行区七宝镇	114.9
310112101	上海闵行区莘庄镇	112.7
441998009	广东东莞市厚街镇	112.1
440606010	广东顺德区容桂街道办	112.0
320584109	江苏吴江市盛泽镇	111.3
320281116	江苏江阴市澄江镇	110.9
320281109	江苏江阴市周庄镇	110.9
320589003	江苏苏州园区唯亭镇	110.7

行政代码	镇 名	综合指数
440606005	广东顺德区乐从镇	110.2
310114106	上海嘉定区马陆镇	109.7
310113111	上海闵行区高境镇	109.4
310118106	上海青浦区徐泾镇	109.1
310112106	上海闵行区华漕镇	108.6
310118103	上海青浦区练塘镇	108.2
310115130	上海浦东新区三林镇	107.8
440306001	广东宝安区西乡镇	107.4
440307003	广东龙岗区横岗镇	107.4
440606004	广东顺德区北窖镇	107.0
320206106	江苏惠山区钱桥镇	106.5
441998020	广东东莞市凤岗镇	105.8
330621006	浙江绍兴县钱清镇	105.7
441998018	广东东莞市清溪镇	105.3
330105001	浙江拱墅区上塘镇	105.1
330681007	浙江诸暨市店口镇	104.4
310115114	上海浦东新区唐镇	104.2
321181118	江苏丹阳市界牌镇	104.2
330621008	浙江绍兴县福全镇	104.2
441998013	广东东莞市寮步镇	104.1
440306004	广东宝安区松岗镇	103.9
330109009	浙江萧山区衙前镇	103.7
350582130	福建晋江市陈埭镇	103.5
440306002	广东宝安区福永镇	103.4
310115104	上海浦东新区高桥镇	103.3
441998029	广东东莞市石碣镇	103.1
320205101	江苏锡山区查桥镇	102.7
441998032	广东东莞市石龙镇	102.4
310117107	上海松江区九亭镇	102.2
310115121	上海浦东新区高行镇	102.1
310112110	上海闵行区吴泾镇	101.5

440306008 广东宝安区观澜镇 101.2
320206105 江苏惠山区洛社镇 101.0
320281108 江苏江阴市华士镇 100.8
330681004 浙江诸暨市大唐镇 100.6
320583004 江苏昆山市陆杨镇 100.6
440606002 广东顺德区伦教街道办 100.6
320211106 江苏滨湖区太湖镇 100.2
320211105 江苏滨湖区马山镇 100.2
440306005 广东宝安区公明镇 100.0
330212007 浙江鄞州区邱隘镇 99.7
320201102 江苏无锡新区旺庄镇 99.2
441998017 广东东莞市樟木头镇 99.0
310113103 上海闵行区杨行镇 98.5
440606006 广东顺德区勒流镇 98.4
440307004 广东龙岗区龙岗镇 98.4
310120101 上海奉贤区南桥镇 98.4
310119109 上海南汇区康桥镇 98.2
320589004 江苏苏州园区胜浦镇 97.8
310113102 上海闵行区大场镇 97.8
310113104 上海闵行区月浦镇 97.7
330109014 浙江萧山区瓜沥镇 97.7
330109012 浙江萧山区新街镇 97.6
330212006 浙江鄞州区五乡镇 97.5
320583007 江苏昆山市陆家镇 97.3
330281008 浙江余姚市泗门镇 96.8
330621009 浙江绍兴县马安镇 96.8
330212017 浙江鄞州区古林镇 96.7
310112112 上海闵行区马桥镇 96.5
310113112 上海闵行区庙行镇 95.6
320582100 江苏张家港市塘桥镇 95.2
440605012 广东南海区西樵镇 95.0
310118105 上海青浦区赵巷镇 94.7
310114102 上海嘉定区南翔镇 94.1
320582108 江苏张家港市南丰镇 94.0
330109010 浙江萧山区闻堰镇 93.8
440606001 广东顺德区大良街道办 93.8
310115110 上海浦东新区合庆镇 93.7
440605003 广东南海区大沥街道办 93.6
330324002 浙江永嘉县瓯北镇 93.5
310115117 上海浦东新区曹路镇 93.4
310115103 上海浦东新区川沙镇 93.0
440606007 广东顺德区龙江镇 92.5
440605005 广东南海区黄歧街道办 92.3
330104002 浙江江干区笕桥镇 92.1
320205113 江苏锡山区港下镇 91.9
210211004 辽宁甘井子区红旗街道 91.9
320585100 江苏太仓市城厢镇 91.6
320582120 江苏张家港市金港镇 91.5
440113016 广东番禺区大石镇 91.5
330621011 浙江绍兴县安昌镇 91.3
320584103 江苏吴江市芦墟镇 91.1
320584107 江苏吴江市平望镇 90.8
320589002 江苏苏州园区跨塘镇 90.8
330503001 浙江南浔区南浔镇 90.6
330109015 浙江萧山区党山镇 90.5
330109006 浙江萧山区临浦镇 90.4
320506109 江苏吴中区胥口镇 90.3
320581120 江苏常熟市辛庄镇 90.3
310115105 上海浦东新区北蔡镇 89.2
440605007 广东南海区松岗镇 88.8
330621005 浙江绍兴县齐贤镇 88.4
330502001 浙江吴兴区织里镇 88.4
320583005 江苏昆山市周市镇 88.4
440605004 广东南海区盐步街道办 88.4
440114001 广东花都区新华镇 88.2
310117102 上海松江区泗泾镇 87.4
441998001 广东东莞市中堂镇 87.1
330327001 浙江苍南县龙港镇 87.0
331021001 浙江玉环县珠港镇 86.8
330212011 浙江鄞州区姜山镇 86.7
110115002 北京大兴区西红门镇 86.7
330105002 浙江拱墅区康桥镇 86.6
320205109 江苏锡山区东北塘镇 86.6
320205100 江苏锡山区东亭镇 86.5
440605002 广东南海区平洲街道办 86.5
320582103 江苏张家港市凤凰镇 86.4
320581102 江苏常熟市海虞镇 86.4
320206101 江苏惠山区堰桥镇 86.4
441998005 广东东莞市麻涌镇 86.3
310114117 上海嘉定区黄渡镇 86.0
320412104 江苏武进区遥观镇 86.0
441998015 广东东莞市大朗镇 85.9
331081006 浙江温岭市泽国镇 85.7
320583011 江苏昆山市张浦镇 85.6
110111004 北京房山区良乡镇 85.6
320506108 江苏吴中区木渎镇 85.6

310114118 上海嘉定区江桥镇 85.6
330282020 浙江慈溪市周巷镇 85.5
330212014 浙江鄞州区高桥镇 85.5
440606003 广东顺德区陈村镇 85.4
320211102 江苏滨湖区大浮镇 85.3
330282012 浙江慈溪市逍林镇 85.1
330681011 浙江诸暨市山下湖镇 85.0
310118109 上海青浦区重固镇 85.0
440113013 广东番禺区石基镇 84.9
442098005 广东中山市古镇镇 84.8
441998014 广东东莞市大岭山镇 84.7
310119102 上海南汇区周浦镇 84.6
310118107 上海青浦区华新镇 84.6
330381007 浙江瑞安市莘塍镇 84.6
330206003 浙江北仑区大矸镇 84.5
330381006 浙江瑞安市塘下镇 84.4
320585101 江苏太仓市陆渡镇 84.2
320281102 江苏江阴市利港镇 84.2
320581117 江苏常熟市王庄镇 84.2
320412106 江苏武进区横山桥镇 84.1
320583012 江苏昆山市周庄镇 84.0
330382009 浙江乐清市虹桥镇 83.9
110115003 北京大兴区旧宫镇 83.8
310115123 上海浦东新区高东镇 83.8
440606008 广东顺德区杏坛镇 83.8
320582105 江苏张家港市乐余镇 83.8
310120103 上海奉贤区西渡镇 83.7
350582110 福建晋江市安海镇 83.5
320206102 江苏惠山区前洲镇 83.5
320204102 江苏北塘区山北镇 83.2
320506100 江苏吴中区长桥镇 83.0
440605001 广东南海区桂城街道办 83.0
440605013 广东南海区里水镇 82.9
110114007 北京昌平区回龙观镇 82.9
442098010 广东中山市横栏镇 82.7
110115001 北京大兴区黄村镇 82.6
310112103 上海闵行区颛桥镇 82.5
330382001 浙江乐清市乐成镇 82.2
310120102 上海奉贤区奉城镇 82.1
330521005 浙江德清县钟管镇 82.0
440306006 广东宝安区石岩镇 82.0
321182101 江苏扬中市新坝镇 81.9
330212016 浙江鄞州区集士港镇 81.8
330302002 浙江鹿城区双屿镇 81.8
310120115 上海奉贤区新寺镇 81.8
440307009 广东龙岗区大鹏镇 81.6
440605015 广东南海区罗村镇 81.4
110114013 北京昌平区北七家镇 81.3
320211109 江苏滨湖区渔港镇 81.3
320203101 江苏南长区扬名镇 81.3
440307008 广东龙岗区葵涌镇 81.0
330109018 浙江萧山区南阳镇 81.0
320201105 江苏无锡新区梅村镇 80.9
330109017 浙江萧山区靖江镇 80.8
330326001 浙江平阳县昆阳镇 80.7
310119110 上海南汇区航头镇 80.6
310117105 上海松江区新桥镇 80.6
370102100 山东历下区姚家镇 80.6
320582107 江苏张家港市锦丰镇 80.5
441998003 广东东莞市道窖镇 80.4
310113113 上海闵行区淞南镇 80.3
310112114 上海闵行区浦江镇 80.3
440307010 广东龙岗区南澳镇 80.1
320581109 江苏常熟市支塘镇 79.6
330681012 浙江诸暨市枫桥镇 79.4
441998028 广东东莞市茶山镇 79.4
320581116 江苏常熟市练塘镇 79.4
440307007 广东龙岗区坑梓镇 79.3
320507003 江苏相城区黄桥镇 79.3
320581111 江苏常熟市董浜镇 79.2
330624001 浙江新昌县城关镇 79.1
320581107 江苏常熟市古里镇 79.0
370882109 山东兖州市新兖镇 79.0
320211108 江苏滨湖区南泉镇 79.0
330183019 浙江富阳市高桥镇 78.7
330281011 浙江余姚市马渚镇 78.7
370212101 山东崂山区中韩街办 78.7
320204101 江苏北塘区黄巷镇 78.3
310117106 上海松江区洞泾镇 78.2
331081007 浙江温岭市大溪镇 78.2
320202101 江苏崇安区广益镇 78.1
320581101 江苏常熟市梅李镇 78.0
371082101 山东荣成市崖头镇 77.7
370214101 山东城阳区城阳街办 77.7
442098014 广东中山市三乡镇 77.6
210381011 辽宁海城市西柳镇 77.5

330681006 浙江诸暨市次坞镇 77.5
310116102 上海金山区枫泾镇 77.2
370782120 山东诸城市龙都街办 77.2
330110001 浙江余杭区运河镇 77.0
440307006 广东龙岗区坪山镇 77.0
320281103 江苏江阴市申港镇 77.0
440604004 广东禅城区南庄镇 76.8
320201104 江苏无锡新区坊前镇 76.7
320201103 江苏无锡新区南站镇 76.7
330326002 浙江平阳县敖江镇 76.7
310118118 上海青浦区西岑镇 76.6
441998030 广东东莞市高步镇 76.4
440113015 广东番禺区新造镇 76.4
320684100 江苏海门市海门镇 76.3
440307005 广东龙岗区坪地镇 76.2
330282015 浙江慈溪市横河镇 76.0
320206107 江苏惠山区藕塘镇 76.0
321282100 江苏靖江市靖城镇 76.0
442098006 广东中山市沙溪镇 75.9
110111010 北京房山区长沟镇 75.8
441998024 广东东莞市横沥镇 75.8
330104003 浙江江干区彭埠镇 75.7
310114109 上海嘉定区徐行镇 75.7
310120110 上海奉贤区平安镇 75.7
310113109 上海闵行区顾村镇 75.7
330682017 浙江上虞市崧厦镇 75.7
330682004 浙江上虞市道墟镇 75.6
310118101 上海青浦区青浦镇 75.6
330421006 浙江嘉善县干窑镇 75.5
350582220 福建晋江市英林镇 75.5
440605006 广东南海区官窑镇 75.4
330481001 浙江海宁市许村镇 75.4
320206104 江苏惠山石塘湾镇 75.3
441998027 广东东莞市石排镇 75.3
330483005 浙江桐乡市濮院镇 75.2
110113001 北京顺义区仁和镇 75.1
330110007 浙江余杭区闲林镇 75.1
441998025 广东东莞市东坑镇 75.1
440307001 广东龙岗区平湖镇 75.0
441998016 广东东莞市黄江镇 75.0
310113101 上海闵行区罗店镇 75.0
330281005 浙江余姚市临山镇 75.0
530111100 云南官渡区关上镇 75.0
330326003 浙江平阳县水头镇 75.0
320281113 江苏江阴市祝塘镇 74.8
370211103 山东黄岛区薛家岛街办 74.7
330282019 浙江慈溪市长河镇 74.7
331004008 浙江路桥区横街镇 74.7
330602012 浙江袍江区斗门镇 74.5
440113014 广东番禺区南村镇 74.4
440113005 广东番禺区东涌镇 74.3
530111104 云南官渡区金马镇 74.2
440605009 广东南海区金沙镇 74.2
330109013 浙江萧山区坎山镇 74.2
320412100 江苏武进区湖塘镇 74.2
440605016 广东南海区丹灶镇 74.1
320405100 江苏戚区丁堰镇 74.0
330482006 浙江平湖市全塘镇 73.9
370211105 山东黄岛区长江路街办 73.9
320583010 江苏昆山市淀山湖镇 73.8
330421001 浙江嘉善县魏塘镇 73.8
440605010 广东南海区九江镇 73.8
440781001 广东台山市台城镇 73.7
330183020 浙江富阳市受降镇 73.7
330382016 浙江乐清市北白象镇 73.7
320211103 江苏滨湖区河埒镇 73.6
440113003 广东番禺区灵山镇 73.5
330483009 浙江桐乡市洲泉镇 73.4
331004007 浙江路桥区新桥镇 73.4
441998023 广东东莞市桥头镇 73.3
320581108 江苏常熟市沙家浜镇 73.3
320482100 江苏金坛市金城镇 73.2
440605014 广东南海区和顺镇 73.2
330212009 浙江鄞州区云龙镇 73.1
320583001 江苏昆山市正仪镇 73.1
330109007 浙江萧山区义桥镇 73.1
320584101 江苏吴江市同里镇 73.1
310116110 上海金山区兴塔镇 73.0
110112001 北京通州区永顺镇 72.9
441998026 广东东莞市企石镇 72.9
310116101 上海金山区朱泾镇 72.9
320282101 江苏宜兴市张渚镇 72.8
330523001 浙江安吉县递铺镇 72.8
330226019 浙江宁海县西店镇 72.8
320584113 江苏吴江市七都镇 72.7
110114008 北京昌平区小汤山镇 72.6

330783014 浙江东阳市横店镇 72.6
320585105 江苏太仓市沙溪镇 72.5
320282115 江苏宜兴市高塍镇 72.5
320506101 江苏吴中区用直镇 72.4
330481005 浙江海宁市斜桥镇 72.4
440607004 广东三水区白坭镇 72.3
440113019 广东番禺区大岗镇 72.3
350121150 福建闽侯县青口镇 72.3
330503004 浙江南浔区双林镇 72.2
320583008 江苏昆山市花桥镇 72.1
130207100 河北丰南区胥各庄镇 72.1
330212004 浙江鄞州区东钱湖镇 72.1
130207101 河北丰南区银丰镇 72.0
330482004 浙江平湖市新仓镇 71.9
320584117 江苏吴江市桃源镇 71.8
320507005 江苏相城区元和镇 71.6
310115108 上海浦东新区机场镇 71.6
440605011 广东南海区沙头镇 71.5
131082109 河北三河市燕郊镇 71.5
310116104 上海金山区亭林镇 71.5
330282008 浙江慈溪市观海卫镇 71.4
330110003 浙江余杭区塘栖镇 71.4
350201030 福建湖里区禾山镇 71.4
330327010 浙江苍南县灵溪镇 71.3
310120117 上海奉贤区光明镇 71.3
320281112 江苏江阴市顾山镇 71.3
330109019 浙江萧山区义蓬镇 71.3
110112002 北京通州区犁园镇 71.3
310116103 上海金山区张堰镇 71.3
330681019 浙江诸暨市牌头镇 71.2
350582140 福建晋江市东石镇 71.2
320585106 江苏太仓市浏河镇 71.2
330621019 浙江绍兴县夏履镇 71.2
530112100 云南西山区马街街道办事处 71.2
110108005 北京海淀区西北旺镇 71.1
330421004 浙江嘉善县西塘镇 71.1
530111108 云南官渡区联盟镇 71.1
330206002 浙江北仑区小港镇 71.1
330502002 浙江吴兴区八里店镇 71.0
533102101 云南瑞丽市畹町城关镇 71.0
110112003 北京通州区宋庄镇 71.0
330104006 浙江开发区下沙镇 71.0
442098009 广东中山市三角镇 70.9
442098011 广东中山市南头镇 70.7
320281107 江苏江阴市霞客镇 70.7
330482002 浙江平湖市乍浦镇 70.7
440605017 广东南海区狮山街道办 70.6
320282114 江苏宜兴市和桥镇 70.6
320581103 江苏常熟市新港镇 70.6
371302111 山东兰山区兰山街办 70.6
440111012 广东白云区江高镇 70.5
310117116 上海松江区石湖荡镇 70.5
330402006 浙江秀城区余新镇 70.3
310117109 上海松江区泖港镇 70.3
310116109 上海金山区金山卫镇 70.3
330681017 浙江诸暨市草塔镇 70.2
350582150 福建晋江市深沪镇 70.1
310118111 上海青浦区赵屯镇 70.1
330483011 浙江桐乡市崇福镇 70.1
330110011 浙江余杭区瓶窑镇 70.0
320587003 江苏虎丘区枫桥镇 69.9
320582116 江苏张家港市大新镇 69.9
370681106 山东龙口市东江镇 69.8
320205102 江苏锡山区安镇镇 69.8
442098007 广东中山市坦洲镇 69.8
350583290 福建南安市水头镇 69.7
330281013 浙江余姚市丈亭镇 69.7
110114012 北京昌平区东小口镇 69.7
320281111 江苏江阴市长泾镇 69.6
440606009 广东顺德区均安镇 69.5
440604003 广东禅城区环市街道办 69.4
110115014 北京大兴区亦庄镇 69.4
350581110 福建石狮市宝盖镇 69.3
330206001 浙江北仑区新矸镇 69.3
110108006 北京海淀区苏家坨镇 69.3
441302010 广东惠城区陈江镇 69.2
320584106 江苏吴江市黎里镇 69.2
440607001 广东三水区西南街道办 69.2
350581120 福建石狮市蚶江镇 69.1
330521003 浙江德清县新市镇 69.1
350201050 福建集美区灌口镇 69.1
440703001 广东蓬江区环市镇 68.9
220106101 吉林绿园区西新镇 68.9
440183002 广东增城市新塘镇 68.9
320405101 江苏戚区潞城镇 68.9
320282119 江苏宜兴市周铁镇 68.8

330225005 浙江象山县西周镇 68.6
320583006 江苏昆山市蓬朗镇 68.6
320211104 江苏滨湖区胡埭镇 68.5
440113011 广东番禺区石楼镇 68.4
330109021 浙江萧山区党湾镇 68.3
330303002 浙江龙湾区瑶溪镇 68.3
330282006 浙江慈溪市范市镇 68.1
441998021 广东东莞市谢岗镇 68.1
350524100 福建安溪县凤城镇 68.1
330282005 浙江慈溪市三北镇 67.9
330482009 浙江平湖市钟埭镇 67.9
330482003 浙江平湖市新埭镇 67.9
330109020 浙江萧山区河庄镇 67.8
440604002 广东禅城区澜石街道办 67.8
330212015 浙江鄞州区横街镇 67.7
440113001 广东番禺区沙湾镇 67.7
310120108 上海奉贤区头桥镇 67.7
350581100 福建石狮市灵秀镇 67.6
350521170 福建惠安县崇武镇 67.6
320583014 江苏昆山市千灯镇 67.5
442098016 广东中山市大涌镇 67.4
370112101 山东历城区王舍人镇 67.4
320412103 江苏武进区洛阳镇 67.3
440404001 广东金湾区三灶镇 67.3
350583300 福建南安市石井镇 67.3
310116112 上海金山区漕泾镇 67.3
130283109 河北迁安市马兰庄镇 67.3
370681111 山东龙口市诸由观镇 67.2
330411004 浙江秀洲区王江泾镇 67.2
442098015 广东中山市板芙镇 67.1
320282127 江苏宜兴市宜城镇 67.0
320282116 江苏宜兴市屺亭镇 66.9
442098017 广东中山市神湾镇 66.7
310116115 上海金山区新农镇 66.7
370214102 山东城阳区流亭街办 66.7
320623105 江苏如东县掘港镇 66.7
331081010 浙江温岭市新河镇 66.6
510124100 四川郫县郫筒镇 66.6
440607003 广东三水区乐平镇 66.5
310119101 上海南汇区惠南镇 66.5
331021003 浙江玉环县楚门镇 66.5
320281114 江苏江阴市南闸镇 66.5
321181120 江苏丹阳市后巷镇 66.3
330281016 浙江余姚市大隐镇 66.3
320506112 江苏吴中区渡村镇 66.3
330281015 浙江余姚市河姆渡镇 66.3
320583009 江苏昆山市石浦镇 66.3
350101190 福建晋安区鼓山镇 66.3
530111109 云南官渡区福海镇 66.3
330324003 浙江永嘉县桥头镇 66.3
330522002 浙江长兴县李家巷镇 66.3
320681100 江苏启东市汇龙镇 66.2
371082114 山东荣成市石岛镇 66.2
330621016 浙江绍兴县漓渚镇 66.2
210311007 辽宁鞍山市千山区宁远屯镇 66.2
330681005 浙江诸暨市应店街镇 66.2
441303004 广东惠阳区新圩镇 66.2
320585103 江苏太仓市璜泾镇 66.1
330110008 浙江余杭区仓前镇 66.1
130182105 河北藁城市岗上镇 66.0
440705001 广东新会区会城镇 66.0
442098013 广东中山市南朗镇 66.0
330304005 浙江瓯海区瞿溪镇 66.0
310120111 上海奉贤区青村镇 65.9
371311111 山东罗庄区罗庄街办 65.9
440605008 广东南海区小塘镇 65.8
330303003 浙江龙湾区沙城镇 65.8
330521001 浙江德清县武康镇 65.8
371083115 山东乳山市城区街办 65.7
330303001 浙江龙湾区状元镇 65.7
310119106 上海南汇区芦潮港镇 65.7
310117104 上海松江区车墩镇 65.7
350681120 福建龙海市角美镇 65.7
330782016 浙江义乌市苏溪镇 65.7
441998010 广东东莞市沙田镇 65.7
330302005 浙江鹿城区藤桥镇 65.6
320282113 江苏宜兴市范道镇 65.6
320584115 江苏吴江市震泽镇 65.6
330482005 浙江平湖市黄姑镇 65.6
120111100 天津西青区中北镇 65.5
330104005 浙江江干区九堡镇 65.5
310117120 上海松江区叶榭镇 65.5
110115009 北京大兴区庞各庄镇 65.4
440113017 广东番禺区钟村镇 65.4
442098001 广东中山市黄圃镇 65.3
510122113 四川双流县白家镇 65.3

320201101 江苏无锡新区硕放镇 65.3
441998004 广东东莞市洪梅镇 65.3
330381008 浙江瑞安市汀田镇 65.2
442098004 广东中山市东升镇 65.1
320206108 江苏惠山区杨市镇 65.1
320507007 江苏相城区北桥镇 65.1
320507001 江苏相城区望亭镇 65.0
320205112 江苏锡山区东湖塘镇 65.0
320412105 江苏武进区横林镇 64.9
310120116 上海奉贤区胡桥镇 64.9
330304007 浙江瓯海区郭溪镇 64.8
320585102 江苏太仓市浮桥镇 64.7
330282018 浙江慈溪市天元镇 64.7
310118110 上海青浦区白鹤镇 64.7
331081008 浙江温岭市松门镇 64.6
330902004 浙江定海区小沙镇 64.6
330281006 浙江余姚市黄家埠镇 64.5
440114005 广东花都区炭步镇 64.4
442098020 广东中山市石岐区 64.3
330381017 浙江瑞安市陶山镇 64.3
320282123 江苏宜兴市丁蜀镇 64.2
330212010 浙江鄞州区横溪镇 64.2
330681008 浙江诸暨市阮市镇 64.2
310119112 上海南汇区祝桥镇 64.2
440113004 广东番禺区鱼窝头镇 64.2
330281007 浙江余姚市小曹娥镇 64.1
330327003 浙江苍南县钱库镇 64.1
320411101 江苏新北区春江镇 64.1
320281105 江苏江阴市月城镇 64.0
330682018 浙江上虞市沥海镇 64.0
330109016 浙江萧山区益农镇 63.9
320584100 江苏吴江市松陵镇 63.9
330212005 浙江鄞州区东吴镇 63.8
350582200 福建晋江市龙湖镇 63.8
330110002 浙江余杭区乔司镇 63.8
320282124 江苏宜兴市大浦镇 63.8
321023101 江苏宝应县范水镇 63.8
320205110 江苏锡山区八士镇 63.8
330282011 浙江慈溪市匡堰镇 63.8
330602013 浙江镜湖区灵芝镇 63.8
350582170 福建晋江市池店镇 63.7
310114114 上海嘉定区外冈镇 63.7
331004010 浙江路桥区蓬街镇 63.7
330205004 浙江江北区慈城镇 63.7
330281017 浙江余姚市陆埠镇 63.7
330106002 浙江西湖区留下镇 63.6
350582160 福建晋江市金井镇 63.6
310118102 上海青浦区朱家角镇 63.5
310117117 上海松江区新浜镇 63.5
320412102 江苏武进区牛塘镇 63.5
330283002 浙江奉化市莼湖镇 63.5
110115008 北京大兴区榆垡镇 63.5
320111103 江苏浦口区汤泉镇 63.4
320211107 江苏滨湖区华庄镇 63.3
330110006 浙江余杭区余杭镇 63.3
210211006 辽宁甘井子区大连湾 63.3
120112101 天津津南区葛沽镇 63.3
330109008 浙江萧山区所前镇 63.3
321181112 江苏丹阳市吕城镇 63.3
320282118 江苏宜兴市万石镇 63.3
210381015 辽宁海城市南台镇 63.2
330282014 浙江慈溪市胜山镇 63.1
130684103 河北高碑店市白沟镇 63.1
110112009 北京通州区台湖镇 63.1
330282013 浙江慈溪市新浦镇 63.0
370211101 山东黄岛区黄岛街办 62.9
330105003 浙江拱墅区半山镇 62.9
330681023 浙江诸暨市璜山镇 62.9
330211006 浙江镇海区九龙湖镇 62.9
130283108 河北迁安市蔡园镇 62.8
330281014 浙江余姚市三七市镇 62.8
440705003 广东新会区司前镇 62.8
320583015 江苏昆山市锦溪镇 62.8
330324001 浙江永嘉县上塘镇 62.7
370181100 山东章丘市明水街办 62.7
330481004 浙江海宁市盐官镇 62.7
370282121 山东即墨市环秀街办 62.6
330621010 浙江绍兴县平水镇 62.5
330782011 浙江义乌市佛堂镇 62.5
330110010 浙江余杭区良渚镇 62.5
330503002 浙江南浔区练市镇 62.4
110113011 北京顺义区南彩镇 62.3
440604001 广东禅城区张槎街道办 62.3
320583003 江苏昆山市石牌镇 62.3
330282009 浙江慈溪市附海镇 62.2
330411001 浙江秀洲区王店镇 62.2

330421007 浙江嘉善县姚庄镇 62.1
320507006 江苏相城区渭塘镇 62.1
330205003 浙江江北区洪塘镇 62.1
370321105 山东桓台县马桥镇 62.1
120112108 天津津南区北闸口镇 62.0
440113010 广东番禺区黄阁镇 62.0
331081011 浙江温岭市石塘镇 61.9
330109002 浙江萧山区河上镇 61.8
320481100 江苏溧阳市溧城镇 61.8
320115115 江苏江宁区麒麟镇 61.7
320282108 江苏宜兴市官林镇 61.7
330183010 浙江富阳市灵桥镇 61.7
330381009 浙江瑞安市飞云镇 61.7
330424006 浙江海盐县秦山镇 61.7
320281101 江苏江阴市璜土镇 61.6
350601120 福建芗城区芝山镇 61.6
320281115 江苏江阴市云亭镇 61.5
320507004 江苏相城区黄埭镇 61.4
440114004 广东花都区狮岭镇 61.4
330521004 浙江德清县洛舍镇 61.4
330481002 浙江海宁市长安镇 61.3
330522011 浙江长兴县和平镇 61.3
440607005 广东三水区芦苞镇 61.3
320584112 江苏吴江市横扇镇 61.2
320925100 江苏建湖县近湖镇 61.2
310118119 上海青浦区商榻镇 61.2
310116113 上海金山区山阳镇 61.2
330304010 浙江瓯海区丽岙镇 61.2
310119115 上海南汇区宣桥镇 61.1
330402005 浙江秀城区大桥镇 61.1
330483006 浙江桐乡市屠甸镇 61.1
440404005 广东金湾区红旗镇 61.1
331021002 浙江玉环县清港镇 61.1
310116106 上海金山区干巷镇 61.1
330183006 浙江富阳市新登镇 61.1
331082005 浙江临海市汛桥镇 61.0
210281010 辽宁瓦房店市长兴岛镇 61.0
320481102 江苏溧阳市上黄镇 61.0
140481100 山西潞城市店上镇 61.0
330226015 浙江宁海县黄坛镇 60.9
110113008 北京顺义区高丽营镇 60.9
320683114 江苏通州市平潮镇 60.9
320507009 江苏相城区湘城镇 60.9
500107101 重庆九龙坡区石桥镇 60.9
310117103 上海松江区佘山镇 60.9
430521100 湖南邵东县两市镇 60.9
310119104 上海南汇区大团镇 60.8
330326004 浙江平阳县萧江镇 60.8
320323106 江苏铜山县柳新镇 60.8
330424002 浙江海盐县百步镇 60.7
330327006 浙江苍南县金乡镇 60.7
320412114 江苏武进区礼嘉镇 60.7
331004009 浙江路桥区金清镇 60.7
330621007 浙江绍兴县孙端镇 60.6
330483004 浙江桐乡市乌镇镇 60.6
131024100 河北香河县淑阳镇 60.6
320412121 江苏武进区东安镇 60.6
330421008 浙江嘉善县陶庄镇 60.6
440403007 广东斗门区白蕉镇 60.5
442098002 广东中山市民众镇 60.5
320583002 江苏昆山市巴城镇 60.5
510112101 四川龙泉驿区大面镇 60.5
320587004 江苏虎丘区通安镇 60.4
330522001 浙江长兴县洪桥镇 60.4
310116105 上海金山区吕巷镇 60.4
310119103 上海南汇区新场镇 60.4
330212019 浙江鄞州区洞桥镇 60.4
320282112 江苏宜兴市丰义镇 60.3
310116111 上海金山区朱行镇 60.3
310120106 上海奉贤区金汇镇 60.3
330110005 浙江余杭区崇贤镇 60.3
320411105 江苏新北区罗溪镇 60.3
321003112 江苏邗江区杭集镇 60.3
110113009 北京顺义区李桥镇 60.3
110114006 北京昌平区沙河镇 60.2
320684115 江苏海门市包场镇 60.2
330212020 浙江鄞州区鄞江镇 60.2
350582120 福建晋江市磁灶镇 60.2
330481006 浙江海宁市袁花镇 60.1
370211102 山东黄岛区辛安街办 60.1
330903002 浙江普陀区朱家尖镇 60.1
321084101 江苏高邮市高邮镇 60.1
320506111 江苏吴中区浦庄镇 60.0
371081111 山东文登市苘山镇 60.0
321283100 江苏泰兴市泰兴镇 60.0
370281103 山东胶州市北关街办 59.8

310116107 上海金山区廊下镇 59.8
532901100 云南大理市下关镇 59.7
320282103 江苏宜兴市太华镇 59.7
330382002 浙江乐清市大荆镇 59.6
510112106 四川龙泉驿区十陵镇 59.6
441322019 广东博罗县石湾镇 59.6
442098008 广东中山市港口镇 59.5
330212003 浙江鄞州区塘溪镇 59.5
320206110 江苏惠山区陆区镇 59.5
330109022 浙江萧山区新湾镇 59.4
320412115 江苏武进区寨桥镇 59.4
320684101 江苏海门市三星镇 59.4
310114111 上海嘉定区华亭镇 59.4
440113012 广东番禺区化龙镇 59.2
350182100 福建长乐市吴航镇 59.2
320282121 江苏宜兴市新庄镇 59.2
320412125 江苏武进区奔牛镇 59.2
320506107 江苏吴中区藏书镇 59.2
440113006 广东番禺区万顷沙镇 59.2
140411103 山西长治郊区马厂镇 59.2
320506104 江苏吴中区光福镇 59.2
331022001 浙江三门县海游镇 59.2
330211005 浙江镇海区解浦镇 59.1
110117001 北京平谷区兴谷街道办事处 59.1
370285101 山东莱西市水集镇 59.1
510112100 四川龙泉驿区龙泉镇 59.1
330782015 浙江义乌市上溪镇 59.0
331081009 浙江温岭市箬横镇 59.0
320412116 江苏武进区邹区镇 59.0
330402007 浙江秀城区凤桥镇 59.0
350581140 福建石狮市鸿山镇 59.0
331082012 浙江临海市括苍镇 58.9
442098012 广东中山市阜沙镇 58.8
330122002 浙江桐庐县富春江镇 58.8
320115103 江苏江宁区上坊镇 58.8
330282007 浙江慈溪市掌起镇 58.8
330522003 浙江长兴县雉城镇 58.8
310120107 上海奉贤区泰日镇 58.7
330521011 浙江德清县雷甸镇 58.7
320922100 江苏滨海县东坎镇 58.6
330482007 浙江平湖市广陈镇 58.6
320205103 江苏锡山区羊尖镇 58.5
330521002 浙江德清县城关镇 58.5
330682006 浙江上虞市上浦镇 58.5
330110004 浙江余杭区仁和镇 58.4
330109004 浙江萧山区浦阳镇 58.4
330784007 浙江永康市龙山镇 58.3
500112105 重庆渝北区鸳鸯镇 58.3
330109005 浙江萧山区进化镇 58.3
321283119 江苏泰兴市大生镇 58.3
350582210 福建晋江市永和镇 58.3
320803100 江苏楚州区淮城镇 58.3
512002100 四川雁江区雁江镇 58.2
445121022 广东潮安县枫溪镇 58.2
450221100 广西柳州市柳江县拉堡镇 58.2
320205108 江苏锡山区甘露镇 58.2
440705014 广东新会区杜阮镇 58.2
330424003 浙江海盐县通元镇 58.1
310116114 上海金山区松隐镇 58.1
330621013 浙江绍兴县兰亭镇 58.1
330483008 浙江桐乡市河山镇 58.1
510125100 四川新都区新都镇 58.1
330783017 浙江东阳市南马镇 58.0
120221100 天津宁河县芦台镇 58.0
310118104 上海青浦区金泽镇 58.0
350526100 福建德化县浔中镇 58.0
445121008 广东潮安县彩塘镇 57.9
330921008 浙江岱山县衢山镇 57.9
430121103 湖南长沙县榔梨镇 57.9
350182210 福建长乐市金峰镇 57.9
370284102 山东胶南市隐珠镇 57.9
321284101 江苏姜堰市娄庄镇 57.9
450681100 广西东兴市东兴镇 57.8
430121104 湖南长沙县江背镇 57.8
310120104 上海奉贤区庄行镇 57.7
510112109 四川龙泉驿区同安镇 57.7
321003003 江苏邗江区汉河镇 57.7
330682014 浙江上虞市小越镇 57.6
330304008 浙江瓯海区潘桥镇 57.6
330503006 浙江南浔区菱湖镇 57.5
450902001 广西玉州区玉林镇 57.5
530111101 云南官渡区前卫镇 57.5
330106007 浙江西湖区三墩镇 57.4
320205111 江苏锡山区张泾镇 57.4
370284123 山东胶南市珠海街办 57.4
441284016 广东四会市东城镇 57.4

320506102 江苏吴中区车坊镇 57.3
341422123 安徽无为县高沟镇 57.3
440783001 广东开平市三埠区 57.3
441998002 广东东莞市望牛墩镇 57.3
330281012 浙江余姚市牟山镇 57.3
530402103 云南红塔区大营街镇 57.3
320481117 江苏溧阳市周城镇 57.3
330282004 浙江慈溪市龙山镇 57.3
131081105 河北霸州市胜芳镇 57.2
330503007 浙江南浔区和孚镇 57.2
371302103 山东兰山区半程镇 57.1
120115100 天津宝坻区城关镇 57.1
371323100 山东沂水县沂水镇 57.1
320507002 江苏相城区东桥镇 57.1
371082112 山东荣成市虎山镇 57.0
330212001 浙江鄞州区瞻岐镇 57.0
320683100 江苏通州市金沙镇 56.9
320482109 江苏金坛市薛埠镇 56.9
330411005 浙江秀洲区油车港镇 56.9
330109003 浙江萧山区戴村镇 56.9
330110012 浙江余杭区径山镇 56.9
330225004 浙江象山县石浦镇 56.8
530111105 云南官渡区龙泉镇 56.8
330483007 浙江桐乡市石门镇 56.8
152128101 内蒙古呼盟鄂温克旗伊敏河镇 56.8
321282101 江苏靖江市新桥镇 56.7
310120109 上海奉贤区四团镇 56.7
370112102 山东历城区华山镇 56.7
532901102 云南大理市凤仪镇 56.6
320481101 江苏溧阳市埭头镇 56.6
350582190 福建晋江市内坑镇 56.6
330282016 浙江慈溪市崇寿镇 56.6
330424007 浙江海盐县澉浦镇 56.6
140322103 山西盂县南娄镇 56.6
331082006 浙江临海市东塍镇 56.5
110115006 北京大兴区安定镇 56.5
320111104 江苏浦口区星甸镇 56.5
320111106 江苏浦口区乌江镇 56.5
330282017 浙江慈溪市庵东镇 56.4
320411104 江苏新北区薛家镇 56.4
320412108 江苏武进区焦溪镇 56.4
320682100 江苏如皋市如城镇 56.4
310119122 上海南汇区万祥镇 56.3
445121009 广东潮安县庵埠镇 56.2
120223100 天津静海县静海镇 56.2
350681100 福建龙海市石码镇 56.2
110108007 北京海淀区上庄镇 56.2
320282128 江苏宜兴市新街镇 56.2
330283001 浙江奉化市溪口镇 56.2
410105101 河南郑州市金水区柳林镇 56.2
130534103 河北清河县谢炉镇 56.1
310119114 上海南汇区泥城镇 56.0
330481003 浙江海宁市周王庙镇 56.0
320587002 江苏虎丘区浒墅关镇 56.0
321081100 江苏仪征市真州镇 56.0
321088100 江苏江都市江都镇 55.9
510704100 四川游仙区游仙镇 55.9
320412117 江苏武进区卜弋镇 55.9
330127001 浙江淳安县千岛湖镇 55.9
350181160 福建福清县龙田镇 55.9
440183003 广东增城市永和镇 55.9
330326006 浙江平阳县腾蛟镇 55.9
370783118 山东寿光市圣城街办 55.8
120111101 天津西青区杨柳青镇 55.8
320587005 江苏虎丘区东渚镇 55.8
330402004 浙江秀城区新丰镇 55.7
320412120 江苏武进区湟里镇 55.7
130208100 河北丰润区丰润镇 55.7
510681105 四川广汉市向阳镇 55.7
510112114 四川龙泉驿区平安镇 55.7
370212102 山东崂山区沙子口街办 55.6
320282122 江苏宜兴市洋溪镇 55.6
210381018 辽宁海城市腾鳌镇 55.6
440608008 广东高明区西安街道办 55.6
350301220 福建涵江区江口镇 55.6
330602011 浙江袍江区马山镇 55.6
321283114 江苏泰兴市姚王镇 55.5
500106101 重庆沙坪坝区覃家岗镇 55.5
330421002 浙江嘉善县惠民镇 55.5
130582102 河北沙河市白塔镇 55.5
321003002 江苏邗江区蒋王镇 55.5
331081013 浙江温岭市温峤镇 55.4
441302011 广东惠城区沥林镇 55.4
321003106 江苏邗江区槐泗镇 55.4
310119121 上海南汇区书院镇 55.4
210882001 辽宁大石桥市水源镇 55.4

320481106 江苏溧阳市天目湖镇 55.3
320683122 江苏通州市姜灶镇 55.3
320115102 江苏江宁区禄口镇 55.3
442098003 广东中山市东凤镇 55.3
330482008 浙江平湖市林埭镇 55.3
210804002 辽宁营口市鲅鱼圈区熊岳镇 55.2
320506103 江苏吴中区郭巷镇 55.2
330921001 浙江岱山县高亭镇 55.2
370811113 山东任城区柳行街办 55.2
320205114 江苏锡山区鸿山镇 55.2
321003109 江苏邗江区瓜洲镇 55.2
441303001 广东惠阳区淡水镇 55.1
320585104 江苏太仓市双凤镇 55.1
440114002 广东花都区花东镇 55.1
320281106 江苏江阴市青阳镇 55.1
211402003 辽宁葫芦岛市连山区钢屯镇 55.0
321181109 江苏丹阳市导墅镇 55.0
440784001 广东鹤山市沙坪镇 55.0
320412113 江苏武进区前黄镇 55.0
321284117 江苏姜堰市姜堰镇 54.9
340104100 安徽合肥市蜀山区井岗镇 54.9
320412107 江苏武进区芙蓉镇 54.9
320481111 江苏溧阳市竹箦镇 54.8
320602150 江苏崇川区新开镇 54.8
321182100 江苏扬中市三茅镇 54.8
320684105 江苏海门市三厂镇 54.8
330182005 浙江建德市乾潭镇 54.7
321202100 江苏海陵区九龙镇 54.7
350583280 福建南安市官桥镇 54.6
371081106 山东文登市泽库镇 54.6
370281118 山东胶州市营海镇 54.6
320683119 江苏通州市张芝山镇 54.5
320506113 江苏吴中区东山镇 54.5
320411103 江苏新北区新桥镇 54.4
320282120 江苏宜兴市芳桥镇 54.4
320602100 江苏崇川区观音山镇 54.4
370681121 山东龙口市龙港街办 54.4
370281107 山东胶州市李哥庄镇 54.4
330682010 浙江上虞市丰惠镇 54.3
330621017 浙江绍兴县富盛镇 54.3
320116100 江苏六合区雄州镇 54.3
440113002 广东番禺区榄核镇 54.3
520121102 贵州开阳县金中镇 54.3
320412110 江苏武进区雪堰镇 54.2
321182103 江苏扬中市油坊镇 54.2
140121100 山西清徐县清源镇 54.2
371082103 山东荣成市成山镇 54.2
350524150 福建安溪县城厢镇 54.2
321203100 江苏高港区口岸镇 54.2
320323101 江苏铜山县铜山镇 54.1
350982160 福建福鼎市白琳镇 54.0
320412112 江苏武进区漕桥镇 54.0
370283106 山东平度市南村镇 53.9
330483012 浙江桐乡市高桥镇 53.9
350581130 福建石狮市祥芝镇 53.9
110111014 北京房山区青龙湖镇 53.8
350122110 福建连江县敖江镇 53.8
320411102 江苏新北区孟河镇 53.8
370305105 山东临淄区凤凰镇 53.8
440608004 广东高明区明城镇 53.8
370214105 山东城阳区棘洪滩街办 53.7
320507010 江苏相城区阳澄湖镇 53.6
330522014 浙江长兴县煤山镇 53.6
440404004 广东金湾区平沙镇 53.5
500108101 重庆南岸区南坪镇 53.5
120112106 天津津南区双桥河镇 53.5
321023100 江苏宝应县安宜镇 53.4
371083103 山东乳山市白沙滩镇 53.4
320481114 江苏溧阳市南渡镇 53.4
320683117 江苏通州市兴仁镇 53.4
321112006 江苏丹徒区辛丰镇 53.3
330782012 浙江义乌市赤岸镇 53.3
510129100 四川大邑县晋原镇 53.3
330122009 浙江桐庐县横村镇 53.3
321101002 江苏润州区蒋乔镇 53.1
110115011 北京大兴区魏善庄镇 53.1
330185008 浙江临安市太湖源镇 53.1
130185100 河北鹿泉市获鹿镇 53.0
341523110 安徽舒城县孔集镇 53.0
321284103 江苏姜堰市俞垛镇 53.0
310230104 上海崇明县庙镇 52.9
130625100 河北徐水县安肃镇 52.9
330411003 浙江秀洲区新塍镇 52.9
320282125 江苏宜兴市湖父镇 52.9
350526110 福建德化县龙浔镇 52.8
321088117 江苏江都市丁伙镇 52.8

321101001 江苏润州区七里甸镇 52.8
130207104 河北丰南区黄各庄镇 52.8
340207200 安徽芜湖市鸠江区湾里镇 52.7
440402002 广东香洲区唐家镇 52.6
320282111 江苏宜兴市新建镇 52.5
310113106 上海闵行区罗泾镇 52.5
330382018 浙江乐清市翁洋镇 52.5
320981122 江苏东台市东台镇 52.4
331082016 浙江临海市沿江镇 52.4
340111101 安徽合肥市包河区骆岗镇 52.4
530112101 云南西山区黑林铺街道办事处 52.4
320507008 江苏相城区太平镇 52.4
510124102 四川郫县犀浦镇 52.4
320684104 江苏海门市德胜镇 52.4
320115116 江苏江宁区汤山镇 52.3
152131100 内蒙古呼盟陈巴旗巴彦库仁镇 52.3
430124100 湖南宁乡县玉潭镇 52.3
321202101 江苏海陵区泰东镇 52.2
440704001 广东江海区礼乐镇 52.2
320721100 江苏赣榆县青口镇 52.1
320381101 江苏新沂市新安镇 52.1
350581150 福建石狮市锦尚镇 52.1
350182180 福建长乐市鹤上镇 52.1
320411106 江苏新北区西夏墅镇 52.1
330182008 浙江建德市梅城镇 52.0
320412118 江苏武进区夏溪镇 52.0
441324006 广东龙门县龙江镇 52.0
321281123 江苏兴化市戴南镇 52.0
230104103 黑龙江道外区松北镇 52.0
320621100 江苏海安县海安镇 51.9
330702004 浙江婺城区白龙桥镇 51.9
370403105 山东薛城区陶庄镇 51.9
321281124 江苏兴化市张郭镇 51.8
440402008 广东香洲区横琴镇 51.8
330226020 浙江宁海县深圳镇 51.8
320412111 江苏武进区潘家镇 51.8
330185010 浙江临安市於潜镇 51.7
440114006 广东花都区赤坭镇 51.7
440607002 广东三水区大塘镇 51.7
331082017 浙江临海市杜桥镇 51.7
371302112 山东兰山区银雀山街办 51.6
370682101 山东莱阳市城厢街办 51.6
370284116 山东胶南市王台镇 51.6
321003102 江苏邗江区公道镇 51.5
320623108 江苏如东县丰利镇 51.5
320587001 江苏虎丘区横塘镇 51.5
320124100 江苏溧水县永阳镇 51.4
320681103 江苏启东市惠丰镇 51.4
440705005 广东新会区双水镇 51.4
330282010 浙江慈溪市桥头镇 51.4
330903001 浙江普陀区六横镇 51.3
110113017 北京顺义区北小营镇 51.2
371082102 山东荣成市俚岛镇 51.2
130635101 河北蠡县留史镇 51.1
320382101 江苏邳州市运河镇 51.1
371002101 山东环翠区羊亭镇 51.1
320111105 江苏浦口区石桥镇 51.1
420221110 湖北大冶市陈贵镇 51.1
321281125 江苏兴化市昭阳镇 51.0
440403002 广东斗门区莲溪镇 51.0
321182104 江苏扬中市八桥镇 51.0
321284113 江苏姜堰市溱潼镇 51.0
341424100 安徽和县历阳镇 50.9
310230101 上海崇明县城桥镇 50.9
130283107 河北迁安市杨店子镇 50.9
360190101 江西昌北区蛟桥镇 50.8
340207300 安徽芜湖市鸠江区大桥镇 50.8
321282102 江苏靖江市东兴镇 50.8
320111100 江苏浦口区珠江镇 50.7
330723006 浙江武义县桐琴镇 50.7
423201160 湖北仙桃市干河办事处 50.7
330902001 浙江定海区金塘镇 50.6
341021100 安徽黄山市歙县徽城镇 50.6
371082113 山东荣成市人和镇 50.6
210381009 辽宁海城市英落镇 50.5
420102050 湖北江夏区流芳街 50.5
350521100 福建惠安县螺城镇 50.5
330703008 浙江金东区赤松镇 50.5

全国重点镇名单

（2004年2月4日）

北京市（14个）

北京市昌平区小汤山镇
北京市大兴区西红门镇
北京市大兴区榆垡镇
北京市房山区长沟镇
北京市房山区窦店镇
北京市怀柔区北房镇
北京市门头沟区潭柘寺镇
北京市密云县溪翁庄镇
北京市平谷区峪口镇
北京市顺义区北小营镇
北京市顺义区后沙峪镇
北京市通州区漷县镇
北京市通州区马驹桥镇
北京市延庆县康庄镇

天津市（13个）

天津市塘沽区新城镇
天津市东丽区华明镇
天津市西青区大寺镇
天津市津南区双港镇
天津市北辰区双街镇
天津市武清区王庆坨镇
天津市宝坻区周良庄镇
天津市宁河县芦台镇
天津市宁河县七里海镇
天津市静海县静海镇
天津市静海县大邱庄镇
天津市蓟县城关镇
天津市蓟县上仓镇

河北省（98个）

河北省石家庄市长安区西兆通镇
河北省石家庄市井陉矿区贾庄镇
河北省井陉县微水镇
河北省正定县正定镇
河北省正定县诸福屯镇
河北省栾城县栾城镇
河北省深泽县深泽镇
河北省赞皇县赞皇镇
河北省无极县无极镇
河北省平山县平山镇
河北省平山县西柏坡镇
河北省元氏县槐阳镇
河北省赵县赵州镇
河北省辛集市位伯镇
河北省藁城市岗上镇
河北省鹿泉市铜冶镇
河北省鹿泉市上庄镇
河北省唐山市开平区栗园镇
河北省唐山市丰南区黄各庄镇
河北省唐山市丰润区新军屯镇
河北省唐山市丰润区沙流河镇
河北省滦县滦州镇
河北省滦南县倴城镇
河北省乐亭县乐亭镇
河北省迁西县兴城镇
河北省玉田县玉田镇
河北省玉田县鸦鸿桥镇
河北省芦台农场海北镇
河北省昌黎县昌黎镇
河北省抚宁县抚宁镇
河北省抚宁县留守营镇
河北省卢龙县卢龙镇
河北省邯郸市邯山区马头镇
河北省邯郸市峰峰矿区和村镇
河北省大名县大名镇
河北省涉县涉城镇
河北省涉县井店镇
河北省磁县磁州镇

河北省永年县临洺关镇
河北省魏县魏城镇
河北省武安市磁山镇
河北省临城县临城镇
河北省内邱县内丘镇
河北省隆尧县隆尧镇
河北省宁晋县凤凰镇
河北省宁晋县大陆村镇
河北省巨鹿县巨鹿镇
河北省新河县新河镇
河北省威县洺州镇
河北省清河县葛仙庄镇
河北省沙河市白塔镇
河北省满城县满城镇
河北省阜平县阜平镇
河北省徐水县安肃镇
河北省定兴县定兴镇
河北省高阳县高阳镇
河北省容城县容城镇
河北省安新县安新镇
河北省易县易州镇
河北省蠡县蠡吾镇
河北省蠡县留史镇
河北省顺平县蒲阳镇
河北省博野县博野镇
河北省雄县雄州镇
河北省高碑店市白沟镇
河北省张北县张北镇
河北省蔚县蔚州镇
河北省怀安县柴沟堡镇
河北省怀安县左卫镇
河北省怀来县沙城镇
河北省涿鹿县涿鹿镇
河北省承德县下板城镇
河北省兴隆县兴隆镇
河北省平泉县平泉镇
河北省隆化县隆化镇
河北省丰宁满族自治县大阁镇
河北省宽城满族自治县宽城镇
河北省围场满蒙自治县围场镇
河北省围场满蒙自治县四合永镇
河北省青县清州镇
河北省肃宁县肃宁镇
河北省吴桥县桑园镇
河北省泊头市交河镇
河北省任丘市苟各庄镇
河北省黄骅市吕桥镇
河北省固安县固安镇
河北省香河县淑阳镇
河北省大城县平舒镇
河北省文安县文安镇
河北省文安县左各庄镇
河北省大厂回族自治县大厂镇
河北省大厂回族自治县夏垫镇
河北省霸州市胜芳镇
河北省三河市燕郊镇
河北省枣强县枣强镇
河北省武邑县武邑镇
河北省安平县安平镇
河北省景县景州镇

山西省（62 个）

山西省大原市晋源区姚村镇
山西省清徐县清源镇
山西省清徐县徐沟镇
山西省清徐县东于镇
山西省古交市马兰镇
山西省大同市南效区古店镇
山西省灵丘县武灵镇
山西省浑源县永安镇
山西省平定县冠山镇
山西省盂县秀水镇
山西省盂县南娄镇
山西省长治县韩店镇
山西省长治县荫城镇
山西省襄垣县古韩镇
山西省黎城县黎侯镇
山西省壶关县龙泉镇
山西省沁源县沁河镇
山西省潞城市店上镇
山西省晋城市城区北石庄镇
山西省沁水县龙港镇
山西省沁水县嘉峰镇
山西省阳城县凤城镇

山西省阳城县北留镇
山西省陵川县崇文镇
山西省泽州县南村镇
山西省泽州县巴公镇
山西省高平市马村镇
山西省应县金城镇
山西省怀仁县云中镇
山西省左权县辽阳镇
山西省太谷县明星镇
山西省太谷县胡村镇
山西省祁县昭余镇
山西省祁县东观镇
山西省平遥县古陶镇
山西省灵石县翠峰镇
山西省灵石县静升镇
山西省介休市义安镇
山西省运城市盐湖区解州镇
山西省临猗县猗氏镇
山西省临猗县临晋镇
山西省闻喜县桐城镇
山西省闻喜县东镇镇
山西省稷山县稷峰镇
山西省稷山县翟店镇
山西省垣曲县新城镇
山西省夏县瑶峰镇
山西省芮城县古魏镇
山西省定襄县晋昌镇
山西省宁武县凤凰镇
山西省原平市轩岗镇
山西省临汾市尧都区金殿镇
山西省曲沃县乐昌镇
山西省翼城县唐兴镇
山西省襄汾县新城镇
山西省洪洞县大槐树镇
山西省浮山县天坛镇
山西省乡宁县昌宁镇
山西省孝义市梧桐镇
山西省汾阳市杏花村镇
山西省文水县凤城镇
山西省交城县天宁镇

内蒙古自治区（50 个）

内蒙古自治区和林格尔县城关镇
内蒙古自治区清水河县城关镇
内蒙古自治区包头市九原区兴胜镇
内蒙古自治区土默特右旗萨拉齐镇
内蒙古自治区达尔罕茂明安联合旗百灵庙镇
内蒙古自治区达尔罕茂明安联合旗希拉穆仁镇
内蒙古自治区赤峰市元宝山区建昌营镇
内蒙古自治区巴林左旗林东镇
内蒙古自治区林西县林西镇
内蒙古自治区克什克腾旗经棚镇
内蒙古自治区翁牛特旗乌丹镇
内蒙古自治区乌敦套海镇
内蒙古自治区宁城县天义镇
内蒙古自治区宁城县热水镇
内蒙古自治区敖汉旗新惠镇
内蒙古自治区科尔沁左翼后旗甘旗卡镇
内蒙古自治区科尔沁左翼后旗金宝屯镇
内蒙古自治区开鲁县开鲁镇
内蒙古自治区奈曼旗大沁他位镇
内蒙古自治区奈曼旗八仙筒镇
内蒙古自治区扎鲁特旗鲁北镇
内蒙古自治区达拉特旗树林召镇
内蒙古自治区准格尔旗沙圪堵镇
内蒙古自治区准格尔旗薛家湾镇
内蒙古自治区鄂托克前旗敖勒召其镇
内蒙古自治区鄂托克前旗棋盘井镇
内蒙古自治区鄂托克旗乌兰镇
内蒙古自治区杭锦旗锡尼镇
内蒙古自治区杭锦旗巴拉贡镇
内蒙古自治区乌审旗达布察克镇
内蒙古自治区伊金霍洛旗乌兰木伦镇
内蒙古自治区伊金霍洛旗阿勒腾席热镇
内蒙古自治区扎兰屯市成吉思汗镇
内蒙古自治区阿荣旗那吉镇
内蒙古自治区鄂伦春自治旗阿里河镇
内蒙古自治区鄂伦春自治旗大杨树镇
内蒙古自治区鄂温克族自治旗伊敏河镇
内蒙古自治区鄂温克族自治旗巴彦托海镇
内蒙古自治区科尔沁右翼中旗白音胡硕镇
内蒙古自治区突泉县突泉镇
内蒙古自治区苏尼特左旗满都拉图镇

内蒙古自治区东乌珠穆沁旗乌里雅斯太镇
内蒙古自治区兴和县城关镇
内蒙古自治区临河市新华镇
内蒙古自治区磴口县巴彦高勒镇
内蒙古自治区乌拉特中旗海流图镇
内蒙古自治区杭锦后旗陕坝镇
内蒙古自治区阿拉善左旗巴彦浩特镇
内蒙古自治区阿拉善左旗吉兰太镇
内蒙古自治区乌海市海南区公乌素镇

辽宁省（61 个）

辽宁省沈阳市苏家屯区陈相屯镇
辽宁省沈阳市东陵区白塔镇
辽宁省沈阳市新城子区虎石台镇
辽宁省辽中县辽中镇
辽宁省康平县康平镇
辽宁省法库县法库镇
辽宁省新民市胡台镇
辽宁省长海县大长山岛镇
辽宁省长海县獐子岛镇
辽宁省瓦房店市复州城镇
辽宁省瓦房店市炮台镇
辽宁省普兰店市皮口镇
辽宁省台安县台安镇
辽宁省岫岩县岫岩镇
辽宁省岫岩县偏岭镇
辽宁省海城市西柳镇
辽宁省海城市南台镇
辽宁省海城市腾鳌镇
辽宁省抚顺县章党镇
辽宁省新宾满族自治县新宾镇
辽宁省新宾满族自治县南杂木镇
辽宁省新宾满族自治县永陵镇
辽宁省清原满族自治县清原镇
辽宁省清原满族自治县红透山镇
辽宁省本溪满族自治县小市镇
辽宁省本溪满族自治县田师傅镇
辽宁省桓仁满族自治县桓仁镇
辽宁省宽甸县宽甸镇
辽宁省宽甸县永甸镇
辽宁省东港市孤山镇
辽宁省东港市前阳镇
辽宁省凤城市通远堡镇
辽宁省黑山县黑山镇
辽宁省义县义州镇
辽宁省凌海市双羊镇
辽宁省北宁市沟帮子镇
辽宁省营口市老边区路南镇
辽宁省盖州市熊岳镇
辽宁省大石桥市水源镇
辽宁省大石桥市高坎镇
辽宁省阜新蒙古族自治县阜新镇
辽宁省彰武县彰武镇
辽宁省辽阳县首山镇
辽宁省辽阳县刘二堡镇
辽宁省灯塔市佟二堡镇
辽宁省大洼县大洼镇
辽宁省盘山县高升镇
辽宁省盘山县太平镇
辽宁省铁岭县新台子镇
辽宁省西丰县西丰镇
辽宁省昌图县昌图镇
辽宁省昌图县八面城镇
辽宁省调兵山市晓南镇
辽宁省朝阳县柳城镇
辽宁省建平县叶柏寿镇
辽宁省喀喇心左翼蒙古族自治县大城子镇
辽宁省凌源市杨杖子镇
辽宁省葫芦岛市连山区高桥镇
辽宁省绥中县绥中镇
辽宁省建昌县建昌镇
辽宁省兴城市沙后所镇

吉林省（43 个）

吉林省长春市宽城区兴隆山镇
吉林省长春市朝阳区富锋镇
吉林省长春市绿园区合心镇
吉林省农安县农安镇
吉林省农安县合隆镇
吉林省九台市卡伦镇
吉林省榆树市五棵树镇
吉林市龙潭区乌拉街满族镇
吉林省永吉县口前镇
吉林省永吉县岔路河镇

吉林省蛟河市白石山镇
吉林省桦甸市红石砬子镇
吉林省磐石市烟筒山镇
吉林省梨树县梨树镇
吉林省梨树县郭家店镇
吉林省伊通满族自治县伊通镇
吉林省公主岭市范家屯镇
吉林省东丰县东丰镇
吉林省东辽县白泉镇
吉林省通化县快大茂镇
吉林省辉南县朝阳镇
吉林省辉南县辉南镇
吉林省柳河县柳河镇
吉林省梅河口市山城镇
吉林省抚松县抚松镇
吉林省抚松县松江河镇
吉林省抚松县泉阳镇
吉林省靖宇县靖宇镇
吉林省长白朝鲜族自治县长白镇
吉林省江源县孙家堡子镇
吉林省前郭尔罗斯蒙古族自治县长山镇
吉林省长岭县长岭镇
吉林省长岭县太平川镇
吉林省乾安县乾安镇
吉林省扶余县三岔河镇
吉林省镇赉县镇赉镇
吉林省通榆县开通镇
吉林省大安市安广镇
吉林省敦化市黄泥河镇
吉林省龙井市朝阳川镇
吉林省汪清县汪清镇
吉林省安图县明月镇
吉林省安图县二道白河镇

黑龙江省（56 个）

黑龙江省哈尔滨市道里区新发镇
黑龙江省哈尔滨市南岗区王岗镇
黑龙江省呼兰县康金镇
黑龙江省呼兰县呼兰镇
黑龙江省依兰县依兰镇
黑龙江省方正县方正镇
黑龙江省宾县宾州镇
黑龙江省巴彦县兴隆镇
黑龙江省巴彦县巴彦镇
黑龙江省木兰县木兰镇
黑龙江省通河县通河镇
黑龙江省延寿县延寿镇
黑龙江省阿城市平山镇
黑龙江省阿城市玉泉镇
黑龙江省双城市周家镇
黑龙江省尚志市亚布力镇
黑龙江省五常市山河镇
黑龙江省龙江县龙江镇
黑龙江省依安县依安镇
黑龙江省泰来县泰来镇
黑龙江省富裕县富裕镇
黑龙江省克山县克山镇
黑龙江省拜泉县拜泉镇
黑龙江省讷河市拉哈镇
黑龙江省鸡东县鸡东镇
黑龙江省虎林市迎春镇
黑龙江省虎林市东方红镇
黑龙江省密山市连珠山镇
黑龙江省萝北县名山镇
黑龙江省集贤县集贤镇
黑龙江省集贤县福利镇
黑龙江省大庆市让胡路区喇嘛甸镇
黑龙江省肇源县肇源镇
黑龙江省杜尔伯特蒙古族自治县泰康镇
黑龙江省铁力市朗乡镇
黑龙江省铁力市朗双丰镇
黑龙江省桦南县桦南镇
黑龙江省汤源县汤原镇
黑龙江省勃利县勃利镇
黑龙江省东宁县绥阳镇
黑龙江省东宁县东宁镇
黑龙江省林口县林口镇
黑龙江省绥芬河市阜宁镇
黑龙江省海林市横道河子镇
黑龙江省海林市柴河镇
黑龙江省宁安市东京城镇
黑龙江省穆棱市兴源镇
黑龙江省穆棱市穆棱镇
黑龙江省嫩江县嫩江镇

黑龙江省北安市赵光镇
黑龙江省北安市通北镇
黑龙江省绥化市北林区秦家镇
黑龙江省庆安县庆安镇
黑龙江省安达市任民镇
黑龙江省肇东市宋站镇
黑龙江省呼玛县呼玛镇

上海市（14 个）

上海市闵行区浦江镇
上海市宝山区罗店镇
上海市嘉定区南翔镇
上海市嘉定区安亭镇
上海市浦东新区高桥镇
上海市金山区朱泾镇
上海市金山区枫泾镇
上海市松江区泗泾镇
上海市青浦区朱家角镇
上海市青浦区华新镇
上海市南汇区周浦镇
上海市南江区航头镇
上海市奉贤区奉城镇
上海市崇明县陈家镇镇

江苏省（94 个）

江苏省南京市浦口区汤泉镇
江苏省南京市江宁区禄口镇
江苏省南京市江宁区汤山镇
江苏省南京市六合区八百桥镇
江苏省南京市六合区横梁镇
江苏省溧水县东屏镇
江苏省溧水县永阳镇
江苏省高淳县淳溪镇
江苏省高淳县桠溪镇
江苏省无锡市锡山区安镇镇
江苏省无锡市锡山区东港镇
江苏省无锡市惠山区洛社镇
江苏省无锡市惠山区玉祁镇
江苏省江阴市华士镇
江苏省江阴市周庄镇
江苏省宜兴市官林镇
江苏省宜兴市和桥镇
江苏省徐州市贾汪区大吴镇
江苏省丰县凤城镇
江苏省沛县沛城镇
江苏省铜山县铜山镇
江苏省睢宁县睢城镇
江苏省新沂市王庄镇
江苏省邳州市官湖镇
江苏省常州市新北区孟河镇
江苏省常州市武进区横山桥镇
江苏省常州市武进区洛阳镇
江苏省溧阳市南渡镇
江苏省金坛市薛埠镇
江苏省苏州市吴中区角直镇
江苏省常熟市海虞镇
江苏省常熟市沙家浜镇
江苏省张家港市锦丰镇
江苏省张家港市塘桥镇
江苏省昆山市张浦镇
江苏省昆山市周庄镇
江苏省吴江市芦墟镇
江苏省吴江市同里镇
江苏省太仓市浏河镇
江苏省海安县海安镇
江苏省海安县李堡镇
江苏省如东县岔河镇
江苏省如东县掘港镇
江苏省启东市吕四港镇
江苏省如皋市长江镇
江苏省通州市二甲镇
江苏省通州市平潮镇
江苏省海门市包场镇
江苏省海门市三星镇
江苏省赣榆县青口镇
江苏省东海县牛山镇
江苏省灌云县板浦镇
江苏省灌云县伊山镇
江苏省灌南县新安镇
江苏省涟水县高沟镇
江苏省涟水县涟城镇
江苏省洪泽县高良涧镇
江苏省盱眙县马坝镇
江苏省盱眙县盱城镇

江苏省金湖县黎城镇
江苏省响水县响水镇
江苏省滨海县东坎镇
江苏省阜宁县阜城镇
江苏省阜宁县益林镇
江苏省射阳县合德镇
江苏省射阳县临海镇
江苏省建湖县近湖镇
江苏省建湖县上冈镇
江苏省盐都县秦南镇
江苏省东台市三仓镇
江苏省大丰市刘庄镇
江苏省扬州市邗江区李典镇
江苏省宝应县安宜镇
江苏省宝应县范水镇
江苏省仪征市大仪镇
江苏省江都市邵伯镇
江苏省镇江市丹徒区高资镇
江苏省丹阳市皇塘镇
江苏省丹阳市新桥镇
江苏省扬中市新坝镇
江苏省扬中市油坊镇
江苏省句容市茅山镇
江苏省句容市下蜀镇
江苏省兴化市戴南镇
江苏省靖江市新桥镇
江苏省泰兴市黄桥镇
江苏省姜堰市娄庄镇
江苏省姜堰市溱潼镇
江苏省宿豫县大兴镇
江苏省沭阳县华冲镇
江苏省沭阳县沭城镇
江苏省泗阳县王集镇
江苏省泗阳县众兴镇
江苏省泗洪县青阳镇

浙江省（87 个）

浙江省杭州市萧山区义蓬镇
浙江省杭州市萧山区瓜沥镇
浙江省杭州市余杭区瓶窑镇
浙江省杭州市余杭区余杭镇
浙江省桐庐县富春江镇
浙江省桐庐县桐庐镇
浙江省淳安县汾口镇
浙江省淳安县千岛湖镇
浙江省建德市乾潭镇
浙江省富阳市大源镇
浙江省富阳市新登镇
浙江省临安市於潜镇
浙江省宁波市江北区慈城镇
浙江省宁波市鄞州区集士港镇
浙江省宁波市鄞州区邱隘镇
浙江省象山县石浦镇
浙江省宁海县西店镇
浙江省余姚市泗门镇
浙江省慈溪市周巷镇
浙江省慈溪市观海卫镇
浙江省奉化市溪口镇
浙江省洞头县北岙镇
浙江省永嘉县瓯北镇
浙江省永嘉县上塘镇
浙江省平阳县鳌江镇
浙江省平阳县昆阳镇
浙江省苍南县灵溪镇
浙江省苍南县龙港镇
浙江省文成县大峃镇
浙江省泰顺县罗阳镇
浙江省瑞安市马屿镇
浙江省瑞安市塘下镇
浙江省乐清市柳市镇
浙江省乐清市虹桥镇
浙江省嘉兴市秀洲区王江泾镇
浙江省嘉善县西塘镇
浙江省嘉善县魏塘镇
浙江省海盐县武原镇
浙江省海宁市盐官镇
浙江省海宁市长安镇
浙江省平湖市新仓镇
浙江省桐乡市崇福镇
浙江省桐乡市濮院镇
浙江省湖州市织里镇
浙江省德清县新市镇
浙江省德清县武康镇
浙江省长兴县雉城镇

浙江省安吉县高禹镇
浙江省安吉县递铺镇
浙江省绍兴县钱清镇
浙江省绍兴县齐贤镇
浙江省新昌县城关镇
浙江省诸暨市枫桥镇
浙江省诸暨市店口镇
浙江省上虞市崧厦镇
浙江省上虞市丰惠镇
浙江省嵊州市长乐镇
浙江省浦江县郑家坞镇
浙江省磐安县安文镇
浙江省兰溪市游埠镇
浙江省东阳市巍山镇
浙江省东阳市横店镇
浙江省义乌市苏溪镇
浙江省义乌市佛堂镇
浙江省堂山县天马镇
浙江省开化县华埠镇
浙江省开化县城关镇
浙江省龙游县湖镇镇
浙江省龙游县龙游镇
浙江省岱山县高亭镇
浙江省嵊泗县菜园镇
浙江省台州市路桥区金清镇
浙江省玉环县楚门镇
浙江省玉环县珠港镇
浙江省三门县海游镇
浙江省仙居县白塔镇
浙江省温岭市大溪镇
浙江省温岭市泽国镇
浙江省丽水市莲都区大港头镇
浙江省青田县温溪镇
浙江省青田县鹤城镇
浙江省缙云县五云镇
浙江省遂昌县妙高镇
浙江省松阳县西屏镇
浙江省云和县云和镇
浙江省庆元县松源镇
浙江省景宁畲族自治县鹤溪镇

安徽省（91 个）

安徽省合肥市包河区义城镇
安徽省长丰县水湖镇
安徽省长丰县双墩镇
安徽省肥东县店埠镇
安徽省肥东县撮镇镇
安徽省肥西县上派镇
安徽省肥西县三河镇
安徽省芜湖县湾沚镇
安徽省芜湖县清水镇
安徽省繁昌县城关镇
安徽省繁昌县获港镇
安徽省南陵县籍山镇
安徽省南陵县弋江镇
安徽省怀远县城关镇
安徽省怀远县常坟镇
安徽省五河县城关镇
安徽省固镇县城关镇
安徽省淮南市大通区上窑镇
安徽省淮南市毛集区毛集镇
安徽省当涂县城关镇
安徽省当涂县博望镇
安徽省濉溪县濉溪镇
安徽省铜陵县城关镇
安徽省铜陵县大通镇
安徽省怀宁县石牌镇
安徽省怀宁县高河镇
安徽省枞阳县枞阳镇
安徽省枞阳县横埠镇
安徽省潜山县梅城镇
安徽省太湖县晋熙镇
安徽省太湖县徐桥镇
安徽省宿松县孚玉镇
安徽省望江县雷阳镇
安徽省岳西县天堂镇
安徽省桐城市新渡镇
安徽省黄山市黄山区汤口镇
安徽省歙县徽城镇
安徽省歙县深渡镇
安徽省休宁县海阳镇
安徽省黟县碧阳镇
安徽省祁门县祁山镇

安徽省来安县新安镇
安徽省全椒县襄河镇
安徽省定远县定城镇
安徽省凤阳县府城镇
安徽省凤阳县门台子镇
安徽省天长市秦栏镇
安徽省明光市管店镇
安徽省临泉县城关镇
安徽省太和县城关镇
安徽省阜南县城关镇
安徽省界首市光武镇
安徽省宿州市埇桥区符离镇
安徽省砀山县城关镇
安徽省萧县张庄寨镇
安徽省萧县龙城镇
安徽省灵璧县灵城镇
安徽省泗县泗城镇
安徽省巢湖市居巢区柘皋镇
安徽省庐江县城关镇
安徽省无为县无城镇
安徽省无为县二坝镇
安徽省含山县环峰镇
安徽省含山县林头镇
安徽省和县历阳镇
安徽省和县沈巷镇
安徽省六安市金安区张店镇
安徽省六安市裕安区苏埠镇
安徽省寿县寿春镇
安徽省霍邱县城关镇
安徽省舒城县城关镇
安徽省金寨县梅山镇
安徽省霍山县诸佛庵镇
安徽省霍山县恒山镇
安徽省六安市叶集区叶集镇
安徽省亳州市谯城区古井镇
安徽省涡阳县城关镇
安徽省蒙城县城关镇
安徽省利辛县城关镇
安徽省池州市贵池区殷汇镇
安徽省东至县尧渡镇
安徽省东至县东流镇
安徽省石台县七里镇
安徽省青阳县蓉城镇
安徽省宁国市港口镇
安徽省郎溪县建平镇
安徽省广德县桃州镇
安徽省广德县新杭镇
安徽省泾县泾川镇
安徽省绩溪县华阳镇
安徽省旌德县旌阳镇

福建省（68 个）

福建省福州市马尾区琅岐镇
福建省闽侯县甘蔗镇
福建省闽侯县青口镇
福建省连江县凤城镇
福建省连江县琯头镇
福建省罗源县凤山镇
福建省闽清县梅城镇
福建省闽清县坂东镇
福建省永泰县樟城镇
福建省平潭县潭城镇
福建省福清市海口镇
福建省福清市龙田镇
福建省长乐市金峰镇
福建省厦门市集美区灌口镇
福建省厦门市同安区马巷镇
福建省厦门市翔安区大嶝镇
福建省莆田市荔城区西天尾镇
福建省莆田市秀屿区笏石镇
福建省仙游县鲤城镇
福建省明溪县雪峰镇
福建省清流县龙津镇
福建省宁化县翠江镇
福建省大田县均溪镇
福建省尤溪县城关镇
福建省尤溪县西城镇
福建省沙县凤岗镇
福建省将乐县古镛镇
福建省将乐县水南镇
福建省泰宁县杉城镇
福建省建宁县濉城镇
福建省建宁县溪口镇
福建省永安市曹远镇

福建省惠安县螺城镇
福建省惠安县崇武镇
福建省安溪县凤城镇
福建省永春县桃城镇
福建省德化县浔中镇
福建省石狮市祥芝镇
福建省南安市水头镇
福建省漳州市芗城区芝山镇
福建省云霄县云陵镇
福建省漳浦县绥安镇
福建省诏安县南诏镇
福建省诏安县桥东镇
福建省长泰县武安镇
福建省东山县西埔镇
福建省南靖县山城镇
福建省平和县小溪镇
福建省平和县坂仔镇
福建省华安县华丰镇
福建省龙海市角美镇
福建省浦城县南浦镇
福建省光泽县杭川镇
福建省松溪县松源镇
福建省政和县熊山镇
福建省龙岩市新罗区适中镇
福建省长汀县汀州镇
福建省永定县凤城镇
福建省永定县坎市镇
福建省上杭县临江镇
福建省武平县平川镇
福建省连城县莲峰镇
福建省霞浦县松城镇
福建省古田县新城镇
福建省古田县黄田镇
福建省柘荣县双城镇
福建省福安市穆阳镇
福建省福鼎市白琳镇

江西省（82 个）

江西省南昌县莲塘镇
江西省南昌县向塘镇
江西省新建县长堎镇
江西省进贤县民和镇
江西省进贤县李渡镇
江西省进贤县文港镇
江西省浮梁县洪源镇
江西省乐平市涌山镇
江西省萍乡市安源区安源镇
江西省萍乡市湘东区下埠镇
江西省莲花县琴亭镇
江西省上栗县上栗镇
江西省上栗县桐木镇
江西省芦溪县芦溪镇
江西省九江市庐山区姑塘镇
江西省武宁县新宁镇
江西省修水县义宁镇
江西省修水县渣津镇
江西省永修县涂埠镇
江西省永修县柘林镇
江西省德安县蒲亭镇
江西省星子县南康镇
江西省湖口县双钟镇
江西省彭泽县龙城镇
江西省瑞昌市码头镇
江西省新余市渝水区良山镇
江西省分宜县分宜镇
江西省余江县邓埠镇
江西省余江县锦江镇
江西省鹰潭市龙虎山管委会上清镇
江西省赣州市章贡区沙河镇
江西省赣县梅林镇
江西省赣县江口镇
江西省信丰县嘉定镇
江西省信丰县铁石口镇
江西省上犹县东山镇
江西省安远县欣山镇
江西省龙南县龙南镇
江西省全南县城厢镇
江西省宁都县梅江镇
江西省于都县贡江镇
江西省兴国县潋江镇
江西省南康市唐江镇
江西省南康市潭口镇
江西省吉安县敦厚镇
江西省吉水县文峰镇

江西省吉水县八都镇
江西省峡江县水边镇
江西省峡江县巴邱镇
江西省新干县金川镇
江西省新干县大洋洲镇
江西省永丰县恩江镇
江西省泰和县澄江镇
江西省遂川县泉江镇
江西省安福县平都镇
江西省永新县禾川镇
江西省井冈山市龙市镇
江西省宜春市袁州区温汤镇
江西省奉新县冯川镇
江西省万载县康乐镇
江西省万载县株潭镇
江西省宜丰县新昌镇
江西省宜丰县潭山镇
江西省靖安县双溪镇
江西省樟树市临江镇
江西省高安市八景镇
江西省抚州市临川区腾桥镇
江西省南城县建昌镇
江西省崇仁县巴山镇
江西省乐安县鳌溪镇
江西省金溪县秀谷镇
江西省资溪县鹤城镇
江西省东乡县孝岗镇
江西省上饶县旭日镇
江西省广丰县永丰镇
江西省广丰县洋口镇
江西省玉山县冰溪镇
江西省铅山县河口镇
江西省铅山县永平镇
江西省波阳县鄱阳镇
江西省婺源县紫阳镇
江西省德兴市泗洲镇

山东省（96个）

山东省济南市历城区遥墙镇
山东省济南市长清区万德镇
山东省平阴县平阴镇
山东省平阴县东阿镇
山东省商河县商河镇
山东省商河县玉皇庙镇
山东省章丘市刁镇
山东省胶州市李哥庄镇
山东省胶州市铺集镇
山东省即墨市鳌山卫镇
山东省即墨市华山镇
山东省即墨市蓝村镇
山东省平度市南村镇
山东省平度市蓼兰镇
山东省平度市灰埠镇
山东省胶南市隐珠镇
山东省胶南市王台镇
山东省莱西市姜山镇
山东省淄博市淄川区昆仑镇
山东省淄博市淄川区双沟镇
山东省淄博市张店区中埠镇
山东省淄博市博山区源泉镇
山东省淄博市临淄区朱台镇
山东省淄博市周村区王村镇
山东省桓台县索镇
山东省桓台县马桥镇
山东省枣庄市薛城区陶庄镇
山东省滕州市西岗镇
山东省东营市河口区仙河镇
山东省东营市河口区孤岛镇
山东省垦利县垦利镇
山东省垦利县胜坨镇
山东省利津县利津镇
山东省广饶县广饶镇
山东省广饶县大王镇
山东省烟台市莱山区莱山镇
山东省长岛县南长山镇
山东省龙口市东江镇
山东省莱州市沙河镇
山东省招远市玲珑镇
山东省栖霞市桃村镇
山东省海阳市徐家店镇
山东省潍坊市寒亭区央子镇
山东省潍坊市坊子区眉村镇
山东省临朐县临朐镇
山东省临朐县辛寨镇

山东省昌乐县昌乐镇
山东省青州市庙子镇
山东省诸城市昌城镇
山东省寿光市羊口镇
山东省安丘市景芝镇
山东省高密市夏庄镇
山东省昌邑市柳疃镇
山东省微山县夏镇
山东省金乡县金乡镇
山东省泗水县泗水镇
山东省曲阜市姚村镇
山东省兖州市新兖镇
山东省宁阳县宁阳镇
山东省宁阳县华丰镇
山东省新泰市翟镇
山东省肥城市石横镇
山东省威海市环翠区温泉镇
山东省文登市宋村镇
山东省文登市岗山镇
山东省荣成市石岛镇
山东省日照市东港区河山镇
山东省莱芜市莱城区口镇
山东省莱芜市钢城区颜庄镇
山东省临沂市兰山区义堂镇
山东省沂南县界湖镇
山东省郯城县郯城镇
山东省沂水县沂水镇
山东省苍山县卞庄镇
山东省费县费城镇
山东省平邑县平邑镇
山东省平邑县地方镇
山东省临沭县临沭镇
山东省德州市德城区二屯镇
山东省陵县陵城镇
山东省宁津县宁津镇
山东省宁津县时集镇
山东省平原县平原镇
山东省平原县王凤楼镇
山东省乐陵市朱集镇
山东省阳谷县阳谷镇
山东省莘县城关镇
山东省高唐县琉寺镇
山东省临清市烟店镇
山东省惠民县惠民镇
山东省博兴县博兴镇
山东省邹平县魏桥镇
山东省曹县庄寨镇
山东省郓城县郓城镇
山东省定陶县定陶镇
山东省单县黄岗镇

河南省（115个）

河南省郑州市二七区马寨镇
河南省郑州市金水区柳林镇
河南省郑州邙山区花园口镇
河南省中牟县城关镇
河南省巩义市米河镇
河南省巩义市竹林镇
河南省荥阳市崔庙镇
河南省新密市超化镇
河南省登封市卢店镇
河南省杞县城关镇
河南省通许县城关镇
河南省尉氏县城关镇
河南省开封县城关镇
河南省兰考县城关镇
河南省孟津县城关镇
河南省孟津县会盟镇
河南省新安县城关镇
河南省新安县铁门镇
河南省栾川县城关镇
河南省嵩县城关镇
河南省汝阳县城关镇
河南省宜阳县城关镇
河南省洛宁县城关镇
河南省伊川县城关镇
河南省偃师市顾县镇
河南省宝丰县城关镇
河南省叶县昆阳镇
河南省鲁山县鲁阳镇
河南省安阳县水冶镇
河南省汤阴县城关镇
河南省滑县道口镇
河南省内黄县城关镇

河南省林州市姚村镇
河南省浚县城关镇
河南省淇县朝歌镇
河南省淇县高村镇
河南省新乡县七里营镇
河南省获嘉县城关镇
河南省延津县城关镇
河南省封丘县城关镇
河南省长垣县城关镇
河南省长垣县丁栾镇
河南省卫辉市唐庄镇
河南省辉县市孟庄镇
河南省焦作市马村区待王镇
河南省博爱县清化镇
河南省博爱县月山镇
河南省武陟县木城镇
河南省武陟县西陶镇
河南省温县温泉镇
河南省温县番田镇
河南省孟州市南庄镇
河南省清丰县城关镇
河南省清丰县马庄桥镇
河南省南乐县城关镇
河南省范县城关镇
河南省濮阳县城关镇
河南省濮阳县文留镇
河南省鄢陵县安陵镇
河南省襄城县城关镇
河南省禹州市神垕镇
河南省长葛市大周镇
河南省舞阳县舞泉镇
河南省临颍县城关镇
河南省郾城县城关镇
河南省郾城县召陵镇
河南省渑池县城关镇
河南省渑池县张村镇
河南省卢氏县城关镇
河南省义马市常村镇
河南省灵宝市豫灵镇
河南省南召县城关镇
河南省方城县城关镇
河南省西峡县城关镇
河南省镇平县城关镇
河南省镇平县石佛寺镇
河南省镇平县贾宋镇
河南省内乡县城关镇
河南省淅川县城关镇
河南省淅川县荆紫关镇
河南省杜旗县社旗镇
河南省唐河县城关镇
河南省新野县城关镇
河南省桐柏县城关镇
河南省桐柏县大河镇
河南省邓州市穰东镇
河南省商丘市梁园区谢集镇
河南省唯县城关镇
河南省宁陵县城关镇
河南省柘城县城关镇
河南省虞城县城关镇
河南省夏邑县城关镇
河南省罗山县城关镇
河南省光山县城关镇
河南省新县新集镇
河南省商城县城关镇
河南省商城县余集镇
河南省固始县城关镇
河南省潢川县城关镇
河南省扶沟县城关镇
河南省西华县城关镇
河南省沈丘县槐店镇
河南省郸城县城关镇
河南省太康县城关镇
河南省鹿邑县城关镇
河南省项城市秣陵镇
河南省西平县柏城镇
河南省平舆县古槐镇
河南省正阳县真阳镇
河南省确山县盘龙镇
河南省泌阳县泌水镇
河南省汝南县汝宁镇
河南省遂平县灈阳镇
河南省新蔡县古吕镇
河南省济源市克井镇

湖北省（74个）

湖北省武汉市蔡甸区军山镇
湖北省武汉市江夏区五里界镇
湖北省武汉市新洲区辛冲镇
湖北省武汉市洪山区左岭镇
湖北省武汉市东西湖区新沟镇
湖北省大冶市陈贵镇
湖北省大冶市灵乡镇
湖北省大冶市还地桥镇
湖北省阳新县富池镇
湖北省阳新县兴国镇
湖北省丹江口县家店镇
湖北省郧县城关镇
湖北省郧西县城关镇
湖北省竹溪县城关镇
湖北省荆州市荆州区川店镇
湖北省江陵县郝穴镇
湖北省松滋市刘家场镇
湖北省公安县斗湖堤镇
湖北省监利县容城镇
湖北省洪湖市府场镇
湖北省洪湖市瞿家湾镇
湖北省宜都市枝城镇
湖北省枝江市安福寺镇
湖北省当阳市半月镇
湖北省远安县鸣凤镇
湖北省秭归县茅坪镇
湖北省长阳土家族自治县龙舟坪镇
湖北省襄樊市樊城区太平店镇
湖北省老河口市仙人渡镇
湖北省襄樊市襄阳区双沟镇
湖北省枣阳市太平镇
湖北省枣阳市吴店镇
湖北省南漳县城关镇
湖北省谷城县城关镇
湖北省谷城县石花镇
湖北省鄂州市葛店镇
湖北省鄂州市沼山镇
湖北省荆门市漳河镇
湖北省沙洋县沙洋镇
湖北省钟祥市胡集镇
湖北省京山县新市镇
湖北省京山县宋和镇
湖北省孝昌县花园镇
湖北省大悟县城关镇
湖北省云梦县城关镇
湖北省应城市汤池镇
湖北省汉川市马口镇
湖北省红安县城关镇
湖北省红安县七里坪镇
湖北省麻城市宋埠镇
湖北省罗田县凤山镇
湖北省罗田县三里畈镇
湖北省英山县温泉镇
湖北省浠水县清泉镇
湖北省蕲春县漕河镇
湖北省蕲春县蕲州镇
湖北省武穴市梅川镇
湖北省黄梅县黄梅镇
湖北省黄梅县小池镇
湖北省嘉鱼县鱼岳镇
湖北省嘉鱼县潘家湾镇
湖北省通城县隽水镇
湖北省崇阳县天城镇
湖北省恩施市龙凤坝镇
湖北省巴东县信陵镇
湖北省随州市曾都区殷店镇
湖北省随州市曾都区洪山镇
湖北省仙桃市毛嘴镇
湖北省仙桃市彭场镇
湖北省天门市皂市镇
湖北省潜江市浩口镇
湖北省潜江市张金镇
湖北省神农架林区松柏镇
湖北省神农架林区木鱼镇

湖南省（98个）

湖南省长沙县黄兴镇
湖南省长沙县江背镇
湖南省浏阳市大瑶镇
湖南省浏阳市永安镇
湖南省宁乡县花明楼镇
湖南省宁乡县双凫铺镇
湖南省宁乡县玉潭镇

湖南省望城县丁字镇
湖南省望城县高塘岭镇
湖南省茶陵县城关镇
湖南省醴陵市白兔潭镇
湖南省炎陵县霞阳镇
湖南省攸县城关镇
湖南省攸县皇图岭镇
湖南省韶山市清溪镇
湖南省湘潭县花石镇
湖南省湘潭县易俗河镇
湖南省湘乡市棋梓镇
湖南省常宁市松柏镇
湖南省衡东县城关镇
湖南省衡东县新塘镇
湖南省衡南县三塘镇
湖南省衡山县开云镇
湖南省衡阳县西渡镇
湖南省祁东县白地市镇
湖南省祁东县洪桥镇
湖南省城步苗族自治县儒林镇
湖南省洞口县洞口镇
湖南省洞口县高沙镇
湖南省隆回县六都寨镇
湖南省隆回县桃洪镇
湖南省邵东县两市镇
湖南省邵阳县塘渡口镇
湖南省绥宁县长铺镇
湖南省新宁县金石镇
湖南省新邵县酿溪镇
湖南省汨罗市长乐镇
湖南省华容县城关镇
湖南省临湘市羊楼司镇
湖南省平江县汉昌镇
湖南省湘阴县文星镇
湖南省岳阳县荣家湾镇
湖南省岳阳县新墙镇
湖南省安乡县城关镇
湖南省常德市鼎城区蒿子港镇
湖南省汉寿县城关镇
湖南省澧县澧阳镇
湖南省临澧县城关镇
湖南省临澧县合口镇
湖南省石门县楚江镇
湖南省石门县新关镇
湖南省桃源县漳江镇
湖南省桃源县陬市镇
湖南省慈利县零阳镇
湖南省桑植县澧源镇
湖南省安化县东坪镇
湖南省安化县梅城镇
湖南省南县茅草街镇
湖南省南县南洲镇
湖南省桃江县灰山港镇
湖南省桃江县桃花江镇
湖南省沅江市南大膳镇
湖南省安仁县城关镇
湖南省桂阳县城关镇
湖南省嘉禾县城关镇
湖南省嘉禾县塘村镇
湖南省临武县城关镇
湖南省汝城县城关镇
湖南省郴州市苏仙区良田镇
湖南省宜章县城关镇
湖南省宜章县梅田镇
湖南省永兴县城关镇
湖南省道县道江镇
湖南省东安县白牙市镇
湖南省江永县潇浦镇
湖南省蓝山县塔峰镇
湖南省宁远县舜陵镇
湖南省祁阳县黎家坪镇
湖南省祁阳县浯溪镇
湖南省黔阳县安江镇
湖南省会同县林城镇
湖南省靖州苗族侗族自治县渠阳镇
湖南省麻阳苗族自治县高村镇
湖南省通道侗族自治县双江镇
湖南省新晃侗族自治县新晃镇
湖南省溆浦县低庄镇
湖南省沅陵县沅陵镇
湖南省芷江侗族自治县芷江镇
湖南省涟源市七星街镇
湖南省双峰县三塘铺镇
湖南省双峰县永丰镇

湖南省新化县上梅镇
湖南省保靖县迁陵镇
湖南省凤凰县沱江镇
湖南省古丈县古阳镇
湖南省龙山县里耶镇
湖南省龙山县民安镇
湖南省泸溪县白沙镇

广东省（119 个）

广东省广州市白云区太和镇
广东省广州市白云区江高镇
广东省广州市番禺区榄核镇
广东省广州市番禺区大岗镇
广东省广州市花都区狮岭镇
广东省广州市花都区炭步镇
广东省增城市新塘镇
广东省增城市中新镇
广东省从化市鳌头镇
广东省曲江县马坝镇
广东省始兴县太平镇
广东省仁化县仁化镇
广东省翁源县龙仙镇
广东省乐昌市坪石镇
广东省珠海市斗门区斗门镇
广东省珠海市斗门区白蕉镇
广东省珠海市金湾区平沙镇
广东省珠海市金湾区红旗镇
广东省汕头市潮南区陈店镇
广东省汕头市澄海区莲下镇
广东省汕头市澄海区东里镇
广东省佛山市南海区西樵镇
广东省佛山市南海区里水镇
广东省佛山市顺德区北滘镇
广东省佛山市顺德区龙江镇
广东省佛山市三水区乐平镇
广东省佛山市三水区芦苞镇
广东省佛山市高明区明城镇
广东省佛山市高明区杨梅镇
广东省江门市新会区司前镇
广东省江门市新会区荷塘镇
广东省台山市斗山镇
广东省台山市广海镇
广东省开平市水口镇
广东省开平市赤坎镇
广东省鹤山市共和镇
广东省鹤山市扯山镇
广东省恩平市沙湖镇
广东省遂溪县遂城镇
广东省徐闻县徐城镇
广东省廉江市安铺镇
广东省电白县沙朗镇
广东省电白县水东镇
广东省高州市分界镇
广东省高州市石鼓镇
广东省信宜市镇隆镇
广东省肇庆市鼎湖区永安镇
广东省肇庆市鼎湖区莲花镇
广东省广宁县石涧镇
广东省广宁县南街镇
广东省怀集县怀城镇
广东省封开县江口镇
广东省德庆县德城镇
广东省德庆县悦城镇
广东省高要市新桥镇
广东省高要市白土镇
广东省四会市地豆镇
广东省四会市大沙镇
广东省惠州市惠城区小金口镇
广东省博罗县罗阳镇
广东省博罗县石湾镇
广东省惠东县吉隆镇
广东省惠东县平山镇
广东省龙门县龙城镇
广东省梅县雁洋镇
广东省梅县松源镇
广东省大埔县湖寮镇
广东省丰顺县汤坑镇
广东省五华县水寨镇
广东省平远县大柘镇
广东省兴宁市罗浮镇
广东省海丰县海城镇
广东省海丰县可塘镇
广东省陆河县河田镇
广东省陆丰市碣石镇

广东省紫金县紫城镇
广东省龙川县老隆镇
广东省和平县阳明镇
广东省东源县仙塘镇
广东省阳西县织贡镇
广东省阳西县沙扒镇
广东省阳东县东城镇
广东省阳东县合山镇
广东省清远市清城区源潭镇
广东省清远市清城区龙塘镇
广东省清远市清城区石角镇
广东省佛冈县石角镇
广东省阳山县阳城镇
广东省连山壮族瑶族自治县吉田镇
广东省清新县太和镇
广东省清新县三坑镇
广东省英德市浛洸镇
广东省连州市星子镇
广东省东莞市虎门镇
广东省东莞市虎门镇
广东省东莞市长安镇
广东省东莞市塘厦镇
广东省东莞市常平镇
广东省中山市沙溪镇
广东省中山市小榄镇
广东省潮安县古巷镇
广东省潮安县庵埠镇
广东省饶平县黄冈镇
广东省饶平县钱东镇
广东省揭阳市榕城区渔湖镇
广东省揭东县炮台镇
广东省揭东县曲溪镇
广东省揭西县河婆镇
广东省惠来县惠城镇
广东省惠来县葵潭镇
广东省普宁市洪阳镇
广东省普宁市占陇镇
广东省云浮市云城区腰古镇
广东省新兴县新城镇
广东省新兴县天堂镇
广东省郁南县都城镇
广东省郁南县连滩镇
广东省云安县六都镇
广东省云安县镇安镇
广东省罗定市罗镜镇

广西壮族自治区（61个）

广西武鸣县城厢镇
广西柳江县拉堡镇
广西柳江县穿山镇
广西阳朔县阳朔镇
广西全州县全州镇
广西全州县黄沙河镇
广西兴安县溶江镇
广西兴安县兴安镇
广西平乐县平乐镇
广西荔浦县荔城镇
广西恭城瑶族自治县恭城镇
广西蒙山县蒙山镇
广西苍梧县石桥镇
广西苍梧县龙圩镇
广西藤县藤城镇
广西藤县太平镇
广西北海市铁山港区南康镇
广西合浦县廉州镇
广西合浦县山口镇
广西防城港市港口区企沙镇
广西东兴市江平镇
广西钦州市钦南区犀牛脚镇
广西钦州市钦北区小董镇
广西浦北县小江镇
广西灵山县灵城镇
广西贵港市港南区桥圩镇
广西平南县平南镇
广西平南县大安镇
广西容县容城镇
广西陆川县陆城镇
广西兴业县石南镇
广西北流市隆盛镇
广西平果县马头镇
广西田阳县田州镇
广西田阳县头塘镇
广西田东县平马镇
广西田东县祥周镇

广西靖西县新靖镇
广西贺州市八步区信都镇
广西昭平县昭平镇
广西钟山县钟山镇
广西都安瑶族自治县安阳镇
广西大化瑶族自治县大化镇
广西宜州市德胜镇
广西横县峦城镇
广西横县六景镇
广西宾阳县芦圩镇
广西宾阳县黎塘镇
广西上林县大丰镇
广西扶绥县新宁镇
广西扶绥县东门镇
广西大新县桃城镇
广西天等县天等镇
广西宁明县城中镇
广西宁明县海渊镇
广西鹿寨县雒容镇
广西鹿寨县鹿寨镇
广西武宣县武宣镇
广西来宾市兴宾区凤凰镇
广西三江侗族自治县古宜镇
广西融水苗族自治县融水镇

海南省（21 个）

海南省海口市美兰区大致坡镇
海南省三亚市海棠湾镇
海南省三亚市田独镇
海南省五指山市毛阳镇
海南省琼海市中原镇
海南省琼海市博鳌镇
海南省儋州市白马井镇
海南省文昌市会文镇
海南省文昌市锦山镇
海南省万宁市和乐镇
海南省东方市大田镇
海南省定安县定城镇
海南省屯昌县屯城镇
海南省澄迈县金江镇
海南省临高县临城镇
海南省白沙黎族自治县牙叉镇
海南省昌江黎族自治县石碌镇
海南省乐东黎族自治县九所镇
海南省陵水黎族自治县椰林镇
海南省保亭黎族苗族自治县保城镇
海南省琼中黎族苗族自治县营根镇

重庆市（56 个）

重庆市巴南区花溪镇
重庆市北碚区静观镇
重庆市大渡口区八桥镇
重庆市涪陵区珍溪镇
重庆市江北区鱼嘴镇
重庆市九龙坡区西彭镇
重庆市南岸区黄桷垭镇
重庆市沙坪坝区陈家桥镇
重庆市万州区分水镇
重庆市渝北区统景镇
重庆市璧山县璧城镇
重庆市璧山县丁家镇
重庆市长寿区葛兰镇
重庆市城口县葛城镇
重庆市大足县龙岗镇
重庆市大足县龙水镇
重庆市垫江县澄溪镇
重庆市垫江县桂溪镇
重庆市丰都县高家镇
重庆市丰都县三合镇
重庆市奉节县兴隆镇
重庆市奉节县永安镇
重庆市开县汉丰镇
重庆市开县临江镇
重庆市梁平县梁山镇
重庆市梁平县屏锦旗
重庆市彭水苗族土家族自治县保家镇
重庆市彭水苗族土家族自治县汉葭镇
重庆市綦江县古南镇
重庆市綦江县三江镇
重庆市荣昌县安富镇
重庆市荣昌县昌元镇
重庆市石柱土家族自治县南宾镇
重庆市石柱土家族自治县西沱镇
重庆市铜梁县安居镇

重庆市铜梁县巴川镇
重庆市潼南县双江镇
重庆市潼南县梓潼镇
重庆市巫山县巫峡镇
重庆市巫溪县城厢镇
重庆市武隆县江口镇
重庆市武隆县巷口镇
重庆市秀山土家族苗族自治县清溪场镇
重庆市秀山土家族苗族自治县中和镇
重庆市酉阳土家族自治县龙潭镇
重庆市酉阳土家族自治县钟多镇
重庆市云阳县双江镇
重庆市忠县石宝镇
重庆市忠县忠州镇
重庆市合川市三汇镇
重庆市合川市太和镇
重庆市江津市白沙镇
重庆市江津市珞璜镇
重庆市南川市水江镇
重庆市永川市三教镇
重庆市永川市双竹镇

四川省（124 个）

四川省成都市龙泉驿区洛带镇
四川省成都市青白江区祥福镇
四川省金堂县赵镇
四川省金堂县淮口镇
四川省双流县东升镇
四川省双流县黄水镇
四川省成都市温江区永宁镇
四川省郫县郫筒镇
四川省郫县古城镇
四川省成都市新都区新繁镇
四川省大邑县晋原镇
四川省大邑县安仁镇
四川省蒲江县鹤山镇
四川省蒲江县寿安镇
四川省新津县五津镇
四川省都江堰市青城山镇
四川省彭州市濛阳镇
四川省邛崃市平乐镇
四川省崇州市羊马镇
四川省崇州市街子镇
四川省成都市金牛区天回镇
四川省荣县旭阳镇
四川省荣县长山镇
四川省富顺县富世镇
四川省米易县攀莲镇
四川省泸州市龙马潭区特兴镇
四川省泸县福集镇
四川省泸县玄滩镇
四川省合江县合江镇
四川省叙永县叙永镇
四川省古蔺县古蔺镇
四川省德阳市旌阳区孝泉镇
四川省中江县凯江镇
四川省罗江县罗江镇
四川省广汉市向阳镇
四川省什邡市民主镇
四川省绵竹市汉旺镇
四川省绵阳市游仙区魏城镇
四川省绵阳市游仙区松垭镇
四川省三台县北坝镇
四川省梓潼县文昌镇
四川省平武县豆叩镇
四川省江油市武都镇
四川省广元市市中区宝轮镇
四川省剑阁县下寺镇
四川省苍溪县陵江镇
四川省蓬溪县赤城镇
四川省射洪县太和镇
四川省射洪县柳树镇
四川省大英县蓬莱镇
四川省威远县严陵镇
四川省威远界连界镇
四川省资中县水南镇
四川省隆昌县金鹅镇
四川省乐山市沙湾区嘉农镇
四川省乐山市五通桥区牛华镇
四川省犍为县玉津镇
四川省井研县研城镇
四川省夹江县漹城镇
四川省峨边彝族自治县沙坪镇
四川省峨眉山市桂花桥镇

四川省南充市顺庆区潆溪镇
四川省南充市高坪区龙门镇
四川省南充市嘉陵区李渡镇
四川省南部县南隆镇
四川省南部县伏虎镇
四川省营山县朗池镇
四川省仪陇县新政镇
四川省西充县晋城镇
四川省阆中市河溪镇
四川省眉山市东坡区永寿镇
四川省彭山县凤鸣镇
四川省洪雅县洪川镇
四川省丹棱县丹棱镇
四川省青神县城厢镇
四川省南溪县南溪镇
四川省江安县江安镇
四川省长宁县长宁镇
四川省高县庆符镇
四川省珙县巡场镇
四川省筠连县筠连镇
四川省兴文县中城镇
四川省广安市广安区协兴镇
四川省岳池县九龙镇
四川省武胜县沿口镇
四川省邻水县鼎屏镇
四川省达州市通川区复兴镇
四川省达县南外镇
四川省达县石桥镇
四川省宣汉县东乡镇
四川省宣汉县胡家镇
四川省开江县新宁镇
四川省大竹县竹阳镇
四川省大竹县石桥铺镇
四川省渠县渠江镇
四川省名山县蒙阳镇
四川省荥经县严道镇
四川省荥经县花滩镇
四川省汉源县富林镇
四川省石棉县新棉镇
四川省天全县城厢镇
四川省芦山县芦阳镇
四川省巴中市巴州区恩阳镇
四川省南江县南江镇
四川省平昌县江口镇
四川省安岳县岳阳镇
四川省安岳县龙台镇
四川省乐至县天池镇
四川省简阳市贾家镇
四川省汶川县威州镇
四川省松潘县进安镇
四川省九寨沟县永乐镇
四川省壤塘县壤柯镇
四川省阿坝县阿坝镇
四川省红原县邛溪镇
四川省丹巴县章谷镇
四川省炉霍县新都镇
四川省白玉县建设镇
四川省德昌县德州镇
四川省会理县城关镇
四川省会东县会东镇
四川省冕宁县城厢镇
四川省冕宁县泸沽镇
四川省美姑县巴普镇

贵州省（61）

贵州省贵阳市花溪区青岩镇
贵州省贵阳市乌当区东风镇
贵州省贵阳市白云区麦架镇
贵州省开阳县城关镇
贵州省开阳县双流镇
贵州省息烽县永靖镇
贵州省息烽县小寨坝镇
贵州省修文县龙场镇
贵州省修文县扎佐镇
贵州省清镇市站街镇
贵州省六盘水市六枝特区平寨镇
贵州省盘县响水镇
贵州省盘县红果镇
贵州省遵义县南白镇
贵州省遵义县鸭溪镇
贵州省桐梓县娄山关镇
贵州省桐梓县松坎镇
贵州省绥阳县洋川镇
贵州省正安县凤仪镇

贵州省正安县安场镇
贵州省道真仡佬族苗族自治县玉溪镇
贵州省凤冈县龙泉镇
贵州省凤冈县琊川镇
贵州省湄潭县湄江镇
贵州省余庆县白泥镇
贵州省安顺市西秀区幺铺镇
贵州省平坝县城关镇
贵州省平坝县夏云镇
贵州省普定县城关镇
贵州省关岭布依族苗族自治县关索镇
贵州省玉屏侗族自治县平溪镇
贵州省玉屏侗族自治县大龙镇
贵州省思南县塘头镇
贵州省印江土家族苗族自治县峨岭镇
贵州省德江县青龙镇
贵州省松桃苗族自治县蓼皋镇
贵州省兴义市威舍镇
贵州省望谟县复兴镇
贵州省安龙县新安镇
贵州省金沙县城关镇
贵州省织金县城关镇
贵州省纳雍县雍熙镇
贵州省威宁彝族回族苗族自治县草海镇
贵州省施秉县城关镇
贵州省三穗县八弓镇
贵州省镇远县舞阳镇
贵州省青溪镇
贵州省天柱县凤城镇
贵州省锦屏县三江镇
贵州省剑河县革东镇
贵州省黎平县德凤镇
贵州省从江县丙妹镇
贵州省福泉市牛场镇
贵州省荔波县玉屏镇
贵州省贵定县城关镇
贵州省平塘县平湖镇
贵州省罗甸县龙坪镇
贵州省长顺县长寨镇
贵州省龙里县龙山镇
贵州省惠水县和平镇
贵州省三都水族自治县三合镇

云南省（59 个）

云南省昆明市官渡区官渡镇
云南省昆明市西山区海口镇
云南省呈贡县龙城镇
云南省晋宁县昆阳镇
云南省晋宁县晋城镇
云南省富民县永定镇
云南省宜良县匡远镇
云南省石林彝族自治县鹿阜镇
云南寻甸回族彝族自治县仁德镇
云南省安宁市八街镇
云南省曲靖市麒麟区越洲镇
云南省陆良县中枢镇
云南省玉溪市红塔区北城镇
云南省江川县大街镇
云南省江川县江城镇
云南省澄江县凤麓镇
云南省通海县秀山镇
云南省华宁县宁州镇
云南省华宁县盘溪镇
云南省易门县龙泉镇
云南新平彝族傣族自治县桂山镇
云南新平彝族傣族自治县戛洒镇
云南省保山市隆阳区板桥镇
云南省腾冲县腾越镇
云南省龙陵县龙山镇
云南省龙陵县勐糯镇
云南省鲁甸县文屏镇
云南省水富县云富镇
云南省牟定县共和镇
云南省姚安县栋川镇
云南省永仁县永定镇
云南省元谋县元马镇
云南省元谋县黄瓜园镇
云南省禄丰县金山镇
云南省个旧市大屯镇
云南省建水县临安镇
云南省建水县曲江镇
云南省石屏县异龙镇
云南省弥勒县弥阳镇
云南省弥勒县竹园镇
云南省泸西县中枢镇

云南省红河县迤萨镇
云南省河口瑶族自治县河口镇
云南省文山县开化镇
云南省富宁县剥隘镇
云南景谷傣族彝族自治县威远镇
云南景谷傣族彝族自治县永平镇
云南省江城哈尼族彝族自治县勐烈镇
云南省勐腊县勐腊镇
云南省勐腊县磨憨镇
云南省大理市喜洲镇
云南省宾川县牛井镇
云南巍山彝族回族自治县文华镇
云南省潞西市遮放镇
云南省梁河县遮岛镇
云南省盈江县平原镇
云南省云县爱化镇
云南耿马傣族佤族自治县耿马镇
云南耿马傣族佤族自治县孟定镇

西藏自治区（11 个）

西藏自治区当雄县当曲卡镇
西藏自治区昌都县城关镇
西藏自治区贡嘎县甲竹林镇
西藏自治区亚东县帕里镇
西藏自治区定日县协格尔镇
西藏自治区比如县夏曲卡镇
西藏自治区安多县帕那镇
西藏自治区噶尔县狮泉河镇
西藏自治区日土县日土镇
西藏自治区林芝县八一镇
西藏自治区米林县米林镇

陕西省（68 个）

陕西省西安市灞桥区新筑镇
陕西省西安市临潼区相桥镇
陕西省蓝田县蓝关镇
陕西省周至县二曲镇
陕西省周至县哑柏镇
陕西省户县甘亭镇
陕西省户县余下镇
陕西省高陵县鹿苑镇
陕西省高陵县泾渭镇
陕西省铜川市王益区黄堡镇
陕西省铜川市耀州区董家河镇
陕西省铜川市耀州区孙塬镇
陕西省宝鸡市陈仓区阳平镇
陕西省凤翔县城关镇
陕西省岐山县凤鸣镇
陕西省岐山县蔡山坡镇
陕西省扶风县城关镇
陕西省扶风县法门镇
陕西省眉县首善镇
陕西省眉县常兴镇
陕西省咸阳市秦都区渭滨镇
陕西省咸阳市杨凌区五泉镇
陕西省咸阳市渭城区底张镇
陕西省三原县城关镇
陕西省泾阳县泾干镇
陕西省泾阳县永乐镇
陕西省乾县城关镇
陕西省礼泉县城关镇
陕西省彬县城关镇
陕西省武功县普集镇
陕西省渭南市临渭区故市镇
陕西省潼关县城关镇
陕西省大荔县城关镇
陕西省合阳县城关镇
陕西省蒲城县城关镇
陕西省富平县窦村镇
陕西省韩城市龙门镇
陕西省延川县永坪镇
陕西省子长县瓦窑堡镇
陕西省安塞县真武洞镇
陕西省志丹县保安镇
陕西省吴旗县吴旗镇
陕西省富县富城镇
陕西省洛川县凤栖镇
陕西省洛川县交口河镇
陕西省汉中市汉台区铺镇镇
陕西省南郑县城关镇
陕西省城固县博望镇
陕西省西乡县城关镇
陕西省略阳县城关镇
陕西省留坝县城关镇

陕西省榆林市榆阳区镇川镇
陕西省神木县神木镇
陕西省神木县大柳塔镇
陕西省府谷县府谷镇
陕西省靖边县张家畔镇
陕西省定边县定边镇
陕西省清涧县宽洲镇
陕西省安康市汉滨区恒口镇
陕西省汉阴县城关镇
陕西省旬阳县城关镇
陕西省白河县城关镇
陕西省洛南县城关镇
陕西省丹凤县龙驹寨镇
陕西省山阳县城关镇
陕西省山阳县漫川关镇
陕西省镇安县永乐镇
陕西省柞水县乾佑镇

甘肃省（42 个）

甘肃省永登县城关镇
甘肃省皋兰县城关镇
甘肃省皋兰县什川镇
甘肃省榆中县城关镇
甘肃省榆中县和平镇
甘肃省永昌县城关镇
甘肃省永昌县河西堡镇
甘肃省白银市白银区水川镇
甘肃省靖远县城关镇
甘肃省会宁县会师镇
甘肃省景泰县一条山镇
甘肃省秦安县兴国镇
甘肃省武山县城关镇
甘肃省武威市凉州区黄羊镇
甘肃省民勤县城关镇
甘肃省张掖市甘州区大满镇
甘肃省民乐县城关镇
甘肃省临泽县城关镇
甘肃省高台县城关镇
甘肃省高台县南华镇
甘肃省山丹县城关镇
甘肃省平凉市崆峒区四十里铺镇
甘肃省泾川县城关镇
甘肃省华亭县东华镇
甘肃省华亭县安口镇
甘肃省庄浪县水洛城镇
甘肃省静宁县城关镇
甘肃省酒泉市肃州区总寨镇
甘肃省金塔县鼎新镇
甘肃省金塔县金塔镇
甘肃省安西县渊泉镇
甘肃省安西县柳园镇
甘肃省阿克塞哈萨克族自治县红柳湾镇
甘肃省敦煌市七里镇
甘肃省庆阳市西峰区肖金镇
甘肃省庆城县庆城镇
甘肃省临洮县洮阳镇
甘肃省成县城关镇
甘肃省成县黄渚镇
甘肃省礼县城关镇
甘肃省徽县城关镇
甘肃省徽县柳林镇

青海省（12）

青海省湟中县鲁沙尔镇
青海省湟中县多巴镇
青海省平安县平安镇
青海民和回族土族自治县川口镇
青海省乐都县碾伯镇
青海省循化撒拉族自治县积石镇
青海省海晏县西海镇
青海省同仁县隆务镇
青海省共和县恰卜恰镇
青海省贵德县河阴镇
青海省玛沁县大武镇
青海省玉树藏族自治县结古镇

宁夏回族自治区（11 个）

宁夏回族自治区永宁县杨和镇
宁夏回族自治区贺兰县习岗镇
宁夏回族自治区平罗县城关镇
宁夏回族自治区平罗县宝丰镇
宁夏回族自治区惠农县红果子镇
宁夏回族自治区中卫县城关镇
宁夏回族自治区中卫县宣和镇

宁夏回族自治区中宁县城关镇
宁夏回族自治区中宁县石空镇
宁夏回族自治区盐池县花马池镇
宁夏回族自治区同心县豫海镇

新疆维吾尔自治区（26 个）

新疆乌鲁木齐县安宁渠镇
新疆鄯善县鄯善镇
新疆哈密市二堡镇
新疆巴里坤哈萨克自治县巴里坤镇
新疆玛纳斯县玛纳斯镇
新疆博乐市小营盘镇
新疆精河县精河镇
新疆末县且末镇
新疆焉耆回族自治县焉耆镇
新疆和静县和静镇
新疆和静县巴润哈尔莫墩镇
新疆库车县库车镇
新疆新和县新和镇
新疆乌恰县乌恰镇
新疆莎车县莎车镇
新疆叶城县喀格勒克镇
新疆洛浦县洛浦镇
新疆伊宁县吉里于孜镇
新疆霍城县清水河镇
新疆霍城县水定镇
新疆巩留县巩留镇
新疆额敏县额敏镇
新疆沙湾县三道河子镇
新疆和布克赛尔蒙古自治县和布克赛尔镇
新疆和布克赛尔蒙古自治县和布和什托洛盖镇
新疆布尔津县布尔津镇

责任编辑　张蕊燕
封面设计　润田文化

中华大典·中国乡镇年鉴

出版发行：中国文史出版社
社　　址：北京太平桥大街23号　100811
印　　刷：北京中创彩色印刷有限公司
经　　销：新华书店北京发行所
开　　本：889×1194毫米
印　　张：39印装　字数：998千字
版　　次：2005年12月第1版
印　　次：2005年12月第1次印刷
书　　号：ISBN 7-5034-1277-1/K·0875
定　　价：380元